1983年，第一期文博班学员参加安徽肥西古埂遗址田野考古实习

1992年，历史系学生参加安徽凤台峡山口遗址田野考古实习

2002年，2000级文博方向本科生参加安徽滁州何郢遗址田野考古实习合影

2004年，2002级本科生参加安徽繁昌瓜墩遗址田野考古实习合影

2006年，2004级本科生参加安徽繁昌鹭鸶墩遗址田野考古实习合影

2008年，2006级本科生参加安徽怀宁孙家城遗址田野考古实习合影

2010年，2008级本科生参加安徽淮北龙王庙遗址田野考古实习合影

2012年，2010级本科生参加安徽宁国港口土墩墓发掘

2014年，2012级本科生参加安徽寿县斗鸡台遗址田野考古实习合影

2016年，2014级本科生参加安徽肥东刘墩遗址田野考古实习合影

2018年，2016级本科生参加河南新密新砦遗址梁家台ⅠA区田野考古实习合影

2019年，考古专业师生开展安徽南陵七星河流域矿冶遗址调查

2020年，2018级本科生参加浙江桐乡太庙头遗址田野考古实习合影

2020年，考古专业师生对陕西临潼秦始皇帝陵兵马俑二号坑出土兵器进行原位检测

2021年，2019级本科生参加山东郯城县郯国故城遗址田野考古实习合影

2021年，考古专业师生开展安徽池州地区矿冶遗址调查

安徽省文物管理局文件

文物字（81）078号

关于招考《文物专业进修班》的通知

各地市县文化局各文博单位：

为了培养、提高全省文博系统工作人员的专业水平，我局决定与安徽大学联合举办《文博专业进修班》，学制两年，开设基础课（中国通史、中国历史文选、英语）、专业课（博物馆学、考古学）、政治理论课（哲学、政治经济学）学习期满成绩合格者，将由安徽大学发给结业证书，仍回原单位工作。

本期招生卅名，对象为本省县、市以上文博部门正式职工，政治思想好、身体健康、具有高中毕业或相当高中毕业文化程度，年龄不超过卅五周岁。学习期间，工资照发。

招生将经过考试，择优录取。考试项目：语文、中国历史、政治、外语（参考分）。

考试时间与其它事项，将另行通知。

希接到本通知后，请做好宣传工作，确定符合条件人员，积极复习功课准备应考。

一九八一年六月九日

1981年，安徽省文物管理局下发的联合安徽大学举办"文博专业进修班"的通知

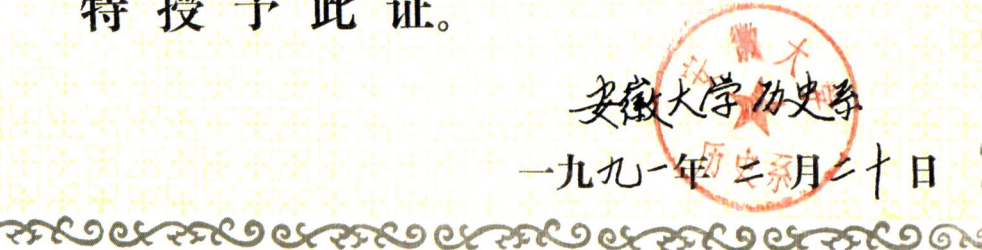

20世纪90年代初，安徽大学历史系颁发的教学任务书和聘书

安徽省教学成果奖 获奖证书

证书编号：2008007-1

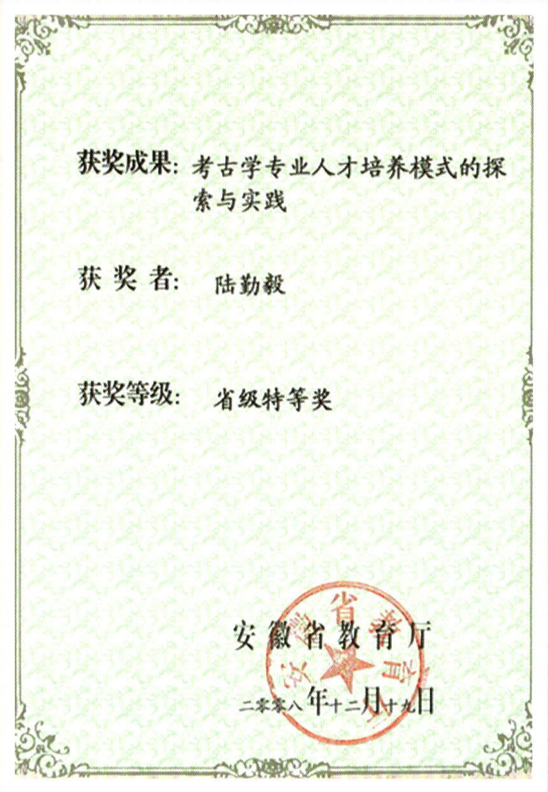

获奖成果：考古学专业人才培养模式的探索与实践
获奖者：陆勤毅
获奖等级：省级特等奖

安徽省教育厅
二零零八年十二月十九日

安徽省教学成果奖 获奖证书

证书编号：2008007-2

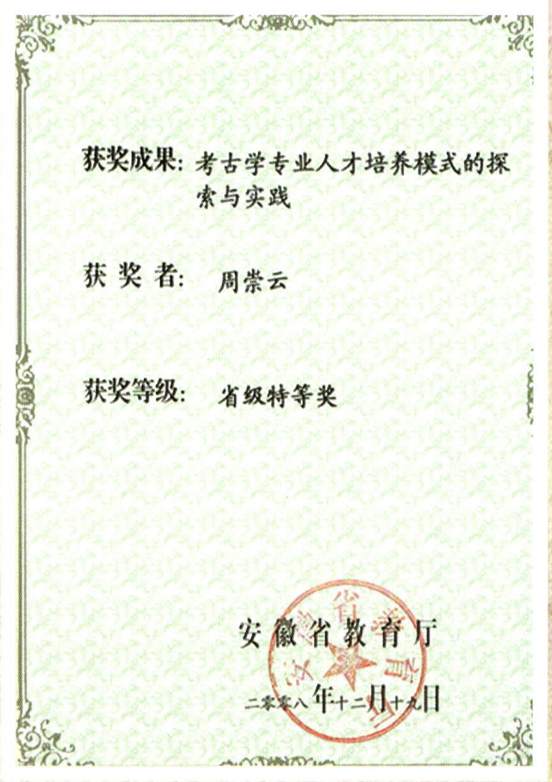

获奖成果：考古学专业人才培养模式的探索与实践
获奖者：周崇云
获奖等级：省级特等奖

安徽省教育厅
二零零八年十二月十九日

"安徽省教学成果奖"获奖证书

荣 誉 证 书

张爱冰 等同志所著《群舒文化研究》入选《国家哲学社会科学成果文库》，特发此证，以资鼓励。

证书号：2017WK027

全国哲学社会科学工作领导小组
二〇一八年五月十四日

成果入选《国家哲学社会科学成果文库》荣誉证书

安徽省社会科学奖 奖 励 证 书
（2013—2016年度）

成果名称：群舒文化研究
成果门类：社科类（著作）
奖励等次：二等奖
成果人：张爱冰、魏国锋等

安徽省人民政府
二〇一九年一月

安徽省社会科学奖 奖 励 证 书
（2017—2018年度）

成果名称：枞阳商周青铜器
成果门类：社科类（著作）
奖励等次：三等奖
成果人：安徽大学历史系、枞阳县文物管理所

安徽省人民政府
二〇二〇年一月

"安徽省社会科学奖"奖励证书

考古专业教师出版著作

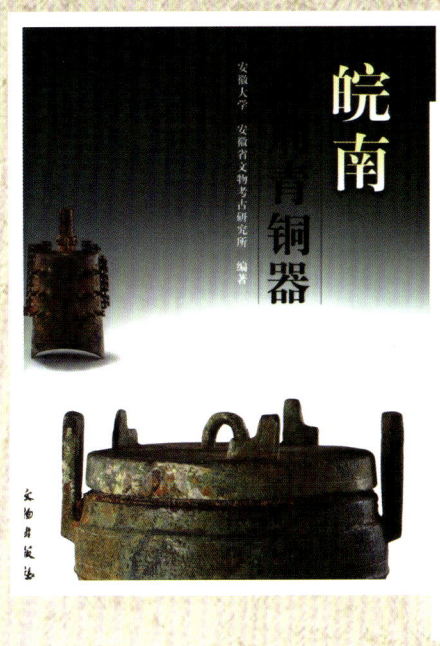

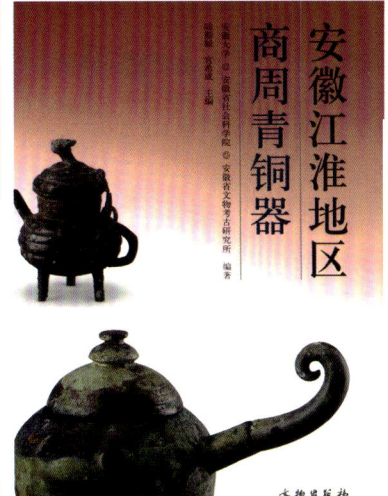

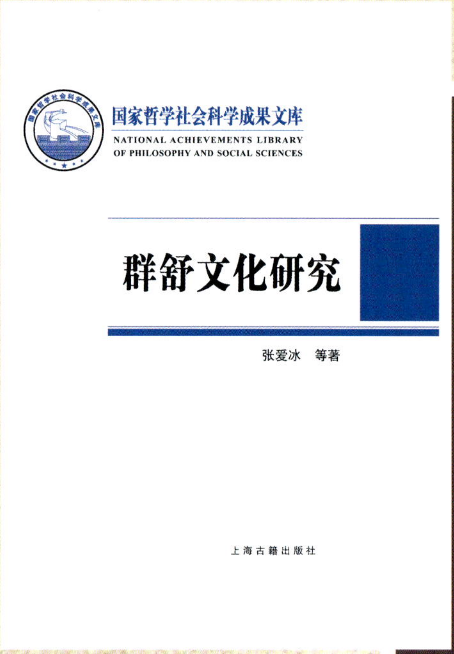

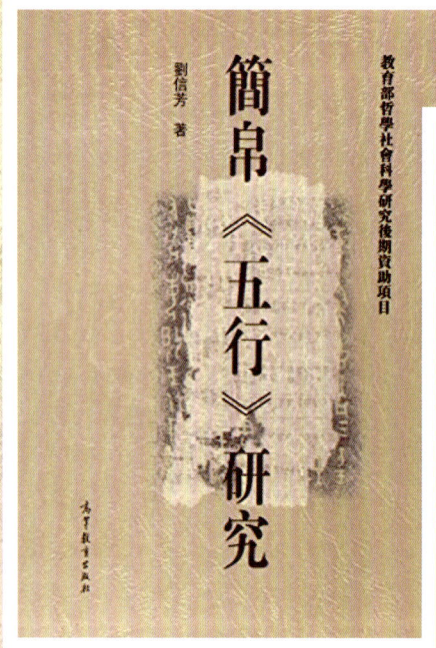

群舒文化研究
张爱冰 等著
上海古籍出版社

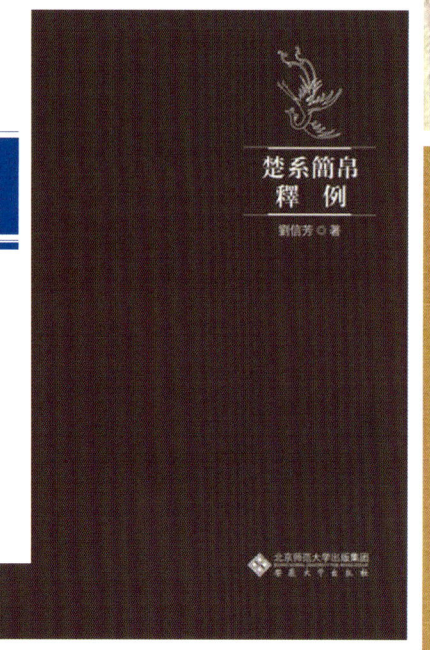

楚系简帛释例
刘信芳 著
北京师范大学出版集团
安徽大学出版社

出土简帛宗教神话文献研究
刘信芳 著
北京师范大学出版集团
安徽大学出版社

简帛《五行》研究
刘信芳 著
教育部哲学社会科学研究后期资助项目
高等教育出版社

古汉字字形表系列
黄德宽 主编
徐在国 副主编
秦文字字形表
单晓伟 编著

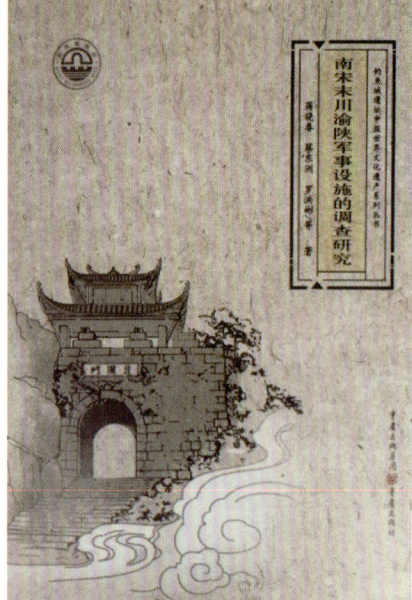

南宋末川渝陕军事设施的调查研究
蒋晓春 罗洪彬 等著

考古专业教师出版著作

2020年，与南陵县人民政府签订文化遗产保护合作协议

2021年，南陵大工山校外实践教育基地落成启用

2021年，联合主办南陵县大工山矿冶遗址保护利用专家研讨会

2021年，联合主办中国科学技术史学会科技考古专业委员会年会暨全国第十五届科技考古学术讨论会

安徽大学考古专业成立二十周年纪念文集

安徽大学历史学院考古学系 编

科学出版社
北京

内 容 简 介

本书为安徽大学考古专业成立二十周年纪念文集，精选了安徽大学考古专业历届校友（含自1981年以来的文博专修班、历史专业文博方向校友）和任教老师所撰写的47篇学术类、回忆类、学科建设类文章，其中学术类文章涉及史前考古、夏商周考古、秦汉考古、魏晋南北朝隋唐考古、宋元明考古、科技考古、文化遗产与博物馆、简帛文字、硅酸盐考古、文物保护等多个领域。

本书适合历史学、考古学及相关领域的研究人员和院校师生参考、阅读。

图书在版编目（CIP）数据

安徽大学考古专业成立二十周年纪念文集 / 安徽大学历史学院考古学系编. —北京：科学出版社，2023.9
ISBN 978-7-03-076598-7

Ⅰ.①安… Ⅱ.①安… Ⅲ.①考古–中国–文集 Ⅳ.①K87-53

中国国家版本馆CIP数据核字（2023）第191460号

责任编辑：郝莎莎 / 责任校对：邹慧卿
责任印制：肖 兴 / 封面设计：张 放
封面题字：陆勤毅

科学出版社 出版
北京东黄城根北街16号
邮政编码：100717
http://www.sciencep.com

北京中科印刷有限公司 印刷
科学出版社发行 各地新华书店经销
*

2023年9月第 一 版　开本：889×1194　1/16
2023年9月第一次印刷　印张：38 1/2　插页：8
字数：1 108 000

定价：308.00元
（如有印装质量问题，我社负责调换）

《安徽大学考古专业成立二十周年纪念文集》编纂小组

顾问：陆勤毅

组长：盛险峰

成员：张爱冰　吴卫红　蒋晓春　魏国锋
　　　耿　朔　张国文　胡平平　左　勇

前　言

　　安徽大学历史学科源于1928年创办的省立安徽大学，历经文史、史地、历史等系科的发展，至今已有近百年的历史。

　　安徽大学考古学科以保护文物、服务社会为己任，为安徽和全国的文物事业贡献了自己的力量，在发展中逐步壮大，目前形成了一支具有较强理论与实践经验的教师队伍和较为完善的培养体系。大体可以分为初期文博方向的蹒跚起步阶段和成立考古学专业后的茁壮成长阶段。

　　早在1981年，为了适应新时期文物工作的需求，安徽大学与安徽省文物局共同举办了两年制的大专班"文博专业进修班"，从全省文博系统选拔30名优秀年轻干部到安徽大学历史系学习历史、文物、考古、博物馆方面的专业知识，开启了安徽大学培养考古文博专业人才的历程。1981年、1983年、1985年、1987年连续开办了四期，后又招收历史学文博方向专科班，以及在历史学专业本科三年级时实行学生自选文博方向继续学习等。为提升学生的考古学实践能力，满足未来工作需求，这一阶段始终将田野实践作为重要目标，相继在肥西古埂、南陵千峰山、萧县金寨、凤台峡山口、亳州后铁营、六安堰墩、滁州何郢等遗址进行了田野考古实习。

　　2002年经教育部批准，安徽大学正式设立考古学本科专业，同年招收首届本科生26名，由此以后学科发展进入了快车道。2003年获批设立考古学及博物馆学硕士点，2008年获批为国家级特色专业，2010年获批设立文物与博物馆专业硕士点，2011年获批设立考古学一级学科博士点，2012年获批设立考古学博士后科研流动站，2019年入选省级一流本科专业建设点。2021年，安徽大学历史系更名为安徽大学历史学院后，下设中国史系、世界史系、考古学系，考古专业发展进入到了一个新的时期。

　　安徽大学考古学科具有明确的发展方向："坚持立德树人，立足田野考古，突出科技融合，着眼一线需求"，培养出了一批具有较强科学研究、田野实践和遗产保护能力的优秀人才。积极适应社会发展需求，凝练了史前考古、夏商周考古、汉唐宋元考古、科技考古与文化遗产保护四个学科方向，形成了江淮区域考古、青铜文化研究、古建材料研究、徽文化遗产保护等研究特色。

　　强调田野考古，注重博物馆、遗产保护方面的实践能力培养，是学科发展的重要目标。历年来与安徽省文物考古研究所、安徽博物院、南陵县人民政府等合作共建"安徽大学寿县考古实习基地""安徽大学南陵大工山校外实践教育基地"等多个实践教育基地。考古专业成立后，实习的范围和地点也大为扩展，先后在安徽的繁昌瓜墩、繁昌螺蛳墩、霍山戴家院、怀宁孙家城、濉溪龙王庙、宁国灰山、寿县斗鸡台、肥东刘墩、蚌埠禹会村等遗址，河南的新郑新砦遗址、郑韩故城和洛阳苏羊遗址，浙江的桐乡太庙头遗址，山东的郯城郯国故城等遗址进行田野考古实习，参加的项目曾荣获国家文物局田野考古奖三等奖。此外，还结合科研项目，与枞阳县博物馆联合开展枞阳罗昌河—柳峰山区域系统调查，与南陵县博物馆开展南陵漳河—大工山区域系统调查，与庐江县文物管理所、东至县文化和旅游局、石台县文化和旅游局、青阳县文化和旅游局、池州市博物馆、贵池区文物管理所等单位联合对区域矿冶遗址开展了考古调查等。这些工作一方面提升了学生的实践能力，促进了学术研究的深入，同时还在田野实践中不断摸索、提升了教学能力，先后获得过省教学成果奖特等奖、一等奖。

注重学科交叉和科技融合，是学科发展的另一特点。先后建有科技考古实验室、文物考古实验室、安徽大学哲学社会科学重点实验室"矿冶考古与徽文化遗产保护实验室"。近年来整合校内资源，以"安大简"保护为目标，获批安徽省哲学社会科学重点实验室"古文字智能化与中华文明传承实验室"，搭建了"安大简"保护复制与中华文明传承、古文字载体修复两个实验平台。

人才梯队建设和可持续发展，是学科发展的重要基础。经过近年的大力发展，目前已拥有专任教师14人，其中教授5人、副教授3人、讲师6人，拥有国家"万人计划"领军人才1人、省级学术与技术带头人及后备人选3人。

人才培养离不开科研的促进。近年来在科研方面也取得了重要进步，有在研的国家社科基金重大招标项目2项，国家社科基金一般项目、青年项目5项，省部级项目5项，横向项目多项。先后独立或合作出版了《皖南商周青铜器》《安徽通史·先秦卷》《安徽江淮地区商周青铜器》《简帛〈五行〉研究》《合肥通史（远古至南北朝卷）》《秦文字字形表》《枞阳商周青铜器》《群舒文化研究》《铜陵师姑墩——夏商周遗址考古发掘与研究》《朔知东南风：从凌家滩到长三角的区域文明探源》《凌家滩——中华文明的先锋》《南宋末川渝陕军事设施调查及研究》等专著，其中《群舒文化研究》入选《国家哲学社会科学成果文库》。师生在《考古学报》、《考古》、《文物》、Archaeometry等国内外权威期刊发表论文数十篇。获得安徽省社科奖一等奖、二等奖和三等奖多项。

作为安徽省唯一拥有本、硕、博完整的考古学人才培养体系的高校，安徽大学为考古、文物与博物馆事业培养了大量优秀人才，学生普遍具有专业理论扎实、田野能力较强、集体荣誉感强、提升能力快等特点。历年毕业生遍布全国文博机构和高校，如中国国家博物馆、南京博物院、安徽省文物考古研究所、安徽博物院等文博单位和中央美术学院、南开大学、山东大学、西北大学、郑州大学、景德镇陶瓷大学等高等学校，省内外其他各级文物机构也有大量毕业生在为文物事业奉献一生，逐渐发展成为安徽省乃至全国考古文博事业的重要力量，"安大考古"品牌逐渐形成。

作为国家"双一流"建设高校，安徽大学始终将考古学等基础学科建设作为自己义不容辞的使命。我们坚持以立德树人为准则，以新文科为导向，将考古专业建设成为符合国家和安徽发展需求的一流专业；培养德才兼备的优秀考古文博人才，提升服务区域经济和社会的能力；兼顾面向一线需求的应用型人才和面向学术创新的研究型人才培养，强化实践实习效果，提升培养质量，巩固"安大考古"良好口碑。

现将分布在国内外的毕业生以及在校教师所提供的论文和回忆性文章47篇汇集出版，纪念考古专业成立二十周年。

安徽大学校长　匡光力

2023年5月10日

目　　录

前言 ·· 匡光力（ⅰ）

我在安大教考古 ·· 陆勤毅（1）
江淮之间史前彩陶的两个传统 ·· 张爱冰（5）
枞阳、石䄂出土玉石器鸟形图案的性质及意义 ······················· 黄锦前（15）
天作之石　润玉生辉——安徽潜山薛家岗文化出土玉器初论 ··· 陶治强（35）
试论侯家寨一期文化遗存的年代与性质 ································ 许丹阳（49）
大汶口文化陶尊刻符的渊源和流布 ····································· 刘文强（64）
骆驼墩遗址出土瓮棺葬浅析 ·· 孙　振（89）
从四个方面分析"涂山之会"之地望 ····································· 李修松（100）
皖南地区青铜时代农具及农业发展状况初步研究 ··················· 王爱民（109）
皖南出土几何印纹硬陶遗存的年代与性质 ···························· 李业法（125）
宁乡罗家冲遗址出土石镞初步研究 ····································· 曹栋洋（147）
早期句鑃的文化属性及相关问题 ··· 肖　航（157）
上博简《子羔》乐正瞽叟发微 ·· 左　勇（168）
清华简《五纪》与楚帛书、《尔雅》月名 ······························ 刘信芳（175）
清华简《系年》中"厥貉"考释 ·· 单晓伟（182）
秦始皇帝陵QLCM1墓主身份蠡测 ·· 冯　锴（186）
秦于安徽池州铸钱考 ··· 方成军（200）
六朝"永平""永世"县史迹考 ·· 高　伟（208）
当涂县"天子坟"的年代和墓主身份考——兼论吴景帝孙休定陵的葬地 ········· 栗中斌（219）
宋孝武帝礼仪改革与南朝陵墓新制的形成 ···························· 耿　朔（227）

试析北齐、北周陵墓的制度体系与逾制现象	付龙腾（246）
长沙窑瓷器在唐代扬州罗城内的分布成因与初步认识	刘松林（255）
北宋中期越窑瓷业技术传播及相关问题研究——兼论核心区越窑瓷业衰落原因	谢西营（265）
宋蒙山城遗址群申遗的若干问题	蒋晓春（288）
徽州民间社会的货币选择与流通（1912~1928年）	王育茜（298）
生物考古资料所见中原地区早期农业进程	陶大卫（311）
良渚文化普通聚落的植物资源——以朱墓村遗址为例	邱振威（323）
蚌埠双墩遗址新石器时代中晚期人类植物性食物资源利用及其加工方式的淀粉粒分析	杨玉璋 姚 凌 张 东 廖静雯 阚绪杭（339）
河南漯河四处遗址的炭化植物遗存揭示的龙山时代晚期的农业结构	程至杰（358）
长江下游地区粟作农业的传播——安徽宣城井水墩遗址的植物遗存证据	汪静怡 陈小春 张贵林 张国文 吴 妍（369）
中国古代玻璃科学研究进展	董俊卿 刘 松 李青会（383）
郑州地区仰韶文化中晚期石器表面红色彩绘的无损科技分析	金 锐 宋国定 任文勋 顾万发 信应君（420）
皖江地带商周青铜冶铸技术研究及其相关问题	郁永彬 张爱冰（434）
拓跋鲜卑生计方式综合研究	张国文（451）
安徽地区古代建筑灰浆的多方法表征	魏国锋 Chiara Germinario Celestino Grifa 马 啸（467）
文物里的中华海洋文明——国家海洋博物馆基本陈列概述	朱 辞（485）
关于加强江苏水利工程遗产保护利用的建议	干有成（499）
枞阳县古矿冶遗址现状与保护对策研究	王淡春 张爱冰 魏国锋（511）
"启幕江南——草鞋山遗址与环太湖地区史前文明"特展策展实践与思考	高 超（523）
苏州社会文化史的几个侧面——读《苏州博物馆藏历代碑志》	何文竞（535）
地市级博物馆藏品征集工作刍议——在无锡博物院工作实践中的一些思考	吴 玲（546）

纪念安大考古成立二十周年	单印飞（556）
我与考古的"十年"	高顺利（562）
悠游历史与考古	易星星（568）
忆往昔，岁月峥嵘——我与安大考古12级	汪晓峰（576）
山水万重皆胜意，砥砺不负少年时	冯忆琦 钟 倩（583）
"双一流"建设背景下考古学及人才培养的思考	盛险峰（589）

大事记 …………………………………………………………………………………（597）

编后记 …………………………………………………………………………………（603）

我在安大教考古

陆勤毅

安徽大学考古专业至今已经成立20周年了，20年来在大家的共同努力下，安大考古专业不断发展壮大，如今已经形成培养本科生、硕士生、博士生的完整的高等教育专业培养体系，并获准设立博士后流动站。回顾安大考古专业建设历程，我们不能忘记在2002年安大考古专业获准设立之前，安大从1981年就开始为全省文博系统培养急需的专业技术人才。当时的背景是，改革开放之初百废待兴，各行各业专业技术人才奇缺，文物考古博物馆这样专业性很强的行业更是如此。安徽是文物大省，地上地下和馆藏文物十分丰富，但当时全省文物工作机构不健全，文物工作人员数量少、学历低、结构不合理，全国知名的高层次人才屈指可数，全省考古调查与发掘、文物保护与展陈、文物知识宣传与普及等方面的工作难以开展，研究成果无论是数量还是质量都与周边省份有很大差距。1981年，时任安徽省委副书记的袁振同志大力支持省委宣传部副部长兼省文物局局长洪沛的主张，选拔全省文博系统30名优秀年轻干部到安徽大学历史系用两年时间学习历史、文物、考古、博物馆方面的专业知识，各门功课考试合格者取得大专文凭，这就是安徽大学历史系第一期文博干部专修班的由来。从此开启了安徽大学历史系培养文物考古博物馆专业人才的历程。

我于1983年7月毕业于厦门大学历史系考古专业，分配到安徽大学历史系任教。此时，安大第一期文博班的30位同学已经毕业回到各自的工作岗位，第二期文博班的30位同学将于9月报到入学。我刚到历史系工作，系主任吴寿祺先生和系党总支书记王兰同志交给我两项任务：一是上好一门课——《考古学通论》，不仅要给即将进校的第二期文博班的学生讲，还要给每届历史专业的学生讲，区别是给文博班讲的要详细，给历史专业讲的要简略；二是带好一个班——历史系1982级本科班，就是做这个班的班主任，后来叫辅导员了。如此，我就成了安大历史系同时也是安大第一位考古专业出身的考古学专任老师了。

安徽大学考古专业的建设历程就是这样起步了。一路走来可谓是白手起家、筚路蓝缕，经历了1981年、1983年、1985年、1987年等历期文博干部专修班，经历了20世纪80年代后期招收

作者简介：陆勤毅，男，1954年3月生，安徽大学历史学院教授，安徽省委宣传部原副部长，安徽省社会科学院原党组书记、院长。

历史学文博方向专科班，经历了在历史学专业三年级时学生自选文博方向继续学习，经历了考古专业教师队伍逐步壮大的过程，直到2002年获批设立考古专业。有了本科专业这个平台，安大考古专业得到快速稳步发展。2003年获批设立考古学及博物馆学硕士点，2008年获批为国家级特色专业，2010年获批设立文物与博物馆专业硕士点，2011年获批设立考古学一级学科博士点，2012年获批设立博士后科研流动站，2019年入选安徽省省级一流本科专业。

我在安大教考古从1983年开始到2021年最后指导的一位硕士研究生毕业共历时38年，虽然期间两度因为工作岗位的变动，行政编制不在安大了，但是并不影响我在安大教考古，因为我一直在安大从事考古教学工作，一直在安大指导博士生、硕士生，我发表的与考古相关的学术论文作者单位标注的是安大历史系。虽然做这些工作主要用的是业余时间并且不取报酬，但我乐此不疲、以此为荣。

如今回顾从事考古教学、科研的经历，有这样一些心得体会。

第一，教材是考古专业建设的基础。我第一次承担《考古学通论》课遇到的困难就是没有教材，包括教科书和参考资料。但是，20世纪80年代还很难找到考古学教科书，参考资料就更难找了。怎么办？只能自己编写。我们在厦门大学学习时没有开设《考古学通论》课，而是从《旧石器时代考古》讲起，一直讲到《宋元考古》，再加上如《中国古代陶瓷》《中国古代建筑》《田野考古技术》等专题课。我就把厦大老师编写的油印教材辅以我的课堂笔记将各段考古内容融合成详简两套《考古学通论》教材，详本用于文博班，简本用于历史学专业。编教材现在说起来容易，当时可是件难事，要先在每页300字的稿纸上"爬格子"写出来再交给教材科送印刷厂制成油印教材供学生使用。《考古学通论》教材必须配上插图，教材科印刷厂做不出来，我就只能用"刻钢板"的办法了，有的图还要在整张白纸上画出来制成挂图以便在课堂上解说。直到80年代末我和周崇云参加南京大学张之恒教授主编的《中国考古学通论》出版，这门课的教材问题才算基本解决。90年代以后，与考古专业相关的教材、参考书以及各类纸质读物和影像资料大量出现，教材就不是问题了，老师要做的是从众多版本的教材中好中选优、优中选精。

第二，教师是考古专业建设的根本。安大考古专业师资队伍建设可以分为两个阶段，第一阶段从1983～2002年。先后到校的有陆勤毅、周崇云、方成军、刘信芳、张爱冰，这个阶段考古专业还未设立，教学对象包括历史专业的学生、历史专业选学考古文博方向的学生、文博干部专修班的学生、文博大专班的学生，这些学生毕业后绝大多数工作在安徽省各级文博考古单位，许多成了业务骨干。教学相长，老师们也在教学过程中成熟起来，教学科研水平得到稳步提升。第二阶段从2002年到现在。安大考古专业获批设立及随后获得硕士点、专业硕士点、博士点后，迎来了学科发展的大好机遇，在学校和历史学院（系）两级高度重视和全体教师的共同努力下，考古学科现有专任教师14人，其中教授6人、副教授2人、讲师6人，包括国家"万人计划"领军人才1名、安徽省学术和技术带头人及后备人选3名。除了专任教师以外，我们还先后聘请中国科技大学李志超讲授《中国科技史》、南京博物院宋伯胤讲授《博物馆学》、东南大学刘叙杰讲授《中国古代建筑》、徽派建筑专家程极悦讲授《徽州古代建筑》、安徽省博物馆刘和惠讲授《楚文化专题》、安徽省博物馆李国梁讲授《商周青铜器》、安徽省文物局李广宁讲授《中国古代瓷器》；邀请俞伟超、张忠培、刘庆柱、王巍、陈星灿、裴安平、霍巍、朱泓、腾铭玉、赵宾福、栾丰实、方辉、袁靖、陆建芳等知名学者做学术报告。正是因为有了这样一支较强的教师队伍和校外专家学者的专心传授和学术熏陶，安大考古学科才能够涵盖旧石器、新石器、夏商周、汉唐宋元考古，以及科技考古、文化遗产保护、出土文献等方向；安大考古专业老师才能主持国家社科基金青年项目、一般项目、重点项目、重大项目14项，在《中国社会科学》《考古学报》等重要学术期刊发表论文30多篇，出版著作9部，成果获安徽省哲学社会科学一等奖、二等奖2项，入选"国家哲学社会科学成果文库"1项；才能从考古和文化遗产保护的角度为社会提供高质量的文化服务；才能培养出优良的本科、硕士、博士、博士后人才。

第三，课堂教学是考古专业建设的主场。安大考古学科始终注重课堂教学这个培养人才的主场，这是全体考古老师的共识。在考古专业设立之前，主要开设《考古学通论》《安徽考古》《中国古代钱币》等课程，加上邀请上述专家开设系列专题课和学术讲座，这些课程和学术讲座对于培养文博系统在职干部、文博大专生、考古文博方向本科生起到了很好的作用。考古专业设立之后，原来的课程就显不足了，于是将《考古学通论》一门课改为《旧石器时代考古》《新石器时代考古》《夏商周考古》《汉唐宋元考古》四门课，课程体系与各设立考古专业的大学接轨，分段更加清晰，内容更加丰富，有利于学生专业素质的培养。与此同时，继续邀请校外专家开设专题课、做学术报告，扩展学生的知识领域，提高学生的学术素养。安大考古专业教学团队曾获得安徽省级教学成果奖特等奖和一等奖。

第四，田野实习是考古专业建设的重要环节。考古学科与人文社科其他专业最大的区别之一是在基本完成公共课程以及历史学、考古学基础课程以后一定要安排一个学期左右的田野考古实习，"纸上得来终觉浅，绝知此事要躬行"。通过田野实习，在发掘现场的探方里一铲一铲地刮地层，一项一项地处理发掘中出现的问题，才能深切体会课堂上学到的书本知识，才能透彻理解考古学的内涵，才能扎实掌握田野发掘方法与技术，才算入了考古专业的门。我第一次带学生实习是在1985年上半年，选址等准备工作从1984年12月就开始了。记得当时我和安徽省考古工作队的杨德标、杨鸠霞一起冒着严寒雨雪先后考察了皖南和江淮之间的寿县、霍山、霍邱等地的新石器时代到商周时期的遗址，最后选中了位于南陵县葛林乡千峰山的西周至春秋时期土墩墓群。这群土墩墓有将近1000座，分布在13平方千米的范围内。选择南陵土墩墓作为实习对象的原因一是发掘技术相对简单，比较适合初学者；二是希望通过南陵土墩墓的发掘进一步了解皖南土墩墓的一些问题，以利于学术研究。1985年5月，杨德标、杨鸠霞和我带领第二期文博干部班的30位同学到达葛林林场，林场有两排面阔三间的房子，安排男女同学各住一排，睡的是竹芭子搭的大通铺，条件虽然艰苦，但同学们学习热情很高，没有一个人叫苦叫累。经过一个多月的发掘整理，基本完成了实习任务。现在皖南土墩墓群成为第五批全国重点文物保护单位。这次发掘南陵土墩墓过程中我们还调查了土墩墓周围的古遗址，发现在南陵大工山一带延伸到铜陵境内分布着大规模的商周到北宋时期的采铜、冶铜遗址遗迹。第二次带学生实习是在1987年5月，地点是肥西县城东1500米的古埂遗址，我和杨德标带队。经过一个月的田野发掘，揭示了古埂遗址的基本面貌。古埂遗址是在安徽江淮地区第一次完整揭示的新石器时代遗存，具有重要的研究价值。为了保护好古埂遗址，已将其列入安徽省级重点文物保护单位，并在此处设立了古埂公园。这次发掘引起新闻媒体的关注，有一天安徽电视台记者卢琦一个人扛着摄像机突然出现在古埂遗址发掘工地，他的现场采访先后被安徽电视台"安徽新闻联播"和中央电视台"新闻联播"报道后引起很大反响。全省各地文物工作者不断来到现场观摩，每天都有大量住在附近的群众来到工地一探究竟。安大党委书记孙献忠还亲自带领学校领导班子全体成员来到发掘现场慰问师生。1988年以后，我在学校担任了一些行政工作任务，没有整段的时间带领学生田野实习，指导学生田野实习的工作主要是由周崇云、张爱冰、朱华东、王箐等老师承担了，但每次实习期间我都要安排时间到现场看望师生们。每届学生通过实习都有很好的收获，不仅在专业水平方面得以提升，而且培养了吃苦耐劳精神和独立处理田野考古问题的能力。

第五，学生是考古专业建设的主体。教学相长讲的是在教师和学生的关系中学生是不可或缺的一方，高校招收学生的质量（显性的是高考成绩）很重要，但进校后的培养更重要。安徽大学进入"211工程"后就被列入重点批次（现在的"一本"批次）招生，生源质量较之过去有了很大的提升。这些学生不仅知识丰富、理解能力强，而且长期养成了良好的学习习惯、掌握了有效的学习方法，到了大学阶段就要充分发挥同学们学习的主观能动性。联系到考古专业知识的学习，老师要做的主要不是告诉学生具体的考古资料，而是要着力把理论问题讲清楚、把解决问题的方法教授给学生，即所谓"授人以鱼不如授人以渔"。每届考古专业学生无论是本科生还是硕士生、博士生都能主动学习、积极思考。安大考古专业的学生历来把学好专业知识作为第一要务，他们不会满足于课堂上学到的那点内容，在校内和实习工地都很热衷于组织开展学术讨论，每次实习结束都要召开交流研讨会，对实习过程进行回顾总结。每有考古专家学者到校做学术报告，同学们都会视为难得的学习机会，必会踊跃参加积极提问。安大考古专业本科生每届考研继续深造的都在60%左右，毕业的硕士、博士也都受到文博考古单位的欢迎。

成立20年的安大考古专业正处于朝气蓬勃的兴旺时期，未来的道路还很长，要做的工作还很多。回顾历史总结经验、吸取教训的目的是将来更好地发展。"道阻且长，行则将至，行而不辍，未来可期"，只要认定目标、长期积累、坚持不懈、勇毅前行，就能一步一个脚印地走向美好的未来。

2022年11月20日

江淮之间史前彩陶的两个传统

张爱冰

(安徽大学历史学院)

距今7000~5000年的"仰韶时代",江淮之间发展出颇具特色的彩陶文化。由于地处南北文化交汇地带,该地区史前彩陶既有自身的特点,又有一定的融合性,是中国史前彩陶历史进程中不可或缺的组成部分。近年来,随着淮安青莲岗、黄岗等遗址的发掘,定远侯家寨等遗址发掘资料的整理,特别是集大成的《中国出土彩陶全集》的出版,江淮之间史前彩陶的材料有了极大地丰富,相关研究也迎来了新的契机。

江淮之间的新石器文化,张敏先生曾将其划分为三个文化区,即东部文化区,以龙虬庄文化为代表;中部文化区,由双墩、侯家寨和凌家滩等文化所构成;西部文化区,以薛家岗文化为代表[1]。江淮之间的史前彩陶,与上述文化分区大体相一致,亦可初步分为东西两个传统,即西部的侯家寨文化彩陶传统和东部的龙虬庄文化彩陶传统。

一、侯家寨文化彩陶传统

侯家寨文化彩陶传统,由双墩文化、侯家寨文化和孙家城文化彩陶所构成。

(一)双墩文化彩陶

双墩文化彩陶,主要见于蚌埠双墩遗址[2]。双墩文化早期以釜为主,釜与支架搭配使用,支架多为祖形。小口双系罐和大口双系罐多为牛鼻形耳系。晚期釜鼎共存,祖形支架少见,多为圆柱形支架。流行鸟首形耳系,出现彩陶盆、把手钵等新器形。双墩文化的年代,早期前段为距今7300~7100年,后段为距今7100~6800年,晚期为距今6800~6500年。双墩早期前段发现有红衣陶盆和碗,后段开始在钵口下饰红彩宽带纹。晚期彩陶器形有盆、钵和罐,均

作者简介:张爱冰,男,1961年7月生,安徽大学历史学院教授。

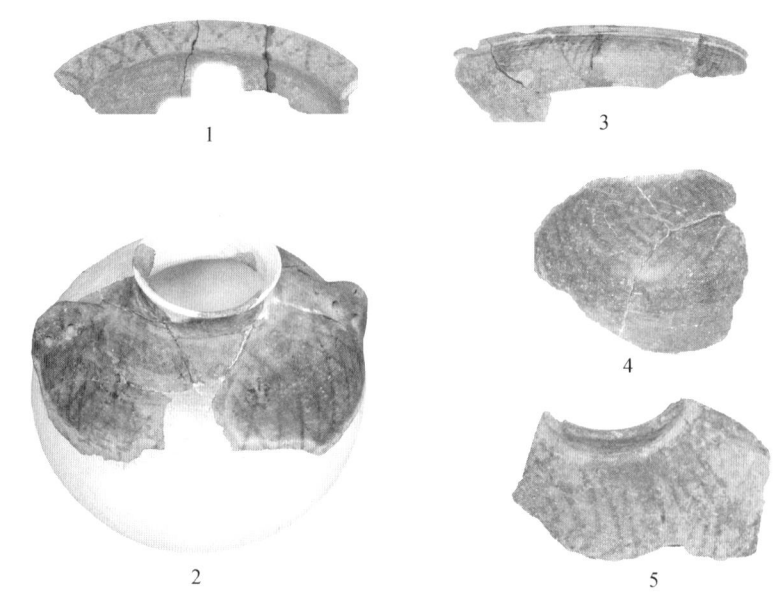

图一 双墩遗址出土彩陶
1、3.盆 2、4、5.罐

为橘地红彩，纹饰有交叉线纹、平行斜线纹、折线纹、垂三角纹、宽带纹、菱形网纹、菱形回字纹等（图一）。

双墩文化其他遗存如定远侯家寨一期、淮南小孙岗早期，或具较多相似文化因素遗存如鹿邑武庄一期，彩陶均较少见，其中侯家寨一期在少量碗、罐形器上施红衣或饰宽带纹。

（二）侯家寨文化彩陶

侯家寨文化彩陶，主要见于定远侯家寨遗址[3]。研究表明，遗址可分为两期，一期陶器器形主要有带錾罐形釜、钵形釜、祖形支架、矮圈座碗、豆、鸟首形和牛鼻形耳系罐等；本期还出土大量陶器刻划符号和鹿角勾形器。二期陶器器形主要有釜形鼎、罐形鼎、钵形鼎、豆、罐等；二期遗存最为显著的变化是彩陶的大量出现。由侯家寨并结合其他遗址材料分析，侯家寨一期遗存属于双墩文化，在其产生和发展过程中受到裴李岗文化、石山孜一期文化等的影响，并与同时期的石山孜二期文化、北辛文化等有密切互动。二期遗存是在一期遗存基础上发展起来的一种新的文化类型，可命名为侯家寨文化。侯家寨文化部分器形如罐形釜、小口双耳罐、敞口钵、伞形器盖、钵形釜等，延续了双墩文化的传统；流行錾手、耳系和三足器，錾手多为鸡冠形，耳系多为鸟首形，较双墩文化有所发展；鼎足新出现麻花形、草帽形和弯曲形，较双墩文化丰富。根据AMS测年，一期距今7300～7000年，二期距今6100～5800年，与文化内涵分析所得年代基本一致。众所周知，江淮之间是中国史前文化南北交流的重要节点，以往的考古材料多在淮河北岸，南岸较少。距今6000年前后该区域出现的文化变迁，也是学术界关注的一个焦点，以往的工作，之前、之后的发现都较多，唯此阶段材料贫乏。侯家寨遗存不仅为了解上述文化嬗变提供一批非常关键的材料，填补了该区域史前文化发展序列中的一个缺环，在目前对江淮之间史前文化的独特性、地位与作用认识尚显不足的情况下,侯家寨文化的确立,也能进一步促进中国考古学的理论探索。

侯家寨二期彩陶器形主要有钵、三足钵、碗、豆、罐和器盖,多为橘地红彩,极少量橘地黑彩。装饰部位多为器表口沿和上腹部,极少量为器内彩。纹饰主要有宽带纹、平行线纹、竖条纹、折线纹、锯齿纹、菱格纹、波浪纹、云纹、圆圈纹、联珠纹等及其组合(图二)。

侯家寨文化其他遗存如肥西古埂早期,或具较多相似文化因素遗存如鹿邑武庄二期,均有彩陶发现,其中武庄二期彩陶较为发达。武庄二期陶器器形主要有鼎、罐、豆、碗、盆、壶等,其中釜形鼎、罐形鼎、钵形豆、折腹盆、小口双耳壶等与侯家寨二期形制近同。武庄二期彩陶器形主要有钵、碗、豆、盆、壶等,以红彩为主,少量褐彩及黑彩,纹饰主要有宽带纹、锯齿纹、

图二 侯家寨遗址出土彩陶
1. 碗 2. 钵 3~8. 豆 9~11. 罐 12. 器盖

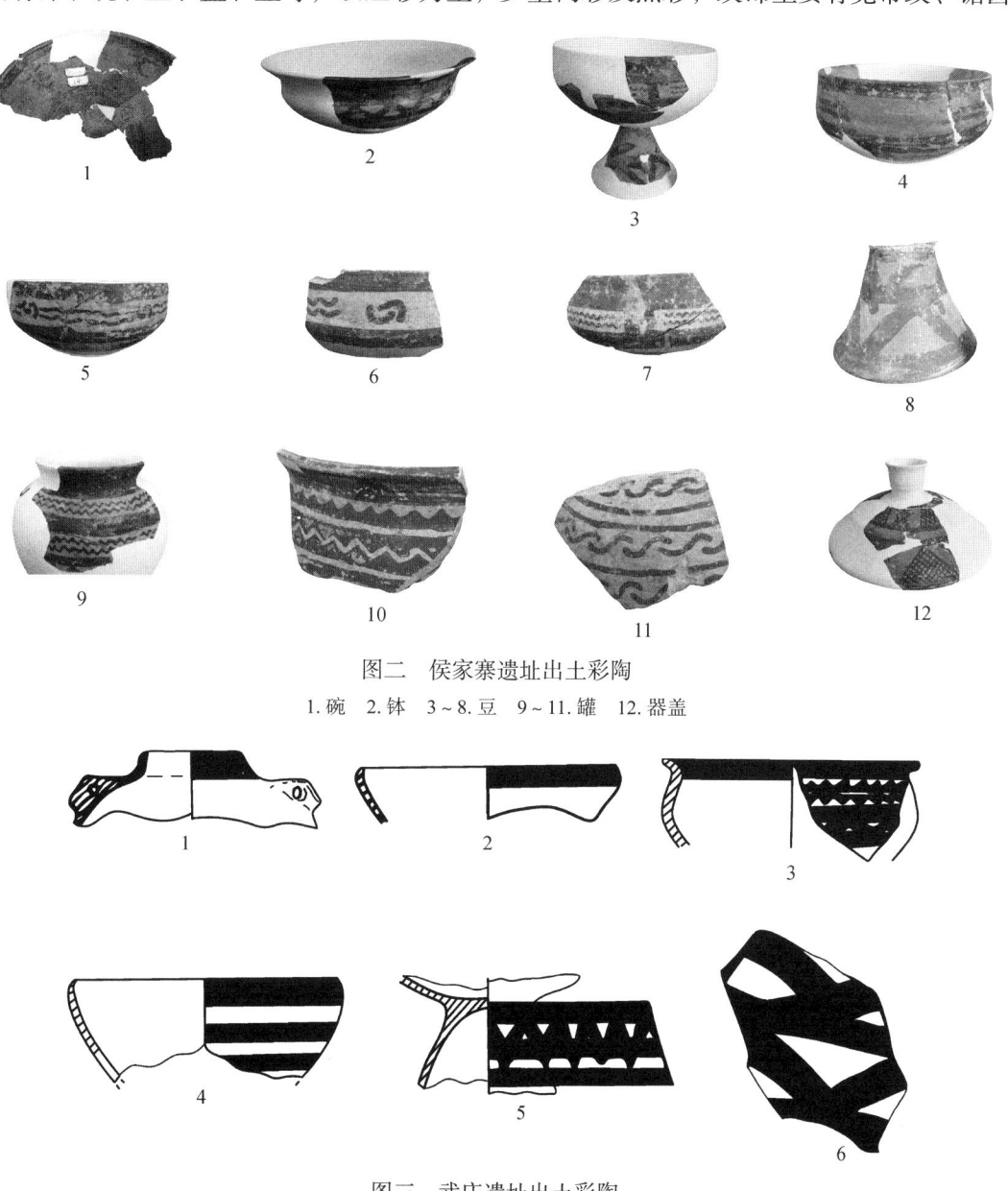

图三 武庄遗址出土彩陶
1. 壶 2. 钵 3. 盆 4、5. 豆 6. 彩陶片

折线纹等。壶、钵口下多饰红彩宽带纹，盆口沿内外均饰红彩宽带纹，腹饰锯齿纹、宽带纹、折线纹组合，豆盘饰红彩平行宽带纹，豆圈足饰平行宽带纹、折线纹组合（图三）[4]。

对侯家寨遗址出土陶器的科技分析表明，彩陶多为泥质红陶和泥质灰陶，烧成温度在800~850℃之间，最高不超过900℃；彩陶表面红彩为赤铁矿，黑彩为炭黑，未使用矿物颜料，可能采用了某种渗碳工艺。

（三）孙家城文化彩陶

孙家城文化彩陶，主要见于怀宁孙家城遗址[5]。孙家城一期文化陶器主要器形有罐形鼎、釜形鼎、敞口盆、三足罐、钵形豆等。彩陶大量出土。二期文化陶器主要器形有釜形鼎、罐形鼎、盘形豆、釜形罐、折沿双耳罐、直口盆、黑皮陶杯等。彩陶显著减少。孙家城一、二期文化衔接紧密，应属于同一性质文化的两个发展阶段。孙家城文化与侯家寨文化存在某种联系，一期器形中的釜形鼎、罐形鼎、鼎足、实心陶球、陶塑等，二期器形中的罐形鼎、钵形豆等均与侯家寨文化相似。二期文化中的凿形和三角形鼎足、直口豆盘、陶球、黑皮陶以及个别三角形鬶把手等，与薛家岗文化早期有较强的延续性，应为薛家岗文化来源之一。孙家城一、二期文化的年代，根据 ^{14}C 测年，为距今5800~5500年，与侯家寨文化有部分重叠。

一期文化彩陶可辨器形有豆、盆等，仍以橘地红彩为主，但有少量红地黑彩、红地橘彩、白地红彩，多为外彩，极少量为器内彩，纹饰主要有宽带纹、条带纹、垂弧纹、水波纹、锯齿纹、平行折线纹、平行斜线纹、菱格纹、平行条纹、叶状纹、勾连云纹、竖条纹、田字格纹等及其组合（图四，1~10）。二期文化彩陶数量较少，其中白地红彩或饰卷云纹、平行条纹组

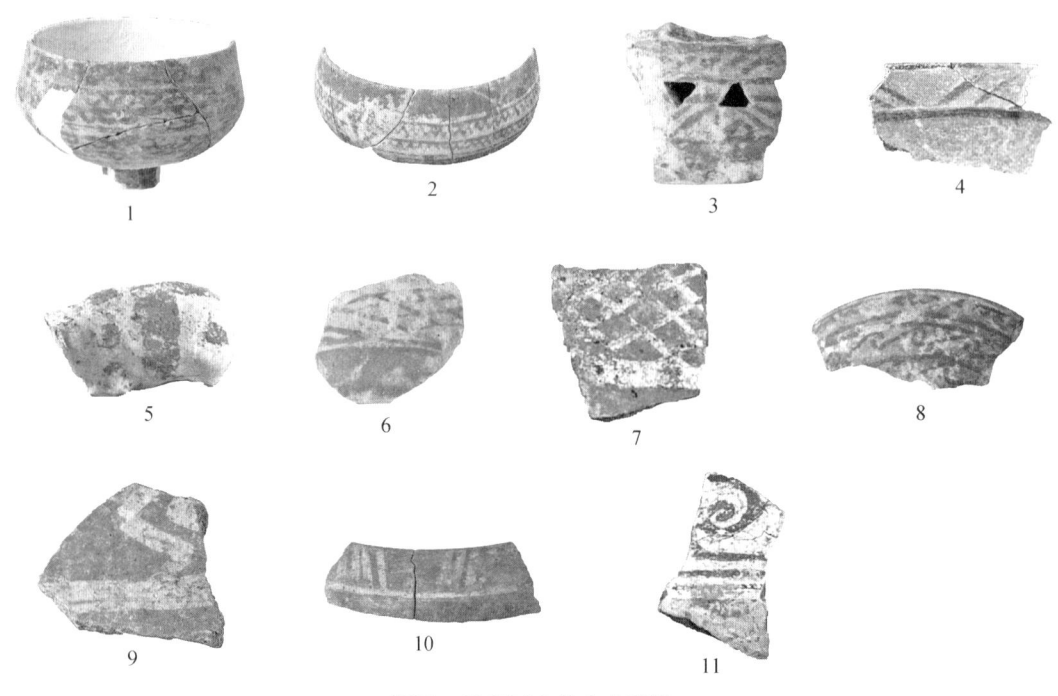

图四 孙家城文化出土彩陶
1~3. 豆 4. 盆 5. 彩陶猪 6~11. 彩陶片

合，或饰"井"字形图案（图四，11）。

综上，侯家寨文化彩陶系统，有以下特点：

第一，器形多样，有盆、钵、三足钵、碗、盘、豆、器盖、罐、陶塑等；

第二，色彩搭配以橘地红彩为主；

第三，装饰部位多为外彩，极少量器内彩；

第四，纹饰均为几何纹。

二、龙虬庄文化彩陶传统

龙虬庄文化彩陶传统，由龙虬庄文化彩陶所构成，包括青莲岗二期、万北二期、黄岗二期和龙虬庄二期彩陶等遗存。

（一）青莲岗二期彩陶

淮安青莲岗遗址位于淮河南岸，20世纪50年代曾进行过四次调查和一次试掘[6]。青莲岗陶器以夹砂红陶为主，次为泥质红陶，少见灰、黑陶，典型器有宽檐釜、圆锥足鼎、带把钵、三足钵、双耳壶、高圈足豆等。

长期以来，由未经正式发掘的青莲岗遗址命名的"青莲岗文化"的时空范畴与文化性质概念不明晰，邹厚本先生等曾重新表述青莲岗文化，并将其划分为侯家寨一期、双墩和青莲岗三个地方类型[7]；张敏先生认为，由高邮龙虬庄、周邶墩、兴化南荡等遗址的系统发掘，江淮东部地区的新石器时代考古学文化可命名为龙虬庄文化。龙虬庄文化的年代，主要依据层位关系明确的高邮龙虬庄和海安青墩遗址，结合^{14}C测年，大致为距今7000～5000年。龙虬庄文化分为三期，一期器形有釜、鼎、盉、钵、碗、豆、罐等，釜以双耳罐形釜和窄沿釜为主，盉多作圜底壶形，腹中部有一向上翘的宽扁把手和管状流，年代为距今7000～6300年。二期器形有鼎、釜、盉、钵、豆、匜、碗、罐、杯等，鼎呈增多趋势，其中小圆圈形盖纽、三足钵、罐、豆、钵、小陶器等器形与侯家寨文化相似，年代为距今6300～5500年。三期器形有釜、鼎、豆、壶、钵、盆、碗、杯、尊等，彩陶消失，年代为距今5500～5000年[8]。

2015年和2016年，对青莲岗遗址进行了新的勘探和发掘，其新石器时代遗存可分为三期：一期陶器以釜为主，主要器形有敞口圜底釜、腰檐釜、腰檐豆、钵等，鼎足多为圆锥形；二期陶器以鼎为主，常见足面有一道凹槽的宽扁鼎足，内彩陶器均出自此期；三期大汶口文化和良渚文化典型陶器同出。林留根等认为，青莲岗一期即为青莲岗文化，二期与龙虬庄二期相当，三期相当于大汶口文化中晚期[9]。

青莲岗遗址出土较为丰富的彩陶遗存，器形主要有钵等，色彩以黑、红为主，多为器内彩，口沿内、外各饰一道红彩宽带纹，内壁上绘有宽带纹、弧线纹、水波纹、鱼网纹、八卦

图五　青莲岗遗址出土彩陶
1～3.彩陶钵残片
采自南京博物院：《江苏彩陶》，文物出版社，1978年

纹、网纹、双弧线与斜方格混合纹、斜十字纹等，所谓八卦纹可能是编织纹的一种，也有学者称为简化兽面纹（图五）。青莲岗彩陶的年代，根据新获取的地层关系，应属于龙虬庄二期。

（二）万北二期彩陶

沭阳万北遗址位于淮、沂、沭河冲积平原区，一期文化以釜、罐为主，二期文化主要器形有圆锥足鼎、錾手釜、带流钵、折腹小平底钵、双耳壶、圈足豆、"Ⅰ"字形支座等[10]。万北一期与青莲岗文化有较多相似文化因素，万北二期与龙虬庄二期相当。

万北二期文化出土较为丰富的彩陶，器形主要为钵，泥质红陶，有黑彩和深褐色彩两种，以黑彩为主，皆为器内彩。纹样主要有变形鱼纹、三角网纹、栅栏纹、宽带纹、水波纹、双弧线纹等，其中钵内壁饰有四组对应的"之"字纹，或四组对应的水波纹彩绘图案，上下界以彩绘条带（图六）。

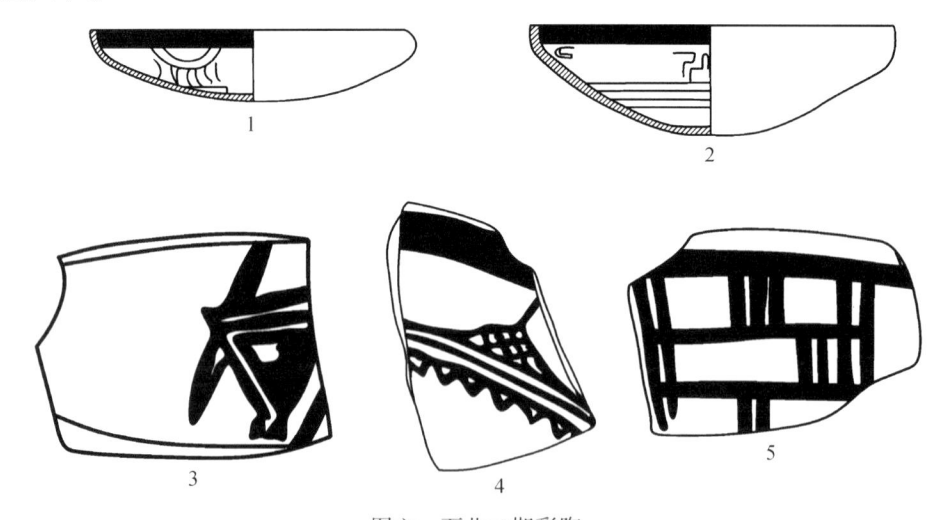

图六　万北二期彩陶
1、2.彩陶钵　3～5.彩陶片
采自费玲伢：《江苏新石器时代彩陶与彩陶系研究》，《东南文化》2010年第6期

（三）黄岗二期彩陶

淮安黄岗遗址北距青莲岗遗址仅20千米，一期遗存主要有釜、锥状足鼎、钵、罐、壶、鬹、盉、豆、支脚及人面、动物等。釜为大宗，多为四鋬，口下常见一周凸棱，以圜底为主，少量平底。钵、小口壶等器表多通体施红衣。支脚有弯曲柱状、猪首形、顶端呈蘑菇形等。此外，还出土鹿角靴形器等。一期遗存即为青莲岗文化，与双墩文化、万北一期遗存有相似文化因素。结合^{14}C测年数据，一期遗存主体年代为距今7100~6500年。二期遗存文化面貌与一期差异较大，新出现了匜、三足钵、杯和大量彩陶。二期遗存见于青莲岗等遗址，与侯家寨文化相似，结合青莲岗、侯家寨二期、万北遗址测年数据，年代为距今6100~5600年[11]。

黄岗二期出土较为丰富的彩陶遗存，器形主要有钵、匜等，多为器内彩，外彩少见；以白（或黄）地黑（或褐）彩为主，少量橘地红彩；纹饰有舞蹈人像、太阳纹、双弧线纹、八卦纹、水波纹、网纹、平行条纹等，主体元素与青莲岗二期、龙虬庄二期、万北二期基本一致（图七）。

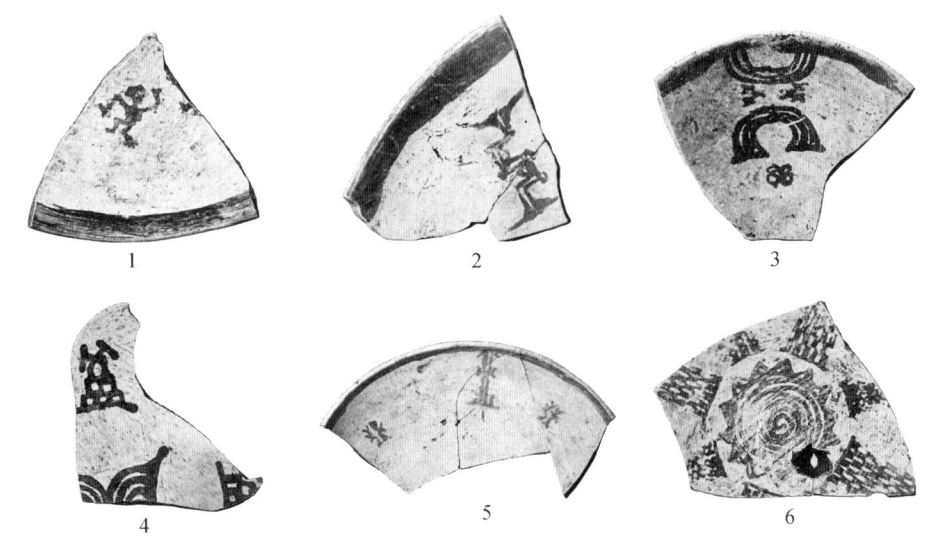

图七　黄岗二期彩陶钵残片
采自陈星灿主编：《中国出土彩陶全集》卷3，科学出版社、龙门书局，2021年

（四）龙虬庄二期彩陶

龙虬庄二期出土较为丰富的彩陶遗存，器形有钵、匜等，多为泥质红陶；有红彩和黑彩两种，以黑彩为多；多为器内彩，外彩较少。纹样以宽带纹、斜方格网纹为主，其他还有网纹、水波纹、栅栏纹、圆圈纹、几何纹、卦形纹、脚印纹、由弧线三角形组成的花瓣纹以及变形鱼纹或鸟纹。钵多口沿外侧饰一道红彩，内壁有黑彩，口沿内侧绘一道宽带纹，腹壁内侧或绘四组足印纹、心形纹和变形人面鱼纹，腹壁与底交接处绘两道窄带纹，底部绘三角形网纹，或腹壁与底交接处绘两道彩带，底部绘三角形网纹；或内壁有红彩，口沿内绘一宽带纹，腹壁内侧

绘四组折线纹组成的图案。碗多口外侧及圈足上下有三道红彩，或内壁有黑彩，饰四组脚印纹，间饰变形的人面鱼纹，底部绘四个弧线三角形网纹（图八、图九）[12]。

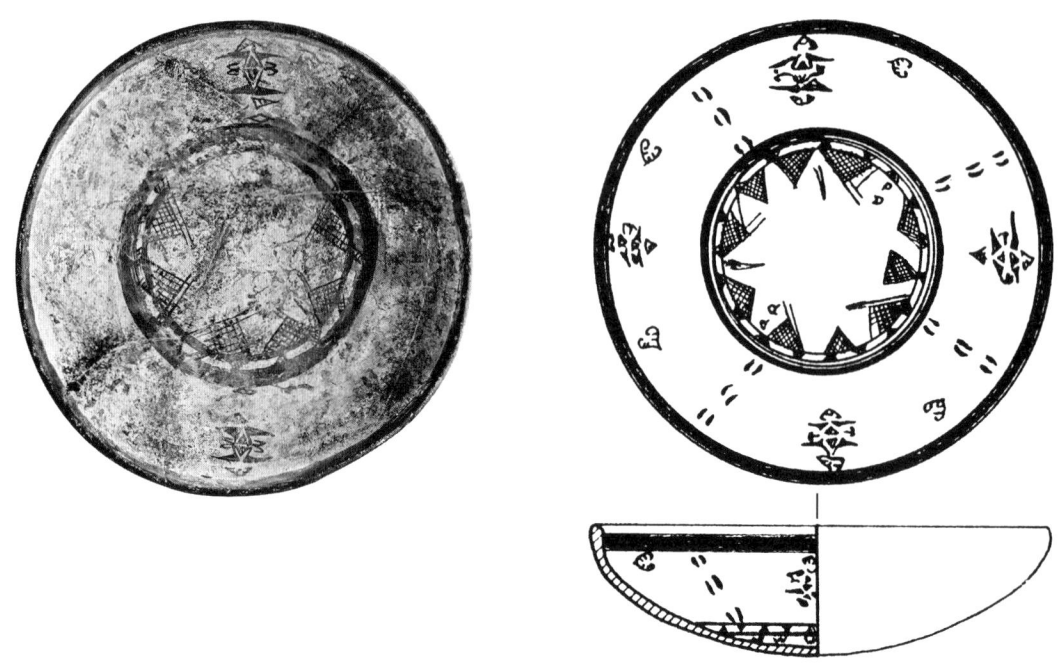

图八　龙虬庄二期变形人面鱼纹钵
采自陈星灿主编：《中国出土彩陶全集》卷3，科学出版社、龙门书局，2021年

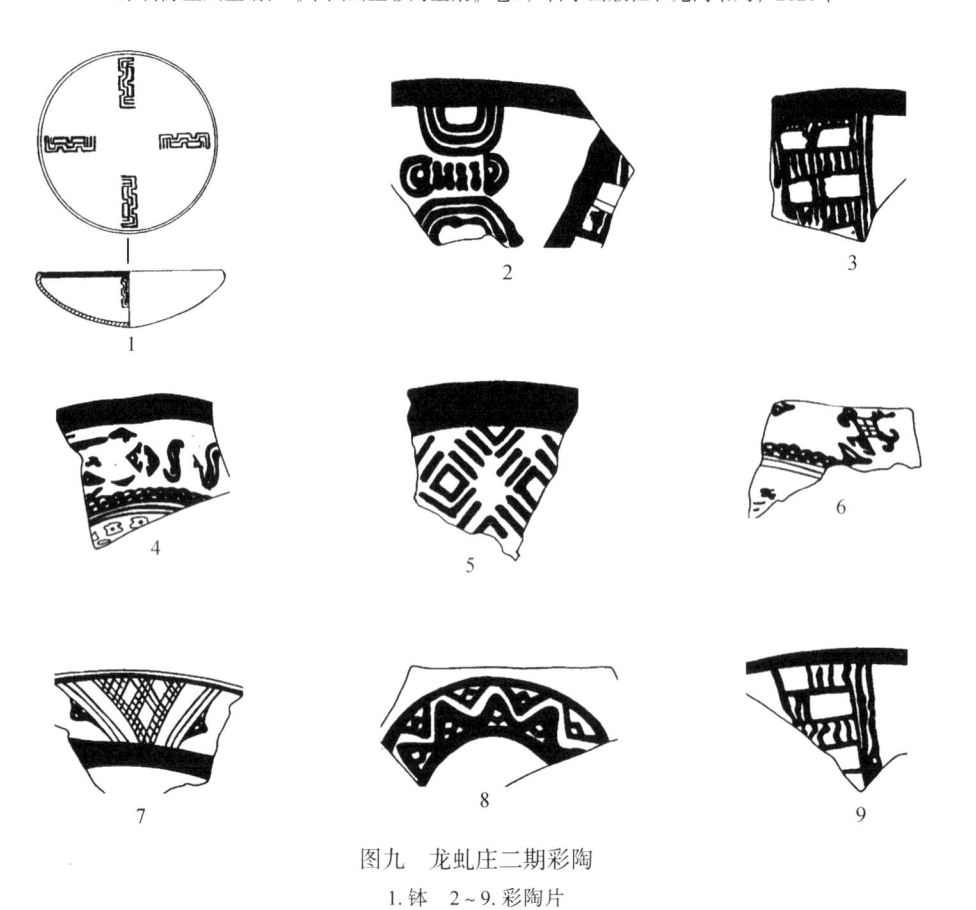

图九　龙虬庄二期彩陶
1.钵　2~9.彩陶片

综上，龙虬庄文化彩陶系统，有以下特点：

第一，器形较少，主要有钵、匜等；

第二，色彩搭配以白（或黄）地黑（或褐）彩为主；

第三，装饰部位多为器内彩，少量外彩；

第四，纹饰主要为几何纹，但其中的卦形纹、心形纹、脚印纹以及人物纹、变形鱼纹、变形人面鱼纹等区域特征明显。

三、结　　语

综上所述，似可形成以下初步认识：

江淮之间史前彩陶的发展可分为三个时期：距今7000年前后为发生期，以双墩文化彩陶为代表；距今6300～5500年为鼎盛期，以侯家寨文化、孙家城文化、龙虬庄文化彩陶为代表；距今5500年以后为衰落期。

江淮之间史前彩陶可分为东西两个工艺传统：西部的侯家寨文化彩陶传统，由双墩文化、侯家寨文化、孙家城文化彩陶所构成，以橘地红彩、外彩和几何形纹饰为主要特征；东部的龙虬庄文化彩陶传统，由龙虬庄文化彩陶所构成，包括青莲岗二期、万北二期、黄岗二期和龙虬庄二期彩陶等遗存，以白（或黄）地黑（或褐）彩、器内彩、几何形纹饰以及人物纹、变形鱼纹、变形人面鱼纹为主要特征。

江淮之间史前彩陶与周边考古学文化有着或多或少的文化交流，如老官台文化彩陶中的红彩宽带纹，仰韶文化彩陶中的器内彩、鱼纹和人面鱼纹，大河村彩陶中的折线纹、垂弧纹、锯齿纹、菱形网纹，大汶口文化彩陶中的宽带纹、垂弧纹、折线纹、波浪纹、网纹，跨湖桥文化彩陶中的橘地红彩、红地橘彩以及条带纹、折线纹、波浪纹、垂弧纹，北阴阳营文化彩陶中的器内彩等。但是，庙底沟文化彩陶中的红地黑彩和花瓣、勾连纹，大汶口文化彩陶中的白彩、复彩以及圆点、勾叶、弧边三角纹，上山文化彩陶中的红衣满施及乳白彩，崧泽文化彩陶中的整器涂抹红褐彩，北阴阳营文化彩陶中的红衣黑彩、红衣褐彩和白衣红彩，也与江淮之间彩陶有不少的差别。

江淮之间史前彩陶两个传统的初步认识，可进一步揭示该地区在中国史前彩陶及其传播中的地位和作用，深化该地区新石器时代历史进程研究。

附记：本文得到国家社科基金重大项目"侯家寨遗址发掘资料的整理与研究"（16AKG001）的资助。安徽大学吴卫红，蚌埠市博物馆汪全武，南京博物院张敏、甘恢元先生为资料收集提供了便利，课题组成员叶雯静、郗安红承担了部分线图清绘和拼图工作，一并致谢！

注 释

[1] 张敏:《简论考古学的"区系类型"与"文化系统"》,《南方文物》2012年第2期。

[2] 安徽省文物考古研究所、蚌埠市博物馆:《蚌埠双墩——新石器时代遗址发掘报告》,科学出版社,2008年。

[3] 安徽省文物考古研究所:《安徽定远侯家寨新石器时代遗址发掘》,《考古学报》2019年第1期。

[4] a.河南省文物考古研究所:《河南鹿邑县武庄遗址的发掘》,《考古》2002年第3期。
b.张文军等:《试析河南鹿邑县武庄遗址新石器时代文化遗存》,《考古》2003年第2期。

[5] 安徽省文物考古研究所、怀宁县文物管理所:《安徽怀宁孙家城新石器时代遗址发掘简报》,《文物》2014年第5期。

[6] a.华东文物工作队:《淮安县青莲岗新石器时代遗址调查报告》,《考古学报》1955年第1期。
b.吴山菁:《略论青莲岗文化》,《文物》1973年第6期。

[7] 邹厚本、谷建祥:《青莲岗文化再研究》,《东南文化》1992年第1期。

[8] a.张敏:《试论龙虬庄文化》,《中国考古学会第十次年会论文集》,文物出版社,2008年。
b.龙虬庄遗址考古队:《龙虬庄——江淮东部新石器时代遗址发掘报告》,科学出版社,1999年。

[9] 林留根、甘恢元:《青莲岗文化的考古发现与研究》,《中国考古学百年史(1921—2021)》第一卷下册,中国社会科学出版社,2021年。

[10] 南京博物院:《江苏沭阳万北遗址新石器时代遗存发掘简报》,《东南文化》1992年第1期。

[11] 林留根、甘恢元、胡兵、闫龙:《江苏淮安黄岗遗址2018—2019年发掘收获》,《2019中国重要考古发现》,文物出版社,2020年。

[12] 龙虬庄遗址考古队:《龙虬庄——江淮东部新石器时代遗址发掘报告》,科学出版社,1999年。

(原刊于《中原文物》2023年第1期)

枞阳、石崇出土玉石器鸟形图案的性质及意义

黄锦前

（新疆大学历史学院）

一

1977年，安徽省枞阳县横埠区红阳公社（现为老洲镇红杨村）修堤（长江大堤）工地出土一件石钺，为一民工收藏，1979年由区文化站征集交县文管所，现藏枞阳县文物管理所，2012年重新整理、照相、拓片。石钺磨制精细，宽体，两面弧刃，援中部有一大圆孔，无内。长16、宽13厘米，重0.65千克（图一，1）。1994年6月，国家文物鉴定委员会专家组定其年代为商代[1]。值得注意的是，在钺正面和背面左侧偏上的对应位置，皆有一阴线细刻的图案，线条纤细清晰，笔道自然流畅，颇为精美（图一）。

商周时期的高级贵族墓葬中，一般会随葬戚、钺等礼仪性兵器，同时兼作墓主武功的体现和表征，如山西灵石旌介商墓M3出土青铜钺3件（M3：15、M3：16、M3：17）[2]、河南鹿邑太清宫长子口墓也出土有青铜钺（M1：243）[3]和玉钺（M1：286）[4]、江西新干商代大墓出土青铜钺六件（XDM：333、XDM：334、XDM：335、XDM：336、XDM：337、XDM：338）[5]、山西翼城大河口M1出土铜钺两件（M1：225、M1：194）[6]、玉戚（M1：206）、玉钺（M1：227、M1：207）三件[7]、湖北随州叶家山西周早期曾侯墓M65、

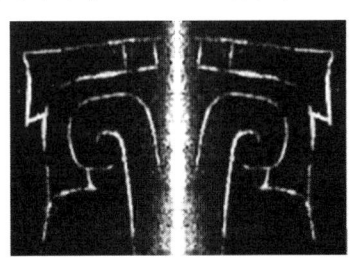

图一 枞阳出土石钺及拓本
1.石钺拓本 2.鸟形图案拼合图（正面—正面，背面—背面）

作者简介：黄锦前，男，1979年1月生，安徽大学历史专业（文博方向）1997级本科生。

M28及M111皆出土有青铜钺（M65：9[8]、M28：172[9]），等等。据现有资料来看，这些墓葬的墓主一般多为王、侯伯或王朝的军事长官等高级贵族。在较早的史前时代，也有类似的器物出土，如浙江余杭反山墓地出土的玉钺（M12：1001）[10]，其上即刻有神人兽面纹形象（图二），墓主也应系当时的部族首领兼军事长官一类人物。

在石钺出土地点以西10余千米处，考古工作者发现有汤家墩遗址，现存面积6700平方米，1989年9～10月，安徽省文物考古研究所曾进行过发掘，发现遗迹有灰坑、灰沟、柱洞，出土遗物有铜器、石器、陶器、原始瓷器和印纹硬陶等[11]，年代为西周晚期至春秋早期[12]。1987年，该遗址曾出土一件西周初年的方彝（ZW00889）[13]。另在附近的周潭镇严潭村、联合村以及陈瑶湖镇高桥村等地，发现有祖家墩遗址、船形遗址、牛形地遗址、墩头遗址、西流寺墩遗址、吴家墩遗址等大量新石器、商周时期的聚落遗址[14]，更早的新石器时代文化遗址在枞阳境内也有很密集的分布[15]。从出土地点看，石钺出于此地，绝非偶然，而应与这些遗址有很密切的关系。石钺据形制看应较大河口M1出土西周早期的玉钺（M1：227）年代要早，与安徽潜山薛家岗遗址出土的石钺（M37：9[16]、M44：7[17]，见图三）、含山凌家滩出土的石钺（87M4：75-2[18]、87M6：49[19]、87M12：24[20]、87M14：2[21]，见图四）和浙江余杭瑶山墓地出土的玉钺（M3：12）[22]、石钺（M10：13[23]，见图五）、反山墓地出土的石钺（M12：99[24]、M15：29[25]，见图六）及文家山墓地出土的石钺（M1：27，见图七）[26]等形制接近，其他如新地里[27]，等等，也多有类似器物出土，其年代亦应与上述遗址的年代大体一致。

钺正、背两面所刻划图案，线条化图案化明显，但仔细分析其构形，应系鸟类动物的摹绘。若分解视之，其中 部分系鸟之头、颈，其上之 系鸟头上的羽冠，整体形象系鸟的象形，鸟的形象颇为鲜明，与商周时期青铜器上很多鸟的图案也可对照。其中鸟冠部分摹绘较细致，鸟首及躯干部分皆以简单线条刻划而成，整体而言，线条化图案化明显。结合以往所

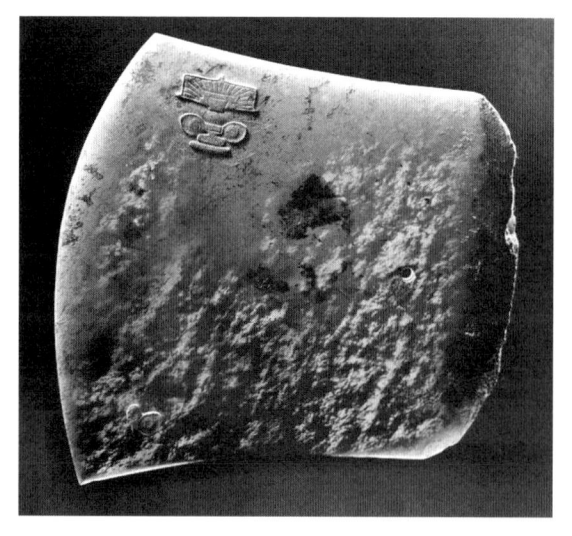

图二　反山墓地出土玉钺（M12：1001）
采自《反山》，彩版二九八

图三　薛家岗出土石钺（M44：7）
采自《潜山薛家岗》，彩版一七

图四 凌家滩出土石钺（87M14：2）
采自《凌家滩——田野考古发掘报告之一》，彩版一〇六，5

图五 瑶山出土石钺（M10：13）
采自《瑶山》，彩图458

图六 反山出土石钺（M15：29）
采自《反山》，彩版五七九

图七 文家山出土石钺（M1：27）
采自《文家山》，彩版二〇，1

出同类材料来看，这种铸刻在戚钺等礼仪兵器上的图案，应系当时族群的一种徽记符号，也就是过去通常所说的"图腾"，这在商周时期的铜器铭文中很常见，在更早的新石器及夏代的出土遗物中也屡见不鲜，如上揭反山墓地出土玉钺（M12：1001）上的神人兽面纹形象。考虑到枞阳一带在西周春秋时属群舒之地，在更早的薛家岗文化和良渚时代，亦属南方文化系统，考古出土的薛家岗文化和良渚文化的遗物中，也有很多类似的鸟类形象，推测钺上所刻绘鸟形图案，即系当地族群的徽记符号，或同文献记载的两周时期在该地活动的舒鸠有渊源，可能即早期在该地活动的鸠方的遗存。该族群可能就是以鸠鸟作为徽记标识符号，以与其他族群相区别。结合上述商周时期高级贵族墓葬中多随葬戚、钺等礼仪性兵器，尤其是反山墓地出土玉钺（M12：1001）上刻有神人兽面纹形象等现象来看，其器主应系新石器时代晚期该地区的一位酋邦首领。

二

推论终归是推论，尚需切实的证据加以验证。无独有偶，最近出版的神木市石峁文化研究会编《石峁玉器》一书，公布了一件陕西神木石峁遗址出土的玉刀[28]，其刃部两侧对应有阴刻的图案（图八），与枞阳出土石钺上所刻鸟形图案立意和形象皆极似。

据《石峁玉器》一书介绍，玉刀呈长方形，长13.1、宽6.2、厚0.4厘米。青黄玉质，温润细腻，表面受沁呈褐色和灰白色。刃口双面斜磨成直刃。应为原器1/2大，被纵向一剖为二，背面平直，有原器单面钻孔痕迹，背部有两个单面钻孔。刃部两侧对应有阴刻的图案。该书将刃部两侧所刻图案拼合在一起，称作"带有介字形冠的神人面"。

可惜《石峁玉器》一书没有介绍玉刀的详细出土信息，但类似形制的玉刀，在石峁遗址多有出土，如1976年戴应新调查发现的玉刀[29]及《石峁遗址出土玉器补遗》一文公布的几件玉刀[30]等，形制皆与该刀相近，其中一件玉质及沁色皆与此刀近同[31]，可见器物当无问题。再对照枞阳石钺的图案，可以肯定刀上图案当非后刻，因此该器出自石峁遗址，应无疑问。

枞阳石钺上所刻鸟形图案，我们也曾将其拼合在一起（图一，2），但发现二者并非完全对称，且拼合在一起后，也未发现什么更多有价值的信息，所以最终我们还是放弃了有关想法和尝试。石峁玉刀的图案拼合后，总体上讲，其对称性较枞阳石钺上的图案强，但仔细观察，亦非完全对称，左右两部分刻划的线条多寡和位置皆颇有出入（图八，2）。但这并非最紧要的，最关键的问题是，拼合后所形成的图案，并非如《石峁玉器》一书所说，系"带有介字形冠的神人面"。

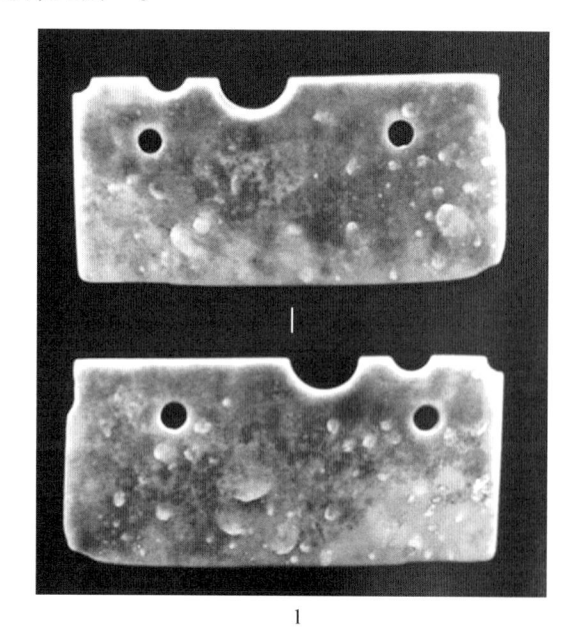

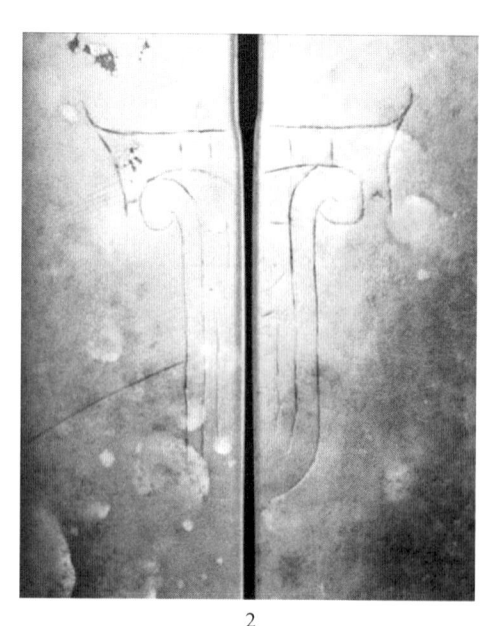

图八　石峁出土玉刀及刃部图案
1. 玉刀　2. 刃部图案
采自《石峁玉器》，第262、263页

考古出土的商周时期青铜器及更早的史前时代的玉器等，目前所见人面或神人面的形象已甚夥。青铜器上的神人图像，典型者如北京保利艺术博物馆藏神面卣[32]（图九），2007年湖北随州羊子山4号墓出土的鄂侯方罍[33]、兽面纹尊[34]、神面卣[35]（图一〇）及香港大唐国际2017春拍高古艺术专场展出的真卣[36]等。保利的神人面鼻梁隆起，双眼似杏眼，两侧为玦形耳。史前时代的玉器神人图像，最为大家所熟悉者当系良渚文化的神人兽面纹形象，如反山M12:98[37]（图一一，1、2）、M12:100[38]（图一一，3）及其他地点出土者[39]。石家河文化的人面形象，如肖家屋脊W6:32[40]、W6:14[41]（图一二，1）、W7:4[42]、W6:17[43]，枣林岗W4:1[44]（图一二，2）、罗家柏岭T20③B:18[45]、罗家柏岭T20③B:1[46]、六合W18:1[47]，等等，皆有鼻、两眼及耳。凌家滩出土的玉人[48]，也

图九　保利艺术博物馆藏神面卣
采自《保利藏金》，第103页

图一〇　羊子山M4出土神面卣
采自《随州出土文物精粹》，第26页

1　2　3

图一一　良渚文化神人兽面纹
1、2. 反山M12:98　3. 反山M12:100
采自《反山》，彩版一五六、彩版二六一、彩版二九九

图一二　石家河文化玉人
1. 肖家屋脊出土玉人面（W6：14）　2. 枣林岗出土玉人（W4：1）
采自《石家河文化玉器》，第27、35页

是耳、鼻、眼俱备。红山文化玉器如河南三门峡虢国墓地出土的斜口筒形玉器上所刻兽面纹[49]也是如此。1960年湖北荆门漳河车桥大坝战国墓出土的大武戈，援两面饰头着羽冠，耳戴双尾蛇，一手操龙鲵，一手握双头鱼形兽，腰缠蛇带，脚踏日月，身披鳞甲的神人[50]（图一三），也是鼻、两眼及耳俱全。总之，目前所见史前至商周时期各种人面或神人面的形象，无论是抽象化图案化较强还是写实性较强者，其最基本的共同特征，皆有鼻和两眼（可简单讲"有鼻子有眼"），这是不可或缺的成分，石峁玉刀的图案则二者全无，而仅有冠，冠以下部分图像则极为抽象简单，系躯干部分简单勾勒或写意，因此也就不可能是人面或神人面。石峁遗址曾出土过一件玉人头雕像（SSY：122）[51]，头束高髻，团脸，鹰钩鼻，半张口，线刻大眼，也是鼻、眼具备（图一四），亦可证玉刀刻纹并非人面或神人面。

石峁玉刀图案既然并非系"带有介字形冠的神人面"，那它又是什么呢？据其构形，可知和枞阳石钺上的图案一样，也应是鸟，下面再加以分析。

首先，枞阳石钺和石峁玉刀图案的上端，即《石峁玉器》所说的"介字形冠"者，系冠，这一点当无疑问。那它究竟是什么动物的冠，则需要分析。比照以往考古出土的同类材料来看，应系鸟或龙的冠。

出土商周时期青铜器纹饰上多见垂冠回首的夔纹形象，如1980年陕西扶凤刘家村西周墓葬出土的◆⌐鼎（80FLM2：1[52]；见图一五，1）、上海博物馆藏十五年趞曹鼎[53]（图一五，2）、1975年扶风庄白西周墓出土的彧鼎[54]（图一五，3）及1978年扶风齐家村出土的作宝尊彝尊（M19：40[55]；见图一五，4），等等，都是很典型的例子。这些夔龙的垂冠形象，与枞阳石钺和石峁玉刀上刻纹的冠形皆近似。另外，1937年殷墟第15次发掘时小屯M331

图一三 荆门出土大武戈
采自《文物》1963年第1期，第64页图一

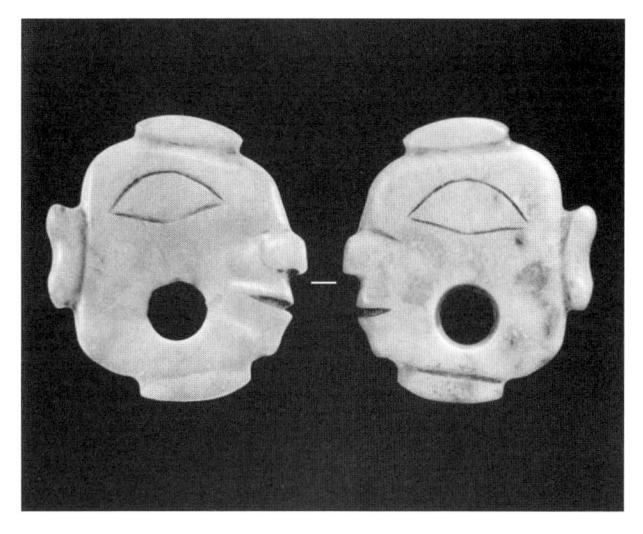

图一四 石峁出土玉人头雕像（SSY：122）
采自《中国出土玉器全集》，第14卷，第15页

图一五 商周青铜器所饰夔龙纹
1. ◆⌐鼎（采自《周原出土青铜器》，第1617页）　2. 十五年趞曹鼎（采自《夏商周青铜器研究》"西周篇"，第233页）
3. 𢽳鼎（采自《周原出土青铜器》，第1354页）　4. 作宝尊彝尊（采自《周原出土青铜器》，第1574页）

出土的玉人[56]，其头部所著羽冠（图一六），与枞阳石钺和石峁玉刀上所刻冠形也很接近。因此，可以确定，枞阳石钺和石峁玉刀上所刻冠形应系鸟或夔龙的冠。

其躯干部分，对比有关考古出土的实物形象，应系鸟形。首先，石峁遗址曾出土一件玉鹰（SSY：126[57]，见图一七），其鸟身部分的线条勾勒方式即与石峁玉刀和枞阳石钺上鸟的躯干部分构形近似。再如长子口墓所出龙凤玉佩的鸟（M1：340，见图一八）[58]，其羽冠与长拽而后卷的羽毛，以及鸟身的形象，皆与枞阳石钺鸟纹相对应部分极似；梁带村芮国墓地M26所出玉

图一六 小屯M331出土玉人
采自《殷墟出土器物选粹》，第109页

图一七　石峁出土玉鹰（SSY：126）
采自《考古与文物》2011年第4期，第46页图四，22

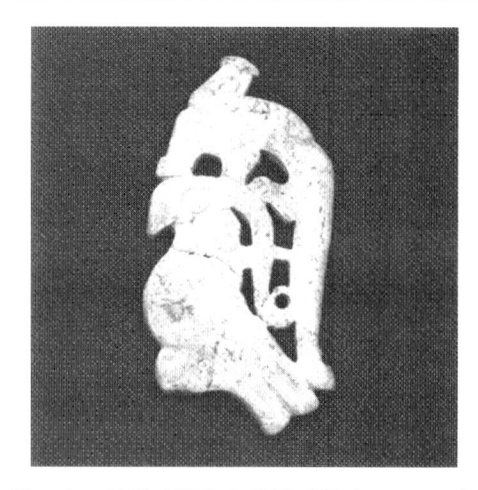

图一八　长子口墓出土龙凤玉佩（M1：340）
采自《鹿邑太清宫长子口墓》，彩版七九，1

鸟（M26：171，见图一九）[59]，其钩喙和鸟身纠结在一起的形象，与枞阳石钺鸟纹相近，其长拽的羽尾，则与石峁玉刀上以双线条刻划的长尾鸟纹极似。安阳殷墟妇好墓出土的玉凤（350[60]，见图二〇），作侧身回首欲飞状，短翅长尾，翅上用阳线雕翎，尾翎分叉，栩栩如生，也与石峁玉刀上鸟纹以双线雕划长尾极似。

陕西眉县杨家村西周铜器窖藏出土的逨钟[61]鼓部所饰夔凤纹及右鼓作为基音标志的鸾凤纹（图二一，1），皆与枞阳石钺及石峁玉刀上以双线条刻划的长尾鸟纹极似。

考古出土的鸟形实物，如2006年山西黎城塔坡楷（黎）国墓地M10出土的西周鸟形玉佩[62]，凤鸟勾喙，长冠，鸟身饰线刻卷云纹，尾向下翻卷，以阴刻线表现羽翅（图二一，2）。台北故宫博物院藏商晚期龙冠凤纹佩，喙卷尾，头上以一夔龙为冠饰（图二二），即分别与石峁玉刀和枞阳石钺上的鸟形图案形神皆似。又如1998年虢国墓地M2016出土的凤鸟形玉佩（M2016：3）[63]及1991年虢国墓地M2011出土的鸟形玉佩（M2011：337）[64]等，也分别与石峁玉刀及枞阳石钺上的鸟形图案有一定的相似性和可比性。

图一九　梁带村墓地出土玉鸟（M26：171）
采自《金玉华年：陕西韩城出土周代文物珍品》，第242页

有关考古出土的鸟形实物，还可参考北京保利艺术博物馆藏倗季鸟尊（图二三，1）[65]、2001年山西曲沃北赵晋侯墓地出土的晋侯鸟尊（M114：210[66]，见图二三，2）及2009年山西翼城大河口墓地出土的鸟形盉（M2002：23[67]，见图二四）等。

安阳殷墟大司空K1083探坑出土一件石鸟，其正面以简约的阴线刻出双眼、两翼与羽毛，背面阴线刻划的鸟的形状（图二五）[68]，则与枞阳和石峁的鸟形图案，有异曲同工之妙。

总之，根据这种图案的构形，对比考古出土实物和图像，可知其冠应系鸟或夔龙的冠，其躯干部分应系鸟，而非龙形，和羽冠结合在一起的整体，应即鸟的象形和摹绘，这种图案应系鸟形，当可肯定。

图二〇　殷墟妇好墓出土玉凤（350）
采自《殷墟妇好墓》，彩版三二，3

图二一
1. 逑钟鼓部夔凤纹及鸾凤纹（采自《吉金铸华章——宝鸡眉县杨家村单氏青铜器窖藏》，第285页）　2. 黎城塔坡M10出土鸟形玉佩（采自《2007中国重要考古发现》，第43页）

图二二　台北故宫博物院藏龙冠凤纹佩

图二三　鸟尊

1. 保利艺术博物馆藏佣季鸟尊（采自《北京晚报》2004年5月13日）　2. 晋侯墓地出土晋侯鸟尊（M114∶210，采自《晋国奇珍——山西晋侯墓群出土文物精品展》，第50页）

图二四　大河口墓地出土鸟形盉（M2002∶23）

采自《考古学报》2018年第2期，图版拾伍

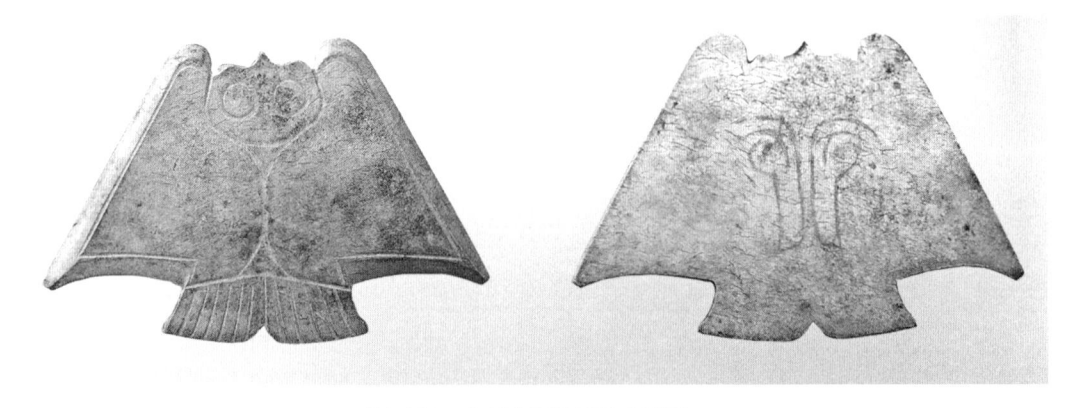

图二五　大司空K1083出土石鸟

采自《殷墟出土器物选粹》，第104页

三

石峁玉刀鸟形图案的确定，又为枞阳石钺的年代判定提供了新的佐证。

上述枞阳石钺与安徽潜山薛家岗、含山凌家滩遗址、浙江余杭瑶山、反山及文家山墓地出土的新石器时代石钺、玉钺形制皆近，类似的器物在薛家岗、凌家滩及良渚文化其他遗址和墓葬皆多有出土，尤其是凌家滩、良渚文化遗址和墓葬，有大量的同类器物出土，且上揭反山墓地出土的玉钺（M12：1001）上也刻有类似性质的神人兽面纹形象，再结合石峁出土玉刀上刻有类似纹饰及石钺出土地点附近有密集的新石器时代文化遗址分布等情况来看，枞阳石钺的年代，完全可能会早到新石器时代。

1963年，山东日照两城镇龙山文化遗址出土有一件兽面纹玉锛，在其柄端两面，以连续阴刻的旋转曲线围绕目纹展开，雕琢出一幅神人兽面形象[69]（图二六，1）。1956年，湖北天门石家河文化三房湾遗址出土一件红陶铃，其器身两面，刻划有鸟形对称图案[70]（图二六，2）。上揭这两种类型的刻划图案，虽地域、载体及形象等皆有别，但其立意和构思显然应与枞阳石钺和石峁玉刀的刻纹类似。类似的材料在史前时期的玉器中还有很多[71]，不赘述。这表明，这一时期，分别地处东南、西北、东、南各方的各个不同的考古学文化，其文化面貌虽各不相同，但却有一些相似或共同的文化特征，体现在具体的实物上，就是大致同一时期，各地皆不约而同地出现形象和立意皆类似的图案和符号，其内涵虽不尽相同，但反映了当时各个不同的考古学文化之间，有着一些共同的思维认知模式和心理基础，同时也可佐证，枞阳石钺的年代，亦当与之相近同。

总之，综合这些材料和信息来看，枞阳石钺的大致年代应同石峁时期相当，即新石器时代

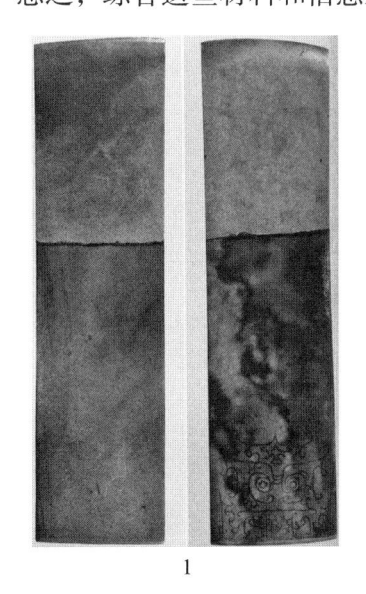

图二六　龙山、石家河文化的刻纹

1. 日照两城镇出土兽面纹玉锛（采自《山东文物精萃》，第8页）　2. 天门石家河三房湾出土红陶铃（采自《湖北出土文物精粹》，第36页）

晚期后段至夏代早期之间[72]，具体讲在公元前2500～前2000年前后。

研究者指出，石峁遗址的"文化面貌不同于中原地区和周边其他同期遗存而独具特色，但同时又吸收和融合许多外来因素，其突出特征之一就是高度发达的玉器文化"，"在中原地区经历着社会转型而迈入国家形态的时刻，相对封闭的河套地区仍然保留着本地龙山时代早、中期以来的文化传统及发展脉络，并使这种局面保持了相当长的一段时期"，枞阳一带地处长江下游，在史前时期，与位处陕北高原的石峁一带的族群，有无联系和交流呢？

枞阳地区的新石器时代文化，早期属薛家岗文化（崧泽时代）、后属良渚文化（时代）[73]，据考古出土遗物的文化因素分析，同凌家滩文化也有很密切的关系，总体上讲属南方文化系统。而在公元前3000～前2500年之间，整个史前社会处于空前的大变革时期，社会发生急剧的变化，各种考古学文化之间的交流和融合也空前活跃，在这个大背景下，长江流域、黄河流域等几个主要的考古学文化之间的交流和互动，也比以往任何时候都更加频繁[74]，所以这两者之间虽地隔玄远，但发生文化上的交流和碰撞，则完全可能。那么究竟是属崧泽、良渚文化系统的枞阳一带的史前文化对西北地区的石峁文化有影响，还是相反？或互有交流和影响呢？这还需要更多的证据，再作进一步的具体分析。当然也不排除二者皆有自己独立的起源或受其他途径影响而致。另外，若有交流和影响，具体的器物及符号的传播途径又是怎样的呢？这些都是需要进一步深入挖掘和研究的问题。

四

既然可以认定这种图案系鸟形，其性质也就可以更加明确予以判定，即如上文所述，这种图案应系当时族群的一种徽记符号。上文推测枞阳石钺上所刻绘鸟形图案，或同文献记载的两周时期的舒鸠有渊源，可能即早期在该地活动的鸠方的遗存，可能性也因此而更大，而并非毫无根据的妄测，下面再作一些补充说明。

与枞阳邻近的安徽潜山、桐城、肥西及含山等周邻地区，史前及夏商周时期，皆有不同种类和数量的鸟形或以鸟形装饰的器物出土，如含山凌家滩新石器遗址，出土有著名的玉鹰（98M29：6，见图二七）[75]、潜山薛家岗遗址，就出土有商周时期的陶鸟形器（H17：72，见图二八）[76]、1993年潜山黄岭春秋墓出土的春秋早期的🜚甗，内壁有鸟形徽记符号🜚[77]（图二九）、1987年桐城范岗出土的春秋时期的🜚鼎，其上也有鸟形徽记符号🜚[78]（图三〇）、肥西县上派镇出土的商代晚期的觚，圈足内壁也铸有鸟形徽记符号[79]（图三一）。综合这些材料，可知从史前到东周时期，该地区皆流行制作鸟形或以鸟形装饰的器物，这是一种长期延续的习惯，也是一脉相承的文化传承。

根据枞阳石钺上鸟形图案的形象，并结合其出土地点的有关史实分析，这种鸟的形象来源，可能即当地颇为流行的鸠鸟。枞阳一带临江，地貌以山区、丘陵、平原为主，鸟类资源丰富。鸠今为鸠鸽科部分鸟类的通称，常指山斑鸠及珠颈斑鸠两种。古为鸠鸽类，种类不一，如

图二七　凌家滩出土玉鹰（98M29∶6）
采自《凌家滩——田野考古发掘报告之一》，
彩版二○一

图二八　薛家岗出土陶鸟形器（H17∶72）
采自《潜山薛家岗》，彩版二三

图二九　潜山出土⚲甗内壁鸟形符号
采自《商周青铜器铭文暨图像集成》第7卷，第33页

图三○　桐城出土鸟鼎上鸟形符号
采自《商周青铜器铭文暨图像集成续编》第1卷，第19页

图三一　肥西出土瓤上鸟形符号
采自《安徽江淮地区商周青铜器》，第29页

雉鸠、祝鸠、斑鸠等，亦有非鸠鸽类而以鸠名的如鸤鸠（布谷）。《说文》："鸠，鹘鸼。"《诗·卫风·氓》："于嗟鸠兮，无食桑葚。"毛传："鸠，鹘鸠也。"《吕氏春秋·仲春纪》："苍庚鸣，鹰化为鸠。"高诱注："鸠，盖布谷鸟也。"其中部分鸠鸟，如蓝凤冠鸠（学名Goura cristata，图三二），就有华美的羽冠，形象和枞阳石钺上的鸟形颇似。蓝凤冠鸠常栖息在近水的森林或沼泽地区，主食各种植物的种子、果实及昆虫等，这与枞阳一带属亚热带温润季风气候的自然环境也相吻合。

文献记载，两周时期，群舒之一的舒鸠就在该地活动。《左传》文公十二年："楚令尹大孙伯卒，成嘉为令尹，群舒叛楚。"杜预注："群舒，偃姓，舒庸、舒鸠之属。今庐江南有舒城，舒城西南有龙舒。"孔颖达《正义》："《世本》'偃姓，舒庸、舒蓼、舒鸠、舒龙、舒鲍、舒龚'，以其非一，故言'属'以包之。"襄公二十四年："吴人为楚舟师之役故，召舒鸠人。舒鸠人叛楚。楚子师于荒浦，使沈尹寿与师祁犁让之。舒鸠子敬逆二子，而告'无之'，且请受盟。二子复命，王欲伐之。"杜预注："舒鸠，楚属国。召欲与共伐楚。"襄公二十五年："楚蒍子冯卒，屈建为令尹，屈荡为莫敖。舒鸠人卒叛，楚令尹子木伐之，及离城，吴人救之……吴师大败，遂围舒鸠，舒鸠溃。八月，楚灭舒鸠。"据《世本》等文献来看，舒鸠的起源应较早。结合枞阳出土石钺上鸟形图案及有关材料，推测其直接来源，可能就

图三二　蓝凤冠鸠

是早期的鸠方，石钺可能即早期的鸠方等族群在这一带活动的遗存。

同样，石峁玉刀上的鸟形图案，亦应系当地族群的徽记符号。据其构形，并结合考古出土的陕西及邻近地区商周青铜器及玉器上大量流行以凤鸟作为装饰的情况来看，石峁玉刀上的鸟，应即凤鸟。考古出土的商周时期青铜器铭文中大量的族徽（徽记符号）或类似的图形文字，一般多以与人类生活密切相关的飞禽走兽等为母题，以同一种动物作为徽记符号者并不鲜见，何况鸟又分很多亚种，形象和习性各不相同，因此，不同时期或同一时期不同地区的族群以不同的鸟甚至同一种鸟作为自己的崇拜物和徽记符号，其实也并不难理解。

另外值得注意的是，石峁玉刀两半完全对称，刀刃两侧所刻图案也基本对称，这很自然就会使我们想联想到，它有没有可能会是符节性质的东西？从考古发掘所见当时石峁社会的文明发展程度来看[80]，这种可能性是完全存在的。比石峁年代更早的安徽含山凌家滩遗址出土的璜形玉器，就有学者认为是结盟、联姻的信物[81]。从这个角度而言，石峁刻纹玉刀具备符节性质，也就更加可能。不过这仅仅是不成熟的推测，尚待寻找更多的证据，作进一步验证。

五

综之，通过对有关考古出土实物和图像考古学文化因素的比较分析，结合有关文献记载的史实，指出安徽枞阳红阳出土石钺上所刻绘鸟形图案应系鸠鸟，系当地族群的徽记符号，或与文献记载的两周时期在该地活动的舒鸠有渊源，可能即早期在该地活动的鸠方的遗存，器主应系新石器时代晚期（良渚时代）该地区的一位酋邦首领；陕西神木石峁遗址出土玉刀上所刻鸟形图案与之近似，应是凤鸟的象形和摹绘，而非"带有介字形冠的神人面"，其性质也应系当地族群的徽记符号；结合考古发掘所见当时石峁社会的文明发展程度来看，石峁刻纹玉刀也可能是具备符节性质的器物。枞阳石钺和石峁玉刀上形象和性质皆似的图案在不同地区差不多同时出现，反映了当时分别地处东南和西北的不同考古学文化之间，有着一些共同的思维认知模式和心理基础，可能存在交流和影响，进一步印证了距今5000～4500年前后长江流域和黄河流域几大考古学文化之间频繁交流和互动的史实。对石峁玉器图案的细读，可以促进对石峁遗存在中国古代文明化进程中的地位和作用的认知。

附记：初见枞阳出土石钺时，因无相关材料可以比照，考虑到其年代为殷商，据其图案构形并结合邻近地区如潜山、桐城等地所出东周时期青铜器多以鸟形符号作为徽记（图形文字）来看，我们认为，该图案应系鸟形的图案化，其性质应系徽记类符号或图形文字。若结合古文字中的"鸠"字偏旁作 䳡（包山楚简第183号简，见湖北省荆沙铁路考古队：《包山楚简》，文物出版社，1991年，图版八三）形来看，该字或可分析为从隹（或从"土"），丩声，或即"鸠"字。该族群可能就是以鸠作为徽记标识符号，以与其他族群相区别。现在对照石峁遗址出土的玉刀图案和安徽潜山薛家岗、含山凌家滩及浙江余杭等地良渚文化遗址和墓葬出土的石钺和玉钺的形制来看，枞阳石钺的年代，应可提早至新石器时代，所以它究竟是不是文字，还有待深入研究。不过考虑到商周时期青铜器铭文上作为徽记符号的很多图形文字多系对动物形象的直接摹绘，与较早的新石器晚期一些符号或图案密切相关（如上揭潜山、桐城等地所出东周时期青铜器上的鸟形徽记符号或图形文字）等情况，这些想法也未必就一无是处，故聊志于此，以备参考。枞阳出土石钺蒙张爱冰老师提供资料；小文初稿完成后，请张老师审阅，又提出一些修改意见，谨以致谢！

再记：作者2018年9月在武汉参加"曾侯乙编钟出土40周年学术研讨会"时，曾当面向台北故宫博物院邓淑苹研究员请教石峁刻纹玉刀来源的有关信息，又蒙她提供大作《论雕有东夷系纹饰的有刃玉器》，谨记于此，以致谢忱！

2018年10月15日

注　释

[1] a. 安徽省地方志编纂委员会：《安徽省志·文物志》，方志出版社，1998年，第286页。
　　b. 拓本见张爱冰等：《群舒文化研究》，上海古籍出版社，2018年，第164页。
[2] 山西省考古研究所：《灵石旌介商墓》，科学出版社，2006年，第177、178页，图202、图203。
[3] 河南省文物考古研究所、周口市文化局：《鹿邑太清宫长子口墓》，中州古籍出版社，2000年，彩版六〇，2。
[4] 河南省文物考古研究所、周口市文化局：《鹿邑太清宫长子口墓》，中州古籍出版社，2000年，彩版七五，1。
[5] 江西省文物考古研究所、江西省博物馆、新干县博物馆：《新干商代大墓》，文物出版社，1997年，彩版

二九、彩版三〇，图版三二、图版三三。

[6] 深圳博物馆、山西省考古研究所、山西博物院：《封邦建霸——山西翼城大河口墓地出土西周霸国文物珍品》，文物出版社，2016年，第88、89页。

[7] 深圳博物馆、山西省考古研究所、山西博物院：《封邦建霸——山西翼城大河口墓地出土西周霸国文物珍品》，文物出版社，2016年，第108~110页。

[8] 湖北省博物馆、湖北省文物考古研究所、随州市博物馆：《随州叶家山——西周早期曾国墓地》，11，文物出版社，2013年，第44、45页。

[9] 湖北省博物馆、湖北省文物考古研究所、随州市博物馆：《随州叶家山——西周早期曾国墓地》，42，文物出版社，2013年，第103页。

[10] 浙江省文物考古研究所：《反山》，文物出版社，2005年，彩版二九七、彩版二九八。

[11] 安徽省文物考古研究所：《安徽枞阳县汤家墩遗址发掘简报》，《中原文物》2004年第4期，第4~14页。

[12] 张爱冰：《也谈曲柄盉的年代及其相关问题》，《文物》2014年第3期，第57~64页。

[13] a. 方国祥：《安徽枞阳出土一件青铜方彝》，《文物》1991年第6期，第94页，图版柒，1、2。
b. 安徽大学、安徽省社会科学院、安徽省文物考古研究所：《安徽江淮地区商周青铜器》，042，文物出版社，2014年，第62、63页。
c. 安徽大学历史系、枞阳县文物管理所：《枞阳商周青铜器》，01，安徽大学出版社，2018年，第3~13页。

[14] a. 王乐群：《枞阳县文物志》，中国文史出版社，2003年，第153~158页。
b. 枞阳县文物管理所：《枞阳县全国第三次文物普查资料》，2011年。
c. 安徽大学历史系、枞阳县文物管理所：《枞阳商周青铜器》，01，安徽大学出版社，2018年，第101~118页。

[15] a. 阚绪杭、方国祥：《枞阳县新石器时代文化遗址调查报告》，《文物研究》第八辑，黄山书社，1993年，第111~122页。
b. 王乐群：《枞阳县文物志》，中国文史出版社，2003年，第153~158页。
c. 枞阳县文物管理所：《枞阳县全国第三次文物普查资料》，2011年。

[16] 安徽省文物考古研究所：《潜山薛家岗》，文物出版社，2004年，彩版一六，1。

[17] 安徽省文物考古研究所：《潜山薛家岗》，文物出版社，2004年，彩版一七。

[18] 安徽省文物考古研究所：《凌家滩——田野考古发掘报告之一》，文物出版社，2006年，彩版四一，3，彩版五二、彩版九六、彩版一〇六。

[19] 安徽省文物考古研究所：《凌家滩——田野考古发掘报告之一》，文物出版社，2006年，彩版五二，2。

[20] 安徽省文物考古研究所：《凌家滩——田野考古发掘报告之一》，文物出版社，2006年，彩版九六，2。

[21] 安徽省文物考古研究所：《凌家滩——田野考古发掘报告之一》，文物出版社，2006年，彩版一〇六，5。

[22] 浙江省文物考古研究所：《瑶山》，文物出版社，2003年，彩图87。

[23] 浙江省文物考古研究所：《瑶山》，文物出版社，2003年，彩图458。

[24] 浙江省文物考古研究所：《反山》，文物出版社，2005年，彩版四〇五。

[25] 浙江省文物考古研究所：《反山》，文物出版社，2005年，彩版五七九。

[26] 浙江省文物考古研究所：《文家山》，文物出版社，2011年，彩版二〇，1。

[27] 浙江省文物考古研究所、桐乡市文物管理委员会：《新地里》，文物出版社，2006年。

[28] 神木市石峁文化研究会编：《石峁玉器》，162，文物出版社，2018年，第262、263页。

[29] 戴应新：《陕西神木县石峁龙山文化遗址调查》，《考古》1977年第3期，第154~157、172页，图版肆，2。

[30] 韩建武：《石峁遗址出土玉器补遗》，《收藏家》2016年第2期，第41~44页，第42页，图一、图二、图五。

[31] 韩建武：《石峁遗址出土玉器补遗》，《收藏家》2016年第2期，第41~44页，第42页，图二。

[32] 《保利藏金》编辑委员会：《保利藏金——保利艺术博物馆精品选》，岭南美术出版社，1999年，第101~108页。

[33] a. 随州市博物馆：《随州出土文物精粹》，35，文物出版社，2009年，第30、31页。
b. 深圳博物馆、随州市博物馆：《礼乐汉东——湖北随州出土周代青铜器精华》，文物出版社，2012年，第40~43页。

[34] a. 随州市博物馆：《随州出土文物精粹》，31，文物出版社，2009年，第24、25页。
b. 深圳博物馆、随州市博物馆：《礼乐汉东——湖北随州出土周代青铜器精华》，文物出版社，2012年，第44、45页。

[35] 随州市博物馆：《随州出土文物精粹》，32，文物出版社，2009年，第26、27页；深圳博物馆、随州市博物馆：《礼乐汉东——湖北随州出土周代青铜器精华》，文物出版社，2012年，第46~52页。

[36] 大唐国际2017春拍 高古艺术专场，8/F Renaissance Harbor View Hotel，1 Harbor Road Hong Kong，5.28~5.29，2017.

[37] 浙江省文物考古研究所：《反山》，文物出版社，2005年，彩版一五六、彩版二六一。

[38] 浙江省文物考古研究所：《反山》，文物出版社，2005年，彩版二九九。

[39] 浙江省文物考古研究所等：《权力与信仰——良渚遗址群考古特展》，文物出版社，2015年，第92、294~303页。

[40] 荆州博物馆：《石家河文化玉器》，1，文物出版社，2008年，第25、26页。

[41] 荆州博物馆：《石家河文化玉器》，2，文物出版社，2008年，第27页。

[42] 荆州博物馆：《石家河文化玉器》，3，文物出版社，2008年，第28、29页。

[43] 荆州博物馆：《石家河文化玉器》，4，文物出版社，2008年，第30、31页。

[44] 荆州博物馆：《石家河文化玉器》，8，文物出版社，2008年，第35页。

[45] 荆州博物馆：《石家河文化玉器》，9，文物出版社，2008年，第36页。

[46] 荆州博物馆：《石家河文化玉器》，10，文物出版社，2008年，第37页。

[47] 荆州博物馆：《石家河文化玉器》，15，文物出版社，2008年，第42页。

[48] a. 安徽省文物考古研究所：《凌家滩玉器》，44~50，文物出版社，2000年，第48~53页。
b. 安徽省文物考古研究所：《凌家滩——田野考古发掘报告之一》，文物出版社，2006年，彩版一二，彩版一三，彩版一九九，2、3，彩版二〇〇。

[49] 郭大顺、洪殿旭：《红山文化玉器鉴赏》，42，文物出版社，2014年，第76页。

[50] a. 王毓彤：《荆门出土的一件铜戈》，《文物》1963年第1期，第64、65页，第64页图一。

b. 俞伟超：《"大武開兵"铜戚与巴人的"大武"舞》，《考古》1963年第3期，第153页，图一。

[51] a. 戴应新：《陕西神木县石峁龙山文化遗址调查》，《考古》1977年第3期，第154～157、172页，图版肆，7。

b. 古方主编：《中国出土玉器全集》第14卷，科学出版社，2005年，第15页。

[52] 曹玮主编：《周原出土青铜器》，巴蜀书社，2005年，第1716～1718页。

[53] a. 中国青铜器全集编辑委员会：《中国美术分类全集·中国青铜器全集》第5卷，三〇，文物出版社，1996年。

b. 陈佩芬：《夏商周青铜器研究》（西周篇），二九六，上海古籍出版社，2004年，第231～233页。

[54] a. 中国青铜器全集编辑委员会：《中国美术分类全集·中国青铜器全集》，第5卷，九、一〇，文物出版社，1996年。

b. 曹玮主编：《周原出土青铜器》，巴蜀书社，2005年，第1350～1360页。

[55] 曹玮主编：《周原出土青铜器》，巴蜀书社，2005年，第1572～1575页。

[56] a. 石璋如：《殷代头饰举例》，《"中研院"历史语言研究所集刊》第28本（下），1957年，第611～670页，图版拾肆，1。

b. 李永迪：《殷墟出土器物选粹》，189，"中研院"历史语言研究所，2009年，第109页。

[57] 王炜林、孙周勇：《石峁玉器的年代及相关问题》，《考古与文物》2011年第4期，第40～49页，第46页图四，22。

[58] 河南省文物考古研究所、周口市文化局：《鹿邑太清宫长子口墓》，中州古籍出版社，2000年，彩版七九，1。

[59] 陕西省考古研究院、上海博物馆：《金玉华年：陕西韩城出土周代芮国文物珍品》，119，上海书画出版社，2012年，第242页。

[60] 中国社会科学院考古研究所：《殷墟妇好墓》，文物出版社，1980年，彩版三二，3。

[61] a. 陕西省考古研究院、宝鸡市考古研究所、眉县文化馆：《吉金铸华章——宝鸡眉县杨家村单氏青铜器窖藏》，文物出版社，2008年，第279～302页。

b. 首阳斋、上海博物馆、香港中文大学文物馆：《首阳吉金——胡盈莹、范季融藏中国古代青铜器》，42，上海古籍出版社，2008年，第121～123页。

c. 吴镇烽编著：《商周青铜器铭文暨图像集成续编》第3卷，上海古籍出版社，2016年，第431～434页，第1028号。

[62] 张崇宁：《山西黎城黎国墓地》，《2007中国重要考古发现》，文物出版社，2008年，第43页。

[63] 虢国博物馆：《虢国墓地出土玉器（一）》，科学出版社，2013年，第85页。

[64] 虢国博物馆：《虢国墓地出土玉器（一）》，科学出版社，2013年，第84页。

[65] 吴镇烽编著：《商周青铜器铭文暨图像集成》，上海古籍出版社，2012年，第21卷，第163页，第11687号。

[66] 上海博物馆编：《晋国奇珍——山西晋侯墓群出土文物精品》，上海人民美术出版社，2002年，第50、51页。

[67] a. 深圳博物馆、山西省考古研究所、山西博物院：《封邦建霸——山西翼城大河口墓地出土西周霸国文物珍品》，文物出版社，2016年，第166~169页。

b. 山西省考古研究所、临汾市文物局、翼城县文物旅游局联合考古队、山西大学北方考古研究中心、中国人民大学出土文献与中国古代文明研究协同创新中心：《山西翼城大河口西周墓地2002号墓发掘》，《考古学报》2018年第2期，图版拾伍、图版拾陆、图版拾柒，第236页图一三，2。

[68] 李永迪：《殷墟出土器物选粹》，183，"中研院"历史语言研究所，2009年，第104页。

[69] a. 吕常凌主编：《山东文物精萃》4，山东美术出版社，1996年，第8页。

b. 古方主编：《中国出土玉器全集》（第4卷），科学出版社，2005年，第16页。

[70] 湖北省博物馆：《湖北出土文物精粹》18，文物出版社，2006年，第36页。该书云此图案似饕餮纹，当非。

[71] 有关详细情况可参看邓淑苹：《论雕有东夷系纹饰的有刃玉器》，《故宫学术季刊》第十六卷第三期（1999年春季号），第1~34页；第十六卷第四期（1999年夏季号），第135~162页。又《万邦玉帛——夏王朝的文化底蕴》，《夏商都邑与文化（二）：纪念二里头遗址发现55周年学术研讨会论文集》，中国社会科学出版社，2014年，第146~248页。

[72] 王炜林、孙周勇：《石峁玉器的年代及相关问题》，《考古与文物》2011年第4期，第40~49页。

[73] 朔知：《皖西南新石器时代文化的变迁》，《南方文物》2006年第2期，第58~64、30页；又《崧泽时代皖江两岸的聚落与文化》，《东南文化》2015年第1期，第66~78页。

[74] a. 赵辉：《以中原为中心的历史趋势的形成》，《文物》2000年第1期，第41~47页。

b. 王巍：《公元前2000年前后我国大范围文化变化原因探讨》，《考古》2004年第1期，第67~77页。

c. 刘莉、陈星灿：《中国考古学：旧石器时代晚期到早期青铜时代》，生活·读书·新知三联书店，2017年，第223~262页。

[75] a. 安徽省文物考古研究所：《凌家滩玉器》，2、3，文物出版社，2000年，第12、13页。

b. 安徽省文物考古研究所：《凌家滩——田野考古发掘报告之一》，文物出版社，2006年，彩版二〇一。

[76] 安徽省文物考古研究所：《潜山薛家岗》，文物出版社，2004年，彩版二三。

[77] a. 安徽博物院：《江淮群舒青铜器》，083，安徽美术出版社，2013年，第111页。

b. 吴镇烽编著：《商周青铜器铭文暨图像集成》，上海古籍出版社，2012年，第7卷，第33页，第03136号。

[78] a. 安徽博物院：《江淮群舒青铜器》，090，安徽美术出版社，2013年，第120、121页。

b. 吴镇烽编著：《商周青铜器铭文暨图像集成续编》第1卷，上海古籍出版社，2012年，第19页，第0019号。

[79] 安徽大学、安徽省社会科学院、安徽省文物考古研究所：《安徽江淮地区商周青铜器》，18，北京：文物出版社，2014年，第28、29页。

[80] a. 戴应新：《陕西神木县石峁龙山文化遗址调查》，《考古》1977年第3期，第154~157、172页。

b. 西安半坡博物馆：《陕西神木石峁遗址调查试掘简报》，《史前研究》1983年第2期，第92~100页。

c. 吕智荣：《陕西神木县石峁遗址发现细石器》，《文博》1989年第2期，第82~84页。

d. 陕西省考古研究院等：《陕西神木县石峁遗址》，《考古》2013年第7期，第15~24页；又《陕西神木县石峁遗址后阳湾、呼家洼地点试掘简报》，《考古》2015年第5期，第60~71页；又《陕西神木县石峁遗址韩家圪旦地点发掘简报》，《考古与文物》2016年第4期，第14~24页；又《陕西神木县石峁城址皇城台地点》，《考古》2017年第7期，第46~56页；又《发现石峁古城》，文物出版社，2016年。

[81] 俞伟超：《凌家滩璜形玉器是结盟、联姻的信物》，《古史的考古学探索》，文物出版社，2002年，第95~102页。

天作之石　润玉生辉[*]
——安徽潜山薛家岗文化出土玉器初论

陶治强

（安徽省淮南市博物馆）

一、前　言

　　玉从石中来，石是玉的"母岩"。美石名玉，历来被视为风雅之物，"玉和石分化的根本原因就在于玉比石美"[1]。崇尚玉器，是中华民族悠远而浓郁的民族情结，我国是世界上用玉最早的国家。杨伯达先生指出："北京猿人遗址发现玉质旧石器，揭开了我国玉器史的帷幕。"[2]香港中文大学考古学专家邓聪先生认为："目前一般我们把中国玉器的起源，追溯到新石器时代的早期。"[3]

　　我国新石器时代早期玉器出土地点有：内蒙古敖汉旗兴隆洼文化，距今8200～7400年；辽宁省阜新查海文化，距今8000～7500年。出土的玉器有闪石玉、蛇纹石玉、玛瑙、水晶、萤石、煤精和滑石等。河南省裴李岗文化，距今8500～7000年，出土玉器材质有绿松石、萤石和水晶。

　　新石器时代中晚期，距今7000～4000年，出土玉器地点有东北和内蒙古的红山文化，黄河流域的仰韶文化、大汶口文化、龙山文化、马家窑文化、齐家文化，长江中下游的河姆渡文化、马家浜文化、北阴阳营文化、薛家岗文化、崧泽文化、凌家滩文化、良渚文化、大溪文化、屈家岭文化、石家河文化、宝墩文化，以及华南的石峡文化和台湾的卑南文化。出土的玉器质地有闪石玉、蛇纹石玉、绿松石、玛瑙、玉髓、水晶四大类，新开发了河南独山玉和新疆闪石玉，它们被发现于屈家岭和仰韶文化遗址。这个时期的玉器仍然是"稀有珍宝"，一部分玉器用于祭祀礼器，成为巫祝祭天通神的法器。

　　作者简介：陶治强，男，1982年11月生，安徽大学考古专业2004级硕士生。

　　* 2021年度安徽省社会科学创新发展研究课题"基于孔子学院的安徽优秀地域文化海外传播研究（课题编号：2021CX184）"阶段性成果。

玉器在人们心目中占据着崇高的地位。用它祭祀祖先、驱魔辟邪，它是静穆神圣的。用它装饰身体、歌颂爱情、养德修身，它又是高尚典雅的。璞石未启，它不过是一块普普通通的石头。切磋琢磨，温润尽现，它更是充满灵性的精神载体。玉被视为美好、纯洁、崇高、神圣的象征，与玉相关的美好语汇不胜枚举，如美玉无瑕、琼浆玉液、良金美玉、金玉之言、似玉如花、牙签玉轴、良玉不雕等。玉文化是中华文化的重要组成部分，并深深植根于民族文化的土壤之中，几千年来延绵不绝，长盛不衰，影响至今。

安徽也是史前玉器的重要发祥地，近些年来，出土了数量众多、种类丰富、雕琢精湛的玉器，如含山凌家滩文化玉器，薛家岗文化玉器，马鞍山市烟墩山遗址出土的良渚文化玉器，以及大汶口文化（萧县金寨遗址、亳州市傅庄遗址、蒙城尉迟寺、五河县台子山遗址、怀远县龙王庙遗址、肥东县刘岗村遗址）六地出土的玉器，在这些玉器中尤以凌家滩文化玉器精巧工致、神秘诡谲、秀润清雅，历史价值和艺术价值最高。薛家岗文化，1977年首次发现于安徽省潜山县南薛家岗，主要遗址分布在江淮西部，即大别山以东、巢湖以西的江淮之间，出土玉器较为丰富，特点鲜明，疏简苍劲。潜山薛家岗出土的玉器充实了我国新石器时代晚期玉器的形式和内涵，彰显了皖西南地区特有的玉器文明，它是史前玉器研究的重要内容，在我国玉器发展史上地位显要，意义突出。

二、薛家岗出土玉器甄选与个中特征

据《潜山薛家岗》可知薛家岗文化共经历了六个发展阶段，也就是六个时期，1~3期为早期阶段；4~5期为中期阶段；6期为晚期阶段。绝对年代距今5510~4810年。玉器出土130件，占随葬品总量的17.1%，玉器种类有管、璜、钺、镯、环、琮、半球形玉饰、圆饼形玉饰，玉器数量较多，造型简练，古朴典雅，于精熟中见稚拙。简约清朗的玉器出土，为研究皖西南地区、皖水及其上游长河、潜水两岸古代文明的进程提供了价值不菲的实物资料。

M1：1玉璜，最长7、最厚0.5厘米。乳白色，扁平体，扇面形，磨制精细。一侧对钻两个圆孔，光素无纹。薛家岗遗址1号墓出土。

M1：6玉管，最长2.4、最大直径1.3厘米。乳白色微黄，圆柱体，两端对钻一个圆孔，磨制精细，光素无纹。薛家岗遗址1号墓出土。

M1：8圆饼形饰，最大直径1.5厘米。乳白色，扁平体，圆饼形。两面对钻一个小孔，磨制精细，光素无纹。薛家岗遗址1号墓出土。

M4：4玉坠，最长4、宽1~1.5厘米。乳白色，扁平体，一端宽一端稍窄，顶部两面对钻一个小圆孔，两边缘各垂直切割一道凹槽，光素无纹。薛家岗遗址4号墓出土。

M8：2玉钺，最长14.6、最厚1.6、刃宽10.2厘米。乳白色，扁平体，梯形平面，弧刃，锋利。钺上部有两个对钻管钻小孔，磨制精细。一面有四道砣旋切割的弧形凹槽。薛家岗遗址8号墓出土。

M8∶1玉镯，最大直径11、厚2.6厘米。乳白色，圆环形，断面呈正方形。磨制精细。薛家岗遗址8号墓出土。

M8∶4-3玉管，长1.5厘米。乳白色，圆角长方形，两端对钻一个小圆孔，磨制精细。薛家岗遗址8号墓出土。

M19∶3玉坠，最长4.3、最厚0.4厘米。乳白色，平面似鱼形，首端对钻一圆孔。薛家岗遗址19号墓出土。

M40∶23玉璜，最长5、最厚0.2厘米。乳白色，半圆状，蝴蝶形。弧顶部两面对钻一个小圆孔，中间部位用线切割成反方向弧形缺口。薛家岗遗址40号墓出土。

M44∶17玉璜，最长7.4、最厚0.5厘米。乳白色，弓形，内缘厚，外缘薄。器表一面弧凸，另一面平整，两面均有切割弧线。两端较长，各钻一孔。

M49∶4玉佩，最长5.4、厚约0.2厘米。乳白色，扁平体，平面呈半圆形，琢制精细，类似蝴蝶状。上缘圆弧，顶部中间两面对钻小圆孔一个。其下镂空作"T"形，两边线割对称卷云纹，器表打磨光滑。薛家岗遗址49号墓出土。

M58∶1玉环，最大直径9、最厚0.8厘米。乳白色，器体扁平，平面呈环形，磨制精细。其中一面被切割得凸凹不平，另一面留有密集的切割线，其中有线切割弧线，也有片切割形成的直线。薛家岗遗址58号墓出土。

M47∶3-1玉琮，最高2.2、边长1.7厘米。乳白色，近似长方体，外方内圆，一头大一头小，横剖面近似正方形。每个侧面中部有一条较宽浅的竖槽。每个转角两侧上部有2~4道短浅的横向刻划纹，其下琢成三角形凹陷，类似鼻梁。器中间竖向对钻一孔。薛家岗遗址47号墓出土。

另外，安徽太湖城西乡薛家岗文化金平村遗址出土有1件齿边玉璜，长16、宽5.2~6.1、厚0.25~0.5厘米。白色，扁平半圆状，正面微凸，反面平整，中厚边薄。正面下部边缘琢磨成台级的弦纹上刻41个齿槽。璜两端靠内侧各钻一个孔。出土时璜中心放置一个不规整的小玉璧，孔心偏于边缘，孔径1.45~1.55厘米，单面钻。通体打磨抛光。

安徽省望江县新桥薛家岗文化黄家堰遗址出土有1件玛瑙璜，长11.1、宽1.2、厚0.8厘米。淡黄色。平面为弧形，断面扁圆。璜体厚薄一致，两端打磨稍薄，在两端各钻一孔，一孔小如针鼻，一孔较大。素面无纹，打磨润亮。

薛家岗遗址26座墓中随葬玉器的数目不一，有的只有1件，如M2、M4；有的多达33件，如M44。玉器中玉管最为常见，钺、璜、环、镯只见于少数墓葬中。墓葬随葬品组合见有四种形式：玉器+石器+陶器；玉器+石器；玉器+陶器；仅有玉器，如M42仅有5件玉器。

出土玉管的墓葬有M1、M8、M27、M32、M34、M37、M39、M40、M42、M44、M46、M54、M57、M58、M103共15座65件。玉管均为乳白色（有人称象牙白）；其形制有圆柱体、圆角长方形、三角柱体、扁圆柱体、鼓形、圆形、圆饼形、柱形、腰鼓形；玉管的长度0.5~3.8、最大直径1~2.2厘米。

出土玉钺的墓葬有M8、M40、M42、M44、M47、M48、M58、M136共8座8件，玉钺每墓

只随葬1件，不像石钺有的随葬3件，有的随葬8件，由此可见玉钺的更加珍贵和具有特殊的用意。玉钺的颜色有乳白色微泛黄、黄绿色、青绿色、灰黑色、灰绿色、乳白色；形制有梯形、长方形；玉钺一端管钻有一孔或二孔；玉钺长度范围12.4~17.7厘米，刃宽6.4~11.5厘米。玉钺出现的墓葬，除M136仅有玉钺，M48"玉钺＋石钺"出现外，其余的6座墓都是"玉钺＋石刀＋石钺"固定组合出现，可见这6座墓葬墓主身份非同寻常。

出土玉璜的墓葬有M1、M32、M40、M44、M47、M49、M57、M62、M103、M150共10座12件，玉璜的颜色有乳白色、灰绿色、青灰色；形制有扇形、半圆形、蝴蝶形、半月形、半环形；玉璜的长度5~10.8厘米，厚度0.2~0.8厘米。

出土玉镯的墓葬有M8、M42、M44、M54、M58、M103共6座6件，玉镯的颜色有乳白色、灰白色、乳白黄色、乳白泛黄色；形制有圆形、环形；断面有的呈正方形，有的呈长方形；最大直径介于7.3~11厘米，厚度介于0.8~2.6厘米。

出土玉饰的墓葬有M1、M8、M27、M32、M34、M39、M44、M46、M47、M54、M57共11座19件，玉饰颜色均呈乳白色，形制有圆饼形、半球形、不规则圆形、长方形、三角形，尺寸都很小，圆形的最大直径介于1.1~1.5厘米。

出土玉坠的墓葬有M4、M19、M32、M54、M59共5座7件，玉坠的颜色均呈乳白色，平面呈梯形、鱼形、月牙形、圆柱形、弓形，最长范围2.5~5厘米。

出土玉环的墓有M8、M42、M44、M54、M59共5座5件，玉环的颜色有暗绿色、乳白色、绿色；形制为环形，横剖面为弧三角形；最大直径范围7.8~11.2厘米。

M47出土2件小玉琮，均呈近长方体，乳白色，外方内圆，有一件雕刻有简易的兽面纹，玉琮较小，高度为2.1~2.2厘米，边长1.7~1.8厘米。

薛家岗玉器造型分为几何形和动物形，以几何形为主。总体特征：造型简练粗犷，不够规整；风格粗放，形象高古质朴；转折方硬，过于粗简、草率；遒劲有余，秀逸不足。制作特征：工艺不精、器身光素、打磨不够、砣痕明显，孔缘多不规整，原始性工艺特征明显。"象鼻孔"多见，这在长江下游和江淮地区玉器上不多见，在红山文化中却比较常见。玉器种类有：璧、琮、环、镯、坠、珠、璜、管、玦、簪、钺、斧，按功能分有装饰类，如坠、玉饰、环、镯等；礼仪类，如钺、璧、琮；工具类，如斧（望江黄家堰遗址）、簪（望江黄家堰遗址）、纺轮。

在薛家岗玉器中，闪石玉占比将近90%，其余为绢云母、蛇纹石、玛瑙和滑石。中国科学技术大学冯敏教授对薛家岗127件玉器目验分类，每种类别中均选择一定数量的样品进行物相测试。依据玉石比重、硬度等物理性质的测试结果，最终确定闪石类玉器112件，占总数的88.1%；蛇纹石类玉器3件，占总数的2.4%，其中1件样品含滑石矿物；玛瑙类玉器共2件，占总数的1.6%；滑石类玉器共3件，占总数的2.4%；绢云母类玉器共7件，占总数的5.5%。从以上统计数据来看，薛家岗玉器主要是闪石类。

玉、石器制造业是薛家岗遗址最主要的门类之一，薛家岗文化早期晚段玉器制造初始，到了中期，技术水平明显提高。在遗址中发现的未有钻孔完成的石刀和石芯，说明玉、石器加工在本地进行，而且应该有专门加工的场所和技师。薛家岗玉匠十分注重玉料选择，经测定可知，其玉料并不是本地所产，可能来自距离长远的地方。从钺和石刀的钻孔定位技术看，还是比较精确的，误差多在1毫米以下。从大小不同的钻孔看，工匠使用了多种型号和种类的钻具。玉器一般都抛光光滑，抛光属于制作玉器的最后一道工序，当时抛光可能使用动物的皮摩擦抛光。

薛家岗玉器制作从肇始至终结，从玉料来源至玉器贸易，无不与外界发生着联系。玉器文化兼收并蓄，多姿多彩。

玉琮是良渚玉文化的显著标志，M47：3-1和M47：3-2两件小玉琮、M54：2-4玉锥形饰创作灵感应源于良渚文化同类器物的形态。冯敏认为："小玉琮，四面各具一纵向凹槽、两端各具射口，而且横向的刻槽将器物分为两节，转角处两侧的面上有三道阴刻线，这些均与良渚玉琮相似。"[4]

田名利认为："薛家岗文化四期开始，玉、石制作受到宁镇和太湖地区文化的强烈影响。"[5]薛家岗玉器不少器形可以在北阴阳营文化中追溯到渊源，如M59：2-1梯形玉饰和出土数量较多的半球形饰在北阴阳营M62和M191中有同类器出土。望江县黄家堰薛家岗文化遗址出土的玛瑙璜与南京北阴阳营遗址第四层出土的玉璜相同。薛家岗M62：2玉璜与1979年江苏省海安县青墩47号墓出土的玉璜类同。太湖县城西乡金平村薛家岗文化遗址出土的齿边玉璜与1982年江苏南京市浦口区三河乡营盘山30号墓出土的锯齿边璜类同。

双孔玉钺在海岱地区的大汶口文化出现早且数量大，估计受其影响[6]。

凌家滩遗址早期年代早于薛家岗文化，晚期大体与薛家岗文化早期同时。凌家滩遗址出土的玉、石器与北阴阳营文化和崧泽文化有不少相似之处。凌家滩文化与薛家岗文化有着明显的区别，当属两个文化，但是两者之间也有不少相同的文化因素。凌家滩第三次发掘所出玉器中的长梯形或风字形钺，在制作工艺和形态上都与薛家岗文化晚期同类器极为相近。第一、二次发掘出土的半球形玉饰（M1：14、M4：125、M9：26）与薛家岗遗址晚期的基本相同，三角形饰（M9：26）也与薛家岗M59：2-1相同，而M9：34月牙形玉饰更是与薛家岗M32：3如出一辙。由于凌家滩玉器年代普遍早于薛家岗文化玉器，因此说薛家岗文化玉器的上述器形可能是受益于凌家滩玉石加工技术。

三、玉器揭示了"薛家岗社会"阶级差别的形成和财富的分化

《潜山薛家岗》报告中整理了新石器时代墓葬150座，随葬品总量为759件，有陶器、石器、玉器和骨器，其中玉器出土130件，占随葬品总量的17.1%。随葬玉器的墓葬只有26座，约占总墓葬的17%，也就是平均10座墓中，不到2座随葬玉器，单个墓葬中玉器随葬数目也不等。

玉器在薛家岗文化第三期开始出现，仅发现1件，玉器占总随葬品的比重为1%，可见分量较少。M89出土1件滑石饰，已残，扁平体，断缺处残存大小圆孔各半个，应该为小件装饰品。M89形制为浅穴土坑竖穴墓，墓坑长1.8、宽约1.1、坑深0.35米。墓内共出土随葬品18件，计玉器1件，石器7件，陶器9件，骨器1件，另外还有兽类下颌骨或猪头之类的朽骨，伴出有骨环和两件石钺。值得注意的是，该墓在同期墓葬中随葬品最为丰富，种类也颇多。这一时期墓葬有23座，保存较为完整的墓葬形制为浅穴土坑墓，除M89随葬品数量比较突出，明显多于其他墓葬，其余墓葬的随葬品数量在1～8件范围内，多数为1～4件。随葬品绝大多数为陶器，石器数量较少，骨器和玉器极少。从M89的随葬品数量、种类和品位看，墓主人地位特殊，已与普通成员不同，可能是位氏族公社首领，其生前和死后拥有的财富明显多于别人。可以说，从薛家岗早期晚段开始，薛家岗人群中阶级差别已经形成，有人已居于统治地位，有人处于被统治地位。财富分化开始，平均分配财产的大同局面已被打破。

薛家岗文化第四期发现玉器19件，随葬品总量为218件，占总随葬品数量的比率为8%，玉器数量比薛家岗文化早期明显增加。第四期墓葬数量急剧增加，归为此期的墓葬数量有46座，墓葬形制以浅穴土坑为主，也有深穴土坑墓。随葬玉器的墓葬代表有M57、M62、M54、M34，其中M54和M57随葬品数量分别为17件、13件，M62随葬品7件、M34随葬品4件，数量在10件以下。第四期墓葬随葬品数量区间范围2～18件，多数为2～7件，陶器数量仍占多数，玉、石器的数量和种类快速增长，特点显著。玉器制作精细，材料讲究，以闪石类为主，玉质较好。多为素面，纹饰较少，玉器只求形态而轻纹饰。玉器种类少，仅有钺、镯、璜、坠饰、管等，以小型的坠饰、管为大宗，钺、镯等大件玉器少见。

M54、M57数量都在10件以上，M54伴出有七孔石刀、五孔石刀、三孔石刀、一孔石刀和石锛。M57伴出有石钺3件，石锛1件，其中M57:9长方形石钺，磨制精致，孔周围绘有红色花纹。石刀器体扁薄，长梯形，刃部平直或略内凹，基本无使用痕迹，部分涂有朱色彩绘；石钺器体扁薄，已不具备农具的实用性。吴卫红认为："这些特点都无法证明其作为农业工具的性质，应该与礼仪有关。"[7]傅宪国认为："石钺，在长江中下游新石器时代遗址中发现数量很多，其分布范围也很广。最初它曾被作为生产工具使用，但很快就演变为武器和礼器，成为权力与威严的象征物之一。"[8]这一时期的玉器数量虽然增加较快，但相比于随葬品总数来看，还是比较少的，它稀少而又珍贵的特性说明谁拥有谁富贵，谁随葬谁的地位不同寻常，再加上伴出的数量较多的石刀和石钺，更能说明墓主身份高贵，拥有比别人更多的财富。

薛家岗文化第五期发现玉器90件，总随葬品数量为334件，玉器比例为38%。由此可见，在薛家岗文化中期晚段，玉器的总量是第三、第四期玉器之和的4.5倍，可以说薛家岗玉器的鼎盛期已经到来，而且就在第五期，薛家岗玉器"盛极而衰"，随着薛家岗文化的结束而完结。第五期墓葬数量比第四期稍微增加6座，为52座，墓葬形制为浅穴土坑墓。随葬品数量少则1件，多达45件，绝大多数每墓随葬品数量为2～8件，陶器占比减少，玉、石器的种类、数量剧增。随葬有玉器的代表性墓葬有M2、M40、M4、M58、M48、M8、M44，其中M8、M40、M44、M58随葬品十分丰富，分别是18件、30件、45件和18件。在这一时期身份特殊、随葬品丰富的中心墓葬数量增加，在这些墓葬中不仅随葬精美的玉器，还随葬石刀和石钺，有些石刀和石钺上绘有红色图案。M44，共出土器物45件，玉器33件，有玉钺1件、玉镯1件、玉璜2件、玉管28件、玉饰1件；石器9件，有十三孔石刀1件、十一孔石刀1件、五孔石刀1件、三孔石刀1件、石钺3件、石锛1件、石凿1件，其中十三孔石刀和十一孔石刀孔周围绘有红色花纹，M44：7、M44：10"风"字形石钺器表绘有红色花果纹。在薛家岗五期墓葬中，乃至薛家岗整个墓地的墓葬中，M44随葬品的数量都是最丰富的，不仅有玉钺、玉璜，还有十三孔石刀，它在前几期随葬玉器的墓葬中没有出现，另有3件石钺，这些随葬品有的是礼仪用器，有的是军事的象征，说明墓主生前拥有较高的地位，是一位集神权和军权为一身的大领袖，大酋长。M40出土器物30件，玉器11件，有玉钺、玉环、玉璜、玉管；石器13件，有九孔石刀、三孔石刀、石锛2件和8件石钺，其中M40：14"风"字形石钺孔内壁和孔的侧上方保留有红彩，M40：15"风"字形石钺孔周围绘有红色花纹。M58出土遗物18件，玉器6件，石器9件，陶器3件。玉器有玉钺、玉管、玉镯；石器有九孔石刀、五孔石刀、三孔石刀、一孔石刀、石锛和3件石钺，其中M58：5梯形石钺，磨制精细，在孔周围绘有红色图案，M58：8双孔周围仍可见绘有红花果形图案。M8出土器物18件，玉器10件，石器5件，陶器3件。玉器有钺、镯、管、玉饰；石器有五孔石刀、石锛和3件石钺。

第五期墓葬数量最多，墓葬形制主要是浅穴土坑墓，随葬品数量大多数在2~8件，陶器比重下降，玉、石器种类、数量增加。中心墓葬的随葬品数量和种类与同期大多数墓葬相比优势明显，差距悬殊。这一时期的玉器制作技术明显提高，选料讲究，装饰技法丰富，出现了镂雕（M49：4蝴蝶形玉璜），简化的兽面纹（M47：3-1玉琮），锯齿状纹（M47：1玉璜）。玉器种类有琮、钺、镯、环、璜、坠饰、管等，同一器类出现不同的造型和装饰。玉器中的钺、镯、璜、环较以往更为多见，中心墓葬中的石刀和石钺数量比第四期明显增多。第六期文化已不属于薛家岗文化，而属于新的文化，发掘报告称为"张四墩类型"，在这一时期玉器制作几乎消失，文中不再赘述。

薛家岗玉器发展历经初现、兴起、鼎盛三个阶段。玉器在每座墓葬中数量多寡不一，整个氏族公共墓地中，随葬品数量在前6位的M44（45件）、M40（30件）、M47（20件）、M8（18件）、M58（18件）、M89（18件），其墓室内均出有玉器，除去M89随葬一件滑石饰外，其余5座墓内均出现"玉钺+石刀+石钺"的随葬品组合，这些现象表明当时氏族公社内部已存在着贫富分化，玉器随葬是身份尊贵的象征。从墓葬排列情况看，那些随葬品较多的墓葬周围或两侧都有一些随葬品较少的墓葬，这种秩序的排列，反映氏族内部已有地位尊卑的社会关系，死后也就有了中心墓葬和普通墓葬之分。玉钺、石钺和石刀刃部薄且少见使用痕迹，说明这些随葬品已失去生产工具的功能和性质，而是作为礼器，成为财富或权力的象征。随着生产力的发展，薛家岗氏族社会财富已有一定的富余，有一小部分薛家岗人从农业生产中分离出来，专门从事玉、石、骨器、陶器加工，农业和手工业生产开始有了分工。薛家岗氏族中的显贵阶层是玉器的主要占有者，拥有较高的地位，他们非常注重用玉器美化自我，别尊卑，明贵贱。

四、薛家岗玉器的功能和文化意蕴

薛家岗文化中的一些玉器具有特殊的功能和文化内涵。

玉钺，礼仪之器。许慎《说文解字》曰："戉，大斧也"，段注："俗多金旁作钺"，《尚书·顾命》云："一人冕，执钺"，郑玄注："钺，大斧"，皆以斧为钺作注。玉钺可能是从石斧演变而来的。"随着时间的推移和社会的发展，人们已赋予它新的意义，石钺已慢慢失去了它最初作为生产工具的功能，而成为武器和礼器。"[9]"玉钺是良渚玉器中的常见器，是墓主人亲自捧执的神圣物件，绝非是一般仿自实用器具的冥器或供玩赏的陈设，而是军事统帅权力的象征物。""甲骨文'王'字是钺的象形字，中国自文明之初出现的王权，是以军权为依据并是军权发展而来的，故一般也是以玉钺象征王权。"[10]薛家岗文化玉钺和石钺所表现出来的非生产工具性质更为明显，它们已演进为武器、权力和威严的象征物。

玉琮，《周礼·春官·大宗伯》谓："以玉作六器，以礼天地四方，以苍璧礼天，以黄琮礼地。"琮是礼器，主要用于祭祀、仪礼等方面。也有用于佩戴，以显示主人尊贵的身份，起"礼"的作用。薛家岗文化金平村遗址出土一件小玉璧，薛家岗遗址M47出土两件小玉琮体型小巧，可能是墓主生前的玩赏趣品。

薛家岗文化中多见管、珠、环、镯、坠等装饰性玉器，礼器和工具类玉器较少。

张忠培在《良渚文化墓地与其表述的文明社会》一文认为：良渚文化居民的四大等级，第四等级，从事农业生产劳动的居民，生活贫困，不能参与军事活动，社会地位低下，死后不能以石钺随葬，下葬在自己的墓地，他们生前有着属于自己的家族，拥有自己的住房并从事自营的经济。第三等级，是生前具有行使军事职能权力的兼职战士，基本职业或为农业，或为手工业，死后以石钺随葬的那些居民。属于这一群体的成员，在拥有社会财富和所处社会地位方面，彼此之间的差别还是很大的，其中军功显著、财富积累较丰者，有机会跻身高一等级。第二等级，是生前掌握军权，死后以玉钺随葬的军事贵族。这一等级者，在第三等级的从事军事活动人群中居于领袖位置，掌控着社会的军事权力，因而可以进入最高级别的墓地，表明其作为第一等级的人员储备，有机会跻身第一等级。第一等级，是生前既掌握神权又控制军权，死后以玉琮和玉钺随葬的神王。他们位于良渚社会的顶层，是君临天下的最高统治者。在薛家岗遗址墓地M47出现了"玉钺+玉琮"组合随葬的中心墓葬，随葬品20件，玉器10件，有玉钺、玉环、玉璜、玉饰、玉琮，随葬品十分丰富，墓主可能是集神权、军权、政权于一身的"神王"。

薛家岗墓地死者的尊卑与玉器关系密切，凡是以玉随葬，随葬玉器的数量和类型表现着成员的贫富和地位高低，随葬何种玉器以及玉器和石刀、石钺的组合关系都能反映出墓主生前拥有什么样的权力。在薛家岗氏族公社内部已经形成塔形的社会结构，居于塔尖的是神权、军权和政权集于一身的神王。

薛家岗玉器造型中较多地彰显了几何学形态，如圆形、半圆形、弧形、扇形、圆饼形、三角形、长方形、圆角长方形、梯形、半球形、鼓形、半月形、月牙形、环形、半环形、三角柱形、长方体、腰鼓形、不规则圆形等。少量的动物形，如鱼和蝴蝶。

几何形态的玉器雕塑体现了"外师造化，中得心源"的艺术思想。薛家岗先民在长期的生产劳动中，对周围的事物观察入微，形成了一定的形象概念和符号语言，这也是氏族成员进行交流传意的工具。薛家岗居民在雕琢玉器之前，应该事先构思其形，描绘其状，胸有成竹，方才施行。几何形态玉器的制作从一定意义上讲促进了原始绘画和几何学的进步。玉器中较多的"圆"的形态；陶球为圆球体，表面多镂空不同数目的圆镂孔以示星体，镂孔之间以篦点纹和平行线纹相连，指示一些星体之间是彼此相互联系的，它的灵感来源应是宇宙天体；玉琮"内圆外方"的几何形态，这些都体现了古人对宇宙自然有了一定的科学认识，是一种朴素的宇宙观。古人把由众多星体组成的茫茫宇宙称为"天"，把立足其间赖以生存的田土称为"地"。天是主，地是次，天为阳，地为阴。两者相互感应，生成了天地万物，其中人又正好是天地的精华物质所构成，因此被视为天地万物之灵，能够感通万物，最灵者也。圆形的物体，都具有好动和不稳定的特点，就像圆圆的日月一般；凡是方形的物体，都具有静止和稳定的特点，就像静静的大地一样。动为阳、静为阴，故而"天圆"就成了阳的象征，代表一切积极、主动的事物，如日、昼、刚、健、男、君、夫、大、多、上、进、动、正等；"地方"就成了阴的象征，代表一切消极、被动的事物，如月、夜、柔、顺、女、臣、妻、小、少、下、退、静、负等。《大戴礼记》《庄子》《周髀算经》等著作记载有"天圆地方"的宇宙哲学观，这些思想源于原始社会先民对宇宙的最初认识，世代传袭和深化，日积月累，集腋成裘。

薛家岗玉钺上的穿孔有1个和2个的，石刀的穿孔有"1、3、4、5、7、9、11、13"，陶球表面上的圆镂孔有"1、4、5、6、8、9、10、11、13、14、15、18、21、34"，而在陶球表面圆镂孔的数字以"6"最多，大概有11个陶球表面有6个圆镂孔。薛家岗文化中石刀上的镂孔除M49∶7为"四孔"偶数外，其余的石刀均是奇数"1、3、5、7、9、11、13"，其中"13"孔石刀是薛家岗文化中唯一的一件，出土于薛家岗M44，该墓是薛家岗文化中随葬品最丰富的一座墓。"13"孔石刀形体最大，刃长50.9厘米，所有石刀中最长的刃，其次是M44出土的十一孔石刀的刃长48.2厘米，这似乎暗示了一种意思，那就是"13"孔石刀数字最大，形体最大，墓主地位最高，最为富有。如果说"石刀"孔数中人们偏爱"奇数"，那么在"陶球"表面的圆镂孔中人们喜欢用"偶数"数字，尤其喜欢用"6"这个数字，"6"有"六六大顺"，"六时吉祥，即晨朝、日中、日没（昼三时），初夜、中夜、后夜（夜三时）"之意。陶球是供娱乐开心的玩具，"6"孔被薛家岗居民赋予了特殊的寓意。

从玉钺孔数目、石刀孔数目和陶球表面的镂孔数目来看，数字从"1、2、3、4、5、6、7、8、9、10、11"已达到了"34"，1至10的基础算术数字建立起来，并能够在此基础上叠加计算。由此可以推测，薛家岗居民在器物上钻孔数目不再是一种"下意识"行为，应是在"数字"意识指导下的主观能动作为。"数字观念"在薛家岗文化中已经成熟，并用于记事和寄寓思想，它已经取代了"结绳记事"。以薛家岗文化为代表的原始朴素的"算术思维"，丰富的"几何思维"和朴素的"宇宙观"，为夏代的天文历法文献《夏小正》，商代中期甲骨文中记载的"十进制数字"和最大的数字"三万"、十个天干和十二个地支组成的60个名称("甲子""丁卯"等)来记60天的日期,也为最古老的天文学和数学著作《周髀算经》的问世奠定了深厚的科学文化基础。

五、薛家岗、凌家滩文化玉器比较分析

凌家滩文化,1985年首次发现于安徽省巢湖市含山县铜闸镇西南约20千米的凌家滩,因此被命名为凌家滩文化。据《凌家滩——田野考古发掘报告之一》可知,凌家滩遗址绝对年代为距今5600~5300年。凌家滩早期文化年代略早于薛家岗文化,凌家滩晚期文化大体相当于薛家岗文化早期。

凌家滩出土玉器种类繁多,归纳有:玉人、玦、扣形饰、绿松石片、璜、环、板、璧、护腕饰、箍形镯、饰、版、龟、斧、三角形饰、人头冠形饰、簪、菌状饰、柄形饰、锛、瑗、双虎首璜、齿璜、钺、龙凤璜、坠饰、管、盖纽、豕、冠饰、水晶耳珰、玢、喇叭形饰、牙形饰、玉龙、玉鹰、圭形器、蝉、珠、虎首璜、齿环、双连璧、圆角方形璧、铲、鸟头饰、煤精纽、凿、斜口圆形器、重达88公斤的玉石猪。商周至春秋战国中的许多玉种,在凌家滩已经出现,凌家滩发达的玉器对后世玉器制作和奴隶社会、封建社会玉文化有着极为深远的影响。从功能上看,有装饰类,比如扣形饰、护腕饰、三角形饰、人头冠形簪、菌状饰;工具类,斧、锛、凿等,制作特征,以片雕为主,圆雕为辅,工艺精巧。北京大学考古学教授严文明认为:"凌家滩玉器制作工艺的技术秘密,刷新了人们对史前科技发展水平的认识。"当年的发掘领队张敬国认为:"凌家滩玉器制作技术先进,工艺考究,据推测应是由砣机等精密机械加工而成。"其中玉龙、玉人、鹰、龟、冠饰、玉版、玉芯都是专家学者关心的典型器,玉器制作精细,文化内涵丰富,引人注目。

凌家滩玉器质地有闪石玉、蛇纹石、石英岩质玉、玛瑙、玉髓、绿松石、水晶、煤精、绢云母质玉。方建能认为:"凌家滩古玉的玉质明显地与薛家岗、宁镇地区(北阴阳营玉器)及崧泽文化玉器的玉质是不同的。"[11]"凌家滩玉料是来自本地,即凌家滩北方山区。"[12]而薛家岗玉器种类偏少,形制较为单一,大多光素无纹。几何形玉器偏多,动物形玉器稀少。器型多偏小,规整和精美程度无法与凌家滩玉器媲美。凌家滩玉器制作工艺上采用了多种手法,如阳刻、浅浮雕、实心钻、片切、砣切、掏膛等,工艺技术高度发达,远远领先于薛家岗玉器加工水平。另外,薛家岗玉料产地问题现在还不清楚。

六、薛家岗玉器制作工艺

薛家岗玉器加工,由专门玉石匠人加工制作,当时已经有专门的玉石作坊。加工步骤一般

需要选料、切割、钻孔、打磨、雕刻、抛光等环节。

依据长江下游出土史前玉器材料观察，玉器的切割开料方法有线切割、锯切割和砣切割。钻孔工艺有实芯钻法、管钻法和琢钻法。打磨，即把玉器上的线切痕、砣痕、钻孔痕迹磨掉，使用砺石或借用砣床磨制。雕刻，即在玉体上进行各种装饰。抛光，使用兽皮、布料等在玉器粗涩的表面不停摩擦，直到玉器出现细腻、莹润、光滑为止。

依据冯敏教授的实验观测结果可知，薛家岗出土的一些玉器上留下了椭圆形或抛物线状的弧形线条，这些连续的弧形线条彼此间并不平行，而且所切割的表面有时并不十分平整。这些现象说明所采用的切割方式为线切割。有些器物镂雕也用线切割，如M49：4蝴蝶形玉璜，器中间用线切割镂雕出对称的花纹。肖梦龙认为："薛家岗文化玉器的切割方式为玉片切割，因此玉器多作扁平形。"[13]

钻孔，孔径较大的玉管主要采用实心钻，孔壁上常见有弧线。而有些饰物上的小孔圆度较好，边缘十分尖锐，似为管钻而成。玉环管钻迹象明显。钻孔通常为双面对钻，两面对钻深度大致相当，部分钻孔对位欠准确，个别对钻孔位错位严重，有的样品显示有两次开孔的现象。个别较薄的器物为单向钻孔。"牛鼻孔"也有实心钻对钻而成。肖梦龙说："薛家岗玉器的钻孔技术尤高，最小的孔眼只有针尖大。"[14]

镂雕，镂雕器物的图案基本上呈左右对称状。在镂空处可见到圆形钻孔的迹象，推测当时是先在拟镂空部位钻一圆孔，然后再用线切割的方式将孔壁所要求的方向扩大，直至切割出拟定的形态，在切割结束处可以看到线切割留下的弧度。

打磨，薛家岗玉器表面均经过打磨，有些玉器打磨不够精细，表面遗留有明显的切割痕迹，大多数钻孔内壁未经打磨。

刻纹，薛家岗出土的玉器基本上光素无华，不加装饰，少有几件见有简单的阴刻弦纹或锯齿纹。太湖金平村遗址齿边玉璜和薛家岗遗址M47出土的锯齿纹玉璜，都是用减地法将齿内玉料磨去，形成凹凸的锯齿形。M47出土的小玉琮上有装饰的刻纹，四面各具一纵向凹槽，横向的刻槽将器物分为两节，转角处两侧的面上有三道阴刻线。

抛光，薛家岗出土玉器表面都经过摩擦抛光，使用兽皮等在玉器毛坯上不停地使劲摩擦，直至表面细腻润滑。

七、结　语

潜岳苍苍，江淮汤汤。夏商肇启，雍容汉唐。文化丕成，民族是昌。安徽潜山历史悠久、文化深厚、人杰地灵，早在薛家岗文化时期，这里就创造出了丰富多彩的史前文化和高度发达的物质文明。薛家岗文化遗址内出土了众多的玉器，其中有文明表征的"礼器"出现，更加说明了安徽历史的野蛮时代行将就木，文明社会曙光乍现。《说文解字》曰："礼，履也。所以事神致福也。""礼"字最早见于甲骨文，解意为："击鼓奏乐，奉献美玉美酒，敬拜祖先神灵。"有人说"玉礼器"的出现是和金字塔式社会结构相适应的社会产物。当"神的意志"和世俗等级统治混杂在一起的时候，玉就成了政治神秘化的物质表现。玉的功能不断增加，用以区别尊卑、贵贱、上下、亲疏，而这种社会关系的差别存在说明礼制已经出现，这些正是构成中华文明的核心内容。玉礼器是社会逐渐发生变革的征兆。张忠培说："距今大约5300~4700年之间，玉器的文化属性上升到以玉事神，以玉事君的阶段。这是中国文明的形成时期。"[15] 薛家岗玉器清新质朴、内涵丰富、时代特征鲜明，用无声的语言反映生活，用艺术手法体现原始工匠的灵气与智慧。无论生前把玩还是死后随葬，都能凸显主人的身份和意趣爱好，载负着那个时代独特的文化风格，镌刻着太多的民俗事象，寄寓着史前信仰、民族情感和理念，留下了薛家岗文化的时代烙印。

注　释

[1] 栾秉璈：《古玉鉴别》，文物出版社，2008年，第5页。

[2] 杨伯达：《古玉史论》，紫禁城出版社，1998年，第26、27页。

[3] 邓聪：《玉石起源的一点认识》，《中国玉文化玉学论丛》，紫禁城出版社，2002年，第195~206页。

[4] 冯敏：《薛家岗玉器简述》，《潜山薛家岗》，文物出版社，2004年，第603页。

[5] 田名利：《略论皖西南地区的新石器时代玉器》，《江汉考古》2002年第1期，第58~66页。

[6] 田名利：《略论皖西南地区的新石器时代玉器》，《江汉考古》2002年第1期，第58~66页。

[7] 安徽省文物考古研究所：《潜山薛家岗》，文物出版社，2004年，第409页。

[8] 傅宪国：《试论中国新石器时代的石钺》，《考古》1985年第9期，第820~833页。

[9] 傅宪国：《试论中国新石器时代的石钺》，《考古》1985年第9期，第820~833页。

[10] 张忠培：《良渚文化墓地与其表述的文明社会》，《考古学报》2012年第4期，第401~422页。

[11] 方建能、钱宪和：《从凌家滩古玉之玉质、次生变化及工艺制作技术看凌家滩的玉器文化与科学技术》，《海峡两岸古玉学会议论文专辑》（Ⅰ），2001年，第234页。

[12] 方建能、钱宪和：《从凌家滩古玉之玉质、次生变化及工艺制作技术看凌家滩的玉器文化与科学技术》，《海峡两岸古玉学会议论文专辑》（Ⅰ），2001年，第239页。

[13] 肖梦龙：《长江下游史前玉器概论》，《南方文物》2005年第1期，第42、43页。

[14] 肖梦龙：《长江下游史前玉器概论》，《南方文物》2005年第1期，第42、43页。

[15] 张忠培：《良渚文化墓地与其表述的文明社会》，《考古学报》2012年第4期，第401~422页。

天作之石 润玉生辉——安徽潜山薛家岗文化出土玉器初论

附图一

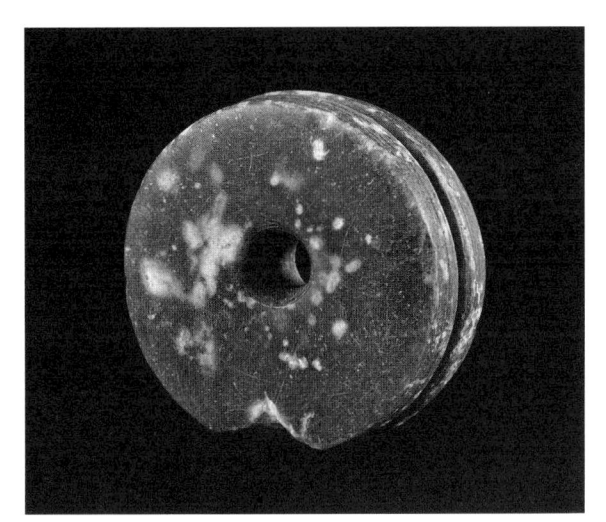

薛家岗遗址玉纺轮（T24④：32）

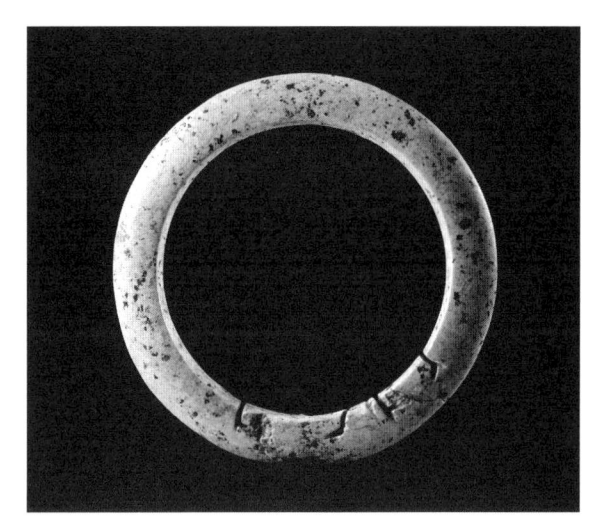

薛家岗遗址玉环（T6②：23）

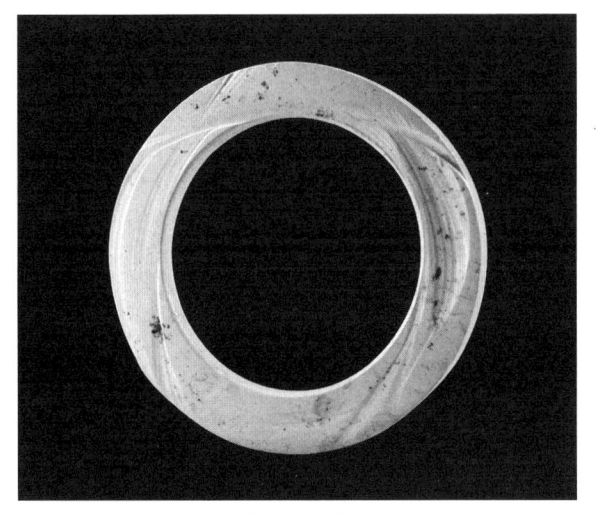

薛家岗遗址玉环（M58：1）

薛家岗遗址玉佩（M49：4）

薛家岗遗址玉琮（M47：3-1）

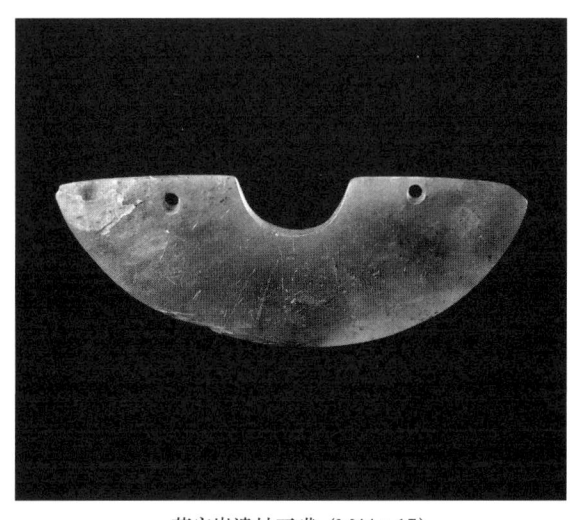

薛家岗遗址玉璜（M44：17）

附图二

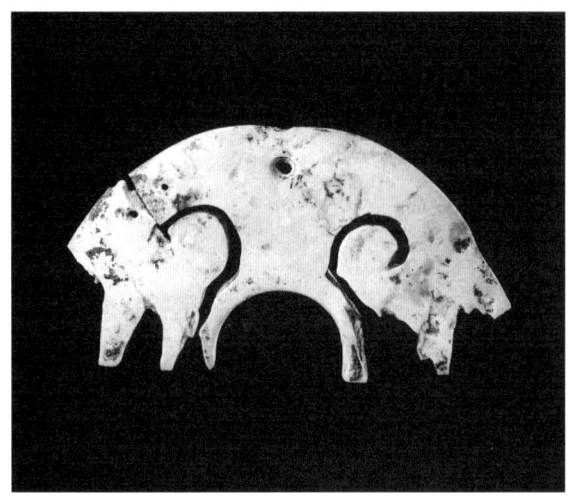

薛家岗遗址玉璜（T17④:63-1）

薛家岗遗址玉钺（M8:2）

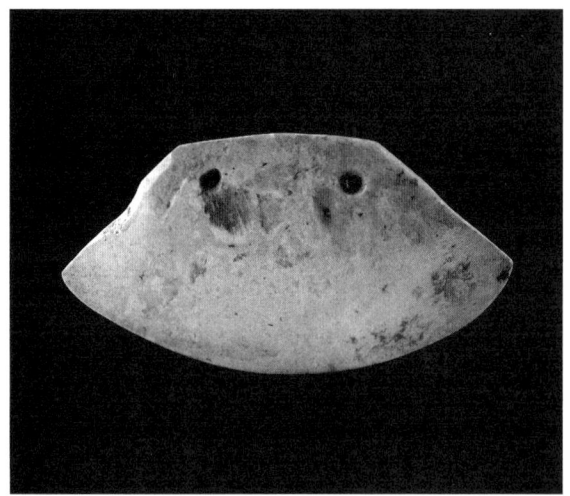

薛家岗遗址玉璜（M1:1）

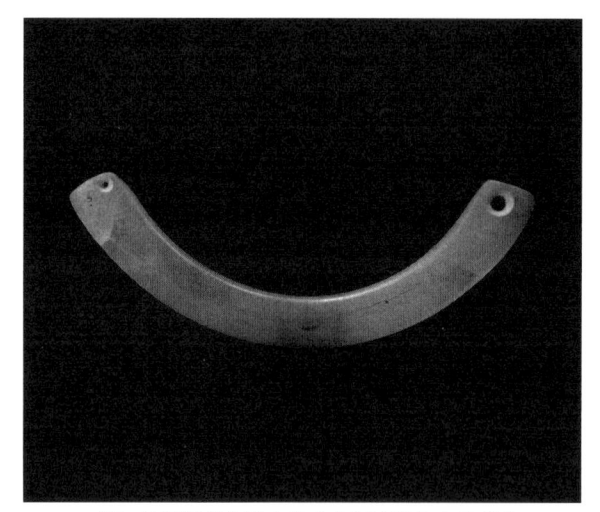

望江县新桥薛家岗文化黄家堰遗址出土玛瑙璜

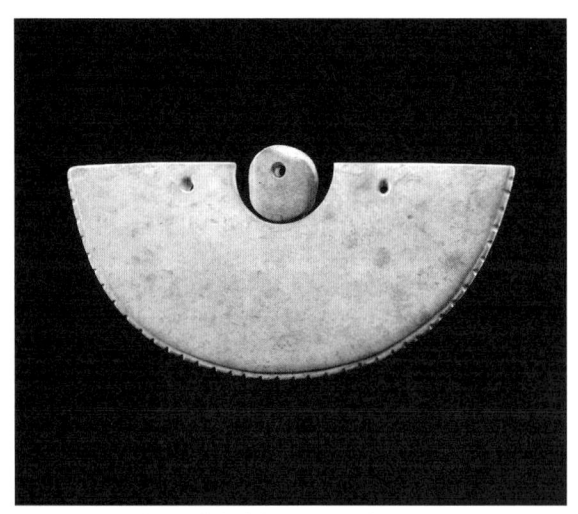

太湖城西乡薛家岗文化金平村遗址齿边玉璜

试论侯家寨一期文化遗存的年代与性质*

许丹阳

（杭州博物馆）

侯家寨新石器时代文化遗址于1977年发现，地处淮河中游以南约60千米处，位于安徽省滁州市定远县七里塘乡袁庄自然村北面。安徽省文物考古研究所在1985年春和1986年秋对其进行过两次考古发掘，发掘总面积375平方米。侯家寨遗址文化层堆积层次清晰，出土陶器、石器、骨角器、动物骨骼、玉器等文化遗物，清理出房址居住面、柱洞、灰坑等遗迹。发掘者根据出土器物的型态差异及堆积单位文化面貌特征的不同，将侯家寨遗址分为一、二两期[1]。侯家寨遗址的发掘为后期研究淮系文化提供了实物资料，特别是对研究淮河中游地区新石器时代文化发展谱系有着重要意义，进一步分析和明确侯家寨文化遗存的年代与性质不仅可以更清楚地认识遗存本身的内涵特征，也对深入探讨其与周边地区文化的互动关系及江淮地区新石器文化发展演变有着推动作用。本文拟通过侯家寨遗址的发掘资料就侯家寨一期文化遗存的年代与性质展开粗浅讨论。

一、侯家寨一期文化遗存相关研究回顾

侯家寨遗址发掘至今已过30余年，围绕其文化面貌、年代、性质、与周围文化关系以及在淮河流域史前文化发展体系中所处地位等相关问题的讨论也不断，其中针对侯家寨一期遗存年代与性质的研究观点主要有以下几类。

第一类，将侯家寨遗存作为一个整体，并认为以此为代表的诸多遗存可定为侯家寨文化，侯家寨一期和二期是侯家寨文化发展过程中的不同阶段。在1991年召开的苏鲁豫皖考古座谈会上，阚绪杭就阐述了这一观点，提出侯家寨、双墩、石山子（孜）、小孙岗、武庄等遗址的文化面貌一致，是淮河流域发展出的一种新的文化类型，侯家寨遗址是其中最具代表性的遗址，

作者简介：许丹阳，女，1994年8月生，安徽大学考古专业2016级硕士生。

* 基金项目：2016国家社科基金重点项目"侯家寨遗址发掘资料整理与研究"（项目批准号：16AKG001）。

可以此命名为侯家寨文化[2]。而后，在1993年的中国考古学会第九次年会上他又进一步深化这一观点，提出侯家寨一期和二期代表侯家寨文化的两个阶段[3]。

第二类，将侯家寨一期归为淮河流域原始文化的一个类型。1988年，杨立新认为侯家寨一期与肥西古埂下层属于同一文化遗存的两个连续发展阶段，可称为江淮地区原始文化的侯家寨—古埂下层类型，此类型早期即侯家寨一期的年代为距今7000年[4]。1989年，何长风认为侯家寨一期器物造型突出，自身特征明显，应是安徽淮河流域原始文化的一个新类型，年代距今7000年左右[5]。

第三类，认为侯家寨一期遗存与石山子（孜）遗存相似，可归入石山子（孜）文化中。1997年，冀和提出以侯家寨遗址为代表的一批遗址可定为侯家寨类型，是石山子（孜）文化的构成部分，该类型年代距今7500～7000年[6]。朔知[7]、吴加安[8]也发表观点，提出侯家寨一期与石山子（孜）早期遗存之间有一定相似因素，显示出较早时期的文化特征。

第四类，将侯家寨一期纳入青莲岗文化。1992年，邹厚本、谷建祥对青莲岗文化进行研究，提出青莲岗文化可分为三个类型，以侯家寨一期为代表的侯家寨类型是其中之一[9]。

第五类，认为侯家寨一期与双墩遗存联系紧密，典型要素高度相似，应同属双墩文化。2005年，随着对双墩遗址研究的深入以及双墩文化的确立，阚绪杭又提出侯家寨一期与双墩遗址的文化内涵一致，二者同属于双墩文化[10]。双墩文化应该可以通过双墩、侯家寨一期、双古堆、小孙岗、硖山口等遗址分为若干期段[11]。

虽然学术界前期对于侯家寨一期遗存的性质展开过探讨，并且随着双墩遗址发掘资料的整理公布和双墩文化的确立，这一问题的答案看似较为明朗，但侯家寨一期的性质定为双墩文化是否基础牢固还需进行更为细致的分析，这也是本文要讨论的重点。

二、侯家寨一期文化遗存的内涵特征

侯家寨遗址平面呈长方形，面积约34 000平方米，为一处台形遗址，依据土质土色可将地层堆积分为四层，其中一期文化遗存为遗址的③层、④层。侯家寨一期的遗迹有一处开口于③层下的残存房址，由7个柱洞、一段残存墙基槽、薄红烧土层组成，柱洞内部填满红烧土块，其中一个柱洞正好位于墙基槽上，基槽内填土紧密，在遗迹分布范围内清理出一具完整的狗骨架、狗头、猪头、肢骨等动物骨骼遗存。从这具狗骨架的形态来看，应是被四肢捆绑活埋的，可能与房子的奠基祭祀活动有关，该房址延伸至探方隔梁下，整体状况并不清楚。

侯家寨一期出土的遗物种类丰富，包括大量陶器残片、骨角器、少量石器及独特的陶器刻划符号，其中陶片是数量最多的遗物，部分探方中存在陶片形成的堆积层。陶器均为手制，大件陶器是由泥饼对接制作而成，小件手捏成形不甚规整，部分较复杂的陶器先分段成型再对接整形。陶质粗糙，多为夹砂陶和夹蚌末陶，罕见泥质陶。陶色以红褐色和外红内褐色为主，不见有彩陶。胎壁较为粗厚，且厚薄不均，内外表大多经过整平磨光，留有刮削痕。器表以素面为主，但有的鋬手冠部和盖纽顶端外缘部饰有指切纹，部分釜的口沿外部饰有指切纹、刻划纹、戳刺纹，无系罐的肩腹部有弦纹，个别牛鼻形耳系表面有指切纹，有的器物表面还同时饰以两种或两种以上的组合纹饰。器类有釜、支架、罐、器盖、钵、盆、碗、瓮、甗、勺等，流行鸡冠形鋬手、动物形器耳、把手、祖形支架、平底、矮圈足等，其中釜类是大宗，约占一期出土陶器的15%，以平底四鋬罐形釜、钵形釜与祖形支架的搭配使用最具典型特征。常见的主要陶器有折沿平底带鋬罐形釜、折沿平底带鋬钵形釜、祖形支架、罐形钵、大口深腹钵、小口双耳罐、圆座形盖纽、尖顶形盖纽、平底甗、圈足甗、折沿碗、敞口碗、耳系、陶锉、陶圆片等（图一），这些约占出土陶器的66%。特别要注意的是在一期文化层中出土的89件陶器刻划符号，它们多分布在碗的外底部，符号表现为压划或刻划的阴文，内容也十分丰富，皆被刻划在陶器的隐蔽部位，这应该先民们有意为之，并非简单装饰，他们用这些符号来记录或传递信息。而陶器刻划符号在侯家寨二期文化层中并未被发现，这也可以说是侯家寨一期遗存的典型特征之一。

出土的玉、石器数量少，玉器仅有1件玉璜，石器有12件，包括石锛、石刀、石球，另有

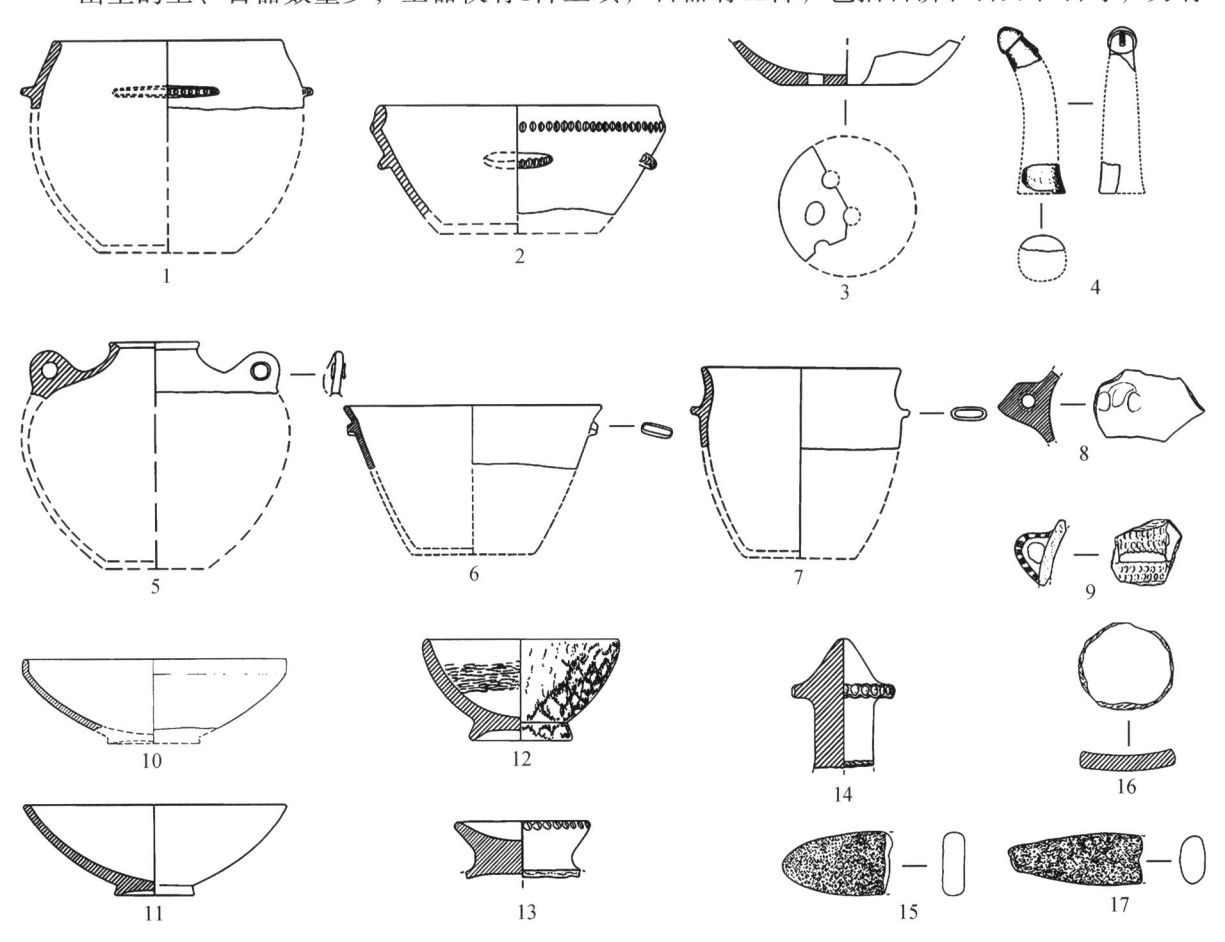

图一　侯家寨一期主要陶器

1、2. 釜（T1④∶92、T3④∶328）　3. 甗（T2④∶257）　4. 祖形支架（T1④∶130）　5. 罐（T4④∶30）
6、7. 钵（T3③∶396、T4④∶64）　8、9. 耳系（T3④∶285、T3③∶166）　10、11. 碗（T2④∶293、T1④∶89）
12. 盂（T3③∶211）　13、14. 盖纽（T6④∶108、T1③∶75）　15、17. 锉（T1④∶126、T3③∶199）
16. 陶圆片（T2③∶221）

自然石块和石器残件，整体看来石器并不发达，仅占出土陶器、玉石器、骨角器总数的2%，制作也显得粗糙。骨角器有笄、凿、针、尖状器、勾形器等，其中鹿角勾形器所占比重达73%，呈靴形，是将鹿角先进行切割，再磨光而成，勾柄处有可系绳索的凹槽，磨制精细，制作讲究。

三、侯家寨一期文化遗存的分期与年代

侯家寨一期的文化堆积虽然只有③层和④层，但发掘出土的大量陶器残片为我们判定其年代提供了依据，下面将对侯家寨一期的主要陶器进行类型学分析，明确各堆积单位的器物组合。

罐形釜　根据口沿部、腹部的不同分为两型。

A型　卷沿深腹罐形釜。T4④：31，中口，卷沿部较窄，弧腹，平底。上腹部装有两个对称的錾手。夹蚌末红褐色陶，器壁粗厚，器内表有刮削痕。通高26.3、口径16、腹径26.3、底径14.8厘米（图二，1）。

B型　无沿敛口罐形釜。T1④：93，大口无沿，口内敛，肩腹一体，弧腹较圆，平底。上腹部横装四个对称的鸡冠形錾手，錾手冠部饰有指切纹。夹蚌末红褐色陶。通高32、口径33.4、腹径39.8、底径21.4厘米（图二，2）。

钵形釜　根据口沿和腹部的不同可分为三型。

A型　折沿钵形釜。依据口部的不同分为两个亚型。

Aa型　折沿直口钵形釜。T6④：102，折沿，直口，上腹部装有錾手，折沿部和錾手冠部饰有指切纹。复原通高11.6、口径26、底径13.4厘米（图二，3）。

Ab型　折沿敛口钵形釜。T2③：231，折沿，敛口，上腹部装有四个对称的鸡冠形錾手，折沿处饰有一周指切纹。通高13.2、口径29.8、腹径28.8、底径16.4厘米（图二，4）。

B型　无沿钵形釜。依据口腹部的不同和器身大小可分为二式。

Ⅰ式：敞口，斜弧腹，器身较高。T3④：332，平底。器表素面，上腹部装有对称的錾手，夹蚌末外红内黑色陶。通高23、口径34、底径17.2厘米（图二，5）。

Ⅱ式：广敞口，斜直腹，器身较矮。标本T6③：11，平底。通体素面，上腹部装有对称的錾手，夹蚌末外红内黑色陶。器表留有整平刮削痕。通高14.6、口径40、底径18.2厘米（图二，6）。

C型　大口卷沿钵形釜。T3③：219，卷沿较窄，口微侈，斜弧腹，平底。上腹部横装四个对称的錾手。通高21.2、口径29.8、底径15.6厘米（图二，7）。

祖形支架　根据器表有无纹饰分为二型。

A型　素面。T1④：131，支架上半截顶端呈蘑菇状，下半截为抹角方柱体。通高41.8、最大径13.1厘米（图二，8）。

B型　顶端有纹饰。依据顶端弯曲程度的不同和器形大小分为两式。

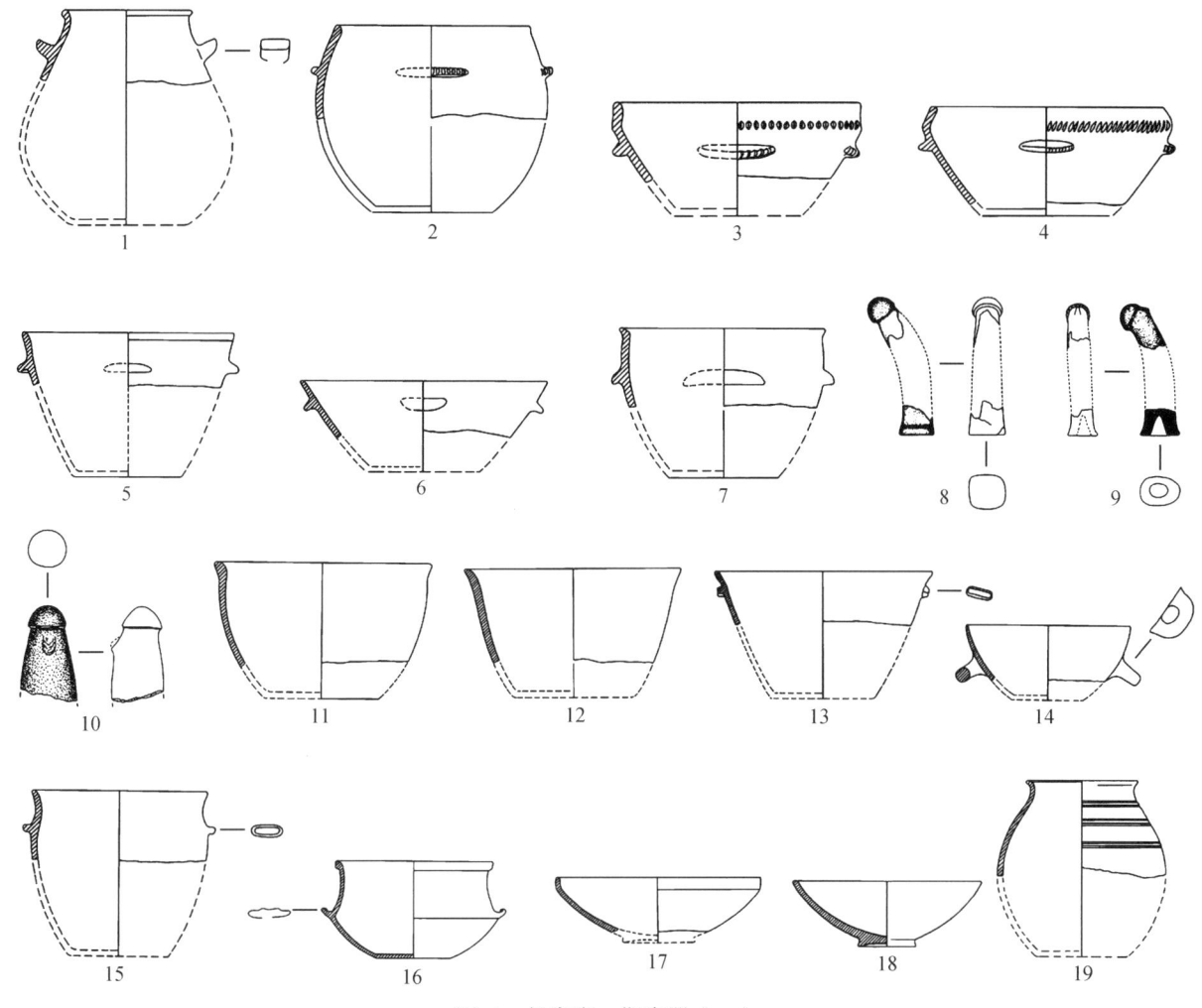

图二　侯家寨一期陶器（一）

1. A型罐形釜（T4④:31）　2. B型罐形釜（T1④:93）　3. Aa型钵形釜（T6④:102）　4. Ab型钵形釜（T2③:231）
5. B型Ⅰ式钵形釜（T3④:332）　6. B型Ⅱ式钵形釜（T6③:11）　7. C型钵形釜（T3③:219）　8. A型祖形支架（T1④:131）
9. B型Ⅰ式祖形支架（T1④:132）　10. B型Ⅱ式祖形支架（T2③:255）　11. Aa型Ⅰ式钵（T3④:387）　12. Aa型Ⅱ式钵
（T3③:395）　13. Ab型钵（T3③:396）　14. B型钵（T2③:233）　15. C型钵（T4④:64）　16. D型钵（T2③:7）
17. A型碗（T2④:293）　18. B型碗（T1④:89）　19. Aa型罐（T1③:83）

Ⅰ式：上半截弯曲弧度较大，器形偏大。T1④:132，上半截顶端呈蘑菇状，下半截为椭圆形圆柱体。顶端有一圈凸棱，并有一突脊。通高38.1、最大径11.7厘米（图二，9）。

Ⅱ式：上半截弯曲弧度不明显，器形偏小。T2③:255，顶端为蘑菇形，下半截呈圆柱状，残高4.7、最大径2.1厘米（图二，10）。

钵　根据器物形态的不同分为四型。

A型　大口深腹钵。依据有无錾手可分两个亚型。

Aa型　无錾手。根据口部、腹部的不同分为二式。

Ⅰ式：大敞口，窄沿，斜弧腹微鼓。T3④:387，平底。夹蚌末红褐色陶，器表留有整平的刮削痕，通体素面。复原高16.2、口径26.2、底径13.8厘米（图二，11）。

Ⅱ式：大口外敞，腹部较深，斜弧腹较直，弧度不明显。T3③：395，平底。外红内黑色陶，素面。复原高15.6、口径26.4、底径14厘米（图二，12）。

Ab型　有錾手。T3③：396，敞口，口沿下装有两个对称的饼形錾手，斜直腹，平底。夹蚌末红褐色陶，器形较大。复原高18.7、口径31.6、底径15厘米（图二，13）。

B型　碗形钵。T2③：233，无沿，敞口，斜弧腹，平底。中腹部装有两个对称的桥形把手。通高8.8、口径19.6、底径8.2厘米（图二，14）。

C型　罐形钵。T4④：64，中口，口外敞，斜弧腹内收，平底。上腹部装有两个对称的饼形錾手。夹蚌末红褐色陶。复原高15.6、口径16.6、底径9.4厘米（图二，15）。

D型　折腹钵。T2③：7，窄沿，敞口，折腹，平底。折腹处装有两个对称的錾手。夹砂红褐色陶。通高11.5、口径19、腹径20、底径8.8厘米（图二，16）。

碗　根据口部的不同分为二型。

A型　折沿直口碗。T2④：293，折沿，直口，斜弧腹，饼底内凹。器表有红衣，胎夹少量蚌末。通高8.8、口径27.6、底径9.4厘米（图二，17）。

B型　敞口碗。T1④：89，敞口，斜弧腹，饼底内凹。通高8、口径23.6、底径7厘米（图二，18）。

罐　根据器身有无耳系可分为二型。

A型　无系罐。依据口沿部的不同分为二亚型。

Aa型　卷沿无系罐。T1③：83，卷沿，口外侈，溜肩，弧腹较圆，平底。上腹部饰有几组弦纹。复原残高16、口径10.2、腹径16.3、底径8.9厘米（图二，19）。

Ab型　折沿无系罐。根据器表有无纹饰和折沿部的不同可分为两式。

Ⅰ式：素面，折沿部较宽。T1④：107，折沿，敞口，器内外表留有整平刮削痕。复原残高7.5、口径29厘米（图三，1）。

Ⅱ式：器表饰有弦纹，折沿部较窄。T1③：68，折沿，敞口，溜肩，肩腹部饰有几组弦纹。器壁厚重。复原残高6.4、口径15.3厘米（图三，2）。

B型　有系罐。根据口部的不同分为二亚型。

Ba型　小口双系罐。T2④：285，口微侈，束颈，圆肩，圆弧腹内收，平底。肩部装有两个对称的牛鼻形耳系。夹蚌末红褐色陶，器壁厚重，内外表留有整平刮削痕。复原残高29.1、口径18.3、腹径40.7、底径18.2厘米（图三，3）。

Bb型　大口双系罐。T3④：288，大口，近直口，口沿下有牛鼻形耳系。红褐色陶，器壁粗厚。复原残高10.5、口径26厘米（图三，4）。

甑　根据腹部、底部的不同可分为三型。

A型　圈足甑。T2④：256，残存底部，箅孔在圈足内。夹蚌末黑胎红衣陶。残底长径10厘米（图三，5）。

B型　圜底甑。T2④：289，敞口，斜弧腹，圜底。底部、腹部均有箅孔。器壁粗厚。残高1.2、复原口径12厘米（图三，6）。

C型　平底甑。T3③：212，大敞口，折腹内收，折棱明显，平底。底部、腹部均有箅孔。器形较大，复原高7.7、复原口径46.6、底径22.8厘米（图三，7）。

盂　根据形态的不同分为四型。

A型　无沿盂。根据底部不同分为两式。

Ⅰ式：圜底。T3④：265，无沿，直口微敛，弧腹，圜底。口径4、高5.4厘米（图三，8）。

Ⅱ式：平底。T3③：210，无沿，口内敛，弧腹，平底。腹部有两个对称的小錾手。口径2.7、高3.2、腹径3.9、底径2.3厘米（图三，9）。

B型　有沿盂。根据底部不同分为两个亚型。

Ba型　平底。T4④：38，敞口，折腹，小平底。口径6.1、高3.1、腹径6.4、底径3.2厘米（图三，10）。

Bb型　圜底。T2③：226，敞口，折腹，圜底。底部拟有三乳钉状足。口径5.6、高3.3、腹径4.7厘米（图五，11）。

C型　盅形盂。T3④：263，直口，弧腹，圜底。器壁粗厚。口径4.4、高4.4、腹径4.9厘米（图三，12）。

D型　碗形盂。T3③：211，似碗形，口微敞，斜弧腹内收，圈足底。口径8.4、高4.3、底

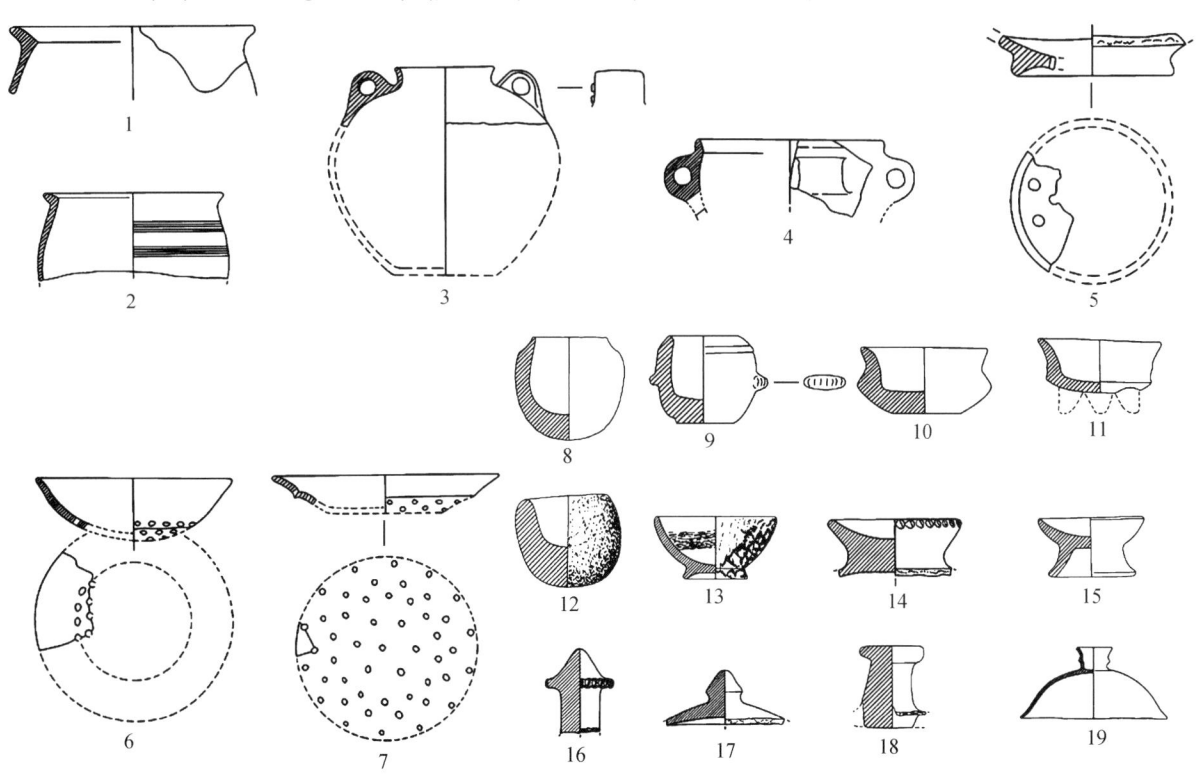

图三　侯家寨一期陶器（二）

1. Ab型Ⅰ式罐（T1④：107）　2. Ab型Ⅱ式罐（T1③：68）　3. Ba型罐（T2④：285）　4. Bb型罐（T3④：288）
5. A型甑（T2④：256）　6. B型甑（T2④：289）　7. C型甑（T3③：212）　8. A型Ⅰ式盂（T3④：265）　9. A型Ⅱ式盂（T3③：210）　10. Ba型盂（T4④：38）　11. Bb型盂（T2③：226）　12. C型盂（T3④：263）　13. D型盂（T3③：211）
14. Aa型盖纽（T6④：108）　15. Ab型盖纽（T4④：50）　16. Ba型盖纽（T1③：75）　17. Bb型盖纽（T3③：150）
18. C型盖纽（T3③：154）　19. D型盖纽（T2③：225）

径4.4厘米（图三，13）。

盖纽　根据纽顶形状的不同分为四型。

A型　圆座形盖纽。依据纽顶外缘部有无纹饰可分为二亚型。

Aa型　纽顶外缘部有指切纹。T6④：108，红褐色陶。高3厘米（图三，14）。

Ab型　素面。T4④：50，红褐色陶。高3.1厘米（图三，15）。

B型　尖顶形盖纽。根据顶部有无纹饰分为两个亚型。

Ba型　尖顶出沿明显，纽顶外缘部饰有指切纹。T1③：75，红褐色陶。高4.9厘米（图三，16）。

Bb型　尖顶出沿不明显，素面。T3③：150，高4.2厘米（图三，17）。

C型　平顶形盖纽。T3③：154，纽顶部较平，实心纽，素面。高4.1厘米（图三，18）。

D型　伞形盖纽。T2③：225，顶部较平，内部中空，整体近柱形，外表有凹弦纹。通高9.1、口径18.8厘米（图三，19）。

由以上对侯家寨一期主要陶器的类型学分析可知各单位器物组合关系，④层多出A型罐形釜、B型罐形釜、B型Ⅰ式钵形釜、B型Ⅰ式祖形支架、Aa型Ⅰ式钵、C型钵、B型碗、Ab型Ⅰ式罐、Bb型罐、B型甑、A型Ⅰ式盉、C型盉等器物，③层多出B型Ⅱ式钵形釜、C型钵形釜、B型Ⅱ式祖形支架、Aa型Ⅱ式钵、Ab型钵、B型钵、D型钵、Ab型Ⅱ式罐、A型Ⅱ式盉、Bb型盉、D型盉、B型盖纽、C型盖纽、D型盖纽等器物。A型钵形釜、A型祖形支架、A型碗、Aa型罐、Bb型罐、A型甑、C型甑、Ba型盉、A型盖纽等器物在④层、③层均有发现，属于延续使用和保留的器形，再结合侯家寨一期的地层关系（③→④）。据此，可判定④层、③层应为侯家寨一期连续发展的两个阶段，④层代表一期前段、③层代表一期后段。

根据地层叠压关系，仅能判断出侯家寨一期遗存早于侯家寨二期遗存，依据文化面貌差异，可知二者并不是连续发展的两期，中间存在缺环，所以分析侯家寨一期的年代主要通过与其他遗存文化特征的比较来展开。从侯家寨一期的主要器物看，折沿带錾罐形釜、折沿带錾钵形釜、祖形支架、平底甑、罐形钵、鹿角勾形器、刻划符号等在蚌埠双墩遗址中多见，并且形制极为相似，釜和支架的组合使用方式也一致，陶器刻划符号的刻划手法和表现内容也有相同之处。罐形釜、钵形釜、支架等也见于淮南小孙岗遗址、濉溪石山子（孜）遗址。就侯家寨一期遗存与双墩遗存中存在相近或相同的文化因素判断，二者的年代相近，应有共时发展阶段。双墩遗址可分为两期，从器物特征来看，侯家寨一期与双墩遗址早期前段的器形特征更为接近，多集中在双墩遗址1991年发掘区的⑲~⑪层，年代应该相当[12]。据双墩遗址的测年数据显示，这一段的绝对年代在距今7300~7100年[13]。再结合石山子（孜）二期遗存中可见的部分具有侯家寨一期典型特征的陶器刻划符号、鹿角勾形器、相似的蘑菇形支架等器物，这些皆出现在石山子（孜）二期文化遗存的早期地层中，即遗址⑧层下各单位及⑨层，年代为距今7200~6700年[14]。侯家寨一期年代的上限不早于7300年应是可靠的。2016年美国加州大学欧文分校地球系统科学系利用侯家寨遗址出土的兽骨进行测年，最新的测年数据显示，其年代约为距今7300~7100年。这也与前文利用传统考古学方法对其进行分析得到的结果互为印证。

四、侯家寨一期文化遗存的性质

目前，侯家寨文化遗存可分为一期、二期，两期文化面貌差异较大，并存在缺环，这一观点已获得学术界认同。而关于侯家寨一期遗存性质的界定还未进行专门的论述，明确侯家寨一期遗存的文化性质对认识侯家寨二期文化遗存的来源，认清侯家寨一期遗存与双墩文化、石山子（孜）遗存的关系，侯家寨遗存是否可独立命名为侯家寨文化等问题提供参考。

先看侯家寨遗存能否作为一个整体被命名为侯家寨文化的问题，侯家寨二期遗存的文化特征与一期相比差别较大，侯家寨二期的陶器虽然仍以夹砂陶为主，但泥质陶明显增加，彩陶也较为丰富，常在豆的口沿外部、罐的肩腹部、钵的口沿下和颈部等处饰有宽带纹、折线纹、波浪纹、水波纹等彩绘纹饰。这种现象在侯家寨一期中并未发现，一期仅有少量豆、碗的外表有红衣彩，且未绘出具体纹饰。此外，一期的碗虽较之其他器物的陶质要精细，但仍夹有少量蚌末，并非完全意义上的泥质陶。侯家寨二期常见的陶器有罐形鼎、钵形鼎、鼎足、盂，以及饰有彩绘纹饰的豆、钵、罐等，不见或少见一期典型的釜、祖形支架、甑、灶框、陶锉、陶圆片等器物，流行三足器，仅鼎和鼎足的数量就占侯家寨二期出土陶器的30%。一期典型的鹿角勾形器和陶器刻划符号不见于二期。二期的折腹釜形鼎、折棱盘形豆等器物也未在一期找到源头。可见，虽然侯家寨一期文化层直接叠压在二期文化层之下，二者在文化源流上有一定的承袭关系，但它们的差异是主要的，各自的文化内涵存在质的差别，这种差别也不仅仅是时间发展导致的结果，而是各具特征，各有典型的器物群，应分属不同的考古学文化，显然不能将侯家寨一、二两期文化遗存作为一个整体统归为侯家寨文化。其中侯家寨一期与淮河流域的其他早期遗存有较多相似要素，或可归入其他文化中。而以侯家寨二期为代表的同类遗址有一定分布范围，也有不同于其他文化的器物组合，可命名为"侯家寨文化"[15]。

青莲岗遗址至今从未进行过正式的考古发掘，只在20世纪50年代进行过四次调查，采集到陶片、石器、兽骨、红烧土块等文化遗物，在不清楚其文化全貌和年代的情况下，就被认定为一个新的考古学文化，导致之后的研究不断对青莲岗文化的内涵进行修正，使得青莲岗文化的内涵越发复杂[16]。20世纪90年代，在淮河中游的各类文化遗存没有明确发展序列的情况下，邹厚本、谷建祥先生在《青莲岗文化再研究》一文中提出，将青莲岗文化的分布范围西移，把安徽境内淮河流域的新石器时代文化统归入青莲岗文化，包括侯家寨、双墩、石山子（孜）等遗存，并认为侯家寨一期是青莲岗文化侯家寨类型的代表遗址[17]。这样显然是不客观的，在不清楚一个文化面貌特征的情况下，就把与之看似相关的遗存归入该文化范围内，是不甚合理的。而随着考古发掘实物的出土和研究的深入，以双墩遗址命名的双墩文化也被学术界认可，侯家寨遗址的一、二两期也被认定文化特征差异较大，所以侯家寨一期显然不能被认定为青莲岗文化的构成部分，无论是从文化内涵还是逻辑上都不具有说服力。

再看侯家寨—古埂下层类型这一定性，肥西古埂遗址于1983年进行考古发掘，经过对出土器物的初步研究，发掘者认为该遗址堆积可分为两期，早期即古埂下层，其文化特征表现为，陶器以夹砂陶为主，泥质陶次之，器物皆为手制，器壁薄厚不均。器表多为素面，少部分器物饰有刻划纹、附加堆纹等，常见器形有罐形鼎、釜形鼎、盆形鼎、喇叭形圈足钵形豆、长颈折腹壶、平底小陶杯、直壁尊、双耳罐等，流行三足器与平底器，有部分圈足器。鼎足的型式丰富，以足正面有一竖凹槽的半圆扁凹形鼎足和足跟上部圆形内弯下部外撇的扁鼎足最具特色。还发现有几件泥质红陶彩陶片，表面有淡黄色陶衣，绘有黑彩草叶花瓣纹。生产工具发现得不多，石器磨制粗糙，另有陶网坠、陶弹丸等[18]。从文化面貌来看，古埂下层与侯家寨一期的差别较大，侯家寨一期典型的平底釜与祖形支架在古埂下层并没有发现，虽然侯家寨一期也以夹砂陶为主，但是泥质陶很少，并且胎质不精细，只有少量器物表面有红衣，并未出现彩陶纹饰，虽存在少量鼎足，但根本不占据主流，釜类等平底器才是最具代表性的器物。侯家寨—古埂下层类型这一观点中是将侯家寨一期与二期视为同一类型的文化遗存，但其实二者在文化性质上是不同的。比较来看，古埂下层与侯家寨二期遗存的文化特征更为接近，常见的喇叭形圈足钵形豆、伞形器盖、表面有凹槽的鼎足、盘形鼎等器物与侯家寨二期所出的极为相似，古埂下层的器物纹饰在侯家寨二期中也皆有发现。有研究认为古埂下层与侯家寨二期属于同一考古学文化系统，存在的差异是由所处的时间、空间不同导致的[19]。因此，侯家寨—古埂下层这一定性也是有偏差的。

而把侯家寨遗存定为石山子（孜）文化的组成部分这一观点，现在看依据还不充分，石山子（孜）文化这一命名还未被公认，并且之前关于石山子（孜）文化的观点将这一文化范围定义得比较广泛，包括双墩、侯家寨，甚至小山口和古台寺遗存都被纳入这个文化中，虽然这些遗存间有一定的相似性，但还不足以认定他们属于同一考古学文化，而随着双墩文化被确立，侯家寨一期、二期遗存被认定文化属性不同，石山子（孜）文化这一定性显然要再斟酌。但石山子（孜）二期遗存与侯家寨一期遗存在发展过程中确实是存在交流的。石山子（孜）遗址的延续时间长，发掘者将其分为四期，与侯家寨一期遗存具有共性的是石山子（孜）二期遗存。石山子（孜）二期遗存表现出的特征较其一期显示出一定的进步性，陶质虽仍以夹蚌陶和夹砂陶为主，但泥质陶的数量明显增加，陶色以红褐色和红色为主，出现了典型的泥质红陶，对陶器进行慢轮修整的设备也已出现，所以二期的陶器器壁薄厚均匀，整体陶器烧制技术提高，器物口部多留有线状的抹痕，并出现红彩方格网状纹、放射形条纹等纹饰，流行在器表饰有细泥刮抹而成的附加堆泥条凸棱纹和在附加泥条上压印窝状链条纹。泥质陶器物新出现席纹、篦点纹、谷糠纹等装饰，纺轮的表面流行饰有戳点纹或凹弦纹。看起来石山孜先民对器物的装饰尤为重视。主要器类也较一期有所变化，多为鼎、釜、钵、碗、小口双耳罐，由于产生了陶鼎，釜的数量比一期减少很多，釜和支脚的组合使用功能也减弱，但釜没有马上废弃，而是作为盛储器延续使用。石器数量较一期增加，磨制石器也较多见，新出现了石刀、石盘状器等。骨器总体看较为发达，出现少量鹿角勾形器[20]。

将侯家寨一期遗存的特征与石山子（孜）二期相比发现二者既有共性又有差异。石山子（孜）二期的泥质陶占比达11%，并出现轮制痕迹，主要器类中泥质陶皆有相当的比例。而侯家寨一期的泥质陶非常罕见，也未发现有轮制现象，这一点表现出石山子（孜）人明显比侯家寨人在陶器制作方面更为讲究和进步。石山子（孜）二期的纹饰除了有与侯家寨一期相似的指切纹、弦纹外，其他纹饰也很丰富。石山子（孜）二期釜的类型少于石山子（孜）一期，带鋬釜只见月牙形和鸡冠形鋬手，也不如一期的鋬手样式丰富，可见二期的釜类器已经不如一期发达。而侯家寨一期的釜类器是最为典型的器物，鸡冠形鋬手在侯家寨一期中也常见。石山子（孜）二期鼎的数量较多，型式多样，在器类中所占比重高于侯家寨一期。石山子（孜）的器耳虽有侯家寨一期多见的鸟首形，但侯家寨的鸟首形器耳喙部突出，形象生动，石山子（孜）的同类耳系远不如侯家寨的写实。侯家寨一期的陶盆型式不如石山子（孜）多样，石山子（孜）的折沿盆折沿处较平，侯家寨的折沿处较斜。碗的差别较大，侯家寨一期的碗虽然陶质较细，但夹有少量的蚌末或炭，以红褐陶和外红内黑陶为主，部分器表有红衣，而石山子（孜）的碗以泥质红陶和灰陶为主，不见侯家寨一期典型的折沿碗，也不见侯家寨一期的平底甑、圈足甑等甑类器，极少见盖纽，蘑菇状支脚虽与侯家寨一期的祖形支架有相似处，但仅是个例的发现，并不多见。石山子（孜）一、二两期的陶锉都较少，侯家寨一期陶锉很多。石山子（孜）二期发现有两件陶器刻划符号以及几件鹿角勾形器，符号内容表现为双"十"字形、叉形、圆圈形。陶器刻划符号和鹿角勾形器是侯家寨一期的典型要素，这些器物在石山子（孜）遗址中被发现应是二者文化交流的体现。

除了二者共有的器类存在上述差别，以及侯家寨一期多有但不见于石山子（孜）二期的器类外，还有一部分为石山子（孜）特有，但在侯家寨一期中却不见或罕见的器物，这些陶器主要有以下几类（图四）。

附加堆纹凸棱釜，主要特征为在器物口沿外或上腹部饰有一周凸棱状附加堆纹泥条，多为夹蚌末红褐陶。此型釜在侯家寨一期中不见，但在小山口和古台寺早期遗存中较为多见。

鼎，型式多样，有釜形鼎、罐形鼎、钵形鼎、盆形鼎，腹部多装有月牙形或鸡冠形鋬手、泥条状凸棱、耳系，部分口沿下还饰有凹弦纹、斜线组成的三角形纹带等。

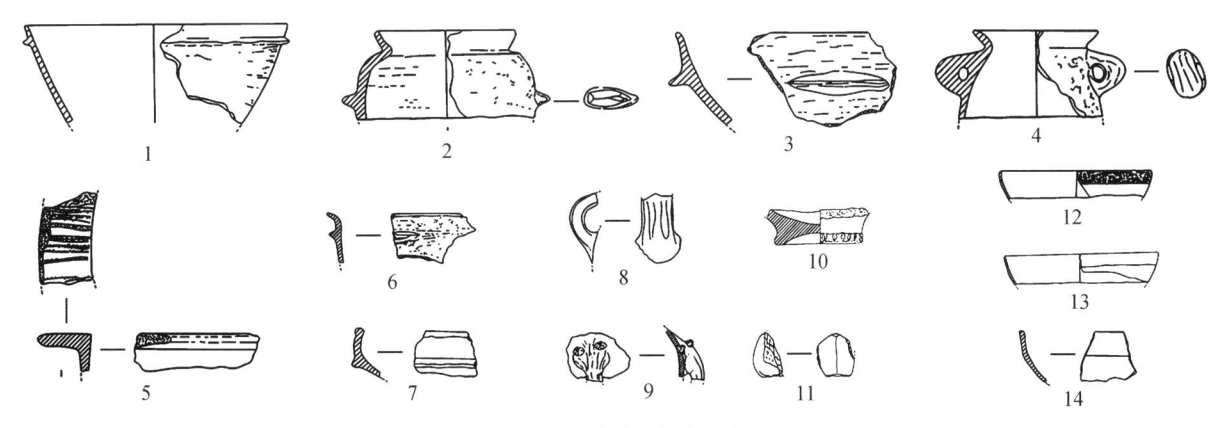

图四　石山子（孜）部分陶器
1.附加堆纹凸棱釜（T1729⑦：9）　2.罐形鼎（H135：14）　3.钵形鼎（T0724⑦：8）　4.双耳罐（H125：12）　5.宽平折沿彩绘陶盆（T0725⑦：16）　6.折沿带鋬盆（T0723⑧：4）　7.折沿凸棱盆（T0823⑧：13）　8.压印凹槽耳系（T0725⑨：92）　9.乳钉状泥突耳系（T0725⑨：23）　10.花边圈足器底（H188：1）　11.馒头形支脚（T1730⑨：16）　12.敛口红顶钵（T0725⑤：28）　13.敛口红顶碗（T0724⑧：23）　14.折腹碗（T1631⑦：13）

双耳罐，多为泥质陶，双耳距离罐口部距离较近。

半环形耳系，常见一端捏有乳钉状泥突、贴有泥条或是正面压印凹槽。

宽平折沿彩绘陶盆，折沿面较宽平，沿面有三角形、放射状或带状彩绘，有的器物内外还饰有红陶衣。

折沿带錾盆，折沿，敛口或侈口，腹部一般有泥条状或鸡冠形錾手。

折沿凸棱盆，折沿，直口或敛口，腹部贴有凸棱状附加泥条。

敛口红顶钵，口沿外部饰有一周红顶式宽带，一般为上红下黑色，器壁较薄，内外磨光。

敛口红顶碗，皆为泥质陶，圆唇，口内敛，口外有一周红带，红顶碗一般为泥质灰陶。

折腹碗，直口或侈口，上腹较直，下弧腹内折，有的折腹处贴有细泥条，上面还压印有指甲纹。

花边圈足器底，圈足的边缘压印窝纹或斜向短条纹，形成花边状。

馒头形支脚，泥质或者夹砂，一侧似有微隆凸棱，呈馒头状。

整体来看，石山子（孜）二期是延续石山子（孜）一期发展的，与侯家寨一期确实有相似处，但差异也是较大的，个性大于共性，石山子（孜）二期的文化特征与侯家寨一期的相似性应是时代共性和文化互动交流的结果。侯家寨一期与石山子（孜）遗存分别具有个性特点，石山子（孜）遗存与小山口遗存的相似性较之侯家寨一期遗存更高，部分器形与北辛文化也极为相近，能否被定为独立的考古学文化还有待进一步研究分析。但就目前侯家寨一期遗存和石山子（孜）遗存的材料来看，各自要素明显，典型器物群也有所差别，不应归入同一考古学文化之中。

双墩文化是2005年在"蚌埠双墩遗址暨双墩文化研讨会"上被确立的新石器时代文化。该文化以双墩遗址命名，双墩的材料较为丰富，特征明显，有自身典型的器物群，应属于一个单独的考古学文化[21]。双墩所出陶器以夹蚌末陶为主，泥质陶仅占极小部分，陶色多为红褐色，其次为外红内黑色，有少量红衣陶和红色彩陶。陶器皆为手制，器壁同样薄厚不均，但大多经过整平磨光处理。器表以素面为主，釜的錾手表面和口沿下、罐的肩腹部、盖纽外缘部、耳系表面等部位一般饰有刻划纹、附加堆纹、戳刺纹、指切纹、弦纹、乳钉纹等纹饰，有纹饰的器物大多都同时被施加了两种或两种以上的组合纹饰。主要陶器有釜、支架、甑、灶框、罐、折沿碗、双耳罐、钵、器盖等，流行平底器、錾手、动物形耳系，有少量圈足器，以平底带錾罐形釜、钵形釜与祖形支架的搭配使用最具典型性，这种组合方式在侯家寨一期中也同样存在。鼎的数量极少，在陶器中只是配角。这种情况也与侯家寨一期一致。陶质工具以网坠和投掷器数量居多，还包括纺轮、锉、圆饼等。石器多为打磨结合，制作较粗糙，器形有石锤、石斧、石球、石圆饼等。骨角器也有侯家寨一期典型的鹿角勾形器。另外，陶器刻划符号也有大量发现。双墩与侯家寨一期的陶器在陶质、陶色、纹饰、制法方面极为相似，器类也大多相同，两处遗存共有的主要陶器有以下数类（图五）。

大口内敛带錾罐形釜，带錾罐形釜是双墩和侯家寨一期的代表性器物，此形釜器壁粗厚夹蚌末，主要特征为大口无沿，上腹部装有四个对称的鸡冠形錾手，錾手冠部饰有指切纹。

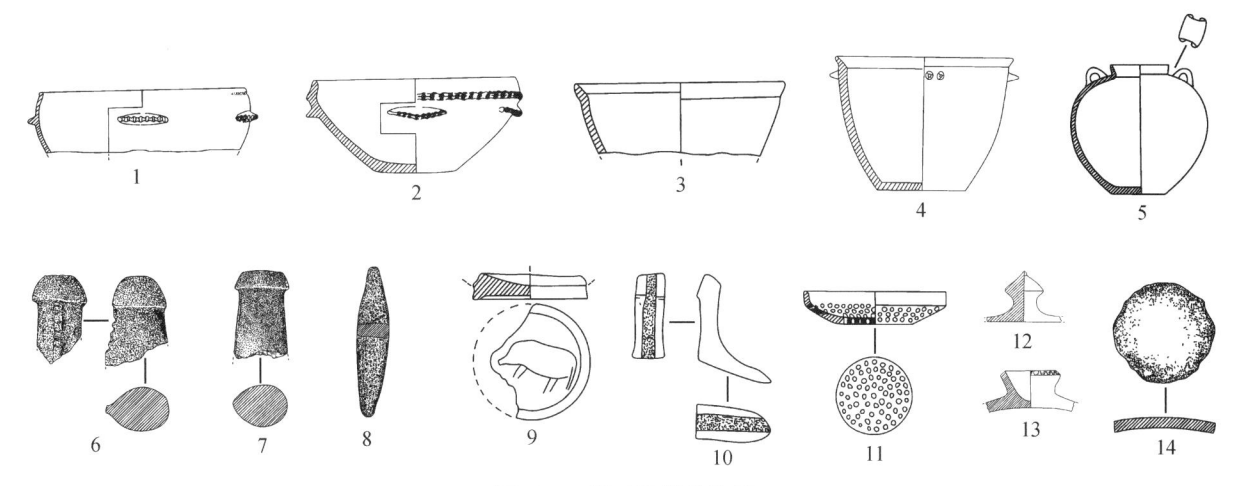

图五　双墩遗址部分陶器

1. 大口内敛四鋬罐形釜（91T0621⑦:116）　2. 折沿四鋬钵形釜（91T0620⑮:31）　3. 大口深腹钵（91T0719⑰:81）
4. 罐形钵（91T0620⑬:38）　5. 小口双耳罐（91T0719⑰:71）　6、7. 祖形支架（92T0723㉓:80、91T0819⑱:38）
8. 陶锉（91T0819⑲:41）　9. 刻划符号（91T0719⑱:33）　10. 鹿角勾形器（91T0621⑰:42）　11. 平底甑（91T0719⑰:76）
12. 尖顶形盖纽（91T0621⑱:184）　13. 圆座形盖纽（91T0620⑱:45）　14. 陶圆片（91T0719⑱:148）

折沿带鋬钵形釜，折沿钵形釜在双墩和侯家寨遗存中皆有大量发现，这类器物一般为折沿，口部有微内敛和直口之分，折沿部多饰有指切纹、戳刺纹，上腹部同样装有对称的鸡冠形鋬手。

祖形支架，支架与釜配合使用是双墩和侯家寨一期共有的典型特征，祖形支架也是极具代表性的器物，为夹蚌末红褐色陶，器体一般粗壮硕大，顶端呈蘑菇状，分为素面和有纹饰两种，有纹饰的常在支架顶端下侧饰有指切堆纹或小泥扣。

平底甑，这类甑的腹部和底部皆有圆形箅孔，大敞口或直口，斜腹，小平底。夹蚌末红褐色陶。

小口双耳罐，双墩与侯家寨一期所出双耳罐内外表留有整平的刮削痕，耳系可分为鸟首形和牛鼻形，鸟首形耳系有单系孔或双系孔贯穿，造型生动写实。部分牛鼻形耳系表面饰有刻刺纹、指切纹等纹饰。

罐形钵，口沿下一般装有对称的饼形鋬手或是成组乳钉纹，斜腹，平底。胎夹蚌末，器壁较厚。

大口深腹钵，通体素面，口径较大，斜腹，无鋬手装饰。

圆座形盖纽、尖顶形盖纽，这两种盖纽在双墩和侯家寨一期较为普遍，圆座形盖纽外缘部常饰有一周指切纹，内部有不同程度的中空。尖顶形盖纽的顶部凸起，部分外缘部饰有一周指切纹。

碗，碗的外表多施有红衣，胎质夹炭，器壁较厚，器形较大，多为折沿碗，口部较直或微内敛，底部多为饼底内凹，少部分为圈足。另有部分敞口碗，斜弧腹内收，圈足或饼底内凹。

盅，皆为手制，器形不规整，制作粗糙，大小不一。胎质较粗糙，夹蚌末红褐色陶。盅形盅无沿近直口，小圜底。部分碗形盅为小圈足底。

刻划符号，双墩遗址经三次发掘出土陶器刻划符号633件，侯家寨一期出土89件。这些符号多被刻划在碗的外底部，少数刻划在豆的圈足内。两处发现的刻划符号在刻划手法、符号内容、组合方式、表现形式等方面表现出高度相似。符号多为刻划或压划的阴文，双墩有少量用剔刻、拍印或模印方法形成的阳文符号。根据符号内容的不同可分为象形类、几何类、其他类。象形类有植物形、动物形、人面形等，几何类有方框形、圆圈形、网格形、弧线形等，其他类是指形状不完整不能明确判定其类型的符号。符号的表现形式基本一致，有单体符号、重体符号或是两种及两种以上不同符号构成的组合符号。符号皆存在重弧线形、方框形和弧线形、圆圈形和斜线形等组合方式。这些刻划符号应该有记事功能，记录了当时先民的生产生活，反映出捕鱼、种植、狩猎等行为情况，也反映出当时淮河中游地区先民对某些符号的内容具有共识，甚至可能互相通用。

陶锉，此类陶工具在侯家寨一期和双墩均有不少发现，胎质粗糙，夹蚌末，多为扁平形，呈中间宽两头窄，通体布满麻坑。

陶圆片，在双墩与侯家寨一期发现的陶圆片皆为陶片加工而成，制作较粗糙，形状也不甚规整，薄厚不均，圆片边缘多留有敲打形成的不整齐的凹凸打击面。

可见，双墩与侯家寨一期除了在陶质、陶色、器类上表现出极大的相似性，从主要陶器特征来看也大体相同，虽然双墩的大口内敛无系罐、彩陶钵、桥形盖纽、四流器、网坠、投掷器等罕见于侯家寨一期，但二者主体文化特征相同，部分器形的差异可能是由于在各自发展过程中吸收不同文化因素所导致的，也可能与生业方式的差异和地域因素有关。并且从典型要素来看，侯家寨一期遗存的文化性质应与双墩遗存一致，应同属于双墩文化。综上，侯家寨一期遗存可判定为双墩文化的组成部分。双墩文化的分布范围主要在淮河中游地区，典型遗址有双墩、小孙岗、双古堆、硖山口等，侯家寨一期遗存文化性质的确定充实了双墩文化的内涵。

五、结　　语

通过以上分析，侯家寨一期文化遗存的年代为距今7300～7100年，性质属双墩文化。侯家寨一期遗存特征突出，有典型的器物群，但能否进一步划分为双墩文化的不同类型，依据现有材料还不能确定。双墩文化作为淮河中游地区一支独立的新石器时代文化，是淮系文化的重要组成部分，侯家寨遗址为今后研究双墩文化乃至淮河流域古文化提供了可参考的实物资料。虽然目前侯家寨一期与二期之间的缺环是如何造成的，侯家寨一期的流向、侯家寨二期的来源等问题尚待解决，但随着今后考古发掘和研究的深入，这些问题定会一一得到解答。

注　释

[1]　唐更生、陈艳、阚绪杭：《安徽定远侯家寨新石器时代遗址发掘》，《考古学报》2019年第1期。

[2]　《文物研究》编辑部：《苏鲁豫皖考古座谈会纪要》，《文物研究》第7辑，黄山书社，1991年。

[3]　阚绪杭：《试论淮河流域的侯家寨文化》，《中国考古学会第九次年会论文集》，文物出版社，1997年。

[4]　杨立新：《安徽江淮地区原始文化初探》，《文物研究》第4辑，黄山书社，1988年。

[5]　何长风：《关于安徽原始文化研究中的几个问题》，《文物研究》第5辑，黄山书社，1989年。

[6]　冀和：《试论皖北地区新石器时代早期文化》，《中原文物》1997年第2期。

[7]　朔知：《安徽淮河流域早期原始文化略说》，《东南文化》1999年第5期。

[8]　吴加安：《安徽北部的新石器文化遗存》，《考古》1996年第9期。

[9]　邹厚本、谷建祥：《青莲岗文化再研究》，《东南文化》1992年第1期。

[10]　阚绪杭，周群：《安徽淮河流域新石器时代考古的重大突破——双墩文化概说》，《中国文物报》2005年12月16日第7版。

[11]　安徽省文物考古研究所、安徽省蚌埠市博物馆：《安徽蚌埠双墩新石器时代遗址发掘》，《考古学报》2007年第1期。

[12]　许丹阳：《双墩文化研究》，安徽大学硕士论文，2019年。

[13]　安徽省文物考古研究所、蚌埠市博物馆：《蚌埠双墩——新石器时代遗址发掘报告》，科学出版社，2008年，第413页。

[14]　安徽省文物考古研究所、淮北市博物馆、濉溪县文物事业管理局：《濉溪石山孜——石山孜遗址第二、三次发掘报告》，文物出版社，2017年，第265页。

[15]　陈艳：《论侯家寨文化》，《东南文化》2016年第2期。

[16]　张敏：《从青莲岗文化的命名谈淮河流域与长江流域原始文化的相互关系》，《郑州大学学报（哲学社会科学版）》2005年第2期。

[17]　邹厚本、谷建祥：《青莲岗文化再研究》，《东南文化》1992年第1期。

[18]　安徽省文物考古研究所：《安徽肥西县古埂新石器时代遗址》，《考古》1985年第7期。

[19]　陈艳：《论侯家寨文化》，《东南文化》2016年第2期。

[20]　安徽省文物考古研究所、淮北市博物馆、濉溪县文物事业管理局：《濉溪石山孜——石山孜遗址第二、三次发掘报告》，文物出版社，2017年，第265页。

[21]　《文物研究》编辑部：《苏鲁豫皖考古座谈会纪要》，《文物研究》第7辑，黄山书社，1991年。

大汶口文化陶尊刻符的渊源和流布

刘文强

（四川师范大学巴蜀文化研究中心）

20世纪六七十年代，山东省博物馆对鲁东南地区的莒县陵阳河遗址先后两次进行了调查与发掘，采集和出土了一批刻画有特殊符号的大口尊[1]。随后又在陵阳河遗址周边的诸城前寨[2]、莒县杭头[3]、莒县大朱家村[4]、五莲丹土[5]、日照尧王城[6]、日照苏家村[7]、胶州赵家庄[8]及鲁中南地区的宁阳于庄[9]、胶东半岛的莱州吕村[10]等遗址发现了类似的大口尊及基本一致的此类刻符（图一）。此类刻符均阴刻于大口陶尊的外器表上部，一般一个大口尊刻画一个符号，也有少部分（2件）大口尊前后两面器表各刻画一个符号，有些大口尊的刻画符号内还有红色朱砂涂抹。此类刻符主要为8种符号（图二）。此8种符号自发现以来就引起了学界的热烈讨论，经半个世纪至今，学界依然没有对其形成较为一致的看法。目前比较流行的观点有以下几种。

（1）认为其为文字，并尝试对文字进行解读。如于省吾先生认为 上部的圆形像日，中间像云气，下部如五峰形山，整体是早晨旦明之意，是一个原始的"旦"字[11]；唐兰先生认为该符号上面为太阳，中间是火，下面是山， 是省略了下面的山形，此二者均为"炅"字。 和 分别是锛和钺的形象，前者释为"斤"，后者释为"戉"或"戊"等[12]。王树明先生对于此三种符号和唐兰先生见解基本一致，另将 释为"凡"字， 释为"享"字，将 释为"南"字[13]等。

（2）认为其与文字接近或至少已具备了文字的功能，但目前尚不能完全释读。如李学勤先生认为此类刻符和后世的甲骨文、金文形状结构接近，与抽象性的花纹不同，这些符号应该是文字，但有些尚不能解读[14]；高广仁先生认为，刻有符号的陶尊应是一种祭器，陶尊符号中有两个是农具类的象形字，两个是反映天象的会意字[15]，此类刻画符号有别于一般私人记事刻符，在一定的社会群体中得到广泛的共识，可称之为"社会共识意符"[16]等。

（3）认为其为具有一定意义的符号。如杜金鹏先生认为 图像若加以化简，则正与甲骨文及金文中皇字的上部相合，推测其可能有了皇王的象征意义[17]；孙长初先生根据庙底沟类

作者简介：刘文强，男，1984年10月生，安徽大学考古专业2009级硕士生。

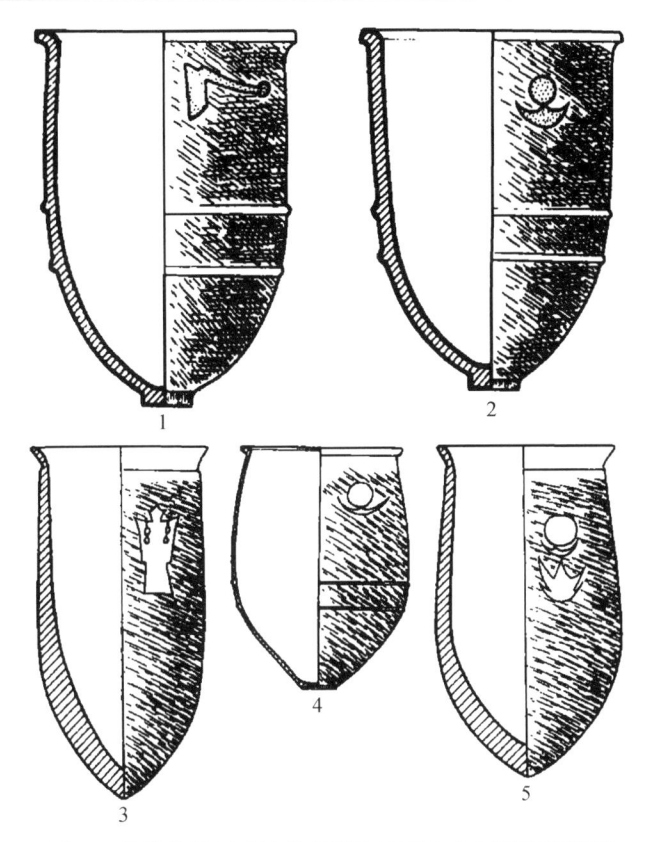

图一 莒县陵阳河遗址及其周边地区出土刻符陶尊举例
1、2.莒县陵阳河采集 3.莒县大朱家村M17 4.莒县大朱家村M02 5.莒县大朱家村采集

型鸟纹演变认为◎类刻符应该是鸟类图案的简化和变形、是一种用来沟通天地的巫术符号[18]；王恒杰先生根据民族学资料得出结论，认为其是一种或标记或乞求吉祥类的符号[19]；亦有学者认为其是男欢女爱、生殖崇拜一类的表现形式[20]等。

本文认为，在当今的文化背景下结合有限的古代遗物蠡测当时的刻符内涵，较容易从各种角度做出过度解读，且已有多位学者对此种刻符是否文字以及涵义若何等做出过精彩论述，因此本文不再对此类符号的内涵做进一步地推测。然而本文亦认同高广仁等先生的观点，认为此类刻符应该是一定区域内某一族群甚至某一部族共同认同且具有部族标志性功能的符号。并在此种族群认同性标志符号的认知基础之上，对此类符号形成的渊源以及形成之后的流布做一梳理，以期对其背后的族群及其移动以及当时的文化间互动等研究有所裨益。

一、形　　成

目前资料来看，莒县陵阳河及其周边几个遗址是发现此类陶尊刻符的最早区域，也是此类陶尊刻符的形成地区。王树明先生认为，所有刻符大口尊中陵阳河遗址的年代最早，约为距今4800年[21]。大朱家村遗址墓葬的绝对年代距今4800～4600年[22]。杭头遗址年代约距今4600

年[23]。丹土刻符情形不详。尧王城遗址早者约为大汶口文化晚期至龙山文化早期之际，晚者约为龙山文化中晚期阶段，距今4500～4200年[24]，而其刻纹陶片出土于1992年发掘时最下一层的大汶口文化堆积[25]，其年代或在距今4500年左右。可见此类陶尊刻符成型于距今4800年左右的陵阳河遗址及其周边地区，并在此区域一直沿袭至大汶口文化晚期或大汶口与龙山文化交替时期。

为了方便叙述以及之后的研究，本文依刻符造型暂将此类陶尊刻符分为三类（图二），并对其渊源流布进行简单探讨。

第一类是上为圆形，中为火形或月牙形，下为山形的图案，以及省略掉山形的简化图案（图二，1、2）。虽然从图像分析，莒县陵阳河等遗址圆形之下的刻画在其初期更似"火"而非"月"，但综合学界的称呼习惯以及此类纹饰日后的简化演变，还是暂简称其为"日月"形符号。此类纹饰大概占陵阳河及其周边遗址出土陶尊刻符的一半以上。

第二类是如图二，3～5的图案，此类图案的统一特点是都有一个类似于台形的构图。不同的是图二，3台形两侧各有飘带或禾草纹，整体较似一冠；图二，4台形图案中间有圆圈纹；图二，5台形构图上有类似于箭翎状或草叶类的纹饰。鉴于其构图的相似性，暂简称此类刻符为台形类符号。此类符号数量仅次于"日月"形符号，占陶尊刻符类的30%～40%。

第三类是除上述两类外的其他造型符号。主要包括弧边菱形纹类及工具形等刻符，为陶尊刻符中数量较少的一类（图二，6～8）。

此三类刻符，在早、中期的大汶口文化基本找不到源头，在此前的其他考古学文化中也没有完全类似的东西，目前只是与中原地区灵宝西坡墓地中所出土的一些器物和刻画似乎存在着少许的联系。

灵宝西坡墓地位于河南省灵宝市铸鼎原中部偏北，该墓地出土的几件彩绘大口尊及一些彩陶纹饰等和陵阳河遗址的陶尊刻符似乎存在一定的渊源关系。西坡遗址的大口尊均出土于大墓，高31～35厘米，多在器表外腹中下部位饰一圈附加堆纹。附加堆纹以下为素面，其上以交错篮纹为底，交错篮纹之上为宽5～10厘米的一圈红色彩带，彩带上有若干留白圆形空白点，一般11～14个，红色彩带上有时亦有三组平行的竖条状黑彩线，将彩带隔为三个部分。西坡墓地出土的大口尊与大汶口文化刻符陶尊器形相似，也有着腹部中下存在附加堆纹的特征，且附

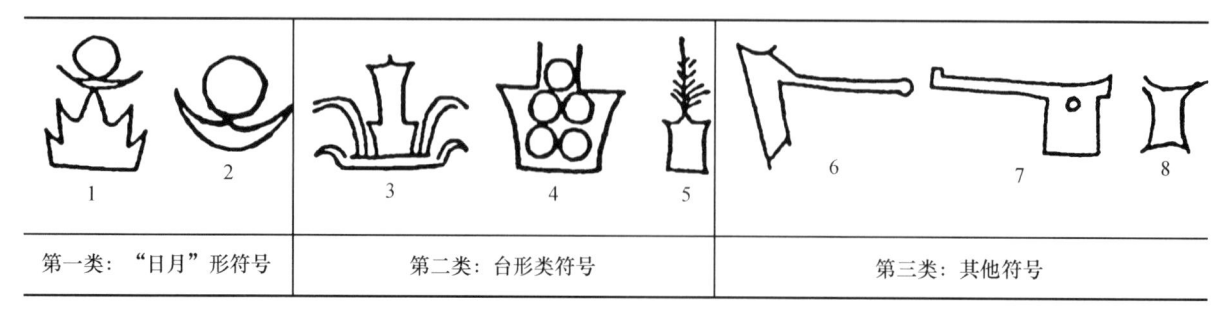

图二 陶尊刻符分类图

1、2. 莒县陵阳河采集　3. 莒县陵阳河79M17∶1　4. 莒县大朱家村采∶02　5. 莒县陵阳河79M25∶1　6、7. 莒县陵阳河采集　8. 莒县陵阳河M19∶40

加堆纹的上部都有着装饰或刻符，大汶口文化的陶尊刻符多在刻符之上有着涂朱，西坡墓地大口尊上腹部则多为或以朱砂为原料描绘的红色彩绘（图三，1），二者虽不完全相同，但在大口尊相同部位用类似材料（朱砂）进行表达的理念类似，或有着传承发展或者文化借鉴。此外，西坡墓地出土有一类陶簋形器，其器形和大汶口文化陶尊刻符第二类图案中的台形构图存在相似性，有可能为此类台形图案的母题或原型（图三，2）。西坡遗址的一些彩陶纹饰亦同陵阳河遗址◡符号存在造型上的相似性或传承性[26]，即类似于一些学者所说的金鸟负日纹饰（图三，3、4）。西坡遗址距今约5300年[27]，属于庙底沟文化晚期阶段，其相应遗物的年代早于大汶口文化晚期的刻符陶尊。庙底沟文化曾对大汶口文化的彩陶产生过深刻的影响，故而西坡墓地的上述器物，或对大汶口文化陶尊刻符的形成，也起到过影响、借鉴或启发的作用。

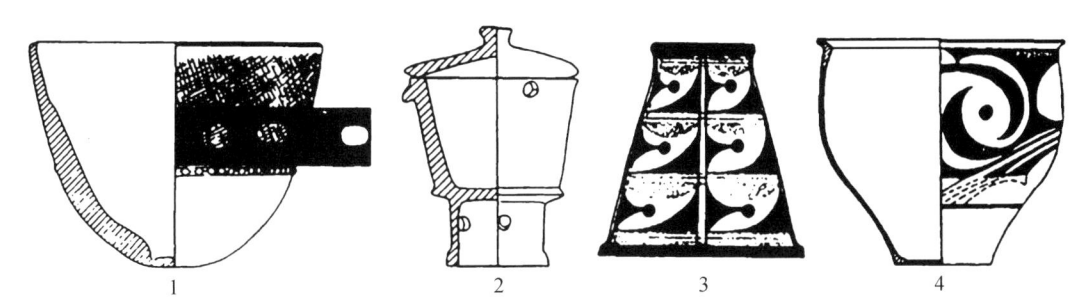

图三 灵宝西坡墓地出土相关遗物举例
1. 陶大口尊（M8∶10） 2. 陶簋形器（西坡M14∶6） 3. 器座（西坡南区H37∶14） 4. 彩陶盆（西坡F102∶2）

二、西向扩张

在海岱地区之外，今皖北地区的蒙城尉迟寺遗址亦出土有多件刻符陶尊。蒙城尉迟寺遗址的年代为距今4800～4600年[28]，稍晚于莒县陵阳河等遗址的年代。即陶尊刻符于海岱地区莒县陵阳河遗址及其周边形成之后不久，便出现过一次较为明显的扩张，西布至了今皖北地区。

蒙城尉迟寺遗址共发现可修复的刻符大口尊8件（图四，1~8），可辨认的刻符陶片4片[29]。此8件可修复的大口尊与陵阳河遗址同类器物形制相似，只是尉迟寺的8件陶尊刻符均为"日月"形类刻画符号，即▨类纹饰或其简化版◡纹，多出土于墓葬或者祭祀坑等遗迹。而3件残陶片上刻画的均为第二类中有众多圆圈的"台形"类刻符（图二，4），且均为地层出土的残损陶片。此8件陶尊刻符亦均刻划于大口尊的外表面上腹部位置，有些图案的线条内涂满红彩，一如陵阳河等地的做法。此外，蒙城尉迟寺遗址还出土有一件立鸟陶器（图四，9），其形状和莒县陵阳河M17陶尊刻符较为相似，显示了此类刻符的构图或有其器物原型的背景，此件器物稍复杂于灵宝西坡墓地的陶簋类器物，也从侧面反映了西坡陶簋形器和陵阳河陶尊刻符间可能存在的渊源关系。

将蒙城尉迟寺和莒县陵阳河等遗址的此类遗物进行比较，可发现如下相同之处和差异点。

相同之处：①刻符造型基本相同。除较为细微的发展演变外，蒙城尉迟寺遗址的陶尊刻符造型基本不出陵阳河及其周边遗址8类刻符纹饰的范畴；②蒙城尉迟寺刻符载体（大口尊）的

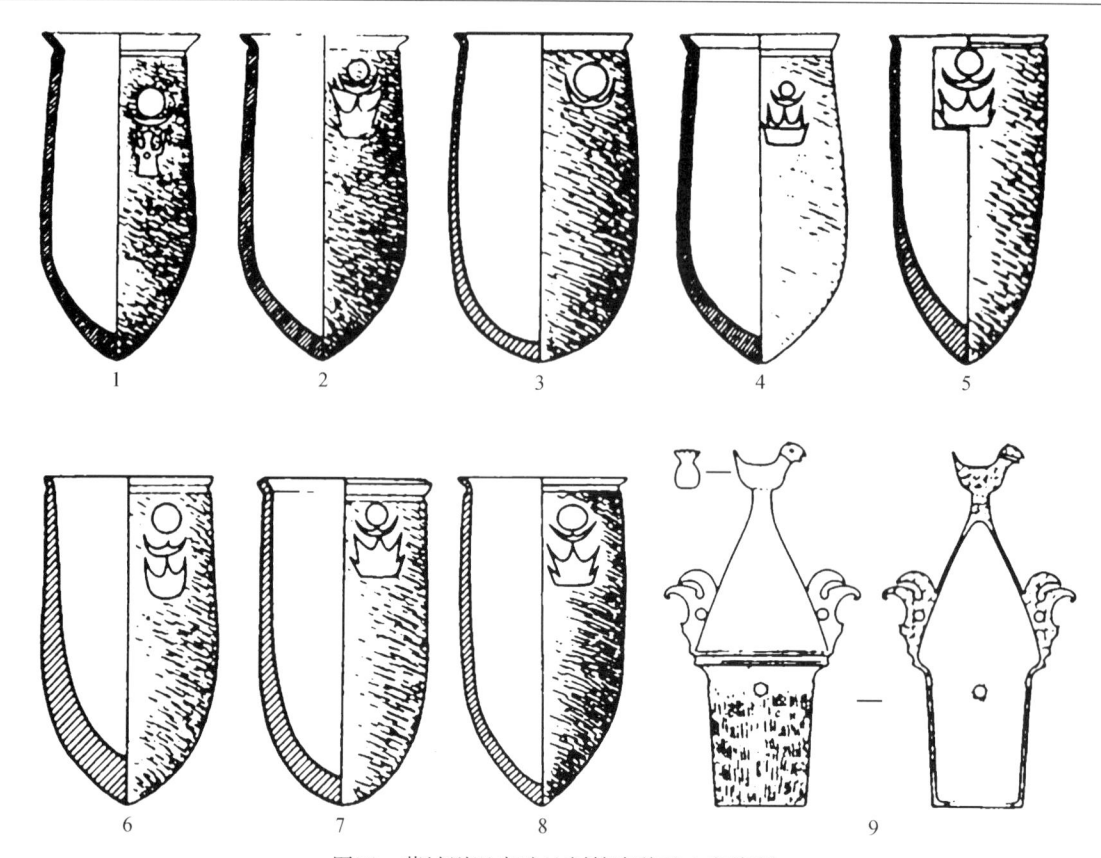

图四 蒙城尉迟寺遗址刻符陶尊及立鸟陶器
1~8.陶尊（M177∶1、JS4∶1、JS10∶4、M215∶1、M289∶1、T2812⑥∶2、JS10∶2、M96∶2） 9.立鸟陶器（T2318⑦∶1）

器形和莒县陵阳河及其周边遗址所出同类器一致；③海岱及皖北两个地区刻符陶尊的刻画位置均相同；④蒙城尉迟寺遗址若干陶尊刻符的线条内涂满红彩的做法也和海岱地区一致；⑤蒙城尉迟寺遗址陶尊刻符多为墓葬出土的出土遗迹单位与海岱地区类似。

不同之处：①尉迟寺的陶尊刻符似乎有了一定程度的分流，"日月"形类刻符占绝大多数，且均位于可复原的大口尊之上，其他种类的刻符数量较少，且均发现于地层残损陶片之上；②不同于陵阳河等遗址其中2件大口尊有器表相对的两面均有刻符的做法，尉迟寺的均为一器一符；③不同于海岱地区刻符大口尊多大墓出土的传统，尉迟寺墓葬出土的刻符大口尊多为儿童墓葬瓮棺类葬具，且其墓葬除葬具外少有其他遗物；④除却墓葬出土及零星的地层出土外，尉迟寺此类陶尊的另一个有别于海岱地区的特点便是祭祀坑内亦有出土，如尉迟寺JS10坑内出土平布套装的大口尊12件，其中有2件为刻符陶尊（图四，3、7）；⑤立鸟陶器的首次发现。此件陶器虽没有刻符，然其本身造型和海岱地区的第二类图案，特别是陵阳河M17的冠状陶尊刻符有着较为一致之处，因此也有学者指出海岱地区的第二类台形类符号或为此件立鸟陶器的抽象形式[30]。

蒙城尉迟寺遗址除了这8件刻符陶尊外，还出土有其他1200余件典型大汶口文化陶器[31]，显示了大汶口文化该时期部分人群有针对性西布（迁徙）的现象，也因此被一些学者归之为大汶口文化的一个地方类型[32]。不同于海岱地区三类刻符均有发现的情况，尉迟寺遗址第一类

"日月"纹发现较多。如果说海岱地区的此类符号是某一部族共同认知的身份标志性符号类的话，显然西走尉迟寺的这支人群，主要是以"日月"形类纹饰为其标志的大汶口文化先民的特定一支，其间抑或夹杂有少许不具有领导地位的台形类先民人群。

同时，蒙城尉迟寺遗址并非大汶口文化西布的西缘地带，其仅为大汶口文化陶尊刻符目前分布的西界[33]。而整个大汶口文化的西布，也是在这一时期达到高峰，在原庙底沟二期文化腹地的豫南、豫中、豫西等地，均发现有包含大量大汶口文化因素的遗址或墓地，一直可西至伊洛河流域的偃师滑城遗址[34]。蒙城尉迟寺遗址或只为大汶口文化部族先民西进路线上的中转站之一，而刻符陶尊只西进至尉迟寺遗址，是标志着以"日月"形符号为标志的一支族群再未西走？抑或是河南境内目前暂未发现？就现有考古材料，显然不能做出确定解答，只能寄望于进一步的考古发现以及学界更深层次的学术研究。

三、南下与联盟

在经历了形成与西向扩张之后，陶尊刻符又转而南下，涉足到了良渚文化及其周边区域。陶尊刻符南下的情况比较复杂，大体经过了三个阶段。

（一）第一阶段

第一阶段仍为大口尊刻符的南下，主要发现为江苏泗洪赵庄、南京北阴阳营、武进寺墩、安徽黄山蒋家山等遗址出土的刻符遗物。

江苏泗洪赵庄遗址曾出土有一片陶器残片，陶片表面残留有部分阴线刻画符号，从符号构图观察，应当为大汶口文化陶尊刻符中第二类台形刻符的上半部（图五，4）[35]。

南京北阴阳营遗址H2出土大口尊一件，其外壁上腹部阴刻有类似于第二类台形类刻纹中的冠状纹饰[36]（图五，1）。此件器物和海岱地区的同类器物器形一致，不过其刻符相较大汶口文化的同类符号显然有所发展，似乎入乡随俗地受到了当地文化的某些影响。主要表现为：①两侧飘带形的发达。相较海岱地区的冠状刻纹，此件刻纹的飘带不仅更为修长，且更加多样化，其右下的飘带是类似于海岱地区的下垂飘带，其上部的飘带，却是末梢上扬飞起的，比之海岱地区的刻符增加了律动感；②上部台形状刻画的缩小。海岱地区冠状符号的台形构图均处于较为核心的地位，而此件刻符的台形相对很小，除了位置未变外，其比重的重要性似乎已被飘带纹取代；③圆圈状纹饰的融入。此前的冠状符号均未有圆圈纹，此件圆圈纹亦融入冠状符号，并且此件之后，此类陶尊刻符再无发现此类圆圈纹。

武进寺墩遗址近年出土了多件刻符陶尊，具体的刻符造型较为多样。既有与莒县陵阳河等遗址完全相同的"日火山"造型刻符（图五，2）；也有具备"冠状"刻符风格，但也有自身特点的刻符（图五，3）；还有此前未见的鹿角状刻画[37]。

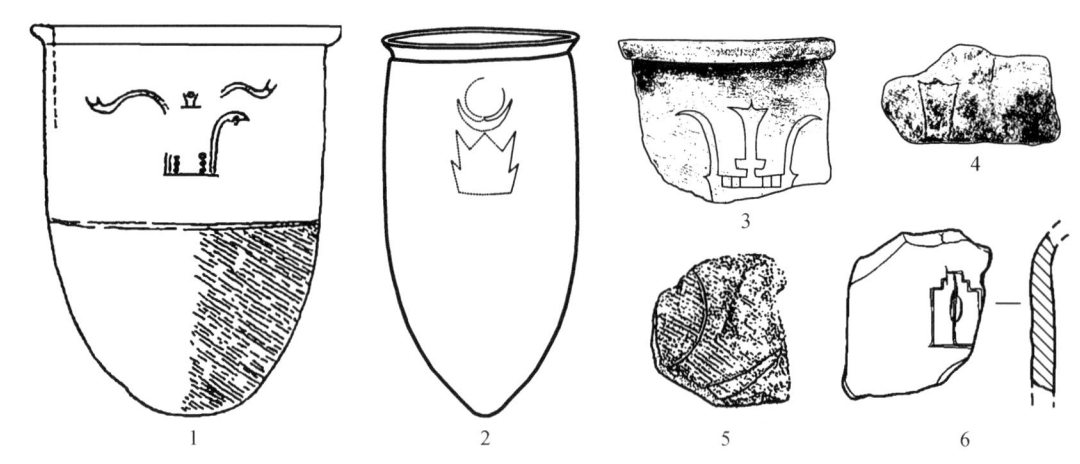

图五　长江下游地区出土的刻符陶器举例

1. 北阴阳营H2：1　2、3. 寺墩刻符陶尊（依报道图片绘制）　4. 泗洪赵庄刻符陶片　5. 蒋家山刻符陶片（依报道图片绘制）
6. 钟家港T2833⑦A：17

黄山蒋家山遗址2004年发掘出土了一件大口尊残片，其上有阴线刻画（图五，5），虽陶片已残，刻符不甚完整，但还是可以较为清楚地辨认出，其应为大汶口文化典型的"日月"形刻符[38]。

蒋家山遗址的年代数据尚未发表，据朔知先生介绍，其最迟不会晚于距今4500年，可作为此件"日月纹"刻符的年代下限。考虑到黄山蒋家山的地理位置，此类刻符的南下应该绕不开尉迟寺及其周边遗址，因此此件陶片当不会早于尉迟寺遗址的年代，更不会早于陵阳河距今约4800年的年代数据，其绝对年代当在距今4800~4500年之间。北阴阳营H2的年代，原报告归于良渚文化晚期[39]。栾丰实老师通过出土器物的类型学对比，也认为其为大汶口文化最晚阶段的遗存[40]。根据栾老师对大汶口文化的分期，此件出土器物的年代下限约为距今4600年，而其上限又不超过陵阳河陶尊约距今4800年的年代，因此其年代当在距今4800~4600年之间且更靠后段。赵庄刻符陶片当与北阴阳营刻符陶尊年代相当。武进寺墩遗址刻符陶尊的详细资料暂未刊布，故而其绝对年代暂不详。

上述陶尊刻符，是此类刻符首次脱离了大汶口文化区域远距离南下，其依然保持着大汶口文化类似刻符多刻于大口尊器表的传统，是此类刻符南下的第一阶段。而正是从这几件刻符之后，原大汶口文化刻符只要进了良渚文化区域，除了少数刻符依然刻画于陶器器表外，更多的刻符则选择了或刻于良渚文化玉器表面、或制成类似形状玉饰的玉器载体传统。是为刻符载体的一次分野，也从而进入了此类刻符南下的第二阶段。

（二）第二阶段

第二阶段与刻符载体的分野基本同时或稍晚。这一阶段的一大特征，是类似于陵阳河M17，第二类图案中较为复杂的冠状图案的分流。在北阴阳营遗址陶尊刻符逐渐缩小台形符号增加飘带形纹饰图案复杂性和扩大其比例的基础之上，此类冠状纹饰最终实现了上部"台形"

与下部图案的分离以及各自的重新定型（如图六）。其上部的台形，单独分离出来并形制统一固定为左右对称的三级台阶状上部，下多为弧边梯形，中部有时有圆圈或椭圆且圈中有竖线的纹样（如图六，3），有时又没有；而原来下部的基座及飘带纹状图案，似乎也融合了良渚文化神人兽面纹的若干构思或想法，原上部固有的三级台阶状构图省去，左右飘带自然的"介"字形过渡融合为新的上部，飘带末梢依然上扬。原下部的飘带状图案保持原来位置且尖端状态基本未变，只不过其飘带中的圆圈装饰移到了上部的飘带中，开始了其描绘重心逐渐开始向上部飘带偏移的趋势。原下部的两竖列圆圈纹省去，直接在原两列圆圈纹的位置用线条勾勒成类似于腿状的两个部分（如图六，4）。整体来看，分流出来的上部台形图案更趋于规整和统一，而由下部衍生形成的新图案除了构图方面和原来一致外，其描绘的内容可能也赋予了更多的新内涵。

冠状图案的分流，最显著的两个例证就是蒋庄遗址玉璧的台形刻画以及金沙出土玉琮的顶端刻画（图六，3、4）。其中蒋庄的刻纹玉璧于2011～2015年发掘出土于墓葬M36，其墓主为40～45岁成年女性，二次葬，随葬玉器、陶器各三件。其中玉璧M36：1一面阴刻有台形符号（原文为"凸"字形祭坛符号），是刻符玉器中少有的有具体出土位置的一例，只是其相关的^{14}C测年数据还未发表，绝对年代暂不详。发掘者分析对比整个蒋庄遗址的文化内涵，认为其与附近的东台开庄遗址时代相同[41]，而开庄的两个^{14}C数据分别为距今4698年±130年和距今4724年±145年[42]，如此，蒋庄遗址的年代也可能在距今4700年上下。金沙玉琮于2001年出土于成都金沙村[43]，为十节青玉质高琮（图七，3），形制和良渚文化晚期的多节高琮较为一致，其一面的上端阴刻有一图案，即是此类典型的原冠状图案分流出来的"介"字形上部且两侧有类似于飘带的纹饰（图六，4；图七，4）。此玉琮刻画原报告描述为长袖飘逸的人形图案，对于此件刻画本身没有任何问题，然纵观此类图案的后续演变，显然不能统称为人形图案。综合此类刻画兼具"介"字形造型和飞翅状两侧的特点，可暂其为"飞翅介形"图案。而关于此件金沙玉琮，虽然也有着明确的出土地点及遗址年代，然而其显然是一件相对意义上的

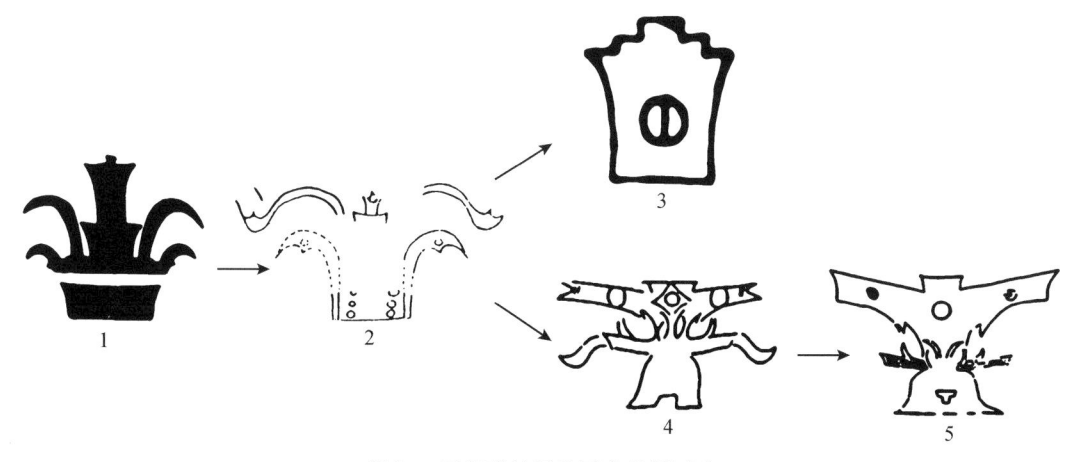

图六　冠状形符号的图案分野示意

1. 陵阳河M17陶尊刻符　2. 北阴阳营陶尊刻符　3. 蒋庄玉璧M36：1刻符（依简报绘制）　4. 金沙玉琮C61刻符
5. 弗利尔馆藏玉镯刻符

"传世品"，其遗址年代对这件遗物本身制造年代的参考意义不大。而放置于良渚玉琮整个的发展演变进程中，笔者基本认同朱乃诚先生的观点，认为其应该是良渚文化中晚期制造而成，其纹饰的刻画年代，为距今4600～4300年[44]。

2016年，在良渚古城钟家港古河道南段出土有一件陶器残片，陶片外表面刻有基本完整的台形刻画符号。此件陶片的年代属于良渚文化晚期早段，刻符造型与蒋庄玉璧上的刻符构图完全一致（图五，6）[45]。

上述刻符遗物年代相近。故而，原大汶口文化陶尊刻符中第二类冠状形图案的分流，约发生在距今4600年。这次分流，可能是在短时间内完成，并促使新的刻符成为了固定样式。冠状刻符分流的背景和性质，较可能是某一支特定族群发展壮大到一定阶段后的一次"分家"式的族群再分。而此次分流之后，新形成的两个图案迅速地发展壮大并均开始"独当一面"，与"日月"类纹饰等，或独自或组队地和良渚文化展开互动。

除了有固定出土地点的上述遗物，没有确切出土位置，但也应该属于这一时期的有着类似刻画的器物，还有现国家博物馆馆藏玉琮、弗利尔博物馆馆藏玉镯、上海博物馆馆藏玉琮及嘉善县博物馆馆藏玉琮等文物。

国博馆藏玉琮于1958年征集，为深碧色19节高琮，高49.2厘米，其上端正中刻有阴线"日月"形纹饰，细若毫发[46]（图七，1、2）。据图可见，此玉琮上部纹饰显然为尖锐器物多次密集地遵循一个图案定式刻画成型，一方面说明其非偶然的形状巧合，一方面可基本确定为后期补刻。此件玉琮的材质，石志廉先生初步判断为东北岫岩玉，据此推测不是在良渚文化区制造而可能为山东地区生产，后据北京大学张传玺先生陈述，此物是捐赠人在青岛地摊上购买[47]，因此此件玉琮及其刻符在海岱或者苏北附近地区形成的可能性较大。

美国弗利尔艺术馆馆藏一件玉镯，其外壁相对的两侧有两个阴刻符号，一个是典型的"日月"形刻画，一个是第二类冠状形分流出来的类似于金沙玉琮刻符的飞翅介形纹饰（图七，5）。其两个族群记号刻于一器，颇似合作族群间的联盟"盟书"。

上海博物馆馆藏玉琮及嘉善县博物馆藏玉琮上部均阴刻月牙状图案[48]，类似于"日月"纹省去了上部的圆形，因其刻画位置和国博玉琮一致，刻画内容与其有相似之处，或为"日月"类刻画纹饰的简化处理。

此几件遗物均无明确的出土地点，因此其年代亦无出土层位等可以参照。不过类似的有确切出土地点的多节高琮目前均属良渚晚期[49]，因此其刻画符号形成年代也应在良渚晚期。而对于这几件遗物的出土地点和文化归属，学界也有着不同的推测。如朱乃诚先生认为金沙玉琮当为良渚文化遗物，其刻画符号也应为良渚人加刻[50]；李学勤先生认为弗利尔馆藏玉镯的形制和青浦福泉山、吴县张陵山的类似器物相近[51]；林巳奈夫先生由"日月"形纹饰多见于大汶口文化陶尊，则认为国博馆藏玉琮和弗利尔玉镯应属大汶口文化[52]；邓淑苹先生认为此几件器物莹透的黄绿玉料较接近山东地区大汶口或龙山文化的风格[53]等。本文认同邓淑苹先生的观点，认为此类遗物确系良渚文化遗物，但是在苏北地区制作的可能性更大。

这一阶段的刻符总体来说有如下三个发展趋势：其一是此类刻符的分布重心逐渐转移到了

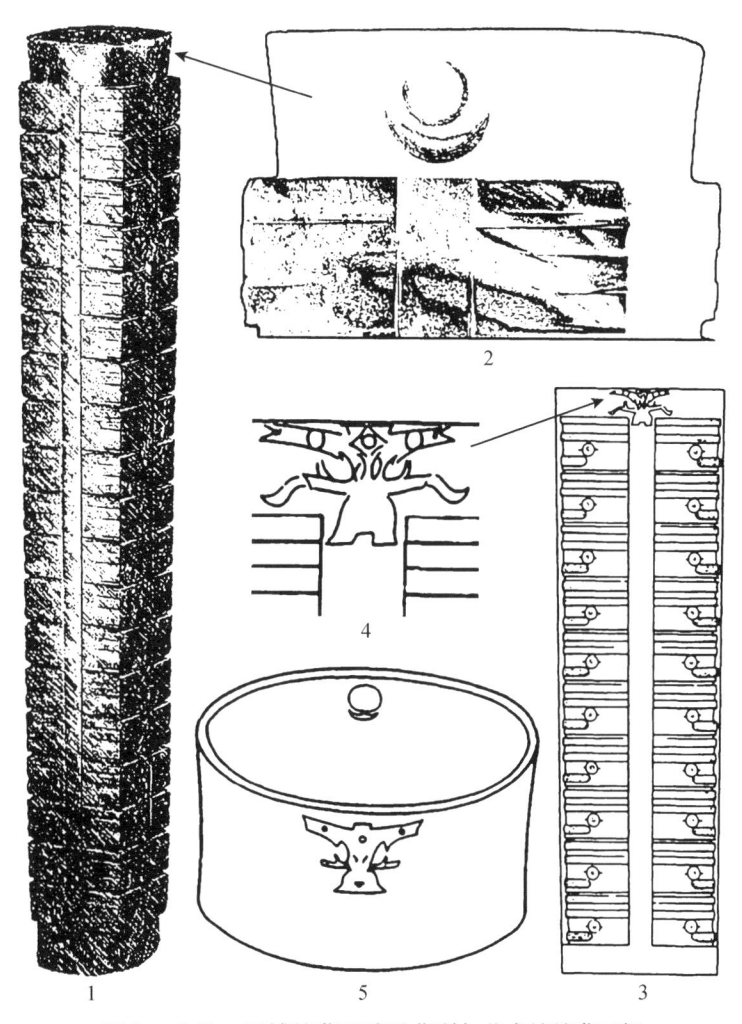

图七　金沙、国博馆藏玉琮及弗利尔艺术馆馆藏玉镯
1.国博玉琮　2.国博玉琮刻符细部　3.金沙玉琮（金沙C61）　4.金沙玉琮刻符细部　5.弗利尔馆藏玉镯及其刻符
（1、2均依国博网站照片绘制）

太湖流域及苏北地区；其二是此类刻符基本上把其载体转移到了玉器之上，如玉琮、玉璧、玉镯；其三是原大汶口文化第二类中冠状形刻符分流为二并均开始独当一面。

除此之外，就这一阶段几件刻符及其载体本身，又可以归纳出如下几点：

（1）此类刻符均为刻符载体分野后刻画于玉器之上。

（2）台形及飞翅介形刻符应均为第二类冠状图案分流后所刻。

（3）几件玉琮均为良渚式高琮。

（4）刻符多为大汶口文化刻符或大汶口文化刻符分流形成的新符号，载体多为良渚文化造型遗物，载体莹透的玉质不似长江下游而似海岱地区的玉器。

（5）多为单体图案单个或两个出现于一器，暂无图案组合。

整体来说，距今约4600年，原大汶口文化的第二类冠状刻符完成了分流，形成了飞翅介形与三阶台形两个新的图案形式。此后，原冠状刻符在长江下游和苏北地区逐渐淡出了历史舞台，而新的两个图案形式和原"日月"纹等，与良渚文化的器物在苏北一带发生了捆绑依附的关系。如若每个刻符的背后还是一支特定的族群，考虑到大汶口文化对于玉琮有着独特的切片穿臂的习惯而非原物占有，个人认为于良渚文化器物上补刻大汶口文化相关符号，更似与良渚人群的联手合作而非收缴后的占有标记。

（三）第三阶段

如果说第二阶段是分流后各个符号及其族群和良渚文化的合作，那也仅仅是尝试性合作的开端。此端一开，各支族群的合作便转而深入，推动此类符号进入了其南下后深度合作的第三阶段。这一阶段的最大特点，便是各种单体符号的重新组合以及其组合后相应新徽的出现。而这种新徽，较为普遍地发现于良渚文化分布区的玉璧以及若干传世的璧、琮之上（图八）。

这一阶段出土遗址明确的刻符遗物主要为余杭百亩山、昆山少卿山、临平玉架山、上海福泉山等遗址的刻符玉璧。没有出土地点的主要有良渚博物院征集玉璧、弗利尔艺术馆馆藏1-3号玉璧、首都博物馆馆藏玉琮、故宫博物院馆藏玉琮、台北故宫博物院馆藏玉琮及吉斯拉藏玉琮等刻符遗物[54]。

余杭百亩山遗址曾追缴到玉璧一件，两面阴刻有两个图案（图八，2），其一为分流出来的台形和飞翅介形图案的重新组合，另一图案较似于后期的璋，为首次发现，内涵不明[55]。

昆山少卿山1997年于M7中曾发掘出土玉璧碎片多件，后2009年库房整理过程中发现其中两块玉璧残片上阴刻有刻画符号两个（图八，3）[56]，且此两块残片应为一块玉璧[57]。其刻画符号一为类似于蒋庄M36：1玉璧的台形刻画，只是没其规整。另一为简化的鸟立台形状纹饰，是立鸟纹和台形符号的组合。

临平玉架山2008～2010年于M16发掘出土刻符玉璧一件（M16：22），上有两个刻画符号[58]，一个位于玉璧正面，为极简的台形状符号，另一位于玉璧侧边沿，为下弧线内有四条下部相近上部草叶状散开的短线（图八，7）[59]。这件玉璧侧边沿的图案造型目前仅发现两例，此为简化图案，另一件刻画于吉斯拉藏玉琮上，图案较为完整。

上述三件遗物出土遗址较为清楚，对判断这一阶段刻符的年代提供了参照。其中百亩山没有明确的测年，少卿山玉璧的刻符发现者认为该玉璧符合良渚晚期玉璧的特征[60]，玉架山墓地属良渚文化早期偏晚至晚期，以晚期墓葬最多，其贵族墓地（含M16）位于土台的中心区域，而其土台形成又和环壕的营建有关，环壕的年代下限为良渚晚期[61]，亦即土台的年代下限，因为不明确报道所指位于土台中心是否意味着打破土台上层，因此暂推测该贵族墓地很可能属良渚晚期。赵晔先生说玉架山于良渚文化中期后段至晚期前段出现了高等级贵族墓葬[62]，也在一定意义上支持这一推论。同时需要说明的是，良渚文化陶器上有着很多或圆圈或月牙的刻画，但一直没有发现过同大汶口文化"日月"形刻符类似的组合出现的情况，因此本着谨慎的态度，暂不认定此种符号是"日月"纹或者其变形。上海亭林陶豆内底刻画[63]、湖州塔地TN6E4H8：11圈足罐刻符、庄桥坟M42：9双鼻壶刻符及M120：6陶盆刻符[64]均为和此一时期一些玉璧刻画一致的简化台形类刻符，因此其年代亦可做参考。亭林遗址为良渚文

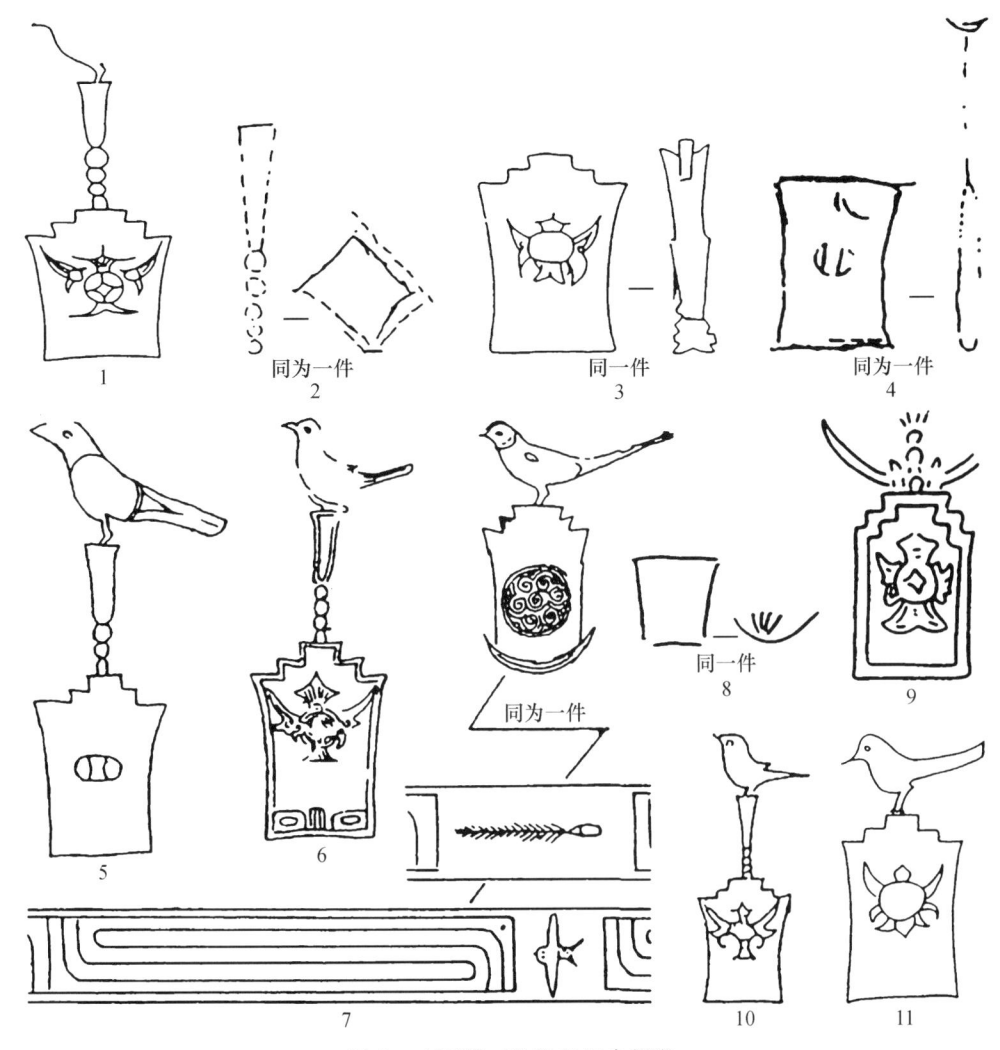

图八 南下第三阶段的组合新徽

1. 台北故宫博物院藏玉璧刻符 2. 台北故宫博物院馆藏玉琮刻符 3. 余杭百亩山征集玉璧刻符 4. 少卿山M9：5及M9：9刻符（为同一玉璧） 5. 弗利尔艺术馆3号璧刻符 6. 弗利尔艺术馆2号璧刻符 7. 弗利尔艺术馆1号壁刻符 8. 玉架山玉璧刻符（M16：22） 9. 吉斯拉藏玉琮刻符 10. 首都博物馆馆藏玉琮刻符 11. 良渚博物院玉璧刻符（5～7依朱莉亚·凯·默里）

化晚期的典型遗址，约距今4300年。塔地H8的多件器物和好川文化类似器相近[65]，因此其年代当为良渚晚期。庄桥坟墓地墓葬年代较为集中，约为良渚中晚期[66]，其两件刻画陶器可能更晚。此外，福泉山M40：111玉璧的刻符[67]虽和此类大汶口后续刻符没有明显的联系，但其刻画玉璧形制相似，刻画方式相同，其年代也应和此类刻符同时，福泉山M40的年代为距今约4300年。可见，这一阶段此类刻符的年代多为良渚晚期，其年代下限为距今约4300年。

这一阶段征集等所得的馆藏刻符普遍比出土刻符的组合图案更加规整和丰富。如吉斯拉藏玉琮的刻画符号为台形、飞翅介形和其上端类似于玉架山侧沿刻画三者的组合（图八，8），而其上端的刻画较似展翅飞鸟的正立面形态，因此也有可能是立鸟纹饰定型前的一种尝试，或和立鸟纹同属一个族群。良渚博物院征集玉璧刻符是典型的台形、飞翅介形和立鸟三者的组合（图八，10），和其一致的还有首都博物馆馆藏玉琮刻符（图八，9）、台北故宫博物院馆藏玉琮刻符（图八，1）以及弗利尔艺术馆馆藏2号璧的刻符（图八，5），只是台北故宫博物院馆藏玉琮刻符除了组合徽还有两处分别为类似大汶口文化箭翎形刻符演变而成的图案和弧边菱形图案。弗利尔艺术馆3号璧刻符为蒋庄玉璧刻画类似的台形和立鸟两者的组合（图八，4）。弗利尔艺术馆1号璧为台形、"日月"形和立鸟三者的组合，其玉璧侧沿还有鸟状及箭翎状刻画（图八，6）。

此一阶段有两个显著的特点：

（1）新的立鸟形刻画的出现。此类立鸟形图案和良渚文化福泉山M126[68]（图九，1）、新地里H11[69]等出土的玉鸟形饰几乎一模一样，且良渚反山玉钺上也有神人纹状徽与鸟纹徽共存的先例[70]，赵陵山更出土有立鸟人面形的饰品[71]，因此其应该是良渚文化的刻画无疑。如果说第二阶段时，良渚文化的器物本身或为其族群标志。那么到了这一阶段，良渚先民似乎也迎合了其他的合作族群，重新应用了一种更简化、易于刻画的代表自己族群的纹饰标志——立鸟纹。

（2）多个刻画符号的组合成徽。如上文描述，此一阶段的另一大特点便是多个刻画符号的组合成徽，其中主要包括新的良渚文化的立鸟形符号、大汶口文化的"日月"形符号、大汶口后续分流而成的台形符号以及飞翅介形符号等。这几种主要符号辅之以处于次要地位的箭翎纹和弧边菱形纹等，或两、或三地互相组合，形成了构成要素有别的形状不同的此类组合新徽（如图九）。而其不断变化的新徽的意义，或意味着在部落联盟甚至早期国家框架下的几种政治势力的合作及角力。

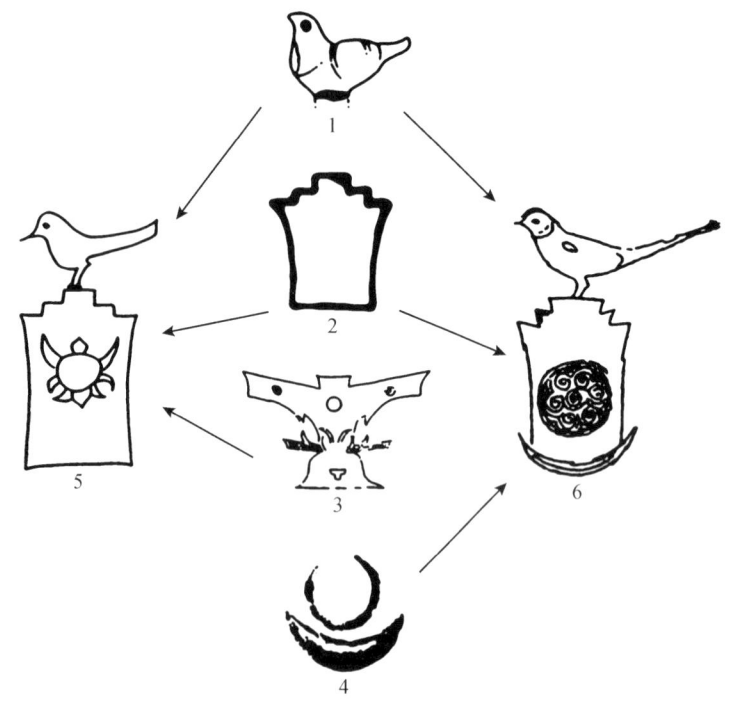

图九 南下第三阶段符号组合示意

1. 福泉山玉鸟（M126：3） 2. 分流出的台形图案 3. 分流出的飞翅介形图案 4. "日月"纹 5. 组合图案一（良渚博物院征集玉璧组合图案） 6. 组合图案二（弗利尔艺术馆1号璧组合图案）

需要说明的是，南下的此三个阶段，更多的是逻辑意义上的三个阶段，其在逻辑上应该有着先后次序。然而在实际进程中，此三个阶段的某个阶段也可能在几十年甚至几年的接触过程中便能完成，放在距今四千多年的历史维度里，是难以从绝对时间上细抠的，因此其二、三阶段的年代也可以整体审视，为距今4600～4300年。

纵观陶尊刻符南下后的这三个阶段，可以发现其有着如下的进程：

第一步：接触及整合。即原有的大汶口文化第二类刻符或吸收了良渚文化的某些因素，融合形成了有所演变的冠状图案（如北阴阳营遗址出土的冠状陶尊刻符）。

第二步：冠形符号一支壮大后分流为二，部分符号与良渚文化开始初步合作（参见图七）。

第三步：深度合作。有了特定的复合图案模式和多个参与方，特别是立鸟纹出现后，玉琮、玉璧上盟书式的组合徽及附加签名式的追认合作等形式的确立。

四、进驻中原与散布多地

距今4300年左右，太湖流域及苏北地区的良渚文化突然消失，与其一起消失的还有上述玉琮、玉璧上的组合徽类纹饰。而与之大体同时或稍早，海岱地区以两城镇、丹土、尧王城等为代表的大汶口文化最末期也辐射中原，将飞翅介形构图及类似造型遗物也带到了晋南陕北[72]等相关区域。同时，在距今4200年之后，或是通过长江下游地区，或是取道中原，此类飞翅介形造型也由最初的海岱地区扩散至了后石家河文化区域。

此一阶段有出土地点的飞翅介形构图器物，主要有海岱地区日照两城镇及长江下游地区溧阳洋渚出土的刻符玉圭，晋南陶寺大墓、后石家河文化区域钟祥六合、肖家屋脊、谭家岭等地出土的飞翅介形玉饰等。

其中两城镇玉圭为1963年于农户家中征集，墨绿色，长18、宽4.6～4.9、厚0.6～0.85厘米[73]。此件玉圭底端正反两面均有阴线刻画，其中一面为典型的飞翅介形图案（图一〇，1），与南下第三阶段组合徽时期的飞翅介形符号一脉相承。这种图案，也曾发现于两城镇遗址出土的陶片表面[74]（图一〇，2）。与之类似的还有西朱封大墓M202出土的玉冠饰[75]，玉冠饰的镂空图案稍显复杂，但其基本造型依然为典型的飞翅介形（图一〇，3、4）。这件玉冠饰和丰富的其他随葬品显示出M202非比寻常的等级地位，和比之较早的尧王城大汶口文化地层所出刻画陶片反映出明显的高下对比境遇，似乎昭示着飞翅介形玉器对原大汶口文化刻符遗物的地位取代。上述刻画飞翅介形图案的陶片多属龙山文化早中期[76]，因此两城镇玉圭应不晚于龙山中期甚至更早。玉冠饰所在M202出土的陶器，大体属龙山文化晚期偏早阶段，玉冠饰应与陶器属同一时期的遗物，当然也不排除有比陶器稍早的可能性[77]。两城镇刻符玉圭的绝对年代，尹家城遗址三四期的分界年代或可供参考，为距今4350～4300年之间[78]。此外，在长江下游江苏常州的溧阳洋渚曾征集到双面有刻画纹的玉圭一件[79]，其一面纹饰和两城镇玉圭几乎一模一样（图一〇，5），应为同期遗物。

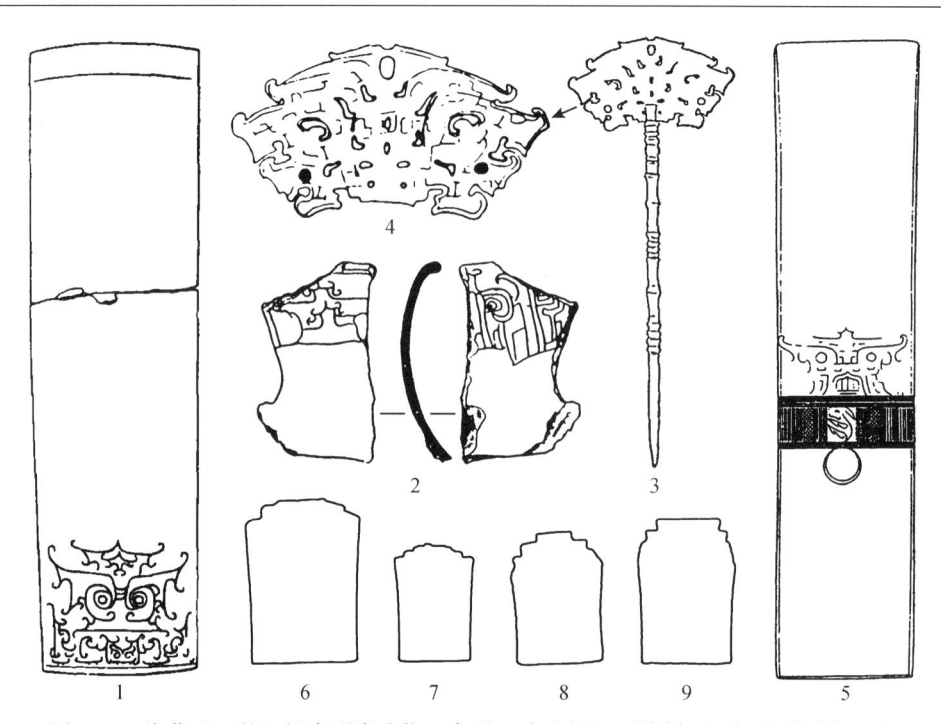

图一〇 海岱地区的飞翅介形类遗物、台形玉片及长江下游刻画飞翅介形图案玉圭
1. 两城镇刻纹玉圭 2. 两城镇刻纹陶片（T1：②出土） 3. 朱封玉冠饰（M202：1、M202：2） 4. 玉冠饰细部 5. 溧阳洋渚玉圭
6~9. 陵阳河台形玉片饰［据《中国出土玉器全集（4）》彩图绘制］

另外，陵阳河遗址曾采集到一批台形玉片饰[80]，1~2厘米见方，上端呈三级台阶状，下为束腰梯形，与此前的台形刻符轮廓高度类似（图一〇，6~9）。此四件台形玉片出土地层不详，但器形和好川遗址出土的台形饰完全一致，在年代上应该出入不大。考虑到飞翅介形和台形同源而出，其对原大汶口文化冠状图案的替代也应大体同时，因此，此四件台形玉片饰应当和两城镇飞翅介形玉圭年代相似，可能略早于好川遗址所出台形饰，约为大汶口文化最晚期至龙山文化早中期遗物。

陶寺遗址飞翅介形玉饰为其中期大墓ⅡM22出土，月白色，光洁如蜡，正面微凸，有镂孔及线条装饰，线条走向和两城镇玉圭刻画纹样高度类似（图一一，2）。ⅡM22为陶寺文化中期目前发现的最大型墓葬，也是陶寺文化中、晚期文化面貌大改观的分水岭，该墓一改陶寺文化早期大墓的形制及随葬特征，采取7米左右深埋、墓圹四壁嵌入五圈草拌泥宽带装饰、墓底11个壁龛、被腰斩的人牲、有着东南地区文化传统的独木棺葬具等随葬方式，以及使用大量有别于陶寺早期陶器群和木、石礼器群的随葬品。正如何驽先生所述，ⅡM22随葬品反映出中期大贵族的丧葬观念大为改观，改而崇尚玉器、漆器和彩绘陶器，其与早期大墓不同茔域，暗示了陶寺文化中期城址对早期城址的取代[81]。据陶寺遗址的^{14}C等测年数据分析，其早期的年代数据为距今4400~4300年，晚期数据中间值在BC2085~BC2043年之间[82]，因此其中期大墓ⅡM22的年代当在距今4300~4100年。

钟祥六和遗址[83]的飞翅介形玉饰和陶寺ⅡM22：135几乎一模一样，差别仅为后者下部少了佩戴用的穿孔（图一一，3）。肖家屋脊[84]的飞翅介形玉饰也与上述两件类似，只是下部

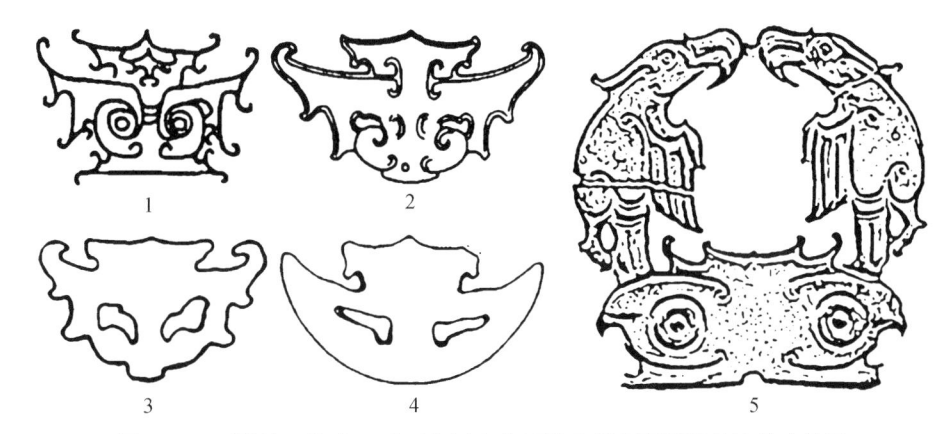

图一一 两城镇、陶寺、后石家河文化区域飞翅介形图案及饰品比较图
1. 两城镇玉圭刻纹 2. 陶寺飞翅介形玉饰（ⅡM22：135） 3. 钟祥六合飞翅介形玉饰（W9：1） 4. 肖家屋脊飞翅介形玉饰
（W6：60） 5. 谭家岭双鸟介面饰（W8：13）（据简报彩图绘制）

进行了平滑省略处理（图一一，4）。另外，谭家岭遗址出土一件双鸟介面形玉饰[85]，其下部也和上述的飞翅介形类造型一致（图一一，5）。钟祥六合、肖家屋脊及谭家岭的飞翅介形饰均属于近些年提及的后石家河文化时期，后石家河文化的年代距今4200～4000年[86]。朱乃诚先生通过对比分析认为肖家屋脊W6玉盘龙的年代可能在BC2030～BC1850年之间[87]，与其同出W6的肖家屋脊飞翅介形饰的年代当然亦可能类同。总之，后石家河文化区域中的这批遗物在相对年代上可能要晚于陶寺所出的飞翅介形饰。而以目前的考古发现来看，飞翅介形造型是由海岱地区扩散而出，然其定型为飞翅介形玉饰，则是在晋南地区的陶寺遗址，因此，后石家河文化区域的此类物品，更似在陶寺遗址定型之后的南下。

原大汶口文化"日月"纹及由冠状刻符分流演变形成的台形玉器，则或南下或西走地散迁于其他文化之中。

石家河文化区域的肖家屋脊、邓家湾[88]、印信台[89]等遗址均出土有类似于陵阳河遗址的大口缸。与陵阳河遗址类似，上述遗址大口缸的外腹上部也多有阴刻的图案，只是图案构图和大汶口文化刻符有着一定的差别，仅肖家屋脊大口缸上的钺、锛类图案和大汶口文化构图类似。然肖家屋脊遗址地层出土的残碎陶片上却有明显可辨的"日月"纹刻画以及弧边菱形刻画（图一二，2～4）[90]，和原大汶口文化的相应刻符基本一致。此几个遗址的大口缸多出于瓮棺葬或祭祀类遗迹，与蒙城尉迟寺遗址此类陶尊的出土方式一致，特别是印信台遗址两组由数十个大口缸套连的祭祀遗迹[91]，和尉迟寺祭祀坑（JS10）的情况

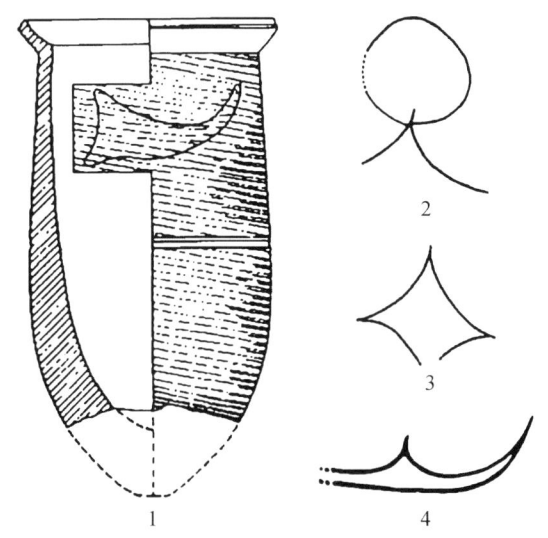

图一二 肖家屋脊遗址出土的刻符陶尊和刻符
1. 刻符陶尊（JY7：5） 2～4. 陶片刻符（H327：3、JY5：2、AT812③：10）

如出一辙。因此，肖家屋脊的"日月"类刻符，当有着自尉迟寺一代经长江下游蒋家山附近转道而来的可能。肖家屋脊"日月"纹类刻画，为距今4400年左右[92]。

除上述肖家屋脊"日月"纹图案外，"日月"形图案在遂昌好川遗址亦有所发现。如好川M30曾出土方形玉管一件，其侧棱上浅浮雕着一个隐约的"日月"纹图案（图一三，1），此方管仅有1.1厘米左右，且"日月"纹位于侧棱处[93]，不仔细看较难发现，其情形颇似肖家屋脊的"日月"纹类。肖家屋脊的大口尊刻符均无明显的日月纹图案，多为其"月"纹或"火"纹图案的一半（图一二，1），其"日月"纹刻符仅发现于地层出土的残损陶片之上，因此笔者曾感言其于大口尊相同位置刻画原"日月"纹的一小半纹样，或为寄居其他文化不允许标记原有族徽而又有文化追思的无奈之举[94]。好川遗址的"日月"纹，采用较之阴刻更耗工时却相对不易被发现的浅浮雕技法于小件方管侧棱处，将寄人篱下只能私下偷偷追思的境遇表达得淋漓尽致。玉方管出土于好川墓地的边缘小墓，同样显示了其处于弱势一方的实际地位。与之形成鲜明对比的是好川、老鼠山[95]等遗址出土的台形玉饰（图一三，3~6）。台形玉饰最早出现于陵阳河遗址，好川、老鼠山一带的台形玉饰，是在良渚文化消失后出现于偏僻的仙霞岭地区，是台形状符号及相应遗物的最后落脚地。然台形玉片饰均出土于好川、老鼠山等地的大墓，依然是该地的实权阶层。而同时，好川、老鼠山等遗址所展现的文化面貌，有着良渚文化的若干因素，却更似花厅及周边遗址的整体搬迁南下[96]。即约与组合徽时代结束同时，以飞翅介形为主的一支人群或在台形刻符族群的帮助下西进中原，或者便是这一时期的某些事件，造成了组合徽时代的结束。组合徽时代结束之后，良渚文化消失，台形饰族群与良渚部分先民一起，带着少许"日月"纹部族南下避世于仙霞岭崇山峻岭之间的好川一带。好川墓地为距今4300~3700年[97]，出土"日月"纹方管的M30该期墓地五期墓葬，年代更晚。

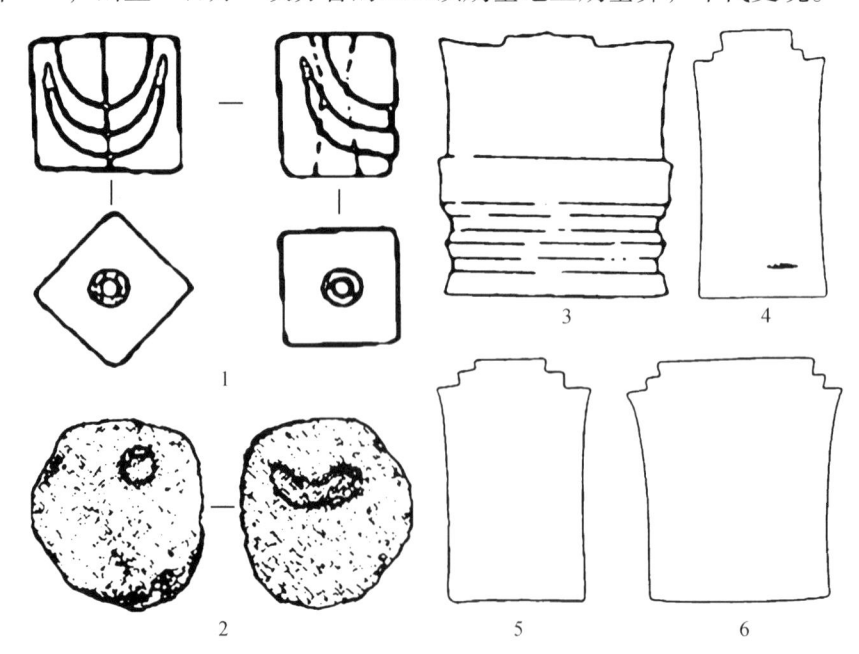

图一三 遂昌好川等地的"日月"纹、台形玉片及喇家疑似"日月"纹刻符石器
1.好川M30：4"日月"纹玉管 2.喇家遗址F20出土刻符石器［依《玉魂国魄（三）》照片绘制］ 3~5.好川M60：2台形玉片饰（M60：2-7、M60：2-13、M60：2-12） 6.温州老鼠山台形玉片（M23出土）

此外，青海喇家遗址2002年于F20的房址中发掘出土石器若干[98]，石器的两面多有刻画图案，或一面为圆点，一面为弯月状（图一三，2），或两个同时都有[99]。因为喇家报告暂未出版，目前只能根据叶茂林先生描述及相应图片初步推断其或为"日月"纹刻画，后续的认定还需要报告出来之后的仔细核对与实物查验。如若其真为"日月"纹刻画，且齐家文化与同有"日月纹"刻符的石家河文化间也有文化交流[100]，则喇家刻符有可能是此类"日月"纹目前的最远分布。喇家F20年代不详，其F3的年代或可供参考，发掘者认为喇家遗址F3的年代与七里墩类型大致相当，为距今4000～3800年[101]。

五、结　　语

（一）刻符形成与发展

距今4800年左右，陶尊刻符或受到西坡遗址相似器形或图案装饰的影响与启发，于海岱地区莒县陵阳河及其周边遗址形成。形成之后，又经历了三次分流和两次符号刻画载体的变化。

1. 三次分流

第一次：距今4800～4600年，表现为以"日月"纹为主体的陶尊刻符西向扩张至蒙城尉迟寺及周边遗址。

第二次：距今4600～4300年，主要为大汶口文化第一、二类陶尊刻符的南下、第二类冠状形符号的分流，以及各类单体符号重新复合为新的组合符号（组合徽）。

第三次：距今4300～3700年，表现为组合徽的解体以及各种单体符号的不同流布。分别为飞翅介形纹饰及造型器物进驻中原、南下长江下游，远布后石家河区域；台形造型南下浙西仙霞岭地区；"日月"纹造型散迁多地等。

2. 两次载体的变化

第一次的载体转变应在距今4600年左右或稍早，表现为原大汶口文化系统的刻符由大口尊一类的陶器转移到玉器之上，其载体主要转变为玉琮和玉璧。载体转变的背后或是不同族群互相接触的结果，而对应到考古学文化中应是大汶口文化内部几个主要族群同良渚文化开始展开合作，用自身文化符号迎合对方尚玉的传统，将二者合而为一。第一次刻符载体变化和前述第二次刻符分流几乎同时或稍早。

第二次载体变化则因刻画符号（人群）的不同而有所差异。原冠状符号分流的两部分，即飞翅介形和台形刻画主要由琮、璧的刻画最终变成直接的玉器造型。飞翅介形可能有过玉圭、玉钺刻画的过渡才到飞翅介形玉饰的形成，而台形符号则直接体现为陵阳河、老鼠山等地台形玉片饰的出现。而"日月"纹则不拘载体，或陶片、或小件玉器、抑或还有石器。这次载体的转变和第三次符号分流同时，其背后或有着飞翅介形类的崛起，台形饰的没落以及"日月"纹寄居求生等社会背景。

（二）各类符号的缘起和去向

大汶口文化陶尊刻符在初现阶段，或还没有分群，只是几个大家族的特定标志。随着各个家族发展壮大，开始形成族群，各族群符号亦开始明确，逐渐壮大的势力也开始外扩，最终形成了此类符号的分流和此消彼长。

（1）"日月"形刻符：或受西坡彩陶纹样以及其大口尊外腹部装饰做法等影响于距今4800年左右形成于陵阳河遗址一带。后于距今4800～4600年西向扩张至皖北尉迟寺一带。距今4800～4500年在长江以南黄山蒋家山等遗址有过出现，距今4600～4300年和太湖及苏北的良渚文化先民及其他族群有过合作。后于良渚文化覆灭时散迁多地，一部分南下至今浙江南部仙霞岭山区的好川遗址，一部分分布至长江中游石家河文化区域的肖家屋脊一带，另或还有部分辗转西走，最终落脚齐家文化区域今青海地区的喇家遗址。

（2）冠形刻符：或受西坡陶簋形器以及其大口尊外腹部装饰做法等影响于距今4800年左右形成于陵阳河遗址一带，后小部分于距今4800～4600年随"日月"纹西走皖北尉迟寺一带，距今4800～4600年在长江下游北阴阳营遗址有过出现。距今4600年左右分流成台形和飞翅介形两个部分并分别与其他族群展开合作。亦有少部分于陵阳河遗址一带沿袭，后被飞翅介形类纹饰器物取代。冠状刻符是第二类台形类符号中的主要纹饰，其余两种台形刻符均在短暂出现后融入了冠状刻符及其发展脉络。

（3）台形：台形于距今4600年左右在太湖流域或苏北地区由原冠形符号分流而出，随后便和良渚文化几乎同现，且和良渚文化一道，或与"日月"纹组合新徽、或与飞翅台形共同组图，展现了与良渚文化几乎共同进退的态势。后约龙山文化早中期和飞翅介形一起在海岱地区出现，或对飞翅介形的崛起有过帮助。约距今4300年之后，良渚文化于太湖流域消失，台形饰与部分良渚后裔一起在仙霞岭好川遗址及其附近最后出现。

（4）立鸟纹：于距今约4600年由良渚文化根据其文化传统刻画而成，后和台形一起，或与"日月"纹、或与飞翅介形共同组徽，后约于距今4300年消失。

（5）飞翅介形：于距今约4600年在太湖或苏北地区由原冠形符号分流而出，随后曾与立鸟纹、"日月"纹及台形等或彼此或互相的展开过合作，于距今约4300年或在台形及其他部族的帮助下崛起，打破各个符号（族群）间的合作与平衡，并或造成组合徽的消失，取代海岱地区原冠状类沿袭符号，南下常州溧阳洋渚、并强势进驻中原带去了飞翅介形符号且定型为飞翅介形饰，通过中原辐射后石家河文化，使其出现了多件飞翅介形饰类遗物。

（6）箭翎纹和弧边菱形等：或依附于台形，或依附于"日月"纹，对其他符号影响不大。

（三）各类刻符及其背后的族群推测

灵宝西坡遗址所在的铸鼎原，无论是文献记载的地望考证，还是当地的文化遗留，都颇合黄帝一族的聚居地。且前些年又有西坡大墓及大型房址等考古发现，还在西坡遗址庙底沟灰坑发现了铜矿石，又增加了其与黄帝一族有关的可能性。余西云先生认为西阴文化"东起豫中平原,西至青海东部,南自汉水中游,北达河曲地带。影响所及更是东越渤海,南抵长江之滨,北逾燕山之阴"[102]。其范围便与《五帝本纪》中黄帝巡游的范围基本一致，余先生所指的西阴文化，亦是学界所称的庙底沟文化，和西坡遗址时代相合。李先登先生在《论五帝时代》中推测其时黄帝与蚩尤一族的冲突就发生在中原庙底沟文化与东夷大汶口文化晚期之间[103]，可见其时二者的交流已很深入。因此，虽不能确定，但西坡遗址或为黄帝一支的遗留，亦是一个可供研究的思考方向。

《史记·五帝本纪》载黄帝正妃嫘祖生二子，其后皆有天下。其一曰玄嚣，其二曰昌意，昌意之子为颛顼，《吕氏春秋·古乐》曰："帝颛顼生自若水，实处空桑，乃登为帝。"西晋皇甫谧《帝王世纪》记载："颛顼始都穷桑，后徙商丘。"即颛顼成为天下共主后，始都穷桑，又迁都于商丘（今河南商丘）。《左传·昭公十七年》载："颛顼居帝丘，称高阳氏；卫，颛顼之墟也，故为帝丘"，即其后又居于帝丘（今河南濮阳）。栾丰实先生认为，太昊一族及其后裔小国应为距今5000年前后，豫东、皖北及鲁西南的大汶口文化，颛顼一支是太昊部族的后裔小国，少昊部族则可能是分布于泰山南北两侧的大汶口晚期文化[104]。若果真如此，则皖北蒙城尉迟寺附近的"日月"纹似乎暗合了颛顼西迁一说，"日月"形符号似代表了太昊、颛顼一族及其后代。

如前所述，在大汶口文化陶尊刻符初现阶段，或只是部分族群的特定标志，随着部族的发展壮大，各族群符号开始明确。其后，若颛顼西走时已经确定了其"日月"纹的标志，则冠形符号似乎和与其年代相当或稍晚的嚳、挚一支较为相合。而后冠形符号分流成台形和飞翅介形纹，则依《五帝本纪》的记载，台形和飞翅介形似乎又和驩兜以及帝尧两支相似。

结合良渚文化近些年发现的超大型水利工程[105]及强大的造城能力[106]，以及良渚文化于太湖流域消失前后在其他多地的遗物遗留，均颇合鲧禹一支文献记载的治水、筑城技术，以及足迹踏遍千山万水的治水经历。因而良渚文化为鲧、禹一支的可能性较大，而立鸟纹应该仅限于鲧之时期。与之相符，组合徽时期也颇似于帝挚至帝尧初期尧与鲧、驩兜等的合作期。而《五帝本纪》所载驩兜对鲧族的支持均颇合良渚立鸟与台形刻符（族群）的共同进退。且所谓四罪中仅有驩兜是尧十分明确的重臣（其他亦臣亦政敌），应该有过共处一地的经历，和飞翅介形遗物及台形饰于大汶口文化末期至龙山早中期均在苏北海岱有所发现相符。飞翅介形纹进取中原则同帝尧代挚暗合，其或初为大汶口文化末期至海岱地区龙山早中期的两城镇、尧王城等地人群，后又西迁晋南陶寺一带。而原苏北及太湖流域良渚文化消失后的后继者分别是南下的龙山文化和王油坊类型，又和尧舜联合挫败鲧、驩兜等所谓四罪颇为相似。李伯谦、钱耀鹏等先生也认为，王油坊（造律台）类型无论从年代、地望及考古发现来说颇合于舜之（有虞氏）一族[107]。石家河及后后石家河文化从地望来看颇似于三苗，从"日月"纹的发展来看或为颛顼西走之部分后裔，只是石家河与后石家河文化之交应有着来自海岱或中原或兼有的被动冲击。而喇家日月纹石器刻画若得到证实，则一定程度上符合了"迁三苗于三危"的《史记》记载。其一千多年之后，秦族于"三危之地"开始崛起发展，并最终统一了中国。《史记·秦本纪》载"秦之先，帝颛顼之苗裔"，秦公一号大墓石磬篆文"高阳有灵，四方以鼐"[108]等，也均在一定程度上佐证了上述推论。

当然，上述族群推测只是根据大汶口文化陶尊刻符及其后续流变发展结合文献记载所提的一个思考方向，其显然不能和文献的相关记载完全匹配。但考虑到古文献对于史前社会记载的种种矛盾，以及可能因年代太远而存在的神话、演绎、附会、加工等成分，目前也只有通过考古资料与古文献的对照才能更有效地接近历史真相。也因此，本文所述符号及相关族群的渊源流布及其与相应文献的对照，对于五帝时代相关历史的研究，还是有着一定的价值。

附记：2009～2012年，我曾在安徽大学历史系攻读考古学硕士学位，得遇张爱冰、吴卫红二位恩师悉心指导，顺利完成学业，在此表达真挚感谢！

注　释

[1] 山东省考古所、山东省博物馆等：《山东莒县陵阳河大汶口文化墓葬发掘简报》，《史前研究》1987年第3期。

[2] 任日新：《山东诸城县前寨遗址调查》，《文物》1974年第1期。

[3] 山东省文物考古研究所等：《山东莒县杭头遗址》，《考古》1988年第12期。

[4] 山东省文物考古研究所等：《莒县大朱家村大汶口文化墓葬》，《考古学报》1991年第2期。

[5] 栾丰实：《论大汶口文化的刻画图像文字》，《栾丰实考古文集（三）》，文物出版社，2017年。

[6] 中国社会科学院考古研究所：《尧王城遗址第二次发掘有重要发现》，《中国文物报》1994年1月23日。

[7] 王青：《太昊氏与少昊氏的考古学探索——从宁阳于庄发现的大汶口文化陶文说起》，《中原文物》2021年第4期。

[8] 王青：《太昊氏与少昊氏的考古学探索——从宁阳于庄发现的大汶口文化陶文说起》，《中原文物》2021年第4期。

[9] 王青：《太昊氏与少昊氏的考古学探索——从宁阳于庄发现的大汶口文化陶文说起》，《中原文物》2021年第4期。

[10] 孙慧男、陆青玉：《山东吕村遗址发现大汶口晚期至龙山早期大型环壕聚落》，"文博中国"微信公众号，2021年12月14日。

[11] 于省吾：《关于古文字研究的若干问题》，《文物》1973年第2期。

[12] a. 唐兰：《关于江西吴城文化遗址与文字的初步探索》，《文物》1975年第7期。

b. 唐兰：《从大汶口文化的陶器文字看我国最早文化的年代》，《大汶口文化讨论文集》，齐鲁书社，1979年。

[13] 王树明：《谈陵阳河与大朱村出土的陶尊"文字"》，《山东史前文化论文集》，齐鲁书社，1986年。

[14] 李学勤：《论新出大汶口文化陶器符号》，《文物》1987年第12期。

[15] 高广仁：《大汶口文化的社会性质与年代——兼与唐兰先生商榷》，《大汶口文化讨论文集》，齐鲁书社，1979年。

[16] 高广仁、邵望平：《海岱文化与齐鲁文明》，江苏教育出版社，2005年。

[17] 杜金鹏：《说皇》，《文物》1994年第7期。

[18] 孙长初：《大汶口文化&符号新解》，《东南文化》2005年第3期。

[19] 王恒杰：《从民族学新发现的新材料看大汶口文化陶尊的"文字"》，《考古》1991年第12期。

[20] 郭雁冰：《大汶口文化陶符新解》，《中原文物》2000年第1期。

[21] 王树明：《肖家屋脊发现图像文字与楚祖颛顼高阳氏——兼论有夏大禹一族的图腾徽帜》，《海岱考古》第七辑，科学出版社，2014年。

[22] 山东省文物考古研究所、莒县博物馆：《莒县大朱家村大汶口文化墓葬》，《考古学报》1991年第2期。

[23] 山东省文物考古研究所、莒县博物馆：《山东莒县杭头遗址》，《考古》1988年第12期。

[24] 中国社会科学院考古研究所：《尧王城遗址第二次发掘有重要发现》，《中国文物报》1994年1月23日。

[25] 栾丰实：《尧王城考古的主要收获及其意义》，《东方考古》第8集，科学出版社，2011年。

[26] 河南省文物考古研究所等、中国社会科学院考古研究所等：《河南灵宝市西坡遗址2001年春发掘简报》，《华夏考古》2002年第2期。

[27] 中国社会科学院考古研究所、河南省文物考古研究所：《灵宝西坡墓地》，文物出版社，2010年。

[28] 中国社会科学院考古研究所：《蒙城尉迟寺——皖北新石器时代聚落遗存的发掘与研究》，科学出版社，2001年。

[29] a. 中国社会科学院考古研究所：《蒙城尉迟寺——皖北新石器时代聚落遗存的发掘与研究》，科学出版社，2001年。

b. 中国社会科学院考古研究所等：《蒙城尉迟寺（第二部）》，科学出版社，2007年。

[30] 韩建业、杨新改：《大汶口文化的立鸟陶器和瓶形陶文》，《江汉考古》2008年第3期。

[31] 中国社会科学院考古研究所等：《蒙城尉迟寺（第二部）》，科学出版社，2007年。

[32] 栾丰实：《大汶口文化的分期和类型》，《海岱地区考古研究》，山东大学出版社，1997年，第69~113页。

[33] 蒙城尉迟寺遗址西侧的固镇霸王城遗址近年也发现了刻符大口尊陶片，只是相关资料暂未发表。参见王青：《太昊氏与少昊氏的考古学探索——从宁阳于庄发现的大汶口文化陶文说起》，《中原文物》2021年第4期。

[34] 许永杰：《距今五千年前后文化迁徙现象初探》，《考古学报》2010年第2期。

[35] 甘恢元：《江苏泗洪赵庄遗址第二、三次考古发掘》，《黄淮七省考古新发现（2011—2017）》，大象出版社，2019年。

[36] 南京博物院：《北阴阳营——新石器时代及商周时期遗址发掘报告》，文物出版社，1993年。

[37] 江苏省考古学会：《江苏六项重要考古发现带您探赜江南文脉》，"江苏考古"微信公众号，2021年1月31日。

[38] 吴卫红：《安徽抢救发掘蒋家山新石器时代遗址》，《中国文物报》2004年11月10日。

[39] 南京博物院：《北阴阳营——新石器时代及商周时期遗址发掘报告》，文物出版社，1993年。

[40] 栾丰实：《再论良渚文化的年代》，《故宫学术季刊》第20卷第4期，2003年。

[41] 南京博物院：《江苏兴化、东台市蒋庄遗址良渚文化遗存》，《考古》2016年第7期。

[42] 盐城市博物馆、东台市博物馆《江苏东台市开庄新石器时代遗址》，《考古》2005年第4期。

[43] 成都市文物考古研究所：《成都金沙遗址I区"梅苑"东北部地点发掘一期简报》，《成都考古发现2002》，科学出版社，2004年。

[44] 朱乃诚：《金沙良渚玉琮的年代和来源》，《中华文化论坛》2005年第4期。

[45] 浙江省文物考古研究所：《杭州市余杭区良渚古城钟家港南段2016年的发掘》，《考古》2023年第1期。

[46] 石志廉：《最大最古的♀纹碧玉琮》，《中国文物报》1987年10月1日。

[47] 据安志敏：《关于良渚文化的若干问题——为纪念良渚文化发现五十周年而作》注74，《考古》1988年第3期。

[48] 参见张炳火：《良渚文化刻画符号》，上海人民出版社，2015年。

[49] 刘斌：《良渚文化玉琮初探》，《文物》1990年第2期。

[50] 朱乃诚：《金沙良渚玉琮的年代和来源》，《中华文化论坛》2005年第4期。

[51] 李学勤：《论金沙长琮的符号》，《四川文物》2002年第5期。

[52] 林巳奈夫、黎忠义：《关于良渚文化玉器的若干问题》，《史前研究》1987年第1期。

[53] 邓淑苹：《中国新石器时代玉器上的神秘符号》，《故宫学术季刊》第10卷第3期，1993年。

[54] a. 牛清波：《中国早期刻画符号整理与研究》，安徽大学博士学位论文，2013年。
b. 朱莉亚·凯·默里、苏文：《新石器时代的中国玉器——谈美国佛里尔艺术馆玉器藏品》，《东南文化》1988年第2期。

[55] 浙江考古研究所：《良渚遗址群》，文物出版社，2005年。

[56] 苏州市博物馆等：《江苏昆山市少卿山遗址的发掘》，《考古》2000年第4期。

[57] 王华杰、左骏：《昆山少卿山遗址新发现的良渚玉璧刻符》，《东南文化》2009年第5期。

[58] 浙江省文物考古研究所：《浙江余杭玉架山发现良渚文化环壕聚落遗址》，《中国文物报》2010年2月26日。

[59] 浙江省文物考古研究所、余杭博物馆：《余杭玉架山遗址发掘取得重要收获》，《浙江文物》2008年第6期。

[60] 王华杰、左骏：《昆山少卿山遗址新发现的良渚玉璧刻符》，《东南文化》2009年第5期。

[61] 浙江省文物考古研究所：《浙江余杭玉架山发现良渚文化环壕聚落遗址》，《中国文物报》2010年2月26日。

[62] 赵晔：《浙江余杭临平遗址群的聚落考察》，《东南文化》2012年第3期。

[63] 张明华、王惠菊：《太湖地区新石器时代的陶文》，《考古》1990年第10期。

［64］ 张炳火：《良渚文化刻画符号》，上海人民出版社，2015年。

［65］ 塔地考古队：《浙江湖州塔地遗址发掘获丰硕成果》，《中国文物报》2005年2月9日第1版。

［66］ 浙江省文物考古研究所、平湖市博物馆：《浙江平湖市庄桥坟良渚文化遗址及墓地》，《考古》2005年第7期。

［67］ 上海市文物管理委员会：《福泉山——新石器时代遗址发掘报告》，文物出版社，2000年。

［68］ 上海市文物管理委员会：《福泉山——新石器时代遗址发掘报告》，文物出版社，2000年。

［69］ 浙江省文物考古研究所、桐乡市文物管理委员会：《新地里》，文物出版社，2006年。

［70］ 浙江省文物考古研究所：《良渚遗址群考古报告之二——反山》，文物出版社，2005年。

［71］ 江苏省赵陵山考古队：《江苏昆山赵陵山遗址第一、二次发掘简报》，《东方文明之光——良渚文化发现60周年纪念文集》，海南国际新闻出版中心，1996年。

［72］ 陕北地区的飞翅介形刻画见于石峁遗址皇城台地点，但相关的资料尚未完全发表。

［73］ 刘敦愿：《记两城镇遗址发现的两件石器》，《考古》1972年第4期。

［74］ 山东省文物管理处：《山东日照两城镇遗址勘察纪要》，《考古》1960年第9期。

［75］ 中国社会科学院考古研究所山东工作队：《山东临朐朱封龙山文化墓葬》，《考古》1990年第7期。

［76］ 燕生东等：《丹土与两城镇玉器研究——兼论海岱地区史前玉器的几个问题》，《东方考古》第3集，科学出版社，2006年。

［77］ 杜金鹏：《论临朐朱封龙山文化玉冠饰及相关问题》，《考古》1994年第1期。

［78］ 栾丰实：《龙山文化尹家城类型的分期及其源流》，《华夏考古》1992年第2期。

［79］ a. 汪青青：《溧阳出土的良渚文化玉器珍品》，《东方文明之光——良渚文化发现60周年纪念文集》，海南国际新闻出版中心，1996年。

b. 汪遵国：《良渚文化玉器综论》，《东亚玉器2》，香港中文大学中国考古艺术研究中心，1998年。

［80］ 栾丰实：《大汶口和良渚》，《玉润东方：大汶口——龙山·良渚文化玉器展》，文物出版社，2014年。

［81］ 中国社会科学院考古研究所山西队、山西考古研究所、临汾市文物局：《陶寺城址发现陶寺文化中期墓葬》，《考古》2003年第9期。

［82］ 中国社会科学院考古研究所等：《襄汾陶寺——1978～1985年发掘报告》，文物出版社，2015年。

［83］ 荆州地区博物馆、钟祥县博物馆：《钟祥六合遗址》，《江汉考古》1982年第2期。

［84］ 湖北省荆州博物馆、湖北省文物考古研究所、北京大学考古学系：《天门石家河考古发掘报告之一——肖家屋脊》，文物出版社，1999年。

［85］ 湖北省文物考古研究所、北京大学考古文博学院、天门市博物馆：《湖北天门石家河遗址2014～2016年的勘探与发掘》，《考古》2017年第7期。

［86］ 湖北省文物考古研究所、北京大学考古文博学院：《湖北天门市石家河古城谭家岭遗址2011年的发掘》，《考古》2015年第3期。

［87］ 朱乃诚：《论肖家屋脊玉盘龙的年代及有关问题》，《文物》2008年第7期。

［88］ 湖北省文物考古研究所、北京大学考古系、湖北省荆州博物馆：《天门石家河考古发掘报告之二——邓家湾》，文物出版社，2003年。

[89] 湖北省文物考古研究所、北京大学考古文博学院、天门市博物馆：《湖北天门市石家河遗址2014～2016年的勘探与发掘》，《考古》2017年第7期。

[90] 湖北省荆州博物馆、湖北省文物考古研究所、北京大学考古学系：《天门石家河考古发掘报告之一——肖家屋脊》，文物出版社，1999年。

[91] 湖北省文物考古研究所：《石家河遗址2015年发掘的主要收获》，《江汉考古》2016年第1期。

[92] 王树明：《肖家屋脊发现图像文字与楚祖颛顼高阳氏——兼论有夏大禹一族的图腾徽帜》，《海岱考古》第七辑，科学出版社，2014年。

[93] 浙江省文物考古研究所、遂昌县文物管理委员会：《好川墓地》，文物出版社，2001年。

[94] 刘文强：《中国史前彩绘石钺初步研究》，《文物研究》第21辑，科学出版社，2015年。

[95] 王海明等：《温州老鼠山遗址发现四千年前文化聚落》，《中国文物报》2003年5月28日第1版。

[96] 刘文强：《花厅遗址史前先民去向试析》，《文博学刊》2020年第4期。

[97] 浙江省文物考古研究所、遂昌县文物管理委员会：《好川墓地》，文物出版社，2001年。

[98] 中国社会科学院考古研究所甘青工作队、青海省文物考古研究所：《青海民和喇家遗址发现齐家文化祭坛和干栏式建筑》，《考古》2004年第6期。

[99] a. 叶茂林：《齐家文化玉器研究——以喇家遗址为例》，《玉魂国魄——中国古代玉器与传统文化学术研讨会论文集（三）》，北京燕山出版社，2008年。

b. 邓淑苹：《观天思地、崇日拜月——齐家文化玉石器的神秘性》，"丝路博闻"微信公众号，2023年6月24日。

[100] 刘文强：《尧放四罪的考古学观察》，《西部史学》第7辑，西南大学出版社，2021年，第77～114页。

[101] 中国社会科学院考古研究所甘青工作队、青海省文物考古研究所：《青海民和县喇家遗址2000年发掘简报》，《考古》2002年第12期。

[102] 余西云：《西阴文化：中国文明的滥觞》，科学出版社，2006年。

[103] 李先登、杨英：《论五帝时代》，《天津师大学报》1999年第6期。

[104] 栾丰实：《太昊和少昊传说的考古学研究》，《中国史研究》2000年第2期。

[105] 李政：《良渚发现5000年前中国最早大型水利工程系统》，《中国文物报》2016年3月18日。

[106] 浙江省文物考古研究所：《杭州市良渚古城外郭的探查与美人地和扁担山的发掘》，《考古》2015年第1期。

[107] a. 李伯谦：《论造律台类型》，《文物》1983年第4期。

b. 钱耀鹏：《尧舜禅让故事的考古学研究》，《中原文物》2002年第4期。

[108] 王辉、焦南峰等：《秦公大墓石磬残铭考释》，《"中研院"历史语言研究所集刊》第67本第2分册，"中研院"历史语言研究所，1996年。

骆驼墩遗址出土瓮棺葬浅析

孙 振

（宜兴市考古和文物保护中心）

《江苏宜兴市骆驼墩新石器时代遗址的发掘》和《江苏宜兴骆驼墩遗址发掘报告》对骆驼墩遗址发掘的瓮棺葬进行了报道，此次工作共计发掘39座瓮棺葬墓，均属于骆驼墩遗址早期文化遗存，年代在距今7000~6500年间[1]。这批瓮棺葬年代集中，葬具独特，器物特征明显，不见于马家浜、河姆渡等周边文化，为我们重新认识环太湖流域新石器时代考古学文化面貌特别是研究太湖西部地区的史前埋葬习俗提供了丰富的资料。本文拟对这批瓮棺葬的出土器物性质及相关问题作一浅要分析，以求教于方家。

一、葬具分类与性质

（一）葬具分类

39座瓮棺葬墓出土的葬具主要为极具地方特色的平底陶釜，均无随葬品，不见于太湖东部年代相近的马家浜文化时期遗址，而多见于太湖西部、西南部平原向丘陵山地过渡的地带。根据不同的器物造型，发掘者将其分为罐形釜、筒形釜和尊形釜三类。有用一件罐形釜作为葬具的，如W9和W10；也有用两至三件器物组合为葬具的，如W35为一件罐形釜倒扣于另一件尊形釜上，而W27为一件筒形釜上覆盖有一豆圈足，釜腹内有一豆盘，豆盘内保存有较为完整的婴儿骨骸（图一）。

（二）葬具性质

用作瓮棺的葬具——三类平底釜的陶质以夹砂夹蚌陶为主，器表口沿和上腹部多经打磨，

作者简介：孙振，男，1986年7月生，安徽大学考古学及博物馆学专业2009级硕士生。

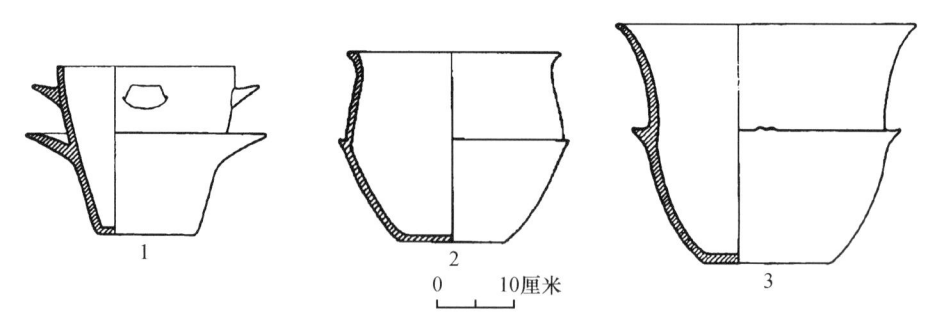

图一 骆驼墩遗址出土平底釜
1. 筒形釜W27:2 2. 罐形釜W35:1 3. 尊形釜W35:2
采自《江苏宜兴骆驼墩遗址发掘报告》，《东南文化》2009年第5期，第32~34页

打磨处多施黑衣，也有少量施红衣的，下腹部和器内大多未经打磨，露出灰色的粗糙胎质。红陶的数量随着时间的推近有所增加。经观察，这些葬具中釜的器表残存有火烧烟熏的使用痕迹。W27是由一件豆圈足倒扣在一件筒形釜上，釜内有一件承载婴儿骨骼的豆盘组合而成的带盖腰檐釜，豆圈足上的12个钻孔，显然不是制作陶豆时留下的，而是在制成之后有意为之。因此，这些器物在用作瓮棺葬入墓地之前全部为日常生活中的实用器，不是为埋葬而特意制作的葬具或明器。

二、埋葬位置与葬式

（一）埋葬位置

本次发掘的39座瓮棺葬墓中，10座位于Ⅰ号墓地，29座集中分布在Ⅱ号墓地南部，位于Ⅰ号墓地和Ⅱ号墓地之间，两墓地相距约10米。

Ⅰ号墓地的10座瓮棺葬和Ⅱ号墓地南部的29座瓮棺虽然分散分布于成人墓葬之间，但总体上相对比较集中，这反映出新石器时代以血缘为纽带的氏族公共墓地的属性。另外，未发现有新石器时代埋葬于居住区的儿童瓮棺，如果排除遗址发掘面积不大的因素，其中反映的对儿童的态度和观念可能与其他文化有所不同。

Ⅰ号墓地W9、W10的位置较为特殊，位于本次发掘⑨层面上、大型贝类及螺壳堆积的下方，葬具均为一件倒扣于地面上的罐形平底釜，不见墓坑。贝类及螺壳堆积叠压在⑧层下，而祭祀遗迹JS2开口于③层下，打破④层，再结合Ⅰ号墓地的瓮棺葬位于④、⑥、⑧、⑨层的层面上，由此可见W9、W10的埋葬当与此祭祀活动无关。

（二）葬式

目前所见新石器时代的瓮棺葬主要用于埋葬婴幼儿童，由于骨骼较小且限于瓮棺相对狭小的空间范围，故而尸骨保存状况较差，往往只保存有头骨及一些骨骼碎片，这给我们讨论瓮棺葬的葬式带来一定的难度。许宏先生在讨论我国史前时期瓮棺葬时，依据尸骨相对于瓮棺的放置方法不同，将瓮棺葬分为两种，一种是将尸骨全部装进瓮棺中，称为"装入葬"。另一种是只用器物盖头、套头或盖、套住上半身，而其他部分暴露在外，称为"非装入葬"[2]。根据目前已发现的资料看，骆驼墩遗址出土的儿童瓮棺葬除W27和W35较为特殊外，大多以平底釜倒扣于地面上，属于"装入葬"，也类似于新石器时代绝大多数儿童瓮棺葬，均为单人一次葬。

三、与周边文化瓮棺葬的对比观察

瓮棺葬在世界上许多国家都有发现，在我国从新石器时代至历史时期一直有不同程度的延续和流行，而本次发掘的瓮棺葬为长江下游地区新石器时代遗址中的首次发现，这为我们深入研究、重新认识太湖流域乃至长江下游地区新石器时代的文化面貌提供了全新线索。近年来，经过广大考古工作者的不懈努力，骆驼墩文化的面貌逐渐清晰[3]。神墩遗址[4]等出土有不同数量的瓮棺，这些用作瓮棺的平底腰沿釜不见于同时期的周边文化，构成了骆驼墩墓葬文化的鲜明特征。

（一）河姆渡文化

河姆渡文化诸遗址中发现的瓮棺葬目前共计有8座，河姆渡遗址仅在第一期文化中发现瓮棺葬2座，分别为盛有婴儿头骨碎片和肢骨的陶釜和陶罐各一件[5]，应当也是瓮棺的一种，属于前述"装入葬"的范畴。田螺山遗址三期遗存中发现瓮棺葬1座，包含由上下叠压的夹炭红褐陶盘口釜等3件陶器组合[6]（图二）。鲞架山遗址二期遗存（年代相当于河姆渡文化第三至四期过渡时期）中发现5座瓮棺葬，葬具为颇有特色的盘口釜，数量1~3件不等，其中3座有随葬豆、小杯等陶器[7]。盘口釜首见于河姆渡文化一期遗存，在马家浜文化罗家角遗址中也有发现[8]。此类釜的器形、工艺、装饰较为特殊，盘口方唇，束颈中间有一周尖脊突起，上腹部还有四个竖向宽环形耳，器表装饰复杂，自上而下有弦纹、刻划纹、附加堆纹和篮纹，且在M3、M4的瓮棺旁发现有半台半坑形态的红烧土遗存，M2、M5的填土中有经过火烧的

图二　余姚田螺山遗址瓮棺葬具陶盘口釜（M3∶3）
采自《浙江余姚田螺山新石器时代遗址2004年发掘简报》，
《文物》2007年第11期，第7页

白色骨渣，报告无法确定是否为人骨，提出"这几组器物除M4外可能还属于氏族社会中为数不多的精英人物才能享受的礼仪葬俗形态——成人瓮棺葬"[9]。这是一种富有想象力但又不失合理性的推测，红烧土小坑可能与原始宗教信仰中的祭祀行为有关，但也不排除这些瓮棺葬是二次葬的可能。

（二）北辛文化

北辛遗址中发现两座瓮棺葬，M702与M703两墓相距约1.7米，墓坑都是东西向，平面略呈椭圆形。M702葬具为两个器口相对的深腹圈底罐，内有头东脚西的婴儿骨架一具，大部分已腐朽，仅余部分头骨和其他残骨。M703墓坑中部有婴儿骨架，其上覆置一件残陶鼎，在陶鼎的西侧，放置一件骨镞[10]。江苏沭阳万北遗址中发现瓮棺葬两座，其中，M2方向120°，有近长方形墓坑。墓口长168、宽73～90、墓坑深20厘米。骨架仰身直肢，头东，经鉴定为一10岁上下之少年个体。随葬陶器2件，红陶钵盖于面部，双耳壶置于头部右上方[11]。江苏连云港二涧村遗址中有四座以红陶钵覆面的非装入式瓮棺葬[12]。江苏灌云大伊山遗址38座墓中有16座墓墓主头部覆盖红陶钵，其中M28为一合葬墓，在墓主头前以三块石板镶嵌为小石棺，棺内置一红陶钵，钵底正中有小孔，钵发现儿童头骨和零星骨骼[13]。上述以红陶钵等器物覆面的"非装入式"瓮棺葬在江淮东部的龙虬庄遗址中有大量发现[14]（图三）。

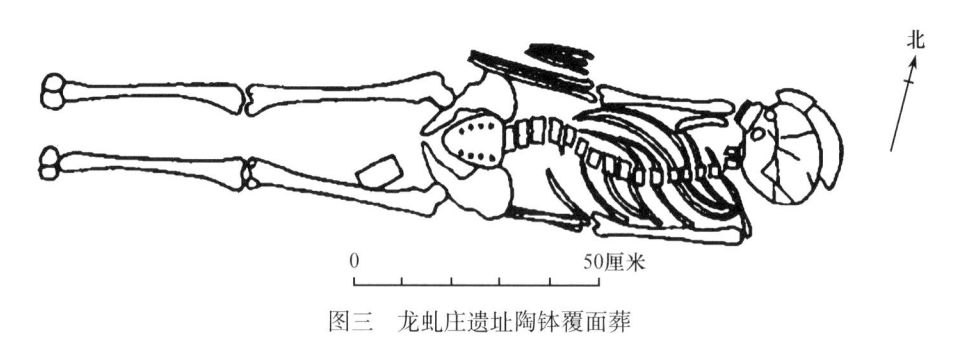

图三　龙虬庄遗址陶钵覆面葬

采自《龙虬庄——江淮东部新石器时代遗址发掘报告》，科学出版社，1999年，第73页

（三）马家浜文化

瓮棺在马家浜文化诸遗址中仅仅是在草鞋山、圩墩和祁头山遗址中发现过，而且属于前文所提到的"非装入葬"。草鞋山遗址中发现"有些头骨用釜、钵、豆、盆等陶器覆盖，有的把头骨放在陶器中"[15]的现象（图四）。圩墩遗址出土的红陶盆多覆盖在墓主头部[16]。祁头山遗址M108陶盆置于墓主头右侧，将打碎后的陶釜覆盖于墓主头部与上身，M82墓主头枕陶豆，将打碎后的陶釜置于墓主上身[17]。这几处发现与骆驼墩文化使用平底腰沿釜作为葬具的瓮棺葬俗区别明显，反而与江淮东部和淮北地区的非装入式瓮棺葬葬俗有异曲同工之处。高江涛先生根据目前已发现资料的分布、年代与葬式等综合研究，认为红陶钵覆面葬这种特殊的葬俗由北向南即由淮北传至江淮东部再传播至太湖东部地区[18]。

必须指出的是，跨湖桥文化遗址中发现一座土坑葬且保存状况较差，墓主为小孩，头向245°，仰身于一木板上，肋骨以下被扰动，不见骨骸，头骨已受压破碎[19]。虽然跨湖桥文化中未发现瓮棺葬，但其对儿童墓葬的特殊做法也有别于成人墓葬。韩建业先生通过器物对比研究，认为"跨湖桥文化是在上山文化基础上接受长江中游彭头山文化的影响发展而来，之后反向促使彭头山文化转变为皂市下层文化。通过彼此双向交流融合，总体构成一个以釜、圈足盘、豆为主要特征的长江中下游文化系统"[20]。顺山集第三期文化遗存的面貌与第一、二期文化迥然不同，林留根等先生提出，"顺山集三期文化遗存为一类与本地传统有别，而与南方钱塘江流域跨湖桥文化关系极为密切的遗存，两者直线距离超过400千米，它的出现为认识新石器时代中期考古学文化的跨区域、跨纬度迁徙与传播提供了确凿证据"[21]。这些都充分表明了相关文化对外交流的活跃性，尽管对外交流既有正向也有反向的，既有主动也有被动的，同时也为我们寻找新石器时代长江下游考古学文化的源头和研究淮河流域、长江中下游各文化间的交流、融合、发展提供了很好的思路。

此外，新石器时代黄河流域的仰韶文化和长江流域的屈家岭文化等均盛行瓮棺葬[22]。关于瓮棺葬的

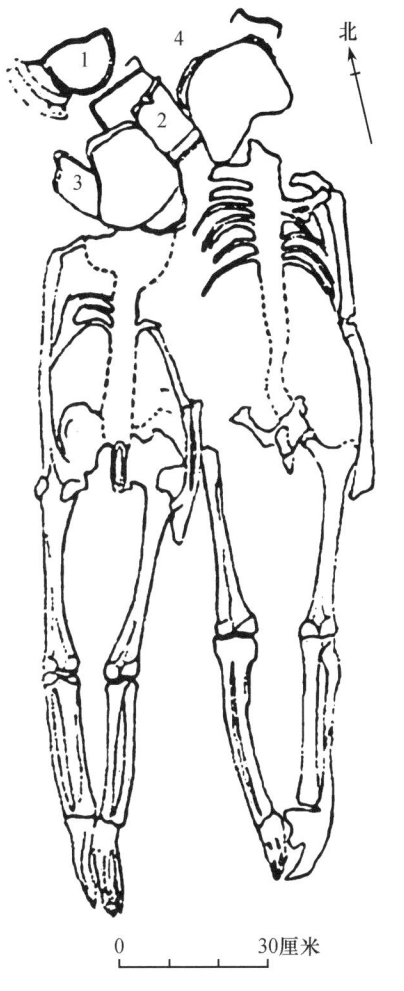

图四　吴县草鞋山遗址M156红陶钵覆面葬
采自《据江苏吴县草鞋山遗址》，《马家浜文化》，
浙江摄影出版社，2004年，第128页

起源，目前尚未发现瓮棺葬源头的确证资料。综合来看，黄河、长江流域几个最早出现瓮棺葬俗的地区可能是分别独立起源的。许宏先生认为，"在新石器时代早期偏晚阶段，黄河、长江流域的主要文化类型中就几乎同时地最早出现了瓮棺葬这种葬俗；生活在各地的人们出于遵循宗教信仰的需要，由于便利而以日常生活所用陶器作为葬具来盛殓死者尸骨，相延成习，这是很自然的事。把这些问题综合考察，就使我们有理由在这几个瓮棺葬俗最早出现的区域内，排除这种葬俗始见于一种文化而后向四外传播的可能性"[23]，这在国内目前的出土资料中得到了印证。但这并不影响各考古学文化之间的交流、融合、发展，前述跨湖桥文化与长江中游彭头山文化的双向交流和以陶器覆面的覆面葬广泛流行于淮北至江淮和太湖东部地区便是最好的例证。

通过系统性总结梳理与骆驼墩文化地域毗邻且大致处在同时代考古学文化的瓮棺葬特征，可以发现，相关考古学文化的瓮棺葬葬法各异，葬具特点鲜明。这也侧面佐证了骆驼墩文化的独特性与唯一性。同时，纵观新石器时代各考古学文化的瓮棺葬，它们都是新石器时代广泛用

于婴幼儿墓葬的一种埋葬方式，基本没有随葬品或随葬品单薄，在瓮棺葬具的选择上基本都是使用各自文化中的典型日常生活用器物，而在其他方面是鲜有差异的。

四、相关问题探讨

（一）关于大型贝类及螺壳堆积的功能

骆驼墩遗址叠压在W9、W10上的贝类及螺壳堆积常见于贝丘遗址。贝丘遗址是一种包含人为因素造成规模化贝壳堆积的遗址类型，广泛分布于我国沿海地区，并在湖南、云南等内陆地区也有较大量的发现，年代范围从距今约2万年延续至秦汉以后的历史时期，其中绝大部分遗址的年代在先秦以前的石器时代和青铜时代[24]。

目前江苏境内发现的贝丘遗址大都分布于太湖西北部，包括宜兴骆驼墩、西溪、常州圩墩、溧阳秦堂山、金坛三星村遗址。还有几处零散地分布在江苏境内，包括海安青墩、高邮龙虬庄、沭阳万北、高淳薛城等遗址。已经有研究者注意到，实际上江苏贝丘遗址的数量可能高于这个数字[25]。在嘉兴马家浜[26]、桐乡罗家角[27]等遗址中也出土有一定数量的夹蚌陶。同理，相信国内各地的情况也一样，这些都需要广大考古一线工作者在今后的工作中加以特别关注。宜兴西溪遗址中发现了大宗夹蚌陶和大面积堆积深厚的蚬蚌螺蛳类遗存，堆积平均厚度达0.5米，最厚处超过1.4米[28]；溧阳神墩、海安青墩、高淳薛城遗址中均含有大量夹蚌陶，质地较疏松[29]；以高邮龙虬庄为代表的江淮东部等文化中发现有铺垫一层蚌壳的居住面[30]；常州圩墩遗址⑤层夹杂大量蚌壳和螺壳，陶器中含有一定数量的夹蚌灰陶[31]；沭阳万北遗址⑪层中发现大量贝壳堆积[32]；秦堂山遗址环壕里发现了密密麻麻的蚬蚌壳和螺蛳壳[33]；金坛三星村遗址除在④层中发现大量螺蛳壳堆积外，还在墓葬中发现蚌镰、蚌玦、海贝饰[34]。此外，在多数遗址地层中还出土有包括牛、鹿、猪、狗等动物骨骸和龟甲、鲤鱼、贝类、莲子、芡实等水生动植物遗存，说明从事渔猎活动是先民们日常生产生活的重要组成部分。

值得一提的是，圩墩遗址的马家浜文化墓葬埋葬密集，人骨保存较好，这种情况在土壤呈酸性的江南地区少见，可能是与地层中0.4米厚的多层螺蛳壳有关，呈碱性的螺蛳壳中和了土壤的酸度，延缓了骨骸的腐化[35]。金坛三星村遗址处在螺蛳壳堆积层墓葬中的人骨保存状况较好，与此情况相同。青墩遗址M3发现有四具保存较好的人骨散乱地埋葬在蚬壳层中[36]，较为特殊，四具人骨皆为非正常死亡，可能是用于祭祀。当然，这些情况不一定是古人有意识地利用螺蛳壳中和土壤酸度的特殊功能。

骆驼墩遗址大型贝类及螺壳堆积的最厚处达1.6米，夹杂有大量螺壳、贝壳和陶片，经钻探，堆积面积可达300平方米（图五）。发掘者认为该堆积的集中堆放是先民将其作为一种资源来存放和处置，可能用作制造陶器的羼和料或是作为建筑房屋、铺设路面的防潮材料，这在

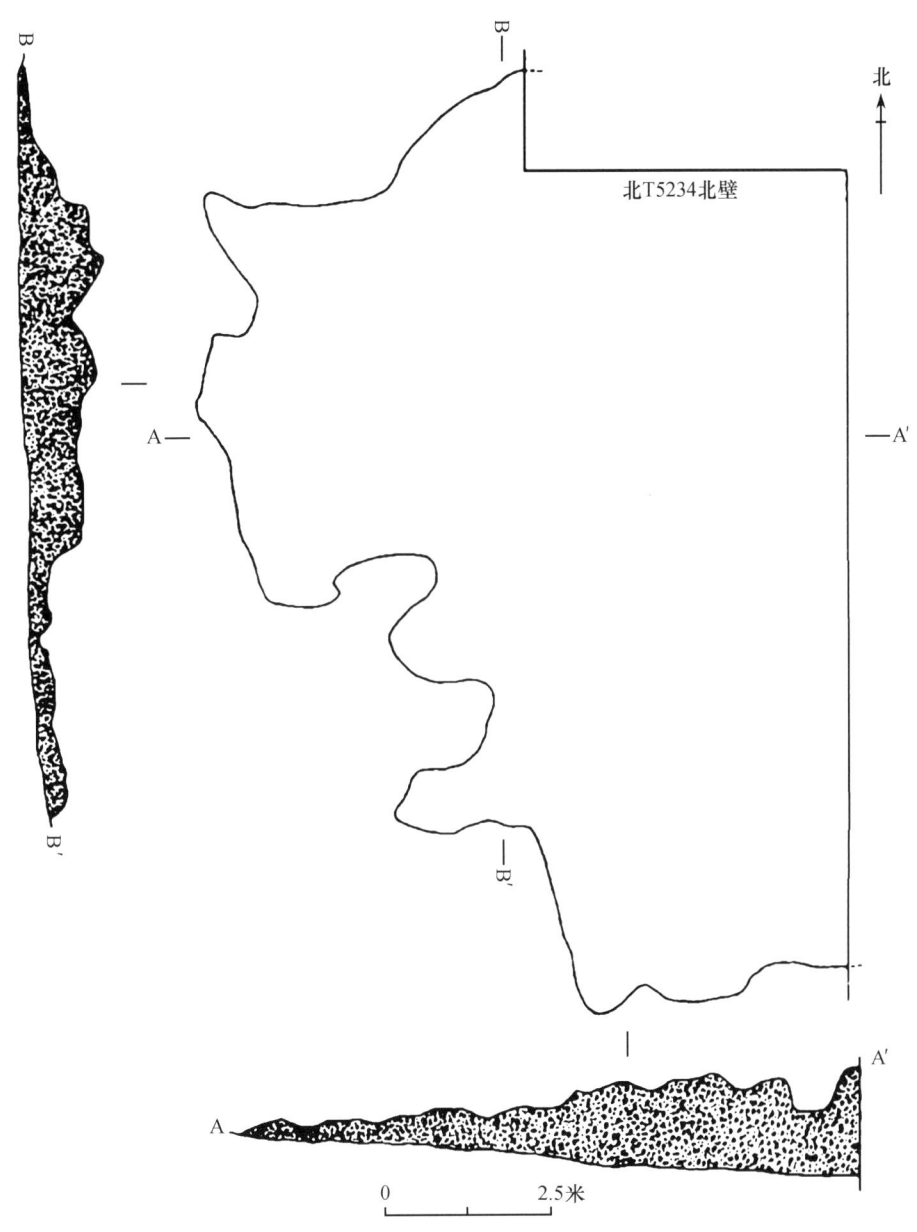

图五　骆驼墩遗址大型贝类及螺壳堆积平、剖面图
采自《江苏宜兴骆驼墩遗址发掘报告》，《东南文化》2009年第5期，第29页

遗址中大量的夹蚌陶胎和房址F1东南部室外的螺蛳壳分布区得到了印证。房址F1室外的螺蛳壳分布区表面较为平整，应该是经过人为处理过的户外活动场所，螺蛳壳能够起到疏水、防潮的功效。类似的情况在同一文化的西溪遗址和江淮东部古文化遗址中也有发现，田名利等先生在研究西溪遗址蚬蚌螺蛳类遗存的堆积方式和性质时认为，"人类在大量食用消费蚬蚌螺蛳的同时，不但继续将它们作为可利用资源砸碎后掺入陶土中以烧造陶器，还将它们堆垫在生活区，不断抬高居住区的居住高度，有的直接在上面建造红烧土地面建筑或铺垫在房址的周围，以达到防水防潮防湿的生活需求"[37]。在论及以龙虬庄遗址为代表的江淮东部原始文化的特征时，张敏先生指出，"居住遗迹发现有两种，一是干阑式建筑，一是地面建筑。地面建筑发现

有墙基、柱洞和铺垫一层蚌壳的居住面。由于江淮东部地势低洼，所以在建筑上都有防潮防水措施"[38]。可见，先民对渔猎资源的利用不仅仅局限在饮食、制陶、装饰等方面，还体现在建筑方面。

（二）关于瓮棺葬具上的穿孔现象

骆驼墩遗址39座瓮棺中，W27极为特殊，系由一件豆圈足倒扣在一件筒形釜上，釜内有一件承载婴儿骨骸的豆盘组合而成的带盖腰檐釜，高约35.8、最大径约30.5厘米。豆柄断面较平整，显然经过磨平的加工处理，系利用残损器物二次或多次加工制成的。豆圈足上开有两组大孔与两组小孔相间组合的四组穿孔，每组3个孔，呈倒三角形对称分布于圈足之上（图六）。根据其大小和形态来看，这些穿孔应该是在陶豆制成之后，人为有意凿穿的。

用作瓮棺的器物上有穿孔现象，在新石器时代诸多遗址中都有发现，穿孔的数量有一至多孔不等，其中，一孔以仰韶文化半坡和洪山庙遗址瓮棺上较为常见，半坡遗址用作瓮棺盖子的盆或钵的底部中间都有一个小孔[39]，洪山庙遗址中的瓮棺用彩绘陶缸较为特殊，是专为死者制作的葬具，底部均有一圆形穿孔，盖顶极个别有一孔[40]。元谋大墩子遗址多数瓮棺的肩部、腹壁或底部有意识地敲1~3个圆形小孔[41]。

鱼化寨遗址仰韶文化瓮棺上部分钻孔是成对出现的，如W11的陶钵上共有8个钻孔，但这些成对的钻孔都是位于陶钵开裂的位置，以口沿下居多，可能是作为修补之用[42]。骆驼墩遗址W27豆圈足上的穿孔多达12个，每组3个孔，且两组大孔与两组小孔呈倒三角形对称分布，是有意为之的，应该有着某种特殊的含义。

图六　骆驼墩遗址W27
宜兴市博物馆藏

关于穿孔的作用，已有多位学者做过研究和探讨。李仰松先生通过探究民族学实例，提出"仰韶文化的瓮棺葬与人们宗教信仰有密切关系，往往发现在瓮棺葬具上钻一个小孔，作为死者灵魂出入的通道，说明当时人们已经有了灵魂信仰的观念"[43]。许宏先生认为："葬俗是人们思想文化面貌的一个重要方面，人们的思想意识和原始宗教信仰在其中得到了最充分的反映。"瓮棺葬与人们的宗教信仰有密切关系，体现了一种灵魂观念，葬具上的小孔是作为死者灵魂出入的通道，并列举了中外民族资料加以佐证[44]。郭立新先生提出，瓮棺葬可能与原始社会关于转生的巫术有关。"瓮棺代表的是受孕的子宫，在瓮棺的盖上或底上凿出的小孔，就不仅是供灵魂进出的通道，还可以象征婴儿降生下来的阴道。"[45]北美爱斯基摩人的"冰葬"习俗中,将逝者因地制宜安葬在事先准备的冰洞里。"5天以后,儿子需在冰洞上方挖一小孔,认为这样父亲的灵魂便可离开冰洞,升入天堂。"[46]笔者赞同瓮棺葬这种特殊的葬俗与原始宗教思想有关的观点,因为葬具上的小孔作为死者灵魂通道的说法最贴合古人原始宗教的灵魂复生思想。骆驼墩遗址瓮棺葬具上的穿孔表明,骆驼墩先民可能已有"人死灵魂不灭"的思想意识,他们疼爱、思念夭折逝去的婴幼儿,将其尸体存放于由日常生活实用器作为灵魂出入与转生载体的瓮棺之中,通过瓮棺葬这种特殊的葬俗体现"灵魂不灭"的思想,是一种朴素的原始宗教信仰萌芽。

五、结　语

综上,骆驼墩遗址的瓮棺葬具——平底釜在用作瓮棺葬入墓地之前是日常生活中的实用器,而非为埋葬而特意制作的葬具或明器。作为新石器时代广泛用于婴幼儿墓葬的一种埋葬方式,骆驼墩遗址的瓮棺葬与其他地区所出既有共同性,同时也具有其独特性,是我国新石器时代瓮棺葬这种特殊葬俗的重要组成部分,它们都反映了史前先民的精神世界。以骆驼墩遗址为典型代表的骆驼墩文化,以其鲜明的特点屹立于距今六七千年前的环太湖西部地区,在长江下游文明化进程中扮演了重要角色。

注　释

[1] a. 南京博物院考古研究所:《江苏宜兴市骆驼墩新石器时代遗址的发掘》,《考古》2003年第7期。
　　b. 南京博物院、宜兴市文物管理委员会:《江苏宜兴骆驼墩遗址发掘报告》,《东南文化》2009年第5期。

[2] 许宏:《略论我国史前时期瓮棺葬》,《考古》1989年第4期,第332页。

[3] a. 林留根:《骆驼墩文化初论》,《东南文化》2009年第5期,第63～70页。
　　b. 林留根:《骆驼墩文化的初步认识》,《东南文化》2011年第6期,第6～8页。
　　c. 丁金龙:《骆驼墩文化——太湖流域马家浜文化的源头》,《东南文化》2012年第1期,第9页。
　　d. 刘宝山:《平底釜和骆驼墩文化》,《东南文化》2012年第1期,第11～13页。
　　e. 赵宾福、郭梦雨:《骆驼墩文化简析》,《东南文化》2017年第3期,第52～62页。

[4] 南京博物院、常州博物馆、溧阳市文化局:《江苏溧阳神墩遗址发掘简报》,《东南文化》2009年第5期,第49页。

[5] 浙江省文物考古研究所:《河姆渡——新石器时代遗址考古发掘报告》(上册),文物出版社,2003年,第27、387页。

[6] 浙江省文物考古研究所、余姚市文物保护管理所、河姆渡遗址博物馆:《浙江余姚田螺山新石器时代遗址2004年发掘简报》,《文物》2007年第11期,第19～21页。

[7] 孙国平、黄渭金：《余姚市鲞架山遗址发掘报告》，《史前研究》，三秦出版社，2000年，第392~395页。
[8] 罗家角考古队：《桐乡县罗家角遗址发掘报告》，《马家浜文化》，浙江摄影出版社，2004年，第54~57页。
[9] 孙国平、黄渭金：《余姚市鲞架山遗址发掘报告》，《史前研究》，三秦出版社，2000年，第403、404页。
[10] 中国社会科学院考古研究所山东队、山东省滕县博物馆：《山东滕县北辛遗址发掘报告》，《考古学报》1984年第2期，第162页。
[11] 南京博物院：《江苏沭阳万北遗址新石器时代遗存发掘简报》，《东南文化》1992年第1期，第126~127页。
[12] 江苏省文物工作队：《江苏连云港市二涧村遗址第二次发掘》，《考古》1962年第3期，第113~114页。
[13] 连云港市博物馆：《江苏灌云大伊山新石器时代遗址第一次发掘报告》，《东南文化》1988年第2期，第38~39页。
[14] a. 龙虬庄遗址考古队：《龙虬庄——江淮东部新石器时代遗址发掘报告》，科学出版社，1999年，第64~126页。
b. 夏寒：《龙虬庄墓地葬俗研究》，《东南文化》2004年第4期，第23页。
[15] 南京博物院：《江苏吴县草鞋山遗址》，《马家浜文化》，浙江摄影出版社，2004年，第129页。
[16] 常州市博物馆：《江苏常州圩墩村新石器时代遗址的调查和试掘》，《考古》1974年第2期，第113页。
[17] 祁头山联合考古队：《江苏江阴祁头山遗址2000年度发掘简报》，《文物》2006年第12期，第6~13页。
[18] 高江涛：《长江下游及相邻地区史前红陶钵覆面葬初探》，《考古》2014年第5期，第64~68页。
[19] 浙江省文物考古研究所、萧山博物馆：《浦阳江流域考古报告之一——跨湖桥》，文物出版社，2004年，第32页。
[20] 韩建业：《试论跨湖桥文化的来源和对外影响——兼论新石器时代中期长江中下游地区间的文化交流》，《东南文化》2010年第6期，第62~65页。
[21] 南京博物院考古研究所、泗洪县博物馆：《江苏泗洪顺山集新石器时代遗址发掘报告》，《考古学报》2014年第4期，第549~561页。
[22] a. 中国科学院考古研究所、陕西省西安半坡博物馆：《西安半坡》，文物出版社，1963年，第211~216页。
b. 巩启明、巩文：《论仰韶文化居民的埋葬制度》，《中国史前考古学研究——祝贺石兴邦先生考古半世纪暨八秩华诞文集》，三秦出版社，2003年，第214、215页。
c. 龚丹：《屈家岭文化中的儿童埋葬方式探析》，《东南文化》2006年第5期，第10~14页。
[23] 许宏：《略论我国史前时期瓮棺葬》，《考古》1989年第4期，第335、336页。
[24] a. 赵荦：《先秦时期沿海地区贝丘遗址中人工建筑遗迹试析》，《文物建筑》第10辑，科学出版社，2017年，第68页。
b. 赵荦：《中国沿海先秦贝丘遗址研究》，复旦大学博士学位论文，2014年，第63~82页。
[25] 赵荦：《中国沿海先秦贝丘遗址研究》，复旦大学博士学位论文，2014年，第66页。
[26] 浙江省文物管理委员会：《浙江嘉兴马家浜新石器时代遗址的发掘》，《马家浜文化》，浙江摄影出版社，2004年，第27页。
[27] 罗家角考古队：《桐乡县罗家角遗址发掘报告》，《马家浜文化》，浙江摄影出版社，2004年，第55页。
[28] a. 南京博物院、宜兴市文物管理委员会：《宜兴西溪遗址试掘简报》，《东南文化》2002年第11期，第

6~10页。

b. 南京博物院、宜兴市文物管理委员会：《江苏宜兴西溪遗址发掘纪要》，《东南文化》2009年第5期，第60页。

[29] a. 南京博物院、常州博物馆、溧阳市文化局：《江苏溧阳神墩遗址发掘简报》，《东南文化》2009年第5期，第46~55页。

b. 纪仲庆：《江苏海安青墩遗址》，《考古学报》1983年第2期，第148~187页。

c. 南京市文物局、南京市博物馆、高淳县文管所：《江苏高淳县薛城新石器时代遗址发掘简报》，《考古》2000年第5期，第4~8页。

[30] 张敏：《高邮龙虬庄遗址的发掘及其意义》，《东南文化》1995年第4期，第96、97页。

[31] a. 吴苏：《圩墩新石器时代遗址发掘简报》，《考古》1978年第4期，第224~226页。

b. 常州市博物馆：《常州圩墩新石器时代遗址第三次发掘简报》，《史前研究》1984年第2期，第69~81页。

c. 常州市博物馆：《1985年江苏常州圩墩遗址的发掘》，《考古学报》2001年第1期，第74~80页。

[32] 南京博物院：《江苏沭阳万北遗址新石器时代遗存发掘简报》，《东南文化》1992年第1期，第125~132页。

[33] 朱芸芸：《溧阳秦堂山遗址考古》，《大众考古》2016年第1期，第76~77页。

[34] 江苏省三星村联合考古队：《江苏金坛三星村新石器时代遗址》，《文物》2004年第2期，第4~18页。

[35] 参见江苏省文物局、南京市图书馆，江苏省不可移动文物数据库．[EB/OL]．http://www2.jslib.org.cn/was5/web/detail?record=10&channelid=277155&searchword=%E5%9C%A9%E5%A2%A9%E9%81%97%E5%9D%80&keyword=%E5%9C%A9%E5%A2%A9%E9%81%97%E5%9D%80.

[36] 纪仲庆：《江苏海安青墩遗址》，《考古学报》1983年第2期，第164页。

[37] 南京博物院、宜兴市文物管理委员会：《江苏宜兴西溪遗址发掘纪要》，《东南文化》2009年第5期，第60页。

[38] 张敏：《高邮龙虬庄遗址的发掘及其意义》，《东南文化》1995年第4期，第97页。

[39] 中国科学院考古研究所、半坡博物馆：《西安半坡》，文物出版社，1963年，第213页。

[40] 河南省文物考古研究所：《河南汝州洪山庙遗址发掘》，《文物》1995年第4期，第7、8页。

[41] 云南省博物馆：《元谋大墩子新石器时代遗址》，《考古学报》1977年第1期，第58页。

[42] 翟霖林：《鱼化寨遗址仰韶文化瓮棺葬墓的几个问题》，《文博》2012年第1期，第15页。

[43] 李仰松：《谈谈仰韶文化的瓮棺葬》，《考古》1976年第6期，第358页。

[44] 许宏：《略论我国史前时期瓮棺葬》，《考古》1989年第4期，第331~336页。

[45] 郭立新：《石家河文化晚期的瓮棺葬研究》，《四川文物》2005年第3期，第22、23页。

[46] 陈小强、常戍：《世界近代后期生活习俗史》，中国国际广播出版社，1996年，第140、141页。

（原刊于《骆驼墩文化——太湖西部文明之源》，江苏人民出版社，2022年）

从四个方面分析"涂山之会"之地望

李修松

《左传·哀公七年》《竹书纪年》等文献记载:"禹会(合)诸侯于涂山,执玉帛而朝者万国。""涂山之会"是大禹挟治服长期为害的大洪水和继尧、舜之后彻底征服三苗的盖世之功,会集四周方国诸侯结盟、树威立信的大会,是诸侯臣禹的标志。故此会之后,禹子启在方国诸侯们的拥戴下推翻了传统的禅让制,建立了王位世袭制的夏王朝。可以说,"涂山之会"催生了夏王朝,促使中华文明由初期文明跨入王朝时代的文明。正如《史记·外戚世家》所言,"夏之兴也以涂山"。所以,"涂山之会"对于夏王朝的建立、对中华早期文明的发展十分重要。然而,关于此会的地望,历史上却众说纷纭。本文试从四个方面来予以分析。

一、从文献记载及传说遗迹分析"涂山之会"之地望

《楚辞·天问》洪兴祖补注引苏鹗《演义》云:"涂山有四:一者会稽;二者渝州;三者濠州;四者《文字音义》云:'盒山,古国名,夏禹娶之,今宣州当涂县也'。""盒",即涂。就是说,涂山的地望有四种说法。

先分析会稽涂山说:会稽在浙江绍兴。《说文》云"盒,会稽山也。"《越绝书》卷八:"涂山者,禹所娶妻之地也,去县五十里。"认为涂山就是今浙江绍兴境内的会稽山。《吴越春秋·越王无余外传》等也主此说。大禹治水的范围无论如何也到不了今绍兴一带,禹更不会老远跑到今绍兴娶妻。本人曾在《涂山汇考》[1]一文中考证说明,涂山会稽说乃是春秋末,居于淮泗一带的徐国被吴所灭后,徐夷中的一支向东逃投吴国之敌越国境内的今绍兴一带,从而将祖先涂山氏的传说附会当地之山而形成的。

再分析渝州涂山说:又称巴郡江州涂山说,渝州即今重庆,此说认为涂山在重庆原江北县、今重庆渝北区。《华阳国志·巴志》:"禹娶于涂山……今江州涂山是也,帝禹之庙铭存焉。"《水经·江水注》:"江之北岸有涂山,南有夏禹庙、涂君祠,庙铭存焉。"大禹治水

作者简介:李修松,男,1958年2月生,安徽大学历史学院教授,安徽省政协原副主席。(已故)

的范围无论如何也到不了此处，本人《涂山汇考》亦考证，渝州涂山说也是徐夷西迁至此后，将其祖先涂山氏的传说附会当地之山而形成的。

关于濠州涂山说：认为涂山即今蚌埠禹会区之涂山。这一带原属怀远县，汉代属当涂县。《水经·淮水注》："淮水自莫邪山，东北迳马头城北，魏马头郡治也，故当涂县之故城也。《吕氏春秋》曰：'禹娶涂山氏女，不以私害公，自辛至甲，四日，复往治水，故江淮之俗，以辛、壬、癸、甲为嫁娶日也。'禹聚在山西南；县，即其地也。"这段《吕氏春秋》佚文是有根据的。《尚书·皋陶谟》："（禹）娶于涂山，辛、壬、癸、甲。启呱呱而泣，予弗子，惟荒度土功。"《史记·夏本纪》："禹曰：'予娶涂山，辛、壬、癸、甲。生启，予不子，以故能成水土功'。"三处不同文献记载都有禹娶日之"辛、壬、癸、甲"，说明《吕氏春秋》佚文所记是可信的。今本《吕氏春秋》虽无此文，但其《季夏纪·音初》篇云："禹行功，见涂山氏女。禹未之遇，而巡省南土。涂山氏之女乃令其妾候禹于涂山之阳。女乃作歌，歌曰：'候人兮猗！'实始作为南音。周公及召公取风焉，以为周南、召南。"此处记载可以与本书佚文相印证。这样看来，关于"涂山之会"地望，《吕氏春秋》所记载之"江淮"一带无疑是最早的。并且，此书还记有我国最早的民歌《候人兮猗》作为证据，证据的说服力强。《候人兮猗》之"兮猗"是叹词，相当于今之"啊"，全句可用"候人啊"表示，这与今江淮话完全一致。《史记·夏本纪》对此亦有记载，司马贞《索隐》说"涂山在寿春（今寿县）东北"，显然是指怀远境今蚌埠禹会区的涂山。主此说者，还有《帝王世纪》、《说文》、《左传·哀公七年》杜注、《水经·江水注》等，汉唐间主此说者最多。特别是颜师古注《汉书·地理志》于九江郡当涂县下引"应劭曰：'禹所娶涂山，侯国也，有禹墟'"。此处说的"禹墟"即今蚌埠市禹会区的禹墟遗址。我们知道，古代称"墟"的遗址一般是都邑遗址，如"殷墟"之类。应劭是东汉时著名学者，他对涂山地望的解释是除上述《吕氏春秋》之外所有文献记载最早的，其中"有禹墟"的证据，更是诸说中的力证。《水经·淮水注》紧接上文"当涂"的解释之后，亦记载："淮水又东北，濠水注之，水出莫邪山东北溪。溪水西北引渎，迳禹墟北，又西流注于淮。"这一处"迳禹墟北"之水，就是如今禹会区禹墟遗址之北的天河。上述《水经注》所引《吕氏春秋》佚文中的"禹聚在山西南"，戴震校勘《水经注》引此文时，将"禹聚"纠正为"禹墟"。而事实上，禹会区的"禹墟"遗址正好在涂山西南。

"禹墟"遗址又称"禹会村遗址"或"禹会"遗址，后者乃是因禹会村得名。禹会村旧有"禹帝行祠"或"禹帝庙"。清康熙《凤阳府志》记载："唐彭晁作《庙记》，略云，禹会诸侯于此，故村名禹会。"清嘉庆《怀远县志》云："禹帝庙在南蜀村，盖即古时禹会村。祠建于南宋宝祐六年，自明迄今迭有修葺。"禹会村又称"禹村岗""禹会古台"，村内的"禹帝庙"已毁。

蚌埠市禹会区一带还有"台桑石""启母石""防风冢""黄熊庙""禹王宫"等寺庙或传说遗迹，这些都与禹会诸侯于涂山密切相关。

台桑石，位于今蚌埠市涂山主峰南坡的朝禹路旁。《楚辞·天问》载"焉得彼涂山女而通之于台桑"，传说是禹和涂山女相会私通之石。

"启母石"又称"望夫石",在涂山之南、启母涧之西,为一巨石,形如妇人端坐于山崖之上。传说大禹治水十三年三过家门而不入,其妻启母每日于此崖上盼望夫归,经年累月,精诚所至,化而为石。

"防风冢"又称"曹州坟"或"古舟坟",为一高耸之大沙丘,位于天河与淮河交汇处的曹州湾。《国语·鲁语》载,禹会诸侯于涂山,"防风氏后至,禹杀而戮之"。传说"防风冢"即因迟到被杀的防风氏首领之墓。

"黄熊庙"之"黄熊"是禹父鲧,因领导治水失败,被尧帝所杀。《左传·昭公七年》:"昔尧殛鲧于羽山,其神化为黄熊,入于羽渊。"意即鲧被杀,其元神"化为黄熊,入于羽渊。"这里的"黄熊"之"熊"本字作能下三点,汉人释为"三足鳖",本人释此字读"néng","黄熊"即三条腿的黄龙[2]。此黄熊庙即鲧王庙,又名"崇伯观",为祭祀禹父鲧的庙宇,位于涂山西麓,在象岭、狮山之间,现已不存。

"禹王宫"位于涂山之上,又称"禹庙""禹王庙",为供奉、祭祀大禹之神庙。据传始建于西汉初。当年汉高祖刘邦统军去淮南镇压英布,路经此山,观涂山之会一系列胜迹,回顾大禹治水之功,为报功崇德,遂下令在此建禹王宫。据说汉武帝刘彻、曹操父子等都曾来过此庙。据元大德年间(1297~1307年)学正关文魁《重修禹王庙记》载,禹庙在唐以前即已存在。唐高宗时,江南巡抚狄仁杰主持毁吴楚淫祠,惟"禹庙巍然独存"。唐柳宗元在此作有《涂山铭》。禹庙之壁曾存宋苏轼《濠州七绝·涂山》诗,历代许多名人在此留有诗文。传统上,此庙每年要举办两次庙会。

以上都是濠州涂山说亦即今蚌埠涂山说的佐证。夏代的亡国之君桀之所以逃亡至南巢(今巢湖市一带),应与这一带国族原是夏部族的姻亲是相关的。

至于宣州之当涂涂山说,宣州当涂县即今安徽当涂县,是东晋时因淮河之畔的当涂县(今怀远县,包括蚌埠禹会区)大量居民流亡至江南于湖县(今芜湖市)境而就地侨置的县,当涂涂山说,显然是原当涂县流亡来的移民所带来的传说。

近人又有认为涂山即三涂山之说。三涂山在今河南嵩县西南、伊河北岸。如闻一多《天问疏证》[3]和顾颉刚《古代巴蜀与中原关系说及其批判》[4]均主此说。还有涂山在山东曹县之说。此二说都缺乏得力证据,不能成立。

这样比较下来可知,濠州涂山说亦即蚌埠涂山说证据最充分、最有说服力。

二、从"涂山之会"之背景分析其地望

"涂山之会"背景之一是大禹治水获得成功。大禹治水的地区大体在黄河中下游及其附近地区,淮河流域紧邻黄河中下游,是大禹治水的重要区域。《尚书·禹贡》记禹"导淮自桐柏,东会于泗、沂,东入于海",正可证明。由于当时尚无系统的文字记载,所以大禹治淮的事迹只能通过口耳相传的方式在淮河流域各地流传下来,并自然而然地附会了神话的成分。

在淮河的源头桐柏山一带，流传着关于大禹镇服水妖无支祁的故事。据说大禹在这里遭遇大风、大雷雨，石头和树都嗥叫起来，不能施工。大禹召集百神计议，囚禁了治水不力的鸿蒙氏等，令应龙等捉到了兴风作浪的猕猴样怪物无支祁，迫令他帮助治水。最后用铁索将他锁在盱邑（今江苏盱眙县）的龟山脚下一口深井里，让他永远镇服淮水[5]。《岳渎经》还记载，禹治水曾三至桐柏。

在淮河中游的安徽怀远一带有关于大禹开通荆、涂二山的传说。《水经·淮水注》说："荆涂二山，本相连属，禹凿为二，以通淮流。"据说，至今涂山脚下的上洪村附近还留有大禹劈山导淮时斧凿的痕迹。荆、涂二山之间的峡口，为淮河"三峡"之一。

在凤台境内有禹王山，又称硖石山。此处的东西硖石山，其峡口亦为淮河"三峡"之一。据传，大禹治水至此，用神鞭劈开硖石山（一说斧劈峡山口）以通淮水。清嘉庆时李兆洛编纂的《凤台县志》记载说，禹王山旧有禹王庙，"层楼杰阁，耸峙千霄"，为凤台以前的名胜。据说，自宋朝以降，当地于农历每年三月三、六月六、九月九都要举行禹王庙会。

还有，淮河于五河县穿过第三峡口浮山峡后，在今江苏的洪泽湖边的甘泉山和圣人山之间有圣人湖，相传就是大禹烧山凿石为开挖禹王河导淮入江的地方。"圣人山""圣人湖"之名当亦来源于大禹治水的传说。

有趣的是《后汉书·郡国志》于"东阳县"（今天长一带）下注引《博地记》说，此处有一种草名"薢"，其所结之实"食之如大麦"，称"自然谷"或"禹余粮"。显然，"禹余粮"之称，亦当与大禹长年在外治水，有时不得不采食此"薢"充饥的传说有关。

《尚书·禹贡》的记载和沿淮各地有关大禹治水的传说，足以证明淮河流域是大禹治水的重要地区。禹在领导治淮的过程中，与这一带淮夷国族涂山氏结成婚姻，从而与淮夷乃至东夷（淮夷是东夷的一支）结成联盟，进而有效予以控制，壮大自身力量，压服周边其他部族，既是治水的需要，也是当时的政治、军事需要。"涂山之会"就是在此背景下举行的，说明其地望只能在淮河中游今蚌埠境内的涂山。

"涂山之会"的背景之二是大禹征服三苗。

三苗是当时南方苗蛮集团的一支。三苗之"三"乃言其部落之多，犹言九夷之"九"。三苗的居地：《战国策·魏策一》云："昔者，三苗之居，左彭蠡之波，右洞庭之水，文山在其南，而衡山在其北，恃此险也，为政不善，而禹放逐之。"说明大禹时，三苗的居地，从中原面南而言，其左为彭蠡之波，右为洞庭之水，北面有衡山之屏，南部有文山之障。"彭蠡"即今之鄱阳湖；"洞庭"即今之洞庭湖；"衡山"显然不是今湖南之衡山，而是今安徽潜山境内的天柱山，此山古名衡山，是隋代以前五岳之一的南岳；虽然文山的确切地点尚需进一步考证，但当时三苗的活动范围大体可知应在今长江中游的两湖之间及江淮一带。《史记·五帝本纪》说尧时"三苗在江淮、荆州数为乱"，所言范围正好相符。

文献记载，尧、舜、禹时期的华夏部落联盟都曾征伐三苗集团。尧时打败了三苗，将浮获的三苗部众迁徙到"三危"。"三危"，即三危山，一说在今甘肃敦煌附近，一说在四川岷山一带。舜时再次征伐三苗。《战国策·秦策》记"舜伐三苗"。《左传·昭公元年》记"虞有三苗"之患。"虞"即虞舜。《淮南子·修务训》记："舜南征三苗，道死苍梧，葬于九嶷"。《礼记·檀弓下》亦记"舜葬于苍梧之野"。郑玄注："舜征有苗而死，因留葬焉。"说明舜晚年征伐三苗，死于并葬于苍梧之野。"苍梧之野"在今湖南永州市宁远县九疑山一带。

直到大禹时才彻底打败了三苗，消除了三苗之患。《墨子·非攻下》："昔者，三苗大乱，天命殛之。日妖宵出，雨血三朝。龙生于庙，犬哭乎市。夏冰，地坼及泉，五谷变化，民乃大振。高阳乃命玄宫，禹亲把天之瑞令，以征有苗。四电诱祇，有神人面鸟身，若瑾以待，搤矢有苗之祥。苗师大乱，后乃遂几。禹既克有苗焉，磨为山川，别物上下，卿制大极，而神民不违，天下乃静。此则禹之所以征有苗也。"大意是说：那时三苗遭到"夏冰，地坼及泉"等特大自然灾害，大禹认为"天命殛之"，乘机发动对三苗的大规模讨伐，彻底打败了三苗，从而恢复了部落联盟的秩序，使天下安定。

从考古发掘来看，三苗的居地与石家河文化的时代（距今5000～3900年）及其分布范围相当。值得注意的是，石家河文化中晚期之际，长江中下游的各个部落聚集区，几乎同时出现衰落现象，说明石家河文化遭受了外域武力入侵。在此之后，石家河文化出现重大变化，受到河南龙山文化强烈的影响，最后河南龙山文化取代了石家河文化。印证历史，正好说明河南龙山文化所反映的大禹领导的华夏部落集团，对石家河文化所反映的三苗部落集团发动武力征服，导致三苗众多部落衰落，驱逐了三苗之后，这一带就成了华夏部落集团亦即龙山文化的势力范围。

从"涂山之会"的背景之二是禹彻底征服三苗来看，禹正好挟征服三苗之威势，就近在其婚姻之涂山国举行这样的四方诸侯盟会。

"涂山之会"之所以选择在淮河流域中游的涂山一带，还与此流域在当时的交通区位优势相关。淮河流域地处长江与黄河两大流域之间，再加上淮河及其支流的连贯，水上交通相当便捷，自古以来就是南北东西文化交汇的地区。这种特征，至新石器时代后期已十分明显。有关这个时期淮河流域及其周边的考古发掘表明：除了诸如双墩文化之类的土著文化外，来自各方的多种文化向该流域发展交融。其东北有山东地区的北辛—大汶口文化—龙山文化系统，其西北有中原一带的裴李岗文化—仰韶文化—河南龙山文化系统，向南部辐射；分布在其东南的长江下游的河姆渡文化—马家浜文化—崧泽文化—良渚文化系统，其西南的薛家岗文化系统，向北部辐射。由于淮河流域在当时就具有多种文化交汇融合的特点，也就是说来自四方的部落方国都与该流域的国族有所交流。这样的交通、地理和政治条件，对于致力于发展有夏大业的禹来说，实在是太重要了。

三、从禹墟遗址考古发掘分析"涂山之会"之地望

恰恰就在上述东汉人应劭等用以证明涂山地望的禹墟遗址，一系列重要的考古发现，可以

证明此处就是涂山之会的所在地。故此，此遗址的考古发掘被纳入中华文明探源工程。

一是发现2000多平方米的大型祭坛，经^{14}C测定，其年代在前2300～前2000年，与"涂山之会"的时代正好相符。

二是此祭坛上多种遗存都可以与"涂山之会"相联系。祭坛构筑讲究，先挖基槽，上用灰土堆筑，铺垫黄土，再覆白土，最后形成一个南北长108米、东西宽13～23米不等的巨大的白土覆盖面。这类三色土的构筑无疑反映一定的宗教意蕴。值得注意的是，纵观我国各地发现的新石器时代的祭坛，一般都与墓地相联系。如凌家滩文化祭坛、良渚文化祭坛等，越靠近祭坛的墓越重要，打破祭坛埋葬的墓更加重要。说明当时的部族设坛祭祀天地，兼祭逝去的祖先。而此处祭坛边并未发现墓葬区，唯一的解释只能是：此坛是供会盟诸侯们共同祭祀上天，是临时性的。

祭坛西侧发现一条"祭祀沟"，是祭祀过程中废弃物的堆放点，有大量草木灰、被烧过的兽骨、磨石、祭祀用具和陶器碎片。从器物类型和此遗址相关要素分析，此处遗址属于山东龙山文化，与涂山氏属于淮夷，淮夷是东夷的一支，其所对应的考古学文化相符合。这些陶器，连同祭坛上多处灰坑出土的其他陶器多以低温陶为主，较为粗糙，反映此类陶器只是专为此次祭祀烧制的一次性使用之物。有意思的是，在此祭祀沟内出土的陶片上发现有堆塑的龙。考古发掘者解释是蜥蜴，无据。其实，这正是大禹所属的夏部落的龙图腾[6]。祭台西侧有一条长达百米的铺垫白土的道路，通向祭坛西南区域。"铺垫白土"，说明是专为祭祀铺筑的专用通道。在祭坛上发现有9个圆形圜底坑，直径多为2米，深0.5米左右，个别略小，当是反映当时人们意识中的"天圆"，应与参与祭祀的诸侯们在盟主大禹的率领下共同祭天有关。在这里发现的建筑遗迹，基槽较浅，应是为这次祭祀搭建的临时性"工棚建筑"。

祭坛上众多灰坑内发现有大量陶器及石器、骨器等。考古人员通过对比分析，发现这些陶器风格多样，来自山东、中原、苏北、环太湖地区和长江流域，甚至更远的地区，又以山东龙山文化和河南龙山文化器物为主。这种迄今发现的新石器时代遗址特有的现象，只能解释为前来会盟的四方不同地区的诸侯们各自携带祭器祭品，在大禹的主持下于涂山国共同祭天盟逝，在多处灰坑留下的遗存。

特别是祭坛上有长达50米一字排开的35个柱坑（每个柱坑都挖在呈大脚印状的浅槽之上），构成南北走向的中轴线，向北正指向涂山的山口。这也是此遗址的独有现象。联系前述的多处灰坑的器物来自四方不同地区文化分析，这些柱坑应是"涂山之会"上参与会盟的四方诸侯们所竖立的带有其图腾族徽的旗帜之旗杆埋入土中的那部分遗迹。

祭坛上有近百平方米的烧祭面。正是"涂山之会"之"天子"（当时的盟主）祭天举行柴祭的遗存。《说文》："紫，烧柴焚燎以祭天神，从示此声。"本字作柴，因作祭名，遂演为紫。《后汉书·祭祀志下》："封者，谓封土为坛，柴祭告天。"说明，柴祭就是封土为坛，架柴焚烧祭品，敬告上天。甲骨文"帝"之形，即架柴祭祀上天之意。柴祭又称燎祭。《说文》："寮：柴祭天也。""寮"即"燎"。古代皇帝即位，要择日燎祭上天。如《三国志·吴志·吴主传》："南郊即皇帝位。"裴松之注引晋张勃《吴录》："谨择元日，登坛燎祭，即皇帝位。"根据甲骨文、金文分析，燎祭是商周时期常见的一种祭祀方式。古代帝王举行封禅大典，亦行燎（柴）祭。如《东观汉记·丁鸿传》："瞻望太山，嘉泽降澍；柴祭之日，白气上升，与燎烟合，黄鹄群翔。""太山"，即泰山，所言即在泰山封禅大典上柴（燎）祭上天。总而言之，柴祭或燎祭是古时天子即位前或出征前或成功后等举行的祭祀告天重大活动。禹会遗址祭坛上近百米的焚烧遗迹，就是"涂山之会"上，大禹会集四方诸候向上天报告治水、征三苗之功，结成联盟，祈求佑护而举行的柴祭或燎祭的遗迹。

之所以在涂山举行会盟，还与东夷人的山岳崇拜相关。拙作《涂山汇考》曾对此予以分析，指出东夷各支，每迁居一地，都要崇拜当地最高的山，并在此山祭祀上天。这种山岳崇拜逐渐演变为上古历代帝王的封禅大典。直到秦皇汉武，仍然举行。大禹在涂山氏国会盟四方诸侯，其基础是业已通过婚姻与淮夷乃至东夷所结成的联盟，所以要遵从其山岳崇拜，在涂山下会盟，在盟会上举行燎（柴）祭大典。

祭坛上又有一米见方的方形二级土台。有人分析，这是否就是"涂山之会"上大禹所站立的发号施令的位置？

分析至此处，可以想见："涂山之会"上，来自四方不同地区的诸侯携带布帛之类的礼品和陶器等祭品祭器齐来会盟。会盟之所、祭坛之上，代表众多诸侯的几十面旗帜呈现各种图腾族徽，形成一字排开的中轴线，正对涂山山口，旗幡招展，旗风猎猎，气象庄严而热烈。随着站在高台上的大禹声声号令，大面积的燎祭开始，伴随着熊熊烈火，在场的诸侯们也纷纷献出祭品祭器，一道参与祭祀。防风氏后至，被禹下令斩杀，全场震肃，从而树立了威信。诸候们在大禹的主持下，一同向上天盟逝，共结联盟，拥戴盟主。

三是在此处发现属于山东龙山文化的城址。其西城垣和南城垣被淮河浸蚀，北城垣现长300米、东城垣现长600米，推测此城至少18万平方米。通过考古人员解剖性发掘，明确前述的祭坛是在此龙山文化城址之上铺筑的。城墙两侧还有内外壕沟。去年底，又在此城址的外围发掘到外城，外城应是在内城的基础上扩建而成的。计算外城的规模，应在50万平方米以上，其时代在距今4400~4100年，是迄今发现的淮河流域中游地区规模最大、规格最高的龙山文化城址。这说明禹墟所对应的涂山氏国是当时淮夷乃至东夷族团中相当强大的国族，当然具有同样强大的号召力和影响力。同时也说明，涂山氏社会也已发展到迈入文明的时期。

四、从皖北一系列遗址所反映的文明化进程分析"涂山之会"地望

从距今8000年的贾湖遗址、7000年的双墩遗址、5000年的尉迟寺遗址，到距今4000年的禹会遗址，可以看出在中华文明形成中的各个时期，淮河流域都曾出现过一系列比较发达的文化。从安徽北部地区考古发掘来看，在距今5000~4000年之间，大汶口文化—山东龙山文化自北向南在安徽发展，留下了同类一系列重要遗址。例如：宿州埇桥区一带的小山口遗址、古台

寺遗址、芦城孜遗址，萧县金寨遗址、花甲寺遗址，蒙城尉迟寺遗址，固镇孟城遗址、小霸王城遗址、垓下遗址、南城孜遗址等，这些都是大汶口文化至龙山文化规模较大、文化内涵丰富的遗址，从中发现诸如高规格的玉器、大型神器、城址等一系列文明因素，直到禹会遗址，可以清晰理出安徽北部地区的文明化进程。其中较为典型的如下。

萧县金寨遗址：距今5200～4300年，属于大汶口文化中晚期—龙山文化中期遗址，面积约50万平方米，是新石器时代晚期苏鲁豫皖交界地区最大的遗址之一，与江苏新沂花厅、山东滕州岗上、山东章丘焦家等同为区域中心聚落遗址。发现的居住区房址有单间、双间和多间，有壕沟、墓葬区，随葬品差别相当大。特别是发现大量玉器，其中不乏高档玉器。

蒙城尉迟寺遗址：距今5000～4500年，为大汶口文化中晚期—龙山文化早期聚落遗址，面积约10万平方米。遗址呈四周低中间高的凸形地貌，有大型环壕，是我国同时期保存最为完整、规模最大的新石器时代晚期聚落遗存。整个聚落呈现为由3排平行主体房屋组成的"丰"字形格局，其中央有人工铺垫的1300平方米的大型广场。发掘红烧土房基10排，共41间，最长排房达14间。发现墓葬217座，以及灰坑、祭祀坑、兽骨坑等。出土各类石器、陶器、骨器、蚌器等近万件，特别重要的有大型的鸟形神器、七角镂空器等。其中的大口尊上刻有大汶口文化的族徽性符号。需要说明的是，固镇小霸王城遗址出土的大口尊上也刻有同类符号。

固镇垓下新石器时代晚期遗址：距今5100～4500年，属于大汶口文化中晚期—龙山文化早期。发现大汶口文化时期城址，平面呈不甚规则的弧角长方形。城墙为堆筑，其东、西、南、北长度分别为410、480、280、340米，总面积达15万平方米，城墙外有壕沟与自然河道贯通环绕此城。四处城门清晰，其中还发现一座水门。为淮河流域发现的最早古城，也被学界誉为"大汶口文化第一城"。同时，还发现道路及排水系统、夯土建筑基址、红烧土广场、窑址、水井、房址等。

固镇南城孜遗址：距今约4500年，为龙山文化早期城址，面积约25万平方米，由多个谷堆构成，与周围高差约3米。发现部分梯形城墙和城壕，以及大量房屋。还发现许多文物，包括陶器、石器、鹿头和鹿角及龟甲等。

需要注意向是，在紧邻禹墟遗址的固镇一带，此类大汶口文化—龙山文化遗址相当密集。

根据多次考古发掘综合分析，禹会村遗址的年代可上溯至距今7000年的双墩文化时期，此类遗存主要分布于遗址北部区域，当时聚落的规模较小。大汶口晚期文化，传入此处。至龙山文化时期，禹会村遗址规模剧增，总面积达200万平方米，核心区以其南部发现的龙山文化城址为代表。这体现了龙山时代淮河中游地区人口加速增长和集中的社会背景，同时也是淮河流域文明化加速的反映。

将皖北地区大汶口文化—龙山文化串连起来分析可知，此类文化自北向南发展至禹墟一带，在原先双墩文化的基础上加快发展，从而形成社会发展程度较高的在这一带势力最为强大的涂山氏国，客观上为大禹举行"涂山之会"准备了条件。

2022年11月29日

注　释

[1]　李修松：《涂山汇考》，《中国史研究》1999年第2期。

[2]　见拙作《夏部族图腾考》，《学术界》1993年第4期。

[3]　闻一多：《天问疏证》，生活·读书·新知三联书店，1980年。

[4]　此文发表于1941年，收入顾颉刚：《论巴蜀与中原的关系》，四川人民出版社，1981年。

[5]　桐柏县也有古井，传说是锁困无支祁之处。

[6]　详见拙作《夏部族龙图腾考》，《学术界》1993年第4期。

皖南地区青铜时代农具及农业发展状况初步研究

王爱民

（滨州学院人文学院）

皖南指安徽长江以南部分。近年来，皖南地区调查、发掘了一大批商周时期遗址、墓葬、窖藏等，出土部分石质、青铜农具，为了解皖南青铜时代经济社会发展提供了难得的材料。但截至目前，学界对皖南地区的农具及农业生产尚缺少足够的关注。因此，本文试对皖南地区出土的青铜时代农具做统计分析，并对其反映的经济发展模式进行探讨。

一、农具发现情况

皖南发现的青铜时代农具以石质为主，另有部分青铜农具，其他质地农具尚未见报道。今据正式发表的资料对皖南出土农具介绍如下。

（一）石质农具

皖南石质农具多发现于聚落遗址，个别出于墓葬。主要考古发现有：铜陵师姑墩遗址出土锛31件，斧7件，铲10件，刀、镰各4件[1]；铜陵夏家墩遗址出土石斧3件[2]；繁昌板子矶遗址出土锛3件、镰1件[3]；宁国官山遗址出土斧3件、刀4件[4]；马鞍山五担岗遗址出土锛16件、斧7件、铲5件、刀3件、镰1件[5]；当涂船里山遗址出土锛6件，斧、铲、刀、镰各1件[6]；广德赵联土墩墓出土石刀1件[7]。

另外，郎溪欧墩[8]、芜湖楚王城[9]、马鞍山申东[10]等遗址也发现有石质农具。在马鞍山姑溪河—石臼湖流域的区域系统调查中，也采集有部分石质农具[11]。石质农具在历次文物普查中也偶有发现。这些材料均属调查所得，缺少明确的出土层位，加之资料简略，难以确定为青铜时代农具。南陵千峰山土墩墓群封土中也发现石质农具，应为新石器时代遗物的混入[12]。对上述材料，本文暂不予以讨论。

作者简介：王爱民，男，1971年9月生，安徽大学考古专业2017级博士生。

（二）青铜农具

皖南地区出土的青铜农具较石质农具为少。贵池徽家冲出土斧6件，铲、耨、铚各4件[13]，是皖南出土青铜农具数量最大的一批。当涂船里山遗址[14]、铜陵师姑墩遗址[15]、广德卢林乡窖藏[16]各出土锛1件；铜陵凤凰山窖藏出土斧1件[17]；青阳庙前镇十字村窑厂土墩墓出土斧1件[18]，龙岗M1出土锛1件[19]；繁昌县征集锸3件[20]；郎溪欧墩遗址出土锸1件[21]；屯溪弈棋土墩墓出土斧4件[22]。

二、出土农具的类型学分析

（一）石质农具

皖南出土的石质农具以锛最多，其次为斧，另有部分铲、刀、镰等。

1. 锛

石锛兼有工具和农具双重用途，单面刃，在农业中的主要用途是除草垦荒。皖南出土石锛器体较完整的可分为三型。

A型　弧背石锛。数量少。器体较宽，略厚，背部呈弧形，横截面为梯形（图一，1）。

B型　有段石锛。数量较多，器体多较宽扁，部分器体厚重。可分三式。

Ⅰ式：台阶位于上部，器柄很短（图一，2）。

Ⅱ式：台阶位于中部，器体窄厚（图一，3）。

Ⅲ式：台阶位于中部，器体扁薄（图一，4）

C型　无段石锛。可分二式。

Ⅰ式：器体呈长方形。数量较多。器体以宽扁者居多，部分器体较厚（图一，5）。

Ⅱ式：器体呈梯形。数量较多（图一，6）。

2. 斧

石斧也兼具工具及农具功能，双面刃，作为农具主要用来砍伐、垦荒。皖南出土的石斧形制复杂，根据器体差异可分为五型。

A型　长条形，器体厚重。可分二式。

Ⅰ式：截面呈椭圆形（图二，1）。数量较少。

Ⅱ式：截面为圆角方形（图二，2）。数量较少。

图一 石质农具（一）

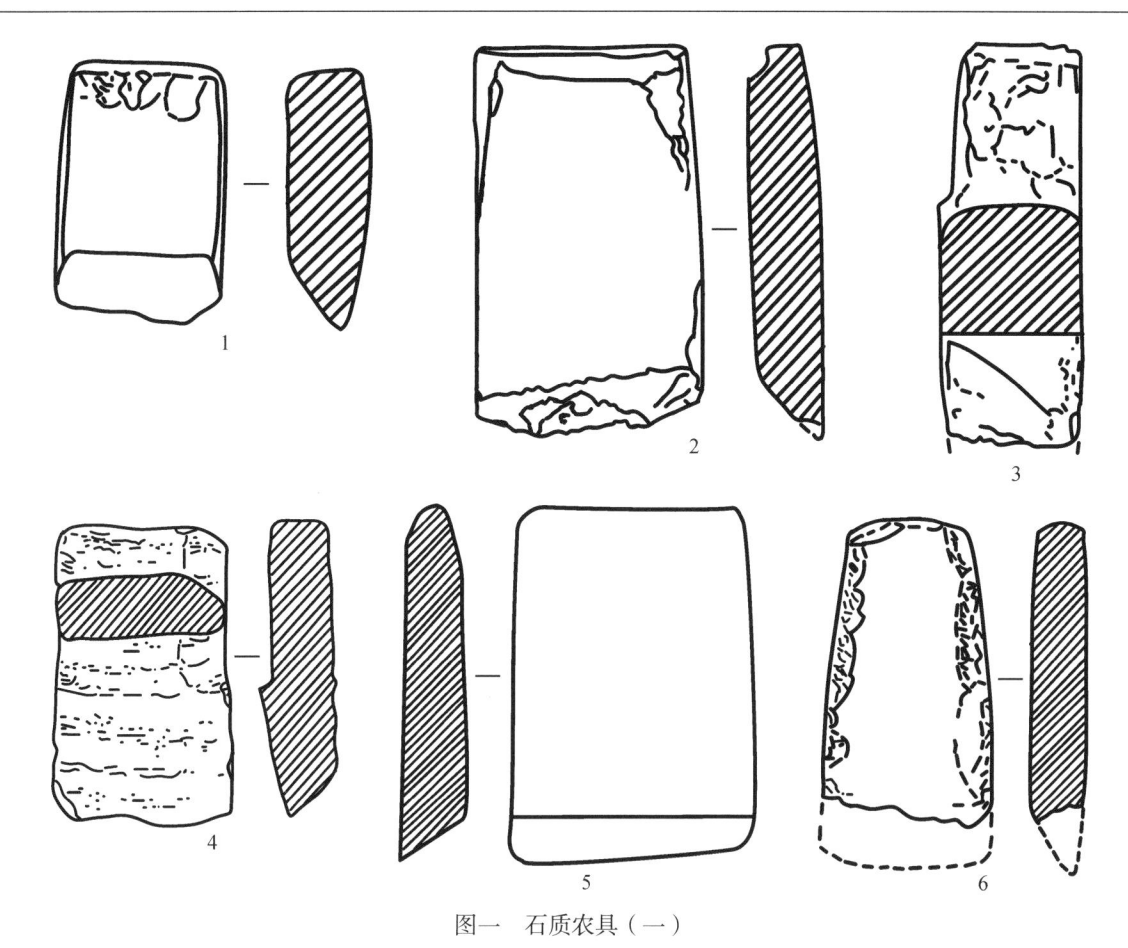

1~4、6. 师姑墩（F2：2、T8⑨：3、T9④：5、T10②：1、T7⑬：2） 5. 五担岗（F2：5）

B型 器体较宽扁。可分二式。

Ⅰ式：平面为长方形（图二，3）。数量较多。

Ⅱ式：平面呈梯形（图二，4）。数量较多。

C型 器身呈片状（图二，5）。数量较少。

D型 器体呈三角形（图二，6）。数量很少。

E型 器体侧切面呈三角锥状（图二，7）。数量很少。

3. 铲

石铲一般呈薄片状，器体有大小之分。大者用来翻地起土，较小的可能用来田间除草。皖南出土石铲多残断较甚而形制不明，较完整者依据器体差异可分为三型。

A型 条形，无穿孔。可分二式。

Ⅰ式：器体呈梯形（图三，1）。

Ⅱ式：器体呈长方形（图三，2）。

B型 条形，有穿孔。根据肩部有无可分二亚型。

Ba型 无肩。数量较多。可分二式。

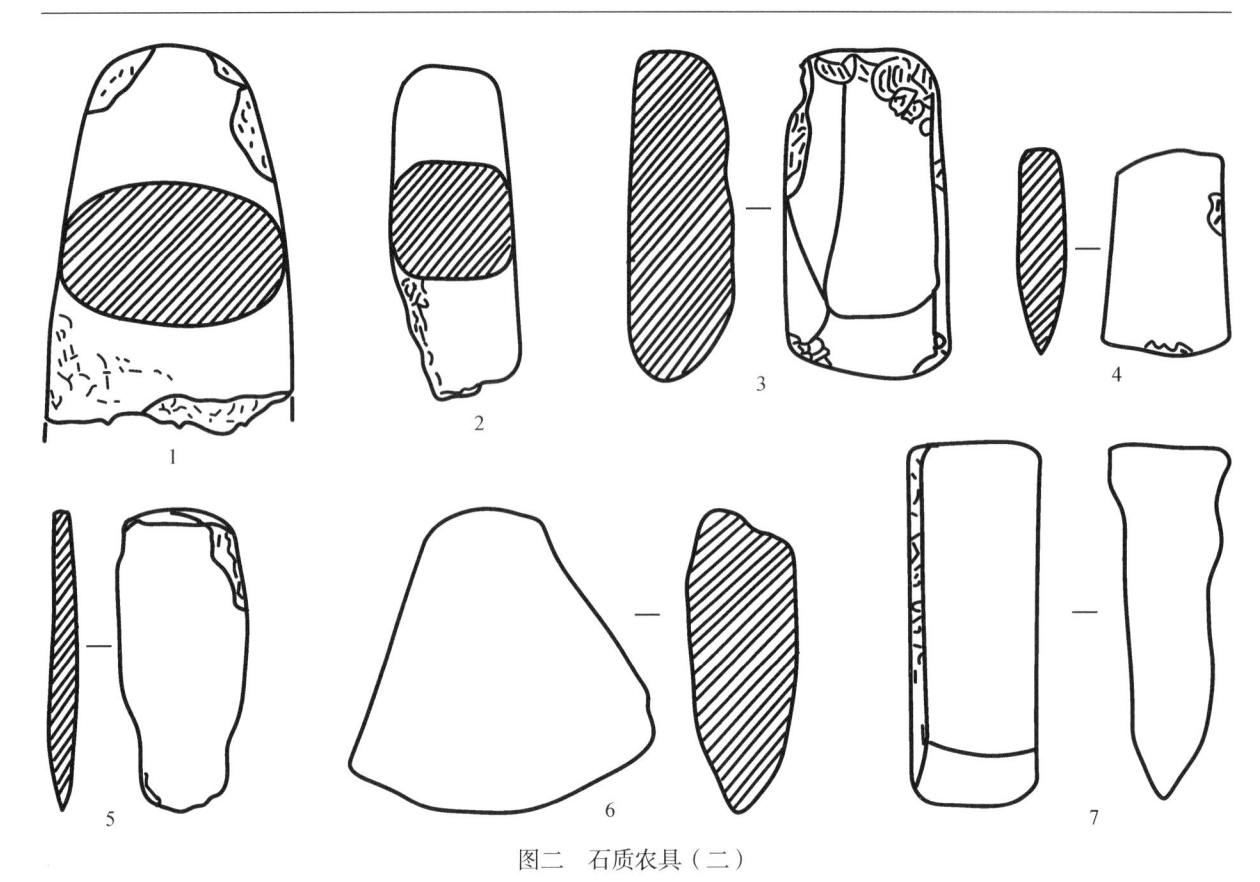

图二 石质农具（二）
1、2.师姑墩（T6⑫：1、T9⑪：1） 3、4.五担岗（T26①：1、F2：7） 5.船里山（T1④：3） 6、7.官山（T611②：3、采：1）

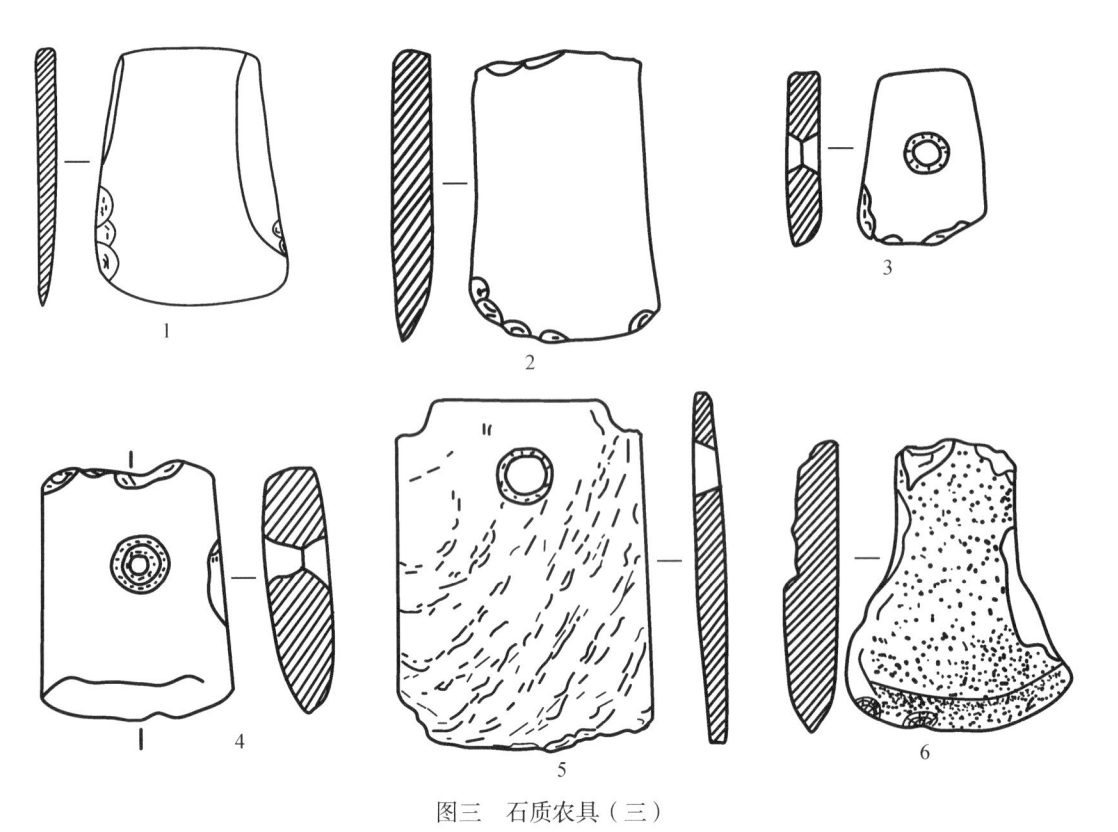

图三 石质农具（三）
1~3.五担岗（H82：1、H67：2、F2：4） 4、5.师姑墩（T9⑪：2、T21⑦：1） 6.船里山（T1⑤：1）

Ⅰ式：器体呈梯形，形制较小（图三，3）。

Ⅱ式：器体呈长方形（图三，4）。

Bb型 有肩（图三，5）。数量很少。

C型 亚腰形，有双肩（图三，6）。

4. 刀

石刀是一种用来收割植物秸秆或谷穗的农具。皖南地区发现的青铜时代石刀数量不多，但形制较为复杂。按照整体特征不同可分为六型。

A型 器体呈靴形（图四，1）。

B型 器体近长方形（图四，2）。

C型 器体呈三角形（图四，3）。

D型 器体呈扁圆形（图四，4）。

E型 穿孔石刀。可分三式。

Ⅰ式：半月形弧背，平刃（图四，5）。

Ⅱ式：半月形弧刃（图四，6）。

Ⅲ式：直背，器体呈长条形（图四，7）。

F型 器体近梯形（图四，8）。

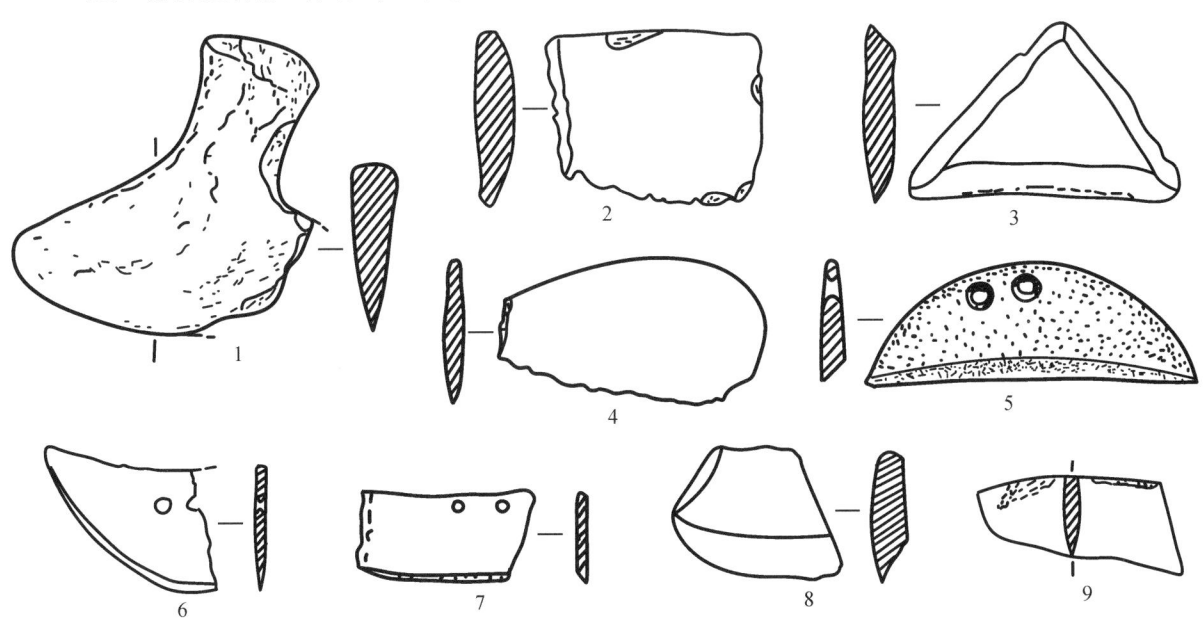

图四 石质农具（四）

1. 师姑墩（T29③：1） 2~4. 五担岗（H7：1、G27③：21、H1：5） 5. 船里山（T2⑤：1） 6、8. 官山（T612②：1、T612③：7） 7. 赵联（D8①：2） 9. 板子矶（H1⑤：9）

5. 镰

镰是一种收割农具，古籍中亦称"艾"。石镰的功能与石刀类似，也是用来收割植物秸秆及割取谷穗。皖南出土的石镰数量很少，且均为残件，从剩余部分看形制基本类似，背微弧，尖端窄长，尾部较宽（图四，9）。为介绍方便，本文归为A型。

（二）青铜农具

皖南出土的青铜农具数量不多，公开报道的有30余件，器类有斧、锛、铲、耨、铚、锸等。某些青铜农具定名分歧较大，本文除特别说明的以外，其余均按原报告中的名称统计分析。

1. 锛

青铜锛主要作为木工工具使用，也可用于垦荒除草。皖南青铜锛共报道4件，根据器体差异可分为二型。

A型　器身宽短，侧边微弧内收（图五，1）。1件。
B型　器身狭长，束腰（图五，2）。3件。

2. 斧

青铜斧主要用作加工木材的工具，但也可以作武器或开荒垦地所用。皖南出土青铜斧共12件，根据器体长宽比例可分二型。

A型　器体较宽短。共4件，均出于屯溪土墩墓。可分二式。
Ⅰ式：銎口外无箍（图五，3）。3件。
Ⅱ式：銎口外有箍（图五，4）。1件。
B型　器体狭长。共8件。可分四式。
Ⅰ式：两侧微内凹，銎宽与刃宽相同（图五，5）。2件。
Ⅱ式：束腰，刃宽大于銎宽（图五，6）。4件，徽家冲出土。
Ⅲ式：束腰，刃宽小于銎宽（图五，7）。1件，徽家冲出土。
Ⅳ式：长条楔形，銎宽与刃宽基本相等（图五，8）。1件，徽家冲出土。

3. 铲

共4件，均出土于贵池徽家冲窖藏。"铲"，又名为"钱"。《释名》："铲，平削也。"《广雅》："铲柄长二尺，刃广二寸，以铲地除草。"这4件铲形体较小，长方形銎，有肩。依据形制差异可分为四型。

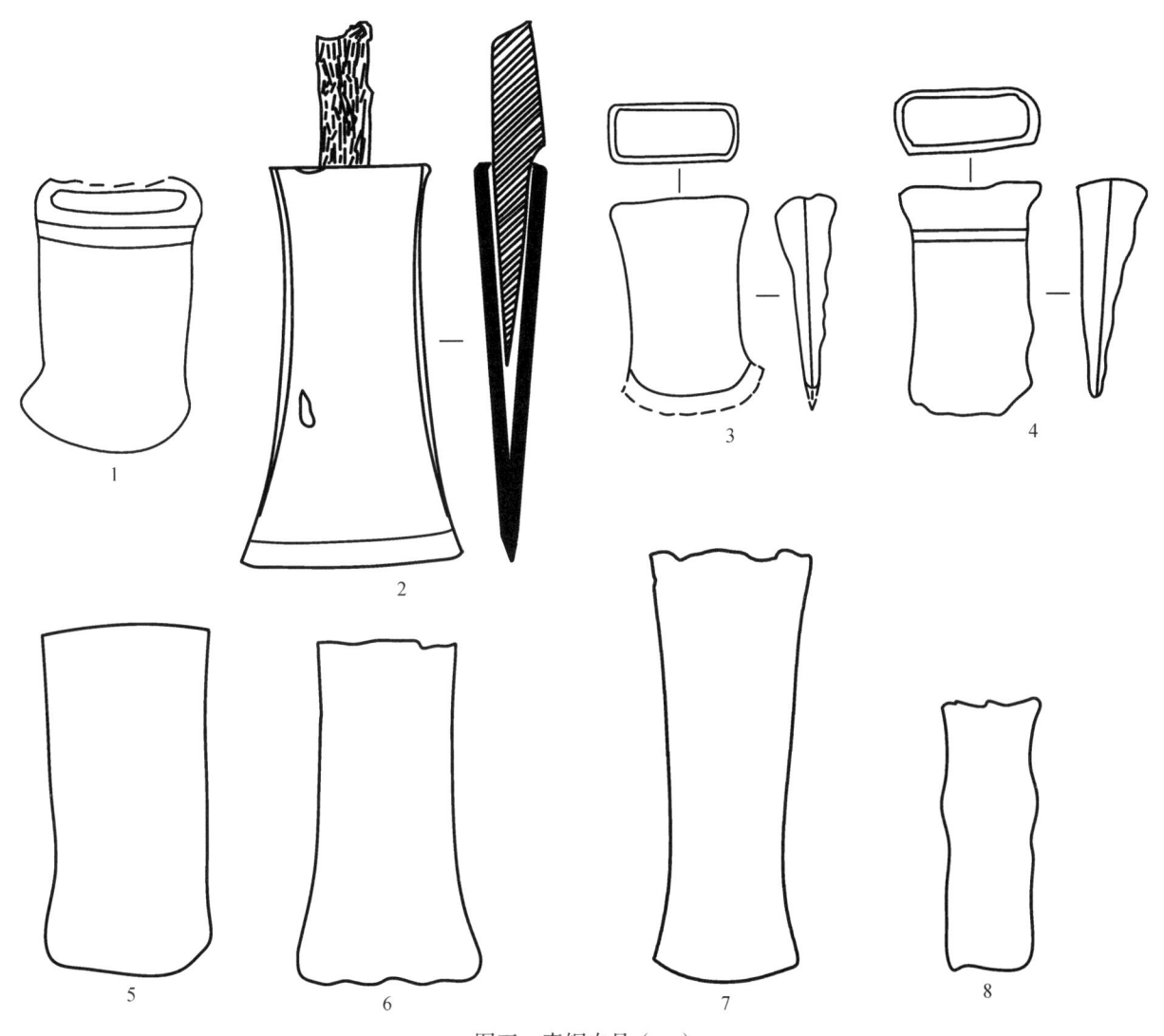

图五 青铜农具（一）
1.船里山（采：1） 2.龙岗（M1：6） 3、4.屯溪（M7：5、M4：22） 5.青阳十字（无编号） 6~8.徽家冲（1号、3号、5号）

A型 铲体较短，双肩，平刃，刃端弧形（图六，1）。
B型 铲体较长，方肩，圆弧形刃（图六，2）。
C型 铲体较短，半圆形弧刃，方肩（图六，3）。
D型 器体较长，方肩，平刃（图六，4）。

4. 耨

共4件，均出土于贵池徽家冲窖藏。《释名》："耨，以锄耨禾也。"《吕氏春秋·任地篇》："其耨六寸，所以间苗也。"可见耨是一种除草或间苗的农具。这4件耨形制基本相同，大小相近。全器由銎、刃及联结部件构成。銎位于器体中部，下方有弧形隆脊。銎末端斜出两股刃，两刃末端与銎有部件联接，全器呈不规则菱形。刃面上有突起的细梳纹（图六，5）。均归为A型。

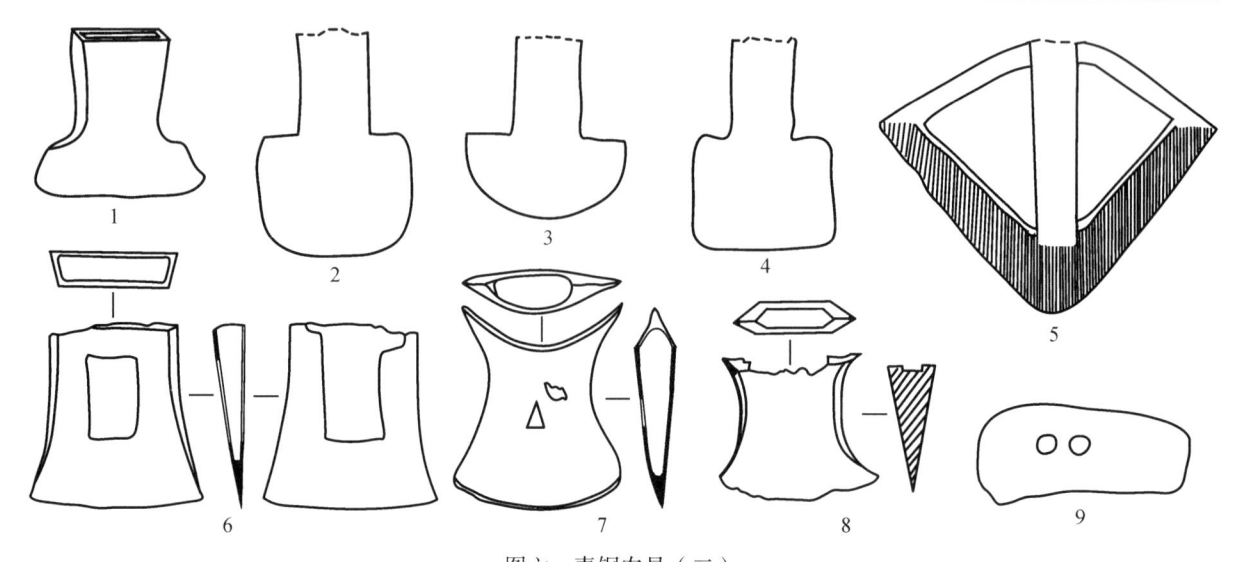

图六 青铜农具（二）

1~5、9.徽家冲（6~9号、13号、无编号） 6、7.繁昌（无编号） 8.欧墩（无编号）

5. 锸

共报道4件，其中繁昌3件，出土情况不详。郎溪欧墩出土的1件青铜器，原报告称作斧，实际应为锸。"锸"也作"臿"。《释名》："锸，插也，插地起土也。"《说文》："耜，臿也。"可见，锸是一种翻地起土的农具，也称为"耜"。根据形体差异可分二型。

A型 形体近梯形（图六，6）。1件，繁昌出土。

B型 亚腰形。3件。可分二式。

Ⅰ式：椭圆形銎口（图六，7）。2件，繁昌出土。

Ⅱ式：扁六角形銎口（图六，8）。1件，欧墩出土。

6. 铚

共4件，均出于贵池徽家冲窖藏。原报告称为蚌镰，实际当为"铚"。铚是一种收割禾穗的农具。《说文》："铚，获禾短镰也。"4件铚形制基本相同，形似椭圆形蚌壳，近背部有两个穿孔，弧刃（图六，9）。本文均归A型。铚上的圆孔可以将绳穿入系成套环，使用时将手指穿入套环，方便抓握，用之将禾穗割断。

三、农具的地域差别及族属蠡测

皖南出土农具数量存在明显的时代和地区差异。在同一时代，各地区出土的农具型式也有很大的不同。

（一）石质农具

皖南石质农具绝大部分出土于聚落，且在皖南已发掘的青铜时代聚落遗址中均有石质农具发现。但是皖南乃至长江下游一带的商周墓葬中石质农具却极其罕见，说明该地区缺少以石质农具作为随葬品的习俗。皖南各遗址出土农具数量不等，其多寡当与遗址的发掘面积有关。例如，铜陵师姑墩和马鞍山五担岗遗址发掘面积较大，且聚落延续时间较长，因此出土石质农具较多。其他遗址则出土较少。

依据出土器物的差别，皖南已发掘遗址大致可分为三个区域：一区，包括铜陵师姑墩、夏家墩，繁昌板子矶等遗址在内的皖南中部沿江地带；二区，包括马鞍山五担岗、当涂船里山等遗址在内的皖南东北部地区；三区发掘遗址较少，仅有位于皖南东南部的宁国官山一处。如表一所示，三个区域出土石质农具在型式上存在一定差异。以出土数量最多的石锛为例，一区石锛形制复杂，师姑墩遗址出土石锛包括了皖南地区所有的已知类型，尤以有段石锛占比较高。二区出土石锛数量较少，型式相对简单，以CⅠ、CⅡ式无段石锛为主，A型弧背石锛很少。五担岗遗址出土石锛共16件，无有段石锛。当涂船里山遗址出土石锛6件，其中仅有BⅡ式有段石锛1件。又如船里山、五担岗遗址出土的亚腰形C型铲在一区不见，石刀形制与一区差别也很明显。两区间石质农具的差异可能与样本较少有关，但文化性质不同应是主要原因。以师姑墩为代表的皖南中部沿江地区受到安徽江淮地区文化的强烈影响，为淮夷文化辐射区。两周时期，师姑墩及周边遗址出土的折肩鬲、曲柄盉等陶器带有明显的群舒风格，属群舒文化分布区。而以五担岗遗址为代表的皖南东北部地区则流行夹砂红褐陶，素面陶器较多，属于吴文化区。三区宁国官山遗址出土的农具与宁镇地区共性较多，如E型侧面呈三角楔形的石斧与丹阳凤凰山出土B型石斧[23]类似，EⅡ式半月形弧刃穿孔石刀与赵家窑团山Ⅲb式石刀[24]、南京锁金村出土的穿孔石刀[25]形制几乎相同。但是，部分器物如D型三角形石斧、F型宽梯形石刀等又带有一定地域特色，可能属于吴文化的地方类型。

（二）青铜农具

青铜农具在聚落、墓葬或窖藏均有出土，发现区域也较石质农具更广，但除贵池徽家冲窖藏为批量出土外，其他多属零散发现。从表二、表三可见，青铜农具约自西周早期在皖南出现，但数量很少，西周中后期显著增加。这种情形与西周中期以后皖南铜矿的大规模开采有关。

表一 石质农具型式统计表

出土地点 时代		铜陵 师姑墩	铜陵 夏家墩	繁昌 板子矶	马鞍山 五担岗	当涂 船里山	宁国 官山	广德 赵联D8	备注
二里头时期		CⅠ、CⅡ式锛，AⅠ、AⅡ式斧，A型镰，BaⅠ式铲				BⅡ、CⅠ、CⅡ式锛，EⅠ式刀，C型铲			部分器物因残缺较甚难以辨别型式，带"?"者为疑似
商代	二里岗时期				CⅡ式锛，BⅠ式斧				
	殷墟时期				CⅠ、CⅡ式锛，BⅠ、BⅡ式斧，AⅠ、BaⅠ式铲				
西周	早期	BⅠ、CⅠ、CⅡ式锛，B型铲（？）			C型铲			EⅢ式刀	
	中期	A型，BⅠ、CⅠ式锛，BⅠ式斧，A型刀，A型铲?			D型刀		F型刀		
	晚期	BⅡ、BⅢ、CⅠ、CⅡ式锛，AⅠ式斧，A、Bb型铲	AⅠ式斧	A式锛	CⅡ式锛，BⅠ式斧，B型刀，A型镰	A型锛，C型斧，A型镰	EⅡ式刀，D、E型斧		
东周	春秋早中期	A型，CⅠ、CⅡ式锛，AⅠ、BⅠ式斧，B型刀，BaⅡ、Bb式铲			AⅡ、BaⅡ式铲，C型刀				
	春秋晚至战国初期			CⅠ、CⅡ式锛，A型镰	BⅡ式斧				

表二 青铜农具型式统计表

发现地点 时代		铜陵 师姑墩	铜陵 凤凰山	繁昌	青阳 庙前十字	青阳 龙岗	贵池 徽家冲	郎溪 欧墩	当涂 船里山	广德 卢林乡	屯溪 弈棋	备注
西周	早期										AⅠ式斧	因缺少层位关系，部分器物的时代尚有争论，暂按原报告统计
	中期	B型锛						BⅡ式锸	A型锛		AⅠ、AⅡ式斧	
	晚期										AⅠ式斧	
东周	春秋早中期											
	春秋晚至战国初期		BⅠ式斧	A型、BⅠ式锛	BⅠ式斧	B型锛	BⅠ、BⅡ、BⅢ、BⅣ式斧，A、B、C、D型铲，A型耨，A型铚			B型锛		

由于商周时期的皖南地区多族群共存，文化遗物有很大共性，因此青铜农具的族属判断比较困难，本文只能结合出土情况做一下推测。据上文所述，皖南中部的铜陵、繁昌沿江地带在两周时期属群舒文化区，师姑墩出土的西周中期铜锛也应属于群舒。吴国势力则从西周早中期开始，自宁镇地区逐渐向西推进，西周后期扩展到贵池、青阳一带，留下大量的土墩墓群。这些土墩墓群分布范围内发现的青铜农具当属吴国。到春秋、战国之际，楚国势力也逐渐进入皖南西部地区。贵池徽家冲窖藏出土的青铜鼎上带有"楚"字铭文，长援戈、薄格圆筒茎剑、圆实茎厚格剑都是楚式风格，因此共出的青铜农具或为楚器。屯溪土墩墓的时代及族属争议较大，目前学者越来越倾向于为越文化遗存[26]，墓中所出铜斧当属越国贵族所有。广德一带土墩墓的结构及出土的印纹陶、原始瓷等越式风格明显，卢林乡出土铜锛也应为越国遗存。

四、农业发展状况及原因试析

（一）农业发展状况

由表三可以看出，皖南农具的分布存在阶段性不平衡。石质农具的使用贯穿了从二里头时期到东周的各个发展阶段，数量远较青铜农具为多。自二里头时期至西周，石质农具数量呈逐步增多的趋势。但自东周以后，石质农具显著减少，青铜农具开始取代石质农具。农具质地、种类、形态的变化，是皖南经济社会发展变迁的体现。

表三　收割类农具比例统计表

时代	类别	石质农具					青铜农具						收割农具（镰、刀、铚）占比（%）
		锛	斧	镰	铲	刀	锛	斧	铲	耨	锸	铚	
二里头时期		9	2	2	2	1							18.8
商代		11	3		2								0
西周	早期	3			2	1	1						14.3
	中期	10	2		4	3	1	2					13.6
	晚期	13	9	3	2	4	1	1					21.2
东周	春秋早中期	5	2	1	4	3		1					25.0
	春秋晚至战国初期	2	1	1			2	7	4	4	3	4	17.8
不明		3	2			1					1		/
合计		56	21	7	16	13	4	12	4	4	4	4	16.6

与周边地区相比，皖南聚落遗址中出土的石质农具明显偏少。以发掘面积较大，出土材料较丰富的铜陵师姑墩、马鞍山五担岗遗址为例。师姑墩遗址出土农具56件，其中二里头时期9件、西周早、中、晚期分别有4、16、15件，春秋早中期10件，时代不明者2件。五担岗遗址出土农具32件，其中商代16件，西周早期1件、中期1件、晚期4件，春秋早中期5件、春秋晚期至战国早期1件，时代不明者4件。与之形成明显对比的是，南京北阴阳营遗址共出土商周时期石斧52件、石锛322件、石刀102件、石镰12件，总计488件，时代为早商及西周早期[27]。镇江丁家遗址出土西周中晚期石锛51件、石刀21件、石铲14件、石镰3件、石斧3件、石钺（穿孔石铲）2件，共94件；春秋早中期石锛25件、石刀34件、石铲12件、石镰5件、石斧3件、石钺（穿孔石铲）3件，共82件[28]。安徽江淮地区进行过大面积发掘的商周遗址较少，公布详细资料的仅有霍邱堰台遗址。该遗址出土西周至两周之际的石锛14件、石斧9件、石铲4件、石刀8件、石镰20件，合计55件[29]。通过对比可见，宁镇、江淮地区商周遗址出土的农具均较皖南同时代遗址为多。

青铜农具与石质农具情况类似。据学者统计，迄今为止发现的吴国青铜农具共计400余件[30]，大多数为春秋至战国早中期。该数据包括皖南出土农具在内，也包含部分越国农具。浙江地区发现的越国青铜农具数量也很不少[31]。可见，宁镇及浙江出土的青铜农具远较皖南地区为多，器类也较皖南复杂。再如安徽江淮地区的舒城九里墩春秋晚期墓葬出土青铜铲3件、镰9件、锛2件、斧1件[32]；桐城长岗村春秋窖藏出土青铜镬5件[33]。而皖南群舒文化区内仅师姑墩遗址发现西周时期铜锛1件，数量差距非常明显。农具数量偏少，表明皖南地区商周时期农业活动较少，农业经济发展迟缓。

收割类农具所占比重与农业发展程度呈正相关关系。一般而言，收割类农具占比越大，表明在同样的劳动量下，单位面积产量越高，农业经济越发达。皖南各时段收割类农具占比如表三所示。因为样本较少，统计结果可能存在一些偏差，但大致可以反映皖南农具的结构状况。皖南出土农具以耕作类的锛、斧、铲为主，收割类农具刀、镰、铚等比例很低。这种现象在两周时期尤其明显。而上举南京北阴阳营遗址，收割类农具占比23.4%；镇江丁家遗址西周中晚期、春秋早中期收割类农具分别占25.5%、47.6%；霍邱堰台西周遗址收割类农具占比50.9%。他如江宁点将台[34]、江浦蒋城子[35]、霍山戴家院[36]等遗址，收割农具比例均较皖南地区为高。另外，江浙地区出土较多的铜镰，特别是锯镰较之平刃铜镰效率更高，但皖南地区至今没有铜镰发现。皖南发现的青铜收割农具仅有贵池徽家冲的4件小型铜铚。这几件铜铚形体短小，使用时不装木柄，只能割取单穗，工作效率不会太高。因此，与宁镇及江淮相比，皖南农业生产效率较低。

皖南农业耕作方式也比较落后。早在崧泽、良渚文化时期，江浙地区已经出现原始犁耕农业。商周时期，石质、青铜犁具在宁镇地区也屡有发现。南京西善桥[37]、镇江马迹山[38]、江宁点将台[39]、丹阳墩头山[40]、吴县洞庭西山消夏湾[41]等遗址均有石犁出土，其中仅马迹山遗址即出土9件。青铜犁具则有江苏溧水出土的春秋时期播种耧犁，丹徒丁岗、丹阳云林出土的犁铧等[42]。浙江长兴雉城镇、小浦镇[43]，绍兴陶堰张家坟[44]等地也有铜犁铧发现。伴随着犁具的应用，牛耕应该也已在这些地区出现。犁耕、牛耕效率远高于普通的人力锄耕方式，是农业生产力发展的体现。但迄今为止，皖南尚未见同时期犁类农具的报道。可见在整个青铜时代，皖南仍处于较原始的锄耕农业阶段。

（二）农业发展迟缓原因

青铜时代，皖南出土农具偏少，收割类农具比例较低，农业生产方式较周边地区落后。这种现象在西周以后更加明显。两周时期，皖南地区北、中、南部分属群舒、吴、越控制区。在这些族群腹地——安徽江淮及宁镇、浙北一带农业快速发展之际，皖南农业却停滞不前，其原因为何？本文认为，自西周开始，铜矿资源被大量开采，皖南生业经济由农业向青铜矿冶业的转变，是造成这一现象的主要原因。

安徽沿江地区是长江中下游铜、铁、硫、金等多金属成矿带的重要组成部分，铜陵、南陵交界的丘陵地带，是先秦时期铜矿主要产区之一。二里头时期冶炼遗物在师姑墩已有发现，但夏商时期皖南矿冶遗物很少，是青铜矿冶活动的萌芽期。西周中期以后，铜矿开采和青铜冶铸活动逐渐规模化。铜陵师姑墩、夏家墩、神墩等遗址均有与铜冶相关的遗迹及遗物出土。周边地区调查发现的几十处类似遗址，绝大多数可在地表采集到炉渣[45]。从遗址出土陶器特征看，这些矿冶遗址均为群舒遗存。铜陵以东的南陵一带发现有牯牛山[46]、甘罗城[47]城址。牯牛山城址西距大工山铜矿场仅20千米。城内发现铸铜遗址，出土铜炼渣、铜锭及小件青铜器等，时代为西周中期至春秋时期。牯牛山、甘罗城所在的南陵及繁昌一带为吴国土墩墓密集分布区，张敏先生提出牯牛山城为吴国管理铜矿开采和冶炼的中心[48]是有道理的。

皖南地区出产的铜料一部分用于当地青铜器的铸造，另有大部分向外输出。两周金文中有较多征伐南淮夷及"俘金""俘吉金""南金"的记载。有观点认为，"南金""吉金"可能专指皖南古铜陵地区所产铜料，周王朝向江淮地区用兵的目的之一就是为掠夺铜陵地区的铜料打通"金道"[49]。另对安徽枞阳出土青铜器的微量元素分析发现，其铜料可能来源于铜陵[50]。安徽六安、寿县出土的部分春秋时期青铜器，所含铅同位素比值与南陵古矿冶遗址的数据较为一致，使用的铜料也应有部分来自皖南[51]。宁镇及浙北地区目前尚未发现春秋以前的铜矿开采迹象，考古发现的大量吴越青铜器推测也应以皖南铜料作为原料。可见，各地对皖南的铜料需求是相当大的。青铜矿冶活动需要一大批具有专门技术的人员，各道工序的运转也需要有一定数量的管理者，采矿及冶铸活动也需有人提供木材作为矿井支护和燃料，这无疑会使大量人员脱离农业生产。因此，皖南青铜矿冶业可能已经实现了专业化运营。目前皖南地区发现的周代墓葬大多位于矿冶遗址周边，也从侧面反映了墓主人与矿冶活动的密切关系。大量居民从事矿冶活动，农业人口大幅减少，应是皖南青铜时代农具发现较少，农业发展缓慢的主因。

五、结　语

综上所述，青铜时代皖南农业经济较周边地区落后，但在不同时段，落后的原因却不尽相同。夏商时期，皖南农业发展缓慢主要是特殊的地理位置造成的。皖南地区西、南部分别有九华山、黄山、天目山脉相隔，北有长江天堑与江淮相望，只有东部与宁镇地区、太湖流域接壤，处于一种半封闭状态。自新石器时代直到夏商时期，皖南地区一直处于长江中下游各文化区的边缘地带，人口稀少且居住分散，农业开发也相对迟缓。西周以后，周边族群大量迁入皖南，考古发现的众多周代聚址及墓葬表明这一时期人口剧增，皖南逐渐从边缘走向中心。不过，西周以后人口涌入皖南的主要目的是开发铜矿资源。大量人口从事矿冶活动而非农业生产，导致皖南农业经济仍然落后于周边地区。

农具是农业经济发展的直观体现，对农具的种类、功能、时代的准确判断是探讨农业发展状况的前提条件。但是，由于早期农具一器多用现象较为普遍，学界对某些器类的定名及功用的认识还存在较大分歧，这在皖南地区也不例外。此外，皖南地区经过正式发掘的青铜时代遗址、墓葬等较少，资料公布不够及时、充分，本文在资料搜集上很可能存在遗漏。再者，部分农具特别是青铜农具多为零散发现，缺少明确的出土层位，时代难以准确判断。这些都会在一定程度上影响分析结果的可靠性。因此，本文的研究结论只是初步的。因资料及学识问题导致的论述不足甚或谬误，敬请各位专家同仁不吝指正。

注　释

[1] 安徽省文物考古研究所、安徽大学、铜陵博物馆：《铜陵师姑墩——夏商周遗址考古发掘与研究》，文物出版社，2020年。农具出土情况散见于各章节。其中铲包括原报告中被称为钺的5件。

[2] 安徽省文物考古研究所、北京大学考古文博学院：《安徽铜陵夏家墩、神墩遗址发掘简报》，《江汉考古》2015年第6期。

[3] 安徽省文物考古研究所、繁昌县文物管理局：《安徽繁昌板子矶周代遗址发掘简报》，《文物》2013年第10期。

[4] 安徽省文物考古研究所：《安徽宁国市官山西周遗址的发掘》，《考古》2000年第11期。

[5] 安徽省文物考古研究所、南京大学历史学院考古文物系、马鞍山市文物局等：《马鞍山五担岗》，文物出版社，2016年，第132~139页。原报告的1件穿孔石斧本文归为石铲。

[6] 安徽省文物考古研究所、当涂县文物管理所：《安徽当涂船里山遗址发掘简报》，《东南文化》2018年第3期。

[7] 安徽省文物考古研究所：《安徽广德县经济开发区赵联土墩墓发掘简报》，《文物研究》（第16辑），黄山书社，2009年。

［8］ 宋永祥：《安徽郎溪欧墩遗址调查报告》，《考古》1989年第3期。

［9］ 谢小成：《芜湖县"楚王城"遗址调查简报》，《文物研究》（第9辑），黄山书社，1994年。

［10］ 叶润清、罗虎：《安徽马鞍山市申东商周遗址考古发掘收获》，《中国文物报》2013年11月8日第8版。

［11］ 中国国家博物馆、安徽省文物考古研究所：《姑溪河—石臼湖流域先秦时期聚落考古调查与研究》，科学出版社，2019年，第79、84、125、149页。

［12］ 安徽省文物考古研究所：《安徽南陵千峰山土墩墓》，《考古》1989年第3期。

［13］ 安徽省博物馆：《安徽贵池发现东周青铜器》，《文物》1980年第8期。

［14］ 安徽省文物考古研究所、当涂县文物管理所：《安徽当涂船里山遗址发掘简报》，《东南文化》2018年第3期。

［15］ 安徽省文物考古研究所、安徽大学、铜陵博物馆：《铜陵师姑墩——夏商周遗址考古发掘与研究》，文物出版社，2020年，第169页。

［16］ 广德县文化局：《安徽广德出土东周青铜器》，《东南文化》1992年第2期。

［17］ 叶波：《铜陵凤凰山发现春秋铜器》，《文物研究》（第3辑），黄山书社，1988年。

［18］ 朱献雄：《安徽青阳出土的春秋时期青铜器》，《文物》1990年第8期。

［19］ 青阳县文物管理所：《安徽青阳县龙岗春秋墓的发掘》，《考古》1998年第2期。

［20］ 安徽大学、安徽省文物考古研究所：《皖南商周青铜器》，文物出版社，2006年，第207～209页。

［21］ 宋永祥：《安徽郎溪欧墩遗址调查报告》，《考古》1989年第3期。原发掘资料认为是斧。

［22］ 李国梁主编：《屯溪土墩墓发掘报告》，安徽人民出版社，2006年，第21、22、49、54、60页。

［23］ 镇江博物馆、丹阳市文化局：《丹阳凤凰山遗址第二次发掘》，《东南文化》2002年第3期。

［24］ 团山考古队：《江苏丹徒赵家窑团山遗址》，《东南文化》1989年第1期。

［25］ 尹焕章、蒋缵初、张正祥：《南京锁金村遗址第一、二次发掘报告》，《考古学报》1957年第3期。

［26］ a. 王俊：《略论屯溪土墩墓群的年代与族属》，《东南文化》2008年第4期。
b. 毛颖、张敏：《长江下游的徐舒与吴越》，湖北教育出版社，2005年，第146、294页。

［27］ 南京博物院：《北阴阳营——新石器时代及商周时期遗址发掘报告》，文物出版社，1993年，第132～137页。

［28］ 镇江博物馆：《镇江丁家村遗址》，江苏大学出版社，2017年，第132～144、254～267页。

［29］ 安徽省文物考古研究所：《霍邱堰台——淮河流域周代聚落发掘报告》，科学出版社，2010年，第346～356页。

［30］ 毛颖：《吴国青铜农具初探》，《吴国青铜器综合研究》，科学出版社，2004年。

［31］ 曹锦炎：《浙江出土商周青铜器初论》，《东南文化》1989年第6期。

［32］ 杨鸠霞：《安徽舒城九里墩春秋墓》，《考古学报》1982年第2期。

［33］ 江小角：《桐城出土春秋时期青铜器》，《文物》1999年第4期。

［34］ 南京博物院：《江宁汤山点将台遗址》，《东南文化》1987年第3期。

［35］ 南京市博物馆、南京大学历史系：《江苏江浦蒋城子遗址》，《东南文化》1990年第Z1期。

［36］ 安徽省文物考古研究所、霍山县文物管理所：《安徽霍山戴家院周代遗址发掘报告》，《考古学报》2016年第1期。

[37] 江苏省文物工作队太岗寺工作组：《南京西善桥太岗寺遗址的发掘》，《考古》1962年第3期。

[38] 镇江博物馆：《镇江市马迹山遗址的发掘》，《文物》1983年第11期。

[39] 南京博物院：《江宁汤山点将台遗址》，《东南文化》1987年第3期。

[40] 施玉平、王书敏、杨再年：《江苏丹阳墩头山遗址调查与试掘》，《考古》1993年第8期。

[41] 南波：《江苏省吴县洞庭西山消夏湾出土一批石器和青铜器》，《文物》1977年第1期。

[42] 刘兴：《吴国农业考略》，《农业考古》1982年第2期。丁岗、云林所出的两件犁铧原发掘资料认为是锸。

[43] 夏星南：《浙江长兴县出土吴越青铜农具》，《农业考古》2001年第3期。

[44] 沈作霖：《绍兴出土的春秋战国文物》，《考古》1979年第5期。

[45] 安徽省文物考古研究所、北京大学考古文博学院：《安徽铜陵夏家墩、神墩遗址发掘简报》，《江汉考古》2015年第6期。

[46] 安徽省文物局：《安徽省全国重点文物保护单位纵览》，安徽美术出版社，2015年，第56~59页。

[47] 国家文物局：《中国文物地图集·安徽分册》（下），中国地图出版社，2014年，第267页。

[48] 张敏：《吴国都城初探》，《南方文物》2009年第2期。

[49] 刘庆柱主编：《从铜官到铜陵：铜陵与中国大历史》，中国科学技术大学出版社，2018年，第56页。

[50] 魏国锋、秦颍、王乐群：《安徽枞阳出土西周至战国时期青铜器的矿料来源研究》，《光谱学与光谱分析》2017年第11期。

[51] 文娟、凌雪、赵丛苍等：《安徽六安地区东周楚国青铜器铅同位素特征的初步研究》，《西北大学学报》（自然科学版）2013年第6期。

（原刊于《农业考古》2022年第4期）

皖南出土几何印纹硬陶遗存的年代与性质*

李业法

（合肥华筑博展文化科技有限公司）

几何印纹硬陶，是古代中国南部区域的一种较特殊的物质文化遗留，其脱胎于新石器时代晚期出现的印纹陶，商时期是其发展时期，之后进入强盛期，及至战国秦汉时期，因文化的日益趋同，以及髹漆技术、早期青瓷技术、冶金技术的发展[1]，趋于式微乃至消失。历年来安徽地区陆续发掘出土了较多几何印纹硬陶，尤其在皖南地区的土墩墓遗存中数量较多。

一、历年出土情况

历年来皖南地区出土几何印纹硬陶的遗址点或墓葬点主要包含13处墓葬，1处窖藏，2座城址和10处遗址。

20世纪50年代末，屯溪弈棋发掘清理了两座土墩墓，分别编号为屯溪一号、屯溪二号墓葬，在屯溪二号墓中出土1件几何印纹硬陶罐[2]。

20世纪60年代中期开始，考古工作者对屯溪弈棋三号、四号墓葬进行了发掘，在屯溪三号墓葬中出土数十件几何印纹硬陶器[3]。

1972年初夏，屯溪五号墓、屯溪六号墓、屯溪七号墓葬分别被发掘清理，其中在屯溪五号墓中出土几何印纹硬陶罐7件，屯溪七号墓中出土1件折线纹硬陶大口尊[4]。

1975年6月6日至7月5日，安徽省文物工作队发掘清理屯溪弈棋第八号墓葬，出土几何印纹硬陶大口尊1件[5]。

屯溪地处丘陵地带，是一处群山环抱的山间盆地。先后四次清理共发掘了八座土墩墓[6]，出土了大量极具地方特色的青铜器和数百件原始瓷以及少量几何印纹硬陶器。关于屯溪这八座土墩墓年代的讨论，历来论述不绝，学界分歧较大[7~12]。张敏先生认为这八座土墩墓年代跨

作者简介：李业法，男，1982年5月生，安徽大学考古专业2018级硕士生。

* 本文得到国家社科基金重大项目"安徽沿江地区矿冶遗址调查与综合研究"（17ZDA222）资助。

度较大，大致从西周早期开始，结束于春秋以前[13]。

屯溪土墩墓共出土几何印纹硬陶器21件。器型主要有罐、鼎、大口尊等。其中的几何印纹硬陶鼎底部3条圆锥状足外撇，为典型的越式鼎特征，越式鼎以几何印纹硬陶的型式出现，在南方吴越墓葬中较为少见。1件腹饰云纹和方格纹的组合纹，1件腹饰凸回纹和方格纹的组合纹，2件陶色均灰白。

屯溪土墩墓无疑是一处与众不同的墓葬。这8座墓葬所出几何印纹硬陶的数量和种类虽少，但所在墓葬等级较高。如屯溪M7、M8所出的仿铜风格的几何印纹硬陶尊，应主要作为礼器使用[14]。该地区墓葬多伴随有成套的青铜器出土，也是高等级墓葬的标志之一。墓葬还伴随出土大量原始瓷，这是皖南其他地区无法比拟的。

1981年开始，郎溪地区七座土墩墓清理中出土发现一批几何印纹硬陶[15]。

1982年春，宋永祥先生在对郎溪欧墩遗址调查时发现有不少几何印纹硬陶的碎片[16]。

郎溪地区的这两次清理或调查均未经科学发掘，掌握的资料有限，相关地层关系不够清晰。

1984年10月，铜陵文管所清理凤凰山青铜器窖藏时，出土有青铜器和印纹硬陶片[17]。

1985年始，芜湖楚王城遗址调查中发现一批几何印纹硬陶片[18]。

1985年，南陵县文物组在文物普查过程中发现了牯牛山古城。在古城内发现一座烧制印纹陶的圆形窑址。1997年秋至1998年春，主城内1、3号台地发掘过程中，出土了一批几何印纹硬陶[19]。

南陵牯牛山古城址位于南陵县城东籍山镇先进村。古城面积较大，逾70万平方米，其平面呈长方形，古城四周还分布有数条水道[20]。古城东北端发现一座小型圆窑，为烧造印纹陶之用[21]。这是在皖境内发现的唯一一座烧造印纹陶窑址。该城址出土几何印纹硬陶数量可观，形体较大，多见大体积坛和大体积罐，纹饰种类较丰富，纹饰同南陵千峰山所见较为相似。牯牛山古城四周水路交通发达，西南1千米为千峰山土墩墓分布区，西约20千米为南陵大工山古铜矿遗址分布区。该城极有可能是吴国为经营铜料资源的一处古城池[22]。

1985年初夏，安徽省考古工作者在皖南千峰山发掘一批土墩墓，出土一批几何印纹硬陶器[23]。

该土墩墓群位于南陵县城东南葛林乡千峰山一带，共发掘出土几何印纹硬陶器13件。其中坛1件，器表装饰回纹，及底则饰席纹。1件颈部饰弦纹数道，肩部饰折线三角纹，腹部以下为变体雷纹。罐11件，颈常见几条弦纹，器身常见纹饰则有变体雷纹、折线三角纹等。组合纹饰多见雷纹或变体雷纹组合。

南陵地区在两周时期为铜矿冶炼的集中地和土墩墓分布区域，尤其是在以漳河流域为中心的广大范围内，分布着数以千计的土墩墓遗存。该地区几何印纹硬陶发展较快，商时期尚未发现几何印纹硬陶遗存，到西周中晚期已处于鼎盛时期，战国以后渐趋衰弱。该区几何印纹硬陶分布较广，种类较多，数量也较屯溪和江淮地区多，但整体而言，土墩墓出土物中较少见或者不见青铜器，当为较低等级墓葬。

1985年冬天，安徽省文物考古研究所在繁昌县平铺镇发掘清理了一座土墩墓，清理出土几何印纹硬陶坛和几何印纹硬陶瓮各1件[24]。2件器物颈部均饰弦纹，坛器身纹饰为折线纹与回纹依次交替，瓮器身饰席纹和变体云雷纹组合。

1987年7月，铜陵古矿冶遗址调查中发现几何印纹硬陶片、原始瓷等[25]。

1988年5~6月，南陵大工山古铜矿遗址试掘出土一批几何印纹硬陶片[26]。

1989年11月4~11日，南陵县乔村江田湖发现土墩墓1座，出土印纹大陶罐、碎铜片等物[27]。

1993年10月6日至11月7日，宁国官山遗址发掘出土一批几何印纹硬陶，坛、罐分别有数十件。该遗址位于宁国市河沥镇，为一处东西向的岗地。所出器物多残[28]。

1994年春，歙县下冯塘遗址试掘出土一批印纹硬陶片[29]。该遗址位于歙县西北部富竭镇，地处群山环抱的山间盆地。遗址现存面积约5000平方米。遗址所出的几何印纹硬陶残片，以灰陶为主，可辨识的器型为罐，纹饰较为简单，多为诸如方格网纹和折线纹这一类的单体纹饰。

1995年12月，青阳县庙前镇龙岗墓中发掘出土印纹硬陶罐1件[30]。硬陶罐为泥质灰陶，轮制，肩部堆饰双系贯耳一对，器表满饰方格纹。双系贯耳和满饰细方格纹特征多见于马鞍山五担岗遗址出土硬陶器。墓葬为竖穴木椁墓，其年代较晚，应为春秋战国时期墓葬。

2001年春天，宣城棋盘乡土墩墓出土一批几何印纹硬陶[31]。该土墩墓发现几何印纹硬陶十余件，器型主要有坛、罐、盂等。罐多见扉棱和系，其中直筒罐在皖地较为少见，多见于浙江地区。习见"S"形堆饰装饰于器表。腹部纹饰种类多样，可见回字纹、编织纹、曲折纹等。组合纹可见菱形夹平行线纹，折线纹和回字纹组合，回纹和重菱纹组合等，以菱形夹平行线纹为多见。

2002年10~12月，广德荷花村土墩墓发掘出土一批印纹硬陶等[32]。

2003年10月，宁国市安友土墩墓葬清理发掘出土一批方格纹硬陶器[33]。

2008年冬，广德县经济开发区赵联土墩墓发掘出土一批几何印纹硬陶[34]。该土墩墓位于县城以东的318国道北侧1千米处的赵联村内，D6中出土印纹硬陶器4件。坛1件，通体遍饰方格纹加填线菱形纹的组合纹饰。瓿类2件，贴塑泥条环耳，器身上部分以水波纹与弦纹相间装饰，下半部纹饰是方格纹。杯1件，腹饰方格纹。D8中出土瓮1件，器身饰回纹。

2009年1~5月，繁昌县板子矶遗址发掘出土了一批印纹硬陶器，有罐、豆、瓮等[35]。

2009年3~11月，马鞍山五担岗遗址发掘出土一批几何印纹硬陶器[36]。

马鞍山五担岗遗址出土几何印纹硬陶器数量达30多件[37]。其中坛仅见1件，多数为罐，个体较小者为一次轮制成型，个体较大者为泥条盘筑制成下肩部，上肩部轮修成型。罐类器物多出自该遗址的水井中[38]。J1Q②中出土硬陶罐28件，J1Q③中出土硬陶罐3件。这30多件器物可分为两种类型，一种类型极少饰三足，均装饰小方格纹；另一类型双复系罐耳，装饰小方格纹。

2009年12月至2010年1月，繁昌县第三次文物普查中，在万牛墩土墩墓发现一批印纹硬陶器[39]。器物主要有罐和坛等。

2010年3~8月，铜陵师姑墩遗址发掘出土一批几何印纹硬陶器[40]。该遗址出土印纹硬陶器不见完整器，可识别的器物为罐和瓮。纹饰多样，主要有回字纹、重回纹、折线纹、变形云雷纹、叶脉纹及各种组合纹饰。

2010年至2011年，南陵龙头山土墩墓群发掘清理工作中，出土一批几何印纹硬陶器[41]。其中坛1件，双耳罐4件。双耳罐1件器身饰折线三角纹同回纹组合，3件器表饰回纹。坛身饰回纹。

2011年7月至10月，当涂陶庄遗址点土墩墓中出土一批几何印纹硬陶[42]。器型主要为罐、小罐及瓮。器表纹饰均为方格纹不到底。该墓葬还出土越式鼎和仿铜陶礼器，从墓葬规模和随葬品规制来看，应为战国早期越国墓葬。

2013年，铜陵夏家墩和神墩遗址发掘出土有印纹硬陶片和炉壁等物[43]。

二、出土器形的型式与演变

从皖南地区出土器物器型种类和数量来看，该地所出几何印纹硬陶整体数量较多，器型种类丰富。器型数量最多的是罐，其次是坛、瓮等，数量较少的有大口尊、鼎等器物。

由于皖南地区几何印纹硬陶器多出于土墩墓，且本地所见土墩墓多为一墩一墓，可利用的地层关系较少，仅见的几处地层关系如南陵千峰山16号墩M1与M2可见地层叠压关系，以及宁国官山遗址地层关系。参照杨楠先生对江南地区所见土墩墓的研究成果[44]和邹厚本先生[45]以及陈元甫先生[46]相关研究成果，结合本地区有限的地层叠压关系，拟按照器物数量多寡顺序，对本地所出几何印纹硬陶罐、坛、瓮、大口尊、鼎等进行分型分式，然后在器型演变和纹饰变化的基础上对几何印纹硬陶进行分期。

罐类器物。根据罐的外形特征分为七型。

A型　低领，束颈，口沿外翻或卷沿，鼓腹或扁鼓腹。可分为三式。

Ⅰ式：敞口，扁鼓腹，腹部或贴饰2～4条泥条扉棱，平底。标本屯溪3号墓M3：3（图一，1）。颈部弦纹，腹部折线纹[47]。

Ⅱ式：敞口，圆肩，鼓腹，平底。标本屯溪5号墓M5：46（图一，2）。颈部数道弦纹，腹部纹饰主要为平行线纹加菱形田字纹，腹偏下部则为回字纹[48]。

Ⅲ式：侈口，卷沿，扁鼓腹，假圈足。标本宁国安友墓M4：5（图一，3）。颈部二周弦纹，腹部装饰方格纹。口径5.4，腹径8.4，圈足径6.4，通高12厘米。

演变趋势为口沿由敞口变为侈口，扉棱装饰消失，出现假圈足。

B型　有鼻穿或耳，弧腹或扁圆腹。可分为三式。

Ⅰ式：直口，低领，弧肩，腹圆凸，圈足略外撇，腹部4个穿带鼻。标本屯溪3号墓罐M3：54（图一，6）。腹部饰多种纹饰，如叶脉纹、折线纹等[49]。

Ⅱ式：四系，敛口，短颈，溜肩，平底。标本宣州棋盘崔村1件（图一，7）。腹部堆贴龙形系，龙首附肩，龙首两侧各饰三枚乳钉，龙首间堆饰横"S"形，腹部饰重菱纹夹平行线

器物	罐		
类型	A型	B型	C型
一期	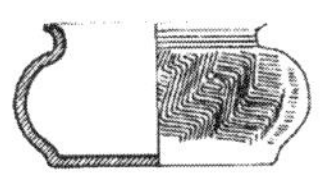 1. Ⅰ式 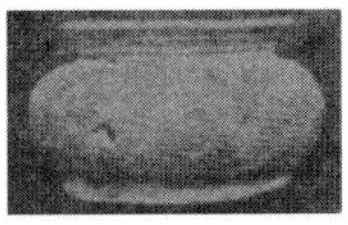　　4	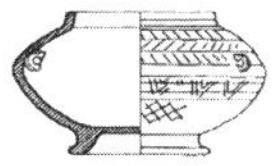 6. Ⅰ式	
二期	 2. Ⅱ式 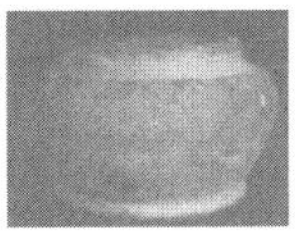　　5	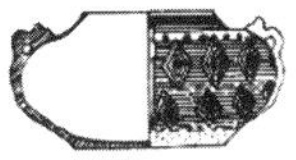 7. Ⅱ式	 10. Ⅰ式 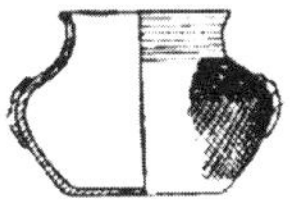　　12
三期	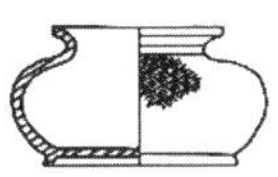 3. Ⅲ式		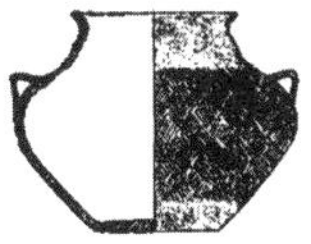 11. Ⅱ式
四期		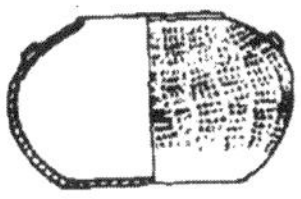 8. Ⅲ式 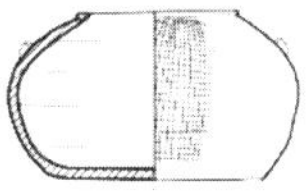　　9	
五期			

图一　皖南地区几何印纹硬陶罐分期图（一）

1. 屯溪M3∶3　2. 屯溪M5∶46　3. 宁国安友M4∶5　4. 衢州西山西周墓　5. 丹徒小笆斗DBM2∶23　6. 屯溪M3∶54
7. 宣州棋盘崔村　8. 青阳龙岗M2∶4　9. 杭州萧山柴岭D30Q1∶1　10. 南陵千峰山M8∶2　11. 南陵千峰山16号墩M1∶2
12. 浮山果园ⅣM2∶7

纹，口径7.8、底径9.6、通高8.4厘米[50]。

Ⅲ式：矮领，溜肩，弧腹，平底，肩下部贴双系小贯耳一对。标本青阳龙岗墓M2∶4（图一，8）。器胎灰中泛白，器表纹饰为小方格纹。口径7.6、底径9.6、高度8.8厘米[51]。

演变趋势为鼻穿渐演化为双系贯耳，颈部渐消失。

C型　高领双耳。依据口沿和双耳位置差异可分为二式。

Ⅰ式：卷沿，圆唇，扁圆腹。标本南陵千峰山M8∶2（图一，10）。器身拍变体雷纹，口径13、腹径17.3、底径11、器高14.2厘米[52]。

Ⅱ式：口外侈，扁圆腹。标本南陵千峰山16号墩M1∶2（图一，11）。口内壁数道弦纹，腹拍席纹。口径11.9、腹径20、底径8.8、高度15.2厘米[53]。

演变趋势：肩部由溜肩至圆肩，腹渐深，双耳位置由腹部渐升至肩，器型渐趋变大。

D型　无耳卷沿，深圆腹或圆鼓腹。可分为三式。

Ⅰ式：卷沿，深圆腹，平底，短颈。标本南陵千峰山16号墩M2：6（图二，1）。器表纹饰为上部满铺雷纹，下部羽状纹。器高24、口径15.5、腹径17.5、底径17厘米[54]。

Ⅱ式：卷沿，深圆腹，平底，圆唇，高领。标本南陵千峰山M11：1（图二，2）。颈部弦纹，器身饰变体雷纹加回纹组合。器物高度31.2、口径18.4、腹径32、底径达19厘米[55]。

Ⅲ式：卷沿，侈口，圆肩，圆鼓腹，平底。标本马鞍山五担岗J1Q③：37（图二，3）。矮颈，颈部因抹平可见一周凸棱，席纹装饰于器表。口径12、通高15厘米[56]。

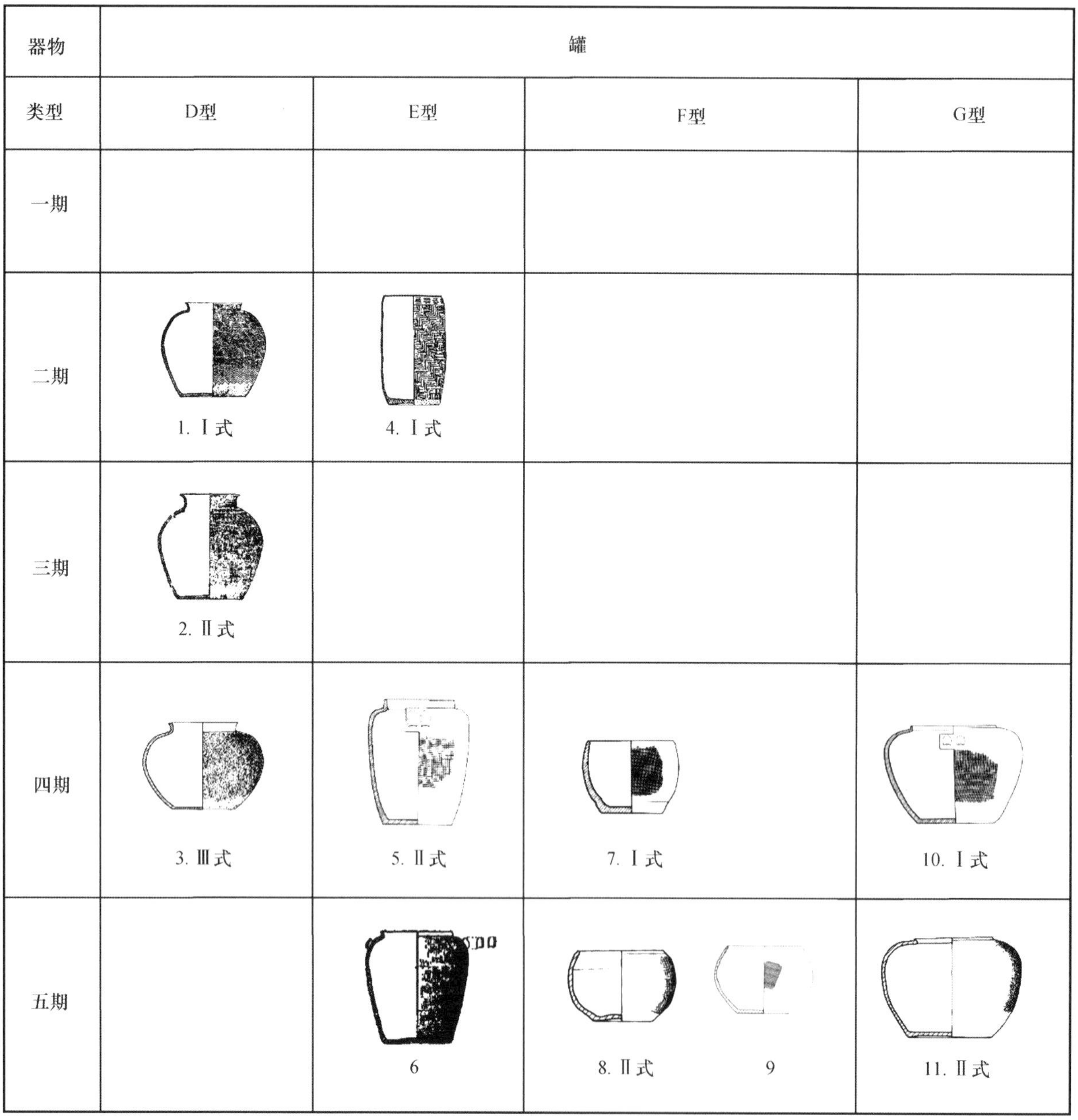

器物类型	罐			
	D型	E型	F型	G型
一期				
二期	1.Ⅰ式	4.Ⅰ式		
三期	2.Ⅱ式			
四期	3.Ⅲ式	5.Ⅱ式	7.Ⅰ式	10.Ⅰ式
五期		6	8.Ⅱ式　9	11.Ⅱ式

图二　皖南地区几何印纹硬陶罐分期图（二）

1. 南陵千峰山M2：6　2. 南陵千峰山M11：1　3. 马鞍山五担岗J1Q③：37　4. 宣州棋盘崔村　5. 马鞍山五担岗J1Q②：8　6. 六合县和仁东周墓　7. 马鞍山五担岗J1Q②：25　8. 当涂陶庄D1M1：10　9. 安吉笔架山D131M5：6　10. 马鞍山五担岗J1Q②：15　11. 当涂陶庄D1M1：31

演变趋势：腹由深圆变弧圆，器型由高渐矮。

E型　直腹或近直腹。可分为二式。

Ⅰ式：直口，平底。标本宣州棋盘崔村1件（图二，4）。编织纹满铺于器表，口径9.5、底径8.8、器物高度17厘米[57]。

Ⅱ式：短直口外倾，双贯耳，肩部短斜，平底。腹部微弧近直。标本马鞍山五担岗J1Q②：8（图二，5）。器表和胎均灰色，拍小方格饰于器表。口径10.6、底径10、器高17.5厘米[58]。

演变趋势为：无肩演变至有肩，肩部出现双贯耳，腹部平直渐弧直。

F型　敛口小罐。根据底部特征可分为二式。

Ⅰ式：敛口近直，鼓腹，平底。标本马鞍山五担岗J1Q②：25（图二，7）。灰色，胎色较细，器壁较薄，口沿及腹底纹饰抹平。口径8.7、底径5.8、通高7厘米[59]。

Ⅱ式：尖圆唇，圆溜肩，鼓腹内收，底内凹。标本当涂陶庄D1M1：10（图二，8）。器表颜色深灰，饰方格纹不及底。器物高度6.6、口径8.2、底径5.6厘米[60]。

渐变趋势为敛口更甚，平底趋内凹，纹饰由满饰变为纹饰不到底。

G型　无颈，圆肩，斜腹。可分为二式。

Ⅰ式：矮直口，肩部突出。双复系贯耳，斜腹内收，平底。标本马鞍山五担岗J1Q②：15（图二，10）。灰胎，器表肩以上微褐色，饰细方格纹。器物口径12.2、底径10.4、高14.8厘米[61]。

Ⅱ式：敛口，尖唇，鼓腹斜收，底部近平。标本当涂陶庄D1M1：31（图二，11）。器表下腹部以上饰小方格纹，近底部无拍印纹饰。器物通高11.7、口径9.2、底径约9.8厘米[62]。

演变趋势为，短直口渐至敛口，双复系贯耳消失，腹部斜收渐缓，器表由满饰小方格纹渐至纹饰不到底。

几何印纹硬陶坛仅见于皖南的九华山—黄山以北地带。出土地点有南陵千峰山、繁昌平铺、南陵龙头山、广德经开区赵联、马鞍山五担岗等。根据器物肩腹部变化可分为A型、B型和C型。

A型　深圆腹坛，卷沿，高领。根据最大腹径位置变化可分为两式。

Ⅰ式：肩部位置的腹径为器型的最大腹径。标本南陵千峰山M15：1（图三，1）。器身纹饰为变体雷纹同折线三角组合。口径23.4、底径20.2、高43.2厘米[63]。

Ⅱ式：标本南陵千峰山16号墩M1：1（图三，2）。器物上部为最大腹径所在，颈部数道弦纹，器身由回纹与席纹组合装饰。口径23、最大腹径45、底径23.2，通高48.4厘米[64]。

渐变趋势为最大腹径由肩开始趋向器物下部，肩部由微耸趋于溜肩。

B型　球腹坛。

标本繁昌平铺1件（图三，4）。器物胎薄，器表灰褐色，小口颈短，平底。器表饰回纹同折线纹组合，印痕较整齐。通高45、口径25、腹径48.4、底径25.2厘米[65]。

C型　肩丰或微耸。可分为二式。

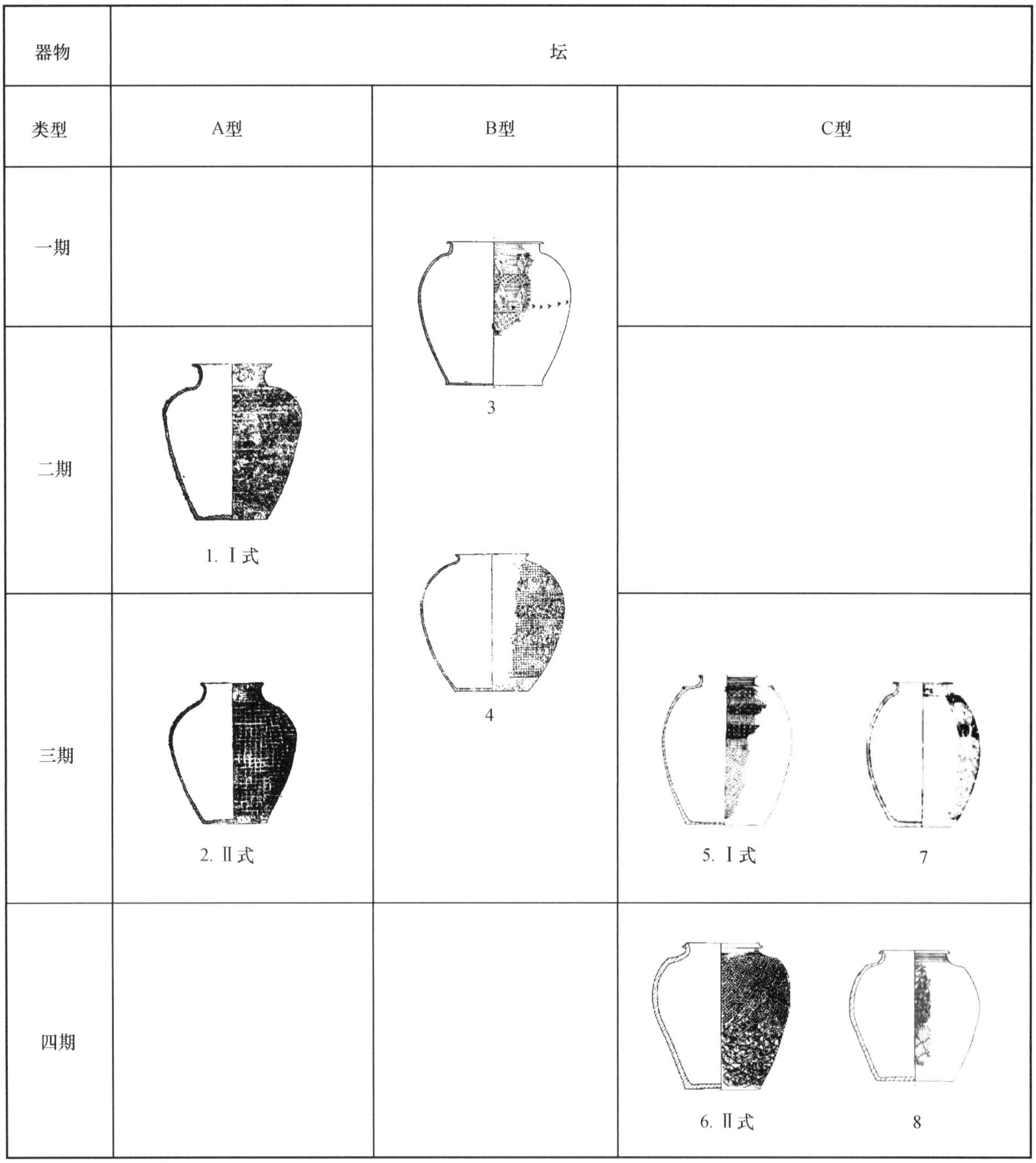

器物	坛		
类型	A型	B型	C型
一期			
二期	1. Ⅰ式	3	
三期	2. Ⅱ式	4	5. Ⅰ式　　7
四期			6. Ⅱ式　　8

图三　皖南地区几何印纹硬陶坛分期图

1.南陵千峰山M15∶1　2.南陵千峰山16号墩M1∶1　3.丹阳大仙墩　4.繁昌平铺　5.广德赵联D6M1∶19　6.马鞍山五担岗H2∶31　7.句容浮山果园ⅡM1∶8　8.丹徒四脚墩D5M1∶3

　　Ⅰ式：口小，沿卷，肩部微耸且有贴塑桥形纽四个，鼓腹平底。标本广德赵联D6M1∶19（图三，5）。器物颜色红褐，器表装饰组合纹，为方格纹和填线方格纹。口径19.6、底径27.2、通高49.8厘米[66]。

　　Ⅱ式：侈口，肩丰微折。标本马鞍山五担岗H2∶31（图三，6）。器表饰组合纹，拍斜方格纹加菱形填线纹。器高近42、口径23、底径21.6厘米[67]。

演变趋势为，卷沿变为侈口，桥形纽消失，鼓腹变弧腹，肩部由微耸变近折，平底变内凹。

瓮类器物。依据口径和腹部形态可分为二型。

A型　侈口，圆腹或圆鼓。可分为二式。

Ⅰ式：低领。标本屯溪3号墓M3：58（图四，1）。灰红色，广肩，腹下稍内收，圜底。

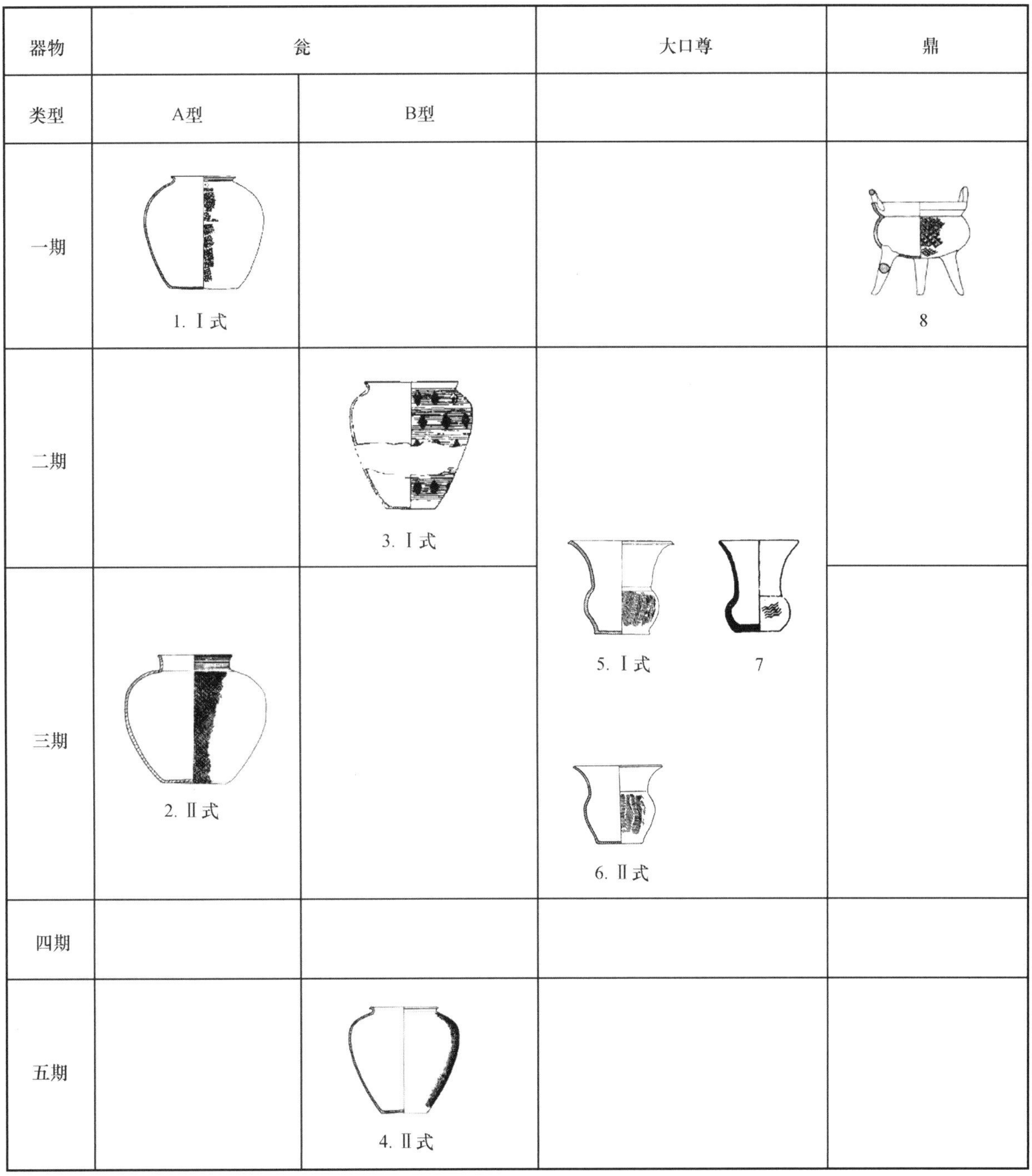

器物	瓮		大口尊	鼎
类型	A型	B型		
一期	1. Ⅰ式			8
二期		3. Ⅰ式	5. Ⅰ式　　7	
三期	2. Ⅱ式		6. Ⅱ式	
四期				
五期		4. Ⅱ式		

图四　皖南地区几何印纹硬陶瓮尊鼎分期图

1. 屯溪M3：58　2. 广德赵联D8M1：1　3. 宁国官山H2：1　4. 当涂陶庄D1M1：17　5. 屯溪M7：12　6. 屯溪M8：15
7. 嘉兴土墩墓出土　8. 屯溪M3：051

周身布满回字纹[68]。

Ⅱ式：卷沿矮领，腹部圆鼓，底微凹。标本广德赵联D8M1：1（图四，2）。器物色灰，器身拍印回纹。器物高43.2、口径24、底径22.4厘米[69]。

B型　敞口，口径较大，深弧腹。可分为二式。

Ⅰ式：腹部较深。标本宁国官山H2：1（图四，3）。器物灰褐色，器身拍复线菱形纹夹平行线纹的组合纹饰。器高30、口径24、底径12.2厘米[70]。

Ⅱ式：标本当涂陶庄D1M1：17（图四，4）。器物色灰，器身饰方格纹。器物高度36.2、口径23.6、底径16厘米[71]。

大口尊，仅见于屯溪八墓。喇叭口，腹鼓，底平，口径大于腹径，腹径大于底径。依据颈部长短可分为二式。

Ⅰ式：标本屯溪7号墓M7：12（图四，5）。器物颜色为褐，鼓腹斜收，颈部内收且较长，腹部拍曲折纹。

Ⅱ式：标本屯溪8号墓M8：15（图四，6）。颈较短内收，腹部饰折线纹。

演变趋势，颈部由长趋短。最大腹径位置由低升高。

鼎，有一对称环耳，鼓腹，圜底，底三条外撇圆锥状足。标本屯溪3号墓M3：051（图四，8）。灰白色，鼎腹部装饰凸回字纹和方格纹。

除上述罐、坛、瓮、大口尊之外，还可见盉、杯等器型，数量仅数件。

双系盉，敞口，卷沿，短颈，扁圆腹。标本宣州崔村1件。器表拍印方格纹，腹部对称饰龙形双系，系两侧各饰两乳钉，系中间有横"S"形堆饰。口径12.8、底径10、高5.8厘米[72]。

杯，圆唇，直口，筒状，斜直腹，平底。标本广德赵联D6M1：7。灰色，器表拍方格纹。器物高18.3、口径9.6、底径7.8厘米[73]。

三、分期与年代

依前述器物型式变化并结合同周围地区所出同类器物对比分析，大致可将皖南地区出土几何印纹硬陶分为五期。

第一期，以屯溪M3为代表。该期器物多为灰色，有灰红、灰白、灰黑之分。器型主要是A型罐，颈部多饰弦纹，出现肩贴饰四对小泥饼的现象。单体纹饰有回纹和折线纹等，组合纹饰主体多为折线纹和方格纹。

第二期，以屯溪M5、宣州棋盘崔村、南陵千峰山M2、M8、M15、宁国官山H2为代表。该期器型种类较为丰富，主要有A型罐、C型罐、D型罐，还可以见E型罐、B型瓮等，首次出现了大型的坛类器物。该期稍晚还出现了球腹坛和大口尊。本期折线纹继续流行，还可见折线三角纹、回字纹、编织纹、变体雷纹、席纹等。组合纹饰比较常见，有菱形田字纹加平行线纹的组合，菱形田字与折线纹、折线纹与回字纹、回字纹与重菱形纹、重菱形纹夹平行线纹等。

以雷纹、变体雷纹为主体的组合纹饰也较为常见。

第三期，以屯溪M8，宁国安友M4，南陵千峰山16号墩M1、M11，广德赵联D6M1、D8M1为代表。本期罐类器物变少，A型罐已经少见，坛类器物丰富起来，首次出现了C型坛。单体纹饰可见折线三角纹、席纹、回纹、方格纹等多种纹饰，首次出现水波纹。组合纹饰常见以回纹为主体的多种组合。

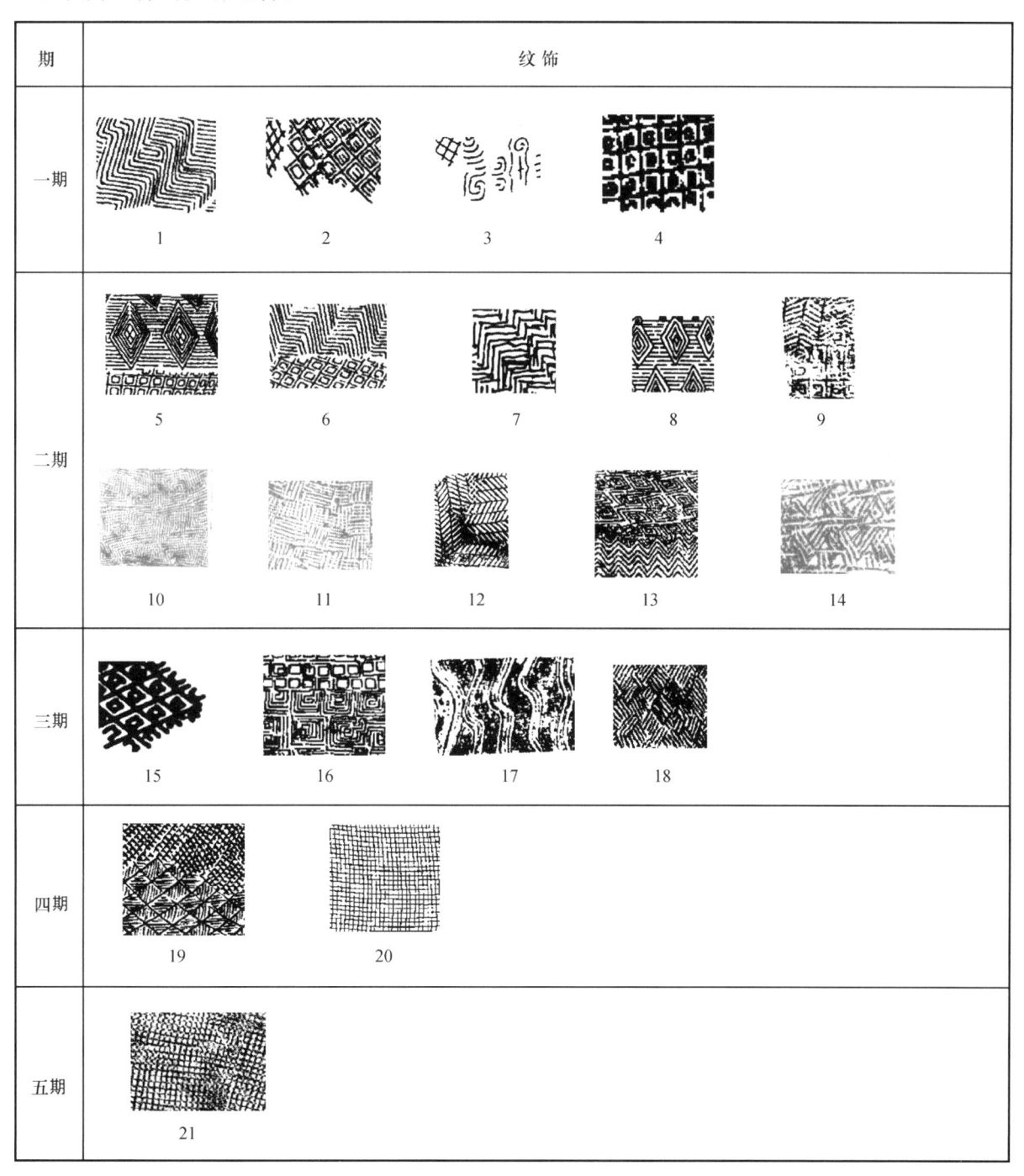

期	纹饰
一期	1　2　3　4
二期	5　6　7　8　9 10　11　12　13　14
三期	15　16　17　18
四期	19　20
五期	21

图五　皖南地区几何印纹硬陶纹饰

1~4.屯溪M3　5、6.屯溪M5　7、8.宣州棋盘崔村　9、12、17.宁国官山　10、11、13、14、16、18.南陵千峰山　15.宁国安友　19、20.马鞍山五担岗　21.当涂陶庄第四期，以青阳龙岗M2、马鞍山五担岗J1Q②、J1Q③、H2为代表。本期几何印纹硬陶开始呈现衰弱态势，器型种类开始变少，坛类器物仅见C型坛。罐类器物再次兴起，首次出现了F型罐。纹饰开始衰落起来，组合纹饰种类极少，开始流行小方格纹，其他纹饰可见席纹。

第五期，以当涂陶庄D1M1为代表。本期几何印纹硬陶已完全处于衰落时期。器型种类很少，主要是罐和瓮。可见F型罐、G型罐，完全不见坛类器物。纹饰仅见小方格纹，且拍印常不及底部。

由上述器物的型式演变和器物分期的论述，结合相关论著和同时期周围地区所出器型及纹饰对比，大致可将各期的年代推断如下。

屯溪M3所见A型Ⅰ式瓮同浙江长石D1M6：4[74]所出坛相似，A型Ⅰ式罐同衢州西山西周墓[75]（图一，4）所出器的器型纹饰均相似，同苏州馒首山出土罐M2：5[76]的器型纹饰也相似。浙江地区土墩墓在西周初期新出折线纹。苏州馒首山M2的发掘者认为该墓为西周早期。结合以上认识，皖南地区第一期当为西周早期。

屯溪M5所见的A型Ⅱ式罐同丹徒小笆斗所出罐DBM2：23[77]（图一，5）器型相似，尤其是其典型的菱形纹夹平行线纹如出一辙。丹徒小笆斗墓的年代约为西周前期偏晚。该纹饰也多见于浙江地区土墩墓第四期，该期出现了横"S"形堆饰，这种堆饰在B型Ⅱ式罐上可以看到。C型Ⅰ式罐同句容浮山果园所出罐ⅣM2：7[78]（图一，12）的器型较为相似，罐ⅣM2：7所在地层年代不早于西周中期。由上述将皖南地区第二期年代定为西周中期较为妥当。

依据《江南土墩遗存研究》的分期特征，皖南地区第三期所出A型Ⅲ式罐器型与纹饰符合杨楠先生所述的江南地区第五期器物面貌，江南地区第五期为西周后期到春秋前期。丹阳大仙墩[79]所出的坛（图三，3）与B型坛器型较为相似，大仙墩的年代约为西周前期。但B型坛的纹饰同江苏南部土墩墓第二期纹饰特征较为一致。C型Ⅰ式坛又与句容浮山果园所出坛ⅡM1：8[80]（图三，7）器型相似，结合发掘报告中的年代认识，其年代为春秋早期。Ⅰ式大口尊与嘉兴地区[81]所出大口尊（图四，7）器型相似，依据毛波先生[82]对大口尊的论证，大口尊下限或至春秋早期。由上述可以推定皖南地区第三期的年代应为西周后期至春秋早期。

皖南地区第四期流行细方格纹。浙江地区土墩墓第七期开始流行细方格纹，江苏南部土墩墓第四期盛行细方格纹，年代均为春秋晚期。马鞍山五担岗所出的C型Ⅱ式坛与丹徒四脚墩第二次发掘所出的坛D5M1：3[83]（图三，8）器型极为相似，丹徒四脚墩D5M1的年代为春秋晚期。E型Ⅱ式罐与六合县和仁墓[84]所出罐（图二，6）器型相似，纹饰均为细方格纹。六合县和仁墓葬年代为春秋晚期至战国初期。溧水凤凰井土墩墓[85]所出几何印纹硬陶器上已有细方格纹，该墓年代为春秋中期。B型Ⅲ式罐同杭州萧山柴岭所出罐D30Q1：1[86]（图一，9）相似，萧山柴岭墓葬年代为春秋中期。综合上述，可将皖南地区第四期的上限定为春秋中期，其下限为春秋晚期。

当涂陶庄土墩木椁墓的发掘者认为其年代为战国初期。该墓所出的F型和G型罐、B型瓮均饰细方格纹，F型Ⅱ式罐同安吉笔架山所出罐D131M5：6[87]（图二，9）类似。安吉笔架山年代约为战国早期。江苏南部土墩墓第五期和浙江土墩墓第九期均可多见细方格，其年代均为春秋战国之际。结合上述，可将皖南地区第五期定为春秋末期至战国初期。

表一　江淮地区几何印纹硬陶分期年代表

地区 年代	皖南地区
西周早期	一期
西周中期	二期
西周晚期至春秋早期	三期
春秋中期至春秋晚期	四期
春秋末期至战国初期	五期

四、文化因素分析

宁镇地区在湖熟文化早期遗存中既已出现几何印纹硬陶。几何印纹硬陶没有成为湖熟文化早期的主要文化因素，但却是湖熟文化中比较有特色的遗存之一。湖熟文化中习见的纹饰有贝纹、梯格纹等，其中梯格纹多见于湖熟文化二期，是湖熟文化最具有特色的纹饰[88]。相当于湖熟文化第二期的北阴阳营第3地层底部发现烧制陶器的窑5座，可辨识为长方形窑室的直焰窑[89]。该窑群虽已残破，但出土有完整的几何印纹硬陶器，当为烧造几何印纹硬陶的窑，同时期的皖南地区未发现有烧造几何印纹硬陶的窑址和几何印纹硬陶的遗存。

两周时期的宁镇地区，特别是苏南地区，土墩墓大量出现，仅镇江一地就发现土墩墓数量达3134处之多[90]。可见宁镇地区是土墩墓分布的中心区域[91]。与皖南地区土墩墓不同的是，宁镇地区多一墩多墓现象，皖南地区多一墩一墓。作为土墩墓的主要随葬品的几何印纹硬陶，其出土数量也较多。

西周早期至中期的宁镇地区几何印纹硬陶处于大发展阶段，各地遗址点出土的几何印纹硬陶比例较湖熟文化时期显著增高，仅句容浮山果园的两次发掘出土的硬陶数量占全部出土陶系的比例都在20%以上[92]。这一时期的常见器型有罐、瓮、瓿、坛等。器型多小口，卷沿，腹部圆鼓，坛多折肩深腹且常见附加锯齿状扉棱，瓿多扁腹。习见的单体纹饰有曲折纹、回纹、云雷纹、方格纹、复线菱形纹、叶脉纹，还可见组合纹饰。几何印纹硬陶烧造技术较湖熟文化时期有显著提高，但仍有烧流变形的器物[93]。

两周之际宁镇地区已处于几何印纹硬陶的鼎盛时期，这一时期的几何印纹硬陶器烧造工艺得到很大的提高。大型坛和瓮相继出现，器型规整并极少变形。纹饰多见方格或菱形填线、叶脉纹，水波纹等，新出米筛形纹。

春秋中晚期开始，该地几何印纹硬陶迅速走向衰落。几何印纹硬陶器型数量和样式大为减少，多数墓葬出土器物不见几何印纹硬陶，纹饰以小方格纹和米字纹较为常见，其他纹饰有回纹、席纹、米筛纹等。拍印手法粗糙，印痕浮浅。

综上所述，两周时期的宁镇地区和皖南地区，有着两点共性。其一是安徽南陵、繁昌等地和宁镇地区都出现了大量的土墩墓，仅繁昌万牛墩一处的土墩墓数量达到了2000多座[94]。

西周时期的宣芜地区为吴国的疆域，吴人对皖南地区铜矿资源开发的同时，也遗留下了大量的土墩墓遗存。其二是两地出土的几何印纹硬陶有着一定的联系性。句容浮山果园扁腹硬陶瓿 VM2：8[95]（图六，1）同屯溪5号墓硬陶罐M5：45[96]（图六，5）从器型和纹饰上均较为相似；浮山果园所出卷沿高领罐ⅣM2：7（图六，2）同南陵千峰山罐M6：5（图六，6）、南陵龙头山罐D13M1：8均较为相似。丹徒四脚墩西周土墩墓出土几何印纹硬陶瓿M4：2[97]（图六，3）同宣州崔村出土的直口扁圆腹罐（图六，7）相似。句容城头山出土的大口尊[98]（图六，4）同屯溪7号、8号墓出土的几何印纹硬陶大口尊（图六，8）器型相似。广德赵联土墩墓出土的瓿形似鱼篓，坛为折肩坛。鱼篓形罐、折肩坛在宁镇地区较为常见。纹饰上，安徽屯溪地区的折线纹、南陵龙头山硬陶器上的复线大回纹等在宁镇地区较为常见。

宁镇地区与皖南地区地理上十分靠近，有所联系是必然的，但是这种联系有着一定的局限性。宁镇地区硬陶多为红陶，皖南地区硬陶多为灰陶。器型上除两地多见扁腹罐外，其他相似器型较少。

太湖地区的几何印纹硬陶发育较早，新石器时代的多个遗址点已出现印纹陶。时代约为夏代晚期的浙北瓢山窑址，既有原始瓷出土，又出印纹硬陶。两者特征较为一致，尚处于未完全分化的阶段[99]。以东苕溪流域为核心的地区，发现了一批数量可观的商周时期窑址。这批窑址可分为两种类型，即以烧造原始瓷为主和烧造印纹硬陶为主的两类类型，可见古代先民对原始瓷与印纹硬陶有较为清晰的烧造功用区分。

浙江地区是土墩墓分布的重要区域，先秦时期的土墩墓基本遍及全省各地[100]。苕溪中下游地区同宁镇地区和皖南南陵地区一样，集中分布了大大小小的土墩墓。该地区土墩墓年代跨度长，类型全，从夏商之际到春秋战国各个时期的各类土墩墓类型均有发现。德清小紫山土墩墓群还发现一批商代土墩墓[101]，这是目前江南地区正式发掘年代最早的土墩墓。由此可见，

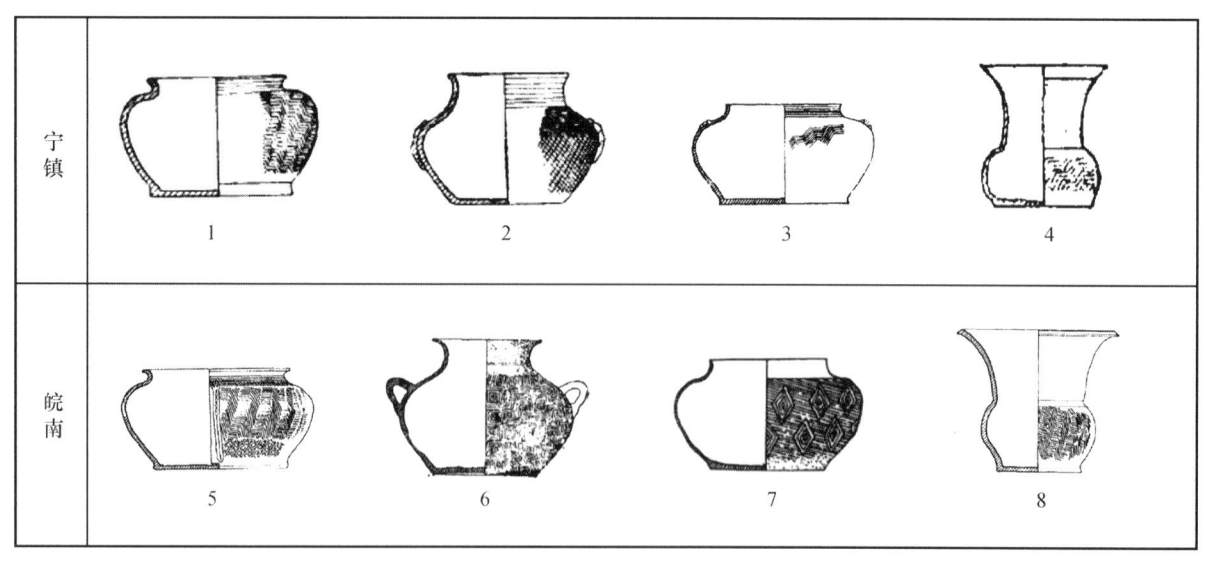

图六　宁镇地区与皖南地区出土器物对比图

1. 浮山果园ⅤM2：8　2. 浮山果园ⅣM2：7　3. 丹徒四脚墩M4：2　4. 句容城头山　5. 屯溪M5：45　6. 南陵千峰山M6：5
7. 宣州崔村　8. 屯溪M7：12

土墩墓应是古越族传统葬俗，这种葬俗最早发端于越地无疑。小紫山商代土墩墓随葬印纹硬陶主要是高领长颈坛和垂腹罐。高领长颈坛，圆肩，深弧腹，圜底近平，通体拍印重回字纹。垂腹罐，圜底近平，通体饰云雷纹。浙江地区自夏代就已出现云雷纹的雏形，至西周早期都有着其演变轨迹，西周早期之后云雷纹在浙江地区已不见[102]。

西周早中期是太湖地区印纹硬陶的极盛时期。器型和纹饰种类繁多，制作工艺较为精良，还出现了大量的礼器。长兴县牌坊沟发现商代晚期至西周中晚期的印纹陶窑址，文化堆积丰厚，地层叠压清晰。江浙皖土墩墓所出的几何印纹硬陶器的器型与纹饰均与该窑址所出十分接近或完全一致[103]。在相当于西周早期的第二文化层中发现少量的硬陶尊残片。印纹硬陶尊是该地区较为常见的礼器，也是吴越地区比较多见的器物，多认为是仿铜器制造。江山石门镇小洪岗10号土墩墓出土1件腹饰曲折纹的硬陶尊[104]（图七，1），同屯溪M8∶15所出的大口硬陶尊（图七，7）在器型和纹饰上均极为相似。江山出土1件硬陶尊［江地（平）1∶1］[105]（图七，2），同样腹饰曲折纹，器型与屯溪大口尊M7∶12（图七，8）极为相似。大口尊只见较高等级的土墩墓中，皖南屯溪土墩墓中仅出2件。三地所出的硬陶尊在器型和纹饰上对比，皖地所出与浙江地区所出更为相似。

西周中后期以后，皖南与太湖地区出土的印纹硬陶出现了很多相似之处。两地均有扁腹硬陶罐出土，扁腹硬陶罐也是宁镇地区多见的器型。嘉兴地区土墩墓[106]出土西周时期的扁腹罐（图七，3）同屯溪八墓所出极为相似，该地所出战国时期的敛口小罐（图七，4）、双系耳直腹罐（图七，5）同马鞍山五担岗所出也较为相似。安吉笔架山春秋战国墓葬出土敛口罐D131M5∶6[107]同马鞍山五担岗所出敛口罐J1②∶1[108]相似。

浙西地区的印纹硬陶自西周中晚期开始衰退，少见印纹硬陶，原始瓷则开始兴盛起来。至春秋战国时期，印纹硬陶纹饰主要以米筛纹和米字纹为主，器型与纹饰趋于单一。浙北和环太

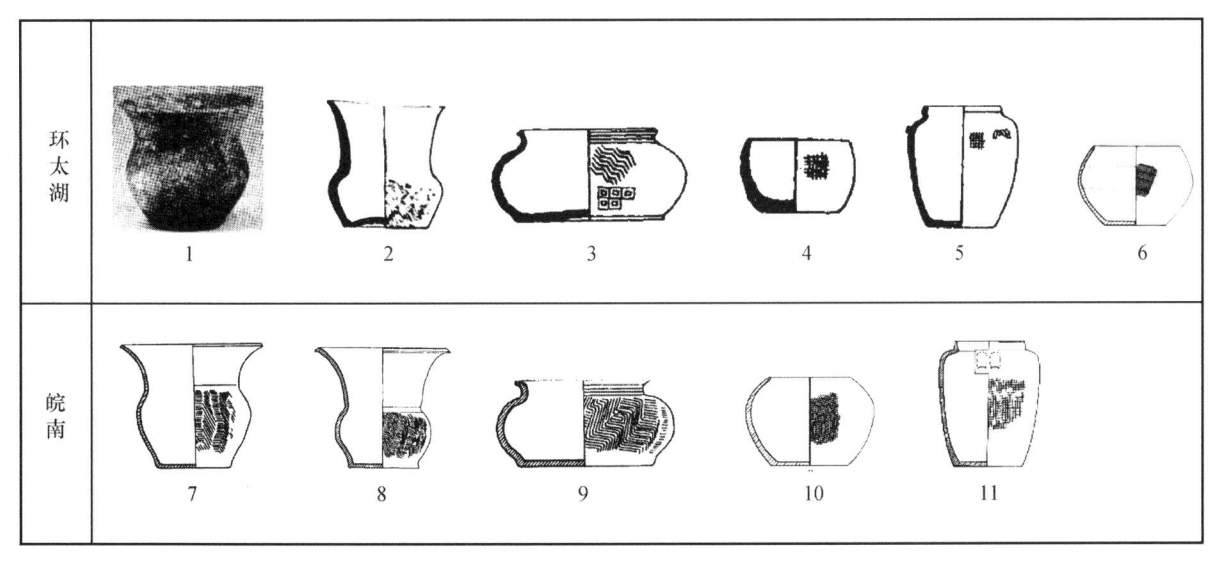

图七 环太湖地区与皖南地区出土器物对比图

1.江山小洪岗10号土墩尊 2.江地（平）1∶1 3.嘉兴扁腹罐 4.嘉兴敛口小罐 5.嘉兴出土双系耳直腹罐 6.安吉笔架山D131M5∶6 7.屯溪M8∶15 8.屯溪M7∶12 9.屯溪M3∶3 10.五担岗J1②∶1 11.五担岗J1②∶8

湖地区大约在春秋时期也开始衰退。春秋时期习见硬陶坛和罐，拍印细浅。战国时期纹饰多见米字纹和细方格纹，同期皖南和宁镇地区也多见细方格纹。几何印纹硬陶纹饰趋于简化，器型也渐趋单一。

商周时期的太湖地区，尤其是浙江地区的土墩墓遗存，同屯溪地区相比，出土器物中以原始瓷和几何印纹硬陶为主要随葬器，基本不见青铜器。印纹硬陶常见瓮、坛、罐、瓿等器型组合，原始瓷多见豆和碗的组合。太湖地区印纹硬陶发育早，器型多，纹饰丰富，器型变化传承有序是其他地区极为少见的。尊类器和扁腹罐等均早于安徽和宁镇两地出现，折肩罐出现也早于宁镇地区。依据这些证据可以看出，宁镇地区和皖南地区的几何印纹硬陶均与太湖地区联系较多，其中皖南地区与太湖地区，尤其是与浙江地区联系更为紧密。

赣鄱地区制陶技术出现较早，距今约1万年的万年仙人洞遗址已经出土带有纹饰的陶片[109]。商代时期的江西地区，存在着两支文化类型，即位于江西东北地区的万年类型文化和位于赣江中下游樟树一带的吴城文化。这两支文化在商时期大致并进发展，其中万年类型文化是发育较早的土著文化，大约商代中期稍早时期从婺源茅坦庄遗存文化发展而来[110]，发展脉络大致为肖家山—角山—黄土仑[111]。万年类型文化陶器多见灰色硬陶。从文化面貌来看，吴城文化为商文化的一支[112]。早期的吴城文化中商文化因素较为浓重，吴城文化第二期开始受到万年文化的影响较大，土著文化因素渐进浓厚，多处吴城文化遗存中可见万年类型文化的因素存在。

万年类型文化中心区域地处赣东北，这一区域靠近浙西、宁镇，与皖南地区相邻。万年文化的墓葬多可见方形或长方形土坑竖穴结构[113]。随葬品多为陶器或仿铜器，如带把钵、带把鼎、甗形器等，少见青铜器物。这与同时期的以青铜器为代表的吴城文化有所不同。万年文化晚期的鹰潭角山窑址，是一处印纹硬陶遗存非常丰富的遗址点。该遗址面积达1万平方米，出土一批制陶工具陶拍和陶垫，印纹硬陶片达数十万片。巨大体量的印纹硬陶片的发现，推测该窑址生产的硬陶器并非完全用于当地生产生活需要，极有可能为贸易交流之用。另外角山窑为圆窑和龙窑并存[114]，且龙窑较为原始，这与浙江地区所发现的单一使用龙窑烧造的情况不同。角山窑址试掘出土的几何印纹硬陶器有尊、罐、钵等[115]，其中数量较多的是罐与钵，多为泥质硬陶，色灰，习见云雷纹同篮纹结合的组合纹饰。

吴城文化地处赣江中下游樟树市。大致延续时间从相当于中原二里岗上层时期到商晚期，可能延续到周初。吴城文化陶系中硬陶类相对软陶较少。器型常见折肩罐、深腹盆，器物多折肩，圜底内凹。早期吴城文化的几何纹饰并不发达。常见圆点纹、云雷纹。吴城文化中期开始纹饰异常丰富起来，以圈点纹最具特征性，其他习见纹饰有方块纹、回字纹、米字纹、菱形纹、菱形填线纹、横人字纹、水波纹、席纹、折线纹、叶脉纹等[116]。吴城文化晚期拍印技术有所提高，出现更多的组合纹饰。吴城文化的陶窑数量也较多。吴城遗址中发现二期文化的窑床十四座，其中横穴窑二座，升焰窑十一座，龙窑一座[117]。

西周早期的赣鄱地区，与前一时期相比，地层似有缺环，文化面貌不甚清晰。但可以肯定的是西周中晚期以后，江西地区已渐融合为一体，并接纳了东部的吴越文化因素，出现了越式鼎和土墩墓葬俗。江西地区土墩墓发现地点较少，上饶、玉山、宜春、樟树、新干等地零星分布[118]。赣东北的玉山县窑山土墩墓出土复系鼓腹硬陶罐M1:8[119]，器身满饰麻布纹，同我省青阳县龙岗墓葬出土硬陶罐器型与纹饰均较为相似。

西周时期该地陶器多见平底和圈足，器型常见甗、罐、豆，皖南、宁镇等地流行的坛类器物在该地不见。纹饰多见变体云雷纹、凸回纹、菱形纹、凸方格纹等，组合纹饰可见云雷纹与方格纹、凸回字纹与曲折纹等，少见圆圈纹，拍印风格比较随意，结构较松散[120]。西周晚期至春秋时期该地常见器型有罐、豆、钵等。凸菱形纹、凸方格纹、曲折纹等仍较为流行，但云雷纹、叶脉纹已变得拍印随意甚至模糊不清。

彭适凡先生认为商周时期的万年类型文化和吴城文化既有共性又有一定的差异性，其共性表明它们都是百越族，不同之处是万年类型文化为干越创造，吴城文化的主人是扬越[121]。西周时的皖南地区也是干越势力范围[122]。皖南、浙西南、赣东北地带，地域本就是相邻，三地均有较多几何印纹硬陶出土和土墩墓分布，其族属当是百越族无疑。

结　语

西周时期，皖南地区出土数量较多。同时期的宁镇地区、浙江地区、赣东北地区的印纹硬陶业发展均较皖南发达，其中赣东北和浙江地区发展更早。浙江多地发现印纹硬陶窑址，长兴地区所见窑址，出土印纹硬陶器型和纹饰与江浙皖土墩墓所见相似。宁镇地区发现的陶窑数量较少，除西周时期的南陵牯牛山城址发现有印纹陶窑之外，安徽地区几乎不见印纹硬陶烧造窑址。鹰潭角山印纹硬陶窑址遗存和数十万片的印纹陶残片的发现，推测可能存在早期的印纹硬陶贸易流通。西周时期的皖南地区，几何印纹硬陶流行高领双耳罐、扁腹罐、坛等，与宁镇、浙江地区较为相似，其中宣芜地区和宁镇地区更为接近，屯溪地区与浙江地区、宁镇地区均有相似之处。窑址和器型的证据可推断，商周时期的南方当有多个印纹硬陶产地。安徽地区所见印纹硬陶器，大部分不是本地生产的，而是来自与南方地区的贸易或文化交流。

注　释

[1] 彭适凡：《中国南方古代几何印纹陶》，文物出版社，1987年，第309~318页。

[2] 殷涤非：《安徽屯溪西周墓葬发掘报告》，《考古学报》1959年第4期，第59~87页。

[3] 殷涤非：《安徽屯溪周墓第二次发掘》，《考古》1990年第3期，第210页。发掘报告中作者将罐记录为瓿。

[4] 李国梁：《屯溪土墩墓发掘报告》，安徽人民出版社，2006年，第2、51、61页。

[5] 李国梁：《屯溪土墩墓发掘报告》，安徽人民出版社，2006年，第2、64页。

[6] 李国梁：《屯溪土墩墓发掘报告》，安徽人民出版社，2006年，第1页。

[7] 马承源：《吴越文化青铜器的研究——兼论大洋洲出土的青铜器》，《吴越地区青铜器研究论文集》，两

木出版社，1997年，第3~24页。

[8] 周亚：《吴越地区土墩墓青铜器研究中的几个问题——从安徽屯溪土墩墓部分青铜器谈起》，《吴越地区青铜器研究论文集》，两木出版社，1997年，第55~70页。

[9] 张长寿：《论屯溪出土的青铜器》，《吴越地区青铜器研究论文集》，两木出版社，1997年，第91~100页。

[10] 李国梁：《屯溪土墩墓发掘报告》，安徽人民出版社，2006年，第102~106页。

[11] 郑小炉：《吴越和百越地区周代青铜器研究》，科学出版社，2007年，第25页。

[12] 王俊：《略论屯溪土墩墓群的年代与族属》，《东南文化》2008年第4期，第12~16页。

[13] 张敏：《吴越贵族墓葬的甄别研究》，《文物》2010年第1期，第61~71页。

[14] 毛波：《略谈吴越地区出土的印纹硬陶尊》，《印纹硬陶与原始瓷研究》，故宫出版社，2016年，第64~65页。

[15] 宋永祥：《郎溪土墩墓初探》，《文物研究》1986年第2期，第45~50页。

[16] 宋永祥：《安徽郎溪欧墩遗址调查报告》，《考古》1989年第3期，第199~204页。

[17] 叶波：《铜陵凤凰山发现春秋铜器》，《文物研究》1988年第3期，第84~86页。

[18] 谢小成：《芜湖县"楚王城"遗址调查简报》，《文物研究》1994年第9期，第120~131页。

[19] 安徽省文物局：《安徽省全国重点文物保护单位纵览》，安徽美术出版社，2015年，第57页。

[20] 王巍：《中国考古学大辞典》，上海辞书出版社，2014年，第371页。

[21] 刘景龙：《安徽省文物志稿上》，安徽省文物志编辑室，1987年，第11页。

[22] 张敏：《吴国都城初探》，《南方文物》2009年第2期，第56~57页。

[23] 杨鸠霞、杨德标：《安徽南陵千峰山土墩墓》，《考古》1989年第3期，第219~230页。

[24] 杨鸠霞：《安徽省繁昌县平铺土墩墓》，《考古》1990年第2期，第169、170页。

[25] 张国茂：《安徽铜陵地区古矿、冶遗址调查报告》，《东南文化》1988年第6期，第77~83页。

[26] 刘平生：《安徽南陵大工山古代铜矿遗址发现和研究》，《东南文化》1988年第6期，第50~57页。

[27] 李德文：《南陵县乔村土墩墓》，《中国考古学年鉴·1990》，1991年，第222、223页。

[28] 宫希成：《安徽宁国市官山西周遗址的发掘》，《考古》2000年第11期，第14~23页。

[29] 宫希成、程平：《歙县下冯塘遗址发掘简报》，《文物研究》1998年第11期，第89~100页。

[30] 朱献雄、王博华：《安徽青阳县龙岗春秋墓的发掘》，《考古》1998年第2期，第22页。

[31] 宣城市博物馆：《宣州棋盘崔村土墩墓出土器物》，《文物研究》2005年第14期，第230~233页。

[32] 王峰：《广德县荷花村两周时期土墩墓群》，《中国考古学年鉴·2003》，2004年，第190页。

[33] 安徽省文物考古研究所：《安徽宁国市安友西周古墓群发掘简报》，《文物研究》2005年第14期，第227~229页。

[34] 安徽省文物考古研究所：《安徽广德县经济开发区赵联土墩墓发掘简报》，《文物研究》2009年第16期，第156~163页。

[35] 叶润清、徐繁：《安徽繁昌板子矶周代遗址发掘简报》，《文物》2013年第10期，第11~22页。

[36] 水涛、张敬雷、车广锦等：《安徽省马鞍山市五担岗遗址发掘简报》，《东南文化》2012年第6期，第33~47页。

[37] 安徽省文物考古研究所、南京大学历史学院考古文物系、马鞍山市文物局等：《马鞍山五担岗》，文物出版社，2016年，第156~161、306~312页。

[38] 安徽省文物考古研究所、南京大学历史学院考古文物系、马鞍山市文物局等：《马鞍山五担岗》，文物出版社，2016年，第156~161、306~312页。

[39] 繁昌县第三次文物普查土墩墓专项调查组：《安徽繁昌县土墩墓综合调查报告》，《文物研究》2011年第18期，第121~135页。

[40] 朔知、王冬冬、罗汝鹏：《安徽铜陵县师姑墩遗址发掘简报》，《考古》2013年第6期，第3~23页。

[41] 陈小春、郝顺利：《安徽南陵龙头山西周土墩墓群发掘简报》，《文物》2013年第10期，第4~10页。

[42] 叶润清、罗虎、张小雷等：《安徽当涂陶庄战国土墩墓发掘简报》，《文物》2013年第10期，第23~35页。

[43] 黎海超、方玲：《安徽铜陵夏家墩、神墩遗址发掘简报》，《江汉考古》2015年第6期，第21~33页。

[44] 杨楠：《江南土墩遗存研究》，民族出版社，1998年。

[45] 邹厚本：《江苏南部土墩墓》，《文物资料丛刊·6》，文物出版社，1982年，第66~72页。

[46] 陈元甫：《论浙江地区土墩墓分期》，《纪念浙江省文物考古研究所建所二十周年论文集》，西泠印社，1999年，第123~136页。

[47] 李国梁：《屯溪土墩墓发掘报告》，安徽人民出版社，2006年，第29页。

[48] 李国梁：《屯溪土墩墓发掘报告》，安徽人民出版社，2006年，第51页。

[49] 李国梁：《屯溪土墩墓发掘报告》，安徽人民出版社，2006年，第30页。

[50] 宣城市博物馆：《宣州棋盘崔村土墩墓出土器物》，《文物研究》2005年第14期，第230~233页。

[51] 朱献雄、王博华：《安徽青阳县龙岗春秋墓的发掘》，《考古》1998年第2期，第22页。

[52] 杨鸠霞、杨德标：《安徽南陵千峰山土墩墓》，《考古》1989年第3期，第222、223页。

[53] 杨鸠霞、杨德标：《安徽南陵千峰山土墩墓》，《考古》1989年第3期，第222、223页。

[54] 杨鸠霞、杨德标：《安徽南陵千峰山土墩墓》，《考古》1989年第3期，第222、223页。

[55] 杨鸠霞、杨德标：《安徽南陵千峰山土墩墓》，《考古》1989年第3期，第222、223页。

[56] 安徽省文物考古研究所、南京大学历史学院考古文物系、马鞍山市文物局等：《马鞍山五担岗》，文物出版社，2016年，第310、312页。

[57] 宣城市博物馆：《宣州棋盘崔村土墩墓出土器物》，《文物研究》2005年第14期，第230~233页。

[58] 安徽省文物考古研究所、南京大学历史学院考古文物系、马鞍山市文物局等：《马鞍山五担岗》，文物出版社，2016年，第306、309页。

[59] 安徽省文物考古研究所、南京大学历史学院考古文物系、马鞍山市文物局等：《马鞍山五担岗》，文物出版社，2016年，第308、309页。

[60] 叶润清、罗虎、张小雷等：《安徽当涂陶庄战国土墩墓发掘简报》，《文物》2013年第10期，第23~35页。

[61] 安徽省文物考古研究所、南京大学历史学院考古文物系、马鞍山市文物局等：《马鞍山五担岗》，文物出版社，2016年，第306、309页。

[62] 叶润清、罗虎、张小雷等：《安徽当涂陶庄战国土墩墓发掘简报》，《文物》2013年第10期，第23~35页。

[63] 杨鸠霞，杨德标：《安徽南陵千峰山土墩墓》，《考古》1989年第3期，第222页。

[64] 杨鸠霞、杨德标：《安徽南陵千峰山土墩墓》，《考古》1989年第3期，第222页。

[65] 杨鸠霞：《安徽省繁昌县平铺土墩墓》，《考古》1990年第2期，第169、170页。

[66] 安徽省文物考古研究所：《安徽广德县经济开发区赵联土墩墓发掘简报》，《文物研究》2009年第16期，第156~163页。

[67] 安徽省文物考古研究所、南京大学历史学院考古文物系、马鞍山市文物局等：《马鞍山五担岗》，文物出版社，2016年，第157页。发掘简报与出版的发掘报告数据有差异，本文以发掘报告为准。

[68] 李国梁：《屯溪土墩墓发掘报告》，安徽人民出版社，2006年，第29、30页。

[69] 安徽省文物考古研究所：《安徽广德县经济开发区赵联土墩墓发掘简报》，《文物研究》2009年第16期，第156~163页。

[70] 宫希成：《安徽宁国市官山西周遗址的发掘》，《考古》2000年第11期，第14~23页。

[71] 叶润清、罗虎、张小雷等：《安徽当涂陶庄战国土墩墓发掘简报》，《文物》2013年第10期，第23~35页。

[72] 宣城市博物馆：《宣州棋盘崔村土墩墓出土器物》，《文物研究》2005年第14期，第230~233页。

[73] 安徽省文物考古研究所：《安徽广德县经济开发区赵联土墩墓发掘简报》，《文物研究》2009年第16期，第156~163页。

[74] 陈元甫：《论浙江地区土墩墓分期》，《纪念浙江省文物考古研究所建所二十周年论文集》，西泠印社，1999年，第123~136页。

[75] 贡昌：《浙江衢州西山西周土墩墓》，《考古》1984年第7期，第591~593页。

[76] 丁金龙、王霞、牛煜龙等：《江苏苏州高新区东渚馒首山土墩墓发掘简报》，《东南文化》2013年第5期，第42~51页。

[77] 谷建祥、林留根、王奇志：《江苏丹徒横山、华山土墩墓发掘报告》，《文物》2000年第9期，第42~54页。

[78] 南京博物院：《江苏句容浮山果园土墩墓第二次发掘报告》，《文物资料丛刊·6》，文物出版社，1982年，第37~57页。

[79] 刘兴：《江苏溧水、丹阳西周墓发掘简报》，《考古》1985年第8期，第690~693页。

[80] 南京博物院：《江苏句容浮山果园土墩墓第二次发掘报告》，《文物资料丛刊·6》，文物出版社，1982年，第37~57页。

[81] 陆耀华：《嘉兴印纹陶遗址与土墩墓》，《东南文化》1989年第6期，第113~120页。

[82] 毛波：《略谈吴越地区出土的印纹硬陶尊》，《印纹硬陶与原始瓷研究》，故宫出版社，2016年，第64~65页。

[83] 王奇志、王永凤、张浩林：《江苏丹徒镇四脚墩土墩墓第二次发掘简报》，《考古》2007年第10期，第14~19页。

[84] 吴山菁：《江苏六合县和仁东周墓》，《考古》1977年第5期，第298~301页。

[85] 刘兴、刘建国：《溧水凤凰井春秋土墩墓》，《东南文化》1989年第Z1期，第70~77页。

[86] 唐俊杰、杨金东、崔太金等：《杭州萧山柴岭山土墩墓（D30）发掘简报》，《文物》2013年第5期，第12、13页。

[87] 田正标、夏朝日、黄昊德等：《浙江安吉笔架山春秋战国墓葬发掘简报》，《东南文化》2009年第1期，第48~56页。

[88] 张敏：《宁镇地区青铜文化研究》，《长江流域青铜文化研究》，科学出版社，2002年，第266页。

[89] 南京博物馆：《北阴阳营》，文物出版社，1993年，第154页。

[90] 陆九皋、肖梦龙、刘树人等：《镇江商周台形遗址与土墩墓分布规律遥感研究》，《东南文化》1993年第1期，第83页。

[91] 谷建祥、林留根：《江南大型土墩墓形制之研究》，《东南文化》1998年第1期，第21页。

[92] 叶文宪：《考古学视野下的吴文化与越文化》，中国社会科学出版社，2015年，第111、112页。

[93] 南京博物院：《江苏句容浮山果园土墩墓第二次发掘报告》，《文物资料丛刊·6》，文物出版社，1982年，第45页。

[94] 繁昌县第三次文物普查土墩墓专项调查组：《安徽繁昌县土墩墓综合调查报告》，《文物研究》2011年第18期，第135页。

[95] 南京博物院：《江苏句容浮山果园土墩墓第二次发掘报告》，《文物资料丛刊·6》，文物出版社，1982年，第44页。

[96] 李国梁：《屯溪土墩墓发掘报告》，安徽人民出版社，2006年，第51页。

[97] 林留根：《丹徒镇四脚墩西周土墩墓发掘报告》，《东南文化》1989年第Z1期，第55、56页。

[98] 刘建国：《论湖熟文化分期》，《东南文化》1989年第1期，第61页。

[99] 郑建明：《浙江先秦印纹硬陶略论稿》，《印纹硬陶与原始瓷研究》，故宫出版社，2016年，第10页。

[100] 郑建明：《夏商原始瓷起源的动力因素》，《原始瓷起源研究论文集》，文物出版社，2015年，第29页。

[101] 郑建明：《浙江先秦印纹硬陶略论稿》，《印纹硬陶与原始瓷研究》，故宫出版社，2016年，第13页。

[102] 陈元甫：《论浙江地区土墩墓分期》，《纪念浙江省文物考古研究所建所二十周年论文集》，西泠印社，1999年，第123~136页。

[103] 郑建明、梁奕建、胡秋凉：《浙江长兴发现龙山西周早期印纹陶礼器窑址》，《中国文物报》2010年第12月17日第4版。

[104] 毛波：《略谈吴越地区出土的印纹硬陶尊》，《印纹硬陶与原始瓷研究》，故宫出版社，2016年，第60页。

[105] 毛波：《略谈吴越地区出土的印纹硬陶尊》，《印纹硬陶与原始瓷研究》，故宫出版社，2016年，第61页。

[106] 陆耀华：《嘉兴印纹陶遗址与土墩墓》，《东南文化》1989年第6期，第113~120页。

[107] 毛波：《略谈吴越地区出土的印纹硬陶尊》，《印纹硬陶与原始瓷研究》，故宫出版社，2016年，第64~65页。

[108] 水涛、张敬雷、汤惠生等：《安徽省马鞍山市五担岗遗址东周水井发掘简报》，《东南文化》2011年第6期，第29~38页。

[109] 郭远谓、李家和：《江西万年大源仙人洞洞穴遗址试掘》，《考古学报》1963年第1期，第1~14页。

[110] 李荣华、赵德林、余琦等:《江西婺源县茅坦庄遗址商代文化遗存发掘简报》,《南方文物》2006年第1期,第12~23页。

[111] 李家和、杨巨源、王炳芳:《江西万年类型商文化遗址调查》,《东南文化》1989年第Z1期,第34页。

[112] 李家和、杨巨源、刘诗中:《江西万年类型商文化研究》,《东南文化》1990年第3期,第153页。

[113] 李家和、杨巨源、刘诗中:《湖熟文化与江西万年类型文化——谈吴越文化》,《东南文化》1990年第5期,第153~164页。

[114] 李荣华、周广明、杨彩娥等:《鹰潭角山发现大型商代窑址——中国原始青瓷烧造年代向前推进千余年》,《南方文物》2001年第1期,第9、10页。

[115] 李家和、杨巨源、黄水根:《鹰潭角山商代窑址试掘简报》,《江西历史文物》1987年第2期,第32~43页。

[116] 彭明瀚:《吴城文化》,文物出版社,2005年,第50页。

[117] 彭明瀚:《吴城文化》,文物出版社,2005年,第53页。

[118] 李科友:《江西古代文明探索》,江西科学技术出版社,1998年,第28页。

[119] 江西省文物考古研究所、玉山县博物馆:《玉山双明地区考古调查与试掘》,《南方文物》1994年第3期,第12、13页。

[120] 彭适凡:《中国南方古代几何印纹陶》,文物出版社,1987年,第98、99页。

[121] 彭适凡:《略论扬越、干越和于越对我国冶金术的杰出贡献》,《国际百越文化研究》,中国社会科学出版社,1994年,第344页。

[122] 刘玉堂:《论屯溪西周墓的族属》,《江汉考古》1986年增刊,第94~98页。

宁乡罗家冲遗址出土石镞初步研究

曹栋洋

（长沙市文物考古研究所）

罗家冲遗址位于湖南省宁乡市青山桥镇青山桥社区，遗址地处沩水支流楚江北岸的二级台地上，现存面积约25 000平方米。长沙市文物考古研究所于2013年对遗址进行了系统调查，2014年9月至2017年12月对遗址开展了两次主动性考古发掘，实际发掘面积约1700平方米，确认遗址内主要分布有石家河文化和商周时期的文化遗存[1]。遗址内出土遗物根据质地差别分为陶器、石器、小件青铜器、玉器、骨器等。其中出土石器的数量达2413件，基本涵盖所有常见器形，除此之外还包括用于加工石器的砺石122件，石坯、石料及加工过程中产生的打击石片等252件（少量石器及砺石为调查采集）。需要说明的是，上述石器及坯料数量是在运用常规发掘方法未对发掘出来的土进行过筛的情况下获得的。其中成品石器中石镞的数量为1129件，约占出土石器总量的46.78%。本文试对遗址出土石器中数量最为丰富的石镞进行初步讨论。

一、形制分析

罗家冲遗址出土石镞根据整体形制差异可分为甲乙二类，其中甲类扁平形949件，乙类棱锥形180件。

甲类：扁平形，根据镞身横截面和铤部形态差异可分为八型。

A型　平面呈柳叶形，扁平三角形铤。根据镞身截面形态的差异分为二亚型。

Aa型　镞身扁平无棱。标本14G5∶6（图一，1）。

Ab型　镞身横截面呈菱形，脊线贯穿至铤端。标本14G5∶47（图一，2）。

B型　平面近似柳叶形，扁平三角形铤，铤部与镞身长度大致相等。根据镞身截面形态的差异分为二亚型。

Ba型　镞身横截面呈菱形，标本14G5∶9（图一，3）。

作者简介：曹栋洋，男，1985年10月生，安徽大学考古专业2004级本科生。

Bb型　镞身横截面呈多棱体，标本T0304⑥：8（图一，4）。

C型　镞身呈宽叶形，扁锥形铤，镞身与铤分界明显。根据镞身截面形态的差异和铤部长短分为二亚型。

Ca型　镞身扁平无棱，短锥形铤。标本14G5：42、T0203⑤：60（图一，5、6）。

Cb型　镞身横截面呈多棱体，长锥形铤。标本F1①：180（图一，11）。

D型　镞身呈柳叶形，铤部呈扁锥形或扁平长方形，镞身与铤分界明显。根据镞身截面形态和铤部差异分为六亚型。

Da型　镞身横截面呈多棱体，扁锥形铤。标本F1①：13（图一，7）。

Db型　镞身横截面呈菱形，扁锥形铤。标本F1①：234（图一，8）。

Dc型　镞身横截面呈多棱体，扁平长方形铤。标本F1①：83（图一，9）。

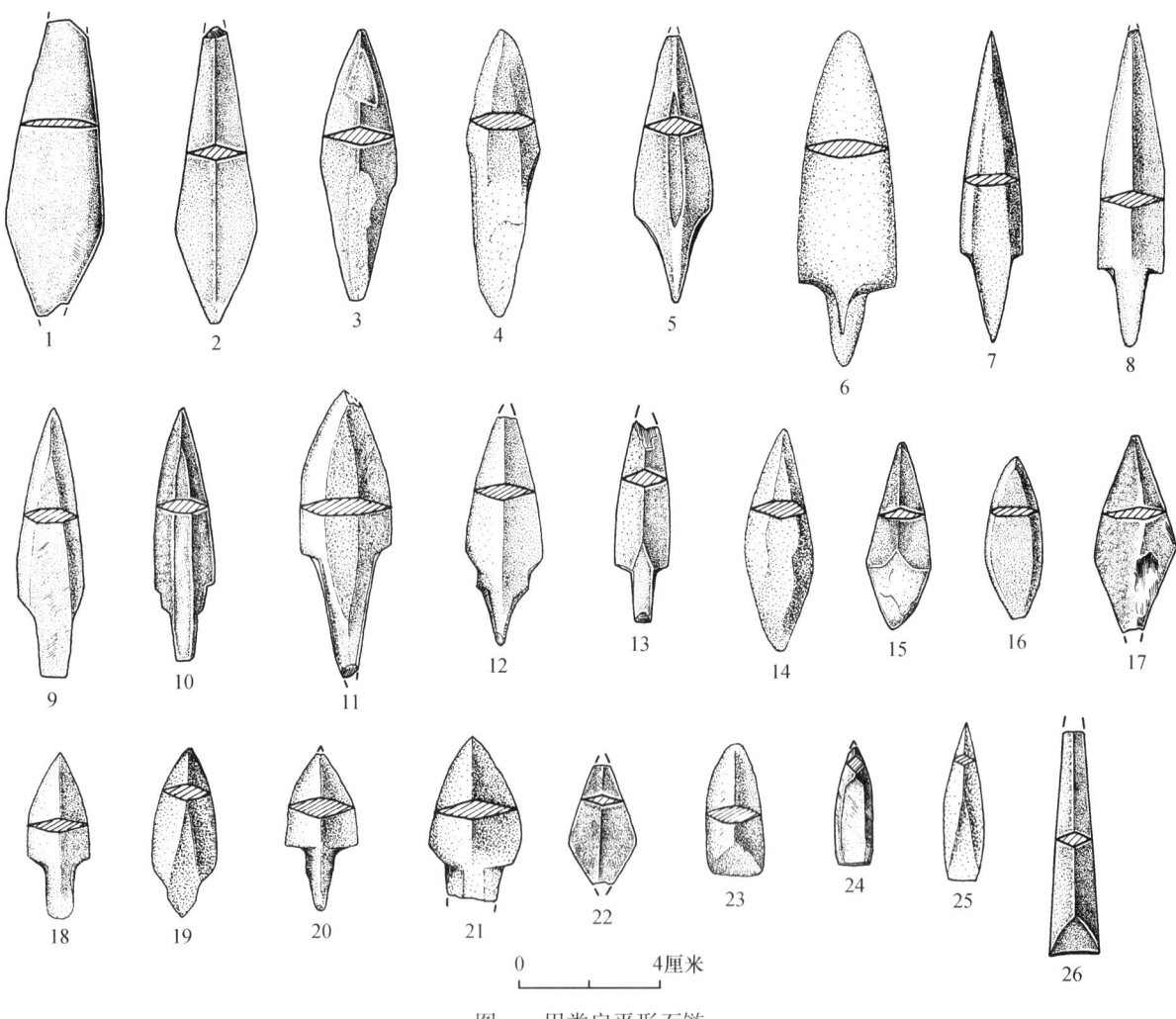

图一　甲类扁平形石镞

1. Aa型（14G5：6）　2. Ab型（14G5：47）　3. Ba型（14G5：9）　4. Bb型（T0304⑥：8）　5、6. Ca型（14G5：42、T0203⑤：60）
7. Da型（F1①：13）　8. Db型（F1①：234）　9. Dc型（F1①：83）　10. Dd型（G3：47）　11. Cb型（F1①：180）
12. De型（T0501东扩方④：18）　13. Df型（14G5：23）　14、16. Ea型（T0304⑥：13、F1①：27）　15. Eb型（14G5：7）
17、22. F型（G3：66、14G5：16）　18、21. Ga型（14G1④：5、T0302⑥：8）　19. Gb型（T0403④：10）
20. Gc型（F1①：214）　23～26. H型（F1①：174、G3：16、T0302④：18、14G5：41）

Dd型　镞身横截面呈多棱体，镞身后段收窄形成上下两截铤，下部为扁平长方形铤。标本G3∶47（图一，10）。

De型　镞身横截面呈菱形，镞身后段收窄形成上下两截铤，下部为扁锥形铤。标本T0501东扩方④∶18（图一，12）。

Df型　镞身横截面呈菱形，扁平长方形铤。标本14G5∶23（图一，13）。

E型　整体呈柳叶形，镞身与铤分界不明显。根据镞身横截面形态的差异分为二亚型。

Ea型　镞身横截面为多棱体。标本T0304⑥∶13、F1①∶27（图一，14、16）。

Eb型　镞身横截面一面扁平一面有脊。标本14G5∶7（图一，15）。

F型　镞身平面呈宽叶形，扁平三角形铤。标本G3∶66、14G5∶16（图一，17、22）。

G型　镞身平面呈短宽叶形，横截面为菱形，镞身与铤分界明显。根据铤部形态差异分为三亚型。

Ga型　扁平长方形铤。标本14G1④∶5、T0302⑥∶8（图一，18、21）。

Gb型　扁平尖状铤。标本T0403④∶10（图一，19）。

Gc型　扁锥形铤。标本F1①∶214（图一，20）。

H型　整体呈柳叶形，镞身横截面呈菱形，镞身后部扁平无铤。标本F1①∶174、G3∶16、T0302④∶18、14G5∶41（图一，23~26）。

乙类：棱锥形，根据镞身横截面和铤部形态的差异可分为六型。

A型　前锋横截面为三棱形，镞身横截面为圆形，圆锥形铤。标本T0503⑤∶19、F1①∶266、T0204⑤∶28、F1①∶350、F1①∶227（图二，5、10~12、14）。

B型　前锋横截面为三棱形，后段收窄形成上下两截铤，上部为束腰圆柱体，下部为圆锥形铤。标本F1①∶251、T0502④A∶57、T0204⑤∶59（图二，1、4、13）。

C型　三棱形镞身，根据铤部形态差异分为二亚型。

Ca型　圆锥形铤。标本T0305④B∶4、T0306③B∶8（图二，2、7）。

Cb型　铤部横截面呈三棱形。标本T0204⑤∶19（图二，6）。

D型　平面呈柳叶形，镞身横截面为厚菱形（或四棱形），根据铤部形态差异分为三亚型。

Da型　镞身收窄形成上下两截铤，上部横截面为菱形，下部为圆锥形。标本T0205③A∶9（图二，3）。

Db型　脊线贯穿至铤端，铤部横截面为厚菱形。标本14G5∶27（图二，18）。

Dc型　扁锥形铤。标本T0503④A∶4、T0501④A∶27（图二，16、17）。

E型　平面呈柳叶形，镞身横截面为厚菱形，铤部扁平，镞身与铤分界不明显。标本G3∶78、T0405③C∶6（图二，15、19）。

F型　前锋和铤均为锥形。标本2017TG1③∶1、T0305⑥∶1（图二，8、9）。

罗家冲遗址出土石镞的堆积单位年代主要分为三个时期：石家河文化时期、商周时期和历史时期（表一）。石家河文化时期出土石镞以甲类扁平形为主，少量为镞身横截面为厚菱形

图二 乙类棱锥形石镞

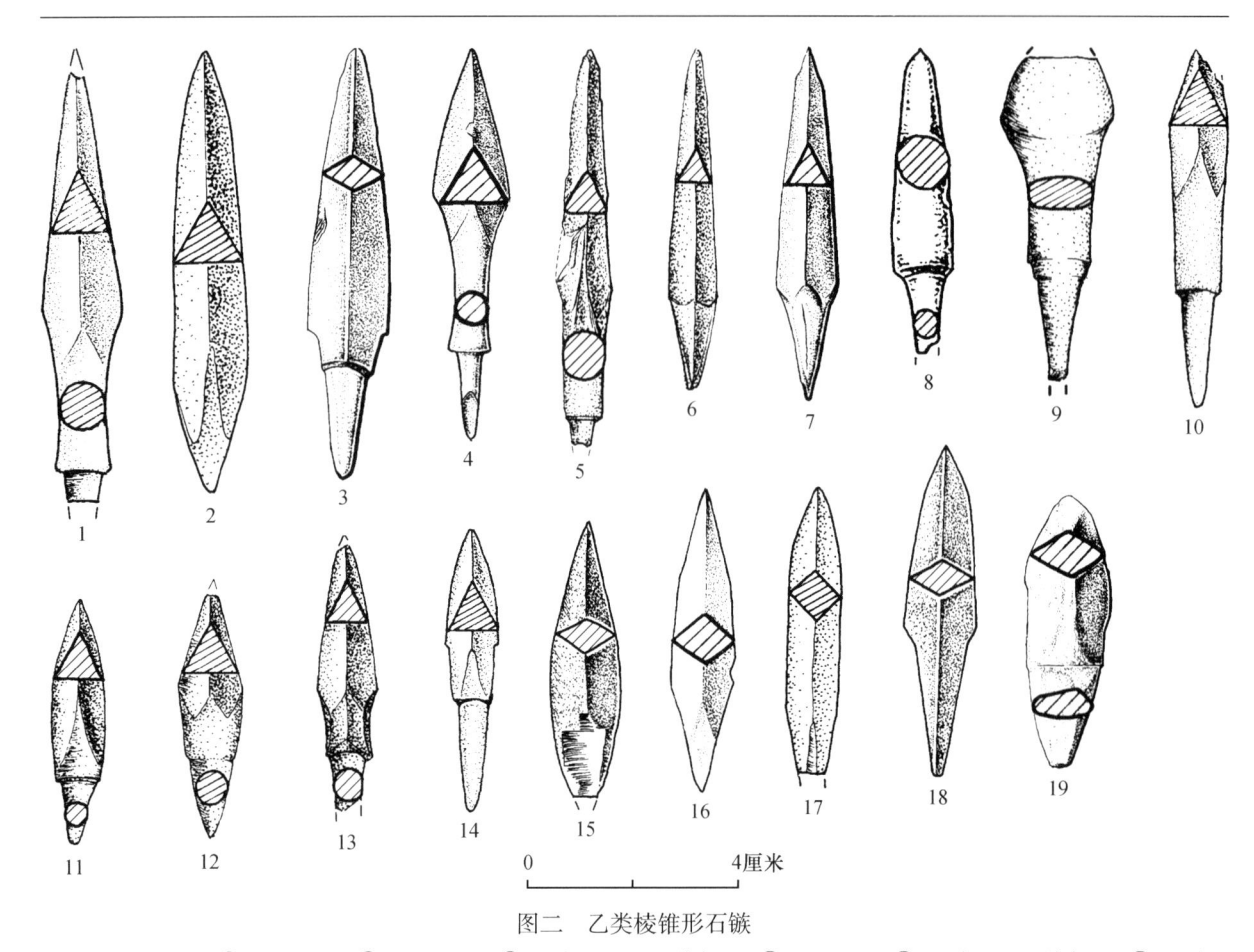

1、4、13. B型（F1①：251、T0502④A：57、T0204⑤：59） 2、7. Ca型（T0305④B：4、T0306③B：8） 3. Da型（T0205③A：9）
5、10~12、14. A型（T0503⑤：19、F1①：266、T0204⑤：28、F1①：350、F1①：227） 6. Cb型（T0204⑤：19）
8、9. F型（2017TG1③：1、T0305⑥：1） 15、19. E型（G3：78、T0405③C：6） 16、17. Dc型（T0503④A：4、T0501④A：27）
18. Db型（14G5：27）

（四棱形）和镞身和铤均为锥形的乙类棱锥形石镞。绝大部分石镞出自商周时期的堆积单位中，类型丰富。根据所出陶器面貌可知，在该时期的堆积中混入部分石家河文化典型器物，石镞也不例外。在石镞形制差别较小、存在早晚混出可能的前提下，很难对早期混入和属于商周时期的石镞作出客观区分。除此之外，因晚期人类活动的扰动，约有五分之一的石镞出自六朝、清末至近现代遗迹单位和①、②、③层晚期地层堆积（时代为唐宋至近现代）以及调查采集所得。

表一 罗家冲遗址出土石镞类型、堆积年代、数量统计表　　（单位：件）

堆积年代、数量 \ 类型	甲类扁平形	乙类棱锥形	数量合计
石家河文化	105	3	108
商周	642	128	770
历史时期	140	37	177
调查采集	62	12	74

二、加 工 技 术

张弛先生指出：磨制石器制作工艺留下的痕迹在成品上多被最后一道工序消磨殆尽，因此研究石器的制作技术还要依靠对毛坯、半成品、残次品和弃余物的观察，而这类东西多出自石器的制作场地[2]。在罗家冲遗址发掘出土的石制品中我们不仅发现了大量的成品石镞，还发现了制作石镞所需的石料、毛坯（或半成品）、加工过程中产生的残次品或废料以及所使用的加工工具（砺石）等，为我们研究遗址内出土石镞的加工技术和制作场地提供了重要线索。

为进一步了解罗家冲遗址出土石镞的岩性特征和功用，我们先后挑选了47件进行岩性鉴定[3]、11件进行微痕分析研究[4]。进行岩性鉴定的47件中：甲类扁平形石镞43件，经鉴定岩性分别为燧石（20件）、砂质泥岩（17件）、板岩（3件）、页岩（1件）和千枚岩（1件），另有1件岩性不明；乙类棱锥形石镞4件，经鉴定岩性分别为燧石（3件）和砂质泥岩（1件）。从鉴定结果看，甲类石镞的石料岩性更为丰富，由于用于岩性鉴定的石镞标本数量占比较小，是否具有普遍性，无法据此确知。

进行微痕分析的11件石镞中，包括甲类扁平镞5件，乙类棱锥镞6件。有10件石镞呈现出和投射功能相关的"典型投射撞击破损痕迹（Diagnostic Impact Fracture, DIF）"，指示该遗址出土石镞的功能高度一致（即穿刺动物性物质）。另外，2件石镞上可见维修痕迹（14H26∶1，T0501④A∶6），反映出石镞在使用过程中的回收现象。

目前从罗家冲遗址发掘出土的石制品中辨识出34件用于制作石镞的石料、毛坯（半成品）和加工过程中产生的局部残断的残次品或废料以及用于加工打磨的砺石（图三、图四）。根据这些与石镞加工制作直接相关的石料、毛坯、残次品及废料，结合对应形制的成品石镞基本可以复原各类石镞的加工制作流程（图五）。由此，也基本可以确认所出石镞应是在遗址内加工制作完成。

三、年代和使用功能

湘江中下游地区自堆子岭文化中[5]开始出现石镞（扁平柳叶形），在属于岱子坪一期文化[6]的腰塘遗址第二期遗存中出有扁平柳叶体石镞[7]。石家河文化时期，以岱子坪遗址三期遗存[8]、平江献冲舵上坪遗址[9]和宁乡罗家冲遗址早期遗存为代表，石镞数量迅速增加，成为出土石器中占比最大的器类；类型也较前期丰富，新出现了乙类棱锥形石镞。值得注意的是，石器较为发达、石镞在石器中占比较高也是赣北和粤北地区新石器时代晚期遗址中的显著特征（表二），并且在后续的夏商时期（甚至西周至春秋早期）的土著文化遗存中仍然保持和延续着这种文化特征。宁乡罗家冲遗址、浏阳樟树塘遗址[10]、萍乡禁山下遗址[11]和山背遗址群[12]的石镞出土情况（表二）均反映了这种现象。

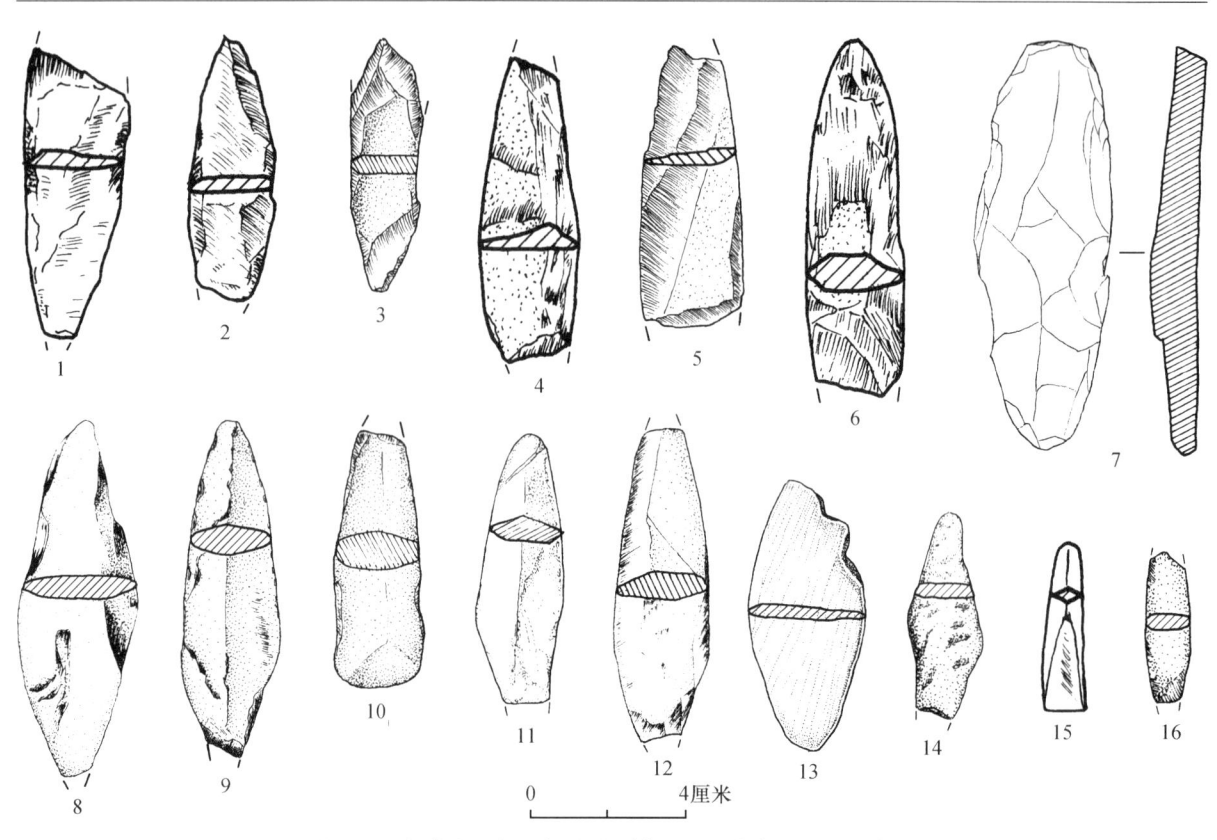

图三 罗家冲遗址出土扁平形石锛毛坯（或半成品）及废料

1~6、9~12、14、16. 残次品或废料（G3∶5、G3∶30、F1①∶6、14G5∶29、14G5∶15、14G5∶8、T0203⑤∶10、F1①∶230、T0502⑤∶1、T0201④∶23、14H26∶2、14H26∶18） 7. 石料（T0202④∶4） 8、13、15. 毛坯或半成品（14H26∶4、T0503③∶13、G3∶17）

表二 罗家冲遗址与周边同时期遗址出土石锛对比

遗址名称	数量（件）	在石器中占比	时代
罗家冲遗址	108	62.06%	石家河文化
	770	47.61%	商周
禁山下遗址	44	53.01%	新石器时代末期
	27	52.94%	夏至早商
	24	47.05%	西周
社山头遗址	197	44.26%	新石器时代
	20	68.96%	早商
石峡遗址	785	47.72%	石峡文化
	178	15.51%	夏商
	37	13.21%	西周晚期至春秋早期
樊城堆遗址	79	68.69%	樊城堆文化
	246	60.59%	西周
拾年山遗址	83	14.84%	拾年山一期文化、拾年山类型
	56	61.53%	商周
筑卫城遗址	71	58.19%	樊城堆文化
	33	75%	商周
山背·跑马岭F1	24	23.52%	山背文化
山背遗址群调查采集	36	55.38%	
	127	40.18%	印纹硬陶遗存（商周）

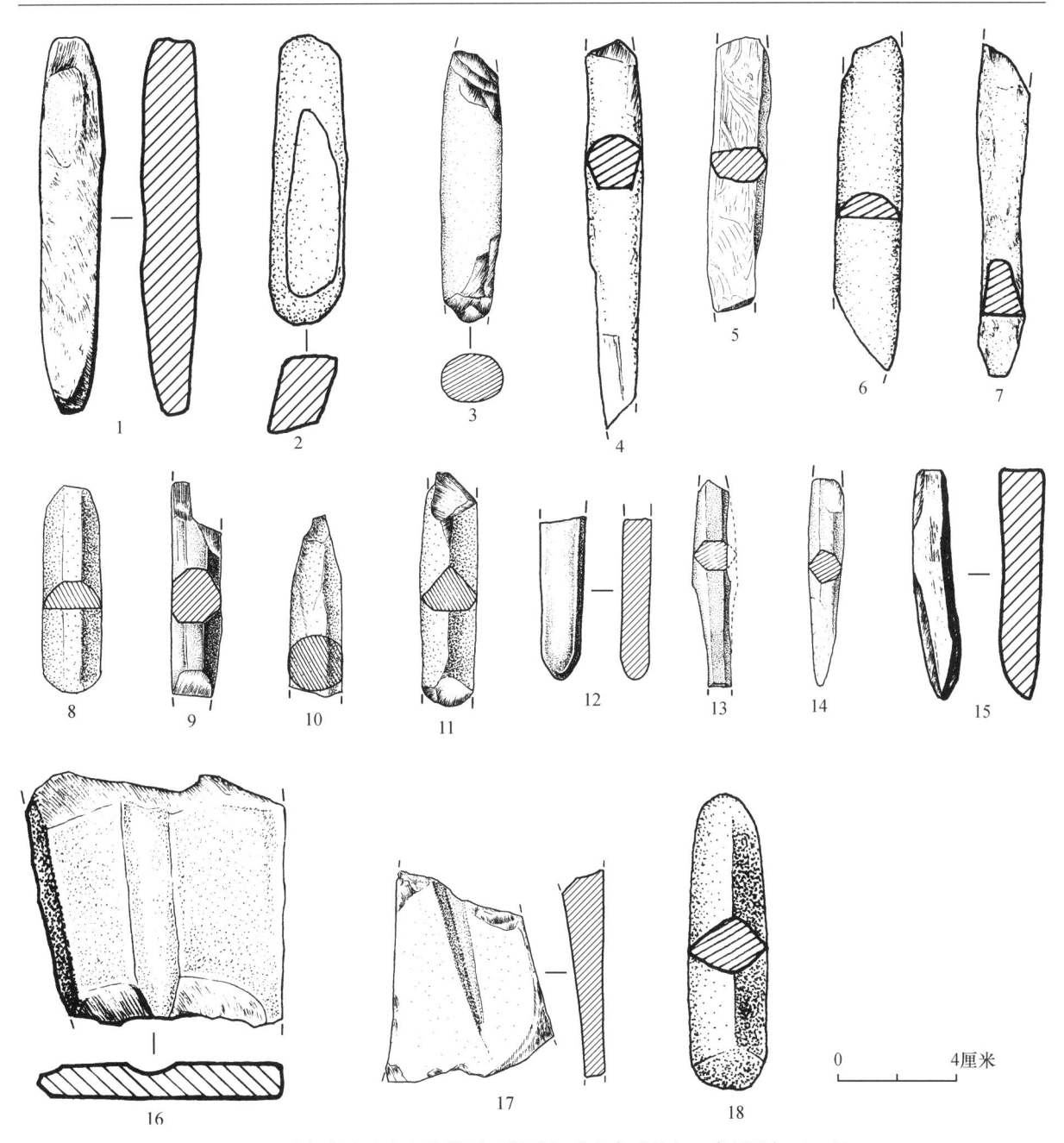

图四 罗家冲遗址出土棱锥形石镞毛坯（或半成品）、废料及加工工具

1、2、8、15、18. 毛坯或半成品（T0503①：13、G3：25、T0202④：50、T0503①：14、14J1①：2） 3~7、9~14. 残次品或废料（T0305④A：15、T0202④：53、T0503④：3、T0501东扩方④：13、T0501东扩方④：2、T0306③C：16、T0302④：26、T0302④：14、T0502③：28、F1①：277、T0501④：1） 16、17. 加工工具（砺石）（T0305②：2、T0203③：3）

乙类棱锥形石镞制作流程

甲类扁平形石镞制作流程

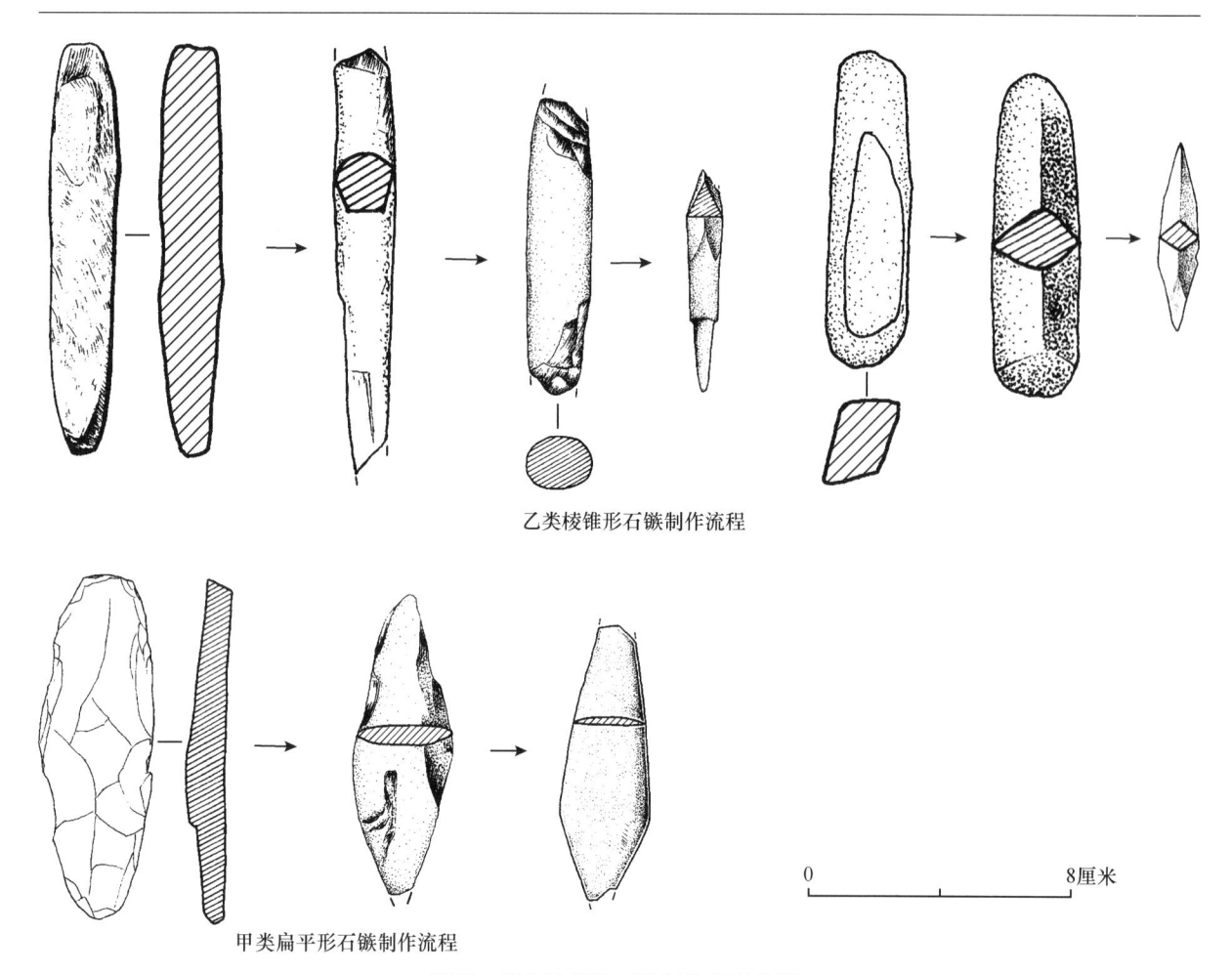

图五 罗家冲遗址石镞制作流程推测

张俭先生根据自然地理环境、遗址形态、考古学文化之间的密切关系，以及石镞的特征，将中国东南地区新石器时代石镞分为三大区：沿海贝丘遗址区、内陆山地遗址区、河谷遗址区[13]。并根据石镞的出土背景、技术传统、使用痕迹及其形制差异，将其划分为三种不同功用：一，"狩猎"用镞；二，"渔捞"用镞；三，"战争"用镞[14]。罗家冲遗址所处的地理位置紧邻上述分区中的河谷遗址区（包括赣北、粤北两个小区），石镞出土背景（主要出土于生活遗迹和地层中）与河谷遗址区中的赣北地区石镞出土背景相同。据张俭的研究，河谷遗址区新石器时代石镞的功用大多与战争有关[15]。

冈村秀典先生指出，公元前三千纪前后，中原地区的石镞的形制功能发生了较大的分化，存在从狩猎用镞向战争用镞的转化趋势（即镞的大型化、断面呈正三角形具有深刺效果的规整石镞的出现）[16]。随后，这种尖部截面约为等边三角形、镞身为圆柱体、铤为圆锥体的三棱形镞成为龙山时期中原和江汉地区较为盛行的形制[17]。

罗家冲遗址出土石镞的数量是目前中原和南方地区同时期遗址中总量最多的一处，尤其是以三棱镞为代表的棱锥形石镞的大量出现，不管是制作工艺的复杂程度还是形制结构及杀伤力等方面的优良性均代表了石镞制作的较高水平[18]。何驽先生在研究陶寺遗址出土石镞时指出："从箭镞远射武器杀伤力和穿透力学的角度看，C型棱锥体特别是三棱锥体箭镞的穿透力和杀伤力高于B型带脊柳叶形石镞，而B型镞的杀伤力和穿透力一定远高于A型片叶状石镞。并将这些棱脊石镞形象地称之为'穿甲镞'。"[19]

四、结　　语

通过上述分析，可以得出以下几点初步认识。

（1）通过与中原地区和南方地区同时期遗址中出土石镞数量的对比，可知罗家冲遗址是目前所知单个遗址中出土石镞数量最多的一处。根据遗址内共出的石料、毛坯（半成品）、残次品或废料及加工工具（砺石）等，基本可以确认遗址内应存在石器加工的场所，出土的石镞应是在遗址内自主加工制作而成。

（2）综合微痕分析结果和中原地区公元前三千纪前后石镞功能的转化趋势以及东南地区新石器时代河谷遗址区出土石镞的功能，推测罗家冲遗址出土石镞应主要用于战争。

（3）湘江中下游地区在堆子岭和岱子坪一期文化时期，仅发现少量扁平柳叶形石镞；至石家河文化时期，石镞出土数量和类型的迅速增加，应与石家河文化向南扩张的文化背景有关。除此之外，石器较为发达、石镞在石器中占比较高的特征以及在后续地方土著文化中的延续，则与邻近的"河谷遗址区"存在较大共性。

注　　释

[1] 长沙市文物考古研究所、宁乡市文化旅游广电体育局：《湖南宁乡市罗家冲遗址石家河文化遗存发掘简报》，《考古》2021年第5期。

[2] 张弛：《新石器时代石器的研究》，《中国考古学研究的世纪回顾——新石器时代卷》，科学出版社，2008年，第85、86页。

[3] 范梓浩：《罗家冲遗址出土石器岩性鉴定报告》，《宁乡罗家冲》附录二，科学出版社，待出版。

[4] 陈虹、薛理平、金瑶、唐伊雪：《宁乡罗家冲遗址出土石器微痕分析报告》，《宁乡罗家冲》附录三，科学出版社，待出版。

[5] 湖南省文物考古研究所：《湖南湘潭县堆子岭新石器时代遗址》，《考古》2000年第1期。

[6] 岱子坪一期文化以醴陵黄土坝遗址、湘乡岱子坪遗址一期遗存、长沙腰塘遗址、月亮山遗址为代表。郭伟民：《城头山遗址与洞庭湖区新石器时代文化》，岳麓书社，2012年，第343页。

[7] 何强：《长沙县腰塘新石器时代遗址》，《中国考古学年鉴·1989》，文物出版社，1990年，第206、207页。

[8] 湖南省博物馆：《湘乡岱子坪新石器时代遗址》，《湖南考古辑刊》第2集，岳麓书社，1984年。

[9] 湖南省地方志编纂委员会编：《湖南省志第二十八卷文物志》，湖南出版社，1995年，第18～20页。

[10] 浏阳樟树塘遗址仅发掘了一个6米×6米的探方（T1），出土石器116件，加上探方周围地表采集共计出土石器260件。湖南省文物考古研究所：《湖南浏阳城西樟树塘遗址发掘的主要收获》，《考古》1994年第11期。

[11] 江西省文物考古研究所、萍乡市博物馆：《江西萍乡市禁山下遗址的发掘》，《考古》2000年第12期。

[12] 山背遗址群在43处遗址中调查采集石器381件，试掘出土石器91件、砺石8件，共计480件，其中石镞187件。江西省文物管理委员会：《江西修水山背地区考古调查与试掘》，《考古》1962年第7期。

[13] 张俭：《中国东南地区新石器时代石镞研究》，学苑出版社，2020年，第112~114页。

[14] 张俭：《中国东南地区新石器时代石镞研究》，学苑出版社，2020年，第153~158页。

[15] 张俭：《中国东南地区新石器时代石镞研究》，学苑出版社，2020年，第158页。

[16] a. 冈村秀典著、张玉石译、朱延平校：《中国新石器时代的战争》，《华夏考古》1997年第3期。
b. 冈村秀典著、陈馨译、秦晓丽校：《中国文明——农业与礼制的考古学》，上海古籍出版社，2020年，第32页。

[17] 王清刚：《试论龙山时期的三棱镞》，《江汉考古》2017年第5期。

[18] 石质三棱镞制作成本极高，其圆柱体的镞身加工难度极大，需要先磨成多边棱柱状，再用兽皮包裹沙子旋转摩擦才可完成。中国社会科学院考古研究所、安徽省蚌埠市博物馆：《蚌埠禹会村》，科学出版社，2013年，第290页。

[19] 何驽：《陶寺遗址石器工业性质分析》，《三代考古》（七），科学出版社，2017年，第359、360页。

早期句鑃的文化属性及相关问题*

肖 航

（四川大学考古文博学院）

　　句鑃是两周时期的一种青铜打击乐器（下文未注明者均为青铜句鑃），器身呈为合瓦形，于部内曲，双铣外侈，舞部之下有长柄，形似甬钟，但在使用时句鑃的于部朝上，将器柄固定在器架之上，与甬钟的悬挂式演奏不同。句鑃广泛见于中国南部地区，其中以长江下游的吴越故地最为集中，故常被视为吴越文化中一种颇具特色的器物。但作为先秦时期南方地区青铜文化特有的一种乐器，句鑃的文化属性问题长期以来在学界中争议不断[1]。本文将以早期句鑃为线索，通过对各组器物的时空分布及考古学文化背景进行分析，从历时性的角度探讨句鑃的文化属性问题。

一、早期句鑃的特征与年代

　　目前已知的青铜句鑃以成组出土为主，以往的分期研究大致将先秦时期的句鑃划分为早、晚两期[2]。

　　晚期句鑃的数量占比较大，广泛见于长江下游地区，如安徽枞阳县旗山战国墓M18:1[3]和广德县高湖乡张家大村句鑃（图一）[4]。这类句鑃钟体修长，两侧铣部近平行，微侈，舞部和器柄之间的连接处有一方形台座，并有纹饰，器身的上半部近舞处也有连续排列的倒三角纹、卷云纹和雷云纹或勾连云纹等，铭文常见于器物的双栾处。从"配儿"句鑃[5]、"其次"句鑃[6]这类带有铭文的器物来看，晚期句鑃的年代上限不早于春秋晚期。

　　早期句鑃则以安徽青阳汪村[7]、繁昌[8]，江苏武进淹城[9]、高淳茶厂、高淳松溪[10]和湖北武穴[11]等地发现的六组23件为代表。这些句鑃均形制原始、制作简单、素面无纹。针对

作者简介：肖航，男，1996年5月生，安徽大学考古专业2018级硕士生。

* 基金项目：本研究获得国家社科基金重大项目"安徽沿江地区矿冶遗址调查与综合研究"（17ZDA222）资助。

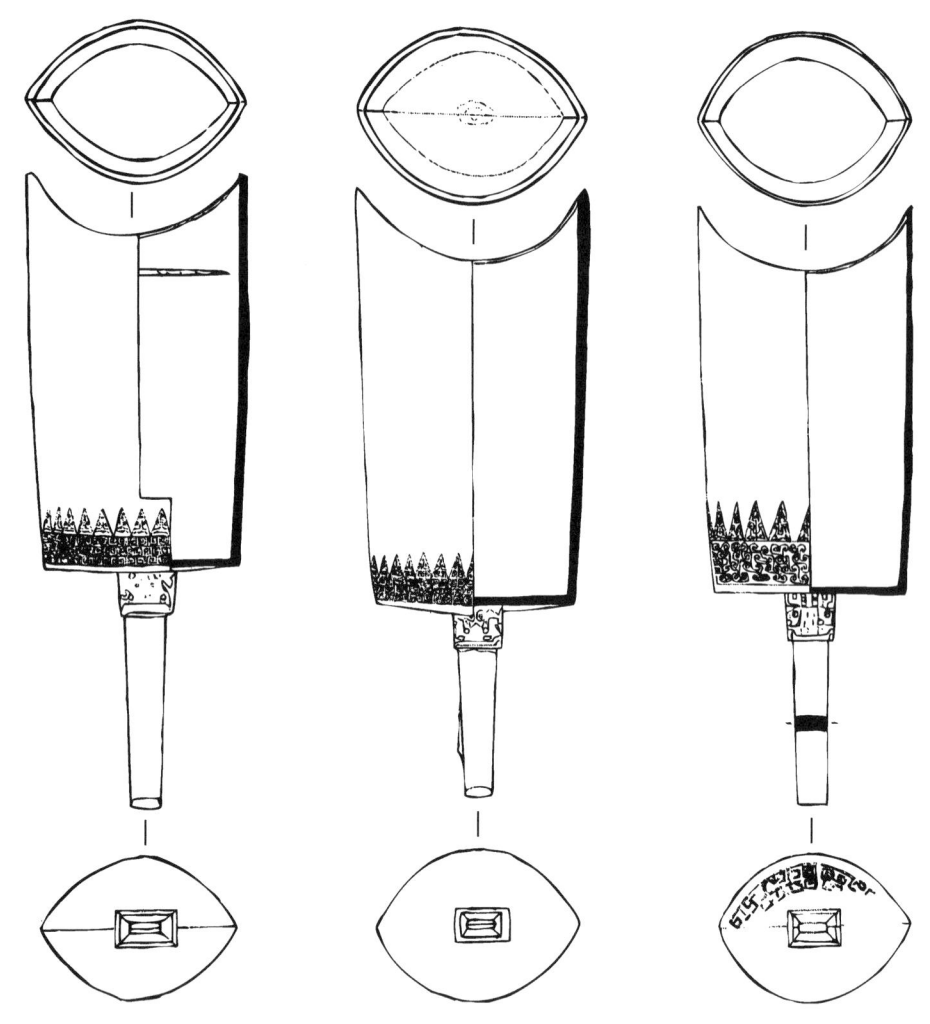

图一 晚期句鑃（广德句鑃）

其年代，学者们多认为在春秋早期前后[12]。笔者曾撰文通过对器型的排比，将青阳、繁昌两组句鑃的年代定为西周晚期，武穴句鑃的年代为春秋早期，淹城句鑃和松溪句鑃的年代同为春秋中期，茶厂句鑃的年代则为春秋中期或偏晚[13]（表一）。

表一 早期句鑃出土情况表 （单位：件）

名称	出土地点	数量	年代	出土单位性质
汪村句鑃	青阳汪村	4	西周晚期	墓葬
繁昌句鑃	县境内，具体地点未知	1	西周晚期	未知
武穴句鑃	城东长江水道	2	春秋早期	窖藏？
淹城句鑃	护城河内	7	春秋中期	窖藏
松溪句鑃	高淳松溪	7	春秋中期	窖藏
茶厂句鑃	高淳青山茶厂	2	春秋中期或偏晚	窖藏

二、早期句鑃文化属性探讨

两周时期的吴、越两国是具有不同渊源的两支考古学文化。从发展脉络来看，吴文化由夏商时期宁镇地区的点将台文化和湖熟文化发展而来，而点将台文化又是在龙山文化王油坊类型、山东龙山文化、江淮土著遗存以及环太湖流域良渚文化影响的基础上，随着二里头文化、岳石文化南下与本地区土著文化相互融合所形成的。因此，吴文化的渊源可追溯至中原及海岱地区[14]。越文化其直接来源为杭嘉湖地区的马桥文化，马桥文化主要因素来自于浙西南、闽北的肩头弄类型，因此越文化的源头可追溯至肩头弄类型[15]。在考古学文化面貌上看，二者最显著的特征体现在炊具的差异上，吴文化是以鬲为主要炊器，越文化则以鼎为主要炊器；空间分布上，两者分布的区域虽有部分犬牙交错，但吴国在北，以宁镇地区为中心，越国则在南，以太湖—宁绍平原为中心。因而，吴文化和越文化是有着各自文化发展渊源的不同族群。

基于此，可在分析上述六组早期句鑃时空分布及考古学文化背景的基础上，对早期句鑃的文化属性问题进行探讨。从出土位置来看，早期句鑃主要分布在皖南、鄂东、苏南三个地区。

（一）皖南地区

汪村句鑃发现于安徽青阳县庙前镇汪村，共有4件，保存状态较好，器身均为合瓦形，腔体较鼓，柄端处为圆角，大小依次递减（图二，1）。整体为合范铸造，甬部及舞面残存有范线痕迹，与该组器物共出的还有6件铜礼器和2件兵器，前者包括小口罐形鼎、附耳窃曲纹鼎、牺首尊、鱼龙纹盘各1件及龙耳尊2件，兵器为戈、矛各1件[16]。

繁昌句鑃现藏于繁昌县博物馆，仅1件，出土信息不明。该件句鑃的整体形制与汪村句鑃基本相同，整体亦朴素无纹，唯器柄与汪村句鑃略有不同，繁昌句鑃的器柄上下宽度基本相同，而汪村句鑃的器柄上窄下宽，这种细小的变化或与铸造有关（图二，2）。

青阳、繁昌两地同属于皖南沿江平原地区，地域相接，文化面貌相同，两地出土的句鑃的年代同为西周晚期，在此对其文化背景一并进行探讨。

皖南沿江平原地区北临长江，南靠皖南山区，整体地形西狭东阔，东与宁镇地区相接，其间并无较具规模的天然屏障，文化交流便利。从遗址的发掘情况来看，皖南沿江平原地区西周时期的文化面貌虽有自身的特点，但总体上与宁镇地区大同小异，可归为长江下游吴文化圈。宁镇地区西周时期的陶器始终以夹砂红陶、泥质红陶为主，素面器居多，并以素面鬲最具特色，自西周早期时开始出现并不断发展，直至东周时期[17]。这一特点亦见于皖南沿江平原地区的西周遗址中。如铜陵师姑墩遗址中西周陶器均以红色或红褐色为主，其中西周早中期之际的夹砂陶和泥质陶的数量大致相同，西周中、晚期时则以夹砂陶为主，而素面陶在整个西周时期皆为主要品种[18]；夏家墩和神墩遗址西周时期的遗存也体现出相同的文化面貌[19]；繁昌板子矶遗址亦反映出该遗址的文化面貌与宁镇地区具有较强一致性[20]。

从墓葬来看，皖南沿江平原地区与宁镇地区西周时期均流行土墩墓葬俗。从发掘的情况来看，平民墓占绝对比例，随葬品常见有印纹硬陶双耳罐、原始瓷豆及夹砂红陶器等。贵族墓包括青阳汪村铜器墓、繁昌汤家山铜器墓[21]、孙村铜器墓[22]及芜湖韩墩铜器墓[23]等。另外还发现有较多的青铜器窖藏。现有的研究亦表明皖南沿江地区的出土青铜器与宁镇地区关系甚密，如：汪村铜器墓出土的牺首尊与烟墩山牺觥的形制基本一致[24]，附耳圈足鱼龙纹盘在仪征破山口铜器墓中亦有发现[25]；汤家山铜器墓出土的鸠杖杖首在烟墩山、荞麦山西周墓中皆有类似器物出土，扁腹镂空耳短颈圈足簋在丹阳司徒窖藏里亦有发现，龙纽圈足盖盉与烟墩山、破山口等地出土的鼎形盉的设计思路和造型特征是一致的[26]。肖梦龙认为繁昌汤家山和青阳汪村两地出土的青铜器可为吴国中期的典型器群[27]。张敏则根据各墓葬出土铜器的类型与数量，将汤家山铜器墓定为吴国第一等级贵族墓；汪村铜器墓定为第二等级贵族墓；孙村铜器墓及韩墩铜器墓分别为第三、第四等级贵族墓[28]。

另有学者提出芜湖黄池乡的鸠兹城遗址为西周晚期—春秋早期的吴国都城[29]。这一观点虽有待考古工作的证实，但从聚落考古的角度看，西周晚期的皖南沿江地区无疑是得到了快速的发展。具体表现在：①皖南沿江地区所见的铜器墓年代均为西周晚期及其之后；②本地区的青铜手工业在西周晚期得到迅速发展，大量的铜矿资源在这一时期得到开发；③人口和聚落的增加，如西周晚期新出现的繁昌板子矶聚落，当涂船里山遗址西周晚期地层之下即是龙山晚期至夏初之后的地层，也表明了该聚落在西周晚期之前相当长的时间内无人居住[30]。此外，铜器墓的出现，表明以吴国贵族阶级为代表的政治势力在西周晚期进入此地，并且汪村铜器墓的随葬品更是凸显出墓主显赫的政治地位。

因此，无论是出土地点或是墓主身份，汪村句鑃都具有强烈的吴文化的背景。繁昌句鑃的具体出土信息虽不清晰，但考虑到整个地区的文化背景，亦应与吴文化关系密切。故可将汪村句鑃和繁昌句鑃视为吴器。

（二）鄂东地区

鄂东地区的武穴句鑃共2件，发现于县城东约4千米的长江航道内，尺寸略有差异但形制基本相同，均为侈铣，曲于，于口与舞部的长度比例较小，腔体较为扁平，器柄呈长条形，横断面为菱形，整体呈宽梯形，器表素面无纹饰，仅见有排列规整的凸圆点，年代为春秋早期。与句鑃一同发现的还有23件青铜甬钟（图二，3）。

武穴位于鄂东地区的东端边缘，北依大别山山脉，南与幕阜山山脉隔江而望，是长江中、下游地区之间交流交往的重要通道。鄂东地区的商周考古工作开展时间较早，已发掘有阳新大路铺[31]、蕲春毛家嘴[32]、九江神墩[33]、阳新和尚垴[34]等遗址。有学者认为鄂东地区在西周时期便已受到了来自宁镇地区的影响，以带把鬲、折腹碗、算珠形纺轮为代表[35]。进入春秋早期，来自长江下游地区的文化因素显示出了进一步增强的迹象。1993年武穴鼓山遗址清理了一座春秋早期墓葬M23，出土随葬品5件，其中包括有铜鼎1件（M23：1；图三，1），发

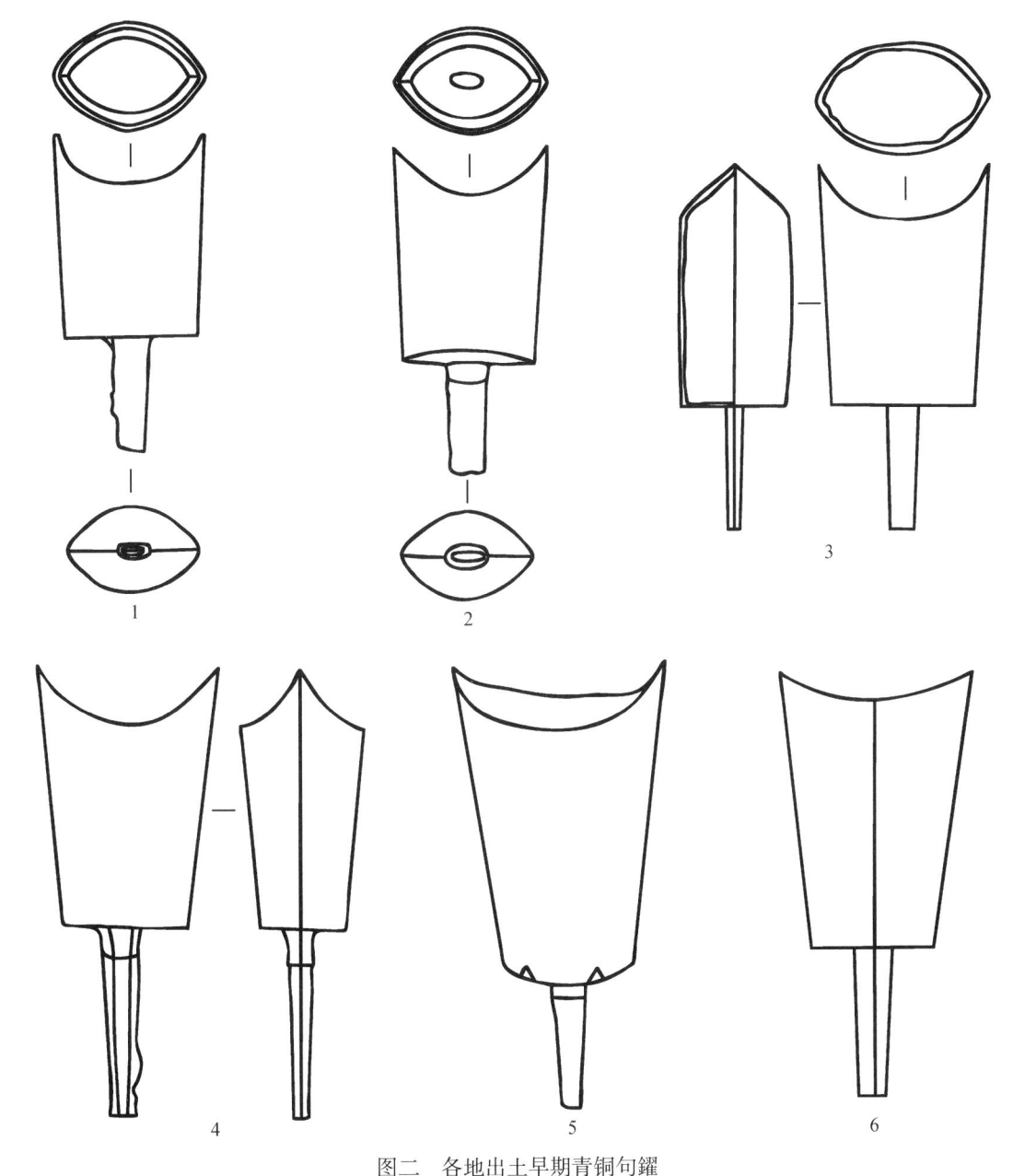

图二 各地出土早期青铜句鑃
1. 汪村句鑃 2. 繁昌句鑃 3. 武穴句鑃 4. 淹城句鑃 5. 松溪句鑃 6. 茶厂句鑃

掘者认为该件铜鼎具有明显越式鼎风格[36]。但从形制来看，鼓山M23∶1铜鼎为窄折沿，腹部较深，双耳外撇较甚，三足向中心微聚，与越式鼎差异显著，而同皖南地区的常见的侈耳鼎更为接近，如铜陵钟鸣余村铜鼎（图三，2）[37]。此外，与句鑃伴出的青铜甬钟也表现出同皖南地区的密切联系，如武穴B型甬钟器身两侧带有扉棱（图三，3），与铜陵董店A21号甬钟大致相同（图三，4）；武穴A型Ⅰ式甬钟的性质、纹饰（图三，5）更是与董店A20号甬钟（图三，6）基本一致[38]。

由此可见，进入春秋后，来自长江下游皖南地区的青铜文化因素已对鄂东地区产生了一定的影响。因此，可以认为武穴句鑃应与皖南沿江地区密切相关，具有较强的吴文化背景。

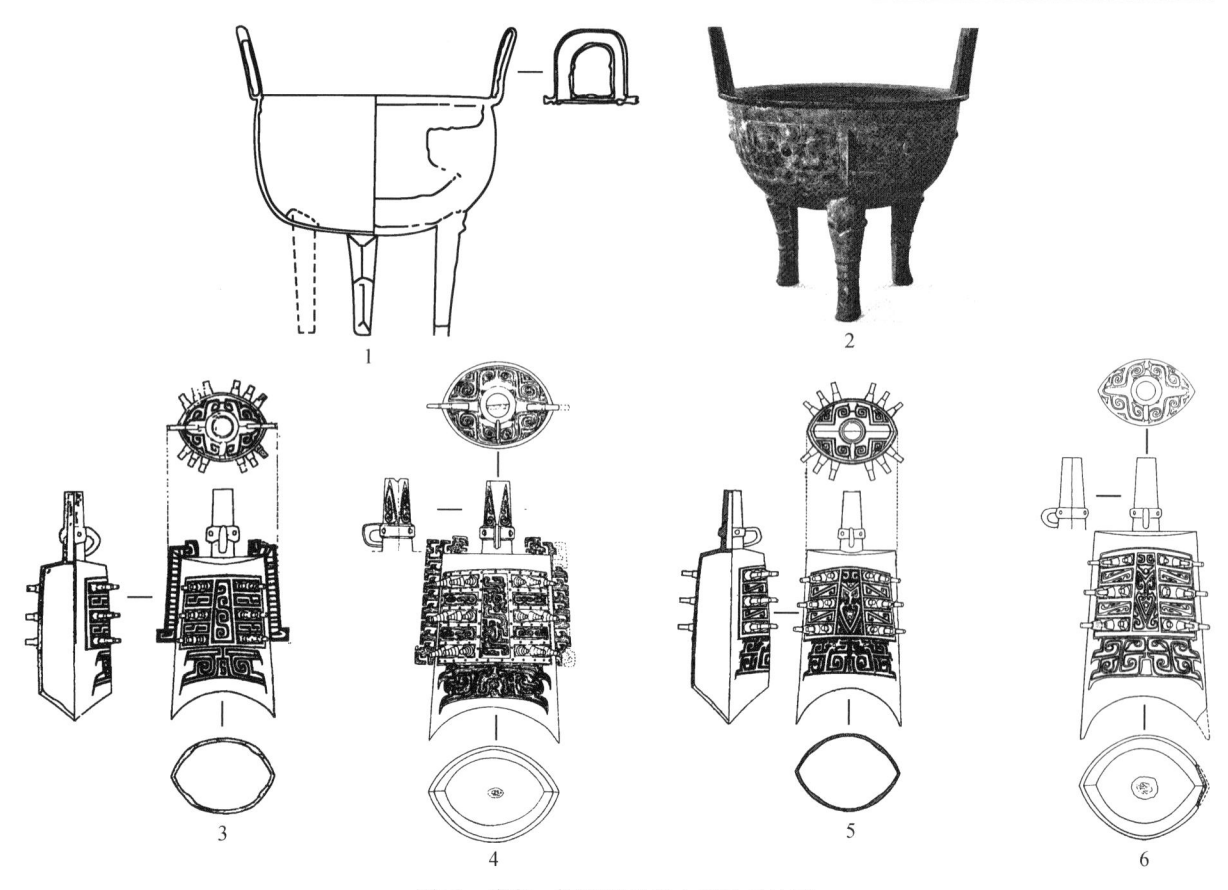

图三　武穴、铜陵两地出土器物对比图

1. 武穴鼓山M23∶1　2. 铜陵钟鸣余村铜鼎　3. 武穴B型钟　4. 铜陵董店A21号钟　5. 武穴A型Ⅰ式钟　6. 铜陵董店A20号钟

（三）苏南地区

苏南地区共发现早期句鑃3组16件，其中高淳2组9件，武进1组7件。

1. 高淳

高淳出土的两组句鑃分别发现于松溪和茶厂两地。

松溪句鑃共7件，整体素面无纹，尺寸依次递减，形制相同，皆为宽于窄舞，双铣外侈较甚，近舞处设有一素面台座，器柄为上宽下窄的长条形，个别器物的器柄带有长方形穿孔，应是使用时固定器身所用（图二，5）。

茶厂句鑃共2件，均宽于、窄舞，整体素面无纹，与松溪句鑃基本相似。器柄的差异较为显著。器柄部为扁长条形，上下宽度一致，并带有穿孔，近舞处无台座，特征较为明显（图二，6）。

高淳位于苏南地区西部，西与安徽省的当涂、郎溪、宣州三地相交，东部为茅山、天目山余脉，两周时期的文化遗存十分丰富。陈元甫通过分析墓葬材料，认为陶鬲的分布始终固定在茅山以西的宁镇地区，与浙东宁绍、浙西金衢等越地以鼎为主要炊器的考古学文化形成了明显的对比[39]。杨楠则结合土墩墓与青铜器材料，将土墩遗存分为宁镇区、黄山——天台山以南区及太湖——杭州湾区，其中宁镇区又可分为句容、高淳、溧水和南陵四个小区，并指出宁镇地区两周时期的土墩遗存基本上应属于吴文化遗存[40]。付琳通过分析江南地区周代墓葬出土随葬品的形式及组合在时间上的变化，亦将高淳地区归为吴文化范围内[41]。

总的来说，高淳地区所出的2组9件句鑃具有强烈的吴文化背景。

2. 武进

武进淹城句鑃发现于淹城遗址的护城河中，形制相同，尺寸依次递减，通高34.8～17.1厘米不等，双铣外侈较甚，于部宽，舞部窄，整体呈窄梯形。器柄为长条形，上宽下窄，棱角分明，近舞处还有一台座，素面无文，形制原始，应是台座的早期雏形。与句鑃共出的另有尊、盘、匜等青铜器（图二，4）。

淹城遗址位于武进湖塘镇南，筑建于西周晚期，至春秋中期时被废弃[42]。张敏认为淹城是西周晚期至春秋中期越国在吴越边界设置的军事城堡，并结合史料进一步指出淹城可能毁于春秋中期吴国的突然强大[43]。付琳通过对土墩墓的研究亦认为春秋早期吴、越两股势力在今武进、宜兴一线接壤，到了春秋中期时，太湖东北部已纳入吴文化的势力之中[44]。总的来看，武进地区在春秋中期时已属吴国，而该批句鑃的年代亦为春秋中期，可见武进句鑃出现于此应与吴文化对环太湖地区的扩张有关。

通过上文的分析可知，位于皖南—宁镇地区的青阳、繁昌、高淳三地在西周至春秋晚期均属吴文化分布区，其所出的4组14件句鑃占早期句鑃总量的60%。武穴句鑃及其共出的甬钟亦显示出皖南地区的青铜文化风格；淹城句鑃的年代与吴人进入太湖北岸的时间相同，二者应存在着必然的联系。综合来看，目前已发现的早期句鑃或是直接具有强烈的吴文化背景，或是与吴文化的扩张密切相关。此外值得注意的是，目前在越文化的核心分布区——杭嘉湖平原，目前尚不见有早期句鑃。因此可以将早期句鑃视为吴文化特有的乐器。

三、相关问题的探讨

句鑃作为吴越故地常见的青铜乐器，一般被认为是由南方地区商周时期是青铜大铙演变而来[45]，但目前并未发现由铙向句鑃演变的过渡器型。西周晚期后，句鑃的形制演变逐渐清晰。皖南沿江地区西周晚期的句鑃造型原始、制作较为粗糙，尤其是器柄的范线处多未经打磨修整，不甚规整。至春秋早中期，句鑃分布范围已拓展到长江中游的鄂东南地区、下游的宁镇地区以及太湖北岸。这一时期的句鑃制作逐步精细化，形制更加规整，器柄处的台座在这一时期开始出现。到了春秋晚期至战国早期，句鑃的分布范围进一步拓展，在皖南的广德，苏南的昆山[46]、张家港[47]及常熟（"姑冯"句鑃）[48]，浙中北的吴江[49]、德清武康（"其次"句鑃）、绍兴（"配儿"句鑃）及东阳[50]等地区均出土。这一时期的句鑃已进入成熟阶段，不仅形制高度统一,并出现了繁缛的各类纹饰,部分器物还发现有铭文。可以说,自西周晚期到战国早期,分布于吴越故地的句鑃经历了从出现、发展、到成熟三个阶段。

句鑃的文化属性问题为长期为学者们所关注,但始终未能形成较为一致的意见。从类型学的角度来看,任何事物都有其出现、发展、消亡的过程,因而都应该有一个祖形,即为最初形态,具有比较低级、简单、原始的特点,能够最大程度地反映出某一事物的本源[51]。从前文分析可知,青阳汪村组和繁昌组句鑃在形制上具有"祖形"的一般性特点,并具有强烈的吴文化背景;武穴、淹城和高淳出土的四组句鑃在形制上与前者一脉相承,演变序列清晰,仍与吴文化密切关联。因此可以说,生活在长江下游的吴人最早制作并使用了句鑃这类青铜器。

春秋中晚期时的吴国迅速强大,吴越之间战争程度开始加剧,这也使两国的文化交流日趋紧密。春秋晚期,夫差败越于夫椒并占领越国之后,吴文化开始更加深刻地影响着越国,在勾践灭吴后,吴越文化则完全交融。此时的句鑃已成为了吴越地区广泛使用的一种礼仪乐器,尤以常熟"姑冯"句鑃最具代表。据考证该器的作者为越王句践时期的大夫舌庸之子[52],由此可见至迟在春秋战国之交,越国的贵族阶级开始制作并使用句鑃。不唯如此,越人对句鑃的接纳这一时期的墓葬中亦有体现。春秋时期的越国贵族墓常见有丰富的原始瓷器,主要包括礼器(容器类)和日用器[53]。进入到战国后,作为明器的句鑃开始出现在墓葬中,如战国初期的无锡鸿山越墓共出土有原始瓷或硬陶句鑃70余件,均制作规整、纹饰精美[54],另在长兴鼻子山M1[55]及海盐丰山村[56]等战国时期的越墓中亦有出土。制瓷业是越文化中最为重要的传统手工业,明器句鑃的大量出现反映了吴越文化的深度交融,而这类烧制而成的句鑃无疑具有浓厚的越文化色彩。

四、结　　语

总的来说,句鑃作为南方地区先秦时期长期且广泛使用的一种器物,经历了吴人创造、吴越共用、越人改造三个阶段,其文化属性显示出了一定的复杂性,可视为吴、越二元文化走向交融的典型个案。

注　　释

[1]　a. 郑小炉:《吴越和百越地区周代青铜器研究》,科学出版社,2007年,第116页。

　　b. 朱国伟:《句鑃国属新考》,《南方文物》2012年第2期。

　　c. 俞珊瑛:《越文化青铜乐器初探》,《东南文化》2012年第1期。

　　d. 张小帆:《湖北襄阳沈岗出土"青铜句鑃"辨疑——兼谈古代南方青铜乐器的定名》,《东南文化》2014年第3期。

　　e. 张勍:《〈鸿山乐器五说〉驳议——兼论南方音乐文物的定名》,《南方文物》2014年第4期。

f. 肖梦龙：《试论江南吴国青铜器》，《东南文化》1986年第1期。

g. 朱国伟：《句鑃国属新考》，《南方文物》2012年第2期。

h. 俞珊瑛：《越文化青铜乐器初探》，《东南文化》2012年第1期。

[2] 刘宝山：《句鑃浅谈》，《东南文化》2010年第5期。

[3] 郑玲、叶润清：《试析安徽枞阳旗山战国墓出土铜句鑃》，《文物》2010年第12期。

[4] 刘政：《安徽广德青铜句鑃初探》，《东南文化》1994年第1期。

[5] 绍兴文管会：《绍兴发现两件钩鑃》，《考古》1983年第4期。

[6] 容庚：《商周彝器通考》，哈佛燕京学社，1941年，第488页及图版936。

[7] 石谷风：《青阳出土的西周晚期铜器》，《安徽文博》1983年第3期。

[8] 宫希成、陆勤毅：《皖南商周青铜器研究》，文物出版社，2008年，第156页。

[9] 倪振逵：《淹城出土的铜器》，《文物》1959年第4期。

[10] 刘兴：《镇江地区近年出土的青铜器》，《文物资料丛刊·5》，文物出版社，1981年，第106~111页。

[11] 湖北省博物馆、武穴县文化馆：《湖北广济发现一批周代甬钟》，《江汉考古》1984年第4期。

[12] 冯伟认为青阳和繁昌两组句鑃应不晚于春秋早期；郑小炉、郎剑锋将淹城组句鑃定为春秋早期；刘兴认为松溪组的年代为西周晚期至春秋早期；刘建国则将茶厂、松溪两组器物归为春秋早期；武穴组句鑃也被清理者定为春秋早期前后之物。参见冯伟：《皖南出土青铜句鑃的类型和年代分析》，《东方博物》2010年第3期；郑小炉：《吴越和百越地区周代青铜器研究》，科学出版社，2007年，第116页；郎剑锋：《吴越地区出土商周青铜器研究》，山东大学博士学位论文，2012年；刘兴：《镇江地区近年出土的青铜器》，《文物资料丛刊·5》，文物出版社，1981年；刘建国：《论江南周代青铜文化》，《东南文化》1994年第3期；湖北省博物馆、武穴县文化馆：《湖北广济发现一批周代甬钟》，《江汉考古》1984年第4期。

[13] 肖航：《再谈早期青铜句鑃的年代》，《铜陵学院学报》2019年第6期。

[14] 段天璟：《宁镇地区夏时期的考古学文化结构——兼谈江淮地区的文化变迁》，《东南文化》2011年第4期。

[15] 张敏：《吴越文化比较研究》，南京出版社，2018年，第94~138页。

[16] 石谷风：《青阳出土的西周晚期铜器》，《安徽文博》1983年第3期。

[17] 邹厚本：《略论宁镇地区青铜文化序列》，《东南文化》1990年第5期。

[18] 安徽省文物考古研究所：《安徽铜陵县师姑墩遗址发掘简报》，《考古》2013年第6期。

[19] 安徽省文物考古研究所、北京大学考古文博学院：《安徽铜陵夏家墩、神墩遗址发掘简报》，《江汉考古》2015年第6期。

[20] 安徽省文物考古研究所、繁昌县文物管理局：《安徽繁昌板子矶周代遗址发掘简报》，《文物》2013年第10期。

[21] 安徽省文物工作队、繁昌县文化馆：《安徽繁昌出土一批春秋青铜器》，《文物》1982年第12期。

[22] 张国茂：《安徽铜陵谢垱春秋铜器窖藏清理简报》，《东南文化》1990年第4期。

[23] 安徽大学、安徽省文物考古研究所：《皖南商周青铜器》，文物出版社，2006年，图16、图38。

[24] 中国青铜器全集编辑委员会：《中国青铜器全集·11》，文物出版社，1997年，图37。

[25] 中国青铜器全集编辑委员会：《中国青铜器全集·6》，文物出版社，1997年，图138。

[26] 张爱冰、陆勤毅：《繁昌汤家山出土青铜器的年代及其相关问题》，《文物》2010年第12期。

[27] 肖梦龙、林留根：《皖南吴国青铜器分期研究》，《吴国青铜器综合研究》，科学出版社，2004年，第52页。

[28] 张敏：《吴越文化比较研究》，南京出版社，2018年，第254、255页。

[29] a. 张敏：《鸠兹新证——兼论西周春秋时期吴国都城的性质》，《东南文化》2014年第5期。
b. 张小帆：《繁昌汤家山西周墓的再认识》，《南方文物》2014年第1期。

[30] 安徽省文物考古研究所、当涂县文物管理所：《安徽当涂船里山遗址发掘简报》，《东南文化》2018年第3期。

[31] a. 湖北省文物考古研究所、阳新县博物馆：《阳新大路铺遗址东区发掘简报》，《江汉考古》1992年第3期。
b. 湖北省文物考古研究所、湖北省黄石市博物馆、湖北省阳新县博物馆：《阳新大路铺》（上、下册），文物出版社，2013年。

[32] 中国科学考古研究所湖北发掘队：《湖北蕲春毛家咀西周木构建筑》，《考古》1962年第1期。

[33] 江西省文物工作队、九江市博物馆：《江西九江神墩遗址发掘简报》，《江汉考古》1987年第4期。

[34] 咸宁地区博物馆、阳新县博物馆：《阳新县和尚垴遗址调查简报》，《江汉考古》1984年第4期。

[35] a. 李克能：《鄂东地区西周文化分析》，《东南文化》1994年第3期。
b. 赵东升：《论鄂东南地区西周时期的考古学文化格局及政治势力变迁》，《华夏考古》2013年第2期。

[36] 湖北省京九铁路考古队：《武穴鼓山发掘一座春秋越人墓》，《江汉考古》1996年第4期。

[37] 陆勤毅、宫希成：《皖南商周青铜器研究》，文物出版社，2016年，第75页。

[38] 安徽大学、安徽省文物考古研究所：《皖南商周青铜器》，文物出版社，2006年，第118~123页。文中器物编号参考《皖南商周青铜器》。

[39] 陈元甫：《土墩墓与吴越文化》，《东南文化》1992年第6期。

[40] 杨楠则结合江南地区土墩墓及青铜器材料，将土墩遗存分为宁镇区、黄山——天台山以南区及太湖——杭州湾区，其中宁镇区又可分为句容、高淳、溧水和南陵四个小区，他认为宁镇地区两周时期的土墩遗存基本上应属于吴文化遗存，另外两大区则大体上分属于越文化遗存。参见杨楠：《商周时期江南地区土墩遗存的分区研究》，《考古学报》1999年第1期。

[41] 付琳：《江南地区周代墓葬的分期分区及相关问题》，《考古学报》2019年第3期。

[42] 南京博物院等：《淹城——1958至2000年考古发掘报告》，科学出版社，2014年。

[43] 张敏：《吴越文化比较研究》，南京出版社，2018年，第181页。

[44] 付琳：《江南地区周代墓葬的分期分区及相关问题》，《考古学报》2019年第3期。

[45] 徐孟东：《句鑃发微——对一种先秦乐器历史踪迹的寻觅与思考》，《中国音乐学》1994年第2期。

[46] 王辉：《青浦博物馆藏春秋青铜钩鑃》，《上海文博论丛》2007年第2期。

[47] 《中国音乐文物大系》总编辑部：《中国音乐文物大系·上海江苏卷》，大象出版社，1996年，第204页。

[48] 李纯一：《中国上古出土乐器综论》，文物出版社，1996年，第330、331页。

[49] 吴钊：《追寻逝去的音乐踪迹—图说中国音乐史》，东方出版社，1999年，图版8.33，第93页。

[50] 朱杨晓：《东阳市博物馆藏春秋战国青铜器》，《东方博物》2011年第4期。

[51] 严文明：《考古学初阶》，文物出版社，2018年，第65页。

[52] 李家浩：《关于姑冯句鑃的作者是谁的问题》，《传统中国研究集刊》（第七辑），2009年，第1~7页。

[53] 郑建明：《春秋中晚期原始瓷的衰落与吴文化的南下》，《东南文化》2019年第5期。

[54] 南京博物院等：《鸿山越墓发掘报告》，文物出版社，2007年。

[55] 浙江省文物考古研究所等：《浙江长兴鼻子山越国贵族墓》，《文物》2007年第1期。

[56] 浙江省文物考古研究所、海盐县博物馆：《浙江海盐出土原始瓷乐器》，《文物》1985年第8期。

上博简《子羔》乐正瞽叟发微

左 勇

（安徽大学历史学院）

近些年来，出土文献研究获得了"井喷式"发展，其中尤以简牍学为热，在新出土的战国简牍材料中，有不少新见的古史传说，引发热议。《上海博物馆藏战国楚竹书（二）》中《子羔》是一篇重要的儒家文献，内容为孔子与弟子子羔之间的问答。孔子在答复子羔时，提及舜为"有虞氏之乐正吉寽之子也"，陈剑先生指出"吉寽"为人名，即舜父[1]，陈伟、李学勤两位先生赞同陈说，并指出"吉寽"可读作"瞽叟"[2]，目前已被学界广泛接受。瞽叟是古史传说中的人物，传世文献中瞽叟也可写作"瞽瞍"，不过尚未见载瞽叟担任乐正，《子羔》提出了一种新说法。大多数学者认为"有虞氏之乐正瞽叟"是可以据信的[3]。但结合同时代的其他文献来看，《子羔》载瞽叟为乐正应当属于一种战国传闻，出自时人"有条件"的构拟，经不住推敲。以下是笔者的一些思考。

一、瞽叟之瞽的含义

多数学者认同《子羔》所称乐正瞽叟，最主要的依据是《吕氏春秋·古乐》的记载："瞽叟乃拌五弦之瑟，作以为十五弦之瑟，命之曰《大章》，以祭上帝。"瞽叟作乐，理应是乐官。翻阅《吕氏春秋·古乐》，不难看出这种理解可能简单化了，《古乐》通篇都在讲述上古及三代先贤作乐之事，除了瞽叟，还提到飞龙、咸黑、质、皋陶、伊尹、周公等作乐，其作者似不太可能会认为皋陶、伊尹、周公等著名的执政大臣也是乐官。换言之，《古乐》所载作乐者并非一定就是乐官，《吕氏春秋·古乐》记载瞽叟作乐，并不能作为瞽叟为乐正的直接证据。

另有论者从瞽叟之瞽出发，"瞽"为古代盲人乐官，可与《子羔》"乐正"相印证。以瞽叟之瞽为官称，很早就有学者提出，如清人汪中就指出瞽瞍之瞽"此非其名，乃官也"[4]。

作者简介：左勇，男，1992年10月生，安徽大学历史学院讲师。

考察文献中关于先秦乐官的记载，可以发现瞽与乐正是两种不同的乐官，如《韩非子·八说》云，"上下清浊，不以耳断而决于乐正，则瞽、工轻君而重于乐正矣"，显然乐正是瞽的上级。乐正即乐官之长，统御全体乐官。乐正的职司也是盲人不能胜任的，乐正兼通奏乐、歌诗和舞蹈，如《礼记·王制》载"乐正崇四术，立四教，顺先王诗、书、礼、乐以造士"。《礼记·月令》载"命乐正入学习舞"，郑玄注："乐正，乐官之长，掌国子之教"[5]。先秦舞蹈一般由多人表演，并有舞具、配乐之法，如干戚之舞、八佾之舞，盲人并不适合。《周礼·春官宗伯·瞽》载瞽"鼓琴瑟，掌九德六诗之歌"，瞽只会奏乐、歌诗而已，表演时还需要专门人员"相"来搀扶、辅助，并不涉及舞蹈。根据《仪礼》中关于周代乡饮酒、飨礼、射礼等用乐环节的记载，乐正更多是作为乐舞活动的指挥者和领导者，一般不参与直接表演，瞽则恰好相反，由于眼盲，瞽更专精于艺术表演，但却无法指挥全体乐官。因此，将瞽叟之瞽解释成乐官"瞽"，其实与《子羔》记载瞽叟为乐正是相抵触的，不能作为瞽叟为乐正的积极证据。

关于瞽叟之瞽的含义，原本是经学史上的经典命题。《尚书·尧典》提及舜为"瞽子，父顽"，大义即"瞽"是舜的"顽父"。后来《史记·五帝本纪》载舜为"盲者子"，直接将"瞽"解释成盲人。对此，《尚书》伪孔传另有一种解释："舜父有目不能分别好恶，故时人谓之瞽。"因为他不分善恶，故而被蔑称为"瞽"。自汉代以降，大部分学者支持《史记》的解释，如蔡沈、梁玉绳、王先谦等[6]，较少者赞成《尚书》伪孔传的说法，如孔颖达等[7]。

对于瞽叟之瞽的论证，古注多带有裁剪、揣度。从史源学的角度来看，目前最早关于瞽叟事迹的记载，出自《孟子·万章上》，即瞽叟谋害舜之事：

> 父母使舜完廪，捐阶，瞽瞍焚廪。使浚井，出，从而揜之。象曰："谟盖都君咸我绩，牛羊父母，仓廪父母，干戈朕，琴朕，弤朕，二嫂使治朕栖。"象往入舜宫，舜在床琴，象曰："郁陶思君尔。"忸怩。舜曰："惟兹臣庶，汝其于予治。"

上述大义即，瞽叟让舜修粮仓、挖井，却趁机焚烧粮仓，掩埋水井，打算加害舜，舜的弟弟象想夺取舜的家室，结果发现舜幸免于难。象掩饰了恶意，舜打算任用象治理民众。对于该段引文，古代学者多有讨论，如东汉赵岐提出："《孟子》所言舜事，皆《尧典》及逸《书》所载。"[8]清人阎若璩认为："又'父母使舜完廪'一段，文辞古崛，不类《孟子》本文。……《孟子》此一段其为《舜典》之文无疑。"[9]刘起釪先生赞同阎说[10]，王晖先生表示上述引文中"谋"被写作"谟"，"与"被写作"于"，属于很早的文字用法[11]。大致自汉代以来，学者基本认为上述引文应该就是《舜典》的佚文。《孟子》这段记载言辞晦涩，和其他处的表述截然不同，时代应该更早，极有可能出自《舜典》或是先秦逸《书》，应该是目前关于瞽叟最早、最可信的记载。在该段记载中，瞽叟焚烧粮仓，掩埋水井，图谋不轨，根本不像是一个盲人能够办到的，瞽叟之瞽当有别意。

《史记·五帝本纪》认为瞽叟为盲人，但也肯定了瞽叟焚廪、填井以谋害舜：

瞽叟尚欲杀之，使舜上涂廪，瞽叟从下纵火焚廪。舜乃以两笠自扞而下，去，得不死。后瞽叟又使舜穿井，舜穿井为匿空旁出。舜既入深，瞽叟与象共下土实井，舜从匿空出，去。

该段引文内容与《孟子》的记载基本相同，唐人孔颖达曾指出其中的矛盾之处："《史记》云瞽瞍使舜上廪，从下纵火焚廪；使舜穿井，下土实井。若其身自能然，不得谓之无目。"[12] 孔氏指出瞽叟能够亲自点燃房屋，填埋水井，不会是个盲人。简单来说，《史记》认为瞽叟是盲人，与同篇记载瞽叟谋害舜是自相矛盾的。也有古人也感觉《史记》的叙事不能自洽，欲行调和，如《路史·后纪》注引《类林真元赋》载："叟掩井后，双目乃瞽"，"舜舐父目，寻以光明"[13]，该说的捏造痕迹明显，其意是试图弥合瞽叟"眼瞎"和"亲自谋杀舜"之间的矛盾，故而特意强调瞽叟是在掩埋水井后才眼瞎的，这样一来，瞽叟焚廪、填井也就不受眼瞎的影响了。

就已有材料看，《尚书》伪孔传的观点较为可信，"舜父有目不能分别好恶，故时人谓之瞽"，瞽叟之瞽其实是对舜父的蔑称。在传统观念中，瞽叟是"恶父"的典型象征，近乎于一种文化符号，至迟在战国时期就已经形成了。在瞽叟为"恶父"的文化语境中，战国时人又提出舜为帝之后惩罚了瞽叟，并将他流放，"父有良子而舜放瞽叟"（《慎子·知忠》），"瞽瞍为舜父而舜放之"（《韩非子·忠孝》）。退一步说，从字面含义看"瞽叟"的命名并不得体，不太可能是他的本名。顾颉刚、刘起釪先生就指出"瞽叟"原意是"瞎老头"，但却附会成这个老头的名字，"叟"也因"瞽"的含义而转写作"瞍"，故而文献又写作"瞽瞍"[14]，可从。瞽叟的寓意不好，先秦时期古人取名已经讲究"夫名以制义"（《左传》桓公二年），瞽叟为舜父，作为有虞氏的族长，不应当使用寓意不佳的名字。因此，瞽叟不是舜父的本名，舜父也不是真正的盲人，只是因为事迹恶劣而被赋此蔑称。

古史传说人物常常会因其特点、品性而被另取别名。如玄妻和伯封，"昔有仍氏生女，黰黑而甚美，光可以鉴，名曰玄妻。乐正后夔取之，生伯封，实有豕心。贪惏无餍，忿颣无期，谓之封豕。有穷后羿灭之，夔是以不祀"（《左传》昭公二十八年）。有仍氏之女因发黑而被称为"玄妻"，夔之子"伯封"因贪婪似猪被称为"封豕"。"玄妻"和"封豕"都不是其本名，但传说人物的别名、恶称的流传性往往强于本名，故而在其他文献中，两人的真名均不见载，反倒是别名见称，如《楚辞·天问》追溯后羿代夏之事称："封狶是射"，"眩妻爰谋"，狶即豕，封狶即封豕，眩妻即玄妻。

孔子曾说："未见颜色而言谓之瞽。"（《论语·季氏》）孔子所说的"瞽"并不是指盲人，而是比喻缺乏判断能力的"睁眼瞎"，瞽叟之瞽也应该取比喻之义，而非真的瞎眼，只是因为他不识舜之孝顺，竟行歹事，故而被蔑称为"瞎老头"，真名已经不传。战国时期，某种传闻根据瞽叟之瞽将他理解成盲人，这种传闻被《史记》所继承，另有一些传闻根据古代乐官多用盲人，将瞽叟和音乐联系起来，上博简《子羔》甚至将他设定为乐正。虽然这不能算是完全的"胡编乱造"，但已经违背了原记载的本义。上博简《子羔》载瞽叟为乐正，类似于战国时有人将"夔一足"解释为夔仅有一只脚,孔子解释说:"夔非一足也,一而足也"(《韩非子·外储说下》),"一足"意为"一人就足够了",将"夔一足"解释为夔仅有一只脚属于对字面含义的错误理解或有意曲解。

二、"乐正瞽叟"的文化内涵

上博简《子羔》载瞽叟为乐正属于战国时期并不流行的传闻,将此与"齐东野人之语"相比也未尝不可。无独有偶,《上海博物馆藏战国楚竹书(二)》中的另一篇《容成氏》中还记载了"契"担任了虞舜的乐正[15]。众所周知,《左传》《荀子·成相》等传世文献都记载虞舜时期的司徒为契,乐正为夔,非常统一。《容成氏》中提出契为乐正,与主流说法相异,因此所有学者都反对《容成氏》的记载,裘锡圭先生对此解释说:"从我们前面说过的乐正和司徒都掌教育的情况看,在先秦时代还有过契为乐正的说法是很自然的。"[16]实为不刊之论。在主流的古史传说中,契为舜的司徒,司徒的一大职责是教化百姓,"商契能和合五教"(《国语·郑语》),"契为司徒而民成"(《礼记·祭法》),但在教化百姓上,战国时人又特别推崇乐教,以乐育民,因此乐正也可以负责教化。在教化百姓上,乐正和司徒存有职能上的重叠,司徒契也就因此被转化成了乐正契。

众所周知,战国时期的古史传说往往有多个并行的版本,传闻者往往根据某种意愿,利用对史事的重新解读,或是一些字词的重新解释,来制造或改编古史,这些被制造或改编的古史往往真伪难辨,单纯肯定或完全否认都难以令所有人信服。与《容成氏》记载契为乐正一样,《子羔》记载瞽叟为乐正并不适合作为史实来看待,但从观念史的角度,不妨将"瞽叟为乐正"看作一种战国时期的文化现象来予以观察,以发现其背后的文化内涵作为探究目标。

乐正瞽叟为虞舜之父,乐正契为虞舜之臣,实际上在很多古史传说中,舜身边的人物都与乐舞有着密切的联系,如《尚书·尧典》载夔为舜的典乐,《吕氏春秋·古乐》载延为舜作乐,《国语·郑语》载舜的祖先虞幕也能"听协风,以成乐物生者也"。甚至舜自己也精通乐律,如《韩非子·外储上》载:"昔者舜鼓五弦之琴,歌南风之诗而天下治"。这些记载内容的可信度姑且不论,这种现象却非常值得思考:为何战国时人如此热衷于塑造舜与乐舞之间的联系?

至迟在周代,乐舞之事就已被赋予了一种政治属性。至春秋末期以后,虽然经历了礼崩乐坏,但是"乐"的政治内涵反而被思想家们抬得更高,特别是利用"乐"教化民众的功能,似可称之为"乐教"。《论语·阳货》载:

> 子之武城,闻弦歌之声。夫子莞尔而笑,曰:"杀鸡焉用牛刀?"子游对曰:"昔者偃也闻诸夫子曰:'小人学道则易使也。'"子曰:"二三子,偃之言是也。前言戏之耳。"

子游治理武城，大兴雅乐教化民众，孔子到武城时听到了乐声，对子游开玩笑，子游则用孔子昔日的教诲答复，"小人学道则易使也"，立即获得了孔子的赞同，这里"道"即指弦歌雅乐，"小人"泛指普通民众，在儒家思想中，先秦雅乐可以教化百姓，使得百姓听命易使。至战国时，"乐教"观念得到进一步发展，并上升到治国之道的层面上，如《荀子·乐论》载："夫声乐之入人也深，其化人也速，故先王谨为之文。乐中平则民和而不流，乐肃庄则民齐而不乱。"《吕氏春秋·适音》载："先王之制礼乐也，非特以欢耳目，极口腹之欲也，将以教民平好恶、行理义也。"战国时期"乐教"多被时人托古，乐被宣称为先贤所作，先贤用乐治民，移风易俗，而不是为了满足私欲，因此使得天下大治。这种思想甚至最后发展为乐是圣王功绩的代表，是盛世的象征。如《礼记·乐记》载："王者功成作乐"，"其功大者其乐备"，只有贤能的、成就卓著的王者才可作乐，而且功绩越大，所作的乐越完善。又如《吕氏春秋·大乐》载："天下太平，万物安宁，皆化其上，乐乃可成"，强调当天下太平，物阜民安之时，乐才会形成。《墨子·三辩》举出实例："汤放桀于大水，环天下自立以为王，事成功立，无大后患，因先王之乐，又自作乐，命曰《护》，又修《九招》；武王胜殷杀纣，环天下自立以为王，事成功立，无大后患，因先王之乐，又自作乐，名曰《象》。"商汤、周武建国之后，虽然继承了虞、夏之乐，但一定要另作新乐，以新乐来证明自己的伟大成就。

结合这种思想背景，似可为战国时人热衷于塑造舜与乐舞之间的联系提供一种解释。舜是中国古史上极负盛名的贤君，舜本人是圣王的代表，他的治下是盛世的象征。在战国思想家眼中，舜之所以能够取得伟大成就，一部分得力于他大兴乐教，如《韩非子·外储上》载："昔者舜鼓五弦之琴，歌南风之诗而天下治"，《吕氏春秋·察传》载"昔者舜欲以乐传教于天下，乃令重黎举夔于草莽之中而进之，舜以为乐正。夔于是正六乐，和五声，以通八风，而天下大服。"以上两则记载一者说舜自己作乐使天下大治，一者说舜命夔作乐使天下大服，传闻虽有别，但主旨都是强调舜是通过乐教而取得成功。从另一角度看，舜既创就盛世，获得伟业，他就应该制作出与本人成就和品德相匹配的"乐"。众所周知，舜所作之乐叫《韶》，《庄子·天下》载"黄帝有《咸池》，尧有《大章》，舜有《大韶》，禹有《大夏》，汤有《大濩》"，其中以《韶》最为人所熟知。《韶》极负盛名，孔子曾称赞使他"三月不知肉味"的《韶》"尽善尽美"，春秋时期季札观乐，也称赞《韶》："德至矣哉！大矣！如天之无不帱也，如地之无不载也"（《左传》襄公二十九年）。他们在称赞《韶》的同时，也包含着对舜的品德和功绩的由衷赞扬，《韶》正象征着舜的伟大品德和巨大成就。

战国时的思想家们，其中尤以儒家为代表，非常推崇舜的高尚品行，他们认为舜不仅大行乐教，促成天下大治，在天下大治之后又作乐颂功。在这种思想的推动和催化下，舜乃至其身边的人都会被时人和音乐联系起来。传闻者在转述舜的传说时接受了这种思想的影响或暗示，有意识或无意识地围绕着舜身边的人，通过对史实的重新解读或字词的重新释读，塑造出一些新的乐官。如上博简《容成氏》载契为帝舜时乐正就属于对史事的重新解读，将教化百姓的司徒解释成以乐教民的乐正，而上博简《子羔》载瞽叟为有虞氏之乐正则属于对字词的重新释读，将蔑称"瞽"和乐正联系起来，两者应该为同一系传闻，但该系传闻在战国时不甚流行，从者很少，所以没有流传下来。

战国时期的乐官身份卑微，只能为君王提供声色娱乐，在政治上几乎没有发言权。而在一些战国思想家们描绘出的尧舜时期的政府中，乐官参与政治，风教百姓，促成盛世，可以说与当时的现实情况严重脱节。这类思想家往往对于礼乐政治带有强烈的认同，强调"先王之治"，很多是出于儒者之流，以孔子、荀子最为典型。《子羔》属于典型的儒家文献，作者大概并非子羔本人，而是由某位儒生托名，当然也可能是子羔的弟子在子羔死后整理写出。《子羔》记载舜的父亲，瞽叟为有虞氏之乐正，符合了当时儒家对于古史的整体态度，且有抬高瞽叟的倾向。上博简《容成氏》所属学派还在讨论之中，但已有学者指出《容成氏》反映出了儒家思想[17]，从所载的"乐正"问题来看，当为可取的意见。

小　结

从《孟子·万章上》的记载来看瞽叟不会是个盲人，《尚书》伪孔传的观点是正确的，瞽叟不是本名，而是蔑称，讥讽他有眼无珠，上博简《子羔》载瞽叟为有虞氏之乐正属于对"瞽"字面含义的曲解，瞽叟与乐正无关。和上博简《容成氏》载契为舜之乐正一样，上博简《子羔》载瞽叟为乐正可以被理解为一种战国时期的文化现象，受到了当时强调乐的政治功用的思想的影响，以儒家为首的战国思想家们围绕着舜，"有条件"地塑造出了一批乐官。

注　释

[１]　陈剑：《上博简〈子羔〉〈从政〉篇的竹简拼合与编连问题小议》，《文物》2003年第5期。

[２]　陈伟：《〈上海博物馆藏战国楚竹书（二）〉零释》，《武汉大学学报（哲学社会科学版）》2004年第4期；李学勤：《楚简〈子羔〉研究》，《上博馆藏战国楚竹书研究续编》，上海书店出版社，2004年，第15页。

[３]　a. 陈伟：《〈上海博物馆藏战国楚竹书（二）〉零释》，《武汉大学学报（哲学社科版）》2004年第4期。

　　b. 李学勤：《楚简〈子羔〉研究》，《上博馆藏战国楚竹书研究续编》，上海书店出版社，2004年，第16页。

　　c. 林志鹏：《楚竹书〈子羔〉篇补释四则》，《江汉考古》2005年第1期。

[４]　（清）汪中：《述学》，辽宁教育出版社，2000年，第101页。

[５]　《礼记正义》，《十三经注疏》，中华书局，2009年，第2905页。

[６]　a.（宋）蔡沈：《书经集传》，上海古籍出版社，1987年，第4页。

　　b.（清）梁玉绳：《史记志疑》，中华书局，1981年，第13页。

　　c.（清）王先谦：《尚书孔传参正》，中华书局，2011年，第18页。

[７]　《尚书正义》，《十三经注疏》，中华书局，2009年，第261页。

[8] 《孟子注疏》，《十三经注疏》，中华书局，2009年，第5946页。

[9] （清）阎若璩：《尚书古文疏证》，上海古籍出版社，2010年，第67页。

[10] 刘起釪：《尚书学史》，中华书局，1989年，第24页。

[11] 王晖：《古史传说时代新探》，科学出版社，2009年，第60页。

[12] 《尚书正义》，《十三经注疏》，第261页。

[13] （宋）罗泌：《路史》，《四部备要》（第44册），中华书局，1989年，第130页。

[14] 顾颉刚、刘起釪：《尚书校释译论》（第一册），中华书局，2005年，第92页。

[15] a.李零：《〈容成氏〉释文考释》，《上海博物馆藏战国楚竹书（二）》，上海古籍出版社，第274页。

b.陈伟：《〈上海博物馆藏战国楚竹书（二）〉零释》，《武汉大学学报（哲学社科版）》2004年第4期。

[16] 裘锡圭：《释〈子羔〉篇"铑"字并论商得金德之说》，《裘锡圭学术文集·简牍帛书卷》，复旦大学出版社，2015年，第500页。

[17] a.罗新慧：《〈容成氏〉、〈唐虞之道〉与战国时期禅让学说》，《齐鲁学刊》2003年第6期。

b.孙飞燕：《上博简〈容成氏〉文本整理及研究》，中国社会科学出版社，2014年，第161页。

清华简《五纪》与楚帛书、《尔雅》月名[*]

刘信芳

（安徽大学历史学院）

清华简（十一）《五纪》简19～20一段文字述四殷，四柱，与十二支对应之十二月名[1]。十二月名又见于《尔雅·释天》、楚帛书。《尔雅》月名经史罕见用例，学者所知极为有限，成为千古之谜。楚帛书公布以后，历经七十余年研究，由帛书月名配图而知其为物候历月名。今又见清华简《五纪》将这一套月名之起源上推至远古黄帝，乃前此所未知。

作为四正的"东厷、南厷、西厷、北厷"，"厷"字释读是一难题，目前有"仲""辅""尹""介""堪"等解释分歧。厷应读为"殷"，《书·尧典》"日中星鸟，以殷仲春"，"宵中星虚，以殷仲秋"可为其例。四厷对于十二月名的理解很重要，由此可知曾侯乙墓衣箱E66箱体四面所绘即仲春仲夏仲秋仲冬之司神。如帛书夏历三月的标识文字为"秉司春"，"秉"既是夏历三月月名，又是春时司神，夏秋冬司神类推。简文"东厷、南厷、西厷、北厷"理所当然也具备四时内涵。

后曰：参聿（律）建神正向，悬（仁）为四正：东厷、南厷、西厷、北【19】厷，豊（礼）、恋（爱）成。左：南唯（维）、北唯（维），东樘（柱）、东樘（柱），义、中成。右：南唯（维）、北唯（维），西樘（柱）、西樘（柱），成巨（矩）。建子、丑、寅、卯、唇（辰）、巳、午、未、申、【20】酋（酉）、戌、亥，绍（纪）参成天之堵。取（陬）、若（如）、秉（寎）、余、咎（皋）、虘（且）、仓（相）、腯（壮）、玄、易（阳）、古（辜）、奎（涂）十又（有）二，成歳（岁）。尻（处）五：日、月、星、唇（辰）、歳（岁）。

悬（仁）为四正：东厷、南厷、西厷、北【19】厷，豊（礼）、恋（爱）成：整理者认为东厷、南厷、西厷、北厷与"四正"相对，读厷为"仲"。[2]按：厷读为"殷"，中也。《说文》"厷，淫淫，行皃"，余箴切，段注改淫淫为"厷厷"。厷、淫上古音同在侵部喻

作者简介：刘信芳，男，1951年7月生，安徽大学历史学院教授。

[*] 国家社科基金重点项目"清华简（六—九）释读与研究"（项目编号20AZS002）阶段性成果。

纽，殷在文部影纽。于韵侵文旁转，于声发音部位相近。《说文》沈"从水，冘声"，《国语·齐语》"择其淫乱者而先征之"，《管子·小匡》作"择其沈乱者而先政之"，亦可为谐声通假之例。《书·尧典》"日中星鸟，以殷仲春"，"宵中星虚，以殷仲秋"，传："殷，正也。春分之昏，鸟星毕见，以正仲春之气节。"郑玄云："殷，中也。春分阳之中，秋分阴之中。"《禹贡》"九江孔殷"，传："甚得地势之中。"《尔雅·释言》："殷，中也。"橙，整理者读为"柱"，引《淮南子·天文》："昔者共工与颛顼争为帝，怒而触不周之山，天柱折，地维绝。"又疑读为"树"，即子弹库帛书四角所绘四树。

建子、丑、寅、卯、唇（辰）、巳、午、未、申、【20】酉（西）、戌、亥，绐（纪）参成天之堵：《说文》："堵，垣也。"《礼记·儒行》"环堵之室"，注："环堵，面一堵也。"十二支历来为四面分布，卯、午、酉、子居四仲。《淮南子·天文》"太阴在四仲，则岁星行三宿"，高诱注："仲，中也。四中，谓太阴在卯、酉、子、午四面之中。"

取（陬）、若（如）、秉（窝）、余、咎（皋）、虘（且）、仓（相）、䏁（壮）、玄、昜（阳）、古（辜）、夻（涂）十又（有）二，成岁（岁）。

取至夻为古代物候历月名，[3] 又见于楚帛书丙篇，[4] 其中四仲之司神曾侯乙墓衣箱（标本E66）绘有图示。[5] 《尔雅·释天》："正月为陬，二月为如，三月为窝，四月为余，五月为皋，六月为且，七月为相，八月为壮，九月为玄，十月为阳，十一月为辜，十二月为涂。"

取：《尔雅》作"陬"。楚帛书夏历正月标识文字为"取于下"，其神祇图为长尾怪兽（图一）[6]。

若：《尔雅》作"如"。楚帛书二月的标识文字为"女此武"，其神祇图为二鸟相对共四首（图二）。

秉：《尔雅》作"窝"。帛书夏历三月的标识文字为"秉司春"，其神祇图为方头怪兽（图三）。

曾侯乙墓衣箱E66右侧（东方）的画幅中央书一"芒"字：

衣箱刻铭"芒"　　郭店简"芒"　　信阳简"芒"
衣箱刻铭与楚简"芒"字比较

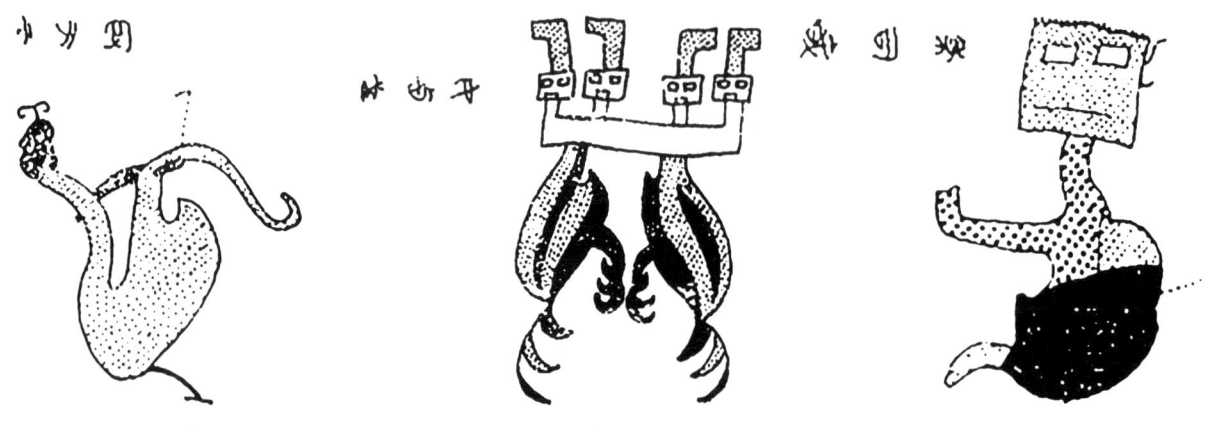

图一　取月神祇图　　图二　女月神祇图　　图三　秉月神祇图

"芒"是东方神名，《左传》昭公二十九年："木正曰句芒。"《山海经·海外东经》："东方句芒，鸟身人面，乘两龙"，郭璞注："木神也。"《吕氏春秋·十二纪》：孟春、仲春、季春，"其帝太皞，其神句芒"，高诱注："句芒，少皞氏之裔子曰重，佐木德之帝，死为木官之神。"帛书丙篇司东方、司春之神名"秉"、《尔雅》"窉"（丙声），秉、丙古音同在阳部，帮纽，"芒"古音在阳部，明纽，古读音近。"秉""窉""芒"用字虽异，但同为东方神名则一。楚帛书司东方、司春之神像为方头，头上有细短毫毛。"芒"之本义指草木之杪，至今俗语尚有针尖麦芒，可知帛书司东方、司春之神头上的细短毫毛，其实就是"芒"的图解[7]。

余：《尔雅》同。帛书四月的标识文字为"余取女"，其神祇图为双身蛇（图四）。

욙：《尔雅》作"皋"。帛书五月的标识文字为"欿出睹"，其神祇图为人身三首（图五）。

虘：《尔雅》作"且"。帛书六月的标识文字为"虘司夏"。其神祇图像近似人形（图六）。

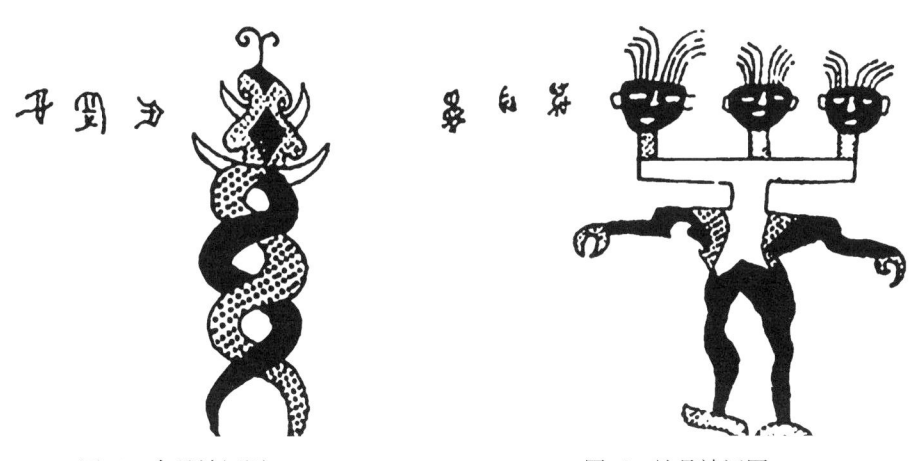

图四 余月神祇图　　图五 欿月神祇图

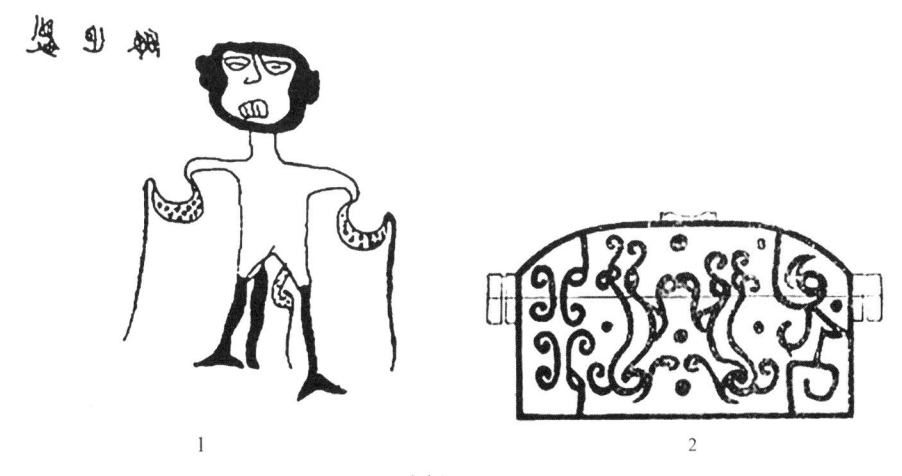

图六
1.虘月神祇图　2.衣箱南面图示

曾侯乙墓衣箱E66正侧（南方）的画幅中央为一男根形，从文字的角度可以理解为"且"字[8]。"且"之左右各有二虬，以表示"且"所驾驭之四虬。

《离骚》"驷玉虬以乘鹥兮"，王逸注："有角曰龙，无角曰虬。鹥，凤凰别名也。《山海经》云：鹥身有五彩，而文如凤。凤类也。以为车饰。"洪兴祖补注："言以鹥为车，而驾以玉虬也。驷，一乘四马也。"经史称南方司神为"祝融"，《左传》昭公二十九年："火正曰祝融。"《吕氏春秋·十二纪》：孟夏、仲夏、季夏，"其帝炎帝，其神祝融"，类似记载又见于《礼记·月令》。

《山海经·海外南经》："南方祝融，兽身人面，乘两龙。"帛书南方司神之神像正为兽身人面，两足之间绘有二龙（图六），学者或称为"二尾"，其实所谓"二尾"正是"二龙"之遗痕。祝融乘两龙即驾驭二龙，这与衣箱画面中"且"驭四虬，所表现的主题是一致的。二龙与四虬的差别，可以看作神话传说中的变异现象。

仓：《尔雅》作"相"。帛书七月的标识文字为"仓莫得"，其神祇图为鸟身二角（图七）。

臧：《尔雅》作"壮"。帛书八月的标识文字为"臧□□"，"臧"后二字不清晰，其第三字似为"鸟"字（图八）。

玄：《尔雅》同。帛书九月的标识文字学者多释为"玄司秋"，其实"𠃋"字应释为"乡"字（甲骨文有如此写法）。[9] 该月神祇图像甚奇特（图九）。

该神四爪各绘成钩状兵器状，甚具肃杀之气。

曾侯乙墓衣箱E66左侧（西方）箱体之中为司西方之神像，与帛书司西方之神祇图具有惊人的相似性。古代司秋、司西方之神为蓐收，依五行学说，西方属金，其色白。帛书丙篇西南角绘有一木，为白色，正是西方的代表色。

古代司西方、司秋之神又被称为"蓐收"。《左传》昭公二十九年："少暤氏有四叔，曰重、曰该、曰修、曰熙，实能金木及水。使重为句芒，该为蓐收，修及熙为玄冥。世不失职，

图七　仓月神祇图　　　　图八　臧月神祇图

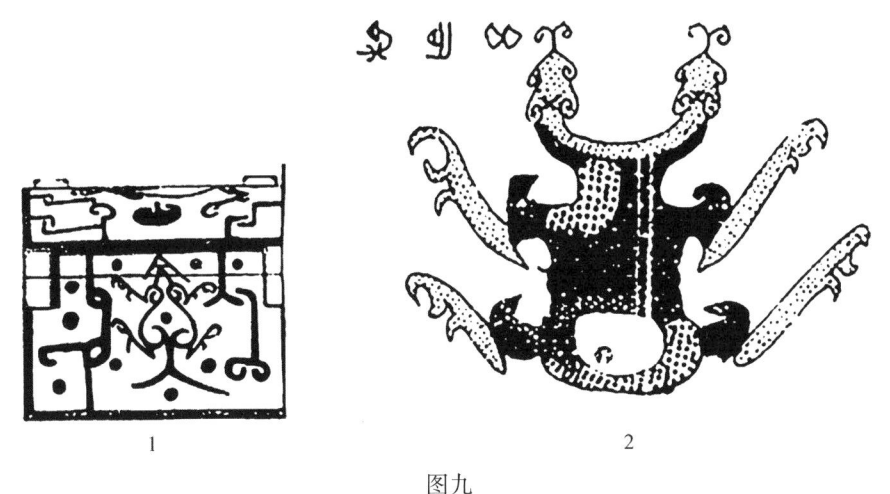

图九
1. 衣箱西方神祇图　2. 帛书绌神祇图

遂济穷桑。"《吕氏春秋·十二纪》：孟秋、仲秋、季秋，"其神蓐收"。高诱注："少暭氏曰该，皆有金德，死托祀为金神。"《国语·晋语》二："虢公梦在庙，有神人面、白毛、虎爪，执钺，立于西阿，公惧而走。神曰：'无走。帝命曰，使晋袭于尔门。'公拜稽首，觉，召史嚚占之。对曰：'如君之言，则蓐收也，天之刑神也，天事官成。'公使囚之，且使国人贺梦。"此说描写蓐收之状，最与帛书司秋之神像相合。《山海经·海外西经》："西方蓐收，左耳有蛇，乘两龙。"郭璞注："金神也，人面、虎爪、白毛、执钺。"郭注实本于《晋语》。

昜：《尔雅》作"阳"。帛书十月的标识文字为"昜□□"，其神祇图为一兽作奔跑状（图一〇）。

古：《尔雅》作"辜"。帛书十一月的标识文字为"姑分长"，其神祇图近人形，头上有角（图一一）。

屯：《尔雅》作"涂"。帛书十二月的标识文字为"荼司冬"（图一二）。

曾侯乙墓衣箱E66北面（北方）为黑色，无纹饰。

图一〇　昜月神祇图 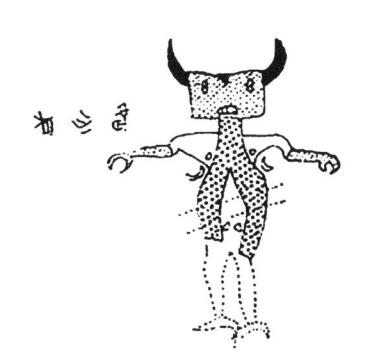　　图一一　姑月神祇图 　　图一二　荼月神祇图

箱体背面（北方）的黑色除了包含北宫玄武的含义外，还包含了冬季、北方之司神"玄冥"的含义，有如箱体南侧既绘有朱雀，又绘有南方、夏季之司神"且"的形象。《说文》："黑而有赤色者为玄。"《诗·小雅·斯干》"哕哕其冥"，郑玄笺："冥，夜也。"以黑色表示北方司神玄冥，实在是很确当的。

成歲（岁），《汉书·律历志》："《书》曰：乃命羲和：钦若昊天，历象日月星辰，敬授民时。岁三百有六旬有六日，以闰月定四时，成岁。"

尻（处）五：日、月、星、唇（辰）、歲（岁）。

"处"的主语为上文十二支、夏历十二月名。日、月既是天体，又是纪时单位。日月经行于天，在"星"（恒星、星宿）间移动[10]。辰有二义，《左传》成公九年"浃辰之间"，注："自子至亥十二日也。"又日月合宿谓之辰，《书·尧典》"历象日月星辰"，注："辰，日月所会。"《汉书·律历志》："辰者，日月之会而建所指也。"岁，日行天幕一周，日影从冬至点又回到原点，成为一个太阳年，是乃纪时之"岁"也。《汉书·律历志》："次度六物者，岁时数日月星辰也。"

注　释

[1]　清华大学出土文献研究与保护中心编：《清华大学藏战国竹简（拾壹）》，中西书局，2021年。

[2]　黄德宽：《清华简〈五纪〉篇"四尢"说》，《出土文献》2021年第4期。程浩认为"四尢"即"四辅"，参程浩：《清华简〈五纪〉思想观念发微》，《出土文献》2021年第4期。王宁（简帛论坛：《清华简〈五纪〉初读》，简帛网http://www.bsm.org.cn，21/12/24）解"四尢"为四尹。邬可晶（《释清华简〈五纪〉的"介"》，复旦网http://www.gwz.fudan.edu.cn，21/12/23）分析原简字形，隶作"介"。张雨丝、林志鹏（《清华简〈五纪〉四尢"小议》，复旦网http://www.gwz.fudan.edu.cn，22/01/07）读为"堪"。

[3]　简文、帛书月名形成于战国中晚期，应该有更正的源头（如《夏小正》），有待进一步研究。简文推至黄帝，传说亦不失为一说。

[4]　饶宗颐、曾宪通：《楚帛书》，中华书局香港分局，1985年。该书后由著者吸收学术界研究成果作修订，收入《楚地出土文献三种研究》，由中华书局于1993年出版。

[5]　湖北省博物馆：《曾侯乙墓》，文物出版社，1989年，第354页。曾侯乙墓衣箱E66以箱体之六面表示六合，其中箱盖表示"天"；箱体内部涂为朱色表示人的生存空间；以箱底为"地"；箱盖中央书有"斗土"二字，揭示出天地的轴心；箱体四侧绘有四方神像，东方之神为"芒"，南方之神为"且"，西方之神为"弇兹"，北方之神为"玄冥"。

[6]　饶宗颐、曾宪通：《楚帛书》，中华书局香港分局，1985年。参刘信方：《中国最早的物候历月名——楚帛书月名及神祇研究》，《中华文史论丛》第53辑，1994年。

[7]　说参刘信方：《中国最早的物候历月名——楚帛书月名及神祇研究》，《中华文史论丛》第53辑，1994年，第75页。

[8]　该衣箱画面的特点是画中有字，字中有画。我们在作相关考释的时候必须充分注意这一特点。

[9]　刘信芳：《中国最早的物候历月名——楚帛书月名及神祇研究》，《中华文史论丛》第53辑，19994年，第89页。

[10]　古人观测日月星运行，"昼之才（在）见（视）日，夜之才（在）见（视）晨（辰）。日内（入）皋（卒）鼍（兴）不宓（宁），是隹（惟）尾（度）"。（清华简（三）《周公之琴舞》8）"昼女（如）见（视）日，夜女（如）见（视）晨（辰）"（清华简（三）《说命（下）》6）。星宿有度，如放马滩秦简日书"●日分：甲以到戊，●己以到癸。●辰分：子以到巳，●午以到亥。【乙167伍】〔●时分〕：旦以到东中。●西中以到日入。【乙174叁】☒●〔星分：角以〕到东壁。●奎以到轸。【乙168伍＋乙374】"昼之视日以十分，是有十天干，夜之视辰以十二分，是有十二地支。

清华简《系年》中"厥貉"考释

单晓伟

（安徽大学历史学院）

清华简《系年》："楚穆王立八年，王会诸侯于友（厥）䝅（貉），将以伐宋。"对应《春秋·文公十年》："冬，狄侵宋，楚子、蔡侯次于厥貉。"

原整理者注云：

地名之第二字难于隶定，《左传》文公十年作"厥貉"，《公羊传》作"屈貉"，杨伯峻《春秋左传注》云在今河南项城[1]。

而关于"友䝅"第二字由于构形不明而难以隶定，后期引用中皆直接作"貉"字，实属无奈之举。期间学者亦有一些观点提出，但于字形上无法给出合理解决，得不到学界认可，成为清华简中公认的疑难字。

解决此字面临两个问题，一个是字形分析问题，䝅下部所从与央、用等似是而非，无从分析；另一个是文字考释问题，因为有文献中"厥貉"的卡定，字形分出来后是不是可以隶定为"貉"，如果是其他字，又会牵扯到假借等方面的问题，因此要想彻底解决这个问题，必须字形分析和文字考释两方面都要合理，这增加了此字考释难度，但也给我们指引了方向。笔者主要是在学者研究基础上提出自己的看法，为解决这个疑难字提供一种参考。

我们首先来看秦文字中一个非常特殊的现象：

旁　秦律196、秦律120、里·[8]158背、周·354

封22、封76、岳麓1543（谤）

邊　诅楚文·湫渊、诅楚文·巫咸、周·139

作者简介：单晓伟，男，1980年9月生，安徽大学考古专业2000级本科生，现安徽大学历史学院讲师。

[图]秦抄35 [图]封46 [图]封47

"旁"和"边"在秦文字中存在两种写法，以前曾注意到这个问题[2]：

旁甲骨文作[图]、[图]，从凡从方，西周金文[图]旁尊，在方字上加一饰笔，西周晚期方字和凡字融合，方字穿过凡字作[图][图][图]母簋，秦国在春秋早期出现这种旁字的写法[图]秦政伯丧戈，旁字到战国时期作[图]，中部由于与用字[图]、[图]、[图]字形相近发生混讹，而这种混讹也成为后来的标准写法。战国晚期和秦代的旁字基本都作[图]秦律196、[图]秦律120、里·[8]158背，当然我们也在秦文字中见到没有发生混讹的特例[图]周·354，而[图]这种旁字的写法一直延续到汉代[图]马·五·一六七，西汉中期以后进一步演变为[图]汉印、[图]居延简。

而另一种写法作[图]封22、[图]封76、[图]岳麓1543（谤），这种写法的出现可能是与夫作[图]陶录6·32·3、[图]效10、[图]周·352形近混讹有关系，同时在音上亦相近，夫鱼部并钮，方阳部帮钮，并、帮同属唇音，鱼、阳阴阳对转。

楚文字中也有一个一直存在争议的字，其字形如下：

天策 [图][图][图][图][图]

信阳简 [图]信2.1 [图]信2.3 [图]信2.2

新蔡简 [图] 甲三89

曾侯乙墓竹简 [图]

此字《楚系简帛文字编》和《楚文字编》释为"彖"，何琳仪先生释为"劃"，其论述为：

> 楚简与晋玺此字均应隶定'劃'，乃'劃'之省。《说文》：'劃，锥刀曰劃。从刀从画，画亦声。'《正字通》：'画，古止有画字，后加聿作畫、画，加刀作劃。'按，《正字通》解释'画'的来源，隋本末倒置，但以'画'、'劃'为古今字，则十分正确，《说文》'画'古文作'劃'，是其确证[3]。

陈剑先生进一步补充：

> 独立的"象"字在六国文字中的写法，以后应该加以注意。旧有六国文字里一些被释为"象"的字，往往是有问题的。见于信阳楚墓遣册简2-01、2-03、2-18、2-26和天星观遣册以及新蔡简甲三：89的作 ⟨图⟩、⟨图⟩、⟨图⟩形的字，旧多释为"象"（信阳楚墓遣册简2-02还有一个从"糹"从此形之字⟨图⟩，旧亦或释为"缘"）。我们赞同何琳仪先生的意见，认为应该释为"劃"。此字可隶定作"𠞞"，它与曾侯乙墓竹简多见的用为"画"⟨图⟩形当为一字。《曾侯乙墓》第510页注57已经指出其字从"刀"从"妻"，"妻"与简文"画"字上半所从相同。传抄古文里的"象"字头部或写作"又"形（见下文），大概就是学者释上举诸形为"象"的根据。但"𠞞"形下所从皆为"刀"而不是尾形，跟"象"字还是有明显不同的[4]。

比较上表中劃的字形，我们注意到信阳简⟨图⟩、⟨图⟩、⟨图⟩与天策简⟨图⟩、新蔡简⟨图⟩出现一些不同，下面的"刀"部与上面"×"连写到一起，从而与"方"字形体接近，我们可以把这归到古文字讹混[5]现象中。

方　⟨图⟩帛乙2.80　　⟨图⟩秦　　M13

⟨图⟩上博一.性39.40　　⟨图⟩上博五.三16.32

通过上面秦文字"旁"、"边"中"方"的演变和楚文字"劃"字的下面"刀"与"方"的讹混，我们可以分析一下清华简中这一疑难字：

劃　⟨图⟩⟨图⟩⟨图⟩⟨图⟩

方　⟨图⟩⟨图⟩⟨图⟩⟨图⟩　　}　⟨图⟩⟨图⟩　→　⟨图⟩

旁　⟨图⟩、⟨图⟩

（以上字形皆选自楚文字编、秦文字字形表）

这个演变过程十分复杂，我们看到"方"字在旁中写法只见于秦系文字，"劃"的写法只见于楚系文字，而清华简中这一写法正好是融合了秦系和楚系的讹变结果，这种情况应该是偶然性的，出现原因不得而知，猜测是清华简书手可能受到秦系文字的一定影响，而且又能见到类似于信阳楚简中"劃"这种写法，创造性地写出这一无从分析的形体。

通过上面字形的分析，可以把 ![字形1] 看作 ![字形2] 的讹变异体，释为劃。清华简中"友（厥）![字形3]"可以读为"厥劃"。劃，上古音属于锡部匣钮。貉，铎部匣纽，声部相同，韵部锡与铎多有想通之例。杨泽生先生曾经举证过：

> 鱼部的入声韵铎部跟锡部也很接近，比如"亦"字属余母铎部，而以它作为声旁的"迹"属精母锡部，这是谐声字的例子；再如《仪礼·公食大夫礼》："簋有盖幂。"郑玄注："'幂'今文或作'幕'。"《礼记·檀弓上》："布幕，卫也。"《经典释文》："'幕'本又作'幂'。"《礼记·礼器》："牺尊疏布鼏。"郑玄注："'鼏'或作'幕'。"（高亨，1989：74）"幂"和"鼏"属明母锡部，而"幕"属明母铎部，这是异文的例子；《论语·述而》："五十而学《易》，可以无大过矣。"《经典释文》："鲁读'易'为'亦'。"（高亨，1989：467）"易"属余母锡部，而"亦"属余母铎部，这是异读的例子[6]。

从文字通假角度我们可以把"厥劃"读为"厥貉"，左传："陈侯、郑伯会楚子于息。冬，遂及蔡侯次于厥貉，将以伐宋。"《公羊传》作"屈貉"。关于"厥貉"地望，杨伯峻《春秋左传注》云在今河南项城西南，处于陈、蔡、郑三国的边境地带，但由于文献记载不详，这种观点也受到一些学者的质疑，就目前资料来看关于"厥貉"地望问题暂时还很难解决，有待更多的资料出土。

注　释

[1]　李学勤主编：《清华大学藏战国竹简（贰）》，中西书局，2011年，第160页。

[2]　单晓伟：《秦文字疏证》，安徽大学博士学位论文，2010年。

[3]　a. 何琳仪：《信阳楚简选释》，《文物研究》（第八期），黄山书社，1993年，第168~176页。
　　b. 何琳仪：《战国古文字典——战国文字声系》，中华书局，1998年，第737~738页。

[4]　陈剑：《金文"象"字考释》，《甲骨金文考释论集》，线装书局，2007年，第267~269页。

[5]　刘钊先生称为"讹混"。"讹混"是指一个文字构形因素与另一个与其形体接近的构形因素之间产生的混用现象。发生讹混的构形因素既可以是单独存在的字，也可以是构成字的偏旁。从广义上看，"讹混"与"讹变"有相同之处，"讹混"可以列为"讹变"的一个小类。《古文字构形学》，福建人民出版社，2006年，第139页。

[6]　杨泽生：《〈上博七〉补说》，复旦大学出土文献与古文字研究中心网站，2009年1月14日。

秦始皇帝陵QLCM1墓主身份蠡测

冯 锴

(秦始皇帝陵博物院)

一、QLCM1概况与研究现状

2001～2003年间对秦始皇帝陵外城以外西侧北部区域的考古调查与勘探，发现了东西向一字排开的"中"字形墓葬1座，"甲"字形墓葬5座[1]。2011年以来，又对这片区域开展了更为详细的考古调查与勘探工作，新发现3座"中"字形墓，确定秦始皇帝陵陵西墓葬共由9座大、中型墓葬组成，皆坐南面北、东西一字排开。其中，东侧4座是级别较高的"中"字形，靠近秦始皇帝陵外城西城垣，且最东侧的1座墓葬东距帝陵外城西城垣仅百余米；西侧5座是级别较低的"甲"字形，距秦始皇帝陵外城西城垣也较远[2]（图一）。为明确陵西墓葬的内涵、性质与年代，确定这批墓葬的墓主身份及其与秦始皇帝陵的关系，2013年至今，对其中的QLCM1进行了发掘。

QLCM1是位于秦始皇帝陵外城以外西侧约440米处，呈"中"字形，原有高度不低于4米的封土，坐南面北，以北墓道为主墓道，南北全长约100、东西宽28、深15.6米，四壁有三级生土台阶，生土二层台高3.8米，墓底长12.2、宽9.5米。主棺椁尚未清理，位于墓室正中偏南，四周环绕回廊，回廊外侧放置大量陶器、铜器、金银器、玉器等。陶器有茧形壶、缶、罐、盆等。铜器有鼎、豆、钫、壶、匙、盘、甗、釜、洗、灯、编钟、"乐府"琴轸、弩机、戈等，另有大量铜半两。金银器有金骆驼、银骆驼、金舞袖俑、金带钩等。玉器有鼎、璧、圭、剑璏、剑珌等。此外，还有铁甲、漆案等。有3座陪葬坑，M1P1位于南墓道西侧1.5米处，长8.3、宽5.5、深4.2米，出土4匹马残骸及1副犬类动物遗骨，木车车舆及车辕各一处，遗物有青铜车舆饰件、盖弓帽等。M1P2、M1P3在北墓道东侧，正在发掘，此前坑底勘探发现有粗壮的动物骨骼残骸，可能为车马陪葬坑。M1P2距北墓道1.5米，长9、宽6、深5.2米。M1P3距北墓道17米，长26.5、宽5、深2米。墓葬南、西侧环绕壕沟，东侧有一条东南—西北流向的古河

作者简介：冯锴，男，1991年9月生，安徽大学考古专业2010级本科生。

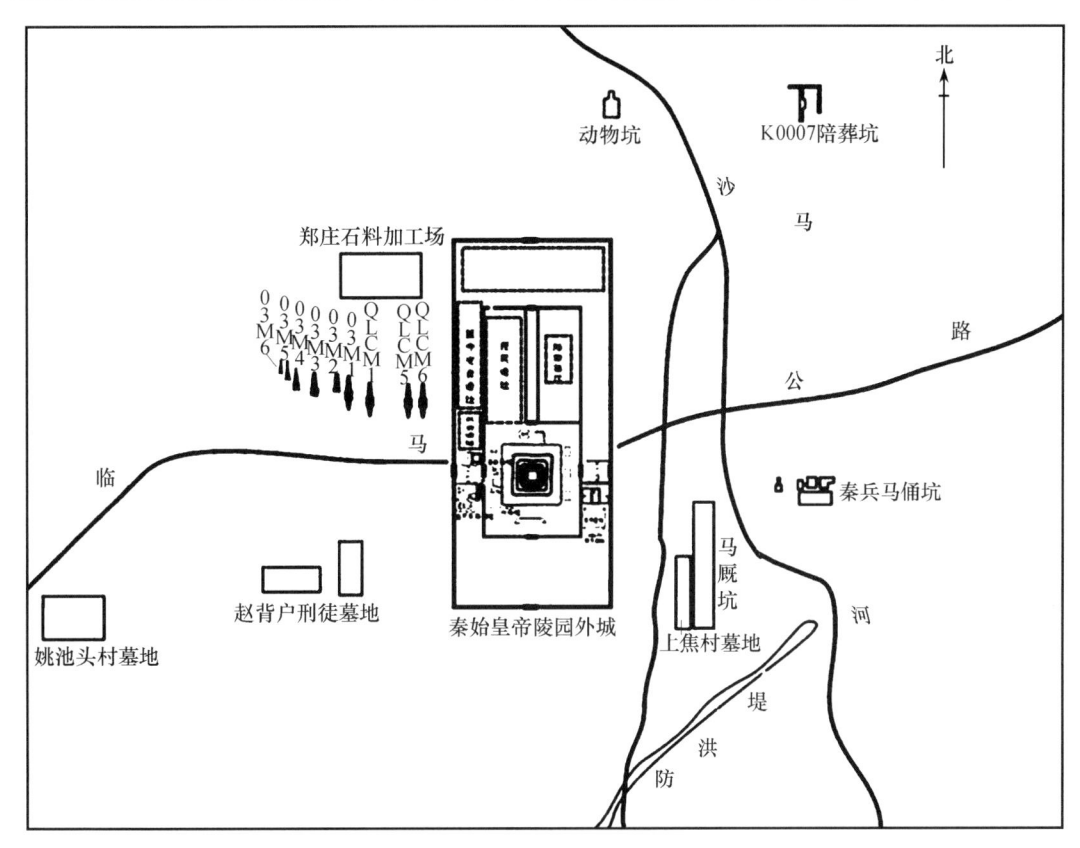

图一　秦始皇帝陵陵西墓葬位置示意图
引自《秦始皇帝陵考古的新进展——秦始皇帝陵陵西墓葬勘探与发掘取得重要收获》，《中国文物报》2020年6月19日第5版

床，人工开挖的壕沟和自然河流围合在一起形成了一个相对独立的兆域[3]。

目前，属于陵西墓葬之一的QLCM1的考古发掘与资料整理工作仍在继续，围绕QLCM1与陵西墓葬所做的相关研究也才刚刚起步，至今主要形成了以下几点认识：首先，陵西这9座墓葬布局上东西一字排列，具有一定的规律性，是人为有意规划和布置而成，其时代应属于同一时期。其次，陵西墓葬最东侧的一座"中"字形墓，东距秦始皇帝陵外城西城垣仅百余米，且随着自东向西距离帝陵城垣距离越来越远，陵西墓葬的形制逐渐由级别较高的"中"字形变为级别较低的"甲"字形，说明陵西墓葬以秦始皇帝陵为核心设计，墓主人与秦始皇的关系非常密切，应是秦始皇帝陵外城以外西侧一组大型的高等级陪葬墓。最后，根据正在发掘的QLCM1的墓葬形制、随葬品特征等，初步判断其时代在战国晚期至秦代，墓葬等级极高[4]。但QLCM1至今尚未出土与墓主身份相关的文字资料，所以关于这座大墓的墓主，尽管焦南峰、蒋文孝等先生已提出倾向性的认识[5]，但迄今尚无定论。笔者不揣简陋，在以上认识的基础上，从春秋至秦代数百年间秦陵的发展历程出发，再结合西汉帝陵的考古资料，对秦始皇帝陵QLCM1的性质作一较为详细的分析与探讨，希望得到方家指正，也希望新的田野考古工作及研究成果能够验证或否定以下推论。

二、秦陵的考古发现与阶段划分

本文所指秦陵为秦襄公立国到秦灭亡期间秦国三十多位公、王、帝及其太后或夫人的陵墓，不包括"葬以黔首"的秦二世墓[6]。迄今，已见考古资料发表的秦陵有大堡子山秦陵、太公庙秦陵、雍城秦陵、咸阳秦陵、芷阳秦陵（秦东陵）、韩森冢秦陵、神禾原秦陵、骊山秦陵（秦始皇帝陵），共八处。

大堡子山秦陵范围东西长约250米，南北宽约140米，在此区域内排列着南北并列的2座东西向"中"字形大墓，编号为M2、M3，属春秋早期秦陵。其南端有从葬的2座东西向平面呈瓦刀形的车马坑，已发掘的一座编号为K1。K1全长36.5米，坑道位于车马坑东部，坑为长方形土坑竖穴，长14.65、宽12.95、深5.4米。在墓地的东北、北部和西部山弯，有规律地分布着间距为5~7米的东西向中小型墓葬，总数在200座以上。M2全长88米，有东西两条墓道：东墓道呈斜坡状，长37.9、宽6、最深11米；西墓道长38.2、宽4.5~5.5米，总体亦呈斜坡状；墓室呈斗状，长6.8~12.1、宽5~11.7、深15.1米。M3全长115米，亦有东西两条墓道，墓道结构与M2相同；东墓道长48.85、宽8.3、最深13.5米；墓室呈斗状，长6.75~24.65、宽3.35~9.8、深16.5米；西墓道呈台阶状，长41.5、宽8.2米[7]。此外，2006年在M2西南20余米处发掘了一处祭祀遗迹，当与大墓有关，包括灰坑6个、人祭坑4座、乐器坑1座[8]。还发现陵墓垣墙遗迹。大多数专家认为M2、M3的墓主应为襄公、文公或文公、襄公，或为秦襄公的夫妇异穴合葬墓[9]。

太公庙秦陵发现"中"字形大墓1座，及其所属乐器祭祀坑、车马坑遗迹等，还发现了疑似"兆沟"的设施，墓主为秦武公[10]。

雍城秦陵总面积约21平方千米，目前已钻探发现由一重或两重"兆沟"圈合的陵园14座（1~14号陵园）、大型墓葬49座及小型墓葬数千座，年代从春秋中期至战国中期。陵园大多坐西朝东，仅14号陵园坐北向南。49座大型墓葬根据其平面形状分为"丰"字形、"中"字形、"甲"字形、"凸"字形、"刀"字形、"目"字形、圆形等七个类型。14座陵园分别由类型不同和数量不等的若干座大墓有规律地组成[11]（图二）。雍城XII号陵园M37还发现墓上建筑，可能属享堂之类[12]。已发掘的秦公一号大墓，平面为"中"字形，坐西向东，全长300、深24米，面积5334平方米，是已发掘的先秦墓葬中最大的一座。根据墓中出土的石磬刻文，学术界已基本确定大墓的墓主为春秋晚期的秦景公[13]。2006年底，在秦公一号大墓西侧又新发现并发掘了"目"字形坑一座，该坑长17.5、宽3.1、距地表深12.5米。坑底东西向依次放置五组车，每组车前分别有挽马两具。每组车下各有一个长方形的殉葬坑，初步推断该坑为秦公一号大墓的祭祀坑[14]。最新研究表明，从秦穆公至（后）出子共有15位国君葬于雍城秦陵1~13号陵园，雍城秦陵14号陵园葬秦德公、秦成公、秦宣公3位国君[15]。

咸阳秦陵共3座陵园，分别是咸阳周陵镇秦陵、司家庄秦陵、严家沟秦陵，分布在东西长近10、南北宽约7千米的范围内，属战国晚期秦陵。"周王陵"和严家沟秦陵形制基本相同，

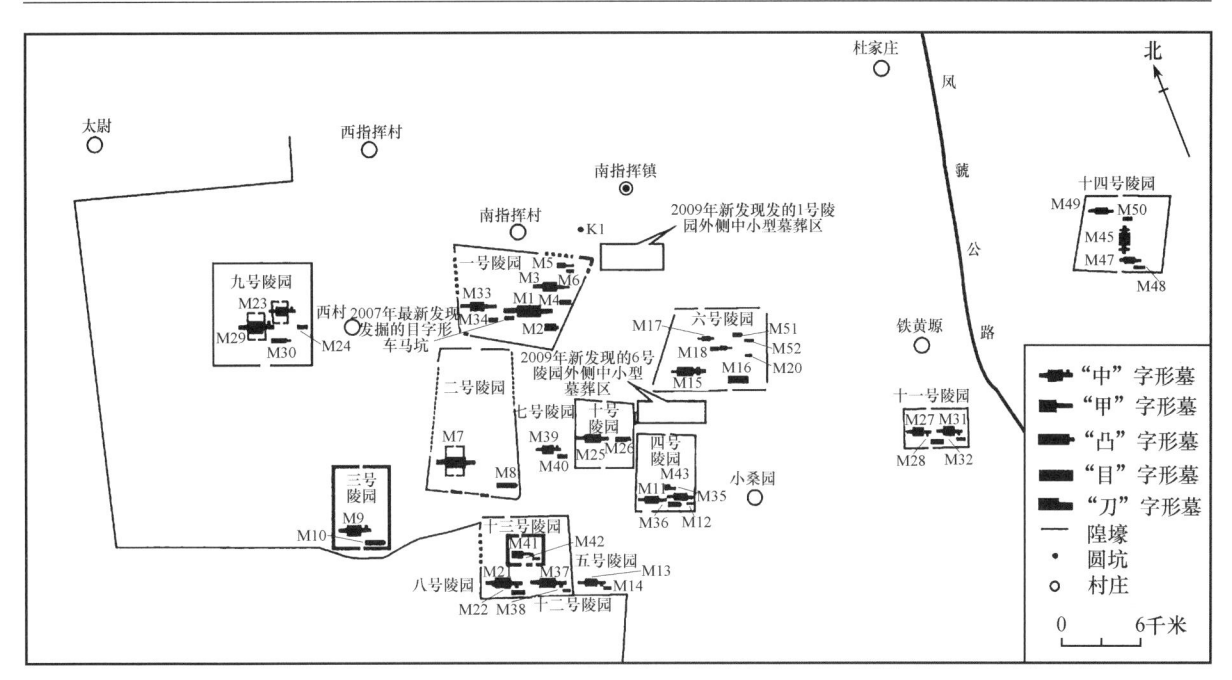

图二 雍城秦陵平面图

引自《秦人的十个陵区》,《文物》2014年第6期,图二

以"周王陵"为例进行介绍。周陵镇秦陵有内、外两重陵园,外陵园由墙垣和外围沟两部分组成。陵园南北长835、东西宽528、墙宽4米,围沟南北长954、东西宽639米。园墙四面各有一门阙遗址。内陵园由墙垣和围沟组成,园墙南北长423、东西宽236.5米,围沟南北长431.8、东西宽246.5米。陵园在两陵墓道正对处分别设有门阙。内陵园将南、北二陵界围其中,两陵位于一条南北轴线之上。南陵封土外形为覆斗状,现高14、底边长约100、顶边长40余米,墓葬形制为"亚"字形。北陵南距南陵145.8米,封土外形为截锥体,现存高度17.5、底边长约60、顶边长约10米,墓葬形制为"亚"字形。陵园内共发现外藏坑27座,其中内陵园9座,外陵园18座。建筑遗址探明6处,内陵园北陵西北和东南3处,外陵园北部和东部3处。小型墓葬共发现168座,外陵园内西北角73座,外陵园内东北角34座,东侧外围墙、外壕沟之间中部偏北处61座[16](图三)。司家庄秦陵陵园的特殊之处在于由三道围沟环绕而成。第一道围沟南北长560、东西宽536米;第二道围沟位于一道围沟之外,南北长663、东西宽631米;第三道围沟位于二道围沟之外,南北长1285、东西宽1038米。三道围沟的北、东、南三面与墓道对应处均断开形成通道。主陵一座,居内陵园中部。此外,除小型陪葬墓外,司家庄秦陵主陵北侧还有一"甲"字形大墓陪葬,无封土,坐西向东,通长94米[17]。一般认为秦惠文王公陵、秦悼武王永陵就在"周王陵"和严家沟秦陵之中,司家庄秦陵虽无明确认识,但与上述二陵同属战国晚期秦陵[18]。

芷阳秦陵即秦东陵,长期以来学者们认为芷阳秦陵共有"亚"字形大墓3座、"中"字形墓葬2座、"甲"字形墓葬5座,这些墓葬分属于4座陵园,分别命名为一号、二号、三号、四号陵园,陵园围沟利用自然沟渠与人工修筑的壕沟圈合,围沟内还发现陪葬坑、陪葬墓及地面

图三　周陵镇秦陵平面图

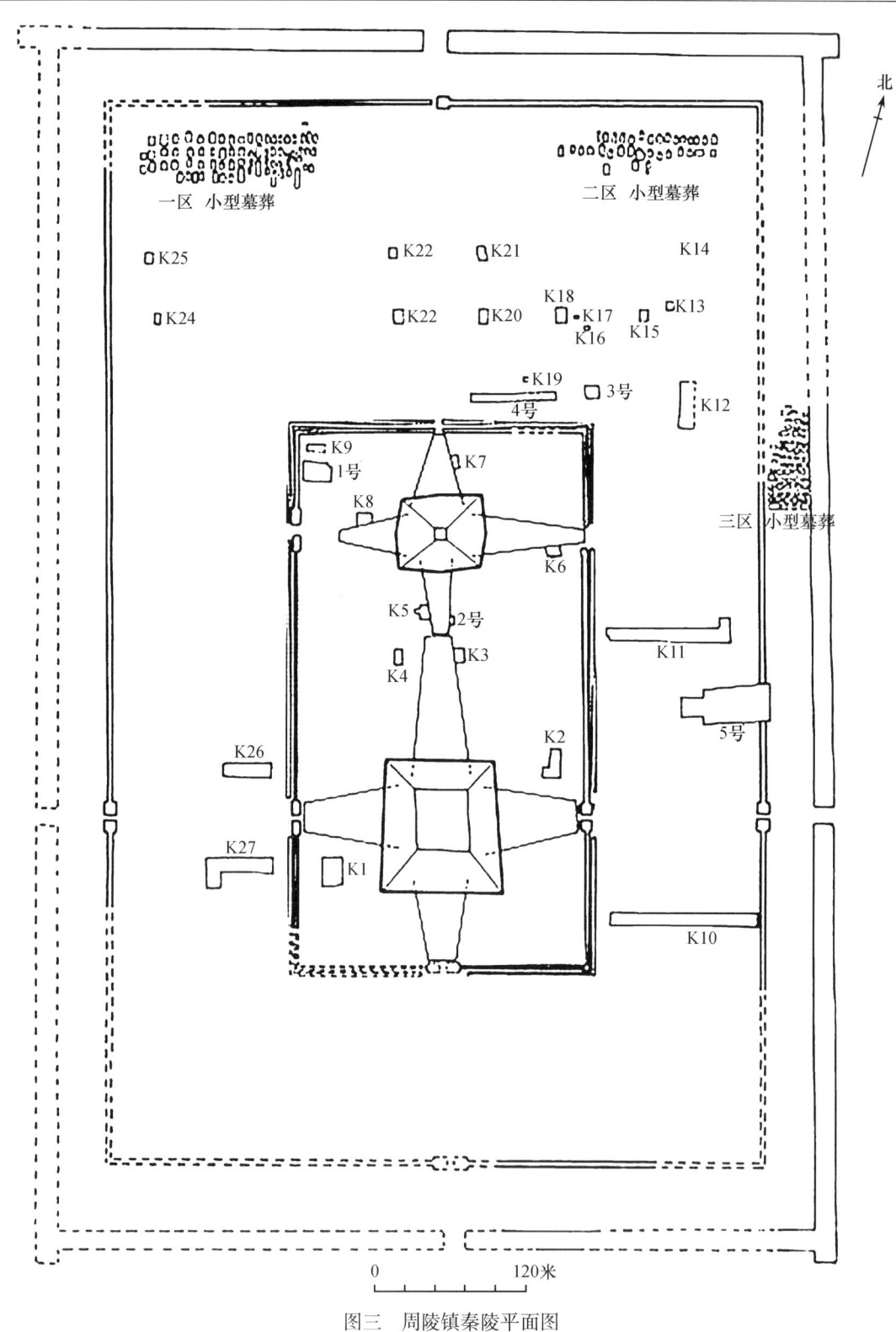

引自《咸阳"周王陵"考古调查、勘探探简报》图三，《考古与文物》2011年第1期

建筑基址，属战国晚期秦陵[19]。近期，焦南峰、李岗先生据新的考古资料和研究成果指出，目前所发现的芷阳秦陵实为2座陵园，还有第三座也是最后一座陵园尚需进一步考古工作来确定，见图四。已发现的2座陵园，一座是由原一号、二号、三号陵园所有遗存共同组成的新的一号陵园，原一号陵园是新的一号陵园的主体，原二号和三号陵园是其袝葬或陪葬墓园，陵园范围基本包括了今整个韩峪塬，面积近4.8平方千米。而原定的四号陵园则应为新的二号陵园，其内涵主体不变，范围基本囊括了今整个马斜塬，面积近3平方千米。认为新的一号陵园内两座"亚"字形墓的墓主分别为昭襄王和唐太后，新的一号陵园内原三号陵园的"中"字形墓墓主应是悼太子；新的二号陵园内一座"亚"字形墓的墓主为宣太后；尚未确定的三号陵园内应有两座"亚"字形墓，墓主分别为庄襄王和帝太后[20]。值得期待的是，芷阳秦陵内被认为是昭襄王墓的"亚"字形大墓目前正在发掘，这无疑是一项极为重大的考古发掘项目，具有重要的学术价值与意义。

韩森冢秦陵位于西安市东郊新城区韩森寨村西侧，陵园情况不明，发现"亚"字形大墓1座，陪葬坑2座。"亚"字形大墓由覆斗形封土、方形墓圹、斜坡墓道和壁龛组成，全墓东西146.9、南北119.2米，墓葬形制与芷阳秦陵中主墓的形制结构较为相近，推测"韩森冢"应为战国秦王陵级墓葬[21]，学界对其墓主争议很大，有孝文王、庄襄王、叶阳后等说法，迄今尚无定论[22]。

神禾原秦陵位于陕西省西安市长安区神禾原西北端，陵园平面呈长方形，由围沟、墙垣组成，南北长约548、东西宽约312米，总面积约17万平方米。陵园以隔墙分隔为南、北两个区，北区的核心位置是坐西向东的"亚"字形大墓，大墓四条墓道各对应陵园的一处门址，并附有13座从葬坑；南区以陵寝等建筑基址为主要遗存。大墓虽遭严重的盗扰、焚烧，仍出土金、银、铜、铁、陶、玉等质地的精美器物数百件，推定墓主为秦始皇的祖母夏太后[23]。

骊山秦陵即秦始皇帝陵，总面积近60平方千米，南至骊山，北达新丰塬下，东临代王街办，西界临潼城区，其中文物遗址密集区近20平方千米。帝陵有内外两重墙垣。外城东墙2187、北墙970、西墙2188、南墙973米左右，墙宽约7.2米。内城东墙1337、北墙592、西墙1333、南墙598米左右，墙宽6~8.4米；内城中部有条东西向长330、宽约8米的隔墙，将内城分为南北两部分，北半部的中间还有一条南北向、宽约8米的夹墙（复道），将内城北半部分为东西两部分[24]。现存封土高度53~54米[25]，现存封土南北长350、东西宽345米，封土顶部为长方形平台，东西长24、南北宽10.4米；经实测，原封土堆的底部近似方形，南北长515、东西宽485、周长2000米[26]。墓室尚未开挖，物探结果表明其东西长约170、南北宽约145、深约30米[27]，目前确定存在东西墓道，南北墓道尚需进一步工作来验证[28]。帝陵的陪葬坑、墓众多，总计300多座，内涵极为丰富。出现陵邑、园寺吏舍、寝便殿这些陵园建筑（图五）。其墓主为秦始皇。

参照赵化成先生的研究成果，大堡子山秦陵、太公庙秦陵属于商周以来传统的集中公墓制；雍城秦陵虽属于集中公墓制，但也是目前仅见的独立陵园制的萌芽形态；战国时期的咸阳秦陵、芷阳秦陵（秦东陵）、韩森冢秦陵、神禾原秦陵，独立陵园制得到进一步发展；骊山秦

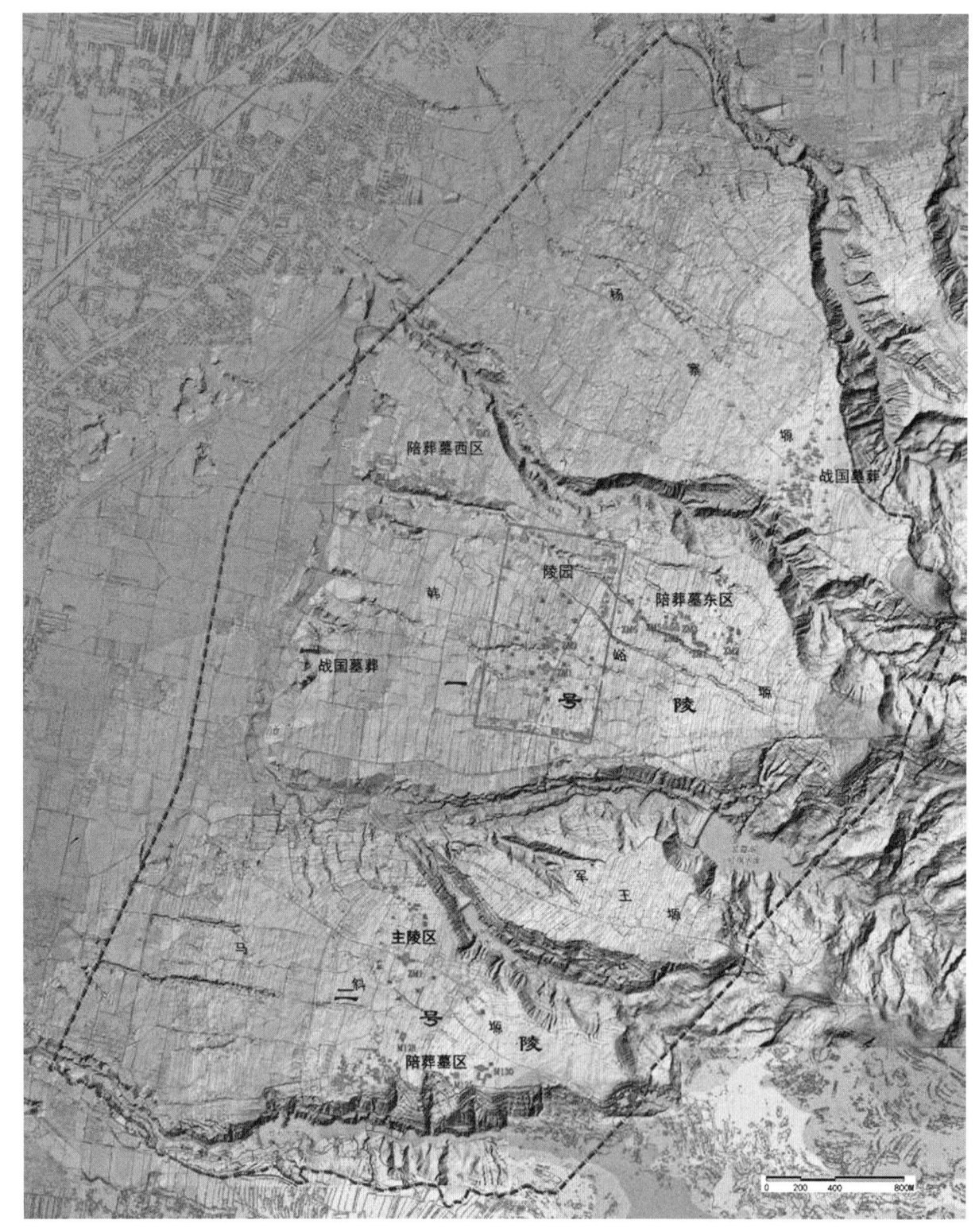

图四 芷阳秦陵遗址平面图
引自《"秦东陵"相关问题初探》图二,《考古与文物》2021年第1期

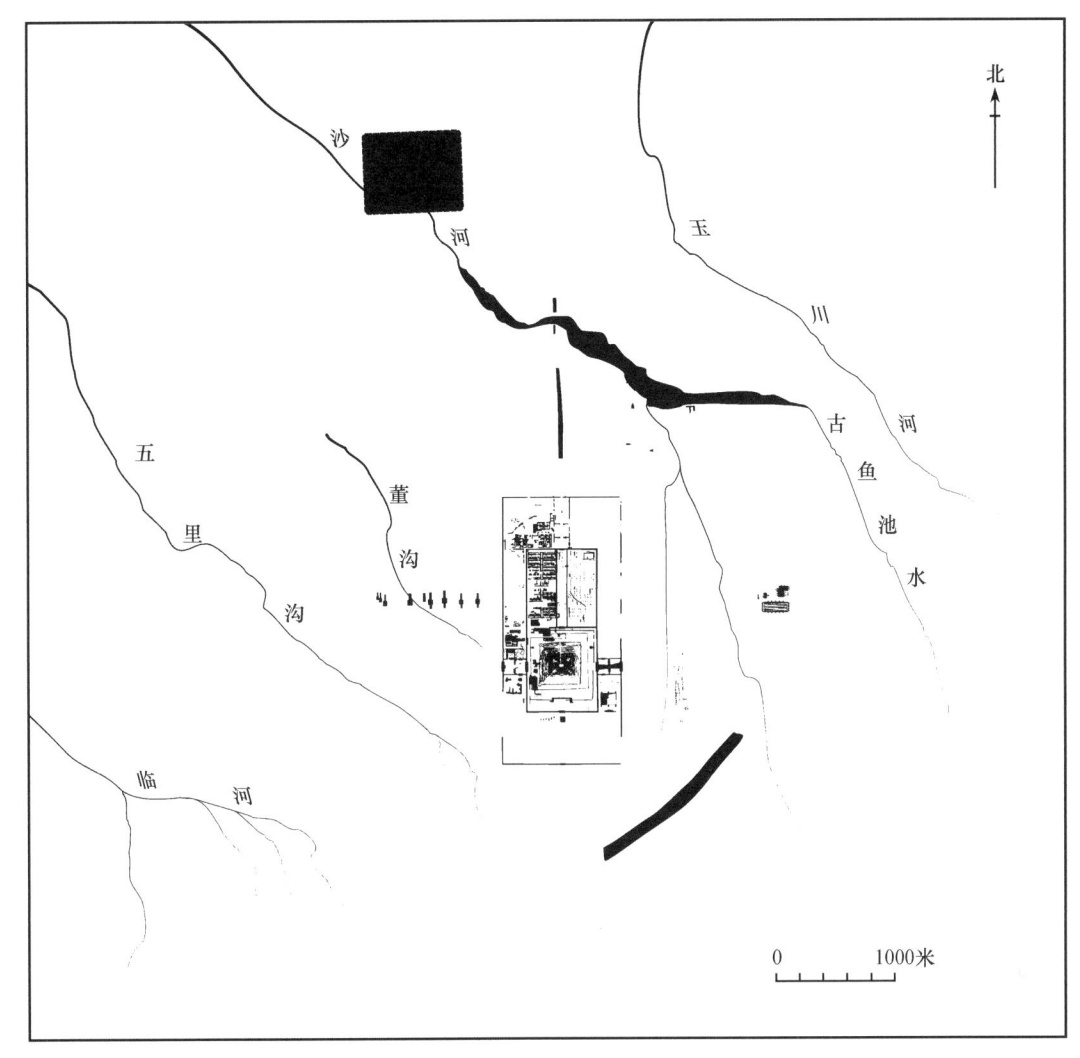

图五　秦始皇帝陵遗迹总平面图（制图：张卫星）

陵（秦始皇帝陵）让独立陵园制得以最终确立[29]。再梳理上述八处秦陵考古资料，可知秦陵的构成要素包括陵园、墓穴、封土、礼制建筑、陪葬坑、陪葬墓、园寺吏舍、陵邑等。现将秦陵各构成要素、陵园类型，按时期统计如表一。

纵观春秋战国至秦代的秦陵发展，其各构成要素处于变化之中[30]。根据这些变化，可将秦陵的发展历程划分为三个阶段。大堡子山秦陵、太公庙秦陵、雍城秦陵为第一阶段，该阶段的突出特点是陵园类型为集中公墓、无封土、墓穴为"中"字形。咸阳秦陵、芷阳秦陵、韩森冢秦陵、神禾原秦陵为第二阶段，该阶段的突出特点是陵园类型为独立陵园、出现覆斗形封土、墓穴为"亚"字形。秦始皇帝陵为第三阶段，该阶段的突出特点是陵园类型为宏大的独立陵园，有广阔的两重垣墙、高大的覆斗形封土、庞大的"亚"字形墓穴、内涵丰富的各类陪葬坑（外藏坑），出现陵寝建筑、陵邑、园寺吏舍。

表一　秦陵构成要素、陵园类型统计表

	大堡子山	太公庙	雍城	咸阳	芷阳	韩森冢	神禾原	骊山
陵园	一重垣墙	围沟？	围沟多重	两重垣墙为主	围沟	？	围沟和垣墙	广阔的两重垣墙
墓穴	"中"字形	"中"字形	"中"字形	"亚"字形	"亚"字形	"亚"字形	"亚"字形	庞大的"亚"字形
封土	无	无	无	覆斗形	覆斗形	覆斗形	？	高大的覆斗形
礼制建筑	祭祀坑	祭祀坑	祭祀坑、享堂（M37）	？	？	？	？	陵寝建筑
陪葬坑	车马	车马	车马	车马	车马	？	车马、动物	车马、动物、兵马俑等
陪葬墓	祔葬墓	祔葬墓	祔葬墓	祔葬墓	祔葬墓	？	？	祔葬墓、陪葬墓？
园寺吏舍	无	无	无	？	？	？	？	有
陵邑	无	无	无	无	无	无	无	有
陵园类型	集中公墓	集中公墓	集中公墓	独立陵园	独立陵园	独立陵园	独立陵园	宏大的独立陵园
时期	春秋早期偏早	春秋早期偏晚	春秋中至战国中期	战国晚期偏早	战国晚期偏晚	战国晚期偏晚	战国晚期偏晚	秦代
墓主	襄公、文公或为秦襄公夫妇	武公	穆公至（后）出子、德公至成公	惠文王、悼武王等	昭襄王、唐太后、悼太子、宣太后、庄襄王？帝太后？	孝文王	夏太后	秦始皇

秦是中国历史上唯一一个完成了从附庸到方国、方国到王国、王国到帝国三次大的政治升华的先秦古国，秦人所建立的秦帝国也是中国历史上的第一个帝国，秦人为此走过了一条漫长曲折的道路。将本文划分的秦陵发展的第一、二、三阶段和秦的政治历程相对应，发现第一阶段处于秦的方国时期（秦襄公至秦孝公时期），第二阶段处于秦的王国时期（秦惠文王至秦庄襄王时期），第三阶段处于秦的帝国时期（秦始皇至秦二世时期）。显然，方国、王国、帝国各时期秦陵应有不同的形制规划。且不仅是秦陵，秦人都城的形制规划至少也经历了从王都到帝都的转变。虽然考古资料尚不明了，但文献清晰表明，战国晚期即王国时期的秦咸阳城虽然开始了渭南宫室的营建，不过重心仍在渭北；到秦帝国时期，在渭北建仿六国宫室，渭南兴建阿房宫、甘泉宫、极庙等，并修筑辅道、甬道、阁道相连，都城咸阳的布局随着帝国的建立发生巨变，呈现出一派宏大的帝国气象。秦汉时期帝陵素来有"陵墓若都邑"的传统，秦陵经历了从王陵向帝陵的转变当无疑问[31]。

三、秦汉帝陵比较与QLCM1性质探讨

通过对春秋至秦代数百年间秦陵考古资料的梳理，我们已对秦人方国、王国、帝国三阶段秦陵的形制及其变化有了较为清晰的认识。显然，尽管陵墓形制的变化是一个复杂的系统，是多元因素作用的结果，但不可否认，秦人的政治升华带来了陵墓形制中子系统的相应变化。

在秦帝国灭亡之后，西汉帝国建立并承袭了秦制，即我们常说的"汉承秦制"，这一点在秦汉帝陵考古资料中亦有显著的体现。秦始皇帝陵的基本情况上文已做了介绍，这里不再重述。西汉帝陵共11座，其中渭河北岸咸阳原上9座，东西一线排开，从西向东依次为武帝茂陵、昭帝平陵、成帝延陵、平帝康陵、元帝渭陵、哀帝义陵、惠帝安陵、高祖长陵和景帝阳陵，绵延百里。白鹿原和杜东原上分别有文帝霸陵和宣帝杜陵（图六）。西汉帝陵陵园形制有早晚变化，汉初的高祖长陵和惠帝安陵，皇帝与皇后的两座陵墓在同一围墙形成的一重陵园墙垣之内。从汉文帝霸陵开始，皇帝和皇后的陵墓在各自封土之外又筑起一重小陵园，形成内外两重的陵园墙垣系统。西汉诸帝陵中以汉武帝茂陵的陵园最大，现以其为例详细介绍汉陵的陵园墙垣规模。茂陵有内外两重墙垣，外墙垣东西长2080、南北宽1390米，墙宽2.5~3.5米。帝陵四周的墙垣边长约430米，墙宽3.5~6.3米，帝陵封土位于其中心[32]。西汉帝陵除文帝霸陵无封土外，其余封土皆为覆斗形，封土一般高30米左右，底边150~200米。"亚"字形墓穴。有数量众多、内涵丰富的陪葬坑、墓，以及园寺吏舍、寝便殿这些陵园建筑。陵邑至元帝渭陵

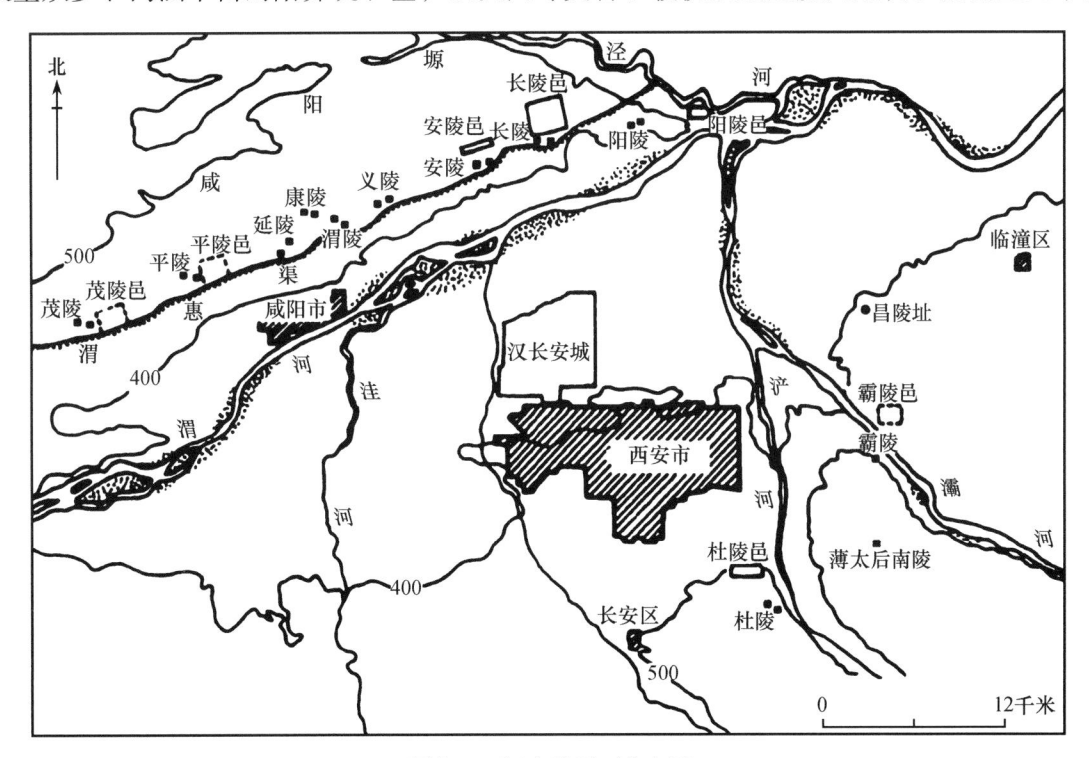

图六　西汉帝陵平面分布图
引自《西汉帝陵钻探调查报告》图一，文物出版社，2010年

时被废除，此后也不再设置。西汉帝陵的墓主为西汉帝国的十一位皇帝及其夫人[33]。

显然，秦始皇帝陵宏大的设计理念和新出现的陵寝建筑、陵邑、园寺吏舍以及数量众多、内涵丰富的外藏坑等都被西汉帝陵所继承，是"汉承秦制"在陵墓制度上的直观体现。但存疑的是，西汉帝陵有已知最早的帝陵陪葬墓，而秦始皇帝陵仅有性质明确的祔葬墓，如内城北部东区的99座嫔妃宫人墓[34]，有无陪葬墓尚不能确定（表二）。也就是说，就目前的考古资料，尚无法确定陪葬墓究竟是汉人的首创还是秦人的创举。

表二 秦汉帝陵构成要素、陵园类型统计表

	秦始皇帝陵	西汉帝陵
陵园	广阔的两重垣墙	广阔的单重垣墙到两重垣墙
墓穴	庞大的"亚"字形	庞大的"亚"字形
封土	高大的覆斗形	高大的覆斗形
礼制建筑	陵寝建筑	陵寝建筑
陪葬坑	车马、动物、兵马俑等	车马、动物、兵马俑等
陪葬墓	祔葬墓、陪葬墓？	祔葬墓、陪葬墓
园寺吏舍	有	有
陵邑	有	有
陵园类型	宏大的独立陵园	宏大的独立陵园
时期	秦代	西汉
墓主	秦始皇	西汉十一位皇帝及其夫人

陪葬墓不同于祔葬墓，祔葬墓先秦时期已经出现，祔葬者与墓主的关系以血缘关系、婚姻关系为基础，包括皇帝的高级嫔妃、子女等；陪葬者与墓主的关系则以身份地位为基础，其身份地位是靠个人能力获取的，包括开国元勋、鼎柱之臣等[35]。祔葬墓代表了血缘关系、陪葬墓代表地缘关系，而血缘政治和地缘政治正是古代中国王国时期和帝国时期政治在本质上的区别。尽管西汉帝陵有已知最早的性质明确的帝陵陪葬墓，如长陵杨家湾周勃（周亚夫）墓[36]，但秦汉同属帝国，是秦始皇首创了帝国政治体制——皇帝专制下的中央集权体制，汉承秦制，秦始皇帝陵迄今虽尚未发现明确的陪葬墓，但有存在陪葬墓的极大可能[37]。可以佐证的还有：首先，据滕铭予先生的研究，秦文化中处于统治集团这一阶层的人群，事实上从春秋时期开始，就已打破了原有的血缘关系的束缚，出现了一些与血缘关系无涉，凭借个人的行为或能力而进入的特殊人群，到战国晚期以至于秦统一后，统治集团已经具有了极大的开放性，进入统治集团的大部分成员已经不是通过血缘关系，而是通过个人能力获取这样的权力，从而使血缘统治向地缘统治的转变进程趋近完成[38]。其次，段清波先生在对秦始皇帝陵陵墓制度中的外藏制度进行研究时指出，秦始皇帝陵众多外藏坑所构成的外藏系统，模拟象征了秦帝国的百官官署机构，代表了秦帝国时期被确立的皇帝专制下的中央集权体制，因而秦始皇帝陵的建设理念不仅仅是简单地满足衣食住行等一类生活内容的愿望，而是对帝国中央集权、对皇帝日常生活的全方位的模仿追求，是以新建立的帝国为蓝本，把整个帝国的构成要素都模拟

在了陵墓之中[39]。伴随着汉景帝阳陵的考古发掘与外藏坑中官印的出土，焦南峰先生认为西汉帝陵继承了秦始皇帝陵的这一设计理念[40]。既然秦汉帝陵制度中以外藏系统来模拟象征帝国体制，是"汉承秦制"的体现，那么同样反映帝国政治体制的陪葬墓制度，则很有可能也早在秦始皇帝陵中就出现了，又被西汉帝陵所继承。最后，西汉帝陵的考古资料表明，祔葬墓多位于内、外陵园之间，陪葬墓在外陵园以外[41]，而包括QLCM1在内的陵西墓葬群正位于秦始皇帝陵外陵园以外西侧，且拥有由壕沟和自然河流围合而成的独立兆域。以上研究从不同层面，进一步说明秦始皇帝陵极有可能已经存在陪葬墓，而包括QLCM1在内的陵西墓葬无疑是最为可能的对象，它们代表了地缘政治以及帝国政治体制的确立。

此外，迄今已发掘的与QLCM1级别相当的战国至秦代墓葬，仅有山西侯马新绛县泉掌村的一座坐西朝东的中字形大墓（93XQM2）。该墓有覆斗形封土，墓口面积25.8×24.8平方米，墓葬总长100.25米，四壁有三级台阶。严重被盗，仅出土头骨、残玉璧、陶片、铜片等，陶片上有"咸阳"字样，发掘者推测其年代在秦汉时期[42]。梁云先生进一步分析指出，秦的咸阳在汉高祖元年已被更名为"新城"，武帝元鼎三年后又叫"渭城"，故此墓不太可能晚至西汉，应属战国末年至秦代。再考虑到"汉承秦制"，将该墓与西汉早期列侯墓作比较，认为墓主无疑是秦人二十等爵制的最高一级——彻侯级别[43]。秦始皇帝陵QLCM1的规模比山西侯马新绛县泉掌村93XQM2的规模还略大一些，又从属于秦始皇帝陵，其墓主无疑也达到了彻侯一级。

综上所述，我们认为QLCM1的墓主是秦王朝的一位重臣，级别达到了彻侯级别，其身份的取得极有可能凭借的是个人的能力和功绩，而与血缘关系不大。倘若如此，则陵西墓葬在秦始皇帝陵陵区的出现，就是以陵墓制度的物质形式，昭示秦帝国时期中国古代国家制度的重大历史变革——从血缘政治转向地缘政治、从封国走向帝国，具有非常重要的学术价值[44]。

注　释

[1]　陕西省考古研究院、秦始皇兵马俑博物馆：《秦始皇帝陵园考古报告（2001～2003）》，文物出版社，2007年，第36～40页。

[2]　秦始皇帝陵博物院：《秦始皇帝陵考古的新进展——秦始皇帝陵陵西墓葬勘探与发掘取得重要收获》，《中国文物报》2020年6月19日第5版。

[3]　蒋文孝：《秦始皇陵陵西墓葬的勘探与发掘》，《艺术品鉴》2021年第7期。

[4]　a.陕西省考古研究院、秦始皇兵马俑博物馆：《秦始皇帝陵园考古报告（2001～2003）》，文物出版社，2007年，第36～40页。

　　b.秦始皇帝陵博物院：《秦始皇帝陵考古的新进展——秦始皇帝陵陵西墓葬勘探与发掘取得重要收获》，《中国文物报》2020年6月19日第5版。

　　c.蒋文孝：《秦始皇陵陵西墓葬的勘探与发掘》，《艺术品鉴》2021年第7期。

[5]　蒋文孝：《秦始皇陵陵西墓葬的勘探与发掘》，《艺术品鉴》2021年第7期。

[6] 焦南峰：《秦陵的形制特点及其演变》，《梓里集——西北大学七七级考古专业毕业三十周年纪念文集》，西北大学出版社，2012年。

[7] 戴春阳：《礼县大堡子山秦公墓地及有关问题》，《文物》2000年第5期。

[8] 早期秦文化联合考古队：《2006年甘肃礼县大堡子山祭祀遗迹发掘简报》，《文物》2008年第11期。

[9] 魏春元：《大堡子山秦公陵园墓主研究综述》，《天水师范学院学报》2008年第3期。

[10] 陕西省考古研究院、宝鸡市考古研究所、宝鸡市陈仓区博物馆：《陕西宝鸡太公庙秦公大墓考古调查勘探简报》，《考古与文物》2021年第1期。

[11] a. 陕西省雍城考古队：《凤翔秦公陵园钻探与试掘简报》，《文物》1983年第7期。
b. 陕西省雍城考古队：《凤翔秦公陵园第二次钻探简报》，《文物》1987年第5期。
c. 焦南峰、段清波：《陕西秦汉考古四十年纪要》，《考古与文物》1998年第5期。
d. 陕西省考古研究院、凤翔县博物馆：《雍城十四号秦公陵园钻探简报》，《考古与文物》2015年第4期。

[12] 陕西省雍城考古队：《凤翔秦公陵园第二次钻探简报》，《文物》1987年第5期。

[13] 王辉等：《秦公大墓石磬残铭考释》，《"中研院"历史语言研究所集刊》总67本第2分册，1996年。

[14] 焦南峰：《秦人的十个陵区》，《文物》2014年第6期。

[15] a. 梁云、田亚岐：《试论雍城秦公陵园的墓主及葬制》，《考古与文物》2015年第4期。
b. 王元、田亚岐：《凤翔雍城14号秦公陵园墓主蠡测》，《考古与文物》2020年第5期。
c. 陕西省考古研究院、宝鸡市考古研究所、宝鸡市陈仓区博物馆：《陕西宝鸡太公庙秦公大墓考古调查勘探简报》，《考古与文物》2021年第1期。

[16] a. 陕西省考古研究院、咸阳市文物考古研究所、周陵文物管理所：《咸阳"周王陵"考古调查、勘探简报》，《考古与文物》2011年第1期。
b. 焦南峰：《秦人的十个陵区》，《文物》2014年第6期。

[17] 焦南峰：《秦人的十个陵区》，《文物》2014年第6期。

[18] 陕西省考古研究院秦汉考古研究室：《2008~2017年陕西秦汉考古综述》，《考古与文物》2018年第5期。

[19] a. 陕西省考古研究所、临潼县文物管理委员会：《秦东陵第一号陵园勘查记》，《考古与文物》1987年第4期。
b. 陕西省考古研究所、临潼县文物管理委员会：《秦东陵第二号陵园调查钻探简报》，《考古与文物》1990年第4期。
c. 陕西省考古研究所、秦岭工作站：《秦东陵四号陵园调查钻探简报》，《考古与文物》1993年第3期。

[20] 焦南峰、李岗：《"秦东陵"相关问题初探》，《考古与文物》2021年第1期。

[21] 西安市文物保护考古研究院：《西安东郊"韩森冢"考古调查简报》，《考古与文物》2015年第2期。

[22] a. 张云海、孙铁山：《对秦东陵有关问题的几点看法》，《考古与文物》1996年第5期。
b. 梁云、王欣亚：《战国秦陵研究》，《故宫博物院院刊》2022年第7期。

[23] 陕西省考古研究院：《陕西长安神禾原战国秦陵园大墓发掘简报》，《考古与文物》2021年第5期。

[24] 秦始皇帝陵博物院：《秦始皇帝陵园考古报告（2009~2010）》，科学出版社，2012年，第108~130页。

[25] 秦始皇帝陵博物院：《秦始皇帝陵园考古报告（2009～2010）》，科学出版社，2012年，第213～215页。

[26] a. 袁仲一：《秦始皇陵的考古发现与研究》，陕西人民出版社，2002年，第20页。
b. 袁仲一：《秦始皇陵兵马俑研究》，文物出版社，1990年，第9页。

[27] 段清波：《秦始皇帝陵的物探考古调查——"863"计划秦始皇陵物探考古进展情况的报告》，《西北大学学报（哲学社会科学版）》2005年第1期。

[28] a. 张卫星：《礼仪与秩序：秦始皇帝陵研究》，科学出版社，2016年，第149页。
b. 段清波、朱晨露：《古代陵墓墓道研究——中国古代陵墓制度研究之四》，《考古与文物》2019年第5期。

[29] 赵化成：《从商周"集中公墓制"到秦汉"独立陵园制"的演化轨迹》，《文物》2006年第7期。

[30] a. 焦南峰：《秦陵的考古发现与研究》，《秦业流风：秦文化特展》，台北故宫博物院，2016年。
b. 焦南峰：《秦陵的形制特点及其演变》，《梓里集——西北大学七七级考古专业毕业三十周年纪念文集》，西北大学出版社，2012年。
c. 焦南峰：《西汉帝陵形制要素的分析与推定》，《考古与文物》2013年第5期。

[31] 冯锴：《秦始皇帝陵修建过程的分期研究》，《文博》2022年第1期。

[32] 陕西省考古研究院、咸阳市文物考古研究所、茂陵博物馆：《汉武帝茂陵考古调查、勘探简报》，《考古与文物》2011年第2期。

[33] 咸阳市文物考古研究所：《西汉帝陵钻探调查报告》，文物出版社，2010年。

[34] 秦始皇帝陵博物院：《秦始皇帝陵园从葬墓园考古勘探简报》，《秦始皇帝陵博物院》2013年总叁辑。

[35] 参见焦南峰：《西汉帝陵形制要素的分析与推定》，《考古与文物》2013年第5期。

[36] 杨家湾汉墓发掘小组：《咸阳杨家湾汉墓发掘简报》，《文物》1977年第10期。

[37] 从现有考古资料来看，"砖房移民点墓区"极有可能是秦始皇帝陵的一处陪葬墓。秦始皇帝陵博物院编《秦始皇帝陵园考古报告（2009～2010）》，科学出版社，2012年，第45页中说"'砖房移民点墓区'极有可能与秦始皇陵有一定关系"。笔者有幸参与该墓区"QLCM1"的发掘，现有考古资料表明其时代在战国晚期至秦代，从属于秦始皇帝陵。

[38] 滕铭予：《秦文化：从封国到帝国的考古学观察》，学苑出版社，2002年，第158～159页。

[39] 段清波、张颖岚：《秦始皇帝陵的外藏系统》，《考古》2003年第11期。

[40] a. 焦南峰：《汉阳陵从葬坑初探》，《文物》2006年第7期。
b. 焦南峰：《试论西汉帝陵的建设理念》，《考古》2007年第11期。

[41] a. 焦南峰：《汉阳陵从葬坑初探》，《文物》2006年第7期。
b. 焦南峰：《西汉帝陵"夫人"葬制初探》，《考古》2014年第1期。

[42] 杨富斗、张童心：《新绛县泉掌村古墓葬》，《中国考古学年鉴·1994》，文物出版社，1997年。

[43] 梁云：《秦墓等级序列及相关问题探讨》，《古代文明》2005年第4卷。

[44] a. 秦始皇帝陵博物院：《秦始皇帝陵考古的新进展——秦始皇帝陵陵西墓葬勘探与发掘取得重要收获》，《中国文物报》2020年6月19日第5版。
b. 蒋文孝：《秦始皇陵陵西墓葬的勘探与发掘》，《艺术品鉴》2021年第7期。

秦于安徽池州铸钱考

方成军

（安徽大学历史学院）

池州市位于安徽省西南部，北临长江。池州历史悠久，春秋战国时先后为越、楚等据有。秦统一中国后，属九江郡。汉为石城县，属丹阳郡。南朝梁天监二年（503年）建置南陵郡，下辖南陵、石城二县。陈时又以南陵郡治作为北江州治。隋开皇九年（589年）撤北江州和南陵郡。隋开皇十九年（599年）分南陵地置秋浦县。唐武德四年（621年）设池州。贞观元年（627年）池州被撤销。五代改秋浦为贵池县。宋复置池州，此后，一直到清末，池州皆为郡、军、州、路、府一级行政建制。

2008年4月底，在池州发现了一泉友收藏的2块秦"半两"铜钱范[1]，这是继1980年10月池州（时为贵池县）征集2块秦"半两"铜钱范后[2]，池州境内秦"半两"钱范的又一次重大发现。

这两块钱范均呈铲形，青铜质地，均有使用痕迹。

第一块范（图一）长25.5、宽14、厚0.7厘米，铲形首宽12.5厘米，范重1.5千克。正面的铲形首端为主浇铸槽，槽宽8.3厘米左右。主浇铸槽下端分叉出两道分浇铸槽，槽宽约4.3厘米，整个浇铸槽呈倒"U"字形。在"U"字形的分浇铸槽两边纵向排列4列"半两"钱型模。其中外围的两列各有7个"半两"钱型模，中间两列各有6个"半两"钱型模，在中间两列的上端又置有1个"半两"钱型模，整个浇铸面共有"半两"钱型模27个。从分浇铸槽又引一道较细的浇铸槽通向各个"半两"钱型模，但中间两列顶端的一枚"半两"钱型模有两个较细的浇铸槽，青铜溶液通过上述浇铸槽流往各个"半两"钱型模。"半两"钱型模排列整齐，其中两边的两列"半两"字头朝外，中间的两列则"半两"字头朝里。顶端的一枚字头朝右。浇铸面上的"半两"钱型模大小基本一致，直径2.4~2.5厘米，钱穿宽0.9~1厘米。"半两"两字阴文篆书，穿左、穿右分布。据此可知此铜范是直接用以铸造"半两"的钱范（即子范）。整个浇铸面绿锈斑驳。该范背面上半身至铲形首端有一呈倒"V"字形凸起绳纹装饰，在背部中间上、下各有一个呈"["形的耳，耳高2.5厘米，其中上耳宽3.9、下耳宽4厘米，两耳之间距离

作者简介：方成军，男，1965年1月生，安徽大学历史学院副教授。

图一　池州2008年发现的秦"半两"钱铜范

图二　池州2008年发现的秦"半两"钱铜范

10.5厘米。

第二块范（图二），与上述第一块钱范形制大体相同，也呈铲形，长24.5、宽13.7、厚0.8厘米，铲形首宽12.9厘米，范重1.8千克。正面即浇铸面的浇铸槽、钱型模的排列以及枚数也与上述的第一块钱范相同。不同的是，四列"半两"钱型模上的"半两"字头均朝里，中间两列末端的一枚斜立，而顶端的一枚的字头则朝下，即倒立。另外，该范的钱型模较上述一块稍大，直径2.5~2.6、穿宽1厘米。钱文"半两"也是阴文篆书，穿左、穿右分布。故该范与第一块范一样，也是直接用以铸造"半两"的钱范。范面有绿锈和烟炱。该范背面有不规则菱形组成的凸起网纹装饰，在背部中间上、下也各有一个呈"["形的耳，但已残。上耳宽3.8、下耳宽4.2厘米，两耳之间距离为10.4厘米。

据了解，这两件钱范均出土于池州，且为同时出土。它们与1980年池州出土的、现收藏在池州市文物管理所、被定为馆藏国家一级文物的2件秦"半两"钱范有许多相同之处。

首先，两者形制一致，均呈铲形。其次，大小轻重也基本一致。1980年出土的两件有大、小之分。大件的长25、宽15.7、厚0.9厘米，首宽15.3厘米，重2.4千克；小者长22.5、宽13.5厘米，首宽14.2厘米，重1.52千克。第三，浇铸面的浇铸槽相同，均呈倒"U"字形。第四，1980年发现的大件范的浇铸面的钱型模有4列，与2008年发现的2块范一致。而小者只有3列。其中大者也是在中间两列的顶端置1枚钱型模。第五，"半两"字头朝向方面，1980年出土的大件和小件范上的"半两"字头朝向分别与2008年新发现的第一块范、第二块范相同。第六，钱型模上的"半两"二字均为阴文篆书，穿左、穿右分布。第七，1980年出土的两件范背面中间部位的上、下也有一个呈"["形的耳。

但两者也有不同之处。第一，1980年出土的两件，范面上钱型模枚数少于这次发现的两件。其大件有23枚，左右两边的两列各有6枚，中间两列各有5枚，加上中间两列顶端的一枚，共23枚。小件三列，每列5枚，共15枚。1980年出土的钱型模较大，其直径为3.1~3.2厘米。其次，1980年出土的两件，范背没有这次发现的两件范背上的倒"V"形和菱形网纹凸起装饰，但二耳左右两边各有一道凸起的直线纹装饰（图三、图四）。

从钱文看，钱文风格大体一致。钱文均小篆，"半"字下一横与"两"字上一横较长，与其各自上、下横笔基本等长。"两"字所从双"人"字的上笔较长。故其时代也应约略相同。钱文特征表明，它们与战国秦"半两"钱文的写法明显不同，也与西汉"半两"钱文的写法不同，结合钱型模的形制特点分析，应该是秦始皇统一中国以后的秦"半两"钱范。

再从铸造技术特点看，2008年发现的两件钱范采用直流分铸式铸钱工艺，青铜溶液由铲形顶端的主浇铸槽注入，分流至分浇铸槽，再经过通向各型腔的较细浇铸槽流向型模，这是先秦至秦、西汉传统的钱范铸币技术。通过充分利用范面、增加钱型模数量达到提高产量的目的，这是钱币铸造技术进步的表现。2008年发现的铜范在范的中间两列的顶端增加一枚钱型模的做法充分说明了这一点。

秦"半两"铜范在国内有出土，但出土数量稀少，主要出土于秦统治的中心地区，如陕西咸阳[3]、西安[4]、凤翔[5]、岐山[6]、临潼[7]等地。其次就是安徽池州，另外还有四川

图三 池州1980年出土的秦"半两"钱铜范

图四 池州1980年出土的秦"半两"钱铜范

图五 陕西出土的秦"半两"钱铜范
1. 凤翔出土　2、3. 岐山出土　4. 阿房宫遗址出土

高县[8]。

陕西凤翔、岐山以及咸阳秦阿房宫遗址曾出土4块铜质秦"半两"钱范（图五），均为呈铲形的子范，也是采用"直流分铸式"的浇铸槽（但其分浇铸槽穿钱型模而过，与池州的不同）。其中凤翔出土的1块长17.18、宽8、厚1厘米；岐山出土的2块长16.5、宽8.7、厚1.8厘米；阿房宫遗址出土的1块长14.7、宽8、厚0.4厘米。而池州2008年发现的2块钱范长24.5、宽14厘米左右，均较陕西上述地点出土的钱范范面要大。陕西出土的钱范由于范面的面积小，所以范面上雕刻的"半两"钱型模相对要少，只有6枚，而池州出土的两块钱范上"半两"型模达27枚，是前者的4倍多。当然，陕西出土的"半两"钱型模直径在3厘米以上（3.1～3.4厘米），较池州的要大。表明陕西出土的秦"半两"铜范其时代较池州2008年新发现的要早。另外陕西出土的钱范上"半两"两字为先秦的大篆，篆法古朴，"半"字下一横笔和"两"字上一横笔均较其各自的上、下横笔短，钱文比池州发现的显得更加原始。

上述陕西秦"半两"钱范出土地点为秦人早期生活的周原一带，研究者认为其时代为"战国秦到统一秦早中期"[9]。那么，根据上述特点，我们可以推断池州新发现的"半两"钱范明显较陕西出土的钱范要先进，其时代当晚于陕西出土的秦"半两"钱范，应为统一秦早中期以后。

蒋若是先生在《秦汉半两钱范断代研究》[10]一文中认为，陕西出土的秦半两钱范属于秦代"朝廷铸钱"，而安徽池州、四川高县出土的则属于秦代"地方铸钱或私铸"。他认为贵池出土的2方秦半两钱范"钱文粗糙，疑为秦代地方铸钱"。但我们认为蒋先生的观点值得商榷。

我们认为陕西出土的秦半两钱范属于秦"朝廷铸钱"，应属确切。因为出土了秦半两钱范的陕西咸阳、西安、凤翔、岐山等地属于秦统治的中心地区，自战国起就有使用秦半两的传统。但安徽池州出土的秦半两钱范并非属"秦代地方铸钱"。理由有三：

第一，秦始皇统一中国后，为了巩固统一的封建制国家，采取了一系列措施，统一货币是其之一。《史记·平淮书》记载"及至秦，中一国之币为三（二）等，黄金以溢名，为上币；铜钱识曰'半两'，重如其文，为下币；而珠玉、龟贝、银锡之属为器饰宝藏，不为币"。学术界对秦统一中国货币有不同看法，但秦半两钱范出土地点高度集中，主要出土于陕西，且又集中出土于咸阳、西安、凤翔、岐山、临潼等秦统治的中心地区。陕西以外，秦半两钱范国内只有安徽和四川等地有极少数出土，其他地区则不见出土的记载和报道，据此推断秦统一货币后不存在地方铸钱，传统上认为秦始皇秦统一货币的观点是正确的，秦的货币铸造是统一的，地方铸钱的可能性是不存在的。

第二，秦半两钱范在国内出土甚少，而远离秦统治中心的安徽池州一地竟然出土4方，可见池州是陕西以外出土秦半两钱范最多的地区。通过对池州出土的4方秦半两钱范观察可知，钱范铸造精美，钱模规整，钱文篆法古朴、清晰工整，并非如蒋若是先生所言"钱文粗糙"，所以它们并非私铸钱的钱范。我们认为，池州当为秦中央政府所设的铸钱基地，国内出土的秦半两钱中的部分当为池州所铸。

第三，池州及其周边地区有丰富的铜矿资源，并有铸钱的传统。池州铜矿资源丰富，城西65千米的铜山就有铜矿，《新唐书·地理志》载，秋浦县"有银，有铜"。池州距铜陵的铜官山不远。铜陵自古就盛产铜，商周时期就是我国南方重要的产铜地，至今还存有大量古铜矿和冶炼遗址。

距离池州不远的繁昌1982年征集到在该县横山镇出土的两块楚国蚁鼻钱铜范[11]，说明池州周边早在战国时期已经铸造货币。1980年发现的两件秦"半两"钱范，其出土地点据考证是池州市灌口乡新河村秋浦河的西岸，在古池州境内。2008年发现的两块也是出土于池州。

秦汉以后池州仍然铸钱。位于池州东北40里梅埂河入口处梅龙镇附近有设自东晋、南朝的梅根冶，以炼铜铸钱闻名于世，与荆州的冶唐（今湖北武昌东南），并称为江南最重要的冶铸基地。《太平寰宇记》载"自齐、梁之代为梅根冶以烹铜铁"。《宋书·百官志》载"卫尉一人，秦官也，……晋江右掌冶铸，领冶令三十九，户五千三百五十。冶皆在江北，而江南唯有梅根及冶塘二冶，皆在扬州，不属卫尉"。梅根冶除炼铁冶铜外，自东晋后更是以铸钱而闻名，以致梅根港被称为"钱溪"。清初顾祖禹《读史方舆纪要》记载，池州"梅根河，在府东四十五里……也曰梅根港。港东五里即梅根监，历代铸钱之所，有钱官司之。故梅根港亦曰钱溪"。梅根冶铸钱所用铜料主要来自离其不远的铜陵铜官山一带。唐代在此设梅根监，继续铸钱。

由上我们认为，池州利用皖南丰富的铜矿资源为秦朝中央政府铸造半两钱，成为秦中央政府所设的重要的铸钱基地。国内出土的秦半两钱中的部分当为池州所铸。

注　释

[1]　安徽省钱币学会秘书处（执笔：方成军）：《安徽池州发现秦"半两"钱铜范》，《安徽钱币》2008年第3期。

[2]　a. 卢茂村：《安徽省贵池县发现"秦半两"钱范》，《考古与文物》1994年第4期。
　　　b. 汪本初：《安徽出土古钱范考略》，《文物研究》总第九期，黄山书社，1994年。

[3]　a. 胡一方、党顺民、赵晓明：《陕西出土秦半两铜钱范相关问题探讨》，《中国钱币》2004年第2期。
　　　b. 姜宝莲：《秦汉半两钱范的研究》，《考古与文物》2004年第5期。

[4]　师小群：《陕西省博物馆收藏的"半两"钱铜范》，《陕西金融·钱币专辑》（10），陕西省金融学会中国钱币学会陕西省金融研究所，1988年。

[5]　陕西省雍城考古工作队：《凤翔出土秦半两钱范》，《陕西金融·钱币专辑》（10），陕西省金融学会中国钱币学会陕西省金融研究所，1988年。

[6]　岐山县博物馆：《岐山馆藏铜"半两"钱范》，《陕西金融·钱币专辑》（10），陕西省金融学会中国钱币学会陕西省金融研究所，1988年。

[7]　张海云：《陕西临潼油王村发现秦"半两"铜母范》，《中国钱币》1987年第4期。

[8]　何泽宇：《四川高县出土"半两"钱母范》，《考古》1982年第1期。

[9] a. 胡一方、党顺民、赵晓明：《陕西出土秦半两铜钱范相关问题探讨》，《中国钱币》2004年第2期。

b. 姜宝莲：《秦汉半两钱范的研究》，《考古与文物》2004年第5期。

[10] 蒋若是：《秦汉半两钱范断代研究》，《中国钱币》1989年第4期。

[11] 陈衍麟：《安徽繁昌出土战国楚铜贝范》，《文物》1990年第10期。

六朝"永平""永世"县史迹考

高 伟

（南京大学历史学院 南京博物院）

"永平""永世"是六朝时期溧阳的县治所在，严格来说是主要治所之一，与之同期并置的政治机构还有东吴的溧阳屯田都尉（在永平县西）、西晋至东晋南朝的溧阳县（在永世县西，晋武帝太康元年废屯田都尉复立，280年）和平陵县（在溧阳、永世县之间，永兴元年分永世立，304年）。在此之前本区域归属秦汉以来设置的溧阳县管辖。

"永平"置县始于东汉建安初年。《三国志·吴书》卷五十五《凌统传》载："凌统，字公绩，吴郡余杭人也。父操，轻侠有胆气。孙策初兴，每从征伐，常冠军履锋。守永平长，平治山越，奸猾敛手，迁破贼校尉。"孙策省溧阳为溧阳屯田都尉，另置永平县，凌操"守永平长，平治山越"[1]。西晋太康元年（280年），永平县更名为永世县[2]。晋惠帝永兴元年（304年），分永世置平陵及永世。刘宋文帝元嘉九年（432年），废平陵县，分其地并入溧阳、永世二县[3]。隋文帝开皇九年（589年），废永世县，并其地入溧阳；十二年（592年），复置永世县[4]。隋唐之际，永世县在动乱中被废。唐高祖武德三年（620年），复置溧阳县，永世之地盖尽并于溧阳[5]。至此，"永平""永世"作为县治的历史告一段落。

一、县城长官

县为三国两晋南朝时期的基层行政单位，其建制大体承袭两汉。"县大率方百里，其民稠则减，稀则旷"[6]，大县置令，小县置长；县为国（有公、候、伯、子、男五种封国，因诸县之地而封建）者长官称相，任同令、长。

"永平""永世"置县以来，史料中拜封的永平长有1人，永平侯2人，永世候1人，永世令有12人（含代理县令1人，隋永世令1人，一并归纳）。当然，以上仅是记载中的"永平""永世"县城长官，实际的人数应远不止于此。

作者简介：高伟，男，1986年12月生，安徽大学考古专业2004级本科生。

1. 永平长

孙吴大将凌操是正史记载的首任"永平长"。据《三国志·凌统传》记载，凌操"守永平长，平治山越，奸猾敛手，迁破贼校尉"。孙策初兴，山岳之患严重制约了孙吴政权的发展。为此，孙策一方面设置军事屯田制度，加强后方物资供应；同时不断强化对"好武习战"的山岳部族的征讨镇抚。凌操作为孙策身边的一员大将，勇猛当先，常获胜果，深受器重。孙策派遣凌操驻守永平，正是落实其山岳治理政策的一项重要举措。另一方面，永平县设长而不是设令掌治，或说明其时永平县域内的人口数量不足万户[7]。

2. 永平侯

东吴建兴初（253年），国丈全尚被晋封为永平侯，录尚书事[8]；之后，东吴末帝孙皓即位（元兴初，264年），封国舅何洪为永平侯；何洪死后，其子何邈继承了爵位[9]。由此可知，孙吴时期永平县曾两度为侯国，进封永平侯者皆为皇族外戚。

全尚是孙亮皇后全氏的父亲。神风元年（252年）六月，孙权驾崩，年仅8岁的孙亮被立为少帝，改元建兴。次年（建兴二年，253年）册封全妃为皇后；全尚为城门校尉，封都亭侯，代滕胤为太常、卫将军，进封永平侯，录尚书事；其他全氏一族被封侯进爵者多人；全氏家族可谓是东吴建国以来最为兴旺的外戚。后来，孙綝废孙亮为会稽王，后又黜为候官侯，全氏家族没落。

何洪是东吴末帝孙皓母亲何姬的弟弟。永安七年（264年），23岁的孙皓被拥立为帝。孙皓即位后，追尊其父孙和为昭献皇帝，何姬为昭献皇后、皇太后，封何氏弟弟何洪永平侯、何蒋溧阳侯、何植宣城侯。何洪死后，其子何邈继承了爵位。孙皓在位初期尚能施行明政，末期昏乱暴虐，外戚何氏一族愈发骄僭横放，民间常有"皓久死，立者何氏子"的说法。

3. 永世侯

两晋时期，琅邪王氏家族的王俊被册封为"永世侯"。《晋书》卷三十三《列传第三》载："……俊，守太子舍人，封永世侯。"[10]

王俊是王肇之子，祖父王祥是著名"二十四孝"中"卧冰求鲤"的主人公，官至太尉、太保，晋爵为公；与王祥同父异母的王览是"孝悌"里"王览争鸩"的人物原型；王览的孙子则是东晋著名的政治家王导。三国两晋南北朝时期的琅邪王氏在政治、伦理、文化、艺术等领域能人辈出，称得上当时中国最具代表性的名门望族。东晋初是琅邪王氏家族的鼎盛时期，史称"王与马，共天下"。王俊正是这一时期琅邪临沂王氏家族的一个代表人物。

4. 永世令

史料中记载的永世令较多，检《晋书》《宋书》《南齐书》《南史》等相关文献，明确封授永世令者有陆晔、徐该、伏滔、徐豁、羊玄保等十二人。

（1）陆晔

陆晔"少有雅望"，"察孝廉"，被任命为永世、乌江二县令，不过陆晔并未就任；之后又被时任镇东将军的司马睿任命为祭酒、振威将军、义兴太守等，但都被他"以疾不拜"[11]。

陆晔出身于江南吴郡陆氏家族，是东吴丞相陆逊侄孙；伯父陆喜，官至吏部尚书；其父陆英，官至员外散骑常侍；其堂兄是两晋著名的文学家陆机。陆晔家族是江南名门，对政治时事有着清醒的判断，两晋之际动荡晦暗的时局让陆晔选择"退隐"。永嘉南渡后，陆晔参与了司马睿对江州刺史华轶的讨伐，获封平望亭侯。司马睿称元帝，以清贞著称的陆晔作为江南士族代表出任侍中、尚书、领州大中正；明帝司马绍时期官至太常、领军将军，又以平定钱凤之功晋爵江陵伯，并与王导、卞壶等人作为明帝的顾命大臣辅佐皇太子司马衍；"苏峻之难"时陆晔力保成帝，劝说归降义军，晋爵江陵公。

（2）徐该

徐该做永世令期间，县域内发现了瑞兽白獐的踪迹。永和八年十二月（353年），徐该捕获白獐并进献给了穆帝司马聃[12]。

（3）伏滔

伏滔"封闻喜县侯，除永世令"，缘于跟随桓温讨伐袁真、平定寿阳之功[13]。桓温是东晋著名将领，野心勃勃。伏滔有才学，少知名，被桓温"引为参军"，每有宴会集游，必定命他同游。桓温死后，桓豁（温弟）继续让伏滔做参军，之后受到晋孝武帝重视，"领华容令"，"拜著作郎，专掌国史，领本州大中正"。一次孝武帝"会于西堂"，伏滔应诏参与；散会回家后，伏滔急匆匆下车喊住儿子：开会时天子第一件事就问伏滔到了没有，"此故未易得。为人作父如此，定何如也"，伏滔受宠若惊之状溢于言表。

（4）徐豁

徐豁在东晋末期出任永世令，时间在桓玄篡位败亡（404年）之后。徐豁任"秘书郎、尚书仓部郎、右军何无忌功曹、仍为镇南参军，又祠部、永世令、建武司马、中军参军、尚书左丞"[14]。刘宋政权初期，徐豁出任开国功臣徐羡之的镇军司马，后历任尚书左丞、山阴令。元嘉年间又做了始兴太守，政绩卓著，太祖（宋武帝刘裕）昭曰"洁己退食，恪居在官，政事修理，惠泽沾被"。徐豁为官精练明理，为时人推崇典范。

（5）羊玄保

羊玄保出任永世令与东晋大臣刘穆之[15]的举荐有很大关系。玄保出身官宦之家，祖父羊楷，官至尚书都官郎，父亲羊绥，官至中书侍郎，玄保起家楚台太常博士。后经刘穆之举荐，羊玄保做了宋武帝刘裕的镇军参军、库部郎、永世令，之后更是一路扶摇入朝担任黄门侍郎。

羊玄保最为人乐道的是其高超的棋艺，史称羊玄保"善弈棋，棋品第三"[16]。宋文帝与其对弈，甚至输了宣城太守的官职让他去做。实际上，正是由于羊玄保为官公正，"廉素寡欲，故频授名郡"[17]。羊玄保历任丹阳尹、会稽太守、太常、吴郡太守等要职，"虽无干绩，而去后常见思。不营财利，处家俭薄"。

（6）江秉之

江秉之于刘宋少帝时（景平年间，423—424年）出任永世令、乌程令，"以善政著名东土"[18]。江秉之自幼丧父，尽力把七个弟妹"抚育婚娶"；东晋末在刘穆之丹阳前军府任参军，后做世子刘义符的中军参军[19]；刘宋代晋后，江秉之历任永世、乌程、建康、山阴令，累迁新安、临海太守，"为政严察"，"御繁以简"，清正廉洁，政绩卓著。

（7）孔景宣与徐崇之

孔景宣是以刘宋时期反叛县令的角色出现在史籍中的。时值刘宋"义嘉之乱"，宋明帝刘彧集团与晋安王刘子勋集团之间爆发了争夺皇权的大内战。东线"吴郡太守顾琛、吴兴太守王昙生、义兴太守刘延熙、晋陵太守袁摽、山阳太守程天祚并举兵反"[20]，作为军事响应行动，"永世令孔景宣复反，栅县西江岘山，断遏津径"[21]，孔景宣还被刘延熙加封宁朔将军，刘彧随即派"镇东将军巴陵王休若统众军东讨"。最终，经过宋明帝几路大军的征讨，持续8个月的动乱以刘彧的胜利平定而告结束。而永世令孔景宣被永世县乡里起义军首领徐崇之斩杀，徐崇之成了代理永世令，并因此获赐侯爵。

（8）沈伯玉

沈伯玉做永世令，主要是因为"司徒袁粲、司空褚渊深相知赏"，后转做永兴令，"皆有能名"[22]。沈伯玉是《宋书》编著者沈约的叔叔，为人温和谦恭、文雅不凡，且善写文章，"文章多见世祖集"；出补句容令，口碑良好；义嘉之乱时，因做了刘子勋的中书侍郎被下狱问罪；被释放后，出任南台御史、武陵国詹事、大农等职，后因母亲年老辞职退隐。沈伯玉孝敬父母、关怀亲朋、乐善好施、温文尔雅，不仅能力出众，与人共事"皆为深交"，这或许正是沈伯玉被卷入义嘉之乱仍能全身而退的关键吧。

（9）萧鸾（齐明帝）

萧鸾在刘宋元徽二年（后废帝二年，474年）出任永世令，在此之前做过安吉令（泰豫元年，472年），"有严能之名"[23]。萧鸾自幼父母双亡，三叔萧道成将他抚育成人，视如己出。萧道成称帝（齐高帝）后，进封萧鸾为西昌侯、郢州刺史；齐武帝萧赜即位，"转度支尚书，领右军将军"，后"迁侍中，领骁骑将军"；经过郁林王和海陵王的罢黜事件，萧鸾完全掌控南齐政权。齐建武元年（494年），萧鸾"入纂太祖第三子"，自导自演了"群臣三请乃受命"的篡权把戏。萧鸾称帝4年，期间大肆屠杀萧道成、萧赜子孙，制造了一出"恩将仇报"的自我毁灭惨剧。

（10）乐预

乐预，南齐建武中（495年前后）为永世令[24]。乐预以至孝著称，其父临终前"执手以托郢州行事王英"，乐预悲痛万分，吐血数升。隆昌末，郁林王肆意挥霍、政治灰暗，丹阳尹徐孝嗣等欲行"伊周之事",乐预对其劝说,"君蒙武帝殊常之恩,荷托付之重,恐不得同人此事","孝嗣心甚纳之",足见乐预忠心之愚。乐预的至忠至孝令人动容,"民怀其德"。后来,乐预死在任上,一位老妇人听到悲讯,在闹市中号啕大哭,"市人亦皆泣,其惠化如此"。

(11)达奚明

达奚明于隋大业年间出任永世令,期间他曾多次兴工疏浚泾渎。大业初进行过疏决;大业末又一次疏浚,"加疏决为桥,甓甃两岸取其坚固"[25]。泾渎是溧阳县北三十里的水运航道,从金坛县北界流入长塘(荡)湖,晋宋时期就有此渎,具有航运、排涝、灌溉等重要作用。经过拓浚疏导,河道更加宽阔,水深更利蓄水通航,加强了河道的排涝抗旱能力,改善了区域水环境,人民深得其利。

从"永平"到"永世",县城长官由长、候到令的设置变化一定程度上反映出六查县城的政治社会变迁。东吴时期的"永平长"以大将凌操守之,足见其时"平治山越"的紧迫,后期侯国的拜封体现了政治环境的不同,及至"永世令"的设置或说明城市人口的增加和社会进步发展的情况。到了隋唐之际,中国的政治中心转移到了北方,原有的以建康城为中心的南朝政治架构被整体打乱重组,建康城且被"平荡耕垦",永平/永世县或出于同一背景下被废置。

二、县城故事

涉及"永平""永世"县的六朝故事记载不多,除前文所列县城长官的史迹外,以下梳理了几则与皇室和动乱相关的内容。

一则是刘宋大明七年(463年)孝武帝视察、审讯永世县囚事。史载:"十一月丙子,曲赦南豫州殊死以下。巡幸所经,详减今岁田租。乙酉,诏遣祭晋大司马桓温、征西将军毛璩墓。上于行所讯溧阳、永世、丹阳县囚。"[26]这一年,孝武帝为太子举办了冠礼,也是刘骏统治的末期。

第二则故事发生在义嘉之乱时期(466年),永世县民和永世县令都在参与的反叛生动诠释了什么叫作"普天同逆"。大明八年(464年),宋孝武帝去世,年仅十五岁的刘子业即位。刘子业年轻多疑、荒淫暴虐且嗜杀成性。辅政大臣刘义恭与柳元景、颜师伯等密谋废黜刘子业,却被反杀,刘子业趁机收回内外大权,愈发残暴。景和元年十一月(466年1月),时任湘东王的刘彧与亲信密谋杀掉了刘子业,自立为帝。同时,江州邓琬等人在浔阳拥立10岁的刘子勋(刘子业弟弟)为帝,顿时各地纷纷举兵响应。"时普天同逆,朝廷唯保丹阳一郡"[27],其中"东兵尤急"[28],"已至永世,宫省危惧"[29]。永世县民史逸宗或是从中嗅到了赚取政治资本的机会,"据县为逆",但很快被殿中将军陆攸之平定[30]。"永世令孔景宣复反"(疑是县民史逸宗逆反之后),杜敬真、陆攸之、溧阳令刘休文等对其征讨,县人徐崇之聚众趁机攻取县城,斩杀了孔景宣[31]。最后,刘彧平定战乱,坐稳了帝位,是为宋明帝。

第三则是萧齐建元三年（481年）武十七王萧子良体恤民情、上表奏请修治塘遏事[32]。在南齐昏乱的统治下，萧子良能够"开私仓赈属县贫民"实属难得。京尹之地田荒民苦，萧子良派人实地调查，并得到丹阳、溧阳、永世等四县长老的申报请求，于是在建元三年向皇帝提出整修塘遏、开垦荒地的建议，然此事虽获批准，却因"迁官"事宜未得落实。

以上有关"永世"的故事分别发生在刘宋和萧齐时期。孝武帝刘骏本以不当手段谋夺帝位，刘宋在他荒淫无道的统治之下逐渐没落；其子刘子业狂悖暴虐，在位两年即被其叔父刘彧弑杀，随之爆发了举国动荡的"义嘉之乱"；刘彧为稳固自己的统治，大肆屠杀皇亲宗室和功臣名将，连年战乱，他本人奢靡残暴，终致朝纲混乱，国力大减。而南齐竟陵王萧子良空有为民之心，本可借武帝病亡之机"矫诏为帝"，奈何"无断事"之能，萧鸾趁机把控朝局，进而篡权自立，萧子良三十五岁即忧郁而终。

三、县城遗存

据《溧阳县志》记载："古县，孙吴永平县，晋宋齐梁陈隋永世县并所在，今治南十五里。建康志云：周三百步，遗址高一二尺，今俗称故县，内有唐隆寺旧基，乡民尤能言古狴犴之所。"古县，即今江苏省溧阳市天目湖镇古县村，村子里时有古井、古瓷器、老砖瓦构件发现，2008年溧阳市文管办把村上的青石望柱、石板路和古井登记为一般文物点[33]。村子南侧有一条颇为宽阔的河道，现名茶亭河，上乘茶亭西南岗丘之水，向东汇入胥溪水道。检史料可知，茶亭河河又名古县河，1980年前后河上尚存一座明代万历年间重建的永世桥[34]。河道南岸现有大片的鱼塘水面，与东部皇仓村旁的千里湖相连，恰与史料中的"古县湨""千里湨"位置相符[35]（图一）。

2019年至2022年以来，南京博物院等对古县遗址进行了持续的调查、勘探和发掘工作，明确了城址范围，揭露出城墙、建筑、道路、水井、窑址、灰坑、灰沟及墓葬等重要遗迹现象，出土了大量六朝时期的瓷器、陶器、砖瓦建筑构件等生产生活遗物[36]。

城址位于古县河北侧的临水高地上，地势较高，利于军事防卫，水运交通便利。考古发掘揭示，北城墙和东城墙皆是起筑于生土层之上，以碎石、碎铁块、砖瓦碎块和蚬壳等物填充夯层，覆以细腻黄土层层夯筑，城墙外侧有包砖加固，局部有二次加固现象[37]。此种筑城模式显然与本地气候环境密切相关，南方多水易见水土流失现象，城墙内夹杂碎石子、碎砖块等物利于城墙稳固，蚬壳、朽木等水生动植物的填充更是就地取材，后期不断的包砖补增方是延续城墙使用寿命的关键。南城墙的堆筑模式基本与北城墙、东城墙一致，城墙内夹杂较多砖瓦碎石、蚬壳朽木等物，墙两侧有包砖残留。不同之处在于南城墙之下有厚厚的垫土层，可能是地势更低、更加靠近河道的缘故；为防止河水侵袭并加固城墙，南城墙外侧每间隔1米左右就有一根柱子深深地扎入地基，内侧柱子分布较少，亦是按照城墙走势排列，立柱应是堆筑坚固城墙的遗留。此外，探寻西城墙的工作仍在进行中。

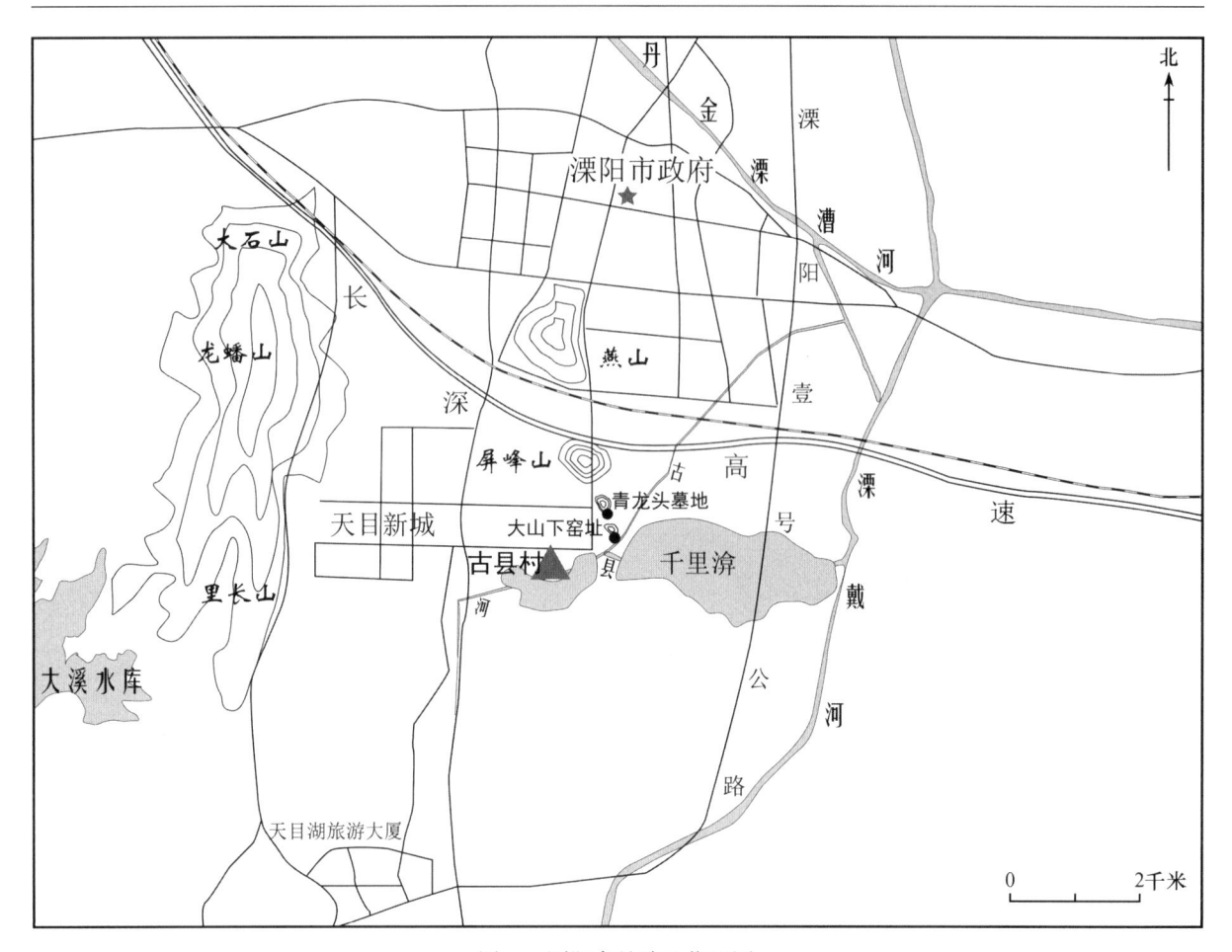

图一　溧阳古县遗址位置图

图二　窑址（Y1）出土硬陶器

另外，值得关注的是，城址周边发现有西周至春秋时期的古窑址，窑址废弃堆积丰厚，炼渣、红烧土分布范围较广，窑内出土了大量的印纹硬陶器标本，器型有坛、罐、尊、瓿、碗、盂、器盖等等，质地坚硬，烧成火候较高，具有较为成熟的烧制工艺，窑内出土的硬陶器造型与江南土墩墓所出硬陶遗物高度一致，应是江苏地区的春秋时期印纹硬陶器的重要产地之一（图二）。由此可见，至迟在春秋时期，古县遗址的制陶手工业作坊已然兴起，社会发展已达到较高水平。同时，北城墙下还揭露出汉代灰坑和灰沟等遗迹现象，说明汉代人群在此地的活动不减。古县城墙叠压于春秋窑址和汉代灰坑之上，兴筑于六朝早期。

县城内外六朝遗存颇为丰富。城址外面的院落建筑（F3）整齐划一，建筑之下铺垫10厘米左右的黄土基础，由墙基、柱洞等遗迹构建的房址单元在砖铺路面的联结下错落有致、布局规整（图三）。建筑构件有板瓦、筒瓦、瓦当和青砖等，瓦当较少，可辨有兽面纹和莲瓣纹装饰，青砖多素面，少量有套菱纹、钱文纹饰，有些青砖侧面模印有六朝纪年铭文。院内出土遗物以陶瓷器为主，其中青瓷器众多，器型可辨有碗、钵、罐、壶等，另有铁器、铜器等物出土，具有鲜明的南朝特征。城外西北高地上的圆形台地建筑（F2）显然经过认真规划和营建，自然高岗之上围筑圆形黄土台，中间以单砖平砌方形建筑，建筑北侧残存一段青砖斜砌的弧状排水沟槽，或与"天圆地方"观念相合，具有礼制建筑的意义。出土板瓦、筒瓦、瓦当等建筑构件较少，其中一件较为残碎的人面纹瓦当、两件模印反书"大兴元年……"的铭文筒瓦特点突出，青砖侧面钱纹、车轮纹及梳纹常见，偶有模印"建武元年……"纪年铭文。在圆台地建筑（F2）东侧，一段宽约3.2米的南北向砖铺路面颇为考究。残留路基中间拱起，路面人字铺砖，其中一砖侧面模印"咸康四年"铭文，两侧立砌青砖路牙，路牙旁还有砖砌排水沟槽。此外，遗址还发现有遗物丰富的六朝灰沟、青砖错缝围砌的西晋水井等诸多遗迹现象。遗址内出土遗物数量众多，可辨有大量的瓷器、陶器、铁器、铜钱等物，器型有罐、壶、碗、钵、盘、盂、盆、砚台、灯盏、铁锸、动物骨骼、炭化植物果实等等，基本涵盖了六朝社会生活的方方面面，真实再现了其时社会民众的生产生活状况。

古县遗址北倚燕山、屏峰山，地势高亢，南邻茶亭河、溧戴河，河网密布，西侧大明山、里长山等山地环绕屏障，东部南部沃野平畴，地理位置优越，遗址北距溧城镇约7.6千米，与《景定建康志》《溧阳县志》等文献记载"治南十五里"的"永平""永世"地望高度一致[38]。因此，不论是根据考古发现的六朝实物资料，还是相关文献记载的综合考证，古县遗址均可明确为"孙吴永平县、晋宋齐梁陈隋永世县并治之在"。相信随着考古工作的不断开展，有关"永平""永世"县城的文化遗存会有更多揭示，加之历史、地理、政治、社会、城市、建筑、文化等相关学科的综合研究，六朝县城遗存的内涵阐释会越来越清晰，六朝县城文化的探索认知也会越来越深入。

图三 院落建筑（F3）

图四　古县遗址出土六朝瓷器

图五　出土建筑构件

注　释

[1] 《三国志》卷五十五《吴书·凌统传》。

[2] 《宋书》卷三十五《州郡一》载："永世令，吴分溧阳为永平县，晋武帝太康元年更名。惠帝世，度属义兴，寻复旧。义兴又有平陵县，董览《吴地志》云'晋分永世'，《太康》《永宁地志》并无，疑是江左立。文帝元嘉九年，以并永世、溧阳二县。"

[3] 《晋书》卷十五《地理下》载："永兴元年，分庐江之寻阳、武昌之柴桑二县置寻阳郡，属江州，分淮南之乌江、历阳二县置历阳郡。又以周玘创义讨石冰，割吴兴之阳羡并长城县之北乡置义乡、国山、临津并阳羡四县，又分丹杨之永世置平陵及永世，凡六县，立义兴郡，以表玘之功，并属扬州。"

[4] 据《隋书·地理志》载，复置永世县，溧阳、永世属宣州。

[5] 《中国地方志集成·江苏府县志辑32·嘉庆溧阳县志·舆地志·建置沿革》，江苏古籍出版社，1991年，第24页。

[6] 《汉书》卷十九《百官公卿表》，中华书局，1962年。

[7] 根据汉制，县之大小以万户以上为令，万户以下为长。

[8] 《三国志》卷五《吴书·全夫人》载："（孙）亮纳（全）夫人……夫人立为皇后……进封（全尚）永平

候，录尚书事。"

[9] 《三国志》卷五《吴书·何姬传》载："（孙）皓即位，尊和为昭献皇帝，何姬为昭献皇后，称升平宫，月余进为皇太后。封弟洪永平侯。"

[10] 《晋书》卷三十三《列传第三·王俊》。

[11] 《晋书》卷四十四《列传第四十七·陆晔》。

[12] 《宋书》卷二十八《志第十八·符瑞中》。

[13] 《晋书》卷九十二《列传第六十二·伏滔》。

[14] 《宋书》卷九十二《列传第五十二·徐豁》。

[15] 据《宋书》卷四十二《列传第二》记载，刘穆之，宋武帝刘裕佐命功臣，"委以腹心之任"，协助刘裕建立刘宋政权，推动了晋宋之际社会的深层变革，为刘宋朝"一代宗臣，配飨清庙"。

[16] 《宋书》卷五十四《列传第十四·羊玄保》。

[17] 《南史》卷三十六《列传第二十六·羊玄保》。

[18] 《南史》卷三十六《列传第二十六·江秉之》。

[19] 《中国地方志集成·江苏府县志辑32·嘉庆溧阳县志》，江苏古籍出版社，1991年，第216页。

[20] 《宋书》卷八《本纪第八·明帝》。

[21] 《宋书》卷八十四《列传第四十四·邓琬》。

[22] 《宋书》卷一百《列传第六十·沈伯玉》。

[23] 《南齐书》卷六《本纪第六·明帝》。

[24] 《南齐书》卷五十五《列传第三十六·孝义》；《南史》卷七十三《列传第六十三·孝义上》。

[25] （宋）周应合：《景定建康志》卷十九、卷十六。又，《钦定大清一统志》卷六十二载："泾渎，在溧阳县北三十里，《建康志》自金坛县西十三里，长塘湖北口至溧阳县北三十七里，相传晋宋间有此渎，隋大业间永世令达奚明曾加疏浚，《新志》明成化间，知县靳璋符观相继浚凿，水势深阔，至今民赖其利，又，古渎至县北二十三里与濑溪通。"

[26] 《宋书》卷六《本纪第六·孝武帝》。

[27] 《宋书》卷八十六《列传第四十六·殷孝祖》。

[28] 《宋书》卷八十三《列传第四十三·吴喜》。

[29] 《宋书》卷五十七《列传第十七》。

[30] 《宋书》卷八《本纪第八·明帝》。

[31] 《宋书》卷八十四《列传第四十四·邓琬》。

[32] 《南齐书》卷四十《列传第二十一·武十七王》。

[33] a. 高伟、董珊珊：《溧阳古县遗址考古揭示"永平""永世"县治》，《文化月刊》2021年5月。
b. 高伟：《江苏溧阳古县遗址》，《大众考古》2022年第2期。

[34] 溧阳市文管办，第三次全国文物普查不可移动文物资料。

[35] 溧阳县地方志办公室编：《溧阳县志资料（第一辑）》，溧阳县印刷厂承印，1984年，第121页。

[36] "古县潩在县南十五里。"（《三吴水考·卷二》，清文渊阁四库全书版）；"古县潩在溧阳县南十五

里，晋永世县故址，与千里渰相连。"[《（乾隆）江南通志·卷十三舆地志》，清文渊阁四库全书版]。

[37] 高伟：《江苏溧阳古县遗址》，《大众考古》2022年第2期。

[38] 《中国地方志集成·江苏府县志辑32·嘉庆溧阳县志光绪溧阳县续志》，江苏古籍出版社，1991年，第43页。此外，根据南宋《景定建康志》及元代《至正金陵新志》记载："永平县（永安、永世），汉元封中置，属丹阳郡，寻废。吴分溧阳复置，改曰永安。"经考，相关置县年代（汉元封中置）和名称（永安）在之前文献均无，此说存疑。

当涂县"天子坟"的年代和墓主身份考

——兼论吴景帝孙休定陵的葬地

栗中斌

(马鞍山市文物管理中心)

马鞍山市区西南角的采石,故称牛渚。东吴时期,此处是除武昌外又一水军要塞,古都南京的天然屏障。民国《当涂县志·姑孰疆域隶置考》记载:"孝武帝宁康元年(373年),又徙南豫州治姑孰(刺史是桓冲)。是则,割秣陵之牛渚及于湖之姑孰而为南豫州治也。"东吴初创至此时,现马鞍山(不含和县和含山县)大部分地区为秣陵直属管辖。本地区多山地丘陵,从南到北有姑溪河、采石河和慈湖河连通长江,贯穿东西,水网密布,极适合古人选择墓地。六朝墓葬考古,是本地区一大特色,也是除陪都鄂州、京师南京市郊、三吴地区苏州和镇江之外,又一东吴时期墓葬的富集地区,特别是采石一带发掘数座此时期高等级大墓,奠定了马鞍山地区在长江中下游六朝墓葬考古的地位。

关于吴景帝孙休定陵的葬地,迄今所见史料有两种说法(后文有详细论述):一是在当涂县东洞阳,也即当涂县"天子坟"所在地;二是在牛渚东北,也即宋山东吴墓[1]所在地。当涂县"天子坟"的抢救性发掘,为解开这一历史"悬案"提供了珍贵的第一手资料。本文欲就当涂县"天子坟"的年代和墓主身份、吴景帝孙休定陵的葬地问题,谈一谈自己一隅之见,不妥之处,恳请方家指正。

一、当涂县"天子坟"发掘情况

为了配合马鞍山市鸿翮实业有限公司文化园建设,2015年11月27日至2016年12月31日,安徽省文物考古研究所会同马鞍山市文物局、当涂县文物管理所对当涂县"天子坟"进行了抢救性发掘。

作者简介:栗中斌,男,1968年7月生,安徽大学文博专业1988级本科生。

墓葬由封土、墓坑、排水沟、斜坡墓道、封门墙、挡土墙、甬道、前室及左右耳室、过道和后室构成。墓室平面呈"十"字形，总长15.35、总宽10.95、高4.1米。墓向165°。

封门墙：双层紧贴于甬道口。内层呈倒梯形，上宽5.2、下宽3.8、高2.4、厚0.8米；外层呈不规则倒梯形，上宽2.8、下宽1.95、高2.95、厚0.8。内外层砌法相同，下部2组七顺一丁，向上逐组递减为六顺一丁、五顺一丁，再向上均为青砖错缝平铺。整体残砖较多。正中偏东侧有一高2.15、宽0.48~1.2米竖长条形盗洞。

挡土墙：位于甬道上部及左右两侧，基本上是一横一纵平铺。长5.75、宽0.4、高3.15米。

甬道：券顶。左右直墙砌法相同。2组四顺一丁至1.15米处起券，券顶三层，券与券之间以单层丁砖相间。下层券顶正中及两侧砌有3组楔形砖。长3.8、宽2.5、高2.25米。

前室：平面呈正方形，四隅券进式穹隆顶。四周直墙3组四顺一丁后平铺青砖至1.7米处起券，起券处四角各设置一石质牛头，仅东北角牛头保存相对完整，两角被砸断。牛头长0.36、上部宽0.19、口部宽0.115、高0.19米。券顶上部被破坏殆尽，仅剩四角。与过道交接处有一祭台，铺地砖上对缝平铺两层方形砖，南北长3.65、东西宽2.3、高0.12米。在盗洞填土内发现一块残覆顶石，平面呈方形，边长1.2、厚0.4米。内边长4、残高1.05米。

左耳室：券顶。两侧直墙均为3组四顺一丁后青砖平铺至1.2米处起券。券顶正中及两侧砌有3组楔形丁砖。后墙为5组四顺一丁后青砖平铺6层至顶。后墙底部砌有一灶台，台面与台柱均用方形砖搭建，其中台柱用一层方形砖侧立，上面平铺5块方形砖，灶台长2.45、宽0.46、高0.51米，内长2.85、宽2.45、高2.3米。

右耳室：形制和砌法同左耳室。西北角有一阴井，口近方形，内壁砖砌，东西长0.3、南北宽0.28、深0.24米，内长2.95、宽2.4、高2.3米。

过道：券顶。两侧直墙均为2组四顺一丁后平铺12层青砖至1.2米处起券。券顶正中及两侧共砌3组楔形丁砖。长1.2、宽2.25、高2.05米。

后室：平面略呈腰鼓形，四隅券进式穹隆顶。直墙均为3组四顺一丁后青砖平铺至1.45米处四角起券。除南壁外，三面墙壁均内倾0.15米。长4.95、前后宽3.85、中宽4.13米。

过道和后室铺地砖均用长方形砖铺成"人"字形后上面再用方形砖对缝平铺一层，余者都是一层方形砖对缝平铺。墓砖青灰色，有三种规格：长方形砖，长0.39、宽0.2、厚0.06米；方形砖，边长0.462、厚0.06米；楔形砖，长0.39、大头宽0.2、小头宽0.16、厚0.05米。除在前室盗洞处发现两块"永安四年"铭文砖外，墓砖纹饰还有钱纹、放射线纹、"十"字形纹等。后室顶部有烟熏痕迹。

此墓为夫妻合葬墓，历史上多次被盗。甬道口封门墙竖长条形盗洞内发现一件唐代褐釉盏。器物多集中发现于封门墙盗洞外侧与墓道交接处，另外在甬道内、前室和右耳室也出土一些文物。除尚未修复外，共出土编号132件/套文物，包括漆木器装饰件、女性饰品、车马器构件、兵器、日用品、佛像、俑、神兽构件、钱币九大类，涵盖金、银、铜、铁、陶、瓷、石、琉璃、漆等质地。其中绝大多数是漆木器装饰件、女性步摇和车马器的构件。

二、当涂县"天子坟"的年代和墓主身份

此墓封门墙盗洞外侧与墓道交接处出土一块漆皮，上有隶书"永安三年（260年）"纪年铭文，这是该墓发现最早的纪年资料，说明墓葬年代最上限不早于公元260年。前室盗洞中又出土两块隶书"永安四年（261年）"铭文砖，此为墓砖烧造年代，也即该墓建造年代。

当涂县"天子坟"前、后室采用四隅券进式穹隆顶的形制，非本地区孤例。马钢制氧厂寺门口东吴墓[2]由两道封门墙、短甬道、前室、左右"凸"字形斜耳室和后室构成，前、后室及左右耳室均为四隅券进式穹隆顶；南京宜兴周墓墩西晋5号墓[3]形制与寺门口东吴墓极为相似，也由甬道、前室、左右斜耳室和后室构成，除甬道为券顶外，余者皆为穹隆顶；南京江宁上坊东吴墓[4]总长20.16、总宽10.71米，为目前所见东吴时期墓葬最大者，由封门墙、甬道、前室、后室等部分构成。甬道的前部有一道石门，前、后室之间有过道连接，前、后室的两侧各对称分布两个耳室，后室的后壁底部有两个龛室。前、后室均为穹隆顶，余者为券顶；江西吉水城郊一号墓[5]由封门墙、甬道、前室、过道、后室等部分构成。前室两侧有耳室，后室四周有回廊。前室、后室及两个角室为穹隆顶；江夏流芳东吴墓[6]前、后室也为穹隆顶，余者为券顶。就目前的考古资料来看，四隅券进式穹隆顶是东汉晚期新兴的最为先进的墓葬形制，在东吴时期长江中下游地区的传播有一清晰路径。此墓葬形制最早发现于河南南阳第二化工厂21号画像石墓[7]和邢营M2[8]等东汉晚期墓葬；至东吴早期，已经传播到长江中游的湖北鄂州地区，如鄂州M2215[9]；长江下游地区迄今最早的纪年墓例是赤乌十二年（249年）的朱然墓[10]，此后继续向下游传播至南京、苏州、镇江等京畿和三吴地区。在传播过程中，这种墓葬形制又派生出四边券进式穹隆顶结构，如朱然家族墓[11]等。显然，四边券进穹隆顶晚于四隅券进式，从力学抗压的角度看，前者没有后者牢固。

朱然墓前室四隅券进式穹隆顶四角直墙和券交接处各平伸出一块大半截羊角砖做灯台，灯台距离铺地砖约0.95米。类似这种灯台设置的墓葬还有南京江宁殷巷79M1[12]，前室四角第八层平砖处，各伸出半块砖做灯台；南京市东善桥"凤凰三年"东吴墓[13]"前室后部两个拐角各有一砖斜出形成灯台，距墓底1米。……过道拱门之上也有一砖平直伸出形成灯台，距墓底1.4米。上面原置一只青瓷灯盏，出土时落于铺地砖上"。当涂县"天子坟"前室边长4米、南京江宁上坊东吴墓前室长4.48、宽4.44米，平面近方形且面积都有所超大，前室四隅券进式穹隆顶四角直墙与券交接处均各嵌有一石质牛头，并配有覆顶石，是迄今所发现仅有两座设置此结构的东吴晚期墓葬。上述两座墓葬镶嵌石质牛头、配有覆顶石压顶，应该是东吴晚期大型四隅券进式穹隆顶结构创新性加固措施，牛头做灯台使用也仅是其附带功能而已。

笔者认为，前、后室采用四隅券进式穹隆顶，是东吴至西晋时期长江中下游地区贵族墓葬中流行的一种形制，还有一种前、后室均为券顶结构，如宋山东吴墓、鄂州鄂钢饮料厂一号墓[14]、鄂城钢铁厂孙将军墓[15]等。两种墓葬形制之间无等级高低，为形制决定结构之故。

分析已经发掘的东吴时期大型贵族墓葬资料不难发现，附设左右耳室的四隅券进式穹隆顶前室，其四周直墙都开有一门，"公共"面积少，显得局促。祭台也多只能设置在前室和后室过道的交接处。如当涂县"天子坟"祭台的位置就是如此。发掘时，在其上面出土两块腐朽棺木，一次葬的时候做祭台使用，二次葬的时候就变成棺床了。朱然墓前室左右两侧各设置一祭台，右侧祭台上也发现腐朽棺木。该墓营造时为了使用右侧祭台作为两次葬的棺床，特意将前、后室之间的过道向左侧偏移，与墓门不在一条直线上，以此增大右侧祭台的面积。附设耳室的券顶前室"公共"面积就大多了。如宋山东吴墓，其形制和鄂州鄂钢饮料厂一号墓大致相同，左厨右藏两耳室设置在前部甬道的左右两侧，前室左右两侧各设置一祭台，这种布局使前室显得高大而又宽敞。

有学者认为，东吴时期上述大型贵族墓葬中，前、后室均附设左右耳室的是东吴宗室墓中的王墓，仅前室附设左右耳室的是东吴宗室墓中的侯墓[16]，这种评级标准有"一刀切"之嫌。比较墓葬规格大小和等级高低，无论从地域还是时空方面只能是横向而不能是纵向，这是考古类型学的基本常识。迄今已发掘东吴时期大型贵族墓葬中，包括当涂县"天子坟"在内仅前室附设左右耳室的占绝大多数，唯有南京上坊东吴墓的前、后室都附设左右耳室。此墓后室增加左右耳室有其自身原因，与等级高低无关。该墓后室发现3组6件石棺座，分前、后两排整齐排列，并发现有3具木棺，其中2具木棺的大小相近，另有一具木棺较大，为典型的一夫二妻合葬墓。如果排除归葬和同时下葬的情形，此墓共进行了三次葬，在盛行厚葬的东吴时期必然陪葬了大量随葬品。这就需要增加耳室数量分类摆放遗物。虽被盗严重，仍然出土大量珍贵文物，仅精美的青瓷器就有100余件，"4个耳室皆分布有遗物"[17]。

南宋王象之《舆地纪胜》卷十八《江南东路·古迹》载："吴景帝陵在当涂县东二十五里。"明代嘉靖十年《太平府志》载："吴景帝陵，县东，地名洞阳。"民国版《太平府志》也记载："三国吴景帝陵，《旧志》载在洞阳，地无考。"已发掘的当涂县"天子坟"是否就是吴景帝孙休的定陵呢？前文已述，此墓前室盗洞中出土两块隶书"永安四年（261年）"铭文砖，应为墓砖烧造年代，也即墓葬建造年代。而孙休是永安七年七月癸未（264年7月25日）去世，元兴元年十二月（264年12月）葬于定陵。其下葬时间比当涂县"天子坟"建造年代晚了三年，如果后者是定陵，那就说明孙休在去世前三年27岁时就开始建造此墓了。目前所见史料无东吴时期皇帝生前建造陵墓的记载。六朝时期是中国历史上又一动荡阶段，战乱频发，政权更迭频繁，盗墓成风。魏武王曹操专门在军中设置摸金校尉和发丘中郎将，负责盗掘墓葬筹集军饷。如此世风之下，皇帝公开提前营造阴宅是不符合常理的。何况东吴晚期政局动荡，政权内斗加剧。孙休又是一位提倡节俭，有作为的皇帝。他病死时也年仅三十岁，断无提前三年建墓的可能。1976年秋，马鞍山市教育局在建造湖东路小学校舍时，发现一座东晋孟府君砖室墓[18]。墓中少量墓砖的侧面模印阳文反书"太元元年八月廿五日建公墓"，这显然是墓葬建造的时间，即公元376年8月25日。但出土墓志上也有"泰元元年十二月十二日……孟府君墓"的铭文，此可能是墓主下葬的时间，也就是公元376年12月12日。上述情况表明两者之间相差110天（3个多月）。春秋时期明确规定："天子七日而殡，七月而葬；诸侯五日而殡，五月而葬；大夫、士、庶人三日而殡，三月而葬。"此礼制成为后人遵循的模式。墓志志文明确记载墓主死亡和下葬时间，并与上述礼制相吻合的如洛阳周公庙裴祇墓[19]。墓志阳文："晋大司农关中侯裴祇字季赞河东闻熹人也春秋六十有七元康三年七月四日癸卯薨十月十一日己卯安措……"由此，不难推断，散骑常侍孟府君可能死于公元376年8月25日前后，8月25日开始建造墓葬，停殡3个月左右，于12月12日下葬。孙休去世和下葬之间间隔5个月，也符合上述礼制。以当时的社会生产力，在5个月内建造当涂县"天子坟"这样规模的砖室墓葬，是极其容易的。因此，六朝时期马鞍山地区可能没有生前营造墓葬的习俗，当涂县"天子坟"根本就不是孙休的定陵。

《三国志·吴书》卷五十九《吴主五子传》注引《吴书》记载：太子孙登"初葬句容，置园邑"。《宋书·礼志三》又载："（孙）皓先封乌程侯，既改葬和（皓父）于乌程西山，号明陵，置园邑二百家。于乌程立陵寝，使县令丞四时奉祠。"朱然墓后室盗洞淤土中发现许多板瓦和筒瓦残片、宋山东吴墓墓道中出土一块筒瓦、朱然家族墓后室盗洞淤土中清理出半块筒瓦、南京上坊东吴墓也发现有板瓦、筒瓦和人面瓦当，说明上述四座墓葬之上都有享堂祭奠性质的寝庙建筑。这种地上建筑是墓主身份高贵的重要标志之一。朱然家族墓和南京上坊东吴墓甬道口都设置一道石门，宋山东吴墓后甬道与横前室、横前室与过道交界处也各有一道石门。设置石门是墓主身份高贵的又一重要标志。当涂县"天子坟"未发现任何地上建筑构件，四周钻探也无地面建筑遗迹，又无石门设置。此墓发现有两次墓道、两次封门遗迹现象。这些情况恰恰证明了当涂县"天子坟"等级低于同时期有寝庙建筑、设置石门的宋山东吴墓、南京上坊东吴墓和朱然家族墓。可以断定，当涂县"天子坟"是公元261年东吴时期高等级贵族墓葬。墓中出土一件残釉下刻划填彩三足尊。此前，东吴时期釉下彩绘瓷器仅见南京地区[20]，特别是东吴苑城范围内发现的实物资料，具有重要意义。它表面这类器物可能也仅在东吴最上层阶级范围内使用。由此，我们推测当涂县"天子坟"墓主可能是孙氏一位宗族。

三、宋山东吴墓应是孙休的定陵

宋山东吴墓位于马鞍山市雨山区西山的东南麓，西南直线距离翠螺山（又名采石山）约1千米，东北直线距离朱然家族墓地约2千米，连通长江的采石河在其前方不远处自东向西流过。整座墓室为券顶。墓葬由封土、斜坡墓道、封门墙、前后甬道、横前室、左右"凸"字形耳室、过道和后室组成。后甬道与横前室、横前室与过道交界处各有一道石门，前石门左扇、后石门右扇中部各有一高浮雕变形龙纹把手，从体态看前为雄性，后为雌性。左厨右藏两耳室设置在甬道左右两侧，左耳室靠里面直墙有一大方形砖垒砌五层高的灶台（当涂县"天子坟"灶台仅一层）。前室左右两侧各有一祭台，后室有一大方形砖构筑的棺床。墓室总长17.87米，为迄今所见东吴时期第二大砖室墓葬。此墓形制与鄂州鄂钢饮料厂一号墓大致相同，但后者甬道未分前、后段，未设置石门，后室棺床为普通墓砖铺设，墓室也较前者小3.33米。鄂州鄂钢饮料厂一号墓墓主虽有争议，但肯定是东吴宗室墓葬。宋山东吴墓的规格和等级显然高于东吴宗室墓葬。已经发掘的长江中下游地区东吴、西晋时期墓葬中，墓内设置石门并不多见。朱然家族墓、南京上坊东吴墓、宜兴周墓墩西晋M1[21]和M4[22]等都只设置一道石门，设置两道石门的仅有江西吉水城郊一号墓和宋山东吴墓两座。有学者认为前者墓主"可能是孙和嫡妃、末帝孙皓嫡母张氏"[23]。如果这一推断正确，说明江西吉水城郊一号墓属陵墓等级。换言之，设置两道石门是东吴时期陵墓的规制之一。笔者认为，至少东吴时期皇帝陵墓没有独特的形制，仅采用同时期贵族之间流行的墓葬形制，通过扩大墓葬规模、豪华局部设施、陪葬大量器物来体现墓主身份的高贵。著名六朝考古学家、历史学家蒋赞初先生认为，宋山东吴墓至少是王陵，不排除是皇帝的陵墓。

自20世纪80年代以来，本地文物部门配合城市基本建设，在采石东、北约2千米范围内，陆续发掘了朱然墓、独家墩三国早期墓[24]、宋山东吴墓、佳山白果村东吴墓（此墓发现时已毁坏殆尽）、朱然家族墓、寺门口东吴墓等东吴时期高等级大墓。其中，在朱然墓、宋山东吴墓、佳山白果村东吴墓和朱然家族墓中，发现有"富宜贵""富宜贵至万世"和"富贵万世"铭文砖。这种特有的铭文砖不见于这一区域以外的其他地区，是其独特的墓葬文化内涵之一。20世纪六七十年代采石公园改造过程中，在翠螺山山腰发现大量砖窑，并出土许多上述铭文砖，说明这些砖窑是专门为周边这些东吴时期高等级大墓烧制墓砖。宋山东吴墓、朱然墓和佳山白果村东吴墓砖铭为篆书，笔力遒劲，书体规范。而朱然家族墓砖铭是楷书兼有隶意，笔力孱弱无力。这种字体的变化体现时间早晚。笔者考证朱然家族墓墓主为朱然之子左大司马朱（施）绩，下葬年代为公元270年[25]。宋山东吴墓墓室直墙和券顶所有墓砖都使用了上述铭文砖，而朱然墓铭文砖多集中在墓门两侧直墙和券顶处，朱然家族墓只在前室左侧距离铺地砖1.8米处发现几块铭文砖。由此可以断定，这种铭文砖在当时也极为珍贵，墓葬中使用的数量体现墓主身份的高低。可见，宋山东吴墓墓主身份较之左大司马、右军师朱然尊贵太多，其墓主非皇帝莫属。

六朝考古专家罗宗真先生在其《六朝考古》一书中记载：孙坚高陵在今丹阳县西十五里孙陵港；孙权蒋陵在今南京钟山；废帝会稽王孙亮葬在丹阳县赖乡，即今江苏江宁县境内；文帝孙和明陵在乌程县西陵山；末帝孙皓则卒于洛阳。"景帝孙休定陵：永安七年七月癸未卒，十二月葬在当涂县东二十五里，朱皇后合葬。"前文已详细论述考证，当涂县"天子坟"不是孙休的定陵。南宋著名史学家、考据学家胡三省在《二十五史补篇·东晋篇·江域志》中考证：陵口"在牛渚东北边戍守处，今考吴景帝陵，在当涂县西北采石山，此云亡陵口（亡字可能是之字的笔误），当以此为名也"。宋山东吴墓所在的地理位置与陵口极为相符。现当地百姓流传这一带有五龟墩，宋山东吴墓居中，而且面积最大。所谓的五龟墩其实就是五座东吴时期的高等级大墓。20世纪90年代，城市基本建设中确实在宋山东吴墓周边破坏数座东吴大型墓葬，其中也有使用"富宜贵""富宜贵至万世"和"富贵万世"铭文砖的。本地有学者认为，宋山东吴墓东约500米处的独家墩三国早期墓是长沙桓王孙策王陵[26]。关于孙策葬地，有今苏州、无锡、镇江丹徒及浙江富阳等多说，未有定论。孙策死后葬于东吴政权肇事之地的牛渚也是完全有可能的。这样就能合理地解释了采石东、北约2千米范围内集中如此多的东吴时期大型墓葬的原因了。这是一处以孙策桓王陵独家墩三国早期墓、孙休定陵宋山东吴墓为主墓，朱然墓、朱然家族墓、佳山白果村东吴墓、寺门口东吴墓等为陪葬墓的东吴时期一处陵区。"……包括朱然家族诸墓在内的今马鞍山采石周围地区发现的其他高等级大型孙吴贵族墓，颇疑都与葬于牛渚的孙策、孙休二陵有关，是这个陵区的重要组成部分。"[27]

唐代诗人谢理登当涂县城西北约1千米的黄山凌歊台时曾写道："谷口鸟催春雨急，渡头帆带夕阳开；二陵只在江云外，环佩应歊月下台。"长江在黄山凌歊台的西边，牛渚在其西北边，当涂县"天子坟"在黄山东南几十里以外。站在黄山的凌歊台上，不远处的牛渚尽收眼底。通过上面的诗句不难看出，诗人所站的方位是面对长江和牛渚，而背朝当涂县"天子坟"。诗人看到牛渚一带有两座陵墓，应该就是孙策桓王陵和孙休定陵。明代诗人杨杰登黄山凌歊台时也曾写道："六龙一去杳无迹，山花野鸟空相忆；翠羽啸鞭来不来，景陵芳草年年碧。""六龙"应指东吴时期武烈帝孙坚、大皇帝孙权、废皇帝会稽王孙亮、景皇帝孙休、文皇帝孙和和末帝孙皓。这里的"景陵"当然是吴景帝孙休的定陵，也就是宋山东吴墓。

《三国志·吴书·妃嫔传第五》记载："孙休朱夫人，朱据女，休姊公主所生也……甘露元年（265年）七月，见逼薨，合葬定陵。"从宋山东吴墓发掘资料看，该墓后室仅有一座棺床，中间发现一座腐朽木棺。前室左祭台长2.2、宽1.38米；右祭台长2.06、宽1.49米，上面未见腐朽棺木。据其后室棺床的面积来看，仅能容下一具木棺，也就是说宋山东吴墓的结构布局就是为一次葬而设计的。这似乎和史料记载朱皇后合葬定陵不符。有些学者据此否定宋山东吴墓是孙休定陵。古代合葬有两种情形：一是葬于同一墓地，二是葬于同一墓穴。后者又称为祔葬。孙休去世时年仅三十岁，第二年朱皇后是被逼死的，属于非正常死亡，个中原因史料没有明确记载。她与孙休葬于同一墓地也可以称为"合葬定陵"。根据宋山东吴墓发掘记录记载：发掘宋山东吴墓的同时，在其右前侧不远处还清理一座中型砖室墓葬。由于被破坏严重，只出土一件银质五铢。但从此墓的墓砖等资料分析，墓葬年代与宋山东吴墓相当，两墓墓主应该是家族成员。该墓营造也极考究，有七层铺地砖，这是本地区已发掘铺地砖层数最多的一座砖室墓葬，说明墓主身份也很显贵。宋山东吴墓右前侧的中型墓葬墓主可能就是朱皇后。265年7月，比孙休晚去世一年的朱皇后并没有和孙休合葬同一墓穴，而是葬在其右前侧的另外一座墓葬中，这是对史料的重要补充。

注　释

[1]　a. 马鞍山市文物管理所、安徽省考古研究所：《安徽马鞍山宋山东吴墓发掘简报》，《江汉考古》2007年第4期。

　　b. 栗中斌：《马鞍山市宋山墓的年代和墓主身份考》，《东南文化》2007年第4期。

[2]　a. 马鞍山市博物馆：《安徽马鞍山寺门口东吴墓发掘简报》，《东南文化》2007年第3期。

　　b. 栗中斌：《试析安徽马鞍山寺门口东吴墓的形制——兼论长江中下游地区六朝时期祔葬墓的类型》，

《东南文化》2009年第3期。
[3] 南京博物院：《江苏宜兴晋墓的第二次发掘》，《考古》1977年第2期。
[4] 南京市博物馆、南京市江宁区博物馆：《南京江宁上坊孙吴墓发掘简报》，《文物》2008年第12期。
[5] 李希朗：《江西吉水晋代砖室墓》，《南方文物》1994年第3期。
[6] 武汉市博物馆、江夏区文物管理所：《江夏流芳东吴墓清理发掘报告》，《江汉考古》1998年第3期。
[7] 南阳市文物工作队：《南阳市第二化工厂21号画像石墓发掘简报》，《中原文物》1993年第1期。
[8] 南阳市文物工作队：《南阳市邢营画像石墓发掘报告》，《中原文物》1996年第1期。
[9] 南京大学历史系考古专业、湖北省文物考古研究所、鄂州市博物馆：《鄂城六朝墓》，科学出版社，2007年，第326页。
[10] 安徽省文物考古研究所等：《安徽马鞍山东吴朱然墓发掘简报》，《文物》1986年第3期。
[11] a. 马鞍山市文物管理所：《安徽省马鞍山市朱然家族墓发掘简报》，《东南文化》2007年第6期。
b. 栗中斌：《谈朱然家族墓的年代和墓主身份》，《东南文化》2004年第4期。
[12] 南京市博物馆：《南京郊县四座吴墓发掘简报》，《文物资料丛刊·8》，文物出版社，1983年。
[13] 南京市博物馆、江宁县博物馆：《南京市东善桥"凤凰三年"东吴墓》，《文物》1999年第4期。
[14] 鄂州博物馆、湖北省文物考古研究所：《湖北鄂州鄂钢饮料厂一号墓发掘报告》，《考古学报》1998年第1期。
[15] 鄂城县博物馆：《鄂城东吴孙将军墓》，《考古》1978年第3期。
[16] 王志高、马涛、龚巨平：《南京上坊孙吴大墓墓主身份蠡测——兼论孙吴时期的宗室墓》，《东南文化》2009年第3期。
[17] 南京市博物馆、南京市江宁区博物馆：《南京江宁上坊孙吴墓发掘简报》，《文物》2008年第12期。
[18] 安徽省文物工作队：《安徽马鞍山东晋（孟府君）墓清理》，《考古》1980年第6期。
[19] 黄明兰：《西晋裴祗和北魏元暐两墓拾零》，《文物》1982年第1期。
[20] 王志高、贾维勇：《南京发现的孙吴釉下彩绘瓷器及其相关问题》，《文物》2005年第5期。
[21] 罗宗真：《江苏宜兴晋墓发掘报告》，《考古学报》1957年第4期。
[22] 南京博物院：《江苏宜兴晋墓的第二次发掘》，《考古》1977年第2期。
[23] 王志高、马涛、龚巨平：《南京上坊孙吴大墓墓主身份蠡测——兼论孙吴时期的宗室墓》，《东南文化》2009年第3期。
[24] 马鞍山市文物管理所：《安徽省马鞍山市独家墩三国早期墓发掘简报》，《东南文化》2008年第6期。
[25] a. 马鞍山市文物管理所：《安徽省马鞍山市朱然家族墓发掘简报》，《东南文化》2007年第6期。
b. 栗中斌：《谈朱然家族墓的年代和墓主身份》，《东南文化》2004年第4期。
[26] 李敏、郎俊、吴志兴：《马鞍山独家墩汉末墓与宋山东吴墓墓主考》，《中国文物报》2005年4月29日第七版。
[27] 王志高、王俊：《马鞍山孙吴朱然家族墓时代及墓主身份的分析》，《东南文化》2008年第5期。

（原刊于《文物研究》第23辑，科学出版社，2018年）

宋孝武帝礼仪改革与南朝陵墓新制的形成*

耿 朔

(中央美术学院人文学院)

　　陵墓既是想象中的超越性空间，也是现实中的政治性空间。丧事的处理似乎带有天然的社会性，对家庭、家族来说，为故去的成员举行丧事，不仅是为了寄托伤逝之痛，对内凝聚和激励人心，丧事活动的具体内容也是对外展示实力的有效手段。对一个王朝或政权来说，要对整个社会进行充分管控，丧葬领域不可忽视，设计什么样的丧葬等级体系以及如何去实践，是其统治方式的生动体现。以帝王陵墓为代表的高等级墓葬更成为一种象征符号，通过物质材料的选取、空间环境的营建以及视觉语言的塑造传递特定的丧葬观念与政治意图。在对中国古代墓葬的研究中，学者们早已注意到凝聚在陵墓这种物质遗存之上的丰富信息，如关于西汉帝陵陵园的空间模拟对象是长安城还是汉帝国的讨论[1]，又如通过研究以厚礼改葬而建成的乾陵三大陪葬墓，揭示武则天去世后唐廷剧烈的政治斗争[2]。

　　本文聚焦南朝启幕的刘宋时代。在以都城建康（今南京）为中心的南朝统治核心区，虽经考古发掘能够归属刘宋的墓葬数量还不多，也还没有发现明确的刘宋帝陵，但从被推断地处刘宋岩山（又名龙山）陵区的隐龙山墓地等材料来看，南朝早期的高等级墓葬与东晋相比已经发生显著变化，一些具有标志性意义的新要素出现得很突然，并在此后整个南朝时期得到持续发展。此前已有多位学者对此加以总结和分析，王志高指出大约从刘宋中期开始，墓葬结构出现新的因素，如设置石门和石质葬具，墓室侧壁及后壁开始向外弧凸但尚不明显，这些标志着南朝墓制的初步确立[3]。韦正认为南朝墓葬中最具代表性的装饰艺术——竹林七贤砖画在刘宋时期已出现，而且刘宋陵墓相对前朝发生多方面变化，甚至"几乎尽抛东晋成规"，他推测陵墓石刻的使用与刘裕的刘姓及北伐见闻有关，而近椭圆形长方形墓室的使用可能是刘氏对南方当地流行墓葬样式的采纳[4]。倪润安总结了南朝墓葬发生的多种变化，认为以建康为中心的长江下游地区墓葬新面貌最能体现政治背景的影响，南朝逐渐放弃"晋制"墓葬形制，墓葬特

作者简介：耿朔，男，1984年4月生，安徽大学考古专业2002级本科生。
* 国家社科基金青年项目《魏晋南北朝陵墓制度新探》（批准号：19CKG011）阶段性成果；"中央美术学院自主科研项目资助（项目编号：19QNQD036）"成果。

征深陷地方化格局，此现象可以在南北朝墓葬文化正统争夺的视野下予以理解，如陵墓石刻在刘宋建国后不久即出现，是在精神层面制衡北魏的重要措施[5]。

以上研究表明，从礼仪制度视角出发分析刘宋墓葬新面貌是可行的。本文延续这一研究方法，综合整理相关考古材料与文献材料，对建康地区晋宋墓葬演变轨迹展开进一步梳理，揭示墓葬形制、墓内石制品、墓志、神道石刻、墓室壁面装饰几个方面发生改易的背后动因，进而发现宋孝武帝刘骏在位期间进行的礼仪改革直接推动新型陵墓制度的创立。

一、墓葬形制的变化和墓内石制品的出现

如前所述，要想准确把握南朝早期墓葬特征，出发点无疑是与东晋墓葬进行充分对比。因此，我将首先总结建康地区东晋墓葬的基本特征，并梳理百年间发生的阶段性变化，发现其与政治形势之间存在耐人寻味的关联，这就为同样从政治视角分析刘宋墓葬新貌提供了合理前提。

半个多世纪以来，考古工作者已在南京及附近地区发掘了几百座东晋墓葬，是该区域六朝墓葬序列中材料最为丰富的一段，并且有纪年材料和墓主身份相对明确的墓葬数量也最多。总的来看，东晋墓葬表现出普遍简素的做法，仅帝王[6]和士族[7]的墓葬便有许多表现，例如东晋帝陵表现出家族葬特点，不设石刻，高等级墓葬的规模尺寸在六朝各时段中显得最小，世家大族墓葬流行的墓志多为砖质。上述现象恐怕不能用财力多寡来解释，而是特定丧葬观念的反映，用南渡后不久于太宁元年十一月（324年1月）病卒的陈郡谢鲲墓志上的话来说，现在埋在南方是"假葬"、是权厝，在北方老家有"旧墓"，等到收复故园之后，迁葬回家族旧茔[8]，代表了南渡士族的群体性诉求。《宋书·礼志》称"江左元、明崇俭，且百度草创，山陵奉终，省约备矣"[9]，而终东晋一世，帝王陵墓和世家大族墓葬也堪称俭省，这是东晋统治阶层持续一个世纪始终坚持的"政治正确"。

南京东晋墓的墓葬形制和随葬品演变规律也有迹可循，有学者通过考古类型学研究，将南京东晋墓葬主流的"凸"字形单室砖墓按照形制结构分为前、中、晚三期，时间上将东晋中期明确定在穆帝永和晚期至升平年间[10]。根据笔者的分析，或可将中期的时间调整为永和中（约350年）至太元之前（约375年），三期的划分大致是东晋早期（317～350年左右）、中期（约350～375年）、晚期（约375～420年），造成每次演变的动因中最主要的一点应是时局的改变。

东晋早期墓葬一改江东东吴西晋时多室、双室以及单室墓并行的局面，而突然以平面凸字形单室墓为主流，墓顶结构有穹隆顶和券顶两大类。这并非本地墓葬形制自行演变的结果，而是南渡的北人在获得政治强力和礼仪优势的情况下，带来了中原系统的丧葬习俗，是西晋官方丧葬礼制在江南的延续。随葬品尤其是明器的种类和组合发生了更大的改变，南方此前常见的堆塑罐、家禽家畜、粮食仓储加工类模型明器基本消失，替之的牛车俑群、涂朱陶器皿以及墓

志等体现出鲜明的中原西晋葬俗特点。政治动荡下移民群体带来的北方葬俗打断了南方墓葬的发展轨迹，同时也吸收了后者的一些内容。

大约从穆帝永和中（约350年）开始，墓葬形制出现较为显著的变化，此前较多的穹隆顶单室墓基本消失，只剩下券顶单室墓一种，面貌十分单一。此外先前常见的砖砌直棂假窗也突然不见，墓壁开始有外弧的迹象，同时墓室后部设砖棺床的情况增多，可见变化主要体现在穹隆顶墓和墓壁假窗的消失，这两个现象都可抽绎出墓葬营建走向简约的意味，构成东晋中期墓葬的基本特征。这类墓葬的流行时间大致持续到孝武帝太元之前（约375年）。

如果将中期墓葬形制的演变与南北形势变化联系起来观察，会发现这二十多年间是东晋历史上少有的较为太平的阶段，进一步可以说，这是晋室立足江左以来，前所未有地在较长一个时期内对北方占据战略优势，并且取得实际成效。这一切既与北方时局混乱有关，更与一代枭雄桓温的经营进取密不可分[11]。自桓温平蜀（347年）至枋头之败（369年），东晋对北方形成战略进攻的态势，数度北伐并收复洛阳，或许可以认为正是从永和年间开始，在首都建康出现了一股将回葬故园的愿望转化为实际操作的社会行为：墓顶结构抛弃费工的穹隆顶而全部采用简便的券顶，是因为日后总要开墓迁葬的，不需将墓室建得过高过大，有些墓室的高度甚至把人们直立其中进行活动的可能都排除了；象征地面建筑上的窗户的直棂假窗消失，也反映了此时的墓葬不再是模拟地面居所，而只是灵柩暂时寄托的临时场所，此地的墓葬则不再作为最后归宿。将这样乐观的渴望通过处理生死这种重大人生问题表达出来，翘首期待着回归旧茔那样一个日子的到来，正是受到时局的鼓舞。

枋头之败，不仅桓温望实俱损，于孝武帝宁康元年（373年）病故，东晋实力也遭受重大损失，再无力组织大规模北伐，必然给希望满怀的朝野上下以心理上的重创。太元元年（376年）谢安执政，太元八年（383年）淝水之战，这十年间南北实力又发生了悄然转变，苻坚统一北方对江左政权造成了巨大压力，回迁故土的热情似乎也暗淡下来[12]。大约在375年以后，假窗重新出现在墓壁上，墓葬整体的形制变化不甚显著，但墓室规模比前一阶段有所增大，砖棺床和祭台更为普遍，许多墓葬的墓壁外弧更加明显[13]。

虽然刘裕领导的义熙北伐一度取得比桓温更大的成就，军中也不乏王镇恶这样"不克关中，吾誓不复济江"的将领，但似乎已经难以扭转整体观念的转变趋势，从随军文士撰写的行役记行文风格来看[14]，多猎奇之辞，少伤感情绪，故土可返，但心已有隔阂。

刘裕代晋之后，形势又发生了新的变化：一方面，南北对峙的格局已经持续一个世纪，江左政权偏安稳固，文帝元嘉之治使得"区宇宴安，方内无事，三十年间，氓庶蕃息，奉上供徭，止于岁赋，晨出莫归，自事而已……凡百户之乡，有市之邑，歌谣舞蹈，触处成群，盖宋世之极盛也"[15]。北人生活方式和观念意识的南方化过程在安居乐业的氛围下几近完成。另一方面，文帝几次发动北伐均告失利，特别是元嘉二十七年（450年）进行的第二次北伐，由于一系列战略上的失误，不仅未略得北魏一寸土地，反而引得拓跋焘顺势大举南侵，江淮六州遭受空前破坏，造成"自是邑里萧条，元嘉之政衰矣"[16]的严重后果。此后南朝政权再也没有进行大规模北伐，北强南弱的现实逐渐被接受。改朝换代之后的刘宋统治者也不必再举起司马氏"克复神州"的旗帜才能团结臣民，江左统治策略出现重大调整的新时代即将到来。可以观察到的是，墓葬形制也在元嘉前后发生了新的变化。

首先，墓葬规模进一步扩大。根据我的统计，建康地区东晋砖室墓长度基本在4～9米之间，以5～8米的居多。被推测为帝陵的南大北园东晋早期墓长8.04米，汽轮电机厂东晋中期墓长9.05米，富贵山东晋晚期墓长10米左右，光墓室长度就达7.06米，它们在建康地区东晋墓中都位居前列。南京发现的多处东晋士族墓地中，墓葬规模与墓主身份地位不完全对称，而家族墓地内部却表现出相当的一致性，可能是与不同家族的门风有关。郭家山太原温氏诸墓规模最大，其中10号墓全长达到9.38米，居各大族墓的首位，其余墓葬都长达7米以上；仙鹤观广陵高氏诸墓规模也颇大，2号墓、4号墓都长达7米多，3号墓也接近7米；象山琅琊王氏诸墓则明显规模狭小，除了7号墓为近方形单室穹隆顶这种高等级墓葬外，其余券顶墓长度均在6米以下，3号墓、5号墓为长方形单室墓，长度更只有4米多，这些墓葬高度多在2米多，也有数座在2米以下的；老虎山琅琊颜氏诸墓规模也不大，全长也只在6米上下；司家山陈郡谢氏诸墓规模较大，长度多在7米以上；吕家山广平李氏诸墓长达6米多，其尺寸比等级较高的象山、老虎山墓地要大。即便墓室尺寸不能作为判断墓葬等级高低的首要标准，但依然是个重要的参考，至少可以反映一个时代在墓葬营建上的普遍投入状况。

2010年在南京南郊西善桥发掘的贾东19号墓为平面"凸"字形单室砖墓，根据出土砖墓志可知墓主为卒于元嘉十一年（434年）豫章郡永修令（相）、驸马都尉钟济之及卒于元嘉三年（426年）其妻孙氏。钟济之出自颍川长社钟氏，孙氏出自太原中都孙氏，都是永嘉中渡江南下的北方望族，他们二人应该都是南渡北人的后裔。这座刘宋县令级别的墓葬砖室全长近7米，放到东晋墓葬体系中接近大型墓葬规格[17]。2011年在南京江宁淳化咸墅发掘了南朝罗氏家族墓，这是一个史书没有正面记载的普通士族，墓葬均为"凸"字形单室砖墓。1号墓砖室长度应在8.5米左右，根据出土买地券信息和学者考证，墓主为卒于东晋义熙五年（409年）、改葬于元嘉二十二年（445年）的罗健夫妇，5号墓砖室长度超过9米，墓主为葬于元嘉三十年（453年）的罗健之子罗道训。罗健任职晋廷，官至兰陵太守，封刘阳县开国男。罗道训袭父爵，晋末任武原令，宋元嘉四年（427年）起历任广川令、南广平太守、龙骧将军、左卫殿中将军、行参征北将军事等职，参考《通典》"晋官品""宋官品"，罗健官职五品，罗道训官职最高三品，因此父子都为中层官员。两座墓葬的长度要明显大于上述东晋士族墓地中一些同级别人物的墓葬[18]。假如罗道训确如学者所考证的，就是《宋书》所载元凶刘劭弑父篡位事件的同谋始兴王刘濬的部将罗训，他很可能在元嘉三十年五月孝武帝刘骏平乱建康时被杀，那么即便罗训有过投诚之举，"故其葬事安排可能得到了一定的宽待"，恐怕也不宜以常情视之，之所以还能营建如此规模的墓葬，大概只能置于墓葬规模普遍扩大的时代风气下才好理解，罗氏家族墓地出土买地券指向了元嘉后期，时在5世纪中期[19]。

2000年发掘的南京南郊隐龙山三座南朝早期墓，墓主被发掘者推定为陪葬孝武帝景宁陵所在岩山陵区的刘宋皇族。这三座墓葬在形制结构、墓内设施以及随葬品方面相对东晋墓葬都有较大改变，被视为体现南朝葬制的早期典型墓例。三座墓均为"凸"字形单室券顶墓，光从规模上看就令人瞩目。1号墓砖室全长9.14米，墓室内长5.64米；2号墓砖室残长8.16米，墓室内长5.38米；3号墓砖室残长也是8.16米，墓室长方形，残长5.384米[20]，由此或可推想景宁陵地下空间更为宏阔。20世纪80年代在幕府山南麓地段发掘的两座墓葬，以及1997年在富贵山西南麓发掘一处六朝时期墓群中的4座墓葬，被认为与东晋帝陵区关系密切，墓主可能是皇室成员或陪陵的重臣。这几座墓葬基本也都为平面"凸"字形单室券顶砖墓，从规模上看，时代被推测为东晋中晚期的幕府山3号墓全长6.5米，其中墓室长4.6、宽1.9米，4号墓亦为"凸"字形单室券顶砖墓，墓葬全长近7米，其中墓室长4.93、宽1.83米。时代被推测为东晋早期的富贵山2号墓全长4.81米，4号墓全长6.76米。推测为东晋晚期至南朝早期的6号墓全长6.16米，破坏严重的5号墓仅存长4.6米的墓圹，这些墓葬的规格都要小于隐龙山[21]。

齐梁陈时期，帝王陵墓的砖室规模更为扩大。20世纪60年代在江苏丹阳先后发掘了三座被认为是南齐帝陵的南朝大墓，其中鹤仙坳大墓砖室全长15米，墓室长9.4米；吴家村大墓砖室全长13.5米，墓室内长8.2米；金家村大墓砖室全长13.6米，墓室内长8.4米[22]。2013年在南京东北郊发掘的狮子冲1号、2号墓，被分别推定为梁昭明太子安陵和其生母丁贵嫔宁陵。1号墓砖室全14.2米，墓室内长8.32米；2号墓砖室全长15.2米，墓室内长8.4米[23]。南京东北郊还多次发现梁代诸王墓，1974～1975年发掘的甘家巷六朝墓群中，4号墓墓主可能为梁安成康王萧秀，砖室全长9.5米，墓室长6.4米；6号墓可能是萧秀家族墓，砖室全长10.3米，墓室长6.3米。1979年在尧化门发掘了疑似梁南平元襄王萧伟墓，砖室全长10.25米；1980年发掘的梁桂阳简王萧融墓已遭破坏，根据残迹测量墓室全长约9.8米；1997年在白龙山发掘了疑似梁临川靖惠王萧宏墓，砖室全长13.4米，墓室内长7.7米；1988年发掘的萧融之子、桂阳敦王萧象墓规模要小一些，砖室长6.48米[24]。1961年发掘的被推测为陈代帝陵的南京南郊罐子山大墓，砖室全长13.5米，其中墓室长达10米[25]。显然，这些南朝中后期帝王陵墓的规模与东晋相比普遍扩大许多，这种变化应发端于刘宋时期。

墓室两侧壁外弧的现象在刘宋时更为多见，但还只能归入略显外弧的范围，到南朝中后期墓室平面发展为非常明显的近椭圆形，这应当主要是建墓技术改变的结果，至于是否受到其他因素的影响，目前很难给出可靠的答案。赵胤宰、韦正指出这种墓形是南方土著传统，东晋帝王陵墓不用，北来士族很少用，刘宋采用这种墓葬形制明显是对东晋的否定，实际上认为应在南方本土的丧葬传统中寻找有源之水[26]。这表明墓形选取的背后可能也有政治考量，可备一说。

如果说刘宋时期墓葬规模和形制的演化尚处于"量"变过程，不易把握，那么大约从刘宋中晚期开始，建康地区大中型墓葬突然涌现大量的石制品，就显示出某种"质"变正在发生。石制品大致包括两类，一类是墓葬中的固定设施，如在甬道里砌筑石墓门，一般由门槛、门柱、门扇、门额等构件组成，取代东晋墓葬普遍采用的木门，门额上或雕出仿木结构的人字栱，在墓室前部放置带有四足的长方形石祭台，在墓室中后部砖砌棺床上放置数量不一的石板拼成的棺座。另一类是模型明器，孙吴西晋时期南方墓葬中陶质明器和富有地方特色的瓷质明器并行，东晋以新式组合的陶明器为主，刘宋时期则出现石质明器，包括人俑、屋、灶等模型。目前所见建康地区刘宋或南朝早期墓发现石制品情况整理如下表（表一）。

表一　建康地区刘宋墓葬石制品简表

	墓号或墓名	墓主人及年代	设置	模型明器	纪年材料
纪年墓	南京贾东19号墓	永修令（相）、驸马都尉钟济之：元嘉十一年（434年）；孙氏：元嘉三年（426年）		石弩机1（仅余望山部分）	砖墓志
	南京江宁咸墅1号墓	东晋兰陵太守、刘阳县开国男罗健：卒于义熙五年（409年）、改葬于元嘉二十二年（445年）	石门（两侧石门柱及石门槛尚存）、石祭台		砖买地券、卖地券
非纪年墓	南京隐龙山1号墓[27]	出土"孝建四铢"，刘宋中晚期	石门1、石棺座2具（每具由2块长方形石板拼成）、石祭台1	俑1、灶1、屋1	近方形墓志1（只字不存）
	南京隐龙山2号墓	刘宋中晚期	石门1、石棺座2（每具由2块长方形石板拼成）、石祭台1		
	南京隐龙山3号墓	刘宋中晚期	石门1、石棺座1（由2块长方形石板拼成）、石祭台1	俑2	石墓志1（只字不存）
	南京尹西村1号墓[28]	刘宋	石门1	俑2	
	安徽当涂来陇4号墓[29]	刘宋或稍晚	石棺座2（分别由2块和3块石板拼成）		
	南京栖霞区东杨坊南朝墓[30]	出土"孝建四铢"，"刘宋中晚期至萧齐早期"	石门1、石棺座2具（每具由2块长方形石板拼成）、石祭台1	俑4（因粉化皆仅存人形轮廓，细部难以辨识）	石龟趺1，石碑已不存
	南京西善桥宫山墓[31]	年代争议较大，目前以刘宋中晚期和陈代两种观点比较有影响	石门1、石棺座2具（每具由2块长方形石板拼成）		

石制品出现在刘宋墓葬中应当不是来自技术的革新，毕竟汉代墓葬中就大量使用石材，所反映的是丧葬观念的变化。石材的开采、加工、制作、搬运和安放，显然费时费力，增加建墓成本，而墓葬用石在中国丧葬文化中更有特殊的意义，坚硬的石材使其很早便被视为坚固的保障，如巫鸿在研究满城汉墓最后的石室时指出石材在古人看来是有着永久的作用[32]。从目前的材料看，两类石制品并非同步配套出现，石门、棺床、祭台这类设置在刘宋中晚期大中型墓葬中已较为普遍，这在实际效果层面使得墓葬变为更为安全坚固，而象征意义较强的石质明器似乎还处于萌发阶段，明显逊色于当时依然流行的陶明器，虽然表一中的墓例均已遭盗掘等破坏，但石器一般不会为盗贼青睐。到南朝中后期，石制品的使用更为普遍，尤其是石质明器种类和数量大为增加，甚至成为南朝墓葬文化的重要标志物。另外，在数座刘宋墓葬中发现了石墓志，这也是一个重要的转变，下面予以分析。

二、墓志材质和文辞的改易

建康地区东吴、西晋墓葬随葬的身份标志物有买地券、名刺和铭文砖，真正意义上的墓志要到东晋才出现，这是洛阳西晋时期已经较为成熟的墓志文化随着永嘉南渡，移植江东的结果。

就考古发掘的情况看，东晋墓志以都城建康地区最为集中，多为北人家族。碑形墓志在江南尚有发现，但数量极少，如吴县张镇石墓志（325年）、南京温式之陶墓志（371年）。张镇出于江东世族，温式之则为南渡名臣温峤之子，授散骑常侍、新建开国侯。前者制于东晋初年，碑阳简介张镇及夫人徐氏，碑阴则简续家世，多四字成句，尚具铭辞褒扬之风；温式之墓志时代较晚，全叙官职、籍贯、姓名、世系，不见辞颂。除此之外发现的三十多方东晋墓志，形制为长方形和近方形两种，多为砖质，极少石质，砖质偶见特制大砖，而大多数应直接取自砌墓的墓砖，这与中原西晋多石墓志的情况有所不同。再就文体而言，这些东晋墓志内容单纯，不见题额和铭辞，有些字迹颇为潦草随意，交待墓主官职、籍贯、姓名、亡时、葬地、世系等内容，一般仅几十字。少者如南京吕家山李氏家族墓的几方墓志，仅十来字；多者如象山王氏家族墓的王兴之、王建之等墓志有二百多字，但记录的也仅仅是上述几方面内容。墓志既是东晋建立之初礼制建设、巩固统治过程的快速产物，也是反映东晋丧葬活动整体"简素"的标志物。

刘宋前期墓志完全保留东晋风格。南京南郊司家山陈郡谢氏家族墓地6号墓墓主是葬于永初二年（421年）的海陵太守、散骑常侍谢珫，墓志由6块形制相同的砖志组成，每块长33、宽17、厚4.5厘米，规格与墓砖相同，单面刻字，6块砖上的文字合拼成一篇共有681字的完整志文，但如此长文依然只记述墓主家世信息，行文风格与东晋墓志无异[33]。在南京铁心桥发现的刻写于元嘉二年（425年）陈郡宋乞3块砖志，每块尺寸也基本一致，长33～34、宽16.4～16.6、厚4厘米，显然也是普通墓砖规格，与谢珫墓志不同的是，宋乞墓志每块行文内容基本相同，重在叙述家族世系和婚姻关系。类似的一式多块现象早见于安徽马鞍山出土的东晋太元元年（376年）始兴相、散骑常侍孟府君墓，该墓随葬5块形制、内容相同的砖墓志，只是行文较为简略[34]。实际上，宋乞正是晋人，墓志记载亡于太元年间（376～396年），距离墓志撰写时间已去二三十年，可能是因为长时间停柩待葬或进行迁葬[35]，这3块墓志保持浓郁晋风实属情理之中。前文提及的南京西善桥贾东19号墓墓主为卒于元嘉十一年（434年）的钟济之及卒于元嘉三年（426年）的其妻孙氏，该墓出土6块砖志，形制尺寸与上述两墓砖志基本相同，属于钟济之的有4块，双面刻文，属于孙氏的有2块，单面刻文，字迹潦草，内容近于宋乞墓志，甚至还略去了父祖信息，更为简明。

大约从刘宋中后期开始，墓志在材质和文体两方面都发生了重要变化。钟济之墓志是目前所知时代最晚的砖志，稍后就出现以石志替代砖志的趋势，这也可以看成是墓葬中出现的特殊石制品。隐龙山1号墓、3号墓出土石墓志，1号墓石志近方形，长36、宽35、厚4厘米，3号墓石志长60、宽50、厚5厘米，无论从形制还是尺寸来说，都是我们最熟悉的那种墓志类型，只可惜南京地区南朝墓葬石制品普遍用的是石灰岩，极易风化，这两块石志都已只字不存。保存较好的是南京东北郊甘家巷北出土的元徽二年（474年）员外散骑侍郎明昙憘墓志[36]，长65、宽48厘米，志文30行，满行22字，在叙述完这位出自平原明氏、南渡不久的墓主个人经历和家族信息，赫然出现"其铭曰"三字，后接四字骈文，共有18句，这很容易让人想起西晋洛阳时已经相当完备的更具纪念性意义的铭辞。时间上处于上述考古出土品之间的石志例子，有清末在山东益都发现的大明八年（464年）建威将军、笠乡侯刘怀民墓志，该志高49、宽52.5厘米，因为直题为"墓志铭"而广为人知，迄今也是时代最早的自名"墓志铭"，志文内容铭在前，志在后，颇有特点[37]。从刘怀民的履历看，他出自平原刘氏，又长期在刘宋边境任职，远离建康，未必可以说直接受到都城某种新型墓志文化的直接影响。但刘怀民于大明七年（463年）去世后，丧事得到中央政府的过问，志文所记的"齐北海二郡太守""东阳城主"即为刘宋朝廷追赠，考虑在青徐地区找不到这种形态墓志的源头，似乎不能排除刘怀民墓志制作过程有官方参与的可能性。

　　墓志实物呈现的改变，恰能与文献记载相互印证。宋孝武帝大明二年（458年）发生了一件关乎丧葬革新的事情，涉及墓志形态的改易，皇弟、建平王刘宏去世，孝武帝"痛悼甚至，每朔望辄出临灵，自为墓志铭并序"[38]。前文已经提及建康地区东晋墓葬出土的墓志，内容上只有志，不见铭，而至此才恢复了西晋洛阳已经很完备的墓志写法。三年后皇太子刘子业之妃何令婉去世，也在玄宫里放置带有辞铭的"石志"。据《南齐书·礼志》载："建元二年，皇太子妃薨……有司奏：'大明故事，太子妃玄宫中有石志。参议，墓铭不出礼典。近宋元嘉中，颜延之作王球石志。素族无碑策，故以纪德。自尔以来，王公以下，咸共遵用。储妃之重，礼殊恒列，既有哀策，谓不须石志。'从之。"[39]虽然南方这种新型墓志的先声可以追溯到元嘉十八年（441年）前后颜延之为王球所书的石志，但孝武帝的行为具有强烈示范性，不仅作用于当世，也对齐梁陈三代产生深远影响，即便齐武帝取消了在皇太子妃玄宫内放置石志的做法，使用更符合身份的哀册，但石志在王侯和士族阶层依然普遍使用。从考古实物看，刘宋以后，砖墓志极少发现，而南京地区考古发掘的萧融、王慕韶、萧象等梁代诸侯王、王后石墓志便是"自尔以来，王公以下，咸共遵用"说法的很好注脚。

　　正如徐冲最近指出，具备铭辞这一纪念装置的墓志，在孝武帝时被纳入了包括皇族在内的整体精英文化之中[40]。

三、神道石刻的设置

　　现在，让我们把目光转向地面。相对于深埋于地下的墓葬，墓地的地表建制具有与之相反的展示性。今天散布于南京、丹阳和句容乡间的神道石刻是寻找南朝帝王陵墓的可靠指引。

最早设置石刻的南朝陵墓是哪一座？作为陵墓制度的重要组成部分，石刻又是在什么样的背景下设置的？是否与上文讨论的刘宋中晚期地下空间变化存在关联？这些便是值得讨论的话题。

尚无证据表明能从东晋陵墓制度中寻找到南朝设立石刻的渊源。如前所述，相比秦汉，南渡以后的东晋帝陵规模俭省许多，但肯定设有陵园，考古发现尚未提供线索，可从文献资料进行分析。东晋初，琅邪悼王司马焕薨，元帝"悼念无已，将葬，以焕既封列国，加以成人之礼，诏立凶门柏历，备吉凶仪服，营起陵园，功役甚众"[41]。诸侯王既有陵园，帝陵肯定也有，文献记载了许多在陵所进行的活动，并有"陵令"一职，都说明当时存在陵园。但迄今未在南京发现东晋陵墓神道石刻，文献上也缺乏记载，学术界普遍认为当时确实没有设置石刻。

刘宋陵墓肯定已有石刻。《南齐书·豫章文献王嶷传》有一段话涉及中古陵墓石刻，常被关注这一问题的研究者引用：

（萧嶷）自以地位隆重，深怀退素，北宅旧有园田之美，乃盛修理之。（永明）七年，启求还第，上令世子子廉代镇东府。上数幸嶷第。宋长宁陵隧道出第前路，上曰："我便是入他冢墓内寻人。"乃徙其表、阙、骐驎于东岗上。骐驎及阙，形势甚巧，宋孝武于襄阳致之，后诸帝王陵皆模范而莫及也[42]。

齐豫章王萧嶷（444~492年）是齐高帝萧道成次子，齐武帝萧赜同母弟，在南齐政坛上举足轻重。武帝永明七年（489年），萧嶷急流勇退，搬到建康城外东北郊居住，整修了具有田园风光的"北宅"。不巧的是，这座"北宅"迫近宋文帝长宁陵神道，武帝常去看望弟弟，都要从前朝陵墓前穿过，这让皇帝觉得很别扭，于是下令将长宁陵（407~453年）神道的三种石刻"表、阙、骐驎"迁至别处。这件事发生在永明七年（489年）至萧嶷去世的永明十年（492年）之间，即公元5世纪末期。

让人颇为意外的是，《南齐书》作者萧子显宕开一笔，将眼光投向了这组石刻，特别指出宋孝武帝刘骏（453~464年在位）亲自谋划的"骐驎"和"阙"，形态精巧，技艺超群。《南齐书》完成于梁武帝普通年间（520~527年）[43]，由"后诸帝王陵皆模范而莫及也"的措辞可以体会，从刘宋后期经南齐直至梁初的六七十年间，南朝多座帝王陵墓的神道石刻皆法宋文帝长宁陵，可惜水平上都有差距，这恐怕不只是萧子显的个人感受，也是时人的普遍看法。

根据南京、丹阳和句容三地的实物遗存，学界公认南朝帝王陵墓神道石刻包括碑、柱、兽三种类型，《南齐书》提到的"表、阙、骐驎"不排除正好对应南朝陵墓石刻标配组合的可能性。相比石碑而言，石兽和石柱造型一般更显繁复，确实更能展现其雕刻水准，形容它们"形势甚巧"，颇为恰当。

那么，现存的南朝陵墓石刻中是否包括长宁陵石刻呢？据《建康实录》记载，长宁陵位于唐上元县东北二十里[44]。较早有一种观点，认为长宁陵地处南京东北甘家巷狮子冲，当地现存一对石兽，精美程度堪称南京周边南朝石刻之冠[45]，近年根据新的考古工作，这种可能性已被否定[46]。也有学者考证指出南京东郊麒麟铺的一对石兽不是通常认为的宋武帝初宁陵石刻,而属于长宁陵[47]。这对石兽东侧的双角,身长2.96、身高2.8米,西侧的单角,身长3.18、身高2.56米[48]。论体型在现存石刻中属于较大者,毛须尾爪都雕刻得非常精细,尤其是翼部鳞片状羽毛的处理,层次感极强,当为南朝陵墓石刻的上品。在缺乏其他更可靠信息的情况下,要判断麒麟铺这对石兽的具体归属,应该说目前还非常困难,但视为南朝早期作品,应当问题不大。

宋武帝刘裕于永初三年(422年)崩,葬入初宁陵,文献对该陵地表设施有所提及,《宋书·五行志》记"元嘉十四年,震初宁陵口标,四破至地"[49],"孝武帝大明七年,风吹初宁陵隧口左标折"[50],可知初宁陵设标,而且是一对,后在437年、463年两次被大风吹折。无独有偶,同卷载"晋惠帝永康元年六月癸卯,震崇阳陵标西南五百步,标破为七十片"[51]。崇阳陵是西晋文帝司马昭的陵墓,位于洛阳东北,由此可知中朝制度波及江东。《后汉书·光武十王传》载东汉中山简王刘焉"墓前开道,建石柱以为标,谓之神道"[52],说明"标"应该就是石柱。《建康实录》也记载了上述大明七年的异事,"是月,大风折初宁陵华表"[53],这里将初宁陵"标"称为"华表"。至于该陵是否还有其他石刻种类就不清楚了。

因此,南朝时期最早完整设置神道石刻的陵墓,从文献记载和实物遗存两方面考虑,目前似乎都只能上溯到宋文帝长宁陵。

受此启发,再来理解《南齐书》"后诸帝王陵皆模范而莫及也"这句话,我认为长宁陵石刻之所以被视为后世模范,除了艺术水平很高外,更重要的是,南朝陵墓神道三对六件的石刻组合也许就肇始于此。长宁陵为之后的南朝诸陵开创了一个制度,所以萧子显才予以突出强调。

萧嶷传中引人关注的是"于襄阳致之"一语,这五个字透露出非常重要的信息,常被学者用来论证六朝时期襄阳与江南的联系,这很可能与孝武帝做皇子时的经历有关,他在元嘉二十二年(445年)外调为雍州刺史,成为晋室南渡百年来第一位出镇襄阳的皇室成员,直至二十五年(448年)调离。刘骏应当就是在任期间接触到了石刻。

"于襄阳致之"的原因,不是由于襄阳的石材好,南京附近南朝陵墓石刻几乎都是本地取材。刘骏看中的应该是当地的石雕工艺,此工艺在5世纪中叶依然有所传承,所以要在襄阳制作石刻,然后不计成本运抵建康。襄阳如今似已不见汉晋时代的石刻遗存,但《水经注·沔水》记襄阳附近有"蔡瑁冢,冢前刻石为大鹿状,甚大,头高九尺,制作甚工"[54]。蔡氏为汉末襄阳豪族,蔡瑁一生经略荆楚,根基深厚,即便不能肯定《水经注》对墓主的判断是否准确,但至少说当地确有制作大型石雕的传统,而且水平颇高。

襄阳往北即是南阳,两地自古沟通密切,属于一个地理单元,在丧葬习俗上也有颇多共性,这从两地南朝墓葬所出画像砖题材和构图的高度相似性就可见一斑。南阳是现存石兽集中之地,由此也可窥见襄阳当时的情况。但是,襄阳及南阳未必是东汉陵墓石刻最为发达的地区。襄阳是当时南北交通大动脉上的重镇,往北可达首都洛阳,实际上直到20世纪初京汉铁路建成前,中国中部的南北交通干线都是走洛阳—南阳—襄阳—荆州一线,即所谓的"荆襄道",南阳又是帝乡,和洛阳各方面的交流相当密切。襄阳及南阳地区的陵墓石刻应该与洛阳有联系,并且我认为这种联系不只存在于东汉。

魏晋虽倡"薄葬",但丧葬习惯的改变非"一日之功",在以洛阳为中心的中原地区,墓地地表设施的减省也存在一个发展变化过程,墓前石刻时禁时弛。根据《宋书·礼志》所载晋武帝咸宁四年曾下诏令禁断"石兽碑表"[55],可以断句为"石兽、碑、表",这从《太平御览》所引《晋令》所言"诸葬者皆不得立祠堂、石碑、石表、石兽"[56]中可得对照。《三国志·诸夏侯曹传》中有一条记载与之呼应,"(曹)爽参军杨伟为爽陈形势,宜急还,不然将败"。裴注引"《世语》曰:伟字世英,冯翊人。明帝治宫室,伟谏曰:'今作宫室,斩伐生民墓上松柏,毁坏碑兽石柱,辜及亡人,伤孝子心,不可以为后世之法则'"[57]。这里的"石兽碑表"或也可以分解为"石兽、碑、表",两条文献于此措辞竟然一致,不正是我们熟悉的南朝陵墓石刻组合吗?很可能,魏晋时期中原地区的神道石刻还逐渐形成了石碑、石柱和石兽的组合,尽管它们尚未制度化。

西晋永嘉之乱引发北人南迁,除了渡江至长江下游的建康、京口一带以外,中原和西北的部分大族及相当数量的流民寄居襄阳,使得那里人口激增,东晋孝武帝太元年间(376~396年)以襄阳为治所正式侨置雍州。襄阳远离建康,丧葬制度和习俗未必一致,不排除在襄阳一带保存了洛阳的传统。

到了5世纪中期刘骏出镇襄阳时,当地大约仍然延续这种制作和树立石刻的风气,或许曾给他留下印象。刘骏即位后,亲自为亡父谋划扩建长宁陵,诏令襄阳方面制作石刻并运至建康,而且很可能吸纳了源于魏晋洛阳的碑、柱、兽组合,并将其制度化,提升为帝陵的标配,作为墓地的永久性地面标志[58]。

另外还值得注意的是,当初文帝是在荆州刺史任上被傅亮等迎入京师即位的,也就是孝武帝大明二年(458年)正月壬戌诏所说的"先帝灵命初兴,龙飞西楚"[59]。刘骏十五岁时离开建康,出镇雍州,后改镇江淮之间数州,元嘉三十年(453年)正月刘劭弑杀文帝,刘骏时为江州刺史,在西讨沿江诸蛮途中听闻消息,调转船头,与荆州、雍州合军进攻建康,四月己巳即皇帝位于建康西南之新亭,四月丙子克定京师,很快在闰六月甲申下诏免除江州治下的寻阳、西阳两郡租布三年。十年以后的大明七年(463年),孝武帝在一道诏书还追忆了少年出镇襄阳的经历,"朕弱年操制,出牧司雍,承政宣风,荏苒年纪"[60]。从这个意义上说,文帝、孝武帝先后"龙飞西楚",都以荆襄大地为王业所基,而且都是通过非正常途径即以外藩身份继承大统,"于襄阳致之"是否也与这层心理有关呢?

四、孝武帝的礼仪改革

墓室规模的扩大、墓内石质设置和模型明器的出现和增多,反映了刘宋时期社会丧葬实践的普遍性改变,这些主要体现在刘宋中晚期大中型墓葬范畴内。将前面提到出土六块砖墓志的永初二年海陵太守谢珫墓和与地处孝武帝岩山陵区的隐龙山三座墓葬进行整体比对，便能较为清楚地看出这种变化。谢珫墓为"凸"字形单室券顶墓，砖室全长6.28米，甬道原有一道木门，墓室长4.45米，后壁和两侧壁略向外弧凸，并且壁面都砌有直棂假窗和"凸"字形灯龛，墓室中后部设有砖砌棺床，棺床前另有起到祭台作用的砖砌矮榻，随葬品除了砖墓志外，主要是盘口壶、鸡首壶、唾壶、灯、碗、盘等瓷器，可以说无论形制结构、随葬品情况还是墓志书写方式，都与同一家族墓地中年代稍早的东晋晚期墓葬面貌保持一致。而隐龙山三座墓葬如前所述，长度都在8米以上，1号墓全长9.14米，它们的基本形制延续了东晋以来的"凸"字形单室券顶砖墓，但在甬道里不设木门，而新出现了石门，成对放置在砖棺床上的青石棺座，棺床前部放置遗物的石祭台，随葬品方面除了具有传统的陶瓷器外，还增加了石俑、灶、屋等石明器，1号和3号墓还发现了石墓志。

在墓葬形制和随葬品发生普遍变化的时代底色上，墓志形态的改易和神道石刻的设置显示出更为明确的指向性。不难判定两者均是具有象征性的革新之举，而且直接来自孝武帝本人，在他亲自谋划或首肯之下，石刻尤其成为构建新型帝王陵墓制度的重要举措。因此我们还能在孝武帝统治时期的政治文化中再做进一步分析。

正如中古史学界已经注意到的，孝武帝在孝建、大明年间转向内部进行大规模的礼仪制度建设，见著史籍的措施有：

孝建元年（454年）十月，为孔子开建庙制，同于诸侯之礼，厚给祭秩，刘宋王朝此前未对仲尼行祭祀之礼。

大明三年（459年）二月以扬州所统六郡为王畿，以东扬州为扬州；十月，要求次年六宫妃嫔修亲桑之礼；造象征天子法驾的五路；移南郊坛于牛头山西以正阳位。

四年（460年）正月，车驾祠南郊，躬耕籍田，诏祀郊庙，初乘玉路；三月，皇后在建康西郊亲桑，皇太后观礼。

五年（461年）四月下诏，始建明堂；闰九月，初立驰道于建康。

六年（462年）正月，车驾祠南郊，并在明堂祭五时之帝，以文皇帝配；五月，置凌室，修藏冰之礼。

七年（463年）正月，要求恢复春蒐之礼；二月，大发徒众，巡行江右，渡江至南豫、南兖二州，遣使奠祭南岳霍山，以为国镇，并校猎于历阳郡乌江县，登六合山；十月再次出巡南豫州，车驾校猎于姑孰，十二月过江行幸历阳，于长江边的梁山立双阙。同时大修建康宫室[61]。

凡此种种，或恢复古礼，或创设新制，使得晋室南渡以来宫室草创、制度多阙的情况至此大变，户川贵行认为通过这些措施开始彰显"建康为中心的天下观"，"刘宋孝武帝实行的礼制改革，成为奠定其后由梁武帝所开创的南朝天下观的重要基础"[62]。

其中是否包含丧葬礼仪方面的革新呢？文献中正面记载不多，除了上文提到的孝武帝为皇帝撰写墓志铭和于襄阳制作石刻两件具体事情外，特别重要的一条法律规定是大明二年（458）十二月己亥诏"诸王及妃主庶姓位从公者，丧事听设凶门，余悉断"[63]。凶门即前文所引的"凶门柏历",或称"凶门柏装",是东晋新创并延续至南朝的丧门形式,有学者对其制法和形状进行了考证,认为其由多根大的圆直木聚成圆柱,外敷竹片[64],可以立在治丧之所,也可立在墓地,东晋成帝杜皇后于咸康七年(341年)崩,"有司奏:'大行皇后陵所作凶门柏历,门号显阳端门'"。虽然成帝诏曰:"门如所处,凶门柏历,大为烦费,停之。"[65]但也说明这是东晋惯例。刘宋时确实延续此制,"文帝元嘉十七年(440年)七月,元皇后崩。兼司徒给事中刘温持节监丧。神虎门设凶门柏历至西上阁……"[66]看来孝武帝大明二年的诏书只是允许保留丧礼上特别醒目的设施,而禁断了其余多种已被上层普遍采用的仪式,只是由于文献阙如,具体所指已经不得而知,如果比较元嘉二十三年(446年)七月白衣领御史中丞何承天奏海盐公主为生母蒋美人服丧事时所说"台伏寻圣朝受终于晋,凡所施行,莫不上稽礼文,兼用晋事"[67]。可以感到改革幅度应该相当大。

有学者指出,刘裕称帝后用汉制改革丧葬。晋宋鼎革之后,新的政治主导意识的确逐渐作用于丧葬的处理,不过观念的变化影响到实践并非一蹴而就,虽然"自元嘉以来,每岁正月,舆驾必谒初宁陵,复汉仪也"[68],但从何承天的措辞看,元嘉后期的官方丧葬礼仪似乎仍未与东晋拉开很大距离。结合前文对几个方面的分析,要到刘宋孝武帝时代前后才由社会普遍心态的形成和朝廷制度的建设共同造就了丧葬活动若干重要变化,其中一部分内容既是孝武帝作为人子的孝行,很可能也是他确立建康中心天下观的举措。虽然社会丧葬实践的普遍性改变未必都直接来自官方仪轨的推动,制度的实施也往往只能在社会上层的行为中看得较为清楚,但统治者和民众之间存在互动的可能性不宜否定。总之,经过了晋室南渡以来一百多年的调适,建康的墓葬最终被视为"永久家园"了。

还可以一提的是,学界关于南朝陵墓最富特色的装饰——以竹林七贤题材为代表的拼砌砖画的出现时间,一直存在较大争议。学者们多从墓葬形制和画面风格的分析出发,或是强调砖画产生的社会和文化条件,问题的焦点在于砖画为南齐政权始创,还是在更早的刘宋王朝就已经出现?大型拼砌砖画在南朝墓葬中的出现显得很突然,无论技术还是立意方面都让人感到耳目一新,这不是墓葬形态自行演化的结果,而是丧葬新观念的强力注入和有效执行才能带来的效果。前文已经论述刘宋孝武帝礼制建设中包括丧葬领域的若干革新,从物质层面来看,就是更为宏伟、更为坚固、更为永恒,那么增设墓葬图像这一极具纪念性的内容,大概不算是毫无根据的猜测吧。值得注意的是,无论壁画墓、画像石还是画像砖在汉代都未能被统治集团上层广泛吸纳,而是在固定区域内流行于中下级官员和豪族富户阶层的葬俗,因为皇帝和王侯有其他体现自我身份的标志物,比如陵园、丛葬坑、墓室回廊、黄肠题凑、玉柙等,而南朝拼砌砖画带有强烈的等级性,这是学界共识。相似的情况也发生在北方,北朝时期墓葬壁画经过一段时间的发展也被纳入了制度范畴,在包括帝陵在内的最高等级墓葬中呈现固定的题材、组合和布局。北朝与南朝墓葬文化之间的联系还需要做进一步探究,但南北双方都不再遵循魏晋以来的薄葬观念,重新走上"厚葬"的道路,特定性质的墓葬图像或许也是构建新型丧葬制度的举措之一。因此,我认为刘宋后期——具体来说在孝武帝时期及其后——具有诞生砖画的历史条件。

余 论

《南齐书》记载了这么一件事：

> 世祖使太子家令沈约撰《宋书》，拟立《袁粲传》，以审世祖。世祖曰"袁粲自是宋家忠臣"，约又多载孝武、明帝诸鄙渎事，上遣左右谓约曰"孝武事迹不容顿尔。我昔经事宋明帝，卿可思讳恶之义"于是多所省除[69]。

萧子显重在渲染齐武帝不忘"旧时代的旧恩义"，反感沈约秉持的为了新朝合法性而对前朝大肆丑化的立场，可以冷静中立地看待个人恩怨[70]。我们阅读"多所省除"之后的《宋书》，确实在《孝武帝本纪》里读不到什么有明显倾向性的文字，大多是史实的排比。但是，背负杀父之仇的沈约，在最后的"史臣曰"中依然近乎全盘否定孝武帝的统治：

> "役己以利天下，尧、舜之心也；利己以及万物，中主之志也；尽民命以自养，桀、纣之行也。观大明之世，其将尽民命乎！虽有周公之才之美，犹终之以乱，何益哉！"[71]

这一评语深刻影响了后世对孝武帝及大明之世的基本评价。固然，孝武帝统治期间后期已是弊政丛生，灾患频繁，埋下宋末动乱的隐患，但同样也展示过"不欲威柄在人，亲览庶务""外内服其神明，莫敢弛惰"的政治谋略。孝武帝顺应晋末以来侨民心态的普遍性变化而进行丧葬制度改革，在我看来，这是六朝丧葬文化自永嘉南渡带来北方葬仪，改变江东墓葬原本的演化轨迹之后的又一次整体转型，丧葬实践的"江东化"过程至此完成，奠定了此后齐梁陈三代陵墓制度的基本内容。

当然，本文从制度层面展开的分析，只是考察5世纪中叶中国南部丧葬文化的一个角度，远不是完满的解释。墓葬营建技术的改进，晋宋以来数次土断造成侨民带来新的身份认同，佛、道教和民间信仰不同程度的渗入，都是研究这个问题时都无法忽视的因素，下一步工作就是要更为细致地辨析、缀合这些因素，才能建构起趋向完整的历史图景。

注 释

[1]　a. 焦南峰：《试论西汉帝陵的建设理念》，《考古》2007年第11期，第78~87页。

　　b. 中国社会科学院考古研究所编著：《中国考古学·秦汉卷》，中国社会科学出版社，2010年，第330、331页。

[2] 齐东方：《唐代的丧葬观念习俗与礼仪制度》，《考古学报》2006年第1期，第59~82页。

[3] 王志高、罗宗真：《六朝文物》，南京出版社，2004年，第123页。

[4] 韦正：《地下的名士图——论竹林七贤与荣启期墓室壁画的性质》，《民族艺术》2005年第3期，第89~98页。

[5] 倪润安：《南北朝墓葬文化的正统争夺》，《考古》2013年第12期，第71~83页。

[6] 南京发掘了三座被学者们推测为东晋帝陵的大型墓葬，1960年发掘的富贵山大墓被认为是文献记载葬在"钟山之阳"的东晋晚期某座帝陵，1972年发掘的南大北园大墓被认为是葬在"鸡笼山之阳"的东晋早期某座帝陵，还有1981年发掘的南京北郊汽轮电机厂大墓被普遍认为是葬于"幕府山之阳"的穆帝司马聃永平陵。发掘简报见南京博物院：《南京富贵山东晋墓发掘报告》，《考古》1966年第4期，第197~204页；南京大学历史系考古组：《南京大学北园东晋墓》，《文物》1973年第4期，第36~46页；南京市博物馆：《南京北郊东晋墓发掘简报》，《考古》1983年第4期，第315~322页。

[7] 南京地区发掘出土墓志的东晋世家大族墓，包括北郊象山琅琊王氏墓地、老虎山琅琊颜氏家族墓、郭家山太原温氏家族墓、东郊仙鹤观广陵高氏家族墓、吕家山广平李氏家族墓、南郊雨花台戚家山和铁心桥大定坊两处陈郡谢氏家族墓地等。发掘简报见南京市文物保管委员会：《南京人台山东晋兴之夫妇墓发掘报告》，《文物》1965年第6期，第26~33页；南京市文物保管委员会：《南京象山东晋王丹虎墓和二、四号墓发掘简报》，《文物》1965年第10期，第29~45页；南京市博物馆：《南京象山5号、6号、7号墓清理简报》，《文物》1972年11期，第23~36页；南京市博物馆：《南京象山8号、9号、10号墓发掘简报》，《文物》2000年第7期，第4~20页；南京市博物馆：《南京象山11号墓清理简报》，《文物》2002年第7期，第35~40页；南京市文物保管委员会：《南京老虎山晋墓》，《考古》1959年第6期，第288~295页；南京市博物馆：《南京北郊东晋温峤墓》，《文物》2002年第7期，第19~33页；南京市博物馆：《南京市郭家山东晋温氏家族墓》，《考古》2008年第6期，第3~25页；南京市博物馆：《江苏南京仙鹤观东晋墓》，《文物》2001年第3期，第4~40页；南京市博物馆：《南京吕家山东晋李氏家族墓》，《文物》2000年第7期，第21~35页；南京市文物保管委员会：《南京戚家山东晋谢鲲墓简报》，《文物》1965年第6期，第34~35页；南京市博物馆、雨花区文化局：《南京司家山东晋、南朝谢氏家族墓》，《文物》2000年第7期，第36~49页。

[8] 考古工作者于1964年在南京南郊戚家山发掘了谢鲲墓。谢鲲出自陈郡谢氏，永嘉中渡江，成为东晋初颇有时望的名臣，也是推动陈郡谢氏在东晋时崛起为一流士族的关键人物，太宁元年十一月病逝于豫章内史任上。墓志云："晋故豫章内史陈国阳夏谢鲲幼舆，以泰宁元年十一月廿八日，假葬建康县石子冈，在阳大家墓东北四丈。妻中山刘氏，息尚仁祖，女真石。弟褒幼儒，弟广幼临，旧墓在荥阳。"参见南京市文物保管委员会：《南京戚家山东晋谢鲲墓简报》，《文物》1965年第6期，第34、35页。该墓志现于南京六朝博物馆展出。

[9] （梁）沈约：《宋书》卷十五《礼志二》，中华书局点校本二十四史修订本，2018年，第438页。

[10] 罗宗真、王志高：《六朝文物》，南京出版社，2004年，第119~122页。

[11] 永和二年（346年）桓温兴兵讨伐蜀，次年三月克成都，灭成汉，"蜀地富饶，户口繁庶"，收复失去四十余年的故土，除了现实的好处外，对于建康朝野也是一个心理上的鼓舞；永和五年（349年），石虎

死,后赵陷入内乱,桓温趁机筹划北伐;永和七年(351年)收复旧都洛阳,次年谢尚自枋头迎传国玉玺至建康;永和十年(354年)桓温伐前秦,军至关中,声威已振;永和十二年(356年)八月桓温再度北伐进据洛阳,朝廷也在十一月遣使至洛阳,修缮西晋五陵,旧都可复不仅是美好愿景,而已初步实现,这一空前的有利局面,也促使晋廷次年改元"升平";太和四年(369年),桓温起徐、兖、豫三州劲旅第三次北伐,"成为建康朝廷的一次特大事件,出师日百官皆于南州祖道,都邑尽空。"(田余庆语,见《东晋门阀政治》,北京大学出版社,2005年,第150页)

[12] 我举一个反映心态变化的例子:1998年发掘的南京东郊吕家山东晋李氏家族墓中,二号墓是一座夫妇合葬墓,男墓主李纂于宁康三年(375年)下葬到家族墓地中,与早已入土的妻子武氏合葬时,放弃了他的长辈、兄弟、妻子于十八年前(357年)下葬时在墓志中言称李氏旧籍在广平郡广平县的做法,而记载为"魏郡肥乡",这是成帝咸康四年(338年)在建康附近设置的侨郡侨县。简报认为这"反映当时一部分南渡士族逐渐面对现实,更加实际的复杂心态",对自身郡望认定这一重大问题的态度转变,恰已进入了北方重新占据优势并厉兵秣马伺机南下的时期。接受现实的李纂葬入作为临时过渡只设灯龛的妻子旧墓中,体现出一种微妙的不对称。参见南京市博物馆:《南京吕家山东晋李氏家族墓》,《文物》2000年第7期,第21~35页。

[13] 对东晋墓葬形制和随葬品阶段性变化与政治形势之间联系更多的讨论,可参见拙文《最后归宿还是暂时居所?——南京地区东晋中期墓葬观察》,《南方文物》2010年第4期,第80~87页。

[14] 刘裕于义熙五年至六年(409~410年)、义熙十二年至十三年(414~415年)两次北伐,先破南燕,再灭后秦,随行僚属中有多人撰写了"行役记"(郑樵语),但大多亡佚,学界相对熟悉的有郭缘生《述征记》和戴延之《西征记》。综合性讨论可参读邢培顺、王明东:《刘裕北伐僚属地志作品考论》,《古籍整理研究学刊》2018年第2期,第1~4页。

[15] (梁)沈约:《宋书》卷九十二《良吏传》,中华书局,2018年,第2483、2484页。

[16] (北宋)司马光:《资治通鉴》卷一百二十六《宋纪八》,中华书局,1956年,第3966页。

[17] 南京市博物馆、雨花台区文化广播电视局:《南京市雨花台区西善桥南朝刘宋墓》,《考古》2013年第4期,第33~42页。

[18] 这里举几座男性墓主为太守的东晋中后期墓例:象山9号墓为"凸"字形单室券顶砖墓,墓葬内长4.42米,墓主为葬于咸安二年(372年)振威将军、鄱阳太守、都亭侯王建之;老虎山3号墓为"凸"字形单室拱顶砖墓,砖室全长6.025米,墓主为应卒于东晋中后期的零陵太守颜约;吕家山2号墓为"凸"字形单室券顶墓,砖室全长6.82米,墓主为葬于升平元年(357年)的抚军参军、宜都太守李纂。

[19] a. 东南大学艺术学院、南京市江宁区博物馆:《南京淳化咸墅南朝罗氏家族墓地发掘简报》,《文物》2019年第10期,第4~15页。

b. 王志高、许长生:《南京淳化新见南朝罗氏地券考释》,《文物》2019年第10期,第88~96页。

[20] 南京市博物馆、江宁区博物馆:《南京隐龙山南朝墓》,《文物》2002年第7期,第41~58页。

[21] a. 南京市博物馆:《南京幕府山东晋墓》,《文物》1990年第8期,第41~48页。

b. 南京市博物馆、南京市玄武区文化局:《江苏南京市富贵山六朝墓地发掘简报》,《考古》1998年第8期,第35~47页。

[22] a. 南京博物院：《江苏丹阳胡桥南朝大墓及砖刻壁画》，《文物》1974年第2期，第44~56页。
　　 b. 南京博物院：《江苏丹阳县胡桥、建山两座南朝墓葬》，《文物》1980年第2期，第1~17页。
[23] 南京市考古研究所：《南京栖霞狮子冲南朝大墓发掘简报》，《东南文化》2015年第4期，第33~48页。
[24] a. 南京博物院、南京市文物保管委员会：《南京栖霞山甘家巷六朝墓群》，《考古》1976年第5期，第316~325页。
　　 b. 阮国林：《南京梁桂阳王萧融夫妇合葬墓》，《文物》1981年第12期，第8~13页。
　　 c. 南京博物院：《梁朝桂阳王萧象墓》，《文物》1990年第8期，第33~40页。
　　 d. 南京博物院：《南京尧化门南朝梁墓发掘简报》，《文物》1981年第12期，第14~23页。
[25] 罗宗真：《南京西善桥油坊村南朝大墓的发掘》，《考古》1963年第6期，第291~300页。
[26] 赵胤宰、韦正：《南朝陵寝制度之渊源》，《古代文明》（第4卷），文物出版社，2005年，第207~221页。
[27] 南京市博物馆、江宁区博物馆：《南京隐龙山南朝墓》，《文物》2002年第7期，第41~58页。
[28] 南京市博物馆、雨花台区文化局：《南京尹西村六朝墓发掘报告》，《南京文物考古新发现》，江苏人民出版社，2006年，第55~61页。
[29] 安徽省当涂县文物事业管理局、安徽省马鞍山市李白研究所：《安徽当涂新市来陇村南朝墓群发掘简报》，《东南文化》2008年第1期，第37~41页。
[30] 南京市博物馆：《南京市栖霞区东杨坊南朝墓》，《考古》2008年第6期，第36~42页。
[31] 南京博物院、南京市文物保管委员会：《南京西善桥南朝墓及其砖刻壁画》，《文物》1960年第8、9期合刊，第37~42页。
[32] 〔美〕巫鸿著，郑岩等译：《"玉衣"或"玉人"？——满城汉墓与汉代墓葬艺术中的质料象征意义》，《礼仪中的美术：巫鸿中国古代美术史文编》，生活·读书·新知三联书店，2016年，第123~142页。
[33] 南京市博物馆、雨花区文化局：《南京南郊六朝谢珫墓》，《文物》1998年第5期，第4~14页。
[34] 安徽省文物工作队：《安徽马鞍山东晋墓清理》，《考古》1980年第6期，第569、570页。
[35] 南京市博物馆：《江苏南京市中华门外铁心桥出土南朝刘宋墓志》，《考古》1998年第8期，第94~96页。
[36] 南京市文物管理委员会：《南京太平门外刘宋明昙憘墓》，《考古》1976年第1期，第49~52页。
[37] 拓片见赵万里：《汉魏南北朝墓志集释》，广西师范大学出版社影印本，2008年，图版19；论文参见赵超：《汉魏南北朝墓志汇编》，天津古籍出版社，1992年，第22页。
[38] （梁）沈约：《宋书》卷七十二《文九王传》，中华书局，2018年，第2034页。
[39] （梁）萧子显：《南齐书》卷十《礼志下》，中华书局，2017年，第170、171页。
[40] 徐冲：《冯熙墓志与北魏后期墓志文化的创生》，《唐研究》（第二十三卷），北京大学出版社，2017年，第1~34页。
[41] （唐）房玄龄等：《晋书》卷六十四《元四王传》，中华书局点校本，1974年，第1729页。
[42] （梁）萧子显：《南齐书》卷二十二《豫章文献王嶷传》，中华书局点校本二十四史修订本，2017年，第462页。

[43] 点校本《南齐书》修订前言指出："萧子显撰《齐书》，据《册府元龟》所载'萧子显为太尉录事，著〈齐书·州郡志〉一卷'（卷五六〇《国史部》），可知始于梁武帝天监中，任太尉录事期间。约在梁普通年间撰成并进献《南齐书》表文。"（[42]，第3页）

[44] （唐）许嵩《建康实录》卷十二《宋中·太祖文皇帝》："（元嘉三十年）三月癸巳，葬长宁陵。陵在今县东北二十里周回三十五步，高一丈八尺。孝武帝践祚，追谥为文皇帝，庙号太祖。"（中华书局点校本，1985年，第450页）

[45] a. 罗宗真：《六朝考古》，南京大学出版社，1994年，第71~74页。
b. 町田章著，劳继译：《南齐帝陵考》，《东南文化》第2辑，江苏古籍出版社，1986年，第58页。

[46] 2006年，王志高撰文认为狮子冲石兽主人应属于梁昭明太子安陵，并且推测其生母丁贵嫔宁陵也在狮子冲附近，在学界提出了一个新观点（参见王志高：《梁昭明太子陵墓考》，《东南文化》2006年第4期，第41~47页）。2013年，狮子冲一号墓、二号墓发现并启动发掘后（参见南京市考古研究所：《南京栖霞狮子冲南朝大墓发掘简报》，《东南文化》2015年第4期，第33~48页），1号墓因出土"中大通式年"（530年）纪年砖，2号墓出土"普通七年"（526年）纪年砖，提供了直接有力的证据资料，王志高再次撰文确认其观点（参见王志高：《再论南京栖霞狮子冲南朝陵墓石兽的墓主身份及相关问题》，《六朝建康城发掘与研究》，江苏人民出版社，2015年，第285~295页）；2015年，许志强、张学锋发表专文探讨墓主身份，推定1号墓主为梁昭明太子萧统，2号墓主为萧统生母丁贵嫔（参见许志强、张学锋：《南京狮子冲南朝大墓墓主身份的探讨》，《东南文化》2015年第4期，第49~58页）。

[47] 根据王志高的梳理，清嘉庆十六年（1811年）成书的《嘉庆江宁府志》最早著录了麒麟铺这对石兽，朱希祖在1935年出版的《六朝陵墓调查报告》提出它们属于初宁陵，此后诸家多沿袭此说，但并无足够证据。少数学者认为属长宁陵，其中以王志高的研究最为充分。参见王志高《南京麒麟铺南朝陵墓神道石刻墓主新考》，《南京晓庄学院学报》2006年第2期，第39~42页。

[48] 姚迁、古兵：《六朝艺术》，文物出版社，1981年，图版一、图版二。

[49] （梁）沈约：《宋书》卷三十三《五行志四》，中华书局点校本二十四史修订本，2018年，第1055页。

[50] （梁）沈约：《宋书》卷三十四《五行志五》，中华书局点校本二十四史修订本，2018年，第1073页。

[51] （梁）沈约：《宋书》卷三十四《五行志五》，中华书局点校本二十四史修订本，2018年，第1053页。

[52] （南朝宋）范晔：《后汉书》卷四十二《光武十王传》，中华书局点校本，1965年，第1450页。

[53] （唐）许嵩：《建康实录》卷十三《宋下·世祖孝武皇帝》，中华书局点校本，1986年，第485页。

[54] （北魏）郦道元撰，（清）杨守敬、熊会贞疏，段仲熙点校，陈桥驿复校：《水经注疏》卷二十八《沔水》，江苏古籍出版社，1989年，第2382页。

[55] （梁）沈约：《宋书》卷十五《礼志二》，中华书局点校本二十四史修订本，2018年，第407页。"晋武帝咸宁四年，又诏曰：'此石兽碑表，既私褒美，兴长虚伪，伤财害人，莫大于此；一禁断之。其犯者虽会赦令，皆当毁坏。'"

[56] （北宋）李昉等：《太平御览》卷五百八十九《文部五·碑》，中华书局，1960年，第2653页。

[57] （西晋）陈寿：《三国志》卷九《诸夏侯曹传》，中华书局点校本，1982年，第284页。

[58] 有关南朝陵墓石刻创立问题更多的讨论，可参见拙文《"于襄阳致之"：中古陵墓石刻传播路线之一

譽》，《美术研究》2019年第1期。

[59] （梁）沈约：《宋书》卷六《孝武帝本纪》，中华书局点校本二十四史修订本，2018年，第131页。

[60] （梁）沈约：《宋书》卷六《孝武帝本纪》，中华书局点校本二十四史修订本，2018年，第142页。

[61] 相关记载参见《宋书》卷六《孝武帝本纪》，《宋书·礼志》，《宋书·五行志》，《南齐书·舆服志》，《建康实录》卷十三《宋下·世祖孝武皇帝》，《资治通鉴》卷一百二十八《宋纪十》、卷一百二十九《宋纪十一》。

[62] 〔日〕户川贵行：《刘宋孝武帝礼制改革同建康天下中心观之关系考论》，《中国中古史研究》（第四卷），中华书局，2014年，第70~85页。

[63] （梁）沈约：《宋书》卷六《孝武帝本纪》，中华书局点校本二十四史修订本，2018年，第133页。

[64] 何汉南认为"凶门柏历"制法"大概是用许多大的圆直木聚成圆柱形，下部用剖成两半的竹片以背反填贴在两柱之间，上面留出圆木原形，形成不同的上下两节。全柱身的上下刻有三道横缠绳瓣纹，表示束缚的大绳，下半节下端插入基座内，基座上雕一圆圈，表示束缚下半的部分"（何汉南：《南朝陵墓石柱的来历》，《文博》1992年第1期，第39页）。

[65] （梁）沈约：《宋书》卷十五《礼志二》，中华书局点校本二十四史修订本，2018年，第438页。

[66] （梁）沈约：《宋书》卷十五《礼志二》，中华书局点校本二十四史修订本，2018年，第427页。

[67] （梁）沈约：《宋书》卷十五《礼志二》，中华书局点校本二十四史修订本，2018年，第432页。

[68] （梁）沈约：《宋书》卷十五《礼志二》，中华书局点校本二十四史修订本，2018年，第440页。

[69] （梁）萧子显：《南齐书》卷五十二《文学·王智深传》，中华书局点校本二十四史修订本，2017年，第989页。

[70] 林晓光《萧赜评传》对此有精妙分析，上海古籍出版社，2019年，第199、200页。

[71] （梁）沈约：《宋书》卷六《孝武帝本纪》，中华书局点校本二十四史修订本，2018年，第146页。

（原刊于《汉唐陵墓视觉文化研究》，高等教育出版社，2021年）

试析北齐、北周陵墓的制度体系与逾制现象

付龙腾

(山东大学历史文化学院)

永熙三年(534年),孝武帝西奔长安,权臣高欢另立元善见为帝,迁都于邺,是为东魏;次年,宇文泰鸩杀孝武帝,立元宝炬为帝,史称西魏。东、西魏又分别禅让于高氏、宇文氏,是为北齐、北周。考察北齐、北周的帝、王陵墓,虽能从中归纳出一定的制度体系,但部分墓例对制度的逾越亦不可忽视。本文拟对北齐、北周陵墓所蕴含的此类"制度"与"逾制"进行分析,论断不当之处,敬祈方家指正。

一、北齐陵墓的制度体系与逾制现象

北齐帝王陵墓有关资料则相对较多。据墓主身份,北齐陵墓大致可分为帝陵、"王"墓两大类;而所谓"王"一级,墓主身份实际包括高氏皇族与异姓王两种。因此,本文这部分将北齐陵墓相关材料分成"帝陵级""宗王""异姓王墓"三组。帝陵级包括湾漳壁画墓[1]、闾叱地连墓[2],宗王包括高润墓[3]、高孝绪墓[4],异姓王墓包括娄睿墓[5]、厍狄迴洛墓[6]、徐显秀墓[7],以及墓主疑似为刘贵的九原岗壁画墓[8]。

上述墓例中,有两例需要稍做说明:一是闾叱地连墓。墓葬年代尚处于东魏,但墓主为高湛幼妃,墓葬形制、壁画内容也和北齐陵墓相似,理应放在北齐制度框架下进行考察。又,墓志记其"送终之礼,宜优常数",故葬制当略高于一般皇族而与帝陵相当,故本文将闾叱地连墓放在帝陵组进行考察。二是九原岗壁画墓。发掘者认为该墓年代为"东魏至北齐早期";但是,墓内门墙处的"门楼图"所绘建筑的时代特征当不早于北齐[8]。另外,虽然墓主身份暂无法确定,但其墓葬规模和北齐诸王墓葬相近,壁画内容甚至还要更复杂丰富,故可在讨论北齐帝王陵墓制度时将其考虑在内。但墓葬并非位于邺城陵区,墓主属于宗王的可能性较小。综合上述情况,本文将九原岗壁画墓置于异姓王墓中进行考察。

作者简介:付龙腾,男,1988年5月生,安徽大学考古专业2006级本科生。

通过上述墓葬材料，可以发现北齐帝、王陵墓在埋葬制度上存在统一的特征，又存在一定程度的等级区分；这些内容应属于当时陵墓制度的内涵。不过也应当注意，部分制度化的特征中，又存在"逾制"的不稳定因素。现具体论述如下。

第一，三组墓葬均为南向单室砖墓，墓室平面形状也均为弧边方形（图一）。可以推测，这种墓葬形制应该就是北齐陵墓的统一规范。墓室的尺寸方面，虽然湾漳大墓大于其他各墓，但是这种差距并不大，似乎墓室规格并不能太多反映墓葬等级。

第二，墓内设施方面，除库狄迴洛墓外（图一，4），普遍在墓室西侧设置石砌、砖砌棺床，并且帝陵级、宗王墓内的棺床为石质（图一，1、2），异姓王组棺床均为砖砌（图一，3），当有一定的等级区分。甬道内设置石门的现象比较普遍，或也是统一规范。

第三，殓葬器具方面，葬具普遍为木质棺椁，但多已腐朽，大致可判断木质有松木、柏木，部分可见髹漆迹象。库狄迴洛墓、娄睿墓内葬具可复原，形制包括了房屋式、匣式两种[10]。库狄迴洛墓棺木人骨附近还出有玉质、金银质饰品以及衣衾，这些当与殓服有关[11]。

第四，随葬品方面，陶俑种类基本一致；帝陵级墓葬会出现一些诸如"巫师"俑一类定制陶俑[12]，当也是等级的体现。陶俑数量则有一定的等级区分，保存较好的墓葬材料中，帝陵级所出均在1000件以上，宗王墓、异姓王墓所出在300~600件。随葬墓志的尺寸，则有"逾制"的因素存在。各墓志中，规格最小的是帝陵组中叱地连墓志[13]；其余墓志也不存在稳定规格，异姓王组所出墓志总体偏大。

第五，墓葬装饰方面，制度化程度尤其明显。各墓壁画的壁画题材内容、分布位置都存

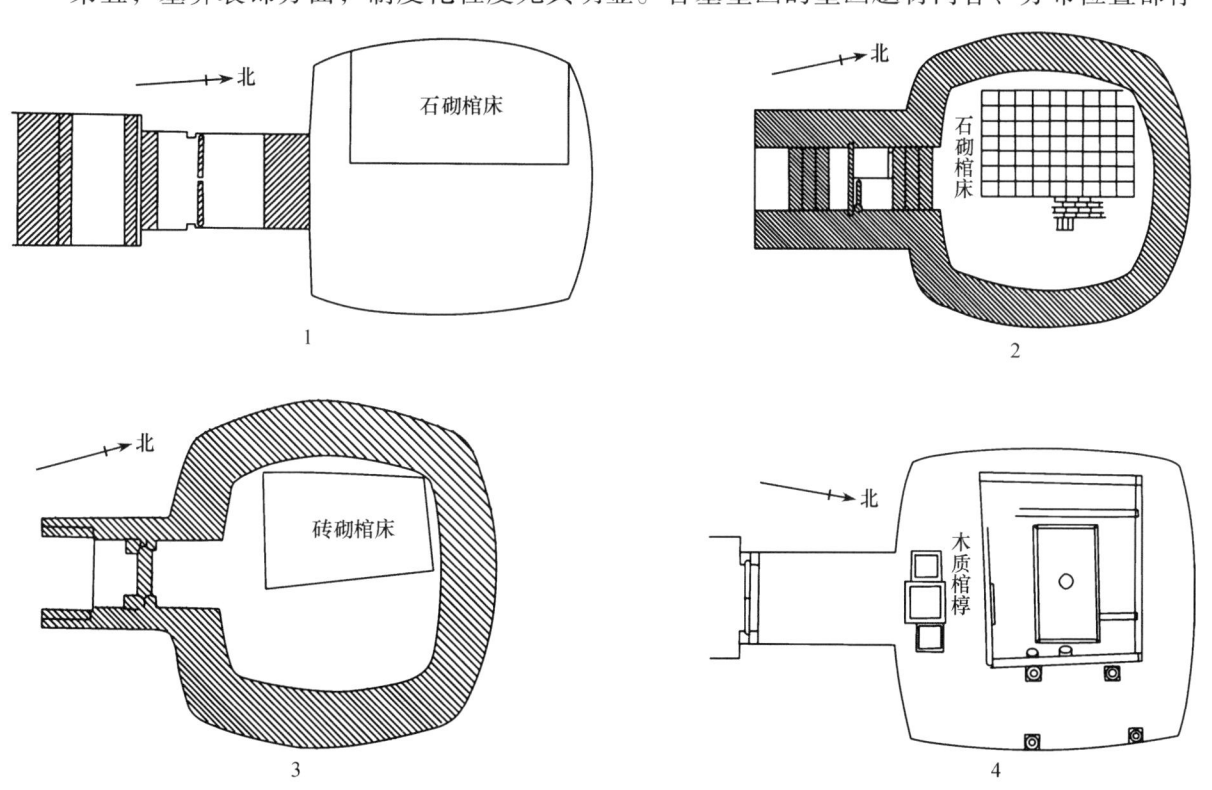

图一　北齐陵墓墓室形制图

1. 湾漳壁画墓　2. 高润墓　3. 娄睿墓　4. 库狄迴洛墓

在接近的特点。郑岩先生将这些特征凝练为"邺城规制"这一概念[14]。总体上，邺城以外的异姓王墓壁画也大致符合"邺城规制"，但"逾制"因素也还是存在。九原岗墓的壁画图像多样，尤其在"升天图"题材上较"邺城规制"更为丰富，似乎广泛借鉴了《山海经》相关内容，因此自成体系；九原岗墓、娄睿墓壁画，都存在一些"个性"因素，比如狩猎图、驼运图等。这些图像虽然形式上与"邺城规制"的出行仪仗相似，但性质明显不同。上述图像，或许与壁画墓主的品位、经历有关，也有可能是工匠的艺术创造。但无论成因为何，这些图像本身即可视为对规制的背离。还有一点值得注意的是，宿白先生曾经指出，墓道前段的青龙、白虎壁画是高等级葬制的代表[15]。观察本文所列三组墓葬，除帝陵组外，其余两组确实未在墓道前端见青龙、白虎图像，可见宿先生当年论断之精准。对于这一等级制度，异姓王似有应对之策。这就是将青龙、白虎图像移到了墓门门扇上进行表达，这也就是使得其石门的装饰远较另两组复杂。石门上的青龙、白虎图案往往雕刻、彩绘、贴金兼用，足见受重视程度之高。尤其耐人寻味的是，徐显秀墓石门门扇有线刻青龙、白虎，但却在彩绘时用神鸟形象将其覆盖[16]。这是否说明，北齐后期开始将石门的装饰也纳入制度中，以至于徐显秀墓在修建时不得已将已经按过往流行样式做好的石门图像进行修改？若果真如此，"制度"与"逾制"的纠缠，在此石门上即有所展现。

整体上，北齐陵墓的制度化程度已经比较高，同时方形墓室，随葬陶俑与墓志，棺椁的空间分布等内涵，均沿袭北魏晚期陵墓而来，足见其对北魏制度的继承。当然，北齐陵墓中"逾制"的因素也不可忽视。可以看出，"逾制"因素多与异姓王墓有关。若详细分析几墓主的出身，就能看出这种现象背后的政治成因。

异姓王墓中墓主明确的有库狄迴洛、娄睿、徐显秀三人。库狄迴洛出身怀朔勋贵，初事尔朱荣、尔朱兆，及高欢于信都举兵，即拥众来归。其后因屡立军功，孝昭帝期间受封顺阳郡王。娄睿则兼有勋贵、外戚双重身份，虽然其本人"无他器干""纵情财色""聚敛无厌"[17]。但是朝廷对其相当纵容，仍在皇建初年封其为东安王。这种特权部分是因为其受姑妈娄太后的宠爱，更大程度上来自于收养娄睿的叔父娄昭。娄昭早年即追随高欢，从破尔朱兆、诛杀樊子鹄，可谓功勋卓著。待高氏受禅，即追封其为太原王，配享神武庙庭。徐显秀，籍贯为蔚州忠义郡，为三人中唯一的汉人。祖父徐安官居北魏怀荒镇将，虽是地方大员，但不算显赫，徐显秀无法像娄睿那样受到父辈荫蔽。徐显秀的册封、升迁，很可能是凭借自身的军功。徐氏墓志涉及军功的内容有两处：一是"匈奴合骑，黠羌连党。奋身回入，提卒孤往。平城解围，崤函复象"；二是"救兵未会，元戎始交……王跃马抽剑……遂破百万之师"[18]。根据刘丹考证，前者当指北周杨忠帅、阿史那木汗围攻恒、并之事，后者指北周、突厥围攻洛阳之事[19]。由是观之，徐显秀在北齐初期与北周的战事中建树颇多。

要之，与后期封王的恩幸不同，此三人的地位多少均与自身或父辈的军功有关，堪称"军事勋贵"。高氏之所以能控制东魏，进而完成禅代之事，与六镇军人的支持密切相关。因此，一批出身六镇的将领，得以跻身北齐统治集团，上文所述之库狄迴洛、娄昭即是如此。这就导致这些勋贵生前具有较多政治特权，死后葬制亦具有较多"逾制"之因素。北齐后期，高湛任用亲信，对以怀朔旧将为代表的勋旧加以打击，斛律光被杀就是代表性事件。徐显秀得以在大宁初年因军功受封，或也与旧有军事势力日渐衰落有关。徐显秀墓虽然也属大型陵墓之列，但"逾制"的因素相较另外几座墓葬更少，甚至还要对装饰青龙、白虎的石门加以掩盖。这种情况，大致可视为后起勋贵之地位大不如旧有势力的折射。

二、北周陵墓的制度体系与逾制现象

与北齐陵墓类似，经过考古发掘的北周陵墓已可分为帝陵、"王"墓两大级别。北周时期的帝陵可以武帝孝陵为代表。至于"王"一级的墓葬材料，情况较北齐时期要稍微复杂，要结合当时的爵位制度进行甄别。参考王仲荦先生的《北周六典》，可将北周的封爵制度大致分为两个阶段[20]：宇文泰执政至孝武帝统治前期，取消"郡王"一级，加设"国公"，形成国公、郡公、县公、县侯、县伯、县子、县男等七级；这些爵位可和官品相比附，其中爵级最高的国公、郡公为正九命，县公为九命。至建德三年（574年），武帝将部分国公晋爵为"国王"，此后又陆续册封郡王、县王，因此实际形成国王、郡王、县王、国公、郡公、县公、县侯、县伯、县子、县男等十级。爵级较高的国王、郡王、县王、国公、郡公均为正九命，县公则"非正九命则当是九命而"。由此可知，"公"一级爵位在北周初期实际为最高爵位；在建德三年以后，"公"之品位亦和"王"爵相同或接近。因此，在考察帝、王陵墓制度时，可以将一批墓主为国公、郡公、县公的相关资料一并观之。因此，现已掌握的北周陵墓资料可分为帝陵、皇族王公墓、异姓公墓三组。帝陵一座，即宇文邕与皇后阿史那氏的孝陵[21]；皇族王公墓包括天和六年（571年）冀国公宇文通墓[22]、宣政元年（578年）谯王宇文俭墓[23]；异姓公墓包括数量较多，"国公"一级墓葬包括：大成元年（579年）尉迟运和贺拔氏墓；"郡公"一级墓葬包括：闵帝元年（557年）独孤信墓、保定五年（565年）宇文猛墓、保定五年（565年）王士良夫妇墓、天和四年（569年）李贤夫妇墓、建德四年（575年）叱罗协墓、建德四年（575年）田弘墓、建德五年（576年）莫仁诞墓、宣政元年（578年）若干云墓；"县公"一级墓葬包括：建德元年（572年）匹娄欢墓、宣政元年（578年）莫仁相墓、宣政元年（578年）独孤藏墓[24]。

上述三组墓葬内部存在一些共同特征，又有一定的等级区分标识，这当能在一定程度上反映当时陵墓制度的内涵。同时，上述三组墓葬内部，也存在一些"逾制"因素。这些"逾制"因素，一方面和制度体系本身的缺陷有关，另一方面也受当时政治因素影响。

墓葬形制方面，各组墓葬基本均为斜坡墓道土洞墓，墓葬结构均包括墓道、甬道、墓室（单室或前后室）等，墓内设施也是大同小异，这些应该是北周高等级陵墓的共同规制。由于土洞结构的天然限制，各组墓葬墓室大小差别很小，墓葬形制上的等级标识应主要体现在以下几个方面：其一，墓道长度。帝陵、皇族王公墓（图二，1、2），以及异姓中的"国公"墓，长度均在40米以上，异姓"公"墓则多数在20～40米之间。另外，墓道的长短决定了天井的数量，故全长40米以上的墓葬，多有5个天井；全长20～40米的墓葬，多有3个天井（图二，4）。其二，墓室底部铺砖。该现象见于武帝孝陵，但极少见于其他墓葬，或许最高等级陵墓的独有做法。其三，墓室数量。整体上看，墓室数量应该主要为了满足合葬需求而设，而与等级无关。但是，宇文邕孝陵宁可将两座木棺椁置于均放置在前室东、西两侧，在北侧后龛则只摆放随葬品；再加上宇文俭墓、尉迟运墓、韦孝宽墓等"王""国公"墓均为单室结构；可见，即便缺乏严格的制度约束，单室墓应是北周高层统治者所倾向选择的。

有些墓葬存在针对上述指标的"逾制"因素，尤以固原地区的宇文猛墓、李贤墓、田弘墓为代表。首先，三墓墓道的长度均在40米以上；其次，李贤墓在墓室底部也有铺砖现象；其次，田弘墓则在前后室的基础上，在前室另附有一耳室。西安地区的叱罗协墓在墓葬全长、天井数量上也突破了规制，甚至与孝陵相当。前三者皆为关乎原州安危的军事将领，其墓葬的"反规制"或许与此有关。叱罗协墓（图二，3）的情况有所不同，墓主虽也屡立战功，但生前曾有投靠宇文护的经历，死后又葬于据长安较近的"洪渎原"陵区。按常理，叱罗协死后的葬制无"逾制"之条件。笔者认为，叱罗协墓葬的"反规制"与制度本身的缺陷有关。建德三年（574年）以后，北周爵制逐渐形成了自"国王"以下的十级。当这种叠屋架床的爵级与职品进行比附时，就导致了国王、郡王、县王、国公、郡公均相当于正九命，这些王、公内部的等级差别难以体现。这样一来，南阳郡开国公叱罗协墓选择与"王"爵接近的规制，可能本身并非"违礼"。

随葬品方面，各组墓葬在陶俑的组合、方面均比较接近。组合内容以镇墓武士俑、镇墓兽、骑马俑、风帽俑、骑马乐俑、仪仗俑、笼冠俑等为主（图三）。造型方面以背部平实的人物俑和俯卧状的镇墓兽最为常见。陶俑在数量上或有等级区分，规模较大的几座墓葬，如孝陵、李贤墓、宇文猛墓、田弘墓等，出土陶俑的数量在100～200件，其他墓葬则多在100件以内。但考虑随葬品多经盗扰，这种数量差别能否准确反映等级之别还有待验证。

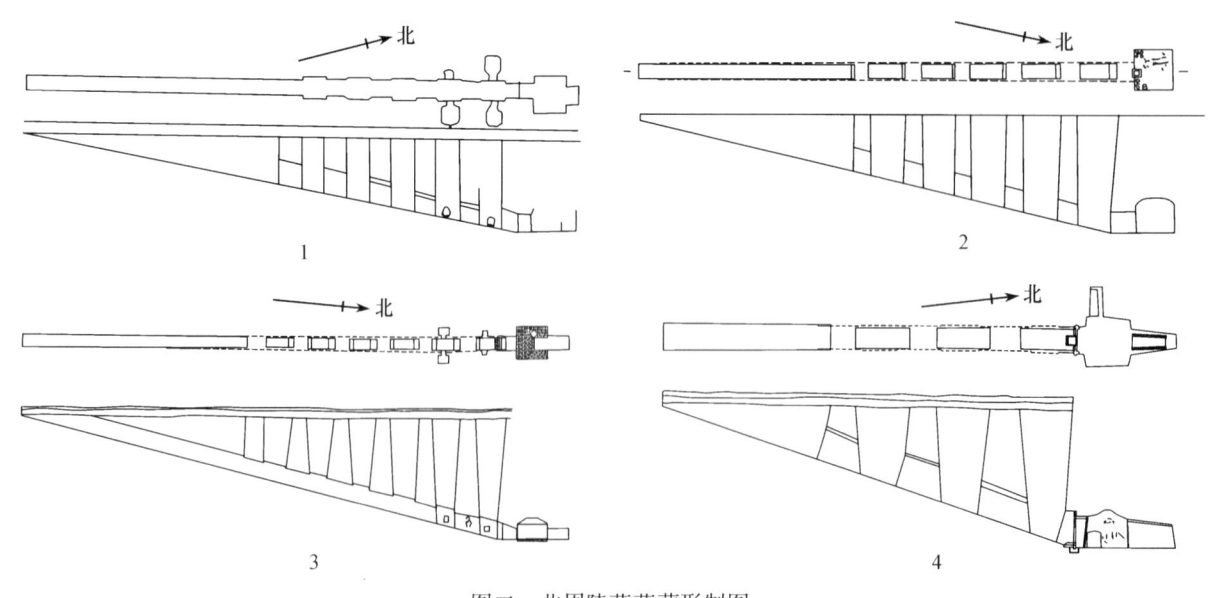

图二　北周陵墓墓葬形制图
1. 孝陵　2. 宇文俭墓　3. 叱罗协墓　4. 独孤藏墓

图三 北周陵墓所出人物俑、镇墓俑
1. 风帽俑 2. 笼冠俑 3. 武士俑 4、5. 镇墓兽 6. 骑马俑 7. 骑马乐俑（1、2、4. 出自宇文俭墓，3、5. 出自叱罗协墓 6. 出自独孤藏墓 7. 出自莫仁相墓）

殓葬器用方面，所用葬具以木质棺椁为主，棺内底部还放置有木炭、石灰、石灰枕等。棺椁在墓葬内的位置比较多样，似未有统一的规制。根据现有资料复原，墓主下葬时当多佩戴有多种金饰、玻璃珠饰、水晶饰等，有的头部戴纱冠。

北周陵墓装饰壁画的有宇文通墓、宇文猛墓、李贤墓、田弘墓等，但保存下来的内容多不完整。所残留的资料表明，墓道、甬道内两壁多以单体的侍卫、门吏为主，图像之间多以影作木柱或红色条带加以分隔。

北周陵墓上述特征，与北魏晚期以及同时期的关东地区差别明显，但却与关中地域文化关系密切。所流行的长斜坡墓道土洞墓，多为一主室附面积狭小的后室或侧室；墓道部分常见天井；随葬品方面最具特色的是半模陶俑、俯卧式镇墓兽；这些在关中的十六国墓葬中多能找到相对明确的渊源[25]。同时，北周陵墓似已初步建立等级秩序，墓葬全长，天井、过洞数量，以及墓室是否铺砖等，都是相对稳定的等级标识。但是，"逾制"的因素同样存在。其中，宇文猛墓、李贤墓、田弘墓对规制的突破，代表了军事势力对等级制度的干扰；叱罗协墓的高规格，则体现了北周陵墓等级制本身可能存在的缺陷。

三、结　　语

通过对相关考古材料的梳理，本文对北齐、北周帝、王陵墓所体现的"制度"与"逾制"倾向进行了分析。东魏—北齐的陵墓制度，主要体现在墓室尺寸、陶俑数量、壁画内容等方面；西魏—北周的陵墓制度，则主要包括墓葬全长、天井数量、墓底铺砖等。同时，在二者的"制度"体系之外，又均存在"逾制"现象。东魏—北齐陵墓的"逾制"现象主要出现在异姓王墓葬中，主要源自墓主因军功而取得的特权。西魏—北周的"逾制"现象，在边镇将领的墓葬中有所体现，这一点和北齐陵墓有相似之处。与北齐不同的是，北周叠屋架床的复杂爵制，使得封"公"爵者因礼制体系的紊乱亦可使用高规格葬制。

在理解北朝晚期的政治文化状态时，陈寅恪先生的两大论断早已成为了学界内部的常识：一是东魏—北齐社会所存在的"西胡化""鲜卑化"倾向[26]；二是西魏—北周的"关中本位政策"[27]。这既为中古历史、考古研究指明了方向，却也框定了思考范围。结合本文所论的帝、王陵墓来看，我们似可对上述两大经典论断作进一步思考。北齐陵墓内的"西胡化""鲜卑化"的现象比较少；北齐陵墓等级内部的"冲突"，主要不体现在"胡""汉"之间，而是在高齐皇族和军功勋贵之间。关于"关中本位政策"，倒是颇为符合陵墓制度的状况。不过，陈寅恪先生对这一政策取向评价并不高，认为北周是对山东文化正统"深相畏忌"，故"别以关陇为文化本位，虚饰周官旧文以适鲜卑野俗"[28]。但就陵墓制度来看，北周陵墓对关中地域文化的继承是广泛且形式多样的。这样就是使得其墓葬形制、壁画题材等内容都对隋唐陵墓制度有不可小觑的影响。因此，"关中本位政策"也有其积极一面。可以说，通过分析帝、王陵墓的"制度"与"逾制"，能够为我们进一步解读北朝晚期的政治文化提供新的切入点，进而可以对历史学的一些经典命题作进一步思考，这正是历史考古研究应有的题中之意。

注　释

[1]　中国社会科学院考古研究所、河北省文物研究所：《磁县湾漳北朝壁画墓》，科学出版社，2003年。

[2]　磁县文化馆：《河北磁县东魏茹茹公主墓发掘简报》，《文物》1984年第4期。

[3]　磁县文化馆：《河北磁县北齐高润墓》，《考古》1979年第3期。

[4]　张晓峥：《河北磁县北齐高孝绪墓》，《2009中国重要考古发现》，文物出版社，2010年，第100～104页。

[5]　山西省考古研究所、太原市文物考古研究所：《北齐东安王娄睿墓》，文物出版社，2006年。

[6]　王克林：《北齐库狄迴洛墓》，《考古学报》1979年第3期。

[7]　山西省考古研究所、太原市文物考古研究所：《太原北齐徐显秀墓发掘简报》，《文物》2003年第10期。

[8]　山西省考古研究所、忻州市文物管理处：《山西忻州市九原岗北朝壁画墓》，《考古》2015年第7期。

[9]　依据主要有两点：其一，叉手的形制，符合宿白先生所总结"南北朝后期已出现明显的曲线和两脚下端略宽"的特点，甚至还略具隋、初唐"翘脚""向横长发展"的意味。参见宿白：《日本奈良法隆寺参观记》，《魏晋南北朝唐宋考古文稿辑丛》，文物出版社，2011年，第421～430页。其二，门楼图中墙体和栏杆处见有一类"尖桃形器物"，其形制与河北邢台顺德路隋代邢窑出土黑釉建筑材料高度相类。已有学者考证，此类器物可能为小型建筑或"建筑式"明器的脊饰，也可作为筒瓦上的瓦钉帽。详见：王文丹：《黑釉高足尖顶桃形器功能研究》，《文物春秋》2019年第3期。

[10]　a. 王克林：《北齐库狄迴洛墓》，《考古学报》1979年第3期。
　　　 b. 山西省考古研究所、太原市文物考古研究所：《北齐东安王娄睿墓》，文物出版社，2006年，第9～13页。

[11]　王克林：《北齐库狄迴洛墓》，《考古学报》1979年第3期。

[12]　a. 中国社会科学院考古研究所、河北省文物研究所：《磁县湾漳北朝壁画墓》，科学出版社，2003年，第79、80页。
　　　 b. 磁县文化馆：《河北磁县东魏茹茹公主墓发掘简报》，《文物》1984年第4期。

[13]　磁县文化馆：《河北磁县东魏茹茹公主墓发掘简报》，《文物》1984年第4期。

[14]　郑岩：《魏晋南北朝壁画墓研究》（增订版），文物出版社，2016年，第162～188页。

[15]　宿白：《关于河北四处古墓的札记》，《文物》1996年第9期。

[16]　山西省考古研究所、太原市文物考古研究所：《太原北齐徐显秀墓发掘简报》，《文物》2003年第10期。

[17]　李白药：《北齐书·娄睿传》，中华书局，1972年，第197页。

[18]　山西省考古研究所、太原市文物考古研究所：《太原北齐徐显秀墓发掘简报》，《文物》2003年第10期，第38、39页。

[19]　刘丹：《徐显秀墓志、库狄迴洛夫妇墓志校释——兼论北齐政治中的"胡汉"问题》，南京大学硕士学位论文，2011年，第17～21页。

[20]　王仲荦：《北周六典·封爵》，中华书局，1979年，第537～552页。

[21]　陕西考古研究所、咸阳市考古研究所：《北周武帝孝陵发掘简报》，《考古与文物》1997年第2期。

[22]　陕西省考古研究院：《壁上丹青：陕西出土壁画集》，科学出版社，2009年，第173页。

［23］ 陕西省考古研究所：《北周宇文俭墓清理发掘简报》，《考古与文物》2001年第3期，第27~40、97页。

［24］ 独孤信墓、匹娄欢墓资料分别见陕西省文物考古研究院：《二十世纪五十年代陕西考古发掘资料整理研究》（下），三秦出版社，2015年，第74~77、65~69页；莫仁相墓、莫任诞墓资料见陕西省考古研究院：《北周莫仁相、莫仁诞墓发掘简报》，《考古与文物》2012年第3期；王士良与董氏合葬墓、独孤藏墓、若干云墓、叱罗协墓、尉迟运和贺拔氏墓资料见负安志：《中国北周珍贵文物——北周墓葬发掘报告》，陕西人民美术出版社，1993年，第109~130、76~92、60~75、10~35、93~108页。

［25］ 徐斐宏：《北周墓葬面貌的形成及其影响》，《古代文明》（第14卷），上海古籍出版社，2020年。

［26］ 万绳楠整理：《陈寅恪魏晋南北朝史讲演录》，黄山书社，1987年，第293~300页。

［27］ 陈寅恪：《隋唐制度渊源略论稿 唐代政治史述论稿》，商务印书馆，2011年，第48、49页。

［28］ 陈寅恪：《隋唐制度渊源略论稿 唐代政治史述论稿》，商务印书馆，2011年，第49页。

（原刊于《东方考古》第21集，科学出版社，2023年）

长沙窑瓷器在唐代扬州罗城内的分布成因与初步认识

刘松林

（扬州市文物考古研究所）

唐代扬州地处江淮平原，河渠纵横，南濒长江，东临大海，运河贯穿全境，是国内交通的枢纽、商业大都会及国际贸易的港口，有着"扬一益二"之称。特别是安史之乱后，大批北人南迁，更加促进了经济的繁荣，同时也吸引了大批的国外游人和客商。在这纷繁的商品贸易大潮中，陶瓷贸易脱颖而出，迅速成为一项大宗商品，其中尤以长沙窑贸易瓷最为突出。

有学者指出，由于政治与社会背景及运河交通的影响，长沙窑贸易瓷的兴衰与唐代扬州商品贸易的发展有着不可割舍的联系，即长沙窑贸易瓷的兴衰处于中晚唐—五代[1]。笔者认为此说甚确，这与我们多年来在罗城内发现的长沙窑瓷器标本所处中晚唐地层是相一致的。笔者将以往罗城内考古发掘项目出土的瓷器进行了对比与统计，发现处于城内官河两岸（今汶河路两侧）和西门附近的手工业作坊区，出土的长沙窑瓷器数量为各窑口之冠，完整器、精品器亦多，而偏离官河地带的考古项目出土长沙窑标本相对较少，完整器、精品器难得一见。对此，笔者下文试析并提出初步认识，不妥之处祈请方家指正。

一、长沙窑瓷器标本在罗城内分布位置及占比

为了分析长沙窑瓷器标本在罗城内的分布规律，笔者择取了罗城内考古发掘项目38个，其中22个项目处于唐代罗城官河两岸，5个项目处于手工业作坊区，11个项目处于居住区（图一）。经笔者比对与统计，发现处于南北一线官河两岸的18个考古项目，出土长沙窑瓷器标本最多，占比最大。如1984年在三元路市直机关文昌幼儿园教学楼基建工地（基础面积仅700平方米），共出土唐代瓷片1372片，其中就有长沙窑各类瓷片195片，占出土唐代瓷片总数的14.2%。与之毗连的扬州市人民银行、建设银行、三元商场、纺织品公司、邮电大楼基础面积

作者简介：刘松林，男，1972年10月生，安徽大学考古专业2009级硕士生。

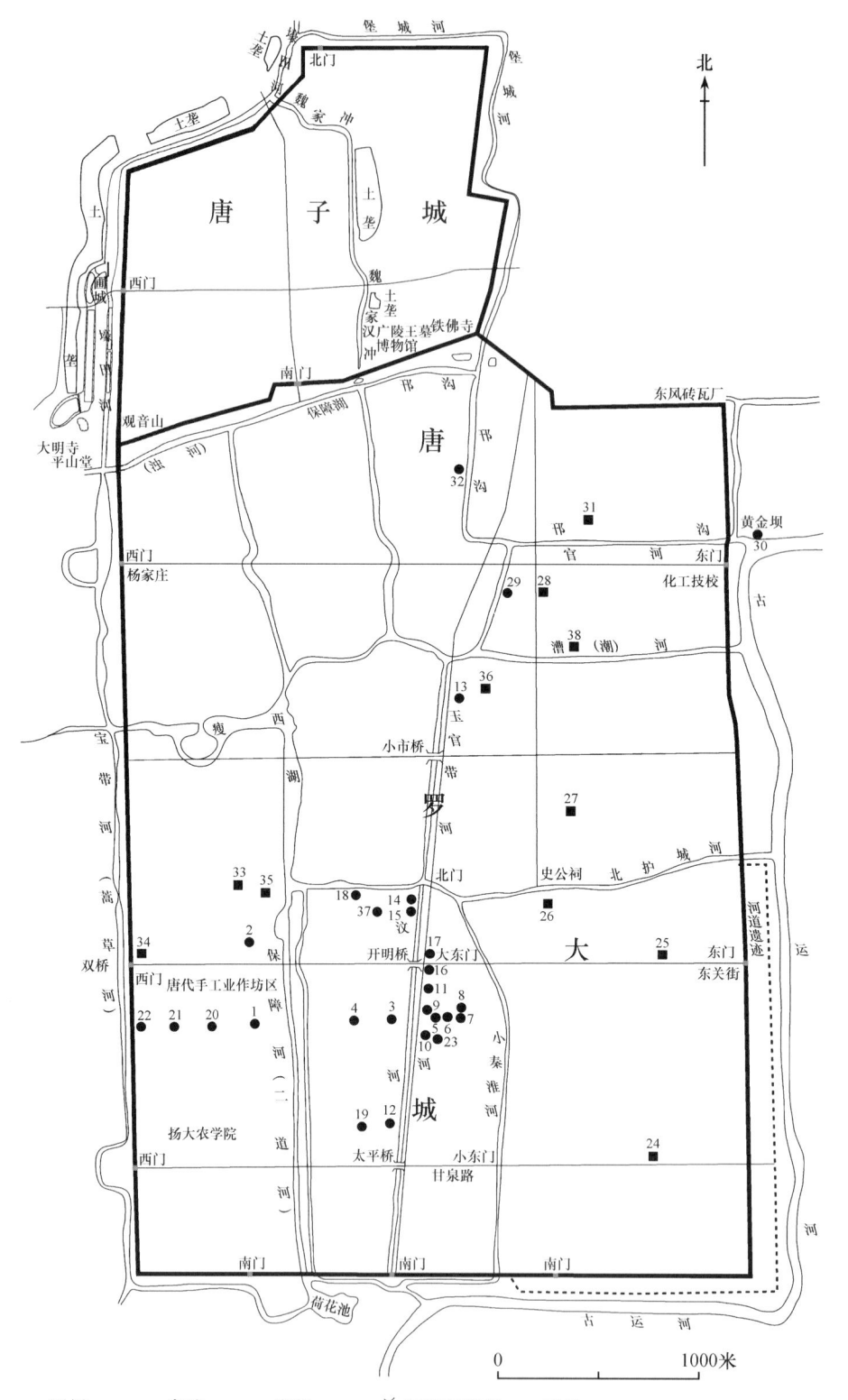

图一　唐代扬州罗城内出土长沙窑瓷片考古项目位置分布图

底图选自1973年扬州市地图改绘的扬州城址图

均逾2000平方米，唐代文化层更为丰富，出土的长沙窑瓷片亦相当可观，所占唐代陶瓷片总数的比例可能更高一些[2]。1990年工人文化宫遗址晚唐地层中共出土各类瓷片18 802片，其中长沙窑瓷片数量最多，为6775片，占总数的36%[3]。1994年汶河路西北侧的蓝天大厦工地，在晚唐地层中发现了一处长沙窑瓷器残件的堆积，范围有16平方米，厚约1.4米，采集了具有代表性、普遍性的标本计600多片，而瓷器堆积的数量折合成完整器约500件之多，长沙窑产品在扬州如此密集地出土，尚属首次[4]。在凤凰路综合楼工地唐代地层共出土瓷片1466片，其中长沙窑456片，占31%。5个手工业作坊区的考古项目，出土长沙窑瓷器标本数量同样最大，如1975年扬州师范学院、苏北农学院扫垢山手工业作坊遗址中，出土15 000多片唐代陶瓷片，其中长沙窑彩釉瓷片就有598片，还不包括大量的长沙窑青瓷产品和酱釉标本[5]。11个偏离南北一线官河及手工业作坊区考古项目，出土的长沙窑瓷片标本相对较少，与处于商贸区项目不可同日而语。如妇幼保健医院门诊楼工地、皮市街工地、绿杨人家三期工程工地均未发现唐代地层，仅在宋代地层内发现了少量的长沙窑瓷片。双桥王庄沃尔玛工地晚唐地层中出土瓷片97片，其中长沙窑10片，占10.3%；宜兴窑84片，占86%。扬子佳竹苑工地晚唐地层中出土瓷片310片，其中长沙窑16片，占5.1%；宜兴窑188片，占60%。扬州大学敬文图书馆工地中晚唐地层内出土瓷片351片，其中长沙窑94片，占26%；宜兴窑131片，占38%。大王庙工地中晚唐地层内出土瓷片789片，其中长沙窑77片，占9.7%；宜兴窑527片，占66%。可见在偏离南北一线官河两岸及手工业作坊区的考古项目，出土长沙窑瓷片相对较少，其数量往往小于宜兴窑（表一）。

二、长沙窑精品及完整器在罗城内的分布

长沙窑精品及完整器多分布于罗城南北一线官河两岸及手工业作坊区，其他考古项目往往仅出土一些瓷片标本，很难发现精品与完整器。如汶河路西北侧的蓝天大厦工地出土长沙窑铜红釉褐绿彩盒、青釉绿彩"佳合""油合"、黄釉船形高足杯、青釉褐绿彩花卉动物纹碗、青釉灯盏各1件。汶河西路政协工地出土了长沙窑黄釉褐蓝彩云荷纹罐、青釉双鸟盏各1件。扬大附中工地出土长沙窑青黄釉褐蓝彩菱形纹罐、黄釉褐蓝彩菱形纹罐、青黄釉模贴"冯上"铭双鱼纹壶各1件。工人文化宫工地出土长沙窑青釉褐绿彩碗与盘、青釉褐斑盂、青釉绿彩云纹盒、酱釉模印贴花椰鸟纹双耳罐各1件。仓巷工地出土长沙窑青釉褐彩模贴人物纹、狮纹壶各1件。扬州中学工地出土长沙窑青釉莲纹高足杯1件。三元商场工地出土青釉瓜棱形双耳执壶、盘口执壶、灯盏各1件。1985年扬州市教育学院工地出土青釉杯、绿釉执壶、绿釉水注各1件。扬州市淮海路公安局工地出土绿釉麒麟送子烛台、青釉点褐蓝彩团花纹横柄壶、青釉褐彩持扇像各1件。扬州市"782"工程出土青釉褐斑模印贴花狮纹执壶1件[6]。1975年扬州市西门外一处扫垢山手工业作坊区出土长沙窑瓷器多达40余件，品种丰富，色彩鲜妍。偏离南北一线官河及手工业作坊区的考古工程发现完整器极少，仅出土一些长沙窑瓷片标本，器类亦较丰富，其中有碗、壶、罐、盂、油盒、盘、盏、杯、枕、钵等（图二）。

表一　唐代扬州罗城内不同地段长沙窑瓷片（瓷器）数量分布统计表

序号	考古项目名称	唐代扬州罗城内位置	唐代瓷片（瓷器）总数	长沙窑瓷片（瓷器）数	占比	资料来源	备注
1	1984年在三元路市直机关文昌幼儿园教学楼基建工地		1372	195	14.2%	顾风：《唐代扬州与长沙窑兴衰关系新探》，《东南文化》1993年第5期	工地基础面积仅700平方米
2	1990年工人文化宫工地		18 802	6775	36%	中国社会科学院考古研究所等：《扬州城1987~1998年考古发掘报告》，文物出版社，2010年	晚唐地层中出土
3	1994年汶河路西北侧的蓝天大厦工地	南北向官河两岸（今汶河路一线）	600多	500多	83.3%	周长源、马富坤、池军：《试扬州蓝天大厦工地出土的唐代长沙窑瓷器》，《东南文化》1994年增刊	长沙窑瓷器残件堆积范围有16平方米，厚约1.4米，采集标本600多片
4	新华中学遗址		2946	363	12.3%	中国社会科学院考古研究所等：《扬州城1987~1998年考古发掘报告》，文物出版社，2010年	长沙窑瓷片数量仅次于宜兴窑
5	大东门街遗址		30	9	30%	中国社会科学院考古研究所等：《扬州城1987~1998年考古发掘报告》，文物出版社，2010年	瓷器以长沙窑为最
6	凤凰路综合楼工地	南北向官河两岸（偏北一线）	1466	456	31%	资料存于扬州市文物考古研究所	中晚唐地层中出土
7	1975年扬州师范学院、苏北农学院扫垢山手工业作坊遗址	手工业作坊区（罗城中西部）	15 000多	598片彩釉瓷，不包括大量青瓷与酱瓷标本		周长源：《唐长沙窑中的国宝——黄釉褐蓝彩云荷纹罐鉴赏》，《紫玉金砂》1996年第11期。	瓷片以长沙窑为最
8	石塔西路遗址		33	10	30%	中国社会科学院考古研究所等：《扬州城1987~1998年考古发掘报告》，文物出版社，2010年	统计表为复原瓷器
9	沃尔玛工地（双桥王庄）		97	10	10.3%		晚唐地层中出土
10	扬子佳竹苑工地		310	16	5.1%		晚唐地层中出土
11	扬州大学敬文图书馆工地		351	94	26%		晚唐地层中出土
12	大王庙工地	偏离南北一线官河及手工业作坊区	789	77	9.7%	资料存于扬州市文物考古研究所	中晚唐地层中出土
13	扬州东关街三和四美工地		9	1	11.1%		统计表为较完整瓷器，中晚唐地层局部分布，较薄
14	扬州秦树脚工地		20	3	15%		统计表为原完整瓷器
15	瘦西湖西苑工地		269	70	26%		晚唐地层中出土

注：表中列举的考古项目仅占图一中部分项目。其他项目有：师院唐代寺庙遗址、汶河路政协、三元商场、邮电大楼、珍园招待所、原教育学院、扬大附中等遗址出土长沙窑瓷片数量定性统计出自于相关论文中，妇幼保健医院门诊楼、皮市街、绿杨人家三期工程等工地未发现晚唐地层，仅在末代地层发现少量的长沙窑瓷片标本

图二 官河两岸（今汶河路南北一线）出土长沙窑精品瓷器

1~3、5、10分别为扬州三元路工地出土的青釉瓜棱形双耳执壶、青釉盘口执壶、青釉模印贴花雁纹执壶、青釉褐彩花卉纹执壶、青釉褐彩蓝草纹盘，4为扬州市"782"工程出土的青釉点褐蓝彩云荷纹双耳罐，6、9、14~16为扬州市淮海路公安局工地出土的青釉枕、青釉点褐蓝彩团花纹横柄壶、绿釉麒麟送子烛台、青釉绿彩兰草纹水盂、青釉褐彩持扇像，7为扬州原新华中学工地出土的绿釉枕，8为扬州市文化宫遗址出土的酱釉模印贴花椰鸟纹双耳罐，11~13为扬州市蓝天大厦工地出土青釉盏托、青釉杯、青釉船形高足杯

（图片选自徐忠文主编的《扬州出土唐代长沙窑瓷器研究》一书）

三、长沙窑瓷器在中晚唐墓葬中的分布

长沙窑瓷器在中晚唐墓葬随葬品中占有一定的比例,但与南北一线官河两岸相比差距较大。如2008年在扬州凯运天地商业广场工地243座中晚唐墓葬中,仅有2座墓葬随葬长沙窑瓷器[7]。1985年7月,扬州城东跃进桥东侧的"月明轩"饮食公司工地发现了4座晚唐砖室墓,在21件随葬品中仅有1件长沙窑瓷器,占比4.7%[8]。1980年3月,扬州杨庙乡发现了一座中晚唐砖室墓,随葬了67件唐三彩俑,未发现1件长沙窑瓷器,墓主人身份为一名中级官员[9]。扬州五台山发现4座中晚唐墓葬,砖室墓、土坑墓各2座,其中仅1座保存较好,余3座严重破坏,在出土的随葬品中少见长沙窑瓷器,而宜兴窑、越窑青瓷均有所发现[10]。

虽然长沙窑瓷器在扬州中晚唐墓葬内的分布有限,但不乏精品。如凯运天地商地广场M202随葬长沙窑带流青黄釉褐彩油盒1件,形制独特,甚为罕见,是盒与注与壶的集合体,反映出长沙窑工匠具有较强的工艺创新能力[11]。1980年扬州东风砖瓦厂—肖家山晚唐墓出土了1件长沙窑青釉绿彩扁壶,腹部正面书写一组阿拉伯文,其意为"真主最伟大",背面绘独脚云纹,较为少见[12]。"月明轩"饮食公司工地大和四年(830年)吴氏夫人墓出土的1件青釉点彩拍鼓小人,眉目传神,甚是可爱[13]。

四、相关问题的讨论

(一)长沙窑瓷器在罗城内分布不同的原因

《长沙窑综述卷》[14]《长沙窑中外瓷器交流研究》[15]等较多著书论文均将长沙窑定性为商业性外销瓷窑,可见长沙窑兴起于商贸的繁盛,衰于商贸的停滞。中晚唐扬州作为全国第一大港及商品贸易中转站,正是顺应了这样的潮流,给长沙窑瓷器提供了一个绝佳的平台,这与长沙窑瓷器在唐代扬州罗城内的分布状况是相对应的。

长沙窑瓷器集中分布于南北一线官河两岸,但不同地段分布有所差异,官河中南部(今汶河路一线)晚唐地层内长沙窑瓷片堆积较为丰富,精品亦多。如万家福商场、机关五三幼儿园、三元商场、邮电大楼、工人文化宫、老新华中学、蓝天大厦、旧城仓巷等工地均发现大量的长沙窑标本及精品器,甚至在蓝天大厦工地揭露出面积为16平方米、厚约1.4米长沙窑瓷器残件堆积,推测为装运长沙窑贸易瓷船主卸货清仓时倾倒所形成的[16]。据《扬州唐代古河道等的发现和有关问题的探讨》[17]一文,罗城内揭露出一条宽约30米的南北向官河(今汶河路旁),在石塔寺右前方发现一座规模较大的可行大船的木制五孔桥,从其位置来看很可能是唐代通泗桥或太平桥,推测此河应是隋炀帝所开运河。可以想象当时汶河路一线官河的繁华程

度。而官河北段发现的长沙窑瓷片标本及精品器相对较少,如凤凰路综合楼工地便是如此。即便这样,南北向官河北段仍处于商品贸易繁华区域。汪勃先生认为南北向官河两岸便是繁华一时的"十里长街"[18],此言甚确。官河东西一线,考古项目所发现的长沙窑瓷片标本堆积就更少了,如扬子佳竹苑工地晚唐地层内出土长沙窑16片,占5.1%;而宜兴窑188片,占60%。

扬州师范学院、苏北农学院手工业作坊区发现大量的长沙窑瓷片标本及精品器,这与其处于商品贸易区的性质有关。

而偏离官河及手工业作坊区的考古项目,所发现的长沙窑瓷片标本相对较少了,完整器亦屈指可数。甚至出现一些考古项目未见晚唐地层。

笔者认为出现长沙窑瓷器标本在罗城内不同分布的情形,应与交通、贸易、手工业及人口密集程度有关,南北向官河、手工业作坊区正处于交通发达、商品贸易及人口密集中心。而偏于此位置的多为居民区,商品色彩相对较淡。

(二)长沙窑与宜兴窑瓷片标本分布的差异性

笔者将这些考古材料进行对比与统计,发现在官河两岸(今汶河路一线)及手工业作坊区长沙窑瓷片标本数量为最,而偏离官河两岸(今汶河路一线)与手工业作坊区的地段往往宜兴窑瓷片标本多于长沙窑,其中虽有偶然性,但多个地段出现这种现象应有其缘由。如扬子佳竹苑工地晚唐地层内出土长沙窑瓷片标本占5.1%,宜兴窑60%。大王庙工地唐代地层内出土长沙窑瓷片标本占9.7%,宜兴窑占66%。沃尔玛工地(双桥王庄)晚唐地层中出土长沙窑瓷片标本占10.3%,宜兴窑占86%。对此,笔者认为或与本地居民更钟爱南方青瓷有关,春秋战国之时广陵(今扬州)先后属吴越之境,受到吴越文化一定的影响,特别是原始青瓷文化在该区影响较深,该区汉墓出土的大量青釉陶器(原始青瓷)便是从吴越地区通过水运贸易购得[19]。汉隋以降,唐代扬州居民偏爱青瓷的理念仍有所存在,故而在罗城居住区出现了大量的宜兴窑瓷片标本。

众所周知,扬州作为海上丝绸之路重要的一个节点,全国陶瓷器的集散地、贸易中心和中转运输港口,长沙窑产地较之较近,通过水运将长沙窑贸易瓷输送到全国各地及海外,是最快捷的一条通道。加之湖南长沙窑窑工为了更好地迎合国内及海外需要,创新性生产出大量工艺多样化彩瓷,在器物表面贴饰联珠纹、椰枣纹、胡人像,书写阿拉伯文"真主最伟大"等域外文化元素。最终,在天时、地利、人和等有利条件的基础上,两者进行了有机结合,成功创烧出大规模的长沙窑外贸瓷。1998年在印尼勿里洞岛发现了从扬州港驶入阿拉伯港的"黑石号"沉船,沉船内发现了数量最多、保存最好的长沙窑瓷器,超过各地出土长沙窑瓷器的总和[20]。因此,作为外销瓷的长沙窑产品,在商贸繁华、交通发达的官河两岸(今汶河路一线)及手工业作坊区大量出现,亦就很自然了。

（三）长沙窑诗文器在扬州罗城内的分布

在长沙窑蓝岸嘴或湖南省内出土数量颇多的诗文器，其中多件诗文壶提及扬州，与扬州关系密切。如4件青釉褐书诗文瓷壶，题诗分别为"一双班鸟子，飞来五两头。借问岳家舫，附歌到扬州"[21]。"一双青鸟子，飞来五两头。借问船轻重，附言到扬州。"[22]"一双青鸟子，飞来五两头。借问船轻重，附信到扬州。"[23]"一双青鸟子，飞来五两头。借问船轻重，满载到扬州。"均明确说明了长沙窑是以船运方式到扬州的。但迄今为止扬州出土诗文器极少，更不及有关扬州的诗文了。有学者认为此类诗文壶为内销器，但诗文器在国内其他各地亦少见，此观点似为不妥。"黑石号"沉船打捞出6.7万件唐代瓷器、金银器、玻璃及银锭等供贸易及贡奉珍品，陶瓷器占绝大多数，以长沙窑瓷器数量为最，其中有部分诗文器[24]。根据此船所载金银器、青铜器等物品都是扬州特色的外贸商品，打捞者认为此船应是从扬州港口出发，驶向阿拉伯港口，只是途经印尼，不幸中途沉没[25]。据此，笔者推测这些诗文器（包括提及扬州的诗文）很大部分为外销瓷，是长沙窑外贸瓷的创新形式，亦是文化交流与传播的一种新型方式。虽然国内极少发现相关的诗文器，笔者认为其中部分诗文器应为满足国内市场需要，相信随着以后考古的深入，或有所发现。

（四）长沙窑瓷器在墓葬中分布性质

从上文可知，长沙窑瓷器在扬州中晚唐墓葬中占比不高，与官河两岸及手工业作坊区相差甚大。秦浩先生在其一文中所写"（扬州中晚唐墓葬）陶瓷器主要器形有：四系罐、双系罐、碗、钵、杯、壶、盘口壶等等。釉色复杂，有青釉、白釉、黄釉、酱釉、褐釉、黑釉等。还有瑰丽的三彩器以及各种俑类"[26]。这与墓葬发掘的结果是相一致的，宜兴窑、越窑瓷器数量往往多于长沙窑，反映出居住民对宜兴窑、越窑青瓷更多的偏爱。由此可见，长沙窑作为外销瓷，更多地出现在商贸繁华的官河两岸及手工作坊区，以便快捷地转运到海外。

总之，扬州唐代罗城内长沙窑瓷片标本的分布差异较大，南北向官河两岸（今汶河路一线）及手工业作坊区处于商品贸易繁华区域，长沙窑瓷片标本分布最为密集，为各窑口之最，南北向官河偏北地段稍次。偏离官河两岸的居住区出土的长沙窑瓷片标本较少，但宜兴窑、越窑青瓷标本数量往往多于长沙窑。王勤金先生在《扬州出土的唐宋青瓷》一文所写"唐代（扬州）以宜兴窑、越窑、长沙窑的产品最为丰富，其次为寿州窑产品，洪州窑产品最少"[27]。此言甚确。宜兴窑、长沙窑、越窑作为唐代扬州三大窑口瓷，在罗城内分布范围均较大，但不同地段数量有所侧重。

出现上述诸多现象，笔者认为其一，长沙窑定性为外销瓷，远销海外，扬州港作为其最佳的中转站，故在官河两岸（汶河路南北一线）及手工业作坊区繁华区域密集分布；其二，长沙窑外贸瓷在官河两岸不同地段分布有差，说明官河两岸地段不同繁华程度有异，最繁华区域当属官河两岸（汶河路南北一线）；其三，唐代扬州百姓更多偏爱宜兴窑、越窑青瓷产品，或与汉以前该区受原始青瓷文化影响有关。

附记：①本文为2019年10月21～24日中国古陶瓷学会、扬州文化广电和旅游局主办的"长沙窑与扬州"古陶瓷贸易学术研讨会上发言稿。②扬州凤凰路综合楼、大王庙、双桥王庄沃尔玛、扬子佳竹苑、扬州大学敬文图书馆、妇幼保健医院门诊楼、皮市街、绿杨人家三期工程等工地均为笔者亲历发掘，相关资料存于扬州市文物考古研究所。

注　释

[1] 顾风：《唐代扬州与长沙窑兴衰关系新探》，《东南文化》1993年第5期，第179～182页。

[2] 顾风：《唐代扬州与长沙窑兴衰关系新探》，《东南文化》1993年第5期，第180页。

[3] 中国社会科学院考古研究所、南京博物院、扬州市文物考古研究所：《扬州城1987～1998年考古发掘报告》，文物出版社，2010年，第148页。

[4] 周长源、马富坤、池军：《试论扬州蓝天大厦工地出土的唐代长沙窑瓷器》，《东南文化》1994年增刊。

[5] 周长源：《唐长沙窑中的国宝——黄釉褐蓝彩云荷纹罐鉴赏》，《紫玉金砂》1996年第11期。

[6] 徐忠文、徐仁雨、周长源：《扬州出土唐代长沙窑瓷器研究》，文物出版社，2015年。

[7] 扬州市文物考古研究所：《江苏扬州广陵区凯运天地商业广场唐代墓葬群发掘简报》，《东南文化》2020年第2期，第61页。

[8] 扬州博物馆：《扬州城东唐墓清理简报》，《东南文化》1988年6期，第85～89页。

[9] 王勤金、吴炜：《扬州邗江县杨庙唐墓》，《考古》1983年第9期，第799～802页。

[10] 吴炜：《江苏扬州五台山唐墓》，《考古》1964年第6期，第321～322页。

[11] 刘松林：《扬州出土的唐代长沙窑青釉带流"油合"》，《扬州文博研究集》，2009年。

[12] 朱江：《扬州出土的唐代长沙窑阿拉伯文背水瓷壶》，《考古》1983年第2期。

[13] 扬州博物馆：《扬州城东唐墓清理简报》，《东南文化》1988年6期，第85～89页。

[14] 李辉柄：《长沙窑》综述卷，湖南美术出版社，2004年，第36～40页。

[15] 贾永华：《长沙窑中外瓷器交流研究》，湖南大学硕士学位论文，2007年。

[16] 周长源、马富堃、池军：《试论扬州蓝天大厦工地出土的唐代长沙窑瓷器》，《东南文化》1994年增刊。

[17] 罗宗真：《扬州唐代古河道等的发现和有关问题的探讨》，《文物》1980年第3期，第21～33页。

[18] 唐代诗人张祜在《纵游淮南》诗曰："十里长街市井连，月明桥上看神仙。人生只合扬州死，禅智山光好墓田。"

[19] 刘松林：《扬州地区汉代青釉陶器与吴越原始青瓷器关系浅析——兼论扬州地区汉代青釉陶器产地问题》，《古陶瓷学论丛》第一辑，江苏人民出版社，2019年。

[20] 李辉柄：《长沙窑》综述卷，湖南美术出版社，2004年，第24、25页。

[21] 谈雪惠：《唐代长沙窑几件诗文瓷壶的赏析》，《长江文化论丛》，2007年。

[22] 林士民：《宁波港出土的长沙窑瓷器》，《中国古陶瓷研究》（第九辑），第131页。
[23] 萧湘：《中华彩瓷第一窑——唐代长沙铜官窑实录》，岳麓书社，2011年，第94页。
[24] 李辉柄：《长沙窑》综述卷，湖南美术出版社，2004年，第24、25页。
[25] 徐忠文、徐仁雨、周长源：《扬州出土唐代长沙窑瓷器研究》，文物出版社，2015年，第28页。
[26] 秦浩：《略论扬州唐墓的几个问题》，《扬州师范学院》（社会科学版）1986年第4期，第193页。
[27] 王勤金、李久海：《扬州出土的唐宋青瓷》，《江西文物》1991年第4期，第91~94页。

（原刊于《湖南考古辑刊》第16集，科学出版社，2003年）

北宋中期越窑瓷业技术传播及相关问题研究
——兼论核心区越窑瓷业衰落原因

谢西营

(浙江省文物考古研究所)

传统观点认为，北宋中期是越窑制瓷史上重要转折时期，是越窑瓷业生产由繁荣走向衰落的一个重要时间节点。支持此观点的一个重要证据便是越窑瓷业核心区窑址数量的急剧减少。然而据最新考古调查、试掘及发掘资料显示，在越窑瓷业核心区之外却存在大量这一时期的越窑（系）窑址，且呈现出不断扩张的态势，尤其是在一些原本没有任何窑业基础的地区突然出现这一时期的窑址，产品风格、窑业技术与核心区保持同步。探索其中缘由，对于探索北宋中期越窑瓷业技术传播的动因、模式与面貌等方面问题具有重要意义。

一、北宋中期越窑瓷业生产年代及面貌界定

1998~1999年由浙江省文物考古研究所、北京大学考古文博学院和慈溪市文物管理委员会办公室联合实施的慈溪古银锭湖寺龙口窑址考古发掘及整理过程中，基于地层学和类型学对考古发掘材料进行整理并结合纪年器物的排比，将北宋越窑制瓷业分为三期：北宋早期（960—1022年），即吴越国晚期至北宋真宗时期；北宋中期（1023~1077年），约为北宋仁宗至神宗熙宁年间；北宋晚期（1078~1127年），约为北宋神宗元丰年间至钦宗时期[1]。为了对北宋中期浙江地区越窑（系）窑址进行横向比较，本文拟采用寺龙口窑址的分期意见对北宋中期越窑瓷业生产年代进行界定。

寺龙口窑址发掘资料显示，越窑制瓷业生产面貌在北宋早中晚期的差异是相当明显的。与北宋早期相比，北宋中期越窑器物种类明显减少，仍以饮食器具为大宗，而香具、文房用具等精品雅玩器物则不多见，器类主要有碗（图一）、盘（图二）、盒盖（图三）、钵、执

作者简介：谢西营，男，1987年8月生，安徽大学历史专业2006级本科生。

壶、盏（图四）、碾臼、碾轮、熏炉、盏托（图五）、水盂、夹层碗（图六）、枕、多管灯（图七）、瓶、器盖、盖罐等[2]。器物总体质量明显下降。器物的制作一改晚唐五代及北宋早期的精工细作，而逐渐趋向粗放[3]。胎釉较之前没有多大变化，但是由于装烧方法的变化，釉色纯净度降低，釉色开始偏青灰色，多数缺少莹润光泽，质量下降。装饰方面，早期严谨规整的细线划花工艺趋于懈怠与简化。细线划花虽在本期得以继续沿用，但题材始终不及北宋早期多样，并了无新意。器物纹样种类较之前减少，图案趋于简化，莲蓬纹、龙纹、孔雀纹、飞雁纹、喜鹊花卉纹、对蝶纹、翔鹤纹等寓意丰富的纹样题材消失不见。需要注意的是，刻划花装饰（图八）的出现并盛行则成为该期最显著的特征[4]。装烧方法上，此期较早阶段少数质量较高的产品仍用匣钵单件装烧，坯件之间间隔垫圈，器物制作尚为精细。进入后期，

图一 碗
采自浙江省文物考古研究所等编：《寺龙口越窑址》，
文物出版社，2002年，第69页，彩图45

图二 盘
采自浙江省文物考古研究所等编：《寺龙口越窑址》，
文物出版社，2002年，第83页，彩图63

图三 盒盖
采自浙江省文物考古研究所等编：《寺龙口越窑址》，
文物出版社，2002年，第238页，彩图337

图四 盏
采自浙江省文物考古研究所等编：《寺龙口越窑址》，
文物出版社，2002年，第148页，彩图182

图五 盏托
采自浙江省文物考古研究所等编：《寺龙口越窑址》，
文物出版社，2002年，第167页，彩图210

图六 夹层碗
采自浙江省文物考古研究所等编：《寺龙口越窑址》，
文物出版社，2002年，第79页，彩图57

图七 多管灯
采自浙江省文物考古研究所等编：《寺龙口越窑址》，
文物出版社，2002年，第161页，彩图203

图八 刻划花装饰
采自浙江省文物考古研究所等编：《寺龙口越窑址》，
文物出版社，2002年，第214页，彩图286

为提高产量而大多采用明火叠烧或者采用匣钵叠烧，且在碗、盘等器物的内底还留有支垫的泥圈，从而影响了器物的美感。

二、北宋中期浙江地区越窑（系）窑址的分布

为了便于讨论，我们暂且按照窑址所处的地理位置将北宋中期浙江地区越窑（系）窑址的分布情况划分为浙东、浙西和浙南三个大的区域。

（一）浙东地区

1. 核心区域

作为唐宋时期越窑制瓷业的核心地区，慈溪上林湖窑址群包括上林湖、白洋湖、里杜湖和古银锭湖四个片区（图九）。据统计，在这一区域内存在159处唐宋时期的越窑窑址，其中北宋时期窑址有83处，包括上林湖窑区51处、白洋湖窑区8处、里杜湖窑区8处和古银锭湖窑区16处。与北宋早期相比，北宋中期窑址数量明显减少，据统计仅（约）有18处，其中上林湖窑区8处、白洋湖窑区6处、里杜湖窑区3处和古银锭湖窑区1处[5]。

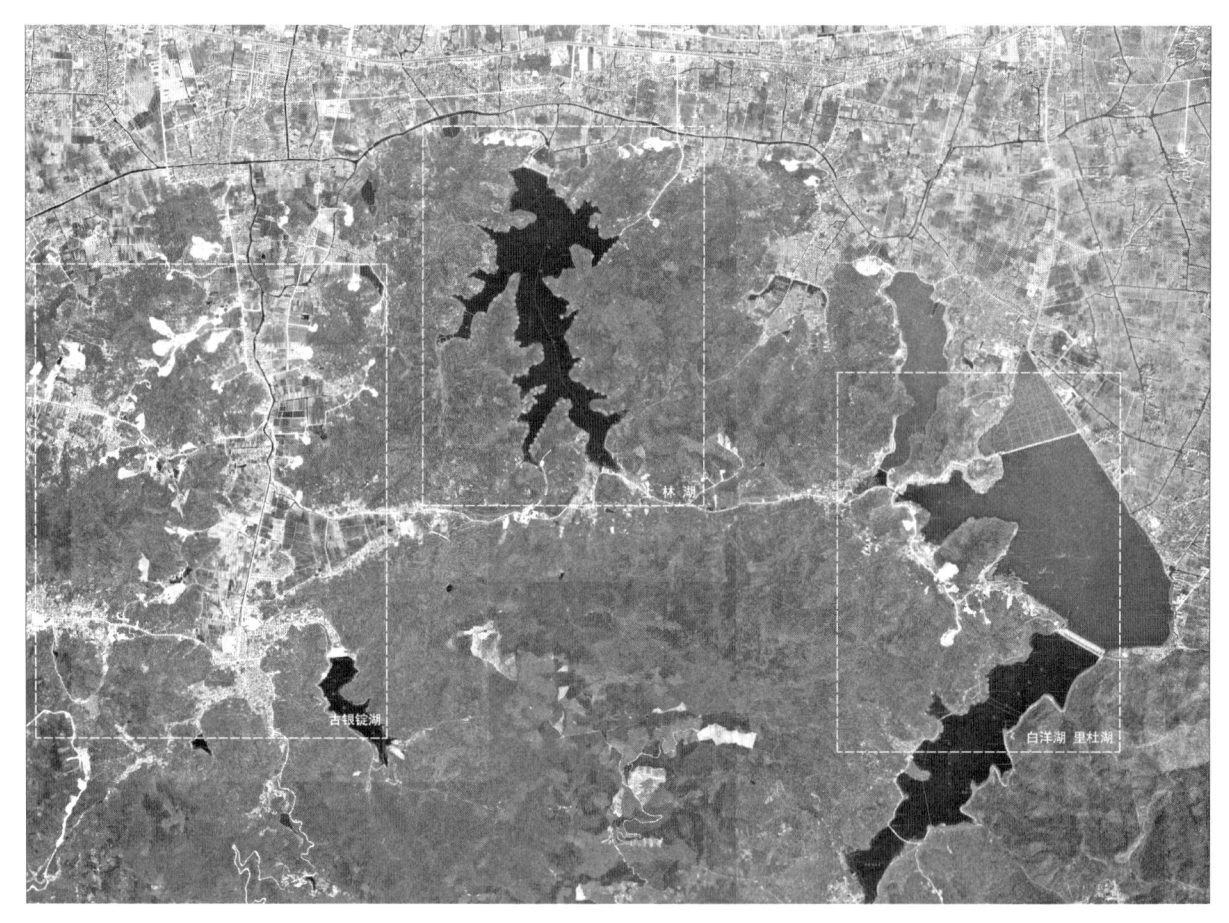

图九 上林湖越窑遗址分布总图
采自慈溪市文物管理委员会办公室资料

2. 外围区域

在以往的学术研究中，上虞地区和鄞州东钱湖地区都被视为唐宋时期越窑制瓷业的三大中心之一。但据调查结果显示，这两个区域内唐宋时期的窑址数量较少，其中前者约34处，后者约18处[6]，均无法与上林湖窑址群相比拟，故而唐宋越窑三大中心说也是值得商榷的。这两个区域内现已探明的北宋中期窑址有上虞窑寺前[7]、盘口湾、蒋家山（图一〇）、合助山（图一一）和道士山（图一二）窑址[8]等、鄞州东钱湖郭童岙[9]（图一三、图一四、图一五、图一六）和上水岙窑址[10]。

再向外围扩展，诸如绍兴地区的上灶官山窑址[11]，嵊州地区的缸窑背、下阳山、下郑山和下五岙窑址[12]，奉化地区的于家山窑址[13]，宁海地区的岔路窑址[14]，临海地区的凤凰山（图一七）和后门山窑址（图一八）[15]、黄岩地区的凤凰山、金家岙堂、瓦瓷窑、下山头和左岙坑窑址[16]等都是属于这一时期的越窑系窑址。

图一〇 夹层碗
采自窑址调查资料

图一一 碗
采自窑址调查资料

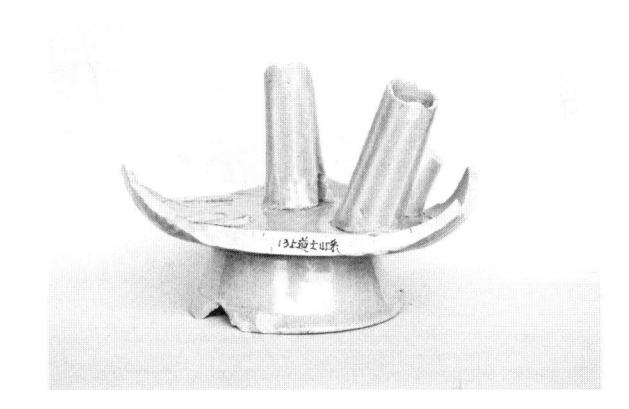

图一二 多管灯
采自窑址调查资料

图一三 碗
采自宁波市文物考古研究所：《郭童岙越窑遗址发掘报告》，科学出版社，2013年，图版26-3

图一四 钵
采自宁波市文物考古研究所：《郭童岙越窑遗址发掘报告》，科学出版社，2013年，图版41-1

图一五　盒盖
采自宁波市文物考古研究所：《郭童岙越窑遗址发掘报告》，科学出版社，2013年，图版56-5

图一六　执壶
采自宁波市文物考古研究所：《郭童岙越窑遗址发掘报告》，科学出版社，2013年，图版43-3

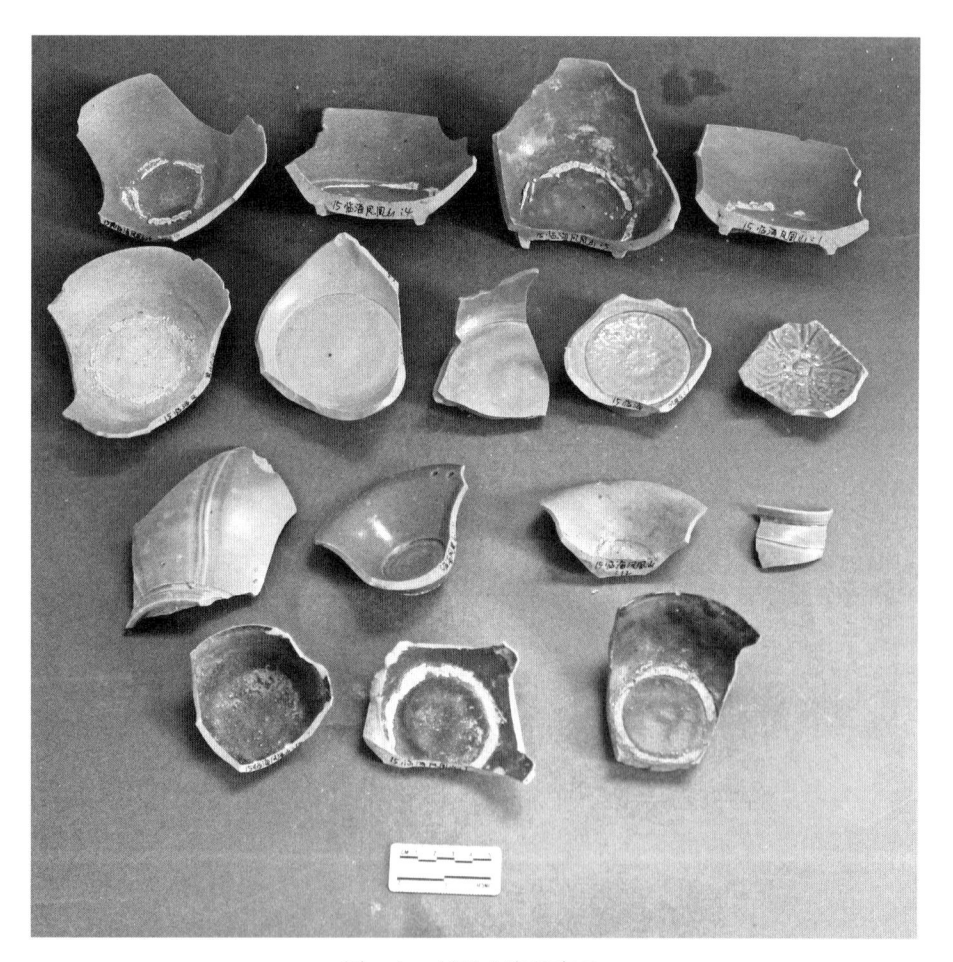

图一七　凤凰山窑址产品
采自窑址调查资料

图一八 临海后门山窑址产品
采自窑址调查资料

（二）浙西地区

这一区域处于传统意义上的婺州窑窑址分布区，但就目前研究情况来看，对于婺州窑的概念、产品面貌及窑业技术传统等方面问题仍有很大盲区。近年来随着考古调查、发掘工作的系统推进，在这一地区内发现了若干北宋中期的窑址——东阳地区的葛府窑址群[17]、歌山[18]和象塘窑址[19]，浦江地区的前王山（图一九~图二三）、白泥岭、徐家（图二四、图二五）、徐家岭（图二六、图二七）和东庄垆窑址[20]，兰溪地区的嵩山窑址[21]，武义地区的蜈蚣形山窑址[22]（图二八~图三一）。限于已有观念与认识，在发现之初，很多学者都将其先入为主地判定为婺州窑窑址。但是随着认识的加深，特别是通过对浦江县前王山窑址的系统考古发掘并对比武义蜈蚣形山窑址早期发掘资料，其产品面貌、器形、装饰技法乃至装烧工艺都与同时期越窑核心区产品相一致，故而应将其归入越窑系窑址。此外建德地区大慈岩脚窑址[23]和富阳缸窑山窑址[24]也有这一时期产品的生产。

图一九　碗
采自窑址考古出土资料

图二〇　盘
采自窑址考古出土资料

图二一　熏炉
采自窑址考古出土资料

图二二　执壶
采自窑址考古出土资料

图二三　盏托
采自窑址考古出土资料

图二四　执壶
采自窑址考古出土资料

图二五 碗
采自窑址考古出土资料

图二六 执壶
采自窑址考古出土资料

图二七 碗
采自窑址考古出土资料

图二八 碗
采自浙江省文物考古研究所：《武义陈大塘坑婺州窑址》，
文物出版社，2014年，图版一三，5

图二九 钵
采自浙江省文物考古研究所：《武义陈大塘坑婺州窑址》，
文物出版社，2014年，图版一六，2

图三〇 执壶
采自浙江省文物考古研究所：《武义陈大塘坑婺州窑址》，
文物出版社，2014年，图版二八，1

图三一　盏托
采自浙江省文物考古研究所：《武义陈大塘坑婺州窑址》，
文物出版社，2014年，图版二四，5

（三）浙南地区

据现有调查资料显示，这一地区早于北宋时期的窑址仅有3处，即丽水吕步坑窑址（初唐—晚唐时期）[25]、庆元黄坛窑址[26]（唐代中晚期）和松阳水井岭头窑址（唐代中晚期）[27]。在早期的研究中，大多数学者都将龙泉金村片区内生产的一类淡青釉器物视为五代产品，其所依证据有三：第一，成书于绍兴三年（1133年）庄绰《鸡肋编》卷上"龙泉佳树与秘色瓷"明确记载"处州龙泉县多佳树，地名豫章，以木而著也。山中尤多古枫木……又出青瓷器，谓之'秘色'，钱氏所贡，盖取于此。宣和中禁廷制样须索，益加工巧"[28]。第二，相传龙泉金村窑址曾发现一四系小瓶，腹部刻有"天福（后晋936~944年，后汉947年）秋，修建窑炉，试烧官物，大吉"铭文。第三，上海博物馆藏一件"太平戊寅"（978年）铭盘口壶。但细究起来，这三点证据都存在着很大破绽。至于《鸡肋篇》所载"钱氏所贡"之"秘色瓷"应该属于上林湖地区而非龙泉地区，这点也得到上林湖越窑考古发掘成果的证实；至于"天福"款四系小瓶，但据知情人介绍该件器物购自文物市场；至于上博藏"太平戊寅"款盘口壶，尽管胎釉、造型及装饰与龙泉青瓷博物馆馆藏的几件盘口壶相似，但"太平戊寅"款目前仅见于上林湖窑址群，龙泉地区尚未发现。

为了弄清龙泉窑窑址分布、年代、产品面貌等方面问题，2013~2014年浙江省文物考古研究所与龙泉青瓷博物馆联合组队对龙泉地区的窑址（包括龙泉东区和南区的大窑、金村和石隆片区）进行了系统调查并选取个别地点进行了小范围试掘。经过调查显示，淡青釉产品仅在金村片区存在。在金村片区窑址调查发现34处窑址点中仅有4处有淡青釉产品存在，分布在溪东（图三二、图三三）、下会（图三四）、大窑犇（图三五~图三九）及其对岸地区（图四〇、图四一）。在调查基础上，我们选取大窑犇窑址作为重点区域进行了小范围试掘，获得了较为理想的地层堆积[29]。试掘资料显示，尽管胎釉有别，绝大多数器物无论是从器形、装饰，还是从装烧工艺等方面来看，均与北宋中期越窑产品相同。此外调查采集的"甲申"款淡青釉器盖和英国阿什莫林博物馆藏"天圣"纪年的淡青釉敞口碗也将该类器物的生产年代框定在北宋中期。

图三二 碗
采自窑址调查资料

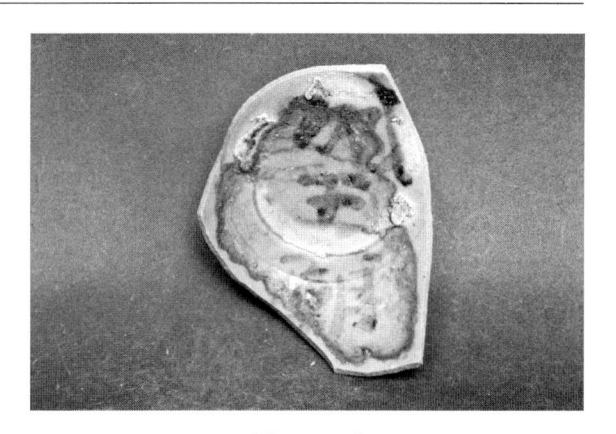

图三三 碗
采自窑址调查资料

图三四 盘
采自窑址调查资料

图三五 碗
采自窑址调查资料

图三六 盏托
采自窑址调查资料

图三七 执壶
采自窑址调查资料

图三八 执壶
采自窑址调查资料

图三九 瓶
采自窑址调查资料

图四〇 碗
采自窑址调查资料

图四一 执壶
采自窑址调查资料

三、北宋中期越窑瓷业技术对外传播的动因、模式与面貌

（一）越窑瓷业技术对外传播的动因——兼论核心区越窑衰落原因

北宋中期开始，越窑核心区的窑址数量迅速减少，生产规模下降，呈现出走向衰落迹象，是由多方面原因造成的，大致可以分为内部和外部原因两个方面。

1. 内部原因

内部原因主要是基于越窑窑址本身。

首先，原料方面。越窑自唐代晚期创烧秘色瓷器以来，不惜工本，不仅瓷器产品使用优质瓷土，就连装烧用的匣钵也采用优质瓷土，且一匣一器、匣钵接口处用釉封口，并在烧成后只有打破匣钵才能取出产品。当然采用这种工艺确实提高了产品的质量，但对瓷土资源来说无疑是一种极大的浪费。优质瓷土资源是有限的，且在短时间内是不可再生的，随着优质瓷土的日趋匮乏，越窑核心区基本丧失了能够保证大规模生产所需的优质原料供应条件[30]，进而采用普通瓷土乃至更低档次的瓷土，使得胎料质量下降，而这也在瓷器产品上得到体现，就目前资料来看，自晚唐以后越窑瓷器胎料质量就已开始呈现出退步的迹象。

其次，燃料方面。整个南方地区瓷业产区包括上林湖越窑核心产区所采用的窑炉均为龙窑，以木柴作为燃料。唐宋时期龙窑基本趋于稳定[31]，长度大概在40～50米，每次烧窑所需要的木柴总量无疑是很大的，因而燃料的供应问题也是一个值得注意的重要问题[32]。对此，庄绰《鸡肋编》的相关记载或可给我们些许启示，"昔汴都数百万家，尽仰石炭，无一家然薪者。今驻跸吴、越，上林之广，不足以供樵苏。虽佳花美竹，坟墓之松楸，岁月之间，尽成赤地。根柢之微，斫撅皆徧，芽糵无复可生"[33]。

最后，工艺技术方面。经化学测试显示越窑瓷器在长时期内胎釉化学组成几无变化且烧制工艺墨守成规[34]，缺乏创新。尽管从北宋中期开始越窑瓷器开始将其生产重点转为刻划花青瓷，但是刻划花青瓷质量平平，使得其逐渐丧失了市场竞争力，丧失了生存的基础[35]。

2. 外部原因

外部原因主要是基于越窑所处的国内外环境。

首先，国内环境因素。作为外部因素之一的土贡制度也与越窑的兴衰密切相关。古文献对北宋中期的越窑贡瓷，仅《宋会要辑稿》中有一条记载且数量较少，"神宗熙宁元年（1068年）十二月，尚书户部上诸道府土产贡物……越州……秘色瓷器五十事"[36]。而在此之前的上一次进贡则要上溯到太平兴国三年（978年）且贡瓷数量极大，"四月二日，俶进……瓷器五万事……金扣瓷器百五十事"[37]。从中便可见越窑贡御地位的逐渐丧失。在此之后仅《元丰九域志》中再次提到元丰三年（1080年）的越窑贡瓷，"土贡：越绫二十匹，茜绯花纱一十匹，轻容纱五匹，纸一十张，瓷器五十事"。之后越窑贡瓷便再无相关记载。贡御地位的逐渐丧失，一方面是源于越窑本身产品质量的下降，另一方面也与其他地区窑场如北宋东西两京开封、洛阳周边地区以及定窑、耀州窑等地制瓷业的逐步兴盛等有着密切关联[38]。另外王安石变法的推行也对越窑贡瓷产生了一定的抑制作用，"均输法者，以发运之职改为均输，假以钱货，凡上供之物，皆得徙贵就贱，用近易远，预知在京仓库所当办者，得以便宜蓄买"[39]。除此之外，国内普通市场也逐渐萎缩[40]，甚至窑址周边地区市场也被其他窑口瓷器尤其是青白瓷大量挤压[41]。

其次，国外环境因素。唐宋越窑的对外输出，在一定程度上也对越窑发展进程产生了重要影响。中国陶瓷通过海路的大规模外销始于8世纪中叶，在9～10世纪迅速达到了第一个高峰时期[42]。在这一进程中，越窑瓷器曾扮演过重要角色，印度尼西亚地区发现的唐宝历二年（826年）黑石号沉船[43]、10世纪中叶的印坦沉船[44]和10世纪后半叶的井里汶沉船[45]出水的大量越窑瓷器即是明证。但是从北宋中后期到南宋末期（11～13世纪中叶）尽管从南中国海到印度洋地区的贸易始终在持续进行，但是总体上已经进入了一个低潮时期，尽管还有少量的发现，但规模却很小，这些零星的资料甚至不能支持大规模海上贸易的水平[46]。这种现象很可能与占据马六甲海峡的三佛齐王国先后与爪哇岛的马打兰王国和位于印度的注辇王国的战争有关，这些战争使沟通南中国海和印度洋的水道马六甲海峡处于交通不畅的状态从而阻滞了当时环印度洋的海上贸易[47]，特别是阻滞了中国瓷器的输出。

总之，在上述诸多因素的影响下，越窑核心区制瓷业处于恶劣的境地。自入宋以来，两浙地区的经济获得巨大发展，至熙宁十年（1077年）"夏税两浙最多，二百七十九万七百六十七贯硕匹斤两"[48]。两浙地区范围内，太湖流域的杭嘉湖平原和处于浙东地区的宁绍平原地区，无疑是农业经济高度发达之地。而制瓷业作为资源密集型产业，其生产需要占据较大的场地及大量的原料、燃料资源，且烧窑也具有一定风险系数。北宋中期余姚县令的谢景初[49]曾作《观上林埠器》对龙窑的烧成率低这一问题就有相关记录，"作灶长如丘，取土深于堑。踏轮飞为模，覆灰色乃绀。力疲手足病，欲憩不敢暂。发窑火以坚，百裁一二占。里中售高贾，斗合渐收敛。持归示北人，难得曾罔念。贱用或弃朴，争乞宁有厌？鄙事圣犹能，今予乃亲觇"[50]。此外，北宋以来人口大量南迁，使得南方地区劳动力十分充足，与制瓷业相比农业生产成本较低、利润高，加之宁绍一带经济繁荣导致工匠的雇值较高，使得这一地区不再适宜于制瓷业的大规模生产。而这也迫使拥有着制瓷手艺的工匠做出选择，是改行从事其他事业，还是另辟他地继续从事窑业生产，而各地新出现的北宋中期的越窑系窑址或许可提供些许启示。

（二）越窑瓷业技术对外传播的模式

就目前考古调查资料，我们暂可将上述核心区以外的越窑（系）窑址所在地区以北宋中期为界并结合当地的窑业生产传统分为两类。第一类，传统窑区。地处浙东的上虞、鄞州、绍兴、临海、黄岩和地处浙西的东阳、武义地区的瓷业生产都可追溯到东汉时期，地处浙西的兰溪地区的瓷业生产可追溯到唐代早期以及地处浙东的奉化地区的瓷业生产可追溯到五代时期。当然传统窑区内的瓷业面貌比较复杂，个别地区本无窑业到北宋中期开始出现如兰溪嵩山窑址、东阳葛府窑址等，个别窑址在早期窑业基础上继续生产北宋时期产品，如上虞窑寺前窑址始于五代时期、绍兴上灶官山窑址始于唐代晚期、东阳歌山窑址始于唐代早期和武义蜈蚣形山窑址始于唐代晚期。第二类，新兴窑区。地处浙东的嵊州和宁海地区、地处浙西的浦江地区以及地处浙南的龙泉地区的窑业生产都开始于北宋中期，少数几个窑址后期有延烧。

关于中国古代制瓷技术的传播，有学者曾总结出三种模式：一是近距离的逐渐扩散，二是远距离的直接传播，三是制瓷技术中单一或几种因素被其他窑系吸收[51]。传统窑区内具备一定的窑业基础，有着自身的一套生产工艺流程，比较不容易接受新技术，需要循序渐进，应该接近于第一种模式，属于越窑瓷业技术为其他地区窑业生产所接受的结果。而新兴窑区没有任何窑业生产基础，在具备一定窑业资源的情况下，随着新技术的传入只要接受便可立即投入生产，应接近于第二种模式，应属于越窑瓷业技术向核心区以外地区的扩展。当然这种远距离的直接传播是要基于一定的窑业资源基础的，并不是传播到任何地方都可以的，北宋中期浦江地区制瓷业的兴起为我们探讨该问题提供一个典型案例。

2015年11月至2016年10月，浙江省文物考古研究所和浦江县文保所在对前王山窑址进行了系统考古发掘（图四二）并对周边地区的窑址进行了详细调查，调查结果显示这一区域的窑业生产始于北宋中期，且面貌较为一致并形成一定的窑业集群——前王山、白泥岭、徐家和徐家岭窑址处于一个小的地理单元之内（图四三），除白泥岭延烧时代可至南宋以外，其他三处窑址均烧造于北宋中期。在窑址调查期间，我们还对周边的窑业资源及古文献资料进行了调查。首先，自然资源因素。第一，窑址周边地区瓷土矿丰富，白泥岭附近山体断面上可见瓷土矿裸露的迹象（图四四）。第二，窑址所在地处仙霞岭龙门山脉支脉，森林植被覆盖率较高，可为瓷器烧造提供充足的燃料。第三，周边水源充足，溪流纵横，"南境之干水曰梅溪。源出雷公、城窦诸山。西流二十里，南有黄茅山出小水，经宋尚书梅执礼宅前，故名梅溪。北流数里许入大溪。今通称大溪为梅溪。自东徂西，横亘南境。越六十里至横木，入兰溪。汇南境之细流而成溪者也。其众流之属，曰横溪、蜀溪、梅溪、黄沙溪、石溪"[52]。其次，社会经济因素。第一，尽管地处群山峻岭之间，但窑址所在区域地处两浙路南北陆路交通干线的必经之地[53]，其间古道相通如白泥岭（图四五）、五路岭等，交通相对便利。五路岭古道古已有之，"一径高盘十里余，人心马足厌崎岖。只凭顽石专为险，不识青云自有衢。地气难通树

图四二　前王山窑址航拍照

图四三 窑址群位置示意图

图四四 瓷土矿遗存

采自窑址调查资料

图四五 白泥岭古道
采自窑址调查资料

多瘦,阳晖应近草先枯。我行方欲奋遐蹯,顾尔安能碍坦途"[54]。浦江县令强至所作《五路岭》古诗即是明证,经查强至即处北宋中期,"至字几圣。钱唐人。庆历六年进士。时令多差选人,或登第后即令浦江"[55]。第二,地方官员为发展当地经济做出巨大努力。"浦阳在婺为穷山,商旅之过婺者,多道旁邑。"[56]针对这一现状,当地监征官钱宗哲为鼓励商贾前来,"凡商旅之过者,必裁减其数而征之。繇是皆愿出其途,而常岁之课愈登羡"[57]。第三,据研究自宋以来,金衢地区由于交通和资源等因素的限制,以肩挑进行流动经营为特征的各种小商贩、小手工业者和挑夫群体形成的"行担经济",成为整个金衢地区经济发展的主要特征[58]。而这一经济模式正好适应于处于崇山峻岭之间的前王山窑址群。

(三) 越窑瓷业技术对外传播的面貌

北宋中期在越窑瓷业技术对外传播的过程中,被传入地区对于这一技术的接收程度如何?是全盘接受,还是有所创新?对于这一问题,我们通过针对越窑核心地区和核心区以外地区的考古调查发掘资料进行整体比对发现,被传入地区在继承核心区主流技术之外还进行了部分创造。瓷业技术大致可以分为器形、胎、釉、装饰技法和装烧工艺等五个方面。第一,器形方面。被传入地区窑址的绝大多数产品类型都可在核心区窑址中找到相同类者,但部分地区如龙泉地区也适应当地葬俗需要生产出盘口瓶（图四六）、多管瓶（图四七）等特殊产品[59]。第二，胎釉方面。古代制瓷，一般就地取材，因而胎釉成分受当地资源状况所限，无法与核心区完全一致，如龙泉金村地区在北宋中期的产品釉色呈现出淡青的色泽。当然具体的胎釉配方及成分结构等方面的差异还有待于科学检测。第三，装饰技法方面。绝大多数窑址在继承的基础上都有所创新与发现，如宁海岔路窑址新出现内底圆心下凹或刻有一圈弦纹的碗，此外作为碗盘类产品主要装饰纹样的龙头海水纹也不见于上林湖窑址[60]。第四，装烧工艺。浦江前王山窑址新出现了适应于执壶烧造的平底椭圆形匣钵（图四八、图四九），宁海岔路窑址中发现的元宝形支垫具也不见于其他窑址[61]。

图四六　盘口瓶
采自龙泉青瓷博物馆

图四七　五管瓶
采自龙泉青瓷博物馆

图四八　平底椭圆形匣钵
采自窑址考古出土资料

图四九　平底椭圆形匣钵（底部）
采自窑址考古出土资料

四、结　语

　　北宋中期是越窑制瓷史上的重要转折时期。与早期相比，这一时期以上林湖窑址群为代表的越窑核心地区呈现出窑址数量急剧减少、窑业生产规模缩小的态势。而与之相对，在核心区以外越窑瓷业生产则表现出窑址数量不断增加、空间分布不断扩展，在诸如地区浙东地区的上虞、鄞州、绍兴、嵊州、奉化、宁海、临海和黄岩、浙西地区的东阳、浦江、兰溪、武义和建德乃至浙南地区的龙泉地区都出现了这一时期的越窑（系）窑址。分析其中原因，我们认为这在很大程度上与越窑核心区基于多方面因素压力被迫减产而与之伴生的窑工向外迁移与核心区窑业技术向外传播存在着莫大关系，核心区以外新出现的这批窑址尤其是嵊州、宁海、浦江和龙泉等窑区的兴起即是重要证据。在越窑窑业技术的对外传播过程中，对于上虞、鄞州等为代表的传统窑区和以浦江、宁海等为代表的新兴窑区在对新技术的接纳过程所采用的模式可归纳为逐渐扩散和直接传播两种，当然这也要基于当地具备烧造瓷器的资源条件。此外，在对被传入地区的窑业面貌进行分析之后，我们发现各地越窑（系）窑址在继承和吸收核心区主流技术的同时，还结合当地需求与环境进行了自我创造，由此新出现了许多新的器形、纹样装饰乃至装烧工艺技术。当然关于北宋中期越窑瓷业技术传播这一课题的问题还有很多，诸如瓷业技术传播的动态过程、瓷业技术传播过程中与其他行业的互动与竞争等等还有待于我们的持续追踪。此外，限于材料，北宋中期浙江地区的窑业面貌还存在着很大盲区，还有赖于我们今后的持续考古调查与考古发掘工作的开展。

注　释

[1]　浙江省文物考古研究所、北京大学考古文博学院、慈溪市文物管理委员会办公室：《寺龙口越窑址》，文物出版社，2002年。

[2]　秦大树、谢西营：《八月湖水平，涵虚混太清——越窑的历史与成就》，《叠翠：浙东越窑青瓷博物馆藏青瓷精品》，文物出版社，2013年，第44页。

[3]　陈克伦：《宋代越窑编年的考古学观察——兼论寺龙口窑址的分期问题》，《上海博物馆集刊》第9期，上海书画出版社，2002年，第240页。

[4]　郑嘉励：《宋代越窑刻划花装饰工艺浅析——以碗、盘为例》，《浙江省文物考古研究所学刊》（第五辑），杭州出版社，2002年，第107～120页。

[5]　慈溪市博物馆编：《上林湖越窑》，科学出版社，2002年；此外Y37为荷花芯窑址，经2014～2015年和2017年上半年的发掘显示，该窑址在北宋中期仍有烧造。

[6]　任世龙、谢继龙：《中国古代名窑系列丛书：越窑》，江西美术出版社，2016年，第17页。

[7]　汪济英：《记五代吴越国的另一官窑——浙江上虞县窑寺前窑址》，《文物》1963年第1期，第43～49页。

[8] 2013年浙江省文物考古研究所调查资料。

[9] a. 宁波市文物考古研究所：《郭童岙越窑遗址发掘报告》，科学出版社，2013年。
b. 宁波市文物考古研究所、国家水下文化遗产保护宁波基地编著：《发现——宁波地域重要考古成果图集（2001—2015）》（下），宁波出版社，2016年，第186～197页。

[10] a. 罗鹏：《浙江宁波东钱湖上水岙窑址考古发掘概况》，《陶瓷考古通讯》2016年第1期，第23～33页。
b. 罗鹏：《宁波东钱湖上水岙窑址发掘取得重要成果》，《中国文物报》2017年6月30日8版。

[11] a. 绍兴市文物管理委员会：《绍兴上灶官山越窑调查》，《文物》1981年第10期，第43～47页。
b. 沈作霖：《绍兴上灶官山越窑》，《东南文化》1989年第6期，第155～159页。

[12] 嵊州市文物管理处编：《嵊州文明形迹》，西泠印社出版社，2010年，第24～27页。

[13] 宁波市文物考古研究所、国家水下文化遗产保护宁波基地编著：《发现——宁波地域重要考古成果图集（2001—2015）》（下），宁波出版社，2016年，第178～185页。

[14] 宁波市文物考古研究所、宁海县文管会办公室：《浙江宁海县岔路宋代窑址》，《考古》2003年第9期，第50～60页。

[15] 2015年浙江省文物考古研究所专题性调查资料。

[16] 2015年浙江省文物考古研究所曾对黄岩地区窑址进行过专题性调查。此外早期发表资料可查金祖明：《浙江黄岩古代青瓷窑址调查记》，《考古通讯》1958年第8期，第44～47页；宋梁：《黄岩宋代青瓷窑址调查》，《东方博物》2012年第1期，第39～46页。

[17] 赵一新、叶赏致、王卫明：《解读葛府窑》，《09古陶瓷科学技术7：国际讨论会论文集》，上海科学技术文献出版社，2009年，第610～618页。

[18] 贡昌：《记浙江东阳歌山唐宋窑址的发掘》，《婺州古瓷》，紫禁城出版社，1988年，第73～91页。

[19] 朱伯谦：《浙江东阳象塘窑址调查记》，《考古》1964年第4期，第188～190页。

[20] a. 谢西营等：《浙江浦江前王山窑址发掘获重要成果》，《中国文物报》2016年12月2日8版。
b. 谢西营等：《浦江县前王山窑址考古发掘及周边地区窑址调查主要收获与认识》，《陶瓷考古通讯》2016年第2期。
c. 浙江省文物考古研究所、浦江县文物保护管理所：《浙江浦江县前王山窑址考古发掘简报》，《华夏考古》2018年第4期，第25～41、111页。

[21] a. 贡昌：《记浙江兰溪嵩山北宋瓷窑》，《婺州古瓷》，紫禁城出版社，1988年，第115～122页。
b. 周菊青、吴建新：《兰溪嵩山窑器物》，《东方博物》2014年第4期，第73～76页。

[22] 浙江省文物考古研究所：《武义陈大塘坑婺州窑址》，文物出版社，2014年。

[23] 建德市第三次全国文物普查办公室编：《建德古窑址》，西泠印社出版社，2012年。

[24] 浙江省文物考古研究所：《富阳太平村缸窑山越窑址发掘简报》，《浙江省文物考古研究所学刊》（第十辑），文物出版社，2014年，第222～235页。

[25] 浙江省文物考古研究所、丽水市文化局：《浙江省丽水县吕步坑窑址发掘简报》，《浙江省文物考古研究所学刊》（第七辑），杭州出版社，2005年，第538～558页。

[26] 浙江省文物考古研究所、庆元县文物管理委员会办公室：《浙江省庆元县唐代黄坛窑址发掘简报》，《东方博物》2016年第3期，第61~72页。

[27] 丽水市文化广电新闻出版局：《河滨遗范》，浙江古籍出版社，2011年，第94页。

[28] （宋）庄绰撰、萧鲁阳点校：《鸡肋编》，中华书局，1983年，第5页。

[29] a. 谢西营：《龙泉窑早期淡青釉瓷器初步研究》，《中国古瓷窑大系：中国龙泉窑》，北京：华侨出版社，2015年，第282~291页。

b. 浙江省文物考古研究所、龙泉青瓷博物馆：《浙江龙泉金村青瓷窑址调查简报》，《文物》2018年第5期，第26~43页。

[30] 徐定宝：《越窑青瓷衰落的主因》，《复旦学报》（社会科学版）2002年6期，第139、140页。

[31] 沈岳明：《龙窑生产中的几个问题》，《文物》2009年第9期，第56页。

[32] 大规模的窑业生产，尤其是以柴为原料，对周边环境的破坏是很严重的，这样导致产量极大的龙窑难以在一个地点长时间的生产，这一点在明代朝鲜官窑有关记载中清晰可见。《承政院日记》，肃宗二年（1676年）八月一日，"李观征，以司饔院官员，以都提意启曰，分院沙器燔造之所，投设取柴，若近十年，则树木既尽，决难继燔，故例移于他处矣"。《承政院日记》，肃宗二十三年（1697年）闰三月十二日，"……且燔造所设置满十年，则近处数十里内，非但斫尽树木，并与草根而无余，故不得已移设于他处，一经燔造之处，则仍成永久之田，难望树木之更养，自今以后，虽欲移设他处，树木茂盛之处始尽，殊甚可虑，而斫伐起耕之弊，亦愈往而愈甚"。对此，参曹周妍：《韩国京畿道广州地区朝鲜时代前期窑业遗存研究》，北京大学博士学位论文，2012年，第129、130页。

[33] （宋）庄绰撰、萧鲁阳点校：《鸡肋编》，中华书局，1983年，第77页。

[34] 李家治等：《从工艺技术论越窑青釉瓷兴衰》，《浙江省文物考古研究所学刊》（第五辑），杭州出版社，2002年，第252~255页。

[35] 权奎山：《试论越窑的衰落》，《故宫博物院院刊》2003年第5期，第49~57页。

[36] （清）徐松辑：《宋会要辑稿》"食货四一之四零、四一"，中华书局，1957年，第5556、5557页。

[37] （清）徐松辑：《宋会要辑稿》"蕃夷七之一零"，中华书局，1957年，第7844页。其中太平兴国三年"四月二日"，《宋史》卷四百八十《世家三 吴越钱氏》作"三月"。

[38] 秦大树、谢西营：《八月湖水平，涵虚混太清——越窑的历史与成就》，《叠翠：浙东越窑青瓷博物馆藏青瓷精品》，文物出版社，2013年，第8~65页。

[39] （元）脱脱等：《宋史》卷三百二十七"王安石传"，中华书局，1977年，第10544页。

[40] 谢西营：《唐宋境内越窑瓷器流布的阶段性研究》，北京大学硕士学位论文，2013年，第86页。

[41] 对此权奎山先生曾有精辟论述。参权奎山：《试论越窑的衰落》，《故宫博物院院刊》2003年第5期，第54、55页。

[42] 秦大树：《中国古代陶瓷外销的第一个高峰——9~10世纪陶瓷外销的规模和特点》，《故宫博物院院刊》2013年第5期，第32~49页。

[43] 谢明良：《记黑石号（Batu Hitam）沉船中的中国陶瓷器》，《美术史研究集刊》2002年第13期，第1~60页。

[44] Flecker, Miehael. The Archaeological Excavation of the tenth Century Intan Shipwreck, Java Sea, Indonesia. Oxford: BAR International Series 1047, 2002, pp.101；杜希德、思鉴：《沉船遗宝：一艘十世纪沉船上的中国银锭》，《唐研究》2004年第十卷，第383~431页。

[45] 秦大树：《拾遗南海 补阙中土——谈井里汶沉船的出水瓷器》，《故宫博物院院刊》2007年第6期，第91~101页。

[46] 秦大树、谢西营：《八月湖水平，涵虚混太清——越窑的历史与成就》，《叠翠：浙东越窑青瓷博物馆藏青瓷精品》，文物出版社，2013年，第42页。

[47] 王任叔著，周南京、丘立本整理：《印度尼西亚古代史》，中国社会科学出版社，1987年，第29页。

[48] （宋）方勺：《泊宅编》卷十，《丛书集成》初编本，第2856册，中华书局，1991年，第133页。

[49] 谢景初，谢绛之子，曾任余姚知县，范仲淹曾为其作诗《送谢景初宰余姚》，在任期间曾与王安石交游。他十分重视地方经济的发展，曾组织民工修筑捍海塘，王安石曾作《越州余姚县海塘记》对其大加赞赏："方作堤时，岁丁亥十一月也，能亲以身当风霜氛雾之毒，以勉民作而除其灾，又能令其民翕然皆劝趋之，而忘其役之苦，遂不逾时，以有成功。……庆历八年（1048年）七日记。"参（清）邵友濂修、孙德祖等纂：《余姚县志》，《中国方志丛书》（华中地方—第500号），台北成文出版社有限公司印行，1984年，第507页；（元）脱脱等：《宋史》卷二百九十五"谢绛传"，中华书局，1977年，第9847页；（宋）范仲淹：《送谢景初宰余姚》，《〈会稽掇英总集〉点校》，人民出版社，2006年，第161、162页；（宋）王安石：《越州余姚县海塘记》，《王安石全集》卷三十五，上海古籍出版社，1999年，第314页。

[50] （宋）谢景初：《观上林坩器》，《〈会稽掇英总集〉点校》，人民出版社，2006年，第191页。

[51] 李刚：《越窑综论》，《古瓷发微》，浙江人民美术出版社，1999年，第18~24页。

[52] （清）善广修、张景青等纂、何保华校注：《光绪浦江县志稿》卷二《舆地志第二》，《明清浦江县志两种》，中华书局，2014年，第388页。

[53] 有学者在对东阳歌山窑址进行研究时也注意到窑址的地理位置。"歌山村离东阳县城二十二公里，是从东阳到嵊州、宁波市等东南沿海各县市的必经之地。"参贡昌：《记浙江东阳歌山唐宋窑址的发掘》，《婺州古瓷》，紫禁城出版社，1988年，第73页。

[54] （宋）强至：《五路岭》，《全宋诗》卷五九四，北京大学出版社，1992年，第7004页。

[55] （清）善广修、张景青等纂、何保华校注：《光绪浦江县志稿》卷七《人物志第二"秩官"》，中华书局，2014年，第684页。

[56] （宋）强至：《祠部集》卷三三《送监征钱宗哲序》，丛书集成初编本，中华书局，1985年，第507页。此序作于北宋至和二年（1055年），"至和乙未三月十一日，浦江令强某几圣题。"

[57] （宋）强至：《祠部集》卷三三《送监征钱宗哲序》，丛书集成初编本，中华书局，1985年，第507页。

[58] 王一胜：《宋代以来金衢地区经济史研究》，社会科学文献出版社，2007年。

[59] 谢西营：《龙泉窑早期淡青釉瓷器初步研究》，《中国古代瓷窑大系：中国龙泉窑》，华侨出版社，2015年，第282~291页。

［60］ 宁波市文物考古研究所、宁海县文管会办公室：《浙江宁海县岔路宋代窑址》，《考古》2003年第9期，第50～60页。

［61］ 宁波市文物考古研究所、宁海县文管会办公室：《浙江宁海县岔路宋代窑址》，《考古》2003年第9期，第50～60页。

（原刊于《东南文化》2018年第6期，有所修改）

宋蒙山城遗址群申遗的若干问题*

蒋晓春

（安徽大学历史学院）

宋蒙山城是宋蒙战争期间双方所修山城的合称。笔者依据文献统计，宋军山城共104处，蒙军山城13处，合计117处，能确定地点和名称的山城遗址有40余处。近些年，川渝两地文物考古部门、高校对境内的宋蒙山城遗址进行了大量调查、勘探和发掘工作，取得了瞩目成绩，为申遗奠定了很好的基础。当前，学术界和川渝两地政府都有推动宋蒙山城遗址申遗的想法和具体行动，但对申遗方式（单独还是联合）、遗产类型（军事遗址还是文化景观）、遗产价值及符合标准等基本问题尚缺乏共识。本文试对上述问题进行初步探讨，不当之处祈方家指正。

一、单独申遗还是联合申遗

早在2012年，作为宋蒙山城中举足轻重的一座——合川钓鱼城单独列入世界文化遗产预备名录。此后，当地政府一直努力推动钓鱼城遗址的申遗工作，邀请了国内多家科研院所和高校开展专题研究，目前各课题组成果已以丛书形式出版[1]。这些前期研究成果为编制正式申遗文本提供了重要基础。然而，在钓鱼城遗址积极申遗的同时，以钓鱼城遗址为代表，联合其他重要宋蒙山城遗址一起申遗的呼声也时有所闻[2]。笔者的看法是：不论是从学理角度，还是可行性角度考虑都以联合申遗为佳。

（一）宋蒙山城是完整体系

宋蒙战争中，四川战区在三大战区（另两个是京湖和两淮战区）中，开辟最早，过程最曲折，战况最惨烈，战术运用最突出。四川战区之所以能独树一帜，客观原因在于宋廷建设的山

作者简介：蒋晓春，男，1974年1月生，安徽大学历史学院教授。
*基金项目：①国家社科基金重点项目"巴蜀地区宋蒙山城遗址的考古调查与研究"（17AKG004）；②四川省社会科学重点研究基地区域文化研究中心重点项目"宋蒙山城遗址申遗策略研究"（QYYJB2103）。

城体系给蒙军制造了巨大麻烦,而蒙军为瓦解该体系,也破天荒地建设了自己的山城体系与宋军山城体系相对峙。宋蒙双方共同上演的一场长达36年的山城攻防大剧,生动展示了13世纪的城防建设水平和军事智慧。

宋军前后修建的山城总数上百,虽然修建时间不一,但都在不同时间段共同构成了四川山城体系,每座山城都是这个体系中的一员。钓鱼城作为宋军山城体系的军事中枢,在城防系统、历史功绩等方面都首屈一指,的确是所有山城的突出代表。不过,钓鱼城始终只是宋军山城体系中一员,不能超然于山城体系之外而存在。

蒙军作为战争的另一方,针锋相对地自建了10余处山城,同样构成了城防体系。蒙军山城体系与宋军山城体系是对立统一的关系,无宋军山城,则无蒙军山城;无蒙军山城,宋军山城则难以瓦解。故言及宋军山城,也当对蒙军山城予以相应关注。

《实施世界遗产〈操作指南〉》(以下简称《操作指南》)[3]第137节提出了"系列遗产"概念,指出系列遗产是作为一个整体(而不是其个别部分)具有突出普遍价值的世界遗产。从这个概念出发,宋蒙山城遗址群无疑是一个整体,应当视为系列遗产,联合申遗是其本身性质的内在要求。

(二)众山城各具特色

钓鱼城虽然是宋军山城的突出代表,但并不意味着其他山城均无足轻重,乏善可陈。事实上,其他山城也各有自己的特色和优势,有的是钓鱼城所不具备的。

第一,军政地位。可从行政级别、驻军规模两个角度阐述。钓鱼城在宋蒙战争期间属于潼川府路下的合州州级治所,行政级别一般,在它之上尚有制司、路级山城,同级别的山城也甚多。由于四大戎司之一的兴戎司驻防钓鱼城,钓鱼城的军事地位有所提高,驻兵数量也因此较多,一度达4600余人。但仍有一些山城比钓鱼城驻军更多:嘉定安抚司所驻的三龟九顶城有5000余人,利戎司所驻的云顶城有7000~8000人,最多者当属制司所在的重庆城,其帐下仅安西、保定、飞捷三军就达14 000余人[4]。可见,钓鱼城在行政级别、驻军规模等方面虽名列前茅,但远非诸城之冠。

第二,城池选址。毋庸讳言,钓鱼城选址独到,三江环抱,一沟断后,异峰突起,实为蜀中形胜。不过,其他宋蒙山城的选址也各具特点,各领风骚。白帝城扼川峡之口,进退裕如;重庆城两江环抱,崖高顶阔;神臂城三面环江,巉岩峭立;苦竹隘四面悬绝,一径可登;得汉城三面险绝,逐层拔高;皇华城四面环水,控扼中流。

第三,城防系统。钓鱼城很好地利用了山形水势构建起复杂的城防系统。魏坚总结为:山、水、城合一的军事防御体系,多重构筑,内外相接的城防设施[5]。石鼎则说:钓鱼城在"依山为营"的理念下,充分发挥自然要素特性,形成了山、水、田、林、城五位一体、"可耕可守"的防御结构;依靠固若金汤的山顶环城、从主城延伸至嘉陵江边的南北一字城墙,形成"进可控江,退可守山"的军事大本营[6]。上述评价都很高,也很准确。不过,大多数宋蒙山城都具备上述特征，但又依据自身情况有所侧重，与钓鱼城一道形成了总体风格一致而又各具特色的山城群。

第四，实物遗存。实物遗存是构成遗产真实性和完整性的重要内容，也是突出普遍价值的物质载体。钓鱼城原地面遗存或属明清时期（如城防设施、祠观）或为其他性质（如宗教、石刻），与宋蒙战争关系不大。作为军事要塞最重要的因素——城墙和城门均保存不佳：宋代城墙大多不存，8座城门均为清代所建。近些年的考古工作，发掘出了水师码头、南一字城、范家堰、大天池、大草房、薄刀岭、九口锅、上天梯、蒙军攻城地道等遗存，极大地丰富了宋蒙战争遗存，增强了钓鱼城遗址的真实性和完整性[7]。即便如此，我们也不能因此忽视其他山城。就城墙而言，钓鱼城的宋代城墙保存状况尚不及白帝城、平梁城、神臂城、虎头城、多功城等；在城墙材料和建造技艺方面，各山城之间也还存在一些差别，并非千城一面。

第五，非遗要素。钓鱼城的非遗内容主要体现为"忠勇坚贞"的精神传承。其他山城也有不同的非遗要素，如礼义城因为胡载荣领导的宋军两次击溃蒙军而得名"礼义"[8]。白帝城历史悠久，风景秀丽，公孙述、刘备、诸葛亮等人的历史故事家喻户晓，李白、杜甫的夔州诗篇代代传颂。如果单从非遗的角度看，白帝城丝毫不逊于钓鱼城。

综上所述，钓鱼城在一众宋蒙山城中的确是杰出代表，但其他山城也各有特色，在某些方面可与其媲美，甚至有过之而无不及。如果以钓鱼城为代表，联合其他重要山城一起申遗，显然更能全面体现宋蒙山城遗址群的遗产价值。

（三）单独申遗难度较大

据联合国教科文组织世界遗产中心网站统计，截至2022年底，中国的世界遗产预备名录（含自然和复合）共59项，其中文化类24项，自然18项，复合类17项，非自然类达到了42项[9]，钓鱼城等项目尚未提交世界遗产中心。

预备名录中，有不少项目知名度较高，影响较大。同时，还有至少7处与钓鱼城性质相近：中国明清城墙、凤凰区域性防御体系、辽代上京城和祖陵遗址、金上京遗址、统万城、济南泉·城文化景观、石峁遗址等，其中凤凰区域性防御体系由多个遗产点组成，包括一些古代城寨和屯堡，与钓鱼城的性质最为接近。这些项目在一定程度上对钓鱼城形成了严峻挑战。平心而论，钓鱼城的优势并不明显。

《操作指南》第61节规定，自2018年2月2日起，采用以下机制：①最多审议每个缔约国提交的一项完整申报；②确定委员会每年审查的申报数目不超过35个，其中包括往届会议审议确定重报和补报的项目、扩展项目（遗产边界细微调整除外）、跨境和系列申报项目。同时详细规定了优先顺序。在每年评审数目有所减少的情况下，钓鱼城要突破重围，进入正式申报环节并获批的难度可想而知。12个优先条件中，没有一个对钓鱼城有利，无异于雪上加霜。

在申遗名额收紧的背景下，抱团取暖的联合申遗方式应运而生，并迅速成为各国青睐的申遗策略。近些年来，我国对联合申遗方面越来越重视，实践经验也日益丰富。2007年，"中国南方喀斯特"联合申遗项目获得通过，这是我国第一次联合申遗的成功尝试。此后又先后获批了福建土楼（2008年）、嵩山"天地之中"古建筑群（2010年）、中国丹霞（2010年）、中国大运河（2014年）、丝绸之路：长安—天山廊道的路网（2014年）、土司遗址（2015年）、泉州：宋元中国的世界海洋商贸中心（2021年）等联合申遗项目。

我国的文化类预备名录中，单个遗产点项目已经很少。除钓鱼城外，仅有白鹤梁题刻、灵渠、景德镇御窑瓷厂、侵华日军第七三一部队旧址、石峁遗址、海宁海塘·潮等寥寥数处，而联合申遗项目则比比皆是。与钓鱼城性质相近的几个项目中，凤凰区域性防御体系、中国明清长城、辽上京城和祖陵遗址、金上京遗址、济南泉·城文化景观等都由多个遗产点组成。

《操作指南》第137节指出：系列遗产应包括两个或两个以上逻辑联系清晰的组成部分：①各组成部分应体现出文化、社会或功能性长期发展而来的相互联系，进而形成景观、生态、空间演变或栖居地上的关联性；②每个组成部分都应对遗产整体的突出普遍价值有实质性、科学的、可清晰界定和辨识的贡献，亦可包含非物质载体。最终的突出普遍价值应该是容易理解和便于沟通的；③与此一致的，为避免各组成部分过度分裂，遗产申报的过程，包括对各组成部分的选择，应该充分考虑遗产整体的连贯和管理上的可行性并且该系列作为一个整体（而非各组成部分）必须具有突出普遍价值。

按照这个规定，宋蒙山城遗址群符合第一和第二款。根据第二款，个别山城对遗产整体的价值贡献如果不具备辨识度就应该舍弃。根据第三款，从管理角度看，如果遗产数量太多，分布太零散，管理难度可能增大。因此，宋蒙山城遗址群各组成部分虽然符合系列遗产的要求，但入选遗产点的山城遗名单需要审慎把控。

宋蒙山城遗址群联合申遗涉及的省级行政区是四川省和重庆市，两地渊源深厚，不论是文化还是心理都根脉相连，联合申遗具有天然优势。从国家战略层面讲，川渝两地将协同打造中国西部经济增长极，两地的合作已在实质性进行且有不断深化趋势。在此背景下，川渝两地文物考古部门近两年互动频繁，对宋蒙山城遗址给予了共同关注。

目前重庆市境内的钓鱼城、白帝城、天生城、龙崖城、龟陵城、磐石城、多功城都进行了大规模的田野考古工作，其中钓鱼城、白帝城的田野考古工作已持续二十年左右，获取了大量遗迹、遗物，对城址的布局和演变也有了较深入的认识。考虑到申遗是一个较长期的过程，所以只要快马加鞭，四川境内宋蒙山城遗址的考古工作有望与重庆方面齐头并进。

根据前述《操作指南》对系列遗产的规定，遗产组成名单的拟定需要考虑原真性和突出普遍价值。对宋蒙山城遗址而言，应当包括历史地位、遗存现状、考古工作及保护基础。由于是联合申遗，还需考虑遗址差异性，避免同质化。经综合权衡，笔者将所有宋蒙山城遗址划分为三个类别。

甲类6处：包括宋军的钓鱼城、重庆城、云顶城、神臂城、白帝城和蒙军的武胜城。

乙类19处：均为宋军山城，包括苦竹隘、得汉城、大获城、运山城、青居城、礼义城、鹅顶堡、大良城、小宁城、平梁城、三龟九顶城、虎头城、多功城、赤牛城、三台城、天生城、皇华城、天赐城、龙岩城。

丙类：其余山城。

在实际申遗操作中，可根据联合申遗数目的惯例选择合适的山城地点组成申遗名单。通过查阅近年列入预备名录和申遗成功的名录，笔者建议选择以钓鱼城为代表的甲类山城作为遗产组成点，这类山城应该尽快制定详细调查、勘探、发掘、研究和保护计划。乙类山城中，一些保存较好、遗产价值突出、考古工作充分、保护措施到位的也可酌情选入。

二、军事遗产还是文化景观

关于钓鱼城遗址的申遗类别，一直有军事遗产和文化景观两种声音[10]。单霁翔明确指出："钓鱼城是创造古代战争史奇迹的军事要塞，是迄今我国保存最完整的古战场之一，是一座露天的军事遗址博物馆，也是一处典型的军事类文化景观"[11]。石鼎认为，钓鱼城遗址以文化景观遗产申遗与军事性质并不矛盾，前者是申遗类别，后者是申遗对象的性质[12]。笔者完全赞同单、石两位先生的看法。

文化景观作为一种特殊的世界文化遗产类型始于1992年的第16届世界遗产大会。《操作指南》附件3指出：文化景观属于文化遗产，代表着"自然与人的共同作品"。文化景观分为三种类型：

（1）人类刻意设计及创造的景观。其中包含出于美学原因建造的园林和公园景观，它们经常（但不总是）与宗教或其他纪念性建筑物或建筑群相结合。

（2）是有机演进的景观。它们产生于最初始的一种社会、经济、行政以及宗教需要，并通过与周围自然环境的相联系或相适应而发展到目前的形式。这种景观反映了其形式和重要组成部分的进化过程。它们又可分为两类：

①残遗（或化石）景观，它代表过去某一时间内已经完成的进化过程，它的结束或为突发性的和渐进式的。然而，它的显著特点在实物上仍清晰可见。

②持续性景观，它在当今社会与传统的生活方式的密切交融中持续扮演着一种积极的社会角色，演变过程仍在其中，而同时，它又是历史演变发展的重要物证。

（3）关联性文化景观。

文化景观类型一经提出，迅速得到世界广泛认可。截至2022年，中国已有庐山风景名胜区、五台山、杭州西湖、红河哈尼梯田、左江花山岩画5处景观类文化遗产。

宋蒙山城大多始筑于宋蒙战争时期，明清和民国时期再次利用，体现了山城防御理念和技术的进化过程，而且这个过程在实物上清晰可见。因而，宋蒙山城遗址群属于文化景观中第二大类第一小类，即有机演进景观中的残遗景观。

石鼎列举钓鱼城遗址以文化景观申报世界文化遗产的意义主要有两条：首先，世界文化遗产的内涵一直在拓展之中，文化景观等新类型已经成为申报热点。其次，现有东亚地区文化景观案例中没有与军事相关者，钓鱼城遗址如果以文化景观列入世界遗产名录可以填补军事类文化景观理论与实践的空白,从而向世界文化景观体系贡献来自中国的类型和理论思考[13]。这两条意义也可以理解为原因。

上述理由也完全适合宋蒙山城遗址群联合申报文化景观类遗产。此外,笔者认为以文化景观申报还有两个好处。

第一,有利于凸显宋蒙山城的独特军事价值。从某种意义上说,人类历史就是一部战争史,留存至今的战争遗址数不胜数,包括堡垒、长城、关隘、烽燧、战壕、要塞、战场等等。其中不少类别的遗址知名度高、影响大,有的已经被列入世界遗产名录。据石鼎统计,2019年世界遗产名录中有与军事防御设施相关者有132处,预备名录有193处,主要集中于欧美地区。其类别可分为防御性城堡、军事要塞、历史城市附属防御工事、小型防御聚落和其他五类[14]。就性质而言,宋蒙山城与军事要塞更为接近,但也并非完全相同。事实上,宋蒙山城是具有东方特色的一种新类型。它的组成要素不仅仅是山上的城垣、城门、衙署建筑等物质部分,还包括周围山水、道路、耕地在内,是一种自然与人文的复合形态,具有独特的军事价值。缺失了附近的水陆通道、方山地貌,这样的城址也不具备强大的防御能力;缺失了水陆通道作为媒介,各个山城之间的联系亦将不复存在,也就不成其为山城体系。因此,从宏观讲,这是由若干水陆通道连接的山城群;从中观讲,山城的选址与道路、山体的位置紧密相关;从微观讲,山城的构筑与山体的形态、规模、自然资源密不可分。如果定位于军事类遗址,很容易使人的注意力放在人工构筑的城防设施上,从而忽视周边的自然环境。以白帝城为例,其所处位置与长江、梅溪河及峡口一带山形是不可分割的整体,没有这样的关系,白帝城也不可能拥有如此高的战略地位、如此壮美的风景,也就没有了白帝城所拥有的光辉灿烂历史,自然也就没有了相应的物质遗存。所以,以文化景观来看待宋蒙山城遗址群,不仅有利于凸显其独特军事价值,相关的自然和人文要素也能顺理成章地纳入保护范围,从而更好地实现遗址的整体保护。

第二,有利于凸显宋蒙山城遗址群的非宋蒙战争要素。宋蒙山城遗址群中,有关宋蒙战争的要素自然是主体,但并非全部。就军事角度而言,宋蒙战争结束后,在历代兵燹发生时,这些山城往往被再次利用,原有的城垣不仅得到了修复,有时还在外部重新覆盖一层城墙墙体,将原有墙体包裹在内,有的在保留并整修原墙体的同时,又新修一些城垣以提升防御能力。城门也会随之修复、堵塞或新增。调查发现,宋蒙山城往往有多个时代的遗存,有时甚至以明清时期遗存为主。就遗存性质而言,非宋蒙战争因素也很多,如宗教遗存(祠观、摩崖造像等)、墓葬遗存(非宋蒙战争期间的墓葬)、石刻(非宋蒙战争期间的游记、题名等)等。仍以白帝城为例,其主要使用时间可上溯至汉代公孙述在此建城,此后的蜀汉、南北朝、隋唐均在此置治或镇守,宋蒙战争以后,这里还作为军事要地、名人祠观、风景名胜而存在,因而遗存内涵极其丰富。

三、突出普遍价值及申报标准

根据《操作指南》第77节规定，凡被列入《世界遗产名录》的文化遗产，须至少符合突出普遍价值i～vi条标准中的1条，并同时符合真实性和完整性标准。

（一）突出普遍价值

《操作指南》指出：突出的普遍价值指罕见的、超越了国家界限的、对全人类的现在和未来均具有普遍的重要意义的文化和/或自然价值。

笔者借鉴石鼎对钓鱼城遗址价值的概括[15]，总结宋蒙山城遗址群的突出普遍价值如下：

宋蒙山城是13世纪宋蒙战争期间交战双方在当时的四川境内修建的山城总称，其中宋军山城104处，蒙军13处，分别构成了山城子体系并共同构成了山城总体系。其中原真性和完整性较好、遗产价值突出的代表性山城有6处：钓鱼城、重庆城、白帝城（以上属重庆市）、云顶城、神臂城、武胜城（以上属四川省）[16]。分布在东经104.48°（云顶城）～109.56°（白帝城）、北纬28.88°（神臂城）～31.05°（白帝城）范围之间[17]。

宋蒙山城选址于水陆交通要道（尤其是水道）两侧山丘（主要是方山）之上，结合山形水势，巧妙地利用当地石材构建起复杂的防御系统。山城内还有行政、文教、宗教、生活等方面设施以支撑其军事行动。宋蒙双方的山城均依赖水陆交通构成相互支持的山城体系，宋军山城体系促成了蒙军山城体系的建立，而后者最终摧毁了前者。宋军山城体系改进了传统筑城的理念，将利用山城构建城防体系的战术推进到了空前的高度。蒙军摒弃了传统作战方式，仿照宋军建立起自己的山城体系，这在蒙古全球征战历史中尚属首次，也是唯一一次。宋蒙山城充分利用了自然环境和人文环境，因地制宜，以自然主义和实用主义为指导思想，实现了人工建造与自然环境的高度统一，是冷、热兵器交替时代东方战争中城防设施的杰作。宋军山城体系的建立，瓦解了蒙军快速灭亡宋朝的梦想，减轻了世界各地抵抗蒙古军队的压力。同时，在与宋军作战的过程中，蒙军不断吸收汉族文化，最终以较为温和的方式占领了所有宋军山城，实现了大一统，对世界历史产生了重要影响。

（二）建议申报的世界遗产标准

石鼎建议钓鱼城以世界遗产标准的ii、iv、vi条申报，魏坚建议以iii、iv、vi条为标准，区别在于适用第二条还是第三条的问题。石鼎对第二条的阐释是：钓鱼城是13世纪游牧文明全球扩张过程中与农耕文明发生冲突的产物；钓鱼城之战的失利促使游牧民族积极吸收农耕民族的先进作战技术，并以怀柔政策取代传统的血洗屠城政策，这是游牧文明与农耕文明价值观交流的重要成果，对之后世界文明的发展具有重要意义[18]。魏坚则强调钓鱼城的见证价值：首先见证了13世纪宋蒙战争，其次钓鱼城摩崖石刻等人文景观见证了钓鱼城军民的守城事迹以及后世对钓鱼城历史和人文的持续性纪念[19]。

由于笔者主张宋蒙山城遗址群联合申遗，因而更看重人类价值观的交流和传承，而非见证价值，故倾向于石鼎的观点，即符合ii、iv、vi条标准。

标准ii：在一段时期内或世界某一文化区域内人类价值观的重要交流，对建筑、技术、古迹艺术、城镇规划或景观设计的发展产生重大影响。

参考石鼎的表述，重新阐释如下：

宋蒙山城是13世纪游牧文明全球扩张过程中与农耕文明发生军事冲突的产物。宋军山城体系将东方农耕民族延续上千年的山城建设技艺推进到最高发展阶段，并对后世产生了深远影响。战争期间，蒙军积极吸收宋军的先进筑城理念和技术，创造性地建设了自己的山城体系，为蒙古此后大规模建设城池积累了宝贵经验。宋蒙山城促进了农耕文明与游牧文明在军事艺术和价值观方面的交流，游牧民族放弃了传统的血洗屠城政策，改用相对怀柔的方式结束了战争，体现了战争双方对和平的期待，在以后的国家治理中推行农耕文明的"汉法"，为世界不同文明之间的交流提供了可资借鉴的案例。

标准iv：是一种建筑、建筑或技术整体、或景观的杰出范例，展现人类历史上一个(或几个)重要阶段。

关于这一条，石鼎强调了自然与人文高度融合，是智慧的体现；魏坚强调了选址、城防设施和建筑群三个方面，既有物质层面又有精神层面。现博采众长，重新阐释如下：

宋蒙山城创建于13世纪宋蒙战争期间。在选址、城防设施构筑、管理等方面体现出与西方，乃至东方传统筑城理念的差异。它们普遍选址于四川盆地及周边的方山上，临近当时的水陆交通要道，体现了据山控道的战略目的，同时各山城之间又依赖水陆通道形成互相呼应的山城体系。在城防设施构筑方面，充分利用周边山形水势，建设起由烽燧、外堡、主城构成的多层防线，并由一层或多层城墙、一字城、马面、敌台、暗道等设施形成层次分明、重点突出的复杂城防系统。山城之内往往还有行政、文教、宗教、民居、市场、园林等设施，它们与城防设施一起构成了战时独特的人文景观。

宋蒙战争结束后，山城逐渐废毁。明代以来，部分山城兴建了祠庙、寺观、学校和民居等。同时，每遇战乱，宋蒙山城都被重新利用，城防设施得到修复或完善。20世纪中叶以来，宋蒙山城彻底结束了军事职能，一些彻底荒芜，一些成为村落，个别蝶变为繁华大都市。

宋军山城体系在宋蒙战争中，经受住了当时世界上最强大军事力量的冲击，创造了以弱胜强的光辉战例，对世界局势造成重大影响。蒙军仿照宋军建立起自己的山城体系后，宋军山城体系在对峙中瓦解。宋蒙山城在日后的持续利用，体现了技术和观念的传承，证明了宋蒙山城的重大军事价值。近800年的发展历史在宋蒙山城遗址留下了诸多历史印记，共同构成了独特而持续的文化景观。

标准vi：与具有突出的普遍意义的事件、活传统、观点、信仰、艺术或文学作品有直接或有形的联系。

关于这一条，石鼎强调了开庆元年（1259年）钓鱼城之战的世界性影响；魏坚不仅提及钓鱼城防御36年以及1259年蒙哥汗之死的影响，还谈到钓鱼城蕴含的精神传承。相对来说，魏坚的看法更全面，也更符合文化景观中非物质文化内涵的要求。现重新阐释如下：

宋蒙山城是13世纪蒙元全球战略推进过程中与宋朝产生军事冲突的产物。在近半个世纪的冲突中，宋蒙双方借助各自的山城体系创造了许多经典战例，造成了蒙哥汗的突然去世和忽必烈汗的即位，最终忽必烈汗以自己的山城体系瓦解了宋军山城体系，建立了疆域空前的大帝国，对世界历史产生了重大影响。宋蒙战争中双方的军事谋略和经典战例对后世影响深远，军民们忠勇坚贞的精神也得到世代传颂。

注　释

[1]　丛书名为"钓鱼城遗址申报世界文化遗产系列丛书"，由重庆出版社2020年出版。包括6种：魏坚《全球视野下的钓鱼城遗产价值研究》，薛国安、陈相灵《钓鱼城军事防御思想、防御体系及其典范性、独特性研究》，石鼎等《钓鱼城遗址与同类遗址的比较研究》，蒋晓春、蔡东洲、罗洪彬等《南宋末川渝陕军事设施的调查研究》，张文、孙丰琛《钓鱼城历史文献汇编》，童瑞雪、周思言《钓鱼城与南宋四川山城防御体系研究》。

[2]　如2019年1月召开的重庆市五届人大二次会议上，有代表提交《关于将白帝城与钓鱼城等抗蒙山城打捆申报世界遗产的建议》，http://www.ccpc.cq.cn/home/index/more/u/jygk/id/217245/r/。

[3]　联合国教科文化组织、保护世界文化与自然遗产政府间委员会、世界遗产中心制定，中国古迹遗址保护协会译：《实施世界遗产〈操作指南〉》，2017年7月12日。

[4]　牟子才《论救蜀急著六事疏》，《宋代蜀文辑存校补》卷87，重庆大学出版社，2014年，第2827页。

[5]　魏坚主编：《全球视野下的钓鱼城遗址遗产价值研究》，重庆出版社，2020年，第1、2页。

[6]　石鼎等：《钓鱼城遗址与同类遗址的比较研究》，重庆出版社，2020年，第192页。需要指出的是，引文中关于南北一字城的表述不严谨。钓鱼城有南北一字城，其中北一字城延伸至渠江边，南一字城（包括东西一字城墙）延伸至嘉陵江边。

[7]　重庆市文物考古研究院、钓鱼城古战场遗址博物馆：《钓鱼城遗址考古报告集》，科学出版社，2021年。

[8]　蒋晓春：《礼义城与宋蒙战争》，《长江文明》2021年第2期。

[9]　UNESCO World Heritage Centre-Tentative Lists。

[10]　石鼎等：《钓鱼城遗址与同类遗址的比较研究》，重庆出版社，2020年，第184页。

[11]　单霁翔：《走进文化景观遗产的世界》，天津大学出版社，2018年，第201页。

[12]　石鼎等：《钓鱼城遗址与同类遗址的比较研究》，重庆出版社，2020年，第184、185页。

[13]　石鼎等：《钓鱼城遗址与同类遗址的比较研究》，重庆出版社，2020年，第84~187页。

[14]　石鼎等：《钓鱼城遗址与同类遗址的比较研究》，重庆出版社，2020年，第52、53页。

[15]　石鼎等：《钓鱼城遗址与同类遗址的比较研究》，重庆出版社，2020年，第192、193页。

[16] 具体数量及经纬度视实际申报时遗产点组成情况而定。

[17] 经纬度以遗址中心为准。

[18] 石鼎等：《钓鱼城遗址与同类遗址的比较研究》，重庆出版社，2020年，第193页。

[19] 魏坚主编：《全球视野下的钓鱼城遗址遗产价值研究》，重庆出版社，2020年，第236~241页。

徽州民间社会的货币选择与流通
（1912～1928年）*

王育茜

（安徽博物院）

1912～1928年是中国重要的历史时期，这一时期政权更迭频繁，尤其在军阀混战期间，各势力粉墨登场。政权上的混乱，直接影响到国家金融政策的施行、民间经济行为的发展。全国货币流通虽然在一定程度上延续了清末的主体格局，并呈现出逐渐向单一货币方向发展的状态，但是实际使用仍然十分混乱，货币种类繁多，制钱、银元、铜元、纸币、外国货币，甚至银两都实际流通。虽然政府颁布了一系列的货币法规，但是与民间的实际流通情况并不一致，这是货币实际流通与国家政策分离较大的时期。

徽州位于安徽南部，自北宋宣和三年开始，领有歙、休宁、祁门、黟、绩溪、婺源等六县，自宋元以来，繁荣数百年。独特的地理条件和浓厚的宗族礼法造就了与众不同的文化氛围，民众具有很强的契约意识，"官有律令，民从私约"使得徽州契约文书早至宋代就已经开始，伴随着徽商的发展壮大，明清时期尤为兴盛，买卖交易缔结契约文书已经成为一种习惯，至民国时期仍然大量保留，较为封闭的地理环境和良好的徽州建筑保存条件，使得徽州文书躲过战乱、经受住自然侵蚀得以保存下来。自中华人民共和国成立后，各科学研究机构、博物馆、图书馆陆续收集的契约文书约有十万件，也有学者估算约三十至五十万件。这些文书记载了徽州社会的方方面面，内容极为庞杂，其中不乏对于经济交易的直接记录，包括卖山、田、房契，卖身契，租赁契约，借贷契约等，是徽州民间对于货币交易的直接记录，反映了徽州民众对于货币的真实选择，体现出货币的具体流通情况。

研究安徽民国时期货币流通情况的论文和专著，主要集中于《安徽省志·金融志》[1]《安徽历史货币》[2]，涉及货币种类、政府颁布的货币法规等。该时期基于徽州文书进行的经济、金融研究主要集中于：赋税政策，包括田赋、契税等[3]；徽州茶商研究[4]；财产文书

作者简介：王育茜，女，1986年10月生，安徽大学考古专业2004级本科生。
* 该文为中国人民银行2021年度中国货币史专项课题"徽州民间社会的货币选择与流通（1912～1928年）"研究成果，并获该年度货币史课题二等奖。

的分类整理[5]；日常生活花销研究[6]；借债关系研究[7]；钱会的运作与利润研究[8]；地区之间的经济交流[9]等方面。

本研究意在搜集1912～1928年契约文书进行量化分析，包括总体变化趋势、不同地域特点、不同交易类型的特色选择等，全面反映在货币法规下，徽州民间社会对于货币的选择、流通情况，并尝试探讨这种流通方式下的社会历史成因。

一、货币总体变化情况

徽州文化形成于宋代，鼎盛于明清时期，延续至民国。1912年1月民国政府成立，徽州裁府留县。相对于行政区划的变化，徽州进入民国时代可能较早。民国的徽州文书，始现于黄帝纪元四千六百零九年十一月（1911年11月），当时虽然"民国纪年"还未启用。但是国民军已经占领徽州，"宣统纪年"已经不再使用，是中华民国在徽州的实际开端[10]。

民国徽州文书保存数量最多，品种也较为多样。有学者对于徽州文书进行了抽样统计，民国时期契约文书占35%，应有16.45万件，已出版的占0.9%，民国契约文书可以视为徽州文书出版的空白领域。此次选择了黄山学院辑录出版的《徽州文书（民国编）》[11]，这也是目前已经出版的、最为集中保存民国契约文书的辑录文献。此部书籍共20卷（目前出版10卷），选用徽州文书5886件，其中散件5716件，簿册170册，文字图像9871幅，包含类10个，目98个，子目119个。本次重点考察的契约文书，包括卖田契、卖地契、卖山契、卖屋基契、当田契、当地契、租田契、找价契等，涵盖徽州六县，共计2155件。

根据契约文书的统计结果可以看到，徽州民国时期的流通货币主要包括实物、银两、洋和铜钱类[12]，这里的铜钱类包括机制铜元与制钱（图一）。洋所占比例最高，大约从民国三年、四年开始，洋与银两出现了相反的变化走向。这基本延续了清末的货币使用状态。银两在

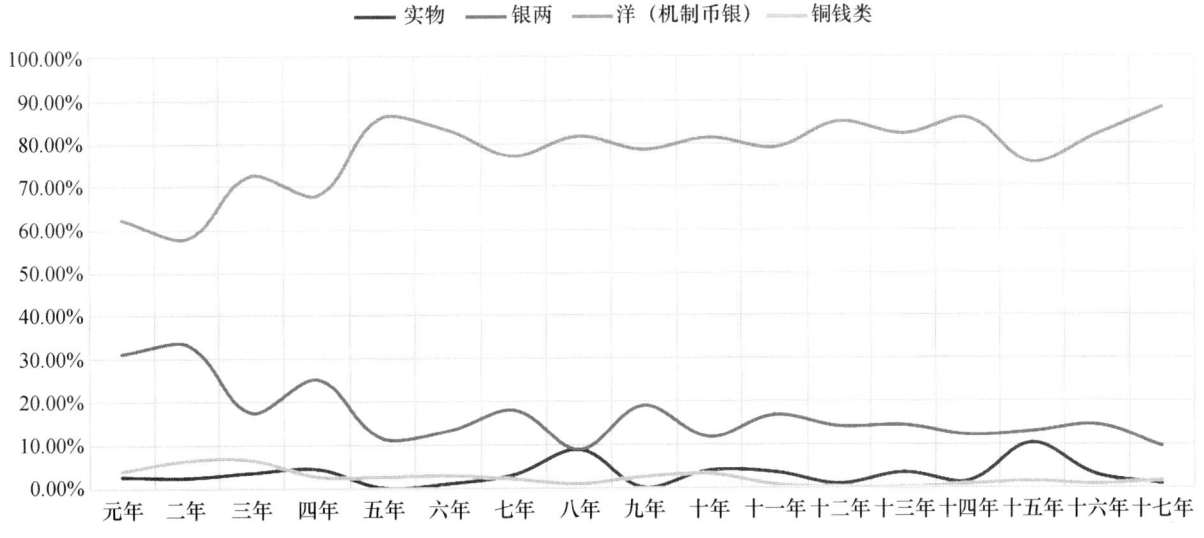

图一 1912～1928年徽州契约货币变化趋势

货币交易中的退场,似乎比我们认知的漫长得多,徽州交易对于银两的依赖从明朝开始,至民国十七年仍然存在。实物交易也持续存在,并且占有不低的比例。

二、不同地域展现的新特色

在考察的所有契约文书中,有明确地域来源的2109件,其中歙县1271件、祁门64件、休宁498件、绩溪107件、婺源131件、黟县38件。通过对各货币种类占比情况进行数据整理,发现徽州呈现的地域特征,与明清时期有着明显不同,整体可以划分成三类,第一类以歙县为代表(图二),基本与徽州整体变化趋势相同,即洋占比较高,银两占比较为稳定,铜钱类及实物类货币仅在偶尔的几年出现较高的峰值。这当与歙县契约文书的数量庞大有着一定关系;第二类以绩溪、黟县为代表(图三、图四),银两与洋是仅有的货币类型,绩溪两种货币占比不断交织变化,此消彼长。黟县在民国六年以后只用洋。第三类以祁门、休宁、婺源为代表(图五~图七),洋在交易中占有很高比例,银两偶尔出现,或存在时间很短,铜钱类占比更低甚至不存在。这可能说明白银的使用在徽州内部已出现了分层状的不同表现。这与地缘因素、使用习惯的关系有待进一步分析。

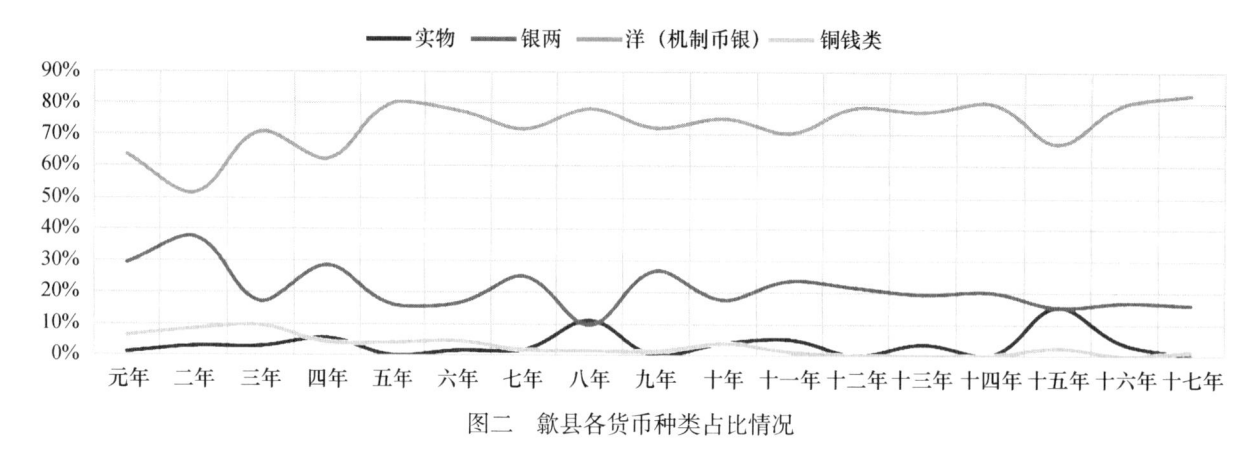

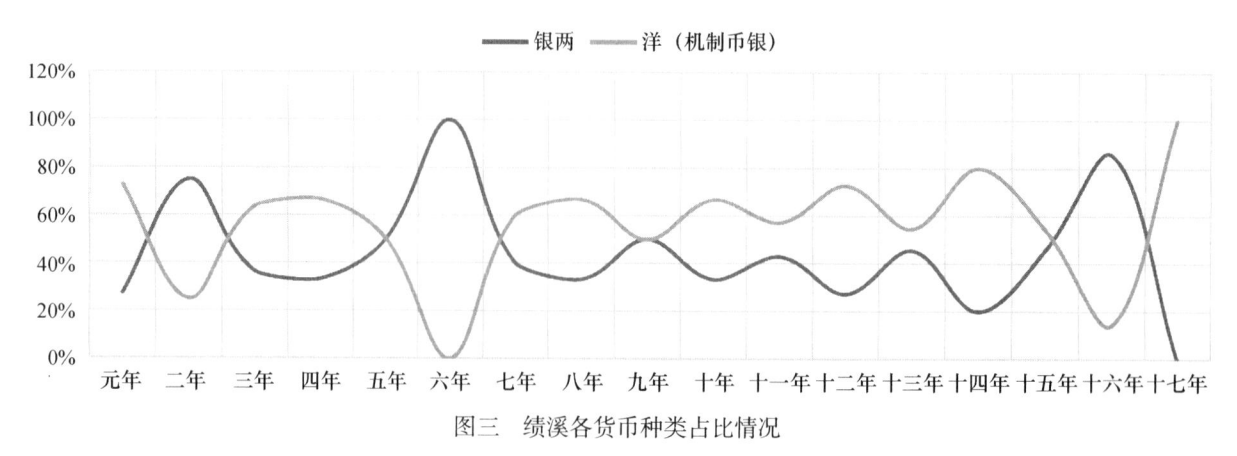

图二　歙县各货币种类占比情况

图三　绩溪各货币种类占比情况

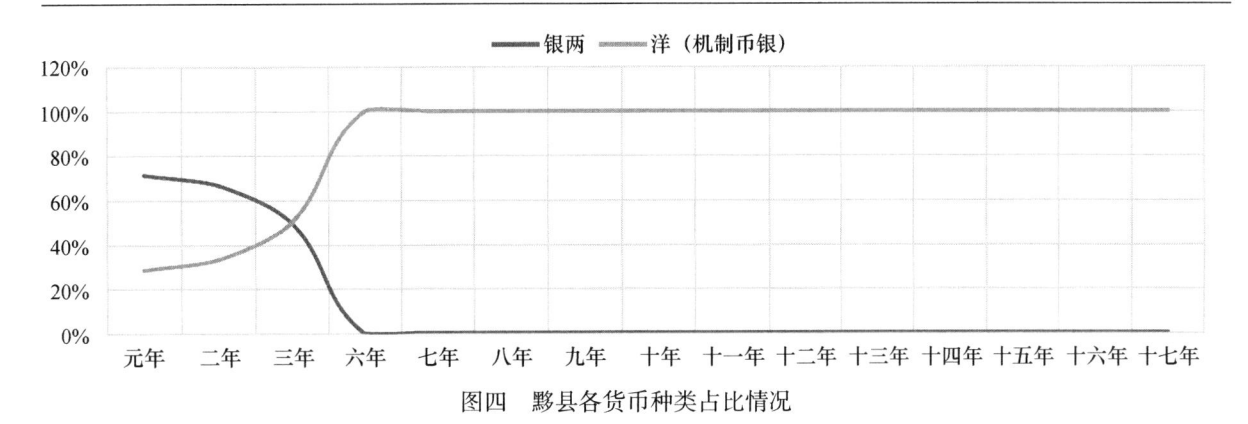

图四　黟县各货币种类占比情况

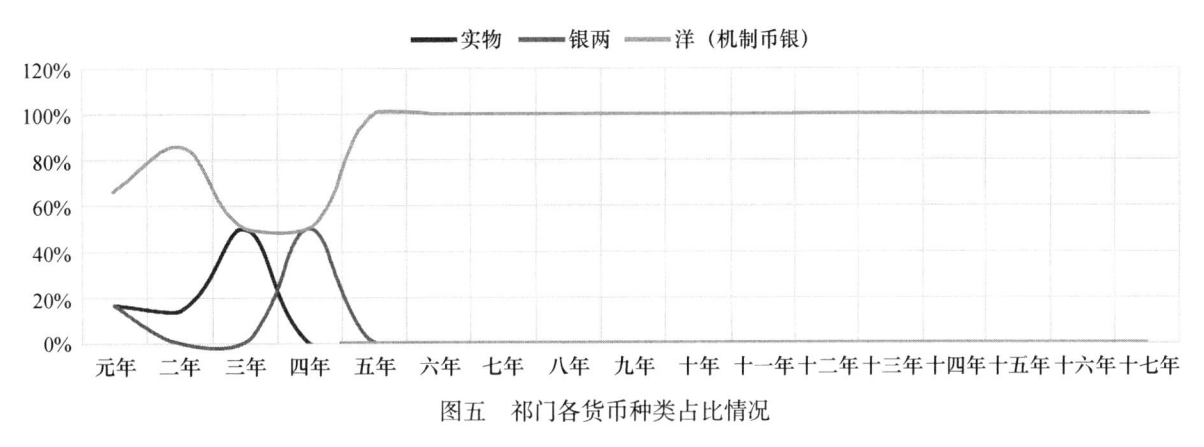

图五　祁门各货币种类占比情况

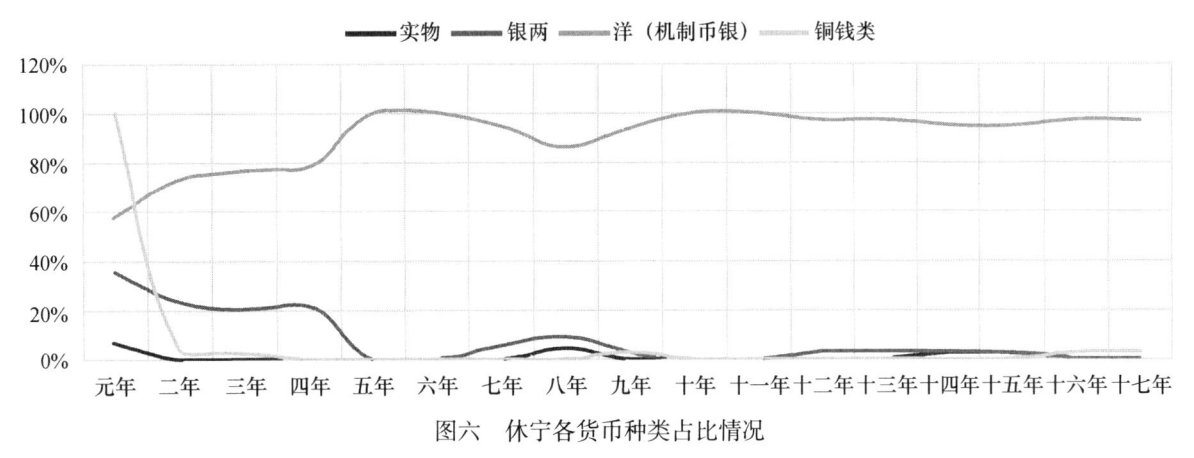

图六　休宁各货币种类占比情况

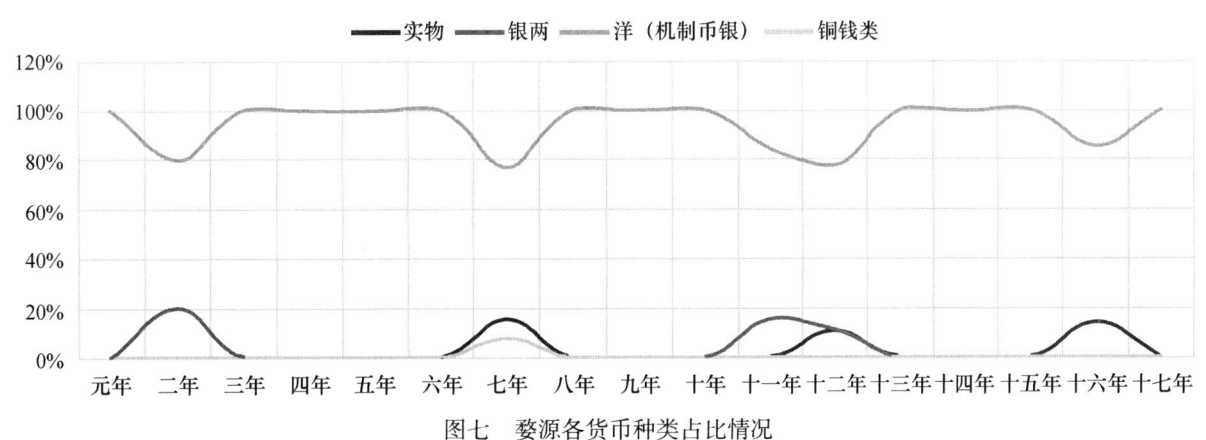

图七　婺源各货币种类占比情况

三、不同交易类型的使用偏好

考虑到歙县契约文书的数量最多，并且展现出的货币变化趋势与徽州地区总体变化趋势基本一致，因此将歙县契约文书作为考察对象，比较卖、当、租等三种交易类型下，货币的选择与喜好。此次共考察1215件契约，其中卖契853件、当契269件、租契93件。通过比较发现，卖契中银两、洋、铜钱类各占一定比例，洋占比最高，其次是银两，这种情况在民国三年以后最为稳定，铜钱类货币占比最低（图八）。当契与租契均未见银两的使用，这是极为重要的，说明歙县银两的使用可能只存在于卖契中。当契使用的货币较为单一，基本为洋（图九），偶尔出现铜钱类货币，实物货币的缺失当与交易类型有着很大关系。租契中实物、洋、铜钱类货币都交织存在（图一〇），表现出货币使用的宽容与随性度较高。

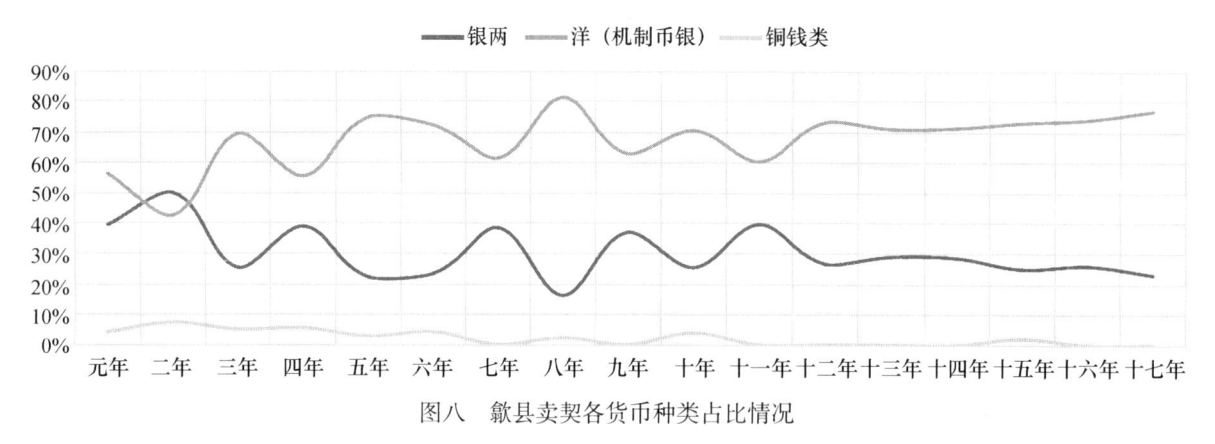

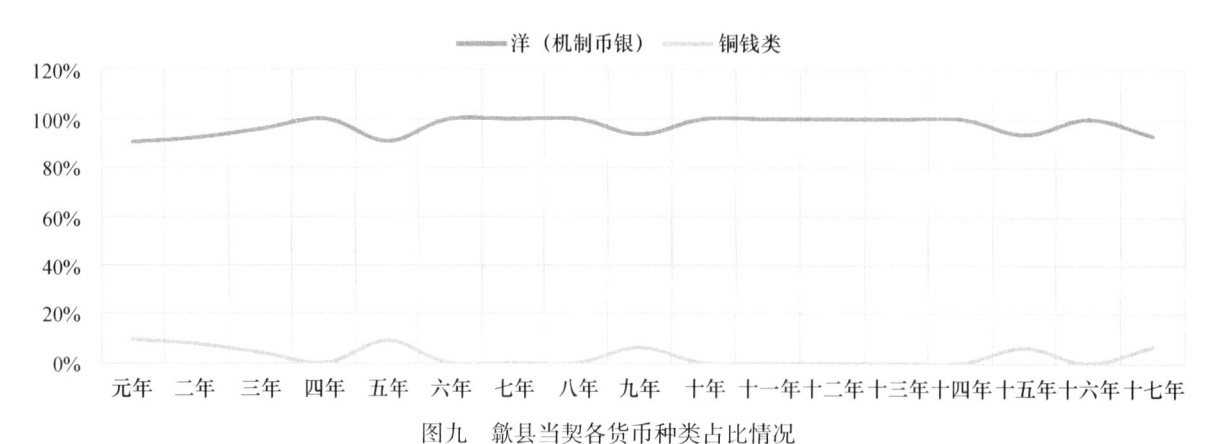

图八　歙县卖契各货币种类占比情况

图九　歙县当契各货币种类占比情况

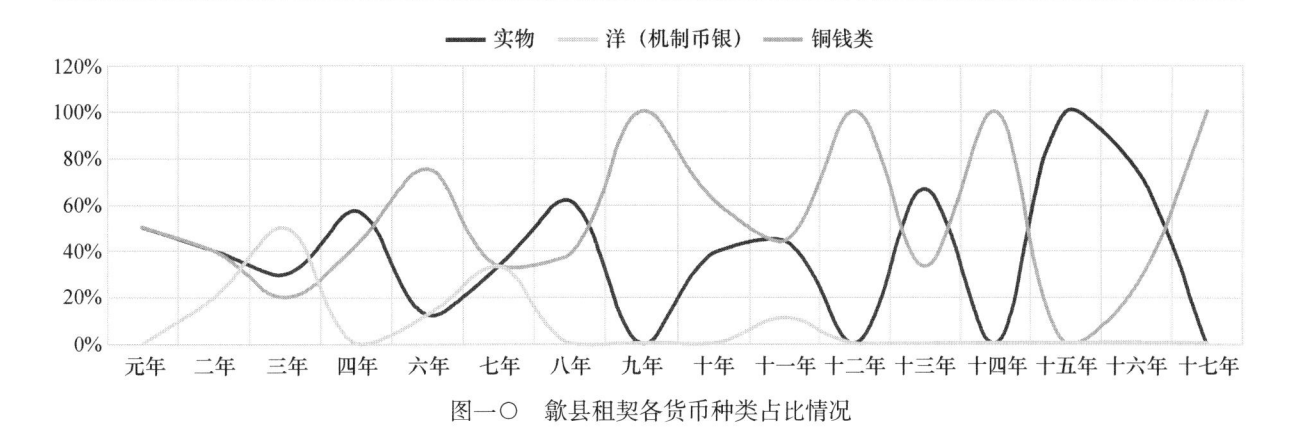

图一〇 歙县租契各货币种类占比情况

四、洋银的相关问题

根据数据的对比分析，我们注意到契约中"洋"概念的变化；具体使用种类及变化状态；转变时间等都值得思考。

第一，"洋"概念在徽州契约文书上的变化。1912~1928年，清代以后洋银的使用，在所有货币种类中继续走高，占比达到60%~90%。"洋"名称出现了很大的变化，包括洋银、银洋、洋、英洋、大洋（大洋钿）、龙洋（龙洋蚨）、鹰洋、砖洋、国币洋、银币、例洋、大银、钱洋等。联系清代洋银中英洋、本洋、乌洋、印洋、鹰洋、官洋等名称，可以发现契约"洋银"所涵盖的币种已经发生了变化，不再单指外国洋银，即外国机制币，可能还包括本国铸造的机制币，甚至涉及清末及民国时期。

第二，"洋"在徽州民国时期具体使用种类及动态变化推测。契约中"洋"的名称除了"洋银""银洋""洋"等一般性的名称外，可以分辨的货币种类，以英洋、大洋（大洋钿）、龙洋（龙洋蚨）为主，国币洋的名称较为特别，实为1914年开始发行的大洋。英洋即为墨西哥银币，大洋是1914年之后北京政府铸造发行的机制银币，龙洋为清政府铸造发行的机制银币。根据这三种货币种类进行的分项统计[13]（图一一），发现英洋在民国初年延续了清末的高占比，之后逐渐下降。大洋的使用出现于民国四年，其占比逐渐上升，最终在民国十六年时超越英洋，成为"洋"中的主导货币，这也是英洋与大洋占比发生根本变化的一年。龙洋的使用在1912~1928年一直间断存在，但是占比一直很低。

第三，废两改元的意识在徽州的较早出现。

自清至民国，徽州民间对于"洋"概念的认知变化，与本国机制币的铸造发行有着密切的关系。伴随着外国洋银进入民间货币流通领域，徽州民众对于洋银的喜爱在清代中后期表现得尤为明显。清后期光绪年间，开始试铸银元，但是对于其计价单位使用"两"还是"元"经过很长时间的争议，库平是清政府指定的机制币平准标准，直接标注于银元上，具有直接等价关系。库平作为货币的衡量标准曾间断出现在道光、咸丰以及光绪年间的徽州契约文书中[14]。本次1912~1928年徽州契约文书统计结果显示，至民国四年，库平标准仍然在使用。考虑徽州

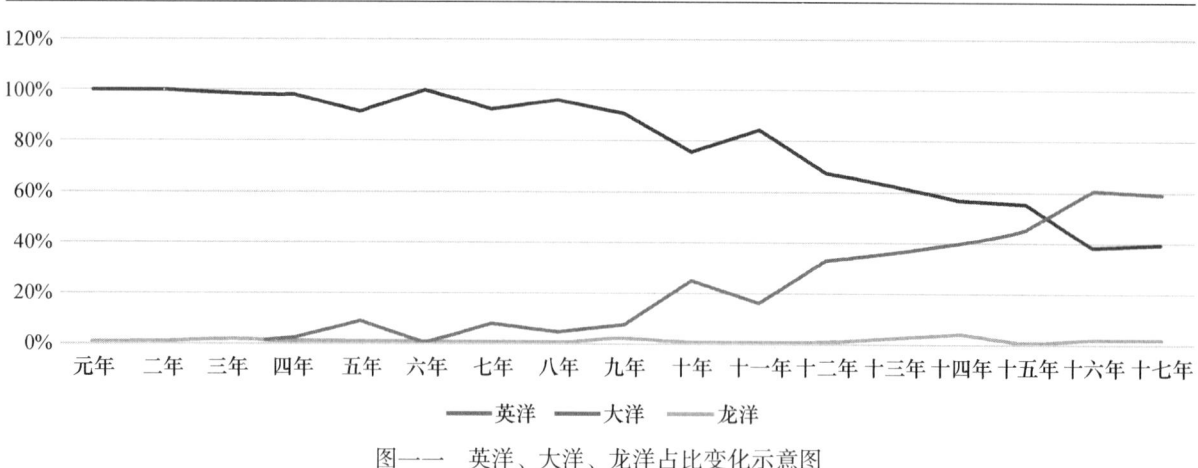

图一一 英洋、大洋、龙洋占比变化示意图

长期沿用的银两平准标准为"曹平",因此我们大胆推测,契约中的"库平",在光绪及以后,有相当一部分可能指的并非银两,而是本国铸造的机制银币。"龙洋"在1912~1928年间的徽州契约中,除民国三年、九年偶有出现外,主要连续出现在民国十三年至十七年间。那么民国四年之后,为何"库平"不复存在?"龙洋"为何在民国十三年前很少提及?我们推测,很可能是徽州民间对于机制币衡量单位的认知,已经由"两"改为"元"。受宣统二年(1910年)《币制则例》中对于货币单位统一规定的影响,清光绪年以后至民国四年左右,是徽州民众对于本国机制银币计价单位重新认识的时期,也是对于"洋"概念发生转变的时期,这之后"洋"不仅仅代表着外国银币,还包括本国所铸机制银币。"废两改元"的社会思潮的推动,徽州新思想的注入,使得生活及意识都发生了巨大的变化,正是在这种社会背景下,货币的选择和使用也悄然发生了改变。

五、历史文化因素分析

民国时期货币选择与流通的变化,与思想文化、国家政策、金融组织的变化都有着密切的关系。

(一)徽州货币习惯的延续与新思想意识的冲击

1912~1928年徽州货币的流通和选择,既表现出地域货币习惯的延续,也展现出新的改变。清末民初是一个复杂的时段,对于徽州封闭的社会而言,连接着本土的传统文化,也受到新思想的冲击,伴随着全社会对于货币制度改革的全新思考,徽州必然承接着矛盾与交融,展现出特别的发展状态。

明清时期徽州地区除了一直存在的实物交易外,货币的主要类型包括钞、银两、铜钱、铜元、洋银、银元等。总体呈现出以银两交易为主的状态,这种状态在明中后期(嘉泰及以后)

至清雍正时期表现得尤为稳定，白银是这一时期稳定的货币选择。清代中后期传统银两的使用占比虽然下降，但是洋银的占比直线上升，这种全新的货币形式，成为徽州清中后期最主要的货币类型[15]。

白银货币在徽州明清使用的传统与偏好，一直延续至民国初年，1912～1928年，传统银两在徽州民间一直稳定使用，并且延续使用明清时期偏好的平准标准——曹平纹银。机制银币的使用也延续了道光之后的状况，只是在具体的使用类别上有所变化。明清时期徽州白银货币的长期选择与使用，对于民国初年甚至更长一段时间货币的选择都有着深刻的影响，这种长期形成的货币使用传统不会因为政权的更迭戛然而止，更多的是随着时间的进行而发展更新。

清末民初是个动荡变革的时代，新旧思想在这一时期冲突、交织、融合。从维新运动开始，国内的一系列的改革，加上西方文化的冲击，使得徽州在社会观念、社会风气等方面都发生了很大的转变，集中表现在新式教育的推广、报刊的创办等方面。据《安徽教育志》记载："光绪三十年（1904年），徽州仅有，两等小学4所。"最早的新式学校是1900年外国教会创办的崇一学堂[16]。《徽州教育概述》记载"清末宣统三年（1911年）六县小学堂77所，民国四年（1915年）至民国十八年（1929）年，小学数与小学生数都有了成倍的增长"。民国十一年（1922年），已有317所小学[17]，其中私立学校占一半以上。作为传播新思想的前沿，近代报刊在19世纪由西方传教士传入中国，徽州自1912年屯溪创刊的《新安报》后，各类报纸不断涌现，仅民国时期就有100余种[18]。其中上海新闻界在徽州当地的影响非常大。新思想的流入，揭露徽州社会的各种负面问题，大量的改革建议，冲击着徽州旧有的观念，撕开了徽州闭塞已久的缺口，一定程度改变了徽州社会风气。

与此同时，清末民初"废两改元"的货币思潮也在不断涌动、酝酿。面对近代货币制度存在的问题，早在1903年胡惟德奏请清政府改革货币制度，采用金币本位货币制度，"查出使俄国大臣胡惟德条奏整顿币制折，内有添铸金币之请。所陈利害各节。颇极详尽……"[19]从晚清政府到北京政府，至南京国民政府，都在尝试货币制度改革，以解决中国货币统一问题，最后实现货币制度的进步，融入国际货币体系[20]。1910年清政府颁布《币制则例》。北洋政府建立之初，为改革货币制度，设立币制委员会，聘请荷兰币制改革专家卫斯林担任顾问，研究币制改革问题。1914年颁布《国币条例》，虽然没有从根本上解决银元货币的统一问题，但是一定程度上缓解了货币流通的混乱状态。1921年第二届全国银行公会联合会在天津召开时，天津银行公会正式提出了"废两改元"的建议。我们发现徽州"两""元"计价单位的改变，正是在清光绪年间至民国四年左右发生，这也是教育和报刊快速发展，新思想流入徽州的时期，加之币制改革的呼声渐高，虽然离"废两改元"的正式施行还有相当长的一段距离，但是显然共同为徽州货币流通中计价单位的改变，提供了思想准备。

（二）国家政策的有限约束

民国初期货币制度基本承自清末，货币的种类繁多，发行与流通极其紊乱，较清末有过之而无不及[21]"中国的币制是在任何一个重要国家里所仅见的最坏的制度。"[22] 面对货币流通的混乱情况，迫使北洋政府不得不进行币制改革，颁布了多条货币政策，由于一些货币政策没有考虑具体的施行环境，造成在实施中无法操作，以至于货币使用继续混乱。

从1912年秋开始，由财政部设置币制委员会，专门负责研究币制改革问题。与此同时，北洋政府改组大清银行，成立中国银行，并于次年1月5日颁布《中国银行兑换券暂行章程》[23]，1914年2月7日颁布《国币条例》十三条，规定国币之铸发权专属于政府，由中国、交通两行发行；国币单位为"元"[24]。新币"袁头币"的铸造表明中国有了统一标准的银元货币。但是当时中国政局混乱，军阀割据各自为政，使得这一规定根本无法推行。实际的流通中，国币并没有成为唯一的货币形式，"据说早在十七世纪行使的西班牙卡洛斯银元，1928年在中国仍可以发现"[25]。1915年财政部颁布《取缔纸币条例》，由于各地保护势力及相关军阀的抵制，措施收效不大。同年8月，中国银行、交通银行与钱业公会达成协议，将以前所有龙洋行市一律取消，只开"国币"一种。由于墨西哥洋已经停止铸造，我们发现徽州契约中显示民国四年以后，大洋占比开始逐年抬升，而英洋占比开始下降。这当是与国家政策有着一定的关系。1917年2月，财政部在《国币条例》的基础上，颁行《国币法草案》，再次确认标准银元成色为银八九铜一一。同年4月，财政部钱币司拟订《各省官银钱行号善后办法提议案》，并颁布《中国银行兑换券法草案》[26]。

1920年北洋政府颁布《实业债券条例》，1921年8月币制局拟订了《银行公库兑换券条例草案》[27]，该办法一公布，立即受到公众的反对。1924年5月22日，钱币司公布《整顿钞券办法》，但是此办法并没有根除中国币制混乱。1927年1月24日，北洋政府再次颁布《中国银行发行银辅币券暂行章程》九条，实际并未施行。

1912~1928年货币流通，基本呈现中央政府发行的货币与地方各类机构发行的货币并存，中国发行的货币与外国发行的货币并存，银元与银两两种货币单位并存[28]的混乱局面。在这样的货币环境下，国家的货币政策体现出有限的约束力。徽州的货币流通既表现出受到国家政策的一定影响，如国币洋的出现，说明国币概念已经渗入徽州，又展现出与国家规定不相符合的货币发展状况，如歙县银两的使用一直固执的存在于民间的卖契中，并且占据不低的比例。

（三）民间传统金融组织的根深蒂固与近代银行金融系统的初步建立

徽州一直长期稳定存在着民间金融组织——钱会，是徽州民众日常进行储蓄、借贷的组织，相较于近代银行金融体系更加深入徽州社会，在一定程度上影响着徽州货币继续着传统使用的习惯。

近代徽州的钱会是一种融资和互助的金融组织，它将参与者之间结成了一种稳定的互利的借贷关系和经济纽带[29]。徽州存在着许多类型的钱会组织，《绩溪县志》载"县内民间借贷古已有之，清末及民国时期有高利和互利两种，现金和实物两种"。根据目前已经发现的钱会文书，可知钱会自明代万历五年（1577年）至20世纪50年代一直存在，且以清代、民国时期为多[30]。徽州地区的钱会组织的在民国时期已经非常成熟。小规模,短周期的融资组织几乎无处不在,非常普遍,很多人一生参加过无数个钱会。例如《祁门胡廷卿家用收支账簿》可以看出,民间借贷融资活动异常兴盛[31]。钱会的影响深远,江南地区的"徽式会",就是从徽州钱会演化而来的。民间成熟金融组织的存在,让近代银行金融体系的建立受到一定限制。

银行在安徽出现得比较晚,发展缓慢,徽州地区相对闭塞的交通环境,更使得这一地区非近代金融机构的首选之地。银行在徽州发展上的滞后,使得货币的流通更多受到传统使用习惯及地域文化的影响,受到近代金融思想的冲击有限。

安徽近代金融机构主要包括典当、钱庄和银行三种。典当与钱庄出现较早,清代分布较多,在辛亥革命时期,基本歇业。安徽地方银行成立于1936年1月,1912年开始至地方银行成立,共曾设立4家银行。裕皖官钱局于光绪三十二年(1906年)11月在安庆成立,1912年1月15日,安徽都督府将其改组为"安徽中华银行",隶属财政司。同年,屯溪设立安徽中华银行屯溪分行,1913年8月,该行被北洋政府接管撤销。安徽省银行1915年于蚌埠成立,该行作为北洋政府安徽省政当局的财库和割据军阀的筹款机关,曾在芜湖、安庆设立分行,其他城市设立相应机构,于1926年关闭[32]。此外安庆农工银行成立于1919年7月,1922年倒闭。安徽商业储蓄银行,成立于1925年,总行设在芜湖,1934年停业。由此可见,安徽省内新办的银行,大多规模较小,存在时间短。

现代银行在1936年以前,偏重于江淮及津浦路沿线,即多在省会,或交通便利、商业繁盛,以及警备力量较为雄厚之处,内地多数县,并无现代金融组织[33]。徽州显然不是现代银行机构的首选之地,这可能在一定程度上,使得徽州的货币选择使用,更多地保留下一些旧有习惯,更迭速度较为缓慢。

(四)北洋军阀的财富掠夺

民国二年(1913年)6月,袁世凯罢免了柏烈武的安徽都督职务,倪嗣冲率领武卫右军大举进兵,控制皖省。同年8月,袁世凯任命倪嗣冲为安徽都督兼民政长,直至1927年3月革命军北伐至安庆,安徽经历了北洋军阀长达14年的统治。北洋军阀需要扩充军队,而这些增加的军费开支,私吞公款而产生的靡费,都压在安徽人民的身上。1920年倪嗣冲一次就私吞所谓结余的教育经费77万元[34]。战争中军阀对于徽州金钱的搜刮尤重,民国十五年(1926年)11月,受北伐战争的影响,孙传芳溃军逃至徽州,仅祁门县城"11月13日始,北洋军孙传芳部由江西逃窜至祁,沿途勒索银元3000余元,烧毁民房数十幢,死伤多人,在城内骚扰月余"[35],"每日供给白米百余石,荤数万斤,并酒席犒赏多项费用,不可胜计","商贷米粮为过境军队骤然食尽"[36]。除此之外,绩溪县南北索要数万元,大部分民房被占,十室九空。歙县全年田赋八万两银元,白宝山部过境竟强索一万三千两银元[37]。这与1927年初开始,北伐军途经徽州,由于军纪严明,受到百姓欢迎的情形形成鲜明对比。战争对于徽州货币使用的影响是非常直接的,尤其是在北洋军阀的统治下,民国十五年,徽州契约文书显示,实物货币的使用出现峰值，机制银币的使用出现低值，当不是巧合。纵观1912~1928年，实物货币的使用一直占有不低的比例，甚至比明清时期的占比略高，这与战争中军阀的搜刮密切相关。

六、总　　结

根据徽州契约文书的相关记录，对1912~1928年徽州货币使用情况进行分析，货币主要包括实物、银两、洋、铜钱类（包括铜元）等。不同地域的货币使用特色，与明清时期截然不同，其中歙县的货币使用情况与徽州总体变化情况最为接近。通过歙县不同交易类型的分析，发现银两可能只存在于卖契中，当、租等买卖行为下均不使用银两交易，这是重要的发现。洋的占比最高，"洋"在这里的涵盖范围，较明清时期已经发生了变化，具体指的是机制银币，包括外国机制币与本国机制币。外国机制币占比仍然最高，延续了清末的货币使用状态，虽然所涉种类多，但墨西哥、西班牙银币仍是首选。而后本国机制银币的使用逐渐超过外国机制银币，成为最主要的货币选择。随着时代的发展和新思想的注入，我们推测清光绪年间至民国四年左右，是徽州民众对于本国机制银币计价单位重新认识的时期，也是对于"洋"概念发生转变的时期，徽州民间对于机制币衡量单位的认知，可能已经由"两"改为"元"。

无论是机制银币还是银两，徽州对于白银货币的偏爱一直存在，源自明清时期对于白银货币使用的习惯。这一时期国家货币政策的约束力较弱，有限的约束，为徽州民间提供了较为宽松的货币环境。近代金融机构在徽州建立较迟，也在一定程度上促使公众选择易于接受的货币种类。北洋军阀的掠夺，使得实物货币一直居于不低的比例。

注　　释

[1] 安徽省地方志编纂委员会：《安徽省志·金融志》，方志出版社，1999年。

[2] 安徽省钱币学会：《安徽历史货币》，安徽人民出版社，2014年。

[3] a. 刘巍：《北洋政府时期田赋包征制度研究》，《齐齐哈尔大学学报》（哲学社会科学版）2019年第4期。

b. 汪柏树：《民国徽州土地卖契的契税》，《中国经济史研究》2011年第1期。

[4] 江怡桐：《歙县芳坑江氏茶商考略》，《徽商研究》，安徽人民出版社，1995年。

[5] 金沛：《民国时期徽州家产文书整理研究——以〈徽州文书〉为中心》，安徽大学硕士学位论文，2020年。

[6] a. 徐俊嵩、郝晓丽：《民国年间徽州小农家庭的日常生活管窥——以1929年王福祥所立流水〈日就月将〉为中心》，《农业考古》2016年第1期。

b. 郑雪巍：《从流水日记中看民国时期徽州小农的日常生活》，《佳木斯大学社会科学学报》2017年第2期。

c. 黄志繁、邵鸿《晚晴至民国徽州小农的生产与生活——对5本婺源县排日账的分析》，《近代史研究》2008年第2期。

[7] a. 吴秉坤：《典制的借债担保渊源——以民国时期徽州借贷契约为案例》，《合肥学院学报》（社会科学版）2012年第3期。

b. 吴秉坤：《再论"活卖"与"典"的关系》，《黄山学院学报》2012年第1期。

c. 吴秉坤：《典制的完整形态——清至民国徽州典契研究》，《淮北师范大学学报》（哲学社会科学版）2011年第5期。

[8] a. 王玉坤、刘道胜：《清朝至民国时期徽州钱会利率及运作机制考述——基于89份徽州钱会文书的考察》，《安徽史学》2017年第4期。

b. 俞江：《清中期至民国的徽州钱会》，《安徽大学学报》（哲学社会科学版）2017年第4期。

[9] 梁诸英：《晚清至民国前期徽州地区与浙江农业经济的交流》，《安徽史学》2017第3期。

[10] 黄山学院：《中国徽州文书·民国编》，清华大学出版社，2010年。

[11] 黄山学院：《中国徽州文书·民国编》，清华大学出版社，2010年。

[12] 由于契约文书记录为"（大）钱……文"，无法将制钱与铜元完全分开，因而这里归为"铜钱类"。

[13] 为了清楚体现三种货币占比变化情况，将三种货币出现的契约数量总和为计算基数。

[14] 王育茜、钱玉春、夏楠：《明清徽州货币交易的历史考察》，《中国钱币》2021年第5期。

[15] 王育茜、钱玉春、夏楠：《明清徽州货币交易的历史考察》，《中国钱币》2021年第5期。

[16] 周文甫：《浅谈清末民国时期的徽州教育》，《社会科学战线》2007年第6期。

[17] 周文甫：《浅谈清末民国时期的徽州教育》，《社会科学战线》2007年第6期。

[18] 《黄山市报业志》编纂委员会：《黄山市报业志》，黄山书社，1998年。

[19] 中国人民银行总行参事室金融史料组：《中国近代货币史资料》（第一辑），中华书局，1964年。

[20] 王忠宝：《利益集团与民国"废两改元"货币制度改革研究》，辽宁大学博士学位论文，2017年。

[21] 杜恂诚：《中国金融通史》（第三卷 北洋政府时期），中国金融出版社，2002年。

[22] 〔美〕阿瑟·恩·杨格著、陈泽宪、陈霞飞译：《一九二七至一九三七年中国财政经济情况》，中国社会科学出版社，1981年。

[23] 中国第二历史档案馆、中国人民银行江苏省分行、江苏省金融志编委会：《中华民国金融法规档案资料选编》，档案出版社，1989年。

[24] 中国第二历史档案馆、中国人民银行江苏省分行、江苏省金融志编委会：《中华民国金融法规档案资料选编》，档案出版社，1989年。

[25] 〔美〕阿瑟·恩·杨格著、陈泽宪、陈霞飞译：《一九二七至一九三七年中国财政经济情况》，中国社会科学出版社，1981年。

[26] 王红曼：《北洋政府时期的金融立法与金融发展》，《江淮论坛》2014年第6期。

[27] 《银行周报》1922年第6卷第27号；1918年第2卷第39号。

[28] 王忠宝：《利益集团与民国"废两改元"货币制度改革研究》，辽宁大学博士学位论文，2017年。

[29] 胡中生：《钱会与近代徽州社会》，《史学月刊》2006年第9期。

[30] 熊远报：《在互酬与储蓄之间——传统徽州"钱会"的社会经济学解释》，《中国经济史研究》2017年第6期。

[31]　王玉坤：《清末徽州塾师胡廷卿的乡居生活考察》，《贵州师范学院学报》2015年第5期。

[32]　安徽省地方志编纂委员会：《安徽省志·金融志》，方志出版社，1999年，第91页。

[33]　安徽省地方志编纂委员会：《安徽省志·金融志》，方志出版社，1999年，第67页。

[34]　中国人民政治协商会议安徽省委员会文史资料研究委员会：《军阀祸皖》，安徽人民出版社，1987年。

[35]　祁门县地方志编纂委员会办公室：《祁门县志》，安徽人民出版社，1990年。

[36]　方浩然：《北伐军到徽州》，《黄山市文史》（第三辑），1993年。

[37]　方浩然：《北伐军到徽州》，《黄山市文史》（第三辑），1993年。

生物考古资料所见中原地区早期农业进程*

陶大卫

（郑州大学历史学院考古学系）

农业的出现是人类社会发展史上的重大事件，它在人类社会演进和文明起源过程中都发挥了重要作用[1]。农业起源研究是一个跨学科课题，它涉及生物学、农学、生态学和考古学等众多学科。对于考古学来说，农业起源始终是考古学研究中的核心议题之一。考古学研究注重实证性，尤其是现今考古学研究越来越体现出多学科交叉的特点[2]，综合运用多学科分析手段开展农业起源的考古学研究，能不断获得新的实物材料和实证信息，从而推动农业起源研究的持续和深入。

中国是世界范围内的农业起源中心之一[3]，而中原地区是中国北方粟作农业起源和发展的核心区域之一，也是中华文明起源、形成与发展的关键区域之一。中原地区早期农业是如何产生和发展的，也就成为中国农业起源研究的一个重要议题。近些年，中原地区众多考古遗址开展了包括植物考古、动物考古和稳定同位素分析等多学科研究工作，获得了丰富的动植物遗存等生物考古资料。本文依据这些生物考古研究成果，初步梳理中原地区早期农业发展脉络，期望有助于深化对北方不同区域由采集狩猎经济向粟作农业经济转化过程的认识，这对揭示北方粟作农业经济的形成和发展过程，及其对中华文明起源和发展的影响等都具有重要意义。

需要指出的是，本文所指中原地区是狭义上的，主要为现在河南省境内大部分地区，并不包括广义上的晋南和关中地区；早期农业所涉及的时间范围主要是新石器时代和先秦时期，个别讨论会涉及秦汉时期。

作者简介：陶大卫，男，1983年9月生，安徽大学历史专业（文博方向）2000级本科生。

* 本研究得到国家社科基金项目"中原地区新石器时代中晚期人牙结石的淀粉粒分析研究"（16CKG022）资助。

一、农业生产的出现（距今10 000～7000年）

农业的产生是在一定的环境背景下诸多变量综合作用的结果。农业的出现使得人类不再单纯依赖采集狩猎的攫取性经济，能够从事主动性更强的生产性经济，这为新石器时代人口增长和聚落发展提供了更为稳定的食物来源，新石器时代文化和社会这才有了持续发展的驱动力。

农业是利用土地资源生产农产品等以满足人类需要的生产性活动，狭义上的农业主要是指种植业。它产生的一个重要标志便是栽培作物的出现。世界范围内的几种主要农作物小麦、水稻、小米、玉米等都属于禾本科，现有研究表明禾草类植物资源的利用历史久远，中国北方先民早在旧石器时代晚期已使用磨盘等工具加工多种禾草类植物[4]。长时间利用这些植物使得人类对它们的生长习性等有了充分认识，这为人类有选择的栽培驯化禾本科中的某些植物提供了可能。到了全新世早期，人类对禾草类植物的利用也在不断强化，粟类植物的栽培活动开始出现[5]。北京东胡林遗址就发现了形态上具备栽培特征的炭化粟粒。这些炭化粟的尺寸很小，很可能属于由狗尾草向栽培粟进化过程中的过渡类型[6]。家犬的发现表明动物驯养开始出现，家犬的饲养虽然不是为了提供肉食资源，但为人类驯化动物提供了启示和借鉴[7]。

中原地区新石器时代早期的考古遗址发现很少，新密李家沟是近几年经过科学发掘的一处重要遗址[8]。遗址所在区域新石器时代早期植被以草本植物为主[9]。遗址出土有加工处理植物资源的石磨盘类工具；相较于遗址旧石器时代晚期动物种类以大型动物为主，新石器时代早期动物种类以中小型动物为主，同时出现了大型陶容器[10]。这些证据都显示在新石器时代早期除了狩猎外，采集植物性食物资源也是李家沟先民重要的生计来源，甚至可能存在植物的栽培驯化活动[11]。淅川坑南遗址是另一处新近发掘的旧石器时代中晚期至新石器时代早期遗址。该遗址新石器时代早期地层中出土石制品的淀粉粒分析表明坑南先民已经对禾本科植物和根茎类植物有了一定程度的开发利用[12]。综合这两个遗址的发现和研究让我们有理由相信中原地区在新石器时代早期已经存在针对禾草类植物的强化利用行为，甚至是粟黍植物的栽培驯化活动。

距今8000多年前，北方地区进入了"裴李岗时代"，种植粟和黍的农业生产活动在北方诸多考古学文化中出现，如黄河下游的后李文化、关中地区的老官台文化和东北地区的兴隆洼文化[13]。此时的中原地区亦不例外，早期农业生产的诸多迹象都明确出现。伊洛河流域的坞罗西坡和府店遗址浮选发现有炭化粟粒[14]；裴李岗文化诸多遗址的植物淀粉粒分析表明栽培的粟黍已被加工利用[15]；唐户和朱寨等遗址还出现了黍稻混作的农作物种植模式[16]。家猪饲养开始出现[17]，这为当时居民提供了更稳定的肉食来源。黍稻混种和家畜饲养都反映出这一时期农业生产达到了一定水平。

但目前来看，农业生产在中原地区裴李岗文化生业经济中的比重并不突出。贾湖遗址居民食谱中水稻的比例并不高，野生植物如块茎类和坚果类植物仍是主要的植物性食物来源[18]。遗址出土的各类生产工具统计分析结果也显示出贾湖遗址以采集渔猎为主[19]。伊洛河流域裴李岗时期浮选样品中炭化物的密度都很低,低密度很可能意味着当时食物生产的程度低[20]。总体来说,中原地区裴李岗文化时期农业生产已经出现,生业经济处于低水平食物生产阶段[21]。

二、粟作农业经济的建立（距今7000～5000年）

距今7000～5000年,中原地区处于考古学上的仰韶文化时代。这一时期中原地区的考古多学科研究工作多集中于豫西、豫西南和豫中地区。豫西地区的灵宝底董遗址浮选结果显示仰韶文化初期农业经济或已占据优势地位,仰韶中期豫西一些遗址出现了粟、黍和水稻的多品种农作物组合[22]。豫西南地区的沟湾遗址也是稻粟混合的农业种植结构,两种农作物在沟湾居民主食中都占有一定比例[23]。小米和水稻的混作农业也成为仰韶中晚期郑州朱寨遗址生业经济的主体[24]。稻作农业的北传对这一时期中原地区农业种植结构继续产生影响,但骨骼稳定同位素分析结果显示小米一直是仰韶时期中原地区居民的主食。从仰韶早期的灵宝晓坞遗址,到仰韶文化中晚期的郑州西山和灵宝西坡等遗址都是如此;同时家养动物的食物来源也部分依赖于种植农业,这表明农业生产有了富余并用于家畜饲养[25]。以种植粟黍为核心的旱作农业已成为仰韶文化晚期豫北和伊洛河流域诸多遗址生业经济的主体[26]。总体来说,到了仰韶文化中期,农业生产已成为中原地区生业经济的主体,中原地区农业经济从出现到真正建立可以说经历了数千年之久。

仰韶中期之后动物资源利用较之前也有很大变化。在前仰韶时期和仰韶早期,狩猎活动获取的野生动物特别是鹿类动物是中原地区居民主要的肉食资源[27]。到了仰韶文化中期,随着农业经济主导性地位的确立,家畜饲养有了稳定充足的食物来源。家猪取代野生动物成为人们肉食消费的主要来源[28],中原地区以家猪为主的家畜饲养业进入快速稳定的发展阶段。

三、农业经济的复杂化（龙山—二里头文化时期）

种植业和家畜饲养业是农业经济主要的生产部门。农作物和家畜品种的多样化以及伴随而来的种植和饲养技术复杂化可以说是农业经济复杂化的重要标志。中原地区农作物组合的多样性实际上可以追溯到裴李岗文化时期,郑州地区的唐户遗址和朱寨遗址都存在种植小米和水稻的混合型农业;到了仰韶时期,粟、黍和水稻的农作物组合在豫西、豫西南和豫中不少遗址中出现[29]。

目前来看,中原地区农业经济复杂化局面在龙山时代至二里头文化时期逐渐形成。龙山文化至二里头文化时期是新石器时代向青铜时代转变阶段。这一阶段开始了欧亚大陆范围内包括技术和观念在内的广泛的文化交流和人群流动以及由此带来的种种社会变化,青铜时代全球化开始形成[30]。这一全球化进程对中原地区农业发展也产生了重要影响。最重要的体现就在于非本土生物资源开始出现。

源于西亚的农作物小麦在龙山时期中国境内的多个区域开始出现，主要包括西北地区和黄河中下游的中原地区及海岱地区；这些不同区域出现的小麦可能来自不同的途径，前者可能来自绿洲通道，后者来自欧亚草原通道[31]。这一时期中原地区诸多遗址如登封王城岗、博爱西金城、禹州瓦店、淅川下寨、邓州八里岗、鹤壁大赉店遗址和淮阳平粮台等遗址以及洛阳盆地不少中小遗址都发现有小麦[32]。同时，来自旧大陆的家畜新品种绵羊和黄牛也开始在龙山时期中原地区的考古遗址中出现。这些新的农作物和家畜品种在包括中原和山东地区的黄河中下游地区虽普遍发现，但在当时生业经济中的重要性都较低。这与它们在北方其他区域如河西走廊和新疆地区（甘青—燕辽北方"农牧交错带"地区）生业经济中的地位或作用差别较大，区域性差异明显[33]。

大豆这一植物的利用历史很早，很可能早到距今7500年左右大豆就开始被栽培和驯化[34]，但直到龙山时期大豆的栽培驯化才进入新阶段，逐渐成为较为重要且稳定的农作物品种之一，这一时期中原地区的考古遗址都普遍发现有大豆[35]。此外，水稻在龙山时代的中原地区种植更为普遍[36]。可以说，中原地区农业经济复杂化局面在龙山时代逐渐显现，但这一时期多品种的农作物种植结构本身并不稳定，如洛阳盆地中小遗址和新密古城寨都没发现水稻，颍河中上游、登封王城岗和郝家台等遗址的农作物组合则缺少小麦，而上述五种作物在鹤壁大赉店、博爱西金城、邓州八里岗、淅川下寨、禹州瓦店和淮阳平粮台等遗址都有发现。

新砦和郝家台等新砦期遗址的多学科研究为我们了解中原地区龙山文化向二里头文化过渡时期的农业状况提供了第一手资料。新砦遗址发现了粟、黍、水稻、小麦和大豆五种农作物，郝家台遗址只发现了粟、黍、稻和大豆，未见小麦[37]。新砦遗址骨骼同位素分析表明新砦先民以C_4类小米为主食，同时食用一定比例的C_3类食物，家猪食物中C_4类植物比例可达83%；郝家台遗址大部分居民以C_4类小米为主食，部分居民以C_3为主食[38]。由此可见，新砦期中原地区继续保持着以粟黍为主导的混合型农业模式，水稻的重要性貌似较之前有所提高。

到了二里头文化时期，众多遗址如洛阳皂角树、偃师二里头、登封南洼和郑州东赵遗址都普遍出现了粟、黍、稻、小麦和大豆五种谷物共存的农作物组合[39]。多品种的农作物组合趋于稳定，这预示新的农业种植体系逐步建立。但在龙山文化至二里头文化整个阶段，粟黍在新的多品种农作物种植体系中的主导地位始终未变，水稻、小麦和大豆等依然是次要的农作物。家养动物方面，到二里头时期仍是以家猪为主，但黄牛和绵羊的数量在各个遗址中都较龙山时期有所增多[40]。新家畜品种的出现拓展了人们肉食资源的获取范围，新的饲养技术和新的开发利用方式也随之出现[41]，多种类的家畜饲养是中原地区龙山至二里头时期农业经济日趋复杂化的重要体现。

骨骼稳定同位素分析结果表明小米仍旧是龙山至二里头时期先民的主食，这与植物考古的研究结果较为一致。禹州瓦店遗址龙山时代人骨碳氮稳定同位素测试结果显示稻类在食谱的贡献显而易见，但粟类作物仍是瓦店先民食物结构主体；猪和狗等家养动物与瓦店先民食物结构的关联性较强，它们的主食也来自粟类作物[42]。淅川下寨和淮阳平粮台等龙山时期遗址居民也是以小米为主食[43]。二里头和南寨等遗址人骨稳定同位素分析结果显示在二里头文化时期，小米作物的主食地位不变；二里头遗址的猪和黄牛等家畜食物中都存在大量C_4类粟类作物[44]。此时中原地区先商人群的食物结构与二里头等遗址先民的食谱基本相同，都以粟类作物为主，一方面说明先商族群对中原农业经济的适应和接纳，另一方面也说明中原地区传统粟作农业经济强大的影响力[45]。

四、农业体系的转变（商周—秦汉时期）

自裴李岗时代农业生产开始出现，小米类作物一直是中原地区农业种植的主要对象。即使到了龙山—二里头文化时期，农作物种植结构开始复杂化，粟黍在农作物种植体系中的主导地位也未改变。但这一状况到商周时期有所变化，小麦在农作物种植体系中的重要性开始提升，这一变化导致的农业种植体系的转变"甚至可以被看做是一场农业革命"[46]。

目前中原地区商代遗址开展过植物考古研究工作主要有郑州商城遗址、王城岗遗址、东赵遗址、朱寨遗址、南洼遗址和洛阳盆地诸多中小遗址[47]。郑州商城浮现出的农作物包括粟、黍、水稻和小麦，从绝对数量和出土概率两个指标看，小麦重要性低于粟和水稻，但高于黍；王城岗遗址二里岗文化时期（商代早期）小麦的数量相较于该遗址龙山时期和二里头时期明显增多，绝对数量上已经超过了黍，仅次于粟；东赵遗址浮选也获得类似结果，小麦的种植在该遗址二里岗时期得到了较大发展；从龙山时期至二里岗文化时期，小麦在洛阳盆地农作物结构中的比重不断上升，到二里岗时期，小麦很可能成为了仅次于粟的作物[48]；南洼遗址与上述各遗址的情况不太一样，农作物组合仍是以粟和黍为主，但相较于该遗址二里头文化时期，小麦比重确实有所增加；朱寨遗址未见小麦遗存，只发现了粟、黍和水稻植硅体。由此可见，商代时期小麦的种植规模确有扩大，小麦在社会生活中的重要性逐渐提升[49]。甲骨卜辞中大量"告麦"也说明商代麦作农业具有了一定规模，卜辞中的"月一正"（殷历正月）曰"食麦"，以食麦为岁首礼俗[50]。但小麦在商代居民饮食构成中还没有成为与粟一样的基本食粮，小米仍是商代居民的主食，同时也是猪和黄牛等家畜的主要食物来源[51]，而且相较于龙山时期，二里岗时期（早商时期）小米类C_4植物在黄牛和绵羊食物中的比例有所增加，家畜饲养与小米的种植呈现出紧密联系，这一时期的农业经济复杂化进程仍处于缓慢发展阶段[52]。

中原地区周代农业研究以东周时期遗址开展较多。官庄遗址是近些年发现的一座位于郑州西北部的两周时期城址[53]。该遗址在2010年和2011年的两次发掘中都开展了浮选工作。两次浮选结果都表明最迟在春秋早期小麦已经超过了黍和豆类，在农作物组合中的重要性仅次于粟，占据第二位[54]。这两次浮选工作由两个实验室分别独立进行，两次结果的一致性表明这一结论应该反映了两周时期官庄遗址农作物种植的实际状况。该遗址人牙结石残留物分析结果同样表明粟和小麦是官庄居民食谱中最为重要的两种作物[55]。王城岗遗址和东赵遗址东周时期植物遗存分析结果也都表明小麦的重要性仅次于粟黍[56]。人骨稳定同位素研究结果表明到东周时期至汉代，麦类作物在中原地区居民饮食中的比重显著增加[57]，其种植规模明显扩大；而且东周时期和汉代麦类作物的食用在不同阶层中存在差异，下层民众食用更多的小麦，饥荒等导致的食物短缺可能是小麦重要性提升的诱因之一[58]。

总　　结

目前来看，中原地区早期农业进程经历了四个发展阶段，其间发生过两次大的转变：第一次便是从攫取性经济向生产性经济转变。从距今1万年左右栽培活动的可能存在，到裴李岗文化时期以粟黍种植和家猪饲养为特征的农业生产活动出现，再到仰韶时代粟作农业经济初步确立，这一转变过程持续了数千年之久；第二次是由小米为主体的单种类农业种植体系向小米、水稻、小麦和大豆等多种类农作物种植体系转变，新的农业种植体系逐步建立，同时新的家畜品种以及饲养技术和家畜开发利用方式出现，农业经济复杂化局面基本形成。同时基于农业种植技术、食物加工技术、自然环境和社会政治环境等多种因素的综合作用[59]，小麦在新农业种植体系中的重要性逐步提升，小麦的主要种植区域在汉代初步形成[60]，以粟和麦为主粮的早期农业经济在秦汉时期逐步建立起来。

注　　释

[1] 张良仁：《农业和文明起源》，《考古》2011年第5期，第61～66页。

[2] 考古学科"十二五"规划调研报告课题组：《考古学科"十二五"规划调研报告》，《南方文物》2011年第1期，第1～12页。

[3] 〔苏〕瓦维洛夫著，董玉琛译：《主要栽培植物的世界起源中心》，农业出版社，1982年，第16页。

[4] Liu L, Ge W, Bestel S, et al. Plant exploitation of the last foragers at Shizitan in the Middle Yellow River Valley China: evidence from grinding stones. Journal of Archaeological Science, 2011, 38(12): 3524-3532.

[5] a. Yang X Y, Ma Z K, Li J, et al. Comparing subsistence strategies in different landscapes of North China 10000 years ago. The Holocene, 2015, 25(12):1957-1964.

b. Yang X Y, Wan Z W, Perry L, et al. Early millet use in northern China. PNAS, 2012, 109(10): 3726-3730.

[6] 赵志军：《中国古代农业的形成过程——浮选出土植物遗存证据》，《第四纪研究》2014年第34卷第1期，第73～84页。

[7] 袁靖、李君：《河北徐水南庄头遗址出土动物遗存研究报告》，《考古学报》2010年第3期，第385～391页。

[8] 北京大学考古文博学院、郑州市文物考古研究院：《河南新密市李家沟遗址发掘简报》，《考古》2011年第4期，第3～9页。

[9] 李开封、马春梅、高文华等：《河南地区全新世环境考古研究进展及未来趋势》，《地理科学进展》2015

[10] 郑州市文物考古研究院、北京大学考古文博学院：《新密李家沟遗址发掘的主要收获》，《中原文物》2011年第1期，第4~6页。

[11] Yang X Y, Wang T, Perry L, et al. Starch grain evidence reveals early pottery function cooking plant foods in North China. Chinese Science Bulletin, 2014, 59(32): 4352-4358.

[12] 李文成等：《河南淅川坑南遗址石制品表面残留淀粉粒的初步分析》，《人类学学报》2014年第33卷第1期，第70~81页。

[13] 吴文婉、靳桂云、王兴华：《海岱地区后李文化的植物利用和栽培：来自济南张马屯遗址的证据》，《中国农史》2015年第2期，第3~13页；赵志军：《中国古代农业的形成——浮选出如植物遗存的证据》，《第四纪研究》2014年第34卷第1期，第73~84页；屈雅婷、胡珂、杨苗苗等：《新石器时代关中地区人类生业模式演变的生物考古学证据》，《人类学学报》2018年第1期，第96~109页。

[14] Lee Gyoung-Ah, Crawford GW, Liu L, et al. Plants and people from the Early Neolithic to Shang periods in North China. PNAS, 2007, 104(3): 1087-1092.

[15] a. Liu L, Field J, Fullagar R, et al. What did grinding stones grind? New light on Early Neolithic subsistence economy in the Middle Yellow River Valley, China. Antiquity, 2010 (84): 816-833.
b. 刘莉、陈星灿、赵昊：《河南孟津寨根、班沟出土裴李岗晚期石磨盘功能分析》，《中原文物》2013年第5期，第76~86页。
c. 张永辉、翁屹、姚凌等：《裴李岗遗址出土石磨盘表面淀粉粒的鉴定与分析》，《第四纪研究》2011年第31卷第5期，第891~899页。
d. 陶大卫：《基于人牙结石的淀粉粒证据探讨裴李岗遗址先民植物性食物来源》，《文物保护与考古科学》2018年第2期，第1~9页。

[16] a. Zhang J P, Lv H Y, Gu W F, et al. Early Mixed Farming of Millet and Rice 7800 Years Ago in the Middle Yellow River Region, China. PLoS One, 2012, 7(12): e52146.
b. Wang C, Lv H Y, Gu W F, et al. Temporal changes of mixed millet and rice agriculture in Neolithic-Bronze Age Central Plain, China: Archaeobotanical evidence from the Zhuzhai site. The Holocene, 2017, 28(5): 1-17.

[17] 罗运兵、张居中：《河南舞阳县贾湖遗址出土猪骨的再研究》，《考古》2008年第1期，第90~96页。

[18] a. 胡耀武、Stanley H. Ambrose、王昌燧：《贾湖遗址人骨的稳定同位素分析》，《中国科学D辑：地球科学》2007年第37卷第1期，第94~101页。
b. 赵志军、张居中：《贾湖遗址2001年度浮选结果分析报告》，《考古》2009年第8期，第84~93页。

[19] 来茵、张居中、尹若春：《舞阳贾湖遗址生产工具及其所反映的经济形态分析》，《中原文物》2009年第2期，第22~28页。

[20] Lee Gyoung-Ah, Crawford GW, Liu L, et al. Plants and people from the Early Neolithic to Shang periods in North China. PNAS, 2007, 104(3): 1087-1092.

[21] a. 陶大卫：《基于人牙结石的淀粉粒证据探讨裴李岗遗址先民植物性食物来源》，《文物保护与考古科学》2018年第2期，第1~9页。

b. 吴文婉：《中国北方地区裴李岗时代生业经济研究》，山东大学博士学位论文，2014年，第165~196页。

[22] a. 魏兴涛：《豫西晋西南地区新石器时代植物遗存的发现与初步研究》，《东方考古》（第11集），科学出版社，2014年，第343~364页。

b. 河南省文物考古研究所：《三门峡南交口》，科学出版社，2009年，第427~435页。

[23] a. 王育茜、张萍、靳桂云等：《河南淅川沟湾遗址2007年度植物浮选结果与分析》，《四川文物》2011年第2期，第80~92页。

b. Tao D W, Zhang J, Zheng W Q, et al. Starch grain analysis of human dental calculus to investigate Neolithic consumption of plants in the middle Yellow River Valley, China: A case study on Gouwan site. Journal of Archaeological Science: Reports, 2015(2): 485-491.

c. 付巧妹、靳松安、胡耀武等：《河南淅川沟湾遗址农业发展方式和先民食物结构变化》，《科学通报》2010年第55卷第7期，第589~595页。

[24] Wang C, Lv H Y, Gu W F, et al. Temporal changes of mixed millet and rice agriculture in Neolithic-Bronze Age Central Plain, China: Archaeobotanical evidence from the Zhuzhai site. The Holocene, 2017, 28(5): 1-17.

[25] a. 舒涛、魏兴涛、吴小红：《晓坞遗址人骨的碳氮稳定同位素分析》，《华夏考古》2016年第1期，第48~55页。

b. 张雪莲、仇士华、钟建等：《中原地区几处仰韶文化时期考古遗址的人类食物状况分析》，《人类学学报》2010年第29卷第2期，第197~207页。

c. 张雪莲、李新伟：《西坡墓地再讨论》，《中原文物》2014年第4期，第18~32页。

d. 中国社会科学院考古研究所，河南省文物考古研究所：《灵宝西坡墓地》，文物出版社，2010年，第209~222页。

[26] a. 王传明、赵新平、靳桂云：《河南鹤壁市刘庄遗址浮选结果分析》，《华夏考古》2010年第3期，第90~99页。

b. Lee Gyoung-Ah, Crawford G W, Liu L, et al. Plants and people from the Early Neolithic to Shang periods in North China. PNAS, 2007, 104(3): 1087-1092.

[27] 袁靖：《论中国新石器时代居民获取肉食资源的方式》，《考古学报》1999年第1期，第1~22页。

[28] a. 马萧林：《河南灵宝西坡遗址动物群及相关问题》，《中原文物》2007年第4期，第48~61页。

b. 马萧林：《灵宝西坡遗址的肉食消费模式——骨骼部位发现率、表面痕迹及破碎度》，《华夏考古》2008年第4期，第73~87页。

[29] a. Zhang J P, Lv H Y, Gu W F, et al. Early Mixed Farming of Millet and Rice 7800 Years Ago in the Middle Yellow River Region, China. PLoS One, 2012, 7(12).

b. Wang C, Lv H Y, Gu W F, et al. Temporal changes of mixed millet and rice agriculture in Neolithic-Bronze Age Central Plain, China: Archaeobotanical evidence from the Zhuzhai site). The Holocene, 2017, 28(5).

c. 魏兴涛：《豫西晋西南地区新石器时代植物遗存的发现与初步研究》，《东方考古》（第11集），科学出版社，2014年，第343~364页。

[30] 张弛：《龙山—二里头——中国史前文化格局的改变与青铜时代全球化的形成》，《文物》2017年第6

期，第50~59页。

[31] 赵志军：《小麦传入中国的研究——植物考古资料》，《南方文物》2015年第3期，第44~52页。

[32] a. 赵志军：《小麦传入中国的研究——植物考古资料》，《南方文物》2015年第3期，第44~52页。

b. 张俊娜、夏正楷、张小虎：《洛阳盆地新石器—青铜时期的炭化植物遗存》，《科学通报》2014年第59卷第34期，第3388~3397页。

c. 邓振华、秦岭：《中原龙山时代农业结构的比较研究》，《华夏考古》2017年第3期，第98~108页。

d. 陈雪香、王良智、王青：《河南博爱县西金城遗址2006~2007年浮选结果分析》，《华夏考古》2010年第3期，第67~76页。

e. 王强、王青、李明启：《河南博爱西金城遗址石器及陶器上残存淀粉粒反映的古人类植食性食谱》，《中国农史》2015年第5期，第3~11页。

f. 武欣：《河南大赉店遗址龙山时期植物遗存分析》，山东大学硕士学位论文，2016年，第40、41页。

[33] 张弛：《旧大陆西部作物及家畜传入初期中国北方生业经济结构的区域性特征》，《华夏考古》2017年第3期，第89~97页。

[34] 陈雪香、马方青、张涛：《尺寸与成分：考古材料揭示黄河中下游地区大豆起源与驯化历程》，《中国农史》2017年第3期，第18~25页。

[35] a. 邓振华、秦岭：《中原龙山时代农业结构的比较研究》，《华夏考古》2017年第3期，第98~108页。

b. 吴文婉、靳桂云、王海玉等：《古代中国大豆属Glycine植物的利用与驯化》，《农业考古》2013年第6期，第1~10页。

c. 吴文婉、靳桂云、王海玉等：《黄河中下游几处遗址大豆属（Glycine）遗存的初步研究》，《中国农史》2013年第2期，第3~8页。

d. 孙永刚：《栽培大豆起源的考古学探索》，《中国农史》2013年第5期，第3~8页。

[36] 邓振华、高玉：《河南邓州八里岗遗址出土植物遗存分析》，《南方文物》2012年第1期，第156~163页。

[37] a. 钟华、赵春青、魏继印等：《河南新密新砦遗址2014年浮选结果及分析》，《农业考古》2016年第1期，第21~29页。

b. 邓振华、秦岭：《中原龙山时代农业结构的比较研究》，《华夏考古》2017年第3期，第98~108页。

[38] a. 吴小红、肖怀德、魏彩云等：《河南新砦遗址人/猪食物结构与农业形态和家畜驯养的稳定同位素证据》，《科技考古》（第二辑），科学出版社，2007年，第49~58页。

b. 张雪莲、赵春青：《新砦遗址出土部分动物骨的碳氮稳定同位素分析》，《南方文物》2015年第4期，第232~240页。

c. 周立刚：《稳定碳氮同位素视角下的河南龙山墓葬与社会》，《华夏考古》2017年第3期，第145~152页。

[39] a. 洛阳市文物工作队：《洛阳皂角树——1992—1993年洛阳皂角树二里头文化聚落遗址发掘报告》，科学出版社，2002年，第123~135页。

b. 中国社会科学院考古研究所：《中国田野考古报告集·二里头（1999—2006）》，文物出版社，2014年，第1295~1313页。

c. 吴文婉、张继华、靳桂云：《河南登封南洼遗址二里头到汉代聚落农业的植物考古证据》，《中原文物》2014年第1期，第109～117页。

d. 杨玉璋、袁增箭、张家强等：《郑州东赵遗址炭化植物遗存分析记录的夏商时期农业特征及其发展过程》，《人类学学报》2017年第36卷第1期，第119～130页。

[40] 袁靖、黄蕴平、杨梦菲等：《公元前2500～公元前1500年中原地区的动物考古学研究——以陶寺/王城岗/新砦/二里头遗址为例》，《科技考古》（第二辑），科学出版社，2007年，第12～34页。

[41] a. 李志鹏、Kathefine Brunson、戴玲玲：《中原地区新石器时代到青铜时代早期羊毛开发的动物考古学研究》，《第四纪研究》2014年第34卷第1期，第149～157页。

b. 吕鹏：《商人利用黄牛资源的动物考古学观察》，《考古》2015年第11期，第105～111页。

[42] Chen X L, Fang Y M, Hu Y W, et al. Isotopic reconstruction of the late Longshan period (ca. 4200-3900 BP) dietary complexity before the onset of State-Level societies at the Wadian Site in the Ying River Valley, Central Plains, China. International Journal of Osteoarchaeology, 2016, 26(5): 808-817.

[43] 周立刚：《稳定碳氮同位素视角下的河南龙山墓葬与社会》，《华夏考古》2017年第3期，第145～152页。

[44] a. 张雪莲、仇士华、薄官成等：《二里头遗址/陶寺遗址部分人骨碳十三/氮十五分析》，《科技考古》（第二辑），科学出版社，第36～41页。

b. 司艺、李志鹏、胡耀武等：《河南偃师二里头遗址动物骨胶原的H、O稳定同位素分析》，《第四纪研究》2014年第34卷第1期，第196～203页。

[45] a. Hou L L, Hu Y W, Zhao X P, et al. Human subsistence strategy at Liuzhuang site, Henan, China during the proto-Shang culture (～2000-1600 BC) by stable isotopic analysis. Journal of Archaeological Science, 2013, 40(5): 2344-2351.

b. 侯亮亮：《先商文化时期先民生业经济研究》，中国科学院大学博士学位论文，2013年，第97、98页。

[46] 赵志军：《关于夏商周文明形成时期农业经济特点的一些思考》，《华夏考古》2005年第1期，第75～81页。

[47] a. 贾世杰、张娟、杨玉璋等：《郑州商城遗址炭化植物遗存浮选结果与分析》，《江汉考古》2018年第2期，第97～103页。

b. 赵志军、方燕明：《登封王城岗遗址浮选结果及分析》，《华夏考古》2017年第2期，第78～89页。

c. 吴文婉、张继华、靳桂云：《河南登封南洼遗址二里头到汉代聚落农业的植物考古证据》，《中原文物》2014年第1期，第109～117页。

d. 杨玉璋、袁增箭、张家强等：《郑州东赵遗址炭化植物遗存分析记录的夏商时期农业特征及其发展过程》，《人类学学报》2017年第36卷第2期，第119～130页。

e. 张俊娜、夏正楷、张小虎：《洛阳盆地新石器—青铜时期的炭化植物资料》，《科学通报》2014年第59卷第34期，第3388～3397页。

f. Wang C, Lv H Y, Gu W F, et al. Temporal changes of mixed millet and rice agriculture in Neolithic-Bronze Age Central Plain, China: Archaeobotanical evidence from the Zhuzhai site. The Holocene, 2017, 28(5): 1-17.

[48] Lee Gyoung-Ah, Crawford G W, Liu L, et al. Plants and people from the Early Neolithic to Shang periods in North China. PNAS, 2007, 104(3): 1087-1092.

[49] 陈雪香：《中国青铜时代小麦种植规模的考古学观察》，《中国农史》2016年第3期，第3~9页。

[50] 王星光、张军涛：《甲骨文与殷商农时探析》，《中国农史》2016年第2期，第15~28页。

[51] a. 王宁、李素婷、李宏飞等：《古骨胶原的氧同位素分析及其在先民迁徙研究中的应用》，《科学通报》2015年第60卷第9期，第838~846页。

b. Cheung C, Jing Z C, Tang J G, et al. Examining social and cultural differentiation in early Bronze Age China using stable isotope analysis and mortuary patterning of human remains at Xin'anzhuang, Yinxu. Archaeological and Anthropological Sciences, 2017, 9(5): 799-816.

c. 司艺：《2500BC—1000BC中原地区家畜饲养策略与先民肉食资源消费》，中国科学院大学博士学位论文，2013年，第107~113页。

d. 张雪莲、王金霞、冼自强等：《古人类食物结构研究》，《考古》2003年第2期，第62~75页。

[52] 陈相龙、尤悦、吴倩：《从家畜饲养方式看新郑望京楼遗址夏商时期农业复杂化进程》，《南方文物》2018年第2期，第200~207页。

[53] a. 郑州大学历史学院考古系：《河南省荥阳市官庄遗址西区发掘简报》，《考古》2013年第3期，第3~14页。

b. 郑州大学历史学院考古系、河南省文物局南水北调文物保护办公室：《河南省荥阳市官庄遗址西周遗存发掘简报》，《考古》2014年第8期，第20~37页。

[54] a. 蓝万里、陈朝云：《荥阳官庄遗址浮选样品植物大遗存分析》，《东方考古》（第11集），科学出版社，2014年，第402~406页。

b. 唐丽雅、郑越、朱津等：《郑州地区周代农作物资源利用研究：以荥阳官庄为例》，《第四纪研究》2022年第42卷第1期，第129~143页。

[55] 陶大卫、陈朝云：《河南荥阳官庄遗址两周时期人牙结石的植物淀粉粒》，《人类学学报》2018年第3期，第467~477页。

[56] a. 赵志军、方燕明：《登封王城岗遗址浮选结果及分析》，《华夏考古》2017年第2期，第78~89页。

b. 孙亚男、杨玉璋、张家强等：《郑州地区东赵先民植物性食物结构及遗址出土部分陶器功能分析：来自植物淀粉粒的证据》，《第四纪研究》2018年第38卷第2期，第406~419页。

[57] a. Zhou L G, Garvie-Lok S J, Fan W Q, et al. Human diets during the social transition from territorial states to empire: stable isotope analysis of human and animal remains from 770 BCE to 220 CE on the Central Plains of China. Journal of Archaeological Science: Reports, 2017(11): 211-223.

b. Dong Y, Morgan C, Chinenov Y, et al. Shifting diets and the rise of male-biased inequality on the Central Plains of China during Eastern Zhou. PNAS, 2017, 114(5): 932-937.

c. 侯亮亮、王宁、吕鹏等：《申明铺遗址战国至两汉先民食物结构和农业经济的转变》，《科学通报》2012年第42卷第7期，第1018~1025页。

[58] Zhou L G, Garvie-Lok S J, Fan W Q, et al. Human diets during the social transition from territorial states to empire: stable isotope analysis of human and animal remains from 770 BCE to 220 CE on the Central Plains of China. Journal of Archaeological Science: Reports, 2017(11): 211-223.

[59] a. 〔美〕许倬云著，程农、张鸣译：《汉代农业——早期中国农业经济的形成》，江苏人民出版社，2012年，第82~85页。

b. 李成：《黄河流域史前至两汉小麦种植与推广研究》，西北大学博士学位论文，2014年，第67~150页。

[60] 张凤：《黄河中下游地区汉代农业的考古学观察》，郑州大学博士学位论文，2012年，第192、193页。

（原刊于《东方考古》第17集，科学出版社，2020年。本次收录订正了个别错字，更新了个别参考文献的出版状态）

良渚文化普通聚落的植物资源
——以朱墓村遗址为例

邱振威

（中国国家博物馆）

一、引　　言

　　种子、果实等植物大遗存，蕴含丰富的信息，有助于探索古代农业和古代文明的发生及发展过程，并可为古代气候和古代植物研究提供重要线索[1]。考古遗址中发现的植物种子和果实可以作为较小地理范围的地方性植被指标[2]，对研究区域环境和先民的生产生活方式是较好的切入点。特别是杂草的构成显示了小环境的变化，应与栽培行为相关[3]。微体植物化石（如孢粉、植硅体、淀粉粒等）可以弥补植物大遗存易受环境影响、难以保存等缺点，一定程度上可以用于恢复和重建自然环境及人地关系的发展演变。尤其是植硅体[4]具有原地沉积的特点，可以有效地反映地方性植物资源利用情况[5]。

　　良渚文化的考古工作持续了八十余年，尤其是以良渚古城成功申遗为契机，学界对良渚文化的研究进入全新阶段，要求融合多学科的方法以全方位、立体化的视角认识良渚文化。其中，与良渚先民生产、生活密切相关的植物考古自然要承担重要的角色。

　　朱墓村遗址位于江苏昆山高新技术开发区姜巷村，南部毗邻草鞋山、绰墩、姜里等发现有新石器时代水稻田的重要遗址。朱墓村遗址以良渚文化堆积为主，面积约14万平方米。2013年度的田野考古发掘揭露出良渚文化时期的河道、水稻田、灰坑等遗迹[6]。此外，还发现大面积红烧土堆积，且部分红烧土块内残留有稻壳印痕。

　　本文主要拟通过对灰坑、水田等堆积单位开展浮选分析，探究良渚文化时期朱墓村遗址的植物资源构成与植被景观概况，并于较大时空范畴内考量中国史前稻作农业发展过程中的植物性食物选择与变化。

作者简介：邱振威，男，1990年8月生，安徽大学考古专业2006级本科生。

二、样品采集与实验

在遗址发掘过程中选取典型堆积单位（灰坑、水田、河道）进行浮选样品的采集，平均每个样品约40升土样，样品信息详见表一。样品自然晾干后，利用发掘区附近河流水源进行浮选和水洗操作[7]。获取的植物遗存自然晾干，再进行分类、鉴定与统计。大植物遗存的鉴定与拍照使用Nikon SMZ 1000体视显微镜。

对浮选所得较小粒径（0.7~0.2mm）的炭化植物遗存进行植硅体分析。具体方法参考植硅体提取的干灰化法[8]。获得植硅体样品自然晾干，用加拿大树胶制片，在Nikon Eclipse LV100 POL偏光显微镜下观察、鉴定、统计与拍照。

表一　朱墓村遗址浮选样品信息

探方号	堆积单位	深度（cm）	厚度（cm）	文化性质	样品描述		
					土质	土色	包含物
TE18N01	S1	130	15	良渚文化	坚硬致密黏土	深灰	陶片
TE18N01	S2	132	17		坚硬致密黏土	深灰	陶片
TE18N01	S3	135	44		较硬致密黏土	深灰	陶片
TE18N01	S4	130	35		坚硬致密黏土	深灰	陶片
TE18S01	S5	137	38		坚硬致密黏土	深灰	
TE18N01	HD3	125	110		坚硬致密黏土	青灰	
TE08S04	H44	76	155		坚硬致密黏土	青灰	
TE17N01	H76	85	120		疏松黏土	黑灰	陶片、木炭、灰烬
TE09N09	④	75	30		疏松砂土	灰黑	陶片
TE08S04	J37	105	245	东周	较硬致密黏土	灰黑	

三、结　　果

（一）AMS ^{14}C年代测定

浮选所得炭化水稻和酸模叶蓼种子用于加速器质谱^{14}C（AMS ^{14}C）年代测定，经树轮校正[9]后年代范围3000BC~2300BC，与相应堆积单位的相对年代（良渚文化中晚期）较好地吻合（表二）。

表二 AMS ^{14}C测年结果

Lab 编号	样品	出土地点	^{14}C年代（BP）	树轮校正后年代 1δ（68.3%）	树轮校正后年代 2δ（95.4%）
BA131751	酸模叶蓼	S1	4170±20	2874BC（14.2%）2851BC	2881BC（20.0%）2839BC
				2809BC（36.1%）2747BC	2816BC（75.4%）2668BC
				2726BC（17.9%）2698BC	
BA131752	水稻	S3	4105±20	2843BC（19.0%）2814BC	2856BC（23.9%）2807BC
				2672BC（34.7%）2619BC	2751BC（8.3%）2722BC
				2608BC（14.5%）2582BC	2701BC（63.2%）2575BC
BA131753	水稻	HD3	3885±25	2455BC（23.1%）2417BC	2464BC（95.4%）2290BC
				2410BC（40.5%）2341BC	
				2317BC（4.7%）2309BC	
BA131754	水稻	H76	4305±25	2919BC（68.3%）2892BC	3010BC（9.1%）2981BC
					2961BC（1.3%）2951BC
					2937BC（87.7%）2883BC

注：所用^{14}C半衰期5568年，BP的距今是指距离1950年的年代。树轮校正曲线为IntCal20，所用程序为OxCal v4.4。

（二）大植物遗存分析

1. 鉴定结果

浮选获得大植物遗存有木炭、竹炭、植物秸秆、果实（残块）、小穗轴、种子等多种类别。经鉴定主要包括：水稻（*Oryza sativa*）、茵草（*Beckmannia syzigachne*）、狗尾草属（*Setaria* sp.）、稗属（*Echinochloa* sp.）、黍亚科（Panicoideae）、禾本科（Poaceae）、马㼎儿（*Zehneria indica*）、甜瓜（*Cucumis melo*）、栝楼（*Trichosanthes kirilowii*）、小葫芦（*Lagenaria siceraria* var. *microcarpa*）、酸浆属（*Physalis* sp.）、颠茄（*Atropa belladonna*）、李属（*Prunus* sp.）、萎陵菜属（*Potentilla* sp.）、乌蔹莓（*Cayratia japonica*）、中华猕猴桃（*Actinidia chinensis*）、芡实（*Euryale ferox*）、菱属（*Trapa* sp.）、千金藤（*Stephania japonica*）、壳斗科（Fagaceae）、楝（*Melia azedarach*）、山矾科（Symplocaceae）、酸模属（*Rumex* sp.）、红蓼（*Polygonum orientale*）、酸模叶蓼（*Polygonum lapathifolium*）、扁蓄（*Polygonum aviculare*）、莎草属（*Cyperus* sp.）、尖嘴苔草（*Carex leiorhyncha*）、苔草属（*Carex* sp.）、白屈菜（*Chelidonium majus*）、苘麻（*Abutilon theophrasti*）、茜草科（Rubiaceae）、报春花科（Primulaceae）、石荠苎属（*Mosla* sp.）、狐尾藻属（*Myriophyllum* sp.）、藜科（Chenopodiaceae）、荨麻科（Urticaceae）、竹亚科（Bambusoideae）等，隶属22科28属（图一~图三）。

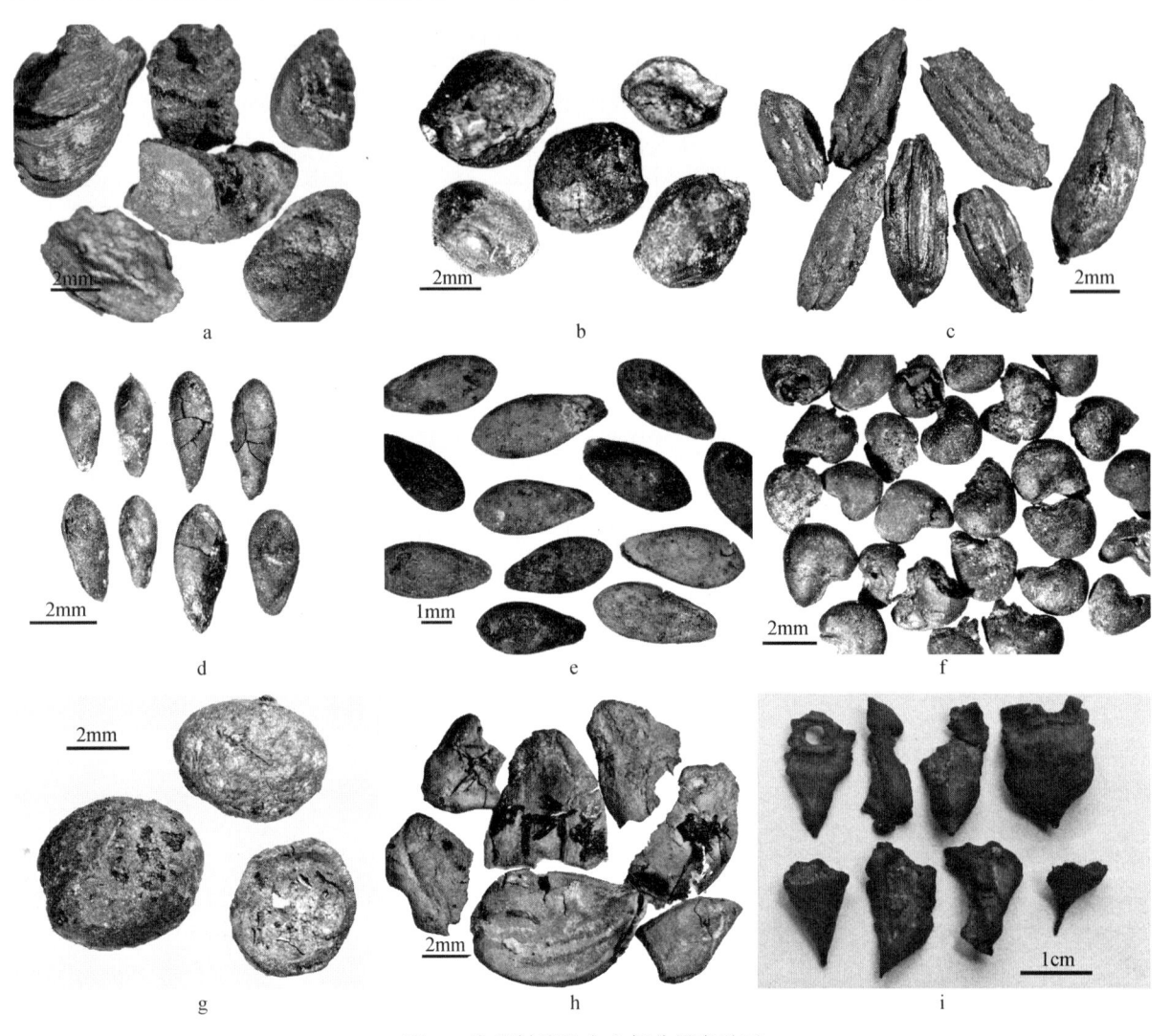

图一　朱墓村遗址出土部分果实种子

a. 壳斗科（Fagaceae）　b. 山矾科（Symplocaceae）　c. 水稻（Oryza sativa）　d. 甜瓜（Cucumis melo）　e. 马㼎儿（Zehneria indica）
f. 苘麻（Abutilon theophrasti）　g. 芡实（Euryale ferox）　h. 栝楼（Trichosanthes kirilowii）　i. 菱属（Trapa sp.）

2. 炭类植物遗存

浮选获得的木炭和竹炭有较大块状、片状和碎屑粉末状几种不同粒径，部分还保持植物的本体形态。经显微鉴定分析，其主要包括麻栎（Quercus acutissima）、青冈属（Cyclobalanopsis）、榆属（Ulmus）、梨属（Pyrus）、杨属（Populus）、柳属（Salix）、竹亚科（Bambusoideae）等，隶属5科6属。

其中大于1mm者主要为木炭、竹炭、禾本科秸秆等（图二、图三），0.7～1mm的系粒径较小的木炭、秸秆等。对小于0.7mm的"草木灰"进行植硅体分析，发现了大量水稻双峰型、水稻扇型和横排哑铃型植硅体，表明其主要来自稻壳、稻叶和稻秆（图四）。值得注意的是，浮选过程中有较多粒径小于0.2mm的炭类遗存随筛孔流失。灰坑H76中的木炭、竹炭和草木灰浓度尤其高，J37也出土较多木炭和竹炭，S1～S5平均木炭浓度约0.11g/10L（图五）。

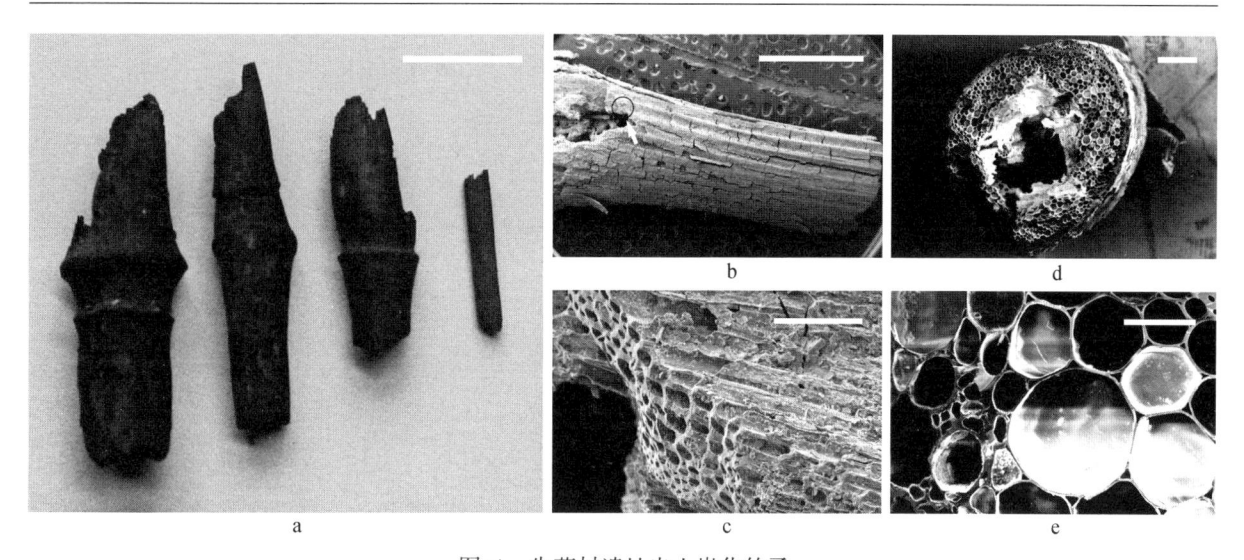

图二 朱墓村遗址出土炭化竹子

a. 炭化竹子光学照片　b~e. 竹子表面与切面扫描电镜照片［b. 竹子表面的脊和裂纹　c. 竹子径切面（b中箭头所示区域）管状结构　d. 竹子横切面　e. 竹子横切面维管束］

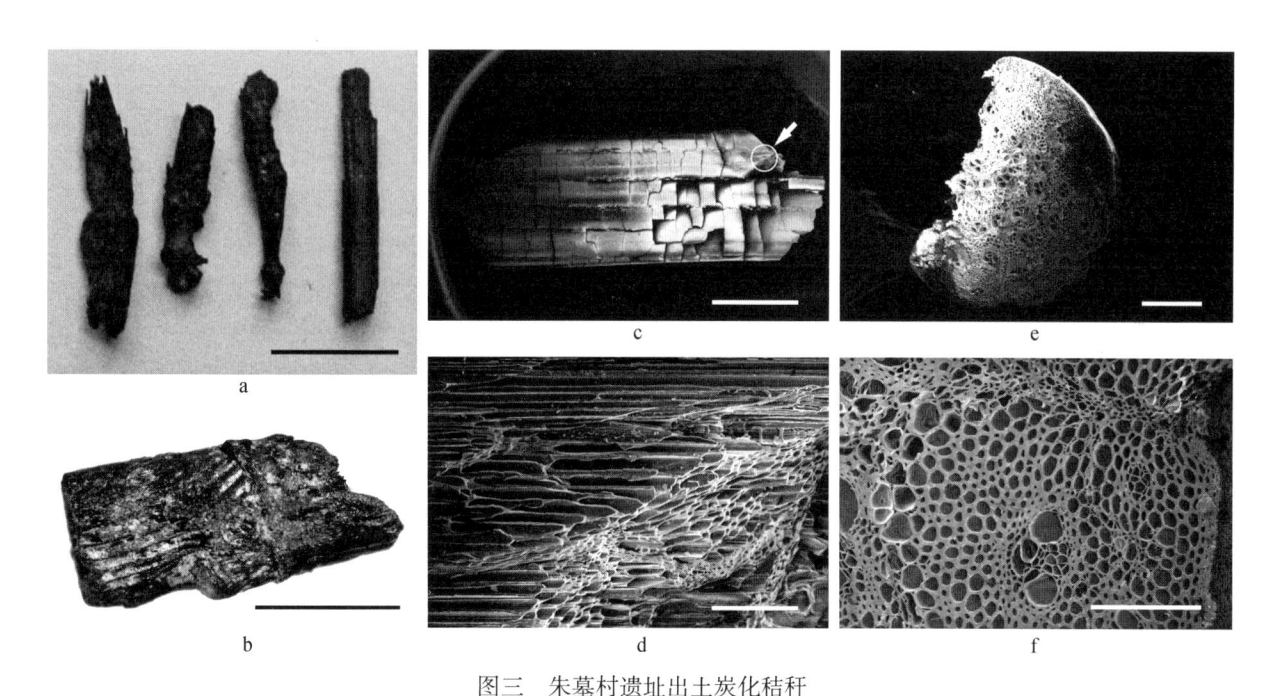

图三 朱墓村遗址出土炭化秸秆

a、b. 炭化秸秆光学照片　c~f. 秸秆表面与切面扫描电镜照片（c. 秸秆表面裂纹　d. 秸秆径切面（c箭头所示区域）管状结构　e. 秸秆横切面　f. 秸秆横切面维管束）

3. 植物种子

考虑本次浮选分析中属于东周时期的堆积单位仅J37一个，且其出土植物遗存的种类和数量均很少（可鉴定的仅有水稻一种），接下来主要分析良渚文化时期的浮选结果。

（1）相对百分比

出土植物种子中，炭化水稻的相对百分比最高（图六），接近所有植物种子的一半

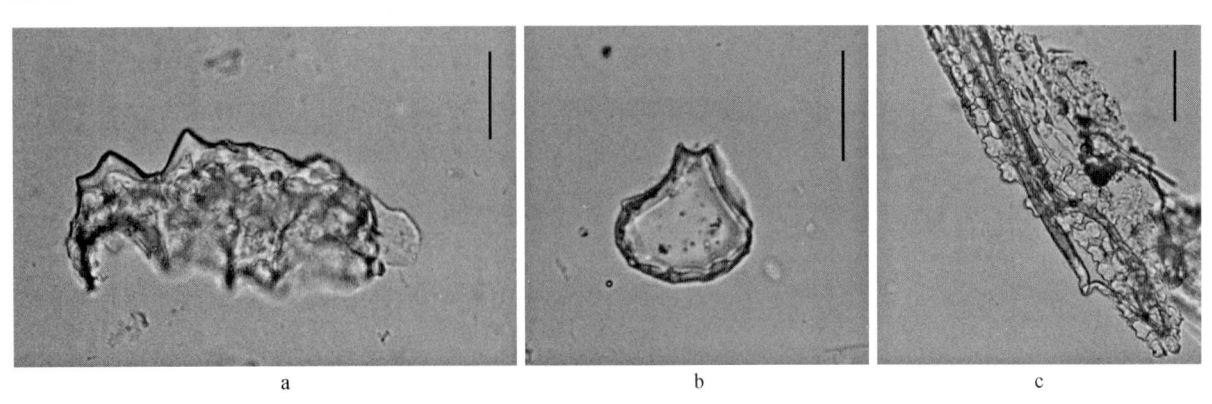

图四 朱墓村遗址"灰烬"中提取的水稻植硅体
a. 来自稻壳的水稻双峰型植硅体 b. 来自稻叶的水稻扇型植硅体 c. 来自稻秆的横排哑铃型植硅体

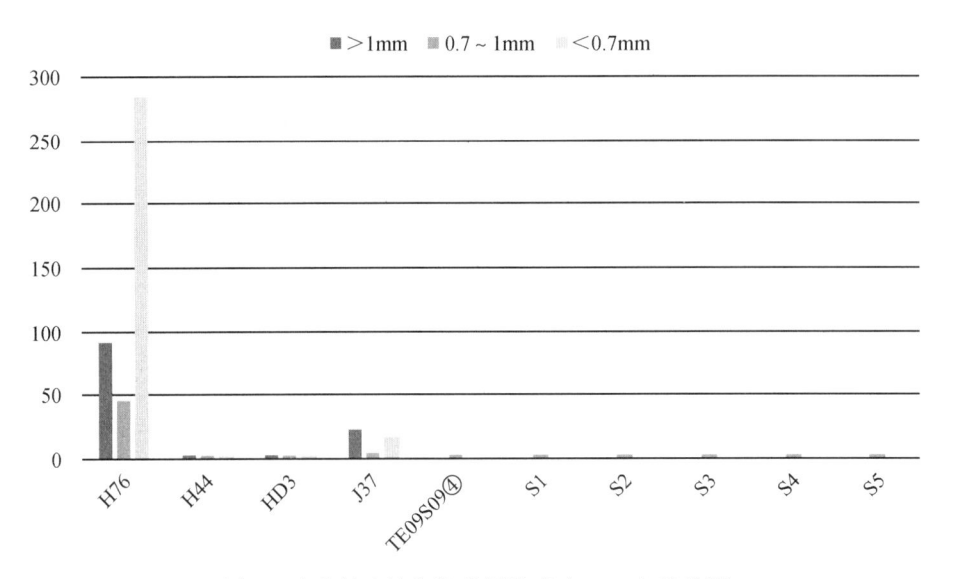

图五 朱墓村遗址木炭/炭屑浓度（g/10L）柱状图

（45.83%）。其次为酸模属（13.1%）、狗尾草属（10.56%）、马㼎儿（5.38%）、红蓼（4.82%）、稗属（3.20%）、莎草属（3.04%）和酸浆属（2.56%）等。

（2）出土概率

水稻的出土概率同属最高（1），其次为酸模叶蓼（0.67）、狐尾藻属（0.56）、酸浆属（0.44）、莎草属（0.44）和马㼎儿（0.44）等（图七）。

（3）标准密度

水稻的标准密度远高于其他各类植物遗存，达到6.07粒/升土样；其次为酸模属（1.73粒/升土样）、狗尾草属（1.4粒/升土样）、马㼎儿（0.71粒/升土样）和红蓼（0.64粒/升土样）等（图八）。

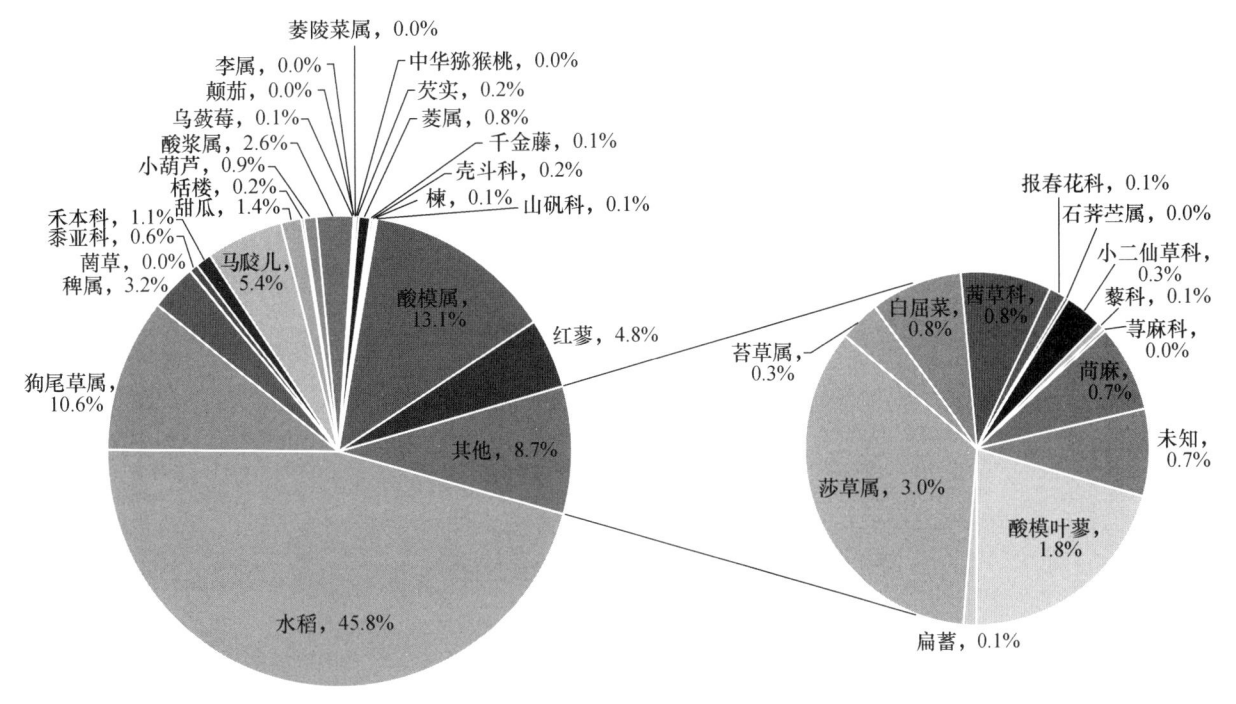

图六　朱墓村遗址炭化种子百分比饼图

四、讨　论

（一）木炭、竹炭和炭屑

朱墓村遗址出土有木炭、竹炭、炭化秸秆、草木灰、小粒炭屑等不同形式的炭化物，而且不同堆积单位之间存在比较显著的差异。总体上，灰坑等遗迹的炭类植物遗存含量远高于水田遗迹和一般地层堆积，而且东周时期的水井废弃堆积中的炭含量明显低于良渚文化时期（不排除孤例的可能性）。水田堆积S1~S5中的木炭浓度很低，较之姜里遗址马家浜文化和崧泽文化时期水田[10]中的木炭浓度略高，可能与良渚文化时期的水田耕作方式（如"秸秆焚烧还田"）有关。灰坑H76异常高浓度的炭含量，直接反映了强烈或频繁的人为火事件，结合多个种属炭化乔木、灌木的芯材和草本植物的果实、种子共存，可能是良渚文化时期某种特定活动的遗留与反映。

（二）以水稻为主体的多样化植物性食物资源

朱墓村遗址出土的可食用植物遗存数量较大、种类丰富，包括谷物类、瓜果类、蔬菜类（？）以及草药类（？）（表三）。栽培植物中水稻是唯一的谷物，还很可能有甜瓜和猕猴桃。其他植物性食物应该是采集自野生植物资源并加以利用。经初步梳理，新石器时代晚期（约7000~4000BP）的长江下游地区，水稻作为唯一的谷物在先民生产生活中的重要性渐趋强化，现代意义上的水果和坚果类食物也一直发挥着重要作用（图九）。

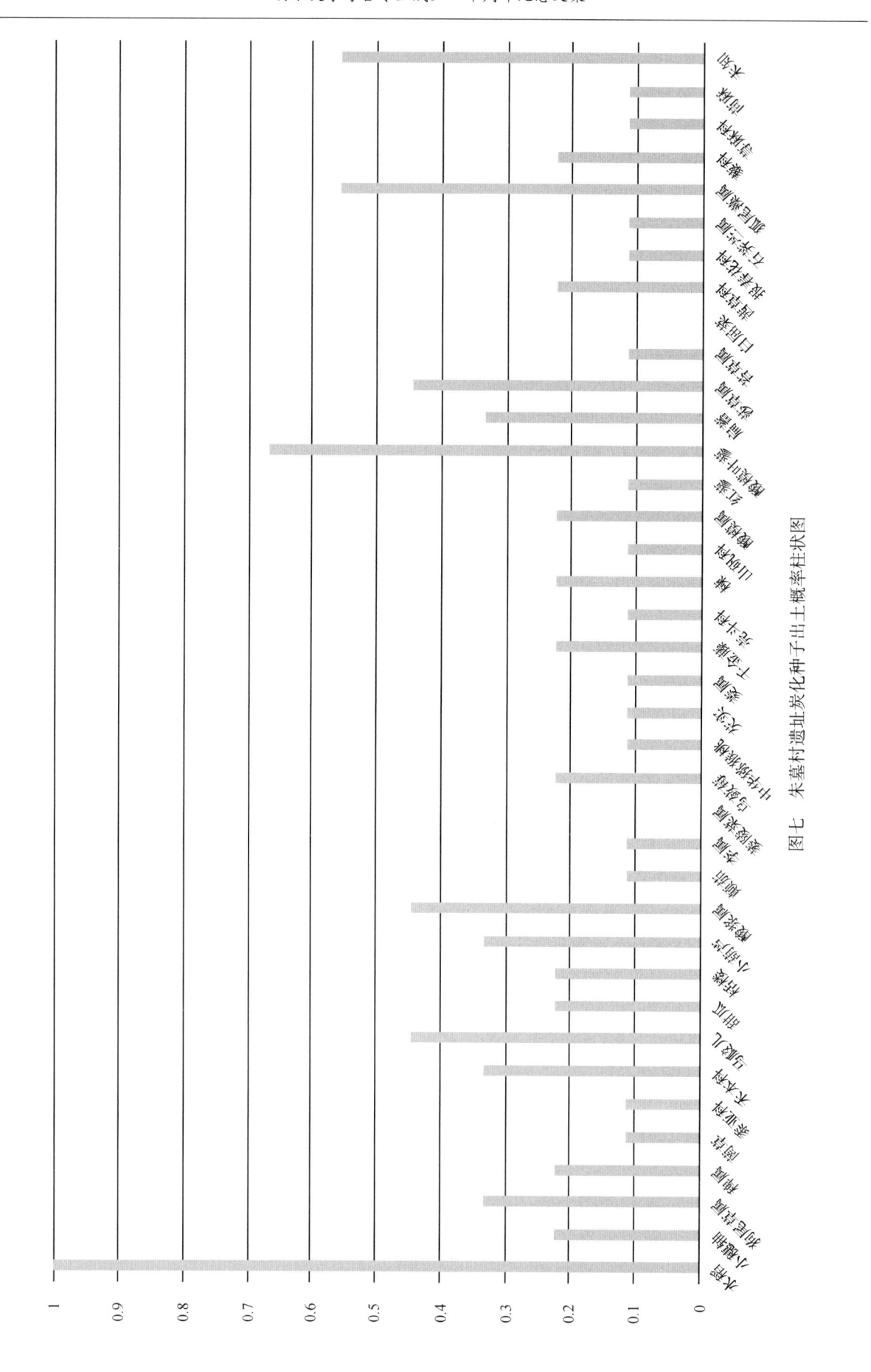

图七 朱寨村遗址炭化种子出土概率柱状图

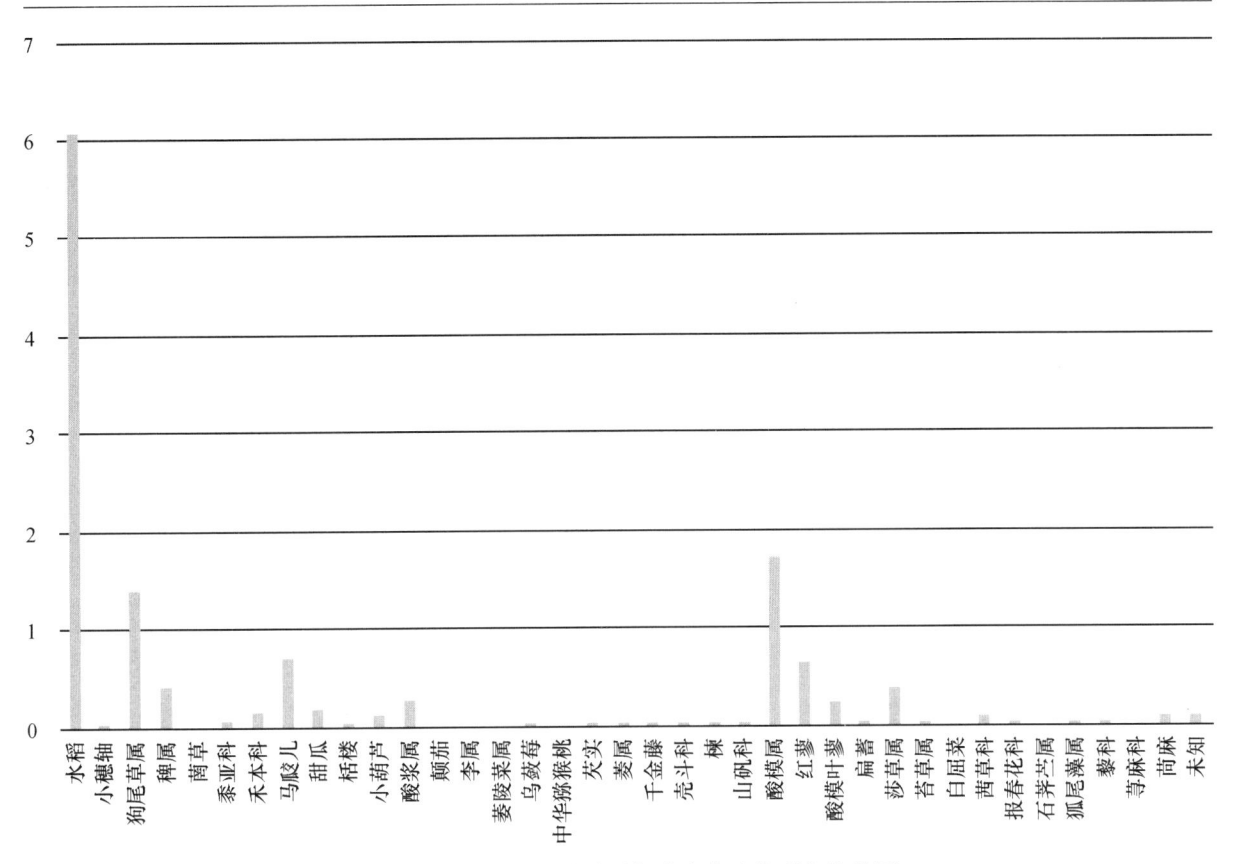

图八 朱墓村遗址炭化种子标准密度（粒/升）柱状图

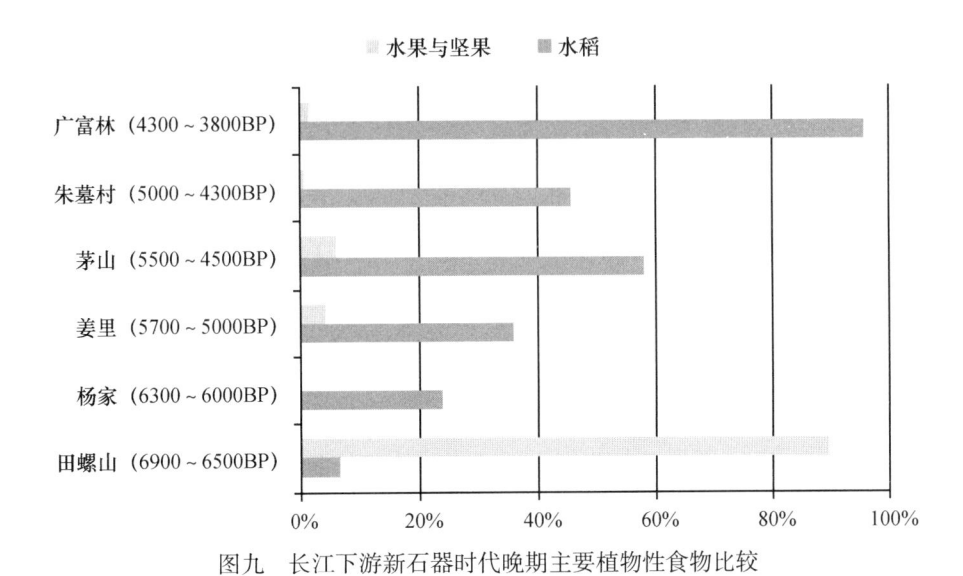

图九 长江下游新石器时代晚期主要植物性食物比较
田螺山、杨家、姜里、茅山和广富林遗址的数据分别引用自傅稻镰等[11]，邱振威等[12]，高玉[13]和郭晓蓉[14]

表三　朱墓村遗址出土的植物性食物资源

谷物类	瓜果类				蔬菜类	草药类
	瓜类	浆果类	核果类	坚果类		
水稻	甜瓜	中华猕猴桃、酸浆属	李属	芡实、菱属	红蓼、酸模叶蓼、扁蓄、小葫芦和藜科	葜陵菜属、乌蔹莓、千金藤、红蓼、酸模叶蓼、扁蓄、白屈菜、石芥苎属、马㼎儿、栝楼、小葫芦、颠茄

1. 唯一的谷物性食物——水稻

炭化水稻的相对百分比、出土概率以及标准密度均属最高，表明水稻已经成为朱墓村遗址良渚文化先民的主要粮食作物。水稻占据如此重要的地位，也可以从大面积古水田[15]（如S5田块揭露的部分约76平方米）和茼草、稗属、酸模属、红蓼、酸模叶蓼、扁蓄、莎草属、苔草属等典型湿地杂草的发现得到印证。水稻粒型研究表明，一般典型野生稻的粒长范围为7.1～10mm，粒宽范围为1.9～3.4mm[16]，长宽比大于3.5[17]；粳稻的长宽比小于2.3，籼稻的长宽比为2.5～3.5，2.31～2.5为中间类型[18]。朱墓村遗址出土的119粒完整炭化水稻的粒型测量分析显示，其粒长范围为3.6～6.1mm（平均约4.9mm），粒宽范围为1.8～3.5mm（平均约2.5mm），长宽比为1.43～3.17（平均约1.99）。因此，这些炭化水稻均为栽培类型且主体为粳稻。

河姆渡文化时期田螺山遗址出土的植物遗存以橡子、菱角、芡实和水稻为主，而水稻粒型和小穗轴研究表明栽培稻仅占三分之一左右；结合同时期水稻田的发现和研究，初步认为田螺山遗址的水稻正处于驯化过程中，采食经济仍占据重要成分甚至是主体[19]。到了良渚文化时期，以朱墓村遗址出土的植物遗存为代表，一方面反映了水稻上升为植物性食物资源的绝对主体，另一方面水稻驯化已经完成且被大面积栽培（图一〇）。

2. 其他非谷物类植物性食物

一定量瓜果和蔬菜（？）类食物的出土，很可能表明良渚文化时期朱墓村先民已经不再满足果腹之需，转而向往更加营养、健康的饮食结构。这些植物性食物常见于新石器时代晚期长江中下游的考古遗址中，而且一些植物种类延续时间较长（如甜瓜、菱角等）。

甜瓜为一年生蔓生草本植物，品种丰富、分布广泛。通过对考古遗址出土甜瓜种子进行形态测量和比较，郑云飞等人认为中国至少是甜瓜的起源地之一，其在长江下游的栽培历史可能早至距今6500年左右，而且良渚文化晚期应该是甜瓜栽培和驯化的重要阶段[20]。中华猕猴桃是一种大型落叶藤本，广泛分布于长江以南海拔200～2300米山坡、林缘或灌丛中，其果实为猕猴桃属中最大的一种，维生素C含量比一般食物和果品要高几倍至十几倍[21]，很可能在良渚文化以前就被先民采食利用。菱属和芡实均为一年生水生草本植物，种子富含淀粉，甚至被称为"水中人参"，二者还可用作饲料，是史前长江下游地区与水稻共存的最为常见的水生植物遗存[22]。

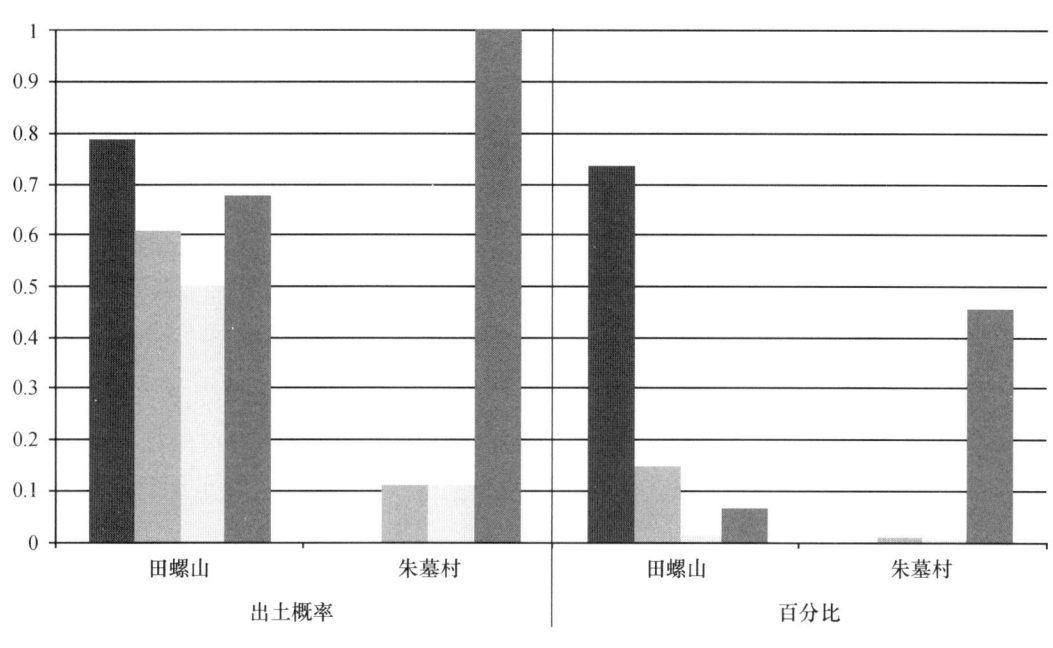

■ 橡子 *Quercus sensu lato & Lithocarpus*　■ 菱角 *Trapa*　■ 芡实 *Euryale ferox*　■ 水稻 *Oryza rufipogon & sativa*

图一〇　朱墓村与田螺山出土植物性食物遗存比较

小葫芦是葫芦的一个变种，一年生攀援草本，果实可作为蔬菜食用或药用。经过人们的长期选择和培育，葫芦很可能在7000年前的中国南方即被驯化和利用[23]。红蓼、酸模叶蓼、扁蓄等蓼属植物的嫩茎叶或果实均可食用[24]。北美原住民[25]和日本绳文时代[26]均有食用蓼科植物的传统。蓼在中国历史时期一直是一种重要的蔬菜。北魏贾思勰《齐民要术》引《家政法》详细介绍了蓼的种植和食用方法："三月可种葵、蓼……蓼，尤宜水畦种也……蓼作菹者，长二寸则剪，绢袋盛，沉于酱瓮中。又长，更剪，常得嫩者（若待秋，子成而落，茎既坚硬，叶又枯燥也）。取子者，候实成，速收之（性易凋）。五月、六月中，蓼可为齑以食莧。"[27]明代《本草纲目》引北宋寇宗奭《本草衍义》曰："蓼实即草部下品水蓼之子也……春初以壶卢盛水浸湿，高挂火上，日夜使暖，遂生红芽，取为蔬，以备五辛盘。"[28]元代王祯所著《农书》载葵、蓼"二菜实菜中之用广而多益者"[29]。

此外，良渚文化时期，随着农业生产技术的发展，采集遗址及其周边常见的药用植物来治疗疾病或伤痛应已常见且必要。如栝楼为多年生草质藤本，其块根入药，具有引产和节育的功效，也可以食用；果皮和种子具有清热、解毒、利尿和镇痛的功效[30]。栝楼药用很可能早至距今8000年前的八十垱遗址[31]和距今6000年前的城头山遗址[32]，而且其果实也曾见于良渚文化时期的广富林遗址的陶罐中[33]。楝为落叶乔木，其树皮、叶、果实可入药，具有驱虫和止痛的功效。楝的果核曾发现于八十垱[34]、城头山[35]、田螺山[36]以及广富林[37]等遗址。可见，其从早到晚逐渐增多的趋势很可能指示人为利用的加强。

一般（野生）绿叶蔬菜和根类植物性食物很少被认为具有任何膳食意义，并且不存在于公布的大部分采集植物列表中，即使它们作为考古遗物出现[38]。然而如果将这些缺失的部分纳入考虑，估计可食用的野生植物对食谱的潜在热量贡献会达到30%～40%[39]。而且，22个亚洲和非洲国家的农业和攫取经济社会的民族学调查显示，每个社群平均利用90~100种野生植物资源[40]。因此，朱墓村遗址出土的丰富的野生植物资源在先民食谱中的地位即不容小觑。

3. 植物性食物资源的重要作用

良渚文化中晚期朱墓村遗址呈现出丰富的植物性食物资源，却几乎不见动物骨骼出土，很可能说明其先民以植物性食物作为饮食结构的主体。广富林遗址良渚文化时期人骨微量元素分析表明，较大的Sr/Ca值反映先民的营养级偏低，因此其饮食结构的主体应该是植物性的食物[41]。这似乎证实了程世华的"良渚人一般以素食为主"[42]的推断。但是，龙南遗址和马桥遗址良渚文化堆积中出土了数量相当的动物骨骼且又表现出以家猪为主[43]。可见，长江下游地区新石器时代动物骨骼出土情况迥异，究竟是地方差异、遗址等级区别还是考古发现或埋藏环境使然，尚需要开展进一步的工作（如人骨稳定氮同位素分析）以判断植物性或动物性食物在先民食谱中的地位。

张光直就食物在中国古代文化中的重要地位[44]有专门的论述，Douglas进一步提出食物是人类用于建立和维持其社会关系的有效手段[45]。朱墓村遗址的植物遗存分析揭示了良渚文化时期以稻作农业为主体的多样化的植物性食物资源，也在一定程度上窥探了太湖流域良渚文化时期社会复杂化进程的物质基础。

（三）植被景观

结合孢粉分析结果[46]，良渚文化时期朱墓村遗址附近山地丘陵生长以栎属和栲属为代表的亚热带常绿—落叶阔叶混交林，平原地区分布以禾本科为主的陆生草本植物；水体活动趋于强烈，气候总体温暖湿润，呈现适宜稻作农业发展的湿地景观。附近山上分布的栎属等壳斗科植物，遗址周边平原覆盖的自然草本植物和大量人为栽培的谷物（水稻）及瓜果等作物，以及沼泽或河边湿地生长的芡实、菱属等植物，均是与人类关系密切的重要自然植被或人为干预或管理下的植被类型（表四）。这些是朱墓村先民与环境相互适应的结果与记录。

表四 朱墓村遗址及其周边的主要植被景观

乔木	山矾科（Symplocaceae）、中华猕猴桃（Actinidia chinensis）、李属（Prunus sp.）、楝（Melia azedarach）、栎属（Quercus）、榆属（Ulmus）、麻栎（Quercus acutissima）、青冈属（Cyclobalanopsis）、梨属（Pyrus）、杨属（Populus）、柳属（Salix）
灌木和陆生草本	水稻（Oryza sativa）、茵草（Beckmannia syzigachne）、稗属（Echinochloa sp.）、酸模属（Rumex sp.）、红蓼（Polygonum orientale）、酸模叶蓼（Polygonum lapathifolium）、扁蓄（Polygonum aviculare）、莎草属（Cyperus sp.）、苔草属（Carex sp.）、狗尾草属（Setaria sp.）、黍亚科（Panicoideae）、禾本科（Poaceae）、马瓟儿（Zehneria indica）、甜瓜（Cucumis melo）、栝楼（Trichosanthes kirilowii）、小葫芦（Lagenaria siceraria var. microcarpa）、酸浆属（Physalis sp.）、颠茄（Atropa belladonna）、菱陵菜属（Potentilla sp.）、乌蔹莓（Cayratia japonica）、千金藤（Stephania japonica）、白屈菜（Chelidonium majus）、苘麻（Abutilon theophrasti）、茜草科（Rubiaceae）、报春花科（Primulaceae）、石荠苎属（Mosla sp.）、藜科（Chenopodiaceae）、荨麻科（Urticaceae）、竹亚科（Bambusoideae）、蒿属（Artemisia）
水生草本	芡实（Euryale ferox）、菱属（Trapa）

五、结论与展望

朱墓村遗址出土了丰富的植物遗存,构建了良渚文化一般聚落的植物资源和植被景观。研究显示其聚落形态十分符合农业社会遗址资源域的一般特点[47],缩小了资源域范围,大大减少甚至放弃了很多野生植物资源的采集,而集中于改造小范围内的自然资源景观。总体上,表现出全新世大暖期人类适应长江下游水网湿地环境的生计模式,依赖以水稻为主体的多样化植物和动物资源,兼营农业和采集、渔猎的多样化生计策略,为良渚文化的发展奠定了坚实的物质基础,成为良渚神权滋生繁衍的沃土。

本次浮选获取的大部分植物遗存来自灰坑H76内的堆积。其中既有可以作为薪柴的多种木本植物,也有包括水稻在内的多种植物性食物,还有较为完整的陶盆、石刀等遗物共存。由此推断其可能与祭祀功能相关的特定遗迹——如"燎祭"产物的掩埋处。据报道,史前"燎祭"遗迹曾发现于上海青浦福泉山[48]、浙江余杭瑶山[49]、上海松江广富林[50]等遗址[51]。商代甲骨卜辞对"燎祭"有明确的记载,仅《甲骨文合集》中就有700余例[52],而且"商之燎祀,止是'蟠柴',注重烟火,不必实牲"[53],后为西周所承[54]。Flannery通过文化进化和国家起源的"多变量"模型认为礼仪活动能够调节社会关系,并且监督人类对自然环境的利用[55]。"燎祭"这种传统的礼仪活动长期存在于中国的史前和历史时期,与传统农业社会相契合,是人类文化适应的典型表现。

为深化遗址的地方性植被景观和环境演变的研究,接下来可以通过孢粉、植硅体等古环境替代指标分析遗址的文化堆积,再将其置于全新世中晚期区域气候环境演变的背景下进行考察。如此,从良渚文化一般聚落的视角出发,运用人类生态学、聚落考古等理论范式,观察良渚文化的地方性与区域性环境景观的异同,进而与以良渚古城为代表的良渚文化核心区的相关分析进行比较,考量良渚文化兴衰的机制与动因。

附记:本研究受国家自然科学基金项目(项目批准号:42107470)资助。文章部分内容发表于Quaternary International第426卷(2016年)和《早期中国研究》第3辑(2018年)。

注　释

[1] a. Fuller D Q, Qin L, Zheng Y, et al. The Domestication Process and Domestication Rate in Rice: Spikelet Bases from the Lower Yangtze. Science, 2009, 323: 1607-1610.

b. 周鸿、郑祥民:《试析环境演变对史前人类文明发展的影响——以长江三角洲南部平原良渚古文化衰变为例》,《华东师范大学学报(自然科学版)》2000年第4期。

c. 刘长江、林祁、贺建秀:《中国植物种子形态学研究方法和术语》,《西北植物学报》2004年第1期。

[2] 湖南省文物考古研究所、国际日本文化研究中心：《澧县城头山——中日合作澧阳平原环境考古与有关综合研究》，文物出版社，2007年。

[3] Willcox G. Agrarian change and the beginnings of cultivation in the Near East: evidence from wild progenitors, experimental cultivation and archaeobotanical data. In Gosden C, Hather J G (Eds.), The Prehistory of Food: Appetites for Change. Routledge, London, 1999, pp.478-500.

[4] Lü H, Liu Z, Wu N, et al. Rice domestication and climatic change: phytolith evidence from East China. Boreas, 2002, 31(4): 378-385.

[5] Piperno D R. Phytolith Analysis: An Archaeological and Geological Perspective. Academic Press, San Diego, 1988.

[6] 苏州市考古研究所、昆山市文物管理所：《江苏苏州昆山朱墓村遗址发掘简报》，《东南文化》2014年第2期。

[7] a. 赵志军：《植物考古学的田野工作方法——浮选法》，《考古》2004年第3期。
b. 邱振威：《太湖流域史前稻作农业发展与环境变迁研究》，中国科学院大学博士学位论文，2015年。

[8] a. Sun X, Wu Y, Wang C, et al. Comparing dry ashing and wet oxidation methods. The case of the rice husk (*Oryza sativa* L.). Microscopy research and technique, 2012, 75: 1272-1276.
b. Wang X, Jiang H, Shang X, et al. Comparison of dry ashing and wet oxidation methods for recovering articulated husk phytoliths of foxtail millet and common millet from archaeological soil. Journal of Archaeological Science, 2014, 45: 234-239.

[9] a. Reimer P J, et al. The IntCal20 Northern Hemisphere radiocarbon age calibration curve (0-55 cal kBP). Radiocarbon, 2020, 62(4): 725-757.
b. Bronk Ramsey C. Oxcal Program v4.4.2. URL:https://c14.arch.ox.ac.uk/oxcalhelp/hlp_contents.html, 2020.

[10] 邱振威、蒋洪恩、丁金龙：《江苏昆山姜里新石器时代遗址植物遗存研究》，《文物》2013年第1期。

[11] 傅稻镰、秦岭、赵志军等：《田螺山遗址的植物考古分析——野生植物资源采集与水稻栽培、驯化的形态学观察》，《田螺山遗址自然遗存综合研究》，文物出版社，2011年，第47~96页。

[12] 邱振威、刘宝山、李一全等：《江苏无锡杨家遗址植物遗存分析》，《中国科学：地球科学》2016年第46卷第8期。

[13] 高玉：《环太湖地区新石器时代植物遗存与生业经济形态研究》，北京大学硕士学位论文，2012年。

[14] 郭晓蓉：《上海广富林遗址史前植物遗存分析》，山东大学硕士学位论文，2014年。

[15] 邱振威、丁金龙、蒋洪恩等：《江苏昆山朱墓村良渚文化水田植物遗存分析》，《东南文化》2014年第2期。

[16] 李道远：《中国普通野生稻形态分类学研究》，《中国栽培稻起源与演化研究专集》，中国农业大学出版社，1996年，第115~119页。

[17] 王象坤：《中国稻作起源研究中几个主要问题的研究新进展》，《中国栽培稻起源与演化研究专集》，中国农业大学出版社，1996年，第2~7页。

[18] 郑云飞、蒋乐平、郑建明：《浙江跨湖桥遗址的古稻遗存研究》，《中国水稻科学》2004年第18卷第2期。

[19] a. 北京大学中国考古学研究中心、浙江省文物考古研究所：《田螺山遗址自然遗存综合研究》，文物出版社，2011年。

b. Fuller D Q, Qin L, Zheng Y, et al. The Domestication Process and Domestication Rate in Rice: Spikelet Bases from the Lower Yangtze. Science, 2009, 323: 1607-1610.

c. Fuller D Q, Qin L. Declining oaks, increasing artistry, and cultivating rice: the environmental and social context of the emergence of farming in the Lower Yangze Region. Environmental Archaeology, 2010, 15: 139-159.

d. Zheng Y, Sun G, Qin L, et al. Rice fields and modes of rice cultivation between 5000 and 2500 BC in east China. Journal of Archaeological Science, 2009, 36: 2609-2616.

[20] 郑云飞、陈旭高：《甜瓜起源的考古学研究——从长江下游出土的甜瓜属（*Cucumis*）种子谈起》，《浙江文物考古研究所学刊（第8辑）——纪念良渚遗址发现70周年学术研讨会文集》，科学出版社，2006年，第578~585页。

[21] 李欣、印万芬：《猕猴桃》，《植物学杂志》1974年第2期。

[22] 吴文婉、林留根、甘恢元等：《植物遗存视角下蒋庄遗址良渚时期的聚落生产活动》，《中国农史》2019年第6期。

[23] 游修龄：《葫芦的家世——从河姆渡出土的葫芦种子谈起》，《文物》1977年第8期。

[24] 俞为洁：《中国史前植物考古——史前人文植物散论》，社会科学文献出版社，2010年，第41页。

[25] Usher G. A Dictionary of Plants Used by Man. Hafner Press, New York, 1974.

[26] Crawford G W. Paleoethnobotany of the Kameda Peninsula Jormon. Museum of Anthropology, University of Michigan, Michigan, 1983.

[27] 缪启愉、缪桂龙：《齐民要术译注》，上海古籍出版社，2006年，第212页。

[28] 李时珍著、王育杰整理：《本草纲目》，人民卫生出版社，2004年，第899页。

[29] 缪启愉、缪桂龙：《东鲁王氏农书译注》，上海古籍出版社，2008年，第233页。

[30] 刘长江、靳桂云、孔昭宸：《植物考古——种子和果实研究》，科学出版社，2008年。

[31] 湖南省文物考古研究所：《彭头山与八十垱》，科学出版社，2006年。

[32] 刘长江、顾海滨：《城头山遗址的植物遗存》，《澧县城头山——中日合作澧阳平原环境考古与有关综合研究》，文物出版社，2007年，第98~106页。

[33] 俞为洁：《中国史前植物考古——史前人文植物散论》，社会科学文献出版社，2010年，第204、205页。

[34] 湖南省文物考古研究所：《彭头山与八十垱》，科学出版社，2006年。

[35] 刘长江、顾海滨：《城头山遗址的植物遗存》，《澧县城头山——中日合作澧阳平原环境考古与有关综合研究》，文物出版社，2007年，第98~106页。

[36] a. 傅稻镰、秦岭、赵志军等：《田螺山遗址的植物考古分析——野生植物资源采集与水稻栽培、驯化的形态学观察》，《田螺山遗址自然遗存综合研究》，文物出版社，2011年，第47~96页。

b. 郑云飞、陈旭高、孙国平：《田螺山遗址出土植物种子反映的食物生产活动》，《田螺山遗址自然遗存综合研究》，文物出版社，2011年，第97~107页。

[37] 王海玉、翟杨、陈杰等：《广富林遗址（2008年）浸水植物遗存分析》，《南方文物》2013年第2期。

[38] Colledge S, Conolly J. Wild plant use in European Neolithic subsistence economies: a formal assessment of preservation bias in archaeobotanical assemblages and the implications for understanding changes in plant diet breadth. Quaternary Science Reviews, 2014, 101: 193-206.

[39] a. Arbogast R-M, Jacomet S, Magny M, et al. The significance of climate fluctuations for lake level changes and shifts in subsistence economy during the late Neolithic (4300-2400 b.c.) in central Europe. Vegetation History and Archaeobotany, 2006, 15: 403-418.

b. Jacomet S. Plant economy and village life in Neolithic lake dwellings at the time of the Alpine Iceman. Vegetation History and Archaeobotany, 2009, 18: 47-59.

[40] Bharucha Z, Pretty J. The roles and values of wild foods in agricultural systems. Philosophical Transactions of the Royal Society B: Biological Sciences, 2010, 365: 2913-2926.

[41] 张全超、汪洋、翟杨：《上海松江区广富林遗址良渚时期人骨微量元素的初步研究》，《东南文化》2010年第1期。

[42] 程世华：《良渚人饮食之蠡测》，《农业考古》2005年第1期。

[43] a. 袁靖、宋建：《上海市马桥遗址出土动物骨骼的初步研究》，《考古学报》1997年第2期。

b. 吴建民：《龙南新石器时代遗址出土动物遗骸的初步鉴定》，《东南文化》1991年第3、4期。

[44] Chang K-C. Food in Chinese Culture. New Haven: Yale University Press, 1977.

[45] Douglas M. Standard social uses of food: introduction. In Douglas, M., (Ed.), Food in the Social Order. New York: Russell Sage Foundation, 1984, pp.10,30.

[46] 邱振威：《太湖流域史前稻作农业发展与环境变迁研究》，中国科学院大学博士学位论文，2015年。

[47] 秦岭、傅稻镰、张海：《早期农业聚落的野生食物资源域研究——以长江下游和中原地区为例》，《第四纪研究》2010年第30卷第2期。

[48] 黄宣佩：《福泉山遗址发现的文明迹象》，《考古》1993年第2期。

[49] 浙江省文物考古研究所：《瑶山》，文物出版社，2003年。

[50] 上海博物馆考古研究部：《上海松江区广富林遗址1999～2000年发掘简报》，《考古》2002年第10期。

[51] 李锦山：《燎祭起源于东部沿海地区》，《中国文化研究》1995年第1期。

[52] 焦智勤：《卜辞燎祭的演变》，《殷都学刊》2001年第1期。

[53] 丁山：《中国古代宗教与神话考》，科学出版社，1961年。

[54] 王贵生：《周初燎祭仪式考辨》，《中国典籍与文化》2008年第1期。

[55] Flannery K V. The cultural evolution of civilizations. Annual Review of Ecology and Systematics, 1972, 3: 399-426.

蚌埠双墩遗址新石器时代中晚期人类植物性食物资源利用及其加工方式的淀粉粒分析*

杨玉璋[1] 姚 凌[2] 张 东[3] 廖静雯[1] 阚绪杭[4]

（1.中国科学技术大学科技史与科技考古系；2.湖北省文物考古研究所；3.中国社会科学院考古研究所；4.安徽省文物考古研究所）

  植物淀粉粒是可食用淀粉类植物贮存营养的主要物质，早在一个世纪以前，生物学家就发现淀粉粒的理化特征与其来源的植物种属之间存在着密切的关联[1]。20世纪80年代后，淀粉粒显微形态学的分析方法开始被应用于世界各地诸多史前遗址的植物考古学研究中，并在探索史前人类植物资源利用、农业的起源与发展、古代器物功能及古环境重建等方面取得了许多令人瞩目的成果[2~13]。除此以外，有研究表明，捣碎、研磨、焙烤以及蒸煮等食物加工过程与植物淀粉粒特定的结构损伤特征之间同样存在密切关联，通过分析淀粉粒的损伤特征可以反映不同植物利用过程中人类对其加工方式的差异[14~21]。近十年来，据Barton[21]等人的统计结果，以中国为中心的东亚地区成为了古代淀粉粒相关研究发展最快的区域，其研究对象涉及石器、陶器、牙齿以及土壤沉积物等各类考古样品[22~34]。由此可见，淀粉粒分析已经成为目前我国植物考古研究的主要手段之一，它不仅可在了解史前人类植物资源利用状况、探索农业的起源与发展过程等问题方面发挥重要作用，同时也是我们认识史前人类的食物加工方式等人类行为重要途径。

  淮河上中游地区是中国东部南北不同气候类型、文化传统和农业模式的过渡地带，就农作物结构而言，稻—旱混作是该区域史前农业的最显著特征[35~37]。近年来，河南新郑唐户遗址的植物考古研究结果显示，在淮河上游地区，稻—旱混作的农业模式至迟在距今7800年前就已经出现，且当时的农业生产已经达到相当高的水平[23,35,38~40]。然而，值得注意的是，淮河中游地区新石器时代中期阶段的植物考古研究长期以来一直较为薄弱。张居中等通过对蚌埠双墩、定远侯家寨等遗址采集的红烧土中稻壳印痕的分析，认为在距今7000年前后，淮河中游

作者简介：杨玉璋，男，1978年12月生，安徽大学历史专业（文博方向）1997级本科生。

* 国家重大科学研究计划（2015CB953802）、国家自然科学基金（41472148）、教育部人文社会科学研究规划基金（15YJA780003）和中国科学院战略先导科技专项（XDA05130503）资助。

地区的史前人类已经开始了对水稻的利用。双墩遗址的发掘者通过对遗址出土动物遗存分析并结合上述水稻印痕研究结果，认为双墩遗址先民的生业形式以稻作农业和狩猎为主，兼有采集和家猪饲养[41]。董珍等利用淀粉粒分析方法对淮北石山子遗址出土部分石器工具表面淀粉粒残留物进行了分析，发现了丰富的来自薏苡、小麦族、山药以及莲藕等通过采集获取到的植物种类的淀粉粒，但未见任何来自水稻或粟、黍等农作物籽粒的淀粉粒，因此，该文认为在距今7000年前后的新石器时代中期，淮河中游地区史前人类的植物性食物资源获取方式仍以采集为主，农业的因素并不明显[42]。近年来，江苏泗洪顺山集遗址的发掘首次在淮河中游发现了距今8000年前的炭化水稻遗存，结合植物微体遗存分析结果，可以确定该遗址先民在距今8000年前的新石器时代中期早段已经开始了对水稻的利用[43,44]。综上可见，在距今7000年前的新石器时代中期，淮河中游地区的史前人类已经开始了对水稻的种植利用，然而，目前在该区域发现的新石器时代中期的农作物种类仅有水稻一种，这是否意味着在新石器时代中期阶段，淮河中游地区的农业模式与淮河上游的稻—旱混作模式并不相同？同时，与淮河上游地区新石器中期阶段农业生产已达到一定发展水平的状况相比，淮河中游地区同时期农业的发展水平是否较为落后等问题的认识目前仍不十分清楚。

双墩遗址（32°59′14″N，117°19′9″E）位于安徽省蚌埠市淮上区小蚌埠镇双墩村北侧，是淮河中游新石器时代中期代表性考古学文化——双墩文化的命名地和典型遗址。该遗址曾于1986年、1991年及1992年由蚌埠市博物馆及安徽省文物考古研究所进行过三次发掘[41,45]，出土了大量的陶器、石器、骨角器、蚌器、动物骨骼、螺蚌壳以及建筑遗存等，遗址^{14}C校正年代为7.3~6.5ka BP[45]，然而，该遗址自发掘至今一直未开展过植物考古相关研究工作，对该遗址出土植物遗存进行研究可为我们提供有关淮河中游地区新石器时代中期阶段人类植物资源利用与农业发展状况的重要信息，对重建淮河中游地区史前人类生业形式的演进过程、了解研究区新石器时代中期原始农业的作物结构与发展水平等问题有重要意义。在双墩遗址20世纪90年代初的发掘过程中，于遗址东侧壕沟内出土了包括石磨盘、石锤、石圆饼在内的不同类型的石质工具[46]，有学者认为，该遗址出土的石磨盘是研磨类谷物加工工具，石锤是锤打类工具，其加工对象不明，而石圆饼的使用功能及加工对象等皆不明确[41]。从近年来国内众多新石器时代遗址出土石器表面植物淀粉粒残留物的相关研究成果来看[23,26,39,40,42,44,47-54]，遗址出土石器是史前植物资源利用研究较为理想的取样对象，同时，微体植物遗存的分析还可为判断器物的使用功能与加工对象等提供直接依据。本文选择蚌埠双墩遗址出土的三类典型的石质工具石磨盘、石锤以及石圆饼开展植物淀粉粒残留物分析研究，其结果不仅可为了解淮河中游新石器时代中期人类的生业形式提供重要的科学依据，同时也对探明上述三种不同形态石质工具的使用功能和加工对象、了解该遗址古人类食物加工方式等问题具有非常重要的科学意义。

一、材料与方法

取样对象为双墩遗址1991~1992年间两次发掘过程中出土的7件石制品，包括1件石饼、2件石锤、3件石磨盘残块以及1件砺石。石饼呈圆形，上、下表面均较为光滑，但存在密集细小的凹坑（图一，a）。石锤中部光滑，端部使用痕迹明显（图一，b、c）。三件石磨盘中有两件上表面呈现较为明显的凹陷，一件则较为平整，下表面为自然面无使用痕迹，残损侧面判断为断裂面（图一，d~f）。砺石残件上、下表面均平整光滑，侧面为断面。一般认为砺石的功能可能与石制品或骨制品的加工过程有关，而并非植物加工工具，故此选取一件砺石作为取样对象，以便与其他石制品的实验结果进行对照分析。

为排除器物埋藏前后及发掘时可能形成的环境干扰或污染问题，本次实验选择双墩遗址石制品的使用面（图一中取样点1）和非使用面（图一中的取样点2）分别取样。根据石器表面植硅体及淀粉粒取样过程中的效率及污染评估的相关文献[55,56]，取样步骤设计如下：①取样前先使用高压橡胶吹尘球对取样位点表面进行吹尘处理。②利用1000μl移液器通过滴加反渗透水

图一　双墩遗址石制品及取样位置示意图

a. 石饼T0720③：230（晶屑凝灰岩）　b. 石锤T0720③：236（辉绿岩）　c. 石锤T0820④：162（辉绿岩）

d. 石磨盘T0720③：239（砂岩）　e. 石磨盘T0820④：172（砂岩）　f. 石磨盘T0720④：237（砂岩）

的方式对取样位点进行反复水洗2~3次，并对最后一次水洗样进行收集。③通过双频超声波牙刷（ultrasonic 1.7MHz）对取样位点进行超声清洗，移液器吸取收集样品。

残留物样品中淀粉粒的分离提取方法主要参照Michael Therin在土壤沉积物中提取淀粉粒的方法[57]，原因是超声清洗的样品中含有较多石制品表面风化的矿物颗粒。首先使用10%的HCl溶液溶解碳酸盐类杂质及5%的（NaPO$_3$）$_n$溶液进行抗絮凝处理，再利用比重为1.9的CsCl重液对样品中的淀粉粒残留物进行离心提取；最后通过反渗透水离心清洗除去CsCl重液。所得提取后样品以25%的甘油水溶液作盖片剂，中性树胶为封片剂制片，并在Carl Zeiss AxioScopeA1生物偏光显微镜下对其进行观察拍照。以上实验过程中设立了空白实验对照，以排除来自实验环境、仪器、耗材及试剂中可能存在的淀粉污染。

二、实验结果

根据对7件石器表面所提取植物微体遗存的显微观察，取样点1、2表面水洗的样品中观察到有植物硅酸体，个别样品中数量较多，但均未见有植物淀粉粒残留，因此，可以认为埋藏过程中可能沾染于器物表面的环境土壤中的植物淀粉粒已被清洗干净。超声提取样品中则观察到较为丰富的淀粉粒残留，其中各器物取样点1的样品中共发现有植物淀粉粒1048个（表一），取样点2的超声提取样品中，仅在石磨盘86T0720④：237样品中观察到2个植物淀粉粒。这一结果表明，取样点1提取到的淀粉颗粒应是器物在植物加工过程中残留下来的，而取样点2为石器断面或非使用面，极少与植物淀粉发生接触，因此没有淀粉粒残留，这与取样前根据器物的磨损情况对器物使用部位的观察判断是相符合的。此外，砺石表面取样点1的超声样品中也仅发现1粒淀粉粒，表明该类工具的使用功能与植物加工的关联性较低，符合传统考古学对于砺石可能为器物制造工具的推断，同时，作为对照样，也证实了石磨盘、石锤以及石圆饼表面提取的淀粉粒残留物来自器物的使用过程而不是埋藏环境和后期污染。

表一　双墩遗址石制品取样点1超声提取样品中的植物淀粉粒数量及分类

器物名称	编号	Ⅰ A	ⅠB	Ⅱ	Ⅲ	Ⅳ	Ⅴ	合计
石饼	T0720③：230	65	47	17	8	2		139
石锤	T0720③：236				2	5		7
石锤	T0820④：162	14	153	21	15	27	8	238
石磨盘	T0720③：239					98		98
石磨盘	T0820④：172	72	104	29	51	24		280
石磨盘	T0720④：237	23	32		181	46	3	285
砺石	T0720④：171				1			1
合计		174	336	50	267	208	13	1048
		510						

依据对所观察到植物淀粉粒明场及正交偏光下显微形态特征的观察测量，可将其分为Ⅰ~Ⅴ五个主要类型（表一），从各类型淀粉粒形态特征来看，其种属来源包括小麦族、稻属、薏苡属、莲藕及豇豆属植物。

1. Ⅰ型：小麦族（Triticeae Dumort）植物淀粉粒

该类型于样品中可观察到尺寸大小差距较大的两种淀粉颗粒，并存在相互附着，聚集分布的情况，这些淀粉颗粒在正交偏光下的十字消光臂多表现为"X"形，脐点居中闭合，层纹不明显（图二，aa'bb'）。根据上述特征，推断这些淀粉粒应属于同一植物来源。因粒径分布范围的差异，将其中粒径较小（3.33~9.18μm），具有相接平面的近圆形颗粒归为ⅠA型（图二，aa'）；另一类粒径较大（6.12~41.01μm），表面圆滑的凸透镜形颗粒归为ⅠB型（图二，bb'）。对比小麦族代表性植物小麦属（*Triticum Linn.*）的淀粉粒显微结构（图三，aa'bb'），发现类Ⅰ型淀粉粒的形态及分布情况与小麦族植物（Triticeae Dumort）单、复粒淀粉的组成形式极为相似。将ⅠA、ⅠB型淀粉粒与小麦单、复粒淀粉的粒径分布情况进行差异度分析（t-test），显示P值均大于0.05（图四，a），说明两类淀粉粒与小麦单、复粒淀粉在粒径分布上的差异也并不明显。结合Piperno、杨晓燕以及韦存虚等人关于小麦族植物古、现代淀粉粒形态学的相关研究[3,31,58~60]，认为至少可以确定Ⅰ型淀粉粒的植物来源为小麦族植物。但鉴于小麦族植物淀粉粒的形态特征在种属间存在较大的重合区域，古代样品中淀粉粒的形态观察更加难以排除偶然性的因素，且目前在中国新石器时代早、中期遗址研究中缺乏对于小麦族植物相关炭化物的证据，故本文暂不对该类淀粉粒在族以下确切的种属问题进行探讨。根据已知中国境内其他史前遗址对此类淀粉粒的来源鉴定[33,34,40,50,54,61]，仅推测其可能来源为小麦族中的野生杂草类植物。

2. Ⅱ型：稻属（*Oryza*）植物淀粉粒

该类淀粉在显微镜DIC（微分干涉相差）模式下观察，显示均为多面体结构，颗粒间紧密的联系结合在一起，形成边缘圆滑的聚集态形式。单颗淀粉粒径经测量均在10μm以下，脐点居中闭合，表面无层纹，正交偏光下十字消光臂呈不规则的"X"形，消光臂末端尖细锐利（图二，cc'dd'）。判断此类淀粉应为多粒复粒淀粉，其聚集形态应是复粒淀粉体被膜解体后，淀粉颗粒因生长过程中致密结合而停留在初始位置上所形成。在630X放大倍率下，将样品中组成多粒复粒的淀粉颗粒与具有复粒特征现代植物淀粉粒进行比较，认为该类多粒复粒淀粉与水稻淀粉粒结构具有较大的相似性（图三，cc'dd'）。关于水稻（*Oryza sativa*）复粒淀粉的结构特征韦存虚通过扫描电镜下的观察研究已经对其有了深入的阐释[62]，在此基础上本文又针对多粒复粒淀粉结构上单颗淀粉粒的粒径进行了测量比较，通过单因素方差分析（one-wayANOVA）对Ⅱ型、栽培粳稻、栽培籼稻以及野生稻这四组淀粉粒径分布数据进行差异度分析（图四，b），P>0.05，显示无明显差异。结合双墩遗址红烧土块中存在稻壳印痕及夹炭陶中水稻植物硅酸体的发现[41]，推断Ⅱ型淀粉粒具有较大的可能是来源于稻属植物在石器表面加工后的淀粉粒残留。

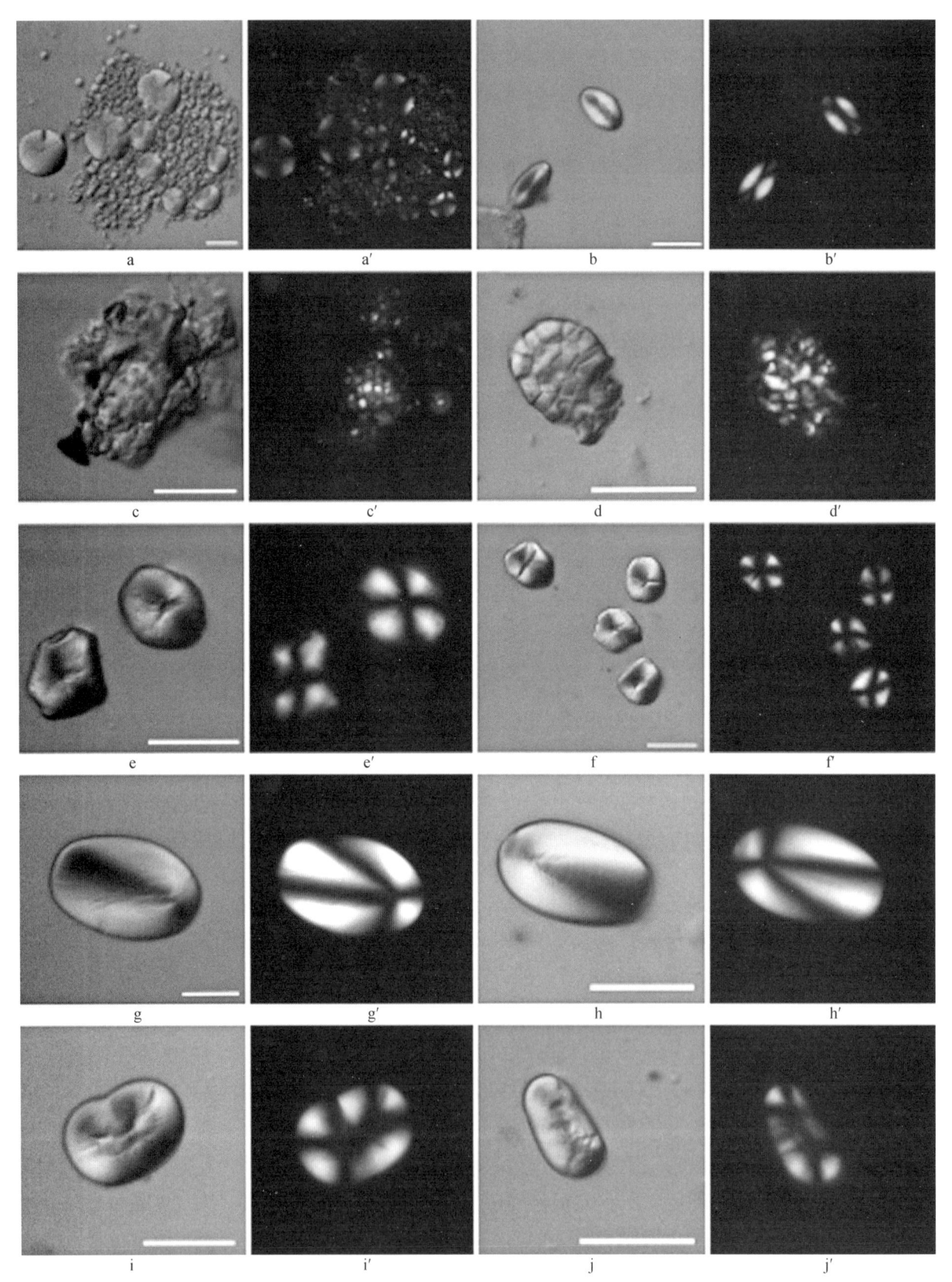

· 344 ·　　　　　　　　　　　　　安徽大学考古专业成立二十周年纪念文集

图二　双墩遗址石制品取样点1超声提取样品中的古代植物淀粉粒（Scale bar: 20μm）
aa′bb′. Ⅰ型淀粉粒（Triticeae Dumort）　　cc′dd′. Ⅱ型淀粉粒（Oryza）　　ee′ff′. Ⅲ型淀粉粒（Coix）
gg′hh′. Ⅳ型淀粉粒（Nelumbo nucifera）　　ii′jj′. Ⅴ型淀粉粒（Vigna）

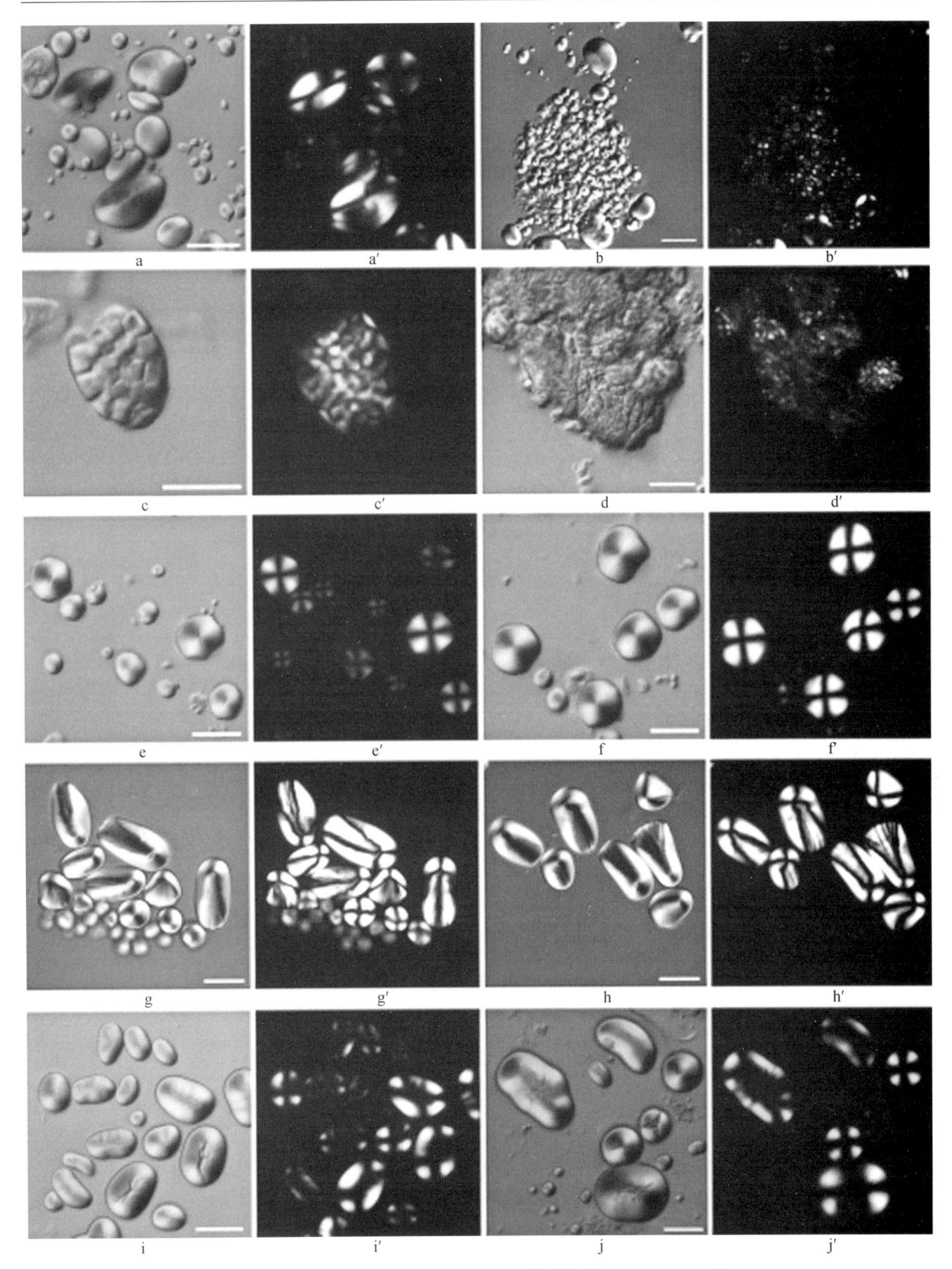

图三 本文鉴定相关的现代植物种属淀粉粒（Scale bar: 20μm）

aa'bb'. 栽培小麦（安徽） cc'. 野生稻（江西） dd'. 籼稻（福建） ee'ff'. 野生薏苡（安徽） gg'hh'. 栽培莲藕（安徽）
ii'. 栽培绿豆（河南） jj'. 栽培红小豆（内蒙古）

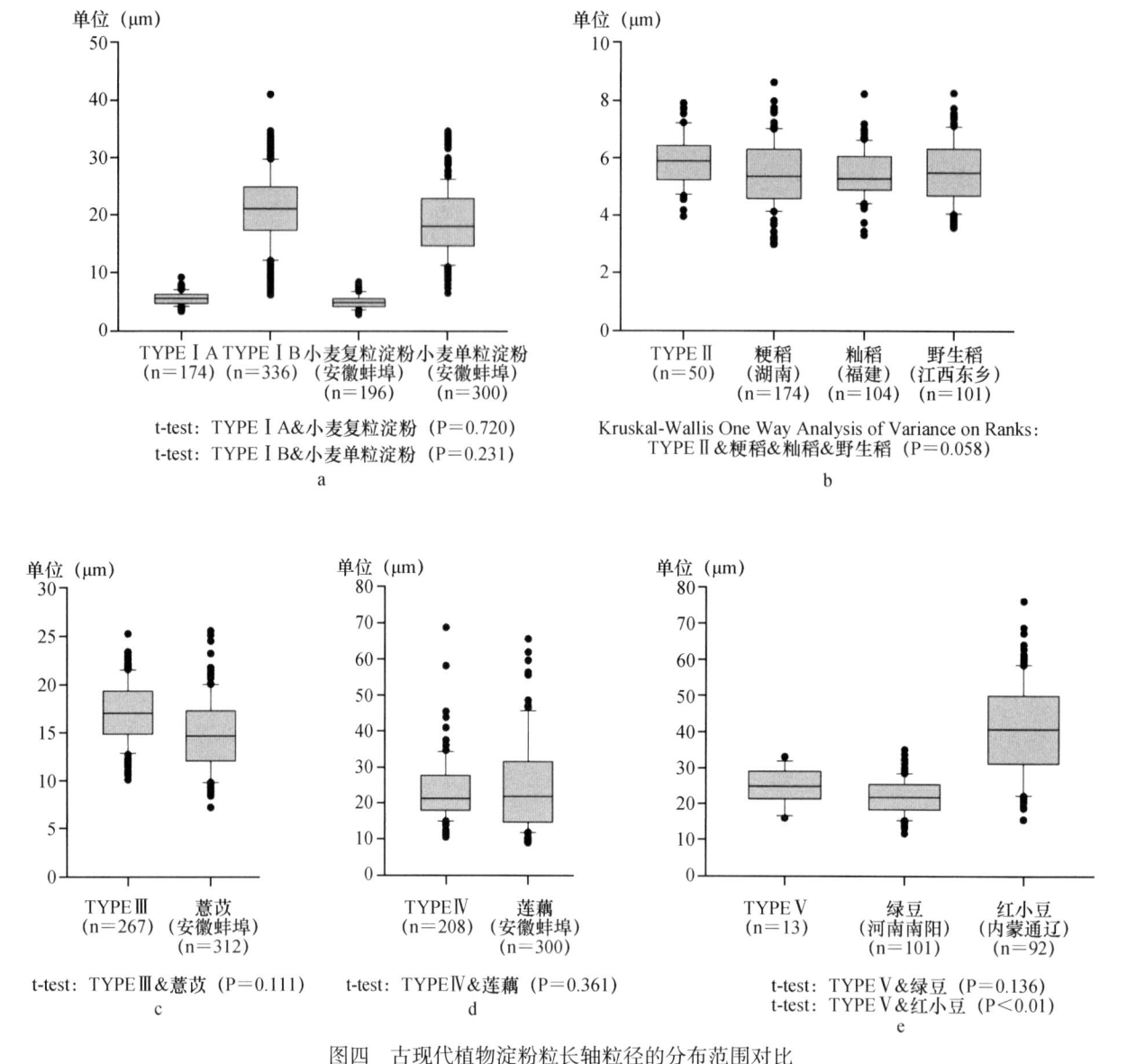

图四 古现代植物淀粉粒长轴粒径的分布范围对比

a. Ⅰ型与小麦单复粒淀粉的粒径比较　b. Ⅱ型与栽培稻及野生稻淀粉粒的粒径比较　c. Ⅲ型与薏苡淀粉粒的粒径比较
d. Ⅳ型与莲藕淀粉粒的粒径比较　e. Ⅴ型与豇豆属淀粉粒的粒径比较

3. Ⅲ型：薏苡属（*Coix*）植物淀粉粒

Ⅲ型淀粉粒的形状为多面体结构，边缘较为圆滑，也可称圆角多面体。颗粒粒径分布范围10.09~25.3μm，脐点居中开放，颗粒表面未见层纹，轻敲盖玻片，使颗粒转动，镜下可观察到 "一"或"T"形的裂隙。正交偏光下淀粉粒的十字消光臂主要为"十"形垂直相交，在趋近颗粒边缘的位置消光臂多出现弯折（图二，ee'ff'）。以上结合刘莉、杨晓燕、葛威等人对于包括薏苡在内的多种禾本科植物淀粉粒的形态学特征研究[32,63,64]，认为Ⅲ型淀粉粒的形态结构与已知现代野生薏苡的淀粉粒较为相符（图三，ee'ff'）。将该类淀粉粒的粒径分布数据与现代薏苡粒径的测量数据加以比较（图四，c），显示两者在长轴粒径分布上也无显著差异

（P＞0.05）。同时对比内蒙古中南部、淮河上中游以及长江下游地区诸多新石器时代早中期遗址中发现的薏苡属淀粉粒[32, 40, 42, 48, 50, 65, 66]，也与Ⅲ型淀粉粒的形态特征非常类似。故此鉴定该类型淀粉粒最为可能的植物种属来源为薏苡属植物。

4. Ⅳ型：莲藕（*Nelumbo nucifera*）淀粉粒

这一类淀粉粒最为显著的共性即脐点开放且位于颗粒偏心的位置上。粒径分布范围较大（10.48~68.82μm），形状以长椭圆形为主，兼有少量的近圆形。在400X以上的放大倍率下可以在淀粉颗粒表面清晰的观察到由脐点处向边缘逐层分布的层纹。正交偏光下，十字消光臂为"X"形，自交点处可区分出两条短臂与两条长臂（图二，gg'hh'）。此类偏心淀粉在块根块茎类植物中较为多见，对比本实验室现代植物标本的淀粉粒数据，并结合万智巍关于南方块根块茎类植物淀粉的形态学研究[67]，Ⅳ型淀粉粒的粒形特征与莲藕的块茎部淀粉较为相符（图三，gg'hh'）。对比其与现代莲藕块茎部淀粉粒中长椭圆形颗粒的长轴粒径（图四，d），结果显示两者之间的差异度不明显（P＞0.05）。该类淀粉粒也与双墩遗址年代相近的安徽濉溪石山子遗址观察到的莲藕块茎部淀粉粒具有类似特征[42]，故此鉴定Ⅳ型淀粉粒来源可能为睡莲科莲藕的块茎部。

5. Ⅴ型：豇豆属（*Vigna*）淀粉粒

此类淀粉粒的数量较少，粒径分布区间15.94~33.03μm，其形状类似肾形。脐点居中开放，明场及DIC条件下观察，经过脐点沿颗粒长轴方向，清晰可见裂谷状放射形裂隙，趋近边缘的部位层纹愈加明显。正交偏光下，十字消光臂呈"X"形，在中间位置上两条消光臂有较大的重合区域（图二，ii'jj'）。根据本实验室现代植物淀粉粒数据及王强等人关于现代豆科植物淀粉粒的形态分析结果[68]，认为Ⅴ型淀粉粒的形态特征与豇豆属植物淀粉粒较为类似（图四，ii'jj'）。比较其与绿豆（*vigna radiata*）、红小豆（*Vigna umbellata*）淀粉粒中肾形颗粒的长轴粒径分布状况，结果显示其与赤小豆差异较为显著（P＜0.01），而与绿豆淀粉粒较为接近（P＞0.05）。刘莉等人在旧石器时代晚期遗址中就已经发现可能来源为豇豆属的植物淀粉粒[14, 30]，说明豇豆属植物在中国的利用很早就已开始，而在离双墩遗址较近的石山子遗址中也存在此类淀粉[42]。故对于Ⅴ型淀粉粒的种属鉴定，认为其来源应可能为豇豆属植物，且从粒径分布范围来看，更接近于绿豆。

三、讨　　论

（一）淮河中游新石器时代中期人类植物性食物资源利用与稻作农业模式

本实验通过对显微镜下各类植物淀粉粒的观察统计，发现在石圆饼、石磨盘以及石锤使用

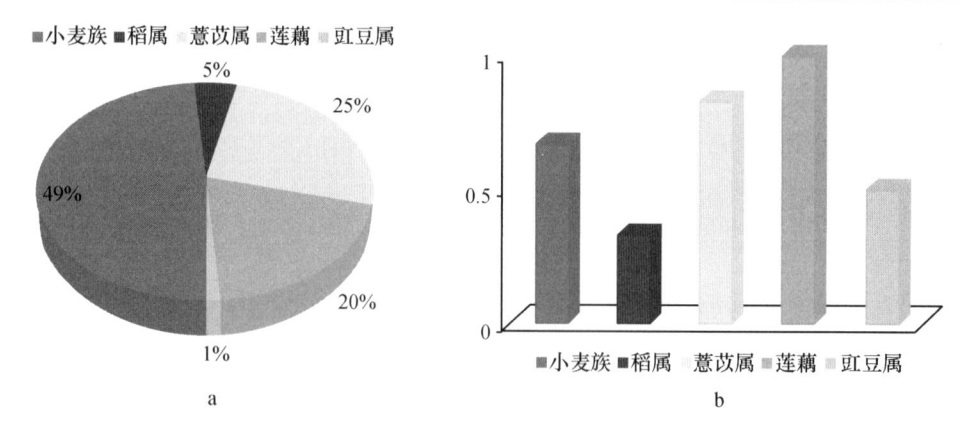

图五　样品中观察到植物淀粉粒的绝对数量百分比及出现频率
a.各类植物淀粉粒绝对数量的百分比关系　b.各类植物淀粉粒出现频率的比较

面的超声提取样中含有较多数量的植物淀粉粒，对比水洗样、非使用面样品以及砺石表面提取样品等对照样中植物淀粉颗粒的观察结果，可以认为上述三类石器使用面提取到的淀粉粒是先民在石器加工食物的过程中残留下来的，显微形态鉴定结果显示，这些淀粉粒残留物可能的来源包括小麦族、稻属、薏苡属、睡莲科莲藕以及豇豆属共五类植物。从各类植物淀粉粒绝对量的统计结果来看，样品中提取到的小麦族淀粉粒数量最多，薏苡属及莲藕次之，稻属及豇豆属淀粉粒则相对较少；而各类淀粉粒在石器表面的出现频率统计结果则显示，利用石器所加工的植物中，莲藕的概率最高，薏苡属及小麦族次之，稻属及豇豆属仍旧最低（图五）。

小麦族植物的淀粉粒在中国新石器时代早、中期遗址的植物考古研究中已经不止一次的被发现[30, 33, 34, 40, 42, 51, 54, 69]，而且在宁夏水洞沟遗址、山西柿子滩遗址及江西万年仙人洞等遗址的旧石器晚期地层出土的器物表面也发现有小麦族植物的淀粉粒[25, 30, 70, 71]。这说明在中国，虽然目前最早的小麦炭化植物遗存出现于距今5000～4500年[72]，但是对于小麦族植物中野生谷物类杂草的利用可能很早就已经开始了。在淮河中游地区的遗址中，石山子遗址出土石器表面也曾发现有小麦族植物的淀粉粒[42]。本次实验在双墩遗址出土石器表面提取到的淀粉粒中，小麦族植物来源的淀粉粒，其绝对数量比重较高，并且在石饼、石磨盘以及石锤三类器物使用面上均有发现，说明双墩遗址先民对于小麦族植物的利用是较为频繁和普遍的，而该类野生杂草类谷物应是通过野外采集获得的。

双墩遗址被认为是淮河中游地区较早出现水稻种植的遗址，遗址区域内红烧土块中观察到的稻壳印痕以及陶器羼和料中水稻植硅体的发现[41]，为双墩遗址水稻种植与利用研究提供了线索。本次实验在石锤T0820④：162和石磨盘残块T0820④：172表面都发现有符合稻属植物种子淀粉粒形态特征的多粒复粒形式，从淀粉粒残留物的角度，验证了在双墩遗址时期，水稻确实是该地区人类利用的重要植物性食物之一。双墩遗址地处淮河北岸，相关的地理环境研究表明当时温暖湿润的气候环境适合于水稻的生长。此外，在淮河上游年代更早的唐户遗址同样发现有类似的水稻多粒复粒形式的淀粉粒[40]，结合贾湖遗址及顺山集遗址发现的大量水稻炭化遗存及植硅体证据来看[38, 44, 73, 74]，淮河流域也是中国早期稻作农业的重要分布区域，这对研究史前中国稻作农业的起源与传播等问题具有重要的意义。

薏苡作为禾本科重要的粒食类植物，在中国有着悠久的利用历史。浙江河姆渡遗址曾出土距今7000年前后的炭化薏苡籽粒[75]，是目前已发现最早的薏苡炭化遗存。而近年来淀粉粒残留物的相关研究则显示，位于宁绍平原的浙江上山、小黄山遗址以及南阳盆地的河南淅川坑南遗址等新石器时代早期地层的残留物中就存在有先民食用薏苡的迹象[48,51]。同时，在一些新石器时代中晚期的遗址中薏苡的淀粉粒也屡有出现，表明薏苡很可能长期以来就是中国史前人类重要的植物性食物之一[32,33,39,42,49,50,65,66,69]。本次实验在蚌埠遗址出土三类石器中均发现有薏苡的淀粉粒，出现频率较高，且其绝对数量仅次于小麦族植物，这一结果表明，同小麦族及稻属植物一样，薏苡也是双墩遗址先民重要的淀粉粒谷物食物。对于薏苡在我国的栽培历史，目前仍不十分清楚，现有研究资料显示，该类植物在我国栽培的最早记录可追溯到夏商时期[76,77]，而这与新石器时代中期的双墩文化相差约5000年，因此，双墩遗址中发现的薏苡淀粉粒有较大可能是来源于采集获得的野生薏苡。

睡莲科植物中的莲藕为水生块茎类植物，其块茎部富含淀粉，在水源丰沛的河流湖泊地区，是主要的含淀粉植物食品之一。史前时期，该类植物是先民野外植物采集的重要对象，在淮河上游地区，距今9000~7500年的河南贾湖遗址的浮选中就发现有莲藕的炭化物[38]，而淮河中游地区的安徽濉溪石山子遗址石器表面的淀粉类分析中也发现莲藕的淀粉粒[42]，这些证据表明，淮河流域的史前人类很早就已经开始采集莲藕这种水生植物资源。在双墩遗址石饼、石锤、石磨盘三类共六件石器表面提取到的残留物样品中，都含有典型的莲藕淀粉粒类型，并且其中一件石磨盘表面更是发现所有的淀粉粒均来自于莲藕，可以推测莲藕在双墩遗址先民生活中具有突出的地位。采藕吃藕的生活方式对于这里的人们可能已经成为一种习俗或赖以生存的主要手段之一，若结合双墩遗址中出现的大量蚌类遗存[41]，就不难看出当地人类对水生食物资源的认识和利用程度已达到较高的水平，体现出双墩先民在当地水域环境下所特有的生存技巧和适应能力。

豇豆属植物在中国的利用也出现较早，柿子滩遗址以及跨湖桥遗址中豇豆属淀粉的发现[14,30,65]，说明其可食性很早就被中国史前人类掌握，而成为被采集利用的植物对象之一。经过淀粉粒形态学比较鉴定，双墩遗址中也存在有豇豆属植物被利用的可能性，且倾向于豇豆属中的绿豆。但是从目前已知有关豇豆属植物淀粉粒发现的遗址研究结果来看，其出现概率及绝对数量从来都不是占据主导地位，本研究中亦然。说明这种植物一般并不是人类野外采集植物性食物中的主要对象，不排除附带性采集或者临时食用的可能性。

综合上述分析可见，在淮河中游地区以双墩文化为代表的新石器时代中期阶段，定居于淮河岸边的史前人类已经开始了对水稻这种谷物类植物的开发与利用，结合双墩、侯家寨遗址红烧土中稻壳印痕的发现以及近年来顺山集遗址只发现炭化与微体水稻遗存的现象，目前可以确定的是，淮河中游地区新石器时代中期阶段人类种植的谷物只有水稻一种，这与同时期淮河上游地区稻—旱混作的农业模式明显不同。同时，从本实验中稻属淀粉粒在石器表面较少的数量和较低的出现频率来看，当时人类对于水稻的加工利用并不普遍，相比之下，一些采集类的植物性食物，如薏苡及小麦族植物的淀粉粒则更为丰富。同时，大量莲藕淀粉粒的发现，说明水生植物的采集与食用在该地区人类植物性食物的选择利用方面占有相当重要的地位。上述分析结果表明，淮河中游地区新石器时代中期阶段人类植物性食物的获取方式仍以采集为主，尤其是对水生植物的采集利用是该地区植物性食物资源选择的突出特点，而稻作农业在当时人类生业结构中仍处于从属地位。

（二）不同种属淀粉类植物的加工方式

在本次实验的显微观察过程中，发现大部分淀粉颗粒表面都存在有损伤的痕迹，其形态包括开裂、凹陷、压扁或齿状等多种不同的类型（图六，a~e）。不同于糊化所导致的结晶结构的完全破坏，这些淀粉粒的消光臂并未弥散，颗粒完整度也足以进行种属来源鉴定。根据葛威[20]等人对食物臼捣和研磨后植物淀粉粒的损伤特征的相关模拟研究，这些非自然的表面形态特征应是在人类利用石器对植物加工的过程中，淀粉粒表面结构局部受到破坏所形成，并且损伤类型与植物的加工方式存在着密切的联系。石器在植物加工过程中对淀粉颗粒的损伤包含有两种类型：一种是来自于垂直方向上的压力损伤，例如捣碎、碾压等；另一种是则是沿水平方向上造成的摩擦损伤，例如研磨等。

为了解双墩遗址石器表面提取到的损伤淀粉粒的形成原因，实验选择小麦、薏苡以及莲藕三种现代植物，使用石质工具在实验室中模拟不同方式对其进行加工，模拟石器的石料为采集的玄武岩及砂岩。加工后的植物淀粉颗粒表面出现了不同类型的损伤特征：经过捣碎、碾压处理后，植物淀粉颗粒表面形成的损伤特征包括中部凹陷，局部压扁以及颗粒表面及边缘开裂三种类型（图六，a′~c′）；而研磨的加工方式所产生的损伤痕迹则有所不同，最为明显的就是在淀粉颗粒表面除了会出现以上几种情况外，还伴有宽窄不一的齿状磨痕（图六，

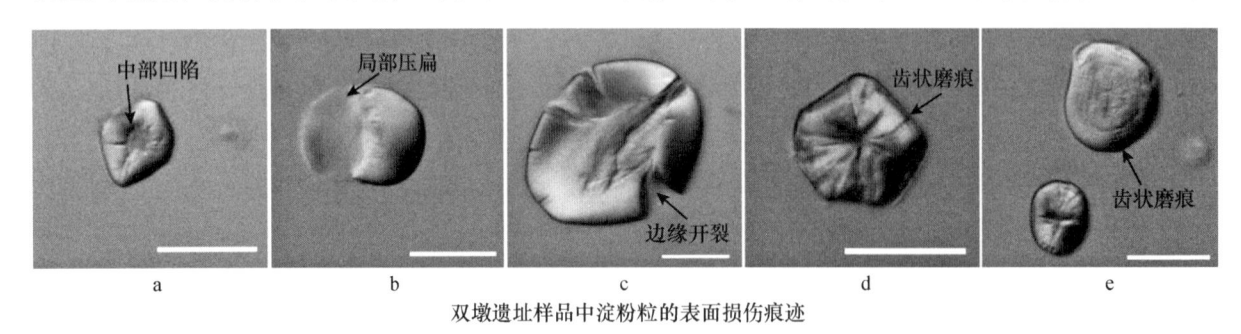

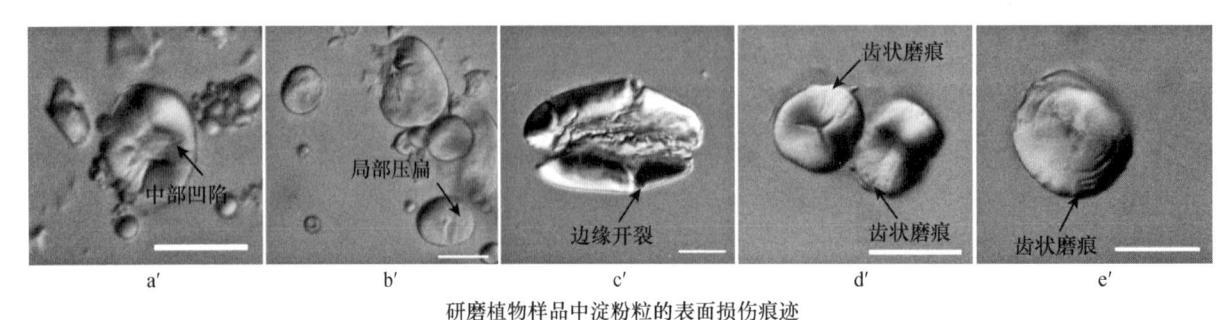

图六 石器加工后的古现代植物淀粉粒表面损伤痕迹

d′、e′）。尤其是在研磨过程中加入少量的石英砂后，则出现齿状磨痕的颗粒会明显增多，说明这一损伤特征与石器对淀粉粒表面的摩擦作用存在着密切联系。从显微镜下的观察推断，齿状磨痕应是在植物研磨过程中淀粉颗粒表面遭受硬度较高的细小颗粒反复摩擦，而导致磨损部位层纹显著化的结果。

在上述模拟实验的基础上，本文对双墩遗址石器表面淀粉粒的损伤情况进行以下的综合分析。由于石锤T0720③：236上淀粉颗粒数量太少，也未观察到有损伤痕迹，推测该石锤由于尺寸较小可能并不常用于淀粉类植物的加工，因此不做讨论。除此之外，将其余出土石器表面所提取到的淀粉粒按照损伤类型进行分类统计。结果显示，在石饼T0720③：230样品中的淀粉颗粒表面仅存在由于压力损伤造成的凹陷、压扁以及开裂这三种痕迹特征，而未观察到表面有齿状磨损的淀粉颗粒（图七，a），说明该件石饼的使用功能并不是用来研磨食物，推测其可能是用来对淀粉类植物的食用部分进行碾压处理的工具。三件石磨盘T0720③：239、T0820④：172以及T0820④：237上的淀粉粒损伤情况则有所不同（图七，a），T0720③：239表面提取到的淀粉颗粒与石饼类似，未发现带有研磨加工类损伤特征的淀粉粒，表明其也不被

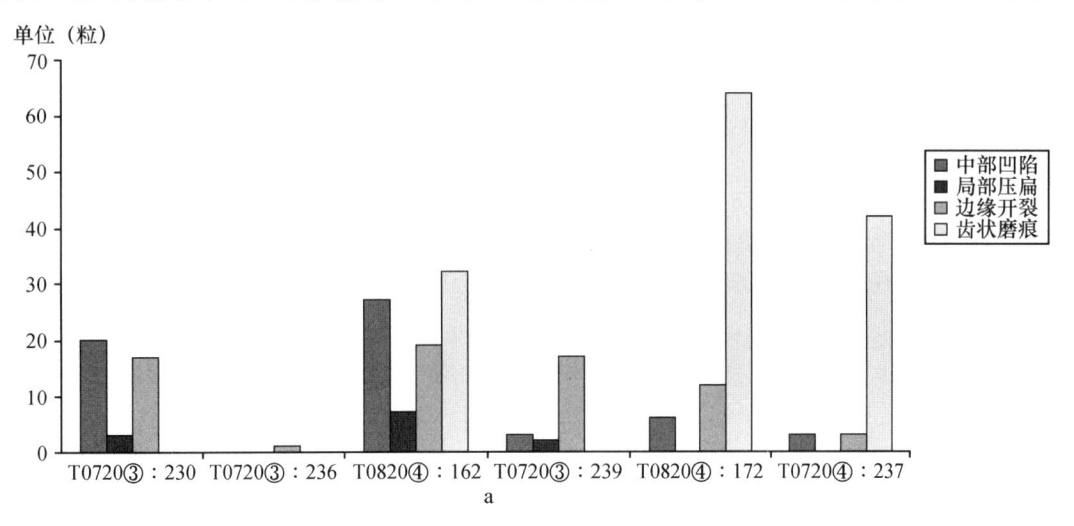

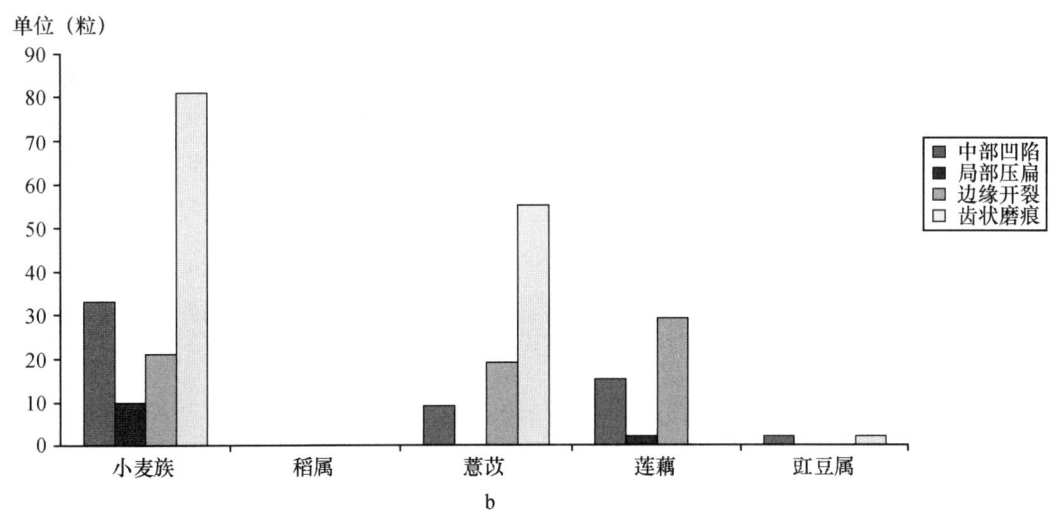

图七　双墩遗址出土石器表面植物淀粉颗粒损伤情况统计

用于淀粉类植物的研磨加工。然而，在T0820④：172以及T0820④：237两件石磨盘表面，则观察到大量具有齿状磨损特征的淀粉粒，相比之下，具有凹陷及开裂特征的淀粉所占比例就明显要低，反映出这两件石磨盘具有明显区别于前两者的研磨功能。应该注意到的是，石磨盘T0720③：239使用面呈水平状，而T0820④：172以及T0820④：237使用面则都呈现深度的凹陷，这与大量植物淀粉表面出现因研磨而造成的损伤特征也是相吻合的。石锤T0820④：162使用端表面的淀粉粒残留物不仅涵盖了所有6件器物上出现的植物淀粉粒种类，同时出现的损伤类型比例也是大致相当的（图七，a），可以推测这件石锤代表的石器类型应是双墩遗址先民淀粉类植物加工的主要工具，配合不同的石磨盘进行砸碎、碾压以及研磨等一系列的操作。

在对石器的使用方式初步了解后，反观不同植物对象的加工方式，如小麦族植物、薏苡以及豇豆属植物的淀粉粒，其颗粒表面的损伤特征既有压力损伤也包含摩擦损伤（图七，b）。可以看出，双墩遗址先民对类似谷物的可食用淀粉类植物，研磨似乎是一种必需的加工方式。然而对于莲藕这样的块茎类植物，其淀粉粒表面未见有齿状磨痕出现（图七，b），说明其加工方式可能就是利用石锤在石磨盘上捣碎分割，大而化小地进行处理，方便入口食用即可，而并不需要研磨。由此可见，淀粉类植物因为可食用部位的性质不同，双墩遗址的先民们在选择和利用石器进行加工时，其方式也并不相同。在中国，食物的烹饪大部分都需要经过或简单或复杂的前处理加工过程，这种饮食传统一直延续至今。双墩遗址石器表面淀粉粒的显微形态学研究中，在淀粉粒表面所观察到的不同损伤特征，为中国早期人类对可食用淀粉类植物前处理方式的研究提供了微观的实验依据。

四、结　　论

本文通过对双墩遗址出土的石圆饼、石锤以及石磨盘三类石制品工具表面植物淀粉粒残留物的提取，并根据对所提取到淀粉粒的显微形态观察和定量分析，得出以下结论。

（1）本次实验在双墩遗址石器表面提取到来源于小麦族、稻属、薏苡属、睡莲科莲藕以及豇豆属五种植物的淀粉粒，其中，可以确定的农作物仅有水稻一种，结合周边同时期遗址植物考古研究结果分析认为，淮河中游地区在距今7000年前的新石器时代中期阶段，农业模式与同时期淮河上游地区的稻—旱混作模式明显不同，是一种单一的稻作农业模式。值得注意的是，不同淀粉粒的发现数量及出现概率分析结果显示，相对于较为丰富的各类野生植物资源，水稻在当时被人类利用的程度并不高，采集活动仍是当时人类获取植物性食物资源的主要方式。

（2）基于对双墩遗址古代植物淀粉粒表面普遍存在的损伤特征的观察，并与模拟加工实验数据进行比较分析发现，双墩遗址古人类对于不同淀粉类植物的加工工具及加工方式的选择具有明显差异，粒食类的谷物主要通过石圆饼的碾压与石锤及表面凹陷明显的石磨盘进行研磨处理，而莲藕这类块茎植物加工方式则主要是通过石锤在表面较平的石磨盘上进行砸碎分割，并没有明显经过研磨的迹象。研究结果表明双墩遗址时期的古代人类对于可食用淀粉类植物的利用已经达到了较高的认知水平，对不同类型淀粉类植物采用了不同的加工方式。

注　释

[1] Reichert E T. The differentiation and specificity of starches in relation to genera, species, etc: stereochemistry applied to protoplasmic processes and products, and as a strictly scientific basis for the classification of plants and animals. City: Carnegie institution of Washington, 1913.

[2] Piperno D R, Ranere A J, Holst I, et al. Starch grains reveal early root crop horticulture in the Panamanian tropical forest. Nature, 2000, 407(6806): 894-897.

[3] Piperno D R, Weiss E, Holst I, et al. Processing of wild cereal grains in the Upper Palaeolithic revealed by starch grain analysis. Nature, 2004, 430(7000): 670-673.

[4] Fullagar R, Field J, Denham T, et al. Early and mid Holocene tool-use and processing of taro (Colocasia esculenta), yam (Dioscorea sp.) and other plants at Kuk Swamp in the highlands of Papua New Guinea. Journal of Archaeological Science, 2006, 33(5): 595-614.

[5] Perry L, Dickau R, Zarrillo S, et al. Starch fossils and the domestication and dispersal of chili peppers (Capsicum spp. L.) in the Americas. Science, 2007, 315(5814): 986-988.

[6] Aranguren B, Becattini R, Lippi M M, et al. Grinding flour in Upper Palaeolithic Europe (25 000 years bp). Antiquity, 2007, 81(314): 845-855.

[7] Duncan N A, Pearsall D M, Benfer R A, Jr. Gourd and squash artifacts yield starch grains of feasting foods from preceramic Peru. Proceedings of the National Academy of Sciences of the United States of America, 2009, 106(32): 13202-13206.

[8] Horrocks M, Rechtman R B. Sweet potato (Ipomoea batatas) and banana (Musa sp.) microfossils in deposits from the Kona Field System, Island of Hawaii. Journal of Archaeological Science, 2009, 36(5): 1115-1126.

[9] Revedin A, Aranguren B, Becattini R, et al. Thirty thousand-year-old evidence of plant food processing. Proceedings of the National Academy of Sciences of the United States of America, 2010, 107(44): 18815-18819.

[10] Henry A G, Brooks A S, Piperno D R. Microfossils in calculus demonstrate consumption of plants and cooked foods in Neanderthal diets (Shanidar III, Iraq; Spy I and II, Belgium). Proceedings of the National Academy of Sciences of the United States of America, 2011, 108(2): 486-491.

[11] Nadel D, Piperno D R, Holst I, et al. New evidence for the processing of wild cereal grains at Ohalo II, a 23 000-year-old campsite on the shore of the Sea of Galilee, Israel. Antiquity, 2012, 86(334): 990-1003.

[12] Haas J, Creamer W, Mesia L H, et al. Evidence for maize (Zea mays) in the Late Archaic (3000-1800 BC) in the Norte Chico region of Peru. Proceedings of the National Academy of Sciences of the United States of America, 2013, 110(13): 4945-4949.

[13] Power R C, Salazar-Garcia D C, Straus L G, et al. Microremains from El Miron Cave human dental calculus suggest

a mixed plant-animal subsistence economy during the Magdalenian in Northern Iberia. Journal of Archaeological Science, 2015, 60: 39-46.

［14］ Liu L, Ge W, Bestel S, et al. Plant exploitation of the last foragers at Shizitan in the Middle Yellow River Valley China: evidence from grinding stones. Journal of Archaeological Science, 2011, 38(12): 3524-3532.

［15］ Babot M D P, Hart D, Wallis L. Starch grain damage as an indicator of food processing. Phytolith and starch research in the Australian-Pacific-Asian regions: the state of the art, 2003: 69-81.

［16］ Zarrillo S, Kooyman B. Evidence for berry and maize processing on the Canadian Plains from starch grain analysis. American Antiquity, 2006, 71(3): 473-499.

［17］ Barton H. Starch residues on museum artefacts: implications for determining tool use. Journal of Archaeological Science, 2007, 34(10): 1752-1762.

［18］ Henry A G, Hudson H F, Piperno D R. Changes in starch grain morphologies from cooking. Journal of Archaeological Science, 2009, 36(3): 915-922.

［19］ Messner T C, Schindler B. Plant processing strategies and their affect upon starch grain survival when rendering Peltandra virginica (L.) Kunth, Araceae edible. Journal of Archaeological Science, 2010, 37(2): 328-336.

［20］ 葛威、刘莉、陈星灿等：《食物加工过程中淀粉粒损伤的实验研究及在考古学中的应用》，《考古》2010年第7期，第77～86、97页。

［21］ Barton H, Torrence R. Cooking up recipes for ancient starch: assessing current methodologies and looking to the future. Journal of Archaeological Science, 2015, 56: 194-201.

［22］ Lu H Y, Yang X Y, Ye M L, et al. Millet noodles in Late Neolithic China - A remarkable find allows the reconstruction of the earliest recorded preparation of noodles. Nature, 2005, 437(7061): 967-968.

［23］ Liu L, Field J, Fullagar R, et al. What did grinding stones grind? New light on Early Neolithic subsistence economy in the Middle Yellow River Valley, China. Antiquity, 2010, 84(325): 816-833.

［24］ Liu L, Field J, Fullagar R, et al. A functional analysis of grinding stones from an early holocene site at Donghulin, North China. Journal of Archaeological Science, 2010, 37(10): 2630-2639.

［25］ Liu L, Ge W, Bestel S, et al. Plant exploitation of the last foragers at Shizitan in the Middle Yellow River Valley China: evidence from grinding stones. Journal of Archaeological Science, 2011, 38(12): 3524-3532.

［26］ Tao D, Wu Y, Guo Z, et al. Starch grain analysis for groundstone tools from Neolithic Baiyinchanghan site: implications for their function in Northeast China. Journal of Archaeological Science, 2011, 38(12): 3577-3583.

［27］ Yang X, Zhang J, Perry L, et al. From the modern to the archaeological: starch grains from millets and their wild relatives in China. Journal of Archaeological Science, 2012, 39(2): 247-254.

［28］ Yang X, Wan Z, Perry L, et al. Early millet use in northern China. Proceedings of the National Academy of Sciences of the United States of America, 2012, 109(10): 3726-3730.

［29］ Li M, Yang X, Ge Q, et al. Starch grains analysis of stone knives from Changning site, Qinghai Province, Northwest China. Journal of Archaeological Science, 2013, 40(4): 1667-1672.

［30］ Liu L, Bestel S, Shi J, et al. Paleolithic human exploitation of plant foods during the last glacial maximum in North

[31] Yang X, Perry L. Identification of ancient starch grains from the tribe Triticeae in the North China Plain. Journal of Archaeological Science, 2013, 40(8): 3170-3177.

[32] Liu L, Ma S, Cui J. Identification of starch granules using a two-step identification method. Journal of Archaeological Science, 2014, 52: 421-427.

[33] Tao D, Zhang J, Zheng W, et al. Starch grain analysis of human dental calculus to investigate Neolithic consumption of plants in the middle Yellow River Valley, China: A case study on Gouwan site. Journal of Archaeological Science: Reports, 2015, 2: 485-491.

[34] Xiaoyan. Starch grain evidence reveals early pottery function cooking plant foods in North China. Chin Sci Bull, 2014, 59(32): 4352-4358.

[35] Zhang J, Lu H, Gu W, et al. Early Mixed Farming of Millet and Rice 7800 Years Ago in the Middle Yellow River Region, China. PLoS One, 2012, 7(12): e52146.

[36] 张居中、陈昌富、杨玉璋：《中国农业起源与早期发展的思考》，《中国国家博物馆馆刊》2014年第1期。

[37] 赵志军：《植物考古学：理论，方法和实践》，科学出版社，2010年。

[38] 赵志军、张居中：《贾湖遗址2001年度浮选结果分析报告》，《考古》2009年第8期，第84~93、109页。

[39] 张永辉、翁屹、姚凌等：《裴李岗遗址出土石磨盘表面淀粉粒的鉴定与分析》，《第四纪研究》2011年第5期，第891~899页。

[40] 杨玉璋、李为亚、姚凌等：《淀粉粒分析揭示的河南唐户遗址裴李岗文化古人类植物性食物资源利用》，《第四纪研究》2015年第1期，第229~239页。

[41] 阚绪杭、周群、徐大立：《蚌埠双墩——新石器时代遗址发掘报告》，科学出版社，2008年。

[42] 董珍、张居中、杨玉璋等：《安徽濉溪石山子遗址古人类植物性食物资源利用情况的淀粉粒分析》，《第四纪研究》2014年第1期，第114~125页。

[43] 林留根、甘恢元、闫龙：《江苏泗洪顺山集新石器时代遗址发掘报告》，《考古学报》2014年第4期，第519~562页。

[44] 张居中、李为亚、尹承龙等：《江苏泗洪顺山集遗址植物遗存分析的主要收获》，《东方考古》（第十一集），科学出版社，2014年，第365~373页。

[45] 阚绪杭、周群：《安徽蚌埠双墩新石器时代遗址发掘》，《考古学报》2007年第1期，第97~138页。

[46] 朱光耀、朱诚、马春梅等：《淮河中游新石器时代遗址出土石器的演变所反映的人地关系——以双墩和尉迟寺遗址为例》，《地理研究》2008年第1期，第193~200页。

[47] 杨晓燕、郁金城、吕厚远等：《北京平谷上宅遗址磨盘磨棒功能分析：来自植物淀粉粒的证据》，《中国科学（D辑：地球科学）》2009年第9期，第1266~1273页。

[48] Liu L, Field J, 爱丽森·韦斯克珀夫等：《全新世早期中国长江下游地区橡子和水稻的开发利用》，《人类学学报》2010年第3期，第317~336页。

[49] 万智巍、杨晓燕、葛全胜等：《淀粉粒分析揭示的赣江中游地区新石器晚期人类对植物的利用情况》，《中国科学（地球科学）》2012年第10期，第1582~1589页。

[50] 刘莉、陈星灿、赵昊：《河南孟津寨根、班沟出土裴李岗晚期石磨盘功能分析》，《中原文物》2013年第5期，第76~86页。

[51] 李文成、宋国定、吴妍：《河南淅川坑南遗址石制品表面残留淀粉粒的初步分析》，《人类学学报》2014年第1期，第70~81页。

[52] 吴文婉、辛岩、王海玉等：《辽宁阜新查海遗址早期生业经济研究——来自石器表层残留物淀粉粒的证据》，《考古与文物》2014年第2期，第110~113页。

[53] 王强、杨海燕：《磨盘、磨棒类石器研究的几个问题》，《文物春秋》2015年第2期，第3~14页。

[54] 刘莉、陈星灿、石金鸣：《山西武乡县牛鼻子湾石磨盘、磨棒的微痕与残留物分析》，《考古与文物》2014年第3期，第109~118页。

[55] Hart T C. Evaluating the usefulness of phytoliths and starch grains found on survey artifacts. Journal of Archaeological Science, 2011, 38(12): 3244-3253.

[56] Louderback L A, Field J, Janetski J C. Curation practices and extraction methods in relation to starch grain yields from ground stone artifacts. Journal of Archaeological Science: Reports, 2015, 4: 535-540.

[57] Therin M, Fullagar R, Torrence R. Starch in sediments: a new approach to the study of subsistence and land use in Papua New Guinea. The Prehistory of Food: Appetites for Change, Routledge, London, 1999: 438-462.

[58] 韦存虚、张军、周卫东等：《小麦胚乳小淀粉粒是复粒淀粉的结构观察》，《麦类作物学报》2008年第5期，第804~810页。

[59] 韦存虚、张军、周卫东等：《大麦胚乳小淀粉粒的发育》，《作物学报》2008年第10期，第1788~1796页。

[60] 韦存虚、张翔宇、张军等：《不同类型小麦品种大、小淀粉粒的分离和特性》，《麦类作物学报》2007年第2期，第255~260页。

[61] 吴文婉、杨晓燕、靳桂云：《淀粉粒分析在考古学中的应用——以月庄等遗址为例》，《东方考古》（第8集），科学出版社，2011年，第330~348页。

[62] 韦存虚、张军、周卫东等：《水稻胚乳淀粉体被膜的降解和复粒淀粉粒概念的探讨》，《中国水稻科学》2008年第4期，第377~384页。

[63] 杨晓燕、孔昭宸、刘长江等：《中国北方现代粟、黍及其野生近缘种的淀粉粒形态数据分析》，《第四纪研究》2010年第2期，第364~371页。

[64] 葛威、刘莉、金正耀：《几种禾本科植物淀粉粒形态比较及其考古学意义》，《第四纪研究》2010年第2期，第377~384页。

[65] 杨晓燕、蒋乐平：《淀粉粒分析揭示浙江跨湖桥遗址人类的食物构成》，《科学通报》2010年第7期，第600~606页。

[66] Liu L, Duncan N A, Chen X, et al. Changing patterns of plant-based food production during the Neolithic and early Bronze Age in central-south Inner Mongolia, China: An interdisciplinary approach. Quaternary International, 2015.

[67] 万智巍、杨晓燕、葛全胜等：《中国南方现代块根块茎类植物淀粉粒形态分析》，《第四纪研究》2011年

第4期，第736~745页。

[68] 王强、贾鑫、李明启等：《中国常见食用豆类淀粉粒形态分析及其在农业考古中的应用》，《文物春秋》2013年第3期，第3~11页。

[69] 吴文婉、辛岩、王海玉等：《辽宁阜新查海遗址早期生业经济研究——来自石器表层残留物淀粉粒的证据》，《考古与文物》2014年第2期，第110~113页。

[70] 万智巍、马志坤、杨晓燕等：《江西万年仙人洞和吊桶环遗址蚌器表面残留物中的淀粉粒及其环境指示》，《第四纪研究》2012年第2期，第256~263页。

[71] Guan Y, Pearsall D M, Gao X, et al. Plant use activities during the Upper Paleolithic in East Eurasia: Evidence from the Shuidonggou Site, Northwest China. Quaternary International, 2014, 347: 74-83.

[72] 李水城、莫多闻：《东灰山遗址炭化小麦年代考》，《考古与文物》2004年第6期，第51~60页。

[73] 陈报章、张居中、吕厚远：《河南贾湖新石器时代遗址水稻硅酸体的发现及意义》，《科学通报》1995年第4期，第339~342页。

[74] 孔昭宸、刘长江、张居中：《河南舞阳县贾湖遗址八千年前水稻遗存的发现及其在环境考古学上的意义》，《考古》1996年第12期，第78~83、103、104页。

[75] 俞为洁、徐耀良：《河姆渡文化植物遗存的研究》，《东南文化》2000年第7期，第24~32页。

[76] 游修龄：《质疑"苤苢"即"车前"——兼论"苤苢"是"薏苡"》，《中国农史》2008年第3期，第133~136页。

[77] 赵晓明、乔永刚、宋芸等：《甲骨文披露夏商时代薏苡的栽培》，《山西农业大学学报（社会科学版）》2007年第4期，第360~364页。

（原刊于Archaeometry, 2022, 64: 1013-1027）

河南漯河四处遗址的炭化植物遗存揭示的龙山时代晚期的农业结构

程至杰

（西北农林科技大学中国农业历史文化研究所）

一、引　　言

近年来，随着中国文明探源工程"公元前3500~公元前1500年中国文明形成与早期发展阶段的技术与经济研究"、中国科学院战略先导专项"气候变化背景下人类适应方式"等重大研究课题的深入开展，中原地区作为中国文明形成的关键区域，受到广泛关注。学者利用浮选法、植硅体分析、淀粉粒残留物分析以及同位素分析等手段对中原地区龙山时代的生业经济开展了卓有成效的研究工作。此前的研究成果显示，中原地区在龙山时代成为典型的稻旱兼作农业区，并于龙山时代晚期发展为种植粟、黍、稻、小麦、大豆的多元作物结构[1]。这一作物结构在以嵩山为中心的豫中地区表现得尤为突出[2]。需要注意的是，中原地区龙山时代农业的植物考古研究资料在区域分布上具有严重的不平衡性，豫中之外的其他地区资料相对不足。大部分研究主要集中在大型遗址，以重大课题的形式集中攻关，对中小型遗址关注较少，由于相应的发掘工作较少，研究以调查形式开展[3]。这种研究资料的不平衡，严重制约了对中原地区龙山时代农业的深入认识。聚焦到淮河上游地区南部地区，浮选结果显示以郝家台[4]、平粮台[5]遗址为代表的中心聚落在龙山时代晚期的农业经济结构以粟占有绝对优势，黍次之，兼有少量稻和大豆利用为特征。而较早开展研究的驻马店杨庄遗址[6]和西平上坡遗址[7]的证据则显示，龙山时代晚期驻马店地区北部和中南部的农业存在较大差异，北部是以黍为主的旱作农业，而中南部则是以种植水稻为主的稻作农业。有研究者据此指出，龙山时期或至少其晚期淮河上游地区可能存在旱作农业和稻作农业的分界区[8]。获得对淮河上游南部地区龙山时代的农业结构的清晰认识，需要进一步对区域内的中小型聚落开展研究。本文将以漯河地区调查发现的龙山时代晚期植物遗存为线索，讨论淮河上游南部地区的原始农业发展状况。

作者简介：程至杰，男，1987年10月生，安徽大学考古专业2006级本科生。

二、采样、浮选及浮选结果

（一）采样遗址介绍

漯河是淮河上游南部地区史前遗址的重要分布区，分布着旧石器时代晚期、贾湖文化时期、仰韶时代、龙山时代诸多遗址，为探讨本地区原始农业的演变过程提供了理想的材料。这里龙山时代遗址分布比较密集，大多数被现代村落和农田覆盖，仅能在地表捡取少量遗物，无法直接开展取样。根据第三次全国文物普查的相关资料，我们对该地区的龙山时代遗址进行复查，在具备取样剖面的四处遗址开展植物考古调查取样。从遗址现存面积来看，四处遗址均为中小型遗址，具体信息如下（图一；表一）：

寺疙瘩遗址（33°37′52″N，113°38′39″E）位于舞阳县北舞渡镇湾刘村北、灰河故道南岸，过去清理河道时曾遭到破坏，现存部分南北长约100米，东西宽约120米，面积约1.2万平方米。在河堤及鱼塘的断壁上可见大量文化层，文化层厚2~3米，出土遗物有陶、石、骨器等，陶器以泥质灰陶为主，还有典型的薄胎磨光黑陶片，亦有泥质夹砂陶，多绳纹、篮纹、划纹、附加堆文等，主要器形有三足小口平底壶、鬲、鼎、纺轮等，石器有石斧、石凿、石镞等，还发现大量的鹿角化石、蚌壳等，是一处龙山至商代的文化遗址。在河堤断壁上清理剖面，发现龙山时代晚期遗迹11个，采集浮选土样13份，共156升。

凌云台遗址（33°40′36″N，113°52′0″E）位于郾城区新店镇台王村，目前是一处平面呈圆角方形的台地，南北长125米，东西宽120米，高出地面4~6米，现存面积约1.5万平方米。该遗址文化层堆积厚，从断壁上可明显看到灰坑、红烧土层、石器、陶器残片及人骨、动物骨骼。发现有完整的石锛、石凿、石斧等，陶器有鬲、豆、尊、瓮、罐等，陶器多为灰陶，纹饰多为绳纹，有少数篮纹和几何纹，是一处龙山文化时期的小型村落遗址。清理断面发现龙山时代晚期的遗迹9个，采集浮选土样9份，共71升。

大悲寺遗址（33°28′48″N，113°41′47″E）位于舞阳县吴城镇惠庄西北隅，椭圆形台地，现存面积5万平方米，文化层厚2~3米，遗址中部有南一条北走向的大沟，在断面上发现灰坑、房基、陶窑等。遗物有陶器、石器等，陶器以夹砂黑陶和泥质红陶为主，石器有石斧等，是一处仰韶—龙山时代的遗址。清理剖面发现龙山时代晚期遗迹5个，采集浮选土样5份，共46升。

善德遗址（33°38′32″N，113°43′34″E）位于舞阳县太尉乡善德王村南岗，为一高出地面2~3米的台地。东西长200米，南北长250米，现存面积约5万平方米。遗址中部有一条南北向道路，路旁有水渠，在水渠的断壁上发现文化层及大量红烧土，遗物有篮纹、绳纹红陶、黑陶。从采集的文物特征看，应为一处内涵丰富的龙山—商的文化遗存。未发现理想的取样剖面，在龙山时期的2个遗迹中采集浮选土样2份，共8升。

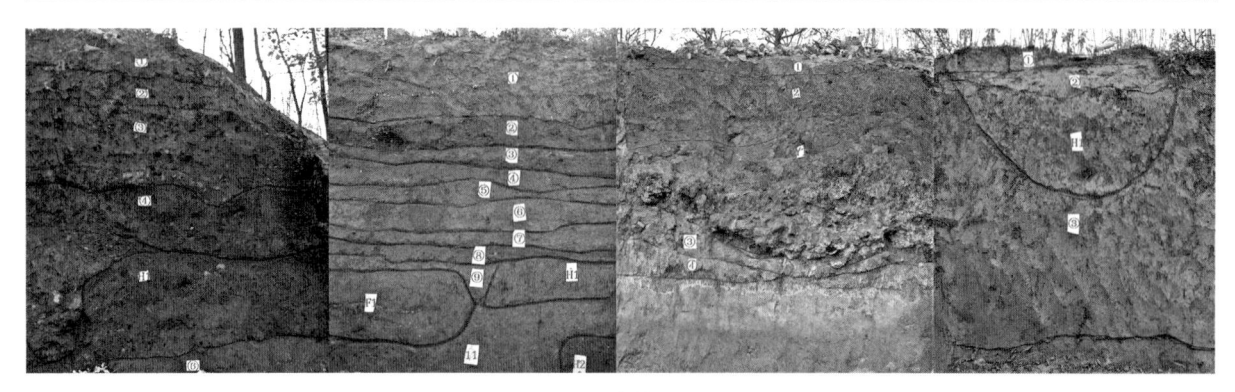

图一　取样剖面图
a. 凌云台　b. 寺疙瘩　c. 大悲寺　d. 善德

表一　采样统计表

遗址名称	灰坑	房址	文化层	合计
寺疙瘩	3	1	8	11
凌云台	4	5		9
大悲寺		2	3	5
善德			2	2
合计	7	8	12	27

由于4处遗址均未进行考古发掘，采用剖面采样法收集浮选土样。选择层位关系明确、遗迹较为丰富的自然裸露剖面，根据考古发掘原则划分地层和遗迹，按照自下而上的顺序分单位采集土样。

（二）浮选与鉴定分析

所有土样均阴干后集中浮选。采用小水桶浮选法将土样浸泡于水中，用80目分样筛捞取漂浮在水面和悬浮在水中的炭化物，反复搅拌土样直至无炭化物浮出。将桶内土样倾倒在20目和50目的分样筛上再次淘洗，晾干后分别收集余留的炭化物、陶片、动物骨骸、粪化石等遗存。

炭化植物遗存的拣选、观察、拍摄、测量等工作分别利用Leica EZ4D双目立体显微镜、Leica M205A超级平行光体视显微镜完成。参照《中华人民共和国保护行业标准——田野考古植物遗存浮选采集及实验室操作规范》，对大于1毫米的炭屑进行了称重并记录，对植物种子、硬果壳核等进行分类和统计。种属鉴定主要参照中国科学技术大学生物考古实验室收集积累的现代样品、古代标本以及相关图谱[9]。根据鉴定结果，主要采用数量比例和出土概率等指标进行量化分析。

（三）浮选结果

1. 测年结果

为进一步确定取样单位的确切年代，对炭化植物遗存较为丰富的寺疙瘩（WBSH1、WBSH2、WBSF1）和凌云台（WLYH4、WLYH1）的5份木炭样品进行AMS ^{14}C测年。校正结果（表二）显示，这批样品的年代总体处于距今4300～3900年之间。其中，寺疙瘩的年代距今4300～4100年，凌云台的年代距今4050～3900年间。炭化植物遗存的测年数据与各遗址调查发现的陶器年代相近，均处于龙山时代晚期。

表二　寺疙瘩、凌云台遗址测年数据

实验编号	样本	样本单位	^{14}C年代（a BP）	树轮校正后年代（BC）1σ	树轮校正后年代（BC）2σ（95.4%）
22359	木炭	WBSH1	3760±25	2205（100%）2138 BC	2285（13.8%）2248 BC 2235（69.6%）2128 BC 2090（12%）2043 BC
22360	木炭	WBSH2	3770±25	2184（61.9%）2141 BC 2207（24.9%）2187 BC	2288（90.8%）2133 BC 2083（4.6%）2058 BC
22361	木炭	WBSF1	3760±25	2205（100%）2138 BC	2285（13.8%）2248 BC 2235（69.6%）2128 BC
22363	木炭	WLYH4	3610±25	1982（66.4%）1936 BC 2019（33.6%）1993 BC	2033（95.4%）1892 BC
22364	木炭	WLYF1	3630±25	2025（100%）1957 BC	2041（85.3%）1920BC

注：AMS ^{14}C测年数据在佐治亚大学Center for Applied Isotope Studies进行，所用^{14}C半衰期为5568年，BP为距1950年的年代。树轮校正所用曲线为IntCal 20，所用程序为OxCal v4.4.4

2. 植物种子

由于调查发现的取样单位相对较少，且4处遗址龙山时代晚期的文化特征相似，均为本地区的中小型聚落，因此将这4个遗址出土的炭化植物遗存综合考察，作为本地区龙山时代晚期原始农业发展的参考资料。

4处遗址中共有18个单位发现炭化植物遗存，均以植物种子为主，总计525粒（表三）。炭化种子密度非常低，多数取样单位的种子密度低于20粒/10L。

各遗址各单位出土炭化种子的数量、比例明显不同，凌云台、寺疙瘩遗址的灰坑和房址内的炭化种子相对丰富，数量超过总数的95%，大悲寺和善德遗址仅发现30粒，占5%。可鉴定的植物种属相对较少，共13种，分为农作物和杂草两类。其中农作物包括粟（*Setaria italica*）、黍（*Panicum milliaceum*）、稻（*Oryza sativa*）、小麦（*Triticum aestivum*）、大豆属（*Glycine*）5种，杂草包括狗尾草属（*Setaria*）、马唐属（*Digitaria*）、未知禾

图二 四处遗址出土的部分炭化植物遗存
a、e.粟 b、f.黍 c、g.稻 d.大豆 h.稗属

本科（Poaceae）、藜科（Chenopodiaceae）、铁苋菜（*Acalypha australis*）、马齿苋科（Portulacaceae）、牛筋草（*Eleusine indica*）、泽漆（*Euphorbia helioscopia*）等。

表三 大悲寺、凌云台、寺疙瘩、善德遗址出土的炭化植物遗存统计表

出土单位	大F1	大②	大③	凌H1	凌H2	凌H3	凌H4	凌F1	凌②	凌③	凌④	寺F1	寺H1	寺H2	寺⑥	寺⑦	寺⑧	善⑤	合计
稻	1						11						10	1					23
粟				37	24	24	126	10	12	12	5	11	9	2		14	20	2	308
黍				8	1	7	13			1	3	1			4	4		42
小麦					2		1										1		4
大豆属	1			3		6	9	4			1							1	25
狗尾草属				2	2		15		1	2	3						1		26
马唐属				3	1		13			2	8								27
禾本科				5			11		1	2									19
藜科							1												1
铁苋菜	3																		3
马齿苋科	9										8								17
牛筋草	1																		1
泽漆		1																	1
未知	6		1		6	1	9	4										1	28
合计	21	1	1	58	36	38	197	29	15	18	26	14	10	12	1	18	25	5	525

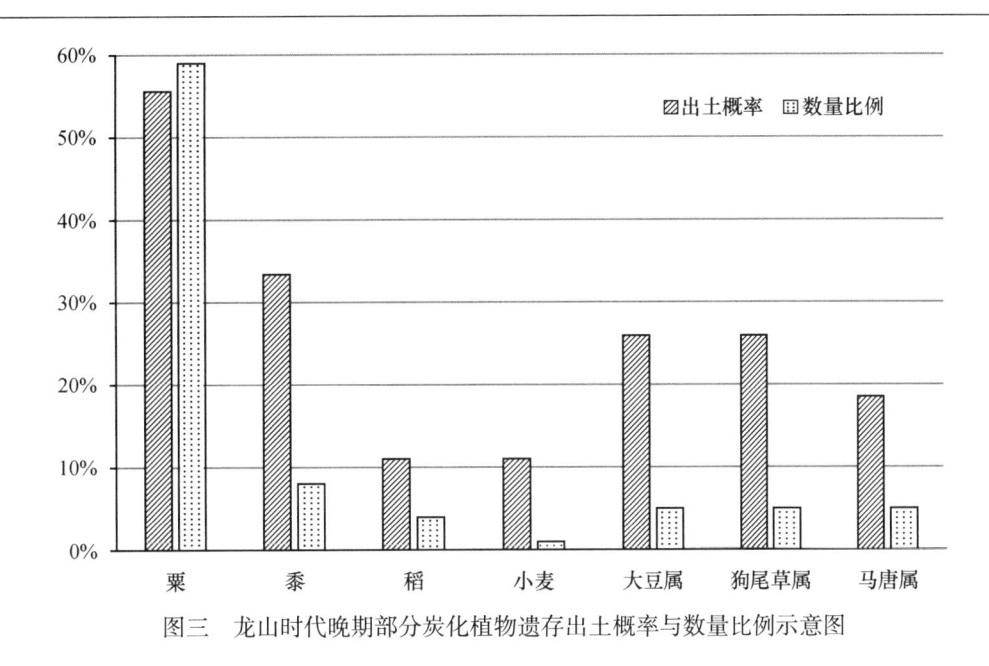

图三　龙山时代晚期部分炭化植物遗存出土概率与数量比例示意图

农作物种子的出土数量最多，共402粒，占所有植物遗存的76.57%。其中，粟是本地区最为重要的农作物，其数量百分比分别达56%，出土概率为59%。黍的利用也比较普遍，虽然数量较少，但出土概率相对较高。水稻、大豆、小麦的数量和出土概率都不高。需要指出的是，虽然有证据显示小麦在龙山时代已传入山东和中原地区[10]，但不排除晚期遗物混入早期地层的可能[11]。由于此次发现的4粒小麦未进行测年，我们在讨论时持谨慎态度。统计数据显示，粟是龙山时期的优势作物，黍在当时的作物结构中也占有较大比重，水稻、大豆、小麦的种植规模和普遍性可能不大，在整个作物结构中所占的比重较小。

杂草种子共计95粒，占所有植物遗存的18.1%。这些杂草分可分为旱地与荒地杂草、其他杂草两类。统计结果显示，76.84%属于旱地与荒地杂草，包括狗尾草属、马唐属、马齿苋科、铁苋菜。未发现常见于水田或湿地的杂草种子。这种杂草构成与粟占优势的作物结构相符。

综上，4处遗址的浮选结果显示出龙山时代晚期本地区呈现多元作物结构，至少包含粟、黍、稻、大豆属，可能有小麦。粟在农业中占据绝对优势地位，仍然是以粟作为主，黍、稻、大豆属处于从属地位。杂草的分析结果表明当时遗址周边的生态环境可能以旱地和荒地为主。

三、讨　　论

（一）淮河上游南部地区龙山时代晚期的农业结构

通过考古调查获得的植物考古结果在很大程度上只能定性反映遗址某个时期的植物性食物或农作物结构状况。结合调查区域内开展过大面积发掘工作并进行系统植物考古分析的个案研究，可以得到更为可靠的结果与认识。目前，漯河及其邻近地区已有部分遗址发表了龙山时代晚期的大植物遗存数据，将其与本次调查的分析结果进行比较，能够从区域层面上更好地理解淮河上游南部地区龙山时代晚期农业结构的形成背景。

淮河上游南部地区龙山时代的中心聚落以郾城郝家台和淮阳平粮台为代表，两处已经均开展过多次大规模发掘和系统的植物考古研究。淮阳平粮台遗址是豫东地区一座重要的龙山时期城址[12]，2014~2015年度发掘中在古城南部灰坑、沟、水井和墓葬等遗迹采集浮选土样，炭化植物遗存结果显示农业为聚落先民的主要生计方式，可能也广泛利用聚落周围的野生植物资源。其中农作物以粟为主，黍为辅，同时种有大豆、水稻和小麦[13]。郾城郝家台遗址是漯河地区在2015年、2016~2017年的发掘过程中均开展了系统的植物考古工作。浮选结果显示，龙山期和新砦期的作物结构基本一致，都是粟占有绝对优势，黍居其次，大豆和稻所占比重较低[14]。

研究区内目前已发表中小型聚落的植物遗存数据来自西平上坡和驻马店杨庄遗址。上坡遗址仅在一份龙山文化时期的地层样品出土了32粒黍，未发现其他农作物遗存[15]。杨庄遗址龙山时代的孢粉分析发现栽培作物花粉类型，如芝麻、蓼、菜豆等，可能是当时的作物种类。文化层中大量水稻植硅石的存在显示当时的水稻种植已经有一定的规模[16]。由于两项研究不以系统探讨遗址的生业经济为主要目的，没有提供更多的农作物信息，因此两处遗址的作物结构有待深究。而漯河地区调查的四处中小型遗址补充了相应的数据，其农业结构以粟为主，稳定伴出有少量黍，大豆和稻所占比重较低，可能出现小麦，因数量较少，小麦在作物结构中可以忽略不计。

淮河上游南部地区龙山时代晚期核心聚落和中小型聚落的植物遗存证据均呈现以旱作为主的多元作物结构，显示出较强的一致性，而这一作物结构在整个中原地区较为普遍。

环嵩山地区的王城岗[17]、新砦[18]、古城寨[19]、瓦店[20]等城址发现的龙山时代晚期植物遗存中，最重要的作物都是粟，在各遗址出土的各类农作物中，有着最高的绝对数量百分比和出土概率。黍的利用也相当普遍，出土概率和绝对数量都相对较高。虽然水稻基本见于这一地区经过系统采样的所有遗址，但其重要性总体不高。大豆也曾被中原地区的龙山时代晚期先民广泛利用，有着较高的出土概率，但绝对数量占比不高。此外，颍河流域[21]和索、须、枯河流域[22]的区域调查结果与上述针对单个大型城址的发掘采样结果基本吻合，均以粟为主，黍为辅，同时少量利用水稻和大豆。值得注意的是，稻所占的比重在不同遗址间差别明显，本研究涉及的四处遗址和上述多数遗址仅零星发现水稻，而新砦和瓦店遗址水稻的出土概率和绝对数量则相当可观，反映了区域内部作物结构在保持整体特征的同时又具备多样性。

农业是人为干预下的自然再生产过程影响，影响作物选择因素是复杂多元的，自然条件、文化传统和消费偏好等因素都会对农作物结构产生影响，不同因素的作用待进一步讨论。

（二）农业结构影响因素的初步探讨

淮河上游地区多元作物结构的形成时间可以追溯到更早的仰韶时代。现有的证据表明，淮河上游尤其南部地区在距今9000~7500年的贾湖文化时期是稻作农业分布区[23]，偏北地区的裴李岗文化诸遗址已出现稻旱兼作，粟、黍占优的趋势[24]；粟、黍至少在仰韶中期已经扩展到南部地区，到仰韶晚期，稻作农业的比重下降，粟作农业的比重上升[25]；这种结构一直延续到龙山时代，栽培大豆和小麦作为新因素增加了作物种类。地貌研究显示漯河地区整体上以沉降为主的堆积区，全新世早期形成区域性的冲积平原，全新世中期成为一片湖沼，龙山时代晚期这片区域仍分布着大片沼泽湿地[26]。本地区的聚落数量从仰韶时期的12处迅速增长到44处[27]，新增聚落多分布在冲积平原内相对较高的小台地，这些居址地势平坦低下、水热条件较好[28]，但农田用地可能会频繁受到水患影响。粟、黍的生长期相对较短，适合在坡地丘陵等条件较差的区域生长，或许可以在一些时候成为灾后补种的粮食作物，降低自然灾害所造成的影响程度。这种做法也是先民根据当地的自然环境条件因地制宜地发展农业的表现。

粟、黍在淮河上游南部作物结构中的提升可能与距今5000~4000年间的气候波动和干凉化趋势有关。邻近的孟津地区全新世沉积剖面的气候环境信息显示，距今5000~4610年气候有所波动，相对比较温干，距今4610~4040年变得比较温暖湿润，距今4040年之后气候逐渐向冷干方向发展[29]。寺河南剖面的孢粉分析也显示出从中全新世早期（距今4580~4125年）到中期（距今4125~3545年）气候由温和湿润向冷凉干旱的转变[30]。新砦遗址剖面[31]和杨庄遗址[32]的孢粉记录了龙山时代晚期淮河上游地区气候的冷干化趋势。这一趋势有利于粟、黍的推广。从应对自然灾害的角度讲，粟作农业的稳定性可能优于稻作农业。因为水稻对于积温的要求比粟、黍更为苛刻，且其生长期更长，降温条件减产的风险可能更大。相反，扩大粟、黍的种植规模，一方面有利于开发不适宜种稻或开发难度较大的土地，另一方面因其相对较短的生长季，或许可以在一些时候成为灾后补种的粮食作物，降低自然灾害所造成的影响程度。因此，淮河上游南部的作物结构发生粟黍持续上升、水稻不断衰落的转变，气候变化是重要的影响因素之一。

气候波动之外，进入龙山时代晚期，各地区之间的联系不断加强。中原各区域类型或亚文化趋于稳定并持续向外围地区施加影响，随着嵩山以南的煤山文化向南扩展，豫西南地区由石家河文化更迭为煤山或后石家河文化乱石滩类型[33]，当地的旱作农业比重出现回升[34]，反映出中原主体农业结构的扩张。淮河上游地区南北部农作物结构的一致性表明南部地区深受嵩山地区的影响，频繁的文化交流甚至是人群涌入进一步促进了以粟为主的多元作物结构的延续和发展。虽然气候条件、地貌条件发生变化，但长期以来形成的耕作传统、饮食习惯等促使这一时期的先民延续原有的作物结构并扩大旱作农业的规模。文化因素在农业结构的稳定传承中发挥了重要作用。淮河中游地区与漯河地区邻近且气候、地貌条件相似[35]，聚落选址特点一致[36]，龙山时代晚期本地发展起来的尉迟寺类型—王油坊文化稳定传承，其农作物结构呈现稻粟并重的典型稻旱兼作特征[37]。淮河中游地区龙山时代晚期的农业结构与上游地区的显著差异进一步证实文化传统和消费偏好等因素对农作物选择和农业结构的影响。

四、结　　语

本文以漯河地区四处龙山时代晚期中小型遗址（寺疙瘩、凌云台、善德、大悲寺）调查发现的炭化植物遗存为切入点，探讨淮河上游南部地区的农业结构。浮选出的炭化植物遗存包括粟、黍、水稻、大豆属、小麦5种农作物，狗尾草属、马唐属等旱地与荒地杂草。量化分析显示漯河地区龙山时代晚期中小型遗址的作物结构以粟为主，黍为辅，普遍伴出少量稻、大豆，可能出现小麦。综合已公布的研究资料，认为龙山时代晚期淮河上游广大区域内的农业结构趋于一致。农业是人为干预下的自然再生产过程影响，影响作物选择因素是复杂多元的，自然条件、文化传统等因素都对研究区内龙山时代晚期的农业结构产生影响。

注　　释

[1] 农业研究课题组：《中华文明形成时期的农业经济特点》，《科技考古》（第3辑），科学出版社，2011年，第1~35页。

[2] a. 赵志军、方燕明：《登封王城岗遗址浮选结果及分析》，《华夏考古》2007年第2期。

　　b. 刘昶、方燕明：《河南禹州瓦店遗址出土植物遗存分析》，《南方文物》2010年第4期。

　　c. 刘昶、赵志军、方燕明：《河南禹州瓦店遗址2007、2009年度植物遗存浮选结果分析》，《华夏考古》2018年第1期。

[3] a. 北京大学考古文博学院、河南省文物考古研究所：《颍河中上游谷地植物考古调查的初步报告》，《登封王城岗考古发现与研究》，大象出版社，2007年，第916~958页。

　　b. 邱振威、侯卫东、汪松枝等：《河南郑州索、须、枯河流域植物遗存初步分析》，《华夏考古》2018年第5期。

[4] 邓振华、张海、李唯等：《河南漯河郝家台遗址早期农业结构研究》，《中国科学·地球科学》2021年第51卷第3期。

[5] 赵珍珍、曹艳朋、靳桂云：《河南淮阳平粮台遗址（2014~2015年）龙山时期炭化植物遗存研究》，《中国农史》2019年第4期。

[6] 北京大学考古系、驻马店市文物保护管理所：《驻马店杨庄——中全新世淮河上游的文化遗存与环境信息》，科学出版社，1998年，第207页。

[7] 魏兴涛、孔昭宸、余新红：《河南西平上坡遗址植物遗存试探》，《华夏考古》2007年第3期。

[8] 魏兴涛、孔昭宸、余新红：《河南西平上坡遗址植物遗存试探》，《华夏考古》2007年第3期。

[9] a. 关广清、张玉茹、孙国友等：《杂草种子图鉴》，科学出版社，2000年。

　　b. 刘长江、靳桂云、孔昭宸：《植物考古学·种子和果实研究》，科学出版社，2008年。

　　c. 赵志军：《植物考古学·理论、方法和实践》，科学出版社，2010年。

d. 郭巧生、王庆亚、刘丽等：《中国药用植物种子原色图鉴》，中国农业出版社，2009年。

[10] a. 赵志军：《小麦传入中国的研究——植物考古资料》，《南方文物》2015年第3期。

b. 靳桂云、王海玉、燕生东等：《山东胶州赵家庄遗址龙山文化炭化植物研究》，《科技考古》（第3辑），科学出版社，2011年，第36～53页。

[11] 张居中、程至杰、蓝万里等：《河南舞阳贾湖遗址植物考古研究的新进展》，《考古》2018年第4期。

[12] 曹桂岑、马全：《河南淮阳平粮台龙山文化城址试掘简报》，《文物》1983年第3期。

[13] 赵珍珍、曹艳朋、靳桂云：《河南淮阳平粮台遗址（2014—2015）龙山时期炭化植物遗存研究》，《中国农史》2019年第4期。

[14] a. 邓振华、秦岭：《中原龙山时代农业结构的比较研究》，《华夏考古》2017年第3期。

b. 邓振华、张海、李唯等：《河南漯河郝家台遗址早期农业结构研究》，《中国科学（地球科学）》2021年第51卷第3期。

[15] 魏兴涛、孔昭宸、余新红：《河南西平上坡遗址植物遗存试探》，《华夏考古》2007年第3期。

[16] 北京大学考古系、驻马店市文物保护管理所：《驻马店杨庄——中全新世淮河上游的文化遗存与环境信息》，科学出版社，1998年，第207页。

[17] 赵志军、方燕明：《登封王城岗遗址浮选结果及分析》，《华夏考古》2007年第2期。

[18] 钟华、赵春青、魏继印等：《河南新密新砦遗址2014年浮选结果及分析》，《农业考古》2016年第1期。

[19] 陈微微、张居中、蔡全法：《河南新密古城寨城址出土植物遗存分析》，《华夏考古》2012年第1期。

[20] a. 刘昶、方燕明：《河南禹州瓦店遗址出土植物遗存分析》，《南方文物》2010年第4期。

b. 刘昶、赵志军、方燕明：《河南禹州瓦店遗址2007、2009年度植物遗存浮选结果分析》，《华夏考古》2018年第1期。

[21] 北京大学考古文博学院、河南省文物考古研究所：《颍河中上游谷地植物考古调查的初步报告》，《登封王城岗考古发现与研究》，大象出版社，2007年，第916～958页。

[22] 邱振威、侯卫东、汪松枝等：《河南郑州索、须、枯河流域植物遗存初步分析》，《华夏考古》2018年第5期，第59～69页。

[23] a. 赵志军、张居中：《贾湖遗址2001年度浮选结果分析报告》，《考古》2009年第8期。

b. 张居中、程至杰、蓝万里等：《河南舞阳贾湖遗址植物考古新进展》，《考古》2018年第4期。

[24] a. 张永辉、翁屹、姚凌等：《裴李岗遗址出土石磨盘表面淀粉粒的鉴定与分析》，《第四纪研究》，2011年第5期。

b. Bestel, Sheahan, Bao, et al. Wild plant use and multi-cropping at the early Neolithic Zhuzhai site in the middle Yellow River region, China. Holocene, 2018.

[25] 程至杰、张居中、杨玉璋等：《淮河上游南部地区仰韶时代中、晚期农业的植物考古学观察》，《华夏考古》2022年第4期。

[26] 张海、李唯、王辉等：《黄淮平原西部漯河地区中全新世人地关系的初步研究》，《华夏考古》2019年第4期。

[27] 河南省第三次全国文物普查统计数据。

[28] 张海、李唯、王辉等：《黄淮平原西部漯河地区中全新世人地关系的初步研究》，《华夏考古》2019年第4期。

[29] 董广辉、夏正楷、刘德成等：《河南孟津地区中全新世环境变化及其对人类活动的影响》，《北京大学学报（自然科学版）》2006年第2期。

[30] 孙雄伟、夏正楷：《河南洛阳寺河南剖面中全新世以来的孢粉分析及环境变化》，《北京大学学报（自然科学版）》2005年第2期。

[31] 北京大学震旦古代文明研究中心、郑州市文物考古研究院：《新密新砦——1999年—2002年田野考古发掘报告》，文物出版社，2008年，第511~512页。

[32] 北京大学考古系、驻马店市文物保护管理所：《驻马店杨庄——中全新世淮河上游的文化遗存与环境信息》，科学出版社，1998年，第207页。

[33] 韩建业：《晋西南豫西西部庙底沟二期—龙山时代文化的分期与谱系》，《考古学报》2006年第2期。

[34] a. 邓振华、高玉：《河南邓州八里岗遗址出土植物遗存分析》，《南方文物》2012年第1期。

b. 王育茜、张萍、靳桂云等：《河南淅川沟湾遗址2007年度植物浮选结果与分析》，《四川文物》2011年第2期。

[35] 胡飞：《淮河中游地区新石器时代气候与环境》，《南方文物》2019年第1期。

[36] 黄润、朱诚、郑朝贵：《安徽淮河流域全新世环境演变对新石器遗址分布的影响》，《地理学报》2005年第5期。

[37] a. 赵志军：《安徽蒙城尉迟寺遗址浮选结果分析报告》，《蒙城尉迟寺》（第二部），科学出版社，2007年，第328~337页。

b. 程至杰、杨玉璋、袁增箭等：《安徽宿州杨堡遗址炭化植物遗存研究》，《江汉考古》2016年第1期。

（原刊于《南方文物》2023年第1期）

长江下游地区粟作农业的传播
——安徽宣城井水墩遗址的植物遗存证据

汪静怡[1,2,3]　陈小春[4]　张贵林[5]　张国文[6]　吴妍[1,2,3]

（1.中国科学院古脊椎动物与古人类研究所脊椎动物演化与人类起源重点实验室；2.中国科学院生物演化与环境卓越创新中心；3.中国科学院大学；4.安徽省文物考古研究所；5.天津大学地球系统科学学院；6.南开大学历史学院考古学与博物馆学系）

一、引　言

农业的出现作为新石器时代的革命性事件，对人类活动的历史和文明诞生均产生了重要影响[1]，其起源和传播为人类社会文明发展提供了稳定的经济基础[2~4]。农作物扩散是农业历史研究的重要组成部分，其发生发展等问题成为学术界关心的重要议题。目前，中国农业主粮产区以秦岭—淮河为界（也是中国南北地理分界线），北方地区主要以旱作物（传统为小麦、粟和黍等）为主，而南方以水稻种植为主[5]，但是南北方都存在混合种植情况[6]。这种水稻旱作物混合种植是一个长期发展过程，涉及气候变化、文化传播和历史发展等因素。例如，黄河下游关中盆地很多遗址的新石器中期仅种植粟等旱地作物，然而随着气候变化，水稻北上传播，在这一地区形成混作农业[7]。南方地区最初的粮食作物只有水稻，随着时间推移，旱作物也逐渐扩散，但是扩散的时空过程和动力机制的研究依然相对薄弱。尤其是，大多数研究来自历史文献，而地学的证据相对较少，限制了对这一问题的深入研究。

皖南地区位于长江中下游，该地区在新石器时代属于稻作文化中心区。两周时期，古代文献与出土青铜器证据证明这一皖南地区与中原地区存在文化交流，此时中原地区已有发达的粟作农业[8]，粟黍农业是否在这一时期传播至皖南地区，目前尚不清晰。

近二十年来，大植物遗存和植硅体分析方法在探索先民早期植物利用和粟作、稻作的起源、发展、传播方面取得了重大的进展[9]。皖南地区开展植物考古研究的几处典型遗址证据

作者简介：吴妍，女，1982年8月生，安徽大学历史专业（文博方向）1999级本科生。

显示，自新石器时代中期开始，稻作农业在该地区逐渐占据主导地位[10]。目前，皖南地区的植物考古学研究较少，尚在起步阶段。关于粟黍农业何时传播至皖南地区、如何发生发展，仍存在许多疑问和缺环，亟须结合具体遗址开展相关工作。

皖南地区地形复杂、文化多元[11]。此外，从以往的文物调查和发掘来看，皖南地区单个遗址文化层大多较薄，延续时间也较短，大部分遗址只有一个时期的堆积，这也给考古文化分期及植物考古工作的开展带来较大难度。本文重点讨论的井水墩遗址地处长江中下游平原与皖南山区交接地带，地层堆积厚，有多个时期的叠压关系，较为少见，这为开展该遗址文化分期与植物考古研究提供了有利条件。由此，本文尝试以井水墩遗址的材料为依托，同时运用植硅体和大植物两种分析方法，借助已有的植物考古成果，深入探讨皖南地区良渚文化中晚期和西周晚期的稻作农业与粟黍农业发生发展的特点与地位变化情况。

二、研究材料与方法

（一）遗址背景

井水墩遗址位于安徽省南部宣城泾县（118°20′4.01″E，30°38′53.17″N），海拔41m，地处长江中下游平原与皖南山区交接地带。这一地区以低山丘陵为主，平原较少，地势由西南向东北逐级递减，东南部与西北部均为隆起的丘陵山地，其间镶嵌一条由青弋江及其支流冲积而成的带状河谷平原。井水墩遗址属七星墩遗址七个相邻土墩之一，位于泾县丁家桥镇新渡村大路组，北距青弋江约150m，西距丁家桥镇约1km。地理分区上按水系可划分为安徽长江流域—青弋江流域遗址（图一）。文化分区则属于受良渚文化区影响的皖南地区。2018年4～10月，安徽省文物考古研究所会同泾县文物局对井水墩进行了抢救性发掘。井水墩处青弋江冲积平原南部，海拔41m，南邻乡村公路，东部被一水塘破坏，西、北两边是水田。井水墩遗址的发掘面积约102平方米，统一地层共37层，其中第1～7层属唐代地层，对应深度为0～100cm；第8～35层为西周晚期地层，对应深度为100～230cm；第36～37层为良渚文化中晚期地层，对应深度为230～335cm。此外遗址中发现良渚文化中晚期、西周晚期遗迹共计41处。其中属于良渚文化中晚期的遗迹出土遗物有陶器、石器、玉器三类，其中陶器、石器数量多，种类丰富。属于西周时期的遗迹遗物以陶器为大宗，器形有鼎、甗、鬲、豆、缸、纺轮等；石器较少，有锛、铲、镰等。

（二）地层堆积和样品采集

井水墩遗址东部被一水塘破坏，西、北两边是水田。发掘前，土墩仅存西南角，破坏较严重。整体上地层堆积较厚，除上部少数地层自东向西倾斜叠压外，大部分地层近水平状分布。

长江下游地区粟作农业的传播——安徽宣城井水墩遗址的植物遗存证据

图一 安徽井水墩遗址地理位置图

基于遗址情况，本次研究采用剖面采样法[12]，样品基本采自遗址各深度对应的地层，主要包括良渚文化中晚期、西周晚期及唐代3个时期，共采集64份土样进行大植物遗存分析及植硅体分析。其中44份样品用来进行大植物遗存分析，为更加全面了解该地区的植物遗存面貌，我们也同时对不同深度层位取得的20份土样进行了植硅体样品的采集与提取工作，从而避免因大植物遗存保存状况影响到区域植物遗存面貌的解读。由于各时期文化层厚度不同，在遗址各深度采集到的64份样品中不同时期样品所占比例存在较大差异，西周时期文化层较厚，样品数量最多；良渚文化中晚期及唐代文化层较薄，样本数量较少。

（三）实验方法

浮选工作在发掘地点进行，样品干燥后被带回中国科学院古脊椎动物与古人类研究所脊椎动物演化与人类起源重点实验室进行分类、挑选和鉴定。我们将西周晚期地层中浮选出的炭化粟送至加拿大A.E.Lalonde AMS实验室进行AMS ^{14}C测年分析。

考虑到遗址土样中砂砾杂质过多可能会影响植硅体的提取，在实验室先对样品进行了干燥、研磨、过筛的处理。我们将处理过的样品采用常规的重液浮选法进行植硅体的提取。大致过程如下：将5g土样放入干净的烧杯中，加入30ml双氧水（H_2O_2）放置加热板上反应20分钟左右去除有机质；待反应结束样品冷却后继续加入稀盐酸（10%HCl）煮沸，用以去除铁、钙等矿物质；样品冷却静置24小时后加入纯水离心三次，至洗净盐酸为止；再加入比重为2.3~2.4的溴化锌重液，吸取上清液后离心清洗三次，将提取出来的植硅体放置烘箱中晾干；最后以加拿大树胶为介质进行制片，并置于日本Nikon公司生产的Nikon eclipse LV100P0L显微镜（500×）下进行观察、鉴定、统计和拍照。对每一个样品随机统计500粒左右的植硅体形态，并运用Tilia软件（http://www.tiliait.com/）计算每个类型的百分比含量，绘制图谱。

三、研究结果

（一）测年结果

我们将3份来自不同层位的炭样标本送由美国Beta实验室进行测年，将1份炭化粟样本送由加拿大A.E.Lalonde AMS实验室进行测年（表一）。从以往的文物调查和发掘来看，皖南地区单个遗址文化层大多较薄，延续时间也较短，大部分遗址只有一个时期的堆积，井水墩遗址地层堆积厚，有多个时期的叠压关系，较为少见，为研究皖南地区考古学文化提供了丰富材料。

其中Beta-511211属于新石器时期遗存，Beta-511207和Beta-511208所在地层属西周晚期。测年结果显示，来自新石器时期遗存的炭样年代均值为4847cal.B.P.，这一测年结果与新石器晚期的年代范围是相吻合的。目前来看，西周晚期的炭样测年结果年代均值为2736cal.B.P.、2731cal.B.P.，与依靠陶器类型学所得出的断代结果高度吻合。来自西周晚期，编号为UCO-10575的炭化粟直接测年结果年代均值为2617cal. B.P.，在新石器时代遗存方面，由于本地区可供对比的资料较少，无法依靠陶器得出较为精确的分期和断代结果，若此份炭样测年结果可靠，则井水墩遗址新石器时代文化遗存的年代可对应良渚文化中晚期。

表一 井水墩遗址AMS ^{14}C年代数据

实验室编号	单位	样品类别	^{14}C年代（BP）	树轮校正后年代（BP）年代范围	树轮校正后年代（BP）平均年代
Beta-511211	2018JJT020122	木炭	4270±30	（93.3%）4874~4820	4847
Beta-511207	2018JJT020211	木炭	2590±30	（92.7%）2769~2703	2736
Beta-511208	2018JJT020224	木炭	2580±30	（87.0%）2763~2699	2731
UCO-10575	FX54T020312	粟	2529±25	（43.9%）2667~2568	2617

（二）大植物浮选结果

井水墩遗址的炭化植物遗存可以分为木炭、种子（果实）两大类。目前从该遗址浮选样品中鉴定的农作物种子有3类，分别为水稻（*Oryza sativa*，籼稻还是粳稻，需进一步确定），粟（*Setaria italica*），黍（*Panicum miliaceum*）。

受样品量的限制，我们仅对2个良渚文化中晚期地层样本、40个西周晚期地层样本及2个唐代地层样本的轻浮样品进行了分类和种属鉴定。在浮选的44份样品中，有32份发现了炭化种子（果实）。这32份样品中，能够鉴定出种属的炭化种子（果实）共计154粒，未知种属的种子有22粒。我们将鉴定出的炭化种子分为农作物和非农作物两大类，其中农作物数量为大宗，水稻（*Oryza sativa*）共46粒、粟（*Setaria italica*）共87粒、黍（*Panicum miliaceum*）共5粒。三种农作物总计138粒，占可鉴定炭化果实、种子总数的89.6%。非农作物可见黍亚科、豆科、荨麻科、菊科等田间常见的杂草种子[13]，此外还有一些无法鉴定科属的种子。详细情况见表二。

表二 井水墩遗址浮选鉴定炭化植物种属和数量统计表

植物科属	良渚文化中晚期	西周晚期	唐	合计
水稻（*Oryza sativa*）	1	44	1	46
粟（*Setaria italica*）	0	87	0	87
黍（*Panicum miliaceum*）	0	5	0	5
黍亚科（*Panicoideae*）	0	8	0	8
豆科（*Leguminosae* sp.）	0	4	1	5
菊科（*Asteraceae*）	0	1	1	2
荨麻科（*Urticaceae*）	0	1	0	1
合计	1	150	3	154

粟以炭化形式保存，大多呈卵圆形，少数为球形，因在炭化过程中受高温烘烤而胚部爆裂脱落，留下"U"字形凹坑，大多数颖果长度和厚度均因炭化受热过程明显膨胀变大，而宽度变化较小。粟是目前出土数量最高的农作物。水稻出土总数较少，完整颖果的长度范围为3.74～4.93mm，宽2.02～2.98mm，厚1.32～2.24mm，因保存环境等原因，多为不完整颖果。详细情况见图二。其中，炭化水稻最早在第36层中出现，对应时间为良渚文化中晚期；炭化粟最早出现于第34层，对应时间为西周晚期。

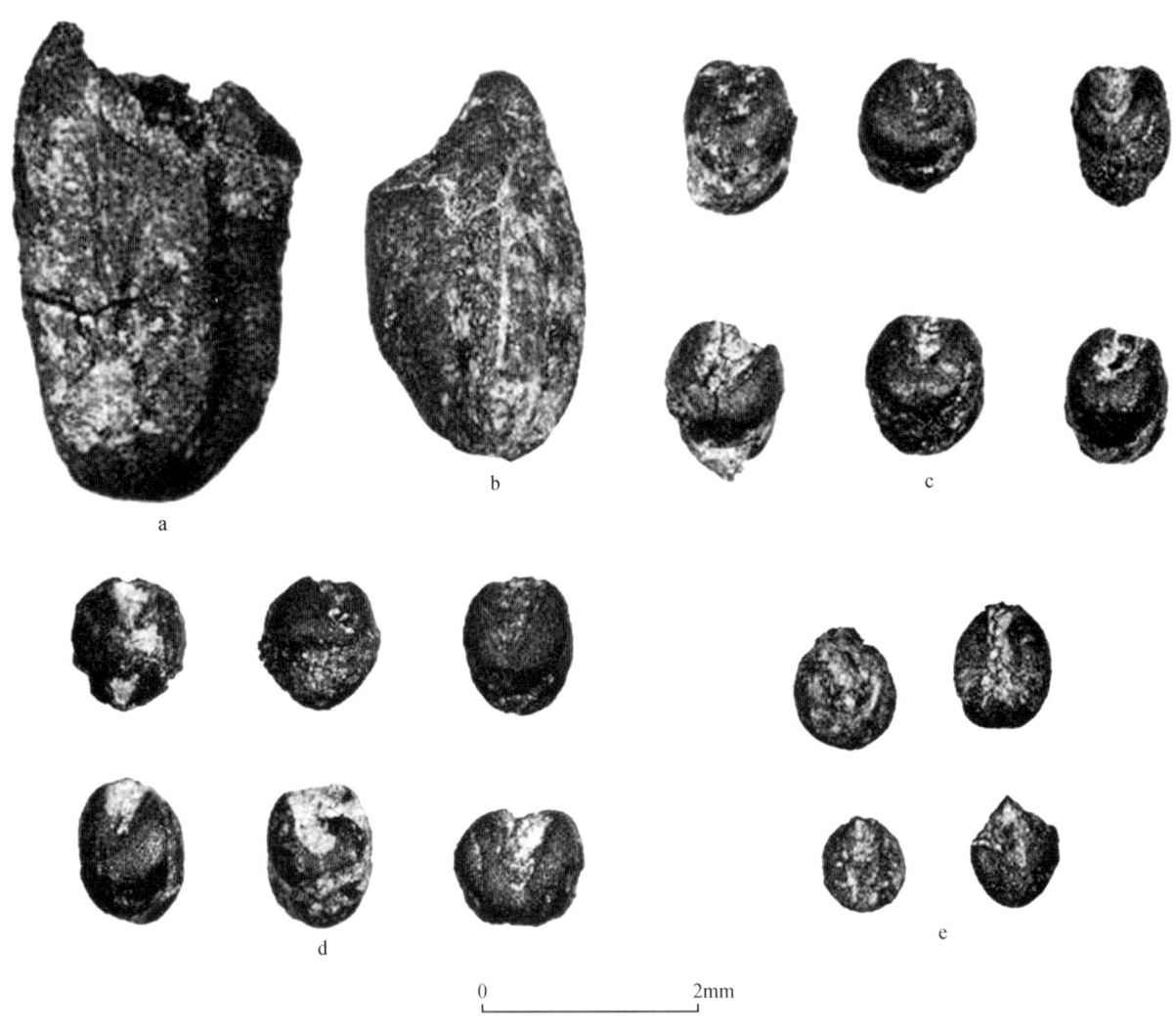

图二 井水墩遗址鉴定炭化农作物的主要类型
a. FX62 2018JJT0203水稻颖果（13） b. FX37 2018JJT0202（19）水稻颖果 c. FX54 2018JJT0203（12）粟颖果
d. FX37 2018JJT0202（19）粟颖果 e. FX54 2018JJT0203（12）黍亚科颖果

（三）植硅体鉴定结果

本次研究中，我们对井水墩遗址良渚文化中晚期、西周晚期、唐代3个时段的不同地层取得编号为1～20的20个样本进行了植硅体分析。可鉴定的植硅体形态达20余种，共统计1万余粒个体。其中常见的植硅体类型有哑铃型、方型、长方型、短鞍型、长鞍型、帽型、尖型、平滑棒型、刺状棒型、普通扇型等（图三）。除常见的植硅体类型外，还发现有一批可以鉴定到种属的植硅体形态（图四）。包括来自农作物的几种植硅体形态，如产生于水稻叶片扇型和稃壳双峰型，粟稃壳的Ω型、黍稃壳η型植硅体。此外，也有来自竹叶片的扇型植硅体、莎草科的多边帽型植硅体[14]。

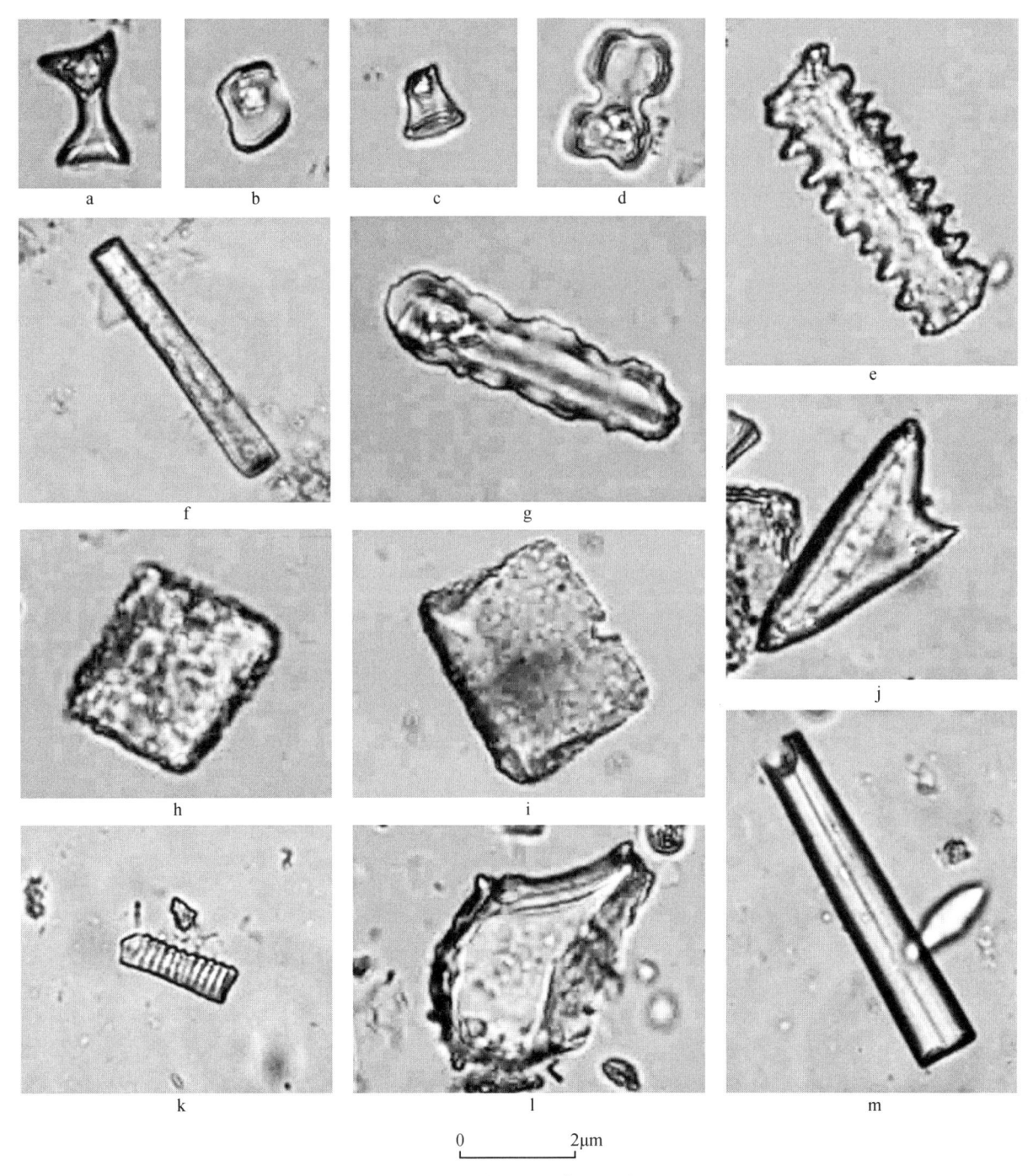

图三　井水墩遗址常见植硅体及海绵骨针形态

a.⑮层长鞍型植硅体　b.⑤层短鞍型植硅体　c.⑫层帽型植硅体　d.⑮层哑铃型植硅体　e.⑭层刺棒型植硅体　f.④层平滑棒型植硅体　g.⑯层齿型植硅体　h.⑮层方型植硅体　i.⑤层长方型植硅体　j.㉝层尖型植硅体　k.㊱层导管　l.㉕层扇型植硅体　m.㊱层海绵骨针

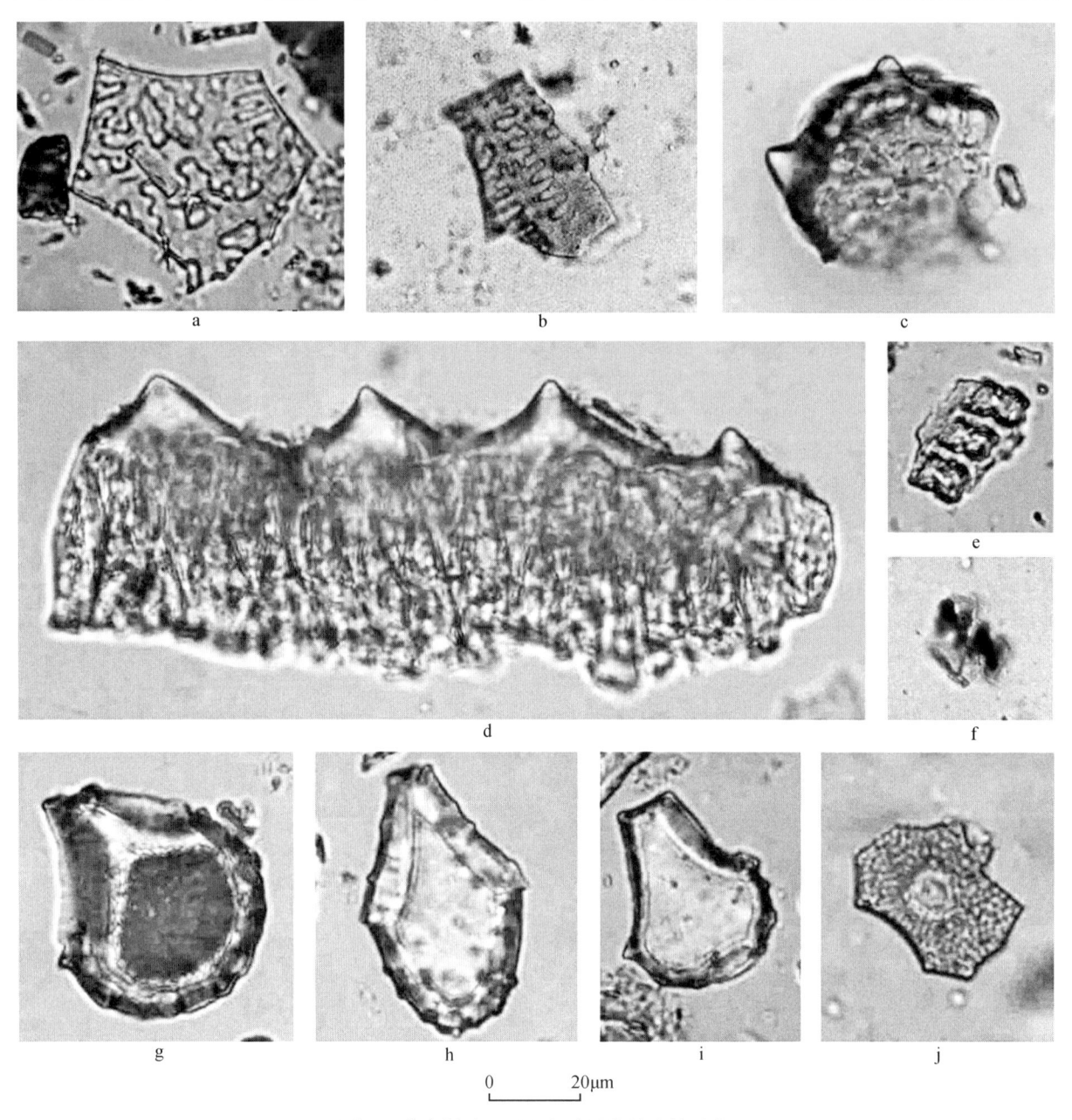

图四 井水墩遗址可鉴定种属的植硅体形态
a. ⑧层粟稃壳Ω型　b. ⑯层黍稃壳η型　c. ⑤层水稻双峰型植硅体　d. ⑯层水稻多峰型植硅体　e. ⑯层水稻横排哑铃型
f. ㉝层黍亚科竖排哑铃型　g. ⑭层水稻扇型植硅体　h. ㉖层芒草扇型植硅体　i. ⑮层竹扇型植硅体　j. ⑭层莎草帽型植硅体

从井水墩遗址各时代地层中的植硅体百分比图谱（图五）来看，在井水墩遗址唐、西周晚期的地层中水稻、粟、黍较为常见，但其比例变化差异较大，良渚文化中晚期仅见水稻一种农作物。综合各时代的植硅体数据，井水墩遗址的水稻所占比例在1.5%～18.3%之间，粟为0～1.4%之间，黍为0～0.2%之间；水稻在各地层植硅体百分比中所占份额较高，粟、黍相对较少。从不同的时期来看，良渚文化中晚期地层中水稻的百分比低于西周晚期及唐代地层中的水稻的百分比；西周晚期地层中水稻、粟、黍所占的百分比高于良渚文化中晚期及唐代；而且这3种农作物比例的最大值均出现在西周晚期的地层中。在出现频率上，水稻的出现率最高，达

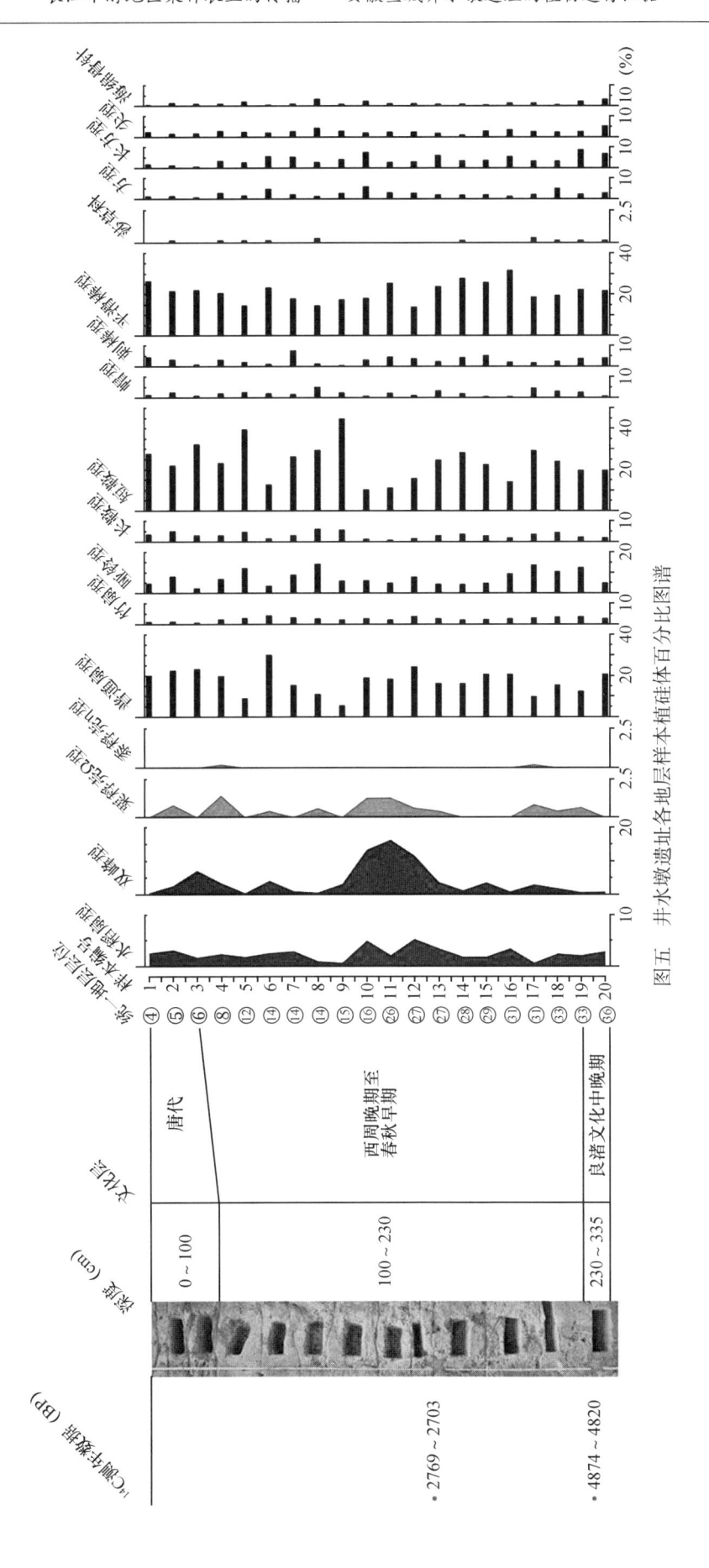

图五 井水墩遗址各地层样本植硅体百分比图谱

100%，其次是粟（55%），黍出现频率较低为10%。纵观各单位百分比图谱，可以看出示暖型的方型、长方型、哑铃型、长鞍型，以及少量指示水环境的竹扇型植硅体、海绵骨针[15]，其百分比含量总体高于示冷型的植硅体，这在一定程度上表明井水墩遗址各时期环境均相对温暖湿润。

四、分析与讨论

（一）井水墩遗址农业活动与植物利用

井水墩遗址的浮选样品分别来自良渚文化中晚期和西周晚期，浮选出了水稻、粟2种农作物。出土的植物种子中，以农作物数量占据绝对优势，约占出土种子总数的89.6%。这说明农作物已经成为井水墩遗址先民日常消耗的主要植物资源，农业种植已经成为井水墩遗址生产生活的重心。此外，在西周晚期地层中还出土有豆科植物，人们可能已经知道豆科植物可以提高土壤肥力，从而提高农业生产率。在大植物遗存分析方面，经统计，井水墩遗址各地层样本中共浮选出炭化水稻（Oryza sativa）46粒、粟（Setaria italica）87粒。其中水稻出现于良渚文化中晚期、西周晚期及唐代地层，粟自西周晚期地层开始出现，存在于西周晚期及唐代地层。在植硅体分析方面，经统计各时期均见出自水稻颖壳中的双峰型植硅体及来自水稻的扇型植硅体大多呈典型驯化形态，其鱼鳞状纹饰≥9（图四，g）属于栽培稻[16, 17]。水稻典型植硅体所占百分比约为黍粟所占比的12倍，其数量远多于粟黍的标志性植硅体。综合大植物遗存分析与植硅体分析，水稻在良渚文化中晚期、西周晚期、唐代地层中均有发现，可见其在皖南先民生活中历史悠久、地位重大、不可或缺。考虑到粟的结实率较高[18]远大于水稻，且粟籽实的千粒重在2~5g之间，水稻颖果的千粒重在22~26g[19]，可见水稻单个颖果的重量约为粟的10倍，其带来的能量远大于单个粟籽粒。因此浮选出粟籽粒个数较多于水稻不能成为判定这一地区旱作农业占主导地位的依据。此外植硅体证据也显示西周晚期及唐代地层中水稻植硅体远多于粟黍。综合以上讨论，良渚文化中晚期、西周晚期及唐代3个时段，在农业生产方面皖南先民均以稻作农业为主。黍粟农业虽在西周晚期传至皖南地区但其影响力并未能动摇稻作农业在皖南先民农业生产中的主导地位。

（二）水稻在皖南地区的出现与地位变化

中国是水稻起源中心，长江中下游起源已成为学界的主流观点[20~22]。后续长江下游地区草鞋山遗址、绰墩山遗址等马家浜文化水稻田的发现，说明长江下游地区在稻作农业起源与发展上起到关键性作用，不仅是稻作农业起源中心亦为栽培稻起源中心[23]。皖南地区地处长江下游，为水稻起源的核心区域，其中新石器时代中期缪墩遗址（7060~6890 cal BP）已发现先民对稻属植物的利用[24]。井水墩遗址良渚文化中晚期地层（4874~4820 cal BP）中发现的炭化稻及水稻植硅体证据证明这一时期皖南先民已广泛开展稻作农业。西周晚期文化层中浮选出的炭化稻与大量来自水稻颖壳的双峰型植硅体也证明水稻在皖南先民生活中不可动摇的主要经济作物地位，其生产与利用并未受到黍粟农业南传的影响，可能与两周时期该地区"险阻润湿"[25]的自然地理气候环境有关。唐代地层中，依旧发现较多炭化水稻及水稻植硅体，水稻依旧为当地居民的主要食粮，占主导地位。水稻种植在皖南地区历史悠久，一则源于这一地区较为温暖湿润的气候环境利于栽培水稻，二则可能因为这一地区居民更偏爱水稻，食用水稻已经成为一种饮食文化、生活习俗。

（三）粟在皖南地区的出现与地位变化

距皖南地区较近的安徽定远侯家寨遗址（6.2~5.6 ka BP）中发现粟、黍淀粉粒，淮河中游淮干以南地区已报道发现的旱生农作物证据[26]。西周时期淮河流域安徽六安霍邱遗址发现粟遗存，然而遗址中仍以稻作农业为大宗[27]，可作为淮河流域作物组成的代表[28]。一直以来，皖南地区植物考古工作展开较少，本研究中井水墩遗址良渚文化中晚期地层（4874~4820 cal BP）中未发现粟黍遗存，西周晚期地层（2769~2703 cal BP）中发现较多炭化粟遗存，这也是目前皖南地区直接测年最早的粟大植物遗存。井水墩遗址的植物遗存证据说明在西周晚期来自北方的旱作农业已南传至该地区形成稻粟混作农业。

古文献显示周太王之子吴太伯（3165~3074 cal BP）自以黍粟农业为主的周文化中心区关中地区[29~31]南奔荆蛮，依据当地风俗，文身断发。荆蛮义之，从而归之千余家，立为吴太伯[32]。自此吴国建立，两周时期皖南地区属于其势力范围[33]。周王朝在公元前13世纪迁都中原地区，这一地区的遗址自新石器时代为稻粟混作区[34,35]。考古资料显示，吴国的青铜器带有典型中原文化特征[36]，也在实物上证实西周时期皖南地区与中原地区的宗周确实存在文化交流，印证了史料记载。由此可见，中原文化在这一时期与皖南地区本土文化存在交流。中原地区的黍粟农业在两周时期传入皖南地区可能与之关系紧要，是粟黍农业南传至皖南地区的原因之一。

历史文献记载，吴国一方面依照周的统治经验，一方面依从荆蛮习俗发展生产，数年之间，民人殷富[37]。考古资料显示，这一地区西周时期出土大量铜质农具，墓葬中也出土大量粮食[38]，二者都指明吴国对农业生产十分重视，此时将中原地区已十分常见、结实率较高的粟黍带来耕种可以在一定程度提高生产力，是粟黍农业南传至皖南地区的原因之二。

综合以上，本次研究中皖南地区西周晚期文化层中出土的炭化粟应该是中原文化与皖南地区本土文化交流的产物。同时，粟的引入在一定程度提高了这一地区的生产力，为吴国后期称霸东南奠定了物质基础。

五、结　　论

井水墩遗址大植物和植硅体分析结果表明，水稻遗存最早出现于新石器晚期地层中，对应地层的测年结果为4874~4820 cal BP。粟遗存则最早出现于西周晚期地层中，对炭化粟遗存的直接测年结果为2667~2568 cal BP。

井水墩遗址保存了皖南地区目前发现粟的最早直接测年证据，填补了粟黍农业在皖南地区传播的空白。依据植硅体及大植物遗存证据，新石器晚期水稻已经于皖南地区种植，至晚于西周晚期粟黍农业已在皖南地区规模发展。粟黍农业传播至皖南地区形成旱稻混作农业很可能是区域间文化交流的结果。

附记：论文翻译来自于Jinyi Wang, Xiaochun Chen, Guilin Zhang, Guowen Zhang, Yan Wu*. The history of agriculture in the mountainous areas of the lower yangtze river since the late neolithic. Frontiers of Earth Science, 2022, 16 (3): 809-818. https://doi.org/10.1007/s11707-021-0956-z。

注　　释

[1] 李小强、周新郢、张宏宾等：《考古生物指标记录的中国西北地区5000aBP水稻遗存》，《科学通报》2007年第6期，第673~678页。

[2] He K, Lu H, Zhang J, Wang C, Huan X. Prehistoric evolution of the dualistic structure mixed rice and millet farming in China. The Holocene, 2017, 27(12): 1885-1898.

Diamond J. Evolution, consequences and future of plant and animal domestication. Nature, 2002, 418: 700-707.

[3] Chen F H, Dong G H, Zhang D J, et al. Agriculture facilitated permanent human occupation of the Tibetan Plateau after 3600 B.P. Science, 2015, 347: 248-250.

[4] Iriarte J, Holst I, Marozzi O, et al. Evidence for cultivar adoption and emerging complexity during the mid-Holocene in the La Plata basin. Nature, 2004, 432: 614-617.

[5] Crawford G W, Shen C. The origins of rice agriculture: recent progress in East Asia. Antiquity, 1998, 72(278): 858-866.

[6] He K, Lu H, Zhang J, Wang C, Huan X. Prehistoric evolution of the dualistic structure mixed rice and millet farming in China. The Holocene, 2017, 27(12): 1885-1898.

[7] ZHANG J, LU H, WU N, et al. Phytolith evidence for rice cultivation and spread in Mid-Late Neolithic archaeological sites in central North China. Boreas, 2010.

[8] He K, Lu H, Zhang J, Wang C, Huan, X. Prehistoric evolution of the dualistic structure mixed rice and millet

farming in China. The Holocene, 2017, 27(12): 1885-1898.
[9] （美）派潘诺（Piperno Doloves）著，姜钦华等译：《植硅石分析在考古学和地质学中的应用》，北京大学出版社，1994年。
[10] 禤华丽：《安徽7.0～5.0Ka BP古人类植物性食物资源利用及南北区域差异的淀粉粒分析》，中国科学技术大学硕士学位论文，2017年。
[11] 孙伟：《安徽新石器时代遗址文化通道与地理环境的关系》，南京大学硕士学位论文，2013年。
[12] 赵志军：《植物考古学的田野工作方法——浮选法》，《考古》2004年第3期，第80～87、2页。
[13] 印丽萍、颜玉树编著：《杂草种子图鉴》，中国农业科技出版社，1997年。
中国科学院植物研究所植物园种子组、中国科学院植物研究所形态室比较形态组编著：《杂草种子图说》，科学出版社，1980年。
[14] Icpt I C F P T . International Code for Phytolith Nomenclature (ICPN) 2.0. Annals of Botany(2): 2.
[15] 王永吉、吕厚远：《植物硅酸体研究及应用》，海洋出版社，1993年，第1～228页。
[16] Lu H Y, Liu Z X, Wu N Q, et al. Rice domestication and climatic change: Phytolith evidence from East China. Boreas, 2002, 31: 378-385.
[17] 吕厚远：《中国史前农业起源演化研究新方法与新进展》，《中国科学（地球科学）》2018年第2期，第181～199页。
[18] Bao Y, Zhou X, Liu H, Hu S, Zhao K, Atahan P…Li X. Evolution of prehistoric dryland agriculture in the arid and semi-arid transition zone in northern China. PLOS ONE, 2018, 13(8): e0198750.
[19] 李扬汉：《禾本科作物的形态与解剖》，上海科学技术出版社，1979年。
[20] 严文明：《再论中国稻作农业的起源》，《农业考古》1989年第2期，第72～83页。
[21] 秦岭：《中国农业起源的植物考古研究与展望》，《考古学研究》（九），文物出版社，2012年，第260～315页。
[22] 赵志军：《中国稻作农业起源研究的新认识》，《农业考古》2018年第4期，第7～17页。
[23] 丁金龙：《长江下游新石器时代水稻田与稻作农业的起源》，《东南文化》2004年第2期，第2～19页。
[24] 杨玉璋、禤华丽、袁增箭等：《安徽繁昌缪墩遗址古人类植物性食物资源利用的淀粉粒分析》，《第四纪研究》2016年第6期，第1466～1474页。
[25] （汉）赵晔撰，薛耀天译注：《吴越春秋译注》，天津古籍出版社，1992年。
[26] 罗武宏、禤华丽、姚凌等：《安徽定远侯家寨遗址二期植物性食物资源利用的淀粉粒证据》，《人类学学报》2020年第2期，第292～305页。
[27] 吴妍、黄文川、王昌燧等：《安徽霍邱堰台西周遗址的植硅体分析》，《农业考古》2007年第1期，第56～59页。
安徽省文物考古研究所：《霍邱堰台：淮河流域周代聚落发掘报告》，科学出版社，2010年。
[28] 刘兴林：《先秦两汉农业与乡村聚落的考古学研究》，文物出版社，2017年。
[29] 赵志军、徐良高：《周原遗址（王家嘴地点）尝试性浮选的结果及初步分析》，《文物》2004年第10期，第89～96页。

[30] 陈靓、胡松梅、杨苗苗等：《2008~2017年陕西科技考古综述》，《考古与文物》2018年第5期，第170~192页。

[31] Tang Liya, Han Kai, Ma Mingzhi, et al. The dispersals of crops: A study on the remains of carbonized plants in the Neolithic age at Longgangsi site in Hanzhong, Shaanxi Province . Quaternary Sciences, 2020, 40(2): 512-524.

[32] （汉）司马迁：《史记·世家》卷2，三秦出版社，2008年。

[33] 谭其骧主编：《中国历史地图集·第1册·原始社会·夏·商·西周·春秋·战国时期》，中国地图出版社，1982年。

[34] He K, Lu H, Zhang J, Wang C, Huan X. Prehistoric evolution of the dualistic structure mixed rice and millet farming in China. The Holocene, 2017, 27(12): 1885-1898.

[35] Zhang H, Bevan A, Fuller D, Fang Y. Archaeobotanical and GIS-based approaches to prehistoric agriculture in the upper Ying valley, Henan, China. Journal of Archaeological Science, 2010, 37(7): 1480-1489.

[36] 杨宝成：《略论西周时期吴国青铜器》，《东南文化》1991年增刊1，第86~91页。

[37] （汉）赵晔撰，薛耀天译注：《吴越春秋译注》，天津古籍出版社，1992年。

[38] 刘兴：《吴国农业考略》，《农业考古》1982年第2期，第118~123页。

中国古代玻璃科学研究进展

董俊卿 刘 松 李青会

（中国科学院上海光学精密机械研究所科技考古中心；中国科学院大学材料科学与光电工程中心）

玻璃常被称为"琉璃"和"料器"，在中国古代往往被当作玉石使用。战国至明代的文献中亦有"玻黎""缪琳""琉琳""陆离""陆琳""硝子""罐子玉""罐玉""药玉""水精"等别称[1]。玻璃是在人类文明发展进程中具有里程碑式意义的人工材料之一，具有4000多年历史，在生产和生活发挥了重要作用。古代玻璃和黄金、宝石等物品一样珍贵，被视为地位、权力和财富的象征。古代玻璃器也具有明显的时代特征、区域特点和独特的发展脉络。科学研究古代玻璃器，对探讨中国古代玻璃的起源、发展与传播、对探索玻璃器为古代遗存提供断代依据、对研究玻璃手工业与金属、玉器和陶瓷等相关手工业之间的关系等方面都具有显著的意义。

国内外学术界对古代玻璃和相关材料的研究，主要集中在化学成分体系、产地判定、原料配方、原料来源、着色特征、制作工艺、初级玻璃原料及制品的贸易、交流路径、技术方法应用等方面，并特别关注古代玻璃技术起源和重要发展阶段的遗物和遗迹研究。涉及考古学、文物学、材料学、地球化学、光学、历史学、美术学等诸多学科领域。

近百年来，中国古代玻璃也是学术界持续关注的一个话题。国内外学者对史料中与中国玻璃相关记载的考证和玻璃技术的探讨始于20世纪30年代前后，在随后的20多年中，有零星的科技分析，但主要是进行史料分析和器物介绍[2]。1934年和1936年，Beck H. C.和Seligman C. G.等学者在分析加拿大多伦多皇家安大略博物馆等地所藏的来自中国河南金村等地的古代玻璃时，出人意料地发现了不晚于公元前2世纪的铅钡硅酸盐玻璃[3]。这一发现在一定程度上推动了学者们探索中国古代玻璃技术起源的热情，并围绕"外来说"和"自创说"两种观点进行了讨论[4]。20世纪80年代以来，得益于学科交叉研究和国际合作的逐步增多，中国古代玻璃的科学研究取得了长足进展，纠正了以往对中国古代玻璃的一些片面和错误认识。干福熹、Brill R. H.、安家瑶、后德俊、史美光、李家治等诸多学者发表和出版了代表性的研究论著[5]。

作者简介：董俊卿，男，1980年5月生，安徽大学历史专业（文博方向）2000级本科生。

自2000年以来，中国古代玻璃研究获得了国内外学者多的关注，整体研究力量进一步增强，在诸如玻璃技术起源、制作技术、助熔剂体系、着色剂、乳浊剂、物理化学性质、器形、功能、文化与技术交流，以及玻璃与不同手工业之间可能联系与相互影响，开展了不同程度的研究[6]，获得了丰富的研究成果[7]。

一、中外古代玻璃质材料发展演变

（一）世界玻璃质材料发展概述

从本质上讲，玻璃属于非晶态物质，在结构上具有近程有序到中程和远程无序的特点。釉可视为是目前已知的最早玻璃态物质，世界范围内来看，约公元前第5千纪后期，埃及、近东和印度河谷流域已经开始制作施釉滑石珠[8]。最早的彩陶釉装饰出现于公元前4200～前3700年的伊朗苏萨一期[9]。在真正的玻璃出现之前，还有一类非黏土质硅酸盐材料——釉砂（费昂斯，faience），是由石英砂与碱性助熔剂和着色剂的烧制而成，是玻璃态和石英砂是混合体，最早出现在公元前4000纪初的古埃及和两河流域。真正的玻璃最早可追溯到公元前2500年左右，被认为是在美索不达米亚北部（即现代叙利亚北部和伊拉克境内）制造的，并大量出现于埃及和两河流域的青铜时代晚期（约公元前1500年至前1000年）[10]。

Bellintani等人[11]将青铜时代玻璃质材料分为三类：一为玻璃相极少的釉砂（faience）；二为玻璃相和晶体相当的玻璃化釉砂（glassy faience）；三为整体几乎全是玻璃相的玻璃（glass）。根据所使用的主要助熔剂如富钠、富钾、富铅等类型的矿物和植物灰等，世界范围内古代玻璃可划分为钠基、钾基、混合碱、铅基和钾铅玻璃等5大类硅酸盐玻璃。根据不同助熔剂原料及添加料的化学成分特点，钠基和钾基玻璃又可细分为若干亚类（表一）[12]。

表一　常见钠基和钾基玻璃体系及亚类划分标准

玻璃体系	亚类类型	Na_2O（%）	K_2O（%）	MgO（%）	Al_2O_3（%）	CaO（%）	Rb/Sr比值
钠钙玻璃 （Na_2O-CaO-SiO_2）	泡碱型	>10	<1.5	<1.5	<4	>8	
	植物灰型	>10	≥1.5	≥1.5	<4	>8	
钠铝玻璃 （Na_2O-Al_2O_3-SiO_2）	矿物碱型	>10	<1.5	<1.5	6~12	≤4	
	植物灰型	>10	≥1.5	≥1.5	6~12	≤4	
钠钙铝玻璃 （Na_2O-CaO-Al_2O_3-SiO_2）	矿物碱型	>10	<1.5	<1.5	4~6	4~6	
	植物灰型	>10	≥1.5	≥1.5	4~6	4~6	
混合碱玻璃 （Na_2O-K_2O-CaO-SiO_2）	高钾低镁 （LMHK）	4~9	6~12	0.5~1.0	1.0~3.0	1.0~3.5	
钾玻璃 （Na_2O-K_2O-SiO_2）	中等钙铝型	<2	>10	<1.5	1~4	1~4	<5
	低钙高铝型	<2	>10	<1.5	3~8	<1	>5
	低铝高钙型	<2	>10	<1.5	<1	3~8	

（二）中国古代玻璃技术起源与发展演变

中国古代玻璃质材料主要经历了夏商周时期高温原始瓷釉（proto porcelain），西周至战国时期釉砂，战国至汉代的铅基和钾基釉砂、釉陶、玻璃，以及汉代以后的钾铅玻璃、瓷器和三彩釉陶等几个阶段。与西方相比，截至目前，中国尚未发现周代以前的施釉石质制品，但在西周时期，发现有滑石经过高温改性的证据[13]。基于目前的研究成果，大体可以勾勒出中国古代玻璃质材料助熔剂体系演变趋势（图一）[14]，中国古代本土玻璃主要为钾基和铅基两大系统的硅酸盐玻璃，可分为钾玻璃（K_2O-SiO_2）、钾钙玻璃（K_2O-CaO-SiO_2）、铅钡玻璃（PbO-BaO-SiO_2）、铅玻璃（PbO-SiO_2）和钾铅（K_2O-PbO-SiO_2）玻璃等几种体系。

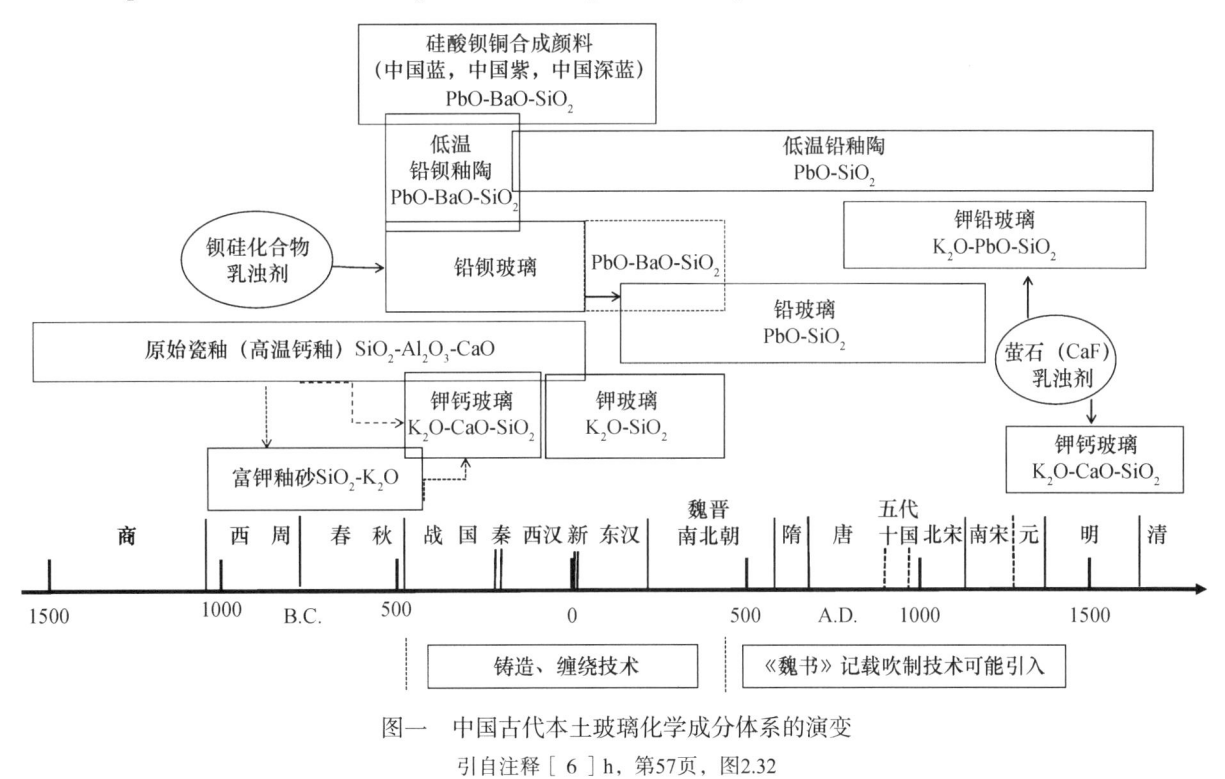

图一 中国古代本土玻璃化学成分体系的演变
引自注释［6］h，第57页，图2.32

1. 中国两周时期的釉砂

釉砂是一种非黏土质硅酸盐制品，是石英砂和玻璃相的混合体，被视为古代玻璃的前身，最早出现在公元前4千纪初的古埃及和两河流域。中国新疆、甘肃、青海、西藏、陕西、山西、河南、四川、重庆、西藏等地出土的釉砂主要有域外输入的富钠（Soda-rich）和混合碱（Mixed-alkali）及本土富钾（Potash-rich）三种体系[15]。中国釉砂存在由输入西方富钠和高钠混合碱向富钾和高钾混合碱助熔剂演变的趋势；从时代上来讲，自西向东传播，中原地区，先有富钠，后有富钾和混合碱（图二）[16]。富钾釉砂最早见于西周早期的河南平顶山等地，西周中期至春秋晚期广泛流行于黄河和长江流域。这里值得注意的是，以往通常将Na_2O/K_2O比

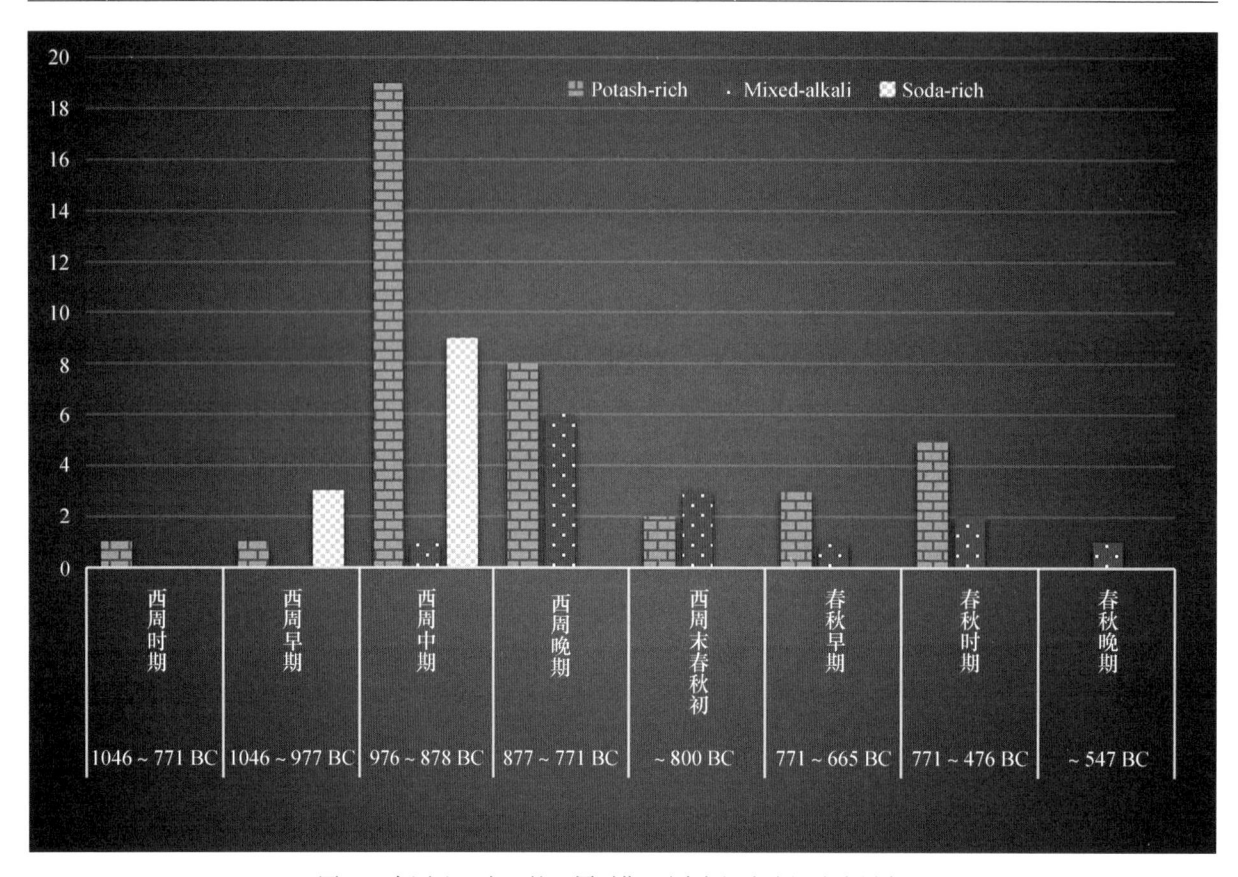

图二　中原地区出土的两周时期不同阶段釉砂的助熔剂类型
引自注释［16］，第154页，图4.62

值大于1视为域外输入的富钠釉砂，小于1视为中国本土制作的富钾釉砂。事实上，Na_2O/K_2O的比值在0.5~1.5之间的釉砂，属于混合碱类型，混合碱釉砂Na_2O和K_2O两种助熔剂，总量一般大于7%，Na_2O的含量可以高于K_2O的含量，也可以低于K_2O的含量[17]。笔者等建议采用$Na_2O/(Na_2O+K_2O)$比值大于0.6、0.6~0.3和小于0.3作为富钠、混合碱和富钾釉砂划分依据（图三）[18]。从产地来源上讲，富钠釉砂来自埃及和西亚；富钾为周朝境内本土自制，并影响周边地区（甘、青地区、长江流域及新疆天山地区）；而混合碱釉砂，存在高钠（$Na_2O>K_2O$）和高钾（$Na_2O<K_2O$）两种亚类，这两个亚类在新疆境内均有发现，可能与欧洲和欧亚草原密切相关。但中原、青海等内陆地区的混合碱釉砂则以高钾亚类为主，可能受欧洲和欧亚草原以及中原的富釉砂的双重影响，在当地制作的。Brill等人[19]曾分析过1件陕西沣西出土的西周时期富钾釉砂，其铅同位素比值具有中国典型的低比值高放射性铅同位素特征。中国不同地区富钾釉砂的存在也说明了中国钾基玻璃制作具有悠久的传统[20]。秦颖等人[21]曾在枣阳郭家庙出土西周至春秋早期的釉砂中检测出钾钙体系的釉，釉层中K_2O和CaO含量分别为2%~4%和9%~12%，这在助熔剂方面为战国时期的钾钙玻璃提供了更为直接的技术渊源。

图三　中国出土釉砂的助熔剂类型
引自注释［18］，第153页，图4.61b

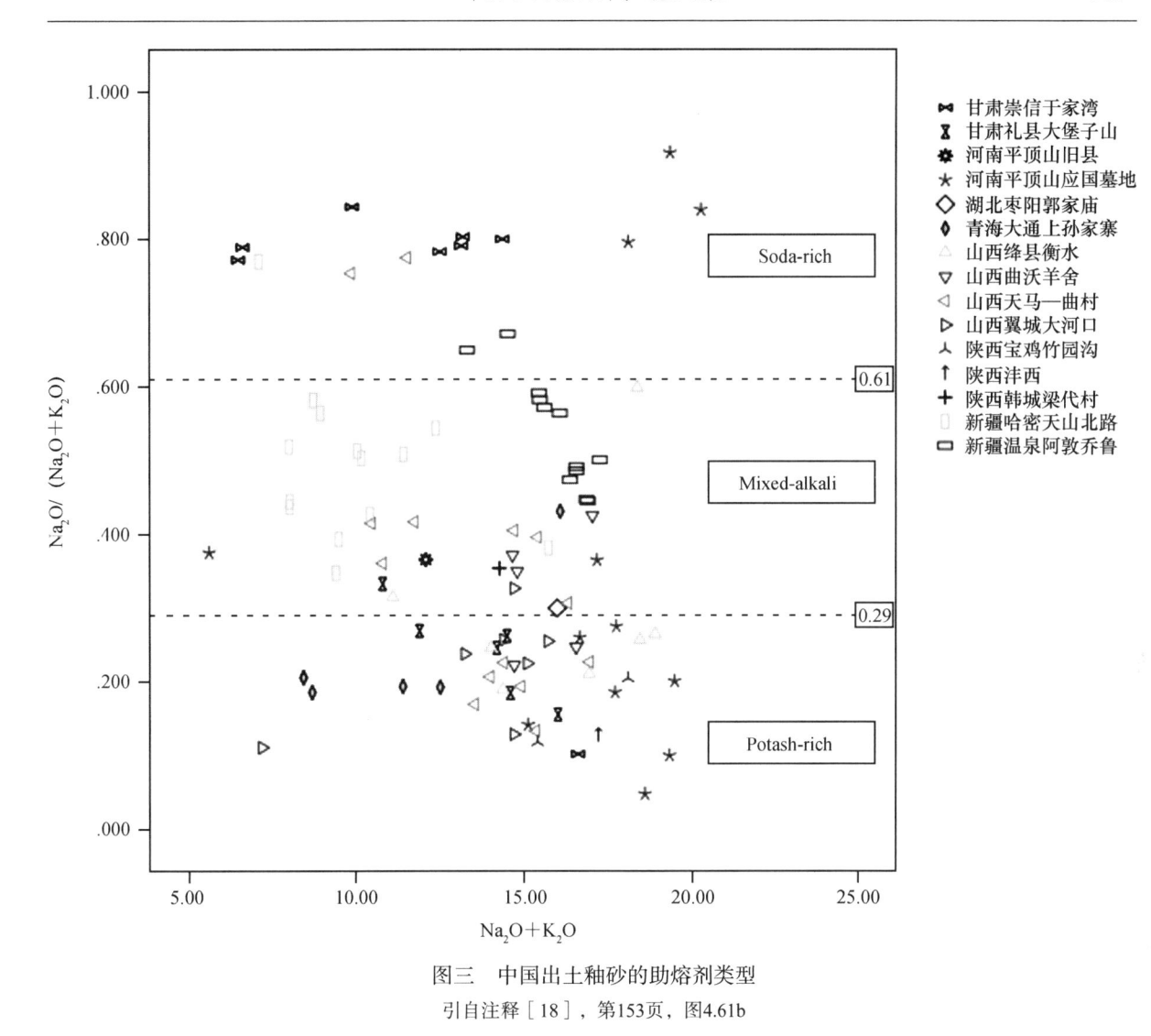

2. 中国古代主要玻璃体系

中国古代玻璃泛指中国境内发现的古代玻璃，主要包括域外直接输入的钠钙玻璃、钠铝玻璃和钾玻璃，本土自制的铅钡、铅、钾钙、钾铅等玻璃和部分汉代的中等钙铝型和低钙高铝型钾玻璃，以及吸收外来技术和配方制作的钠钙玻璃。

（1）早期域外输入钠钙玻璃

中国真正的玻璃制品出现相对较晚，最早发现于新疆境内，约在西周至春秋中期（公元前1000～前550年）经丝绸之路传入的域外钠钙玻璃珠[22]。随后在春秋战国之际（约公元前500年），域外的玻璃珠也陆续传入山西太原[23]，河南固始[24]、淅川[25]和叶县[26]，江苏苏州[27]以及湖北随州[28]等地。这些玻璃珠以泡碱型钠钙玻璃为主，也有个别植物灰型钠钙玻璃，前者常使用锑基乳浊剂/着色剂（如白色的锑酸钙和黄色的锑酸铅）。

（2）东周时期本土钾钙玻璃

几乎和域外输入的玻璃同时，中国本土自制的钾钙玻璃也开始出现当时的楚、越之地，如湖北和湖南出土的战国时期蓝绿色蜻蜓玻璃珠和江苏无锡鸿山越墓出土战国早期蓝色玻璃管[29]，类似的器物在湖北襄阳、江陵九店，以及湖南长沙、四川和陕西西安等地的战国墓葬中也有发现[30]。最近河南三门峡的战国早期魏国墓地M61也发现有带乳钉纹装饰的钾钙玻璃管[31]。最著名的钾钙玻璃如湖北江陵望楚墓出土春秋晚期越王勾践剑剑格上镶嵌的蓝玻璃片[32]。钾钙玻璃中K_2O和CaO含量分布范围分别为8%~16%和3%~5%，Al_2O_3含量为2%~6%[33]。另外，在浙江长兴鼻子山一号墓（战国早期晚段越国贵族大墓）中也出土了与鸿山遗址发现的钾钙玻璃质地相似的玻璃管、玻璃珠、玻璃环，以及可能为西方输入的蜻蜓眼玻璃珠[34]，均未进行检测分析。这些器物目前主要发现于长江流域，其技术源头和分布范围尚不清楚。值得注意的是商周时期有少量原始瓷的瓷釉中有较高的K_2O。从这类玻璃中主要助熔剂K_2O的使用、部分蜻蜓眼器物在成形时可能采用了石英砂芯和陶芯进行辅助等方面看[35]，可能与西周至春秋时期的釉砂和原始瓷制作存在密切联系。

从助熔剂传统上来讲，钾钙玻璃可追溯到西周至春秋时期的富钾釉砂。钾钙玻璃上承西周至春秋时期的富钾釉砂，下启汉代的钾玻璃及后世的钾铅玻璃，并在宋至明清依然占有重要地位，影响深远。而战国中晚期蜻蜓眼珠造型的钾钙玻璃也受到域外输入钠钙玻璃蜻蜓眼珠的影响，我国工匠利用本土原料和配方工艺进行吸收和创新的结果，钾钙玻璃也是中外文明交流互鉴的重要见证。

（3）战国至汉代的铅钡玻璃及相关制品

自战国中期开始，铅钡玻璃开始大量出现湖北、湖南、山东、河南、陕西等地[36]，并在西汉时期得到进一步发展，成为中国最具特色的玻璃体系，主要器形有蜻蜓眼珠、管、璧、环、蝉、剑饰、耳珰等，其他器物有玻璃兽、杯、衣片和磬等，仿制玉器和外来钠钙玻璃体系的蜻蜓眼珠是促进其发展的一个重要因素[37]。江苏盱眙大云山江都王刘非的陵墓中（M1）出土一整套铅钡玻璃编磬（共22件）[38]，其中最大的一件重达17公斤，远远超过早发现的其他汉代铅钡玻璃器。大云山汉墓出土大体量的编磬乐器制品，是中国甚至是在世界古代玻璃史上的一次极重要的发现，反映出西汉时期我国玻璃铸造技术已达到一个发展高峰。东汉以降，铅钡玻璃逐渐为高铅玻璃所替代。

在铅钡玻璃出现之前春秋末期至战国初期，以铅和钡为主要助熔剂的硅酸盐制品业已出现，主要有"铅钡釉砂"和铅钡釉陶两种，与铅钡玻璃的技术起源密切相关。其中铅钡釉砂以非黏土胎体为主，主要有两类，其一为单层结构的硅酸钡铜人工合成颜料，如中国蓝（或汉蓝，$BaCuSi_4O_{10}$）、中国紫（或汉紫，$BaCuSi_2O_6$）以及中国深蓝（$BaCu_2Si_2O_7$）[39]，主要流行于甘肃、陕西及河南等地。学者们认为中国蓝等硅酸钡铜颜料的出现与发展可能与借鉴了同构的埃及蓝（Egyptian Blue，$CaCuSi_2O_{10}$）的生产技术、道家思想的发展以及秦人的向东扩张有关[40]；其二为在含氧化铅的非黏土质胎体外表装饰玻璃化的釉层及彩绘的双层或多层制品，在陕西、河南、湖北等地皆有发现[41]。而铅钡釉陶则为黏土质胎体，外表施铅钡釉，如江苏无锡邱承墩鸿山越墓出土的"琉璃釉盘蛇玲珑球形器（多彩铅钡硅酸盐低温釉釉陶）"[42]。

总体而言，战国中晚期，铅钡釉砂、铅钡釉陶和铅钡玻璃以及钾钙玻璃多种质地制品同时存在，尤以蜻蜓眼数量最多，其次还有珩、管、环等[43]。珠体为陶胎的蜻蜓眼玻璃珠的发现，证明战国时期我国仿制西方钠钙玻璃蜻蜓眼玻璃珠的方法是多样的。值得注意的是，战国晚期低温铅釉釉陶器皿也被烧制出来，如山东临淄发现的铅釉陶壘，釉层中PbO含量高达62%[44]，打破原始青瓷占绝对主导低温的施釉陶瓷器。Wood N.认为战国和汉代的低温釉陶反映了中国古代瓷釉与铅钡硅酸盐玻璃在制作技术上的相互影响[45]。

（4）汉至魏晋南北朝时期的钠铝玻璃和钠钙铝玻璃

钠铝玻璃是南亚和东南亚较为流行的一类玻璃体系，以印度-太平洋贸易珠最为典型，广泛分布于东南亚、南亚、非洲等地，尤其是东南亚地区沿海港口城市发现较多[46]，海上丝绸之路是该类玻璃珠饰主要传播途径之一。植物灰型钠钙铝玻璃（v-Na-Ca-Al）数量较少，目前产地并不明确，推测其与东南亚地区存在密切关系。钠铝玻璃多为矿物碱型，根据微量元素的含量不同，矿物碱钠铝玻璃可细分为6个亚类。矿物碱型钠铝玻璃（m-Na-Al）初级玻璃的产地应在南亚地区，二次加工制作中心在南亚和东南亚地区都有广泛分布[47]。Dussubieux L.等人[48]认为东南亚地区的矿物碱型钠铝玻璃亚类1类型样品可能来自于印度南部地区，而且该类型的玻璃在南亚地区的生产制作历史超过千年。矿物碱型钠钙铝玻璃（m-Na-Ca-Al）在公元纪年后第一个千纪的东南亚地区有大量发现。在泰国Khlong Thom地区已发现此类玻璃体系的制作加工证据，表明至少有一部分的矿物碱型钠钙铝玻璃是在此地进行加工制作[49]。

中国的钠铝玻璃主要流行于汉代至魏晋南北朝时期，汉代主要发现于广州[50]、合浦和荥阳[51]等地。魏晋南北朝时期在我国南北方均有发现，北魏时期河南洛阳[52]和南阳[53]、山西大同[54]，以及江苏南京等地的佛教遗址均出土有印度—太平洋玻璃珠。而在湖北雷家坪[55]、广西越州故城遗址[56]、云南句町古国遗址[57]、福建皇冠山墓地等都发现了六朝时期的印度—太平洋玻璃珠，体系为矿物碱钠铝玻璃。

（5）汉代钾玻璃

钾玻璃是印度、东南亚和我国华南、西南等地区特有的一种玻璃体系，根据钾玻璃中CaO、Al_2O_3的含量，可将钾玻璃划分为三个亚类，分别是中等钙铝型钾玻璃、低钙高铝型钾玻璃和低铝高钙型钾玻璃（表一）[58]。钾玻璃的玻璃基体助熔剂主要为氧化钾（K_2O），其含量一般不低于10%，但由于古代玻璃样品长期埋藏于地下，不可避免地会受到风化作用的影响，风化作用会导致玻璃基体中K_2O大量流失，从而在玻璃器表面形成一薄层风化层，风化层中K_2O的含量可低至1%以下。钾玻璃中的低铝高钙亚类数量最少，主要发现于泰国、越南和缅甸，时代在公元前4~前2世纪；中等钙铝亚类分布最广（如印度、泰国、缅甸、柬埔寨、韩国、俄罗斯及我国新疆、两广和辽宁等地），南亚和东南亚均存在制作中心；低钙高铝亚类主要在两广和越南北部等地，泰国和柬埔寨也有少量发现。汉朝的交趾郡境内可能是该亚类的一个制作中心。南亚和东南亚最早的钾玻璃出现在公元前5世纪至前2世纪[59]，而欧洲的钾钙玻璃主要在中世纪才大量出现[60]，这些都与中国钾钙玻璃在微量元素、制作技术、器形与分布等方面明显差异[61]，在出现和流行时间上也有都明显晚于战国时期的钾钙玻璃。需要说明的是，从助熔剂角度严格来说，春秋战国时期流行的钾钙玻璃也属于钾玻璃范畴。中国特色的钾玻璃耳珰、胜形饰、带钩以及钾钙玻璃蜻蜓眼珠等器形，在南亚和东南亚极少发现，这为钾基玻璃中国本土存在制作中心提供了重要支撑。

（6）钾铅玻璃

需要注意的是，岭南发现一些汉代形似钾玻璃珠的单色玻璃珠含有较高的K_2O（7%~14%）和PbO（高达15%~35%），PbO除了使玻璃珠呈现乳浊黄色和绿色外，还起到助熔剂的作用，可称之为钾铅玻璃。这类玻璃在南亚和东南亚也有发现，可能存在多个产地。由于高铅玻璃对熔炼用的坩埚腐蚀性较大，自南北朝时期开始至宋代，我国内地工匠采用富钾原料部分替代富铅原料，演变为本土钾铅玻璃，K_2O和PbO的含量分别为7%~15%和38%~50%[62]。

二、中国古代玻璃的制作工艺研究进展

（一）中国古代玻璃的着色工艺

古代玻璃是一种色彩鲜艳类似于宝石的高级材料，许多元素都可以用作玻璃的着色剂和乳浊剂[63]。国外学者对古代玻璃着色工艺的研究较为成熟，主要为过渡金属离子、化合物晶体和金属颗粒着色。中国古代本土玻璃以蓝绿色为主，也有紫、白、黄、棕和黑色等装饰点缀其中，透明至半透明，亦有不少不透明者，其着色工艺类型与域外玻璃类似。

1. 过渡金属离子着色工艺

古代玻璃中的非晶态物质着色剂可分为过渡金属离子着色和纳米金属颗粒着色，尤以前者最常见，种类最多。过渡金属离子的价态、配位体、配位结构以及氧化和还原气氛是古代玻璃着色的重要影响因素。一般来说，深蓝色和浅蓝色玻璃分别与钴和铜离子相关。Welter N.等人[64]通过Raman光谱、电子探针和XRD对古代玻璃分析认为，当铜为二价Cu^{2+}时，填充在A的位置，为平面正方形配位，此时化合物呈现出蓝紫色。当它被还原为一价Cu^{1+}的时候，会自动移至更适合它的B位置，为四面体配位，此时化合物呈现出砖红色。金属离子的价态的改变，造成了分子构型的改变，改变了分子共轭形态，从而改变了颜色。斯琴毕力格等[65]采用LA-ICP-MS/AES等技术，对广西、新疆、甘肃、湖北等地出土战国至汉晋钾玻璃珠的化学成分分析，认为棕色样品着色剂主要为Mn离子，Co^{2+}、Cu^{2+}等主要为青色和蓝色玻璃的着色剂（图四），而铜红珠中很可能是以氧化亚铜或者铜单质的形式致色。值得注意的是，在湖北荆州[66]和山东曲阜[67]出土战国时期铅钡蜻蜓眼玻璃珠中检测发现蓝色基体由Co致色，Co离子致色在西方钠钙玻璃中较为普遍，我国大范围应用钴料着色是在唐代以后的唐三彩和青花瓷中，这为研究中国早期使用钴料提供了难得的实物证据，大大提前了我国应用钴料着色的历史。

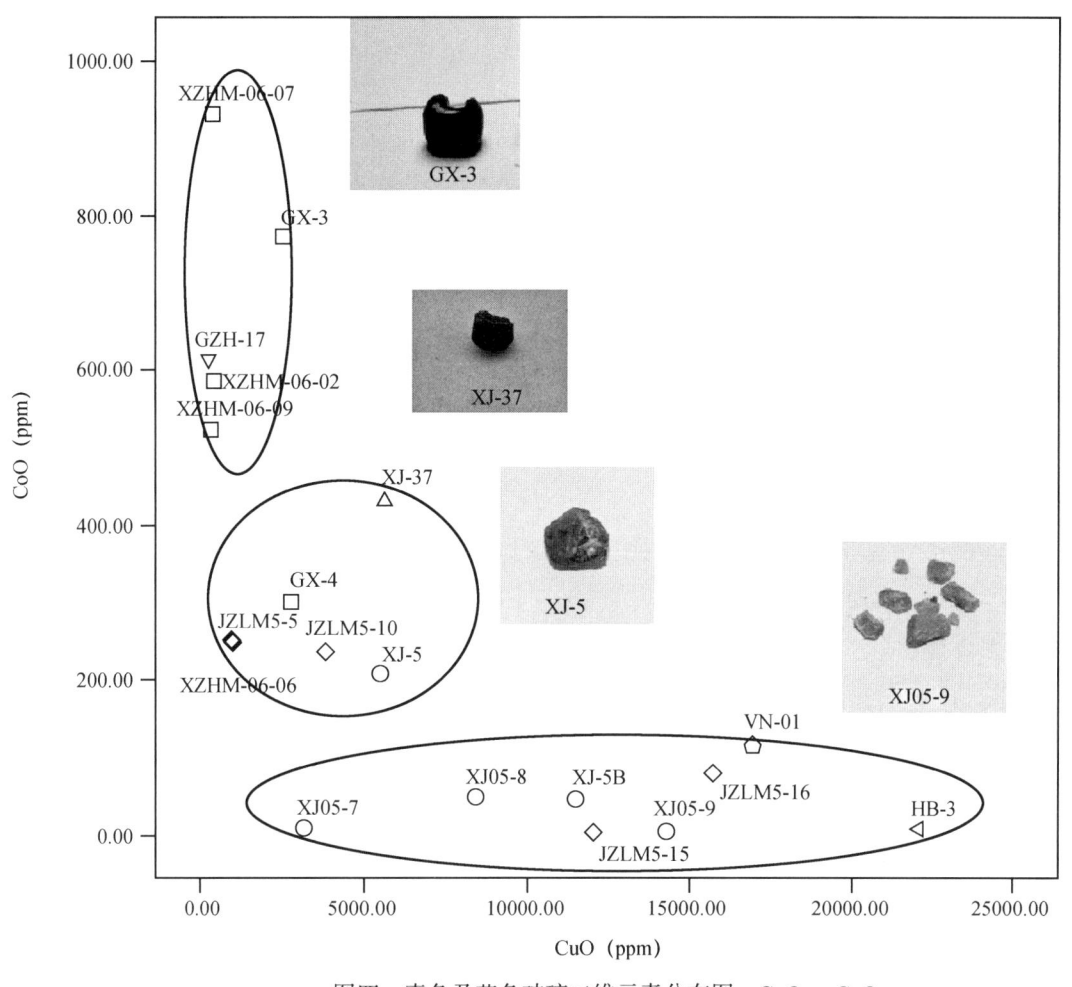

图四 青色及蓝色玻璃二维元素分布图：CoO vs CuO
引自注释[65]b

采用穆斯堡尔谱、电子顺磁共振（EPR）、电子能谱（XPS）及同步辐射近边X射线吸收精细结构（XANES）和扩展X射线吸收精细结构（EXAFS）[68]，不仅可以获取元素的含量也可以测量其价态。Cu^{2+}、Co^{2+}、Mn^{3+}、Mn^{2+}、Fe^{2+}、Fe^{3+}等过渡金属离子是古代玻璃质材料最常见的着色剂[69]，多呈透明或半透明颜色。如Cu离子呈蓝色、红色，Co^{2+}离子呈蓝色，Fe离子可产生绿色、黄色、奶油灰色、黑色、红色、褐色等。但Fe^{3+}离子以及降低熔融环境可以产生琥珀—棕色，Fe^{3+}/Fe^{2+}的不同比例可使白色玻璃产生残留的绿色[70]。段浩等[71]参考古代玻璃的化学成分分析结果，按照不同的化学成体系，采用现代原料，通过掺杂Cu、Fe、Mn、Cr等过渡金属元素，通过模拟实验，仿烧了不同颜色的玻璃。进而利用EPR、分光光度计、XRF等分析技术进行表征，获取了的吸收和反射光谱信息，探讨了过渡金属离子对不同体化学成分体系玻璃颜色的影响。

值得注意的是，过渡金属Mn离子在古代玻璃还起到脱色剂的作用。一般认为FeO可以呈绿色，但古代玻璃中Mn离子的存在起到了中和与抵消Fe离子致色的作用[72]，如陕西扶风法门寺地宫出土的玻璃杯（1988—0137、0139），虽然含有少量的Fe_2O_3（分别为0.42%和0.78%），但因为含有较高MnO（分别为1.81%和2.21%）而呈无色透明[73]。

2. 化合物晶体颗粒着色

古代工匠常常通过调节玻璃的原料配方和工艺，在玻璃基体中反应生产化合物晶体，使玻璃呈现出不透明或半透明白色、黄色、绿色、蓝色和红色等色泽。这些化合物晶体与玻璃体有着完全不同的折射率，容易形成光的散射，从而使玻璃呈现失透状的乳浊效果，兼具着色剂和乳浊剂作用。

（1）域外输入玻璃中的着色剂和乳浊剂

锑基（Sb）和锡（Sn）基化合物晶体是西方钠钙玻璃中典型的化合物晶体着色剂和乳浊剂。铅锑黄（锑酸铅，$Pb_2Sb_2O_7$）早在埃及十八王朝（公元前1567～前1320年）就已出现，主要呈不透明黄—绿色，锑酸钙（$CaSb_2O_6$、$Ca_2Sb_2O_7$）主要呈不透明的白色。锑酸铅常用作乳浊剂/脱色剂，在古埃及釉砂、费列特（frit）等玻璃质材料中常与锑酸钙共存[74]。Li Q. H.[75]、Dong J. Q.[76]、Zhao H. X.[77]、吕良波[78]、温睿[79]等人采用共焦显微Raman光谱和SEM-EDS在新疆、广东、广西、湖北和河南等地出土东周至汉代玻璃珠中检测到锑基和锡基化合物晶体。其中，新疆克孜尔墓地（公元前1000～前600年）出土的1件玻璃珠XJ-2C中以锑酸铅（$Pb_2Sb_2O_7$）为主要乳浊剂/着色剂，同时也检测到锑酸钙（$CaSb_2O_6$）[80]。锡基化合物乳浊剂/着色剂主要为锡酸铅（$Pb_2Sn_2O_7$）最早发现于土耳其青铜时代（公元前8～前7世纪）的萨迪斯（Sardis）遗址[81]，流行于公元前200～公元900年。锡酸铅呈现乳浊黄色，但当其与蓝色（Cu^{2+}着色）相混合时，会使玻璃样品呈现乳浊绿色。古代玻璃中的Sn也会以锡石（SnO_2）和铅锡黄Ⅱ型（$PbSn_{1-x}Si_xO_2$或者$PbSnO_3$）的形式存在，通过改变锡石和铅锡黄Ⅱ型的比值可以使样品的颜色和透明度发生变化。我国出土使用锡基乳浊剂的古代玻璃中以钠钙体系玻璃为主，在广州港尾汉墓（2003GXBG-M8：3-2）出土的1件黄色钾玻璃中也使用铅锡黄（$PbSn1-xSi_xO_3$）作为乳浊剂[82]。而从公元前5世纪至公元17世纪中国本土制作的铅钡玻璃、高铅玻璃、钾钙玻璃和钾铅玻璃中均未发现锑基或锡基乳浊剂，根据锑基和锡基这两种乳浊剂可以为古代玻璃的年代和来源判断提供参考。

在新疆洛浦县山普拉墓地（1～4世纪）[83]和广州汉墓[84]出土的不透明红色和橙色玻璃珠样品中发现有Cu_2O晶体（图五），不过，这种铜红玻璃珠中的Cu_2O可能是由于在还原气氛中，不可避免地会生成Cu^{1+}离子，由于铜红玻璃珠中铜金属原子与Cu^{1+}是共同存在的，主要着色因素可能还是铜金属原子，金属氧化物晶体在铜红玻璃珠中的着色作用还需进一步探索。Brun N.等人[85]采用Raman光谱等技术，在公元前4～公元1世纪的西部及中部欧洲的红色古代玻璃中也检测到树突状的Cu_2O晶体颗粒，颗粒尺寸在10～100 μm，Cu_2O的形态及均匀分布表明这种晶体是在玻璃体内生长出来的。

此外，广州汉墓出土有横条带纹（白色条带与孔径方向垂直）和竖条纹（白色条纹平行于孔径的方向）玻璃珠，白色条带呈不透明乳浊状（图六）[86]，由OCT二维图像可以看出，白色横竖条纹对探测光有较强的散射，与玻璃基体形成鲜明对比。横条纹装饰的植物灰型钠钙玻璃珠棕色基体为玻璃态，对探测光基本无散射，而竖条纹装饰的低钙高铝型钾玻璃珠的蓝色

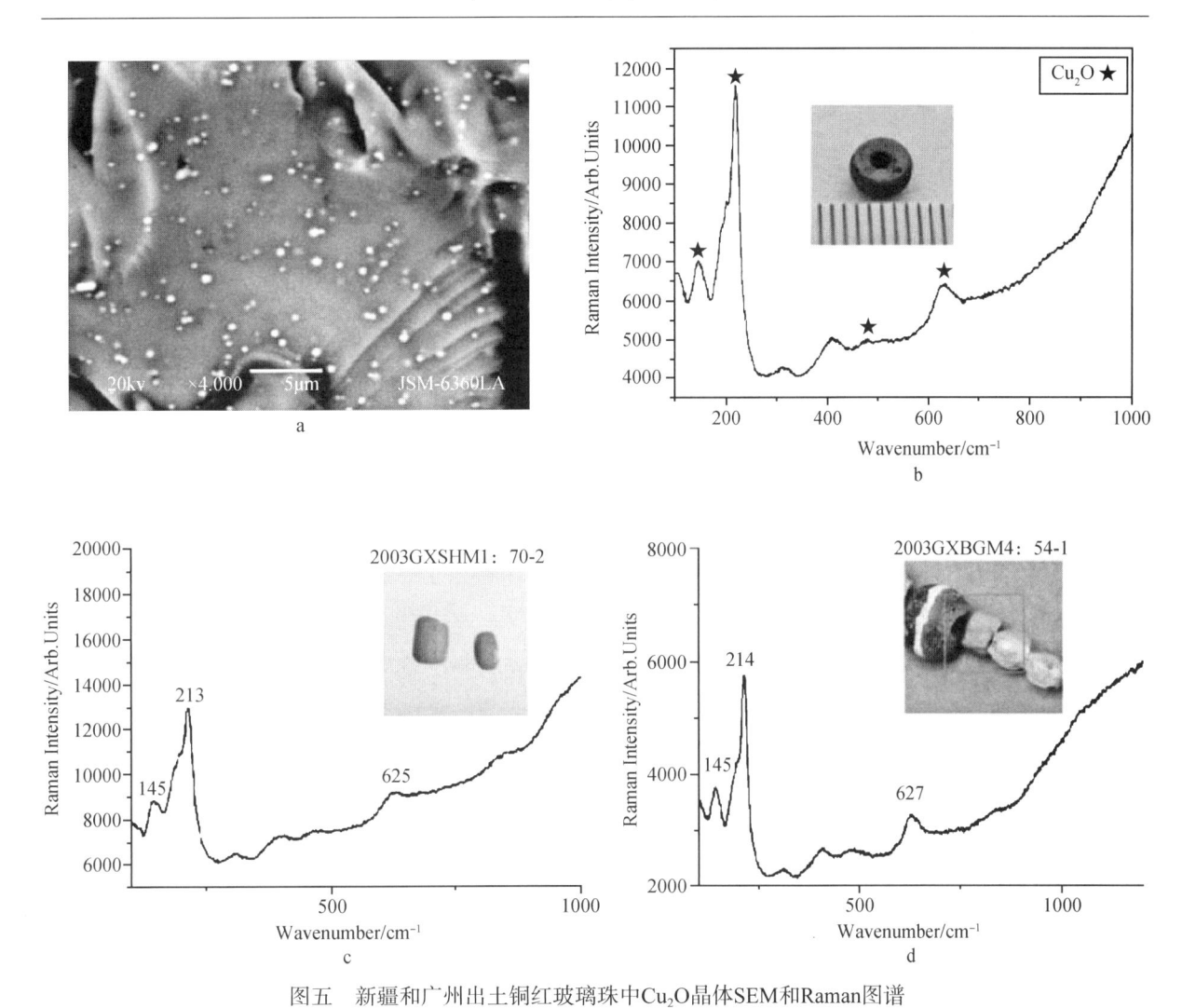

图五 新疆和广州出土铜红玻璃珠中Cu₂O晶体SEM和Raman图谱

a、b. 新疆山普拉墓地出土铜红珠SEM背散射图和Raman图谱，引自注释［83］第74、75页，图27、图28 c、d. 广州汉墓出土铜红珠Raman图谱，引自注释［84］，第247页，图6.1

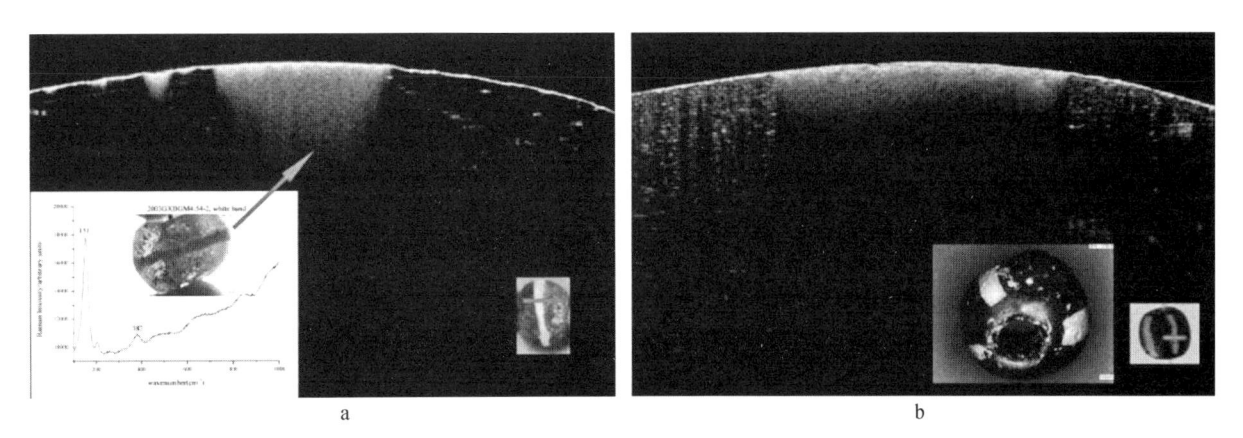

图六 广州汉墓出土白色条纹玻璃珠及其OCT图像和锐钛矿晶体Raman图谱

a. 横条纹玻璃珠M4∶54-2 b. 竖条纹玻璃珠M8∶3-5

引自注释［86］，第320页，图7.35

基体对探测光呈弱散射，存在对入射光散射较强的微小颗粒。其中，白色横条纹中检测锐钛矿（Anatase，TiO_2）晶体（图六，a），说明白色条带处的强散射是锐钛矿微小颗粒造成的，这种锐钛矿晶体可能起到乳浊剂的作用。

（2）中国古代本土玻璃中的乳浊工艺

中国早期本土玻璃主要以钡的化合物为乳浊剂，唐宋时期的钾铅玻璃中则萤石做乳浊剂[87]。战国至汉代的不少铅钡玻璃（如璧、璜、剑饰、编磬及衣片等）及一些钾钙玻璃（如璜）承载了仿玉功能，具有乳浊效果，通常认为是铅钡玻璃的原料中加入了重晶石。李家治等[88]采用SEM-EDS在扬州出土西汉铅钡玻璃衣片中观察到二硅酸钡（β-$BaSi_2O_3$）的条状析晶。Brill R.H.等[89]，也在铅钡玻璃璧和衣片残片中发现硅酸钡的晶体。易家良等[90]通过对山东淄博博山玻璃作坊遗址出土14世纪的钾钙玻璃多方法分析指出，博山的钾钙玻璃采用作为萤石（CaF_2）做助熔剂和乳浊剂。Zhou Y.H.等[91]利用SEM、显微Raman光谱和XRD技术通过对南海一号沉船出水的南宋时期蓝色钾铅玻璃片中使用了萤石做乳浊剂。

（3）金属颗粒着色

国外古代玻璃中也存在金属（Cu、Au和Ag等）纳米颗粒着色工艺，如著名的罗马时期莱克格斯杯（Lycurgus Cup），经TEM分析表明，由于玻璃杯中的纳米金、银颗粒以及氯化钠颗粒对光的散射作用，使该玻璃杯具有"二向色"特性，在外部反射光下为绿色，在内部透射光下为紫色[92]。Brun N.等人[93]在公元前4世纪至公元1世纪的西部及中部欧洲的红色不透明玻璃中检测到颗粒尺寸为5μm的金属铜颗粒，其着色与金属Cu颗粒的大小及数量有关。铜红珠的致色是由于散布在珠体内部的纳米铜颗粒，不同的Cu颗粒粒径会形成不同的效果，如果Cu颗粒粒径小于50nm，珠体会呈现透明的红色，称为"copper-ruby"；若粒径在几百纳米，珠体会呈现不透明的红色，称为"hematinone"；若颗粒粒径达到了1mm，珠体表面就会形成亮晶晶的外观，称作"aventurine"（夹砂）玻璃。中国清代宫廷内务府造办处玻璃厂，自康熙年间聘请西方玻璃制作技师，也引进了用金胶体颗粒着色工艺制作金红玻璃[94]。此外，广东出土的汉代分段夹银玻璃珠和唐代夹金玻璃珠中的致色因素是玻璃珠体中添加了银箔和金箔，使透明玻璃呈现出不透明且有层次的银白色和金黄色[95]。事实上，古代玻璃往往是多种致色因素综合呈色。Arletti R.[96]和Klysubun W.[97]等利用XANES和EXAFS对泰国出土古代不透明红色玻璃珠研究发现，这些玻璃珠中含有过渡金属元素Cu、Fe和Mn，其主要着色因素是少量Cu^0和多数Cu^{1+}共存，综合致色。Cu原子还存在不同的赋存状态，既有一价，也有二价，还存在0价的金属铜离子。如样品KT中Cu^{1+}最多，且Cu^0最不明显，Cu^{1+}没有形成晶体结构，而是以O—Cu—O键的形式赋存（图七）。我国广西合浦风门岭和九只岭出土的3件汉代不透明黄绿色钠钾铅玻璃珠[98]，以及广州汉墓出土的绿色玻璃珠[99]，是由Cu^{2+}的蓝色和铅锡黄共同作用的结果。而河南淅川出土的钠钙蜻蜓眼玻璃珠也是采用了过渡金属离子和化合物晶体多种着色工艺（图八），蓝色基体、棕色眼圈和深蓝色眼珠分别采用Cu离子、Fe离子和Mn离子、Co离子着色，而白色眼圈则采用锑酸钙晶体做乳浊剂和着色剂[100]。

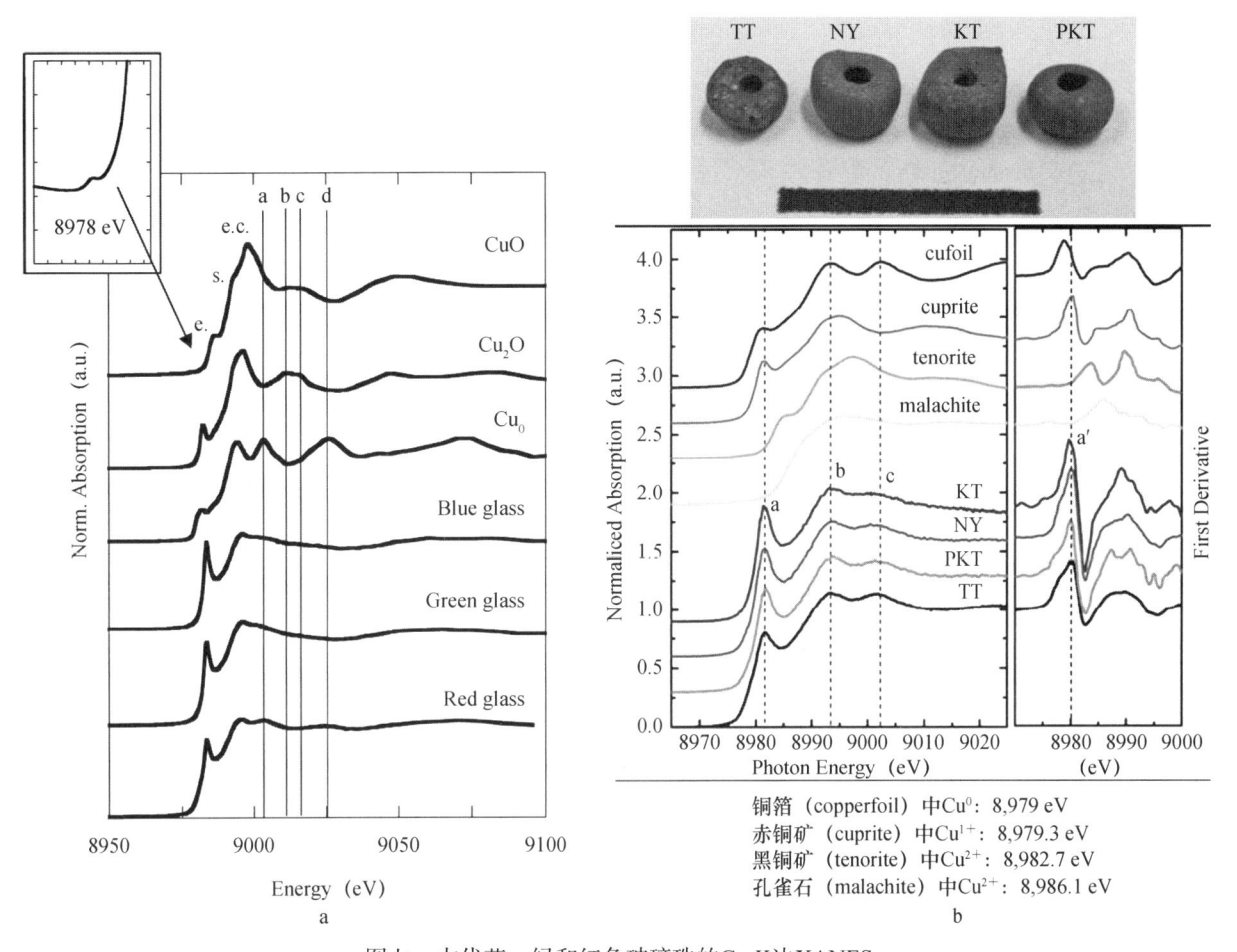

图七 古代蓝、绿和红色玻璃珠的Cu-K边XANES
引自注释［68］b、［68］c
a. 蓝色、绿色和红色玻璃中Cu-K边XANES谱 b. 铜红玻璃珠Cu-K边XANES谱

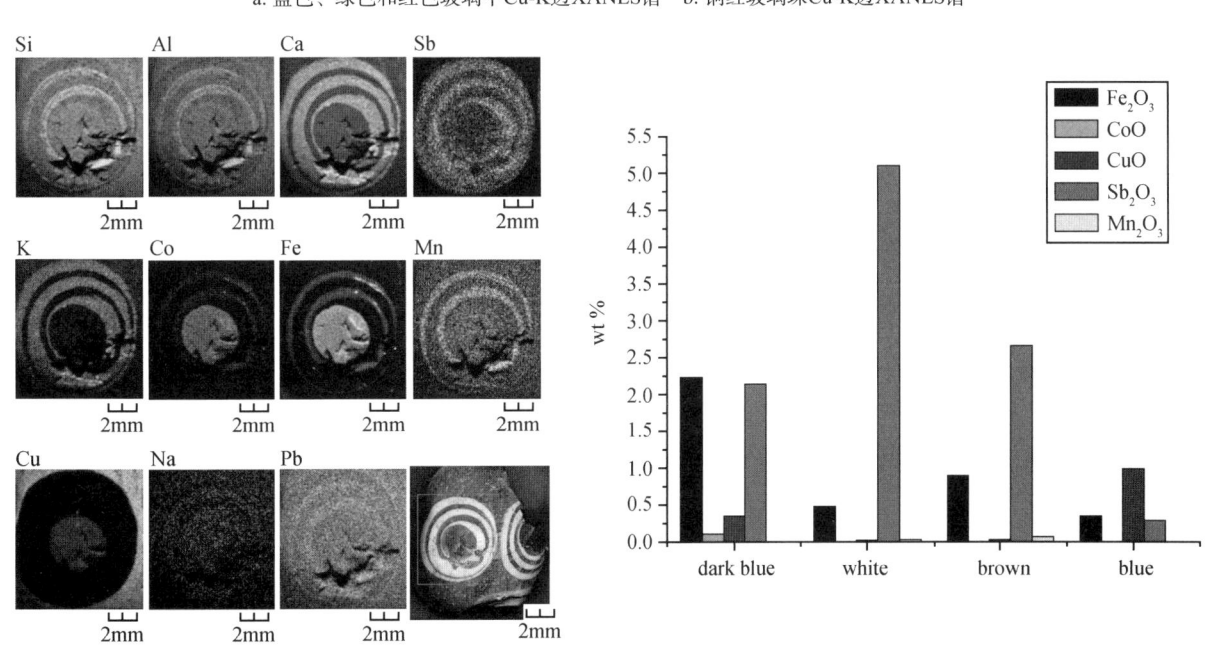

铜箔（copperfoil）中Cu^0：8,979 eV
赤铜矿（cuprite）中Cu^{1+}：8,979.3 eV
黑铜矿（tenorite）中Cu^{2+}：8,982.7 eV
孔雀石（malachite）中Cu^{2+}：8,986.1 eV

图八 蜻蜓眼珠（HXX-M10）主要元素mapping和柱状图
引自注释［25］b，Fig.5、Fig.6

（二）中国古代玻璃成形工艺研究

古代玻璃珠饰和器皿的制作技术多样，公元前16世纪中叶出现了卷芯法制作中空玻璃器。公元前四世纪，印度工匠发明了拉制技术。公元前1世纪叙利亚的古代工匠们发明了吹制玻璃技术，大大提高了玻璃的生产，以致公元1世纪中叶以后，吹制玻璃制品广泛流行于世界各地[101]。洛阳东郊东汉墓出土缠丝纹罗马长颈玻璃瓶[102]，为国内发现最早的一批罗马吹制玻璃器皿。广西合浦文昌塔出土西汉棕色罗马玻璃碗[103]即采用模铸工艺制作的。江苏扬州邗江甘泉2号墓出土的凸棱纹玻璃残片采用了"搅胎"和"灌模成型"工艺[104]。但不是用闭合的模子压成，而是采用"热垂法（sagging）"的成形工艺。即采用太阳花形的压板将平板上的玻璃液压出数道凸棱，在冷却前置于一个半球状的模子上，再加热使玻璃液自然下流覆盖整个模子后，取出冷却，形成半球状的碗，这类产品又称"模制马赛克凸棱碗"（cast mosaic ribbed glass）[105]。中国本土生产玻璃耳杯、盘、杯、碗、钵等容器多为模制成形，器壁较厚，岭南多为钾玻璃，中原和北方多为铅钡玻璃。合浦文昌塔西汉墓M1的1件"角轮形"中钾玻璃环，采用的是模制成形工艺，可能结合了铸造和热黏合工艺[106]。

玻璃珠饰常用的方法有缠绕法、模铸法和拉制法成形工艺。计算机断层扫描（CT）技术在无损揭示古代玻璃制作工艺方面具有显著的优势，可以获取玻璃样品的内部断面结构、材料分布、气泡形状和变形等制作工艺方面的2D和3D信息。如Bertini, M.等人[107]利用CT技术研究了苏里兰铁器时代玻璃珠的制作技术。Ngan-Tillard D J M等人[108]采用显微CT对罗马和中世纪早期的中夹金属箔层玻璃珠、缠绕法玻璃珠的成形工艺进行了探讨。

国内学者如后德俊、黄启善等早年曾对楚国玻璃器的模压法、铸接法和烧结法进行了考证，认为战国至汉代的玻璃璧、剑饰、印章、衣片和耳杯等都是采用模压成形工艺，经过制模、熔化和浇铸三道工序；楚墓出土的蜻蜓眼珠采用铸接法和烧结法两种工艺，蜻蜓眼玻璃珠采用铸接法镶嵌而成，而蜻蜓眼铅钡釉砂珠则采用烧结法成形[109]。

近十年来，多种光学和光谱学技术在探讨中国出土古代玻璃的制作工艺方面也日渐增多。同步辐射显微CT（SR-μCT）在新疆、河南、山西等地出土西周釉砂[110]和战国至汉晋时期的古代玻璃珠成形工艺研究方面颇具代表性。如Cheng Q.[111]、Wang D.[112]和董俊卿[113]等对新疆洛浦县山普拉和比孜里墓地出土的汉晋时期蜻蜓眼玻璃珠进行分析，CT分析显示这些蜻蜓眼玻璃珠使用了不同颜色的玻璃条进行层叠镶嵌技术（如图九所示）。而Yang Y.[114]分析了河南淅川申明铺遗址出土的战国中晚期本土钾钙釉砂蜻蜓眼珠，采用了直接施釉工艺和范铸工艺，器表眼纹装饰与珠体是分开烧制的，并在珠体烧制完成后再镶嵌上去。通过对新疆山普拉出土的汉晋时期蓝地黄色条纹管形玻璃珠[115]和淅川马川墓地出土的汉代单色玻璃珠[116]的SR-μCT分析，平行于珠孔方向椭圆形气泡的拉制痕迹清晰可见（图一〇），说明这些玻璃珠均使用了拉制工艺。王栋等[117]还对新疆尉犁县营盘墓地出土汉晋时期玻璃珠夹金箔和银箔玻璃珠饰进行分析。

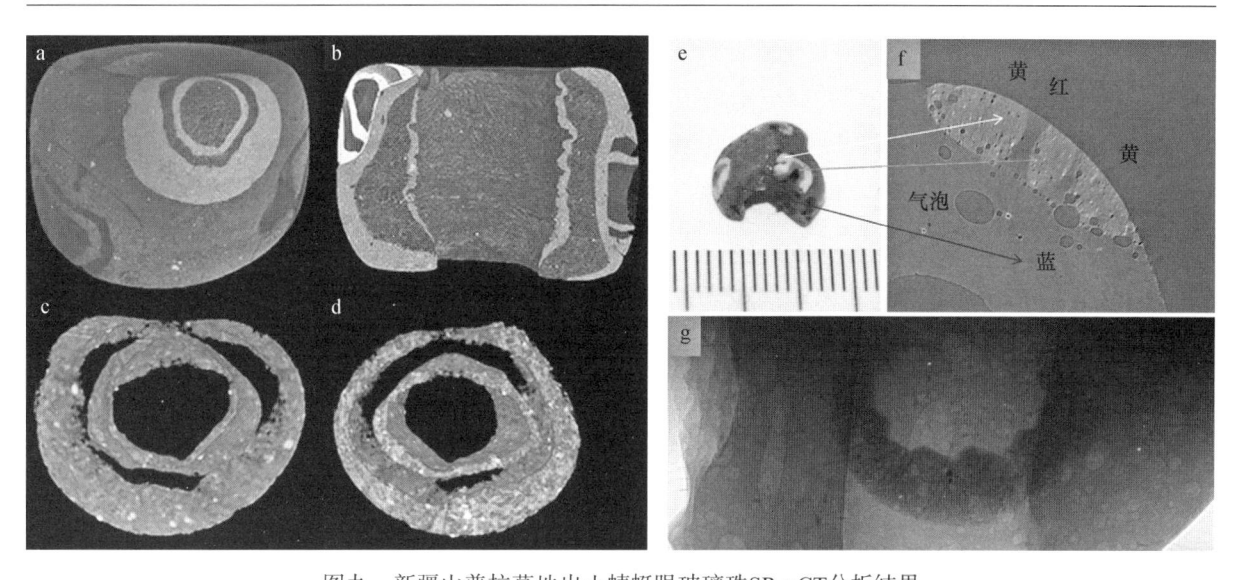

图九 新疆山普拉墓地出土蜻蜓眼玻璃珠SR-μCT分析结果

a~d. 样品S-2的3D图、纵截面、眼纹前视图和后视图；引自注释［111］，Fig.5 e~g. 样品XJ-40的照片、CT切片图和CT及透视图；引自注释［113］，图7.1

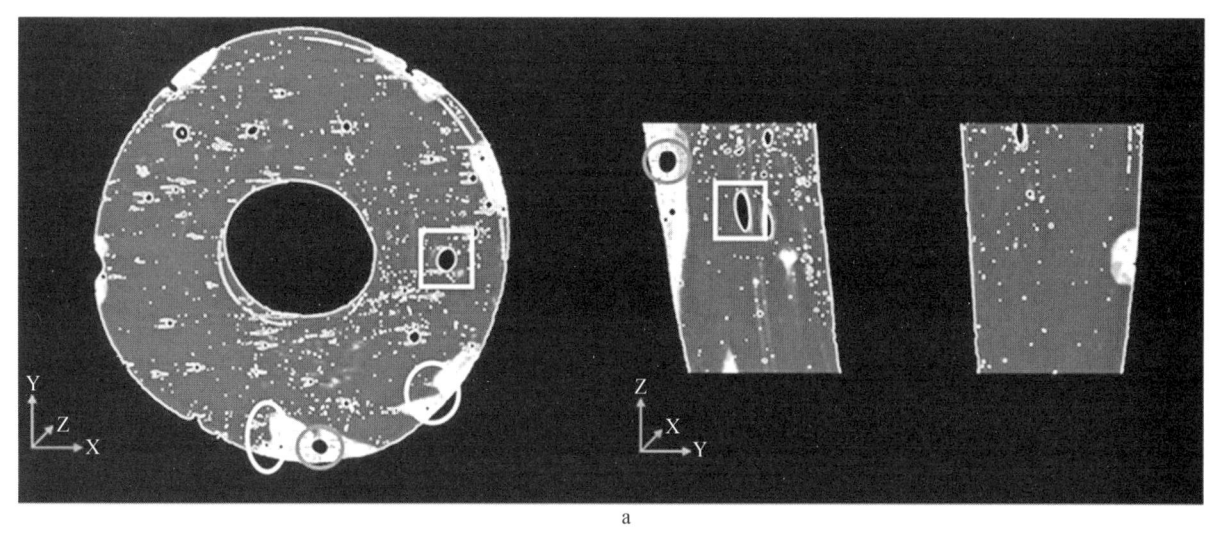

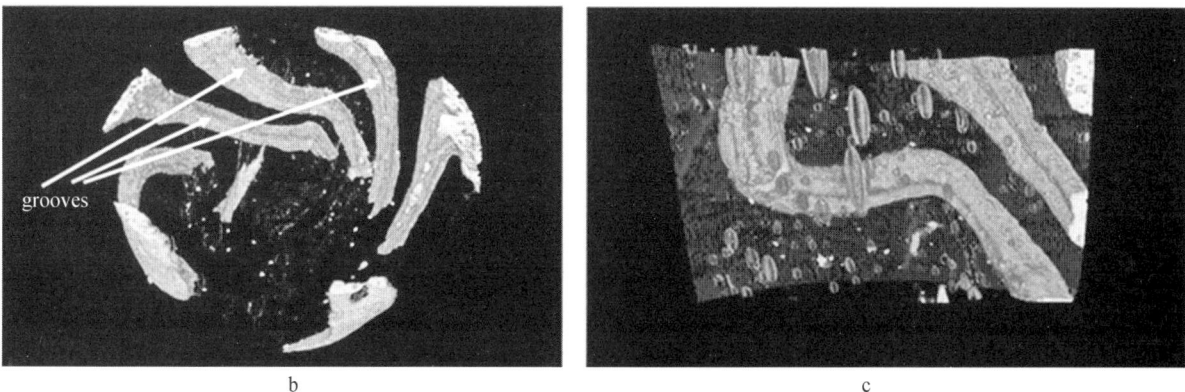

图一〇 新疆山普拉出土蓝地黄色条纹管形玻璃珠SC-8的同步辐射CT图像

a. 左侧切片为俯视图，右侧为的右视图　b. 基体内的条纹　c. 气泡；引自注释［111］，Fig.8

近年来，光学相干层析（OCT）成像技术，基于弱相干光干涉基本原理，通过检测样品不同深度层面对入射弱相干光的背向反射或几次散射信号，在战国时期蜻蜓眼玻璃珠[118]以及汉代分段夹银箔玻璃珠和印度太平洋拉制玻璃珠[119]的制作工艺表征方面效果显著。如根据OCT分析结果，河南淅川徐家岭出土钠钙玻璃蜻蜓眼玻璃珠（图一一，a、b）[120]，应是先采用型芯法制作玻璃基体，然后在有热源的情况下，用非凝固状态下软化的不同颜色玻璃条依次贴附在基体上，形成眼纹和眼珠，不同颜色和不同透明度的部位具有明显衬度差异，白色和棕色条纹与蓝色基体具有明显的界限。国产同心圆纹和"套嵌"眼纹铅钡玻璃（图一一，b～h）[121]和钾钙玻璃[122]蜻蜓眼珠也采用类似的制作工艺。印度太平洋珠（Indo-Pacific glass bead）制作过程中的拉制痕迹在OCT灰度图像也清晰可见（图一二，d）[123]。这类拉制玻璃珠饰在岭南地区汉墓发现最多，多为中等钙铝型钾玻璃，还有少量钠铝玻璃。辽宁阜新平原公主墓出土辽代玻璃器皿，为吹制法制作的玻璃容器也有类似的气泡[124]。新疆、广西、广东和吉林等地发现了不少汉晋时期的分段玻璃珠，利用CT和OCT可以获取分段玻璃珠的断层结构，在广州出土汉代白色分段玻璃珠（图一二，a）可见分层结构（图一二，b），两层玻璃之间有一层不透明层，结合XRF分析，该夹层为银箔，银箔附着于下层玻璃上方，厚度很薄，且不完全连贯，双层玻璃之间留空隙较大。广州还发现有唐代的夹金箔玻璃珠（图一二，c）[125]。分段

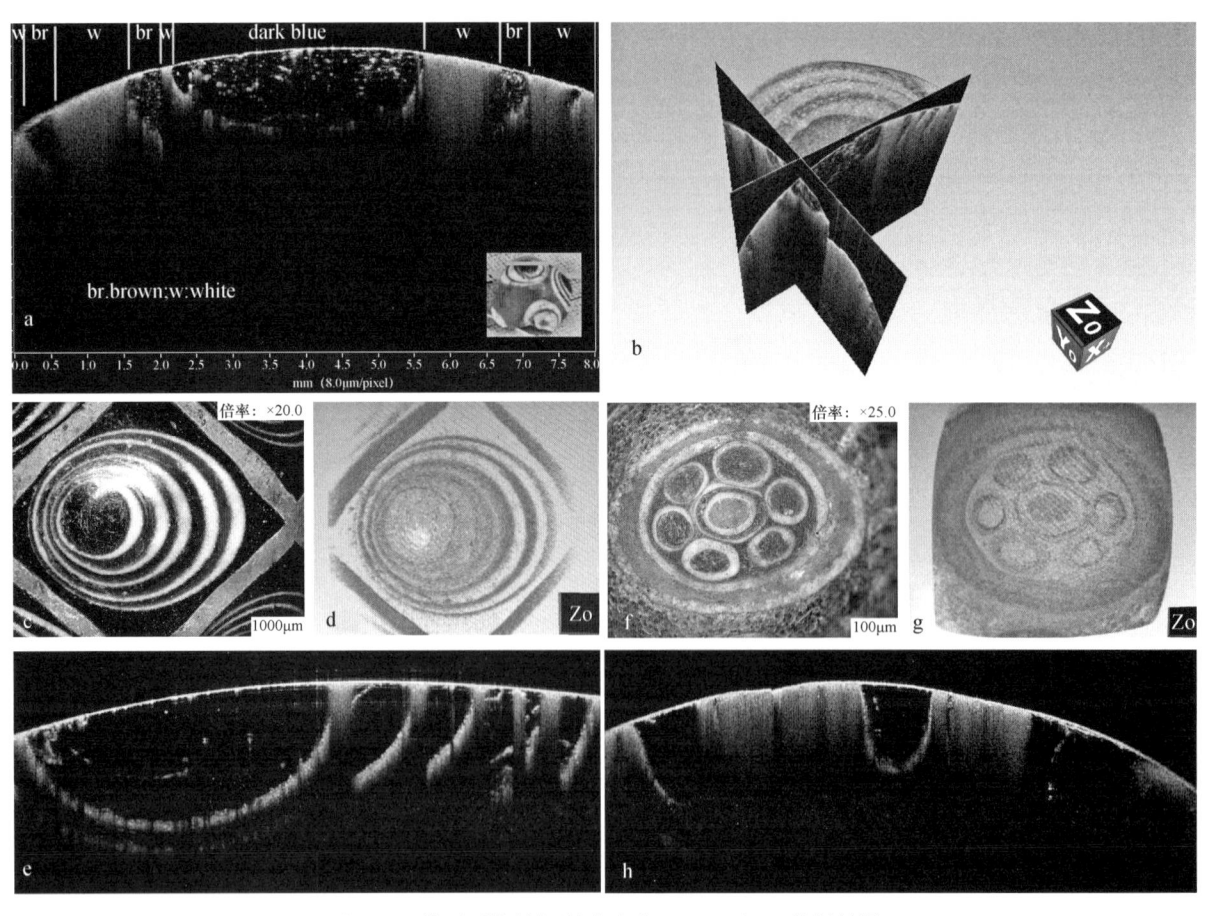

图一一　战国时期蜻蜓眼玻璃珠OCT 2D和3D分析结果

a、b.徐家岭出土钠钙蜻蜓眼玻璃珠，引自注释［25］b　c～h.鲁国故城出土铅钡蜻蜓眼玻璃珠，引自注释［36］f

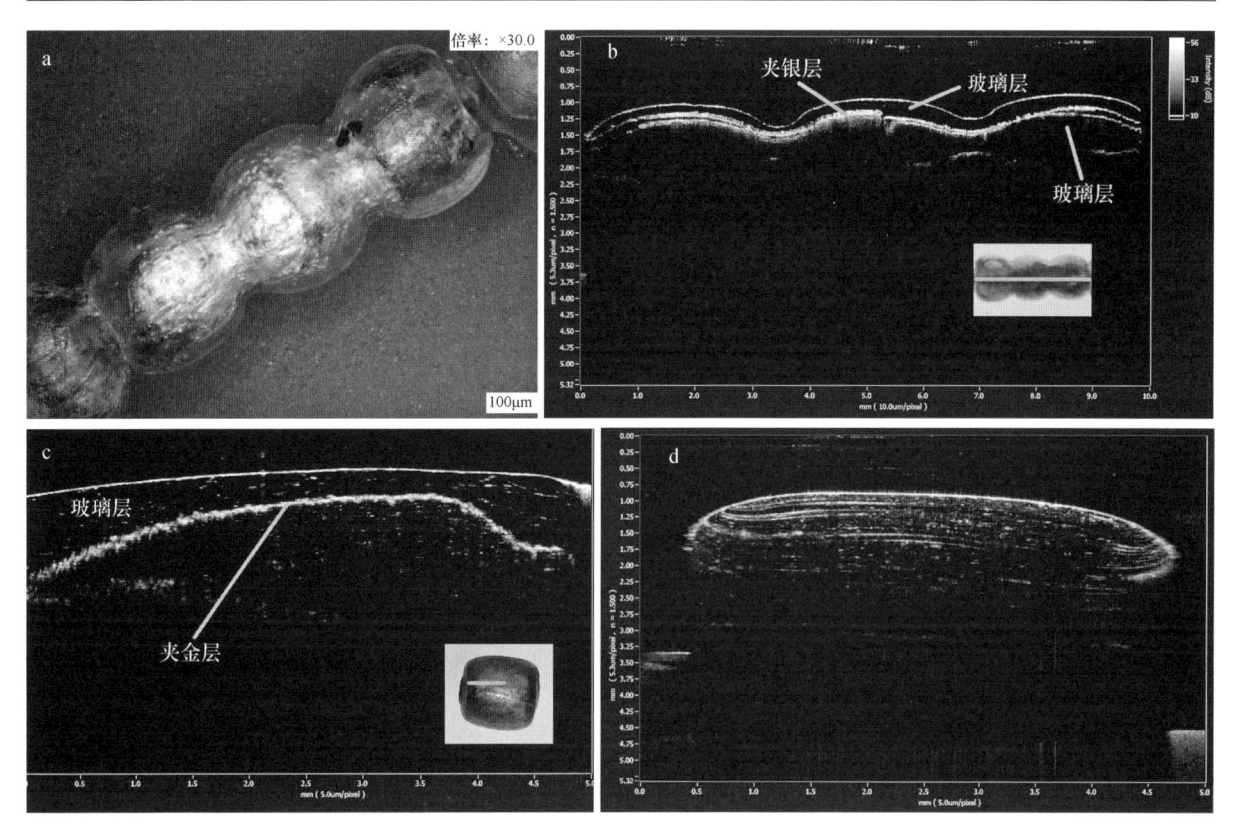

图一二 广州出土汉代夹银箔分段玻璃珠、唐代夹金箔玻璃珠及汉代拉制玻璃珠OCT图像
a~c.引自注释［125］，第304~305页，图7.19、图7.20　d.引自注释［123］，第252~255页，图6.27

玻璃珠饰一般先拉制成形，再在石质模具上模压而成（图一三）。

微痕分析也是探索古代玻璃成形工艺的重要手段，刘松等[127]采用显微镜微痕分析并总结了岭南出土汉代钾玻璃珠饰中的拉制工艺、缠绕工艺、铸造工艺和钻孔工艺等。温睿等[128]通过显微镜对新疆哈密巴里坤西沟遗址1号墓出土战国晚期至西汉早期的钠钙玻璃珠的缠绕工艺进行了分析。

三、古代玻璃生产模式和原料溯源国内外研究现状和趋势

（一）生产模式研究

由于埃及、西亚、南亚和东南亚等地玻璃文物数量丰富，且存在玻璃窑炉、坩埚及玻璃加工作坊遗迹，国外玻璃在生产模式、助熔剂和原料配方、制作产地和制作技术等方面的研究成果较为丰富，技术方法应用较为广泛。就玻璃生产而言，西方学者区分了玻璃的初级生产、二次生产和回收循环利用。Rehren E. B. P.[129]、Jackson C. M.[130]、Walton M. S.[131]、Mass Mass J. L.[132]和Tite M.[133]等学者对埃及、美索不达米亚、希腊等地的晚期青铜时期古代玻璃

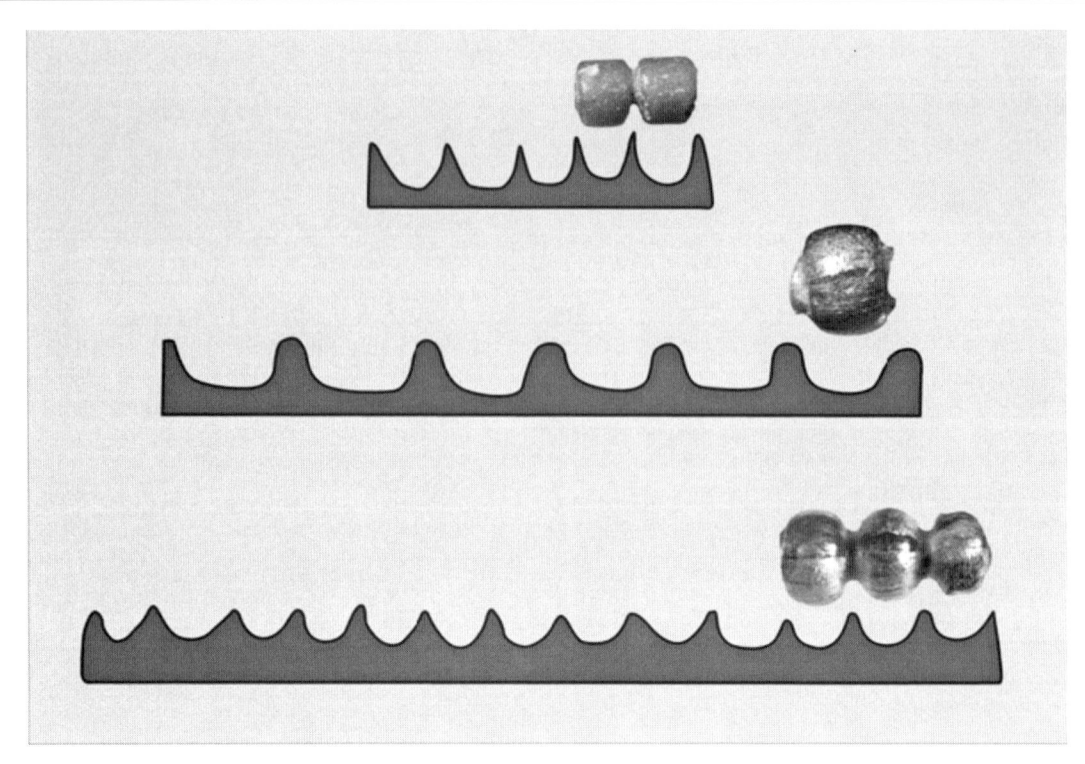

图一三 埃及亚历山大港（Komel-Dikka）发现的石模顶部的轮廓与在墨洛温王朝时期高卢发现的拉丝玻璃珠
引自注释［126］，Fig.7

的研究表明，古代埃及在新王国时期已存在多个初级玻璃制作中心，并将初级玻璃原料输出到地中海地区。埃及和美索不达米亚都是早期玻璃的重要生产和制作中心。西方学者也探讨了埃及和近东玻璃态物质的技术起源及其与冶金技术的可能联系[134]。20世纪90年代中后期以色列发现一系列8世纪左右的玻璃生产熔炉，使人们对罗马玻璃生产的组织模式有了全新的认识。罗马帝国时期，埃及的泡碱会被运送到埃及和黎凡特海岸的初级生产中心，并分别与当地的沙子混合熔融制成初级玻璃，然后流通到罗马帝国全境的玻璃作坊，再进行重熔后加工成各类玻璃器[135]。通过微量元素特征分析可以区分玻璃初级生产和玻璃原料的回收循环利用，CaO与Cl负相关是初级玻璃生产的一个重要标志[136]，而与燃料相关组分如K和P的富集则是原料回收循环利用的有力证据[137]，Barfod G. H.等人[138]基于K、P和Cl等挥发性元素含量及其与熔化持续时间关系提出了一种玻璃回收强度的概念。最近，Ma Q.等人[139]基于铅钡玻璃LA-ICP-MS的微量元素分析，结合多元核密度估计和最大平均偏差，尝试解释用于生产铅钡玻璃所用的初级原料玻璃。

（二）中国古代玻璃产地研究现状与进展

1. 古代玻璃原料产地来源研究的方法

早期玻璃是由沙子和碱助熔剂等制作而成的相对较纯的硅酸盐混合物，因此，玻璃原料的特征本质上可以简化为沙子的地球化学问题[140]。作为玻璃的网络形成剂，SiO_2的主要来源有沙子和燧石或石英卵石等。相对于较为纯净的燧石或石英卵石，沙子原料中存在金红石、独居石和锆石等含有较高稀土元素及钛和锆等元素的矿物，这些元素可以用作玻璃SiO_2原料来源的示踪剂[141]。通过主量和次量元素可以区分初级玻璃原料的来源和玻璃生产中心，如SiO_2、Al_2O_3、CaO、Fe_2O_3分别指示罗马玻璃的石英、石灰石/贝壳、长石/黏土、重矿物四种主要组分。而微量元素TiO_2的含量是区分埃及和黎凡特玻璃原料来源的一个非常有效的指标，基于此将公元1千纪的罗马玻璃划分为9个主要群组/制作中心[142]。根据Al_2O_3、Fe_2O_3、CaO和K_2O等组分含量高低，区分埃及、美索不达米亚和印度河谷流域施釉石质珠饰和釉砂的SiO_2原料来源类型亦有应用[143]。

近年来，锶（Sr）、钕（Nd）、铅（Pb）和铜（Cu）同位素分析可以获取更为详细的原料来源信息，在玻璃质材料的原料来源研究方面上发挥了重要作用，在欧洲、地中海地区（罗马、拜占庭和伊斯兰玻璃等）、埃及、美索不达米亚以及印度的古代玻璃产地区分、原料来源和贸易流通等方面，获得了较好的研究结果[144]。Sr和Nd同位素在古代玻璃的沙子原料溯源方面效果比较理想，Sr同位素比值可以区分玻璃沙子原料的类别（海沙还是陆沙），而Nd同位素则能够指示沙子的产地来源（如地中海东岸还是西岸）[145]。先前的研究发现，黎凡特和埃及玻璃的Sr和Nd同位素比值有重叠，而最近Barfod等人[146]根据约旦杰拉什古城出土的玻璃Hf同位素区分了埃及和黎凡特泡碱玻璃两种来源，显示了Hf同位素在玻璃产地溯源中的价值。Dussubieux L.等人还对南亚和东南亚地区的矿物碱钠铝玻璃进行了钕（Nd）、锶（Sr）、铅（Pb）元素的同位素分析，以确定不同类型矿物碱钠铝玻璃的产地[147]。

2. 铅同位素在中国古代玻璃器产地来源方面的应用

铅同位素在中国古代玻璃产地来源判断方面具有十分重要的指示作用，Barnes L.、Brill R. H.[149]、李晓岑[150]、姜中宏[151]、Li F.[152]、Li Q. H.[153]、Cui J. F.[154]、杜星雨[155]和陈毓蔚[156]等分析了陕西、江苏、湖南等地出土的铅钡玻璃和中国铅矿，主要有低比值铅（又称高放射性成因铅，$^{207}Pb/^{206}Pb<0.8$）、高比值铅（$^{207}Pb/^{206}Pb>0.9$）和普通铅（$0.8<^{207}Pb/^{206}Pb<0.9$）三个区间，主要有长江中下游、秦岭—大别山和华北三大铅矿源。说明中国古代铅钡玻璃制品的铅料并非单一来源，玻璃生产存在多个中心。不过所分析的大部分样品都属于高、低比值铅两个范围，是比较典型的中国铅同位素特征，从而认为这些铅钡玻璃质制品是用中国铅料制作的。不过，也有一些仿玉铅钡玻璃使用了普通铅。但由于铅同位素分析需要破损取样，截至目前，在中国古代玻璃产地研究方面应用仍比较有限。在缺乏玻璃窑炉、窑具和制作作坊遗址的情况下，"基于风格与分布的考古遗物产地推定法"[157]也为探索本土玻璃产地来源提供了方法参考。截至目前，中国出土铅钡玻璃数量、器形风格最多的地区在楚文化中心区域的湖北和湖南境内，因此我们倾向于认为，战国时期楚国是铅钡玻璃的一个最为重要的制作中心。不晚于西汉，我国内地的铅钡玻璃器物开始传入西北新疆地区，乃至国外的日本和朝鲜半岛[158]。

在钾玻璃方面，至少可以确定代表3个制作中心的3种Sr同位素特征[159]。来自缅甸的橙色含铜钾玻璃珠，其Pb同位素特征指向位于越南北部的铜料[160]。广西合浦等地汉墓出土低钙高铝和中等钙铝亚类钾玻璃[161]，以及陕西沣西出土西周富钾釉砂[162]则与中国铅钡玻璃具有相似的典型中国放射性铅同位素特征。

虽然Nd等同位素可以区分古代玻璃中沙子原料的大致来源区域，但是在精确产地溯源方面，其有效性要低于激光剥蚀电感耦合等离子体质谱（LA-ICP-MS）所获取的微量元素和痕量元素特征，如基于B和Li微量元素分析结果，一种含有较高B和Li的玻璃被确认产自富含硼酸盐沉积物安纳托利亚西部[163]。研究表明，与沙子、助熔剂（碱或植物灰）和着色剂相关的痕量元素的变异系数（相对标准方差）具有不同的特点[164]。斯琴毕力格等人[165]利用LA-ICP-MS和激光剥蚀-电感耦合等离子体-原子发射光谱（LA-ICP-AES）技术，对广西、新疆和甘肃出土的一批钾玻璃微量元素和稀土元素分析表明，这些钾玻璃存在多个制作中心和不同的原料配方。最近，胡志中[166]和Ma Q.[167]等人利用LA-ICP-MS技术对广西、河南、云南、新疆、四川等地出土的战国至汉代的钾基玻璃和矿物碱型钠铝玻璃进行了微量元素和痕量元素分析，并讨论了其来源。但Rb、Sr微量元素对区分钾玻璃亚类特征对制作中心参考意义不应被忽视，否则讨论产地来源失之偏颇。

Li Q. H.等人[168]根据陕西扶风法门寺地宫出土唐代伊斯兰植物灰型钠钙玻璃器的化学成分特征、着色剂特点以及器形风格，讨论了这批玻璃器的产地来源（图一四）。并与相近时期地中海东部至伊朗的近东地区区域内具有典型代表性的四个城市出土的玻璃器皿进行化学成分对比分析，1988-0138和1988-0124在MgO、CaO、Fe_2O_3和MnO等组分的含量上与Tell Zujaj、Raqqa和Syria出土的玻璃器具有相似性，表明其产地可能在叙利亚地区。其他MgO含量高的玻璃器皿，尤其是无色透明的玻璃器，可能是在伊朗或是伊拉克制作，内沙布尔可能是器物供给地之一。修正以往认为玻璃盏和盏托是中国制造的观点。

四、丝绸之路上的古代玻璃与中外交流

开放包容、交流互鉴是文明发展的动力，多元融合是中华文明生生不息的源泉，而丝绸之路则是东西方文明的交汇重要之路。丝绸之路沿线不同文化风格的珍贵文化遗产是东西方文明、古代经济、文化、科技、政治交流的见证。古代玻璃与丝绸、金属制品等都是探索丝绸之路上中外经济、技术和文化交流的重要实物资料。中国境内发现了许多经由丝绸之路输入的各类玻璃器，是丝绸之路上早期全球贸易、文化、技术交流和东西方文明互鉴的重要见证。草原丝绸之路、绿洲丝绸之路、西南丝绸之路和海上丝绸之路，在与古代玻璃及技术的传播中发挥了交叉和互补作用。通过丝绸之路传入我国的玻璃器，在器形、制作工艺、化学成分、分布区域等方面具有明显的时代特点。近几十年来，综合考古学、材料学和历史学等多学科交叉研究[169]，对不同产地来源的古代玻璃沿丝绸之路的分布和传播有了较清晰的认识。

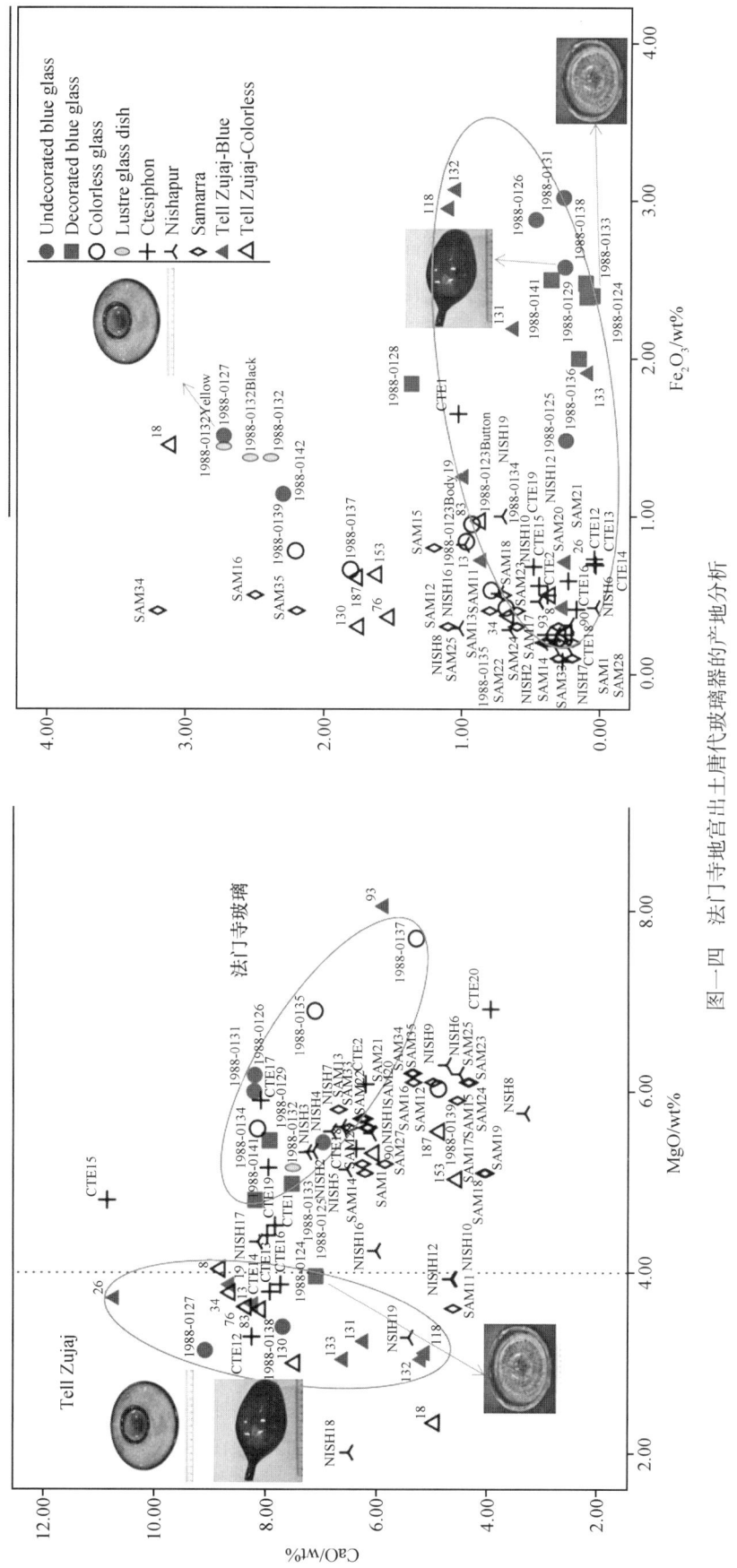

图一四 法门寺地宫出土唐代玻璃器的产地分析

数据引自注释[153]

世界范围内，眼纹玻璃珠在埃及新王国时期已大量出现，大约在公元前第1千纪初出现在地中海沿岸地区，公元前6世纪至公元前4世纪流行于黑海和里海沿岸。我国新疆、山西、河南、湖北、湖南等地发现的西周至春秋战国之交的蜻蜓眼钠钙玻璃珠是由埃及、东地中海地区经草原和绿洲丝绸之路传入的，游牧民族（如斯基泰人或塞人）在这些早期玻璃珠的传播中发挥了重要作用。丝绸之路为域外玻璃的输入提供了便利的同时，在一定程度上也刺激了本土玻璃的技术的发展。战国时期中国古代工匠借鉴钠钙玻璃技术，用本土配方和技术创新出钾钙玻璃、铅钡玻璃、铅钡釉砂和铅钡釉陶等多种体系的蜻蜓眼珠。广州发现有采用本土铅钡玻璃配方仿制海上丝绸之路传入的南亚和东南亚多面体宝石和钾玻璃珠[170]，合浦还发现有用高铅玻璃仿制海丝风格截角双锥形珠饰的例子[171]。北魏以后，中原地区吸收外来吹制技术和配方制作的钠钙玻璃容器，西安西郊隋代李静训墓出土的高铅玻璃和钠钙玻璃瓶、杯子等则是当时中国工匠用吹制技术制作的两种配方的玻璃容器[172]，显示出中华文化的兼容并蓄的特质。

通过绿洲和草原丝绸之路传入的玻璃器皿分布在新疆、陕西、山西、内蒙古等地。通过海上丝绸之路传入的玻璃器皿分布在我国南方的广西、广东、江苏、湖北等地[173]。按照器物的年代，可将这些玻璃划分为罗马玻璃、萨珊玻璃、伊斯兰玻璃等，总体上均为钠钙玻璃[174]。新疆是我国目前发现早期罗马和萨珊玻璃器皿数量最多的一个地区，通过吸收外来玻璃制作技术，新疆工匠在公元4世纪之后也在当地自制玻璃器皿。魏晋南北朝至辽金时期玻璃器的传入和佛教的传播存在密切联系[175]。西汉至唐宋时期通过丝绸之路传入我国各地的单色玻璃珠数量较多，比如自中亚、西亚、南亚传入新疆、宁夏等地的采用锡基化合物作为着色剂或乳浊剂的各类钠钙玻璃珠饰。

而我国南方出土的大量汉代至魏晋南北朝时期的印度—太平洋拉制玻璃珠，以矿物碱型钠铝玻璃为主，大多是通过海上丝绸之路自南亚直接输入或东南亚间接传入。合浦文昌塔西汉墓M1的"角轮形"中等钙铝型钾玻璃环，与越南沙莹文化相关遗址出土角轮形玉环相似，具有中国越文化风格，但其制作产地可能在东南亚，经海上丝绸之路传入岭南[176]。这些玻璃珠制品为探索相应时期丝绸之路上的中西方文化、技术和贸易交流，提供了丰富的实物资料。

此外，中国本土的玻璃技术也向东、向南传播。战国末期到汉代，中国的铅钡硅酸盐玻璃技术向日本和韩国传播；唐宋以后至大航海时代（明清时期），中国的铅硅酸盐玻璃向东南亚地区传播。

五、中国古代玻璃研究的思考和展望

总体而言，中国古代玻璃虽然较埃及和两河流域等地出现得晚，但也具有独特发展脉络和特色。虽然中国古代玻璃科学研究方面已经取得了诸多成果，但与域外钠基和钾基玻璃相比，本土铅基和钾基玻璃的技术起源、原料配方、制作产地、指纹特征、传播与影响等诸多细节和若干基础前沿问题迫切需要探索。在本土玻璃技术起源方面，硅酸铜钡人工合成颜料最早出现的时间可能上溯至公元前8～前6世纪，但是确切时间以及与中国古代铅钡玻璃技术起源的相互关系需要进一步研究和分析。

截至目前，除山东淄博和新疆发现的唐宋和元末明初玻璃作坊遗址外，我国鲜有其他更早的玻璃作坊遗迹，古代玻璃制作流程中的相关遗物（如坩埚、原料残留、半成品等）也极少发现，这在很大程度上制约了中国古代玻璃技术的本土起源和原料产地特征研究。中国古代玻璃中原料残余和坩埚等窑具十分有限，有关古代玻璃原料的讨论多以推测为主，考证困难。在钾玻璃和钾钙玻璃方面，基于次量和微量元素的分组显示了钾基玻璃部分区域特征，但分组区域与原料产地和制作中心的关系尚需深入探讨。以往少量有关中国本土玻璃器的铅同位素的分析结果，暗示了这些材料具有典型的中国铅同位素特征，但缺乏更明确的原料来源范围探讨。微量元素特征对古代玻璃产地具有一定的指示意义，但基于微量元素对玻璃产地判定当格外慎重，首选的是具有明确区域性地球化学异常的"指纹元素"。切忌单纯依靠数据处理软件对几个元素进行聚类等分析后贸然下结论，甚至是预设目标的前提下对所分析元素进行有选择的处理，中国古代本土玻璃器产地溯源需要综合同位素、微量和痕量元素、区域性地球化学特征，以及器形风格、地域分布、工艺和文化传统等多种信息进行谨慎推断。本土玻璃及相关玻璃质材料中石英砂、助熔剂以及着色剂原料的直接证据及科学表征方面值得深入探索。

在技术方法方面，最近中国科学院上海光学精密继续研究所科技考古中心，针对中国境内发现的古代玻璃化学成分体系，在国家重点研发计划项目课题的资助下，研制了一批古代玻璃化学成分定量分析参考物质，基于这些标准参考物质建立了不同体系的古代玻璃XRF定量分析工作曲线，在湖南、广东、河南等地出土的古代玻璃定量分析中进行评估和应用，取得了理想的效果，填补了中国古代玻璃定量分析标准参考物质方面的空白。此外，考虑到玻璃器的稀少性和珍贵性，需要探索最小干预文物下获取更精确具有产地指示意义的产地指纹信息的技术方法。而古代玻璃很容易风化腐蚀，因此，风化和均匀性评估、微损取样以及共聚焦微束和激光剥蚀分析技术的应用和探索也很有必要。

附记：本文是国家重点研发项目课题"玻璃文物价值认知及关键技术研究"（课题编号：2019YFC1520203）和甘肃省青年科技基金计划"古代壁画中天然染料的多技术综合分析研究"的阶段性成果。

注　释

[1]　干福熹：《中国古代玻璃技术发展史》，上海科学技术出版社，2016年，第101～118页。
[2]　a. 蒋玄怡：《古代的琉璃》，《文物》1959年第6期。
　　　b. 上官碧：《玻璃工艺的历史探讨》，《美术研究》1960年第1期。
　　　c. 干福熹：《中国古代玻璃研究——1984年北京国际玻璃学术讨论会论文集》，中国建筑工业出版社，1986年。

[3] a. Beck H C, Seligman C G. Barium in ancient glass, Nature, 133, pp. 982, 1934.

b. Seligman C G, Ritchie P D, Beck H C. Early Chinese glass from Pre-Han to Tang's times, Nature, 138, pp.721, 1936.

[4] a. 干福熹、黄振发、肖炳荣：《我国古代玻璃的起源问题》，《硅酸盐学报》1978年第1~2期。

b. Seligman C G, Beck H C. Far Eastern glass: some Western origin, Museum of Far Eastern Antiquities, pp.1-64, 1938.

c. 杨伯达：《关于我国古玻璃史研究的几个问题》，《文物》1979年第5期。

[5] a. 干福熹：《中国古代玻璃研究——1984年北京国际玻璃学术讨论会论文集》，中国建筑工业出版社，1986年。

b. Brill R H, Martin J H. Scientific Research in Early Chinese Glass, New York, Corning Museum of Glass, 1991.

c. Brill R H. Chemical analyses of early glasses, Corning Museum of Glass, Corning, Vol 1-2, New York, 1999.

d. 安家瑶：《中国的早期玻璃器皿》，《考古学报》1984年第4期。

e. 后德俊：《楚国的矿冶髹漆和玻璃制造》，湖北教育出版社，1995年。

f. 史美光、何欧里、吴宗道：《一批中国古代铅玻璃的研究》，《硅酸盐通报》1986年第1期。

g. 李家治、陈显求：《扬州西汉$PbO-BaO-SiO_2$系玻璃及其腐蚀层的研究》，《硅酸盐学报》1986年第3期。

[6] a. 干福熹：《中国古代玻璃技术的发展》，上海科学技术出版社，2005年。

b. 干福熹：《中国南方古玻璃研究——2002年南宁中国南方古玻璃研讨会论文集》，上海科学技术出版社，2003年。

c. 干福熹：《丝绸之路上的古代玻璃研究》，复旦大学出版社，2007年。

d. 安家瑶：《玻璃器史话》，社会科学文献出版社，2011年。

e. 熊昭明、李青会：《广西出土汉代玻璃器的考古学与科技研究》，文物出版社，2011年。

f. Gan F X, Li Q H, Henderson J. Recent Advances in the Scientific Research on Ancient Glass and Glaze, Singapore, World Scientific, 2016.

g. Gan F X, Li H, Hou L S. Development History of Ancient Chinese Glass Technology, Singapore, World Scientific, 2021.

h. 董俊卿：《中国古代玻璃的技术起源与发展再研究》，中国科学院大学博士学位论文，2020年。

[7] 李青会、董俊卿、刘松：《古代玻璃烧制工艺与成分研究历程》，《中国考古学百年史·第四卷》，中国社会科学出版社，2021年，第1430~1455页。

[8] Tite M S, Shortland A J. Production technology of faience and related early vitreous materials, Oxford University School of Archaeology: Monograph 72, 2008, pp.23-36.

[9] Lahlil S, Bouquillon A, Morin G, Galoisy L, Lorre C. Relationship between the coloration and the firing technology used to produce susa glazed ceramics of the end of the neolithic period, Archaeometry, 51(5), pp.774-790, 2009.

[10] a. Tite M S, Shortland A J. Production technology of faience and related early vitreous materials, Oxford University School of Archaeology: Monograph 72, 2008, pp.57-146.

b. Rutten F, Henderson J, Briggs D. Unlocking the secrets of ancientglass technologyusing ToF-SEMS. Spectroscopy Europe. 2005, 17(1): 24-30.

c. Rehren T, Pusch E B. Late bronze age production at Qantir-Piramesses, Egypt. Science. 2005, 308(5729): 1756-1758.

[11] a. Bellintani P, Angelini I, Artioli G, Polla A. Origini dei materiali vetrosi italiani: esotismi e localismi. In: Atti della XXXIX Riunione Scientifica Materie prime e scambi nella preistoria italiana, Firenze, Istituto Italiano di Preistoria, pp.1495-1531, 2006.

b. Venclová N, Chenery S, Henderson J, Hloek J, ulová L. Late Bronze Age mixed–alkali glasses from Bohemia, Archeologicke Rozhledy, 2011, 63(4): 559-585.

[12] a. Lankton J W, Dussubieux L. Early Glass in Asian Maritime Trade: A Review and an Interpretation of Compositional Analyses, Journal of Glass Studies, 2006, 48: 121-144.

b. Henderson J, Evans J, Bellintani P, Bietti-Sestieri A M. Production, mixing and provenance of Late Bronze Age mixed alkali glasses from northern Italy: an isotopic approach, Journal of Archaeological Science, 2015, 55: 1-8.

[13] a. 董俊卿、胡永庆、干福熹等：《河南平顶山应国墓地出土西周早期黑白石珠分析》，《平顶山应国墓地》，大象出版社，2012年，第840～846页。

b. 付琳、董俊卿、李青会等：《林西井沟子西区墓葬出土滑石珠的科技分析及相关问题》，《边疆考古研究》2015年第2期。

[14] 董俊卿：《中国古代玻璃的技术起源与发展再研究》，中国科学院大学博士学位论文，2020年。

[15] a. Lei Y, Xia Y. Study on production techniques and provenance of faience beads excavated in China, Journal of Archaeological Science, 2015, 53: 32-42.

b. 刘勇、王颖竹、陈坤龙等：《大河口西周墓地M6043出土釉砂珠饰的科学分析研究》，《考古与文物》2019年第2期。

c. Wang Y Z, Rehren T, Tan Y C, Cong D X, Jia P W, Henderson J, Ma H J, Bettsi A, Chen K L. New evidence for the transcontinental spread of early faience, Journal of Archaeological Science, 2020, 116: 1-8.

d. Dong J Q, Hu Y Q, Liu S, Li Q H. The transition of alkaline flux of ancient Chinese faience beads (1046-476 BC): a case study on the samples from Pingdingshan, Henan province, Archaeological and Anthropological Sciences, 2020, 12(11): 267.

e. 陈天然、崔剑锋、黄文新：《湖北宜昌万福垴遗址出土费昂斯珠科技分析与研究》，《文物保护与考古科学》2021年第1期。

f. Cao S Y, Wen R, Yu C, Wangdue Shargan, Tsering Tash, Dong Wang. New evidence of long-distance interaction across the Himalayas: Faience beads from Western Tibet, Journal of Cultural Heritage, 2021, 47: 270-276.

g. 刘念：《新疆天山地区史前玻璃质珠饰研究》，北京大学博士学位论文，2022年，第26～105页。

[16] 董俊卿：《中国古代玻璃的技术起源与发展再研究》，中国科学院大学博士学位论文，2020年，第154页，图4.62。

[17] a. Henderson J. Electron probe microanalysis of mixed-alkali glasses, Archaeometry, 1998, 30(1): 77-91.

b. Nikita K, Henderson J. Glass Analyses from Mycenaean Thebes and Elateia: Compositional Evidence for a Mycenaean Glass Industry, Journal of Glass Studies, 2006, 48: 71-120.

[18] 董俊卿：《中国古代玻璃的技术起源与发展再研究》，中国科学院大学博士学位论文，2020年，第153页，图4.61b。

[19] a. Brill R H, Tong S C, Zhang F K, et al. The chemical composition of a faience bead from China, Journal of Glass Studies, 1989, 31: 11-15.

b. Brill R H, Vocke R D, Wang S X, et al. A note on lead isotope analysis of faience beads from China, Journal of Glass Studies, 1991, 33: 116-118, 1991.

[20] Henderson J, An J Y, Ma H J. The archaeometry and archaeology of ancient Chinese glass: A review, Archaeometry, 2018, 60(1), pp.88-104.

[21] 秦颖、陈茜、李小莉：《湖北枣阳郭家庙曾国墓地出土"石英珠"（釉砂）的测试分析及其制作工艺模拟实验分析》，《硅酸盐学报》2012年第4期。

[22] Li Q H, Liu S, Zhao H X, Gan F X, Zhang P. Characterization of some ancient glass beads unearthed from the Kizil Reservoir and Wanquan cemeteries in Xinjiang, China, Archaeometry, 2014, 56(4), pp.601-624.

[23] 干福熹：《中国古代玻璃技术的发展》，上海科学技术出版社，2005年，第101页。

[24] 河南省文物考古研究所：《固始侯古堆一号墓》，大象出版社，2004年，第99~105页。

[25] a. Zhao H X, Cheng H S, Li Q H, Gan F X. Nondestructive identification of ancient Chinese glasses by Raman and proton-induced X-ray emission spectroscopy, Chinese Optics Letters, 2011, 9(3): 033001.

b. Dong J Q, Li Q H, Hu Y Q. Multi-technique analysis of an ancient stratified glass eye bead by OCT, μ-XRF and μ-Raman spectroscopy, Chinese Optics Letters, 2020, 18(9): 090001.

[26] 河南省文物考古研究院、中国科学院上海光学精密机械研究所：《璆琳琅玕——河南古代玉器和玻璃器的科学研究》，大象出版社，2021年，第544~562页。

[27] a. 姚勤德：《江、浙地区的早期玻璃器和先秦时期的中西文化交流》，《东南文化》1990年第5期。

b. Zhao H X, Cheng H S, Li Q H, Gan F X. Nondestructive identification of ancient Chinese glasses by Raman and proton-induced X-ray emission spectroscopy, Chinese Optics Letters, 2011, 9(3): 033001.

[28] Zhao H X, Li Q H, Liu S, Gan F X. In situ analysis of stratified glass eye beads from the tomb of Marquis Yi of the Zeng State in Hubei Province, China using XRF and micro-Raman spectrometry, X-ray Spectrometry, 2014, 43(6): 316-324.

[29] a. Liu S, Li Q H, Gan F X. Chemical Analyses of Potash-Lime Silicate Glass Artifacts from the Warring States Period in China, Spectroscopy Letters, 2015, 48(4): 302-309.

b. 湖北省文物考古研究所：《江陵九店东周墓》，科学出版社，1995年。

[30] a. Brill R H, Martin J H. Scientific Research in Early Chinese Glass, New York, Corning Museum of Glass, 1991. pp.157-164.

b. 干福熹、承焕生、李青会：《中国古代玻璃的起源——中国最早的古代玻璃研究》，《中国科学（E辑：技术科学）》2007年第3期。

c. 干福熹、赵虹霞、李青会等：《湖北省出土战国玻璃制品的科技分析与研究》，《江汉考古》2010年第2期。

d. Liu S, Li Q H, Gan F X. Chemical Analyses of Potash-Lime Silicate Glass Artifacts from the Warring States Period in China, Spectroscopy Letters, 2015, 48(4): 302-309.

e. 王宜飞、段晓明、董俊卿等：《几件湖南出土战国时期蜻蜓眼玻璃珠的科学研究》，《文物保护与考古科学》，待刊。

[31] 杜星雨：《战国时期国产玻璃的科技考古研究》，北京大学硕士学位论文，2022年，第17~26页。

[32] 干福熹：《中国古代玻璃技术发展史》，上海科学技术出版社，2016年，第271~282页。

[33] Liu S, Li Q H, Gan F X. Chemical Analyses of Potash-Lime Silicate Glass Artifacts from the Warring States Period in China, Spectroscopy Letters, 2015, 48(4): 302-309.

[34] 浙江省文物考古研究所：《浙江越墓》，科学出版社，2009年，第37~102页。

[35] a. 干福熹、赵虹霞、李青会等：《湖北省出土战国玻璃制品的科技分析与研究》，《江汉考古》2010年第2期。

b. Yang Y, Wang L, Wei S, Song G, Kenoyer J M, Xiao T, Zhu J, Wang C, Wang C. Nondestructive analysis of dragonfly eye beads from the Warring States Period, excavated from a Chu tomb at Shenmingpu site, Henan province, China, Microscopy and Microanalysis, 2013, 19, 335-343.

[36] a. Cui J, Wu X, Huang B. Chemical and lead isotope analysis of some lead-barium glass wares from the Warring States Period, unearthed from Chu tombs in Changde city, Hunan province, China, Journal of Archaeological Science, 2011, 38: 1671-1679.

b. 董俊卿、李青会、干福熹等：《一批河南出土东周至宋代玻璃器的无损分析》，《中国材料进展》2012第11期。

c. 李青会、董俊卿、苏伯民等：《湖北荆州出土战国玻璃珠的pXRF无损分析及相关问题研究》，《敦煌研究》2013年第1期。

d. Dong J Q, Li Q H, Liu S. The native development of ancient Chinese glassmaking: a case study on some early lead-barium-silicate glasses using a portable XRF spectrometer, X-ray Spectrometry, 2015, 44(6): 458-467.

e. 赵凤燕、陈斌、柴怡等：《西安出土若干玻璃器的pXRF分析及相关问题探讨》，《考古与文物》2015年第4期。

f. 郭思克、管杰、褚红轩等：《鲁国故城遗址出土蜻蜓眼玻璃珠的科学研究》，《文物保护与考古科学》2021年第1期。

g. 董俊卿：《中国古代玻璃的技术起源与发展再研究》，中国科学院大学博士学位论文，2020年。

h. Liu S, Li Q H, Gan F X. Chemical Analyses of Potash-Lime Silicate Glass Artifacts from the Warring States Period in China, Spectroscopy Letters, 2015, 48(4): 302-309.

i. 杜星雨：《战国时期国产玻璃的科技考古研究》，北京大学硕士学位论文，2022年，第49~65页。

[37] 董俊卿：《中国古代玻璃的技术起源与发展再研究》，中国科学院大学博士学位论文，2020年，第408页。

[38] 南京博物院、盱眙县文广新局：《江苏盱眙县大云山汉墓》，《考古》2012年第7期。

[39] a. 付强、赵虹霞、董俊卿等：《河南宝丰和新郑出土硅酸盐制品的无损分析研究》，《光谱学与光谱分析》2014年第1期。

b. Li Q H, Yang J C, Li L, Dong J Q, Zhao H X, Liu S. Identification of the man-made barium copper silicate pigments among some ancient Chinese artifacts through spectroscopic analysis. Spectrochimica Acta Part A: Molecular and Biomolecular Spectroscopy, 2015, 138: 609-616.

c. 王雪培、赵虹霞、刘松等：《古代多色硅酸盐制品的光谱学分析及方法学研究》，《光谱学与光谱分析》2016年第12期。

d. 王颖竹：《两周时期费昂斯技术研究》，北京科学技术大学博士学位论文，2019年，第112页。

[40] a. Berke H. The invention of blue and purple pigments in ancient times, Chemical Society Reviews, 2007, 36: 15-30.

b. Liu Z, Mehta A, Tamura N, Pickard D, Rong B, Zhou T, Pianetta P. Influence of Taoism on the invention of the purple pigment used on the Qin terracotta warriors, Journal of Archaeological Science, 2007, 34: 1878-1883.

c. Xia Y, Ma Q, Zhang Z, Liu Z, Feng J, Shao A, Wang W, Fu Q. Development of Chinese barium copper silicate pigments during the Qin Empire based on Raman and polarized light microscopy studies, Journal of Archaeological Science, 2014, 49: 500-509.

[41] a. 董俊卿：《中国古代玻璃的技术起源与发展再研究》，中国科学院大学博士学位论文，2020年，第159~189页。

b. 李曼：《郑州地区出土战国蜻蜓眼珠饰的无损分析及制作工艺初探》，《中原文物》2022年第3期。

[42] Dong J Q, Liu S, Xia X W, Li Q H. Scientific research on the earliest Chinese low-temperature lead-barium glazed ceramics, In: Development History of Ancient Chinese Glass Technology, Singapore, World Scientific, 2021, pp.587-606.

[43] a. 李青会、干福熹、顾冬红：《关于中国古代玻璃研究的几个问题》，《自然科学史研究》2007年第2期。

b. 干福熹、赵虹霞、李青会等：《湖北省出土战国玻璃制品的科技分析与研究》，《江汉考古》2010年第2期。

c. 干福熹：《中国古代玻璃技术发展史》，上海科学技术出版社，2016年，第262~270页。

d. 李清临、余西云、凌雪等：《一件战国琉璃环的EDXRF无损分析》，《光谱学与光谱分析》2011年第12期。

[44] 郎剑锋、崔剑锋：《临淄战国齐墓出土釉陶罍的风格与产地——兼论我国铅釉陶的起源问题》，《华夏考古》2017年第2期。

[45] Wood N. The influence of glass technology on Chinese ceramics, In: International Ceramic Fair and Seminar, London, 2001, pp.36-43.

[46] a. Ramli Z, Rahman N H S N A, Samian A L. X-ray fluorescent analysis on Indo-Pacific glass beads from Sungai Mas archaeological sites, Kedah, Malaysia, Journal of Radioanalytical and Nuclear Chemistry, 2011, 287: 741-747

b. Lankton J W, Dussubieux L. Early glass in Southeast Asia. In: Modern Methods for Analysing Archaeological and Historic Glass, Wiley and Sons, West Sussex, 2013, pp. 415-457.

c. 徐思雯、谷舟、杨益民：《公元2世纪以前印度—太平洋珠的分布与海上丝绸之路》，《中国科技史杂志》2021第2期。

[47] Dussubieux L. Indian glass in Southeast Asia. In: Ancient Glass of South Asia: Archaeology, Ethnography and Global Connections, Singapore, Springer, 2021, pp. 489-510.

[48] Dussubieux L. Indian glass in Southeast Asia. In: Ancient Glass of South Asia: Archaeology, Ethnography and Global Connections, Singapore, Springer, 2021, pp. 489-510.

[49] Lankton J W, Dussubieux L. Early glass in Southeast Asia. In: Modern Methods for Analysing Archaeological and Historic Glass, Wiley and Sons, West Sussex, 2013, pp. 415-457.

[50] 广州市文物考古研究院：《广州出土汉代珠饰研究》，科学出版社，2020年，第233～272页。

[51] Ma Q, Pollard A M, Yu Y, Li Z, Liao L, Wang L, Li M, Cai L, Ping L, Wen R. Laser ablation inductively coupled plasma mass spectrometry analysis of potash and m-Na-Al glasses in China-using Kernel methods for trace element analysis, Heritage Science, 2022, 10: 29.

[52] a. 中国社会科学院考古所：《北魏洛阳永宁寺——1979～1994年考古发掘报告》，中国大百科全书出版社，1996年。

b. 刘壮、张志红：《洛阳北魏大市遗址出土玻璃珠成分分析》，《光谱实验室》1999年第1期。

[53] Xu S, Qiao B, Yang Y. The rise of the Maritime Silk Road about 2000 years ago: Insights from Indo-Pacific beads in Nanyang, Central China, Journal of Archaeological Science: Reports, 2022, 42: 103383.

[54] 大同市考古研究所：《山西大同恒安街北魏墓（11DHAM13）发掘简报》，《文物》2015年第1期。

[55] 董俊卿、杨益民、冯恩学等：《雷家坪遗址出土六朝玻璃珠的相关研究》，《江汉考古》2007年第3期。

[56] 韦伟燕、刘松、李青会等：《广西越州故城遗址玻璃珠饰的科学研究》，《文物保护与考古科学》待刊。

[57] Gu Z, Luo W, Jiang X, Liu N, Fu Y, Zhang L, Yang M, Yang Y. Copper-Red Glass Beads of the Han Dynasty Excavated in Yunnan Province, Southwestern China, Journal of Glass Studies, 2020, 62: 11-21.

[58] a. Lankton J W, Dussubieux L. Early Glass in Asian Maritime Trade: A Review and an Interpretation of Compositional Analyses, Journal of Glass Studies, 2006, 48: 121-144.

b. Liu S, Li Q H, Fu Q, et al. Application of a portable XRF spectrometer for classification of potash glass beads unearthed from Tombs of Han Dynasty in Guangxi, China, X-Ray Spectrometry, 2013, 42(6): 470-479.

[59] a. Kanungo A K, Dussubieux L. Ancient Glass of South Asia. Springer Singapor, 2021, pp.3-20.

b. Kanungo A K, Brill R H. Kopia, India's First Glassmaking Site: Dating and Chemical Analysis, Journal of Glass Studies, 2009, 50: 11-25.

[60] a. Stern W B, Gerber Y. Potassium-calcium glass: new data and experiments, Archaeometry, 2004, 46(1): 137-156.

b. Meek A, Henderson J, Evans J. Isotope analysis of English forest glass from the Weald and the Satfordshire, Journal of Analytical Atomic Spectrometry, 2021, 27: 786-795.

[61] Liu S, Li Q H, Gan F X. Chemical Analyses of Potash-Lime Silicate Glass Artifacts from the Warring States Period in China, Spectroscopy Letters, 2015, 48(4): 302-309.

[62] Gan F X, Li H, Hou L S. Development History of Ancient Chinese Glass Technique, World Scientific, 2021, pp. 623-630.

[63] Degryse P, Lobo L, Shortland A, Vanhaecke F, Blomme A, Painter J, Gimeno D, Eremin K, Kirk S, Walton M. Isotopic investigation into the raw materials of Late Bronze Age glass making, Journal Archaeological Science, 2015, 62: 153-160.

[64] Welter N, Schüssler U, Kiefer W. Characterisation of inorganic pigments in ancient glass beads by means of Raman microscopy, microprobe analysis and X-ray diffractometry, Journal of Raman Spectroscopy, 2007, 38: 113-121.

[65] a. 斯琴毕里格、李青会、干福熹：《激光剥蚀—电感耦合等离子体—原子发射光谱/质谱法分析中国古代钾玻璃组分》，《分析化学》2013年第9期。

b. Siqin B, Li Q H, Gan F X. Investigation of Ancient Chinese Potash Glass by Laser Ablation Inductively Coupled Plasma Atomic Emission Spectroscopy, Spectroscopy Letter, 2014, 47(6): 427-438.

[66] 李青会、董俊卿、苏伯民等：《湖北荆州出土战国玻璃珠的pXRF无损分析及相关问题研究》，《敦煌研究》2013年第1期。

[67] 郭思克、管杰、褚红轩等：《鲁国故城遗址出土蜻蜓眼玻璃珠的科学研究》，《文物保护与考古科学》2021年第1期。

[68] a. Zhu J, Yang Y M, Xu W, Chen D L, Dong J Q, Wang L H, Glascock M D. Study of an archeological opaque red glass bead from China by XRD, XRF, and XANES, X - ray Spectrometry, 2012, 41(6): 363-366.

b. Arletti R, Dalconi M C, Quartieri S, Triscari M, Vezzalini G. Roman coloured and opaque glass: a chemical and spectroscopic study, Applied Physics A Materials Science & Processing, 2006, 83(2): 239-245.

c. Klysubun W, Thongkam Y, Pongkrapan S, Won-In K, T-Thienprasert J, Dararutana P. XAS study on copper red in ancient glass beads from Thailand, Analytical & Bioanalytical Chemistry, 2011, 399(9): 3033-3040.

[69] a. Pollard A M, Heron C. The Chemistry and Corrosion of Archaeological Glass, In: Archaeological Chemistry, Cambridge, The Royal Society of Chemistry, 1996, pp.149-195.

b. Costa M, Margarida A A, Dias L, Barbosa R, Miro J, Vandenabeele P. The combined use of Raman and micro-X-ray diffraction analysis in the study of archaeological glass beads, Journal of Raman Spectroscopy, 2019, 50: 250-261.

[70] García-Heras M, Rincón J M, Jimeno A, Villegas M A. Pre-Roman coloured glass beads from the Iberian Peninsula: a chemico-physical characterisation study, Journal of Archaeological Science, 2005, 32(5): 727-738.

[71] 段浩、干福熹、赵虹霞：《实验室模拟过渡金属离子掺杂的中国古代玻璃的着色现象》，《硅酸盐学报》2009年第12期。

[72] Klysubun W, Thongkam Y, Pongkrapan S, Won-In K, T-Thienprasert J, Dararutana P. XAS study on copper red in ancient glass beads from Thailand, Analytical & Bioanalytical Chemistry, 2011, 399(9): 3033-3040.

[73] Li Q H, Jiang J, Li X L, Liu S, Gu D H, Henderson J, Dong J Q. Chemical Analysis of Tang Dynasty Glass Vessels Unearthed from the Underground Palace of the Famen Temple Using a Portable XRF Spectrometer, In: Recent Advances in the Scientific Research on Ancient Glass and Glaze, Singapore, World Scientific, 2016, pp.157-178.

［74］ Degryse P, Lobo L, Shortland A, Vanhaecke F, Blomme A, Painter J, Gimeno D, Eremin K, Kirk S, Walton M. Isotopic investigation into the raw materials of Late Bronze Age glass making, Journal Archaeological Science, 2015, 62: 153-160.

［75］ a. Li Q H, Liu S, Su B M, Zhao H X, Fu Q, Dong J Q. Characterization of Some Tin-Contained Ancient Glass Beads Found in China by Means of SEM-EDS and Raman Spectroscopy, Microscopy Research and Technique Journal, 2013, 76(2): 133-140.
b. Li Q H, Liu S, Zhao H X, Gan F X, Zhang P. Characterization of some ancient glass beads unearthed from the Kizil Reservoir and Wanquan cemeteries in Xinjiang, China, Archaeometry, 2014, 56(4), pp.601-624.

［76］ Dong J Q, Li Q H, Liu S. Scientific analysis of some glazed pottery unearthed from Warring States Chu tombs in Jiangling, Hubei Province: Indication for the origin of the low-fired glazed pottery in China, X-ray Spectrometry, 2020, 49(3): 1-16.

［77］ Zhao H X, Li Q H, Liu S, Gan F X. Characterization of microcrystals in some ancient glass beads from china by means of confocal Raman micro spectroscopy, Journal of Raman Spectroscopy, 2013, 44(4): 643-649.

［78］ 广州市文物考古研究院：《广州出土汉代珠饰研究》，科学出版社，2020年，第244～247页。

［79］ 温睿、赵志强、马健等：《新疆巴里坤石人子沟遗址群出土玻璃珠的成分分析》，《光谱学与光谱分析》2016年第9期。

［80］ Li Q H, Liu S, Zhao H X, Gan F X, Zhang P. Characterization of some ancient glass beads unearthed from the Kizil Reservoir and Wanquan cemeteries in Xinjiang, China, Archaeometry, 2014, 56(4), pp.601-624.

［81］ Alicia Van Ham-Meerta A V, Dillisa S, Blommea A, Cahillc N, Claeys P, Elsena J, Eremind K, Gerdese A, Steuwef C, Roeffaersf M, Shortlandg A, Degrysea P. A unique recipe for glass beads at Iron Age Sardis, Journal of Archaeological Science, 2019, 108: 104974.

［82］ 广州市文物考古研究院：《广州出土汉代珠饰研究》，科学出版社，2020年，第245～247页。

［83］ 赵虹霞：《中国古代硅酸盐质文物的显微拉曼光谱研究》，中国科学院大学博士学位论文，2014年，第69～75页。

［84］ 广州市文物考古研究院：《广州出土汉代珠饰研究》，科学出版社，2020年，第247页，图6.1。

［85］ Brun N, Mazerolles L, Pernot M. Microstructure of opaque red glass containing copper, Journal of Materials Science Letters, 1991, 10(23): 1418-1420.

［86］ 董俊卿：《中国古代玻璃的技术起源与发展再研究》，中国科学院大学博士学位论文，2020年，第320页，图7.35。

［87］ Zhou Y H, Jin Y W, Wang K, Sun J, Cui Y, Hu D B. Opaque ancient $K_2O-PbO-SiO_2$ glass of the Southern Song Dynasty with fluorite dendrites and its fabrication, Heritage Science, 2019(7): 56.

［88］ 李家治、陈显求：《扬州西汉$PbO-BaO-SiO_2$系统及其腐蚀层的研究》，《硅酸盐学报》1986年第3期。

［89］ Brill R H, Tong S C. Doris D. Chemical analyses of some early Chinese glass. In: Scientific research in early Chinese glass, New York, Printed by Elmira Quality Printers, Corning Museum of Glass, 1991, pp. 31-58.

［90］ 易家良、涂淑进：《十四世纪中国博山的琉璃工艺》，《硅酸盐学报》1984年第4期。

[91] Zhou Y H, Jin Y W, Wang K, Sun J, Cui Y, Hu D B. Opaque ancient K$_2$O-PbO-SiO$_2$ glass of the Southern Song Dynasty with fluorite dendrites and its fabrication, Heritage Science, 2019(7): 56.

[92] a. Freestone I C, Meeks N, Sax M, Higgitt C. The Lycurgus Cup: A Roman nanotechnology, Gold Bulletin, 2007, 40(4): 270-277.
b. Barber D J, Freestone I C. An investigation of the origin of the colour of the Lycurgus Cup by analytical transmission electron microscopy, Archaeometry, 2010, 32(1): 33-45.

[93] Brun N, Mazerolles L, Pernot M. Microstructure of opaque red glass containing copper, Journal of Materials Science Letters, 1991, 10(23): 1418-1420.

[94] 干福熹：《中国古代玻璃技术发展史》，上海科学技术出版社，2016年，第195页。

[95] 董俊卿：《中国古代玻璃的技术起源与发展再研究》，中国科学院大学博士学位论文，2020年，第304~322页。

[96] Arletti R, Dalconi M C, Quartieri S, Triscari M, Vezzalini G. Roman coloured and opaque glass: a chemical and spectroscopic study, Applied Physics A Materials Science & Processing, 2006, 83(2): 239-245.

[97] Klysubun W, Thongkam Y, Pongkrapan S, Won-In K, T-Thienprasert J, Dararutana P. XAS study on copper red in ancient glass beads from Thailand, Analytical & Bioanalytical Chemistry, 2011, 399(9): 3033-3040.

[98] 斯琴毕力格：《玉石及中国古代玻璃的微量元素分析》，中国科学院大学博士学位论文，2012年，第47~88页。

[99] 董俊卿：《中国古代玻璃的技术起源与发展再研究》，中国科学院大学博士学位论文，2020年，第245~247页。

[100] Dong J Q, Li Q H, Hu Y Q. Multi-technique analysis of an ancient stratified glass eye bead by OCT, μ-XRF and μ-Raman spectroscopy, Chinese Optics Letters, 2020, 18(9): 090001.

[101] Pascal R. Encyclopedia of Glass Science, Technology, History, and Culture, New Jersey, Wiley, 2021, pp.1261-1271.

[102] 沈从文：《玻璃史话》，万卷出版公司，2005年，第068页。

[103] 董俊卿：《中国古代玻璃的技术起源与发展再研究》，中国科学院大学博士学位论文，2020年，第229~237页。

[104] 安家瑶：《中国的早期玻璃器皿》，《考古学报》1984年第4期。

[105] 耿朔：《汉墓出土古玻璃二题》，《边疆考古研究》第17辑，科学出版社，2015年，第269~276页。

[106] 李青会、左骏、刘琦等：《文化交流视野下的汉代合浦港》，广西科学技术出版社，2019年，第282~328页。

[107] Bertini M, Mokso R, Krupp E M. Unwinding the spiral: discovering the manufacturing method of Iron Age Scottish glass beads, Journal of Archaeological Science, 2014, 43: 256-266.

[108] Ngan-Tillard D J M, Huisman D J, Corbella F, Van Nass A. Over the rainbow? Micro-CT scanning to non-destructively study Roman and early medieval glass bead manufacture, Journal of Archaeological Science, 2018, 98: 7-21.

[109] 干福熹：《中国古代玻璃技术发展史》，上海科学技术出版社，2016年，第119~250页。

[110] a. 谷舟、谢尧亭、杨益民等：《显微CT在早期釉砂研究中的应用：以西周佣国出土釉砂珠为例》，《核技术》2012年第4期。

b. Gu Z, Zhu J, Xie Y, Xiao T, Yang Y, Wang C. Nondestructive analysis of faience beads from the Western Zhou Dynasty, excavated from Peng State cemetery, Shanxi Province, China, Journal of Analytical Atomic Spectrometry, 2014, 29(8): 1438-1443.

c. Liu N, Yang Y, Wang Y, Hu W, Wang C. Nondestructive characterization of ancient faience beads unearthed from Ya'er cemetery in Xinjiang, Early Iron Age China, Ceramics International, 2017, 43(13): 10460-10467.

[111] Cheng Q, Zhang X, Guo J, Wang B, Lei Y, Zhou G, Fu Y. Application of computed tomography in the analysis of glass beads unearthed in Shanpula cemetery (Khotan), Xinjiang Uyghur Autonomous Region, Archaeological and anthropological science, 2019, 11: 937-945.

[112] Wang D, Wen R, Henderson J, Hu X, Li W. The chemical composition and manufacturing technology of glass beads excavated from the Hetian Bizili site, Xinjiang, Heritage Science, 2020, 8: 127.

[113] 董俊卿：《中国古代玻璃的技术起源与发展再研究》，中国科学院大学博士学位论文，2020年，第285~287页。

[114] Yang Y, Wang L, Wei S, Song G, Kenoyer J M, Xiao T, Zhu J, Wang C, Wang C. Nondestructive analysis of dragonfly eye beads from the Warring States Period, excavated from a Chu tomb at Shenmingpu site, Henan province, China, Microscopy and Microanalysis, 2013, 19, 335-343.

[115] Cheng Q, Zhang X, Guo J, Wang B, Lei Y, Zhou G, Fu Y. Application of computed tomography in the analysis of glass beads unearthed in Shanpula cemetery (Khotan), Xinjiang Uyghur Autonomous Region, Archaeological and anthropological science, 2019, 11: 937-945.

[116] 谷舟、杨益民、齐雪义等：《显微CT技术在古代料珠研究中的应用——以河南淅川县马川墓地出土料珠为例》，《CT理论与应用研究》2014年第5期。

[117] 王栋、温睿、朱瑛培等：《新疆尉犁县营盘墓地出土夹金属箔层玻璃珠研究》，《考古与文物》2022年第4期。

[118] a. Zhao Q H, Li Q H, Liu S, Li L, Gan F X. In Situ analysis of stratified glass eye beads from China in the Warring States Period, Journal of Raman Spectroscopy, 2017, 48(8): 1103-1110.

b. 郭思克、管杰、褚红轩等：《鲁国故城遗址出土蜻蜓眼玻璃珠的科学研究》，《文物保护与考古科学》2021年第1期。

[119] 广州市文物考古研究院：《广州出土汉代珠饰研究》，科学出版社，2020年，第252~255页。

[120] Dong J Q, Li Q H, Hu Y Q. Multi-technique analysis of an ancient stratified glass eye bead by OCT, μ-XRF and μ-Raman spectroscopy, Chinese Optics Letters, 2020, 18(9): 090001.

[121] 郭思克、管杰、褚红轩等：《鲁国故城遗址出土蜻蜓眼玻璃珠的科学研究》，《文物保护与考古科学》2021年第1期。

[122] 王宜飞、段晓明、董俊卿等：《几件湖南出土战国时期蜻蜓眼玻璃珠的科学研究》，《文物保护与考古

[123] 广州市文物考古研究院：《广州出土汉代珠饰研究》，科学出版社，2020年，第252~255页，图6.27。

[124] 董俊卿：《中国古代玻璃的技术起源与发展再研究》，中国科学院大学博士学位论文，2020年，第281页。

[125] 董俊卿：《中国古代玻璃的技术起源与发展再研究》，中国科学院大学博士学位论文，2020年，第304、305页，图7.19、图7.20。

[126] Pion C, Gratuze B. Indo-Pacific glass beads from the Indian subcontinent in Early Merovingian graves (5th-6th century AD), Archaeological Research in Asia, 2016, 6: 51-64.

[127] 刘松、吕良波、李青会等：《岭南汉墓出土玻璃珠饰与汉代海上丝绸之路中外交流》，《文物保护与考古科学》2019年第4期。

[128] 温睿、赵志强、马健等：《新疆哈密巴里坤西沟遗址1号墓出土玻璃珠的科学分析》，《文物》2016年第5期。

[129] Rehren E B P. Late Bronze-Age glass production at Qantir-Piramesses, Egypt, Science, 2005, 308: 1756-1757.

[130] Jackson C M. Glassmaking in Bronze-age Egypt, Science, 2005, 308: 1750-1752.

[131] Walton M S, Shortland A, Kirk S, Degryse P. Evidence for the trade of Mesopotamian and Egyptian glass to Mycenaean Greece, Journal of Archaeological Science, 2009, 36:1496-1503.

[132] Mass J L, Wypyski M T, Stone R E. Malkata and Lisht glassmaking technologies: Towards a specific link between second millennium BC metallurgists and glassmakers, Archaeometry, 2002, 44(1): 67-82.

[133] Tite M, Shortland A, Paynter S. The beginnings of vitreous materials in the near east and Egypt, Accounts of Chemical Research, 2002, 35(8): 585-593.

[134] a. Mass J L, Wypyski M T, Stone R E. Malkata and Lisht glassmaking technologies: Towards a specific link between second millennium BC metallurgists and glassmakers, Archaeometry, 2002, 44(1): 67-82.

b. Tite M, Shortland A, Paynter S. The beginnings of vitreous materials in the near east and Egypt, Accounts of Chemical Research, 2002, 35(8): 585-593.

c. Hauptmann A, Busz R, Vettel A, Klein S, Werthmann R. The roots of glazing techniques: copper metallurgy? Paléorient, 2000, 26(2): 113-129.

[135] Pascal R. Encyclopedia of Glass Science, Technology, History, and Culture, New Jersey, Wiley, 2021, pp.1261-1271.

[136] Jackson C M, Paynter S, Nenna M D, Degryse P. Glassmaking using natron from el-Barnugi (Egypt): Pliny and the Roman glass industry, Archaeological and Anthropological Sciences, 2018, 10: 1179-1191.

[137] Barfod G H, Freestone I C, Lichtenberger A, Raja R, Schwarzer H. Geochemistry of Byzantine and Early Islamic glass from Jerash, Jordan: Typology, recycling, and provenance, Geoarchaeology, 2018, 33: 623-640.

[138] Barfod G H, Freestone I C, Jackson-Tal R E, Lichtenberger A. Exotic glass types and the intensity of recycling in the northwest Quarter of Gerasa (Jerash, Jordan), Journal of Archaeological Science, 2022, 140: 105546.

[139] Ma Q, Wen R, Yu Y, Wang L, Li M, Cai L, Ping L, Zhao Z, Wang D, Wang X, Shi R, Pollard A M. Laser ablation

inductively coupled plasma mass spectrometry analysis of Chinese lead-barium glass: combining multivariate kernel density estimation and maximum mean discrepancy to reinterpret the raw glass used for producing lead-barium glass, Archaeological and Anthropological Sciences, 2022, 14(9).

[140] Pascal R. Encyclopedia of Glass Science, Technology, History, and Culture, New Jersey, Wiley, 2021, pp.1261-1271.

[141] Janssens K. Modern Methods for Analysing Archaeological and Historical Glass, Volume I. Wiley, 2013, pp. 67-78.

[142] Pascal R. Encyclopedia of Glass Science, Technology, History, and Culture, New Jersey, Wiley, 2021, pp.1261-1271.

[143] Tite M S, Shortland A J. Production technology of faience and related early vitreous materials, Oxford University School of Archaeology: Monograph 72, 2008, pp.23-146.

[144] a. Pascal R. Encyclopedia of Glass Science, Technology, History, and Culture, New Jersey, Wiley, 2021, pp.1261-1271.

b. Kanungo A K, Dussubieux L. Ancient Glass of South Asia. Springer Singapore. 2021.

c. Lobo L, Degryse P, Shortland A, Eremin K, Vanhaecke F, Copper and antimony isotopic analysis via multi-collector ICP-mass spectrometry for provenancing ancient glass, Journal of Analytical Atomic Spectrometry, 2013, 29(1): 58-64.

d. Henderson J. Ancient glass: An interdisciplinary exploration, Cambridge University Press, 2013.

e. Degryse P, Lobo L, Shortland A, Vanhaecke F, Blomme A, Painter J, Gimeno D, Eremin K, Kirk S, Walton M. Isotopic investigation into the raw materials of Late Bronze Age glass making, Journal Archaeological Science, 2015, 62: 153-160.

[145] a. Barfod G H, Freestone I C, Lichtenberger A, Raja R, Schwarzer H. Geochemistry of Byzantine and Early Islamic glass from Jerash, Jordan: Typology, recycling, and provenance, Geoarchaeology, 2018, 33: 623-640.

b. 干福熹：《中国古代玻璃技术发展史》，上海科学技术出版社，2016年，第101~118页。

[146] Barfod G H, Freestone I C, Lesher C E, et al. "Alexandrian" glass confirmed by hafnium isotopes, Scientific Reports, 2020, 10(10): 11322.

[147] Dussubieux L. Indian glass in Southeast Asia. In: Ancient Glass of South Asia: Archaeology, Ethnography and Global Connections, Singapore, Springer, 2021, pp. 489-510.

[148] Barnes L, Brill R H, Deal E C：《中国早期玻璃的铅同位素研究》，《中国古玻璃研究1984年北京国际玻璃学术讨论会论文集》，中国建筑工业出版社，1986年，第199页。

[149] a. Brill R H. Scientific research in early Chinese glass, New York, Elimira Quality Printers, 1991, pp.31-64.

b. Brill R H, Shirahata H. Lead isotope analyses of some Asian glasses, In: Proc 17th Inter Congress on Glass (Beijing), Vol6: Glass Technology, Glass Archaeometry, Beijing: International Academic Publishers, 1995, pp.491-496.

c. Brill R H. Chemical analyses of early glasses, Vol. 1 and Vol. 2, Corning Museum of Glass, Corning, New York,

1999.

[150] 李晓岑：《关于中国铅钡玻璃的发源地问题》，《自然科学史研究》1996年第2期。

[151] 姜中宏、张勤远：《用铅同位素特征研究中国古代铅（钡）玻璃》，《硅酸盐学报》1998年第1期。

[152] Li F. Elemental and isotopic analysis of ancient Chinese glass, University of Hong Kong, 1999.

[153] Li Q H, Li Z B, Gu D H. Archaeological and technical study of Western Han Dynasty Lead Barium Glass Chimes (Bian Qing) unearthed from the Jiangdu King's Mausoleum, In: Recent Advances in the Scientific Research on Ancient Glass and Glaze, Singapor, World Scientific, 2016, pp.113-128.

[154] a. Cui J F, Zhao D Y, Huang W, He Y H. Chemical and lead isotope analysis of glass wares found in Lijiaba site, Yunyang County, Chongqing City, In: Recent Advances in the Scientific Research on Ancient Glass and Glaze, Singapor, World Scientific, 2016, pp.179-192.

b. Cui J F, Wu X, Huang B. Chemical and lead isotope analysis of some lead-barium glass wares from the Warring States Period, unearthed from Chu tombs in Changde city, Hunan province, China, Journal of Archaeological Science, 2011, 38: 1671-1679.

[155] 杜星雨：《战国时期国产玻璃的科技考古研究》，北京大学硕士学位论文，2022年，第27~76页。

[156] 陈毓蔚、毛存孝、朱炳泉：《我国显生代金属矿床铅同位素组成特征及其成因探讨》，《地球化学》1980年第3期。

[157] 白云翔：《论基于风格与分布的考古遗物产地推定法》，《考古》2016年第9期。

[158] a. 干福熹：《中国古代玻璃技术发展史》，上海科学技术出版社，2016年，第301~307页。

b. 干福熹：《古代丝绸之路和中国古代玻璃》，《自然杂志》2006第5期。

[159] Dussubieux L. Potash glass: A view from South and Southeast Asia, Recent Advances in the Scientific Research on Ancient Glass and Glaze, Singapor, World Scientific, 2016, pp.95-111.

[160] Dussubieux L, Pryce T O. Myanmar's role in Iron Age interaction networks linking Southeast Asia and India: Recent glass and copper-base metal exchange research from the Mission Archéologique Française au Myanmar, Journal of Archaeological Reports, 2016, 5: 598-614.

[161] 王俊新、李平、张巽等：《广西合浦堂排西汉古玻璃的铅同位素示踪研究》，《核技术》1994年第8期。

[162] Brill R H, Vocke R D, Wang S X, et al. A note on lead isotope analysis of faience beads from China, Journal of Glass Studies, 1991, 33: 116-118, 1991.

[163] Schibille N. Late Byzantine Mineral Soda High Alumina Glasses from Asia Minor: Anew primary glass production group, PLoS ONE, 2011, 6(4): e18970.

[164] Jackson C M, Paynter S, Nenna M D, Degryse P. Glassmaking using natron from el-Barnugi (Egypt): Pliny and the Roman glass industry, Archaeological and Anthropological Sciences, 2018, 10: 1179-1191.

[165] 斯琴毕里格、李青会、干福熹：《激光剥蚀—电感耦合等离子体—原子发射光谱/质谱法分析中国古代钾玻璃组分》，《分析化学》2013年第9期。

[166] 胡志中、李佩、蒋璐蔓等：《古代玻璃材料LA-ICP-MS组分分析及产源研究》，《岩矿测试》2020年第4期。

[167] Ma Q, Pollard A M, Yu Y, Li Z, Liao L, Wang L, Li M, Cai L, Ping L, Wen R. Laser ablation inductively coupled plasma mass spectrometry analysis of potash and m-Na-Al glasses in China-using Kernel methods for trace element analysis, Heritage Science, 2022, 10: 29.

[168] Li Q H, Jiang J, Li X L, Liu S, Gu D H, Henderson J, Dong J Q. Chemical Analysis of Tang Dynasty Glass Vessels Unearthed from the Underground Palace of the Famen Temple Using a Portable XRF Spectrometer, In: Recent Advances in the Scientific Research on Ancient Glass and Glaze, Singapore, World Scientific, 2016, pp.157-178.

[169] a. 干福熹：《中国南方古玻璃研究：2002年南宁中国南方古玻璃研讨会论文集》，上海科学技术出版社，2003年。

b. 干福熹：《丝绸之路上的古代玻璃研究》，复旦大学出版社，2007年。

c. Gan F X, Brill R H. Ancient Glass Research Along the Silk Road, Singapore, World Scientific, 2009.

d. 安家瑶：《丝绸之路与玻璃器》，《文物天地》2021年12期。

e. 李青会、董俊卿：《中国古代玻璃技术的本土发展与丝绸之路上的中外交流》，《故宫文物月刊》2018年总第421期。

f. 刘松、吕良波、李青会等：《岭南汉墓出土玻璃珠饰与汉代海上丝绸之路中外交流》，《文物保护与考古科学》2019年第4期。

g. 李青会、左骏、刘琦等：《文化交流视野下的汉代合浦港》，广西科学技术出版社，2019年，第282~328页。

h. 广州市文物考古研究院：《广州出土汉代珠饰研究》，科学出版社，2020年，第233~272页。

[170] 广州市文物考古研究院：《广州出土汉代珠饰研究》，科学出版社，2020年，第241~243页。

[171] 李青会、左骏、刘琦等：《文化交流视野下的汉代合浦港》，广西科学技术出版社，2019年，第315、324页。

[172] 安家瑶：《丝绸之路与玻璃器》，《文物天地》2021年12期。

[173] 安家瑶：《中国的早期玻璃器皿》，《考古学报》1984年第4期。

[174] 李青会、董俊卿：《中国古代玻璃技术的本土发展与丝绸之路上的中外交流》，《故宫文物月刊》2018年总第421期。

[175] 安家瑶：《莫高窟壁画上的玻璃器皿》，《敦煌吐鲁番文献研究论集》，北京大学出版社，1983年，第425~464页。

[176] 李青会、左骏、刘琦等：《文化交流视野下的汉代合浦港》，广西科学技术出版社，2019年，第338页。

郑州地区仰韶文化中晚期石器表面红色彩绘的无损科技分析

金 锐[1] 宋国定[2] 任文勋[2] 顾万发[3] 信应君[3]

（1. 河南大学历史文化学院；2. 中国科学院大学人文学院；3. 郑州市文物考古研究所）

引 言

斧钺是史前时代较为特殊的一类石器，兼具生产工具和武器的功能，随着社会的发展，斧钺的内涵也逐步演变，逐渐成为王权的重要象征[1]。我国史前石钺最早发现于长江下游地区马家浜文化，至迟到崧泽文化时期，石钺就已具备礼仪功能[2]。彩绘石钺是诸多石钺中较为独特的一类，更加彰显钺的礼器功能。彩绘石钺最早出现于长江下游宁镇地区的金坛三星村遗址（距今6500~5500年）和太湖流域东山村遗址（距今5800年），随后快速传播，在崧泽文化晚期至良渚文化时期，彩绘石钺分布范围逐步扩大，广泛分布于长江下游的太湖流域、苏北海岱地区及长江中游的皖南鄂东及赣西地区，随着良渚文化消亡，彩绘石钺渐渐消逝[3]。仰韶文化中晚期，钺传播至黄河中游地区，成为当地史前社会比较固定的礼仪性器物，随之长江下游的礼乐制度也逐渐传播到中原地区，影响了中原地区社会的变化和文明兴起[4]。

郑州地区作为中原腹地，自新石器时代中期以来，史前文化一直延续发展，其中仰韶文化遗存最为丰富，仰韶文化中晚期遗尤为兴盛[5]，如西山遗址、大河村遗址、青台遗址、双槐树遗址、汪沟遗址等。这些遗址中出土了数量不等的石钺，据统计，本项目整理的1967件石器中共发现79件石钺，占比约4%，而彩绘石钺仅见5件，足见黄河流域彩绘石钺的特殊性和稀有性。目前关于彩绘石钺的科技分析非常少，本文将探讨彩绘石钺制作工艺，以期为深入探讨中原地区仰韶时代彩绘石钺特殊的文化意义提供支撑。

作者简介：金锐，男，1986年12月生，安徽大学考古专业2004级本科生。

一、样品与考古学背景

郑州西山遗址位于郑州西北郊20千米处的古荥镇孙庄村西，是郑州地区仰韶文化晚期的一座重要城址，遗址面积达10万平方米左右，中心区域的近圆形城址是迄今中原地区最早的史前城址，城址最大径180米，面积约34 500平方米，城内发现有建筑基址、奠基坑、瓮棺葬、窖穴与灰坑等，出土大量文化遗物，堆积年代跨越了仰韶文化早、中、晚三个时期[6]。

汪沟遗址位于荥阳市城关乡汪沟村南，是郑州地区仰韶文化中晚期一处大型聚落，面积74万余平方米。聚落内居住区、墓葬区、祭祀区、作坊区等功能分区布局明晰，遗址中部有仰韶时期的房址、灰坑、窖穴、瓮棺等生活遗存。

实验分析的石器分别出土自以上两处遗址，详细情况见表一。

表一　红彩石器详细情况表

样品号	器物编号	器物名称	红彩部位及描述	出土地点	器物图
XS693	采集	石钺	穿孔内壁一周和穿孔周围钺体的两侧表面，红彩脱落较严重，一侧图案呈三叉形，另一仅残留一字形	西山遗址	图一，1
XS523	H1839∶33	石钺	穿孔内壁一周和穿孔周围钺体的两侧表面。红彩脱落严重，无法辨识图案	西山遗址	图一，2
XS559	TG3HG9④∶2	石斧	刃部，斧面下半部分。斧两面红彩分布不均。刃部和器身崩裂的豁口内残留红彩	西山遗址	图一，3
WG058	2015ZKWT0907⑥∶3	石钺	穿孔内壁一周，钺体表面不见红彩，疑似脱落	汪沟遗址	图一，4

二、分析方法

（一）超景深三维显微观察

使用日本KEYENCE公司生产的VHX-5000超景深三维显微镜，镜头选用Z20R，放大倍率20～200倍，对于表面起伏较大的样品，使用3D景深合成功能进行拍照测量。

（二）扫描电子显微镜及能谱分析

扫描电子显微镜观察，使用美国FEI公司生产的Quanta 650FEG扫描电镜，测量模式为高真空模式，加速电压25KV，工作距离10mm，束斑3.0。因原位无损分析要求，样品不经过镀膜直接观察，采集二次电子像和背散射电子像。

成分分析使用英国Oxford公司的X-Max80能谱仪，配合扫描电子显微镜，进行微区成分分

图一　郑州地区仰韶时代中晚期红彩石器
1. 石钺XS693　2. 石钺XS523　3. 石斧XS559　4. 石钺WG058

析，采集数据模式主要为点采集和面采集，能量分辨率＞127eV，采集窗口80mm², 可分析元素范围Be^4-U^{92}。

（三）显微拉曼光谱分析

物质鉴定分析使用HORIBA Jobin Yvon公司生产的HE型显微拉曼光谱仪，该设备光谱范围150-3300cm⁻¹，光谱分辨率3cm⁻¹，仪器配有半导体激光器，激发波长785nm，激光器最大输出功率为300 mW，采用TE致冷CCD探测器，光学探头配有50倍物镜，光斑尺寸约为1μm，谱图采集使用LabSpec 6光谱软件，谱图处理与解析使用萨特勒公司生产的KnowItAll软件。

（四）显微红外光谱分析

衰减全反射红外光谱技术（ATR-FTIR），红外光谱分析使用德国Bruker公司生产的Lumos独立式红外显微镜，物镜32倍，分辨率4cm⁻¹，扫描范围4000-600 cm⁻¹，采用金刚石ATR附件测试样品，重复次数32次，谱图采集使用OPUS8.2软件，谱图处理与解析使用萨特勒公司生产的KnowItAll软件。

三、分析结果

（一）超景深三维显微观察结果

超景深三维显微观察结果见图二，石钺XS693（图二，a；图二，b）红彩呈两层，深红色层叠压于红褐色层之上，红彩内部可见粒径较小的石英颗粒。穿孔内壁红彩与钺体表面红彩特征一致，呈两层结构，位于上层的深红色层结构更致密，有光泽。石钺XS523（图二，c）红彩层脱落严重，较薄，颜色主体呈深红色，部分脱落严重部分呈红褐色。石斧XS559（图二，d；图二，e）两侧斧面均有呈方向一致性划痕。斧面红彩呈大红色，覆盖于划痕之上。刃部红彩多残存于豁口内，呈深红色，结构致密。石钺WG058（图二，f）红彩颜色较为均一，呈大红色，红彩内部可见夹杂粒径较小的石英颗粒。

石钺XS693、石钺XS523红彩呈两种颜色，推测位于底层的红褐色为器物红彩原本颜色，受埋藏环境影响，部分红褐色表面逐渐形成了一层深红色的致密层，器物出土后，埋藏环境变化，部分致密层脱落，致使器物红彩呈现两种颜色。石斧XS559有明显的使用痕迹，方向一致的划痕可能代表其使用时的用力方向。斧面红彩叠压部分划痕，刃部红彩位于豁口处。根据红彩的分布位置，推测红彩是石斧使用过程中沾染形成。

（二）扫描电子显微镜及能谱分析结果

扫描电子显微镜二次电子像和背散射像结果见图三、图四、图五，能谱分析结果见表二。石钺XS693二次电子像（图三，a）显示，红彩由有大量粒径大小不一的不规则颗粒组成，颗粒A呈不规则致密块状，能谱分析显示，其主要成分为56.2%Fe、28.7%O，含少量Ca、Al、Si、P等元素，据此推测红彩显色物质为赤铁矿（Fe_2O_3），其他元素可能来自赤铁矿夹杂或埋藏环境的磷灰石、硅铝酸盐类矿物；颗粒B呈不规则致密粒状，主要成分为53.3%O、42.2%Si，表明其为石英颗粒，可能来自赤铁矿夹杂。颗粒C呈不规则粒状，主要成分为53.7%O、22%Ca、18.7%C，含少量Si、Al等元素，成分显示其主要为方解石（$CaCO_3$），其他元素可能来自硅铝酸盐类矿物。背散射电子像是样品表面原子序数衬度像，反映样品表面元素分布情况，原子序数越高区域越亮。石钺XS693背散射电子像见图三：b，因Fe的原子序数高于Ca、Si，结合二次电子像和能谱分析，图中亮白色大小不一的颗粒为Fe_2O_3，暗色颗粒大部分为$CaCO_3$和SiO_2，可判断赤铁矿、$CaCO_3$和石英混杂一起。

石钺XS523二次电子像（图三，c）显示，红彩由大量棒状颗粒和不规则颗粒组成，颗粒A

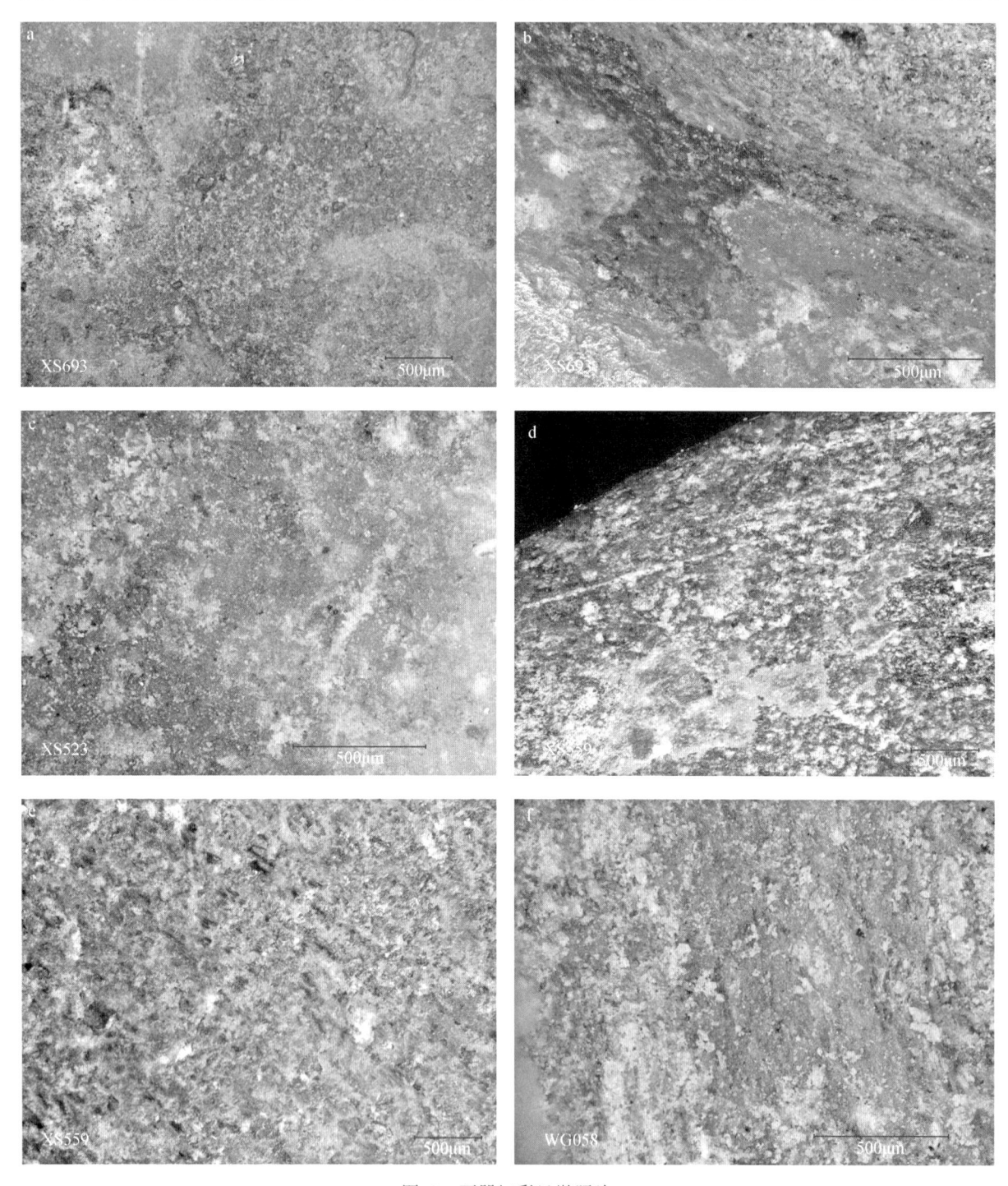

图二 石器红彩显微照片

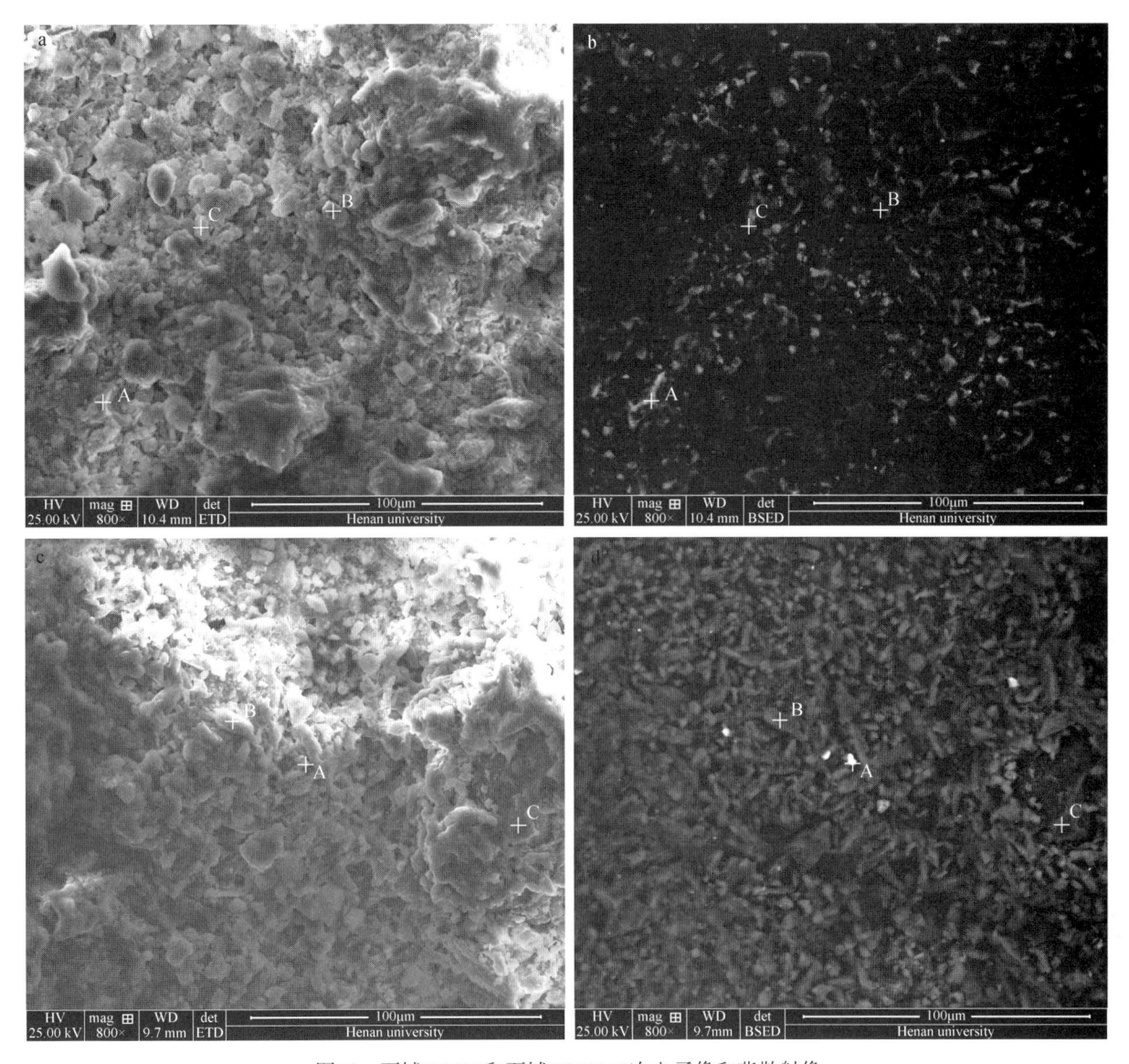

图三 石钺XS693和石钺XS523二次电子像和背散射像

呈不规则块状，其主要成分为41.2%Hg、37.4%O、7.9%C、6.6%S、6.2%Ca，含少量Si元素，据此推测红彩显色物质为朱砂（HgS），夹杂较多的方解石（$CaCO_3$）和少量的石英（SiO_2）。颗粒B呈棒状，其主要成分为58.4%O、21.6%Ca、18%C，和少量的Si、Mg元素，成分显示其主要为方解石（$CaCO_3$）；颗粒C呈致密块状，其主要成分为53.3%O、42.2%Si，表明其为石英颗粒，可能来自朱砂夹杂。石钺XS523背散射电子像见图三：d，因Hg的原子序数高于Ca、Si，结合二次电子像和能谱分析，图中亮白色大小不一的颗粒为HgS，暗色棒状颗粒为$CaCO_3$，HgS弥散分布于$CaCO_3$中。为测量HgS颗粒度，将背散射像倍率缩小至能见HgS零星大颗粒程度（图四，1），然后测量颗粒粒径。经测量，颗粒a（图四，2）长径23.11μm，短径12.95μm；颗粒b（图四，3）长径17.49μm，短径13.12μm；颗粒c（图四，4）长径29.63μm，短径15.35μm；颗粒d（图四，5）长径5.61μm，短径3.14μm。可见朱砂颗粒最长粒径小于30μm，大部分颗粒粒径小于3μm。

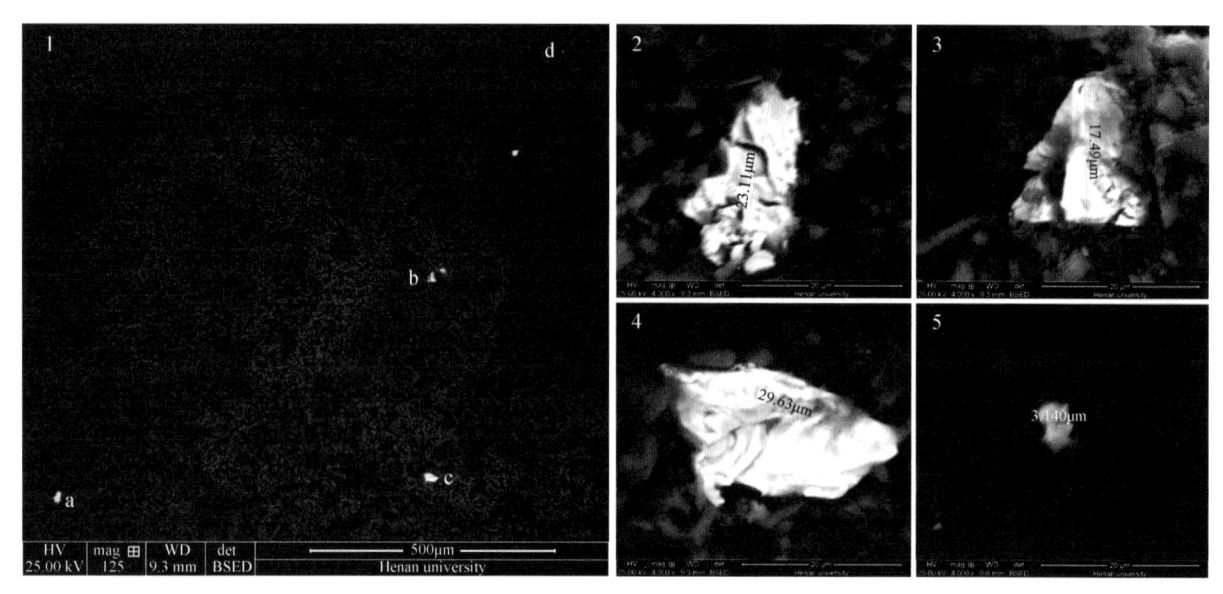

图四　石钺XS523大颗粒分布和粒径测量图

石斧XS559二次电子像（图五，a）显示，红彩由不规则颗粒密集结合呈大块状，颗粒A呈不规则块状，其主要成分44.3%Fe、40.5%O，含少量C、Si、Al、Ca等元素，据此推测红彩显色物质为赤铁矿（Fe_2O_3），其他元素可能来自方解石、硅铝酸盐类矿物。区域B呈块状，其主要成分57.2%O、14.9%Si、11.8%C，还含有Al、Fe、Na、Ca、K、Mg等元素，应为石斧本体和方解石的成分，石斧本体可能为基质是石英和钾钠长石类的岩石。区域C呈块状，主要成分44.3%Fe、40.5%O，14.2%Si，还含有Al、Ca、K等元素，说明该区域主要为红彩赤铁层。石钺XS559背散射电子像见图五：b，因Fe的原子序数高于Ca，结合二次电子像和能谱分析，图中亮白色区域为Fe_2O_3层，暗色区石斧本体，可看出赤铁矿层覆盖于石斧本体之上。

石钺WG058二次电子像（图五，c）显示，红彩由粒径大小不一的不规则颗粒组成，颗粒A呈不规则厚块状，其主要成分为74.5%Hg、17.7%O、7.9%S，据此推测红彩显色物质为朱砂（HgS）。颗粒B呈棒状，其主要成分为41.4%O、19.8%Si、15.4%Fe，还含有Al、Ca、Mg、K元素，成分显示其可能为基质是石英和硅铝酸盐类矿物；颗粒C呈不规则厚块状，其主要成分为60.2%Hg、25%O、12.2%S，还含有少量的Ca、Si等元素，表明其为朱砂。石钺WG058背散射电子像见图五：d，亮白色密集连成片状，结合二次电子像和能谱分析，亮白色为朱砂，说明朱砂层较厚。

（三）显微拉曼光谱分析结果

显微拉曼光谱分析结果图六，石钺XS693拉曼谱图中，拉曼峰243、286.08、411.95、427.68、496、609.74、706.9cm^{-1}为赤铁矿（Fe_2O_3）的特征峰，判断红彩为铁红；石钺XS523拉曼谱图中，拉曼峰254.87、336.95cm^{-1}为朱砂（HgS）的特征峰，判断红彩为朱砂；石斧XS559拉曼谱图中，拉曼峰284、432、503、605、692cm^{-1}为赤铁矿（Fe_2O_3）的特征峰，判

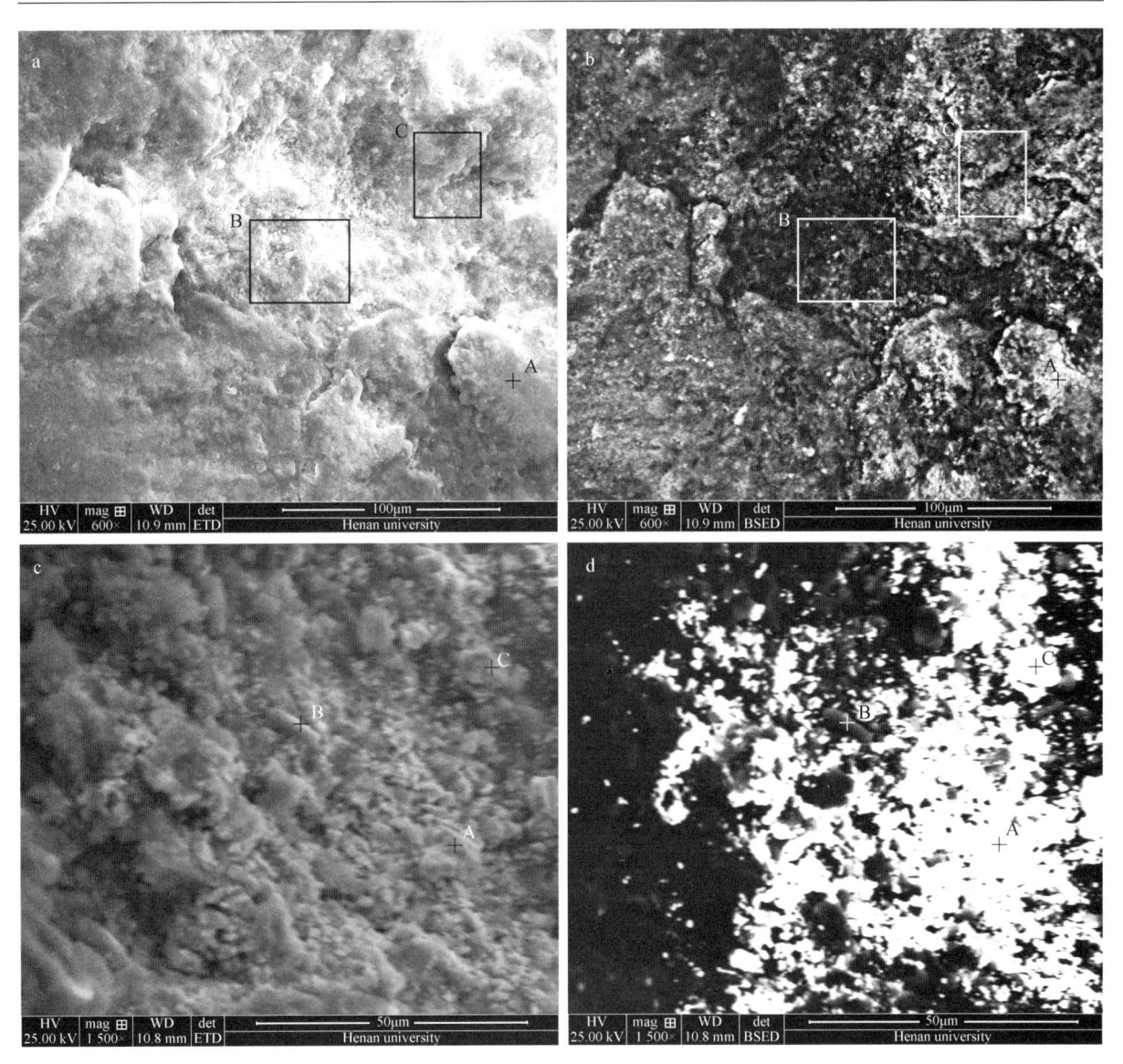

图五 石斧XS559和石钺WG058二次电子像和背散射像

断红彩为铁红；石钺WG058拉曼谱图中，拉曼峰251、340cm^{-1}为朱砂（HgS）的特征峰，判断红彩为朱砂。经显微拉曼光谱分析，4件石器表面红彩均为矿物颜料，为铁红和朱砂。

（四）显微红外光谱分析结果

显微红外光谱分析结果见图七，石钺XS693红外谱图中，红外峰1405.3（v_3）、869.5（v_2）、712.9（v_4）cm^{-1}为碳酸钙的特征峰，v_2/v_4比值为7.86，1009.6、799.5cm^{-1}为硅铝酸盐矿物特征峰；石钺XS523红外谱图中，红外峰1397（v_3）、869.5（v_2）、708.8（v_4）cm^{-1}为碳酸钙的特征峰，v_2/v_4比值为3.82，1120.9、1107.9cm^{-1}为水合钙、钠、钾类铝硅酸盐矿物的特征峰；石斧XS559、石钺WG058因不符合测试要求未被检测。显微红外光谱分析，两件石钺红彩层均含有碳酸钙，且两件红彩层中均未发现有机类物质官能团。

表二 石器红彩的SEM-EDS成分数据表

样品号	测试点	Ca	O	Fe	Si	Hg	C	S	Si	Mg	Al	K	P	Na
XS693	A	22	53.7				18.7		3.9		1.7			
	B	5.5	28.7	56.2					3.4		3.6		2.6	
	C		53.3						46.7					
XS523	A	6.2	37.4			41.2	7.9	6.6	0.8					
	B	21.6	58.4				18		1	1				
	C		53.3						46.7					
XS559	A	1	40.5	44.3			7.7		4.7		1.8			
	B	1.1	57.2	4.8			11.8		14.9	0.9	6.1	1.4		1.8
	C	2.4	36.1	37.4					14.2		8.9	0.9		
WG058	A		17.7			74.5		7.8						
	B	7.5	41.4	15.4	19.8					5.9	8	2		
	C	1.4	25			60.2		12.2	1.2					

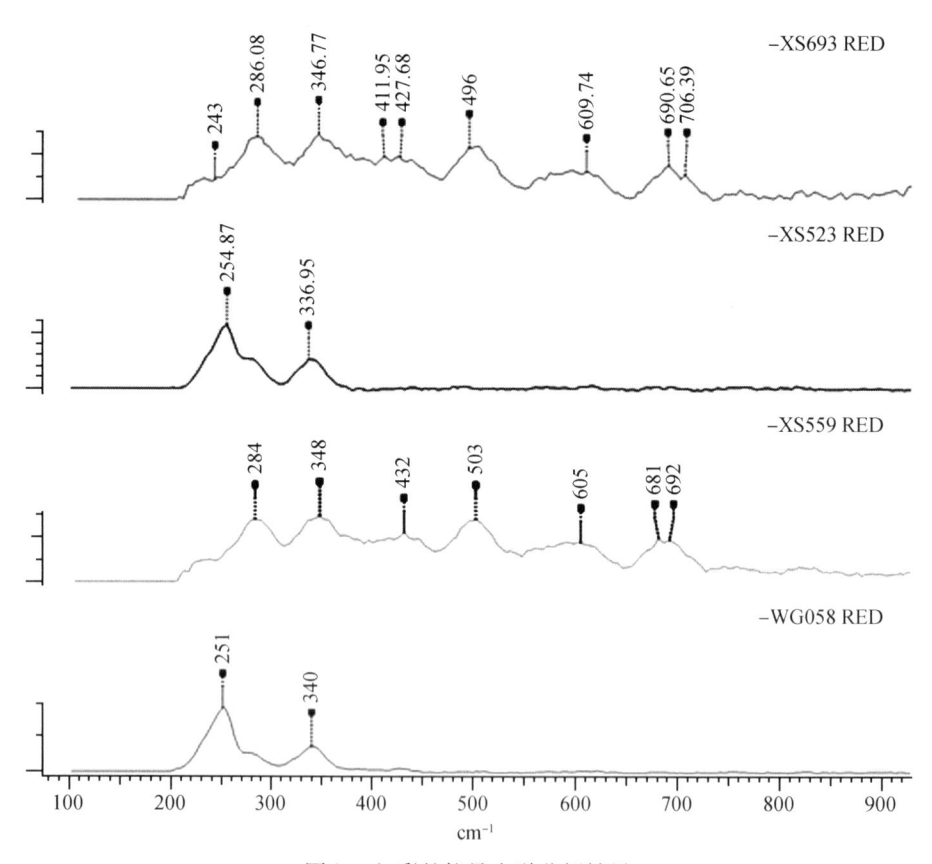

图六 红彩的拉曼光谱分析结果

图七 红彩的红外光谱分析结果

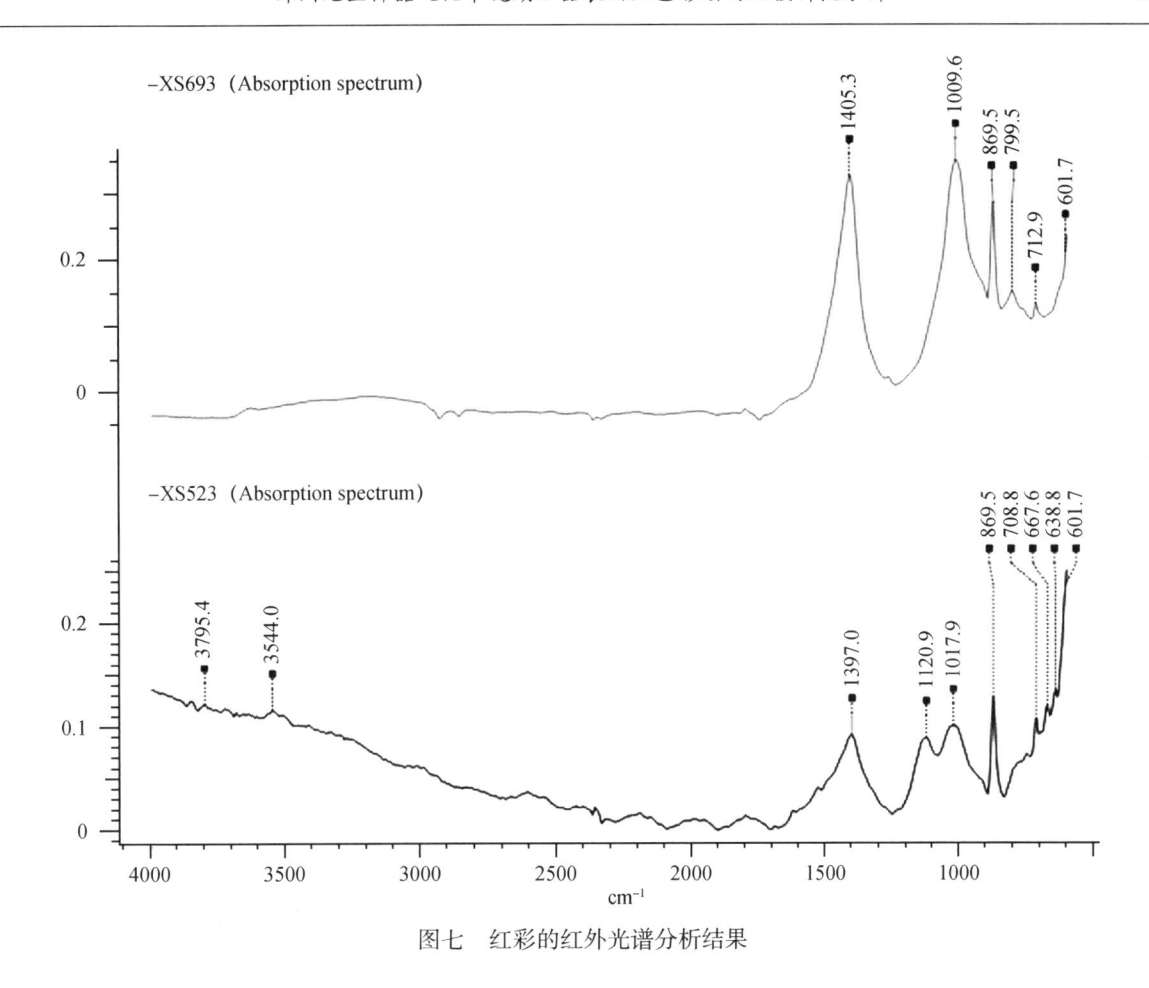

四、讨 论

（一）颜料

通过扫描电镜能谱分析和拉曼光谱分析显示，石钺XS693和石斧XS559的红色颜料为赤铁矿（Fe_2O_3），石钺XS523和石钺WG058的红色颜料为朱砂（HgS）。考古资料显示，史前时代人类使用的最常见红色颜料就是赤铁矿和朱砂。迄今为止，我国史前时代最早使用赤铁矿作为颜料的证据发现于山顶洞人遗址，距今约1.9万年，山顶洞人已使用赤铁矿粉涂染石珠装饰品[7]。朱砂作为颜料的证据最早发现于距今约6300年的河姆渡遗址，该遗址第三文化层出土的漆碗涂料为朱砂[8]。大约从距今6000年仰韶文化中期始，朱砂和赤铁矿作为红颜料就广泛地运用于器物彩绘，甘肃秦安大地湾文化遗址中块（粉）状颜料与彩绘陶颜料为赤铁矿和朱砂[9]；大河村遗址出土仰韶时代彩陶颜料经检测分析为赤铁矿[10]；江苏邳县大墩子遗址第二次发掘出土的4件涂朱石斧和5块颜料石经鉴定为赭石（赤铁矿）[11]；在长江下游彩绘石钺盛行区域的浙江桐庐小青龙良渚文化遗址M10∶2出土的彩绘玉钺，经检测其红彩成分为朱砂和赤铁矿[12]。研究表明，器物涂朱往往承担着特殊的功能和含义，可能与人们的身份差异和社会角色有关。在仰韶文化的社会里，朱砂一种具有特殊使用价值的稀有物品[13]。据此，本文分析的三件彩绘石钺可能在当时仰韶文化社会里扮演着特殊角色。

（二）研磨工具

根据显微分析和成分分析，推测石斧XS559可能为颜料赤铁矿粉加工工具，兼具粉碎和研磨功能。史前社会人类采集到颜料矿物后需要对矿物进行研磨，很多考古遗址出土了研磨工具。目前发现最早的颜料研磨工具出土自山西吉县柿子滩中石器文化遗址，包括2件磨盘和1件磨石，它们均被赤铁矿染成红色，发掘者认为该磨石和磨盘应为配套使用，用于研磨赤铁矿，同地层还出土7片薄板条状的赤铁矿石，疑为磨盘研磨原料[14]；秦安大地湾遗址一期至四期共出土研磨石48件和研磨盘18件，其中大部分器物表面残留红色颜料痕，另三期地层出土的A型厚体斧Ⅰ（22件）、Ⅱ式（40件）、B型长梯形厚体斧（10件），多数器物表面有研磨颜料痕[15]；宝鸡北首岭遗址居址和墓葬共出土14件研磨棒和14件研磨盘，其中大部分器物残留红色或红褐色颜料痕[16]；临潼姜寨遗址一期、二期、四期共出土19件石磨棒和15件磨臼，大部分表面残留红色颜料痕，二期文化层还出有一套由石砚、研棒、水杯、颜料组成的绘画工具，石砚、研棒红色残留和颜料经鉴定均为Fe_2O_3[17]；灵宝西坡遗址房址F102和F3居住面各出土1块研磨石块，被固定嵌入并略高于居住面，石块表面残留朱砂，紧邻石块周围也有零星红色物质，应为研磨朱砂时撒落[18]。房址F105出土1件表面粘附朱砂的石斧[19]，灰坑H3出土1件研磨朱砂用的磨棒[20]。另在江苏邳县大墩子遗址第二次发掘出土5块赭石表面有明确的研磨痕迹，应该系工具直接在赭石表面研磨赤铁矿粉所致[21]。从上述考古发现看，颜料研磨工具多是研磨盘和研磨棒，二者配合使用，石斧有时也作为研磨工具使用。结合上述考古发现推测，石斧XS559刃部豁口和残留的赤铁矿，表明可能使用石斧敲砸赤铁矿矿石；石斧斧体两面方向一致的划痕，表明可能使用石斧朝划痕方向打磨矿石，获取矿石粉末；石斧表面赤铁矿致密层较光滑，表明可能使用石斧弧面进行精细研磨，进行精细研磨时，可能还需要与之配套的磨盘。

（三）研磨工艺

经扫描电子显微镜测量，石钺XS523朱砂颗粒最长粒径小于30μm，绝大部分颗粒粒径小于3μm。朱砂作为矿物颜料，颗粒度越小，附着力、覆盖力、着色力会越好[22]，石钺XS523朱砂颗粒如此微小显示仰韶文化中晚期颜料研磨工艺已达到很高的水平。考古资料显示，我国古代颜料研磨工艺水平相当发达，北京平谷刘家河商代墓葬中多数朱砂颗粒粒径小于3μm[23]，马王堆汉墓出土的N-17朱染织物的朱砂颗粒粒径小于2μm者占76%，已接近现代涂料印染工艺的要求[24]。从朱砂颗粒的细微程度比较，仰韶文化中晚期研磨工艺就已和商代研磨工艺水平不相上下。仰韶文化时期研磨盘和研磨棒相对简陋，研磨工艺却如此高超。关于其研磨工艺可通过后代文献进行合理推测,《天工开物》载:"若砂质即嫩而烁视欲丹者,则取来时,入巨铁碾槽中,轧碎如微尘,然后入缸,注清水澄浸。过三日夜,跌取其上浮者,倾入别缸,名曰二朱。其下沉结者,晒干即名头朱也。"[25]文献显示朱砂研磨成粉末后,加水浸泡,然后搅拌震荡,倾倒悬浮液,剩下的颗粒(头朱)晒干后再如此反复操作。这也即现代高级国画颜料制作工艺中"水飞"加工方法,现代模拟水飞工艺制备朱砂水飞品粒径分布在1~20μm,平均粒径为5μm[26]。考古资料表明,秦安大地湾二期开始,对陶土淘洗已得到应用[27]。再结合粒径比较,推测仰韶文化中晚期研磨朱砂时应已通过水进行淘洗浮选,也即当时人们可能已经掌握了水飞工艺。

(四)胶结材料

通过扫描电镜能谱分析和红外光谱分析显示,石钺XS693和石钺XS523红彩层均含有碳酸钙,且两件石钺红彩层中均未发现有机类物质官能团。朱砂和赤铁矿均为矿物颜料,不溶于水。一般颜料研细后,需要向颜料中加入具有黏结性的胶料,以增加颜料与颜料载体及颜料与颜料间的附着力,这样颜料才会与载体牢固结合而不易脱落[28],在秦安大地湾遗址仰韶文化晚期遗物中出现朱绘陶片上已明显有胶结介质被应用的迹象[29],惜未做检测。中国古代彩绘较常见的胶料为动物胶和植物胶[30],例如秦陵K9901坑出土百戏俑胶结材料彩绘颜料层的胶结材料为动物胶[31],广西花山岩画颜料粘合剂属植物性[32]。本文分析两件石钺红彩层中均未发现有机类物质官能团,可以判断红彩胶结材料应不为动物胶或植物胶,但无法完全排除有机物降解导致。

研究表明,碳酸钙标准红外谱图吸收峰有1420(v_3),873(v_2),708(v_4),314cm-1,其中v_2/v_4比值可反映碳酸钙晶体无序度,人工烧制石灰生成的碳酸钙v_2/v_4比值明显高于天然碳酸钙[33]。模拟实验表明,天然碳酸钙v_2/v_4均值2.33,模拟烧制石灰生成碳酸钙的v_2/v_4均值6.31[34]。据此,石钺XS693红彩中碳酸钙晶体的v_2/v_4比值为7.86,判断其应为人工烧制石灰的碳化产物。石钺XS523红彩中碳酸钙晶体的v_2/v_4比值为3.82,介于天然碳酸钙和人工成因碳酸钙的v_2/v_4均值之间。判断其可能为人工成因碳酸钙与天然碳酸钙混合物,天然碳酸钙来自埋藏环境。两件石钺红彩中均发现人工成因碳酸钙,推测两件石钺红彩使用的胶结材料为熟石灰[Ca(OH)$_2$]。根据扫描电镜显微形貌分析,石钺XS693碳酸钙颗粒与赤铁矿颗粒混杂交错,推测其彩绘绘制流程可能是将赤铁矿粉末与熟石灰加水混合,然后在钺体进行绘画;石钺XS523朱砂颗粒压在碳酸钙层之上,推测其彩绘流程可能是先在石钺表面涂抹一层熟石灰,然后再进行朱砂彩绘,该彩绘做法同山西襄汾县陶寺遗址出土彩绘陶器一致[35]。最终石钺红彩中熟石灰在空气中碳化形成碳酸钙,使彩绘较牢固吸附器表。

结　论

（1）4件石器表面红彩为矿物颜料赤铁矿（Fe_2O_3）或朱砂（HgS），其中石钺XS693、石钺XS523、石钺WG058为礼仪性彩绘石钺，在仰韶文化中晚期社会里扮演着特殊角色；石斧XS559可能为赤铁矿粉加工工具，兼具粉碎和研磨功能。

（2）仰韶文化中晚期颜料研磨工艺已达到很高水平，人们可能已经掌握的初步的"水飞"工艺，这是目前最早的水飞工艺证据，对研究中国绘画颜料制作发展史有重要意义。

（3）石钺XS693、石钺XS523石钺红彩中均发现人工成因碳酸钙，2件彩绘石钺红彩使用的胶结材料可能为熟石灰。仰韶文化中晚期石器彩绘使用无机胶结材料，这为我国彩绘文物胶结材料的研究提供了新资料。

注　释

[1] a. 林沄：《说"王"》，《考古》1965年第6期。
   b. 钱耀鹏：《中国古代斧钺制度的初步研究》，《考古学报》2009年第1期。
[2] 杨晶：《长江下游地区玉钺之研究》，《东南文化》2002年第7期。
[3] 刘文强：《中国史前彩绘石钺初步研究》，安徽大学硕士学位论文，2012年。
[4] 袁广阔、崔宗亮：《新石器时代中原玉礼文明的外来因素分析》，《中原文物》2019年第2期。
[5] 靳松安、张建：《从郑州地区仰韶文化聚落看中国早期城市起源》，《郑州大学学报（哲学社会科学版）》2015年第2期。
[6] 钱耀鹏：《关于西山城址的特点和历史地位》，《文物》1999年第7期。
[7] 贾兰坡：《山顶洞人》，龙门联合书局，1951年，第62页。
[8] 陈元生、解玉林、卢衡等：《史前漆膜的分析鉴定技术研究》，《文物保护与考古科学》1995年第2期。
[9] 马清林、胡之德、李最雄等：《甘肃秦安大地湾遗址出土彩陶（彩绘陶）颜料以及块状颜料分析研究》，《文物》2001年第8期。
[10] 李曼、刘东兴、吴金涛等：《大河村遗址出土仰韶时代彩陶颜料及块状颜料初步分析》，《洛阳考古》2018年第2期。
[11] 南京博物院：《江苏邳县大墩子遗址第二次发掘》，《考古学集刊（1）》，中国社会科学出版社，1981年。
[12] 仲召兵、郎爱萍：《史前玉、石钺的安柲方法探析》，《东南文化》2017年第3期。
[13] 马萧林：《灵宝西坡出土朱砂及相关问题研究》，《中原文物》2019年第6期。
[14] 解希恭、阎金铸、陶富海：《山西吉县柿子滩中石器文化遗址》，《考古学报》1989年第3期。
[15] 甘肃省文物考古研究所：《秦安大地湾》，文物出版社，2006年。
[16] 中国社会科学院考古研究所：《宝鸡北首岭》，文物出版社，1983年。

[17] 西安半坡村博物馆等：《姜寨》，文物出版社，1988年。

[18] 马萧林：《灵宝西坡出土朱砂及相关问题研究》，《中原文物》2019年第6期。

[19] 魏兴涛、李胜利：《河南灵宝西坡遗址105号仰韶文化房址》，《文物》2003年第8期。

[20] 国家文物局：《2004中国重要考古发现》，文物出版社，2005年，第11~16页。

[21] 南京博物院：《江苏邳县大墩子遗址第二次发掘》，《考古学集刊（1）》，中国社会科学出版社，1981年。

[22] 陈维稷：《中国纺织科学技术史》，科学出版社，1984年，第32页。

[23] 陈维稷：《中国纺织科学技术史》，科学出版社，1984年，第32页。

[24] 王予予：《汉代织、绣品朱砂染色工艺初探》，《传统文化与现代化》1994年第6期。

[25] （明）宋应星等：《天工开物》，岳麓书社，2002年，第368页。

[26] 李超英、滕利荣、魏秀德：《朱砂水飞炮制工艺及质量标准研究》，《中成药》2008年第12期。

[27] 马清林、胡之德、李最雄等：《甘肃秦安大地湾遗址出土彩陶（彩绘陶）颜料以及块状颜料分析研究》，《文物》2001年第8期。

[28] 马清林、胡之德、李最雄等：《甘肃秦安大地湾遗址出土彩陶（彩绘陶）颜料以及块状颜料分析研究》，《文物》2001年第8期。

[29] 马清林、胡之德、李最雄等：《甘肃秦安大地湾遗址出土彩陶（彩绘陶）颜料以及块状颜料分析研究》，《文物》2001年第8期。

[30] 杨璐、黄建华、王丽琴等：《文物彩绘常用胶料的氨基酸组成及红外光谱特征研究》，《文物保护与考古科学》2011年第1期。

[31] 张尚欣、付倩丽、杨璐等：《秦陵K9901坑出土百戏俑彩绘颜料及胶结材料的分析研究》，《文物保护与考古科学》2020年第4期。

[32] 郭宏、韩汝玢、赵静等：《广西花山岩画颜料及其褪色病害的防治对策》，《文物保护与考古科学》2005年第4期。

[33] 李乃胜、何努、汪丽华等：《新石器时期人造石灰的判别方法研究》，《光谱学与光谱分析》2011年第3期。

[34] 魏国锋、张晨、陈国梁等：《陶寺、殷墟白灰面的红外光谱研究》，《光谱学与光谱分析》2015年第3期。

[35] 李乃胜、杨益民、何驽等：《陶寺遗址陶器彩绘颜料的光谱分析》，《光谱学与光谱分析》2008年第4期。

（原刊于《南方文物》2021年第5期）

皖江地带商周青铜冶铸技术研究及其相关问题

郁永彬[1]　张爱冰[2]

（1.国家文物局考古研究中心；2.安徽大学历史学院）

引　言

长江流域是我国重要铜矿带，出土大量各个时期的青铜器和冶铸遗物，青铜冶铸技术备受关注，对探索中国古代青铜文明起源意义重大。有学者认为青铜冶铸在西周首先是从黄河流域传到长江流域，而到东周南方普遍建立了青铜冶铸手工作坊体系[1]。倘若此，冶铸技术是从黄河流域的中原地区逐步扩散到整个南方地区，在两周时期达到稳固阶段，这就构建了南方青铜文明演进理论框架。

过去几十年里，安徽、湖南等南方多个地区不断出土商式风格的青铜器，尤其是容器，W. Watson认为是殷墟制作，然后通过各种途径流通到南方，而不应作为南方商代当地青铜工业存在的证据[2]；Hayashi Minao近来认为南方部分地区出土的铜器与类似的中原商器不同，从而保证了它们对南方当地青铜工业建立和发展的贡献[3]；为了进一步分析和阐释Hayashi Minao的观点，Virginia Kane通过纹饰和器型，对南方青铜器进行观察、分析和研究[4]，认为南方地区青铜文化不仅受到北方影响，同时受到南方其他地区的影响，总结了南方在商周时期出现三种独立的青铜冶铸工业类型：一是殷墟中期到西周中期在湖南的北部出现了独立的青铜发展类型；二是在西周早期，在四川的中部出现了小规模，持续时间短的青铜工业系统，并判定其直接受渭河谷地周代政治中心的影响；三是在西周中期，在安徽和江苏中南部出现了青铜冶铸工业，深受西周青铜文化艺术形式的影响，并且和前两处技术体系没有联系。

然而就苏皖中南部，随着青铜材料的不断出现，这些年学者们提出了一些新的认识，其中具有代表性的观点认为，吴地青铜器未受中原商文化的影响，并且进一步引申论证出，就现存吴地青铜器整体形态而言，虽然其起源还不完全明朗，但它的初期阶段尚无早到商代的实证[5]。但是，在吴地偏西的皖江地带铜陵和郎溪两地，已经发现典型的中原早商式铜爵和

作者简介：郁永彬，男，1987年6月生，安徽大学考古专业2004级本科生。

辱等[6]，这似乎说明，早商文化向长江流域的扩散首先从长江中游开始的，然后到达皖江地带[7]。皖江地带拥有长江中下游最丰富的铜矿带和古矿井，出土大量商周冶铸遗物和青铜器，对它们的科学认知可以深刻理解该区域冶铸技术起源、演进、特征、性质及与其他区域青铜文明的关系，对重新认识和构建整个商周青铜冶铸技术体系具有重要意义。

一、皖江地带商周冶、铸遗址和青铜器的发现

皖江地带即指长江流经安徽的区域，包括合肥、芜湖、马鞍山、铜陵、安庆、池州、巢湖、滁州、宣城九市，主要分布在安庆到马鞍山的沿江山地和丘陵地区。调查发现有大量采矿、冶炼和冶铸遗址，下面分别对区域内商周古铜矿、冶炼、冶铸遗址和青铜器的发现进行梳理。

（一）皖江地带商周冶、铸遗址的发现

皖江地带是重要的成矿区，可分为三大古矿区：庐枞、滁马和皖南，铜矿资源丰富，具有矿体小、发育好、含铜品位高、距地表近等优势[8]。成规模的有江北岸井边古矿井[9]，江南采冶规模最大，目前已在繁昌、南陵、铜陵、贵池、青阳、泾县等多个县市发现近百处古代采矿和冶炼、冶铸一体的遗址。20世纪80年代，安徽省文物考古研究所对皖江地带进行过大量调查[10]，包括狮子山[11]、凤凰山[12]、大工山[13]、铜官山[14]和铜山[15]等重要古矿区。近年来，北京科技大学李延祥团队，北京大学陈建立团队，安徽大学张爱冰、魏国锋团队对该地区进行了大量冶金考古调查与研究工作，发表《安徽安庆地区早期采矿与冶金遗址考察研究》[16]《长江中下游早期矿冶遗址考察研究》[17]《皖江地带地区早期冶铜技术研究的新收获》[18]《安徽铜陵古铜矿冶遗址2016年调查及若干收获》[19]等重要成果。总体看来，皖江地带采矿、冶炼和冶铸时间跨度较大，根据已公布的 ^{14}C 测年数据（表一），可以初步判定所调查的矿冶遗址年代早到西周，下限为春秋时期。

"国之大事，在祀与戎"，"青铜武器攻击力强于木石器，是对当时社会群体产生最大影响的器类"[20]，青铜工具和礼器在日常生产和生活中起着重要作用，因此铜矿冶炼和青铜器铸造成为当时最重要的社会活动之一。安徽省考古研究所、北京大学、北京科技大学、安徽大学等相关机构对这一地区冶金考古开展较多工作，发现大量与冶、铸有关的遗迹和遗物，其中经正式田野考古发掘的遗址和遗迹有多处（表二）。2010年和2013年，铜陵师姑墩、夏家墩和神墩遗址的发掘使我们相信，皖江地带冶、铸活动在二里头时期已经开始，但商代冶铸遗物较少见，二里头时期冶铸遗物也十分匮乏，仍需要在该地区进行系统的田野考古发掘工作，来提供更多早期冶铸手工业生产的考古学证据。

表一 社科院考古所测定的部分古矿井出土冶炼遗物 ^{14}C 年代数据[21]

编号	原编号	种类	出土遗址	出土时间和部位	年代
ZK-2400	1南、江、马II45炉1	木炭	南陵江木冲马鞍冲遗址	1988年5月采自II区探方T45第4层炼铜炉残体内	2725±115 2650±115
ZK-2401	2铜、朱、木T1（7）	木炭	铜陵木鱼山遗址	1988年6月采自探方T1第7层炼铜遗址	2885±55 2805±55
ZK-2402	3南、沙炭1	木炭	南陵沙滩脚	1988年7月采自沙滩脚铜矿1#矿井中层，2#采场	2775±115 2675±115
ZK-2403	5南、沙木1	木头	南陵沙滩脚	1988年7月采自沙滩脚铜矿1#矿井斜井底部	2560±75 2490±75

表二 皖江地带经正式田野考古发掘的典型商周冶炼和铸铸一体的遗址

序号	时间	遗址	地点	遗址概况及主要遗物	年代	备注
1	1984年秋、1986年春秋两季	江木冲、半边冲、刘家井、冲口、乔村等遗址	南陵县	1988年试掘发现炼铜竖炉4座，矿石焙烧窑1座，炉壁表面凹凸不平，内壁多附着较厚的烧结层。炼出的铜产品为铜锭，多呈菱形，表面粗糙，气孔较多。铜锭标本最大者重达3.7千克，最小的重1.1千克	西周春秋	炼铜遗址[22]
2	1989年9月	汤家墩遗址	枞阳县	汤家墩遗址南距长江约17千米，现存面积6700平方米，对该遗址发掘了198平方米，出土遗物有铜器、石器、陶器、原始瓷和印纹硬陶五大类。铜器共6件，种类有凿、锥、镰、镞等，还有多块绿色铜矿石和7件陶范残片	商代晚期	冶铸一体[23]
3	1997年秋到1998年春	牯牛山周代城址	南陵县	发掘了北部1、3号台地，揭示面积200多平方米，出土有陶器、原始瓷、铜器和石器等百余件；另外经遥感测定在西部南端发现一铸铜遗址，有炼铜渣、红烧土、木炭堆积层等，采集到的遗物有石斧、小铜锭、青铜镞等	西周	城址铸铜遗址[24]
4	2010年3月	师姑墩遗址	铜陵县	师姑墩遗址呈椭圆形，墩高1～3米，面积约7500平方米，实际发掘面积近1300平方米，发掘出土冶铸相关遗物共80余件，包括矿石、炉渣、炉壁、支座、小件铜器、铜块、铅锭、陶范和石范等多种类型，是皖江地带地区首次发现的冶炼与铸造活动共存的遗址	二里头三、四期到春秋时期	冶铸一体[25]
5	2013年10月	夏家墩遗址	铜陵县	夏家墩遗址包含两个紧邻的墩形遗址，两部分均因早年取土而遭严重破坏，现存高度1～1.5米，现存面积约3000平方米，实际发掘面积76平方米。发现有炼炉、房址、灰坑等，出土陶器、印纹硬陶器、原始瓷器、玉器、石器、铜器200余件，获取一些铜渣、矿石和炉壁标本	西周至春秋时期	冶炼[26,27]
6	2013年10月	神墩遗址	铜陵县	神墩遗址保存完好，现存高度约3米，遗址面积约一万平方米，本次发掘探方位于遗址西北边缘，实际发掘面积30平方米。最为重要的发现是一处红烧土遗迹，出土陶片标本40余件，以及一些铜渣标本	西周至春秋时期	

（二）皖江地带商周青铜器的发现

皖江地带出土商周青铜器的地点、数量众多。多数成组出土于墓葬和窖藏，大致有四种：第一种，经正式发掘的墓葬出土的青铜器，如屯溪弈棋土墩墓，青阳县庙前镇龙岗春秋墓等；第二种，未经正式发掘，但现场经过清理的墓葬或窖藏出土的青铜器，如繁昌县汤家山，贵池县徽家冲等；第三种，零星出土并可查明其地点和出土经过的青铜器；第四种，零星征集或收购，但可确定是出土于本地的青铜器[28]。时代总体可分为三期：第一期商至西周早中期，以铜陵西湖和屯溪西周墓出土器物为代表；第二期西周晚至春秋早期，以繁昌汤家山和青阳庙前出土器物为代表；第三期春秋中晚期至战国，以铜陵谢坨和青阳龙岗出土器物为代表[29]。

皖江地带青铜器大体可分为南北两个区域，南区以屯溪西周墓为代表，典型器物有鼎、簋、盂、尊、卣等，北区以沿江地区的铜陵、繁昌和南陵为代表，典型器物有鼎、甗、尊、盉和匜等，其中铜陵县西湖镇童墩村出土的爵和斝，年代可早至商代二里岗晚期，形式、花纹都是典型的商式[30]。除以上提及的器类外，还见有鬲、瓿、罍、盘、觚、五柱器、甬钟、铎、句鑃、勺、缶、剑、戈、矛、刀、斧、镞、匕、凿、锛、镰、锸、耨、饰品等；纹饰有兽面纹、窃曲纹、夔龙纹、蟠螭纹、龙纹、重环纹、乳钉纹、圈点纹、编织纹和云雷纹等；它们的形制、花纹，有些与中原风格相同，大部分则具有吴地特色。

二、皖江地带商周冶炼遗物的科技研究

1977年徽家冲青铜窖藏出土了7件东周时期的菱形铜锭[31]；1985年繁昌县孙村镇犁山冶铜遗址附近的土墩墓中发现3件春秋时期的金属锭，经确认为铜锭[32]；炉渣、炉壁等在各个遗址大量发现，部分遗址还出土少量陶范[33]，研究这些出土物是揭示皖江地带古代冶铸工艺技术及生产组织形式的重要手段。

20世纪80年代初，张敬国等对安徽贵池出土的7件铜锭进行分析，年代约为春秋晚期至战国初期，化学定量分析平均值为：Cu 62.88%，Fe 34.35%，S 2.08%，Pb 0.066%，P 0.02%，电子探针结果显示铜锭基体为铜铁固溶体，含有铜铁硫夹杂物，初步判定为冰铜锭[34]。

1988年，中国科技大学结构中心实验室分析了铜陵木鱼山出土的菱形铜锭，定性半定量结果显示铜锭成分以铜铁为主，含少量硫、硅、铝、铅等，性质为"冰铜锭"[35]。同年，铜陵有色金属设计研究院对南陵江木冲遗址采集的7件样本进行了化学成分分析[36]，数据见表四。根据已发表材料分析：三件炼渣无法判断属于哪一环节；两件金属锭样品为"冰铜锭"；性质判定为"锡锭"的样品中锡含量不足1%，铅则达到32.96%，刘平生在文章中称其为"银铅锭"[37]，该样品性质应该为铅锭。

为了印证冰铜冶炼技术的发现，1991年，穆荣平对南陵江木冲遗址各文化层采集的11件

古炼渣进行了元素组成和物相分析（表三），结果发现其中3件样品渣中含铜较低，一般在0.258%～0.824%之间，铜硫比在0.989～0.415之间，均大于0.252的极限，表明大工山区西周时期已进行大规模的炼铜活动；其炼铜技术已相当高明，不仅掌握了熔炼硫化矿成铜的工艺，还掌握了冰铜富集熔炼技术，确认是我国早期使用硫化矿—冰铜—铜工艺的地区之一[38]；为探索中国早期使用硫化铜问题提供了重要线索。

表三　江木冲遗址采集标本的检测结果[39]

编号	名称	样品描述	化学成分（%）							
			Cu	Fe	Sn	Pb	Zn	FeO	Fe_2O_3	SiO_2	Ag（g/t）
8611262	冰铜锭	长11、宽7、厚1.5厘米	38.58	35.77	0.02	0.015	0.02	—	—	—	—
8611263	冰铜锭	长26、宽12、厚3厘米	28.00	18.66	0.17	0.03	0.10	—	—	—	—
8611264	炼渣	不规则块状，黑色	0.34	—	—	—	—	28.92	37.39	—	—
8611265	炼渣	不规则块状，黑褐色	1.30	—	—	—	—	42.16	22.36	—	—
8611266	银铅锭	长8、宽6、厚5厘米	—	—	0.28	32.96	0.01	—	—	—	1619.78
8611267	孔雀石	绿色	23.97	—	—	—	—	—	28.37	24.15	—
8611268	炼渣	不规则块状，黑色	—	—	0.21	6.96	0.07	—	—	—	5.63

1994年，陈荣、赵匡华对铜陵凤凰山、木鱼山、万迎山、繁昌犁山所出铜锭和炼渣作了检测（表四）。结果表明，多数铜锭和炼渣含铁量较高，第2、4、5、7号铜锭用电镜扫描成像，暗相为白硫即$(Cu_2S)_2FeS$，系硫化矿焙烧和还原熔炼不充分而形成。据此，认为炼铜时采用了黄铜矿。有的铜锭含铁量较低，表面较平整，可能是经再次精炼得到的中间产品。铜锭和炼渣中锡含量较高，有可能是冶炼中有意引入，以降低熔点，或者使用了铜锡共生矿物。这一研究再次证实皖江地带地区使用硫化矿冶铜的年代不迟于西周晚期[40]。

表四　铜陵和繁昌出土铜锭和炼渣的化学成分[41]

种类	编号	出土地点	宏观特征	年代	Cu	Pb	Sn	Fe	S
铜锭	1	铜陵凤凰山	表面多铜，铁锈少，组织均匀	春秋	93.23	—	1.84	4.17	0.64
	2	铜陵凤凰山	表面多铁锈，较平整，组织均匀	春秋	93.59	—	1.84	3.61	0.66
	3	铜陵木鱼山	表面多铁锈，但组织不匀	西周	95.82	0.06	1.20	1.81	0.65
	4	铜陵木鱼山	表面多铁锈，组织不匀，多气孔	西周	82.76	—	4.85	9.48	0.73
	5	铜陵木鱼山	表面多铁锈，断面有大量气孔和渣	西周	95.76	0.16	1.03	1.92	0.74
	6	繁昌犁山	组织不匀，多铁锈色渣	春秋	92.98	—	0.81	0.56	0.80
	7	繁昌犁山	表面多铁锈，组织较均匀	春秋	89.62	—	3.84	6.51	0.65
	8	繁昌犁山	表面多铁锈，组织不匀	春秋	92.09	0.08	1.05	2.57	0.05
炼渣	10	繁昌犁山	淡绿色，较透明，多气孔	春秋	0.75	0.05	3.53	8.25	0.18
	11	铜陵万迎山	黑色，不透明，多气孔	春秋	0.43	—	21.89	34.39	0.80
	12	铜陵木鱼山	黑色较透明，少气孔	西周	0.32	—	10.26	18.49	0.11

秦颖等于2002年[42]、2004年[43]、2006年[44]先后分别对南陵和铜陵多个遗址的古炼渣、铜锭和铜块进行了化学成分测定，提出了铜锭特征微量元素判别方法和其他综合判别标准，试图解决铜料的输出路线。测试发现样品钙含量普遍偏高，基本没有检测出铜、铁以外的金属，可能为冶炼渣，需要进一步结合显微和岩相分析，揭示其炼铜工艺。

2011年，王开、陈建立等对铜陵师姑墩遗址出土的冶铸遗物，包括25件铜器、14件铜块、6件炉渣、20件炉壁和2件铅锭进行了系统分析[45]。结果表明师姑墩遗址为冶铸共存遗址，出土炉渣包括冶炼渣和熔炼渣，炉壁经多次修补使用，冶铸活动从早期一直持续到晚期Ⅳ段；早期冶铸活动规模小，产品少，合金种类具有代表性；中期（商时期）未发现冶铸相关遗物；晚期Ⅰ、Ⅱ段冶铸活动规模最盛，铜器、铜块的合金类型多达六种，以铅锡合金和含砷多元合金为主；晚期Ⅲ、Ⅳ段冶铸活动有所衰落，砷铜逐渐被锡青铜取代，冰铜冶炼技术成熟；该遗址使用的矿料基本来自铜陵本地。

2015年，陈建立、郁永彬等对枞阳汤家墩遗址出土炉渣、炉壁、铜矿石和陶范等进行了检测分析，结果表明炼铜技术有红铜冶炼和冰铜冶炼，以及各类青铜合金的熔炼工艺；陶范夹杂有炭化的植物茎秆和稻壳，其能够提高范料的高温透气性，以利于铜液的充型；铜器均为铸造组织，合金类型有铜锡铅合金、纯铜和铜锡铅砷合金[46]。他们还指出这一地区铜矿、冶铸聚落遗址和青铜器三位一体，随着研究工作不断深入，将加深对该地区青铜工业技术特征的认知。

2017年，魏国锋等对汤家墩遗址出土的炉壁、炉渣及炉渣中的金属颗粒进行分析，指出汤家墩遗址炉渣中的金属颗粒大部分为纯铜颗粒，个别含铁和硫，均没有发现低品位冰铜，并结合弗里德曼的研究，计算出汤家墩遗址炉渣中铜颗粒产自硫化铜矿的概率均在87.87%以上，远大于产自氧化铜矿的概率，据此认为汤家墩是采用"硫化铜—铜"的冶铜工艺进行冶炼的早期青铜文化遗址[47]。

2019年，魏国锋等对安徽铜陵、南陵地区古铜矿冶遗址的炉渣样品进行检测分析。结果表明，所检测炉渣样品的物相以铁橄榄石、辉石、钙铁辉石为主，伴有石英、方石英、磁铁矿等矿物，符合炼铜渣的物相特征。并根据炉渣中SiO_2、CaO和Fe_2O_3的含量推测，该地区的早期工匠可能尚未认识到含钙和含铁助熔剂的作用，没有掌握不同类型铜矿石的配矿技术。另外他还指出，炉渣中的金属颗粒夹杂以冰铜、红铜和砷铜为主，认为该地区同时存在红铜和砷铜的冶炼活动。不同品位的冰铜颗粒大多来自不同遗址，尚没有在同一遗址发现较多品位依次升高的冰铜颗粒，因而难以确认冰铜熔炼环节的存在，不能证明是否已采用了"硫化铜矿—冰铜—铜"的冶炼技术[48]。

2020年，崔春鹏、李延祥等对铜陵夏家墩遗址出土冶炼遗物进行了科学分析。结果表明，所分析的36件炉渣及挂渣炉壁（或坩埚片）中，8件与砷青铜生产有关，1件与锡青铜生产有关，27件与红铜生产有关。夏家墩遗址存在分别以砷和锡为主要合金元素的两种生产体系，而砷青铜冶金在该遗址中占有重要地位。他们推测所用铜料、砷料来自当地，锡料可能来自赣北[49]，并指出从宏观视野看，砷青铜冶金普遍存在于皖江地带早期冶金遗址中。

2020年，李强、魏国锋等对省安庆市怀宁县境内铜牛井矿冶遗址出土炉渣、矿石及炉渣中夹杂的金属颗粒进行检测分析，进而探讨遗址的冶炼工艺。结果表明，铜牛井遗址出土的炉渣均为炼铜渣；出土的磁铁矿很有可能作为助熔剂使用；炉渣中夹杂的冰铜颗粒尚无法断定铜牛井遗址使用的是"硫化矿—冰铜—铜"冶炼工艺，也可能是使用含硫氧化铜矿或混合矿直接还原，其具体冶炼工艺的确定有待更多考古资料的发现[50]。

2021年，李延祥、崔春鹏等对枞阳陈家山商周时期青铜冶金遗物进行检测分析，对14枚炉渣的科技检测分析表明，炉渣中不仅存在红铜、锡青铜冶炼渣，还发现有砷青铜、砷锡青铜冶炼渣。青铜冶炼流程为两步法，所用锡料可能来自赣北[51]。本文对于全面认识长江中下游早期冶金技术以及产业格局具有重要的学术价值，并指出商周时期这种锡、砷青铜冶金并行的现象是值得重视的。

2021年，崔春鹏、李延祥等对安庆地区早期采矿和冶金遗址进行考察研究，新发现矿冶遗址20余处。分析结果显示，安庆地区早期合金体系有两种，分别为锡青铜和砷青铜，生产工序推测为先冶炼红铜，再添加锡料、砷料。并推测铜、砷料来自当地，锡可能产自江西。安庆地区青铜冶金面貌具有地域性技术特征，相关工作是构筑皖西南早期冶金技术以及青铜文明的重要环节。

对皖江地带冶铸遗物所开展的工作主要表现在：①对菱形铜锭性质的判定，确定其为"冰铜锭"，指出西周晚期以前这一区域已经使用硫化铜冶炼技术，并且水平相当高明；②对个别遗址出土炉渣进行分析测试，试图通过微量元素示踪其冶炼产物的输出路线；③对部分遗址采集的矿石、炉渣、炉壁和陶范等材料进行检测分析，确定冶炼工艺、矿石类型与合金化过程。总体看来，研究涉及的区域还不够广，缺乏一定数量的典型遗址系统考古发掘和科技研究，沿江地区各遗址冶炼工艺特征、持续时间及变化、相互间的互动关系揭示不够。冶铸作坊中发现的残铜器、铜块可能为冶铸过程中的废料或原材料；炉壁本身、附着于炉壁的炉渣以及弥散其中的金属颗粒都能反映当时金属冶炼、合金配比和熔炼的技术特征；有鉴于此，需要在更大范围内对皖江地带商周冶炼、冶铸遗址进行田野考古发掘，对出土青铜冶、铸遗物进行系统性的整理和综合研究。

三、皖江地带出土商周青铜器的科技研究

青铜器的科技研究是揭示其合金配比、金相特征、矿料来源和铸造加工工艺的重要手段。皖江地带出土青铜器的技术研究相对较少，主要检测了少量青铜器的元素组成，个别做了金相研究，缺少大范围的测试分析，以系统揭示其科技内涵和技术路线。

1959年，中国科学院安徽分院化学研究所对屯溪出土的部分青铜器（8件）进行光谱分析，结果显示合金类型主要为铜锡合金[52]，与考工记所载"六分其金而锡居一"相接近；其含少量的铅、铋、银等物质，发掘者认为是杂质元素，并不是人工有意引入的；二元合金比较

接近中原殷周青铜器铜锡合金的成分，合金中锡含量较高，表明锡料充足，这可能跟南方地区的锡矿有关，"铜锡自古就是江南地区的名产"[53]。

1991年，张国茂等利用扫描电镜能谱分析了铜陵地区出土的8件青铜器，其中7件铅锡青铜，1件锡青铜，均含有不到1%的As[54]。分析结果表明，所测青铜器含铅普遍较高，且含量与器物年代早晚有一定的关系，春秋早期含铅量较高，春秋中晚期含锡量明显提高，与苏南青铜器的合金含量变化规律基本相似[55]；所测样品铁含量均较高，与当地矿产资源相吻合（当地古矿石平均含铜3.5%，含铁50.6%，古炼渣平均含铜0.7%，含铁达22%）[56]，铁质含量如此之大，故此皖江地带其他地方出土铜器也呈铁锈色。

2004年，秦颖等用ICP分析了南陵、铜陵、繁昌等地出土的12件青铜器，包括兵器、工具、容器和乐器，其中7件锡青铜、5件铅锡青铜（含量达到2%以上的认为是合金元素），砷含量均低于0.01%[57]。并分别对淮北和皖江地带沿江地区出土青铜器的铜矿料来源做了微量元素示踪分析，认为淮北青铜器的铜矿料部分来自铜陵地区，部分可能来自铜绿山或其他地区[58]，而皖江地带沿江地区的铜矿料来源比较复杂，不同器类使用的青铜矿料来源有所差别，有混料的可能[59]。

2011年，贾莹通过电镜能谱和金相观察，分析了南陵地区出土年代范围在西周至春秋战国时期的11件青铜器[60]，包括3件容器、6件兵器、1件工具和1件车马饰，分析结果显示兵器普遍为铜锡合金，且含锡量较高，容器分别为铜锡、铜锡铅和铜铅合金；采用含锡量高于20%的合金制作容器，并使用热锻淬火工艺，可以克服高锡青铜器物的脆性，说明当时工匠对合金配比与机械性能的关系有了明确认识。作者虽然只是对南陵地区出土器物的一部分进行检测，尽管没有包含所有的器物类型和工艺种类，但其重要意义已不言而喻。

2014年，郁永彬等对枞阳地区出土先秦青铜器进行了检测分析，结果表明均为铸造而成，22件样品中有11件锡青铜、7件铅锡青铜和4件铅青铜；青铜剑的制作工艺较为复杂，部分铜剑使用了错金、镶嵌及复合剑的制作工艺[61]。作者指出，尽管此次分析的样品数量有限，尚不足以全面揭示枞阳地区出土先秦青铜器的材质和制作工艺特征，但为继续研究该地区青铜技术、区域青铜文化特征以及探讨该地区与其他地区青铜文化的关系提供了科学依据。

2017年，魏国锋等对枞阳出土西周至战国时期青铜器的矿料来源进行研究，结果表明，从西周至战国时期，枞阳青铜器所用铜矿来源比较稳定，主要来自汤家墩遗址周边的枞阳县境内，有少量器物的铜矿可能来自长江以南的铜陵地区。并指出青铜器和古铜矿冶遗址炼渣中所夹杂铜颗粒的微量元素原位无损分析，对探讨三代青铜器的矿料来源研究具有重要的应用价值[62]。

以上概述表明，皖江地带青铜器的科技研究主要是针对合金类型开展的，比如对屯溪、铜陵和南陵地区出土部分青铜器的分析，而秦颖、魏国锋则主要关注青铜器的矿料来源，只有贾莹运用金相学知识来考察青铜器的铸造加工工艺。研究表明，西周至春秋时期皖江地带青铜器的合金类型主要为铜锡合金，其次为铜锡铅合金，并且与器类有着明显的对应关系，出现较多高锡青铜器，包括容器和兵器；各遗址出土青铜器的矿料来源可能与器类有关，来源复杂，部分青铜器矿料可以确定来自当地，铜料资源可能存在运输和交流等活动。然而由于检测器物的时段、数量和种类有限，不能全面反映青铜器合金配比、矿料来源和铸造加工工艺特征等方面的信息，还需要结合现代实验测试分析仪器做大量的工作。

四、皖江地带青铜冶铸技术相关问题探讨

目前，学者们就皖江地带青铜冶铸技术进行了多年研究，主要关注矿冶遗址的调查与分布，硫化铜冶炼技术的兴起与发展，铜器的合金类型和加工工艺，铜矿冶炼产物的输出方向和铜器的矿料来源，取得了重要成果，为深入研究奠定了基础。但就材料本身的科学内涵挖掘得还不够，譬如皖江地带地区冶铸工业生产组织形式，砷、锡和锑青铜的出现与使用，青铜器的范铸工艺及与其他地区青铜冶铸技术关系的研究少见或没有涉及，以下简要分析这些普遍关注的问题。

（一）冶铸工业生产组织

皖江地带矿冶遗址众多，根据地形地貌总体可以分为两种类型：一是在海拔较高的山区，采矿场多在山腰以上，冶炼场在山坡或山脚下；二是在海拔较低的丘陵地带，或山坳及古河道冲积的平畈，采矿遗址在洼地或平畈上，冶炼遗址则在地势略高的地方[63]。这主要跟铜矿、燃料、水源分布及运输条件相关，富矿多分布在山腰、洼地或平畈上；山地便于矿石和木材往下运输，山坡或山脚易找到平坦的地方搭建作坊和集体劳作；皖江地带地处亚热带季风气候，空气潮湿，降雨较多且季节明显，现存商周聚落遗址基本都在台地上，海拔较低地区的冶炼遗址当然也会选择地势略高的地方，因此形成了当地采矿、冶炼、铸造遗址的这种布局。在充分考虑当地自然和人文条件的前提下，探讨皖江流域青铜冶铸生产、组织、管理和运营模式很有必要，进而再现当时冶铸场景，估测产品产量，构建青铜冶铸产业链运作体系。

师姑墩遗址发现一大批与青铜冶铸有关的遗物，首次明确证明了皖江地带铜矿早在二里头时期已被开采利用。附近的其他遗址也有青铜冶铸的线索，这意味着整个聚落群可能与青铜冶铸有关，或许当时在铜陵这个铜矿资源重镇，青铜冶铸已是普遍现象，这里离王邑很远，为我们从基层社会的角度探讨青铜产业的发展提供了丰富的材料[64]。王开通过对冶炼产物分析认为师姑墩遗址可能是三代时期铜陵地区民间冶铸作坊群中的一处小型作坊遗址，在该遗址活动的群体可能与官方存在特殊的关系[65]。崔春鹏认为铜陵地区产业格局在日常生活诸多方面同样扮演着重要角色，并涉及当时的社会复杂程度，指出该地区的矿冶技术无须上层严格保密与管制，小型生产组织可能"淘金热"式的开采矿石，在政治或经济上依附于大城或"核心作坊"进行家户式生产[66]。魏国锋认为铜陵地区冶铸活动具有明显的官方背景，并考虑到遗址规模较小，冶铸活动可能为本地族属或地方政府所控制，主要为本地族属或当地政府提供青铜

器，其铸造的青铜兵器，很可能就是为了守卫铜矿资源[67]。

这种简约的产业格局不同于冶铸分离、王权严控下生产礼容器的中原地区，在当地未能发挥出犹如中原体系的社会效力，两者的文化背景也有所出入。当然仅通过冶铸遗物的研究来判断皖江地带冶金考古遗址性质似乎有些单薄，对冶铸活动有关的生产和生活设施的系统研究，能够起到相互补充印证的作用，使更具说服力，如结合考古地层学对冶铸设施布局、废弃物的处理、堆放等分析，以及对冶铸遗址出土陶器、浮选植物标本的系统检测分析，可深入了解古人在冶铸生产中的生产和生活方式等。

（二）砷、锡和锑青铜冶炼和使用

含砷的氧化矿直接冶炼可以得到砷铜制品，向熔融金属中加入砷单质和砷的氧化物进行合金化，也可以得到砷铜[68]。新疆[69]、甘肃[70~72]、内蒙古[73,74]和中原地区[75]相继有砷铜制品出现，与北方草原、欧亚大陆及其他地区砷铜相互间的关系，包括砷铜冶炼、使用和技术流传一直都是学界关注的课题。

越来越多的考古资料显示砷铜在我国北方和西北地区已经不是孤例。师姑墩遗址分析的68件样品砷含量超过2%的有28件，王开通过测试对比分析认为当地工匠在合金熔炼过程中应该有意添加砷硫化物生产砷铜制品[76]。崔春鹏所分析的36件夏家墩出土炉渣及挂渣炉壁中，8件与砷青铜生产有关，1件与锡青铜生产有关，27件与红铜生产有关[77]。他还根据炉渣所夹杂金属颗粒的成分判断，皖南地区冶金产品包括红铜、锡青铜、砷青铜、锑青铜四类。并基于所分析炉渣的物相成分与长江流域其他地区相似[78]，以及红铜渣数量明显多于与合金化有关的炉渣，判断青铜冶金工序应为两步法：首先生产红铜并排出红铜渣，进而向含有Cu液的炉内添加Sn、As或Sb料冶炼青铜并排出青铜渣[79]。

皖南地区早期存在着配制锡青铜、砷青铜、锑青铜的3种合金技术。青铜冶炼流程为两步法，所用铜料、砷料、锑料应来自当地，锡料推测来自长江中游的赣北且主要以锡砂形式添加[80]。研究还发现，以皖江地带为代表的长江下游是中国早期又一处重要的砷青铜冶金区，其生产流行的资源背景应与该地区缺乏锡矿有关。现有研究多次强调，皖江地带锡矿来自赣北，而且越靠近赣北，冶金遗物的锡信号越强，但赣北的锡矿如何进入皖江，目前还不清楚；皖江地带生产砷青铜和锑青铜，且产量不小，但出土青铜器很少见到砷青铜、锑青铜的合金，这两种青铜冶炼产物的去向不清楚；限于目前皖江地带的考察研究具有区域或时代的不均衡性，未来的工作尚需进一步深化完善以及引入更多的科技手段。

（三）范铸工艺技术研究

块范铸造是商周青铜器最主要的成型方法，经历起源、演进和成熟的过程，不同地区不同时间段的青铜器都会留下范铸工艺的特征，通过对青铜器铸造工艺的考察，能够掌握其成型技术特点，以及和其他地区青铜器成型技术的关系。当然陶范本身的工艺特征，包括原料的选取、加工、"羼和料"的使用等也会影响到青铜器的成型，因此对青铜器的成型技术和陶范工艺特征的研究都是青铜块范铸造工艺研究的重要内容。

屯溪土墩墓的发掘者曾经通过观察的手段，对出土的部分青铜器进行了研究[81]，总结如下特征：①青铜器器足、底、腹和口沿诸位置上，有相对称的范痕；②器内平滑，器外表铸花浮于器面；③器形相同的铜器，器面花纹不同；④质地薄，呈现出青湛湛的颜色，而且光泽滋润，并根据这些特征推断为通体浑铸。郭宝钧认为商周有两种冶铸技术，一是通体合铸，二是分铸焊接，前者通行于春秋以前，后者新起于春秋以后[82]，由此可见，屯溪青铜器是春秋以前铸造的。但通过肉眼观察认识还不够清晰，为了进一步科学量化这些问题，还必须借助X射线探伤，工业CT等现代科技手段对皖江地带青铜器开展更多的铸造工艺研究。

商周时期的陶范材料在北方曾有大量发现，南方地区相对发现较少，纹饰范则更加少见。1988年、1989年和2010年，在皖江地带的贵池朱村[83]、枞阳汤家墩[84]和铜陵师姑墩[85]等地分别有商周陶范出土，部分有纹饰，说明这时期皖江地带地区有了自己的青铜铸造业，青铜器铸造工艺的研究更显重要。由于中国南北方的黏土矿物类型不同，两地制范所用材料当存有差异，制范工艺可能也有区别。郁永彬等检测的皖南地区出土陶范中粉砂含量较高，并配有适量的黏土，以提高泥料的可塑性，减少干燥过程中的收缩；并使用偏光显微观察，表明汤家墩陶范夹杂有炭化的植物茎秆和稻壳，提高了范料的高温透气性，这些有机物可能是未烧透的草木灰所留；通过对汤家墩陶范的化学组成分析表明，其磷和钙的含量与侯马及殷墟出土陶范均有所不同，与师姑墩出土陶范则较为接近，这些区别也许是地域性的或时代性的，但差异背后的原因以及其对青铜铸造的影响，需要更深入地分析研究[86]。再结合铸造痕迹考察，可使青铜器铸造工艺研究相得益彰。

（四）与其他地区青铜文化的联系

青铜时代可能存在"多中心但不平衡的发展"[87]，俞伟超认为到了殷墟时期，随着商文化势力的全面退缩，许多区域性的青铜中心崛起，当地的文化因素取代商文化因素占据主体地位[88]；Virginia Kane在南方并未发现系统铸造遗址的情况下，根据南方出土青铜礼乐器的情况，从风格的角度提出南方独立铸造的假说[89]；高至喜系统地整理了南方出土的商周铜铙及其他青铜器，从器形、用法、花纹和附饰等方面归纳了"南方特征"[90]；李学勤认为某些存在"两种传统"的青铜文化与中原地区可能存在双向的交流[91]；Jessica Rawson提出了更为大胆的设想，她认为在二里岗之后，开始出现两个平行的发展系统，一支在河南，另一支是中国南方，在这两个系统之间，存在双向的交流[92]。

南方地区出土商周青铜器比较确凿的历史可追溯到20世纪初，继1922年在湖南桃源县漆家河出土1件"皿天全"方罍[93]之后，在南方其他地区不断有商周青铜器出土，如1930年在江苏仪征破山口一座墓出土40多件铜器[94]，多数与中原风格相似；1959年，南京博物院对破山口进行清理发掘，确证当年出土青铜器的墓葬为一座西周时期的竖穴土坑墓[95]；同年屯溪弈棋土墩墓也出土有成组西周青铜器，充分说明至少在西周时期中央王朝的势力已达到长江下游的广大区域。1963年，长江中游的盘龙城遗址发现了典型的二里岗期文化遗存[96]；1973年，江西清江（现樟树市）吴城发现了年代相当于商代的吴城文化遗迹[97]。可见在二里岗文化时期，中原的商文化已经扩散到长江中游的南北两岸。

李学勤认为中原文化到达皖江地带的时间为商代前期，周公东征将周朝的势力进一步深入安徽南部地区[98]。张爱冰结合肥西大墩孜、含山大城墩、孙家岗等遗址中发现的铜渣和木炭屑、含山大城墩发现的完整商代熔铜坩埚和潜山彰法山发现的陶范，指出夏商时期江淮地区的青铜冶铸是普遍存在的[99]。杨立新认为皖江地带青铜冶铸业是在商代中期受中原文化的影响而产生[100]。尽管皖江地带出土了大量的青铜器，并具有丰富的铜矿资源和复杂的冶炼活动遗迹，但青铜冶铸技术何时出现、发展脉络怎样及与其他地区青铜冶铸技术的关系如何还不清楚。比如商周时期中原地区的青铜器铸造业繁盛，但铜矿甚少，铜料来源众说纷纭，皖江地带铜矿资源丰富，是否当时有铜料外运的可能还缺乏有效的证据；贾莹发现南陵青铜器有高锡青铜热锻淬火工艺，但对于高锡青铜热锻淬火工艺的发展和应用范围也不够清楚，等等这些都需要深入持久大量的工作。

五、结　　语

过去几十年，皖江地带地区商周冶炼遗物和青铜器的科技研究取得了重要的学术成果，比如指出西周时期这一区域已经有硫化铜冶炼技术，且水平相当高明；通过微量元素示踪铜矿冶炼产物的输出路线和判定青铜器的矿料来源；以及对青铜器的合金配比、金相组织和铸造加工工艺等都有不同程度的研究。当然为了全面弄清这些问题还必须大量开展科技研究工作，还应考虑皖江地带青铜冶铸工业生产组织、砷、锡和锑青铜的冶炼和使用、范铸工艺技术研究及与其他地区青铜文化的关系和技术交流等方面的问题，相信随着考古发掘工作的推进和冶金考古方法的应用，皖江地带商周青铜冶铸技术研究一定能够取得更好的成绩。

注　释

[1] Kwang-chih Chang. The Archaeology of Ancient China, revised and enlarged edition, New Haven, 1968, pp384-394.

[2] W Watson. Cultural Frontiers of Ancient East Asia, Edinburgh, 1971, pp144-145.

[3] Hayashi M. Chosa shutsudo So hakusho no juni kami no yurai, Tohogakubo, Kyoto, 1971, vol. 42, pp.40-52.

[4] Virginia Kane. The independent bronze industries in the south of china contemporary with the shang and western chou dynasties. Archives of Asian Art, 1974, XX-Ⅶ, pp77-107.

[5] 李朝远：《吴地青铜器未受商文化影响论》，《上海博物馆集刊》（第8期），上海书画出版社，2000年，第235～241页。

[6] 宫希成：《皖南商周青铜器的发现与研究》，《皖南商周青铜器》，文物出版社，2006年，第1～4页。

[7] 水涛：《试论商末周初宁镇地区长江两岸文化发展的异同》，《长江流域青铜文化研究》，科学出版社，2002年。

[8] 杨立新：《皖南古代铜矿初步考察与研究》，《文物研究》（第3辑），黄山书社，1988年，第181～190页。

[9] 宫希成：《枞阳县井边东周采铜矿井调查》，《东南文化》1992年第5期，第89、90页。

[10] 杨立新：《安徽沿江地区的古代铜矿》，《文物研究》（第8辑），黄山书社，1993年，第194～203页。

[11] 汪景辉、杨立新：《安徽铜陵市古代铜矿遗址调查》，《考古》1993年第6期，第507～517页。

[12] 杨立新：《安徽沿江地区的古代铜矿》，《文物研究》（第8辑），黄山书社，1993年，第194～203页。

[13] 杨立新：《皖南古代铜矿初步考察与研究》，《文物研究》（第3辑），黄山书社，1988年，第181～190页。

[14] 刘平生：《南陵大工山古矿冶遗址群江木冲冶炼场调查》，《文物研究》（第3辑），黄山书社，1988年，第191～201页。

[15] 安徽省文物考古研究所，南陵县文物管理所：《安徽南陵县古铜矿采冶遗址调查与试掘》，《考古》2002年第2期，第45～54页。

[16] 崔春鹏、李延祥、李辰元等：《安徽安庆地区早期采矿与冶金遗址考察研究》，《有色金属（冶炼部分）》2021年第1期，第89～97页。

[17] 崔春鹏：《长江中下游早期矿冶遗址考察研究》，北京科技大学博士学位论文，2017年。

[18] 郁永彬、王开、陈建立等：《皖南地区早期冶铜技术研究的新收获》，《考古》2015年第5期，第103～113页。

[19] 魏国锋、于东华、郑晓平等：《安徽铜陵古铜矿冶遗址2016年调查及若干收获》，《南方文物》2019年第2期，第140～152页。

[20] 俞伟超：《长江流域青铜文化发展背景的新思考》，《长江流域青铜文化研究》，科学出版社，2002年，第2～7页。

[21] 中国社会科学院考古研究院实验室：《放射性碳素测定年代报告（一七）》，《考古》1990年第7期，第665页。

[22] 宫希成：《安徽南陵县古铜矿采冶遗址调查与试掘》，《考古》2002年第2期，第45～56页。

[23] 安徽省文物考古研究所：《安徽枞阳县汤家墩遗址发掘简报》，《中原文物》2004年第4期，第4～14页。

[24] 刘庆柱：《南陵县牯牛山周代城址》，《中国考古学年鉴·1999》，文物出版社，2001年，第182、183页。

[25] 张小雷、朔知：《青铜考古的新成果——安徽铜陵师姑墩遗址发掘的收获与意义》，《中国文物报》2011年4月15日第4版。

[26] 安徽省文物考古研究所、北京大学考古文博学院：《安徽铜陵夏家墩、神墩遗址发掘简报》，《江汉考古》2015年第6期，第21～33页。

[27] 安徽省文物考古研究所、北京大学考古文博学院：《安徽铜陵夏家墩、神墩遗址发掘简报》，《江汉考古》2015年第6期，第21～33页。

[28] 宫希成：《皖南商周青铜器发现与研究》，《皖南商周青铜器》，文物出版社，2006年。

[29] 陆勤毅、杨立新：《皖南商周青铜器·前言》，文物出版社，2006年。

[30] 李伯谦：《皖南商周青铜器·序》，文物出版社，2006年。

[31] 卢茂村：《安徽贵池发现东周青铜器》，《文物》1980年第8期，第21~25页。

[32] 沈舟：《繁昌县出土春秋晚期的铜锭》，《安徽文物工作》1987年第3期。

[33] 杨立新：《皖南古代铜矿初步考察与研究》，《文物研究》（第3辑），黄山书社，1988年，第181~190页。

[34] 张敬国、李仲达、华觉明：《贵池东周铜锭的分析研究——中国始用硫化矿炼铜的一个线索》，《自然科学史研究》1985年第2期，第168~171页。

[35] 转自杨立新：《皖南古代铜矿初步考察与研究》，《文物研究》（第3辑），黄山书社，1988年，第181~190页。

[36] 安徽省文物考古研究所、南陵县文物管理所：《安徽南陵县古铜矿采冶遗址调查与试掘》，《考古》2002年第2期，第45~54页。

[37] 刘平生：《南陵大工山古矿冶遗址群江木冲冶炼场调查》，《文物研究》（第3辑），黄山书社，1988年，第191~201页。

[38] 穆荣平：《皖南古铜矿遗址及其冶炼技术的初步研究》，中国科技大学硕士研究生论文，1987年。

[39] 安徽省文物考古研究、南陵县文物管理所：《安徽南陵县古铜矿采冶遗址调查与试掘》，《考古》2002年第2期，第45~54页。

[40] 陈荣、赵匡华：《先秦时期铜陵地区的硫铜矿冶炼研究》，《自然科学史研究》1994年第2期，第139~144页。

[41] 陈荣、赵匡华：《先秦时期铜陵地区的硫铜矿冶炼研究》，《自然科学史研究》1994年第2期，第139~144页。

[42] 秦颍、王昌燧、冯敏等：《安徽省南陵县江木冲古铜矿冶炼遗物自然科学研究及意义》，《东南文化》2002年第1期，第87~89页。

[43] 秦颍、王昌燧、杨立新等：《皖南沿江地区部分出土青铜器的铜矿料来源初步研究》，《文物保护与考古科学》2004年第1期，第9~12页。

[44] 秦颍、魏国锋、罗武干等：《长江中下游古铜矿及冶炼产物输出方向判别标志初步研究》，《江汉考古》2006年第1期，第65~69页。

[45] 王开：《铜陵师姑墩遗址出土青铜冶铸遗物的科技研究》，北京大学硕士学位论文，2012年，第30、66页。

[46] 郁永彬、王开、陈建立等：《皖南地区早期冶铜技术研究的新收获》，《考古》2015年第5期，第103~113页。

[47] 魏国锋、高顺利、秦颍等：《汤家墩遗址冶炼遗物的科技研究》，《光谱学与光谱分析》2017年第3期，第929~932页。

[48] 魏国锋、郑晓平、秦颍等：《铜陵、南陵地区古铜矿冶遗址炉渣的科技研究》，《光谱学与光谱分析》2019年第11期，第3629~3936页。

[49] 崔春鹏、李延祥、陈建立等：《安徽铜陵夏家墩遗址出土青铜冶金遗物科学研究》，《考古》2020年第11期，第91~105页。

[50] 李强、魏国锋、何张俊等：《安徽省怀宁县铜牛井矿冶遗址冶炼工艺研究》，《有色金属（冶炼部分）》2020年第7期，第105~110页。

[51] 李延祥、崔春鹏、李辰元等：《安徽枞阳陈家山遗址青铜渣初步研究》，《考古与文物》2021年第2期，第123~128页。

[52] 安徽省文物局文物工作队：《安徽屯溪西周墓葬发掘报告》，《考古学报》1959年第12期，第59~110页。

[53] 裘士京：《江南铜研究——中国古代青铜铜源的探索》，黄山书社，2004年，第42、43页。

[54] 张国茂：《安徽铜陵地区先秦青铜文化简论》，《东南文化》1991年第2期，第138~144页。

[55] 曾琳、夏锋、肖梦龙等：《苏南地区古代青铜器合金成分的测定》，《文物》1990年第9期。

[56] 张国茂：《安徽铜陵地区先秦青铜文化简论》，《东南文化》1991年第2期，第138~144页。

[57] 秦颖、王昌燧、杨立新等：《皖南沿江地区部分出土青铜器的铜矿料来源初步研究》，《文物保护与考古科学》2004年第1期，第9~12页。

[58] 秦颖、王昌燧、冯敏等：《安徽淮北部分地区出土青铜器的铜矿来源分析》，《文物保护》2004年第1期，第86~88页。

[59] 秦颖、王昌燧、杨立新等：《皖南沿江地区部分出土青铜器的铜矿料来源初步研究》，《文物保护与考古科学》2004年第1期，第9~12页。

[60] 贾莹、刘平生、黄允兰：《安徽南陵出土部分青铜器研究》，《文物保护与考古科学》2012年第1期，第16~25页。

[61] 郁永彬、梅建军、张爱冰等：《安徽枞阳地区出土先秦青铜器的初步科学分析》，《中原文物》2014年第3期，第108~115页。

[62] 魏国锋、秦颖、王乐群：《安徽枞阳出土西周至战国时期青铜器的矿料来源研究》，《光谱学与光谱分析》2017年第11期，第3610~3615页。

[63] 杨立新：《皖南古代铜矿初步考察与研究》，《文物研究》（第3辑），黄山书社，1988年，第181~190页。

[64] 张小雷、朔知：《青铜考古的新成果——安徽铜陵师姑墩遗址发掘的收获与意义》，《中国文物报》2011年4月15日第4版。

[65] 王开：《铜陵师姑墩遗址出土青铜冶铸遗物的科技研究》，北京大学硕士学位论文，2012年，第86页。

[66] 崔春鹏、李延祥、陈建立等：《安徽铜陵夏家墩遗址出土青铜冶金遗物科学研究》，《考古》2020年第11期，第91~105期。

[67] 魏国锋、于东华、郑晓平等：《安徽铜陵古铜矿冶遗址2016年调查及若干收获》，《南方文物》2019年第2期，第140~152页。

[68] 孙淑云、潜伟：《古代铜、砷铜和青铜的使用与机械性能综述》，《机械技术史》2000年辑刊，第45~62页。

[69] 潜伟：《新疆哈密及其邻近地区史前时期铜器的检验与分析》，《广西民族学院学报》（自然科学版）2004年第2期。

[70] 北京科技大学冶金与材料史研究所、甘肃省文物考古研究所：《火烧沟四坝文化铜器成分分析及制作技术的研究》，《文物》2003年第8期。

[71] 孙淑云、韩汝玢：《甘肃早期铜器的发现与冶炼、制造技术的研究》，《文物》1997年第7期，第75页。

[72] 孙淑云：《东灰山遗址四坝文化铜器的鉴定及研究》，《民乐东灰山考古——四坝文化墓地的揭示与研究》，科学出版社，1998年，第191~195页。

[73] 李秀辉、韩汝玢：《朱开沟遗址早商铜器的成分及金相分析》，《文物》1996年第8期，第56~64页。

[74] 李延祥、韩汝玢：《林西县大井古铜矿冶遗址冶炼技术的研究》，《自然科学史研究》1990年第2期，第151~160页。

[75] 张利洁、孙淑云：《琉璃河西周燕都遗址墓地出土部分铜器的鉴定报告》（待发表）。

[76] 王开：《铜陵师姑墩遗址出土青铜冶铸遗物的科技研究》，北京大学硕士学位论文，2012年，第83页。

[77] 崔春鹏、李延祥、陈建立等：《安徽铜陵夏家墩遗址出土青铜冶金遗物科学研究》，《考古》2020年第11期，第91~105页。

[78] 崔春鹏：《长江中下游早期矿冶遗址考察研究》，北京科技大学博士学位论文，2017年。

[79] 崔春鹏、李延祥、李辰元等：《皖南地区的早期矿冶遗址以及三种合金技术》，《有色金属（冶炼部分）》2021年第2期，第114~122页。

[80] 崔春鹏、李延祥、李辰元等：《皖南地区的早期矿冶遗址以及三种合金技术》，《有色金属（冶炼部分）》2021年第2期，第114~122页。

[81] 殷非滁：《安徽屯溪西周墓葬发掘报告》，《考古学报》1959年第4期，第59~110页。

[82] 郭宝钧：《关于戟之演变》，《殷周青铜器铭文研究附录2》，人民出版社，1954年。

[83] 赵建明：《安徽贵池市发现一件古代陶范》，《考古》1996年第12期，第77页。

[84] 安徽省文物考古研究所：《安徽枞阳县汤家墩遗址发掘简报》，《中原文物》2004年第4期，第4~14页。

[85] 张小雷、朔知：《青铜考古的新成果——安徽铜陵师姑墩遗址发掘的收获与意义》，《中国文物报》2011年4月15日第4版。

[86] 郁永彬、王开、陈建立等：《皖南地区早期冶铜技术研究的新收获》，《考古》2015年第5期，第103~113页。

[87] 陈芳妹：《商代青铜艺术"区域风格"之探索——研究课题与方法之省思》，《故宫学术季刊》第十五卷第4期，1998年。

[88] 俞伟超：《长江流域青铜文化发展背景的新思考》，《长江流域青铜文化研究》，科学出版社，2002年，第1~16页。

[89] Virginia Kane, The independent bronze industries in the south of china contemporary with the shang and western chou dynasties. Archives of Asian Art, 1974, XX~VII, pp77~107.

[90] 高至喜：《中国南方出土商周铜铙概论》，《湖南考古辑刊》1984年第2期，第128~135页。

[91] 李学勤：《非中原地区青铜器研究的几个问题》，《东南文化》1988年第5期。

[92] 〔英〕罗森：《商代中国南方地区与河南的联系》，《中国古代的艺术与文化》，北京大学出版社，2002年。

[93] 湖南省博物馆：《湖南省文物图录》，湖南人民出版社，1964年，图版六。

[94] 王志敏、韩益之：《介绍江苏仪征过去发现的几件西周青铜器》，《文物》1956年第12期。

[95] 尹焕章：《仪征破山口探掘出土铜器记略》，《文物》1960年第4期。

[96] 湖北省博物馆：《1963年湖北黄陂盘龙城商代遗址的发掘》，《文物》1976年第1期。

[97] 江西省文物考古研究所、樟树市博物馆：《吴城——1973～2002年考古发掘报告》，科学出版社，2005年。

[98] 李学勤：《安徽南部存在着颇具特色的青铜文化》，《学术界》1991年第1期，第37～40页。

[99] 张爱冰、陆勤毅：《皖江地带出土商代青铜容器的年代与性质》，《考古》2010年第6期，第83～92页。

[100] 杨立新：《皖南先秦青铜文化初析》，《宣州文物》1988年第6期。

拓跋鲜卑生计方式综合研究*

张国文

（南开大学历史学院考古学与博物馆学系）

拓跋鲜卑，发源于嫩江东北、额尔古纳河东南的森林地区[1]。公元1世纪前叶，拓跋鲜卑南迁"大泽"至今呼伦贝尔草原地区[2]，在该区域发现有与其相关的诸多考古学遗存，如扎赉诺尔、拉布达林、东乌珠尔、团结、孟根楚鲁和蘑菇山等墓群[3]。东汉初年，拓跋鲜卑又再次南迁，直至檀石槐鲜卑部落联盟瓦解前所占据的"匈奴故地"[4]，也即今内蒙古中南部地区。该区域出土的东汉至魏晋时期鲜卑遗存丰富，但其族属尚存在一定争议，可能属于拓跋鲜卑的遗存有南杨家营子、叭沟、三道湾、东大井等墓群[5]。占据"匈奴故地"后的拓跋鲜卑得以崛起，建立起代—魏政权并重新打通了北方"丝绸之路"。拓跋鲜卑先后都盛乐（今内蒙古和林格尔）、平城（今山西大同）和洛阳，奠定了北魏"盛乐时代"（258~398年）、"平城时代"（398~494年）以及"洛阳时代"（494~534年）。北魏建国前后至迁都洛阳前，内蒙古中南部地区已发现的相关遗存有美岱村、七郎山和伊和淖尔等墓群[6]。此外，山西大同地区更是出土了大量的北魏遗存，极大丰富了北魏历史和考古学研究的材料来源[7]。

拓跋鲜卑是我国历史上第一个入主中原、统一中国北方地区的游牧民族。其在南迁中原和建立政权的过程中，通过与北方民族之间的碰撞、冲突与交流，逐渐改变了以游牧为主的生计方式而转向以农耕经济为主，并藉此与农耕民族融合为一体，成为中华民族的重要组成部分之一。故而，深入探讨拓跋鲜卑的生计方式及其转变，对于正确认识中国古代游牧和农耕民族关系以及中华文明的形成具有重要的意义。历史学、考古学乃至自然科学方法均在拓跋鲜卑相关研究中有所建树[8]。不过，学界对其生计方式的研究相对较少，主要从以下几个方面开展了一些个案研究，如文献资料的梳理[9]、考古出土遗存的探讨[10]以及骨骼稳定同位素分析[11]等几个方面。然而，目前尚缺乏对不同时空框架下拓跋先民的生计方式对比研究，更缺乏文献、考古资料和科技分析等多维视角下的综合研究。本文拟在系统梳理拓跋鲜卑考古遗存基础上，结合多种研究方法和材料，对拓跋鲜卑生计方式进行系统探讨。

作者简介：张国文，男，1983年6月生，安徽大学考古专业2002级本科生。

* 国家社科基金"稳定同位素分析视角下的拓跋鲜卑生业与社会转型研究"（批准号：19BKG043）阶段性成果。

一、拓跋鲜卑植物资源利用

目前，限于出土植物遗存数量和保存状况，学界对于拓跋鲜卑的植物考古学研究极少。本文对拓跋鲜卑考古出土植物遗存略作梳理，以期抛砖引玉。

拓跋鲜卑获取的野生植物资源主要为桦木和桦皮。桦树是我国北方寒温带地区常见乔木，以桦树皮和桦木为原材料制成的狩猎工具和日用品，如桦树皮弓和弓囊、箭袋、筒、篓、碗、盒、盘、壶、梳、箱、圆牌、器盖、器底等，在呼伦贝尔草原地区拓跋鲜卑墓葬中很常见。扎赉诺尔墓群出土的桦树资源器型多样，种类繁多，蘑菇山、拉布达林、七卡等早期拓跋鲜卑遗存也出土有一定数量的桦树资源。而到了内蒙古中南部地区，拓跋鲜卑墓葬中出土的桦树资源开始减少，仅在三道湾、东大井、盐池、百灵庙、七郎山等墓群有少量发现。北魏平城和洛阳地区墓葬中桦树资源就已经很少见了，仅在元淑墓发现一把木梳[12]。除了狩猎工具和日用品，呼伦贝尔和乌兰察布草原地区拓跋鲜卑墓葬中常见的平面呈梯形或长方形的棺木也多为桦木所制，而北魏平城地区的雁北师院墓群棺木大都为松木所制[13]。《魏书·礼志》记载有北魏中书侍郎李敞刊祝文于魏先祖石室（嘎仙洞遗址），"……敞等既祭，斩桦木立之，以置牲醴而还。后所立桦木生长成林，其民益神奉之，咸谓魏国感灵神之应也……"。嘎仙洞遗址是否为拓跋鲜卑起源地虽存在争议，但《魏书·礼志》的论述一定程度上体现了拓跋鲜卑对桦木资源的利用可能还有宗教和祭祀的用途。

综上可见，对桦树资源的利用是拓跋鲜卑生计方式的一大特色。至于其他野生植物资源，如拉布达林出土的芦苇和柳树枝，元淑墓出土的竹，以及拓跋鲜卑墓葬出土的其他种属不明植物，因数量有限，保存状况不佳，目前尚无法准确判断其使用功能。

拓跋鲜卑考古遗存中农作物也有少量发现。例如，拉布达林M6出土陶罐下的小木条上撒有谷粒，扎赉诺尔墓群出土的陶罐中发现黍及其根、茎[14]。二连浩特盐池墓地出土有两堆糜黍类谷物[15]，这表明草原地区的拓跋鲜卑可能即已食用甚至栽培少量粟类作物。大同全家湾北魏墓[16]和齐家坡北魏墓[17]均有炭化粟的出土。《魏书·世祖纪》载："始光二年（425年）五月，昭天下十家发大牛一头，运粟塞上"。可见，北魏统治者曾令关内诸州郡用牛车运粟到平城地区，以充实都城粮食供给。在操场城北魏太官粮储遗址出土的粮窖中，也发现有大量炭化粟的堆积[18]。所以，粟不仅仅是北魏平城时期重要的粮食作物，也是官方储备粮。大同南郊北魏墓群M253出土的一件陶罐中，盛有1.5升炭化黍[19]。这表明黍也可能是拓跋魏重要的粮食作物之一。

除了以上粮食作物，拓跋鲜卑还有一些经济作物的利用。例如，拉布达林墓群出土有核桃，是否栽培品种尚无证据[20]。大同南郊北魏墓群M107出土了枣、长棉核桃、扁桃核的果实及果肉，经鉴定均为栽培品种[21]。

此外，还有一些零星植物遗存出土。例如，拉布达林、蘑菇山、三道湾、七郎山、伊和淖尔、雁北师院等墓群均出土有少量纺织品，蘑菇山墓群出土有植物茎秆，元淑墓出土有灌木枝条等。另外，诸如雁北师院北魏墓群等用颗粒状或粉末状木炭铺于棺底防潮[22]。不过，由于目前缺乏深入研究，暂无法得知以上遗存由何种植物加工而成，故而本文暂不做讨论，寄希望于未来开展相关植物考古学研究。

二、拓跋鲜卑动物资源利用

对不同时空框架下拓跋鲜卑墓葬出土动物资源进行综合分析，揭示拓跋鲜卑对动物资源的利用方式，有助于我们深入了解其殉葬习俗、食物来源、经济形态等信息。研究对象主要为墓葬出土的动物骨骼等生物遗骸，也包括部分动物主题遗物，如动物风格牌饰、陶质模型明器、骨器等，还有壁画、彩绘棺板等间接材料。本文将拓跋鲜卑考古遗存出土的上述主要材料加以汇总，具体如表一所示。

（一）殉牲

殉牲是拓跋鲜卑对动物资源利用的重要内容之一，也是"事死如事生"观念的体现。呼伦贝尔地区拓跋鲜卑墓葬殉牲较为普及，几乎所有墓葬都有殉牲，主要为牛、马和羊等牲畜。此外，也随葬有少量野生动物，如野猪、鹿科动物、贝类和鱼类等。早期拓跋鲜卑殉牲数量以马、牛为最，羊其次，野生动物最少。该时段发现殉牲基本为牲畜的头、蹄和距骨等部位[23]。这可能是因为拓跋鲜卑刚进入草原地区，畜牧业发展刚起步，故而选择头、蹄和距骨等肉量少的部位代替全牲来殉葬。

第二次南迁途中及"匈奴故地"拓跋鲜卑墓葬出土的动物骨骼除了早期的头、蹄和距骨等部位外，还出现了肢骨、肩胛骨、肋骨等部位，预示着随葬动物肉量的增加，同时也可能表明畜牧业经济比之早期有了一定的发展。牛、马、羊这三类动物仍属殉牲大宗，但羊在殉牲中所占比重明显增加，从之前的21%增加到58%。定都平城之后，其殉牲开始减少。这时出现了棺前设奠和壁龛设奠的动物殉葬习俗[24]。棺前设奠一般在棺前部有方形或圆形漆案，上置殉牲，以牛、羊为主。值得注意的是，此阶段还流行随葬陶质动物模型明器，其中以猪、狗、羊等为主，其次还有家禽、马、牛、骆驼等。迁都洛阳后几乎不见殉牲，代之以常见的各类陶质动物模型明器。平城和洛阳时代的动物模型明器中，猪、狗、鸡等往期不常见动物比重增加，这在一定程度上是北方农耕生活影响的体现。

头蹄葬转为牲体葬，以及定都平城后大量出现的动物模型明器，尤其是作为传统农业社会常见的猪、狗、鸡等动物模型的随葬，可能与拓跋鲜卑南迁过程受农耕民族影响有关。此外，拓跋鲜卑考古遗存出土的野生动物资源逐渐减少，预示着其渔猎经济比重逐渐降低。

表一　拓跋鲜卑墓葬出土动物骨骼、骨器和动物风格器物　　　　（单位：个）

时代	墓地	家养动物	野生动物	骨器	其他
南迁"大泽"时期	扎赉诺尔	牛头骨大于7、蹄骨大于9、马头骨大于5、蹄骨大于28、羊头骨4、蹄骨11、距骨大于12	鹿角2，贝壳2，鱼（骨簪）32	镞68，衔5，锥5，鸣镝13，弓弭5，刀1，弓把1	羊形饰牌1，骨饰板1（猎人射鹿），鹿纹金牌饰，三鹿纹铜牌饰1
	蘑菇山	牛蹄骨41，马蹄骨25、羊蹄骨14、距骨1	无	镞2，环2，弓弭3	金马饰1，铜双禽纹颈牌饰1
	拉布达林	牛头骨13、蹄骨大于12、距骨3，马头骨2、蹄骨4，羊头骨和距骨各1	野猪头骨3、蹄骨若干，鹿和狍蹄骨若干	镞34，弓弭26，弓把10，锥6，鸣镝6，刀把1	毛毡1
	七卡	马蹄骨4	无	镞2，鸣镝3，扣1，坠1	无
	东乌珠尔	牛头骨1，马头骨10	无	镞8，弓弭2	无
	伊和乌拉	牛头骨和蹄骨各2，马头骨1	无	无	无
	团结	牛头骨2、蹄骨2、羊头骨1	无	无	无
	孟根楚鲁	牛头骨1、蹄骨、距骨2，马头骨大于6、蹄骨大于8，狗头骨1	海贝8	镞23，刀形物1	无
南迁"匈奴故地"时期	苏泗汰	无	无	无	三鹿纹金牌饰1
	南杨家营子	牛头骨若干，马头骨和蹄骨若干，羊距骨5、肢骨和趾骨若干，狗头骨若干	鸟、兽类若干	镞11，纺轮3，弧形器2	无
	三道湾	羊头骨15	无	弓弭14，牌饰11，弧形片状器5，管状器5，角形器1，纺轮1，铃舌1，锥1，珠饰4	牛皮制品若干，双马纹金牌饰2，单马纹金牌饰1，三鹿纹金牌饰1，双鹿纹金牌饰1，单鹿纹金牌饰2，驼形牌饰2
	东大井	牛肩胛骨1，羊肩胛骨1、距骨4、角2	无	弓弭10，哨1，珠饰2	双马纹金牌饰1，皮制品1
	盐池	羊胸骨1	无	无	鹿纹铜牌饰16
	石家沟	牛、马、羊部位和数量不详，以羊骨为多	蚌壳器1	角形器1，骨片1，箭杆1，坠饰1，带扣3，管状器1，耳坠2	无

续表

时代	墓地	家养动物	野生动物	骨器	其他
建都盛乐至迁都平城前后	七郎山	羊肩胛骨1、肢骨1	无	无	兽面铜牌饰1
	叭沟	马头骨1，羊肩胛骨1	无	无	无
	西沟子村	羊肢骨1	无	无	无
	大同南郊（M24、M73、M227）	动物肩胛骨1、肋骨和肢骨若干	无	无	无
迁都平城后至迁都洛阳时期	包头姚齐姬	牛头骨1、蹄骨1，马头骨和肢骨若干	无	无	无
	大同迎宾大道	羊脊椎骨3、其他部位和数量不详，鸡1	无	弓弭2，梳1，环1	龙纹金牌饰1
	大同南郊	大都置于漆案，随葬动物种属数量依次为牛、羊、马、狗、猪，此外还有家禽鸡。殉牲部位以牛肢骨、动物肩胛骨、脊柱骨、肋骨居多，也有少量牛、马、羊和狗的头骨及羊蹄骨随葬。殉牲数量多，殉牲墓葬比例高	鹿1	弓弭1，骨饰2，簪1，笄1	无
	大同二电厂	马头骨3、蹄骨1，羊肋骨若干，狗头骨1，无法鉴定动物肋骨和其他部位若干	无	无	无
	大同雁北师院	动物肢骨1，其他兽骨若干	无	骨簪1，骨尺1	陶狗、羊、鸡、猪、牛、羊、马、骆驼和镇墓兽若干
	大同贾宝墓	羊肩胛骨1	无	无	木镇墓兽
	大同阳高尉迟定州墓	马头骨2，牛头骨6，羊头骨4，狗头骨4，牛蹄骨4	无	无	无

（二）动物类食物

关于拓跋鲜卑建国前的动物类食物资源，文献记载极少。据《魏书·序纪》记载，拓跋鲜卑早期"统幽都之北，广漠之野，畜牧迁徙，射猎为业"，表明其通过畜牧业和渔猎经济获取的各类动物是其主要的食物来源之一[25]。结合考古出土的动物骨骼（见表一）可知，该时段拓跋先民动物类食物来源有常见的马、牛、羊等牲畜，还有少量的野生动物资源，如鹿、野猪、鸟类和一些水生资源（贝类和鱼类）。

考古出土资料也为了解北魏先民动物类食物资源提供了确凿证据。在大同南郊北魏墓群多个墓葬和大同迎宾大道北魏墓群M37中，发现有羊骨盛放于漆盘、耳杯等食器内[26]。大同沙岭北魏墓壁画庖厨图中有杀羊备食的场景[27]。可见平城先民食羊之风在随葬品和壁画中也有着直观的表现。牛和马骨骼在平城北魏墓葬也有出土，表明其也是北魏先民食谱中的重要肉食来源。大同南郊北魏墓群M214发现有鸡骨置于漆碗[28]，大同迎宾大道北魏墓群M37发现有鸡骨置于漆盘、耳杯[29]。可见鸡也是平城居民食谱中肉食来源之一。迁都平城前的拓跋鲜卑墓葬鲜有随葬猪、狗，表明其较少食用它们。而北魏平城和洛阳时代墓葬中，猪和狗骨骼虽少见，但相关陶质模型明器却不少，如雁北师院北魏墓群、司马金龙墓、下深井北魏墓等均出土有陶猪和陶狗[30]。或许是受农耕民族的影响，部分人群开始食用一些猪肉和狗肉亦有可能。

大同南郊北魏墓群出土有鹿的骨骼，大同沙岭壁画墓漆皮二的庖厨场景中也有用鱼作为食材[31]。可见除了上述家畜和家禽外，鱼和鹿等野生动物资源也可能是北魏先民肉食来源之一。

（三）手工业制品

通过对拓跋鲜卑不同时期遗存出土的各类骨质工具、武器、饰品以及各类材质的动物风格牌饰等手工业制品（见表一）的分析，也可以从另一个角度揭示其动物资源利用状况。以上骨质手工业制品以早期拓跋鲜卑墓葬出土为多，器型有镞、衔、锥、鸣镝、弓弭、弓把、刀等，虽然无法判断其动物种属，但是基本以狩猎工具为主，辅之以少量生产/生活用具。以羊、鹿、马及禽类为题材的各类牌饰，体现出拓跋鲜卑动物崇拜的风俗。如表一所示，随着拓跋鲜卑的南迁，狩猎类骨制工具数量逐渐减少，一定程度上反映了拓跋鲜卑对于狩猎经济的依赖有一个从高到低的转变过程。

（四）军事或畜力用途

在北魏初期频繁的战争中，动辄获得"马牛羊数百万头"[32]。此外，北魏的国营及民营牧场较为盛行[33]。以上为拓跋魏军事及日常畜力利用提供了充足的动物资源。

到目前为止，平城地区墓葬出土陶马上百个，约占动物俑总出土数量的70%左右，可见马在平城时期拥有较高的地位。平城时期出土马俑的形象大都鞍辔齐备，应主要被作为征战和交通的工具。此外，大同雁北师院、智家堡北魏墓和沙岭北魏壁画墓发现有战马、驮粮马及日常用马等艺术形象[34]。可见，平城时期马的畜养超越了"食肉饮酪"的功能，而被赋予了更多的社会、军事意义。牛的养殖数量巨大、畜养地位较高，与羊、马一同构成北魏畜牧业的三大畜种。平城时期用于拉车畜力是养殖牛的目的之一。牛车的形象在平城墓葬中有着生动地刻画。在大同智家堡北魏墓棺板画中，主牛车在导从仪仗、舞乐杂技的簇拥下出行，另有通幰牛车随行，展示了雄健有力的畜力牛形象[35]。狗虽然退出主要家畜行列，但是在拓跋魏日常生活中仍然具有一定的作用。在大同南郊全家湾北魏墓M9东壁壁画的狩猎画面中，猎犬身姿矫健，配合着猎手围猎[36]。除了辅助狩猎，此时的狗还应有看家护院的功能，平城的一些墓葬出土的陶狗生动地展现了"守犬"形象。例如，大同雁北师院北魏墓群M2出土的陶狗，前腿弯曲、后肢屈于腹下，引颈昂首，警惕性十足[37]。此外，大同石家寨北魏司马金龙墓、大同县北魏陈庄墓等，都出土了蹲卧的"守犬"形象陶俑[38]。骡、驴和骆驼等动物虽未见骨骼出土，但平城时期墓葬出土了一些陶俑。例如，雁北师院M5和陈庄M1等出土的陶驴俑，均有货物搭于背上；大同田村北魏墓M1同时出土有胡商和骆驼俑；文瀛路北魏壁画墓北侧棺床立面绘有胡商牵驼图等[39]。骆驼来源于西域，应和骡、驴等动物一样，在北魏主要被作为畜力而加以使用。

三、骨骼稳定同位素分析证据

人或动物骨组织化学成分与食物中的化学组成密切相关，因此骨骼化学元素分析可以揭示他们的食物结构、经济方式和生存环境等诸多重要信息[40]。学者们运用骨胶原碳、氮稳定同位素分析方法对呼伦贝尔草原地区的扎赉诺尔、团结、东乌珠尔（早期拓跋鲜卑），内蒙古乌兰察布地区三道湾、叭沟、七郎山（中期拓跋鲜卑）以及北魏平城墓葬（晚期拓跋鲜卑）出土的人骨及动物骨骼样本进行了古食谱分析，为重建拓跋鲜卑生计方式提供了重要补充，具体分析数据如表二、图一和图二所示。

表二 拓跋鲜卑人和动物骨骼稳定同位素分析数据

遗址名称	种属	时空范畴	$\delta^{13}C$ (‰) (Mean ± SD)	$\delta^{15}N$ (‰) (Mean ± SD)	样品数量 （个）	参考文献
扎赉诺尔、东乌珠尔、团结墓群	人	早期（呼伦贝尔地区）	−12.7 ± 1.1	10.7 ± 0.9	7	Zhang et al，2015[41]
三道湾和叭沟墓群	人	中期（乌兰察布地区）	−14.7 ± 0.8	11.9 ± 0.8	18	张全超等，2012[42]
七郎山墓群			−14.8	11.3	—	
南郊北魏墓群			−9.6 ± 2.0	9.8 ± 1.0	42	Zhang et al，2015[43]
金茂园墓群1组			−9.8 ± 0.1	9.3 ± 0.1	60	Zhang et al，2021[44]
金茂园墓群2组			−14.2 ± 0.5	10.9 ± 0.3	16	
水泊寺墓群	人	晚期（大同地区）	−8.2 ± 2.9	9.3 ± 1.1	34	侯亮亮等，2019[45]
东信广场墓群1组			−15.5 ± 1.5	11.2 ± 1.3	7	侯亮亮等，2018[46]
东信广场墓群2组			−10.0 ± 1.1	9.3 ± 0.5	19	
御昌佳园北魏墓群			−10.0 ± 1.1	9.6 ± 0.7	20	
华宇广场北魏墓群			−9.5 ± 0.7	9.7 ± 0.5	13	

续表

遗址名称	种属	时空范畴	δ¹³C (‰)(Mean ± SD)	δ¹⁵N (‰)(Mean ± SD)	样品数量（个）	参考文献
扎赉诺尔、东乌珠尔、团结墓群	马	早期（呼伦贝尔地区）	−18.8 ± 0.7	6.1 ± 1.0	5	Zhang et al，2015[47]
东乌珠尔墓群	黄牛		−18.0	7.0	1	
叭沟墓群	绵羊	中期（乌兰察布地区）	−17.5	6.1	1	
	马		−19.4	4.7	1	
南郊北魏墓群	绵羊	晚期（大同地区）	−17.2 ± 1.4	6.1 ± 0.9	10	
	马		−15.0 ± 3.5	5.6 ± 0.8	5	
	黄牛		−13.4 ± 3.1	7.4 ± 1.2	11	
	狗		−11	7.4	1	
	猪		−17.5	8.5	1	
	鹿		−19.4	2.7	1	
金茂园墓群	绵羊		−15.5 ± 0.9	7.3 ± 0.7	4	Zhang et al，2021[48]
水泊寺墓群	绵羊		−14.2 ± 1.2	6.3 ± 1.6	4	侯亮亮等，2019[49]
	马		−12.7	6.3	1	
	狗		−8.6	3.3	1	
呼和乌素汉墓	人	汉代	−9.1 ± 0.7	9.1 ± 0.6	5	张全超等，2012[50]
纳林套海汉墓			−10.0 ± 0.8	13.3 ± 1.2	7	张全超等，2012[51]
余吾汉墓			−10.4 ± 1.3	9.1 ± 1.5	15	苏俊吉，2018[52]

注：以上分析数据统计截止到2021年11月。"−"，表示数量不详或无相关数据

如表二和图一所示，早期和中期拓跋鲜卑人骨δ¹³C值落在了C₃/C₄混合食物结构范畴，表明其食物来源兼有C₃/C₄类植物或以C₃/C₄类植物为食的动物。人骨较高的δ¹⁵N值（大于9‰）表明其对动物蛋白质依赖度高，可能来自于渔猎或游牧经济。如图二所示，早期和中期拓跋鲜卑动物的δ¹³C和δ¹⁵N值较为集中，且落在了主要以C₃类植物为食的食草动物范畴，也可能来自于呼伦贝尔和乌兰察布草原地区游牧生计的贡献。有学者研究表明，欧亚草原少量的C₄类牧草对古代游牧人群食谱的贡献极少[53]。此外，中国自新石器时代以来北方人群食谱中的C₄类来源主要是粟类作物或以其为食的动物。因此，结合两地区动物主要依赖C₃类植物的结果，以及本时段考古遗址中出土有炭化谷物遗存，我们推测早期和中期拓跋人群食谱中的C₄食物来源于粟、黍等C₄作物的可能性较大。

北魏平城时期大同东信广场1组和金茂园2组人群的δ¹³C和δ¹⁵N值与早、中期拓跋鲜卑人群较为相近，表明这部分平城居民肉食可能来源于畜牧或渔猎经济，同时也食用了一些粟类作物。相比而言，北魏平城时期的大部分人群同位素数据较为集中，表明他们食物结构较为相似。相比拓跋鲜卑早、中期，以及大同东信广场1组和金茂园2组人群，平城主要人群较高的δ¹³C值表明其主要依赖C₄类食物，可能来源于粟类作物或者以此为食的动物。较低的δ¹⁵N值，

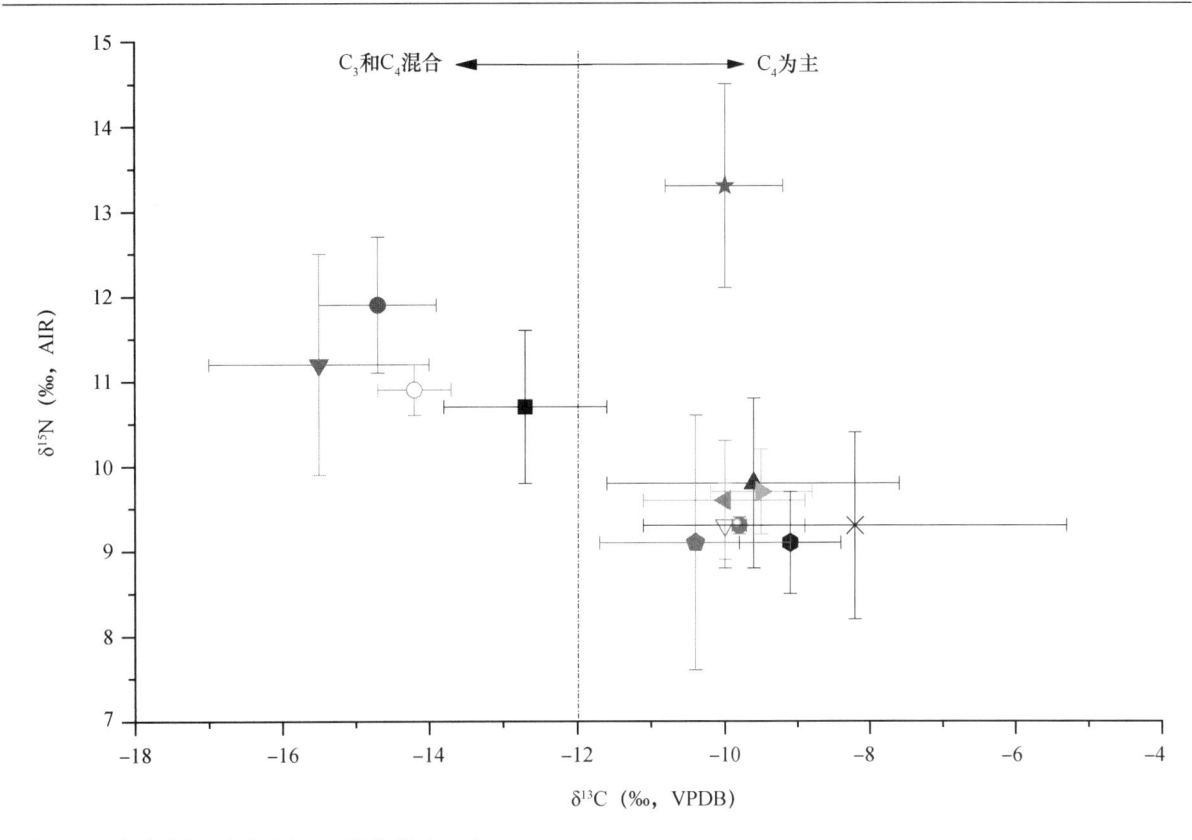

图一 拓跋鲜卑和部分汉代墓葬出土人骨稳定同位素数据误差棒图

表明其定居平城后对动物蛋白资源和畜牧业经济的依赖降低。总体来看，北魏平城居民表现出复杂多元的生业经济形态。

如图二所示，不同时期拓跋鲜卑动物的稳定同位素数据也有较为明显的变化。随着拓跋鲜卑的南迁，动物的食谱从C_3为主转向C_3和C_4混合食物结构。部分黄牛和马的C_4食物摄取比重较高，甚至有完全依赖C_4食物的个体存在，这均表明粟作物对平城地区牲畜饲喂策略影响较大。

目前没有魏晋南北朝时期农耕人群古食谱分析数据，故而我们暂选择内蒙古和山西南部地区汉代人群的古食谱分析数据与拓跋鲜卑数据进行对比。纳林套海汉墓人骨较高的$\delta^{13}C$值体现出粟作农业经济特点。同时，其$\delta^{15}N$值非常高，一方面与该地区人群从事畜牧业经济从而摄取较多肉类蛋白资源有关，另一方面可能与该地区沙漠干旱环境导致的人群新陈代谢异常有关。乌兰察布地区的呼和乌素汉墓时代略早于早期拓跋鲜卑墓葬，同位素数据与山西余吾汉墓相近，二者较高的$\delta^{13}C$值和较低的$\delta^{15}N$值，属于主要依赖粟类作物的农耕人群特征，表明其从事着与早、中期拓跋鲜卑迥异的生计方式。北魏平城居民的$\delta^{13}C$水平与草原、荒漠及农耕腹地汉代居民接近，表明粟作农业在拓跋鲜卑迁徙过程中逐渐发展，定居平城后农业经济比重加大。

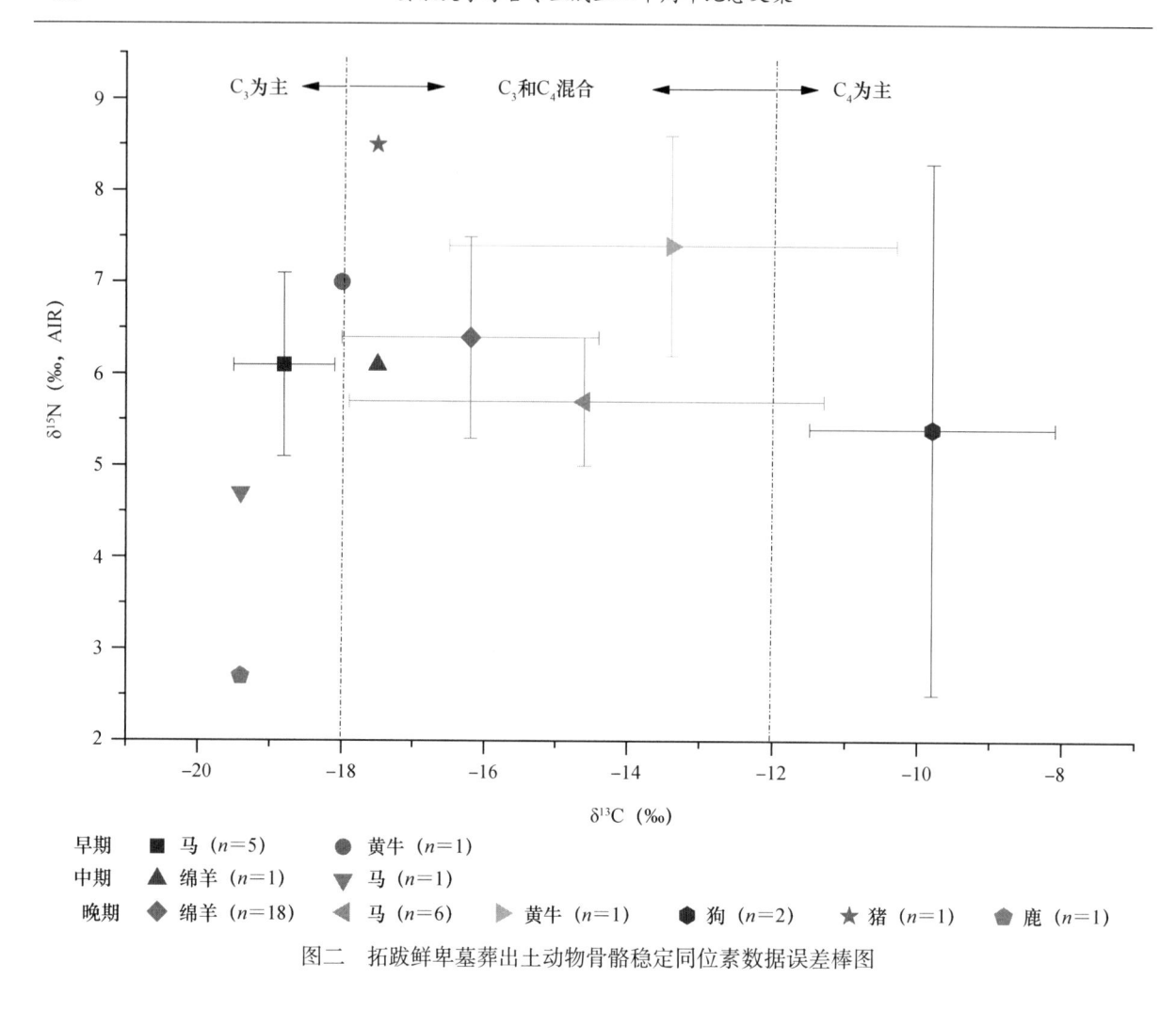

图二　拓跋鲜卑墓葬出土动物骨骼稳定同位素数据误差棒图

此外，除去纳林套海墓群可能存在干旱环境导致人群较高δ^{15}N值的特殊情况，平城居民δ^{15}N值高于草原和农耕地区的汉代居民。可见，拓跋鲜卑作为传统游牧民族，其对肉食资源的依赖可能还是比农耕民族较大。然而，随着拓跋鲜卑逐渐南迁，其经济生活中的畜牧业因素呈现减少的趋势。

四、拓跋鲜卑的生计方式

嘎仙洞遗址作为拓跋鲜卑起源地尚存质疑[54]，故而生活于森林环境中的早期拓跋鲜卑生计方式研究尚需更多新材料的支撑。经过第一次迁徙，拓跋鲜卑走出了森林环境并进入呼伦贝尔草原，也即史书所记载的"大泽"地区生活了近百年时间。从拉布达林、扎赉诺尔等早期拓跋鲜卑墓葬出土的大量骨质镞、矛、弓弭、鸣镝等器具，羊形、三鹿纹牌饰，大量牛、马等动物的头蹄葬，还有少量野猪、鹿、贝类、鱼类等野生资源来看，先民对动物资源的依赖程度较高，可能以游牧经济为主，辅之以渔猎经济。这个时期的拓跋鲜卑也从事一定的采集经济，如对野生桦树资源的普遍利用。此外，结合考古出土的炭化农作物遗存，以及稳定同位素分析显示先民少量粟、黍等作物的摄取，我们认为此时期的拓跋鲜卑可能存在一些粟作农业经济因素。

拓跋鲜卑经历第二次南迁，从呼伦贝尔地区迁徙到内蒙古中南部地区，也即史书记载的"匈奴故地"。这一阶段至拓跋鲜卑建国，其生计方式与迁居"大泽"时期大体相似，人和动物的稳定同位素分析数据也显示这两个地区人群的动、植物资源摄取情况及家畜饲养策略相近。此外，扎赉诺尔墓群出土了四神规矩镜、如意纹织锦，拉布达林墓地出土了"大泉五十"，第二次南迁期间的拓跋鲜卑墓葬也出土了五铢钱、漆器、丝质品等，这些中原地区常见物品的出土，反映了拓跋鲜卑在进入农耕区之前即已与农业人群有了经济和文化的往来，这或许为以上时段拓跋鲜卑粟类作物获取乃至农业经济发展提供了便利条件。

拓跋鲜卑先后定都盛乐、平城和洛阳。北魏建国初期战事频繁，需要大量的牲畜作为物资和畜力。此外，战争俘获的牲畜数量也是可观的。大同地区墓葬出土的动物骨骼虽然不多，但是人骨稳定同位素数据显示北魏平城居民仍然具有较高的$\delta^{15}N$值，可见其动物资源的利用依然存在，只是相比早、中期其动物资源摄取比例有所降低。这说明了拓跋鲜卑对畜牧业经济的依赖虽有所降低，但其在经济部门中依然占据着重要的地位。北魏平城和洛阳地区墓葬出土的野生动物骨骼和渔猎相关工具数量极少。可见，随着拓跋鲜卑的南迁，其对于狩猎经济的依赖有一个从高到低的转变过程。黎虎先生认为，北魏前期的狩猎经济除了具有军事和游乐的目的之外，还具有经济的意义，仍然是当时社会经济生活中一个必要的组成部分。不过它毕竟是在拓跋魏进入农耕—畜牧社会之后残存的一种经济形态，其性质与原始的狩猎经济已不可同日而语，它只是当时农业和畜牧业经济的一种补充，孝文帝以后狩猎经济终于退出了拓跋魏的社会生活领域[55]。

据《魏书·太祖纪》，"幸定襄之盛乐，息众课农"，表明拓跋魏定都盛乐期间即已开始发展农业经济。北魏太和九年（485年）开始推行均田制。公元493年，北魏迁都洛阳后，孝文帝汉化改革更是加速了鲜汉融合。一系列有利于农业发展的政治、经济和文化政策的推行，极大促进了拓跋魏的农业经济发展[56]。大同沙岭北魏壁画墓发现有着鲜卑服的男子耕作、打场等农耕场景。大同地区北魏墓葬出土人和动物骨骼的稳定同位素分析数据也显示此时人及畜群对于粟类作物的摄取比例较之早、中期拓跋鲜卑有了明显增加。

五、结　语

随着拓跋鲜卑南迁，其生计方式日趋多元化。虽然其内在动因尚不明确，可能是气候、环境、政治、文化和经济多方面综合因素催动的结果，但是一个主要因素即中原农耕经济和文化的影响不容忽视。考古资料和同位素数据表明拓跋鲜卑早期可能就已从事一定量的粟作农业经济，而到了北魏平城时期农业经济比重明显增加，不论是人群饮食还是牲畜饲喂策略均受到了明显影响。这说明北方农耕因素对于拓跋鲜卑这一传统游牧民族经济和文化特性的塑造很早就已经发生，且影响程度也在随着拓跋鲜卑南迁日趋增强。此外，拓跋鲜卑墓葬出土的各类异域风格器物，如大同北魏墓葬出土的萨珊波斯风格玻璃碗和鎏金錾花银碗、胡商和骆驼俑，以及洛阳北魏墓葬出土的罗马金币等，表明拓跋魏与西方文明也存在着深入的交流[57]。拓跋鲜卑在不停迁徙和征战过程中，还接纳了一些其他北方民族诸如匈奴和鲜卑其他族群，加上农耕和异域文化，使得北魏时期的文化构成具有多元性与复杂性，从而塑造了拓跋魏在中国古代历史上所扮演的重要历史角色。拓跋鲜卑生计方式综合研究让我们从一个新视角认识到，自汉魏以来，中国历史进程中的民族融合是一直存在的，这是隋唐盛世形成的重要物质和文化基础，也对中华文明的形成具有重要意义。

注　释

[1]　范晔：《后汉书·乌桓鲜卑列传》，中华书局，2000年。

[2]　魏收：《魏书·序纪》，中华书局，1974年。

[3]　a. 赵越：《内蒙古额右旗拉布达林发现鲜卑墓》，《考古》1990年第10期。

　　b. 郑隆：《内蒙古扎赉诺尔古墓群调查记》，《文物》1961年第9期。

　　c. 内蒙古文物工作队：《内蒙古扎赉诺尔古墓群发掘简报》，《考古》1961年第12期。

　　d. 王成：《扎赉诺尔圈河古墓清理简报》，《北方文物》1987年第3期。

　　e. 内蒙古文物考古研究所：《扎赉诺尔古墓群1986年清理发掘报告》，《内蒙古文物考古文集》（第一辑），中国大百科全书出版社，1994年。

　　f. 陈凤山、殷焕良、白劲松等：《呼伦贝尔市团结墓地》，《内蒙古地区鲜卑墓葬的发现与研究》，科学出版社，2004年。

　　g. 中国社会科学院考古研究所内蒙古工作队、呼伦贝尔民族博物院、满洲里市文物管理所等：《满洲里市蘑菇山墓地发掘报告》，《草原文物》2014年第2期。

　　h. 呼伦贝尔盟文物管理站、额尔古纳右旗文物管理所：《额尔古纳右旗七卡鲜卑墓清理简报》，《内蒙古文物考古文集》（第二辑），中国大百科全书出版社，1997年。

　　i. 程道宏：《伊敏河地区的鲜卑墓》，《内蒙古文物考古》1982年第2期。

[4]　魏收：《魏书·序纪》，中华书局，1974年。

[5]　a. 中国科学院考古研究所内蒙古工作队：《内蒙古巴林左旗南杨家营子的遗址和墓葬》，《考古》1964年第1期。

　　b. 杜承武、李兴盛：《察右后旗三道弯墓地》，《内蒙古文物考古文集》（第一辑），中国大百科全书出版社，1994年。

　　c. 李兴盛、魏坚：《商都县东大井墓地》，《内蒙古地区鲜卑墓葬的发现与研究》，科学出版社，2004年。

[6]　a. 李逸友：《内蒙古呼和浩特美岱村北魏墓》，《考古》1962年第2期。

　　b. 王新宇：《察右中旗七郎山墓地》，《内蒙古地区鲜卑墓葬的发现与研究》，科学出版社，2004年。

c. 陈永志、宋国栋、马文青等：《正镶白旗伊和淖尔墓群M2发掘简报》，《草原文物》2016年第1期。

d. 王晓琨、庄永兴、刘洪元等：《内蒙古正镶白旗伊和淖尔M1发掘简报》，《文物》2017年第1期。

[7] 大同市考古研究所：《大同考古资料汇编》，文物出版社，2018年。

[8] a. 马长寿：《乌桓与鲜卑》，广西师范大学出版社，2006年。

b. 宿白：《东北、内蒙古地区的鲜卑遗迹——鲜卑遗迹辑录之一》，《文物》1977年第5期。

c. 宿白：《盛乐、平城一带的拓跋鲜卑—北魏遗迹——鲜卑遗迹辑录之二》，《文物》1977年第11期。

d. 宿白：《北魏洛阳城和北邙陵墓——鲜卑遗迹辑录之三》，《文物》1978年第7期。

e. 许永杰：《鲜卑遗存的考古学考察》，《北方文物》1993年第4期。

f. 乔梁：《鲜卑遗存的认定与研究》，《中国考古学的跨世纪反思》（下），商务印书馆，1999年。

g. 内蒙古自治区文物考古研究所编：《内蒙古地区鲜卑墓葬的发现与研究》，科学出版社，2004年。

h. 孙危：《鲜卑考古学文化研究》，科学出版社，2007年。

i. 韦正：《鲜卑墓葬研究》，《考古学报》2009年第3期。

j. 倪润安：《北魏平城时代平城墓葬的文化转型》，《考古学报》2014年第1期。

[9] a. 韦振深：《北魏由原始畜牧经济向封建农业经济过渡的探讨》，《古今农业》1992年第2期。

b. 张敏：《北魏前期农牧关系的演变》，《许昌学院学报》2005年第4期。

[10] 李泳集：《从考古发现看鲜卑族农业》，《农业考古》1991年第3期。

[11] a. 张国文、胡耀武、裴德明等：《大同南郊北魏墓群人骨的稳定同位素分析》，《南方文物》2010年第1期。

b. 张国文、胡耀武、宋国定等：《内蒙古三道湾和叭沟鲜卑墓人骨和动物骨骼的稳定同位素分析》，《边疆考古研究》（第10辑），科学出版社，2011年。

c. 张全超、朱泓：《内蒙古察右中旗七郎山墓地人骨的稳定同位素分析》，《草原文物》2012年第1期。

d. Guowen Zhang, Yaowu Hu, et al. A paleodietary and subsistence strategy investigation of the Iron Age Tuoba Xianbei site by stable isotopic analysis: A preliminary study of the role of agriculture played in pastoral nomad societies in northern China, *Journal of Archaeological Science: Reports*, 2015, 2: 699-707.

e. 张国文、陈凤山、孙祖栋等：《早期鲜卑人和动物骨骼的稳定同位素分析》，《人类学学报》2017年第1期。

f. 侯亮亮、古顺芳、张昕煜等：《农业区游牧民族饮食文化的滞后性——基于大同东信广场北魏墓群人骨的稳定同位素研究》，《人类学学报》2017年第3期。

g. 侯亮亮、古顺芳：《大同地区北魏居民生业经济的考古学观察》，《郑州大学学报》（哲学社会科学版）2018年第6期。

h. 苏俊吉：《大同水泊寺北魏墓群人和动物骨骼的C，N稳定同位素分析》，山西大学硕士学位论文，2018年。

i. 侯亮亮、古顺芳、苏俊吉等：《大同水泊寺北魏墓群人和动物骨骼的稳定同位素：试析北魏女性的地位》，《边疆考古研究》2019年第2期。

j. Guowen Zhang, Xiaogang Hou, Shuyun Li, Yawei Zhou, Michael P Richards. Agriculturalization of the Nomad-Dominated Empires of the Northern Wei Dynasty in Pingcheng city (398-494AD): A stable isotopic study on animal and human bones from the Jinmaoyuan cemetery, China, *International Journal of Osteoarchaeology*, 2021, 31: 38-53.

[12] 大同市博物馆：《大同东郊北魏元淑墓》，《文物》1989年第8期。

[13] 大同市考古研究所：《大同雁北师院北魏墓群》，文物出版社，2008年。

[14] a. 赵越：《内蒙古额右旗拉布达林发现鲜卑墓》，《考古》1990年第10期。

b. 郑隆：《内蒙古扎赉诺尔古墓群调查记》，《文物》1961年第9期。

c. 内蒙古文物工作队：《内蒙古扎赉诺尔古墓群发掘简报》，《考古》1961年第12期。

d. 王成：《扎赉诺尔圈河古墓清理简报》，《北方文物》1987年第3期。

e. 内蒙古文物考古研究所：《扎赉诺尔古墓群1986年清理发掘报告》，《内蒙古文物考古文集》（第一辑），中国大百科全书出版社，1994年。

[15] 宁培杰、魏坚、郝晓菲：《二连浩特市盐池墓葬》，《内蒙古地区鲜卑墓葬的发现与研究》，科学出版社，2004年。

[16] 张庆捷、吕金才、冀保金等：《山西大同南郊仝家湾北魏墓（M7、M9）发掘简报》，《文物》2015年第12期。

[17] 王银田、韩生存：《大同市齐家坡北魏墓发掘简报》，《文物季刊》1995年第1期。

[18] 张庆捷：《大同操场城北魏太官粮储遗址初探》，《文物》2010年第4期。

[19] 山西大学历史文化学院、山西省考古研究所、大同市博物馆：《大同南郊北魏墓群》，科学出版社，2006年。

[20] 赵越：《内蒙古额右旗拉布达林发现鲜卑墓》，《考古》1990年第10期。

[21] 山西大学历史文化学院、山西省考古研究所、大同市博物馆：《大同南郊北魏墓群》，科学出版社，2006年。

[22] 大同市考古研究所：《大同雁北师院北魏墓群》，文物出版社，2008年。

[23] 张国文：《拓跋鲜卑殉牲习俗探讨》，《南方文物》2017年第2期。

[24] 山西大学历史文化学院、山西省考古研究所、大同市博物馆：《大同南郊北魏墓群》，科学出版社，2006年。

[25] 魏收：《魏书》，中华书局，1974年。

[26] 大同市考古研究所：《山西大同迎宾大道北魏墓群》，《文物》2006年第10期。

[27] 大同市考古研究所：《山西大同沙岭北魏壁画墓发掘简报》，《文物》2006年第10期。

[28] 山西大学历史文化学院、山西省考古研究所、大同市博物馆：《大同南郊北魏墓群》，科学出版社，2006年。

[29] 魏收：《魏书》，中华书局，1974年。

[30] a. 大同市考古研究所：《大同雁北师院北魏墓群》，文物出版社，2008年。

b. 山西省大同市博物馆、山西省文物工作委员会：《大同石家寨北魏司马金龙墓》，《文物》1972年第3期。

c. 尹刚：《山西大同下深井北魏墓发掘简报》，《文物》2004年第6期。

[31] a. 山西大学历史文化学院、山西省考古研究所、大同市博物馆：《大同南郊北魏墓群》，科学出版社，2006年。

b. 大同市考古研究所：《山西大同沙岭北魏壁画墓发掘简报》，《文物》2006年第10期。

[32] 魏收：《魏书·太祖纪》，中华书局，1974年。

[33] 王利华：《中古时期北方地区畜牧业的变动》，《历史研究》2001年第4期。

[34] a. 大同市考古研究所：《大同雁北师院北魏墓群》，文物出版社，2008年。

b. 王银田、刘俊喜：《大同智家堡北魏墓石椁壁画》，《文物》2001年第7期。

c. 大同市考古研究所：《山西大同沙岭北魏壁画墓发掘简报》，《文物》2006年第10期。

[35] 王银田、刘俊喜：《大同智家堡北魏墓石椁壁画》，《文物》2001年第7期。

[36] 张庆捷、吕金才、冀保金等：《山西大同南郊全家湾北魏墓（M7、M9）发掘简报》，《文物》2015年第12期。

[37] 大同市考古研究所：《大同雁北师院北魏墓群》，文物出版社，2008年。

[38] a. 山西省大同市博物馆、山西省文物工作委员会：《大同石家寨北魏司马金龙墓》，《文物》1972年第3期。

b. 山西省考古研究所、大同市考古研究所：《山西大同市大同县陈庄北魏墓发掘简报》，《文物》2011年第12期。

[39] a. 大同市考古研究所：《大同雁北师院北魏墓群》，文物出版社，2008年。

b. 山西省考古研究所、大同市考古研究所：《山西大同市大同县陈庄北魏墓发掘简报》，《文物》2011年第12期。

c. 大同市考古研究所：《山西大同南郊区田村北魏墓发掘简报》，《文物》2010年第5期。

d. 大同市考古研究所：《山西大同文瀛路北魏壁画墓发掘简报》，《文物》2011年第12期。

[40] Price T D. *The Chemistry of Prehistoric Human Bone*. Cambridge: Cambridge University Press, 1989.

[41] Guowen Zhang, Yaowu Hu, *et al*. A paleodietary and subsistence strategy investigation of the Iron Age Tuoba Xianbei site by stable isotopic analysis：A preliminary study of the role of agriculture played in pastoral nomad societies in northern China, *Journal of Archaeological Science: Reports*, 2015, 2: 699-707.

[42] 张全超、朱泓：《内蒙古察右中旗七郎山墓地人骨的稳定同位素分析》，《草原文物》2012年第1期。

[43] Guowen Zhang, Yaowu Hu, *et al*. A paleodietary and subsistence strategy investigation of the Iron Age Tuoba Xianbei site by stable isotopic analysis：A preliminary study of the role of agriculture played in pastoral nomad societies in northern China, *Journal of Archaeological Science: Reports*, 2015, 2: 699-707.

[44] Guowen Zhang, Xiaogang Hou, Shuyun Li, Yawei Zhou, Michael P Richards. Agriculturalization of the Nomad-Dominated Empires of the Northern Wei Dynasty in Pingcheng city (398-494AD): A stable isotopic study on animal and human bones from the Jinmaoyuan cemetery, China, *International Journal of Osteoarchaeology*, 2021, 31: 38-53.

[45] 侯亮亮、古顺芳、苏俊吉等：《大同水泊寺北魏墓群人和动物骨骼的稳定同位素：试析北魏女性的地位》，《边疆考古研究》2019年第2期。

[46] 侯亮亮、古顺芳：《大同地区北魏居民生业经济的考古学观察》，《郑州大学学报》（哲学社会科学版）2018年第6期。

[47] Guowen Zhang, Yaowu Hu, *et al*. A paleodietary and subsistence strategy investigation of the Iron Age Tuoba Xianbei site by stable isotopic analysis: A preliminary study of the role of agriculture played in pastoral nomad societies in northern China, *Journal of Archaeological Science: Reports*, 2015, 2: 699-707.

[48] Guowen Zhang, Xiaogang Hou, Shuyun Li, Yawei Zhou, Michael P Richards. Agriculturalization of the Nomad-Dominated Empires of the Northern Wei Dynasty in Pingcheng city (398-494AD): A stable isotopic study on animal and human bones from the Jinmaoyuan cemetery, China, *International Journal of Osteoarchaeology*, 2021, 31: 38-53.

[49] 侯亮亮、古顺芳、苏俊吉等：《大同水泊寺北魏墓群人和动物骨骼的稳定同位素：试析北魏女性的地位》，《边疆考古研究》2019年第2期。

[50] 张全超、郭林、朱泓：《内蒙古察右前旗呼和乌素汉代墓地出土人骨的稳定同位素分析》，《草原文物》2012年第2期。

[51] 张全超、胡延春、魏坚等：《内蒙古巴彦淖尔市纳林套海汉墓出土人骨的稳定同位素分析》，《人类学学报》2012年第4期。

[52] 苏俊吉：《大同水泊寺北魏墓群人和动物骨骼的C，N稳定同位素分析》，山西大学硕士学位论文，2018年。

[53] Pyankov V I, Gunin P D, Tsoog S, Black C C. C_4 plants in the vegetation of Mongolia: their natural occurrence and geographical distribution in relation to climate, *Oecologia*, 2000, 123 (1): 15-31.

[54] 刘国祥、倪润安：《嘎仙洞遗址的发现及相关问题探讨》，《文物》2014年第11期。

[55] 黎虎：《北魏前期的狩猎经济》，《历史研究》1992年第1期。

[56] 王仲荦：《魏晋南北朝史》，上海人民出版社，2003年。

[57] a. 夏鼐：《北魏封和突墓出土萨珊银盘考》，《文物》1983年第8期。

b. 王银田：《萨珊波斯与北魏平城》，《敦煌研究》2005年第2期。

c. 张志忠：《大同北魏墓葬胡俑的粟特人象征》，《文物世界》2005年第6期。

d. 洛阳市文物考古研究院：《洛阳市涧西区衡山路北魏墓发掘简报》，《文物》2016年第7期。

（原刊于《考古》2022年第4期）

安徽地区古代建筑灰浆的多方法表征

魏国锋[1]　Chiara Germinario[2]　Celestino Grifa[2,3]　马　啸[4,5]

(1. 安徽大学历史学院；2. Dipartimento di Scienze e Tecnologie, Università degli Studi del Sannio, via De Sanctis snc；3. CRACS, Center of Research on Archaeometry and Conservation Science, Complesso Universitario di Monte Sant'Angelo, Via Cupa Nuova Cintia；4. Department of Materials Science and Engineering, HSSEAS School of Engineering and Applied Science, University of California Los Angeles；5. Molecular and Nano Archaeology Laboratory, HSSEAS School of Engineering and Applied Science, University of California Los Angeles)

一、引　言

传统石灰灰浆作为最重要的建筑材料之一，具有良好的耐久性、自愈能力及与砖石质文物本体的兼容性等优点，在世界各地的砖石质建筑中的使用已有数千年的历史。考古资料表明，中国对石灰灰浆的应用最早可以追溯到新石器时代晚期，并从元明时期开始广泛用于建筑用途。20世纪伊始，中国传统的石灰灰浆逐渐被从欧洲引进的波特兰水泥所取代[1]。使用石灰灰浆建造的许多历史悠久的城墙、建筑物和墓葬幸存至今，对这些砖石建筑的修复保护一直是学界的研究重点。因此，长期以来，学界对传统石灰灰浆制作工艺甚少涉及，对其原料和科学机理知之不多，限制了其在砖石质建筑遗产保护中的应用。因此，有必要对中国古代传统石灰灰浆进行科学研究，探明其原料配方、制作工艺和科学机理，为其在文化遗产保护中的应用提供科学依据[1~4]。

本文所用的石灰灰浆样品来自安徽五个重要的考古遗址，包括四个取自城墙和一个墓葬中的灰浆，年代从宋代到清代，下面对这些灰浆样品的考古背景进行简要介绍。

作者简介：魏国锋，男，1975年7月生，安徽大学历史学院教授。

1. 明中都城墙

作为明朝的拟定都城，明中都遗址位于中国安徽省滁州市凤阳县西北部（图一），始建于明朝洪武年间（1368~1398年）[5]。1375年4月，诸多因素的影响导致朱元璋罢建中都城[6]，并放弃了定都中都的计划，而此时一些主要建筑已经建成，包括皇宫、皇室和官员的住宅以及城墙等[6]。明中都虽然没有成为明朝的都城，但它成为后来改建都城南京（1375~1377年）和营建北京（1417~1420年）的模式样板[5]。在过去的600年里，明中都的建筑遭受了拆除破坏、战争、火灾和自然风化，现仅存一些皇家城墙、城门、鼓楼地基和皇家陵墓雕刻[5]。1982年，明中都皇故城及皇陵石刻被国家文物局列为国家级重点文物保护单位。明中都的灰浆样品取自西城墙（图一，b、c）和西华门地基（图一，d）砖之间的粘结灰浆。

2. 正阳关古城墙

正阳关位于安徽省淮南市寿县，地处淮河、颍河、鄢河交汇处，古称颍尾、颍口，阳石，羊市、羊石城等，曾是重要的水运枢纽、商贸中心和军事要塞[7,8]，至今已有2500多年的历史。正阳关城墙始建于清朝同治年间（1862~1874年），现存城墙有三门——即北门、南门、东门。2012年，正阳关城墙被安徽省人民政府列为省级重点文物保护单位。城墙用砖、石和灰浆建造而成，长期遭受风化、生物生长、洪水等自然因素的影响，加之长期缺乏维护，其病害问题较为严重。本文中所用的正阳关灰浆取自东门砖之间的粘结灰浆（图一，f、g）。

3. 歙县古城墙

歙县位于安徽省黄山市。秦朝（公元前221年）始建县，隋末以来一直是徽州政治中心、军事中心和文化中心，也是徽文化的发祥地[9]。其县城城墙主要建于明嘉靖三十四年（1555年）。当时建有四门，至今仅存两门——北门和东门。清代进行了修缮，但后来城墙遭受了拆除、毁坏和洪水破坏[9]。本文中歙县古城墙的灰浆取自靠近城墙东门的砖缝间（图一，h）。

4. 南陵铁拐宋墓

2014年6~9月，安徽省文物考古研究所和南陵县文物管理所在南陵县弋江镇铁拐村铁拐组西北约800米处发掘了两座宋代墓葬[10]。据墓志铭推测，墓葬年代可追溯至公元1087年（元祐二年），属于宋朝官员徐勣的家属。值得注意的是，棺椁使用石灰灰浆（可能是一种三合土灰浆——即通常由糯米浆、黏土、砂和一小部分有机粘结介质混合制成的灰浆）密封（图一，i），使地下水无法渗进棺椁内。本文中南陵铁拐宋墓的样品直接取自密封棺椁的灰浆。

鉴于大部分城墙保存状况不佳，且易老化及受风化的影响，因此，城墙的保护修复工作已迫在眉睫。由于石灰灰浆是结构部件的重要部分，因而对灰浆性能的研究变得至关重要。本文

图一
a、b. 明中都城墙墙砖之间的粘结灰浆　c. 明中都西华门地基砖之间的粘结灰浆　d. 寿县古城墙墙砖之间的粘结灰浆
e、f. 正阳关古城墙墙砖之间的粘结灰浆　g. 歙县古城墙墙砖之间的粘结灰浆　h、i. 南陵铁拐宋墓密封棺椁的灰浆
b、d、e和i中矩形代表取样位置

采用多种科技手段对灰浆进行了全面的分析，旨在提供有关制作工艺方面的信息，同时尝试解答以下问题：如在制备灰浆时使用了哪些原材料和添加剂？安徽各地古城墙所用的灰浆在材料配比、物相和成分有何异同？南陵铁拐宋墓所用的三合土灰浆在矿物学有何特殊性？此外，本文的研究结果将为明中都城墙、正阳关城墙和歙县城墙等保护修复提供重要的科学依据。

二、材料与方法

（一）样品介绍

本文中所用的灰浆样品采自安徽地区的古城墙和墓葬，使用小凿子取一小块灰浆样品，然后带到实验室进行分析，样品详情如表一所示。

表一　灰浆样品信息表

样品编号	样品描述	照片	实验方法
S-1	明中都西城墙墙砖之间的粘结灰浆（安徽滁州市凤阳县）		PLM，FTIR，XRD，SEM-EDX，TG/DSC-FTIR（EGA）
S-2	明中都西华门地基砖之间的粘结灰浆（安徽滁州市凤阳县）		PLM，FTIR，XRD，SEM-EDX，TG/DSC-FTIR（EGA）
S-3	寿县古城墙墙砖之间的粘结灰浆（安徽淮南市寿县）		PLM，FTIR，XRD，SEM-EDX，TG/DSC-FTIR（EGA）
S-4	正阳关古城墙墙砖之间的粘结灰浆（安徽淮南市寿县正阳关镇）		PLM，FTIR，XRD，SEM-EDX，TG/DSC-FTIR（EGA）
S-5	歙县古城墙墙砖之间的粘结灰浆（安徽黄山市歙县）		PLM，FTIR，XRD，SEM-EDX，TG/DSC-FTIR（EGA）
S-6	南陵铁拐宋墓密封棺椁的灰浆（安徽芜湖市南陵县）		PLM，FTIR，XRD，SEM-EDX，TG/DSC-FTIR（EGA）

（二）实验方法

采用偏光显微镜（PLM）、傅里叶变换红外光谱（FTIR）、X射线衍射（XRD）、扫描电镜（SEM-EDX）和热重（TG）等方法对样品进行分析，差热（DSC）与红外光谱法（FTIR-EGA）用于逸出气体分析。

1. 偏光显微分析（PLM）

每个样品首先要在真空中浸渍在环氧树脂中进行冷凝，然后切割成薄片，切割过程中使用油以避免破坏灰浆中的水溶性矿物质。随后将试样抛光至 30μm 的标准厚度，用玻璃片覆盖，然后用偏光显微镜（PLM）进行观察，并使用配备尼康DS-Fi1相机的Nikon Eclipse 6400 POL显微镜进行拍照。使用 ImageJ 软件（ImageJ 1.48v，美国国立卫生研究院）通过数字图像分析计算结构参数。晶粒尺寸分布（GSD）测定是通过测量晶粒最小 Feret（mF）值来实现的，从而能够计算 Krumbein phi（Φ）值（$Φ = -\log_2(mF)$）[11, 12]。

2. X射线衍射分析（XRD）

将灰浆样品在玛瑙研钵中磨成细粉末进行X射线衍射分析。X射线衍射仪（XRD）为 Bruker D8型衍射仪，仪器参数如下：Cu-Kα辐射，λ= 1.5404Å，加速电压40kV，管流40mA，扫描范围2°~80°。通过使用 ICDD 数据库（国际衍射数据中心）确定物相。

3. 红外光谱分析（FTIR）

采用配备有铂金ATR模块的Bruker Alpha型红外光谱（FTIR）对精细研磨的粉末样品进行测试，样品质量仅需数毫克。光谱扫描64次，光谱分辨率为4cm^{-1}，测试范围为4000~400 cm^{-1}。

数据的采集和处理使用Bruker Opus 7.2进行。对光谱进行平滑处理（Savitzky-Golay 算法）并进行基线校正（Rubberband 方法）[13]。光谱与红外和拉曼用户组（IRUG）的光谱数据库和已发表的文献进行匹配。

4. 扫描电镜（SEM）和能谱分析（EDX）

样品断裂面的微观结构和元素分析采用FEI Nova NanoSEM 230型扫描电镜。该电镜具有场发射枪和可变压力能力，配备hermo Scientific NORAN™ System™ 7型能量色散X射线光谱仪（EDX）。使用Cressington 208carbon型高真空镀碳仪对样品表面进行喷碳处理，以提高样品的导电性。使用低真空电子检测器（LVD）、Everhart-Thornley 检测器（ETD）和背散射电子检测器（BSED）在可变压力和真空中进行二次电子（SE）和背散射电子（BSE）成像。使用EDX获得特征X射线光子发射的元素光谱。

5. 热重—差热—红外光谱联用仪（TG-DSC-FTIR）

热分析采用Netzsch STA 449 F3 Jupiter 热分析仪，配备Bruker Tensor 27 红外光谱仪。将精细研磨的粉末样品（20~30mg）放入氧化铝坩埚中，并在空气吹扫的碳化硅炉中以10℃/min的加热速率加热至1050℃。用于逸出气体分析的傅里叶变换红外光谱仪的分辨率为8 cm^{-1}，每分钟32次光谱扫描和100次背景光谱扫描。使用 Netzsch Proteus 6.1.0和Opus 7.0 软件进行数据分析。

三、结果与讨论

（一）灰浆的微观结构特征

显微观察揭示出城墙的粘结灰浆（样品S-1～S-4）与墓葬的密封灰浆（S-5）在结构、矿物性质上的差异。样品S-1～S-4具有隐晶/微晶双折射性特征（图二，a；图二，b）中可观察到较为粗糙的重析方解石晶体。可溶性石灰粘结剂溶解后可能会迁移或再次沉淀到样品的表面或孔隙内，这种析出现象导致了灰浆的变质[14]。图三：a、b中，SEM观察显示出样品S-1和S-2的微观结构。EDX点分析证实主量元素为Ca、Mg、C和O，这说明可能使用了含有杂质的石灰石。同时EDX分析还表明其中含有少量的硅铝酸盐和石英。

在样品S-3中，发现了环状水菱镁矿晶体在微观结构的某些区域内随机取向（图三，c、d）。在SEM中偶见典型的水菱镁矿蜂窝状结构[15]（图三，e）。水菱镁矿结构的差异可能与

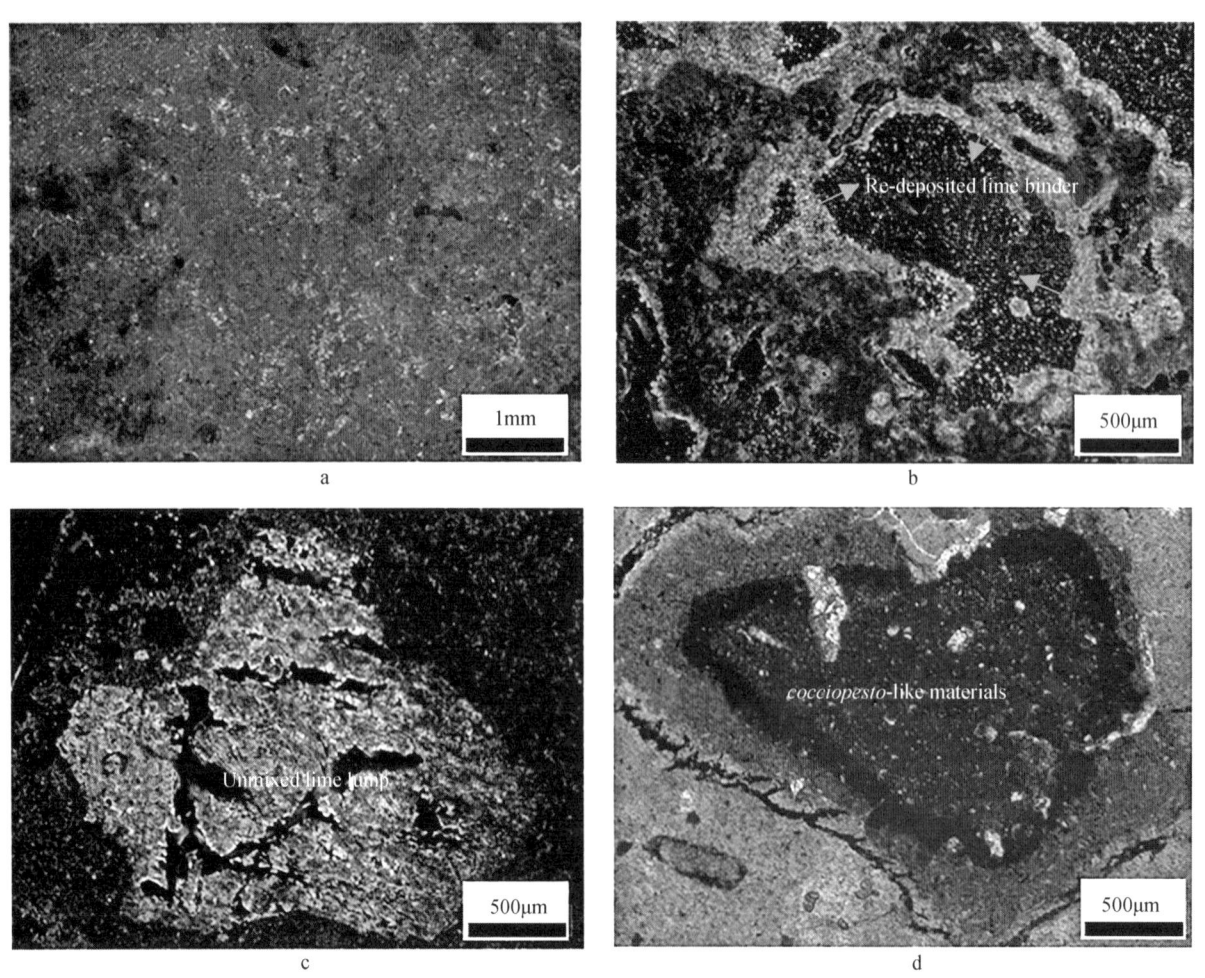

图二 样品的微观结构（PLM）

a. 微晶粘结剂，样品S-1，交叉偏振光下，放大20倍　b. 二次沉淀的碳酸钙，样品S-2，在交叉偏振光下，放大40倍　c. 未混合的块状物，样品S-4，交叉偏振光下，放大40倍　d. 细小的似古罗马cocciopesto的水硬性颗粒，样品S-6，平行偏振光下，放大40倍

水菱镁矿形成的环境有关,例如pH值、镁离子的浓度、存在细菌等。

样品S-4的光学性质揭示出其富含石灰,其中还包括常观察到的断裂的、未混合的块状物(图二,c)。该样品的SEM照片显示颗粒细小的微观结构(图三,f)。

南陵县铁拐宋墓的密封灰浆(样品S-5)根据其结构特征被单独分为一类。如图二,d显示,在双折射和微晶粘合剂中分散有包含细晶粒的较粗颗粒（1＞ϕ_{mF}＞-2；0.5~3.8mm）,这些较粗颗粒被认为是类似古罗马cocciopesto的水硬性材料,可能来自烧制的砖块或陶器碎渣[16]。这些晶粒之间有收缩形成的裂缝,并且与粘合剂的反应边缘明显,如图三：g、h所示,样品S-5的微观结构显示出低孔隙率及强非均质性。

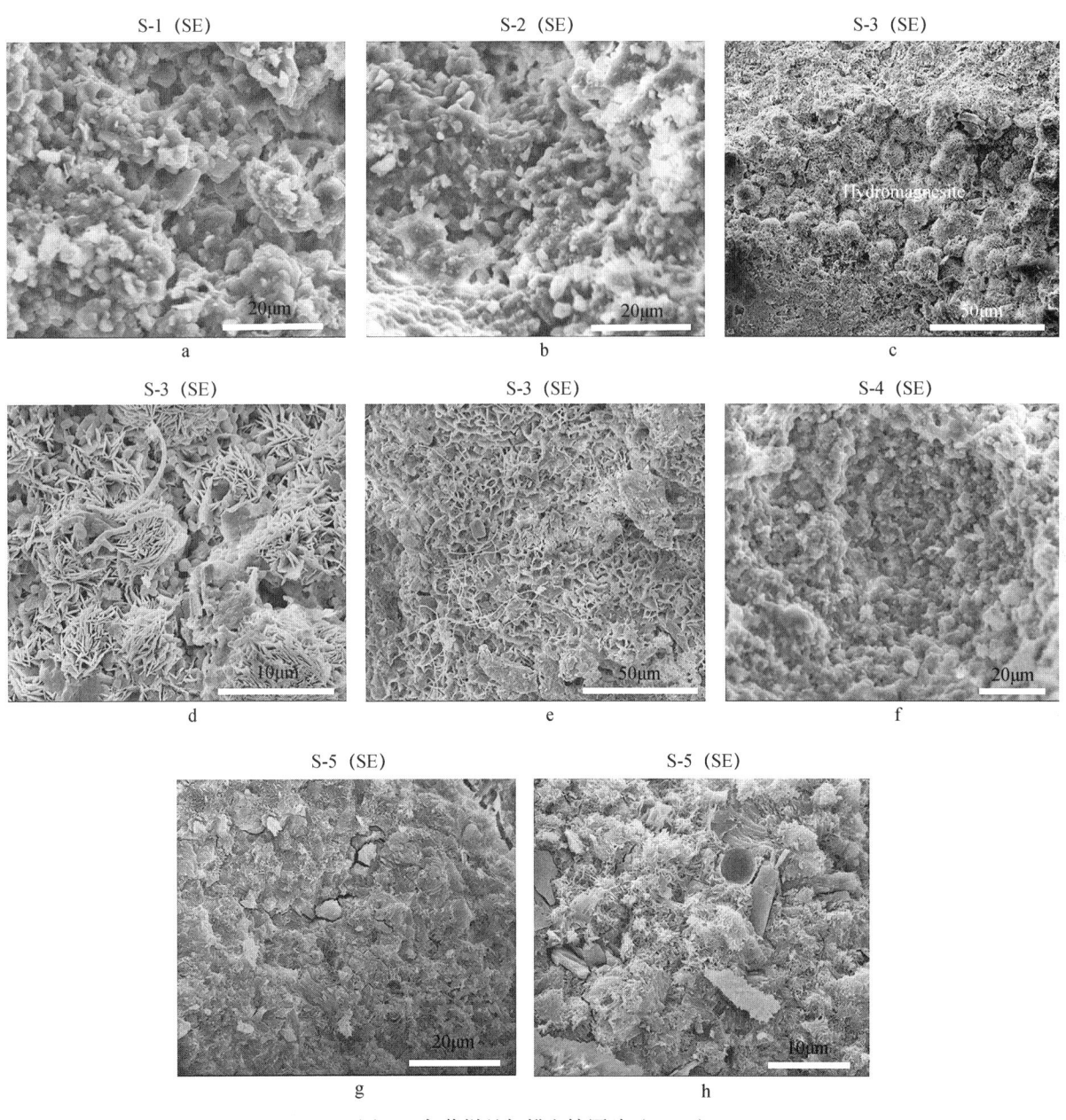

图三 灰浆样品扫描电镜图片（SEM）

a. 样品S-1的微观结构　b. 样品S-2的微观结构　c. 样品S-3中环状水菱镁矿晶体　d. c的放大图　e. 样品S-3中蜂窝状水菱镁矿晶体
f. 样品S-4的微观结构　g、h. 样品S-5非均质、低孔隙的微观结构

（二）灰浆的矿物组成

岩相分析中，矿物学分析同样凸显出PLM和SEM观察之间的差异；此外，样品S-5的矿物学特征表明南陵县铁拐宋代墓密封灰浆的特殊性。

就城墙灰浆而言（样品S-1~S-4），XRD分析显示所有样品的主要物相均为方解石，并且均发现石英的存在（表二）。

表二　灰浆样品的XRD半定量分析

	方解石	文石	石英	伊利石/云母	水铝钙石	水菱镁矿
S-1	xxxx	—	tr	—	tr	—
S-2	xxxx	tr	tr	—	tr	—
S-3	xxxx	x	tr	—	—	tr
S-4	xxxx	—	x	—	—	—
S-5	xxx	—	xxxx	x	xx	—

注：xxxx：主要的；xxx：较多；xx：正常；x：较少；tr：极少

FTIR为XRD分析做了一定的补充，如图四所示，约2513、1795、1410、872、712cm^{-1}处为方解石的特征吸收峰[17~20]，并且在所有谱图中均显示出较高强度。在1100cm^{-1}和900cm^{-1}之间出现的强宽峰证实了硅酸盐的存在（由于Si-O-Si的不对称伸缩振动）（图四；表三）。

样品S-5的ATR-FTIR谱图于1632和1321cm^{-1}处出现的峰值表明了草酸的存在（图四，e；表三）[21]。

碳酸钙约在785~806℃之间分解。分解时在DSC曲线中出现一个吸热峰，通过FTIR-EGA可以检测到在热分解中释放的CO_2（表四；图五），据此可以计算出灰浆样品中碳酸钙的含量。计算结果显示，城墙灰浆样品（S-1~S-4）的碳酸钙含量69wt%~91wt%（表四）；样品S-5的碳酸钙含量较低，约45wt%。如XRD和FTIR分析所示，在样品中均未发现氢氧钙石[$Ca(OH)_2$]，这表明$Ca(OH)_2$已碳化完全。

值得注意的是，样品S-1和S-2中含有一种晶面间距约为8Å的矿物相，这种矿物被确定为水铝钙石[$Ca_4Al_2(OH)_{12}(Cl, CO_3, OH)_2 \cdot 4H_2O$]（表二），是灰浆中以层状双氢氧化物（LDH）出现的一种稳定的水化产物[22]。水铝钙石常由$Ca(OH)_2$和石灰石中的黏土杂质分解产生的羟基铝酸盐$Al(OH)_4^-$反应形成[22, 23]，这通常在古代水硬性灰浆、现代火山灰水泥、白云石灰灰浆中被观察到[23, 24]。据文献记载，向石灰灰浆中添加例如偏高岭土等活性铝硅酸盐可提高火山灰活性[25~28]，从而促进水铝钙石和水化铝酸钙的形成[27, 28]。然而，XRD并未揭示样品S-1或S-2中存在铝硅酸盐（表二）。ATR-FTIR分析显示，1100cm^{-1}~900cm^{-1}之间的宽峰应为硅铝酸盐官能团的分子振动的特征峰[29]（图四，a，b）。出于这个原因，这种Al^{3+}源应该具有低或无序的晶体结构，我们推测Al^{3+}来源与石灰石中黏土杂质的燃烧产物有关，而不是明代工匠意识到其作用而有意添加。

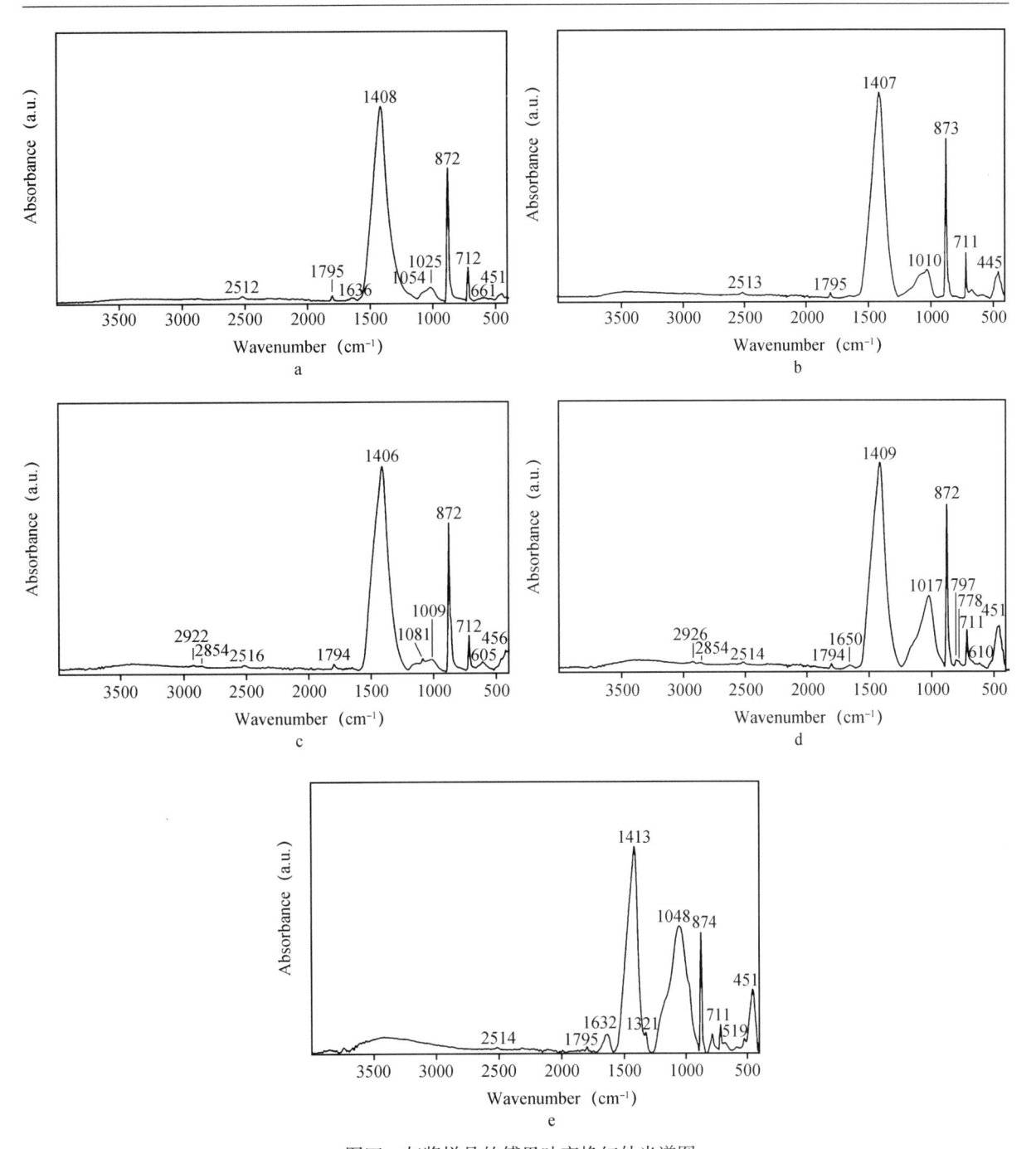

图四 灰浆样品的傅里叶变换红外光谱图
a. 样品S-1 b. 样品S-2 c. 样品S-3 d. 样品S-4 e. 样品S-5

表三 傅里叶红外光谱数据（cm^{-1}）

S-1	S-2	S-3	S-4	S-5	相应键	化合物
		2922	2926		C—H 伸缩振动	有机物
		2854	2854		C—H 伸缩振动	有机物
2512	2513	2516	2514	2514	CO_3^{2-}	方解石
1795	1795	1794	1794	1795	CO_3^{2-}	方解石
			1650		O—H 弯曲振动	表面吸收水
1636				1632	O—H 弯曲振动	草酸钙
1408	1407	1406	1409	1413	C—O 不对称拉伸	方解石
				1321	C—O 伸缩振动	草酸钙
1054				1048	Si—O—Si 伸缩振动	石英/硅酸盐
1025	1010	1009	1017		Si—O—Si 伸缩振动	硅酸盐
872	873	872	872	874	CO_3^{2-} 面外弯曲振动	方解石
		797			Si—O—Si 伸缩振动	石英
		778	780		Si—O—Si 伸缩振动	石英
712	711	712	711	711	CO_3^{2-} 面内弯曲振动	方解石
661		605	610	580	Al—O—Si 伸缩振动	硅酸盐
				519	Al—O—Si 弯曲振动	硅酸盐
451	445	456	451	451	O—Si—O 弯曲振动	硅酸盐

从以上分析可知，样品S-1和S-2在矿物成分方面存在一定的相似性。我们可以推测，明中都皇西城墙和西华门地基的粘结灰浆，在制备过程中使用了相似的原料（含有少量黏土杂质的白云质石灰石）和相近的配方。

正如XRD分析所示（表二），样品S-2中存在与方解石共生的文石。碳酸钙具有三种晶型：方解石、文石和球霰石，以及两种水化形式：单水方解石（$CaCO_3 \cdot H_2O$）和六水方解石（$CaCO_3 \cdot 6H_2O$），以及无定形碳酸钙（ACC）[30]。从热力学的角度来看，在室温及正常大气压条件下，方解石是三种晶型中最稳定的相[31]。镁离子对方解石的沉淀有很强的抑制作用，这有利于文石的生长，因此文石的产生是水溶液中存在镁离子时白云石灰灰浆的碳化产物[32,33]。

XRD分析证实样品S-3中存在水菱镁矿[$Mg_5(CO_3)_4(OH)_2 \cdot 4H_2O$]（表二），其微观结构通过SEM观察显示（图三，c、d）。尽管水菱镁矿在很大程度上被认为是水泥中的次要产品，但在古代灰浆中也发现了这种矿物[1,34~38]，它可能源于白云质石灰岩的煅烧[39~41]。由于白云质石灰岩煅烧会产生生石灰（CaO）和氧化镁（MgO），之后两者会分别消化成氢氧钙石[$Ca(OH)_2$]和水镁石[$Mg(OH)_2$]，在大气中CO_2的存在下，两相都会发生碳化，而水镁石的碳化速率要慢得多。生成的砂浆可能含有残留的氧化镁、水镁石、菱镁矿和各种羟基碳酸盐，如水菱镁矿$4MgCO_3 \cdot Mg(OH)_2 \cdot 4H_2O$、三水菱镁矿$MgCO_3 \cdot 3H_2O$、纤菱镁矿$MgCO_3 \cdot Mg(OH)_2 \cdot 3H_2O$。这些化合物的形成取决于砂浆的含水量和空气中的二氧化碳/水分的比值[41]。

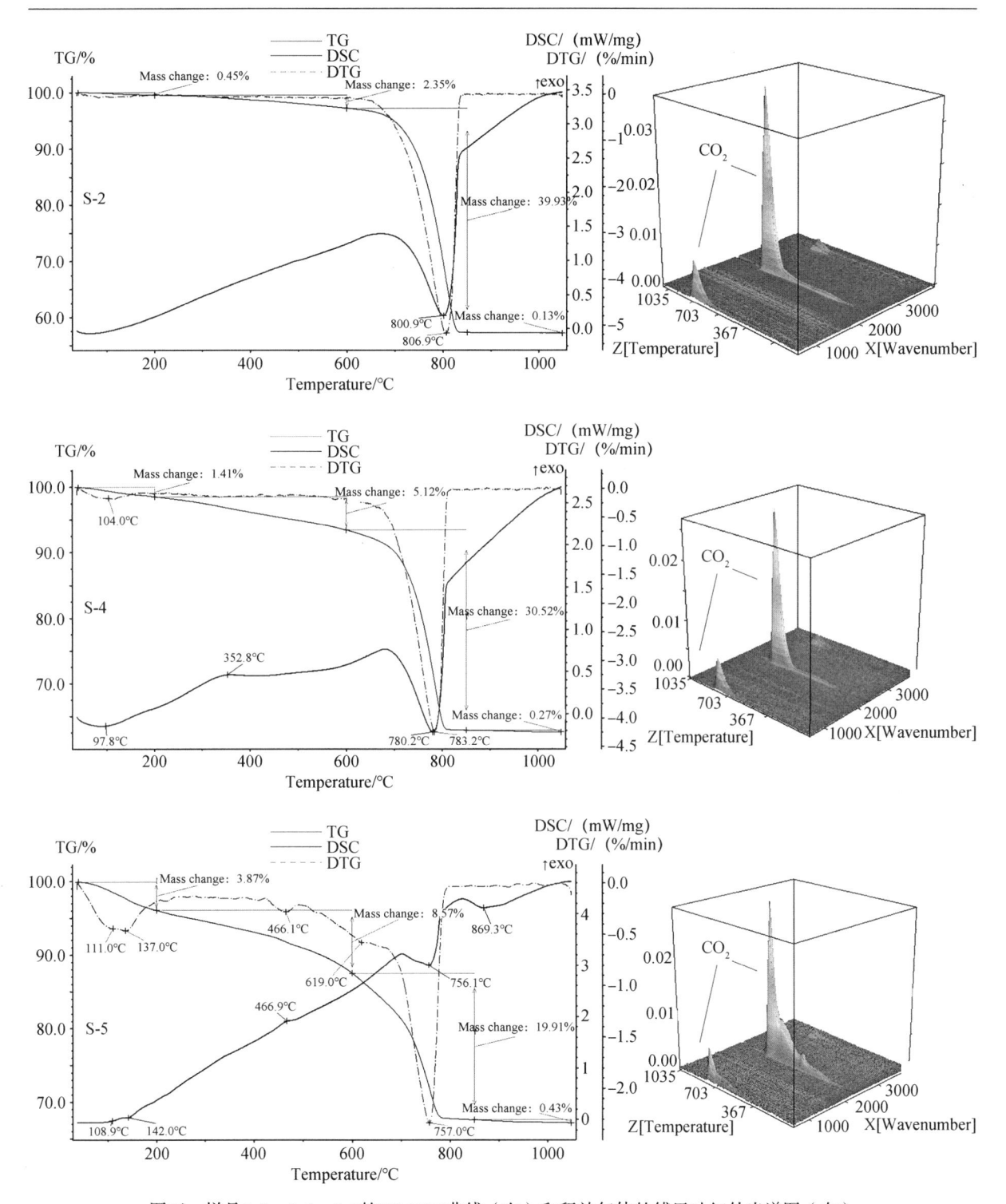

图五 样品S-2、S-4、S-5的TG-DSC曲线（左）和释放气体的傅里叶红外光谱图（右）

样品S-1~S-3中发现少量的骨料（石英），尽管作者不确定如此少量的骨料是否足以抵抗这些粘结灰浆的干缩，但文献中记载了许多中国古城墙砖之间的粘结灰浆含有低比例的骨料，如在湖南省[42]、浙江省[1,2]、河北省、甘肃省[43]、河南省、安徽省和北京[1]等。

FTIR分析在样品S-3和S-4中检测到有机化合物（图四，c、d）。有机化合物在2924cm^{-1}和2855cm^{-1}（C-H伸缩振动）以及1150和1000cm^{-1}之间均出现峰值。热分析显示DSC曲线上约350℃出现一个放热峰（图五，b），这可能与有机物有关。本文中使用的检测方法不能确定有机化合物的具体类型。但是，往石灰灰浆中添加有机成分是中国古代的一种常见做法，如文献中记载添加一些常见的有机成分可以改善灰浆的性能，如糯米、牛奶、血液、天然油、植物汁等[44~48]。具体来说，加入糯米可以使方解石晶粒变小、整体结构更致密，从而提高砂浆的强度和韧性[49,50]；糯米添加剂改性后的微观结构有助于提高灰浆防水性[47]。在中国古代，这些有机—无机复合石灰灰浆被用于城墙、抹面、水堤、墓葬[47]。

结合考古信息与显微观察可确定墓葬灰浆样品S-5有特殊的矿物学特征。该样品的XRD分析发现有方解石、石英、水铝钙石、伊利石/云母的存在（表二）。由于存在大量的水铝钙石，该灰浆中可能人为添加了一些活性硅铝酸盐。在图二中，我们也确实发现了一种类似古罗马cocciopesto的水硬性材料（可能来自粉碎的烧砖或陶器）及其与石灰粘合剂明显的反应边缘。根据热分析的结果（表四），粗略计算出S-5的CO_2/结合水重量比为2.3，远低于气硬性石灰灰浆，表明存在火山灰反应[51]。

此外，142℃时由于羟基的失去而在TG-DSC曲线中出现的重量损失可能说明了草酸盐的存在；466℃发生的吸热—放热反应是由于无水草酸钙在400~530℃发生分解释放CO_2[52~54]（表四；图五），草酸钙是由生物退化过程所形成的一种生物矿化产物[19]。

结合上述分析与历史文献记载，我们推测在南陵铁拐宋墓灰浆的制备过程中，使用了石灰、砂、黏土和一种类似古罗马cocciopesto的水硬性材料。虽然不容易检测到，但仍有可能添加了少量有机物，如糯米汁。因为历史记载添加有机物是宋代墓穴灰浆制备中的常见做法[55]。微观结构显示的不均匀性说明组分间的混合不是很好。

值得注意的是，安徽省属亚热带湿润季风气候，夏季气温较高、雨量充沛。因此，我们认为具有水硬性并且不渗透地下水对于墓葬灰浆至关重要。这可能解释了为什么使用具有水硬性的灰浆，因为它可以通过地下水硬化，产生坚固且孔隙率低的结构。

有趣的是，在中国古代水硬性石灰灰浆使用案例较少，如仰韶文化的建筑（甘肃省秦安县大地湾）[56]，一些天然石灰石（如西藏的"姜子"石和"阿嘎土"），在煅烧后会产生水硬性β-$CaSiO_3$和$Ca_2Al_2SiO_7$[57]。然而，在中国古代，由于火山灰缺乏、富含黏土的石灰石获取途径有限以及工匠对于从富含黏土的石灰石中获取水硬性石灰的技术了解不足，水硬性灰浆在古代中国的使用相当有限。本文是关于宋代工匠制作火山灰灰浆并克服缺乏天然石灰石限制的最早科学报道之一，对于宋代工匠是否意识到灰浆原料的作用或反应尚不清楚，然而，这一新发现可以将中国使用人工水硬性材料制作灰浆的历史追溯至北宋时期。

基于以上的研究，样品S-1中含有85wt%方解石，其余为石英和水铝钙石；样品S-2含有

表四 同步热分析（TG-DTG-DSC）和FTIR-EGA

ID	脱水 <200℃ ΔW(%)	DTG(℃)	DSC[a](℃)	EGA	有机物脱羟基/分解 200~600℃ ΔW(%)	DTG(℃)	DSC[b](℃)	EGA	碳酸盐分解 600~850℃ ΔW(%)	DTG(℃)	DSC[a](℃)	EGA	晶型转化/烧结 >850℃ ΔW(%)	DTG(℃)	DSC[a](℃)	EGA	L.O.I.(%)	碳酸钙(%)
S-1	0.9	91.0	186.1	—	3.2	—	398.1	—	37.5	795.5	789.4	CO_2	0.2	—	—	—	41.7	85.0
S-2	0.5	—	—	—	2.4	—	—	—	39.9	806.9	800.9	CO_2	0.1	—	—	—	42.9	90.6
S-3	1.1	102.7	91.6	—	5.1	—	352.8	—	37.2	784.0	777.0	CO_2	0.3	—	—	—	43.7	84.4
S-4	1.4	104.0	97.8	—	5.1	—	—	—	30.5	783.2	780.2	CO_2	0.3	—	—	—	37.3	69.3
S-5	3.9	111.0÷137.0	108.9÷142.1	—	8.6	466.1	466.9	CO_2	19.9	619.0÷757.0	756.1	CO_2	0.4	—	869.3	—	32.8	45.2

注：（a）：吸热；（b）：放热；ΔW：质量损失（TG）；L.O.I.：烧失量

91wt%的碳酸钙其中包括方解石和文石，其余为石英和水铝钙石；样品S-3含有84wt.%的碳酸钙（方解石和文石），其余为石英、水菱镁矿和硅酸盐；样品S-4含有69wt.%的方解石，其余为石英和痕量的硅酸盐；样品S-5是一种火山灰砂浆，含有45wt.%的方解石，其余为石英、水铝钙石、伊利石/云母。最初的材料可能是石灰、黏土、砂和类似古罗马cocciopesto的水硬性材料。

通过对灰浆的科技分析结合灰浆不同的功能用途，分析取自城墙和墓葬的不同类型灰浆。城墙砖之间使用的粘结灰浆（S-1~S-4），通常不要求高强度或速凝性，因而使用了气硬性灰浆。墓葬的密封灰浆（S-5）需通过地下水硬化，一旦凝固，它们需要表现出高强度和对水极低的渗透性，这是气硬性灰浆无法满足的。同时，尽管所研究的样本可能无法涵盖这些城墙和墓葬中涉及的所有灰浆，但我们相信至少对部分而言，分析结果可以在制定保护修复方案以及选择或制作修复材料时提供重要参考。

四、结　　论

本文采用XRD、PLM、FTIR、TGA-EGA、SEM/EDX等多种分析手段对选自古代城墙（明中都城墙、明中都西华门地基、歙县城墙、正阳关城墙）及宋墓（南陵铁拐宋墓）的灰浆进行制样与分析。结果表明，城墙砖之间的粘结灰浆检测为气硬性灰浆。选取于南陵县铁拐宋墓的灰浆由石灰、黏土、砂、类似古罗马cocciopesto的水硬性材料构成。在类似古罗马cocciopesto的水硬性材料与石灰反应边缘的界面可以观察到火山灰反应。本文探讨安徽地区明清时期城墙灰浆及南陵铁拐宋墓密封灰浆的材料组成和科学机理，有望为明中都等城墙建筑的保护提供一种适用的"绿色"保护材料并将中国使用人工水硬性材料制作建筑灰浆的历史追溯至北宋时期。

致谢：本项目是安徽大学与美国加州大学洛杉矶分校（UCLA）分子与纳米考古实验室合作研究的国家文化科技进步计划项目（［2013］718）。感谢国家留学基金委（CSC）在2015~2016学年为加州大学洛杉矶分校/盖蒂保护项目提供的访问奖学金。感谢Ioanna Kakoulli教授和Christian Fischer教授在访问加州大学洛杉矶分校（UCLA）分子与纳米考古实验室期间提供的研究支持。感谢Magdalena Balonis博士提供了对水铝钙石相的一些解释。感谢安徽省文物考古研究所姚政权博士提供考古样品。

注　　释

[1] Liu X, Ma X, and Zhang B. Analytical Investigations of traditional masonry mortars from Ancient City Walls built during ming and qing dynasties in China, International Journal of Architectural Heritage, 2016, 10(5): 663-673.

[2] 刘效彬、崔彪、张秉坚：《浙江古城墙传统灰浆材料的分析研究》，《光谱学与光谱分析》2016年第1期，第237~242页。

[3] Shao M, Li L, Chen W, and Liu J. Investigation and modification of two kinds of Chinese traditional lime in cultural building relics, Journal of Cultural Heritage, 2018, 36: 118-127.

[4] 魏国锋、孙升、王成兴等：《皖南牌坊传统灰浆的科技研究》，《光谱学与光谱分析》2013年第7期，第1973~1976页。

[5] 王剑英：《明中都》，《故宫博物院院刊》1991年第2期，第61~69页。

[6] 王剑英著，陈怀仁等编：《明中都研究》，中国青年出版社，2005年。

[7] 余音：《淮南古镇正阳关》，《寻根》2013年第3期。

[8] 关传友：《论寿县正阳关镇的历史地位》，《淮南师范学院学报》2017年第6期。

[9] 汪楠：《歙县古城空间形态研究》，厦门大学硕士学位论文，2008年。

[10] 郝胜利、程京安、杨小宝等：《安徽南陵铁拐宋墓发掘简报》，《文物》2016年第12期。

[11] Grifa C, A De Bonis, V Guarino, C M Petrone, C Germinario, M Mercurio, G Soricelli, A Langella, and V Morra. Thin walled pottery from Alife (Northern Campania, Italy), Periodico di Mineralogia, Special Issue (EMAC 2013), 2015, 84(1): 65-90.

[12] Grifa C, A De Bonis, A Langella, M Mercurio, G Soricelli, and V Morra. A Late Roman ceramic production from Pompeii, Journal of Archaeological Science, 2013, 40(2): 810-826.

[13] Grifa C, C Germinario, A De Bonis, A Langella, M Mercurio, F Izzo, D Smiljanic, V Guarino, S Di Mauro, and G Soricelli. Comparing ceramic technologies: The production of Terra Sigillata in Puteoli and in the Bay of Naples, Journal of Archaeological Science: Reports, 2019, 23: 291-303.

[14] Banfill P F G, E M Szadurski, and A M Forster. Deterioration of natural hydraulic lime mortars, II: Effects of chemically accelerated leaching on physical and mechanical properties of carbonated materials, Construction and Building Materials, 2016, 111: 182-190.

[15] Shirokova L S, V Mavromatis, I A Bundeleva, O S Pokrovsky, P Bénézeth, E Gérard, C R Pearce, and E H J A G Oelkers. Using Mg Isotopes to Trace Cyanobacterially Mediated Magnesium Carbonate Precipitation in Alkaline Lakes, 2013, 19(1): 1-24.

[16] Zendri E, V Lucchini, G Biscontin, and Z Matteo Morabito, Interaction between clay and lime in "cocciopesto" mortars: a study by 29Si MAS spectroscopy, Applied Clay Science, 2004, 25(1): 1-7.

[17] Ma X, M Balonis, H Pasco, M Toumazou, D Counts, and I Kakoulli. Evaluation of hydroxyapatite effects for the consolidation of a Hellenistic-Roman rock-cut chamber tomb at Athienou-Malloura in Cyprus, Construction and Building Materials, 2017, 150: 333-344.

[18] Ma X, G Wei, C Grifa, Y Kang, H Khanjian, and I Kakoulli. Multi-analytical Studies of Archaeological Chinese Earthen Plasters: The Inner Wall of the Longhu Hall (Yuzhen Palace, Ancient Building Complex, Wudang Mountains, China), Archaeometry, 2018, 60(1): 1-18.

[19] Germinario C, I Francesco, M Mercurio, A Langella, D Sali, I Kakoulli, A De Bonis, and C Grifa. Multi-analytical

and non-invasive characterization of the polychromy of wall paintings at the Domus of Octavius Quartio in Pompeii, The European Physical Journal Plus, 2018, 133(9): 359.

[20] Lubritto C, P Ricci, C Germinario, F Izzo, M Mercurio, A Langella, V S Cuenca, I M Torres, M Fedi, and C Grifa, Radiocarbon dating of mortars: Contamination effects and sample characterisation. The case-study of Andalusian medieval castles (Jaén, Spain), Measurement, 2018, 118: 362-371.

[21] Frost R L, Yang J, and Ding Z. Raman and FTIR spectroscopy of natural oxalates: Implications for the evidence of life on Mars, Chinese Science Bulletin, 2003, 48(17): 1844-1852.

[22] Tian J, Guo Q. Thermal Decomposition of Hydrocalumite over a Temperature Range of 400-1500℃ and Its Structure Reconstruction in Water, Journal of Chemistry, 2014: 1-8.

[23] Ponce-Antón G, L A Ortega, M C Zuluaga, A Alonso-Olazabal, and J L Solaun. Hydrotalcite and Hydrocalumite in Mortar Binders from the Medieval Castle of Portilla (Álava, North Spain): Accurate Mineralogical Control to Achieve More Reliable Chronological Ages, Minerals, 2018, 8(8): 1-17.

[24] Rispoli C. Ancient roman mortars: mix design, mineralogical composition and minerogenetic secondary processes, Università degli Studi di Napoli Federico Ⅱ, 2017.

[25] Sabir B B, S Wild, and Bai J. Metakaolin and calcined clays as pozzolans for concrete: a review, Cement and Concrete Composites, 2001, 23(6): 441-454.

[26] Siddique R, J Klaus. Influence of metakaolin on the properties of mortar and concrete: A review, Applied Clay Science, 2009, 43(3): 392-400.

[27] Khater H M. Influence of metakaolin on resistivity of cement mortar to magnesium chloride solution, Ceramics-Silikáty, 2010, 54(4): 325-333.

[28] Cardoso D, A Gameiro, A Santos-Silva, P Faria, R Vieira, R Veiga, and A Velosa. Influence of curing conditions in lime-metakaolin blended mortars-A mineralogical and mechanical study: HMC2013-Historic Mortars Conference, 2013.

[29] Germinario C, G Cultrone, A De Bonis, F Izzo, A Langella, M Mercurio, V Morra, A Santoriello, S Siano, and C Grifa. The combined use of spectroscopic techniques for the characterisation of Late Roman common wares from Benevento (Italy), Measurement, 2018, 114: 515-525.

[30] Si.ngh M, S Vinodh Kumar, S A Waghmare, and P D Sabale, Aragonite-vaterite-calcite: Polymorphs of $CaCO_3$ in 7th century CE lime plasters of Alampur group of temples, India, Construction and Building Materials, 2016, 112(Supplement C): 386-397.

[31] Gopi S, V K Subramanian, and K Palanisamy, Aragonite-calcite-vaterite: A temperature influenced sequential polymorphic transformation of $CaCO_3$ in the presence of DTPA, Materials Research Bulletin, 2013, 48(5): 1906-1912.

[32] Boynton R S, Chemistry and technology of lime and limestone, John wiley, 1980.

[33] Spanos N, P G. Koutsoukos. Kinetics of precipitation of calcium carbonate in alkaline pH at constant supersaturation. Spontaneous and seeded growth, The Journal of Physical Chemistry B, 1998, 102(34): 6679-6684.

[34] Bruni, S, F Cariati, P Fermo, A Pozzi, and L Toniolo. Characterization of ancient magnesian mortars coming from northern Italy, Thermochimica Acta, 1998, 321(1-2): 161-165.

[35] Iordanidis A, J Garcia-Guinea, A Strati, A Gkimourtzina, and A Papoulidou. Thermal, mineralogical and spectroscopic study of plasters from three post-Byzantine churches from Kastoria (northern Greece), Journal of thermal analysis and calorimetry, 2010, 103(2): 577-586.

[36] Silva A S, P Adriano, A Magalhaes, J Pires, A Carvalho, A J Cruz, J Mirao, and A Candeias. Characterization of historical mortars from Alentejo's religious buildings, International Journal of Architectural Heritage, 2010, 4(2): 138-154.

[37] Singh M, S Vinodh Kumar, and S A Waghmare. Characterization of 6-11th century A.D decorative lime plasters of rock cut caves of Ellora, Construction and Building Materials, 2015, 98: 156-170.

[38] Thirumalini S, R Ravi, S Sekar, and M Nambirajan. Knowing from the past–Ingredients and technology of ancient mortar used in Vadakumnathan temple, Tirussur, Kerala, India, Journal of Building Engineering, 2015, 4: 101-112.

[39] Bruni S, F Cariati, P Fermo, A Pozzi, and L Toniolo. Characterization of ancient magnesian mortars coming from northern Italy, Thermochimica Acta, 1998a, 321(1): 161-165.

[40] Diekamp A, J Konzett, W Wertl, R Tessadri, and P Mirwald. Dolomitic lime mortar–a commonly used building material for medieval buildings in Western Austria and Northern Italy: Proceedings of the 11th International Congress on Deterioration and Conservation of Stone, 2008, pp. 597-604.

[41] Hartshorn H, Dolomitic Lime Mortars: carbonation complications and susceptibility to acidic sulfates, Columbia University, 2012.

[42] Xiao Y, Fu X, Gu H, Gao F, and Liu S. Properties, characterization, and decay of sticky rice–lime mortars from the Wugang Ming dynasty city wall (China), Materials Characterization, 2014, 90: 164-172.

[43] 李广燕、张云升、倪紫威：《几处古城墙泥灰类粘结材料的对比试验研究》，《建筑技术》2012年第5期。

[44] Yang F, Zhang B, Pan C, and Zeng Y. Traditional mortar represented by sticky rice lime mortar—one of the great inventions in ancient China, Science in China Series E: Technological Sciences, 2009, 52(6): 1641-1647.

[45] Carran D, J Hughes, A Leslie, and C Kennedy. A short history of the use of lime as a building material beyond Europe and North America, International Journal of Architectural Heritage, 2012, 6(2): 117-146.

[46] Fang S Q, Zhang H, Zhang B J, and Zheng Y. The identification of organic additives in traditional lime mortar, Journal of Cultural Heritage, 2014, 15(2): 144-150.

[47] Zhang K, Zhang H, Fang S, Li J, Zheng Y, and Zhang B. Textual and Experimental Studies on The Compositions of Traditional Chinese Organic–Inorganic Mortars, Archaeometry, 2014, 56(S1): 100-115.

[48] Xu L, Ma X, Zhang B, Zhang Q, and Zhao P. Multi-analytical Studies of the Lime Mortars from the Yanxi Hall in the Yangxin Palace of the Palace Museum (Beijing), Archaeometry, 2019, 61(2): 309-326.

[49] Yang F, Zhang B, and Maq Q, Study of sticky rice-lime mortar technology for the restoration of historical masonry construction, Accounts of chemical research, 2010, 43(6): 936-944.

[50] Yang T, Ma X, Zhang B, and Zhang H. Investigations into the function of sticky rice on the microstructures of hydrated lime putties, Construction and Building Materials, 2016, 102: 105-112.

[51] Moropoulou A, A Bakolas, and K Bisbikou. Investigation of the technology of historic mortars, Journal of Cultural Heritage, 2000, 1(1): 45-58.

[52] Mu J, D D Perlmutter. Thermal decomposition of carbonates, carboxylates, oxalates, acetates, formates, and hydroxides, Thermochimica Acta, 1981, 49(2): 207-218.

[53] Földvári M. Handbook of thermogravimetric system of minerals and its use in geological practice: Occasional Papers of the Geological Institute of Hungary, v. 213: Budapest, Geological Institute of Hungary Budapest, 2011.

[54] Lawson-Wood K, I J P Robertson. Hyphenation, Application Note, Study of the Decomposition of Calcium Oxalate Monohydrate using a Hyphenated Thermogravimetric Analyser-FT-IR System (TG-IR), Pelkin Elemer, Hyphenation, Application Note, 2016.

[55] 霍巍：《关于宋、元、明墓葬中尸体防腐的几个问题》，《四川大学学报（哲学社会科学版）》1987年第4期，第94~103页。

[56] 李最雄：《世界上最古老的混凝土》，《考古》1988年第8期。

[57] Zuixiong L, Lin Y Z, Li L, and Jinua W. Research on the modification of two traditional building materials in ancient China, Heritage Science, 2013, 1(1): 27.

[原刊于G Wei, C Germinario, C Grifa, X Ma. Characterization of ancient building Lime mortars of Anhui province. China: A multi-analytical approach. Archaeometry, 2020, 62 (5): 888-903]

文物里的中华海洋文明

——国家海洋博物馆基本陈列概述

朱 辞

（国家海洋博物馆）

  国家海洋博物馆是由自然资源部与天津市人民政府共建共管，集收藏、展示、研究、教育于一体的我国唯一国家级综合性海洋博物馆。2007年，30名两院院士联名上书国务院，倡议建立国家海洋博物馆，增强全民族的海洋意识，开展海洋研究、普及海洋知识。2008年，国家海洋博物馆建设纳入国务院《国家海洋事业发展规划纲要》。2010年，国家发展改革委正式批复国家海洋博物馆落户天津滨海新区。2012年，由国家发展改革委正式批准国家海洋博物馆项目立项。2014年10月，国家海洋博物馆项目正式开工建设。2018年底，国家海洋博物馆项目竣工。2019年5月1日，国家海洋博物馆启动试运行，对社会公众开放。国家海洋博物馆占地面积15万平方米，建筑面积8万平方米，展陈面积2.3万平方米，基本陈列展览内容围绕"海洋与人类"主题展开，分为"海洋人文""海洋自然""海洋生态"三大板块，以地球、海洋、生命、人类以及他们之间相互依存、相互共生关系的系统展示，揭示人海和谐的真谛，引导社会公众了解海洋、热爱海洋、保护海洋。其中，"海洋人文"板块基本陈列为《中华海洋文明》，通过三个展厅展出的一千余件文物，讲述了中华海洋文明发展的大致历程，从文物的角度管窥历史，是博物馆发挥功能的优势所在。

  中国是个大陆国家，同时也是一个海洋国家。在漫长的历史岁月中，先民们创造出了灿烂的海洋文明。长期以来，中国无论是在造船、航海还是对外贸易方面，均处于长期领先地位。在中华文明史上，海洋文明与农耕文明、游牧文明互相碰撞、融合，为中华民族的生存与发展做出了贡献。

作者简介：朱辞，男，1988年5月生，安徽大学考古专业2010级硕士生。

一、中华海洋文明的兴起与繁荣

中华海洋文明肇始于远古先民对海洋的开发与利用。石器时代，沿海地区的先民向海而生，在海岛和滨海地区留下了大量的生活遗迹。在长期的生产生活中，逐渐形成了有别于内陆地区，而与滨海自然环境相适应、协调的生活方式。在距今3万~1万年前的北京周口店山顶洞人遗址中，发现了3枚穿孔海蚶壳，这是山顶洞人用来打扮自己的装饰物，说明海洋已经开始影响人类生活。在距今10 000~8000年前的江苏省连云港市将军崖，发现了反映东夷滨海部落原始农业生产、祭祀活动、天文星象等内容的岩画。在距今6000~3000年前的中国大陆海岸线上，几乎所有沿海省份都分布有贝丘遗址，已发现的贝丘遗址总数量不低于400处，贝丘遗址是滨海聚落向海而生的重要见证。除此之外，至迟在距今8000~7000年前，我国东南沿海地区就已经开始制作和使用独木舟，浙江萧山跨湖桥遗址和余姚河姆渡遗址都发现了早期的独木舟遗存。在珠江西江流域，独木舟甚至沿用至隋唐时期，作为江河入海口的交通工具。用来制作独木舟的工具——有段石锛，更是成为探讨早期人类跨越大洋进行迁徙的重要实物证据之一。根据考古学发现和人类学家的研究，有段石锛的传播路线与南岛语族的迁徙路线基本一致（图一、图二）。

夏商周时期，滨海地区和海岛上的先民们利用海洋资源，行舟楫之便，兴渔盐之利，使其转化为有利于国计民生的物质财富，沿海诸国逐渐兴起。东夷、百越等沿海先民和中原地区的华夏先民频繁交往，陆海融汇进一步加剧，使中华文明很早就带有丰富的海洋文化内涵，为中华文明的崛起积淀了力量。海贝是中国最早的实物货币之一，在河南二里头遗址和安阳殷墟妇好墓中都出土了大量海贝。商代是经济史上的"海贝"时代，当时的贸易形式，既有以物易物的交换，同时也有货币。原产东南沿海的海贝是当时的通行货币，商朝人在海贝的前端琢出一个小孔，用于交易。除了海贝之外，商朝人还制造出少量仿制品，材料包括铜、骨、蚌、石等。甲骨文中，常见"赐贝""取贝"的记录。贝文化的流行，反映了中原地区与沿海地区的密切交流。沿海地区依靠近海优势，大兴渔盐之利，山东寿光双王城商周盐业遗址及周边盐业遗存的重要发现，反映了沿海地区制盐业的繁荣。山东地区的大范围考古调查结果表明，先秦制盐工业有着高度组织化的管理。这种层次分明、分工合理的带状制盐遗址群，反映出先秦海盐业的庞大规模。这一时期，航行工具的进步，在提升海洋资源利用能力的同时，也使大规模海上作战成为可能，跨海交流日益频繁。根据《左传》记载："徐承率舟师，将自海入齐，齐人败之，吴师乃还。"公元前485年，齐国与吴国爆发海战，这是中国历史上第一次有文字记载的大海战。吴国水师将领徐承不远千里的远征行动，表明当时的航海和造船技术已十分成熟，足以支撑起大规模舰队的跨海作战。《战国策·赵策》记载："齐涉渤海"以援燕国，进一步印证了齐国和燕国通过渤海进行航海交流的史实。同时期的青铜器上还常见水陆攻战纹、渔猎宴乐纹、羽人竞渡纹等纹饰（图三~图五）。

图一　将军崖岩画

图二　珠江流域出水的唐代独木舟
国家海洋博物馆藏

图三　二里头遗址出土海贝

图四　山东寿光出土的商周时期制盐盔形器
　　　国家海洋博物馆藏

图五　宁波羽人竞渡纹青铜钺

秦汉开始建立大一统的中央集权王朝后，中华海洋文明迎来了进一步的发展，海疆得到更深层次的开发。秦始皇五次巡游全国，其中四次行至海滨，汉武帝也曾十次巡游海疆。这些行为对巩固海防、宣扬国威和繁荣航海事业都产生了积极影响。西汉时期，政府大力发展渔盐等海洋经济，使其成为国家税收的重要来源之一。三国时期，曹操也曾"东临碣石，以观沧海"，留下了《观沧海》这一不朽名篇。在江苏省连云港市苏马湾海滨浴场沙滩南缘，有一块新莽时期东连岛东海琅邪郡界域刻石，是我国目前发现的唯一有关海域划界的刻石。刻石全文为："东海郡朐与琅邪郡柜为界，因诸山以南属朐，水以北属柜，西直况其。朐与柜分高顶为界，东各承无极。始建国四年四月朔乙卯，以使者徐州牧治所书造。" 从秦至唐，航海技术取得巨大进步，主要表现为造船技术的提高和航海知识的日益丰富。秦汉时期，随着造船技术的进步，制图技术的提高，船舶属具中以桨、帆为主的推进工具，以舵为主的定向工具和以碇、锚为主的靠泊工具都得以发展。到了唐代，水密舱结构、龙骨装置、防摇设施等领先世界的造船技术发明均已出现，对世界造船业产生了巨大影响。在航海技术进步的不断推动下，海上航线逐步由近海延伸至印度洋。汉武帝时开辟了到黄支国（今印度）和已程不国（今斯里兰卡）的航线。魏晋至唐代，通往朝鲜半岛、日本、南亚、西亚等地的航线都取得了进一步发展，广州、明州（今宁波）、扬州、泉州等国际大港，在中国的海岸线上交相辉映。远洋航路的开辟促进了各国货物的大量流通与多元文化的不断交流，唐代还开辟了从广州前往大食地区（今阿拉伯半岛）的航路，并在广州设立了市舶司，总管海路邦交外贸。举世闻名的海上丝绸之路兴起于秦汉，到了唐代已经获得了极大的发展，广州南越王墓、广西合浦汉墓和"黑石号"沉船中发现的文物正是这一时期海外交往的重要见证。此外，法显、鉴真和日本遣唐使等一批活跃于海上航线的人士也对中外文化交往做出了积极贡献。法显是我国第一位从陆上丝绸之路到达印度，又从海上丝绸之路返回祖国的高僧。义净从广州出发，取道海路，经室利佛逝至印度，在那烂陀寺勤学十年，后又至苏门答腊游学七年，历游三十余国。鉴真应日本留学僧请求，东渡日本传播佛法。经历了5次渡海失败，于公元753年东渡成功。日本佛教至此能够独立传戒，鉴真也被尊为日本律宗初祖。从公元7世纪初至9世纪末，日本曾向中国派出十余次遣唐使团，这是中日文化交流史上的空前盛举。遣唐使团回国后，将中国政治和文化的各个方面大量移植到日本，对推动日本社会发展和促进中日友好交流做出了巨大贡献。位于朝鲜半岛的高丽和新罗也同日本一样，从海路不断向中国派出了学习的使团。随着海路逐渐成为中外交流最主要的途径，越来越多不同肤色、不同文明的人们汇聚到沿海地区，他们在这里以自己的方式生活，并逐步融入当地。唐朝开始出现的"蕃坊"就是专供外国人侨居的社区，蕃客们的宗教信仰和艺术风格在沿海地区相互交融，共同发展（图六~图一〇）。

中华海洋文明繁荣于宋元时期，海上丝绸之路在这一时期进入了鼎盛阶段。宋代是我国造船和航运业大发展的时代，水密隔舱、龙骨装置等技术得到大规模推广，平衡舵的出现提

图六　汉代羽人划舟纹铜鼓
国家海洋博物馆藏

图七　合浦出土的东汉水晶串饰
国家海洋博物馆藏

图八　合浦出土的东汉琉璃串饰
国家海洋博物馆藏

图九　"黑石号"沉船出水唐长沙窑釉下红彩莲花纹碗
国家海洋博物馆藏

图一〇　唐代银质棋盘
国家海洋博物馆藏

高了船舶航向的灵活性。12世纪，我国已经在航海方面使用指南针，此后由阿拉伯人传入欧洲，促进了西方航海事业的发展。宋代出现了专门的海图，元代海图绘制水平得到了进一步发展。天津静海出土的宋代运粮船，是世界上最早的平衡舵实物，在世界造船史上具有重要意义。北宋沈括《梦溪笔谈》中，有"方家以磁石磨针锋，则能指南，然常微偏东，不全南也，水浮多荡摇。指爪及碗唇上皆可为之，运转尤速，但坚滑易坠，不若缕悬为最善"的描述，这是对地磁偏角的最早记载。宋元时期，海外贸易和中外交通得到空前发展。广州、明州（今宁波）、泉州等地成为对外贸易的主要港口。宋代在一些口岸设立了市舶司，体现了国家海外贸易管理体系的逐渐完善。当时的对外贸易，东达朝鲜、日本，西至非洲。海外的香料、药材、珠宝、犀角、象牙等商品输入中国，中国的丝绸、瓷器及各种手工业制品销往海外，中国与亚、非、欧各国的交往更为密切。举世闻名的"南海Ⅰ号"沉船、"华光礁1号"沉船、韩国新安沉船、泉州古船等都是宋元时期对外贸易繁荣的见证。这一时期，伴随着海外贸易和中外交通的空前发展，大量外国商旅在中国沿海定居，泉州取代广州，成为"东方第一大港"，号称"市井十洲人"。各种宗教文化随着各国商旅进入泉州，佛教、景教、天主教、伊斯兰教、摩尼教等都在这里落户并和平相处，留下诸多宗教遗迹，使泉州赢得"世界宗教博物馆"的美誉。多元的宗教融合，在众多埋葬于此的外国来华人士的墓碑上，得以充分体现。宋代开始，妈祖信仰开始盛行，并且影响愈来愈大，信众由莆田扩展到广大沿海地区，成为海上女神，受到人民群众，尤其是渔民船户的虔诚崇拜。她的"灵迹"得到从宋至清历代帝王的褒奖，并均有褒封。清康熙年间，妈祖祭祀列入国家祀典。此外，妈祖信仰还传至国外，成为中华海洋文化象征之一。目前，全世界共有妈祖庙近5000座，遍布20多个国家和地区，信奉者近2亿人（图一一~图一五）。

图一一　宋代达摩渡海故事铜镜
国家海洋博物馆藏

图一二　宋代越窑莲花盒
国家海洋博物馆藏

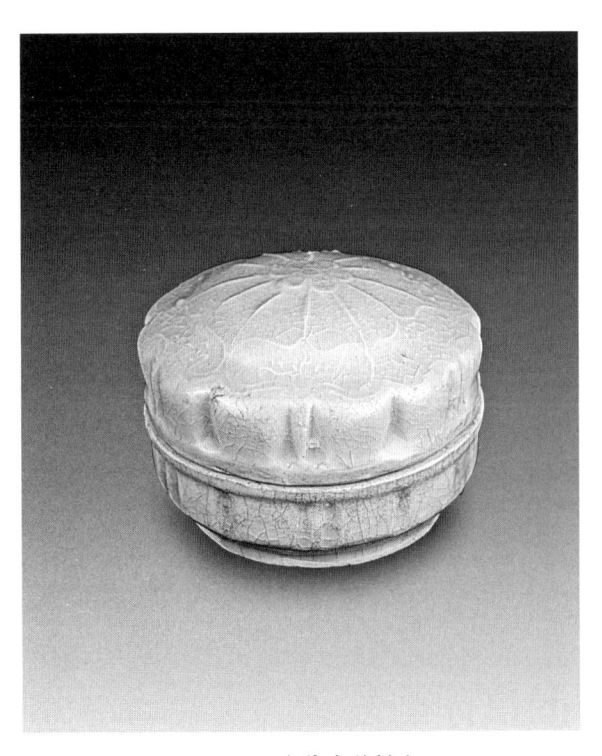

图一三　宋代青釉粉盒
国家海洋博物馆藏

图一四　宋煌丕昌天海舶镜
国家海洋博物馆藏

1405~1433年间，郑和率领当时世界上最庞大的远洋船队——两百多艘海船、两万七千多人，先后七次纵横太平洋、印度洋的广阔水域，远达红海与非洲东海岸，遍访亚非三十多个国家与地区，率先在人类历史上实现了辉煌壮丽的洲际航行。郑和船队在造船技术、船队规模、航海技术、后勤保障、通信联络、航海里程等方面，都处于世界领先水平。郑和下西洋的船队曾到达过爪哇（今属印度尼西亚）、苏门答腊（今属印度尼西亚）、苏禄（今属菲律宾）、麻剌加（今属马来西亚）、真腊（今柬埔寨）、古里（今属印度）、暹罗（今泰国）、榜葛剌（今孟加拉国）、阿丹（今属也门）、天方（今属沙特阿拉伯）、左法尔（今属阿曼）、忽鲁谟斯（今属伊朗）、木骨都束（今属索马里）等三十多个国家，中东方向最远达波斯湾与红

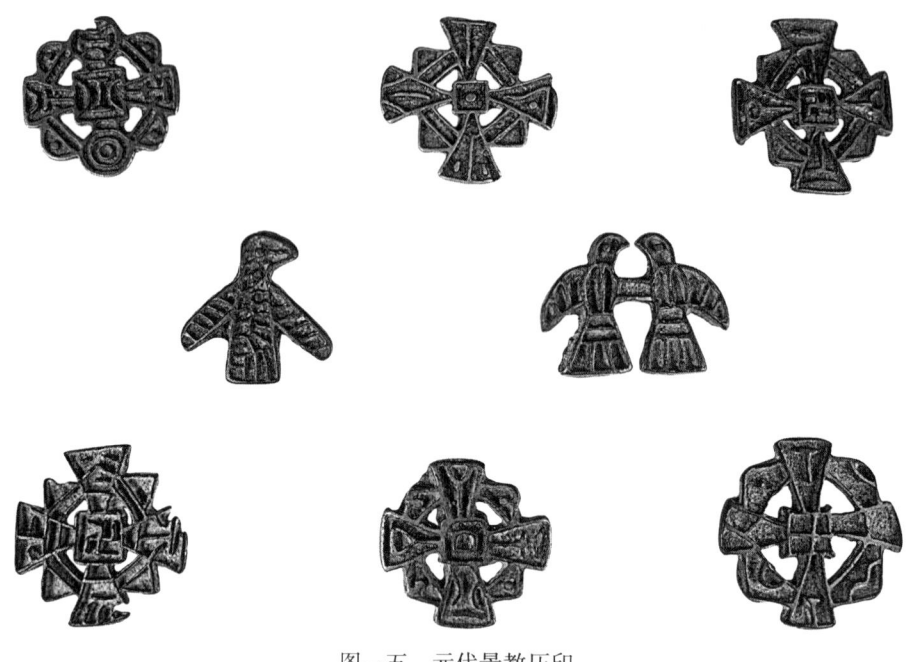

图一五　元代景教压印
国家海洋博物馆藏

海，非洲方向最远达莫桑比克，是当时世界上航程最远、规模最大的航行。七下西洋的壮举，是中国古代海洋文明发展的巅峰。浩浩荡荡的郑和船队在中国与东南亚、南亚乃至东非地区之间建立起一座文化传播和交流的桥梁，把悠久的中华文化传播到那些遥远的地区，促进了当地社会文化的发展。同时也把域外的物产和文化因素带回中国，为中国文化的发展注入了新鲜的内容，丰富了中国人的物质文化生活，加强了各地区、国家间的文化交流，促进了国际贸易的繁荣。这一壮举极大地促进了中国与东南亚、南亚、西亚以及非洲各国的友好往来，是中外文化交流史上大事件（图一六）。

二、中华海洋文明的沉浮与复兴

虽然郑和下西洋是中国古代航海的巅峰，然而，有明一代禁海与开海争论不断。明代初期为加强海防，实施了封锁海疆的禁海政策，并建立了官方主导的朝贡贸易体系。明代初期，明太祖朱元璋下令严禁沿海民众下海私通外国。同时着手加强海防，立志改变"海疆不靖"的局面，建立了以卫所制度为主要内容的军事制度，海禁政策由此开始。元末明初，倭寇频频袭扰中国沿海地区，从辽东至山东、南直隶、浙江、福建等地无所不受其扰。明朝不断加强海防建设，打击倭寇。在明初时期的捕倭活动中，承担任务的是南京周边各卫和今天江苏、浙江、福建直至广东的沿海各卫，中国的东南部海岸线均包括在此范围内，这也构成了明初国家海洋力量的基础。与此同时，欧洲船队通过新航路抵达中国东南沿海，试图建立殖民地。16世纪初，葡萄牙船队来到中国，开始在广东、福建、浙江等地开展走私贸易，后强占澳门作

图一六　古籍《武备志》记载"自宝船厂开船经龙江关出水直抵外国诸番图"
国家海洋博物馆藏

为贸易据点。明朝末年，荷兰殖民者趁明朝国势衰败之际，出兵侵占了我国宝岛台湾，在台湾实行殖民统治。明朝末年，福建海商郑芝龙积累了可观的海上力量与财富。1628年郑芝龙接受明朝招抚为官，并于1633年在金门海战中击溃荷兰东印度公司舰队，掌握了东亚海域贸易主导权。郑成功继承发展了郑芝龙留下的强大海上基业，"国姓爷"的名声远播海内外。明代晚期，郑成功继承其父郑芝龙"无海即无家"的思想，积极拓展海洋空间，重新整合东南海上军事力量，用政权形式组织海外贸易活动。1661年，郑成功率领两万五千将士及数百艘战舰东征台湾，1662年，击败荷兰殖民者，收复台湾，对日后台湾的开发产生了积极影响。清康熙二十二年（1683年），清政府委派福建水师提督施琅统一台湾。次年，又在台湾岛设立一府三县，即台湾府及台湾县（今台南）、诸罗县（后改名嘉义）和凤山县（今高雄），隶属福建省。福建地方官员为了反映这一重大历史变化绘制了《福建舆图》，清政府统一台湾（图一七~图二〇）。

图一七　明洪武五年鹰扬卫大炮筒
国家海洋博物馆藏

图一八　1602年荷兰东印度公司VOC铜炮
国家海洋博物馆藏

图一九　1602年荷兰东印度公司VOC铜钟
国家海洋博物馆藏

清朝初年，朝廷推行迁界令，封锁沿海水路交通联系。统一台湾后，复界开海，设四海关，后仅留广州一口，允许外商来华贸易。保守的海洋政策，制约了中国海洋力量的发展。顺治十八年（1661年）八月，清朝推行迁界令，"将山东、江、浙、闽、广滨海人民尽迁入内地，设界防守，片板不许下水，粒货不许越疆"。康熙二十三年（1684年），清朝宣布开海。为了管理海上贸易与征收进出口关税，清政府设立了粤、闽、浙、江四海关。乾隆二十二年（1757年），除广州粤海关外，其他海关一律关闭，是为"一口通商"（图二一、图二二）。

19世纪40~60年代，以英国为首的海洋强国向中国发动了第一次鸦片战争和第二次鸦片战争，中国被迫割让岛屿，开放沿海的重要通商口岸，标志着中国海权沦丧的开始。1884年法国远征舰队侵略中国东南沿海，1894年日本发动甲午海战，中国均以惨败告终，海军损失惨重，海防更加空虚。1900年，英、美、俄、日、法、德、意、奥八国联军入侵中国，使中国完全沦为半殖民地半封建社会。历次不平等条约的签订，使中国海洋权益遭到严重破坏。香港、台湾相继沦为英国和日本的殖民地，西方列强在沿海部分重要城市建立租界，侵犯中国的海洋管理权，尤其是海关自主权（图二三~图二六）。

面对列强对中国海权的侵略，中国人开始学习和研究西方，近代海洋意识逐渐萌生。清政府的外交使团、留学生与有识之士通过海洋走向世界，亲历西方文明，学习先进的科技与文化，一批开明官员和实业家通过创办船政学堂、航海学校等方式，培养了许多人才。部分睁眼看世界的中国人开始"师夷长技"，通过海路从西方引进先进的科学技术和文化，在海洋经济、教育、海权建设等方面进行了不懈探索：创建新式海洋产业，逐步与轮船时代的国际海洋

图二〇 清康熙《福建舆图》

图二一 清广彩开光人物纹章瓷盘
国家海洋博物馆藏

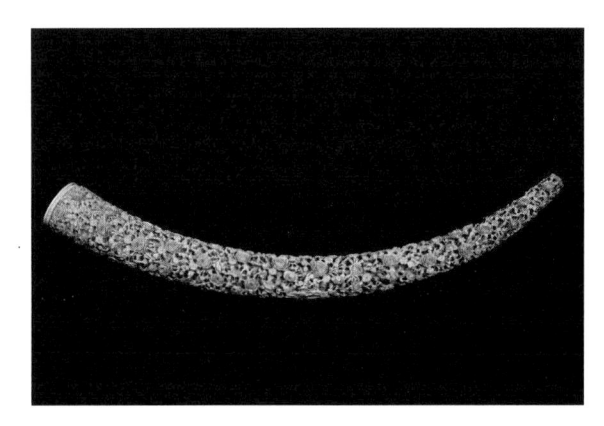

图二二 清雕花卉纹原只象牙
国家海洋博物馆藏

图二三　经远舰战舰铭牌
国家海洋博物馆藏

图二四　经远舰进气阀门
国家海洋博物馆藏

图二五　大清海关洋员帽徽
国家海洋博物馆藏

图二六　大清海关洋华员帽徽
国家海洋博物馆藏

经济接轨；设立各类海洋教育和科研机构，增进对海洋的认识与了解。19世纪60年代以后，在洋务运动中，中国设立了早期的几家造船企业。1873年，中国第一家近代轮船航运公司——轮船招商局在上海创办，从事客运和漕运等运输业务。随着新知识和新技术的传入，海洋化工逐渐兴起，渔业、盐业等传统手工业也走向了近代化。清朝末年，为了维护海权，中国建立了近代海军，并在海上英勇地抗击了侵略者。中国海军虽然在甲午战争中失败了，但从清末至民国，为重振海军作了种种努力，并派军舰巡视南海诸岛，有效地维护了南海主权。民国政府还收回了青岛、威海卫、广州湾和台湾等被侵占的国土，捍卫了国家的海权。中国海军在抗日战争中也发挥了保卫国土的积极作用（图二七~图二九）。

图二七　飞鹰号驱逐舰历史照片
国家海洋博物馆藏

图二八　古籍《筹办洋务始末》
国家海洋博物馆藏

中华人民共和国成立以来，海洋事业取得质的飞跃，无论是南海曾母暗沙投放的主权碑，还是"蛟龙"号深潜采集的样品，都见证了我国海洋事业的全面发展与复兴，都得以在文物中予以阐释（图三〇、图三一）。

图二九　中华民国九年一月一日徐世昌总统授予海军上将刘冠雄的勋一位证书
国家海洋博物馆藏

图三〇　国家海洋局2010年在曾母暗沙投放的主权碑备份
国家海洋博物馆藏

图三一　向阳红09科考船全体队员在"蛟龙"号首次深潜7000米签字的压缩海绵标本
国家海洋博物馆藏

三、余　　论

通过一组组不同时代的文物展览陈列，让走进博物馆的观众从海洋的角度重新审视中国文明发展的历程。观众们也许会惊叹于原来中国也有辉煌灿烂的海洋文化，也许会惋惜于中国错过了近代向海而生的时代发展机遇，又也许会庆幸于当代海洋事业发展的新成就，文物里的中华海洋文明是可以直观体会的，也是会在青少年内心埋下海洋意识种子的，这体现了博物馆在发挥传播知识、宣传意识方面的优势，也是我们建设国家海洋博物馆的初心之一。

随着博物馆承担的使命不断变化，以及民众对博物馆越来越多的关注，越来越多的人走进博物馆，用文物讲好中华文明的故事将被赋予更多期待。2021年5月，中央宣传部、国家发展改革委、教育部、科技部、民政部、财政部、人力资源社会保障部、文化和旅游部、国家文物局等九部委联合印发《关于推进博物馆改革发展的指导意见》提出要提高展陈质量，"落实中办、国办《关于实施中华优秀传统文化传承发展工程的意见》等要求，深入挖掘展示中华优秀传统文化中跨越时空的思想理念、价值标准、审美风范，以古鉴今、古为今用、启迪后人。全面展示中华文明起源和发展的历史脉络，中华文明取得的灿烂成就，中华文明对人类文明的重大贡献"。2022年国际博协特别全体大会通过了新版博物馆定义，"博物馆是为社会服务的非营利性常设机构，它研究、收藏、保护、阐释和展示物质与非物质遗产。它向公众开放，具有可及性和包容性，促进多样性和可持续性。博物馆以符合道德且专业的方式进行运营和交流，并在社会各界的参与下，为教育、欣赏、深思和知识共享提供多种体验"。都强调了博物馆展览展示的重要职责和意义。

此外，国家海洋博物馆也已经在体制机制改革上迈出了步伐，总结改革得失，发挥体制优势，将是需要进一步探讨的课题。

关于加强江苏水利工程遗产保护利用的建议

干有成

（南京大学文化与自然遗产研究所）

江苏水利工程遗产保护利用是助力大运河文化带、长江经济带等国家战略实施之需，是加快推进水文化建设，推动新阶段水利高质量发展的需要，也是开展水情教育、爱国主义教育的核心载体。

一、江苏水利工程遗产见证了地域开发的历史

江苏地处长江、淮河的下游，濒临大海，境内水系密布。纵观江苏地域发展史，与水利工程开发建设密不可分。

早在新石器时期，地处太湖东北部的草鞋山遗址和绰墩遗址均发现了水田、水沟、水塘、水井、灌排沟渠等原始灌溉工程遗迹，表现出蓄、引、排相结合的水工技术。商周之际，泰伯奔吴，率领梅里百姓开凿"一渎九泾"灌排水系，至今仍有伯渎港在流淌。春秋时期，吴王夫差在江南修建了吴古故水道，从苏州抵达长江，后在扬州开挖了邗沟，沟通江、淮，成为南北大运河原点。

公元前210年，秦始皇开凿徒阳运河，设丹徒县。

西汉时，吴王刘濞为了开发沿海的盐业资源，修建了古运盐河，也就是今天的通扬运河。东汉末年，孙吴定都建业（今南京），开凿了运渎、潮沟、青溪、城北渠、破冈渎等一系列人工水道，为六朝都城的繁盛奠定了水环境基础。陈登在担任广陵太守时，在城西兴建了上雷、下雷、小新、句城、陈公五座水塘，其中陈公塘最大，至今犹存。六朝时期，加速了屯田开发太湖流域的进程，留下了芙蓉圩、建昌圩等圩田。西晋时，陈敏据江东，修建了练湖，溉田数百顷。东晋的谢安在步丘（今扬州邵伯镇）修建了平水埭，形成了蓄泄有度的湖泊，用以灌溉农田。梁武帝在江阴长泾地区修建的逐级提水堰坝设施至今犹存，他在淮河中游修建的规模惊

作者简介：干有成，男，1985年1月生，安徽大学历史专业2002级本科生。

人的浮山堰，也有迹可循。玄武湖原为一座自然的通江湖泊，六朝时修建了十里长堤，在南侧修鸡鸣埭，抬高玄武湖水面，保障六朝宫城水系用水，也灌溉了城北屯田。

隋唐宋元时期，北方人口大批南移，给江淮下游及江南地区带来大量人力物力，推动了这些区域快速开发，江苏境内的水利建设也随之兴盛。其一，为发展漕运，隋炀帝杨广开通了影响此后千余年江苏水利发展格局的南北大运河。江苏境内保留了古汴河、淮扬运河、仪扬运河、伊娄运河等隋唐运河遗迹。其二，在江淮地区东部的沿海出现了抵挡海潮的捍海堰，唐代称"常丰堰"，范仲淹重修后，称"范公堤"，串联各个盐场的运河称为串场河。其三，太湖地区水利开发趋向成熟，塘浦圩田水利体系逐渐得到完善，同时不断推进娄江、吴淞江等入海水道治理。为了解决大运河与长江交汇的航运问题，建设了"京口闸"；为了解决太湖以东沼泽地带的漕船纤道问题，修建了吴江古纤道、宝带桥；为了测量太湖泄水，在垂虹桥设置了吴江水则碑，这些都有遗存保留。宋代文献中，已经有完整的宜兴百渎工程体系的记载，这一遗产体系至今保存完整。

明代初年，朱元璋定都南京，修建了四重城垣的南京城墙，并依据南京地理形势，建设了完整的引排水体系，护城河、东水关、西水关、武庙闸等是这一伟大工程的水利工程遗产。朱元璋还开凿胭脂河，用于沟通水阳江和秦淮河水系，并于胥河上修建广通闸，使太湖、钱塘江一带的漕粮可直接抵达南京。朱元璋还重视农田水利建设，其中相固圩的九垄八垱与亮陡门、梅盛古涵闸等一大批水利遗产是重要见证。

明清时期是大运河治理的高峰期，水利工程遗存极为丰富。在潘季驯采取"束水攻沙""蓄清刷黄"治河策略后，一方面黄河遥、缕、格、月堤防体系大规模建设，吕梁洪、百步洪成为治理重点；另一方面，黄、淮、运交汇的清口枢纽地区成为明清水利工程投入重点，留下天妃坝、码头三闸、高家堰、清江大闸、高良涧闸等遗存。淮河失去归海河槽后，被迫借道里运河入江入海，里运河堤防沿线留下了归海五坝、归江十坝等遗存，自丁溪至庙湾的范公堤沿线则留下草堰闸、丁溪闸等归海十八闸。清代初期，为了实现"避黄行运"，靳辅在明末史可法切岭开挖马陵山形成的拦马河基础上，修建了自骆马湖张庄运口至仲庄运口的中河，并通过双金闸、刘老涧闸、骆马湖湖口闸与六塘河、盐河连接，构建了相对完善的以"保运"为目标的水利工程体系，当然这也深刻地改变了淮北地区的水生态环境。

民国时期，随着漕运废弃、黄河北走，苏北地区水环境治理和区域开发成为当务之急。张謇等一批有识之士开启了导淮和沿海垦牧工程，大力兴修水利。江苏丘陵地区民众为了解决山地开发的灌溉问题，在前代所修塘坝基础上，初步修建了一些钢筋混凝土的水库堤坝，代表有凰窝水库、抗日山水库、紫霞湖水库等。抗战时期，地处敌后根据地的新四军帮助民众修建了一批水利工程，留下了泗洪的雪枫堤、句容的新四军水坝、高淳的大新塘水库、滨海的宋公堤等"红色水利遗产"。

中华人民共和国成立之初，面对残缺不全、泛滥成灾的水利局面，治理水旱灾害，恢复生产发展，成为党和政府亟待解决的艰巨任务。据不完全统计，社会主义建设时期江苏省先后建有流域性堤防6600多千米，大中型涵闸300多座，大中型泵站159座等，基本建成防洪、除涝、排灌、治渍、调水的五套水利工程体系，其中导沂整沭工程、淮安水利枢纽、江都水利枢纽、苏北灌溉总渠等水利工程，较直观地见证了社会主义建设时期水利工程建设的成就。

二、江苏水利工程遗产的认定及概况

1. 认定

本研究将参照1972年颁布的《公约》中关于水利文化遗产中的工程遗产的分类及特征等，以及结合2016~2020年江苏省水利厅联合省文物局开展的全省水文化遗产调查成果，对江苏水利工程遗产内涵进行认定。

《公约》中水利文化遗产中的工程遗产包括：一是以工程效益为准，分为运河工程、灌溉工程、防洪工程、水利工程等；二是以水（河）工建筑群为准，分为枢纽工程、渠首工程、渠系工程、引水（水源）工程等；三是以工程遗产的存续现状为准，分为在用的古代水利工程、水（河）工建筑遗址、坝工遗址、江河故道等；四是按工程遗产中的单体建筑进行分类，包括堤防、闸、坝、埭、堰、涵、龙口等。它们兼具文化遗产和工程遗产的特点，是历史上人类基于水资源利用而建造的工程遗存，不仅包括工程本体，也包括由工程而延伸出来的相关设施设备等。基于此，本研究将水利工程遗产界定为：水利工程遗产是指各个历史时期建设的目前在用或非在用的水利特色鲜明、水文化价值突出、遗产主体保存状况良好的遗产，包括河道堤防、水库大坝、水闸泵站、灌溉工程、水文观测等。

表一　江苏省工程类水文化遗产数量统计表　　　　（单位：项）

地级市	数量
南京	686
淮安	249
盐城	142
扬州	123
徐州	81
南通	42
常州	41
苏州	37
宿迁	39
连云港	32
镇江	22
无锡	22
泰州	22
总计	1473

图一　江苏省工程类水文化遗产数量统计图

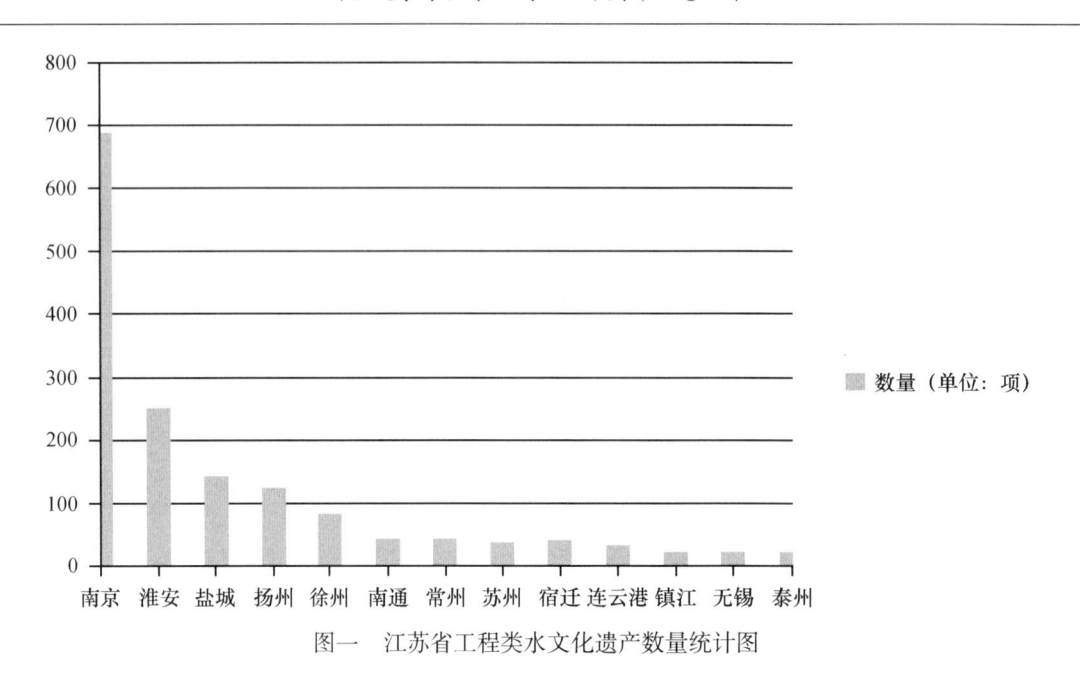

2. 概况

江苏在长期的治水实践中留下大量弥足珍贵的水利遗产。2016～2020年，省水利厅联合省文物局在全省范围内开展了水文化遗产调查，共登记水文化遗产点8322处，其中工程类水文化遗产1473项，分布在江苏全境。

2021年12月，江苏省水利厅在充分征集、研和咨询的前提下，已率先公布了首批省级水利工程遗产名录（见附录），共117处，包括闸站工程、河道堤防、水文观测、灌溉工程、水库大坝等类型。遗产形成时间从春秋战国时期跨越至社会主义革命和建设时期，空间分布辐射全省，其中无锡、扬州等市实现了县区层面全覆盖，在江苏水利发展史上具有标志性意义，也是大运河文化带和国家文化公园建设的重要对象。

这些水利工程遗产在时空分布上呈现出一定的特征，具体包括：

（1）古代水利工程遗产集中分布在南北大运河、黄河故道沿线。宋元明清时期，黄河夺淮入海，导致泥沙大量淤积和洪涝灾害频繁，使"治河"成为"保漕"的重要任务，历代投入巨大的人力物力，留下诸多堤防遗存等。大运河江苏段已经列入了世界遗产，成为世界级的文化遗产，其中古清口水利枢纽是黄、淮、湖、运交会之地，留下了丰厚的水利工程遗产，是中国古代水工水利技术的集中展示地。

（2）江苏大运河沿线水利工程遗产众多，呈点、线、面结合分布。江苏运河呈现以大运河为主线，以通扬运河、盐河、串场河、胥河、破冈渎、胭脂河、娄江等支线的网状分布。江苏运河与其他河流、河段、湖泊交会处，不仅地理位置优越，交通发达，也是码头、渡口、堤、坝、闸、水利枢纽等水利工程修建的重点区域，在呈现点状分布特征的同时，与线、面结合。如清口水利枢纽作为大运河世界文化遗产之一的遗产点，横跨里运河、中运河、黄河故道、洪泽湖区等，覆盖面积数百平方千米，其中又包括很多小的遗产点和线。

（3）江苏沿海地区历代海堤与串场河以东为海洋水利工程遗产集中分布区。起源于唐代常丰堰的范公堤，就是海洋水利工程遗产的典型，具挡潮蓄淡之功能。宋元以后，范公堤以东的海岸带快速淤涨，致使大片滩涂地出现，人们在利用海滩生产海盐以及民国时期废灶兴垦的过程中，留下大量水利工程遗产。还有中华人民共和国成立前修建的"宋公堤"也位于滨海区域，以及位于南通地区修建于民国时期的挡潮墙遗迹。此外，南通沿江地区多为江流冲击，为保护江堤，张謇在沿江一带修建水榭，今仍留有遗存。

（4）里下河地区水利工程遗产以水城一体、水网纵横及垛田等为特色。里下河地区地处大运河以东、串场河以西，地势低洼，历史上常年遭水患侵害，"兴水利，除水害"成为该地区民众与水和谐相处的迫切愿望，逐步形成水城一体、水网纵横之水利格局。

（5）太湖地区溇港水系、塘浦圩田、通江河道及高乡、低乡相关水利工程遗产是地域特色。太湖地区水利工程遗产众多且具地域特色，遍布苏州、无锡的塘浦水系是历代民众总结的水利措施，不仅改善了太湖水东泄的通道，也为苏州利用长江一日两潮的水资源提供了通道。高乡、低乡实施水利区分，是江南圩田与沿江沙地治水的不同策略，形成的水利工程遗产以农田灌溉功能者均多。今保留在苏州常熟、昆山等地境内的塘浦圩堤农田遗迹就是重要的灌溉水利工程遗产。

（6）长江沿线地区以"扎根长江""防止洪涝"作为水利工程遗产的特色。长江江苏段地处长江尾闾，河势变化较大，为控制江流走向，水利工作的重点则是保护关键节点，如三江矶节点、徐六泾节点等，确保相对稳定。中华人民共和国成立后，江苏沿江地区纷纷将水利工程设施"扎根长江"，通过梯级调水，充分利用水资源。

（7）山地塘坝水库、"长藤结瓜"、干渠与高空渡槽、河谷圩田堤防等是宁镇丘陵地区的水利特色。宁镇丘陵地区修建塘坝的历史可溯至六朝时期的赤山湖，至明代初年大修水利，南京溧水境内建有塘坝数百座，这为山地水利开发奠定了基础。到中华人民共和国成立之初，政府及民众大规模兴修水利，尤其是"农业学大寨"，全面开发丘陵山地，修建干渠引江河水上山，修建水库塘坝设施调蓄水资源等，留下数量可观的水利工程遗产，见证了20世纪50～70年代间"水利世代"的历史。

（8）石臼湖、固城湖圩区保留有较为完整的圩堤水利工程遗产。石臼湖、固城湖地处水阳江下游，因长期泥沙淤积，早在春秋时期就形成相国圩，后逐步围垦，形成特色鲜明的圩堤水利工程遗产，它们整体格局保存完整，以灌溉功能为主，是不可多得的水利工程遗产。

三、江苏水利工程遗产保护利用存在的问题及成因

（1）水利工程遗产涉及面广、部门多，认定难度大，且多头管理背景下水利工程遗产保护面临严峻挑战。

江苏水利工程遗产直接管理部门除了水利、航运等部门外，还有环保、园林、旅游、住房

和建设等多个部门。管理头绪较为复杂。不同部门基于不同目标，自成体系，条块分割，权责不明，不利于保护工作的落实。还有些小型水利工程由县级、乡级政府或村委会管理。随着乡村振兴战略的实施，农村土地所有制发生改变，基层公共工程管理缺失，这些水利工程遗产处于自生自灭的状态，使水利工程遗产认定难度大，保护面临严峻挑战。

（2）水利工程遗产保护利用处于起步阶段，价值挖掘不足。

水利工程遗产虽在全省水文化遗产调查中得到了一定的调查研究，但是整体研究还远远不足，对于水利工程遗产的历史文献、考古文献、遗产调查文献等的搜集整理，还处于起步阶段。特别是对已列入世界遗产的水利工程遗产如大运河水利工程遗产，有不少未开展充分的研究和考古勘察工作，尤其是各个历史时期重要的运口、水关涵闸、桥涵码头等遗存现状还不清楚，价值难以依据实物遗存进行证实，保护等级无法确定，管理规定无法落实。

（3）水利工程更新背景下在用水利工程遗产保护形势严峻。

目前，江苏水利工程建设不断推进，建设标准不断提高，原有在用的水利工程遗产在水利工程更新的形势下，存在保护困难的情况，需要针对性地开展保护研究，在保存好水利工程遗产本体的前提下，最大限度发挥在用水利工程遗产的工程效益，实现保护与工程使用双赢的目标。

四、江苏水利工程遗产保护和利用的路径建议

（1）编制并出台全省及区域水利工程遗产保护利用规划。

推动并指导江苏水利工程遗产丰富的地区政府部门编制出台水利工程遗产保护利用规划，主要内容应包括：一是系统梳理和研究江苏水利工程遗产的内涵和特点，对现有水利工程遗产资源保护利用现状开展评估工作，深入挖掘遗产价值，做到点、线、面相结合开展规划研究，突出水工程科技和水文化精神的阐释弘扬。二是基于对江苏水利工程遗产保护利用现状，分析总结其中存在的主要问题，提出切实可行的对策建议，如规划一批富含水文化元素的水利工程遗产作为重点建设项目；对于一些保护基础条件较好的水利工程遗产，则规划打造水利工程遗产与水文化有机融合的展示利用样板项目，并加以示范推广等。

（2）持续推进全省水利工程遗产省级名录公布，出台全省水利工程遗产保护管理办法。

一是在全面调查的基础上积极推进江苏省水利工程遗产省级名录认定工作。持续开展江苏水利工程遗产的调查研究，参照首批省级水利工程遗产公布的实践经验，继续遴选并确定更多的省级水利工程遗产形成名录公布。对调查新发现或考古新发现的水利工程遗产，以及具有红色基因的水利工程遗产等，及时组织开展价值评估。

二是出台《江苏省水利工程遗产保护管理办法》。包括推进世界灌溉工程遗产遴选与管理制度建设，建立协调工作机制，加强动态管理等方面的规定。尽可能将水利工程遗产保护纳入到生态文明建设、城乡历史文化保护、乡村振兴，以及大运河文化带、长江经济带、沿海开发

等战略实施中。

（3）明确牵头部门和经费安排，通过多部门联席会商的方式加强水利工程遗产的保护和利用。

一是出台政策和专项资金解决在用水利工程遗产的功能替换和原地保护问题。在用水利工程遗产是在用的、活着的文化遗产，对它们的管理既不等同于普通的水利工程，也要有异于一般意义上的文化遗产。应综合考虑其历史与现在，将保护与利用结合起来，从而使其持续为所在地经济社会发展和环境的改善发挥作用。

二是设立多部门联席会议，明确监管责任，协调解决遗产保护中的重大问题，有序组织论证方案等工作。组织水利、文物、文旅、农业、环境、自然资源、发改、规划、住房与建设、交通运输等相关部门的力量，设立江苏水利工程遗产保护联席会议，由水利部门主要负责人协调管理工作与对上联络工作，定期召开联席工作会议，加强相关管理部门之间的沟通力度，统筹协调水利工程遗产认定、保护与利用相关工作。通过联席会商形式，共同构成全省水利工程遗产保护监管责任分工。其中，省级水利与文物部门共同承担"在用"水利工程遗产认定保护的监管责任；文物主管部门承担水利工程遗产中的世界遗产、文保单位的保护监管责任；城乡建设部门承担水利工程遗产中"三农"水利工程遗产认定保护的监管责任；省文物主管部门指导水利工程遗产所在地政府开展相关保护、管理、展示、利用、开放等工作。

（4）遴选和打造一批标杆性水利工程遗产，积极推进世界灌溉工程和国家水利工程遗产的申报，以申报促保护，提升各级政府的保护意识。

一是遴选并确定一批重要水利工程遗产，形成重要标识地。从江苏各个历史时期建设的目前在用或非在用的水利工程遗产中，遴选出特色鲜明、水文化价值突出，遗产主体保存状况良好的水利工程遗产，在深挖文化内涵的基础上，打造江苏水利工程遗产保护利用的标杆。

二是积极推动更多水利工程遗产申报国家水利工程遗产以及世界文化遗产和世界灌溉工程遗产。如可推进洪泽湖大堤、江都三站等申报国家水利遗产。鼓励江苏各地水利有关部门，推进具重大价值的水利工程遗产如洪泽湖大堤、千垛灌溉工程遗产、高邮灌区等申报世界灌溉工程遗产，以申报促保护，进一步提升各级政府的保护意识。

三是纳入大运河文化带建设、长江文化建设等专项工作体系，促进水利工程遗产保护利用。

（5）多渠道、多领域推进水利工程遗产保护和内涵解读展示工程，将全省水利工程遗产保护好、传承好、利用好。

一是鼓励水利风景区创建中加强水利工程遗产保护和内涵解读。在省级和国家级水利风景区评审和复核过程中，突出水利工程遗产保护利用水平的权重，促进水利工程遗产在景区创建中的保护与展示，拓展水生态文明建设空间，推动美丽江苏建设。

二是将水情教育作为水利工程功能发挥的重要组成部分。通过建设布局合理、内容丰富、特色鲜明的水情教育基地，充分发挥水情教育基地的教育功能和示范引领作用。如可对具有红色基因的江苏重要治水工程如新四军水坝、雪枫堤、宋公堤等进行深入研究，科学阐释新中国成立以来党领导人民开展治水的经验与优势，打造党领导人民治淮、治江、治运、治湖等的精品展陈，传播红色文化，发挥教育功能，赓续红色血脉等。

三是将乡村水利工程遗产纳入到"三农"文化遗产保护利用体系。将乡村水利工程遗产纳入"三农"文化遗产保护利用体系中，与文物保护规划、乡村记忆工程相衔接，进一步完善保护体系。并在乡村振兴项目建设中，积极推动乡村水利工程遗产与文物、旅游、村史馆、展览展示馆等资源的融合发展，因地制宜开发文化产品和服务。

四是将遍布乡村的水利工程遗产，作为江苏美丽乡村建设的重要载体和记忆工程，加强解读和展示，让老百姓记得住乡愁。坚持以水生态文明理念为引领，推动沿江、沿河、沿湖、沿海水利工程遗产"四沿"联动，优化完善水利工程遗产的空间治理，形成合理的江苏美丽乡村水利空间格局。沿江地区可加强水利生态环境保护，依托江堤、江港、码头等水工设施，打造绿色生态经济带；沿海地区可加强海堤、港口等的保护修复，深化江海联动，打造令人向往的海洋水利工程遗产风光带；沿大运河地区可以水利文化为魂，建设具示范意义的水利生态长廊、水利文化旅游长廊等；沿太湖地区可在深化治理的基础上，打造环太湖水利生态文化圈；沿黄河故道地区则可依托水利灌溉遗产如灌区等，发展现代农业，造福沿线民众等。

参 考 文 献

[1] 武同举：《江苏水利全书》，南京水利实验处，1950年。

[2] 唐云俊：《江苏文物古迹通览》，上海古籍出版社，2000年。

[3] 江苏省地方志编纂委员会编：《江苏省志·水利志》，江苏古籍出版社，2001年。

[4] 吕振霖：《江苏水利改革开放30年成就与展望》，《江苏水利》2008年第10期。

[5] 《中国河湖大典》编纂委员会编：《中国河湖大典（长江卷）》，中国水利水电出版社，2010年。

[6] 贺云翱、毛颖：《走进"文化遗产学"：问题与对策——贺云翱教授专访》，《东南文化》2011年第5期。

[7] 干有成：《江苏水利遗产的历史形成与空间分布特征》，《长江丛刊》2019年第9期。

[8] 谢友宁、窦慧玲、盛志伟：《江苏水工遗产现状、问题及保护与利用策略研究》，《东南文化》2012年第5期。

[9] 水文化丛书编委会：《江苏水文化丛书·水利瑰宝》，河海大学出版社，2018年。

[10] 水文化丛书编委会：《江苏水文化丛书·治水名贤》，河海大学出版社，2018年。

[11] 王英华、谭徐明、李云鹏等：《在用古代水利工程与水利遗产保护与利用调研分析》，《中国水利》2012年第21期。

附表　江苏省首批省级水利工程遗产名录表

序号	市别/数量	遗产名称	所属区县
1	南京（7处）	武庙闸	玄武区
2		东水关遗址	秦淮区
3		天生桥河（胭脂河）	溧水区
4		朱家山河	浦口区
5		茅东闸	高淳区
6		水阳江水牮	高淳区
7		永定陡门	高淳区
8	无锡（10处）	梁武堰	江阴市
9		双泾闸	江阴市
10		横山水库	宜兴市
11		黄埠墩、西水墩	梁溪区
12		江南运河清名桥段故道	梁溪区
13		北仓河	锡山区
14		芙蓉圩	惠山区
15		梁溪河	滨湖区
16		闾江	滨湖区
17		梅里伯渎港遗址	新吴区
18	徐州（6处）	古黄河明大堤	丰县
19		太行堤	丰县
20		华沂闸	邳州市
21		向阳渠	铜山区
22		故黄河百步洪	云龙区
23		云龙湖水库	泉山区
24	常州（6处）	沙河水库	溧阳市
25		救荒滩遗址	溧阳市
26		建昌圩	金坛区
27		春秋淹城	武进区
28		文成坝、舣舟古渡及御码头	天宁区
29		南市河	钟楼区
30	苏州（8处）	白茆闸遗址	常熟市
31		谷渎港	张家港市
32		浏河节制闸	太仓市
33		吴江古纤道	吴江区
34		宝带桥	吴中区
35		苏南水稻田灌溉遗址	吴中区
36		盘门	姑苏区
37		山塘河	姑苏区

续表

序号	市别/数量	遗产名称	所属区县
38	南通（8处）	洪家滩"十涝十排"纪念地	海安市
39		如皋城东水关	如皋市
40		范公堤（如东段）	如东县
41		张公堤	海门区
42		通海垦牧公司海堤挡潮墙遗址	启东市
43		西被三闸	通州区
44		江岸水楔	崇川区
45		九圩港闸	崇川区
46	连云港（6处）	石梁河水库	东海县
47		安峰山水库	东海县
48		小塔山水库	赣榆区
49		红领巾水库	赣榆区
50		临洪闸	海州区
51		凰窝水库	连云区
52	淮安（5处）	矶心闸	淮安区
53		双金闸	淮阴区
54		三闸遗址	淮阴区
55		板闸遗址	清江浦区
56		清江大闸	清江浦区
57	盐城（7处）	草堰石闸	大丰区
58		丁溪闸	大丰区
59		新洋港闸	亭湖区
60		斗龙港闸	大丰区
61		射阳河闸	射阳县
62		宋公堤	滨海县
63		云梯关	响水县
64	扬州（13处）	刘堡减水闸	宝应县
65		高邮灌区（含界首小闸、子婴闸）	高邮市
66		大运河明清故道（高邮段）	高邮市
67		平津堰	高邮市
68		车逻坝旧址	高邮市
69		南关坝旧址	高邮市
70		大运河明清故道（邵伯段）	江都区
71		古运河三湾	邗江区
72		古邗沟故道	邗江区
73		瘦西湖	邗江区
74		瓜洲闸	邗江区

续表

序号	市别/数量	遗产名称	所属区县
75	扬州（13处）	刘公闸	广陵区
76		茱萸湾闸	广陵区
77	镇江（6处）	珥陵灌区	丹阳市
78		练湖闸	丹阳市
79		赤山闸	句容市
80		新四军水坝	句容市
81		京口闸遗址	润州区
82		玉山大码头遗址（西津渡）	润州区
83	泰州（3处）	南水门遗址	海陵区
84		泰州宋代排水涵遗址	海陵区
85		千垛灌溉工程遗产	兴化市
86	宿迁（4处）	雪枫堤	泗洪县
87		古汴河	泗洪县
88		浮山堰遗址	泗洪县
89		庄滩闸	泗阳县
90	骆运（1处）	洋河滩闸	宿迁市宿豫区
91	淮沭新河（6处）	淮阴闸	淮安市淮阴区
92		杨庄闸	淮安市淮阴区
93		二河闸	淮安市洪泽区
94		沭阳闸（含柴米地涵）	宿迁市沭阳县
95		烧香河闸	连云港市连云区
96		善后新闸	连云港市灌云县
97	总渠（3处）	白马湖穿运洞	淮安市淮安区
98		高良涧闸	淮安市洪泽区
99		阜宁腰闸	盐城市阜宁县
100	洪泽湖（3处）	洪泽湖大堤	淮安市洪泽区
101		蒋坝水位站	淮安市洪泽区
102		三河闸	淮安市洪泽区
103	江都（7处）	邵伯节制闸	扬州市江都区
104		江都西闸	扬州市江都区
105		江都水利枢纽（含一站、二站、三站）	扬州市江都区
106		芒稻闸	扬州市江都区
107		太平闸	扬州市江都区
108		邵仙洞闸	扬州市广陵区
109		万福闸	扬州市广陵区
110	秦淮河（2处）	武定门节制闸	南京市秦淮区
111		武定门泵站	南京市秦淮区

续表

序号	市别/数量	遗产名称	所属区县
112	省水文局（6处）	南京潮位站	南京市鼓楼区
113		江阴潮位站	无锡市江阴市
114		新安水文站	徐州市新沂市
115		百渎口水位站	常州市武进区
116		苏州（觅渡桥）水位站	苏州市姑苏区
117		镇江潮位站	镇江市京口区

枞阳县古矿冶遗址现状与保护对策研究*

王淡春[1,2]　张爱冰[1]　魏国锋[1]

（1.安徽大学历史学院　2.安徽博物院）

矿冶遗址指历史上在矿产查勘、开采、选冶和产品制作等过程中形成的一切遗存，包括矿场、工具、文字记载和建筑群等物质实体，也包括与之有关的非物质工艺技术、社会活动、宗教信仰等[1]。古矿冶遗址不仅是文化遗产的重要组成部分，也是工业遗产的重要领域，是研究古代炼铜冶铁技术的物质基础，对探讨早期工业文明进程有着重要意义。

近年来，国内外大部分矿冶遗址的研究成果，主要集中在矿冶遗址的考古和历史学研究[2]，而关于矿冶遗址保护的研究常常为学术界所忽视。在实际工作中，一些地方注重增加遗址数量，开展各种名目的申报工作，普遍存在重申报轻管理，重开发轻保护的倾向，具体保护工作难以落到实处。与保护名录上数量"大跃进式"增长相对应的，是不少古矿冶遗址正从人们的视野里悄然消失。

枞阳县境内的古矿冶遗址年代久远，亦不可避免地受到自然与人为因素的影响，虽然当地政府和相关部门为遗址保护做了不少工作，但仍面临巨大压力，保存现状不尽如人意。本文从遗址保护的角度出发，对县境内已发现的古矿冶遗址概况、价值、保存状况和损毁原因进行深入的分析，并对如何进一步加强保护管理提出相应的对策和建议。

一、枞阳古矿冶遗址概况

自20世纪80年代第二次全国文物普查以来，文物考古工作者在枞阳县境内先后发现了古矿冶遗址19处（见表一）。主要分布在县境东北部的白湖、钱铺、周潭和中部的会宫、官埠桥、雨坛等乡镇[3]。遗址附近均有可通长江的河流湖泊，在东北部遗址附近的钱铺、周潭镇还发

作者简介：王淡春，女，1990年2月生，安徽大学考古专业2006级本科生。

* 本研究得到国家社会科学基金重大项目"安徽沿江地区矿冶遗址调查与综合研究"（批准号：17ZDA222）的资助。

现2条平地用块石铺设、山坡经过整治处理或由人经过践踏而形成的翻越山岭、通往外地的古栈道，一段路面可见凹下去的车辙痕迹。

县境内矿冶遗址可分为采矿、炼铜、冶铁三种类型。冶铁遗址位于隐蔽性较好的山间盆地的土台上。炼铜遗址坐落于山脚，与聚落遗址互为一体。据测定，井边矿冶遗址年代可追溯至距今2260±30年；商代晚期的汤家墩遗址发现有容器陶范，集铜器冶炼铸造为一体。矿冶遗址的采掘、冶炼时间长，不同的历史时期连续开采，从东周一直延续至唐宋，绝大多数矿井至今仍能开采出大量矿藏。

表一　枞阳县古矿冶遗址保存状况统计表

	名称	地点	保存状况
采矿遗址	井边采矿遗址（7口矿井）	钱铺乡井边村	采矿遗址荡然无存
	柿树宕采矿遗址	钱铺乡虎栈村	采矿遗址荡然无存
	大凹岗采矿遗址	钱铺乡虎栈村	采矿遗址荡然无存
	苏家凹采矿遗址	钱铺乡鹿狮村	采矿遗址荡然无存
	铜坑采矿遗址	白湖乡山河村	保存状况较差。矿坑岩壁暴露在外，坑底积土较厚，林草茂密，积土内堆积着大量近现代遗物
	腊鹅地采矿遗址	白湖乡山河村	保存状况较差。矿坑已部分损坏，有一树根进入岩体，岩壁松动脱落
	沙墩采矿遗址	白湖乡山河村	两处采矿井口均暴露在外，保存状况较差。2号矿坑坑内有积水
	龙井虎宕采矿遗址	白湖乡龙井村	保存状况差，基本已不存。矿坑上架有现代采矿井架，原古矿基址已遭严重破坏
	铜矿岭采矿遗址	白湖乡龙井村	保存状况较差。矿坑内有积水，有的地方被土覆盖
	罗黄斗采矿遗址	白湖乡古楼村	保存状况较差。矿洞内积水很深，洞内结构不详
	铜山采矿遗址	金社乡金山村	
	牛头山采矿遗址	会宫镇晓冲村	保存状况一般。原矿址略呈被山石、泥土填塞。现皖城矿业有限公司继续在此周围开采
	拔茅山采矿遗址	会宫镇建设村	保存状况较差。矿坑三面陡壁，坑内积水较深
	大刨山采矿遗址	会宫镇城山村	采矿遗址荡然无存
	天头山采矿遗址	雨坛乡雨坛村	采矿遗址荡然无存
冶铸遗址	汤家墩炼铜（铸造）遗址	周潭镇七井村	保存状况较好。七井窑厂在遗址南端取土，使遗址遭受到一定的破坏。已公布为省级重点文物保护单位
	铁屎墩冶铁遗址	会宫镇城山村	保存状况一般。铁渣堆积点有3处，最南面的遗址上为住房，中间墩上杂草丛生，最北边墩子为荒地。炼渣常被当地村民用作他用，面积逐年缩小
	生鸡园铁屎墩冶铁遗址	会宫镇栏桥村	保存状况较差。炼渣常被当地村民用作他用，遗址面积在逐年缩小，顶部已形成1洼凹槽
	官桥铁屎墩冶铁遗址	官埠桥镇官桥村	

二、枞阳古矿冶遗址的价值

（一）历史价值

根据《尚书·禹贡》记载，夏时，南方的荆扬两州是重要的产铜基地，曾"厥贡惟金三品"，向北输送到中原。夏商时期，枞阳为扬州之域，属于文献记载中产铜之地范围。据铭文记载，"遇伯从王伐反楚，俘金，用作宗室宝尊"，"（厉）王征南淮夷，生从，……执讯斩首，俘戎器，俘金"，"伐南淮夷，俘金，用作宝鼎"，"克狄淮夷，抑燮毓汤，金道锡行"等。金（即铜）作为最重要战利品，周王室多次向淮夷发动战争以获取资源，枞阳地处周王朝的淮夷之地，周王朝对铜料的掠取表明这一地区在早期就已开采铜矿。

调查发现，枞阳古矿冶遗址点多面广，类型多样，集采矿、冶炼、铸造于一体。县境内采矿矿点多，既有露天开采也有竖井、横巷、斜巷相结合的井巷支护开采。以井边为代表的井巷采矿遗址的发现，表明该地区最晚于战国时期，矿工已采用井巷技术开始开采铜矿。

（二）文化内涵

长江中下游铜矿带储量大、品位高、距地表浅，是我国古代重要的产铜基地。该铜矿带已发现的矿冶遗址密布，在中国，乃至世界范围内都是屈指可数的采冶规模宏大、历史悠久、延续时间长的古代铜矿冶遗址带。枞阳地区处于这一著名的铜矿冶遗址带上，地域特征明显。其矿冶遗址为探讨长江中下游古铜矿的分布、利用及开发提供了重要证据，有助于研究人类早期文明中江南、淮夷、中原三地的铜矿来源及文化特征，在探讨群舒、吴越、淮夷、楚文化和古代中原、江淮、江南三地的文化交流上有着举足轻重的作用和不可替代的地位，为研究我国古代尤其夏、商、周三代铜矿原料产地这个重大学术课题提供了宝贵的信息和资料来源，对探索长江流域青铜冶炼技术的起源和文明的发生具有重要意义。

枞阳矿冶遗址具有历史、科学、学术和社会等多方面的价值，是古人留给后人的一笔宝贵的历史文化遗产。因此，加大对古矿冶遗址的保护力度，合理利用，对于彰显枞阳丰富多彩的文化遗产、增强文化软实力、提升城市品位以及城市的综合竞争力均有着十分重要的作用。如何保护、利用好矿冶遗址，让文物活起来，使之传承后人，更是一项任重道远、刻不容缓的历史使命。

三、保存状况

历年来，枞阳县境已发现古矿冶遗址19处，在第三次文物普查及近年来开展的专题调查中，已发现有8处已损毁消失。尚存的11处遗址［采矿遗址7处、炼铜（铸造）遗址1处、冶铁遗址2处］本体均受到不同程度的破坏，保存状况不尽如人意，不容乐观，形势较为严峻（见表一）。现按遗址的类型将其具体保存状况介绍如下。

（一）采矿遗址

铜坑采矿遗址：保存状况较差。遗址西面紧邻佛陀山，坐落于山腰处，山上杂树野草丛生，山脚旁有大量民居及农田环绕，不远处有一池塘。矿坑呈不规则形，岩壁暴露在外，坑底积土较厚，林草茂密，积土内堆积着大量近现代遗物。

腊鹅地采矿遗址：保存状况较差。遗址前临居民房屋，后靠腊鹅山，山上草木茂盛，西边有一水塘，周围废石较多，有铜草分布。矿坑略呈长方形，南北走向，有一树根进入岩体，岩壁松动脱落，矿坑已部分损坏。

沙墩采矿遗址：共有2处采矿井口，相距约200米，保存状况均较差。遗址周围树木茂盛，地表可见碎矿石，铜草生长旺盛，西有1条涧沟。2处遗址均暴露在外，1号矿坑略呈椭圆形；2号矿坑略呈长条形，坑内有积水，南面、北面有探矿长沟，已淤塞。

龙井虎宕采矿遗址：保存状况差，基本已不存。遗址坐落于陶边山西麓，南为田地，周围群山环绕，地表有铜草生长。坑上架有现代采矿井架。由于现在采矿者利用原井口继续开采，原古矿基址已遭严重破坏。

罗黄斗采矿遗址：保存状况较差。遗址西南为章洼水库，西有章洼组小塘，东有大鲍庄山，山下为村庄。周围树木丛生，地表可见碎矿石，周围铜草密布。矿洞略呈长方形，内积水很深，洞内结构不详。

铜矿岭采矿遗址：保存状况较差。遗址西靠铜矿岭山，地表杂草丛生，可散见碎矿石，建有大量现代民房。矿坑呈长方形，内有积水，有的地方被土覆盖。

牛头山采矿遗址：保存状况一般。遗址背靠牛头山，山上野草茂盛，东面紧邻皖城矿业有限公司厂房，南临乡村土路。原矿址略呈"八"字形，被山石、泥土填塞。现皖城矿业有限公司继续在此周围开采。

拔茅山采矿遗址：保存状况较差。遗址南边紧邻拔茅山脚的小铜山北麓，山上杂草生长茂密。矿坑前为椭圆形，后呈铲形，三面陡壁，一面平坦濒临乡村土路，坑内积水较深。

（二）炼铜（铸造）遗址

汤家墩遗址：保存状况较好。遗址坐落在村庄之间，有不少村民居房。西临大山东边大涧沟，北靠发洪山，南为枞阳至周潭公路，西南端有养猪场。遗址呈台状，北高南低，上为耕地，地表散见铜渣、陶器残片等。20世纪80年代初，七井窑厂在遗址南端取土，使遗址遭受到一定的破坏。1988年3月，公布为县级重点文物保护单位；1989年9月，安徽省考古研究所组织人员进行了科学发掘，发掘面积200平方米；2012年7月，公布为省级重点文物保护单位。

（三）冶铁遗址

生鸡园铁屎墩遗址：保存状况较差。遗址南靠草皮塌山，前有1水塘。周围丘陵环抱，树木茂盛，仅有1条狭窄弯曲的山道进入。炼渣堆积于山脚，旁为耕地。由于炼渣常被当地村民用作他用，使遗址面积在逐年缩小，顶部已形成1洼凹槽。

大洼里铁屎墩遗址：保存状况一般。遗址东临蛇皮沟山，西边紧邻大洼里涧沟，周围群山环抱，仅有1条狭窄弯曲的山道进入。铁渣堆积点有3处，均呈土丘状，当地人称铁屎墩，最南面的遗址上为住房，中间墩上杂草丛生，最北边墩子为荒地。由于炼渣常被当地村民用作他用，使其面积在逐年缩小。

四、破坏因素分析

（一）自然因素

枞阳县属北亚热带向中亚热带过渡的湿润性季风气候区。雨量充沛，空气湿润，冬夏温差大，气温升降明显，对古矿冶遗址保存有巨大影响。一方面，雨季尤其降雨集中的梅雨期，雨水径流量增大，或将杂物冲入遗址内而淤塞，或在采矿坑内形成大量积水（图一、图二），或造成遗址水土流失严重而形成断崖（图三），甚至坍塌，面貌全非。另一方面，渗入采矿坑岩体的雨水，在日照下不断向外蒸发，导致岩壁产生小的裂缝；到了冬天，这些水又会转为冰冻，产生冻胀压力，撑裂岩石，到冰融化时，表面会不断形成空隙发生冻融侵蚀。另外，岩石为不良导体，升温降温会导致内部温度的差异，热胀冷缩致使岩体表面崩裂、裂缝、风化，形成沙砾岩而渐渐剥落。

古矿冶遗址所在的地区常常发生旱、涝、风、冻、雹、泥石流等自然灾害，会在极短的时间里对遗址造成不可逆转甚至毁灭性的极大破坏。值得关注的是，近年来，长江中下游沿岸地

图一　拔茅山积水

图二　罗黄斗矿坑积水

图三 铜框岭采矿遗址断崖

区已受到酸雨的污染，酸雨对岩体（层）的浸润造成严重的催化渐变，使其风化加速直至永久消失。

空气的温润潮湿、坑内大量积水，给各种野生植物和有害生物的生存与生长提供了便利的条件和环境。矿冶遗址本体间生长着的各种深根系植物，根部硕大粗壮，侵入采矿井的岩壁，导致岩体松动脱落。细菌等微生物的侵害，使岩壁表面长期黏附着一层层黑色、褐色和绿色的苔藓类物质。深根系植物根茎的侵入以及根系发达、覆盖面积广的浅根系植物的茂盛，使微生物繁殖有了良好的外部条件，各种菌类和微生物滋生蔓延。微生物在新陈代谢的生长过程中分泌酸性物质，持续不断地对岩石表层进行腐蚀，这也是使采矿井岩体受损而不可忽略的重要原因之一。

（二）人为因素

古矿遗存最丰富的地方，也是矿体富集、矿石品位高、矿山最需要开采的地方[4]。境内古代采矿遗址所选取的基址多处在富矿带上，如井边、拔茅山、牛头山等大型矿床。在古代，受到生产力水平限制，赋存于地下深处的铜矿并未得到充分开采。利用废弃的老矿井继续开采或在老矿井附近选址采矿，只需取样验其品位、厚度后即可动工开采，利用价值很高，与新选矿井相比，节约了前期找矿、探矿以及相关验证所需要的时间、资金等，具有成本低、见效

图四　牛头山遗址现状

图五　牛头山遗址现状

快、风险小、利润高等优势，老矿井一时成为采矿业主争相角逐的对象。

现代化的生产线运进古采矿遗址，现代大型机器设备、工艺手段用于获取深处的铜矿资源，并在此建起了一幢幢厂房，牛头山、龙井虎宕采矿遗址上只见厂房、井架，遗迹难寻，面目全非。

枞阳人口密度大，居住相对集中。遗址大多坐落于村庄之中，或距离村民居住地附近，是当地居民生产、生活的主要区域。其中腊鹅地采矿、罗黄斗采矿等遗址因建房时开挖的范围大、房基深，已对矿井造成了局部破坏；大洼里铁屎墩冶铁遗址上建起了现代房屋，保存状况差；人们常常搬运生鸡园、大洼里铁屎墩冶铁遗址上炼渣，建房铺路，铁炼渣堆积越来越薄，遗存面积逐渐缩小。

古代采矿遗址残存的结构大都为一较大的深坑，邻近居民区的遗址多成为随意倾倒固体废弃物的垃圾池，不仅环境十分恶劣，而且废弃品产生的有害物，对遗址造成的损害无法估量。汤家墩遗址呈土墩状，周围临近水田，上有耕地，东南曾建有窑厂。每到开耕播种之时，表面土层不断被翻滚，遗址内遗物因扰动而杂乱不堪，文化层破坏扰乱；农作物根系发达，延伸于地下，分布较广，造成遗迹本体的局部破坏；窑厂曾在此大面积取土，面积减少，西南、南部已成陡崖。

五、保护对策研究

（1）通过考古调查，全面了解古矿冶遗址情况，揭示境内矿冶遗址的价值体系，并建立数据库

组建一支由文物、地质、矿产、冶金等各行业专家学者的高素质团队，展开矿冶遗址调查。对矿冶遗址较集中的区域，进行区域系统调查，深度挖掘矿冶遗址的历史及社会价值。

调查过程中，运用现代科学技术，如GPS确定遗址的具体方位，无人机航拍确定遗址的分布范围，^{14}C测年以及红外、拉曼等现代仪器对采集遗物进行分析研究，更全面、更准确地研究遗址的价值。建立包括原始文字记录、图表影像、保护规划、影响评估、记录档案等在内的古矿冶遗址考古资料数据库，促进文物资源的整合利用。

（2）改善遗址环境，进行科学保护

1）针对遗址本体，运用科学方法进行清理、加固与保护。

首先，清理矿井内泥土、抽空坑内积水。

其次，部分矿井中围岩出现裂缝、岩体松动、坍塌等现象，实施抢救加固工程，主要方法有：①对悬于古矿井上方周围、已形成拉断坠落的悬臂状或拱桥状等危岩，采用墩、柱、墙或其组合形式支撑加固。②采矿遗址本体上部极易发生崩塌错落的危岩体，采取锚固技术进行加固。运用预应力锚索结构来主动施加预应力以约束危岩体，使矿体在保护过程中减少变形。③对遗址本体内出现破裂、松动等受损现象的岩体和残存的支护木，采用电注浆水玻璃—氧化

钙方法，水玻璃具有防火防腐作用，既能加固岩体，又可使坑木脱水并提高木料中水的含量，增加其强度和抗腐蚀能力[5]。④对遗址保护范围外有潜在崩塌落石危害的山体，采用SNS柔性拦石安全网防护系统，最大限度降低危岩失稳、崩塌等隐患。⑤进行科学管理，合理利用遗址周边的土地资源，防止因开采矿产、城镇建设以及农业生产等行为而加快导致危岩的形成，尽量控制和杜绝岩体崩塌的诱发因素。在保护加固过程中，坚持以"不改变文物原状"为原则，做到"修旧如旧"，最小干预的原则，还原遗址本来面目，保持其所处地区的自然风貌，达到治标又治本的目的，将对遗址的损害和威胁种种因素降低到最小。

2）针对遗址周围环境，合理利用遗址周边景观特点进行整治。

首先，清除遗址周边的野生植物，进行人工监控，定期巡查，发现问题，及时采取措施。其次，建设拦水或雨水分流设施，对有较高价值的遗址搭建轻钢结构防雨工棚，隔绝湿气、雨水的侵蚀。再次，配合新农村和美好乡村建设，动员居住于遗址周边的村民迁移他处生活，劝说村民不要在遗址上开荒深耕，不要搬运炼渣铺路建房等等，减少人类生产活动对遗址的影响。最后，结合每年开展的植树造林活动，沿遗址区一定的距离外，选取高大的乔木类等植物栽种，设置防护林，以减弱风雨、山洪、沙尘、泥石流等地质灾害以及污染物对遗址的破坏。通过多方面、多层次的综合治理，使遗址的现状和周边环境达到理想的效果。

（3）选择部分遗址进行科学发掘，建立矿冶遗址三维模型，最大程度地的保存遗址的历史信息，建立地方矿冶遗址博物馆，让文物活起来。

1）对于一些濒临消失或文化内涵较为丰富的矿冶遗址，展开考古发掘。

原周潭镇汤家墩遗址在20世纪80年代曾发掘，出土大量冶炼、铸造相关遗迹，但其冶炼时代之早、器型之独特、文化之丰富，远远没有得到全面揭示。为了更好地了解枞阳县境商周时期的冶铸水平，可选择汤家墩遗址展开科学发掘以及综合性研究，揭示枞阳地区早期青铜冶铸情况及矿料来源等多方面信息。

钱铺乡井边采矿遗址，集中分布有七口矿井，曾在调查中发现井巷、支护木以及大量采矿工具，如今已破坏殆尽，在野草杂生中难以寻觅痕迹，大量采矿信息埋于地下而趋于消失，对井边遗址进行科学发掘，不仅能展现这一大型矿冶遗址的完整面貌，同时可以丰富枞阳县境早期矿冶遗址的信息、采矿方式以及铜器采冶遗址间的相对关系，揭示早期矿工们的生活、冶炼、采矿等一系列的社会生产方式。

2）运用三维扫描技术，记录矿冶遗址现状，还原矿坑及其内部结构特征，建立矿冶遗址的三维模型，为后期研究及展示提供直观的信息。

三维扫描技术作为一新兴领域在国内已开始运用于矿冶遗址中，如延庆水泉沟冶铁遗址，通过对冶铁炉的三维建模，复原出完整炉体的侧剖图[6]。枞阳县境内矿冶遗址数量多，大多保存状况较差，随着水土流失、年久失修，露天的矿冶遗迹会不断遭到破坏。通过三维扫描建模，建立矿冶遗址的三维数字档案，一方面可以将矿井的保存现状、周边环境、残留矿石矿渣等重要信息完整地记录下来，另一方面通过三维模型逐渐复原原始矿井的形态，可以更加直观、立体、全方位地将古代矿冶场景展现给观众。

3）建立综合性矿冶遗址博物馆。

整合境内调查发现的矿冶遗址，以发掘和调查中出土的文物、矿石、冶炼原料、采矿工具等遗物为主要展品，结合矿井的三维建模数据，将矿井以模型的形式搬到博物馆里来，复原古代矿工采矿、冶炼以及生活场景，让文物活起来，提升文化感染力，深入了解区域青铜文化；在三维模型的基础上，在博物馆内创造古代矿工生产模拟体验区，让观众参与其中，切身感受矿冶遗址的历史、文化、科学价值；同时，展现境内矿冶遗址的保存现状及破坏因素，提高公众的文化遗产保护意识。

（4）建立系统化旅游模式，以旅游促经济，以经济促发展。

矿业遗产旅游正作为一新兴领域成为旅游业的发展趋势。随着文化与旅游行政机构的整型合并，区域文化遗产的展示与保护已不仅仅局限于文物相关机构，更应将区域历史文化融合于旅游中，将矿冶遗址中矿井、采矿工具、矿石等元素与旅游进行有机结合，以矿冶文化景观为吸引点，让游客了解矿冶遗址，感受区域文化，增强对旅游城市历史深度的认知。

单个矿冶遗址保护在城市旅游规划中显得单一而零散，很难形成规模。境内矿冶遗址发现数量多且集中，可根据矿冶遗址的类型，建立一条系统性区域性的旅游路线。以矿冶遗址博物馆为中心，以井边采矿遗址和汤家墩冶铸遗址为重心，将各矿冶遗址进行串联，结合白荡湖流域的自然景观和丰富地产，形成一条以文化促旅游、以旅游促经济的矿冶之旅。既能吸引群众在观光旅游的同时了解地方矿冶文化，也能以这条矿冶遗产旅游路线为特色，建立独特的城市文化，促进当地旅游业与经济的发展。

（5）在矿冶遗址的基础上，建立中小型生态公园，将矿冶遗址的独特美学价值融合于城市景观、规划中，以满足人们对文化、对自然、对生活的多重追求。

枞阳境内矿冶遗址都分布在居民生活集中区，公园是居民接近自然，提高生活幸福感的休闲之地，以公园的形式对矿冶遗址进行合理利用，是在科学保护的基础上，将矿冶遗址融入城市发展并进行合理可持续的开发利用。

公园的设计可结合现场地形、历史文化遗址、自然环境和生物现状创造出可持续性发展的生态公园[7]。在休闲的过程中，满足人类对文化和自然的双重追求，欣赏自然风景的同时，感受地区独特的青铜文化，寓教于乐，增强群众对矿业遗址、区域文明以及文物保护等方面知识的普及，保护矿冶遗产人人有责、人人做起。

在城市规划中，以矿冶遗址为基础建立中小型生态公园，摆脱了以往单一的以经济和人口为主要着力点的规划形式，采取以自然景观和区域文化遗产保护为切入点的"反规划"模式，保存生态系统，提高矿冶遗址的可持续开发利用，延续城市历史文脉。以境内矿冶遗址保护区为特色，为城市规划注入新的活力，促进城市规划的传承性和多样性。

六、结　　语

"遗址是一种特殊的遗存。尽管它只是残剩的一些兀立的残垣和石柱，甚至是草坑与土堆，但它是历史生命仅存的最后的实体，是唯一可以触摸到的历史真实。如果遗址没了，历史便完全消失。"[8]作为古文化遗址重要组成部分的古矿冶遗址，是历史长河中各个时期留下的具有代表性的文物遗存，其生命只有一次，它具有不可再生性、不可替代性和唯一性，是人类珍贵的文化瑰宝。

枞阳县境内现存的古矿冶遗址，是枞阳乃至长江中下游地区文明进程的重要实物载体，是我国古代矿产开发、冶金和铸造技术水平以至工业文明的重要见证，也是研究地域历史文化和中华文明史的重要依据。加大保护古矿冶遗址力度，就是保护一个地方的"文化之根"，它对延续一个城市的历史文脉、扩展城市空间、彰显城市个性、提升文化品位、提高城市综合竞争力具有重要的现实意义[9]。因此，对其加强保护，不仅是使其延续生命的需要，也是通过可持续利用古矿冶遗址这一文物资源以服务社会的基础和前提，使其优势转化为经济社会发展优势和发展动力，促进社会的全面发展。

注　　释

[1] 戴湘毅、阙维民：《世界遗产视野下的矿业遗产研究》，《地理科学》2012年第1期。

[2] 李百浩、刘婕：《从青铜文明到生态文明——大冶古铜矿遗址保护与再利用规划模式》，《中国园林》2012年第7期。

[3] 王淡春、陈向茹、魏国锋等：《安徽枞阳县古代矿冶遗址调查》，《遗产与保护研究》2018年第11期。

[4] 黄石市博物馆：《铜绿山古矿冶遗址》，文物出版社，1999年。

[5] 陈中行、刘佑荣、程昌炳等：《探讨大冶铜绿山古铜矿遗址保护》，《中国文物科学研究》2010年第3期。

[6] 魏薇、潜伟：《三维激光扫描技术在矿冶遗址研究中的应用——以延庆水泉沟冶铁遗址为例》，《中国文物科学研究》2016年第2期。

[7] 李百浩、刘婕：《从青铜文明到生态文明——大冶古铜矿遗址保护与再利用规划模式》，《中国园林》2012年第7期。

[8] 冯骥才：《请不要遗址公园化》，《报刊荟萃》2010年第10期。

[9] 柴晓明、刘爱河：《大遗址历史文化内涵的展示与阐释》，《中国文物科学研究》2014年第1期。

"启幕江南——草鞋山遗址与环太湖地区史前文明"特展策展实践与思考

高 超

(苏州吴中博物馆)

2021年5月20日"启幕江南——草鞋山遗址与环太湖地区史前文明"展（以下简称"启幕江南"展）正式开幕，展览于5月18日就已正式对观众开放（图一）。该展览由苏州吴中博物馆主办，作为项目负责人也是展览的策展人，笔者参与了展览的全过程，主要包括展览构思、大纲撰写、文物甄选、文物点交、展陈布置、展览册页信息以及辅助展品制作布置、文物说明牌内容撰写等等。文物展览是一件复杂且辛苦的工作，需要对接各参展单位、展陈设计公司、文物运输公司、博物馆各个部门等，辛苦的努力最终汇聚成一个精彩的展览以飨观众，值得庆

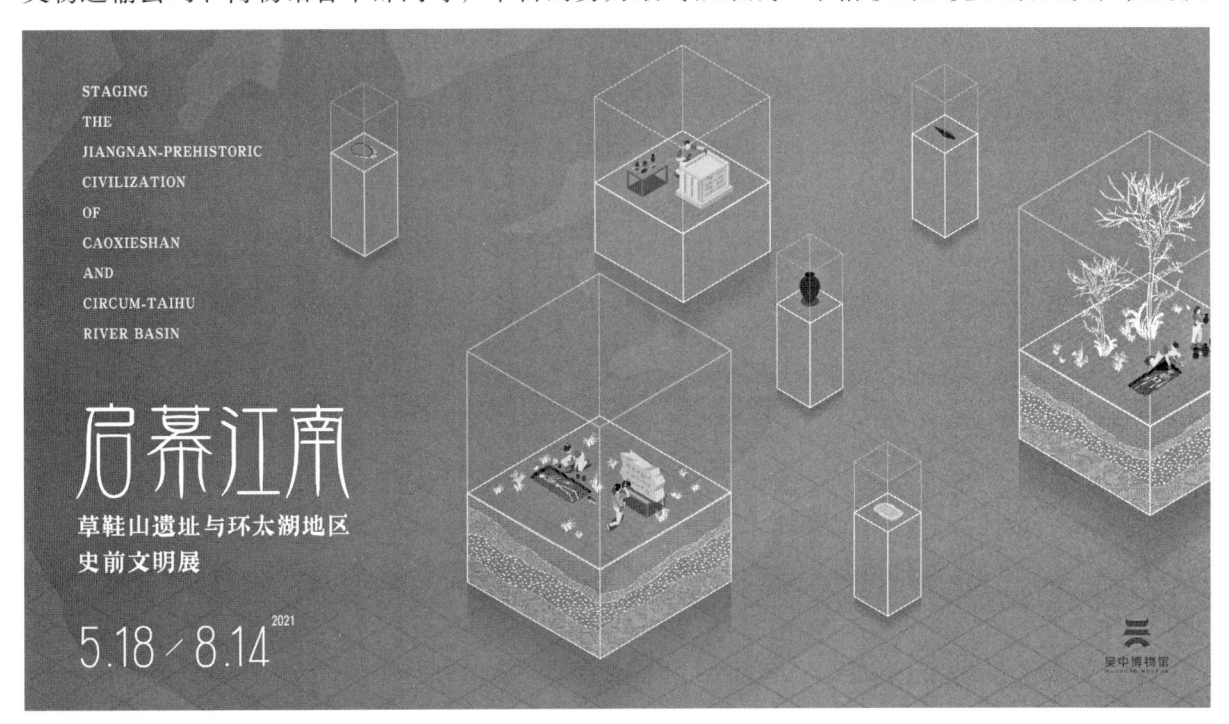

图一 "启幕江南"展海报

作者简介：高超，男，1987年6月生，安徽大学考古专业2012级硕士生。

贺，更值得总结。下文主要结合笔者本次策展的实践进行回顾，并谈一谈展览的一些看法和思考。

一、展览缘起

吴中博物馆筹备"启幕江南"展首要的原因就是草鞋山遗址的重要性。作为苏州乃至整个环太湖地区最重要的新石器时代遗址之一，草鞋山遗址因中心有形如"草履"的"草鞋山"土墩而得名，其文化层几乎跨越太湖地区新石器时代到先秦历史的全部编年，被誉为"江南史前文化标尺"，又因原始水稻田的发现和揭示，成为最早为世界稻作起源地的确认提供了实物例证的文化遗址。深厚的文化内涵、丰富的遗迹遗物，表明草鞋山遗址是史前太湖流域一处重要的文化中心，具有突出的历史价值、科学价值和社会价值。展览的筹备正是为了烘托这样一个重要的史前文化遗址。

当然体现草鞋山遗址的重要性只是想要表达的一个方面，策展更深层次的原因是为了探寻江南文化的起源。一直以来，世人都认为江南是小桥流水间的吴侬软语，是物产丰饶的鱼米之乡。但到底什么是江南？江南的文明究竟源自何方？又经历了怎样的发展？"启幕江南"展就是在这样的疑问中酝酿和产生。展览以草鞋山遗址为发起点，带领大家梳理环太湖地区的发展历程，让观众能够看到这块美丽又富饶的土地，是如何孕育出古老又神奇的文明、又是如何拉开了江南文化的序幕。

二、展览考察

环太湖地区新石器遗址据不完全统计，遗址数量达到500余处[1]，这样庞大数量的遗址（图二），要在一个展览中全部表现是不现实的，加之展厅空间和展览表现内容的有限，只能选择一些典型遗址加以表现，所以展览的筹备阶段是从实地考察开始。

考察分为三个阶段：第一阶段是资料的收集。有目的地收集环太湖地区重要的史前遗址相关资料，研究遗址对环太湖区域进程的重要性以及遗址文物丰富程度、是否适合展览、文物收藏机构等。最终，通过资料的收集、删选，我们选取了环太湖地区20处新石器时代遗址，并且和相关考古研究所、博物馆确认了出土文物的大概信息。第二阶段是实地考察。确定遗址文物大概信息后，剩下的就是有规划的考察走访阶段。这一阶段我们选取了文物收藏机构进行实地走访，首先文物收藏机构的考察，需要确认遗址出土文物的保存情况，是否适合展出、文物等级等。其次是对具体遗址的考察，通过对遗址的现场考察，通过遗址的位置、发掘情况、保护现状等考察，使我们对策展有了更深的理解和认识。第三阶段是确定参展文物。通过现场走访考察以及双方的协商沟通，基本让我们有意的文物藏品能够参与到这次的展览中。

图二　环太湖地区新石器时代主要遗址分布示意图

三、展览结构

展览的主题定为"启幕江南",取开启江南文明之意。地域范围为环太湖地区,时间为新石器时代。展览结构分为两类,一是按区域分类,"启幕江南"展抛弃了传统以社会生活资料的不同方面或文物按材质、用途等进行归类展出,而是将各个遗址作为一个个整体呈现给观众。二是按时间分类,在序厅中将各个遗址抽调一部分文物充实于一仓储式特性展柜中,按马家浜文化、崧泽文化及良渚文化三段时间段划分,让观众能够对环太湖地区新石器时代有整体认识。展览由"前言""得天独厚孕本源""文化标尺立史前""满天星斗汇江南"及"结语"五个部分组成。

"前言"部分通过设问形式引出展览主题,指明环太湖地区,自古以来便是中华文明的重要发源地之一,这一地区所表现出的社会生产、生活、文化等方面辉煌灿烂的面貌,说明距今7000年前的长江下游、环太湖流域已然揭开了中华民族其中一处文明发源地的序幕。

第一部分为"得天独厚孕本源",主要介绍环太湖区域范围,其中以介绍全新世以来环太湖地理环境为中心,为观众理解环太湖流域新石器时代文化兴盛发达做出铺垫。展出的主要为吴中博物馆收藏的石器时代动物骨骼和石器文物。

第二部分"文化标尺立史前",主要介绍了草鞋山遗址相关情况,展示了草鞋山遗址最新发掘出土的文物,让观众能够重新认识被誉为"江南史前文化标尺"草鞋山遗址对环太湖流域新石器文化的重要价值。

第三部分是"满天星斗汇江南",是整个展览内容最为丰富的章节,选取环太湖区域范围的新石器时代典型遗址,选用最能体现遗址本身的文物,其目的是呈现长江中下游、环太湖地区丰富的史前文化,验证其也是"中华文明发源地之一"学说。

"结语"是展览的总结部分,指出马家浜文化揭开了这一区域史前文明的帷幕,经过崧泽文化时期的长足发展,到良渚文化时期臻于鼎盛,正是这一支保持着清晰的发展序列和强烈的地方特色的史前文化,最终造就了富饶的江南文明。

四、展览文物

"启幕江南"展共涉及包括吴中博物馆在内共十一家文博机构,涉及十五个史前遗址,基本涵盖了长江下游、环太湖地区新石器时代的马家浜文化、崧泽文化以及良渚文化。展品主要以陶器为主,包括玉石器、骨器、漆器等各类文物,其中借展文物178件(套),等级文物达47件,一级文物5件,还有很多未参与等级评定的精美文物进行了展出,展品总数达到200余件(套),展现了环太湖地区丰富且发达的史前文化和史前文明(图三)。

图三　部分参展文物

左上：马家浜遗址兽面陶器耳　　右上：新岗遗址泥质黑衣陶猪形尊　　左下：绰墩遗址宽把壶　　右下：少卿山遗址玉琮

五、展览内容

作为疫情期间开的第一家公立博物馆，"启幕江南展"是吴中博物馆第一次独立自主策划的展览，虽然展览还有很多需要改进的地方，但整个展览中也有很多亮点。环太湖地区新石器时代遗址众多，如何在有限的篇幅内展示这样一宏大的地域范围和时间段？展览主要把握了"全面、重点、生动、丰富"几个方面。

（一）全面

环太湖地区，自古以来便是中华文明的重要发源地之一。随着多年来考古工作的广泛开展，环太湖地区基本建立了以马家浜文化—崧泽文化—良渚文化为代表的较为完整的新石器时代考古学文化谱系，成为中国史前文化发展脉络最为清晰的地区之一。展览对这一区域的马家浜文化、崧泽文化、良渚文化典型遗址都有涉及，保证了新石器时代整个时间线的完整。主要遗址则以小块范围划分，分为苏松地区、西部过渡地带、杭嘉湖地区三个区域，基本涵盖环太湖这一完整区域范围，较充分的展现环太湖地区丰富的史前文化。

（二）重点

环太湖地域范围广阔，涉及遗址众多，展览的准备时间以及展示面积有限，一个展览不可能做到面面俱到，如何做出取舍，考验着策展人的智慧。"启幕江南"展有重点地突出苏州的草鞋山遗址，作为史前太湖流域一处重要的文化中心，深厚的文化内涵、丰富的遗迹遗物，是我们所需要重点突出的部分，为此我们将草鞋山遗址作为单独一部分，分为"取食生业""琢玉成器"以及"寓意以陶"三个小单元，多方面展示草鞋山遗址丰富且发达的史前文明，让草鞋山遗址作为环太湖地区"史前文化标尺"意义得以凸显。

（三）生动

展览如何给观众留下深刻影响，是所有展览追求的目标。"启幕江南"展在陈列方式上采用中心展柜形式，将众多文物一起展出，营造一种震撼之感，让观众能够对整个环太湖丰富的新石器时代文化有整体感知，而且在形式设计上将圩墩、澄湖、下湾、新地里四个遗址的展柜与造景融合，营造一种自然纯朴的意境。陈列方式和展陈形式的创新，的确取得了较好的效果，很多观众参观后都表示留下了深刻的影响。

（四）丰富

针对本次展览吴中博物馆开展了丰富多彩的学术讲座、课程、读书会等社教活动，同时联合苏州市文化广电和旅游局（苏州市文物局）、吴中区文化体育和旅游局、工业园区文体旅游局召开"启幕江南——草鞋山遗址与环太湖地区史前文明展开幕暨长三角古代文明论坛"，更加深入地探讨环太湖地区史前文明的演进历程，实证中华文明是多元一体的起源、发展和融合（图四）。

六、策展中的困难与遗憾

作为一个展览，"启幕江南"不可能如教科书一样面面俱到，也不可能尽善尽美，在实际策展过程中也会遇到各种各样的困难，文物如何选取？文物是否适合展出？"启幕江南"展在实行过程中就曾遇到很多困难，当然展览最后也留下了一些遗憾。

图四　长三角古代文明论坛

（一）困难

1. 展览时间紧任务重

"启幕江南"展是2020年11月开始准备的，正式开放是2021年5月18日，其中包括资料搜集、大纲撰写、实地考察、形式设计等，时间极其紧迫。作为一个策展人不仅需要负责具体展览，还需要负责与展览相关的一切事宜，如展厅施工、文物运输等，这当中每一个环节都需要耗费大量时间和精力，特别是相关借展文件的撰写，如参观公函、文物商借函、项目的招投标协议、文物的借展协议、补充协议、文物接收函、参展单位邀请函等，让人苦不堪言。

2. 遗址年代久远，文物分散

"启幕江南"展涉及十五个史前遗址，虽然我国文物法第一章第五条规定："中华人民共和国境内地下、内水和领海中遗存的一切文物，属于国家所有。"但在实际中，考古出土文物归属权却是个十分复杂的问题，一般考古发掘参与机构都会分得一部分出土文物。这样就导致同一遗址出土的文物却"四分五裂"。笔者在搜集"启幕江南"展资料时发现，所有的遗址出土文物都分属两个或两个以上的文博机构。以草鞋山遗址为例，早期发掘的文物被收藏于南京博物院和苏州市吴中博物馆，后期发掘的文物又收藏于苏州博物馆和苏州市考古研究所。虽然这些收藏机构都属于国家所有，但是这种分散式保管，无疑为后续的利用和研究带来诸多不便。

3. 资料搜集困难

"启幕江南"展涉及的很多遗址是在20世纪五六十年代就开始进行考古发掘，因当时条件所限，考古工作结束后并未发表多少关于遗址的资料，有些遗址甚至最简单的考古简报都没有，只有寥寥数字的介绍性文字，这就为展览的资料搜集带来极大困难。以草鞋山遗址为例，前后历经数次考古发掘，但目前为止，尚未发表正式的发掘报告，导致很多发掘资料不够清晰。本次展览涉及一些最新考古成果，由于田野工作刚结束不久，其发掘资料还未整理完成公布，对策展的资料搜集也带来很大困难。

（二）遗憾

1. 草鞋山遗址展品精品度不够

草鞋山遗址是1956年江苏文物管理委员会在江苏省进行文物普查时发现[2]，而后经过多次考古发掘，取得了重要考古发现。其出土文物以收藏于南京博物院和吴中博物馆的比较精美，但是两个博物馆的精品文物基本都陈设于各自常设展览中，出借有一定难度。最终，"启幕江南"展关于草鞋山遗址的展品选取的是苏州市考古研究所收藏的文物，辅之一些吴中博物馆常设展览剩下的文物，最终完成了对草鞋山遗址的叙述，展品虽不够精但基本反映了草鞋山遗址的重要性。

2. 很多重要遗址未能参与

环太湖地区新石器时代一些重要的遗址由于种种原因，未能参与本次展览。上海崧泽遗址作为环太湖地区崧泽文化的命名遗址，但因文物所有权问题未能解决，故遗憾没有参与到本次展览中。吴江龙南遗址为太湖流域发现的良渚文化第一座村落遗址，其布局充分体现了以河道为中轴的江南水乡特色，对研究江南地区的古代文明具有重要意义。但因为吴江博物馆新馆建成，其收藏的龙南遗址文物需要进入常设展览，不便外借，故未能如愿借来。浙江湖州的钱山漾遗址作为环太湖新石器时代重要的文化遗址，其考古发掘，填补了长江下游环太湖地区新石器时代晚期文化从良渚文化到马桥文化之间存在的缺环，对太湖流域的史前文明研究具有重要意义。特别是遗址中发掘出土的绸片、丝带、丝线等尚未炭化的丝麻织物[3]，成为人类早期利用家蚕丝纺织的实例[4]，印证了"世界丝绸之源"源自东方，对研究人类丝绸文明史具有重要意义。在展览准备阶段，我们也亲自到浙江湖州博物馆进行了相关考察，有意将这一重要史前文化遗址纳入到这次展览中，但无奈在最后，湖州博物馆告知关于钱山漾遗址藏品其馆里另有展览所用，只能作罢。

3. 展厅条件限制

吴中博物馆第二临展厅分为前后两个厅，受展厅条件所限制，"启幕江南"展多使用边柜，只在前厅使用了三个独立柜，后厅作为本次展览分量最重部分，涉及的遗址和文物最多，但因展览面积有限，一个独立柜和平面柜都没有使用，这样就导致后厅很多精美的高等级文物无法凸显，让观众很难分辨重点文物和普通文物，削弱了重点文物所带来的震撼效果。虽然我们在重点文物的说明牌中增加了大量文字说明，但还是容易让观众忽视。

七、几点思考

（一）关于展品

环太湖地区新石器时代遗址丰富，涉及文物展品更是庞杂，这就要求策展人在广泛调研的基础上选择最能体现展览主题内涵的展品。我们在展品选择中力求展现同一种文物的不同方面，让观众在观展的同时去思考这种不同的原因。以马家浜文化陶釜为例，将太湖东部和西部腰檐釜的平底和圜底在同一个展览中呈现给观众，其目的就是为了让观众通过观察两种釜的不同形态从而发现同样文化之间区域的差异。

（二）关于项目负责人制度

吴中博物馆展览推行的是"项目负责人制"，这种制度是博物馆陈列展览中的一种创新性尝试，作为一种展览组织形式，关于展览的所有方面项目负责人都会参与。以"启幕江南"展为例，笔者作为展览项目负责人，需要跟进关于展览项目的每一步，从最开始的资料搜集、沟通、联系到展览具体实施、突发事件的解决以及后期图录出版、项目的验收，甚至于展览的宣传教育、学术讲座等都需要参与其中。

"项目负责人"的工作内容纷繁芜杂、无所不包，既是展览的组织策划者也是具体实施者，这种制度可以在明确责任同时有效的组织、协调展览的方方面面，提高了展览策划的效率。但以一人之躯，身兼数职，也有弊端。以笔者为例，展览中的文字材料全部由笔者撰写，在上墙后发现少量文字错误，时间紧、工作量大、检查不仔细等原因使这类错误产生。相信如果由项目负责人负责项目的协调工作，辅助一个策展团队配合，而非项目负责人去执行每一项工作，或许可以避免很多问题。

（三）关于形式设计

现在的观众走入博物馆参观展览已经不仅仅是对文物的观赏，在观赏文物之余，观众需要额外的吸引。色彩是博物馆设计中的重要组成部分，直接影响设计的效果[5]。"启幕江南"展在展览主色调上大胆地采用了橘黄色，展览的海报以及展厅的背板都采用橘黄色作为底色，这一色彩鲜艳且醒目，同时代表着青春，在契合展览的"江南文明"萌发阶段的主题时也能带给观众一种热情之感。其次，在展览中通过造景的形式吸引观众。作为一场史前展览，展品大部分为陶器、石器等，展品的故事性不强，可观性不够，只有通过辅助形式才能吸引观众兴趣，我们在展览的形式设计中通过增加造景的形式来吸引观众，选取了四个史前遗址，使用真实的稻草将陈列文物的展柜和稻草造景"合二为一"方式呈现给大家，让观众在观展中切身感受到浓郁的田野之风（图五）。

（四）陈列方式的新探索

"启幕江南"展在陈列方式上也进行了大胆的创新，展览中使用了大型仓储式特性展柜[6]对文物进行集中展出。仓储式特性展柜是近年来博物馆展览中比较流行的展柜形式，其具有高

图五　特展采用的展柜和草垛结合造景

契合展览主题、高展厅利用率、强化观众观展体验等优点。本次"启幕江南"展使用了一长度近6米、宽1米、高度近3米的巨大仓储式特性展柜对遗址文物进行集中展出，属于展览的点睛之笔，这一陈列形式成为整个展览的"网红"，吸引了大批观众驻足观看（图六）。

从2021年5月18日"启幕江南"展正式对外开放，至2021年8月25日（原计划8月14日展览结束，但因一些特殊情况，展览延期至8月25日）展览大幕落下。对于一个展览策划人而言，策划一场展览就是一个创作的过程，辛苦且充满成就感。当然展览也有很多不足和遗憾，策展本身是一个不断优化的过程，我们在其中发现问题并解决问题，正是因为这些缺憾，才推动着我们继续努力，继续进步。

图六　展览使用的仓储式特性展柜

注　释

[1] 这一数字较为保守，高蒙河在《长江下游考古时代的环境研究——文明化进程中的生态系统与人地关系》一书收集了截至2002年长江下游考古时代遗址757个数据样本，其中环太湖地区是长江下游地区史前文化的中心区域，大部分遗址主要分布于环太湖地区，所以长江下游地区遗址数量基本上也反映了环太湖地区聚落址的演变情况；浙江师范大学肖阳在《环太湖流域新石器时期遗址的空间分布及影响因素》为环太湖地区666处遗址进行了分期，上述都足以说明环太湖地区新石器时代遗址数量是个很庞大的数字。

[2] 人俊：《吴县发现新石器时代遗址》，《文物参考资料》1957年第3期，第81页。

［3］ 浙江省文物管理委员会：《吴兴钱山漾遗址第一、二次发掘报告》，《考古学报》1960年第2期。

［4］ 周匡明：《钱山漾残绢片出土的启示》，《文物》1980年第1期。

［5］ 王文丽：《浅析博物馆专题展览中的色彩运用》，《文物鉴定与鉴赏》2019年第13期。

［6］ 高超：《仓储式特性展柜在展览中的使用》，《中国文物报》2020年9月15日第6版。

苏州社会文化史的几个侧面

——读《苏州博物馆藏历代碑志》

何文竞

（无锡市文物考古研究所）

《苏州博物馆藏历代碑志》[1]（图一）（以下简称《碑志》）一书收录了苏州博物馆1959年建馆以来历次考古发掘、藏家捐赠和征集收购的各类碑志共计140余方，时代最早的是北齐文宣帝天保元年（550年）的"北齐僧惠□造像记"，最晚的为1962年的"吴县申公凤章墓志铭"，时间跨度达1400多年。《碑志》中以墓志为大宗，共计135块，包含唐宋以来一百多个人物。志主身份从高级官吏、风流名士到商贾僧尼、医生道士，男女老幼，应有尽有。志文虽长短不一，但多在百字以上，有的长达千余言，信息量极大，是一部南朝唐宋以来浓缩了的"苏州地区社会文化史"。一些志文中涉及诸如范仲淹、沈周、唐寅、文徵明、王鏊、申时行、王锡爵、王时敏、钱大昕等文化名人或重要政治人物的信息，史料价值很高。全书拓片整体制作精良、清晰，文字释读也比较严谨、认真，为学者研究苏州地方史提供了一批重要的材料。笔者根据《碑志》中的内容简单的梳理了苏州社会文化史方面的几个侧面。

图一 《苏州博物馆藏历代碑志》封面

一、女性名字中用"妙"现象

拙作《明代女子之妙》曾就之前收集的部分全国明代墓志资料中涉及的明代女性名字中间用"妙"字的这种文化现象做过简单的介绍和探讨[2]。《明清以来苏州社会史碑刻集》一

作者简介：何文竞，男，1985年7月生，安徽大学考古专业2012级硕士生。

书也对苏州地区墓志中的这种现象做过统计和介绍[3]。《碑志》中也有不少墓志提到女性姓名，可以作为之前研究的补充和验证。这批墓志中出现女性完整姓名共有约126人[4]，其中名字中间有"妙"字者多达48个，占总数的38%左右，最早用"妙"字的是出生于北宋崇宁年间的李妙香[5]，明中期[6]以后的女性名字中几乎不再用"妙"字，生于成化八年（1472年）的庄妙秀（图二）是这批资料中最晚的一例。通过这批资料可以发现女性名字出现"妙"字者主要集中在南宋至明代中期。如果将出生年代以成化八年为下限，那么这批墓志中女性名字中带"妙"者占总数的50%以上。

除"妙"字外，女性名中间出现"淑""素""惠""秀"等字的频率也比较高，末字一般用"清""安""宁""贞""真""庄""慧""恭""端""静"等，多是一些象征女德的词汇。明代幼年女性小名用"奴"字的也占一定比例，如"太平奴""刘奴""建阳奴""辰州奴""周宣奴""伏奴""真奴""寿奴"等，或许也是当时的一种文化现象。

二、外来人口及移民原因

苏州地区向来以其优越的自然环境相对安定的社会环境吸引着大批外来人口的涌入。关于我国古代人口流动问题，已有部分学者做过一些有益的讨论[7, 8]。这种"占籍"吴地的史实在这批碑志资料中也有所体现，通过对这些资料的梳理统计可以发现唐宋以降向苏州移民主要有三个原因[9]——靖康之变、元季避乱、仕吴而居。

《碑志》中提及最多的是"靖康之变"。北宋灭亡，中原被金军控制后，大批政府官员和富裕百姓跟随宋室南渡[10]。《碑志》一书中记载其祖上跟随宋室而南迁的共有12块墓志（图三）[11]，约占墓志总数的9%，这应该是历史上最大规模的向苏州移民事件之一，移民者绝大多数来自河南[12]，这也很符合当时的实际情形。其次是元季战乱，不少家族迁徙至苏州躲避战乱，相关墓志计有5例（图四）涉及[13]，占墓志总数的3.7%。还有小部分是因为在苏州做官而定居吴地的（图五），共计4块墓志[14]，约占墓志总数的3%。其他原因的移民共还有8块，比如出家到苏州罗汉禅院的智诠上人（志18），热爱苏州渼川山水"遂家焉"的谈时中（志72），另外6块墓志未写明移民原因[15]，这部分占墓志总数的6%左右。简单地按墓志数量计算，宋元以来苏州外来人口所占比例应在21.5%左右。除去上述的29块墓志外，剩余的墓志中明确说明"世居"苏州的大约有60块，还有50余块墓志没有明确写出志主祖籍或迁徙信息，因此，至明清时期苏州外来人口数量应该会大于上面的比例，按比例推算，这个比例应该在30%上下。

苏州社会文化史的几个侧面——读《苏州博物馆藏历代碑志》

图二 明梓轩王君宗远夫妇合葬墓志铭

图三　宋故夫人李氏（妙香）墓铭

图四　明故谈伯源圹志铭

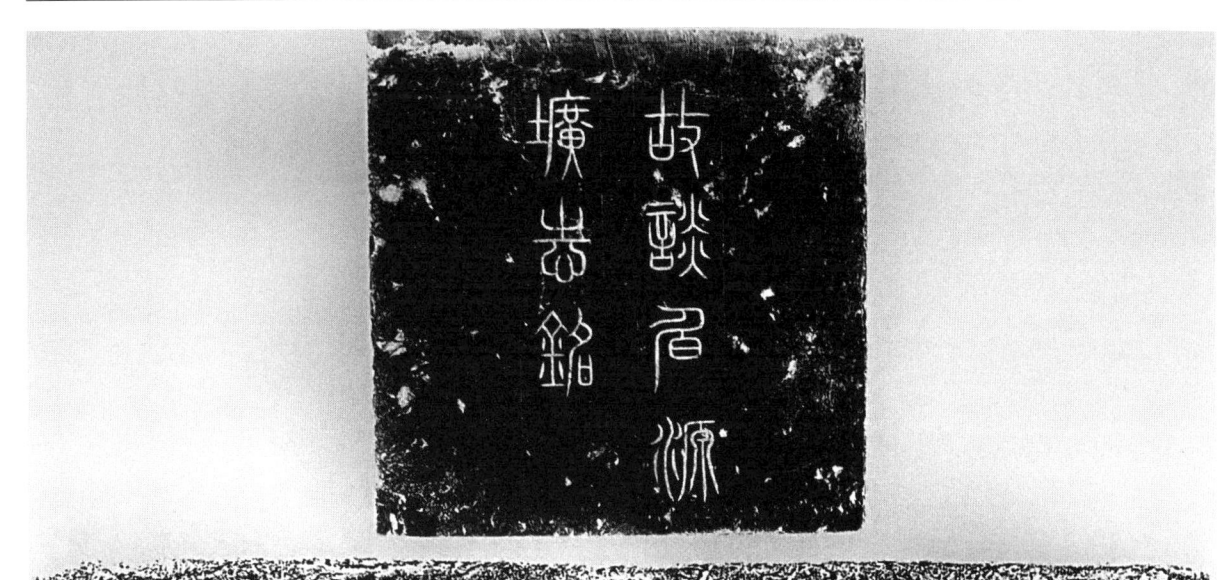

图五　宋故职方员外郎胡公（献卿）墓志铭

三、志主寿命与女性出嫁年龄

对于古人寿命问题的研究过去往往主要借助文献资料[16, 17]，由于文献资料的局限性，其结论往往需要慎重看待[18]。《碑志》中所载的这135块墓志中，男性志主共79人[19]，女性志主有63人，除去年龄无法释读的5块墓志外[20]，志主平均寿命约61岁[21]，最小的茅锐（志24）死亡年龄为16岁；最大的薛妙安（志122）活到98岁高龄，志文称其"身历八朝、□□四世"！女性的平均寿命约为60.8岁，男性平均寿命约为62岁。死亡年龄在11~20岁的共有4人，21~30岁的2人，31~40岁的10人，41~50岁的16人，51~60岁的22人，61~70岁的39人，71~80岁的32人，81~90岁的11人，91~100岁的1人（图六）。按志主死亡时代计算，唐五代人均寿命58.5岁，宋元时期平均寿命58.8岁，明代平均寿命62.4岁，清代平均寿命60.4岁。其中明代有98个数据，可信度相对较高。当然由于有墓志者多属社会地位比较高、经济条件比较好的家庭，而且志文中也未见10岁以下夭折的儿童，所以用墓志资料来计算当时社会的平均寿命也存在一定的局限性，但其还是能从侧面反映出当时富裕平民和中上社会阶层的生活品质和健康状况。

63个女性志主中记录其出嫁年龄的计有9例，因古人记录一般用"虚岁"，这里统计时统一剪掉1岁。出嫁年龄最大的27岁（志31），最小者16岁，计有三位[22]，17岁出嫁者有两人[23]，18岁出嫁者两人[24]，20岁一人，平均出嫁年龄18.3岁。可以看出，女性出嫁年龄主要集中在16~18岁。男性志主几乎没有记录结婚年龄信息的。

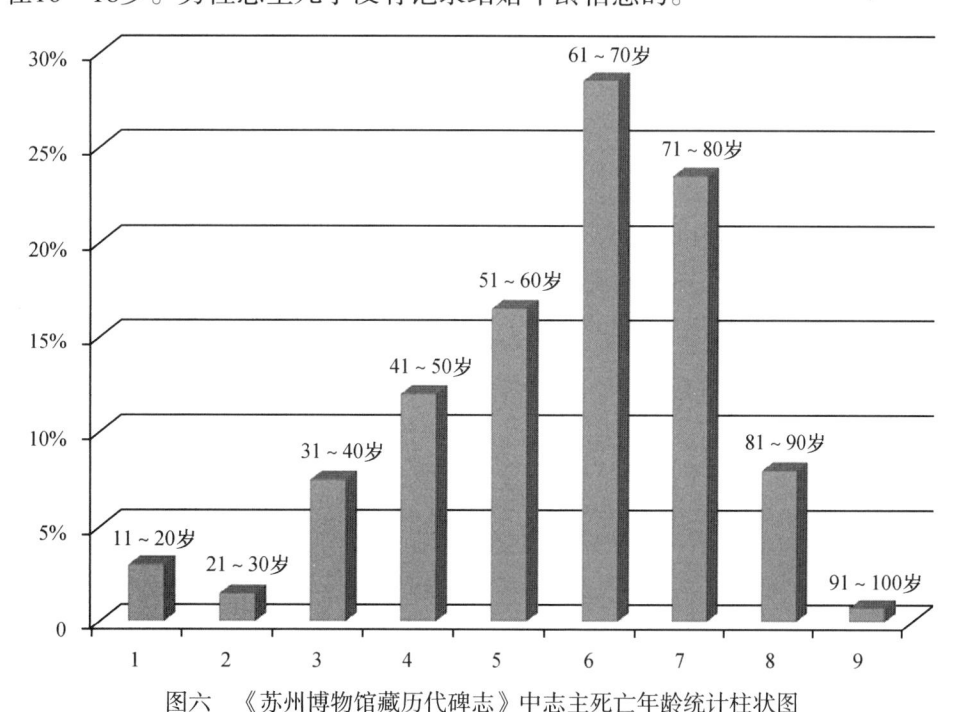

图六 《苏州博物馆藏历代碑志》中志主死亡年龄统计柱状图

四、吴中刻师

《碑志》中所载墓志多为吴地文人所撰写，其中不乏名士，相当一部分志文是由著名刻师所刊，因此墓志内容除文辞优美外，墓志本身也是优秀的书法作品。程渤先生曾专门撰文对吴门刻师群体做过研究，并对明代吴门刻师这个群体有过整体性介绍[25]，《碑志》中所涉及的刻师姓名多在其中。

根据笔者统计，《碑志》全书涉及刻师有姓名者33人，其中不乏一些名家，尤以明朝最具代表性。如章氏家族的章敬[26]、章浩[27]、章简甫[28]史有所载，为吴中刻师世家；温玉[29]、温厚[30]、温恕（志123）、温泉（志128）四人，根据其姓名推测当也有一定关系。另外还有何渊[31]、沈义甫[32]、胡勉[33]、归仁[34]等刻师的名字都不止一次出现，说明当时苏州应该有一批优秀的刻师从事碑志的刊刻工作，而上述这些人便是其中的佼佼者，他们技艺精湛、功力深厚、挥洒自如，这批墓志资料就是我们欣赏与研究吴门刻师作品的重要资料。

值得一提的是，《碑志》中收录的最后一方墓志"吴县申公凤章墓志铭"，志主申作霖卒于1962年，清末曾留学俄国东方大学，民国时期供职外交部，后为江苏示范学院俄语教授。墓志由苏州著名工艺美术师钱荣初（1901~1986年）刻刊，钱荣初原籍无锡，1919年来苏，入寿石斋拜周梅谷为师，学习拓碑、装裱、碑刻，为1980年首批被任命为国家级工艺美术师之一。

五、骨殖罐与棺葬合葬现象

志24"宋东海茅锷茅锐墓志"（图七）记载了茅氏兄弟"幼失所怙"，而两人又都在不到二十岁时就相继早逝，其母相里氏青年寡居，中年连丧两子，垂老无依，读之令人坠泪。弟弟茅锐先卒，"以浮屠氏之法焚之"，也就是"火葬"。后一年茅锐的哥哥茅锷也不幸离世，下葬时茅锐的骨殖罐与茅锷的棺木被合葬在了一处，原文为"今葬其骨于兄之右"。我们在苏州地区考古发掘中不止一次地发现明清时期骨殖罐与棺木合葬的现象，通常是砖室墓在其一侧墓壁辟一小龛存放骨殖罐，土坑墓则直接在墓坑一侧多挖出一块空间搁置骨殖罐。根据其他地区的考古资料[35,36]，之前我们一般认为此类墓葬都是夫妻合葬墓，"宋东海茅锷茅锐墓志"的相关记载则为我们解释这种丧葬现象提供了另外一条思路。

图七　宋东海茅锷茅锐墓志

六、结　语

除上文所述内容外《碑志》中还有一些其他重要信息，比如志95墓主生前将自己的墓志写好的"自志"现象，其内容涉及志主的家族因财产分配不均而造成家庭矛盾，兄弟不睦，少了些文过饰非，内容更加真实生动。明末清初的张岱就曾做过一篇《自为墓志铭》，看来这种"自志"行为在明代还比较流行。又如志89中的"成化丁亥饥"、志97中的"成化丁亥郡饥"、志110的"成化辛丑岁饥"、志113的"弘治中岁饥"等，记载了明代中期苏州地区发生过的一些饥荒事件，可以与方志中的记载进行比较研究。再如志103记载前陕西按察使司副使刘瀚死后，因为政治原因而被"特敕有司治葬事"的情况。还有志129记载元代贵族"伯颜"氏至明代"析颜为姓"等等。凡此种种，不一而足。

囿于作者学识、笔力,上述内容只不过是《碑志》重要史料价值的"冰山一角",不同的读者肯定可以从不同的研究角度发现更多更有价值的历史细节！在这里希望本文能起到抛砖引玉的作用。

注　释

[1] 苏州博物馆:《苏州博物馆藏历代碑志》,文物出版社,2012年,以下简称《碑志》。

[2] 何文竞:《明代女子之妙》,《中国文物报》2017年3月10日第6版。

[3] 王国平、唐力行:《明清以来苏州社会史碑刻集》,苏州大学出版社,1998年,第21页。

[4] 包括志文中对志主的配偶、亲属及后代姓名的介绍。

[5] 书中编号第28块,以下用"志"＋"阿拉伯数字"的方式标注墓志在书中的编号。

[6] 约在成化弘治年间。

[7] 陈宝良:《明代社会流动性初探》,《安徽史学》2005年第2期。

[8] 石云生:《明清时期"占籍"的嬗变》,《石河子大学学报》2007年第6期。

[9] 一般认为东汉末年、西晋末年、安史之乱等历史时期也有很多北方人口涌入南方,但由于早期碑志资料数量太少,本文不做讨论。

[10] 吴松弟:《南宋人口的发展过程》,《中国史研究》2001年第4期。

[11] 志28、29、35、60、64、89、102、103、114、119、132、140。

[12] 其中汴梁3例,鄢陵2例,怀州、荥阳各1例。

[13] 志42、52、53、81、83。

[14] 志20、23、78、87。

[15] 志11、12、13、33、80、94。

[16] 雷震:《中国古代名人寿命之统计研究》,《河南大学学报》1934年第2期。

[17] 郑正、王兴平:《古代中国人寿命与人均粮食占有量》,《江苏社会科学》2000年第1期。

[18] 刘岚:《对"古代中国人寿命与人均粮食占有量"的质疑》,《人口研究》2022年第2期。

[19] 包括夫妻、兄弟合志的情况。

[20] 志10、70、90、120、132。

[21] 按周岁计算。

[22] 志37、79、121。

[23] 志100、131。

[24] 志94、128。

[25] 程渤:《明代吴门刻工研究》,《南京艺术学院学报（美术与设计版）》2014年第5期。

[26] 志45、46、48。

[27] 志85、87、90、92、102、105、106、108。

[28] 志118、127。

[29] 志98、100。

[30] 志119、126。

[31] 志50、59、68、69。

[32] 志51、64。

[33] 志67、73。

[34] 志97、122。

[35] 辽宁省博物馆文物队、鞍山市文化局文物组：《鞍山倪家台明崔源族墓的发掘》，《文物》1978年第11期。

[36] 北京市文物研究所：《北京市朝阳区明赵胜夫妇合葬墓发掘简报》，《文物》2008年第9期。

地市级博物馆藏品征集工作刍议
——在无锡博物院工作实践中的一些思考

吴 玲

（无锡博物院）

藏品是博物馆根据本馆的性质、特点、任务，按一定标准有计划入藏的具有历史价值、艺术价值和科学价值的有关文物、标本和实物资料等物件，是国家和民族宝贵的科学文化财产，是博物馆业务活动的物质基础[1]。新的博物馆定义中："博物馆是为社会服务的非营利性常设机构，它研究、收藏、保护、阐释和展示物质与非物质遗产"[2]，这样的表述顺序虽然不一定是所有博物馆业务功能的先后排序，却代表了博物馆业务功能的内在逻辑，其中"收藏"排在第二的位置，说明藏品仍是博物馆存在的基础，是博物馆建立和发展的根本，是将博物馆其他业务工作联系在一起的核心。博物馆藏品的数量和质量往往成为衡量一所博物馆业务规模、总体水平及其社会效益的主要标准。因此，藏品征集工作作为一项可为博物馆持续补充藏品、提升博物馆藏品数量和质量的业务，其地位尤其重要。

近年来，我国博物馆事业高速发展，致力于收藏见证人类活动和自然环境的物质与非物质遗产，博物馆的藏品规模不断扩大、结构也在逐步完善。据统计，地方性博物馆约占我国博物馆总数的三分之二，是我国博物馆体系的中坚力量，在我国文博事业中发挥着重要的作用。但相较于国家级和省级博物馆，地市级博物馆的藏品资源一般不太丰富，给举办展览、社会教育、科学研究等工作造成一定的困难。藏品征集是缓解博物馆藏品短缺的一项重要手段，然而对于此类博物馆来说，当前在进行征集时存在着诸多的困难与问题。笔者所工作的无锡博物院，是隶属于无锡市文化广电和旅游局的无偿公益类事业单位，2007年由无锡博物馆、无锡革命陈列馆、无锡科普馆三馆合并组建而成的地方综合性博物馆。本文将尝试对无锡博物院近年在藏品征集工作方面的现状及笔者在工作实践中的思考进行梳理，进而谈谈地市级博物馆在藏品征集工作中所存在的困境及主要影响因素，并探寻有益的化解对策。

作者简介：吴玲，女，1989年8月生，安徽大学考古专业2012级硕士生。

一、地市级博物馆藏品征集工作现状——以无锡博物院为例

（一）藏品征集工作的制度建设

博物馆藏品征集要根据相关的法律法规及管理办法的规范化程序进行。首先，《中华人民共和国文物保护法》第三十七条规定："文物收藏单位可以通过下列方式取得文物：（一）购买；（二）接受捐赠；（三）依法交换；（四）法律、行政法规规定的其他方式。国有文物收藏单位还可以通过文物行政部门指定保管或者调拨方式取得文物。"[3] 其次，由国务院颁布的《博物馆条例》（国务院令第659号）第21条规定："博物馆可以通过购买、接受捐赠、依法交换等法律、行政法规规定的方式取得藏品，不得取得来源不明或者来源不合法的藏品。"[4] 为进一步规范国有博物馆藏品征集工作，优化国有博物馆藏品体系，国家文物局和财政部联合发布的《国有博物馆藏品征集规程》，对博物馆藏品征集的业务定义、管理制度、遵循原则、工作程序等方面做出明确规定[5]。另外，王宏钧先生主编的《中国博物馆学基础》中提出："考古发掘、田野采集、民族学调查征集、社会调查征集、收购、接受捐赠、交换、调拨等都属于藏品征集的主要途径。"[6] 另外，《中华人民共和国文物保护法实施条例》《博物馆管理办法》《博物馆藏品管理办法》《文物拍卖管理办法》等有关法律规章，均对博物馆藏品征集的来源方式及合法性做出了严格规定。

各博物馆按照法律规章制定出适用于本馆的"藏品征集管理办法""藏品征集规程""藏品征集条例"等制度。为确保藏品征集工作正常有序开展，无锡博物院特制定了《无锡博物院文物征集管理办法》（试行）[7]、《无锡博物院藏品入藏标准及征集工作流程》[8] 等规章，并严格执行。无锡博物院征编部负责文物的征集与鉴定，所产生的资料都会收集整理并妥善保管。经专家筛选、鉴定后，确定征集的文物，征编部工作人员填写一式四联的征集清单，其中的一联与文物、鉴定意见等一同移交给典藏部。文物进入典藏部后，典藏部工作人员开始藏品登记建档工作。文物总登人员按照规定的格式填写入藏凭证，逐件点交给各库房，做好藏品总账和电子账的登录工作，写明藏品的年代、现状、来源等信息。各库房保管员做好文物的编目、制卡、建档及分类账等各项相关工作。

（二）无锡博物院藏品征集工作简况

无锡博物院自2008年建成开放后，在继承原博物馆、革命陈列馆藏品的基础上，努力推动藏品征集工作。经过多年的积累和发展，无锡博物院形成了现今的藏品规模，拥有馆藏文物3万余件，以古代书画、历代紫砂、惠山泥人、近现代革命文物和民族工商业文物为主要特色，尤以书画藏品在博物馆界享有盛誉。这些藏品精品荟萃，不乏国家一、二、三级珍贵文物，具

有较高的艺术价值与历史价值。

近五年来，无锡博物院以接受捐赠、购买、移交等方式征集藏品3292件/套（仅统计登记入藏并分类编号的征集文物），其中2017年共438件/套，2018年共944件/套，2019年共500件/套，2020年共971件/套，2021年共439件/套。经过专家评定，以上藏品中共评出一级文物5件/套，二级文物13件/套，三级文物18件/套。近五年登记入藏的征集藏品涉及品类较广，多数与无锡地方文化相关，丰富了无锡博物院的特色馆藏，增强了馆藏的部分弱项，使本馆的藏品规模、结构得以扩大、完善。但按统计数据来看，无锡博物院的藏品征集工作仍存在较多的问题，并呈现以下特点：①征集藏品的规模仍有较大提升空间，且各年征集数并不稳定。从藏品征集数量来看（图一），2020年总数最多，其次是2018年，然后分别是2019年、2021年、2017年。②征集藏品的珍贵文物占比较低。无锡博物院近五年征集文物中的珍贵文物共36件/套，占征集文物总数的1.1%，虽与近年来我院藏品定级工作没有有效开展有关，但也一定程度上说明征集藏品的总体质量不高。③征集藏品近半数以上集中于现代紫砂、书画、近现代民族工商文物，其他品类虽涉及但数量极少，尤其是古代文物的收藏少之又少（详见表一）。④从藏品征集的来源方式来看，私人的无偿捐献约占总数的五分之四以上，其次是考古所及文物公司移交，征集购买最少（图二），显露出征集经费、渠道、目标等方面的问题。

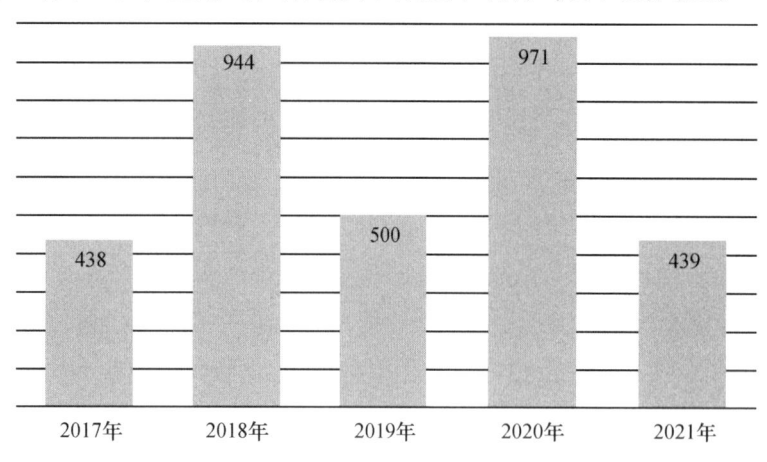

图一　藏品征集数量（2017～2021年）

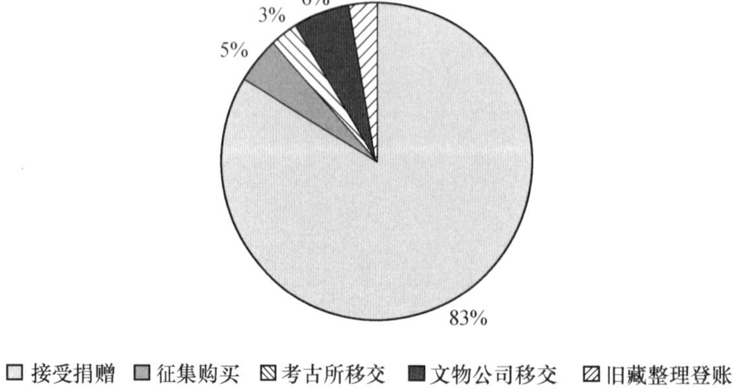

图二　藏品征集来源方式百分比（2017～2021年）

表一 无锡博物院藏品征集信息统计表（2017~2021年）

年份	藏品类别	来源方式	数量	总计
2017	紫砂	接受捐赠	428件/套	438件/套
	书画	购买	10件/套	
2018	书画	接受捐赠	506件/套	944件/套
		购买	12件/套	
	碑帖	接受捐赠	4件/套	
	古籍	接受捐赠	3件/套	
	织绣	发掘出土（市考古所移交）	28件/套	
	石器	发掘出土（市考古所移交）	27件/套	
		接受捐赠	2件/套	
	陶器	发掘出土（市考古所移交）	15件/套	
		接受捐赠	3件/套	
	紫砂	接受捐赠	149件/套	
	砖瓦琉璃	移交（市考古所移交）	2件/套	
	泥塑	接受捐赠	2件/套	
	瓷器	征集购买	1件/套	
		接受捐赠	50件/套	
	铜器	征集购买	1件/套	
		接受捐赠	1件/套	
		发掘出土（市考古所移交）	4件/套	
	金器	发掘出土（市考古所移交）	1件/套	
	珠宝玉石	发掘出土（市考古所移交）	13件/套	
	竹木器	征集购买	1件/套	
	砚、墨	移交（文物公司）	2件/套	
	革命文物	接受捐赠	37件/套	
	民族工商业	接受捐赠	57件/套	
	其他近现代文物	接受捐赠	22件/套	
2019	书画	征集购买	1件/套	500件/套
		接受捐赠	330件/套	
	碑帖	接受捐赠	2件/套	
	纸币	征集购买	60件/套	
	珠宝玉石	征集购买	4件/套	
	漆器	征集购买	1件/套	
	陶器	接受捐赠	5件/套	
	紫砂	接受捐赠	76件/套	
	泥塑	接受捐赠	3件/套	
	珠宝玉石	征集购买	4件/套	
	瓷器	接受捐赠	2件/套	

续表

年份	藏品类别	来源方式	数量	总计
2019	铜器	接受捐赠	2件/套	500件/套
	印章	接受捐赠	10件/套	
		征集购买	1件/套	
2020	书画	接受捐赠	18件/套	971件/套
		征集购买	4件/套	
		移交（文物公司）	2件/套	
	陶器	接受捐赠	1件/套	
	紫砂	接受捐赠	56件/套	
	砖瓦琉璃	征集购买	1件/套	
	竹木器	征集购买	2件/套	
	印章	接受捐赠	13件/套	
	革命文物	接受捐赠	1件/套	
	民族工商业	接受捐赠	715件/套	
	其他近现代文物	接受捐赠	158件/套	
2021	书画	征集购买	1件/套	439件/套
		接受捐赠	12件/套	
		移交（文物公司）	20件/套	
	碑帖	征集购买	2件/套	
		移交（文物公司）	90件/套	
	清代邮票	征集购买	20件/套	
	民国邮票	征集购买	6件/套	
	解放区邮票	征集购买	22件/套	
	石刻造像	旧藏	94件/套	
	陶器	接受捐赠	2件/套	
	紫砂	接受捐赠	46件/套	
		移交（文物公司）	2件/套	
	瓷器	征集购买	1件/套	
	铜器	接受捐赠	3件/套	
		移交（文物公司）	14件/套	
	金器	接受捐赠	4件/套	
	珠宝玉石	移交（文物公司）	22件/套	
	竹木器	接受捐赠	1件/套	
		移交（文物公司）	11件/套	
	牙角蚌骨	移交（文物公司）	3件/套	
	砚、墨	移交（文物公司）	4件/套	

续表

年份	藏品类别	来源方式	数量	总计
2021	印章	接受捐赠	6件/套	439件/套
		征集购买	1件/套	
		移交（文物公司）	13件/套	
	历代制钱	接受捐赠	1件/套	
	铜元	接受捐赠	23件/套	
		移交（文物公司）	2件/套	
	外国货币	移交（文物公司）	3件/套	
	纪念币	移交（文物公司）	2件/套	
	铝镍币	移交（文物公司）	8件/套	

二、地市级博物馆藏品征集的困境及影响因素分析

随着我国经济社会的快速发展，博物馆行业内外部环境发生了深刻变化，博物馆的征集工作同样面临着新问题、新挑战。如何更有序、有效地开展征集工作，是新形势下博物馆行业亟需思考并解决的问题。针对藏品征集工作困境，研究者们也提出了许多前瞻性的见解和看法，如：经费短缺，传统的征集途径越来越窄，资金有限而资源需要开拓；全国博物馆间文物资源结构、分布高度不均衡；博物馆自身、当地政府层面诸多个性因素，社会、行业层面很多共性因素；等等[9]。相较于省级以上大馆，地市级博物馆藏品征集工作的困境更为突出。结合无锡博物近五年的藏品征集情况，笔者认为地市级博物馆藏品征集的困境及影响因素主要表现在以下几个方面：

（1）藏品征集工作不成系统、不成体系，主动性不强。藏品体系规划目标是影响地市级博物馆藏品征集工作的核心因素。每一家博物馆都有其独特的属性、特点，其藏品首先能够代表地区历史发展，反映地域文化特色。特别是地市级综合性博物馆，应根据自身性质及实现社会功能的需要，制定本馆藏品体系建设目标和年度计划，有目的地不断征集藏品。然而，在实际征集过程中，许多博物馆忽视了藏品与博物馆之间的联系，经常出现"来者不拒"的情况。无锡博物院近年的藏品征集工作显得较为杂乱、计划目标不强，看起来是别人捐赠什么就接受什么、兄弟单位移交什么就接收什么、能购买到什么就买什么，多数文物价值不高，只能存放在库房闲置，花费了人力物力的同时也增加了库房的保管压力。当然，这与国有博物馆现行的管理制度、财政制度不无关系，但对藏品征集起决定作用的还是博物馆自身（认识、目标、能力等）。

（2）藏品征集资金严重缺乏。征集经费不足，直接制约着博物馆藏品征集事业的顺利发展。许多地市级博物馆将工作的重心放在了陈列展览、社教宣传、场馆建设上，没有把藏品征集专门纳入到工作计划当中，没有制定专项预算向上级部门申请经费，导致资金严重缺乏，没

有资金征集文物，工作越发难开展。另外，随着文物藏品的经济价值在现代社会被无限放大，文物艺术品市场大肆炒作，水涨船高的市场价格让博物馆对于藏品收购望而却步，虽有一些经费，仍不够支付价格较高的书画、玉器、青铜器等藏品，导致很多藏品与博物馆无缘。无锡博物院每年的藏品征集经费仅几十万元，与展览等业务经费相比，可以说是相形见绌，常与有意向的精品文物失之交臂。

（3）藏品征集选题在很大程度上受地域限制，例如北京、南京、西安等历史文化名城，选题范围和角度较广，对于一般地市级城市来说则相对有限。对同一区域内的博物馆来说，同质化也是困扰地市级博物馆的一个重要问题，与周边城市文化的相似性导致历史文物同质化的现象十分严重。相较于社会影响力更强的省市博物馆，同质化的地市级博物馆在藏品来源方式上整体面临着的艰难局面。无锡地处"长三角"地区，虽然人均GDP在全国名列前茅，但与周边的上海、苏州、南京等城市相比，文化积淀有一定差距、国内国际的社会影响力较弱、本埠文艺界名人相对较少。在藏品征集过程中，无锡博物院的可选择面就更为狭窄，对社会捐赠的吸引力甚弱，拥有文物资源的社会人士更相信大型博物馆对文物的保护与利用，偶尔还会出现被周边大馆"截胡"的现象。

（4）博物馆无法补充考古发掘文物，是博物馆系统藏品征集面临的主要危机。一些相对发达省份的地级市博物馆与考古发掘机构分别设立，且各自独立。考古发掘文物一般由考古发掘单位进行保管收藏，因种种原因很难按照法律法规及时移交给博物馆。近年来，不少考古机构如陕西省考古研究院、山西省考古研究院、济南市考古研究所等单位纷纷建设考古博物馆，在一定程度上丰富了博物馆类型，但其对于传统博物馆来说非常不好。无锡市文物考古研究所独立承担全市的考古发掘工作，独自保管发掘出土文物，仅于2018年因展览需要向无锡博物院移交出土文物90件/套，仅占近五年征集总数的2.7%。另外，地域面积不大的无锡，历年发掘出土文物却分散各处，先后建立鸿山遗址博物馆、阖闾城遗址博物馆收藏、展示遗址发掘出土文物，各区的文物管理委员会及南京博物院等机构收藏着本地早年发掘出土文物。虽经行政主管部门调拨，无锡博物院收藏了少量的考古出土文物，但难以形成系统的历史文化遗产收藏体系。

（5）专业人员匮乏。征集藏品鉴选是对文物、标本进行科学鉴别，确定真伪、年代、来源、用途，揭示其内涵，评定其价值。这是专业性和技术性极强的一门工作，一般都是由文物鉴定专家完成此项工作[10]。一些地市级博物馆没有专业团队，征集藏品鉴定、评估进展缓慢。另有一些博物馆没有藏品征集部门或由保管部负责此类工作，或有征集任务临时成立征集工作小组。缺乏专业、专职的征集人员，一定程度上阻碍了藏品征集工作的进展。无锡博物院的征编研究部负责藏品征集工作，同时负责编辑出版、学术研究、专题讲座等业务，现仅有工作人员4人，只能兼顾日常的征集工作，无法专注、深入地开展藏品征集工作。

三、对策探讨

博物馆藏品征集是个老生常谈的研究课题，但也是个应时而新的话题。关于藏品征集工作，许多博物馆工作者及研究学者做出了思考和探索，并展开探讨与研究，提出了许多富有特色的创新思路，对完善藏品征集工作具有指导意义[11]。通过对博物馆工作实践的思考，笔者认为地市级博物馆改善藏品征集工作可从以下几个方面着手。

（一）制定系统、专业、长期的规划

《征集规程》要求博物馆应"设立专门机构或明确责任部门，拟订藏品征集总体规划、中长期规划和年度计划，规范有序开展征集工作"[12]。地市级博物馆应主动作为，把藏品征集作为一项长期性、系统性、专业性的业务工作，根据本地历史文化特色、区域人文优势和红色革命资源，制定藏品体系建设目标和年度计划，有目的地不断征集藏品。根据自身特点及实现社会功能的需要，地市级博物馆应积极履职尽责，明确征集目标，长期坚持不断积累，充实征集内容。在藏品征集之初，要明确主题，制定清晰的征集大纲，同时不断完善藏品征集相关内容，确保征集内容全面、具体。同时，对于征集大纲中出现的藏品要全力以赴，对于跟征集大纲无关的藏品要及时排除，对于可以从侧面反映征集大纲的藏品要细究、深挖。

（二）多渠道开展征集工作

经费始终是博物馆开展藏品征集工作的首要因素，一般来源于财政拨款。近年来，我国十分重视文化建设，提出"文化兴则国运兴，文化强则民族强"的建设目标。地市级博物馆可尝试从地方文化建设的高度争取地方政府的支持力度，申请设置文物征集专项资金，保证藏品征集工作在合理使用经费的基础上有序开展。地市级博物馆应与文物局、考古所等建立密切联系，同时寻求文物行政管理部门的协调支持，加快考古发掘出土文物的调拨、移交工作，利用考古出土文物充实馆藏体系，达到完善本地历史文化遗产收藏体系的目的。《中华人民共和国文物保护法》第39条规定："国有文物收藏单位可以申请调拨国有馆藏文物。"因此，地市级博物馆可以根据本单位的工作需要，向上级行政部门申请进行藏品调换和交换，这也是博物馆文物藏品征集的重要渠道。地市级博物馆在藏品征集中要提升捐赠者的积极性，除授予捐赠证书、举办捐赠展览、出版捐赠纪念书籍外，也要与地方名人（如：知名艺术家、收藏家、非遗传承人等）保持良好的互动关系，邀请其加入博物馆的理事会、博物馆之友等机构组织，参与到博物馆的日常活动中来，发动更多的社会力量参与到藏品捐赠中来。地市级博物馆也要随时关注国内外收藏家协会、拍卖行、古玩市场、民间藏家等实时发布的各种信息，发现符合本馆征集目标的文物，做出相应的决策、方案，及时把流露在外的"宝贝"收入囊中。

（三）倡导文物藏品资源共享、协同发展

近年来，博物馆资源整合成果丰硕，馆际合作、跨界合作成为博物馆实现优势互补、创新发展的新途径[13]。在新形势下，文物藏品资源、人才、技术等领域的合作共享互通已成为时代发展的潮流。基于文物藏品资源共享理念，地市级博物馆可积极倡导博物馆间的合作交流，推动创建区域博物馆联合发展机制，通过建立博物馆联盟等模式，争取拥有优势资源的省级、国家级博物馆的帮扶、带动。拥有丰富文物藏品资源的省、市级国有博物馆，可以在确保本馆正常陈列工作和科研工作需要的前提下，甄别挑选出需要性较低的同类同质文物藏品加大对本地区地市级、县级博物馆所需藏品的支援力度，既达到了丰富和充实地市级、县级博物馆藏品和展览内容的目的，同时也能让常年存放而少有机会得到展示的文物藏品发挥其应有的价值和作用，对促进和协调本地区博物馆事业健康、快速发展，必将产生积极的推动作用。

（四）加强专业人员的培养，设置专门的组织机构

藏品征集工作作为博物馆的一项长期性的基础业务工作，需要有相应的工作人员来具体实施，也需要有专门的机构牵头、决策、统筹和指导开展相关的工作[14]。做好藏品征集工作的关键在于人才。地市级博物馆应加强藏品征集方面人才的引进和培养，积极开发现有的人才资源；强化业务素质，重视技能培训和岗位教育，鼓励相关人员多学习、多交流，聘请相关专家和学者进行指导和培训；创造条件留住专业人才，保证藏品征集工作能有序地开展。为确保藏品征集工作的规范化操作，地市级博物馆可设置专门的组织框架，成立藏品征集工作领导小组、各类藏品征集工作组，统筹安排并明确分工。具体来说，藏品征集部门按照博物馆整体发展制定每年及中长期藏品征集计划，领导小组开会讨论并确定最终征集方案，各工作组负责实施相应的征集项目。为提高藏品征集决策的科学性，地市级博物馆可邀请或聘请具有一定专业知识和文物鉴定水平的专家，作为文物藏品收集工作的顾问，严把文物藏品的质量关。

结　语

"十四五"新时期，公共文化服务体系建设进入了新的发展阶段。博物馆作为我国公共文化体系中的重要组成部分，收藏、保护、研究和展示人类活动和自然环境的见证物，是历史的保存者和记录者，是保护和传承人类文明的重要殿堂。藏品是博物馆实现职能的重要载体，是博物馆工作的核心，博物馆其他业务也是围绕藏品展开的。藏品征集是博物馆藏品管理中非常重要的一环，推进博物馆藏品征集工作是博物馆人应该肩负起的一项重要任务。笔者不揣浅陋，对近年无锡博物院藏品征集工作及自身在博物馆工作实践的一些思考进行梳理，希望对推进地市级博物馆藏品征集工作稍有助益。

注　释

[1] 博物馆学概论编写组：《博物馆学概论》，高等教育出版社，2019年，第23页。

[2] 2022年8月24日，在布拉格举行的国际博物馆协会第26届全体大会表决通过了新的博物馆定义，来源中国博物馆协会官网，网址为：https://www.chinamuseum.org.cn/cma/detail.html?id=12&contentId=12403。

[3] 《中华人民共和国文物保护法 中华人民共和国文物保护法实施条例》（2017年最新修订），中国法制出版社，2017年。

[4] 《博物馆条例》，中国法制出版社，2015年。

[5] 文物局 财政部关于印发《国有博物馆藏品征集规程》的通知，来源中国政府网，网址为：http://www.gov.cn/gongbao/content/2021/content_5631830.htm。

[6] 王宏钧：《中国博物馆学基础》（修订本），上海古籍出版社，2001年，第140页。

[7] 详见http://www.wxmuseum.com/News/Details/225c9628-ef7c-4ab1-acc3-11f1198241ec。

[8] 详见http://www.wxmuseum.com/News/Details/9b79195a-e8cc-46ba-9429-28f14638bddf。

[9] 刘文庆：《博物馆藏品收藏的困境及对策分析》，《文化产业》2020年第10期；黎丽娜：《自成体系 把握机遇——新时期博物馆藏品征集工作刍议》，《文物鉴定与鉴赏》2019年第19期；张晓云：《县级博物馆藏品来源与征集困境主要影响因素探讨》，《中国文物报》2021年10月26日第6版；田帅：《基层博物馆选题视角下的藏品征集》，《中国文物报》2021年11月23日第6版；何慧、黄蓓：《关于博物馆藏品征集的几点思考》，《中国文物报》2021年11月23日第6版；等等。

[10] 韩爱丽：《博物馆藏品管理刍议》，《西北民族大学学报（哲学社会科学版）》2018年第3期。

[11] 宋向光：《博物馆展品征集的意义及原则》，《中国博物馆》2016年第4期；谭秀柯：《我国国有中小型博物馆藏品征集现状与对策》，《中国文物科学研究》2020年第4期；田国杰：《新形势下中小型国有博物馆文物藏品收集利用工作的对策和出路——以洛阳市国有博物馆文物藏品收集利用实践为例》，《中国博物馆》，2020年第3期；李竹：《"零展品"博物馆展品体系构建——以中国大运河博物馆展品征集为例》，《东南文化》2021年第3期；等等。

[12] 《国有博物馆藏品征集规程》第三条，来源中国政府网，网址为：http://www.gov.cn/gongbao/content/2021/content_5631830.htm。

[13] 钱益汇、袁广阔、赵古山等：《博物馆蓝皮书：中国博物馆发展报告（2019~2020）》，社会科学文献出版社，2021年，第38、39页。

[14] 李军：《博物馆征集工作的思考》，《中国博物馆》2000年第3期。

纪念安大考古成立二十周年

单印飞

（西北大学历史学院）

2022年是安徽大学考古专业成立二十周年，安徽大学历史学院举办系列活动庆祝这一值得纪念的节点。作为历史学院考古专业的毕业生，理应撰文以表庆贺。2012年本科毕业以后，我学习、研究的方向转为历史，现在已经无力再撰写考古方面的研究性论文，故只能选择《征稿函》中的"回忆篇"进行撰写。但是，作为一个初出茅庐的年轻人，撰写回忆性的文章似乎有些不合时宜。不久前，刘家和先生曾指出，西方将历史分成"历史"和"编年史"，我国《公羊传》将历史分为"所见世""所闻世""所传闻世"，所谓"历史""所见世"就是作者亲身经历的事情、记忆[1]。可见，将亲身经历的事情如实记录下来，其实也是一种有意义的历史书写。基于此，以下将以学生的视角，描述2008～2012年我在安徽大学考古专业求学时的亲身经历，以反映安徽大学考古专业发展史的一个侧面。

我2008年参加河南高考，当时河南实行"估分填志愿"的政策，即高考后的第二天，给每位考生发一份《参考答案》，预估自己的分数，在未知分数、名次、分数线的情况下填报五个志愿学校。在这五个志愿学校中，第一志愿最为重要，如果第一志愿未被录取且服从调剂者，可以被调剂至后面四个志愿中的未录满者，未录满者不止一个时，则随机调剂。我的高考成绩是567分（2008年河南省文科本科一批分数线是557分），比第一志愿学校的录取线少1分，后来在多个未录满学校中被调剂至安徽大学的考古专业。所以，入读安徽大学考古专业完全是偶然中的偶然。但是，正是这样的机缘巧合，使我有幸结识了人生中最重要的师友，从此走上了历史、考古方向的新路程，改变了人生方向。与有些同学从小对历史、考古感兴趣而报考考古专业不同，我在入学之前对考古专业知之甚少。

入学以后，对安徽大学考古专业的了解越来越丰富。2008年新生报到时间是9月4～5日。9月4日，我来到安徽大学磬苑校区人文楼历史系（2021年改为历史学院）报到。历史系下设历史、考古两个专业。与历史专业每年招生不同，当时考古专业是隔年招生一次，一次约20人。2008年考古专业报到人数为19人，女生10人，男生9人，男女比例总体均衡。从生源地来看，

作者简介：单印飞，男，1989年2月生，安徽大学考古专业2008级本科生。

19人中,来自安徽省内的有9人,来自省外的有10人,省内、外几乎各占一半。省外生源来自天津、山东、河北、河南、陕西、浙江,详见表一。考古专业学制是4年,学费每年4000元,女生入住梅园宿舍,男生入住松园宿舍。

表一 2008级考古专业生源分布表

省份	天津	山东	河北	河南	陕西	浙江	安徽
人数	1	1	2	2	2	2	9

2008年安徽大学考古专业和北京大学考古专业并获国家级特色专业,这是入学后看到的安大考古专业最新的、最鲜亮的"头衔"。时任安徽大学党委书记的陆勤毅先生毕业于厦门大学历史系考古专业,是目前为止学校党委书记中唯一一位考古专业出身的领导,是校领导(在此指校党委书记、校长)中继程演生先生之后的第二位考古学家[2]。陆勤毅先生不仅偶尔为本科生讲课,还经常在历史系带考古专业的硕士研究生[3]。时任安徽大学校长的黄德宽先生是研究古文字的专家,古文字与历史、考古密切相关。可以说,当时应该是考古专业最受校领导重视和关心的时期之一。历史系考古专业授课团队中,刘信芳先生擅长古文字与简帛学,张爱冰先生擅长考古学理论与商周考古,周崇云先生擅长商周考古,江小角先生擅长桐城派和文化遗产,方成军先生擅长博物馆学、古钱币和陶瓷,朱华东先生擅长商周考古,王箐先生擅长出土文献,王成兴先生、魏国锋先生擅长文物保护和科技考古[4],诸位先生各有所长。这都大大地提高了我们对安大考古专业的认同感和自豪感。

课程设置方面,除了政治、英语、体育等公共课外,历史系为考古专业学生主要安排了《中国古代史》《世界古代史》《世界中世纪史》《历史文选》《史学概论》等历史方面的课程,安排了《考古学概论》《博物馆学概论》《文物学概论》《史前考古》《商周考古》《战国秦汉考古》《魏晋南北朝隋唐考古》《宋元明考古》《古文字学》《文化人类学》《文物保护学》《西方考古学》《安徽考古》《专业英语》《中国古代钱币》《中国陶瓷史》《中国古代建筑》等考古方面的课程以及田野实习和毕业论文。

《中国古代史》由张金铣老师讲授,张老师上课时态度很认真,课件内容非常丰富,擅长元史,所以元史部分讲得尤为精彩。《世界古代史》《世界中世纪史》由蒋浙安老师讲授,蒋老师的上课风格很风趣。《历史文选》分别由周怀宇老师和胡秋银老师讲授。周老师满腹经纶,颇有学者风范,虽然当时已年过花甲,但是精神矍铄,言谈举止中透露着学术自信。胡老师治学严谨,教学严格,令人肃然起敬。《史学概论》由蒲霞老师讲授。当时的我年少无知,意识不到史学理论的重要性,不太重视《史学概论》这门课,以至于史学理论长期是自己的短板。

考古专业课中,刘信芳老师为大家开设的课程是《古文字学》。刘老师从《说文解字》的部首讲起,从甲骨文、金文讲到郭店楚简中的《太一生水》,从上博简中的《缁衣》讲到龙岗秦简。《说文解字》部首、甲骨文、金文,大家都感觉新奇有趣,当时临摹的不亦乐乎。但是,《太一生水》《缁衣》就大不一样了,文辞深奥晦涩,尽管刘老师讲解得非常细腻,但是大家听得仍是似懂非懂。龙岗秦简是刘信芳老师和梁柱老师负责整理的，课堂上刘老师分享了自己整理龙岗秦简过程中的得失与遗憾，那些肺腑之言时常萦绕在我的脑海，不断鞭策着我。《古文字学》这门课是我从事简帛学研究的起点，刘老师是我研究方向的引路人。因为后来我机缘巧合地去了中国社会科学院历史研究所（2019年改为古代史研究所）读研，在选方向时，有秦汉史与简帛学、魏晋史、明史、思想史、文化史，正是由于受刘老师《古文字学》这门课的影响，我对其中的简帛学更感兴趣，所以就选择了跟着杨振红老师学习秦汉史与简帛学。至今，这一方向一直是我学习、研究的领域。

《魏晋南北朝隋唐考古》《文化人类学》《安徽考古》等课程是由张爱冰老师讲授。张老师是一位十分有魅力的学者，是我们很多学生的学术偶像。张老师的学问毋庸赘言，成果卓越。张老师出成果有一个特点，那就是一般不轻易发文章，但是发出来的文章往往影响比较大。例如，张老师的代表作之一《考古学新理解论纲》[5]，在学界影响非常大。张老师曾与我们笑谈，文章在精不在多，一年能有一篇"像样"的好文章即可。我深以为然，这也是我努力的目标。教学上，张老师常常是诲人不倦，对学生的包容心极强。每次听张老师的课，我都坐在第一排，常在课间把上课时奇思异想的低级问题拿来向张老师请教。张老师往往是不时地摸着短发，伴随着爽朗的笑声，耐心地为我解答，偶尔还会夸赞一两句，这极大地拉近了我和张老师的距离。极端的例子是，有一次讲完"打制石器制作方法"之后，我在校园里捡到一个锥形石块，认为它符合打制石器的一些特征，竟然在课间拿着石块向张老师询问它是不是旧石器时代的石器。答复内容已经完全记不得，只记得张老师面对这样幼稚的问题时，态度是包容的而非嗤之以鼻的。在张老师所讲的课程中，对我影响较大的是《文化人类学》，它激起了我对人类学的兴趣。在张老师的引导下，我阅读了弗雷泽、布朗、马林诺夫斯基、本尼迪克特、费孝通、林耀华、王铭铭等先生的代表著作。除了阅读书籍外，我还到社会学系（2011年并入社会与政治学院）去旁听汤夺先老师关于人类学的课程。后来在中国社会科学院历史研究所读书时，虽然所学专业是历史，但是对人类学的兴趣犹存，专门选修了中国社会科学院民族学与人类学研究所何星亮老师的人类学课程，多次去聆听中国人民大学庄孔韶老师的讲座。长期关注人类学的材料对我学习和研究秦汉史大有裨益，而对人类学关注的起点正是张老师的授业课程。

《文物学概论》由江小角老师讲授。江老师是安徽桐城人，以研究桐城派见长，是桐城派研究专家。江老师非常注重地域文化和学生的文学修养，经常语重心长地告诫我们要注重方言文化、要坚持写日记等。我坚持十余年的写日记习惯，数十万字的日记正是源于江老师的谆谆教导。《博物馆学概论》《宋元明考古》《中国古代钱币》《中国陶瓷史》等课程是由方成军老师讲授。方老师讲古钱币如数家珍，将收藏的珍品拿到课堂上供大家近距离欣赏，使所讲内容具象化，可观可感。《商周考古》是由周崇云老师讲授。周老师将所讲内容与《探索发现》《考古中国》等纪录片相结合，让大家如同身临其境地了解遗址和文物。《史前考古》和《专业英语》由朱华东老师讲授。朱老师平易近人，且与大家年龄差较小，又是考古实习带队老师，与大家同吃同住，所以每个同学和朱老师的关系都很近。朱老师讲授《史前考古》时，是将重要的考古学文化先分给学生来讲,自己再补充讲授。时至今日,我对所讲的巫山人记忆犹新。这种授课方式的优点是,让学生变被动接受为主动寻找知识点。因为大家经历了一个精心准备的过程,所以对所讲内容往往印象深刻。但是,缺点是学生容易轻视其他同学所讲内容。如今,我在教学过程中也在适当地使用这样的教学方式,但是平衡问题仍然有待继续探索。《战国秦汉考古》《中国古代建筑》由王箐老师讲授。王老师上课也是十分认真,所讲授的《战国秦汉考古》为我搭起了这一时期的考古知识框架,受用至今。

田野实习是考古专业的必修课,是学生进行实践训练的重要机会。几经周折后,在安徽大学历史系与安徽省文物考古研究所的协调下,2010年10月30日至11月25日我们在龙王庙遗址进行了为期近一个月的田野实习[6]。龙王庙遗址位于淮北市濉溪县百善镇龙王庙自然村的南部,是为了配合泗洪—许昌高速公路修建而进行的抢救性发掘。根据前期钻探情况,我们布了23个探方,发掘遗址面积约400平方米,清理了6座宋代的墓葬、2座明清的墓葬和2口水井。遗址的文化层主要是汉代、宋代和近代,以宋代为主。墓葬为砖室墓,有圆形、凸字形、长方形三种。一号井呈圆形,内部有素面青砖砌成的井壁,二号井为圆形土坑井。出土器物有金器、铜器、铁器、陶器、瓷器、钱币等。位于最下层的文化层中出土的菱形几何纹砖与淮北市李楼一号汉墓出土的相同,出土陶器的形制与淮北地区汉代器物形制相近,另有五铢钱出土,从而可以判断该文化层的年代为汉代。其上的文化层中出土有较多的宋代瓷片,基本可以判断该文化层的年代为宋代。墓葬均无明确纪年,从墓葬形制、葬式及出土器物组合来看,6座为宋代墓葬,2座为明清墓葬。宋代墓葬中,出土的钱币主要是宋真宗时期至宋徽宗时期的,所以这批宋代砖室墓可能是北宋中后期的墓葬。龙王庙遗址的发掘对研究淮北地区汉代文化、宋墓形制、丧葬习俗、民窑瓷器等提供了重要资料和信息。在工地上,通过尝试使用探铲,让我们学会了分辨土色,体会了钻探工作的不易与艰辛;通过找基点、布探方、画遗址位置示意图,让我们学会了使用专业工具,意识到了集思广益、通力合作的重要性;通过刮地层、切边、画地层线,考验了我们的细心程度和辨识能力;通过揭剥遗迹、器物,让我们所学的理论知识付诸实践,提高了我们的动手能力和耐力;通过和民工打交道,锻炼了我们与人沟通的能力;通过近一个月的同吃、同住、同工,大大地提高了我们的团结度,增强了我们的友谊。发掘结束后,我还积极地协助朱华东老师整理资料,草拟发掘简报,从而了解了钻探、发掘、整理的基本流程和方法。对于脱离考古行业的我来说,这是唯一的一次参加考古发掘的经历,过程中的点点滴滴都值得回味。

本科阶段的最后一个主题就是撰写毕业论文。当时,指导毕业论文的老师出几个论文方向放在系统中,学生根据个人的喜好在规定的时间内进行抢选。我抢到的题目是刘信芳老师给出的"钟离国墓葬"。钟离国是春秋时期江淮地区的一个小诸侯国,嬴姓,以国为氏,即钟离氏。西周时期,钟离国从山东迁至淮河中游即今天安徽蚌埠市和凤阳县一带。传世文献中关于钟离国的史料非常少,且多有矛盾之处。1980年,安徽舒城九里墩春秋墓中出土一件有铭文的铜鼓座;1991年,安徽凤阳抢救发掘了大东关一号春秋墓;2006~2008年,蚌埠双墩一号春秋墓得到科学发掘;2007年,在凤阳县抢救发掘了卞庄一号春秋墓。这几批考古资料被认为是春秋时期钟离国的遗迹、遗物，对钟离国历史文化研究具有重要价值。刘信芳老师将钟离国墓葬的材料都给了我，让我自己从中寻找具体问题。我仔细爬梳材料，第一遍阅读时，了解了钟离国材料的基本情况，感觉其中没有什么问题；第二遍阅读时，发现大家对一些问题有不同的看法，但是感觉各自有各自的道理；第三遍阅读时，发现大家阐述自己的观点时都有"软肋"或不足之处，尤其是墓葬的时代问题仍有可以探讨的余地。学者们一般认为钟离国的墓葬年代是春秋中晚期，我认为可能不晚于春秋中期晚段。观点和思路得到了刘老师的支持，于是开始写作。在写作的过程中，得到了安徽省文物考古研究所阚绪杭老师的大力帮助。我到蚌埠双墩遗址向阚老师请教，阚老师带我参观了双墩遗址，将编钟拿出来让我测量数据，还将最新的 ^{14}C 测年数据送给我，让我写论文使用。阚老师鼓励后学的精神，让人为之感动。通过类型学分析，我认为钟离国立耳鼎的时代约为春秋中期，附耳鼎的时代约为春秋中期稍偏晚，戈的时代约接近于春秋早中期，编钟的时代为春秋早中期。虽然有些其他器物看起来有春秋晚期的特征，可能正如徐伯鸿先生所言，"春秋早期与中期交递之际，长江中下游一带青铜器的发展已有所变化。春秋中期稍晚，这里的青铅文化发展水平在某些方面已超过了中原地区。所以有些器物看它像春秋晚期器就很自然了"[7]。其次，双墩一号墓的墓主是柏，将钟离国世系与徐国世系进行比较，柏的年代可能在徐王糧之前，而糧生活在春秋中期的僖公、文公时期。再次，蚌埠双墩一号墓中木炭标本，经中国社会科学院考古研究所实验室测定，最晚的为公元前680年，即春秋早中期之际。综合判断，蚌埠双墩、凤阳卞庄的钟离国墓葬年代可能不晚于春秋中期晚段，凤阳大东关一号墓年代应与前两者接近。所得浅显结论的对与错，有待新材料的验证。但是，通过写毕业论文，在刘老师的帮助下我学会了如何发现问题，如何处理问题，如何写学术论文。修改过程中，刘老师对每个字都认真批改，并给出中肯的意见，刘老师的言行使我认识到了学术的严谨性和规范性。

为了拓展学生的视野，历史系的老师曾多次组织考古专业的学生外出参观、考察。例如曾到芜湖、马鞍山、淮北、徐州等地参观博物馆、考古工地，曾在淮北考察临涣古城、柳孜隋唐大运河遗址，等等。历史系还多次邀请国内的著名学者到校进行学术讲座。例如，曾邀请北京大学考古文博学院的齐东方教授、中国社会科学院考古研究所的唐际根研究员、中国人民大学国学院的王子今教授前来为大家讲座。

为了提升自己的能力，学生们也积极地寻求锻炼机会。例如，徐勇、张晨、姚施华、袁增箭、许婷和我等几位学生曾利用周末时间到安徽省博物馆老馆（今改为安徽省博物院）当志愿讲解员。来回途中多次转公交，耗时两三个小时，但是我们乐此不疲。2011年春节前、后，考古专业的男生曾到巢湖含山县运漕镇参加安徽省文物考古研究所吴卫红老师（今为历史学院教授）围绕凌家滩遗址组织的区域系统调查。通过调查，我们对凌家滩遗址的内涵、区域系统调查的方法有了更深入的理解。

关于大家的毕业去向，2008级考古专业共19人，通过保研、考研等方式到中国科学院研究生院（今中国科学院大学）、中国社会科学院研究生院（今中国社会科学院大学）、中国科技大学、南京大学、中山大学、山东大学、中央民族大学、西北大学、安徽大学、湖北民族学院等高校继续深造者17人，占89%。目前，仍工作在文博、考古一线者有9人，其中男生6人，女生3人。

以上是对2008～2012年安大考古专业的点滴追述。欣闻2012年以后，安徽大学考古专业在师资、生源等多个方面都取得了长足发展。最后，祝愿安徽大学历史学院考古专业越办越好！

注　释

［1］　刘家和：《"编年史"在中西史学传统中含义的异同》，《史学月刊》2022年第3期。

［2］　程演生先生生于1888年，安徽怀宁人，获法国考古研究院博士学位，1932年4月至1934年1月曾担任安徽大学校长，1955年去世。

［3］　当时安大考古专业尚无博士点，2011年获得考古学博士点一级学位授予权。

［4］　王成兴先生是管理学院教授，为考古专业学生讲授《文物保护学》的课程。魏国锋先生是2011年入职，尚未给2008级学生授课，但曾指导学生的毕业论文。

［5］　俞伟超、张爱冰：《考古学新理解论纲》，《中国社会科学》1992年第6期。

［6］　实习人员中，除了19名2008级考古专业本科生外，还有2名2007级历史专业本科生、2名考古专业硕士生。

［7］　徐伯鸿：《程桥三号春秋墓出土盘匜簠铭文释证》，《东南文化》1991年第1期。

我与考古的"十年"

高顺利

[襄阳市博物馆(襄阳市文物考古研究所)]

2022年是母校安徽大学考古专业成立二十周年，时值与考古结缘"十年"，我作为安大考古学众多毕业生的一员，收到母校的邀请，感到荣幸又惶恐，在此作小文一篇，以纪念与考古这十年的过往。

2012年夏，我焦急又激动地等待了大约半个月后终于收到了安徽大学考古专业的录取通知书，开始从名义上成为这个专业的一员。年少的懵懂、世俗的短见夹杂着对未来的迷茫，那个夏天，我过得并不轻松，甚至在入学的时候，当送父亲登上返乡列车的那一刻，我还是充满了各种不确定。经历多年的学习和工作，我已深深爱上这个"冷门"又充满吸引力的职业。这两年恰逢国家力倡"建设中国特色、中国风格、中国气派的考古学"，考古工作受到前所未有的重视，这是中国考古界的大事，也是我辈之幸事。至此，我也深刻体会到了考古于中华民族文化自信与伟大复兴之重要意义。匆匆十年已过，我很庆幸自己还坚持在这个专业上，做着收入并不富裕但很有成就感的工作，从事着平凡又幸福的事业。

一、考古初相遇

2012年秋，我怀着初入大学的新鲜感和对未来的不确定来到了这个偌大又陌生的校园。唯一让我欣慰的是父亲洋溢在脸上的喜悦，也许在他的眼里，不管专业怎样，终归经历了几代人的努力，走出了全村第一个重点大学的大学生。在安徽大学，考古专业规模不大。2002年以来，本科考古逢双号年招一次，每届只有20人，我们这一届包括安徽省内12人，省外8人（河南、河北、四川、甘肃各2人），能够在这么小的概率之下与安大考古结缘，也是命中注定的缘分。报到时，安徽省内1名同学放弃入学外，也许是同我一样对未来有诸多不确定，求学期

作者简介：高顺利，男，1991年11月生，安徽大学考古专业2012级本科生。

间，又先后有袁建、段佩佩、孙国琴、洪毅峰4人转去了其他院系，这一届考古专业仅余15人。因为人数较少，且前两年专业课较多重合，我们与历史学专业的40名同学编入一个班级，这也是本届历史系唯一一个本科班级（2021年已改为历史学院）。毕业于南京大学历史学硕士的陈雅珺荣归母校，担任我们的辅导员，因为年龄相差较小，我们统一称呼她为"珺姐"。四年的学习生活，她总是能像大姐姐一样在我们需要的时候给予极大的呵护与帮助。2013年开始，我有幸被同学们选为历史班副班长兼考古班班长。至大三时，2012级本科班开始名义上分为历史、考古两个班级。

初入校园，为了让学生们稳定专业心态，系里除了组织专业座谈，还组织了六安考古发掘工地、皖西博物馆参观等活动。当我看到宝贵的文物从出土、修复、研究再到放入博物馆进入公众视野，也是蛮有成就感且令人期待的一件事情，心里多少有点喜欢这个"冷门"专业了。后来在旧石器考古、新石器考古、夏商周考古、古文字等专业课上，教授们以渊博的知识、谦逊的态度为我们这些初学者讲述课程，我慢慢地被这个充满神秘色彩的专业吸引了，开始懂得这是一个难得的充满情怀的专业。尤其是古文字课上，我们一睹自带民国大家儒雅遗风的刘信芳教授的风采，他深沉又深情地介绍自己：章炳麟的弟子汤炳正，汤炳正的弟子刘信芳。作为初出茅庐的小辈，能与民国大师扯上关系是我们始料不及的一件事，以至于同学们一阵惊讶唏嘘之后也以"名门之后"为傲。刘教授年事已高，我们有幸成为刘教授正式退休前的最后一届学生，于是我们这一届也便开始自称刘信芳教授的"关门弟子"了。其实在考古界，这种一脉相承的师门观念很强，因为专业特殊，考古专业的学生们多少都能互相扯上关系，以至于整个考古圈里即便互不相识的两个人，几经排资论辈之后，便可以"师伯、师叔、师姑、师兄、师姐、师弟、师妹"相称，情同一族，人情味儿十足。

考古人喜欢讲"情怀"，也许就是这种"情怀"支撑了一代又一代考古人不怕吃苦，扎根田野，潜心研究，不断挖掘遗失在中国广袤大地里的最真实的历史，这种源于文人又有别于普通文人的情怀，成了考古人的精神支柱，也是我的精神支柱。

二、实践定初心

2013年暑假，我与顾纯光、李壮以及历史班的李启慧、吴素丽、顾静怡等5位同学在张爱冰、魏国锋老师的带领下，深入安徽沿江的枞阳地区进行了一次古铜矿冶遗址的调查。先后对汤家墩、铜坑、腊鹅地、罗黄斗、铜矿岭、牛头山、拔茅山等十余处古铜矿冶遗址进行了调查。时值仲夏，虽未入伏，但辗转山林仍觉闷热难熬，山高林密的环境也会遇到诸多如遭遇蛇虫、跌倒摔跤等危险，这是我第一次感受到田野考古的艰辛，但我们最终收获满满。这次调查所得，也为我学生时代学习研究提供了最为重要的资料支撑。

田野考古实习是每一个考古专业学生必须经历又终生难忘的经历，每每道来，大家都会深感怀念。2014年秋，我们一开学，学校便为我们准备了为期半年的田野考古实习，大家个个满怀期待，斗志昂扬，这种特殊的实习方式在当时令大部分历史专业的同学羡慕不已。令我印象最深的是，历史班的许昌月同学，凭借自己的努力在前两年修完了所有的选修课，于是向系里申请加入考古实习队伍，这使我们"考古班"暂时扩大了。记得出发那天下着暴雨，同学们撑着伞，拖着行李箱，从梅园宿舍一路涉水赶往文典阁集合，坐上了学校护送我们前往考古工地的大巴车。本次实习由朱华东、魏国锋两位老师带队，我们的队伍人数达到了18人。由于实习地点——斗鸡台遗址发掘工作尚未安排停当，我们第一站便被安排到了位于寿县堰口镇的丁家孤堆遗址。

为配合一条高速公路建设（济祁高速），安徽省考古研究所已在此发掘了两个多月，期间由于阴雨连绵，导致工期后延，建设方三番五次来催进度，省所具体负责该项目的蔡波涛老师带领考古队与其周旋，勉强维持。我们到工地时，遗址发掘刚进行到一半，遗址区以南100米处，施工方的机械在垫土，轧路机在紧张的工作。毕业后这种建设方一边施工考古队一边抢救文物的工作状态也一直伴随着我的考古生涯。丁家孤堆是新石器晚期（龙山时代）至西周时期的遗址，遗迹非常丰富，蔡波涛老师在我们正式参与发掘之前为我们介绍工地的状况以及面临的问题，他指着遗址边缘断面上遗留的挖掘机痕迹告诉我们，在考古队未进场之前，建设方曾试图将这个阻碍施工的"大土堆"铲平，所幸在多方交涉之下，将建设方的机械及时赶出了考古现场。

租用民房是田野考古工作中解决住宿问题的必要手段。由于人员较多，无法集中安排，我们一行18人被分散安排于村西、村北以及南200米远的另外一个小村子，吃饭安排在位置居中的一户人家，我们称为"大本营"，大本营里堆放着发掘的文物标本，有临时拼起的餐桌，住着省考古所、寿县博物馆工作人员以及早于我们而来的朱永师兄。我与周楠、张瑞、何小飞、钟凌志、宣扬、周继礼住在村西一户农家小院里，许昌月、顾寒梅、王红艳、王卫卫4位女同学住在村北的一处二层民房（说是村北，其实与大本营也就一墙之隔），环境略胜于其他。朱华东、魏国锋老师以及李壮、顾纯光、汪晓峰、张旭、叶超住在大本营以南的小村子里。我们住的房子是两面坡的砖瓦房，房东是一户鱼虾养殖户，平时住在鱼塘，我们6人则分住在堂屋和左右两个卧室。其间大雨，瓦房因年久失修漏雨，宣扬等2名同学在房东修葺房屋期间被迫移到低矮的西偏房内。这是本次实习中住宿环境最差的一处，用水靠用水桶从小院东南角的水井中汲取，这对于来自城市常用自来水的同学来说甚是新奇，如厕也需适应"茅坑"这种落后标志的产物，个别同学对此难以忍受，不得不徒步200米走到村南的住所借用卫生间。就这样，我们开始了新的三点一线（工地—宿舍—大本营）生活。在实习中，老师们一边利用下雨天为我们上课，讲述田野考古理论方法与实践课程，一边在工地为我们指导如何判断、清理遗迹、记录资料，这段实习我们维持了将近一个月的时间。

为保证教学实习如期完成，国庆节一过，我们便从丁家孤堆撤往斗鸡台，留下朱永师兄等人善后。斗鸡台位于寿县西南的双桥镇小郢村西约200米处，是一处新石器晚期至商周时期的台地遗址，相传为楚王斗鸡的地方，故名。20世纪80年代，北大曾在此试掘，本次实习系经国家文物局批准的主动性发掘。这时，学校又派来青年教师王菁指导我们发掘，这个时候我们的指导老师有蔡波涛、朱华东、魏国锋、王菁等。因为人数较多，我们依旧分散住宿，村子中央仍为"大本营"，一户单层砖混平房小院，如我老家的房子一样，这里还是作为文物标本存放以及考古队用餐的地方。大本营北约两户人家的距离住着王菁老师和4位女生，女生们住在房东的婚房里，还算干净整洁，但也较为拥挤。考虑到我们的实际困难，省所尽力在大本营安置了钟凌志、周继礼、叶超、宣扬4位同学。朱华东、魏国锋老师以及我、周楠、张瑞等8个同学住在了村东头靠近328国道的一个停产的面粉厂里。面粉厂的院子很大，仓库也很大，足有10多米长、7米宽，高6米有余，内部甚为空旷，宽阔亮白的墙面一度成为同学们上课、娱乐的"投影布"，视觉效果不亚于影院。仓库内因多年未用，灰尘很厚，我们花费了半天时间才勉强打扫干净，有同学戏称"才出虎口，又入狼窝"，虽过夸张，但也算实在。卫生打扫完毕后，我们一行10人的床铺分两排靠墙放置，中间留有过道，每两个床中间放置一张折叠桌，作为工作、学习之用。其间，洗衣、晾晒均在院子里完成，洗澡则在另外一个仓库里分批进行。半年的实习让我们这几个同住大仓库的同学们尤为团结，以至于毕业已6年有余，各自在繁忙的工作之余仍保持着紧密的联系，这种情感也属难能可贵了。

这次的斗鸡台实习是最为系统、全面的实习。从定基点，选位置，分职责，布探方，再到发掘开展，收尾，整理，同学们全程参与。发掘中还使用了全站仪、无人机、三维扫描仪等。16个同学，每人负责一个探方，每方安排民工2人，刮面、遗迹清理、拍照、绘图均由学生自己动手，真正做到了"上穷碧落下黄泉，动手动脚找东西"。发掘中，同学们与民工们建立了深厚的"革命友谊"，淳朴的叔叔阿姨们常常在上工时为我们带一些橘子、糖果之类的水果零食，关系甚为融洽。这种友谊也常拓展至发掘之余，我们偶尔也会被叔叔阿姨们邀请至家中做客，寿县特产"盐水鹅"是必备的硬菜。

发掘中，如遇关键节点、重大发现或者某位同学的某个步骤较为规范，几位指导老师便会集合实习队伍，现场观摩，以为规范。邻方同学的关系多较亲密，如遇闲忙不均，自行协作，关系较为融洽。以学习之名行闲叙之实的私自串方行为也偶有发生，一旦被抓个现行，全员面前通报批评，几次之后，便规范很多。"加班"也是较为常有之事，我与顾纯光、张旭三人负责三维扫描工作，如遇灰坑、墓葬等遗迹较为丰富，清理完毕，扫描工作必须在当天完成，以便于第二天继续发掘工作，所以夜幕下扫描也是常有之事，这种情况下其他同学们也会主动留下利用手机、台灯等辅助我们照明。工地距村里较远，仪器如遇电量不足偶尔也需靠从村民家中接线保障，数百米的电线穿过田地，跨越道路，须有同学往返巡视，以防车辆碾压和傍晚偷燃秸秆等对电线造成损坏。工休间隙，也有同学自行组织抓蟋蟀、烤红薯等活动，来自农村的同学，烤红薯技术属上等水平，皮焦里嫩，香甜可口。

实习是一项连续的工作，非遇特殊状况中间不得间断，因此偶尔放假是最令同学们感到幸福的事情。其间，因农忙、阴雨、天气转凉等，我们也放过几次假。有一次天气突然转凉，同学们出来两个多月，没有带秋冬的衣服，皮肤黝黑的我们回校休整，考古班女同学们自谑为"包公妹"，令历史班同学们哄堂大笑。那一次之后，我们一直待到元旦，其间适逢我与何小飞同学过生日，老师和同学们还为我们准备了生日蛋糕和小礼物，甚为感动。元旦一过，实习期限将尽，又遇大雪来袭，但仍有几个探方没有完成。为不影响期末考试，学校派专车接老师同学们集体返回了学校，至此，集体实习暂时结束。后来，学校同省所协商，由我与李壮、钟凌志、顾寒梅、许昌月5位同学返回工地继续发掘工作，这个时候，留给我们的发掘时间已不多，直至坚持到腊月中旬才完成全部工作，考古实习至此正式结束。

我们是安大本科成立以来第一批享受"主动性发掘实习"待遇的学生，大家都很难珍惜这次机会。通过实习，同学们学到了不少实践知识，得到了很好的锻炼，互相之间也建立了深厚的友谊，以至于毕业后仍多有往来。2017~2019年，在华师读研的汪晓峰多次来访，这也是毕业后，我见面最多的一位同学，每次到访，都要吃一碗襄阳牛肉面，逛一逛北街，这让我常想起同学们一起在安大西门"九龙街"逛吃的场景。2018~2021年，魏国锋老师、顾纯光、蔡波涛老师先后来访襄阳，我以"不醉不归"的考古基本礼仪待之，虽多年未见，感情仍很炙热，每每论起考古实习期间的种种场景，仿佛就在昨天，不曾远去。我想这是"斗鸡台"精神的延续，也期待与其他师友能够早日再次相聚，把酒言欢。

毕业后，超过半数的同学选择继续考古生涯，或入职文物考古机构，或升学继续深造，我属前者，是为后话。其余同学也在各自喜欢的领域努力拼搏，不断奋进，开拓出属于自己的一片天地。考古锻炼了我们不怕吃苦、勇于探索、善于思考的能力，这是它赋予我们的特殊的"生存技能"。

三、归去又来兮

2016年5月，我放弃了一些工作选择后，带着行李到了江南的一座小城——金华，进入文物局实习，以至于在某段时间，同学们纷纷问我火腿好不好吃，火腿好不好吃我不好回答，但从工作上来讲我还算没有被考古抛弃。6月，我返校参加毕业典礼，答辩之后，谢师午宴上老师同学们互相道别，心中满是不舍，凤凰花开的路口，虽各奔前程，但感情永存。7月，我正式入职金华市文物局，虽然只是一个普通的工作人员，我仍有幸得到了领导和同事们的支持和肯定，在5个月的时间里，先后参与了八咏楼的开馆，发掘了两座宋代古井和一座东汉时期的大型砖室墓。记忆最深的是金华鼓楼里古井的发掘，鼓楼里古井位于侍王府大门南侧，深11.3米，下层是宋代地层，出土了较多的铜钱、釉陶罐、陶瓷片等，其中个别瓷片有包金银的工艺，这口古井应为府衙专用水井。井内上层是明清时期地层堆积，出土了青花瓷片、砖、瓦、建筑构件等，与侍王府毁弃的历史较为相符。发掘完毕，井内水位逐渐上升，甚为清澈，说明此井的废弃非因水源枯竭，应与重要历史事件如"天平军弃城"等有关，这再一次激起了我对考古的期待。金华文物局对此非常重视，经上报市政府批准后，原址进行了保护，并在上部毁弃部分加筑了井圈，这是浙江在文物保护方面值得学习的地方。2016年10月，我通过考试进入了兰溪市博物馆（文物保护管理所），因为缺乏考古资源，开始走上了古建筑维修保护的"歧路"。古建维修于我而言过于陌生，做起来稍显吃力，不过也在期间完成过几座国保、省保的修缮工作，寻访过江南古村落，也算是一种难忘的经历。浙江人在文物保护方面的态度是令人敬佩的，文物保护意识、理念与实操以及民众的参与度均属较高水平，都说"地下文物看陕西，地上文物看山西，文物保护看浙江"，这句话我很信服。除工作之外，浙江人的包容与热情，让我虽远离家乡，却有一种类似家乡的亲切之感。

但我仍一直怀念我的"考古"，这使我在兰溪工作的某一段时间里再次陷入了迷茫。2017年，适逢襄阳市博物馆招聘考古工作人员，我心动了。所幸的是，在这一年的招考角逐之中，我分别获得了进入金华博物馆和襄阳博物馆的选择权。虽然浙江的同仁们对我如同家人，但我还是期望自己在考古的路上越走越远，所以在张爱冰、魏国锋老师以及刚入职湖北省博的翟扶文师姐的建议下，我迫不及待地再次投入到考古的怀抱。

襄阳的田野考古任务是较为规范的，这得益于众前辈的不懈努力与坚持，将考古纳入了行政审批程序，凡用地者皆须先进行考古，经调查勘探无文物或经考古发掘后方可施工。这一规范操作使得考古任务也较为繁重，每年约有60多个项目需要完成，这也让我们在某些项目集中时段多次陷入一人兼顾多个工地的窘境。长年的考古工作，使我对襄阳地区的考古有了更深层次的认识，也积累了丰富的考古资料。襄阳作为南北融汇之地，在早期楚文化、曾文化、三国文化研究方面具有丰富的考古资料，多年来出土有如楚"大司马"鼎、"吴王夫差"剑、"曾伯陭"钺、三国青铜马等重要文物。同时，襄阳作为东晋南朝的前沿阵地，多次侨置郡县，襄阳市考古所曾多次发掘南朝画像砖墓以及对研究侨民迁徙具有非常重要意义的"辽西韩"家族墓地。这些考古资料，在襄阳考古中占据着非常重要的位置。我在襄阳工作期间，先后负责过王寨、苏家园、杨家岗、熊家埂等较为重要的发掘项目，出了一大批如铭文铜錞、鎏金铭文铜壶、蟠螭纹钫壶、星云纹铜镜、汉代铁剑、唐三彩瓷水盂等精美文物。其中，熊家埂遗址墓地作为襄阳地区重要的周代遗址，可能为楚之"东津"，对于探寻早期楚文化具有非常重要的意义。这些考古发现为我考古生涯提供了重要研究资料的同时，也给我了进行更深层次学术研究的信心。

四、再见又十年

医学行业中有一句话："德不近佛者不可为医，才不近仙者不可为医。"考古也是一样，德近佛者才可定心，才近仙者方能致远，大部分学者穷其一生，也只是在其中某一个小小的领域略有建树。我们需要终生不断地学习，才能不断地深入体会考古的奥秘，这是一个漫长而复杂的过程。

我也深知，虽为考古专业毕业，其实算不上"专业"，一来本科教学较为宽泛，不像研究生那样可以分为多个方向；二来，学识粗浅，所做工作又繁杂。但考古是一项在积累中不断寻求突破的工作，不问出处，不论学识深浅，皆需用心尽力，方能逐渐深入。希望在下一个十年，能够坚守初心，奋力前进，不断突破，遇到更好的自己。

悠游历史与考古

易星星

（日本兵库县立大学）

我是那个曾经从历史跳到考古，现在又从考古回归历史的2006级本科生。
我是那个毕业照上永远找不到自己的2010届安徽大学毕业生。
我是那个跨越国度，耗时六年初长成的女博士。

2010年4月12日，当我的同学们还在校园里享受大学最后的美好时光时，我已经踏上了东瀛的求学之路。当同学们为惜别在吃"散伙饭"时，我已经早早安静地自动"散伙"了。当同学们穿上学士服在安大校园里拍照留念时，我奔波于公寓、打工和日语学校的三点之间。所以对大学感情最深，记忆最美之时，我通通都错过了。同学情、母校这些在校期间感受不到的情愫，毕业了，离开了，沉淀了，竟会越发深厚与纯粹。

我以为我对安大的感情并没有同级的小伙伴们那么强烈，我们的同窗情谊也并没有那么深厚，毕竟我和安大、我和同学们错过了最后那段最浓厚的相处时光。然而世界上有一种感情，不需要太多的经营，而且无论分开多久，或许你们大学四年也没说过几句话，但只要一提到对方的名字，就会不自觉地挺身而出、鼎力相助，那就是同学情。

我在日本的兵库县立大学硕士两年到博士六年共经历了八年，而在安徽大学我只停留了三年半的时间。但是，除了生育养育我们的母亲以外，世界上还有一种被冠以母之学校的地方，那就是母校。

母校其实源于拉丁语alma mater，其原意是滋养头脑、喂养知识、慷慨的母亲。以前的我不会去深思词语背后的文化内涵，因为中文是我的母语，一切都是那么的理所当然。但当你接触到其他的外国语言和文化后，你会回归反思自己母语词汇的意思和来源，从而领会到文字背后的文化意义和中文母语的博大精深。为何我们会将毕业校称之为母校？因为我们在高等教育机构开始接受塑造，包括对世界的认知、思想的形成、人格的建构，同时通过与来自全国各地文化、教育、家庭背景截然不同的他者的交流，让我们初步完成了自我认知和自我认同。所以

作者简介：易星星，女，1986年10月生，安徽大学考古专业2006级本科生。

即便我们硕博是毕业于他校，纵使在他校经历的时间远长于安徽大学，但我们的母校永远是安徽大学。为母则强，母校之强在于她对我们的启蒙及一生影响之大。

安大选择了我

我觉得安大里面有两种学生，一种是选择安大的，一种是安大选择的。而历史系里被安大选择的比率比其他院系都高吧。对于坚决不会复读的我来说，有一个接纳我的地方，其实我没有什么不满。因为那时的我除了学习，好像什么都不会。

当亲戚朋友知道我去了211的一本，他们是站在蹦极的最高点来对我表示夸赞的，但当他们知道我是历史专业时，他们对我的期待就如蹦极跳下去那一刻瞬间跌入谷底，可是他们马上能在最低点反弹上来，因为他们可以凌驾于我之上，十分情绪高昂地说教并顺便表示担心我的就业前景。在安大这个校园里，比我优秀的人多如牛毛。当我以高中班上第一名的成绩考上一本，来到安大，在这里我首先经历的英语分级考试，让我见识到了人外有人天外有天，体验到了挫败感。但我必须接受被调剂到冷门历史专业和从英语最基础开始学习的这个现实。来自于长辈们的担忧，来自于同龄人的竞争，都增加了我莫名的焦虑。

在我们那届考古专业里，被安大选择的学生并不少见，特别是安徽省以外的学生。但是被选择的学生里现在依然热爱并从事考古相关的人也不少。这说明安大是有眼光的，被选择的学生也是有眼光和毅力的。我觉得考古专业的专业对口程度相对偏高，而且学生的专业忠诚度远高于其他任何专业。"干一行爱一行，爱一行干一行"在考古专业的学生身上或许得到了很好的体现。因为我们会把被选择的被动态，转换为选择的主动态。你选择的态度就决定了你将来能到达的高度。

我选择了考古

在历史系的第一年其实是浑浑噩噩度过的，于是我开始琢磨要换一个方向。听说考古专业有工地实习，去考古现场发掘简直对我充满了吸引力，因此我怀着对未知神秘的考古发掘的无限憧憬想要进入考古专业。跟辅导员米雪芹老师沟通后，她表示同意我的转专业。她说有个工商管理学院的女生刚好也要转过来。我从历史转入考古，可以说是不痛不痒的事情，但大热门的工管专业学生要转到考古专业，这对我们冷门的考古专业来说算是非常长脸的事情吧。后来我与这个传奇的工管女生成为了大学挚友。对考古充满热爱的薛玲玲，比我小四岁却小领导派十足的王淡春，细心会照顾人的王耐霜，还有平时交流不多，但一直是一个温暖存在的2006级考古班的所有兄弟姐妹，让我在考古专业度过了大学最快乐的时光。整个大二学期，我每天都在以小学生盼春游一样的心情期盼着考古发掘实习的到来，以打鸡血似的劲头在学习。

大三的第一个学期盼望已久的考古实习终于来了！我们这届考古实习的地点是在怀宁县的孙家城遗址，离它比较近的是书本中出现无数次的震惊全国的凌家滩遗址。考古发掘就像开盲盒，你不知道地下会蹦出什么东西来，这也不免让我们暗暗期待着能发掘出如凌家滩般豪华的玉器堆。当年的2006级考古班总共20个人，其中12个女生，我们号称当年孙家城十二钗，每个人都个性明显，相比之下我班男生就低调很多，所以整个班级的氛围就是一目了然的阴盛阳衰。

在孙家城两个月的发掘和学习，我遇见了很多可爱的人和有趣的事。我们的考古实习是安徽考古所吴卫红老师领队和副将罗虎，还有来特别支援的怀宁考古所金晓春。吴老师主要在主探方那边守着，再巡视分错于其他地方的探方。我和硕士班的大师兄和二师兄，王耐霜我们四个探方在一起，距离大家的主探方区域有一定的距离。一个学生负责一个探方，帮我们挖探方的是雇请的当地人，但他们有时候会故意刁难一下我们这些小毛孩。离我探方最近的大师兄二师兄是北方大汉型选手，特别是大师兄，能说能干，把探方里的人、物、地层都整得明明白白妥妥当当的，二师兄是很温和的打酱油选手，探方里也算是其乐融融。王耐霜是属于默默无闻没脾气，有力气又能专注做事情的类型，她的探方里安安静静还算和平。只有我是白白胖胖、圆圆乎乎，手无缚鸡之力，而且帮我挖探方的阿姨还是一个特别"聪明机灵，喜好言辞"的人。在这种情况下，我经常急得像热锅上的蚂蚁想让阿姨能帮我快点挖，但是阿姨就是嘴上吧啦吧啦，手上优哉游哉，所以我负责的探方是同时开工的四个探方里进度最慢的。后来，怀宁考古所金晓春同志来支援了，进度最慢的我得到了很大的帮助。我和探方阿姨之间调和不了的矛盾迎刃而解。被天书一样的地层弄得头晕脑大的我也茅塞顿开。就这样，虽然每天身体都很累，但和大家同睡同起同时上工，一起享受了两个月难能可贵的快乐充实的集体生活。

在最后孙家城考古实习圆满结束的时候，留下了两大遗憾。一是孙家城遗址没有如凌家滩那般发现大量玉器，这让我们有点小失落。当时懵懵懂懂的我们可能谁也不明白孙家城遗址的意义究竟何在，至少在毕业的时候我都没有认真思考过。近几年看到吴卫红老师发表的著作，才逐渐明白孙家城在吴老师的皖江考古计划中的位置，也才知道遗址的发掘为他对中华早期文明的探寻上提供了另一种可能。二是我们考古班女生死嗑的一对CP罗虎和香香公主当年没有在一起。现在据说娃都打酱油了，总算了却了我们考古十二钗的一桩心事。

通过两个月的考古实习，无论是对专业认识还是同学感情，我都得到了前所未有的收获。但也从此坚定了我誓死不去考古工地发掘的决心。不为别的，只是因为户外发掘真的太容易晒黑了！紫外线就是女生皮肤的第一大杀手，黝黑的皮肤怎么也遮挡不住不可抗拒的沧桑。我很喜欢考古，但是我从心理上抵触考古发掘需要长期暴晒于荒郊野岭的工作环境。但这仅仅是我非常个人的见解，纵身入考古，现在依然投身于考古第一线的同学不在少数。我深知自己不适合考古工作后，于是将专业方向的重点转向了室内工作环境的文博，所以从大三开始我就着手准备考文博的硕士了。

读研or出国

当我得知我们考古实习时的技工师傅在省考古所做文物修复。我就每周一边跑去考古所打下手,帮着洗洗刷刷陶片、分分类,积攒文物修复的实际经验,一边着手准备考文博的研究生,另一边做出国的准备。为了确认我报考的中国艺术研究院玉器修复专业接不接受提前毕业的学生报考,我还专门去了一趟北京咨询,当然也有私心想顺便去北京玩玩,见见朋友,但得到的答案并不理想。

为了给自己多准备一条路,于是我开始搜集大学的各种留学信息。由于考古专业学习时,看到很多日本学者的研究成果,特别是文博专业,所以我留学的首选不是人气的欧美,而是近邻的日本。遗憾的是安徽大学当时并没有很多和日本大学的合作交换留学项目。所以我打消了通过大学留学的渠道,而准备另辟蹊径。

终于找到了一条先去日语学校读两年日语,再考研究生的路。于是,我开始学习日语,并罗列日本的日语学校,通过对比每个学校的正规性、地理位置、课程安排、留学生比例、学生评价和学费,最后筛选出了大阪的一所日语学校。为了节省留学费用,我从一开始就没有打算找留学中介,而准备全部自己操办,成则去,不成就另寻他路罢了。我通过日语学校官网公布的联系方式,鼓起勇气用我那蹩脚的日语竟然联系上了日语学校的招生老师。通过那位老师的指导,我一边准备日语考级,一边准备留学出国的资料。

为了能赶上日本的4月份入学时间(日本是特例,国际上都是9月入学),我在2010年过完年后就马上归校,在刘信芳老师的指导下,我撰写了一篇关于上博楚简的学士论文,在我们系各位老师积极调整自己的时间给予了我高度配合的情况下,我才得以顺利提交毕业论文,并提前完成了答辩。这样,我总算是把毕业的各项任务和条件完成了。因为我的目标是去日本读研究生,所以势必会要求大学成绩和毕业证书。所以我拜托王芳同学帮我把成绩单和毕业证书的英文版代领并寄给我。等所有一切交代安顿完毕,我没有回老家,而是订了直接从合肥经上海飞大阪的机票,在2010年4月12日顺利抵达大阪,开始了我的留学之旅。

现在回想我从考研到出国的一路历程,真的为自己捏了一把汗,堪称勇士也。因为在几乎不会日语,也没什么强大的经济背景和人脉的情况下,我单枪匹马地闯进了一个无亲无故、人生地不熟的异国他乡,天知道等待我的是一个怎样的未来。只能说我幸运地赶上了一个知识改变命运的时代吧。

硕士论文是关于徽商

当我在日本一边读语言学校一边寻找文博专业的导师时,马上碰见了一大难题。以前高中政治课上背的"人口高龄化"这种事不关己的术语竟然直接影响到了我的现实生活。当年我想投入门下的那些有名的日本学者都临近退休的年纪，拒绝接收硕士生，这给了我当头一棒。我给很多教授发了邮件，得到的回答都不尽如人意，或者很多直接就石沉大海了。但是时间紧迫，我必须迅速调整自己的状态和方向，去适应这个措手不及的现状。我开始回忆大学自己修过的课程，我到底学了什么。内容其实我已经完全记不清了，但是直到现在我还能记得世界史的蒋浙安老师的声音很催眠，周怀宇老师讲古代史激情澎湃，老梅老师彬彬有礼，小梅老师在经济史课上一直在喝热白开水。现在回过头来看，或许大学一年级即便是浑浑噩噩的那一年，历史学在我心里其实是播下了种子的。

当我想往离考古专业较近的历史学上靠时，我首先想到的是徽商研究。当时非常理想化地认为，作为安大的毕业生，我应该弘扬徽学。于是我洋洋洒洒地写了非常诚恳且看起来可行度很高的研究计划书，说打算如何利用安大的徽学研究中心所藏资料对徽商进行研究之类的。靠着这个计划书，我敲开了中国近代史研究专业的陈来幸教授的研究室大门。

日本的硕士课程没有开题报告这些流程，因为我们在入学之前必须计划好研究的内容，入学就要马上进入研究的状态，中途可以自由转变研究课题和内容，研究内容不一定非要跟导师的课题挂钩，至少我导师就从来没有研究过徽商以及我后来博士阶段做的中国旅行社研究。当然导师也不会指定让你去做什么研究课题。研究不研究，研究什么都必须充分发挥自己的主动性。2014年，我提交了硕士论文《徽州商人的盛衰和清末民初上海的棉布业》，内容上我梳理了徽州商人从兴盛到衰退的过程，针对徽商在清代已经衰退这点，我硕士论文以汪宽也为实例，论证徽商直至清末民初依然保持一定的实力活跃于上海棉布业。其实我也一次都没回安大的徽学中心去调查资料，第一，其实我根本不认识徽学中心的老师，也不知道资料的开放度，第二，因为中日学界对徽商的研究已经非常成熟，就梳理先行研究已经够我忙活了，根本无暇再去搜集和阅读原始史料。这或许也是硕士阶段大家都会犯的通病吧。就这样，留日第四年，我巧妙地利用安大母校的文化资源，在日本顺利取得了硕士学位，并决定继续读博。

博士方向是中国近代经济史

通过硕士阶段对上海棉布业的学习，了解到了近代的金融业对工商业的作用。想在近代金融业上找些课题，于是开始精读史料。留学时代的我也没有闲钱去买书，就跑去图书馆和导师的研究室，没事就偷瞄导师的书架，看她有什么书能借给我读一读。我跟导师说我要找上海近代金融方面的书，她从书架上随手抽出一本《上海商业储蓄银行史料》，说有本这样的，你要看吗？（原话是日语，我和导师都是用日语交流）。为了能短暂地逃离日语的学习，能看点中文书对当时的我来说就像禁锢的灵魂得到释放一样，别样的轻松与愉快。现在写这篇中文回忆录也是同样的感受，从非母语中解脱释放出来的畅快淋漓。

我把导师随手塞给我的那本500多页厚厚的书看了一个星期后，跟导师说，我觉得这个银行开了个旅行部这个事情很有意思，得到了导师的肯定。于是，我就继续查找上海商业储蓄银行的各种资料，得知上海档案馆藏着当年的档案，于是博一的暑假，我就迫不及待地飞回上海在档案馆一蹲就是一个多月。即使回了中国，我也没有立刻回老家，至今仍让我感觉对父母有所愧疚。但父母总是很宽容无私地说，你现在学业要紧，我们不怪你。无论是我当年出国的不辞而别，还是回国时的不入家门，父母和家人都给予了我最大的包容和谅解，我对他们表示由衷的感恩。

回日本后，我快速地整理内容汇报给导师，希望听取她的意见。她给我的回答是，很有意思，继续做下去。就这样在导师的指引和鼓励之下，我从博二开始在日本的学会上作为新手研究者开始正式出道。博士阶段的学会报告无疑是快速学习和成长的最有效的途径。学会报告不同于演讲，精彩的演讲可以台上台下共鸣欢呼，然而学会报告就是鸡蛋里挑骨头的炼狱洗礼。听报告的专家老师们各有所长，从他们的专业角度一定能发现你研究的缺陷和不足，然后出来指正你。如果接受不了这种批评指正，你就会恐惧害怕参加学会，失去继续研究下去的信心。还有一个难点是日语问题，日语的表达迂回暧昧，绕一大圈子以后才告诉你不足的地方在哪里，而且还是需要你自己去深思揣摩对方提问的出发点和擅长的研究领域才能领悟通的。通过数次学会发表，我越挫越勇，总算找到了自己的问题点和需要加强补充的地方，于是博二暑假我又回了一趟上海继续查找资料，主要是查漏补缺。从博三开始我专注于撰写论文，我从博士阶段开始给自己的目标就是每一年发表一篇论文，除了2018年怀孕生子、按下暂停键以外，2016年、2017年、2019年、2020年的四年我都完成了目标，在日本的权威杂志上成功刊登了论文，这就直接为我的博论和就业打下了最坚实的基础。2019年12月，我以《关于中国旅行社的网络展开研究》为题，提交了博士毕业论文，这也算是弥补了日本学界对中国旅行社研究的一个空白吧。2020年3月，正是疫情肆虐全球之时，在没有毕业式和学位授予仪式的樱花盛开之季，我就这样安安静静地领取了我的博士号（经济学）。最初的本科阶段，我没有毕业照，人生最后的学生阶段——博士，我没有毕业式。所以，我是那个本科毕业照上找不到我的安大毕业生，我是那个没有经历学位授予仪式的博士毕业生。

博士阶段这一路走来，我绝不是轻轻松松平步青云的天之骄子，也不是事事如意顺风顺水的幸运儿，我也跌跌撞撞失落迷茫，也焦虑担忧前途灰暗，也畏首畏尾患得患失。但是既然选择远方，便只得保持坚强与热爱，风雨兼程中蜕变成长。

女博士的六年

日本的博士是三年制，但能三年毕业的文科博士是少之又少，五六七八年都是正常，慢工出细活的培养模式在日本学界是得到了普遍认可的。我是2014年进入博士课程，2020年拿到博士学位，历经六年。六年时间，我觉得不长不短，刚刚好。但在外人看来，我无疑是那个延毕了很多次的万年女博士了，不亚于世界上仅次于男人女人的第三种人类，首先毕业难、找对象难、结婚难、就业难、各种难，既然已经这么难了，你们何苦为难女博士呢。社会对整个女博士群体因为缺少普遍的认识而遗失了本该有的善意。但普遍认知的普及是一个缓慢的过程，是需要时间的。毕竟1905年的清朝才废除了科举，近代也才开始引进高等教育，1977年才恢复高考，80年代开始普及九年义务教育，2000年才基本实现普及，为了解决经济就业问题开始的大学全国扩招到现在也才20余年。而现在，只是暂时的社会普遍认知跟不上这二十年中国经济高速腾飞的速度而已，我希望能看到时间的魔法。

神秘的女博士的六年是如何度过的？总结下来就是前三年在找资料、各种学会报告、写论文，后三年的主线是教中文、写论文、投稿、打回、修改再投稿、写论文投稿的循环，副线是结婚、怀孕、生子、育儿、半专业主妇的生活。特别是怀孕到生孩子的两年，一度快要放弃研究，只想做个专业主妇相夫教子。孕前期妊娠反应导致我几乎是睡了三个月，一天就吃一顿饭续命，体重前所未有地直线下降。孕中期安安稳稳开开心心，但孕后期肚子大得每晚无法入睡，只能靠在沙发上断断续续地补觉，白天挺着个大肚子做点家务和做饭已经消耗了大半的体力，更别说长时间坐在电脑前码字了，精神无法集中，体力无法支撑，体重倒是直线上升。日本医生要求孕妇严格控制体重，我每次去产检绝对不亚于十个面试官给我面试的紧张感，为了确保胎儿健康，我每天的目标是一万步，生产的前一天我走了15公里。生完孩子后的一年，晚上更是没有睡过整觉。半夜起来喂奶换尿布哄睡，白天带娃做家务忙得团团转的生活早让我把论文忘得一干二净。所以女博士经历的这些，跟很多普通女性经历过的艰辛没有什么不同，女博士没有什么神秘面纱，就是平凡的普通人。

我觉得我是按教科书的模子培养出来的，完完全全的无神论者，悲哀的是，我其实也是一个无特长无兴趣无爱好的三无人员，唯一的爱好可能就是学习吧。我要感谢我的先生每天辛勤工作，为我撑起了这个家，让我有了可以寻找自己兴趣爱好的时间。为了发展兴趣爱好兼锻炼身体，我开始学习羽毛球、瑜伽，每周会和朋友去登山远足。为了像个家庭主妇样儿，孩子的辅食都是手工做，我也每天做饭，给孩子做面包和烘焙。现在每一天都是在和娃斗智斗勇，上班的早晨更是鸡飞狗跳，每天下班回家还要去收拾那歇斯底里后的一地鸡毛。女博士的生活琐碎其实就是这么平淡无奇。

我可以平凡，生活也可以平淡，但是我不想躺平。

写在最后

人就是这么奇妙的生物。其实我们仅仅只是在一个特定的地方，一起经历了四年的时光而已。然而命运让我们能在最青春美好的时间里，让我们同时出现在安大这个特定的地方，一起见证了各自的青葱岁月。人间四月天里说，人成长的最大好处是可以有很多回忆。而我很庆幸，我的回忆里面有你们，有2006级本科班的所有兄弟姐妹们，有母校安大。感恩这一路走来的每一个遇见，感谢人生每一个阶段里的每一次成长。

始于安大的选择，终于我自己的选择。寻寻觅觅发现了考古的乐趣，兜兜转转又回到了历史的原点，悠游于历史与考古之间，他强任他强，清风拂山岗。

忆往昔，岁月峥嵘
——我与安大考古12级

汪晓峰

（中共黄山市委党史和地方志研究室）

青葱岁月不等人，经年之后万事非。仰天长笑别故园，扬鞭策马梦旧年。笔者系安徽大学考古专业2012级本科生，曾于2012年9月~2016年6月期间，在安大考古专业学习四年，接受本科教育。偶然间得悉母校安徽大学将编撰《考古专业成立二十周年纪念文集》，并举办相关学术研讨会议，不禁勾起对往事的回忆。特撰此文，以备他年回忆。

一、初入考古门，初识考古人

本着对历史学科的喜爱，笔者在2012年高考结束之后，根据学科、分数、地域等原因，在志愿栏内填报了安徽大学考古专业。彼时年仅17岁的我，还不知考古究竟是一门什么样的学科？自己又将会面临着怎样的命运。耳旁质疑声不断，亲友纷纷劝说。"考古专业学科冷门，就业不方便，将来会后悔的。"年轻气盛的我，想的是"三百六十行，行行出状元"。各行各业都有自己的学科人才，也都是社会建设所必需的，未必考古专业就真的比经济、计算机、法律等热门专业就业面窄，一腔热血的我遂于2012年8月27日，持着安大的录取通知书到磬苑新校区报到，开始了四年考古专业本科生活。

二、求学磬苑内，莞尔忽二载

在当时，安大历史学院还未建院，仍称之为"历史系"，下辖历史、考古两个专业。其中，考古专业是两年招一届学员，一届20人。具体到我们这一届，报到时便有一位同学未入学，

作者简介：汪晓峰，男，1994年7月生，安徽大学考古专业2012级本科生。

故此同班同学为19人，其中男生14人，女生5人，分住在松园寝室两侧，宿舍为四人一间。

刚入校门，时值文典学院新建立，遂在全校学生中统一招考，我的室友袁健考入文典学院调整专业。大一的生活平平淡淡，每个人都沉浸在高考刚结束的喜悦之中。按照学校规定，除去"新旧石器时代考古""夏商周考古"这两门必修课以外，绝大部分的课程我们考古班是与历史学专业的同学一起上课，学习了一些历史学的基础课程如《中国古代史（上下）》《历史文献学》等等。班上同学有12人来自安徽不同地市，也有7位同学分别来自河南（1人）、河北（2人）、四川（2人）、甘肃（2人）。虽来自五湖四海，但大家相处得都十分融洽。在班长高顺利的组织之下，班级同学在紧张的专业学习之余，也开展了诸如篮球、桌游、电竞、影视等休闲娱乐项目，生活丰富多彩。如张瑞在大一时便加入学生会外联部，为历史系学生会奔走呼号。至大三之时便成为考古专业唯一一位学生会主席，并认识了学妹马雅妮，于2021年大婚，成就历史系一段佳话。周楠任班级体育委员，率领历史系同学在篮球场上叱咤风云，引得一阵叫好。何小飞在宿舍内开办了一个小卖部，为大家提供了零食购买之便利。室友李壮专心考古行业的发展，读书勤奋刻苦，专业水平位居前列……每位同学都奋笔疾书着自己的人生，肆意挥洒汗水，浇灌青春之花。

到大二之时，班上又先后有洪毅峰、孙国琴、段佩佩三位同学转专业成功。所以仅剩下15位同班同学进入大二阶段的专业学习中来。这一学年，学校课程设置得就更加专业和有针对性了。我们的课业压力增大了不少。先后学习了江小角老师的《文物学》，方成军老师的《博物馆学》《中国古钱币》，王菁老师的《战国秦汉考古》，张爱冰老师的《魏晋南北朝隋唐考古学》等专业课程。大家翱翔在知识的海洋里，我也开始对考古学有了进一步的了解和认知。认为考古学是一门专业性很强的学科，它与历史学、文物学、博物馆学都有着很密切联系的学科。在方成军老师的推荐下，我开始观看《国家宝藏》等文博类综艺节目，阅读《中国文物报》《考古与文物》这类学术报刊，知识水平得到了一定的进展和提升。为了给学生们提供一个便利的学习环境，学校开放了位于人文楼三楼的考古教研室供学生们学习所用，钥匙就放在门框上面，进出非常方便。无数个日日夜夜，同学们便在考古教研室点灯苦读，为了自己的未来而奋力拼搏。

三、寿县实练兵，鏖战斗鸡台

经过了前两年的在校学习经历，大家都对于考古专业有了一定的基础认知。进入大三上学期，真正决定同学们人生发展方向的事情到来了，那就是田野考古实习。这是我人生中独特而又重要的一段回忆。2014年9月10日教师节，经过长时间的筹备，安徽大学2012级考古本科生专业实习拉开序幕。此前，系里专门召开了一次动员大会，张爱冰老师说："不管你们将来是否从事考古行业，考古实习都将是你们人生中一次很有意义的体验。同学们之间的友谊也会由此加深，以后回想起来也是别样的回忆。"我抱着将信将疑的态度，参加了此次实习。本次实习是由安徽大学和安徽省考古所两家单位共同举办开展的，旨在锻炼考古学生的专业学术素养。参与本次实习的学生共计16人，内含考古学本专业学生15人，加上同级历史学学生许昌月（主动申请参与考古实习）。刚满20岁年轻的我们，怀揣着极大的兴趣与热忱搭上了前往考古工地的大巴车。

考古实习的第一个目的地，是六安市寿县堰口镇青莲寺村丁家孤堆遗址（今属淮南市），这是济祁高速寿县段沿线最重要的一处遗址点。为有效配合高速公路的建设并切实做好文物保护工作，安徽省文物考古研究所于2014年6月开始对该遗址进行抢救性考古发掘。去工地之际，正是项目动工未多久之时。考古工地由彼时刚入职省考古所的蔡波涛负责。蔡波涛老师本硕都系考古专业科班出身，本科武汉大学，研究生中山大学。双985名校光环之下，令我们这些初出茅庐的学生们钦佩不已。与此同时，还有我们安大考古研究生学长朱永在此实习，被我们亲切地称之为"大师兄"。安大方面则安排朱华东、魏国锋两位系里骨干教师带队全程指导。在丁家孤堆考古实习时期，因为当时雨季颇多，考古工地上流传有着"天下雨，人就休息"这样一条规则，所以我们真正参与考古发掘的过程并不是很多。每天的日常工作就是在分配的宿舍里，同学们三三两两相互交流。出于新鲜感，大家都觉得很有意思。此时住宿的条件其实已经较为艰苦。我与李壮、顾纯光、张旭、高顺利五位同学及朱华东老师、魏国锋老师一同寄宿在考古工地旁边的一户农户自建房家中。此房分为上下两层，中有楼梯连接。我则在楼梯的拐角处支起行军床，每日在此休息。二楼有两个房间，一大一小。其中顾、李二人住在外围小房间内，而张、高及朱、魏两位老师则住在内围大房间之中。彼此其他同学分别借宿在村中其他人家家中，女生住宿条件相对优越一些。大约只有10天时间，我们来到了考古工地之上。在这里，我初步将过去"田野考古学"的一些基本概念与实践相互结合。诸如"探方""灰坑""红烧土""地层"等等，但是因为工程其实已经开工有一段时间了，我们一人一个探方在继续往下深挖。在此大量出土了的红烧土与碎陶片，我们同学们几乎每日都可以背起一麻袋的碎陶片，步行回到临时设立的工地总部。随着这一工地走向尾声，我们班同学在此待到10月1日，总计20天。十一期间，我们也未放假，而是直接转向下一个考古工地。

2014年10月1日国庆节，一辆大巴车将我们带往了本次实习的第二个考古工地——寿县双侨镇斗鸡台考古遗址。相传此处是当年为楚王斗鸡的地方。在1956年时候便已经是安徽省重点文物保护单位，遗址位于寿西湖南岸的台地上，平面近长方形，高3~4米，面积1万平方米。遗址地面遗物和地下文化内涵丰富。1934年考古前辈李景聃、王湘曾作过调查。1982年北京大学考古专业在此进行过考古发掘，发现有陶器、石器、铜器、骨器和大量卜骨等。因文化内涵丰富，器物特征明显，被学者命名为"斗鸡台文化"，能够在省保单位上进行考古发掘，令我们同学都觉得颇为期待。

斗鸡台遗址后来成为安徽大学考古实习的一个固定基地，但我们这一批同学是安大考古学中第一批去斗鸡台的学生。当时的斗鸡台尚未进行发掘，与郊外农村土地并没有什么特殊的地方。村民们都抱着十分好奇的眼光看待着我们这些外乡人，蔡波涛领队在村内招募了一批朴素的庄稼人作为民工，并且进行前期的土层勘探。运用了洛阳铲、水平仪等先进的考古学工具，完成了初步的准备工作。10月3日，我们班16名同学一人负责一个探方，开始初步动土。蔡波涛和朱、魏作为工地技术指导，负责各个探方的发掘。这16个探方后来"命运"各有不同，如张瑞的探方出土的文物相对较少，按照每次"向下五厘米"的进度，所以进展得很快。但许昌月、叶超、李壮、王红艳四位同学的探方则出土的文物、遗迹则较多。其中尤以许昌月最为特殊，在她的探方中，出土了一排整齐排列的贝壳，类似于图腾性质，所以进度则较为缓慢。叶超的探方中柱洞、灰坑等遗迹较多，常常需要画现场手绘图，我们都戏称他"接受到了最专业的考古学训练"。李壮的实习态度最为认真，也最有自己的专业判断和主见，所以他的探方可谓是"千沟万壑"，最为不平整。王红艳的探方与王卫卫相互毗邻，在她的探方中出土了大量完整的陶器。因为过去我们所发掘出的都是陶片，第一次见到完整的陶器，令我们同学都非常的兴奋。我记得当晚，同学们工作热情很高，一直在工地上发掘至夜间20:00左右，天已经完全黑下来了。我们班上同学每人拿一个手电筒，照亮考古工地，聆听各位老师、前辈的讲解，始终坚持发掘。我所负责的探方中规中矩，灰坑、柱洞、灶台等都有所涉猎，所以我亦算是较为全面地接受了田野考古的经验。同学们热情很高，肆意地挥洒着自己20岁的青春和汗水，浇灌着梦想之花。

关于在斗鸡台"考古工地"工作生活中酸甜苦辣，那自是数不胜数。现在回想起来，更多的则是会心一笑。当年至斗鸡台考古工地时，根据安大及省考古所的安排，我与李壮、顾纯光、高顺利、张瑞、何小飞、周楠七位同学及朱华东、魏国锋两位老师共计9人，居住在一间离省道很近的仓库之中。房屋使用面积非常大，我们每个人都自带行军床，在仓库中搭好床铺，每日在此休息。一间仓库里，封存着我们过去无数的回忆。大浪过去，我走在回忆的沙滩边上，一粒一粒去拾取那些叫作"回忆"的贝壳。与其他同学共同回忆后，现讲述些许趣事如下：

（1）鼓浪屿之恋：这是我们2012届考古班在考古实习时常常津津乐道的话题。故事主人公张瑞是我们班最为优秀的同学之一，学生会主席、新生导生、2012届历史系学习委员。人品出众，仪表堂堂，深受女生青睐。所以自入学以来，情感问题就备受大家的关心和瞩目。在大二升大三的暑假之中，历史系系部人文楼里忽然收到了一封发自鼓浪屿的明信片，情愫绵绵，尺素传情。收件人即为张瑞，寄件人为我们的师妹13级历史班马雅妮。当时，班长高顺利暑假未曾回家，在人文楼内学习。无意中恰好看见了这样一封信件。因明信片没有信封，文字直接跃然纸上。所以顿时消息便在同学中迅速传播开来，人人都知道张瑞的感情有了实质性的飞跃与进展，不禁为他祝福。因张瑞在班上有着"大瑞哥"的称呼，故此事后，我们便常常以"大瑞嫂"的称呼来形容马雅妮，成为历史系一段佳话。考古工地的工作任务十分的繁重，每日起早贪黑，大家都非常的疲惫和倦懒，而这一类型的"粉色新闻"成为了大家茶余饭后最能捧腹而笑之事。从那时起，至2021年张瑞、马雅妮大婚，为这段八年校园爱情长跑画上圆满的句号，亦成为全体同学倾慕不已的榜样。

（2）大宴三天/垃圾桶：在斗鸡台考古实习之时，虽然我们的生活条件比较有限。但是大家都往往苦中作乐，来共同度过这一段艰苦的岁月。当时我们居住在农村之中，物资非常匮乏。村中仅有一个购买副食的小店，所能购买物品品种也相对较少。彼时，我们在结束一天的考古工地实习之后，一无网络、二无交通，所以只能就地取材，买一些橘子、辣条、啤酒之类的食品，把几张桌子一拼摆在桌面上同学一起吃喝。时常会有些许亲友来探望，或进寿县县城内带出一些青豆、炒米、凤爪、猪蹄等高档零食。同学聚在一起，谈天说地，相互打趣，居住氛围很好，戏称之为"大宴三天"。彼时鲜衣怒马是少年，众人开怀畅饮。同学中数何小飞尤为海量，常常竖起一根食指号称"一直喝"，一瓶雪花啤酒往往能一口气吹干。一日应是气氛恰好，何小飞喝多后卧床休息，结果酒劲上头后胡乱喊着"垃圾桶、垃圾桶"。我连忙走过去想扶起他来，结果可能彼时也有部分酣醉状态，撞到了行军床铺，何小飞直接从床上翻滚摔打下来，酒意顿时全然消除。除却这些"小宴"，在考古实习期间，曾有领导来探望我们大家，在安徽省考古所的安排之下，全班同学在淮南共同吃过一次八公山豆腐宴，每道菜都是由豆腐所做，味道鲜美、极具特色，成为同学记忆中的一件趣事。

（3）蚊虫叮咬：在考古工地上最令我记忆犹新的是住宿环境的艰难。当我们班同学转移到斗鸡台考古工地上时，被安排住在一个废弃的大仓库内。旁边有间耳房，有一位老奶奶居住在此处。她养有很多鸡鸭等禽类，每日清晨打鸣声不断。加之禽类多处于散养状态，所以粪便、家禽散发出来的阵阵恶臭四处围绕，令人头晕目眩。令我们最不堪其扰的则是夏秋时节的蚊虫，这里住宿条件简陋，虽有蚊香、杀虫剂等防蚊虫用品，但是大多时候还是避免不了蚊子、蜈蚣等各类蚊虫出入。尤其是蚊子，此地地处郊区农村地区，屋外又有鸡鸭等散养家禽，所以蚊虫叮咬情况非常严重，常常半夜只能闷着被子睡眠。但尽管如此也难以避免蚊虫叮咬的苦楚。常常半夜会被蚊虫吵醒，其中印象最为深刻的则是张瑞，当时全身上下足足被叮咬了百余个包。腿部以下红肿随处可见。条件的艰苦也动摇不了大家考古的热情，相反时至今日，还成为了同学之中回忆往事的津津乐谈。

（4）考古工地的坚守：尽管条件异常的艰苦，但是同学们仍然坚持苦中作乐，奋战在考古工地一线直至尾声。在班上同学中，有不少人为将来就业计，在大二之际便考虑了金融、会计等专业的辅修，如张瑞、何小飞、周楠、顾纯光、王卫卫等人。在考古实习时，因为考虑到辅修考试即将到来，他们因此便作为第一批回归校园之人，于2014年11月中下旬便结束考古实习。部分同学走了以后，考古工地原先一人一个探方的传统被打破，剩下的多数同学都要一人看管两个探方。如许昌月、李壮、顾寒梅等在实习期间表现优异的同学更是俨然成为了考古工地的"小小技术指导员"。我和宣扬、叶超、王红艳、张旭、周继礼、钟凌志等7名同学作为第二批回归校园之人，于2015年1月之际方才离岗，结束了为期4个月的考古实习。李壮等同学因为考古一期工地即将竣工，故此坚持到了最后一刻。行文之际，我曾对大学同学顾寒梅进行专访，问及她对于考古实习最为深刻的回忆是何事？她便说到了最后离开的时候，随着许昌月的回校，在斗鸡台考古工地仅有顾寒梅、李壮、高顺利三人，他们因故前往阜阳调研，回到村里时恰逢大雪，至晚上九时许，方才回到村口处。乡村雪夜一片寂寥，顾寒梅说："那是我见过的最安静和最亮的雪夜，至村中时，村里的雪甚至已经快到脚脖子一般高了，那夜的雪和光亮，特别清晰。"尤为令她感动的是，那天是顾寒梅的生日，省考古所高凡等领导同事，还准备了火锅等他们回来，一同吃完才睡。尽管十分疲劳，却仍旧回到房间后开始赶考古报告，整理我们这些先行回校的同学所遗留下来的考古日记和材料，可谓一夜无眠。现在想来，这就是安大考古人的责任与担当，这就是安大考古的精神象征。至过年前夕，所有同学才陆续离开寿县斗鸡台，结束了难忘的考古实习经历。

四、入职文博行，再续安大缘

结束考古实习之后，我们愉快的大学生活也步入尾声，开始在紧张和有序的环境中走向正轨。这次实习是重要的分水岭，大家都见识到了真正的考古工地是怎样的，真正的考古工作又是怎样开展的？故此，进入大三下学期，纷纷对自己的未来进行规划，并且一步步地朝着这些方向去努力。

同学之中，考研者占了绝大多数，似乎在当时考研已蔚然成风。此时的我对未来亦尚不明晰，也不知道处于人生的十字路口，自己应该何去何从？迷茫的我决定随波逐流，和大家一同考研继续深造。出于对历史学科的热爱，也考虑历史、考古两门学科之间联系密切，在考研之时难度会相对较小，遂决定跨学科考研。最后考研院校、专业选择了华中师范大学中国近现代史。做出这个决定，是在安大考古求学期间，文典阁内日复一日的阅读记录给了我勇气，是博南博北楼各位老师诲人不倦的教育给了我信心。同学之间，张瑞对自己的未来规划最为清晰和明确，从辅修专业开始，便由始至终都在安心备战国考，所以在2015年年底参加国考便顺利上岸，成为了一名光荣的税务人员，此后又考入合肥工业大学MPA读在职硕士，娶回了自己"鼓浪屿之恋"的女孩。何小飞秉承着自己"挣大钱"的心愿和梦想，毅然决然的选择了跨专业考研安大商学院，为我们留守安大大本营。研究生毕业后入职国企合力叉车厂，目前正有集团整体上市的计划。每个人都在自己的人生轨迹上奋力奔跑，勇往直前。

同学之中，现仍从事考古文博工作者亦有半数。如叶超毕业后入职芜湖文物局；顾寒梅保研去了南京大学，毕业后则去了深圳从事水下考古研究；高顺利则先后在兰溪博物馆、金华博物馆、襄阳博物馆等地参加地方文博工作；王卫卫支援家乡建设，回到甘肃省文旅厅参加工作；顾纯光作为我们考古班唯一读到考古专业博士阶段的同学，现仍在中科大进行博士阶段的学习，将来前途定不可限量。

2019年，我从华中师范大学研究生毕业以后，恰逢故乡安徽省黄山市"安徽中国徽州文化博物馆"招考考古学专业毕业生。我顺利通过考试，回到故乡参加文博工作，正式开始将大学时代所学之理论运用于实际工作中来。自参加工作以来，发现安徽省、市两级文博系统中，有很多专家、骨干领导都有着安大考古求学或工作的背景，有着一种久违的亲切感和回归家庭的集体感。工作三年以来，时时受教于安大毕业的师长，为他们的学术功底所钦佩，为他们的为人处世所敬仰，他们用自己的言谈举止、才华学问标榜着自己安大考古人的身份，要给我们这些初出茅庐的学弟学妹们做最好的榜样！

五、结　　语

时光荏苒，岁月已逝。今年恰逢安大考古专业成立二十周年，又是自己进入安大考古十周年的日子，回首往事，历历在目。感谢安大考古专业，感谢每一位曾在自己求学路上给予过帮助的良师益友。正是老师们的诲人不倦，才使得我初步具备了考古学知识与本领；正是学长学姐们的提拔点悟，才使得我在困惑之时得以豁然开朗。正是同窗好友们的互相鼓舞，才使得我的大学生活是如此的丰富多彩！让我们秉承踏入安大考古门的初心，牢记安大考古人的使命，共同携手并肩，为安徽考古及文博事业贡献自身力量，推动安大考古迈向新的征程。

山水万重皆胜意，砥砺不负少年时

冯忆琦　钟　倩

（安徽大学历史学院）

考古学，是一门从土地中探索过去的学问，而培养一名合格的考古人，田野是最为重要的课堂。2021年，我有幸成为安徽大学历史学院的一分子，在学校的安排下，开始了求学路上的第一堂田野考古课。在重庆忠县皇华城考古工地，导师带领师门十二人，展开了一段长达半年的田野考古历程。今天，恰逢安徽大学考古学专业成立二十周年，望以此文记录下那段在青春中闪光的考古经历，并由衷祝愿安徽大学考古专业桃李天下、昌荣永继！

一、安徽到重庆

这次考古发掘的地点，在一个叫作忠县的小城里。它位于重庆市的中部、三峡库区的腹心，与安徽相隔千里。列车从合肥启程，穿过皖西、横跨湖北，最终抵达重庆。列车走走停停，旅客来来往往，直至周围旅人均带着川渝地区特有的口音时，目的地便要到了。

下了火车，再稍作转车，便可到达考古工地所在的忠县。下车后举目四望，与灯火辉煌、热闹喧嚣的繁华都市相比，这座小城质朴安静，没有高楼林立，也没有人潮拥挤。径直走出车站，便能看到等候的老师与师门师姐。那时正值傍晚，绚烂的晚霞下，师姐远远地向我招手，我的内心澎湃着激动，赶忙连连招手回应。

抵达驻地时天已经黑了大半，只有天空的边缘还残留着一抹未燃尽的火焰。在将昏未昏的余晖中，看得出这里是一处凭水依山的小镇，盘山公路连缀起一排排错落有致的红砖小楼，像一条条丝带蜿蜒在山腰处。我们的驻地在一栋从村民处租来的五层小楼里，这里的楼房与这座小城一样朴实无华，室内简单粉了白墙，走廊过道处仍是水泥的灰墙地，与城市的楼房相比是简单了些，但角落缝隙处却也还整洁干净。

作者简介：冯忆琦，女，1998年5月生，安徽大学文物与博物馆学2021级硕士生；钟倩，女，1999年8月生，安徽大学考古专业2021级硕士生。

从一楼的小商店内穿入，三楼、四楼便是我们工作和生活的地方。行至三楼，便见一扇赭色防盗门微敞。房门直对大厅，一进屋内便能看到满满一桌的好菜。做菜的阿姨是个地道的四川人，每道菜中都透着浓郁且正宗的川渝风味，这红彤彤的辣油与麻嘴的花椒，成为我们每日结束工作后满足感与幸福感的来源。

师姐们怕我初来乍到感到局促，便帮着我收拾行装和床铺。回想起当时，只在书本上了解过考古学的我，应该向师姐们问了很多奇奇怪怪的问题，师姐们看着我带来的强光手电筒，也表示哭笑不得。山村的夜晚并不宁静，池塘里鼓噪着蛙鸣，风吹树叶发出簌簌的声响，我问学姐："明天到了工地，我不会怎么办？"学姐安慰我道："不用担心，老师会从基础教起的。"

风袭过门外的树林，扯动夜的帷幕，我的田野考古经历，便在这风吹山林与蛙鸣鸟叫声中开始了。

二、从清晨到傍晚

忠县皇华城考古工地位于长江上游的一个江心岛上，从驻地出发，需先步行至码头，再乘船至岛上，然后上坡下坎数十分钟方能抵达工地。所以，要想在八点钟准时开始工作，早晨五点钟，阿姨便要开始为我们准备早餐和中午携带的午餐。随后，我们各自在最短的时间内简单打理好自己，准备检查工作用具。除需自己随身携带的手铲、铅笔、图纸、笔记本外，还需要带上用于测量和记录的数码相机、RTK以及无人机等专业设备。吃完早饭、穿戴好防晒衣帽，拎上考古工具，考古队的一天就这样匆匆忙忙地开始了。

晨光冉冉，江风微凉，从驻地出发，沿着一条长长的石梯斜坡，便可到达江边码头。暴躁的船老板从远处驶来时长鸣船笛，然后从驾驶舱探出半个硕大的脑袋，瞪圆了眼睛，骂骂咧咧地警告船客等船停稳再上。江水汤汤，汽船劈开水波轰隆隆地向前挺进，不出几分钟便抵达皇华岛岸边。登岛后，沿着一条一米见宽的青石板路蜿蜒而上，再穿过一条人工开辟的狭窄山间小道，眼前豁然开朗处，便是我们的考古工地。

工地位于山鞍，北部的山稍矮一些，两处陡坎将工地分成了三个平台。在已经清表的土地上，细细的白棉线将土地整齐地切分成一块块10×10平方米的标准探方，我们每个人都有一块属于自己的探方。在工地时，老师常常嘱咐我们，辨别土质土色是考古工作展开的基础，除了要用眼睛去观察，更要多用手铲、刮铲去实地感受。初听之时，尚觉这有何难？然而实践之后才发现，土壤的颜色和质感并不总像课本中介绍的那般清晰分明。很多时候，它们是渐变的，颜色的变化并不分明，远看着有不同，近看却看不出从何处开始不同，土壤的干湿也会严重影响土壤的颜色和质感，晾了一会儿的土和刚挖出的土颜色也总是不同，土质的差别更是不易感受，总是似有若无，全凭内心中的一丝灵光。

在大多数没有发现遗迹的时间里，我们常常蹲在探方里观察土质土色，用手铲在探方壁上划一条条地层线，又不时抹掉重画，同时，也要时常注意着民工们是否发现了新的出土物，是否挖到了新的地层。我们作为学生，比不得专业的技工师傅经验丰富，因此就需要老师时时穿梭在各个探方间，除了解每个探方的实时进展外，还要针对涌现的疑难情况，对我们进行讲解示范。在老师忙碌时，有过发掘经验的师兄师姐们也是很好的老师，他们会耐心地教会我们如何用手铲感受土质、如何刮好凹凸不平的泥土表面、如何给探方铲出整齐的边、如何划出直观准确的地层线，如何画出美观实用的四壁地层图，如何正确使用相机、无人机、RTK进行测量记录等等。每当看到此景，老师总是笑着道："这就是传承！"

忙里偷闲时，师兄们会讨论起各自探方的发掘情况，想象着土地下究竟埋藏着什么，有师兄说应该是明清时期的民居，也有师兄说可能是宋代书院。当时曾以为这些不过是些天马行空的奇思妙想，后来才知道这些猜测并非没有依据——这片区域的地表上有许多瓦片，且不少是筒瓦，这并非古代一般人家所能使用，这座岛屿是宋蒙战争时期的一座山城，忠县的方志中明白地写着当时的知府常福庆在岛上建立了一座宏文书院，而此处地形和位置也都适合建立书院。老师、学生乃至探方里的民工，都对此有诸多猜测，但是在发掘完成之前，谁也不知道底下埋的究竟什么。不过，老师告诉我们考古界有这样一句话，"心里有什么就能挖到什么"。这并非什么玄学，而是当我们有这个猜测以后，就会留心观察相关的迹象，并最终发现它的存在，而如果我们不曾事先考虑到这种情况，一些遗迹就会被忽略、被破坏，从而导致我们永远地错过它。

时间总在忙碌中阒然流逝，夕阳的余晖缓缓地为这座江中仙岛披上了一层金色的薄纱。在一天的工作结束之前，我们会拍摄收工照片，并将当天的出土物分探方和地层打包带回驻地。山路逶迤，浩浩荡荡的考古队伍在金色的余晖中变成一条蜿蜒移动的曲线，阿姨一定在驻地准备好了丰盛的晚餐，等着我们回来。此时，暴躁船长长鸣的船笛声，也变得动听了起来。

在一天的忙碌过后，晚上只需检查和补充完成白天的工作资料，剩下的便是属于每个人自己的时间。晚风习习时，大家也出去走走，忠县人民在晚饭后有"转山"的习惯，我们便也加入其间，一群人牵着楼下商店老板的黄狗"旺财"和顶楼阿姨的胖狗"憨憨"，顺着公路往前溜达。夜凉如水，星光闪烁，周围皆是人家灯火。数百年前，是否曾有一户山民，抱着孩子，牵着黄狗，遥指这条银河、这条长江呢？原来，我们在发掘着古代，也在经历着古代。

三、从晴天到雨天

"山束邑居窄，峡牵气候偏。林峦少平地，雾雨多阴天。"唐代诗人白居易在官场失意贬谪忠州时，曾向好友杨归厚这样描述这里的气候。在山环水绕、江峡相拥的三峡地区，烟雨迷蒙、云雾缭绕是最为常见的天气。古往今来，三峡烟雨承载着无数文人迁客的惆怅与哀思，但对于考古人而言，雨是风雅之景，却也让人爱恨两难。

考古工作常选在多晴少雨的季节进行，因为晴天时，充足的光线可以让考古人员更好地观察土质土色的细微变化，人员行走、施工作业也会更加安全。但考古人也像林间的草木一样，每隔一段时间便会期盼下雨。因为，雨天的工作不似野外发掘时那般匆忙繁重，清理修复、整理资料等室内工作不仅可以调整持续紧绷的精神状态，闲适静谧的雨天也可以暂时给疲劳的身体充充电。

但三峡的雨往往云散即晴、云聚即雨，像小孩子的脾气一样捉摸不定。有时，前脚还晴空万里，后脚几片乌云的到来便立马昏沉了天空。这里的雷开始似乎很远，但却可以清晰地感觉到它从遥远的天边奔来，刷刷的雨声快速地从远方逼近，声音沉闷，来势汹汹。遇到这种情况，工作将暂停，躲雨是第一位的。本地民工孃孃的背篓里总会常备雨具，以便晴时遮阳、雨时遮雨。而我们这些缺乏经验的异乡人便显得狼狈，因为人淋不得雨，重要的仪器设备更淋不得雨。转移的地点是工地不远处的一间荒了多年的青瓦老屋，老屋里布满了灰尘和蛛网，老式的木门窗也因为年久失修，在山风的吹拂下发出吱扭吱扭的声响。雨点连成线，在老屋的屋檐下形成一扇晶莹的雨帘。叔叔孃孃们的扑克此时便派上用场，他们三三两两聚集，倒扣背篓作桌，放平布包为席，在潇潇的山雨中、在逼仄的屋檐下，热火朝天地战起来。而我们则只能望天兴叹，祈祷着雨势能小些，积水能少些。

但如果天气预报能够准确地预测明日有雨，或者出发前便下了雨，那么我们就会取消野外工作，提前做好室内工作的日程安排。雨天的早晨不用像野外发掘时起得那样早，无需赶路，生活的节奏也就慢了下来。上午，老师通常会安排师兄师姐带着我们清洗瓷片和陶片，大家聚在水龙头前，每人面前都放着一个水盆和一把木刷，清澈的水流冲洗去包裹着遗物的泥土，慢慢显露出瓷的细腻质地与陶的纹路沟壑，今世的水冲洗着八百年前的记忆，那一刻，我们似乎成为了时间的使者。有时，老师也会带着我们去重庆考古研究院的驻地"学艺"。修补残损器物的老师们都有着灵巧的双手，她们将石膏敷在器物的破损处，待石膏干后，仅用一把美工小刀便能慢慢削出瓷器优美的弧度和生动的花纹。重庆市巾帼女子考古队的李凤老师会教我们用浮选法筛选种子和碳粒，先将采集回的样本泥巴在一大桶清水里融化，然后大筛滤出残渣，小筛滤出碳粒，分袋晾干，再做登记。

古人云："月盈则满，水满则溢。"在酣畅的休息后，接下来的工作却令人十分苦恼。暴雨倾盆之后，整齐划一的探方变成了鱼塘和泳池。若是积水少的探方，尚可靠民工用瓢一勺一勺地舀出积水，但这种方法对于那一个个"鱼塘"而言，可就收效甚微了。我们找来了细小的水管，利用虹吸原理抽走积水，当然，若是能有抽水机抽水，那便是效率最高的。即使处理完积水，潮湿与干燥的土壤在质地和颜色上也会大不相同，吸饱雨水的泥土与干燥泥土的重量也不可同日而语，不仅考古发掘的效率会大大降低，那本就崎岖的山路也会更加湿滑泥泞。每当想到此处，我们总会在睡前祈祷，希望明天是个好天气！

四、从酷暑到寒冬

　　重庆是一座火辣的城市，这里不仅有着炎热的温度与炙热的骄阳，一座座山峦更是像一口大锅似的把城市的人和建筑兜在其中，抬头时总能望见一轮白花花的太阳在头顶炙烤。夏天的野外发掘工作是对考古人的巨大考验，炎热的天气本就十分消耗人的体力与精神，为了防备蚊虫的叮咬和紫外线的伤害，考古人更得装备齐全，用长衣长裤、帽子、面纱将自己裹得严严实实。为了避开中午的暑热，我们总是早早地出发，在没有树荫的探方内，只能依靠一张张黑色的遮阳网遮挡住毒辣的阳光。我们的工作是在往返不便的岛上，考古人员和民工每日就只能在岛上进行午休。午休时间很长，我们在树下系上吊床，利用树荫来遮阳，但因岛上湿热，蚊虫滋长，树上总会垂下各种"不速之客"，无孔不入的小蠓虫更是让人防不胜防！烈日蒸腾江水，空气当中弥漫着潮湿的气息，我们时常在喧躁的蝉鸣中昏昏欲睡，又在伞和摇扇往一边倒去时大汗淋漓地转醒！

　　然而日月流转，时光飞逝，三峡的江水悄悄涨了起来。江水淹没了岸边数百级的阶梯，悄然更换了工地的来往路线。再到红橘挂满枝头时，那便是冬天到了。忠县的冬天潮湿寒冷，曾经清凉的江风却在此刻带来彻骨的寒意，肆意地穿透身上的夹袄，似能钻进骨缝里。野外的发掘工作很快就要结束了，我们常常期盼着那天的到来，但老师却和我们说："田野工作仅仅能占到发掘工作的百分之六十，后面室内的整理工作还多着呢。"

　　事实证明，老师的话是没有水分的。我们需要对发掘工作中所有的文字和图画进行核对、检查和完善，并利用电脑绘图工具将图纸转化为电子图。所有的器物也要进行清点、拼对、修复和分类，并挑选其中重要的标本，对其进行照相、画图、制卡、类型学分析等工作，并最终完成发掘报告的撰写。如果仅仅考虑整理工作的进度，同学们分组完成各种工作显然更有效率，但老师认为这些技能应是每一个考古人在工作中的必备技能，因此，在整理工作的前期，所有工作都会组织大家共同参与。我们常常一起拼对瓷片，面对一堆凌乱破碎的瓷片，有时正襟危坐地拼上半天，却收获寥寥，有时随手拣起两片，刚好就可以凑在一起！这种意外惊喜着实令人成瘾，顾不得胶水会粘在手上，只要稍得空闲，便想坐在那里拼上一拼。拓印的过程也十分有趣，纸的干湿、墨的浓淡、力的大小均会影响拓印效果，一群心急的年轻人，总是等不及纸干，便急不可耐地拿着墨包往上戳，往往结果便是立刻晕染开了一大片，引得大家哭笑不得。后期时，大家便开始分工进行工作，一部分同学负责对遗物进行类型学分析与拍照，这工作中藏了无数细节，无论是类型学分析时分类标准的把握，还是拍照时器物的摆放、光线的控制、相机参数的调节都是一门学问。而另一部分同学则负责对典型器物标本进行绘图和制卡，这更是对考古人的美术功底和对器物细节的把控能力的巨大考验，我们用尺度量它们的尺寸，用手摩挲着它们的厚度，力求形神兼具地描绘出它的每一处细节。

　　在最初的兴奋过后，工作便陷入了日复一日的重复，重复的生活难免使人疲倦，但同学们总是在工作空余时谈天说地,也时常能从老师口中听到考古界中有趣的人和故事,偶尔,我们还会邀着重庆院考古队的队员们一起包饺子、吃烧烤。日子就这样平平淡淡地过去,但回顾每一天,我们都觉得充实且有意义。我们始终相信,所有的努力与付出会在未来开花结果!

2022年1月26日,在农历新年到来之前,我们将出土遗物与整理资料平安送达重庆市文物考古研究院。文物平安抵达之时,也意味着六个月的考古生活到此告一段落。在重庆忠县皇华城考古工地里,我们师兄妹十二人在老师的带领下,接力完成了忠县皇华城考古工地一千三百余平方米的发掘和整理任务。在这里,从对考古学知之甚少的我们,逐渐地学会了分辨地层、清理遗迹、记录、绘图、照相、拓片、修复和使用无人机、RTK及生成正射影像等各种工作技能,也了解和体验了运转一个考古工地需要的管理智慧。原来,书本上简简单单的文字,背后凝聚着众多考古人的心血与汗水。

江水夏涨冬消,江月盈亏有时,我们也像候鸟一样来去有期。忠县皇华城考古工地于夏天开始,在冬天结束。每当回首往事,我常常忘不了山城小镇中的山风细雨,忘不了酷暑严寒中的苦中作乐,是安徽大学历史学院给了我们这样一段珍贵的回忆。与此同时,在安徽大学历史学院中有这样一群人,他们或学富五车却淡泊名利,或鬓发已霜仍深耕山野,他们与泥土为伴,为探索人类文明而夜以继日,他们与历史对话,在三尺讲台为培养考古新人而奉献终身。而我们作为安徽大学历史学院的考古学子,必将秉承校训"至诚至坚、博学笃行"的宝贵品格,学习先师前辈们"择一事、终一生"的矢志不渝,我们在离开母校走向全国各地的遗址古迹时,可以用自身的行动为发掘和探索人类文明、传承和发扬中华文化,献上自己的荧荧之光!至此,再次借安徽大学考古专业成立二十周年之机,祝安徽大学考古专业与莘莘考古学子,山水万重皆胜意,砥砺不负少年时!

"双一流"建设背景下考古学及人才培养的思考

盛险峰

（安徽大学历史学院）

"双一流"建设的内容表明，世界一流学科建设是"双一流"建设的核心。明确学科建设在人才培养中的核心地位，科学认识学科建设与人才培养的关系，应确立立学育人的新理念。本文试立足于立学育人这一理念对考古学及其人才培养进行一些思考。

一、立学育人：以学科建设提升人才培养的水平

学科建设是育人的基础。确立立学育人的新理念，不仅符合高校办学的内在逻辑，也与"双一流"建设的根本要求相一致，有利于形成尊师重道的学术风气。

确立立学育人的理念，符合高校办学的内在逻辑。学校是教育场所，古今中外，大凡学校之立，皆以培养人才为目的。大学作为高等教育机构，承担着学术研究、知识传授、文化赓续的使命，是一个国家科学发展和人才培养水平的体现，教学和科研是大学工作的基本内容。从大学办学的内在逻辑上看，办好大学就是要科学地处理好学科、学人、学事和学政四个方面的关系：学科是核心，学人（师生）是根本，学事是指围绕学科、师生开展的体现高校内涵的教学和科研活动，学政是手段，服务于学科、学人和学事。四者内在逻辑表明，高校应确立立学育人的理念。

确立立学育人的理念，与"双一流"建设的根本要求相一致。"双一流"建设高校要突出学科建设在人才培养中的核心地位，抓住师资队伍建设的关键，围绕师生关系开展能够推动学科建设的学事活动，提升教学和科研的水平。立学育人体现了"双一流"建设的目的，其理念就是要树立以学科建设为目标提升人才培养的水平。学科建设的水平是师资队伍学术水平的反映。从师生关系的建立上看，《礼记·学记》云："虽有嘉肴，弗食不知其旨也；虽有至道，弗学不知其善也。是故学然后知不足，教然后知困。知不足，然后能自反也。知困，

作者简介：盛险峰，男，1966年9月生，安徽大学历史学院教授。

然后能自强也。故曰：'教学相长也。'"[1] 所谓的师者"传道授业解惑"和"名师出高徒"，这表明师生之间关系体现了同一性，即世界一流人才的培养必须拥有世界一流的师资队伍。"如果培养的是一流人才，本科教育当然就是一流的。"[2] 实际上，世界一流学科是世界一流师资的反映，只有世界一流师资才能培养出世界一流学生。"双一流"建设的关键在于师资队伍建设，师资队伍建设是提升人才培养水平的根本。

确立立学育人的理念，有利于形成尊师重道的育人氛围。育人环境是一所高校办学的历史积淀和传统的体现，与办学理念息息相关。以学科建设为核心，并作为人才培养的目的和手段，按照学科发展的内在规律，推动尊重学人、崇尚学术和乐于学事氛围的形成。立学育人就是要发挥学科建设对人才培养的基础性和根本性作用，科学地处理好二者之间的关系，通过以学育才、因材施教的方式，实现以学科建设培养人和塑造人的目的。

二、"双一流"建设背景下考古学科的思考

从现代考古学上看，考古学是一门崭新的学科。该学科发轫于丹麦博物馆界。1921年瑞典学者安特生主持发掘河南渑池仰韶村遗址，这标志现代考古学正式传入中国。但真正由中国人主持的考古则开始于1926年李济在山西夏县西阴村的发掘。现代考古学自20世纪初传入中国，经过百年的发展历程，中国考古学科之树已可参天，渐具郁郁葱葱的森林气象[3]。时值国家推动"双一流"建设，发挥考古学科本身的特色和优势，提升考古学人才培养水平，按照立学育人的理念，考古学应大有可为。

现代考古学概念是由田野考古发掘技术、层位学和类型学的理论方法奠定的[4]。考古学是以考古发掘出土人类历史活动的遗物作为主要研究对象而建立起来的学科。从出土实物的角度讲，考古之"古"不仅仅是人类在地球繁衍生息之古，也可以有更长的时间延展线以及更为广阔的地理环境和地质背景。但考古学的主要研究对象和目标在于，通过出土人类生产生活留下的各种实物揭示人类历史面貌和阐释历史发展。在中国，考古学的学科分类属于历史学门类下的一级学科。正如所有学科分类一样，考古学是依据其学科研究对象而建立起考古学的理论与方法，考古学作为历史学类的一个分支学科，其以出土材料丰富了历史学研究的材料基础。考古发掘出土的实物，形成地下之材料[5]，与地上之材料，推动历史学产生新的研究理论和方法[6]，甚至在先秦历史研究中还存在以历史文献材料为主还是以出土材料为主的不同争论。从考古学的学科研究对象及其理论和方法上看，考古学学科具有实践性和实验性、综合性和交叉性、人文性和科学性、基础性和应用性的特色。

1. 实践性和实验性

依据研究对象的获取和研究过程，考古学具有实践性和实验性。考古是以出土实物为研究对象，考古工作主要在田野，因为田野能够为考古学提供考古发掘的线索、对象，是考古

工作的场地。通过田野考古发掘出土的实物，为确保出土实物的地层样态和出土样态，考古工作者积累了丰富的经验并形成一套系统的田野发掘理论和技术。而对考古出土实物本身信息的解读，需要运用多学科知识、理论才能全面揭示其蕴含的信息特别是历史信息。仅就考古的田野调查、发掘现场、出土实物及其研究而言，整个考古研究过程是以实践和实验的手段连接起来的，这表明考古学学科本身具有实践性和实验性的特征，这就要求突出考古学科和考古专业人才培养的实践性和实验性。

从实践性来看，考古学科的田野发掘技术、地层学、类型学的基础理论形成于田野考古实践。在现代考古学传入中国之时，傅斯年就敏锐地认识到考古工作的实践特征，提出了"上穷碧落下黄泉，动手动脚找东西"的考古工作原则。考古发掘对象的确定除了非考古行为提供线索外，主要靠考古人员依据历史文献记载、遗迹和田野调查等不同方式，涉及整个考古发掘的过程，也就是考古人员的田野工作，皆具有实践性。考古学的基本理论和方法的形成都来源于出土实物这一研究对象。考古专业人才培养计划的制订，其中田野考古实习占据重要的地位，田野实习的质量可以说代表了考古人才培养的水平。田野实习一般情况包括田野考古调查、考古发掘、出土实物的整理和修复、发掘报告的撰写等，这些工作关乎考古专业基础知识和基本技能的培养。因此，为了提高人才培养质量，拓展人才培养空间，许多"双一流"建设高校的考古专业都非常重视考古的田野实习，并以建设考古实习基地作为人才培养主要手段。

从实验性来看，无论对考古发掘出土实物的研究，还是对实物相关情况的分析，都需要一定的实验条件和相关实验设施。考古发掘出土的实物，对其年代的测定、成分的分析、修复、保护、制造工艺的复原等都需要实验设施的支持。因而，提升考古学科的建设水平和人才培养质量，需要建设相关的实验室，比如科技考古实验室、文化遗产保护实验室等。加强考古学的实验室建设，既是考古学"双一流"学科建设的需要，也是考古学一流专业建设的需要。考古实验室建设既需要高校大量资金投入，更需要具有前瞻的学科发展意识和创新性思维。

2. 综合性和交叉性

从研究理论和方法上看，考古学具有综合性和交叉性。考古出土的实物蕴含丰富的信息，其历史价值、科学价值以及艺术价值，需要借助多学科理论和方法，才能更好地解读和获取，进而推进考古学的研究工作。在信息技术条件下，考古学科的跨学科特征[7]凸显。为满足考古学科实践性和实验性的需要，比如考古的田野发掘技术、课堂教学和实验室，涉及不同学科的理论与方法，更加需要多学科的支持。在多学科理论和方法的运用过程中，会开辟出新的考古学分支和研究领域，出现新的交叉学科。而不同学科对出土实物信息的阐释，又必须建立依据考古学的研究对象并体现所运用学科的理论与方法，这样就产生了交叉学科的理论与方法，综合运用不同学科的理论和方法，聚焦考古出土的实物，促进考古学科与其他学科交叉，拓展考古学研究的深度和广度。加强考古学科建设的综合性和交叉性，不仅推动考古学的发展，丰富考古学的内涵，同时也推动其他学科的发展。当然，考古工作者只是站在考古学科之上为历史学以及不同学科提供考古学本身应该提供的研究成果。在人才培养上，应突出考古学科的综合性和交叉性，通过考古学科建设的综合和交叉培养考古人才知识和能力的综合和交叉，使学科的内涵建设体现在人的专业特长上。

3. 人文性和科学性

从学科本身来看，考古学具有人文性和科学性。考古学的人文性不仅体现在研究对象和目的上，也体现在考古学研究的理论和方法上。考古学以出土实物为研究对象，通过揭示实物所蕴含的信息，主要阐释人类历史的发展，因此考古学出土之"物"与历史学依据历史文献记载之"事"就构成了相互依存和互证的认知关系。在这一前提下，考古学主要为历史学提供出土的材料，弥补传世文献的不足，丰富历史学研究的材料基础，形成地上之材料与地下之材料的互证，发挥考古学在古史研究中的独特作用，突出考古学在历史阐释中的地位[8]。考古学除了具有人文性之外，其研究理论和方法还具有科学性。由于考古学研究对象是出土的实物，考古学科的田野发掘技术、层位学和类型学，都体现了科学性。考古学科的人文性和科学性既是学科本身的体现，也是其能够对人文学科与自然科学学科交叉的学理依据。从人才培养上看，学科特征塑造专业人才培养的类型。考古人才培养的手段和目的，必须体现考古学的人文性和科学性。如果说考古专业知识、专业技能和专业理论构成了考古人才的"器"的一面，那么考古学科的人文性和科学性就构成了考古人才的"道"的一面。在考古人才培养中，突出考古学科的专业性和特殊性，注重考古学科的人文性和科学性，使考古学科的人才培养体现学科特色的专业性，更彰显学科本身的人文性和科学性，进而达到考古人才培养既具有专业知识和能力，又具有考古学科的人文精神和科学素养。

4. 基础性和应用性

从学科性质来看，考古学具有基础性和应用性。考古学学科分类和研究对象属于基础学科，但在文物保护和文化遗产等方面又体现了应用学科的特点。考古学的研究对象是出土的实物，对实物本身及其相关的研究，形成了考古学独特的理论与方法，这表明考古学属于基础学科。同时考古学又涉及出土实物的保护、修复、展示等，这些方面又使考古学具有应用学科的特征。将考古学科的基础性和应用性结合在一起，才能发挥考古学的功能，满足服务于考古学科建设的需要，同时又能满足服务于国家和社会发展的需要。考古学科的这一特征，要求在培养人才的过程中，兼顾学科性质的基础性和应用性的不同，既注重专业型考古人才的培养，又要注重应用型考古人才的培养，进而满足国家和社会对考古人才的不同需要。

三、"双一流"建设背景下考古学人才培养的思考

1. 借鉴国内外考古学科建设的经验

从研究具体内容来看,现代考古学在中国一产生就具有中国特色,因为这是中国考古学研究对象决定的。考古学人才培养的水平取决于考古学科建设的水平,应以考古学科建设带动考古学人才培养。学科建设离不开考古学科师资队伍的建设,而师资队伍建设必然影响到不同层次人才培养,因而学科建设的本身实际上就关乎人才培养。考古学作为现代考古学意义的学科,是从国外传入的,这表明考古学科除了研究对象的中国特色之外,这个学科的理论与方法应具有学科本身的学理的共同性和国际性特征[9]。从这个角度上看,考古学科建设和人才培养应加强国际交流合作,汲取国外考古学发展的经验和考古研究的理论与方法,与中国考古理论和实践结合在一起,这样才能更好地形成中国考古学的学科特色,并从世界角度丰富考古学的中国元素,在国际化中比较和检验考古学科建设的水平和人才培养质量。从国内来看,拥有考古专业的高校学科水平和人才培养质量参差不齐,应当互相学习、取长补短,向考古学科建设水平高的高校学习,按照高校所在区域考古资源的分布,提升考古学科建设水平和服务区域社会发展的能力。省属高校的考古学科建设应以服务于阐释地方文化、发展地方文化这一需要为主,大力推进考古学科的发展,适应服务地方文化发展的需要,加强与当地考古研究机构和博物馆等相关部门的合作,为考古文博事业培养专门人才。同时,地方高校也要有全国和国际化的视野,提高考古学科和人才培养的水平。

2. 依托于学科对人才培养方案的修订

在"双一流"建设背景下,考古学科不同层次人才培养方案的修订,应体现学科本身的内涵,注重信息技术的运用,突出考古学科的实践性、实验性、综合性、交叉性、人文性、科学性、基础性和应用性等特征。根据考古学科建设的需要和人才培养的目标,按照考古学科的特征优化培养方案,要立足于"实"(实践性、实验性),以"综合""交叉"为手段,兼顾"基础"和"应用",培养具有人文素养和科学精神的专门人才。合理分配课堂教学、田野实习、实验室实验的课时和学分。人才培养方案的制订应落实学科建设在培养人才方面的基础作用这一原则,既要依据学科,又要符合时代发展和社会需要。考古人才培养应适应现代信息技术要求具有考古专业的基本知识和基本技能,应具备考古学的人文性和科学性。尽管不同层次考古学人才培养方案的修订有不同层次的基本要求,但都必须体现考古学科的基本特征,以适应信息时代国家和社会对不同层次考古人才需要为目的。

3. 加强考古实习基地和实验室的建设

考古学科的人才培养模式，要突出考古学科的特点，落到"实"处，加强考古实习基地和实验室的建设。从依托学科的历史学类上看，考古学的实习基地和实验室建设，越来越不像历史学类，但考古学科的这一特点，是考古研究对象决定的。"双实"建设是考古学科的学科建设的核心，也是人才培养的主要途径。这一建设需要学科所在高校加大对考古学科的投入，加强师资队伍的建设，优化师资队伍学科结构。在实习基地建设上，吉林大学山西运城夏县田野考古实践教学基地[10]，安徽大学南陵大工山实践教育基地[11]，都成为推动所属院校考古学科建设和人才培养的支撑点。在实验室方面，北京大学的科技考古实验室和文物保护实验室[12]，吉林大学考古学实验教学中心拥有田野考古、体质人类学、考古 DNA、动物考古、环境考古、石器分析、文物应用技术 7 个实验室[13]，西北大学的文化遗产研究与保护技术教育部重点实验室[14]，四川大学考古学实验教学中心设有考古技术、数字考古、石器分析、环境考古、植物考古、生物考古、冶金考古、文物分析、文物保护、博物馆10个实验室[15]，山东大学的国家级考古实验教学示范中心、环境与社会考古国际联合实验室[16]，以上这些高校的实验室建设，都推动了所在高校考古学科的发展。考古实习基地和实验室建设是考古学科建设和人才培养的空间、条件和水平的直观反映，在这一意义上，充足的场地、先进的仪器就代表了考古学科的水平和人才培养的能力。

4. 突出考古学科的信息时代技术特征

任何一门学科都离不开工具性和技术性的条件，而考古学科的发展也是如此。随着科学技术的进步，信息时代使学科发展提升到一个新的层面，发生划时代的变化。在"双一流"建设的背景下，考古学要充分利用信息技术，彰显考古学的学科特征，推动考古学科理论与方法的新进展，使传统考古在工具、方法、路径升级换代。信息时代已全方位地刷新考古学科的研究工作和人才培养工作，无论是课堂教学、田野实习还是实验室的实验、教材的编写，信息技术都可以得到广泛的运用和充分的呈现。考古工作已从实地空间拓展到虚拟空间，甚至从实物延伸到数字实物，信息技术使考古学的双"实"性与信息时代的虚拟性和数字性的实虚和实数结合，突出了考古学科在信息时代发展的新特征。而虚拟仿真和数字技术的运用，就会形成田野（实习基地和场地）—课堂—实验室—虚拟四位一体的人才培养模式，从而使课堂教学、田野实践、实验室实验和虚拟相结合。

四、结　　语

在"双一流"建设背景下，突出考古学科建设的特征，探索立学育人的考古人才培养模式，是信息时代高校考古学科走向未来必然面对和思考的问题。学科建设是推动考古专业人才培养的基础，利用信息时代的新技术，发挥考古学科的内在特征，按照考古学科的学科思维进行建设，加大考古学科建设的投入力度，提升考古学科及人才培养的水平，这是"双一流"建设的应有之义。拥有考古学科的高校应根据学校层次、学科定位和历史发展的积累，形成具有凝练方向和特色的考古学科建设和人才培养的体系。北京大学形成了理论考古与田野考古并重的发展特色和优势，吉林大学建立了"六位一体"（以田野考古为基础的中国考古、以边疆考古为依托的外国考古、以学科交叉为支撑的科技考古、以出土文献为材料的古文字学、以文物保护为导向的文化遗产、以文化传播为己任的博物馆学）的学科体系[17]，西北大学在国内最早形成了"三位一体"（以考古学研究为价值的认知体系、以文物保护技术为价值的保存体系和以文化遗产管理为价值的实现体系）的学科体系[18]，以上这些高校考古学科建设和人才培养方向明确、特色鲜明，走在"双一流"建设的前列。"双一流"建设高校的考古学科及人才培养模式，只有紧紧抓住考古学的学科建设，以学科建设带动人才培养，以人才培养助力学科建设，使考古学学科的内在特征外化于学科建设的具体举措，并彰显在人才培养的模式中，这样才能真正推动考古学学科的发展和人才培养模式的转变。在"双一流"建设的背景下，考古学人才培养模式的探索会进一步推动考古学科的发展，在全面推进学科发展和专业建设的合力作用下，考古学科的学科之树必将从参天大树变为郁郁葱葱的森林，而在这一森林中成长起来的考古人才，也必将成为传递考古学科薪火和服务于国家社会的栋梁之材。

附记：本文已发表在《中国大学教学》2022年第8期，原篇名为《立学育人："双一流"建设背景下考古学及人才培养的思考》，收入本书时在篇名、格式上做了一些调整。

注　释

[1]　十三经注疏整理委员会整理：《礼记正义（十三经注疏）》，北京大学出版社，2000年，第1226页。

[2]　李言荣：《对建设一流本科教育的思考》，《中国大学教学》2019年第9期。

[3]　苏秉琦：《中国文明起源新探》，生活·读书·新知三联书店，1999年。

[4]　李学勤：《中国古代研究一百年》，《人文杂志》1997年第5期。

[5]　王国维：《古史新证——王国维最后的讲义》，清华大学出版社，1994年，第2页。

[6]　a. 李璜：《历史学与社会科学的关系》，《东方杂志》第23卷第20号，1926年。

　　b. 白宝瑾：《历史和其他科学的关系》，《史学》1935年第1期。

[7]　葛威：《考古学研究的跨学科范式与新文科建设》，《新文科教育研究》2021年第3期。

[8]　a. 陈淳：《疑古、考古与古史重建》，《文史哲》2006年第6期，第16~27页。

　　b. 陈淳：《从考古学理论方法进展谈古史重建》，《历史研究》2018年第6期。

[9]　谢保成：《历史语言研究所与"科学的东方学之正统在中国"》，《江海学刊》2011年第1期。

[10]　《吉林大学山西运城夏县田野考古实践教学基地启用》，《山西日报》2020年10月12日第2版。

[11]　肖航、张文利、王东明，等："南陵县大工山矿冶遗产保护利用专家研讨会"会议纪要[EB/OL].https://

mp.weixin.qq.com/s/TkB58ZrAx4eoWLdVNILjJg.

［12］学院简介[EB/OL].https://archaeology.pku.edu.cn/xygk1/xyjj.htm.

［13］学院简介[EB/OL].https://kgxy.jlu.edu.cn/xygk/xyjj.htm.

［14］学院简介[EB/OL].https://culture.nwu.edu.cn/xygk/xyjj.htm.

［15］四川大学历史文化学院（旅游学院）简介[EB/OL].http://historytourism.scu.edu.cn/detail/5a18cd3cd765df62998c8147.

［16］山东大学历史文化学院简介[EB/OL].https://www.history.sdu.edu.cn/xygk/xyjj.htm.

［17］学院简介[EB/OL].https://kgxy.jlu.edu.cn/xygk/xyjj.htm.

［18］学院简介[EB/OL].https://culture.nwu.edu.cn/xygk/xyjj.htm.

大 事 记

一、文博专修班、历史学专业（文博方向）时期（1981~2001年）

1981年6月，安徽大学与安徽省文物局共同举办"文博专业进修班"，学制两年，共招收学生30名。

1983年，举办第二届"文博专业进修班"。

1983年5~6月，1981级文博专修班学生在肥西古埂新石器时代遗址进行田野考古实习，领队为杨德标。

1983年7月，陆勤毅入职安徽大学历史系，开设考古学课程。

1985年，举办第三届"文博专业进修班"。

1985年5~6月，1983级文博专修班学生在南陵千峰山土墩墓群进行田野考古实习，杨德标和杨鸠霞带队，陆勤毅参与指导。

1987年5~7月，1985级文博专修班学生在肥西古埂新石器时代遗址进行田野考古实习，陆勤毅参与指导。

1988年，设立历史学专业（文博方向）。

1990年春季学期始，张爱冰受聘为安徽大学历史专业（1987级起）、文博专业（1988级起）讲授《考古学通论》《文化人类学》等课程。

1990年7月，周崇云入职安徽大学历史系。

1991年9~11月，1988级文博方向学生在萧县金寨遗址进行田野考古实习，领队为张敬国，周崇云参与指导。

1991年12月，方成军入职安徽大学历史系。

1992年5~7月，1991级文博专修班学生在凤台峡山口遗址进行田野考古实习，领队为贾庆元，周崇云、方成军参与指导。

1993年10~11月，1992级文博专修班学生在亳州后铁营新石器时代遗址进行田野考古实习，领队为张敬国，周崇云参与指导。

2000年10月~2001年1月，1997级文博方向本科生在六安堰墩西周遗址进行田野考古实习，领队为宫希成，现场负责为王峰，周崇云参与指导。

2001年3月，张爱冰入职安徽大学历史系。

2001年9月，刘信芳入职安徽大学历史系。

二、考古专业时期（2002～2022年）

2002年2月，由陆勤毅牵头申报考古学本科专业获批，同年招收首届本科生。

2002年9～11月，2000级文博方向本科生在滁州何郢商周遗址进行田野考古实习，领队为宫希成，周崇云、张爱冰、方成军参与指导。

2003年，由陆勤毅牵头申报考古学及博物馆学硕士学位授权点获批。

2004年4月，张爱冰、周崇云参与的安徽滁州十里村何郢遗址发掘获国家文物局全国田野考古三等奖。

2004年5月，刘信芳获批国家社科基金一般项目"战国简帛释例"。

2004年8～12月，2002级考古专业本科生在繁昌瓜墩遗址进行田野考古实习，领队为叶润清，周崇云、张爱冰、方成军参与指导。

2005年3月，陆勤毅、周崇云、张爱冰、方成军等获安徽省教学成果一等奖（"考古专业田野发掘的理论与实践"）。

2005年5月，陆勤毅获批国家社科基金一般项目"皖南商周青铜器的整理与研究"。

2005年10～12月，2004级考古专业研究生4人在霍山戴家院周代遗址进行田野考古实习，领队为吴卫红。

2006年9月，陆勤毅等主编的《皖南商周青铜器》出版。

2006年11月～2007年1月，2004级考古专业本科生在繁昌螺蛳墩遗址进行田野考古实习，领队为宫希成，周崇云、张爱冰、方成军参与指导。

2006年12月，刘信芳获批教育部哲学社会科学研究后期资助一般项目"楚简帛通假汇释"。

2007年7月，王箐、朱华东入职安徽大学历史系考古教研室。

2008年，由陆勤毅牵头申报考古学国家级特色专业获批。

2008年9～11月，2006级考古专业本科生在怀宁孙家城遗址进行田野考古实习，领队为吴卫红，王箐参与指导。

2008年12月，陆勤毅、周崇云、张爱冰等获安徽省教学成果奖特等奖（"考古学专业人才培养模式的探索与实践"）。

2009年，陆勤毅获批为第一批安徽省学术和技术带头人。

2010年，由张爱冰牵头申报文物与博物馆专业硕士学位授权点获批。

2010年6月，张爱冰、陆勤毅在《考古》上发表论文《皖南出土商代青铜容器的年代与性质》。

2010年10~11月，2008级考古专业本科生在濉溪龙王庙遗址进行田野考古实习，领队为贾庆元，现场负责为唐杰平。

2010年12月，张爱冰、陆勤毅在《文物》上发表论文《繁昌汤家山出土青铜器的年代及其相关问题》。

2011年，由张爱冰牵头申报考古学一级学科博士学位授权点获批。

2011年7月，陆勤毅获批国家社科基金一般项目"安徽江淮地区商周青铜器的整理与研究"。

2011年8月，张爱冰获批教育部人文社科一般项目"江淮群舒青铜器的整理与研究"。

2011年9月，陆勤毅、李修松主编的《安徽通史·先秦卷》出版。

2011年11月，刘信芳获批教育部哲学社会科学研究后期资助一般项目"简帛宗教神话文献研究"。

魏国锋入职安徽大学历史系考古教研室。

2012年，由张爱冰牵头申报考古学博士后科研流动站获批。

2012年5月，张爱冰获批国家社科基金一般项目"群舒文化比较研究"。

2012年5~7月，2010级考古专业本科生在宁国灰山土墩墓群进行田野考古实习，领队为王峰，周崇云、朱华东、王箐参与指导。

2013年4月，单晓伟入职安徽大学历史系考古教研室。

2013年6月，周崇云获批国家社科基金一般项目"安徽淮北地区商周青铜器的整理与研究"。

2013年10月，安徽大学与安徽省文物考古研究所共建"安徽大学寿县考古实习基地"正式挂牌，程桦校长出席揭牌仪式。

刘信芳获批教育部哲学社会科学研究后期资助一般项目"《简帛》五行研究"。

张爱冰在《考古学报》上发表论文《皖南沿长江地区周代铜器研究》。

2013年11月，刘信芳获批国家社科基金重点项目"简帛诗学文献释读与研究"。

2014年，由魏国锋牵头筹建的安徽大学科技考古实验室正式挂牌运行。

2014年3月，张爱冰在《文物》上发表论文《也谈曲柄盉的年代及其相关问题》。

2014年6月，黄凰入职安徽大学历史系考古教研室。

2014年9~12月，2012级考古专业本科生在寿县斗鸡台遗址进行田野考古实习，领队为张钟云，魏国锋、朱华东和王箐参与指导。

2014年12月，陆勤毅等主编的《安徽江淮地区商周青铜器》出版。

2015年1月，张爱冰在《考古》上发表论文《牺首鼎的年代及相关问题》。

2015年6月，魏国锋获批国家社科基金一般项目"安徽沿江地区古铜矿冶遗址冶炼遗物的科技研究"。

2016年6月，张爱冰获批国家社科基金科重点项目"侯家寨遗址发掘资料的整理与研究"。

2016年7月，刘信芳《简帛〈五行〉研究》出版。

2016年9~12月，2014级考古专业本科生在肥东刘墩遗址进行田野考古实习，领队为陈小春，魏国锋等参与指导。

2017年5月，陈立柱、周崇云主编的《合肥通史（远古至南北朝卷）》出版。

2017年6月，刘信芳获批国家社科基金一般项目"楚秦汉简《日书》释读与研究"。

2017年9月，单晓伟《秦文字字形表》出版。

2017年11月，张爱冰获批国家社科基金重大项目"安徽沿江地区矿冶遗址调查与综合研究"。

2018年，自本年起，考古专业本科由隔年的专业招生改为逐年的历史学大类招生。

2018年1月，张爱冰等主编的《枞阳商周青铜器》出版。

2018年2月，魏国锋为通讯作者在 Archaeometry 上发表"Multi-analytical studies of archaeological Chinese earthen plasters: the inner wall of the Longhu Hall"。

2018年3月，张爱冰等《群舒文化研究》出版，入选《国家哲学社会科学成果文库》。

吴卫红入职安徽大学历史系考古教研室。

2018年8月，安徽大学历史系考古专业与庐江县文物局对庐江县古矿冶遗址进行考古调查，张爱冰、魏国锋带队。

2018年9~12月，2016级考古专业本科生在河南新郑新砦遗址、郑韩故城和洛阳苏羊遗址进行田野考古实习，领队为赵春青等，吴卫红及魏国锋、朱华东参与指导。

2018年10月，张爱冰当选第七届中国考古学会理事。

2018年12月10日~2019年1月8日，安徽大学历史系考古专业、枞阳县博物馆联合开展枞阳罗昌河——柳峰山区域系统调查，张爱冰、魏国锋带队，吴卫红担任培训指导。

2019年，由张爱冰牵头申报考古学省级一流本科专业建设点获批。

2019年1月，张爱冰等《群舒文化研究》获安徽省社会科学奖二等奖。

蒋晓春入职安徽大学历史系考古教研室。

2019年7月，胡平平入职安徽大学历史系考古教研室。

2019年10月，蒋晓春入选为安徽省学术和技术带头人，魏国锋入选为安徽省学术和技术带头人后备人选。

岳健平入职安徽大学历史系考古教研室。

2019年12月~2020年1月，安徽大学历史系考古专业、南陵县博物馆联合开展南陵漳河——大工山区域系统调查，张爱冰、魏国锋带队，吴卫红担任培训指导。

2020年1月，张爱冰等主编的《枞阳商周青铜器》获安徽省社会科学奖三等奖。

2020年4月，魏国锋为第一作者在 Archaeometry 上发表"Characterization of ancient building lime mortars of Anhui province, China: A multi-analytical approach"。

2020年7月，魏国锋为第一作者在 Archaeometry 上发表"Application of mortar to wrap coffins in ancient chinese tombs: Their properties, compositions and protective effect for the buried objects"。

2020年9月，刘信芳获批国家社科基金重点项目"清华简（六—九）释读与研究"。

岳健平获批国家社科基金青年项目"环日本海北部地区旧新石器时代过渡阶段文化遗存综合研究"。

黄凰获批国家社科基金青年项目"战国至两汉错金银铜器工艺研究"。

2020年9～12月，2018级考古专业本科生在浙江桐乡太庙头遗址田野进行考古实习，芮国耀为领队，吴卫红及蒋晓春、岳健平参与指导。

2020年10月，吴卫红主编的《铜陵师姑墩——夏商周遗址考古发掘与研究》出版。

2020年11月，蒋晓春等《南宋末川渝陕军事设施调查及研究》出版。

吴卫红在《考古》上发表《安徽含山县凌家滩遗址新石器时代墓葬的清理》。

2020年12月5～24日，安徽大学历史学院考古专业、南陵县博物馆继续开展南陵漳河——大工山区域系统调查，张爱冰、魏国锋带队，吴卫红担任培训指导。

2021年2月，岳健平在 Palaeogeography, Palaeoclimatology, Palaeoecology 上发表"Human adaptations during MIS 2: Evidence from microblade industries of Northeast China"。

2021年4月，朱华东在《文物》上发表《凤阳花园湖出土铜器》。

2021年6月25～28日，中国科学技术史学会科技考古专业委员会、中国科学院大学人文学院考古学与人类学系、中国社会科学院考古研究所科技考古中心、安徽大学历史学院等联合主办的中国科学技术史学会科技考古专业委员会年会暨全国第十五届科技考古学术讨论会在合肥召开。

2021年6月26日，安徽大学历史学院正式挂牌，学院下设中国历史系、世界历史系和考古学系。

2021年7月，左勇入职安徽大学历史学院考古教研室。

2021年7月6～9日，安徽大学、南陵县人民政府共建"安徽大学南陵大工山校外实践教育基地"正式挂牌，程雁雷副校长出席揭牌仪式，同时召开南陵县大工山矿冶遗产保护利用专家研讨会。

2021年7月16日～8月9日，安徽大学历史学院考古专业与东至县文化和旅游局、石台县文化和旅游局、青阳县文化和旅游局、池州市博物馆、贵池区文物管理所等单位联合对池州市三县一区的矿冶遗址开展了考古调查，张爱冰、魏国锋带队。

2021年9月～2022年1月，2019级考古专业本科生在山东郯城郯国故城遗址进行田野考古实习，领队为王子孟，吴卫红及胡平平、岳健平参与指导。

2021年9月，魏国锋获批国家社科基金一般项目"江淮地区夏商时期青铜器的生产与流通研究"。

2021年12月，吴卫红《朔知东南风：从凌家滩到长三角的区域文明探源》出版。

2022年3月，岳健平等在《考古》上发表论文《中国东北北部地区旧—新石器时代过渡的文化生态研究》。

岳健平作为成员之一在 Nature 上发表"Innovative ochre processing and tool use in China

40,000 years ago"。

2022年4月，张爱冰在《考古》上发表论文《安徽地区史前彩陶的初步认识》。

2022年7月，朱华东在《文物》上发表《安徽滁州章广出土春秋铜器》。

2022年9月，魏国锋主持申报的"矿冶考古与徽文化遗产保护实验室"入选安徽大学校级哲学社会科学重点实验室。

2022年9～12月，2020级考古专业本科生在蚌埠禹会村遗址进行田野考古实习，领队为张东，吴卫红及岳健平、左勇参与指导。

2022年10月，谭永超入职安徽大学历史学院考古教研室。

2022年11月，吴卫红等《凌家滩——中华文明的先锋》出版。

2022年12月，吴卫红主编的《铜陵师姑墩——夏商周遗址考古发掘与研究》获安徽省社会科学奖一等奖。

安徽大学历史学院与文学院联合申报安徽省哲学社会科学重点实验室"古文字智能化与中华文明传承实验室"获批，魏国锋、吴卫红分别负责该重点实验室"安大简"保护复制与中华文明传承、古文字载体修复两个实验平台。

（撰稿：胡平平）

编后记

荏苒二十载，弹指一挥间。安徽大学考古专业于2002年正式设立并招收本科生，迄今已经走过整整二十个年头，当年在这里踏进考古之门的懵懂少年们，如今皆已年近不惑。离乡越久，思乡越重，而母校是记忆里最明亮的色彩，龙河路老校区迷宫似的主楼，高耸的图书馆，参天的梧桐树，还有大三那年在考古工地上的汗水和欢笑，交织氤氲出前行路上不时回望的风景。二十年，可以有很多种纪念，思来想去，最好的方式还是付诸文字，不仅因为文字可以定格流逝的时光，更因为写作是人文学科研究成果的主要呈现，对于高水平研究型大学而言，学术写作在大学生活中具有根本性的意义，也最能体现人才培养的成果。

萌生此意后，我们随即向母校的老师进行了汇报，得到历史学院和考古学系领导、老师们的热情支持，并有幸得到校领导的关心重视。由历史学院盛险峰院长任组长，考古专业主要创始人陆勤毅教授为顾问，多位考古学系在职教师和2002级考古本科专业校友组成的编纂小组随即成立，于2022年5月间发布《安徽大学考古专业成立二十周年纪念文集征稿函》，以二十周年的纪念为契机，邀请所有在安徽大学考古专业（含自1981年以来的考古学科）工作或学习过的师生们拨冗赐稿，共襄盛事。

征稿函一经发布，立即引起校友们的广泛关注和积极响应。一时间，文章如来鸿，截稿后经过编纂小组多次集体讨论，选取了其中47篇文章汇集出版，作者范围涵盖了安大考古学科创立以来各个时间段的师生，他们遍布五湖四海，多工作于各类文博机构和高等院校，这些文章绝大多数为学术论文，既有作者们精心挑选的代表作，也有为本论文集专门撰写的新文章。根据内容大体可分为两大类：研究类包含考古学、文物学、博物馆学、文化遗产、科技考古等相关方向的论文，具体选题上一方面体现了安大考古聚焦江淮、注重早段、发展科技的学科特点；另一方面，也体现了考古专业培养的学生们在走上工作岗位后日益广阔的研究视野。数篇回忆类文章则把人带回一个个鲜活的记忆现场，饱含了毕业生们对于母校的深情，也反映了安大考古在不同发展阶段的教书育人特点。

匡光力校长拨冗为本文集赐序，陆勤毅教授以《我在安大教考古》为题，详细回顾了安大考古专业的创立和早期发展过程，盛险峰院长撰写《"双一流"建设背景下考古学及人才培养的思考》一文，旨在谋划下一阶段的学科建设方向。此外，文集里还收录了《安大考古大事记》和多幅反映学科发展历程的图片，这些无疑都为文集增添了分量。

科学出版社考古分社孙莉社长和责任编辑郝莎莎女士为本文集的出版付出了辛勤劳动，安大考古专业博士生孟恬同学协助完成许多事务性工作，在此一并致谢。

走得再远，都不能忘记来时的路，这本纸上的"全家福"，是对安大考古专业冠礼之年的祝贺。憧憬下一个十年、二十年、三十年，那又会是怎么样的新风景？让我们拭目以待！

《安徽大学考古专业成立二十周年纪念文集》编纂小组

2023年9月